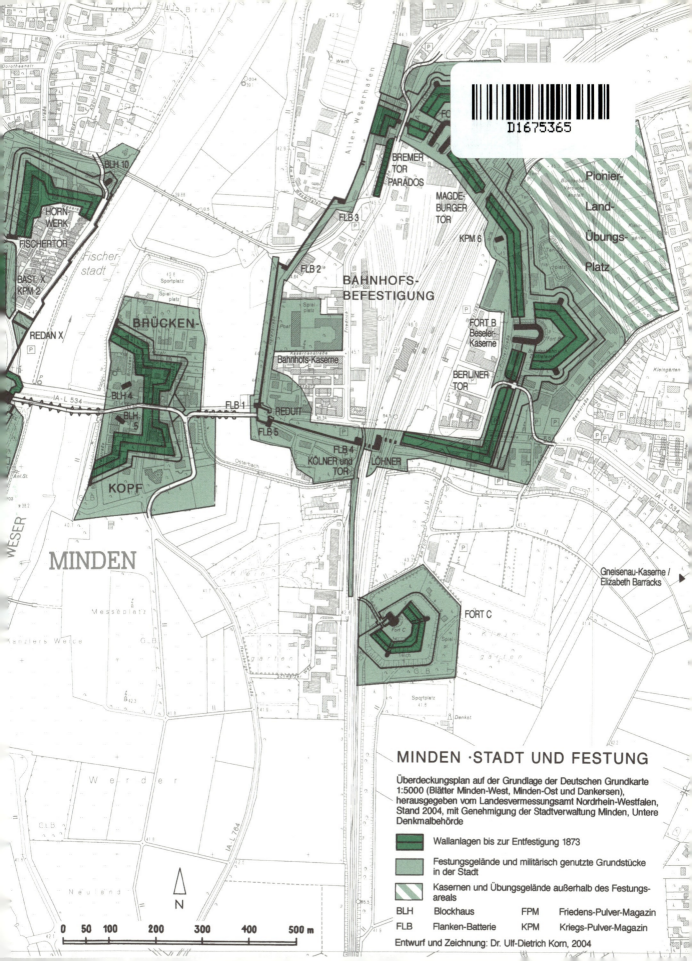

BAU- UND KUNSTDENKMÄLER VON WESTFALEN

BAU- UND KUNSTDENKMÄLER VON WESTFALEN

HERAUSGEGEBEN VOM
LANDSCHAFTSVERBAND WESTFALEN-LIPPE,
WESTFÄLISCHES AMT FÜR DENKMALPFLEGE

50. BAND/TEIL I

2005
KLARTEXT VERLAG

STADT MINDEN

BEARBEITET VON
FRED KASPAR UND ULF-DIETRICH KORN

EINFÜHRUNGEN UND DARSTELLUNG DER PRÄGENDEN STRUKTUREN

TEILBAND 2:
FESTUNG UND DENKMÄLER

BEARBEITET VON
ULF-DIETRICH KORN

UNTER MITARBEIT VON
THOMAS TIPPACH

Gedruckt mit Unterstützung des Ministeriums für Städtebau und Wohnen, Kultur und Sport, jetzt Ministerium für Bauen und Verkehr des Landes Nordrhein-Westfalen und der Stadt Minden

Gesamtredaktion und Gestaltung: Friederike Lichtwark

Die Deutsche Bibliothek - CIP-Einheitsaufnahme

Bau- und Kunstdenkmäler von Westfalen. - Essen : Klartext-Verl.
Bd. 50. Stadt Minden / bearb. von Fred Kaspar und Ulf-Dietrich Korn
Teil 1. Einführungen und Darstellung der prägenden Strukturen
Teilbd. 2. Festung und Denkmäler. / Bearb. von Ulf-Dietrich Korn. Unter Mitarb. von Thomas Tippach - 2005
ISBN 3-88474-631-6 (innerhalb des Gesamtwerks)
ISBN 3-89861-519-7 (als Einzelband)

Digitale Druckvorstufe: rk-design & technik, Ralf Klie und Megalith, Friederike Lichtwark, Drensteinfurt
Satz aus Adobe Caslon
Papier: Ikono silk
Druck und Verarbeitung: J.C.C. Bruns, Minden

© Landschaftsverband Westfalen-Lippe, Westfälisches Amt für Denkmalpflege

Alle Rechte vorbehalten.

ZU DIESEM BAND

Der vorliegende Teilband I.2 des Mindener Inventarwerks behandelt einen Teilaspekt der im Teilband I.1 dargestellten prägenden Strukturen: die Stadtbefestigung von ihren Anfängen im hohen Mittelalter bis zum Ende der Festungszeit sowie das weitere Schicksal der Befestigungsanlagen und der Militärbauten von der Entfestigung nach 1878 bis hin zur Konversion der militärischen Anlagen nach dem Abzug der britischen Streitkräfte, bis zur Gegenwart.

Thomas Tippach hat mit dem ersten Kapitel über die Entwicklung der städtischen Befestigung bis zum Dreißigjährigen Krieg wohl die erste zusammenfassende Darstellung dieses Teiles der Befestigungsgeschichte geliefert; sie wurde in Einzelheiten erweitert und ergänzt. Grundlage war die spärliche Überlieferung in Schrift- und Bildquellen. Ähnlich lückenhaft und spärlich ist die Überlieferung zur äußeren Sicherungslinie, der Landwehr in der Feldmark. Hier konnte nur versucht werden, durch das Zusammentragen verstreuter Nachrichten aus Quellen und Literatur einen zusammenfassenden Überblick über Gestalt und Lage der Landwehr in Text und Karte zu gewinnen.

Erst bei der Erarbeitung der Geschichte der seit dem Dreißigjährigen Krieg landesherrlichen Festung gewinnt man etwas festeren Boden, wenngleich auch hier die Aktenüberlieferung äußerst spärlich ist und das wenige Vorhandene seine Erhaltung wohl eher dem Zufall verdankt. Das Heeresarchiv in Potsdam ist 1945 zum größten Teil verbrannt, das Geheime Staatsarchiv Preußischer Kulturbesitz in Berlin enthält nur verschwindend wenig einschlägiges Aktenmaterial, und die Militaria-Akten der Kriegs- und Domänenkammer sowie der preußischen Regierung Minden verloren allein 1853/1854 durch Kassation 810 Aktenbände der Registratur. Auch später sind weitere erhebliche Verluste zu verzeichnen. Die geringen Altbestände wurden 1950 im Bestand M I 1 C des Staatsarchivs Detmold zusammengefaßt und neu geordnet; auch hier war die Ausbeute an Nachrichten zur Festungsbaugeschichte letztlich gering.

Der Verbleib des sicherlich umfangreichen Aktenmaterials der 1873 aufgelösten Mindener Fortification, der Festungsbaubehörde und ihrer Nachfolger (des Mindener Garnison-Bauamtes, des Militär-Bauamtes und des Heeresbauamtes II) konnte nicht geklärt werden. Das Stadtarchiv Minden (im Kommunalarchiv Minden-Lübbecke) enthält naturgemäß nur wenig an Bausachen aus dem militärischen Bereich.

Als Ausgangspunkt und Grundlage für die Arbeit bot sich daher die verdienstvolle Dissertation von Volkmar Ulrich MEINHARDT von 1956 an, die unter dem Titel »Die Festung Minden, Gestalt, Struktur und Geschichte einer Stadtbefestigung« im Mindener Jahrbuch, Neue Folge, Heft 7, im Jahr 1958 gedruckt wurde. MEINHARDTS auch jetzt keineswegs überholte Darstellung stützte sich im wesentlichen auf den Planbestand des Mindener Museums für Geschichte, Landes- und Volkskunde. Der Bestand FM enthält dort rund 150 Blätter aus der Zeit zwischen 1814 und 1939; seinen Grundstock bilden 81 Pläne einzelner Werke, die nach MEINHARDT 1958, S. 74, im Jahre 1878 vom Rechnungsrat Daniel bei den Abschlußverhandlungen zur Übergabe der disponiblen früheren Festungswerke an die Stadt abgegeben wurden. Die nach 1878 entstandenen Pläne stammen aus dem Militär-Bauamt, dem Heeresbauamt II und städtischen Baubehörden. Den Bestand ergänzen 25 Blätter zum Artillerie-Zeughof im Mauritius-Kloster bzw. zum nicht ausgeführten Umbau von St. Mauritius zur Garnisonkirche (1896–1899, vgl. Teil III, S. 499–502, Abb. 336–338) aus dem

Planarchiv der Fortification und des Militär-Bauamtes. Sie wurden 1994 vom Mindener Museum aus der Hand eines Privatmannes in Bad Salzuflen erworben, der sie auf einem Flohmarkt gefunden hatte (FM 178–201). Das Museum hat 1994 seinen Planbestand großzügig nach Münster zur Bearbeitung und fotografischen Aufnahme ausgeliehen.

Neben den Plänen des Mindener Museums hat MEINHARDT einen Teil der Minden betreffenden Plansammlung des Staatsarchivs Münster ausgewertet, die später an das Staatsarchiv Detmold (D 73, Kartensammlung, Tit. 4 und 5) abgegeben wurde. Sie stammen teils aus dem Planarchiv der Fortification, teils aus dem Garnison-Bauamt, teils aus der Plankammer des Kriegsministeriums in Berlin. Dieser rund 300 Zeichnungen umfassende Bestand zu Mindener Festungs- und Militärbauten konnte dank freundlichem Entgegenkommen des Detmolder Staatsarchivs nach Münster ausgeliehen und 1995/1996 im Westfälischen Amt für Denkmalpflege bearbeitet und durchfotografiert werden.

Daß ein beträchtlicher Teil der Plansammlung des Preußischen Heeresarchivs 1945 der Vernichtung in Potsdam entgangen war und sich seither im Zentralarchiv der DDR in Merseburg befand, war MEINHARDT nicht bekannt. Nach der Überführung in das Geheime Staatsarchiv PK nach 1989 und der Neuverzeichnung konnte der mit geringen Lücken anscheinend vollständige Bestand von rund 160 Blättern aus der Zeit von 1814 bis 1875 im Jahre 1994 in Berlin bearbeitet werden. Das Geheime Staatsarchiv fertigte zudem in dankenswerter Weise vorzügliche Aufnahmen von den gewünschten Plänen an.

Der so beträchtlich vermehrte Fundus an Einzel- und Detailplänen zur Mindener Befestigung wurde auf das Glücklichste ergänzt durch rund 25 Gesamt- und Einzelpläne im Besitz der Staatsbibliothek zu Berlin PK, darunter 20 Gesamtpläne aus dem 17. und 18. Jahrhundert (Deutsche Staatsbibliothek, Kartografische Bestandsverzeichnisse 4, hrsg. v. Egon Klemp, Pläne und Grundrisse von Städten kapitalistischer Länder Europas (1500–1850), Teil 3: M–R, bearb. v. Wolfram Klaus, Berlin 1984, Nr. 7921–7955). Diese sind für den allmählichen Um- und Ausbau Mindens unter dem Großen Kurfürsten, Friedrich III./I. und Friedrich Wilhelm I. bis gegen 1730 von großer Bedeutung und widerlegen die bisher gängige, vor allem bei VON BONIN I, 1877, S. 12, geäußerte Meinung, Minden sei nach 1648 von den brandenburgisch-preußischen Herrschern geringgeschätzt und vernachlässigt worden.

Zudem fanden sich, eher zufällig, in der Staatsbibliothek zu Berlin PK, Haus 2, in der Kartenabteilung unter den Generalstabs-Denkschriften XXIII die Minden betreffenden Nummern 187–195 aus der Zeit zwischen 1693 und 1867, zum Teil umfängliche Ausarbeitungen aus der Feder von Ingenieur- und Artillerie-Offizieren. Die zunächst geplante vollständige Aufnahme dieser Denkschriften hätte den Umfang des vorliegenden Bandes vollends gesprengt; sie wurden daher an geeigneter Stelle auszugsweise zitiert, mit Ausnahme von Cayarts *Memoire et Instruction abregé* von 1699 und dem von Cayart und de Bodt gemeinsam verfaßten *Memoire concernant Les fortifications de Minden* von 1700. Sie lassen sich mit beigelegten oder im Haus 1 der Staatsbibliothek verwahrten Plänen verbinden und wurden daher bei Kat.-Nr. 16 und 18 im Wortlaut und mit deutscher Übersetzung wiedergegeben.

Zusammen mit einigen weiteren Plänen aus anderen Archiven und Sammlungen (Staatsarchiv Hannover, Staatsarchiv Münster, Kriegsarchiv Stockholm, Militärhistorisches Museum der Bundeswehr Dresden, Kommunalarchiv Minden-Lübbecke/Stadtarchiv Minden u. a. m.) umfaßte der für die Bearbeitung zu sichtende Bestand an Plänen, Zeichnungen und weiteren bildlichen Darstellungen zuletzt fast 800 Blätter. Er enthält freilich nicht nur Originalzeichnungen, darunter viele Doppelstücke oder Mehrfertigungen, sondern auch Lichtpausen oder Reproduktionen, zudem manches Blatt, das nur von geringem Interesse oder Aussagewert für die Festungsbaugeschichte ist. Es wurden daher rund 400 Blätter ausgewählt, auf deren Grundlage sich ein ziemlich vollständiges Bild der Festung zeichnen ließ. Diese Blätter wurden, soweit tunlich und möglich, in einem detaillierten Katalog bearbeitet und kommentiert. Nach der einleitenden und zusammenfassenden Darstellung der Baugeschichte der Festung vom Dreißigjährigen Krieg bis zur Aufhebung im Jahre 1873 (Kap. IV.2.1) dient dieser kommentierte Katalog (Kap. IV.2.2) als Grundlage und Ergänzung der weiteren Darstellung in topographisch-chronologischer Ordnung. Diese weicht damit von der herkömmlichen Präsentation in einem Inventarband erheblich ab. Die Kombination von Zeichnungskatalog und Objektbeschreibung erschien indes dem Bearbeiter als die sinnvollste Möglichkeit, das umfangreiche Material zu gliedern und zu strukturieren und so beispielsweise Planungsprozesse und Varianten zu verfolgen, um so mehr, als der größte Teil der Befestigungsanlagen nicht mehr vorhanden ist und sich aus dem wenigen Erhaltenen kein zutreffendes Bild von Form, Gestalt und Erscheinung der Festung im Wandel der Zeit im Ganzen wie im Einzelnen mehr gewinnen läßt. Ein angehängter Zeichnungskatalog hätte überdies ein lästiges Hin- und Herblättern an verschiedenen Stellen des Bandes erfordert. Ganz zu vermeiden ist es ohnehin nicht.

Zudem bekennt der Bearbeiter gern, daß er auch der Faszination erlegen ist, die von den großenteils hervorragend gezeichneten und sorgsam gestalteten Blättern ausgeht, die zwischen 1640 und ca. 1860 unter den Händen der Festungsingenieure entstanden sind. Manchem Leser mag die Fülle der erhobenen Katalog-Daten überflüssig erscheinen, die über den reinen Darstellungsinhalt hinausgehen, anderen wird sie willkommen sein, zumal da z. B. Wasserzeichen oder Inventarnummern bei undatierten Blättern Aufschluß über ihre Entstehungszeit geben oder – bei den zahlreichen Sichtvermerken – auch der Bearbeitungsweg zwischen Fortification und Kriegsministerium deutlich wird. Es erschien sinnvoll, diese Daten nicht in der zuvor angelegten Katalog-Kartei zu begraben, sondern sie mitzupublizieren.

Der erste Abschnitt des Katalogs (Nr. 1–57) bietet mit der chronologischen Behandlung der Gesamtpläne der Festung sowohl eine Ergänzung als auch eine Vertiefung der Darstellung im Einleitungskapitel und ermöglicht so den Nicht-Minden-Kundigen, sich besser über den Gesamtablauf der Baugeschichte in ihrer spezifischen topographischen Situation zu orientieren. Der Überdeckungsplan auf dem vorderen Vorsatz dient dabei der allgemeinen Orientierung, auch im Vergleich mit dem gegenwärtigen Stadtgrundriß; die beigelegten Karten verdeutlichen den Zustand der Festung zu bestimmten Zeitschnitten im 17., 18. und 19. Jahrhundert.

Die anschließende Darstellung der Fronten und ihrer Werke in topographischer Ordnung bietet eine Art Rundgang um die Hauptenceinte. Er beginnt nicht mit der Weserfront und Bastion I, sondern mit der Hohen Fronte, im Nordwesten zwischen Bastion V/XII Schwichow und Bastion VIII und folgt den Fronten im Uhrzeigersinn bis zum Bastion III/XI und dem Generalabschnitt (Alte Hausberger Fronte). Hier ließ sich die Neue Hausberger Fronte von 1816 ff. am sinnvollsten anschließen. Die Darstellung geht frontweise vom Großen ins Kleine, jeweils bis zu den Einzelheiten der Blockhäuser, Pulvermagazine, Schleusen und Batardeaux, soweit hierfür Material vorliegt.

Über den Brückenkopf wendet sich der Rundgang dann in chronologischer wie topographischer Folge nach Osten zur Bahnhofsbefestigung. Dieser große Teilbereich der Gesamtfestung wird in ähnlicher Weise wie die Hauptenceinte auf dem linken Weserufer in der Art eines Rundgangs erschlossen. Hier wie dort sind die erhaltenen Bauten in Text, Plan und Bild bis zur Gegenwart behandelt.

Hieran schließt sich die Behandlung der Militärbauten innerhalb der Stadt bzw. der Festungswerke an, soweit sie vor 1873 entstanden und nicht bereits in den Teilen II–IV bearbeitet worden sind. Den Beschluß dieses Teils bilden die Pulver-Magazine im Vorfeld der Stadt, die gleichermaßen zum Komplex der Militärbauten gehörten.

Ausbau und Verdichtung der Infrastruktur für die Mindener Garnison begannen bereits vor der Entfestigung; vor allem rund um den Simeonsplatz entstand bis in die Zeit nach dem Zweiten Weltkrieg ein dichtes Geflecht von Militäranlagen. Art und Qualität des hierzu, meist in den Bauakten überlieferten Planmaterials bedurften keiner katalogartigen Bearbeitung. Die Darstellung versucht, die Fülle der Bauten topographisch-chronologisch und nach Zuständigkeits-Komplexen zu gliedern. Wichtige Bauten sind dabei ausführlicher bearbeitet, kleinere Anlagen erfahren eine häufig eher kursorische Behandlung. Vollständigkeit konnte aus Mangel an Unterlagen nicht erreicht werden, doch macht die Vielzahl der Bauten wohl immerhin deutlich, daß zu einem Garnison-Standort nicht nur Unterkunftsbauten, Ställe und Fahrzeugschuppen gehörten, sondern daß der »Großbetrieb Garnison« eine Fülle von Nebenbauten erforderte. Auch wenn diese Bauten architektonisch meist anspruchslos und unbedeutend waren und zudem bis auf wenige Reste inzwischen wieder verschwunden sind, so waren sie doch für die Dauer ihrer Existenz auch Teil des »Gesamtorganismus Stadt Minden« und waren daher, gemäß dem Konzept des Inventarwerks, zu erfassen und zu behandeln.

Anlage und Ausbau von Kasernenkomplexen griffen seit dem Ende des 19. Jahrhunderts zumindest teilweise über den Bereich der alten Festung hinaus; der damals am Stadtrand errichteten städtischen Artillerie-Kaserne folgen die Kasernen-Neubauten der Wehrmacht, während sich die Pionier-Übungsplätze im glacisnahen Bereich entwickelten. Die Bearbeitung der drei jüngsten Kasernenanlagen sowie des Pionier-Land- und Wasserübungsplatzes hat wiederum Thomas Tippach übernommen.

Mit Kapitel IV. 4 wird der militärische Bereich verlassen. Die Entfestigungsarbeiten nach 1878 haben der Stadt in markanten Bereichen ein völlig neues Gesicht gegeben. Das Kapitel versucht erstmals, die Umgestaltung zusammenfassend zu schildern.

Ein eigenes Kapitel der Stadt-Umgestaltung bilden die verschiedenen Großprojekte für den Simeonsplatz, darunter das in Vergessenheit geratene und hier zum ersten Mal behandelte Forum-Projekt von 1940/1941.

Den Schluß des Teilbandes bilden Denkmäler und Skulpturen im öffentlichen Raum, die als eigene Gattung über die Stadt verstreut sind, teils in den Grünanlagen des ehemaligen Glacis, teils an oder auf verschiedenen Straßen und Plätzen. Historisch und/oder künstlerisch bedeutendere sind ausführlicher bearbeitet, bei den meisten neueren Objekten genügte eine kursorische Behandlung.

Die Darstellung der Festung mußte sich, auch aus Gründen der Arbeitsökonomie, auf die reinen Baulichkeiten beschränken, auf Planung, Entstehung, Umbauten, Erweiterungen und Verschwinden sowie – bei den erhaltenen Bauten – auf die weitere Geschichte und Nutzung bis zur Konversion nach 1994. Für die vielen Nebenaspekte und Folgeerscheinungen, die der Festungsbau mit sich brachte, sei auf das umfangreiche Kapitel »Auswirkungen des Festungszustandes auf die zivile Stadt des 19. Jhdts.« bei MEINHARDT (Kap. 16, S. 86–117) verwiesen. Ebenso konnte und sollte es nicht Aufgabe des Inventarbandes sein, die facettenreiche Geschichte der Mindener Garnison und der verschiedenen Formationen von Infanterie, Artillerie und Pionieren zu erarbeiten.

Eine kleine Eigenheit sei besonders genannt: Da in den Quellentexten und Kartenbeschriftungen bis zur Mitte des 19. Jahrhunderts die festungstechnischen Fachbegriffe meist in ihrer älteren französischen Form ohne Eindeutschung verwendet wurden, hat der Bearbeiter an diesem, heute altmodisch erscheinenden Sprachgebrauch festgehalten, was vor allem bei Genus und Plural von »Bastion« auffallen wird: das Bastion, die Bastions. Der Bearbeiter bittet um wohlwollende Nachsicht. Vor allem hofft er aber, daß die von ihm gewählte, oben geschilderte und begründete Anlage der Darstellung ebensolche Nachsicht erfährt.

In der Schlußphase der Redaktion mußte wegen der knappen Geldmittel die Zahl der Abbildungen leider drastisch verringert werden. Diese Beschränkung fällt indes weniger ins Gewicht als der sehr bedauerliche Verzicht auf die geplanten Farbabbildungen. Dies hat zur Folge, daß die Lesbarkeit einer Reihe der schönsten, wichtigsten und besonders kleinteiligen Pläne durch die Schwarz-Weiß-Wiedergabe leidet.

Zum guten Schluß ist Dank zu sagen, großer und herzlicher Dank an die vielen, die mit mannigfacher Hilfe und Unterstützung mit Hinweisen und gutem Rat zum Entstehen des Bandes beigetragen haben. Aus ihrer großen Zahl seien einige besonders genannt: Dr. Thomas Tippach, der mit seinen Beiträgen zur Geschichte der mittelalterlichen und frühneuzeitlichen Stadtbefestigung und zu den jüngsten Kasernenkomplexen den Bearbeiter wirksam entlastete, Volker Buchholz (Staatsarchiv Detmold), Dr. Bliß (Geheimes Staatsarchiv PK Berlin), Rolf Plöger (Mindener Museum für Geschichte, Landes- und Volkskunde), Eberhard Brandhorst (Kommunalarchiv Minden-Lübbecke) und Dieter Bommel (Stadt Minden, Untere Denkmalbehörde). Neben Martina Karbe und Maria Swat, denen die dornenreiche Arbeit der Manuskript-Reinschriften oblag, sei den Kolleginnen und Kollegen in der Fotoabteilung des Westfälischen Amtes für Denkmalpflege für ihren Anteil an der gelungenen Bebilderung herzlich gedankt: Malin Austrup, Angelika Brockmann-Peschel, Arnulf Brückner, Hartwig Dülberg, Christiane Gathmann und Hedwig Nieland sowie den unermüdlichen Helfern Erich Dömer und Otto Schröder.

Dank freundlichem Entgegenkommen der Historischen Kommission für Westfalen konnten die beiliegenden Einzelpläne der Festung in verschiedenen Stadien aus dem Westfälischen Städteatlas, Lieferung VI, Nr. 3, 1999, übernommen und das Blatt mit der Darstellung der Landwehr um die dort fehlende westliche Hälfte ergänzt werden. Thomas Kaling sei für die Umsetzung des Entwurfs herzlich gedankt.

Besonder Dank gilt meiner Frau. Sie hat es mit Nachsicht, Langmut und Verständnis geduldet und hingenommen, daß sich der Autor weit über sein Ausscheiden aus dem Dienst hinaus der Weiterarbeit am Mindener Inventarwerk widmete, und hat damit wesentlich zu Fortgang und Abschluß beigetragen. Ihr sei dieser Band zugeeignet.

Friederike Lichtwark, rk-design & technik, Drensteinfurt, hat die redaktionelle Betreuung, die Gestaltung und die Druckvorbereitung übernommen. Sie hat diese Aufgabe mit großer fachlicher Kompetenz, geduldigem, kritischem Mitdenken, Geschick, Ausdauer und Umsicht, aber auch mit der erforderlichen Hartnäckigkeit souverän gemeistert. Ihr sei hierfür ganz besonders herzlich gedankt.

Münster, im Juni 2004   Ulf-Dietrich Korn

INHALT

Abkürzungen	XII
Literatur	XIV

IV Die Festung — 1
bearbeitet von Ulf-Dietrich Korn unter Mitarbeit von Thomas Tippach

Ungedruckte Quellen	1
Gedruckte Quellen	2

IV.1 Die Stadtbefestigung – Entwicklung bis zum Dreißigjährigen Krieg — 3
von Thomas Tippach und Ulf-Dietrich Korn

IV.1.1	Quellen	3
IV.1.2	Baugeschichte	4
IV.1.3	Die Reste	13
IV.1.4	Die Mindener Landwehr	15
	von Ulf-Dietrich Korn	

IV.2 Die Festung vom Dreißigjährigen Krieg bis zur Aufhebung im Jahr 1873 — 26
von Ulf-Dietrich Korn

IV.2.1	Einleitung	26
IV.2.2	Katalog der gezeichneten Karten, Pläne und Bauzeichnungen	68
	Die Festung im Ganzen (Kat.-Nr. 1–57)	68
	Die Hohe Front vom Bastion XII Schwichow bis zum Bastion VIII (Kat.-Nr. 58–112)	191
	Die Petershagener Fronte und die Werke bis zum Wassertor (Kat.-Nr. 113–166)	258
	Die Weserfront vom Rondell an der Weserbrücke bis zum Simeonstor und die alte Hausberger Front bis zum Bastion XII Schwichow (Kat.-Nr. 167–189)	328
	Die Hausberger Front und ihre Bauten (Kat.-Nr. 190–256)	374
	Der Brückenkopf (Kat.-Nr. 257–261)	505
	Die Bahnhofsbefestigung (Kat.-Nr. 262–328)	514
	Militärbauten innerhalb der Festungswerke (Kat.-Nr. 329–379)	626
	Artillerie-Zeughof im Mauritiuskloster (Kat.-Nr. 329–351)	626
	Körnermagazin und Heeresbäckerei (Kat.-Nr. 352–364)	667
	Marienwall-Kaserne (Südseite) (Kat.-Nr. 365–369)	693
	Rauhfutter-Magazine I und II an Marienwall und Hellingstraße (Kat.-Nr. 370, 371)	703
	Bahnhofskaserne (Kat.-Nr. 372–379)	707
	Die Friedens-Pulver-Magazine vor der Stadt (Kat.-Nr. 380–387)	720

IV.3	Militärbauten und -anlagen nach 1873	730
IV.3.1	Jüngere Bauten um den Simeonsplatz	730
	Reitbahn	735
	Hauptwache und Arresthaus	736
	Infanterie-Kaserne No III (Porta-Straße)	741
	Kammergebäude	751
	Nebenbauten nordwestlich der Portastraße	756
	Nebenbauten südöstlich der Portastraße	
	Projekte für Militärbauten (bis 1918)	786
	Bauten der Wehrmacht, Nachkriegsbauten	788
IV.3.2	Städtische Artillerie-Kaserne von Thomas Tippach	801
IV.3.3	Marienwall-Kaserne/Litzmann-Kaserne/Rhodesia Barracks (Nordseite)	813
IV.3.4	Pionierkaserne/Beseler-Kaserne (Pionierstraße)	826
IV.3.5	Pionier-Kaserne/Mudra-Kaserne/Clifton Barracks (Ringstraße) von Thomas Tippach und Ulf-Dietrich Korn	850
IV.3.6	Infanterie-Kaserne/Gneisenau-Kaserne/Elizabeth Barracks (Grille) von Thomas Tippach und Ulf-Dietrich Korn	854
IV.3.7	Pionier-Landungsübungsplatz bei Fort B	865
IV.3.8	Pionier-Land- und Wasserübungsplatz am Weserufer von Thomas Tippach und Ulf-Dietrich Korn	872
IV.3.9	Munitionsdepot am Schweinebruch	874
IV.4	Die Entfestigung nach 1873/Glacisanlagen	879
IV.4.1	Die Entfestigung	879
IV.4.2	Die Glacisanlagen	893
IV.5	Projekte für den Simeonsplatz seit 1918	902
IV.5.1	Stadthallen-Projekt 1926	902
IV.5.2	Forum-Projekt 1940/1941	902
IV.5.3	Stadthallen-Projekt 1978	908
IV.5.4	Großkino-Projekte 1996–1999	909

V Denkmäler und Skulpturen im öffentlichen Raum 911
von Ulf-Dietrich Korn

Glossar 968
Abbildungsnachweis 973

Kartenbeilage 1 Die Landwehr um Minden
Kartenbeilage 2 Die Festung Minden im 17. Jahrhundert (bis 1648)
Kartenbeilage 3 Die Festung Minden im 18. Jahrhundert (bis 1763)
Kartenbeilage 4 Die Festung Minden im 19. Jahrhundert (1815–1873)

Abkürzungen

AFWL	Ausgrabungen und Funde in Westfalen-Lippe
a. M.	am Maß = am Mindener Weserpegel
AMA	Allgemeiner Mindener Anzeiger
B	Breite
BA	Bauakte
Bd./Bde.	Band / Bände
Bearb.	Bearbeiter
bearb.	bearbeitet
BÜZ	Bürgerzentrum (in der St. Johannis-Kirche)
BZA	Bundesbahnzentralamt
d	Denar (Pfennig)
dc	decimal
ddc	duodecimal
DFW	Denkmalpflege und Forschung in Westfalen
DBZ	Deutsche Bauzeitung
Diss.	Dissertation
Dm	Durchmesser
EMR	Elektrizitätswerk Minden-Ravensberg
EZA	Eisenbahnzentralamt
FAMA	die Fama, Beilage zum Mindener Sonntagsblatt
G	Gulden
gr	Groschen
gfl	Goldflorin = Gulden
ggr	gute Groschen
GSTA PK	Geheimes Staatsarchiv Preußischer Kulturbesitz Berlin
GSW	Gemeinnützige Siedlungsgenossenschaft Minden
H	Höhe
HDV	Heeresdienstvorschrift
HK Minden	Handelskammer Minden
Hrsg.	Herausgeber
hrsg.	herausgegeben
KAM	Kommunalarchiv Minden
KKA	Kreiskirchenamt Minden
KrKatA	Kreiskatasteramt
L	Länge
lb	Pfund
LEG	Landesentwicklungsgesellschaft
LWL	Landschaftsverband Westfalen-Lippe
M	Mark
MA	Mindener Anzeiger
MB	Mindener Beyträge
MIB	Mindener Intelligenz-Blatt
MiHbll	Mindener Heimatblätter
MiMitt	Mindener Mitteilungen
MiSobl	Mindener Sonntagsblatt

Mgr, mgr	Mariengroschen
MJ	Mindener Jahrbuch
MKB	Mindener Kreisblatt
MÖA	Mindener öffentlicher Anzeiger
Mscr.	Manuscriptum
MSB	Mindener Sonntagsblatt
MT	Mindener Tagblatt
NB	Nota bene
NP	Normalprofil
NW	Neue Westfälische
NWM	Neues Westphälisches Magazin
PIB	Paderbornsches Intelligenzblatt
Pf	Pfennig
PfA	Pfarrarchiv
pp	praemissis praemittendis = u.s.w. oder praeter propter = ungefähr
rfl	Rheinische Florin bzw. Gulden
Rhl	Rheinländisch
RKG	Reichskammergericht
RM	Reichsmark
Rth	Rute(n)
Rthl	Reichstaler
rhein.	rheinisch
SB PK	Staatsbibliothek zu Berlin Preußischer Kulturbesitz
Sgr, sgr	Silbergroschen
STA BÜ	Staatsarchiv Bückeburg
STA DT	Staatsarchiv Detmold
STA MS	Staatsarchiv Münster
STA HANN	Hauptstaatsarchiv Hannover
T	Tiefe
Thl	Taler
Verw.-Ber.	Verwaltungsbericht der Stadt Minden
WAfD	Westfälisches Amt für Denkmalpflege in Münster
WB	Westfalen-Blatt
Westfalen	Westfalen, Hefte für Geschichte, Kunst und Volkskunde
WKB	Westfälisches Klosterbuch
WMfA	Westfälisches Museum für Archäologie in Münster
WMA	Wöchentlich Mindenscher Anzeiger
WMR	Wöchentliche Mindisch-Ravensberg-Tecklenburg und Lingische Frag- und Anzeigungsnachrichten
WNN	Westfälische Neueste Nachrichten NS. Volksblatt für Westfalen/Bielefelder Stadtanzeiger
WPB	Westphälische Provinzial-Blätter
WUB	Westfälisches Urkundenbuch
WZ	Westfalen-Zeitung
ZHVN	Zeitschrift des Historischen Vereins für Niedersachsen
ZOB	Zentraler Omnibus-Bahnhof

° = Rute = 12 Fuß = 3,766 m; ' = Fuß = 12 Zoll = 0,314 m; " = Zoll = 0,26 cm

Literatur

ABSHOFF 1904: Fritz ABSHOFF, Deutschlands Ruhm und Stolz. Berlin 1904.

ARAND/ BRAUN/VOGT 1981: Werner ARAND/Volkmar BRAUN/Josef VOGT, Die Festung Wesel. Darstellung ihrer Entwicklung anhand historischer Karten und Pläne (= Weseler Museumsschriften 3). Köln 1981.

ARENHÖVEL 1982: Willmuth ARENHÖVEL, Eisen statt Gold. Preußischer Eisenkunstguß aus dem Schloß Charlottenburg, dem Berlin-Museum und anderen Sammlungen. Ausstellungskatalog Burg Linn, Krefeld und Schloß Charlottenburg. Berlin, 1982/1983.

BACH 1985: Martin BACH, Studien zur Geschichte des deutschen Kriegerdenkmals in Westfalen und Lippe (Europäische Hochschulschriften, Reihe 38, Bd. 43). Frankfurt a. M. 1985.

BACHMANN 1965: Friedrich BACHMANN, Die alten Städtebilder. Ein Verzeichnis der graphischen Ortsansichten von Schedel bis Merian. Leipzig 1939, 2. unv. Aufl. Stuttgart 1965.

BATTA 1986: Ernst BATTA, Obelisken. Frankfurt a. M. 1986.

BEHR/HEYEN 1985: Hans-Joachim BEHR/Franz-Josef HEYEN, Geschichte in Karten. Düsseldorf 1985.

BERGER 1856: W. BERGER, Zeichnungen des Königl. Preussischen Artillerie-Materials, II. Abteilung, B. Festungs- und Belagerungs-Artillerie. Berlin 1856.

BERGES 1975: Hermann Josef BERGES, Hamm so wie es war. Düsseldorf 1975.

BLECKWENN 1984: Hans BLECKWENN, Die friderizianischen Uniformen 1753–1786. 4 Bde. (Die bibliophilen Taschenbücher Nr. 444). Dortmund 1984.

BÖLSCHE o. J. [1897]: BÖLSCHE, Skizzen aus Mindens Vergangenheit. Die Zeit des Dreißigjährigen Krieges. Minden o. J.

BÖRSCH-SUPAN 1977: Eva BÖRSCH-SUPAN, Berliner Baukunst nach Schinkel 1840–1870 (Studien zur Kunst des neunzehnten Jahrhunderts, Bd. 25). München 1977.

BUFE 2000: Thomas BUFE u. a., Gartenreise. Ein Führer durch Gärten und Parks in Ostwestfalen-Lippe. Hrsg. vom Landschaftsverband Westfalen-Lippe, Westfälisches Amt für Landes- und Baupflege. Münster 2000.

BURGER 1870/71:Ludwig BURGER, Die Denkmäler. In: Theodor FONTANE, Der Deutsche Krieg von 1866. Berlin 1870/71, Nachdruck Düsseldorf/Köln 1979.

BUSKE 1992: Stefan BUSKE, Wilhelm Salzenberg – Architekt des Historismus in Münster und Berlin. Ausstellungskatalog Stadtmuseum. Hrsg. von Hans Galen. Münster 1992.

CERVINUS 1908: J. D. Hirsch, Cui honor, reddite honorem! – Zum Andenken an Ernst Michael von Schwichow. In: Ravensberger Blätter 8, 1908, S. 20 ff.

CRAMER 1910: Alfred CRAMER, Geschichte des Infanterie-Regiments Prinz Friedrich der Niederlande (2. Westfälisches) Nr. 15. Berlin 1910.

DOOSE/PETERS 1991: Conrad DOOSE/Siegfried PETERS, Renaissancefestung Jülich. Jülich 1991.

EBERT 2001: Helmuth EBERT, Lexikon der Bildenden und Gestaltenden Künstlerinnen und Künstler in Westfalen-Lippe. Münster 2001.

FABER-HERMANN/KASPAR 1997: Ulrike FABER-HERMANN/Fred KASPAR, Neustadt Minden. Die Köln-Mindener Eisenbahn fährt in die Festung. Minden 1997.

Festschrift Handwerkersäule 1998: Kreishandwerkerschaft Minden-Lübbecke (Hrsg.), Festschrift Handwerkersäule. Minden 1998.

FORERO 1992: Albert FORERO, Militäranalyse – Britische Liegenschaften, Standort Minden. Minden 1992 (Hektograph. Mskr. bei der Stadt Minden, Amt für Liegenschaften und Wirtschaftsförderung).

FUHRMEISTER 1999: Christian FUHRMEISTER, Es entwickelte sich in Minden ein kleiner Religionskrieg: Das Schlageter-Denkmal an der Porta Westfalica (1933/34), ein Fallbeispiel für den Symbolkampf zwischen Christenkreuz und Hakenkreuz in den ersten Jahren des Nationalsozialismus. In: Westfalen 77, 1999, S. 350–379.

GAUL/KORN 1983: Otto GAUL und Ulf-Dietrich KORN, Die Bau- und Kunstdenkmäler der Stadt Lemgo (Die Bau- und Kunstdenkmäler von Westfalen, Band 49, Teil 1) Münster 1983.

GEISBERG I, 1932: Max GEISBERG, Die Stadt Münster. Teil 1: Die Ansichten und Pläne – Grundlage und Entwicklung. Die Befestigung. Die Residenzen der Bischöfe (Bau- und Kunstdenkmäler von Westfalen 41). Münster 1932.

GEISBERG IV, 1935: Max GEISBERG, Die Stadt Münster. Teil 4: Die profanen Bauwerke seit dem Jahr 1701 (Bau- und Kunstdenkmäler von Westfalen 41). Münster 1935.

GELLERT 1994: Andrea GELLERT, Minden – eine gesunde Stadt? Bielefeld (maschinenschriftlich) 1994.

GORENFLO 1988: Roger M. GORENFLO, Verzeichnis der bildenden Künstler von 1880 bis heute. Ein biographisch-bibliographisches Nachschlagewerk zur Kunst der Gegenwart. 3 Bde. Rüsselsheim 1988.

GRÄTZ 1997: Theodor und Horst Grätz: Minden – unbekannte Photographien 1889 bis 1939. Herausgegeben von Karin BRINKMANN-GRÄTZ und Thomas AHLERT. Minden 1997.

GROTEFEND 1873: Carl L. GROTEFEND, Die Chronik des Stifts SS. Mauritii et Simeonis zu Minden. In: Zeitschrift des Historischen Vereins für Niedersachsen 1873, S. 143–178.

HAGEMANN 1985: Gunter HAGEMANN, Die Festung Lippstadt (DFW 8). Bonn 1985.

HANKE/DEGNER 1935: Max HANKE/Hermann DEGNER, Geschichte der amtlichen Kartographie Brandenburg-Preußens bis zum Ausgang der friderizianischen Zeit (= Geographische Abhandlungen Dritte Reihe, Heft 7). Stuttgart 1935.

Harting 2000: Harting 1945–2000. Informationsschrift der Fa. Harting KGaA. Espelkamp 2000.

HECKMANN 1998: Hermann HECKMANN, Baumeister des Barock und Rokoko in Brandenburg-Preußen. Berlin 1998.

HEINE 1956: Heinrich HEINE, Werke in einem Band. Ausgewählt und eingeleitet von Walter Vontin. Jubiläumsausgabe Hamburg 1956.

HILKER 2000: Evelyn HILKER, Öffentliche Grünanlagen in Ostwestfalen-Lippe. In: Querbeet durch historische Gärten in Ostwestfalen-Lippe (Schriften der Historischen Museen der Stadt Bielefeld 16). Bielefeld 2000, S. 165 ff.

HOFFMANN/BEUTELSPACHER 2000: Christiane HOFFMANN/Martin BEUTELSPACHER, Als Minden eine Festung war (1500–1873) (Der historische Ort 82). Berlin 2000.

HOFMEISTER 1956: Hans Hofmeister, Rechts und links der Weser – Eine kleine Monographie des Landkreises Minden. In: 100 Jahre Mindener Tageblatt. Minden 1956, Teil II, S. 1–93.

HOOF/KORN 1998: Manfred HOOF/Ulf-Dietrich KORN, Das Fort C der Mindener Bahnhofsbefestigung. In: Denkmalpflege in Westfalen-Lippe 1998, Heft 2, S. 59–67.

HORSTMANN 1934/35: Kurt HORSTMANN: Die Entwicklung von Landschaft und Siedlung in der Umgebung Mindens. In: Mindener Jahrbuch 7, 1934/35, S. 7–72.

JUCHO 1926: Max JUCHO, Alte Hammer Bauten. In: 700 Jahre Stadt Hamm (Westf.), hrsg. vom Magistrat der Stadt Hamm. Hamm 1926, S. 177–230.

KAMEKE 1843: H. F. KAMEKE, Sammlung von Steindruckzeichnungen, durch welche die Einrichtung der materiellen Gegenstände der Preussischen Artillerie bildlich dargestellt ist. 2. Aufl. Berlin 1843.

KASPAR/SCHULTE 1999: Fred KASPAR/Monika SCHULTE, Text und Entwurf zum Blatt Minden. In: Westfälischer Städteatlas (Hrsg. von W. EHBRECHT), Lieferung VI, Blatt 3. Altenbeken 1999.

Kat. Berlin und die Antike 1979: Berlin und die Antike. Architektur, Kunstgewerbe, Malerei, Skulptur, Theater und Wissenschaft vom 16. Jh. bis heute. Deutsches Archäologisches Institut, Staatliche Mussen Preußischer Kulturbesitz. Ausstellung Berlin, Schloß Charlottenburg, Große Orangerie 22.4.–22.7.1979, 1. Katalog hrsg. von Willmuth ARENHÖVEL. 2. Aufsätze, hrsg. von Willmuth ARENHÖVEL und Christa SCHREIBER.

KEBER 1953: Paul KEBER, Wiederaufbau und Neubau in Minden [mit 19 Fortsetzungen]. In: MiMitt 23, 1951 bis 27, 1955: (11. Forts.:) MiMitt 25, 1953, S. 102–106; (19. Forts.:) MiMitt 27, 1955, S. 83–85.

KEBER 1955: Paul KEBER, 425 Jahre Mindener Gymnasium. In: 1530–1955. 425 Jahre Staatliches Altsprachliches Gymnasium Minden. Minden 1955, S. 17–30.

KEBER 1955: Paul KEBER, Das Mindener Rathaus, eingeweiht am 24.9.1955. Bericht über das letzte Baujahr. In: MiHbll 27, 1955, S. 126–128.

KEBER 1960/61: Paul KEBER, Minden im Jahr 1945. Versuch einer Darstellung des Kriegsendes und der ersten Nachkriegszeit in unserer Vaterstadt. In: MiHbll 32, 1960, S. 32–34, (1. Forts.:) S. 37–45, (2. Forts.:) S. 58–62, (3. Forts.:) S. 93–98 und (4. Forts.:) 33, 1961, S. 26–31, (5. Forts.:) S. 77–88 und (6. Forts.:) S. 140–141.

KIELING 1987: Uwe KIELING Berlin, Baumeister und Bauten. Von der Gotik bis zum Historismus. Berlin/Leipzig 1987.

Kirchenkreis Minden 1980: Kirchenkreis Minden 1530-1980. Schlaglichter auf Geschichte und Gegenwart. Hrsg. Georg SPEITEL. Minden 1980.

KLEE 1997: Wolfgang Klee, Die Lokomotiven der Cöln-Mindener Eisenbahn. In: Karl-Peter Ellerbrock/Marina Schuster (Hrsg.), Katalog 150 Jahre Köln-Mindener Eisenbahn. Essen 1997, S. 142–148.

KLINKOTT 1988: Manfred KLINKOTT, Die Backsteinkunst der Berliner Schule von K. F. Schinkel bis zum Ausgang des Jahrhunderts (Die Bauwerke und Kunstdenkmäler von Berlin, Beiheft 15). Berlin 1988.

KORN 1999: Ulf-Dietrich KORN, Klassizistische Bauten in der Festung Minden. In: Denkmalpflege in Westfalen-Lippe 1999, S. 47–53.

KOSSACK 1998: Kristan KOSSACK, Die Anfänge der Reichswehr in Minden. Der Garnisonsoldatenrat und die Reorganisation mit Hilfe von Freiwilligen und Freikorps 1918 bis 1924. In: MiMitt 70, 1998, S. 47–105.

Kossack 1999: Kristan Kossack, Von der Reichswehr zur Wehrmacht. Die Mindener Garnison von 1924 bis 1933. In: MiMitt 71, 1999, S. 65–111.

Kossack 2001: Kristan Kossack, Mindener Wehrmachtsverbände. Garnisonsentwicklung und Kriegseinsätze im Dritten Reich (1933–1945) (Mindener Beiträge 29). Minden 2001.

Krieg 1981: Martin Krieg, Das Chronicon domesticum et gentile des Heinrich Piel (Veröffentlichungen der Historischen Kommission für Westfalen 13, Geschichtsquellen des Fürstentums Minden 4). Münster 1981.

Lahrkamp 1997: Helmut Lahrkamp, Dreißigjähriger Krieg – Westfälischer Frieden. Münster 1997.

Liessem 1985: Udo Liessem, Zur ästhetischen Gestaltung von Festungswerken aus der ersten Hälfte des 19. Jahrhunderts, dargestellt am Beispiel des Forts Großfürst Constantin und des Löwentors in Koblenz. In: Zeitschrift für Festungsforschung 1985, S. 10–13.

Linnemann 1977: Klaus Linnemann, Leo Sympher, Mskr. v. 15.5.1977 im Wasser- und Schiffahrtsamt Minden.

Löffler 1932: Klemens Löffler (Hrsg. und bearb.): Des Domherren Heinrich Tribbe Beschreibung von Stadt und Stift Minden (um 1460). Veröffentlichungen der Historischen Kommission des Provinzialinstitutes für Westfälische Landes- und Volkskunde: Mindener Geschichtsquellen Band II, Münster 1932 (Übersetzung des lateinischen Textes in Fortsetzungen durch Martin Krieg veröffentlicht in: MiHbll 13–17 (1935–1939).

Lübking 1923: Wilhelm Lübking, General-Major von Schwichow. Zu seinem 100. Todestage am 28. Mai. In: MiHbll. 1, 1923, Nr. 5, S. 1 f.

Lüken-Isberner/Möller 2000: Folkert Lüken-Isberner/Holger Möller, Kasernenkonversion – Umnutzung aus der Sicht der Planung. In: Militärbauten und Denkmalpflege (Arbeitsheft der rheinischen Denkmalpflege 54). Essen 2000, S. 141–151.

Lurz 1985: Meinhold Lurz, Kriegerdenkmäler in Deutschland, Bd. 2: Einigungskriege. Heidelberg 1985.

M. Krieg 1966: Margrit Krieg, Vom Mindener Hudewesen. In: MiHbll 38, 1966, S. 112–134.

Marowsky 1965: Klaus Marowsky, Medaille auf die Einweihung des Kriegerdenkmals 1870/71 am Wesertor in Minden. In: MiMitt. 37, 1965, S. 95 f.

Mathematisches Calcul 2000: Mathematisches Calcul und Sinn für Ästhetik: Die preußische Bauverwaltung, 1770–1848. Ausstellung des Geheimen Staatsarchivs Preußischer Kulturbesitz in Zusammenarbeit mit der Kunstbibliothek der Staatlichen Museen zu Berlin Preußischer Kulturbesitz. Berlin 2000.

Meinhardt 1958: Volkmar Ulrich Meinhardt, Die Festung Minden. Gestalt, Struktur und Geschichte einer Stadtfestung (= Mindener Jahrbuch NF 7). Minden 1958.

Meißen 1990: 900 Jahre Meißen 1090–1990. Beiträge zu seiner Geschichte (hrsg. von Helmut Oevermann). Minden 1990.

Meynert/Mooser/Rodekamp 1991: Unter Pickelhaube und Zylinder. Das östliche Westfalen im Zeitalter des Wilhelminismus 1888 bis 1914. Hrsg. von Joachim Meynert, Josef Mooser und Volker Rodekamp (= Studien zur Regionalgeschichte Band 1). Bielefeld 1991.

Mielke 1986: Heinz-Peter Mielke, Wandeln über Dächern. Bedachungsmaterial in Vergangenheit und Gegenwart. Viersen o. J. (1986).

Militärbauten und Denkmalpflege 2000: Vortragstexte zur Fachtagung Militärbauten und Denkmalpflege am 8. und 9. Dezember 1998 in Mülheim an der Ruhr (= Arbeitsheft der rheinischen Denkmalpflege 54). Essen 2000.

Müller 1991: Heinrich Müller: Das Heerwesen in Brandenburg und Preußen von 1640 bis 1806. Band 1: Die Bewaffnung. Berlin 1991.

Neumann 1986: Hans-Rudolf Neumann, Die Bundesfestung Mainz 1814–1866 – Entwicklung und Wandlungen. Mainz/Berlin 1986.

Niermann 1979: Erwin Niermann, Stadterneuerung in Minden 1970–1979. In: Minden – Zeugen und Zeugnisse seiner städtebaulichen Entwicklung (Hrsg. von H. Nordsiek), Minden 1979, S. 141–156, Bildteil S. 376–393.

Nordsiek 1968 (Festschrift Ressource): Hans Nordsiek, 180 Jahre Gesellschaft zur Weserklause 1788–1968. Minden 1968.

Nordsiek 1977: Hans Nordsiek, Die Regalienverleihung an die Mindener Kirche im Jahre 977 und die Entwicklung Mindens von der Marktsiedlung zur Stadt. In: MiMitt 49/1977, S. 13–34.

Nordsiek 1979: Hans Nordsiek (Hrsg.) und Autor mehrerer Beiträge: Minden – Zeugen und Zeugnisse seiner städtebaulichen Entwicklung. Minden 1979.

Nordsiek 1986 = Nordsiek 1986 a: Hans Nordsiek: Das preußische Fürstentum Minden zur Zeit Friedrich des Großen. In: MiHbll 58, 1986, S. 11–102 (auch als Sonderdruck hrsg. vom KAM aus Anlaß der Ausstellung »Getreue Untertanen« 1986).

Nordsiek 1986: Hans Nordsiek, Vom Kreishaus zum Kommunalarchiv Minden 1908–1986, hrsg. vom Kreis Minden-Lübbecke. Minden 1986.

Nordsiek, Kaiserwetter 1991 = Nordsiek 1991: Hans Nordsiek, »Kaiserwetter« in Minden. Stadtentwicklung in wilhelminischer Zeit. In: Meynert/Mooser/Rodekamp 1991, S. 29–134.

M. Nordsiek 1988: Marianne Nordsiek, Die Simeonstraße in Minden. Beiträge zur Geschichte einer Altstadtstraße und ihrer Häuser. In: MiMitt 60, 1988, S. 7–50 (auch als Separatdruck Minden 1988).

M. Nordsiek 1992: Marianne Nordsiek, Vom »Kuhtor« zum »Königstor«. Ein Beitrag zur Geschichte der Mindener Stadtbefestigung. In: MiMitt 64, 1992, S. 157–163.

Peschken 1979: Goerd Peschken, Das architektonische Lehrbuch (Karl Friedrich Schinkel Lebenswerk, Bd. 14). München/Berlin 1979.

Preußentour 1996: Volker Rodekamp/Mindener Museum (Hrsg.), Preußentour, Historische Stadtrundgänge Minden Nr. 1. Minden 1996.

Rave 1962: Paul Ortwin Rave, Karl Friedrich Schinkel Lebenswerk: Berlin. Dritter Teil: Bauten für Wissenschaft, Verwaltung, Heer, Wohnbau und Denkmäler. Berlin 1962.

Rave 1981: Paul Ortwin Rave, Karl Friedrich Schinkel. 2. Aufl., bearb. von Eva Börsch-Supan. München/Berlin 1981.

Reininghaus 1997: Wilfried Reininghaus et alii, Eisenbahnen zwischen Rhein und Weser 1825–1995. In: Karl-Peter Ellerbrock/Marina Schuster (Hrsg.), Katalog 150 Jahre Köln-Mindener Eisenbahn. Essen 1997, S. 12–73.

Reuleaux 1912: Reuleaux, Die geschichtliche Entwicklung des Befestigungswesens vom Aufkommen der Pulvergeschütze bis zur Neuzeit (Sammlung Göschen 569). Leipzig 1912.

Röckemann o. J.: [A.] Röckemann, Volksleben, Volksglaube und volkstümliche Geschichtsauffassung im Fürstentum Minden. Minden o. J. [nach 1911].
Röhrs 1992: Hans Röhrs, Erz und Kohle. Ibbenbüren 1992.
Rothert 1949–1951: Hermann Rothert, Westfälische Geschichte, Band I–III. Gütersloh 1949–1951.
Saur 1992 ff.: Allgemeines Künstler-Lexikon. Die Bildenden Künstler aller Zeiten und Völker. München/Leipzig Bd. 1 (1992) –
Schäfer 1998: Jost Schäfer, Das ehemalige Luftkreiskommando IV in Münster von Ernst Sagebiel. In: Westfalen, 76, 1998, S. 380–401.
Schmidt 1981: Eva Schmidt: Der preußische Eisenkunstguß. Technik, Geschichte, Werke, Künstler. Berlin 1981.
Schmidt 2000: Wolfgang Schmidt, Nutzung und Bauform von Kasernenbauten in den dreißiger Jahren. In: Militärbauten und Denkmalpflege (Arbeitsheft der rheinischen Denkmalpflege 54). Essen 2000, S. 35–56.
Schreiber 1957: Heinrich Schreiber, Bericht eines Mindener Bürgermeister aus dem dreißigjährigen Kriege 1625–1636 – Belagerung Mindens durch die Schweden. In: MiHbll 28, 1956, S. 32 ff., 65–68, 79–81, 126–129; 29, 1957, S. 3–7, 29–32, 58 ff., 90 ff., 106 ff.
Schreiner 1963: Ludwig Schreiner: Das Schwichow-Grabmal zu Minden. Ein Werk Schinkels auf westfälischen Boden. In: MiHbll 35, 1963, S. 145–150.
Schreiner 1969: Ludwig Schreiner, Westfalen (= Karl Friedrich Schinkel Lebenswerk, Bd. 10). München 1969.
Schreiner 1977: Ludwig Schreiner, Die Bautätigkeit in Minden zur Zeit des Klassizismus. In: Hans Nordsiek (Hrsg.), Zwischen Dom und Rathaus. Beiträge zur Kunst- und Kulturgeschichte der Stadt Minden. Minden 1977, S. 269–302.
Schroeder 1886: Wilhelm Schroeder, Chronik des Bistums und der Stadt Minden. Minden 1886.
Schulte 1997: Monika M. Schulte, Macht auf Zeit. Ratsherrschaft im mittelalterlichen Minden. Warendorf 1997 (Dissertation Münster 1995).
Scriverius 1966: Dieter Scriverius, Die weltliche Regierung des Mindener Stiftes von 1140–1397 (Band I), Diss., Hamburg 1966.
Seifen 2000: Barbara Seifen, Minden, Hausberger Front/Simeonsplatz – Umnutzung und bauliche Ergänzung der ehemaligen militärischen Anlage. In: Denkmalpflege in Westfalen-Lippe 2000, Heft 1, S. 23–30.
Sicken 1995: Bernhard Sicken u. a., Die Garnison im kommunalen Kalkül. Stadt und Militär in der Rheinprovinz und der Provinz Westfalen 1815–1914. In: Jürgen Reulecke (Hrsg.), Die Stadt als Dienstleistungszentrum. Beiträge zur Geschichte der »Sozialstadt« in Deutschland im 19. und frühen 20. Jahrhundert. St. Katharinen 1995, S. 57–124.
Sicken 2000: Bernhard Sicken, Kasernenbau – Impulse für die Stadtentwicklung im Kaiserreich und im »Dritten Reich«? In: Militärbauten und Denkmalpflege (Arbeitsheft der rheinischen Denkmalpflege 54). Essen 2000, S. 23–33.
Siewert 2002: Klaus Siewert, … und sie knespelte ihr ersten Kutschabo. Die Mindener Buttjersprache. Minden 2002.

Spannagel 1894: Karl Spannagel, Minden und Ravensberg unter brandenburgisch-preußischer Herrschaft von 1648 bis 1719. Hannover/Leipzig 1894.

Strecke 2000: Reinhart Strecke, Anfänge und Innovation der preußischen Bauverwaltung. Von David Gilly zu Karl Friedrich Schinkel. (Veröffentlicheungen aus den Archiven Preußischer Kulturbesitz, hrsg. Von Jürgen Kloosterhuis und Iselin Gundermann, Beiheft 6). Köln/Weimar/Wien 2000.

Stühmeier 1978: Wilhelm Stühmeier, Chronik des Dorfes Todtenhausen. Minden 1978.

Taverne 1979: Ed Taverne, Henrick Ruse und die »verstärkte Festung« von Kalkar. In: Soweit der Erdkreis reicht – Johann Moritz von Nassau-Siegen 1604–1679. Ausstellungskatalog Städtisches Museum Haus Koekkoek. Kleve 1979, S. 151–158.

Thieme-Becker: Allgemeines Lexikon der bildenden Künstler von der Antike bis zur Gegenwart, begründet von Ulrich Thieme und Felix Becker. 37 Bde. Leipzig I (1907) – XXXVII (1950).

Tippach 2000: Thomas Tippach, Koblenz als preußische Garnison- und Festungsstadt. Köln 2000.

Uber 1977: Ursula Uber, Freiplastiken in Münster. Münster 1977.

Vogt 1993: Arnold Vogt, Den Lebenden zur Mahnung. Denkmäler und Gedenkstätten. Zur Traditionspflege und historischen Identität vom 19. Jh. bis zur Gegenwart. Hannover 1993.

Vogt 1987: A. Vogt, Kriegerdenkmäler und Mahnmäler. In: Westfälische Forschungen 37, 1987, S. 36 f.

Vollmer 1953–1962: Hans Vollmer, Allgemeines Lexikon der bildenden Künstler des XX. Jahrhunderts. 6. Bde. Leipzig I (1953) – VI (1962).

von Bonin I, 1877: Udo von Bonin, Geschichte des Ingenieur-Corps und des der Pioniere in Preußen, Band I. Berlin 1877.

von Bonin II, 1878: Udo von Bonin, Geschichte des Ingenieur-Corps und des der Pioniere in Preußen, Band II. Berlin 1878.

von Ledebur 1825: Leopold von Ledebur, Minden-Ravensberg. Denkmäler der Geschichte, der Kunst und des Altertums. Nach der im Jahre 1825 verfaßten Handschrift »Das Fürtentum Minden und die Grafschaft Ravensberg in Beziehung auf Denkmäler der Geschichte, der Kunst und des Altertums« herausgegeben von Gustav Heinrich Griese. Bünde 1934.

von Priesdorff 1937–42: Kurt von Priesdorff, Soldatisches Führertum, Bd. 1–10. Hamburg 1937–1942.

von Prittwitz 1836: Moritz von Prittwitz und Gaffron, Beiträge zur angewandten Befestigungskunst, erläutert durch Beispiele aus den neuen Preußischen Befestigungsanlagen, auf 100 Tafeln. Posen o. J. (1836).

von Schroeder 1964: Johann Karl von Schroeder, Amtmeister Johann Stolte, der beste Schütze des ersten Freischießens 1682. Ein Beitrag zur Geschichte des Mindener Bürgerbataillons. In: MiMitt 36, 1964, S. 246–250.

von Schroeder 1971: Johann Karl von Schroeder, Minden und das Mindener Land in alten Ansichten. Minden/Münster 1971.

von Schroeder 1997: Johann Karl von Schroeder, Mindener Stadtrecht 12. Jahrhundert bis 1540. Bearb. von Johann Karl von Schroeder (Veröffentlichungen der Historischen Kommission für Westfalen 8, Westfälische Stadtrechte 2). Münster 1997.

von Senger und Etterlin 1980 : Ferdinand M. von Senger und Etterlin (Hrsg.), Soldaten zwischen Rhein und Weser. Heeresgeschichte in Nordrhein-Westfalen von den Anfängen der stehenden Heere bis zur 7. Panzergrenadierdivision der Bundeswehr. Koblenz/Bonn 1980.

von Simson 1996: Jutta von Simson, Christian Daniel Rauch. Oeuvre-Katalog. Berlin 1996.

von Zastrow 1854: Alexander von Zastrow, Geschichte der beständigen Befestigung. Leipzig 1854.

Wehler 1987–1995: Hans-Ulrich Wehler, Deutsche Gesellschaftsgeschichte 4 Bde. München 1987–2003. Bd. 3: Von der »Deutschen Doppelrevolution« bis zum Beginn des Ersten Weltkrieges: 1849-1914. Bonn 1995.

Weiss 1998: Hermann Weiss (Hrsg.), Biographisches Lexikon zum Dritten Reich. 2. Aufl. Frankfurt am Main 1998.

Westfälische Pforte: Heimatbrief für alle Soldaten aus Stadt und Kreis Minden. Hrsg. von der Kreisleitung der NSDAP. Minden 1940–1943.

Westheider 1991: Rolf Westheider, Krieg, Einheit und Denkmal – Beispiele politischer Symbolik in Minden-Ravensberg. In: Meynert/Mooser/Rodekamp 1991, S. 487–502.

Wilms 1860: G. L. Wilms, Zur Geschichte des Gymnasiums zu Minden Heft 1: Die Reformation in Minden. Minden 1860.

Wolf 1999: Christiane Wolf, Gauforen. Zentren der Macht. Zur nationalsozialistischen Architektur und Stadtplanung. Berlin 1999.

Zeigert 2000: Dieter Zeigert, Militärische Kommandostrukturen, Standortverteilung und Kasernenbau in der jüngeren Geschichte. In: Militärbauten und Denkmalpflege (Arbeitsheft der rheinischen Denkmalpflege 54). Essen 2000, S. 11–22.

IV   DIE FESTUNG

Ungedruckte Quellen

Geheimes Staatsarchiv PK, Berlin: I. HA, Rep. 75 D, Nr. 238/2; I. HA, Rep. 89, Geh. Zivilkabinett, Nr. 32 101; I. HA; Rep. 93 D, Lit Gc, Tit. XX, Nr. 3, Bd.1 und 2. XI. HA, Karten, Festungspläne Minden.

Kommunalarchiv Minden-Lübbecke/Stadtarchiv Minden:
Urkunden   Nr. 94; A 1, Nr. 109; A III, Nr. 119.
Akten   B 361; 759. – C 20,2 alt; 132; 142; 341,12 alt; 427; 512; 536; 878; 1097; 1127. – E 277; 317; 352; 355; 693; 725. – F 274; 396; 403; 720; 1218; 1255; 1257; 1279; 1282; 2239; 2400; außerdem sämtlich die Städt. Artilleriekaserne betreffend: F 46; 281; 283; 458; 463; 474; 610; 718; 723; 791–793; 836; 955; 1207; 1294; 1301; 1369; 1434; 1500; 1565; 1575; 1720; 1770; 1810; 1943; 2333; 2356; 2357; 2359; 2360; 2525 (nur teilweise ausgewertet). – G 779; G V Nr. 56,104. – H 10, Nr. 575; H 60, Nr. 28, 220, 240, 241, 282 (teilweise ausgewertet).

Landschaftsverband Westfalen-Lippe, Archiv: Bestand C 76 (abgegebene Objektakten des WAfD).

Staatsarchiv Detmold: M I 1 C Nr. 206, 208, 230, 236, 238, 257, 262, 797, 799, 800, 801. – D 73, Kartensammlung, Tit. 4 und 5.

Staatsarchiv Münster: Mscr. I, 115; VII, 2702, S. 2703, 2713. – Kriegs- und Domänenkammer Minden Nr. 3574. – Zivilgouvernement Nr. 204, 236, 396, 397.

Staatsbibliothek zu Berlin, PK, Haus 1, Kartenabteilung; Haus 2, Kartenabteilung Generalstabs-Denkschriften XXIII, Nr. 187–195.

Stadt Minden:
Bauordnungsamt: Bauakten: Am Alten Weserhafen 2; Alte Hausberger Torstraße 1–3/7; Artilleriestraße 9; Friedrich-Wilhelm-Straße 15; Gefallenen-Denkmal des F. A. R. 58 im Königsglacis; Goebenstraße 1; Hafenstraße 10, 19, o. Nr. (Sammelakte): Städt. Blockhaus; Johansenstraße 4/4a/6; Kasernenstraße (Sammelakte); Königstraße 9/11/13; Königswall 26; Marienwallstraße 16, 19, 24/26, 30, 31; Martinikirchhof 1, 6a/7; Pionierstraße 2, 4, 4–12, 6/6a, 6–10, 8, 10, 16; Pionierstraße. o. Nr. (Sammelakte); Portastraße 1/2/2a/3/4, 7, 7/ Simeonsplatz 8; Simeonsplatz 3, 3–5, 4, 5, 6–9, 10/21/24/37, 21, 24, o. Nr. (Sammelakte); Simeonsplatz an der Portastraße / Kgl. Garnisonverwaltung; Sympher-Gedenkstein Fuldastraße / Ecke Bleich-Straße; Weserglacis, Infanterie-Denkmal; Weserglacis, Pionier-Denkmal.
Stadt Minden, Hochbauamt: Bauakten: Jugendkreativzentrum Anne Frank; Mappe 7011, 7012.
Stadt Minden, Planungsamt: Fluchtlinienpläne (Foto-Bände).

Gedruckte Quellen

GROTEFEND: Hermann GROTEFEND (Hrsg.), Die Chronik des Stifts SS. Mauritii et Simeonis Minden, in: ZHVN 1873, S. 143–178.

LÖFFLER 1917: Clemens LÖFFLER (Hrsg.), Die Bischofschroniken des Mittelalters. Hermanns von Lerbeck Catalogus episcoporum Mindensium und seine Ableitungen (Mindener Geschichtsquellen 1). Münster 1917.

LÖFFLER 1932: Clemens LÖFFLER (Hrsg.), Des Domherrn Heinrich Tribbe Beschreibung von Stadt und Stift Minden (Mindener Geschichtsquellen 2). Münster 1932.

KRIEG 1981: Martin KRIEG (Hrsg.), Das Chronicon domesticum et gentile des Heinrich Piel (Geschichtsquellen des Fürstentums Minden 4, Veröffentlichungen der Historischen Kommission für Westfalen 13). Münster 1981.

VON SCHROEDER 1997: Johann Karl VON SCHROEDER (Bearb.), Mindener Stadtrecht 12. Jahrhundert bis 1540 (Veröffentlichungen der Historischen Kommission für Westfalen VIII, Rechtsquellen, A. Westfälische Stadtrechte Bd. 2). Münster 1997.

WUB VI: Die Urkunden des Bisthums Münster vom J. 1201–1300, bearb. von H. HOOGEWEG. Münster 1898; Neudruck Osnabrück 1975.

WUB X: Die Urkunden des Bistums Minden 1301/1325, bearb. von Robert KRUMBHOLTZ. Münster 1940; bearb. v. Joseph PRINZ, Münster ²1977.

IV.1 Die Stadtbefestigung – Entwicklung bis zum Dreißigjährigen Krieg

von Thomas Tippach und Ulf-Dietrich Korn

IV.1.1 Quellen

Vergleiche hierzu die Kartenbeilagen in Teilband I.1: Minden um 1500 (Rekonstruktion), M 1:200, und Wachstumsphasen der Stadt Minden M 1:5000.

Die Quellenlage zur Mindener Stadtbefestigung des Mittelalters erweist sich als relativ ungünstig. Bis in das 15. Jahrhundert finden sich in den Schriftquellen lediglich versteute Hinweise auf einzelne Mauerabschnitte und Stadttore. Erkenntnisse über die architektonische Gestalt und die Funktionselemente dieses bedeutsamen Symbols städtischen Selbstverständnisses sind aus diesen Quellen kaum zu gewinnen. Etwas günstiger gestaltet sich die Überlieferungssituation seit dem 15. Jahrhundert. Die Stadtbeschreibung bzw. die Bischofschronik Tribbes enthalten wichtiges Material zur Stadtbefestigung. Die bedeutendste Schriftquelle zur Entwicklung der städtischen Verteidigungsanlagen stellt schließlich die in den 70er Jahren des 16. Jahrhunderts verfaßte Chronik des Heinrich Piel dar, die wertvolle Einsichten in die Baugeschichte insbesondere des 16. Jahrhunderts erlaubt. Informationen zur Baugestalt oder zu Detailformen der Befestigung lassen sich aber auch aus dieser Quelle nur bedingt herausarbeiten. Mit der Planvedoute Wenzel Hollars, deren Vorzeichnung auf 1633/1634 zu datieren ist, liegt schließlich eine Bildquelle vor, die auf Grund ihres Detailreichtums zumindest den Eindruck von Realitätstreue vermittelt. Die Aussagekraft dieser vielfach reproduzierten Ansicht der Stadt Minden sollte aber nicht überschätzt werden, fehlt es doch mit Blick auf die Stadtmauer an entsprechenden Bild- und Schriftquellen oder archäologischen Befunden, die einen Vergleich ermöglichen, um den Realitätsgehalt der Abbildung zu überprüfen.

Den umfangreichen stadtarchäologischen Untersuchungen in Minden in den letzten Jahrzehnten sind zwar gewichtige Erkenntnisse zur Befestigung der Domimmunität zu verdanken, zur Erforschung der Stadtbefestigung haben sie indes bislang keinen entscheidenden Beitrag liefern können (zu den Befunden siehe Kevin Lynch in Teil I.1, S. 46–74). Wegen dieser hier nur knapp skizzierten recht bescheidenen Quellensituation ist die Baugeschichte der Mindener Stadtbefestigung für das Mittelalter und die frühe Neuzeit bis zum Ausbau der Befestigungsanlagen durch die Schweden im Dreißigjährigen Krieg bislang auch in der Literatur kaum in den Blick genommen worden.

IV.1.2 Baugeschichte

Die Anfänge der mittelalterlichen Stadtbefestigung werden auf die Zeit um 1230 datiert. Wohl von Anbeginn war sie eine städtische Unternehmung, die indes im beiderseitigen Interesse von Bischof und Bürgerschaft durchgeführt wurde. Ob es sich hierbei zunächst um eine Holz-Erde-Befestigung gehandelt hat oder ob wenigstens teilweise eine regelrechte Mauer errichtet wurde, läßt sich aus den vorhandenen Quellen nicht klar erkennen. Zumindest an der Weserseite scheint zunächst lediglich eine Plankenbefestigung bestanden zu haben, denn 1268 wird dem Domvikar Gerbert der Bau einer *camera privata trans plancas* unter verschiedenen Bedingungen gestattet (WUB VI, Nr. 906). Bei einem Mauerbau solle die *camera* so errichtet werden, wie es der Rat für richtig halte. Die Ortsangaben in den ersten Quellenbelegen sind indes recht vage, so daß es kaum möglich ist, die in den Urkunden genannten Teile der Stadtbefestigung eindeutig zu lokalisieren. So wird in einer Urkunde von 1232 ein Marientor erwähnt (WUB VI, Nr. 250), das aber auch als Zugang vom Großen Domhof zur Bäckerstraße interpretiert werden kann (siehe Teil II, S. 1143).

Offenkundig entstand die Stadtbefestigung als Mauer zunächst an den besonders gefährdeten Landseiten der Stadt, denn noch um 1270 war die Ostseite der Stadt in der Nähe des Doms nur unzureichend mit Planken gesichert. Erst mit Unterstützung des Bischofs Otto wurde hier die Umwehrung durch eine Mauer geschlossen (LÖFFLER 1917, S. 191) und die hier gelegene bischöfliche Pforte aufgegeben (SCHROEDER 1886, S. 164). Ob mit dieser Baumaßnahme der Ring um die Stadt vollendet wurde, wird in der Literatur unterschiedlich bewertet. NORDSIEK geht (mit SCRIVERIUS 1966, S. 75) davon aus, daß seit dieser Zeit eine lückenlose Ummauerung bestanden habe. Seit 1277 und 1283 (WUB VI, Nr. 1088 und 1280) wird stets dezidiert von Liegenschaften und Gelände *intra et extra* muros (inner- und außerhalb der Mauern; NORDSIEK 1979, S. 27) gesprochen. Einzelne Quellenbelege des 14. Jahrhunderts deuten auf eine fortgesetzte Bautätigkeit an den Befestigungen hin, die vielleicht als Indiz für Lücken in der Stadtmauer gewertet werden kann. So wurden beispielsweise noch im zweiten Viertel des 14. Jahrhunderts die erstmals in den Rat gewählten Bürger verpflichtet, zur Errichtung des Fundaments der Mauer fünf Mark Herforder Pfennige zu zahlen (VON SCHROEDER 1997, II, Nr. 74, S. 75 f. – Siehe auch SCHULTE 1997, S. 131 f.). Ob dieses Statut auch als ein Nachweis für eine Fortführung der Ummauerung gewertet oder als ein Hinweis auf die stetigen Ausbesserungsarbeiten an der Stadtbefestigung verstanden werden kann, läßt sich auf Grund fehlender Quellen nicht abschließend beurteilen. Allerdings deutet ein Bericht Piels über die teilweise Zerstörung der Stadtmauer beim Weserhochwasser von 1342 auf unumgängliche umfangreichere Reparaturen und auf eine möglicherweise notwendige neue Gründung der Stadtmauer hin (KRIEG 1981, S. 62).

Fraglos dürfte auf den Unterhalt der Verteidigungseinrichtungen ein Großteil der städtischen Ausgaben entfallen sein. So findet sich nicht nur bei der Neuaufnahme eines Bürgers in den Rat eine entsprechende Zweckbindung der Abgaben. Nach einem Statut von etwa 1360 wurden ebenfalls die bei einer Verurteilungen für bestimmte Vergehen zu zahlenden Strafgelder zum Teil dazu bestimmt (VON SCHROEDER 1997, Nr. 136).

Die seit etwa 1200 sich entwickelnde Fischerstadt wurde in den Befestigungsring des 13. Jahrhunderts nicht einbezogen; sie war dem nächtlichen Überfall des Grafen von Hoya im Jahre 1382 schutzlos ausgeliefert. Erst danach wurde sie mit Mauern und Graben umzogen; 1385 ist von einem Gelände *juxta fossam vischerhus* (beim Fischerhaus-Graben) die Rede (STA MS, Mscr. VII, 2702, fol. 6r). Das für 1448 belegte eigene Siegel dieser Sondergemeinde bezeichnet sie als *bulwerck der vis-*

scher (siehe Teil IV, S. 2482). 1456 wird das nach Norden in die Feldflur führende Brühltor erstmals erwähnt (KAM, Mi, A III, Nr. 119).

Ob nun bereits im letzten Drittel des 13. Jahrhunderts oder erst im Verlauf des 14. Jahrhunderts ein geschlossener Mauerring bestand, sei dahingestellt. Gesichert ist aber, daß im 14. Jahrhundert noch Veränderungen an der Linienführung der Stadtmauer vorgenommen worden sind. Auch wenn der genaue Verlauf der Mauern archäologisch noch nicht verifiziert ist, dürfte die innere Mauerline auf dem Kupferstich Hollars weitgehend der Linienführung des 14. Jahrhunderts entsprechen (NORDSIEK 1977, S. 27). Von der Weserbrücke abwärts folgte die Mauer dem Weserufer bzw. der Bastaumündung. Hier dürfte die Mauerlinie ihre endgültige Ausrichtung erst im Zuge einer Baumaßnahme des Loccumer Klosterhofes im Jahr 1317 erhalten haben. Mit ihr war offenbar auch eine Verschiebung der Stadtmauer nach Osten verbunden, so daß hier die Mauergasse zwischen dem Großen und dem Kleinen Wesertor (später Tränkestraße) entstand (siehe Teil IV, S. 2240). Nach ca. 100 m knickte die Mauer in eine nordnordwestliche Richtung und bog nach weiteren 100 m in eine vorwiegend westliche Richtung um. Für die Nordostecke der Stadtbefestigung ist 1648 der Name *Maulschelle* belegt (siehe auch Teil IV, S. 2564). Der Mauer vorgelagert war hier ein nasser Graben, der 1385 erstmals genannt wird und der die zunächst unbefestigte, seit dem 12. Jahrhundert entstandene, später sogenannte Fischerstadt von der Stadt trennte. Der Graben ging über in den Herren- oder Hexengraben, der die nördliche Stadtmauer bis knapp östlich des Marientors zusätzlich sicherte. Er erhielt sein Wasser aus dem von Norden zufließenden Königsborn, der zugleich die Stadtbache innerhalb der Mauer speiste. Von hier an verstärkte ein wegen des hohen Geländesprungs der Weserterrasse trockener Graben, der bis in die Höhe der Brüderstraße der Mauer vorgelagert war, die Verteidigungsanlagen der Stadt (In Hollars Vogelschauvedoute ist der Graben irrtümlich durchgehend als nasser Graben dargestellt.). Rund 150 m westlich von St. Marien schwenkte die Mauer in südsüdwestliche Richtung um. Nach etwa 800 m knickte die Befestigung nach Osten ab (1648: *Scharffe Ecke*) und verlief bis zur Hasle-Mühle/Simeonsmühle parallel zur Bastau, die hier die Funktion des Stadtgrabens einnahm. Von der Mühle an folgte die Befestigung nicht der Bastau, sondern verlief parallel zur Simeonstraße entlang der Petersilienstraße (bis 1878 *Hinter der Mauer*) über dem ehemaligen Fluß-Prallhang nach Norden und bog nach 100 m nach Osten um. In dem tiefgelegenen Bogen zwischen der Bastau und der Mauer lagen mehrere Gärten. Der weitere Verlauf der Mauerlinie zwischen dem Priggenhagentor mit der Priggenhäger Mühle und dem Dombezirk wurde erst in den Jahren nach 1363 endgültig festgelegt, denn in der erfolglosen Belagerung der Stadt durch Graf Engelbert von der Mark hatte sich dieser Abschnitt der Stadtbefestigung als besonders gefährdet erwiesen. Die hier über die Mauer gebauten Häuser der Kanoniker ermöglichten einen unkontrollierten Zugang zur Stadt (LÖFFLER 1917, S. 205 f. und VON SCHROEDER 1997, S. 277 f.). Der Verlauf dieser ursprünglichen Mauer ist bislang nicht bekannt. Möglicherweise überliefert der Name des Priggenhagens (1320 *Prichkenhagendore*; VON SCHROEDER 1997, Stadtbuch 1318, I, Nr. 26) eine ältere Befestigung durch einen Hagen/Hecke aus Dorngestrüpp oder spitzen Stangenhölzern an der Bastau zwischen Simeonstor und Domimmunität. In Auseinandersetzungen mit dem Domkapitel konnte die Stadt schließlich den Abbruch der Häuser und Grenzkorrekturen am Grundbesitz der Domherren durchsetzen, um so eine möglichst gerade Linie zu gewinnen (siehe KRIEG 1981, S. 64 f. und Teil IV, S. 1133). Die Stadt ließ hier den Graben verbreitern und eine neue, höhere Mauer errichten. Sie verlief rund 60 m westlich der Bastau in überwiegend nordnordöstlicher Richtung bis etwa in die Höhe des Grabens, der die Domimmunität nach Süden begrenzt. Von hier nahm die Mauer einen stärker nach Osten gerichteten Verlauf und bog in Höhe des Domklosters

Abb. 1   Ludger tom Ring d. J., Porträt des Superintendenten Hermann Huddäus, 1568. Ausschnitte mit der Stadtansicht von Südosten, links mit dem weserseitigen Stadtwall zwischen Simeonstor und Domimmunität…

wieder in die ursprüngliche nordnordöstliche Richtung ab. Zwischen dem Graben und der Weserbrücke bildete die Stadtmauer zugleich die Süd- und Ostgrenze der Domimmunität. Hier lag südöstlich des Domchores das um 1270 geschlossene älteste Tor der Immunität mit der im 14. Jahrhundert genannten Hieronymuskapelle (siehe Teil II, S. 1286–1290). Zwischen diesem Tor und der Weserbrücke stand im Zuge der Mauer der Pulverturm (etwa an der Ecke Pulver-/Vinckestraße; siehe Teil II, S. 1148 ff.), nahe dabei lag vor der Mauer an der Bastau die domkapitularische Herren- oder Deichmühle (ebd. S. 1339 f. und Teil IV, S. 1567–1571).

Ist somit der Verlauf der Stadtmauer skizziert, so gilt es nun, das Augenmerk auf bauliche Einzelheiten der Stadtbefestigung zu richten. Zu Beginn des 14. Jahrhunderts mehren sich die Nachrichten über einzelne Elemente der Stadtmauer. Im Zusammenhang mit Lagebeschreibungen von Grundstücken finden zunächst die Tore immer häufiger Erwähnung in den urkundlichen Nachrichten. 1264 wird das an der Nordostecke der Stadtbefestigung, in unmittelbarer Nachbarschaft zum 1295 eingerichteten Hof des Klosters Loccum gelegene Kleine Wesertor, das den Zugang zur Fischerstadt vermittelte, erstmals genannt.[1] Da hier ausdrücklich vom Kleinen Wesertor gesprochen

IV.1 Die Stadtbefestigung – Entwicklung bis zum Dreißigjährigen Krieg

… und rechts mit der Stadtmauer zwischen dem Rondell an der Weserbrücke und der Fischerstadt, davor das *Rode Tor* am Ostende der Weserbrücke.

wird, dürfte bereits seit etwa 1230 ein zweites Tor zur Weser bestanden haben. Urkundlich belegt ist dieses, das Große Wesertor, erst 1317 (WUB X, Nr. 564). Es sicherte den Zugang von der um 1230 errichteten und um 1270 erneuerten Weserbrücke in die Stadt. In dieser Urkunde findet sich auch ein Hinweis auf eine Kapelle des Klosters Loccum, die offenkundig im Obergeschoß des Kleinen Wesertores eingerichtet wurde (WUB X, Nr. 564: *capellam super predictam parvam valvam Wisere*). Die Ostseite der Weserbrücke sicherte das zuerst 1425 erwähnte (STA MS, Mscr. I, 115; Mscr. VII, 2713 Bl. 210r -210v), 1617 durch Blitzschlag abgebrannte Rodentor, das über dem letzten Brückenjoch errichtet worden war. Ob zusätzlich eine weitere Pforte auf der Weserbrücke den Zutritt in die Stadt versperrte, wie es der Stich Wenzel Hollars andeutet, ist urkundlich nicht belegt (Zu den Brückentoren siehe Teil V, S. 1616 f.).

[1] Die Datierung auf 1232 durch Nordsiek 1977, S. 27, und ihm folgend Kaspar/Schulte 1999, Taf. 4 Minden, läßt sich nicht verifizieren. Die von Nordsiek als Beleg herangezogene Urkunde nennt explizit nur das Marientor. Siehe WUB VI, Nr. 250, S. 69. Das bis um 1650 bestehende Kleine Wesertor lag auf dem heutigen Grundstück Marienwall 1.

Im Südosten der Stadt vermittelte das Priggenhagentor, ein Nebentor, das 1320 erstmals belegt ist, den Zugang zu der dem Martini-Stift gehörenden Priggenhäger Mühle (von Schroeder 1997, S. 13). Etwa 180 m südwestlich des Tores am Priggenhagen lag das 1314 genannte Simeonstor (WUB X, Nr. 425), durch das die mittelalterlichen Fernwege einerseits parallel zum Wiehengebirge in Richtung Osnabrück, andererseits über den Weserdurchbruch in Richtung Herford führten. Im Westen ermöglichten zwei Tore den Zutritt zur Stadt: Im Südwesten lag am Ende der vom Obermarkt kommenden Straßenachse Holzstraße – Klosterstraße – Kuhtorsche Straße das 1315 erstmals genannte Kuhtor (WUB X, Nr. 457), seit 1819 Königstor genannt. Ca. 500 m nordöstlich des Kuhtors lag das vor 1316 entstandene Hahler Tor (WUB X, Nr. 502), durch das die wichtige aus Nordwesten kommende Verkehrsachse zur Weserfurt bzw. der Weserbrücke führte (Teil IV, S. 570). Im Norden der Stadt befand sich unterhalb der auf der mittleren Weserterrasse gelegenen Marien-Kirche das Marientor, das möglicherweise auf vor 1232 zu datieren ist (siehe oben). Durch dieses Tor führte die Fernstraße entlang der Weser nach Petershagen und weiter in Richtung Bassum – Bremen.

Hinweise auf weitere Funktionselemente der Stadtbefestigung finden sich in einem Zinsregister aus dem zweiten Viertel des 14. Jahrhunderts. So kann ein Turm auf Grund des Rundgangcharakters dieses Registers südlich des Hahler Tors lokalisiert werden (von Schroeder 1997, II, S. 77, Nr. 31 des Zinsregisters). Ein weiterer Turm befand sich zwischen dem Hahler Tor und dem Marientor (von Schroeder 1997, S. 78, Nr. 36 des Zinsregisters), möglicherweise der Eckturm an der Nordwestecke der Stadtbefestigung. »[A]chter sunte Jheronimus« und somit im Bereich der Domimmunität ist 1368 ebenfalls ein bis dahin städtischer Turm belegt (KAM, Mi, A 1, Nr. 109 und Teil II, S. 1140). In der Stadtrechnung von 1365 finden sich zudem Hinweise auf Instandsetzungsarbeiten an einem Turm, doch liegen hier keine Angaben vor, die eine genauere Lagebestimmung ermöglichen. Dies gilt auch für die mehrfach belegte Verpachtung von Türmen. Die zeitgenössischen Schriftquellen erlauben somit nur begrenzte Aussagen über die Zahl und die Lage der Türme.

Betrachtet man den Stich Hollars, so weist der lange Abschnitt zwischen Domimmunität und Priggenhagentor nur zwei gedeckte Türme auf. Die deutlich kürzere Südfront ist allein mit drei Türmen gesichert, während an der westlichen Stadtmauer von der *Scharffen Ecke* bis zur Brüderstraße sieben Türme (ohne den Turm des Kuhtores) gezählt werden. An dem langen Mauerzug zwischen der Brüderstraße und dem Hahler Tor ist überraschenderweise kein Turm abgebildet, während die nördliche Mauerlinie durch acht Türme verstärkt ist. Ob freilich die von Hollar abgebildeten unterschiedlichen Turmformen der Realität entsprechen, ist bislang ungeklärt. Die ungleichmäßige Verteilung der Mauertürme bestätigt der erste, vor 1648 gezeichnete Festungsplan (SB PK, Kartenabt. X 30 235/1; siehe Kat.-Nr. 1).

Wie in anderen Städten – so etwa in Osnabrück – waren auch in Minden Häuser unmittelbar an, teilweise auch über der Mauer errichtet worden. 1319 wurde einem Gerhard in der Nähe des Simeonstores erlaubt, ein Haus an der Mauer zu errichten (WUB X, Nr. 650). 1404 ist ein Haus des St. Johannis-Stifts belegt, das auf die Mauer gebaut worden war (STA MS, Mscr. VII, 2702, fol. 8r–8v). Es sollte abgebrochen werden, *um den schaden to bewarende, de vnser Stadt scheen mochte.*

Bleiben somit die Erkenntnisse über die Erscheinungsform der mittelalterlichen Stadtbefestigung letztlich in ihren Einzelheiten vage, so gilt dies auch für die verwendeten Baumaterialien. Lediglich in der Chronik Tribbes findet sich ein versteckter Hinweis auf die Verwendung jüdischer Grabsteine in den Türmen der Stadt nach der Vertreibung der jüdischen Einwohner im Jahr 1350 (Löffler 1917, S. 203). Auch in Münster scheinen jüdische Grabsteine bei Baumaßnahmen für die Stadtbefestigung Verwendung gefunden zu haben (siehe Geisberg I, 1932, S. 157 f.).

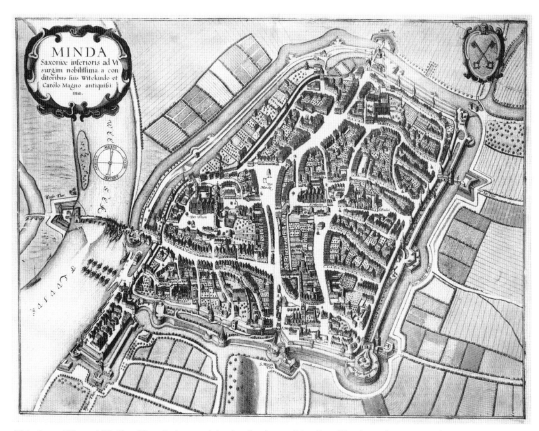

Abb. 2   Wenzel Hollar, Vogelschauansicht der Stadt von Norden. Kupferstich um 1633/34.

Die waffentechnische Entwicklung löste seit Mitte des 15. Jahrhunderts einen grundlegenden, wenn auch nur allmählich sich durchsetzenden Formwandel im Befestigungswesen aus. Die Steinmauern erwiesen sich dem Beschuß durch Feuerwaffen nicht gewachsen. Gleichzeitig suchte man auf Seiten der Verteidiger nach Möglichkeiten, eigene Geschütze einzusetzen. Die mittelalterlichen Ringmauern boten freilich mit ihren schmalen Wehrgängen kaum geeignete Aufstellungsmöglichkeiten, auch war ihre Statik nicht auf die Aufstellung mehr oder weniger schwerer Geschütze ausgelegt. Den Anstoß zum zeitgemäßen Ausbau der Verteidigungsanlagen gaben vielfach konkrete Bedrohungen. Selten lag diesen Baumaßnahmen ein umfassender Plan zugrunde. Der Bau einzelner moderner Befestigungselemente ist eher als ein Suchen nach der optimalen Bauform für die Verteidigungsanlagen zu bewerten.[2]

Zudem verlangte die Modernisierung der Umwehrung enormes Kapital, so daß nur wenige Städte in der Lage waren, ihre Befestigungen grundlegend und in einem Zug umzugestalten.

[2]   Siehe hierzu allgemein H. Neumann, Architectura militaris – Kriegsbaukunst. 16.–19. Jahrhundert, in: Architekt und Ingenieur. Baumeister in Krieg und Frieden (Ausstellungskataloge der Herzog August Bibliothek Wolfenbüttel 42), Wolfenbüttel 1984, S. 287–294, hier S. 288 f. Zur allgemeinen Entwicklung in Westfalen siehe T. Tippach, Frühneuzeitliche Festungsstädte in Westfalen, in: Kaspar/Schulte 1999.

Als erste Stadt in Westfalen hatte Münster bereits in der Mitte des 15. Jahrhunderts mit einer partiellen Modernisierung seiner Verteidigungsanlagen begonnen; in Minden setzte die Bautätigkeit indes erst zu Beginn des 16. Jahrhunderts ein. 1501 begann man auf Veranlassung des Rats mit der Errichtung eines Walles an der Westseite der Stadt zwischen Hahler- und Kuhtor. Die Tore selbst verstärkte man bis 1505 durch vorgelegte Zwinger. Anschließend wurden die Wallarbeiten zwischen der Krollager Mühle und dem Heilig-Geist-Spital am Simeonstor fortgesetzt. An dem natürlichen hohen Hang zwischen Stadtmauer und Bastau wurde ein deutlich niedrigerer Wall erbaut, der erst 1554/55 erhöht wurde (KRIEG 1981, S. 179). Die neuen Wälle wurden 10–12 m vor der mittelalterlichen Mauer angeschüttet, deren Verlauf sie im wesentlichen folgten. 1511 wurde schließlich mit der Neubefestigung der Ostseite der Stadt zwischen Simeonstor und Herrenmühle begonnen. Ob in diesem Zusammenhang die Umwehrung entsprechend der Darstellung auf dem Stich Wenzel Hollars auf das östliche Ufer der Bastau verlegt wurde (MEINHARDT 1958, S. 22) ist unsicher; zumindest erwähnt Piel in seiner Chronik an keiner Stelle diese umfangreiche Ausweitung der Befestigung. Er schreibt aber, die Zwinger und Wälle seien *hoch in unkosten gelaufen* (KRIEG 1981, S. 95). Im darauffolgenden Jahr wurde der Bau eines Walles am Marientor in Angriff genommen (KRIEG 1981, S. 95 f.). Zuletzt wurde 1517 der Abschnitt zwischen der Herrenmühle und der Weserbrücke ausgebaut. Dieser Abschnitt war bis dahin durch ein *korfhus* nur unzureichend gesichert (KRIEG 1981, S. 96. Im beigefügten Glossar wird »korfhus« mit Schanzkorb oder Schanze übersetzt). Der Ausbau dieses letzen Wallstückes zwischen den Bruchgärten und der Weserbrücke zu dem von Hollar (1633/34) und Merian (1641/1647) dargestellten Zustand mit einem vorgelegten Niederwall erfolgte vielleicht nach den schweren Eisgang- und Wasserschäden vom Februar 1565, über die Piel berichtet (KRIEG 1981, S. 177 f.): Wegen der Eisbarrieren suchte sich die Weser einen neuen Weg über das Schweinebruch in den Stadtgraben, *so daß die maure vur dem walle an etzlichen orteren mit dem walle ausgebrochen word.* Der 1648 gezeichnete Festungsplan (siehe oben) gibt hier eine *steine Fossbray* (Faussebraye/Niederwall) an.

Bei den neuen Werken handelte es sich um Erdanschüttungen, die durch Mantelmauern verstärkt wurden. Offenkundig ließ sich die Stabilität der Wälle durch die Mantelmauern, die wahrscheinlich aus einem Bruchsteinsockel und aufliegendem Ziegelmauerwerk bestanden, nur bedingt erhöhen, denn bereits vor 1535 war der Wall zwischen dem Kuhtor und der Krollager Mühle teilweise eingesunken. 1544 waren die Erdwerke zwischen Kuhtor und Hahlertor ebenfalls eingefallen. Auch scheint die Fundamentierung nur unzureichend gewesen zu sein, denn bei der Instandsetzung des Wallabschnitts südlich des Kuhtors wurden neue Pfähle zur Verstärkung des Fundaments in die Erde geschlagen (zum Verfall und Wiederaufbau der verschiedenen Wallabschnitte siehe KRIEG 1981, S. 125, 135). Auch in den Jahren 1529/30 mußten die Befestigungsanlagen ausgebessert werden. Hierzu wurde das aus dem Abriß der vor der Umwehrung liegenden Ägidien- und Annenkapelle gewonnene Material verwendet (siehe Teil V, S. 968).

Besonderes Augenmerk richtete die Stadt auf die Sicherung der Tore, die naturgemäß die Schwachstelle jeder Befestigung sind. Am Hahler Tor wurde 1502 mit dem Bau eines Zwingers begonnen. Ein analoger Ausbau des Kuhtors zu einem Doppeltor folgte 1505. Am Simeonstor war bis 1512 schon das Fundament des Zwingers gelegt. Obgleich auch bereits mit dem oberirdischen Ausbau begonnen war, stockten die Arbeiten und wurden erst 1521 wieder aufgenommen (KRIEG 1981, S. 96. – M. NORDSIEK 1988, S. 8 f.). Das Marientor wurde bis 1517 entsprechend verstärkt. Hier mußte zum Ausbau der Befestigung bereits bestehende Bebauung niedergelegt werden. Neben dem Abrißmaterial verarbeitete man hier auch Haussteine, die ursprünglich für den Neubau des Mar-

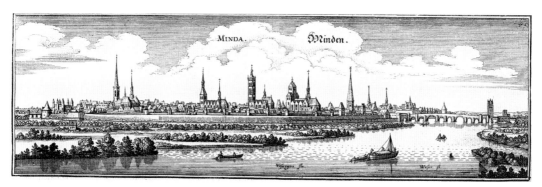

Abb. 3   Matthäus Merian, Minden von Südosten. Kupferstich 1641/47.

tinikirchturms vorgesehen waren. Wie bereits angedeutet, sind für den Bau der Mantelmauer offenbar Ziegelsteine verwandt worden, die die Stadt ankaufen mußte, da sie über keine eigene Ziegelei verfügte. Die Bruchsteine stammten aus einem Steinbruch am Wedigenstein (Krieg 1981, S. 95 f.). Die an der Rodenbecker Straße sichtbaren Mauerreste dürften aus dieser Ausbauphase stammen.

Die in verhältnismäßig kurzer Zeit durchgeführte Herstellung einer vollständig neuen Umwallung verschlang erhebliches Kapital. Neben Anleihen, die in großem Umfang beim Paderborner Klerus aufgenommen wurden (Wilms 1860, S. 8. – Krieg 1981, S. 96), versuchte die Stadt, auch die Stiftsgeistlichkeit in Minden zu entsprechenden Abgaben heranzuziehen, da die Maßnahmen auch zu ihrer Sicherheit erfolgten. Der Zwinger am Simeonstor wurde 1521 auf Kosten *etzlicher, so sich kegen rat und stadt sollen verbrochen haben, … rede gemacht* (Krieg ebd.).

Die religions- und machtpolitischen Auseinandersetzungen des 16. Jahrhunderts zwangen die Stadt in dieser Zeit zu ständigen Ausbauten der Verteidigungsanlagen, zumal die seitens der Stadt ergriffenen Maßnahmen einen grundlegenden Nachteil der Befestigung bislang nicht beseitigt hatten. Die Bestreichung der langen Mauer- oder Wallabschnitte durch Seitenfeuer war nicht möglich. Eine entsprechende Anpassung der Verteidigungsanlagen begann wohl 1544. Zwischen dem Hahler- und dem Kuhtor wurde ein Rondell (das Windmühlenrondell) errichtet, das aber offenbar vor 1634 in ein pentagonales Werk (Bastion) umgewandelt worden ist (siehe Hollars Vogelschau). Ein weiteres Rondell war in der Nähe des Priggenhäger Tores errichtet worden; über seine Entstehungszeit liegen keine genaueren Angaben vor. Im Gefolge der Belagerung der Stadt durch Herzog Heinrich von Braunschweig-Wolfenbüttel und seinen Sohn Philipp 1553 wurden sowohl die Marien- als auch die Simeonsvorstadt einschließlich der sie umgebenden Befestigungen niedergelegt. Von diesen läßt sich aus den spärlichen Erwähnungen kein Bild gewinnen. Die gewonnenen Baumaterialien wurden nach Piel zum Bau des Rundells an der Weserbrücke und zur Erneuerung des Wallabschnitts bis zum Fischertor verwendet (vgl. hierzu auch Teil IV, S. 2240 f., Tränkestraße, und Teil V, S. 1608, Weserbrücke). Bei diesem Tor dürfte es sich aber nicht um das gleichnamige Nordtor der Fischerstadt gehandelt haben – dieses wird 1456 als Brühltor genannt –, sondern wahrscheinlich meint Piel hier das Südtor, das den Zugang aus der Stadt in die Fischerstadt vermittelte (Krieg 1981, S. 160, 172).

Die Erfahrungen der Belagerung und Eroberung der Stadt 1553 dürften der Anlaß zum weiteren Ausbau der Werke gewesen sein, denn bereits in den beiden darauffolgenden Jahren wurden die Befestigungsanlagen beiderseits des Simeonstores entsprechend ausgebaut. Die Fischer haben *an der weser her die mauren auf ihre eigen unkosten ... selbst buwen lassen* (Krieg 1981, S. 172). Daß sie schon damals mit der sechsfachen Einziehung sägeartig angelegt wurde, wie sie Hollars Vogelschau zeigt, ist unwahrscheinlich; die Crémaillièren wurden erst 1589 von Daniel Speckle an Contrescarpen und gedeckten Wegen verwendet (von Zastrow 1854). – Auch die Befestigung am Kürschnerwall zwischen Fischerstadt und Marientor, nach Piel *sonst ein sit Ding* – ein bis dahin niedriges Ding – (Krieg 1981, S. 172), wurde durch das Vorschieben von Wall und Graben und die Errichtung eines Batterieturms vor dem Einlauf des Königsborns so verstärkt, daß der alte Stadtgraben als Herren- und Hexenteich nun im Zwinger zwischen Stadtmauer und neuem Wall lag. Den östlichen Wallkopf und den Anschluß an die Stadtmauer vor dem Ende des Teichs bildete ein Rondell, das zugleich den – gleichfalls als Fischertor bezeichneten – westlichen Ausgang von der Fischerstadt zum Brühl (siehe Teil IV, S. 2485) bestreichen und sichern konnte. Hollars Vogelschau zeigt diese Situation, ebenso der vor 1648 gezeichnete Festungsplan. Für das Jahr 1569 ist schließlich der Bau der sogenannten Hohen Batterie in der Nachbarschaft des Hahlertors belegt. Dabei handelt es sich um das in der Vogelschau von Hollar als das *hoge Rondeel* bezeichnete zweistöckige Werk an der Nordwestecke der Stadt. Offenkundig orientierte man sich hier nach wie vor an den bekannten hufeisenförmigen Befestigungsformen, die allerdings keinesfalls dem neuesten Stand des Festungsbaus entsprachen, waren doch etwa in Jülich und Düsseldorf durch Pasqualini oder auch in Spandau schon polygonale Werke, die sich an der italienischen Bastionärbefestigung orientierten, entstanden. Allerdings war es hier der Landesherr, der ein starkes Interesse an einem Ausbau seiner Festungen hatte und entsprechend das Bauvorhaben finanzierte. In diesem Zustand präsentierte sich die Stadt beim Ausbruch des Dreißigjährigen Krieges, der einschneidende Veränderungen in den Festungscharakter der Stadt nach sich ziehen sollte.

Abb. 4   Stadtmauerrest (?) an der Rodenbecker Straße, westlich hinter Simeonstraße 32, von Süden, 2001.

Abb. 5 Stadtmauerrest zwischen Rodenbecker Straße und Schwichowwall, darüber die unteren Quaderlagen der vor 1820 errichteten krenelierten Mauer des Generalabschnitts, von Südwesten, 2001.

IV.1.3 Die Reste

Die mittelalterliche Stadtmauer mit ihren Türmen verschwand in der zweiten Hälfte des 17. und im frühen 18. Jahrhundert bis auf geringe Reste, doch läßt sich der Abbruch der einzelnen Teile bisher zeitlich nicht genau nachweisen. Ein kurzes Stück der mittelalterlichen Mauer ist möglicherweise am Ostteil der Rodenbecker Straße erhalten, westlich an das Haus Simeonstraße 32 anschließend. Eine etwa 50 m lange Strecke der gegen Ende des 14. Jahrhunderts errichteten Fischerstädter Mauer läßt sich – teilweise offenliegend und sichtbar – westlich der Oberstraße hinter den Häusern Hermannstraße 4 und 10 bzw. als Rückwand des Hauses Oberstraße 7 verfolgen. Die etwa 1 m starke Mauer ist zweischalig aus großen Sandsteinblöcken aufgesetzt; die Schichten sind durch kleinere Bruchsteinplatten ausgeglichen. Die erhaltene Höhe beträgt etwa 1,50 m.

Dem Ausbau der Befestigungsanlagen im ersten Viertel des 16. Jahrhunderts gehören vermutlich die groben Sandsteinklötze an, die sich – nur in ein bis drei Schichten sichtbar – westlich vom Haus Rodenbecker Straße 7 auf rund 130 m Länge nach Westen erstrecken. Sie bilden heute, zusammen mit den unteren erhaltenen Quaderlagen der vor 1820 erbauten krenelierten Mauer des Generalabschnitts, die Stützmauer der Rodenbecker Straße zu den Grünanlagen am Schwichowwall. Zeitlich zu diesen eher spärlichen Resten gehört die umfangreiche Mauerpartie hinter dem Grundstück Simeonstraße 36 und am benachbarten, heute verschütteten Kolk des Bastaudurchlasses am Simeonstor sowie unterhalb des Hauses Schwichowwall 2. Bis zur Anlage dieser neuen Straße zu Anfang des 20. Jahrhunderts führte hier ein Fahrweg vom Simeonstor auf den Wall. Die aus Steinmaterial unterschiedlichsten Formats, sicherlich zumeist in Zweitverwendung, ausgeführte Stützmauer ist heute der ansehnlichste, wenngleich keineswegs spektakuläre Rest der mittelalterlichen Stadtbefestigung Mindens.

Abb. 6 Ehemaliger Bastaudurchlaß zum verschütteten Mühlenkolk westlich des Simeonstores. Ansicht von Nordosten, 1999.

Abb. 7 Stützmauer des Fahrwegs vom Simeonstor zum Wall an der Rodenbecker Straße, hinter Simeonstraße 36. Oben die Häuser Schwichowwall 4–8. Ansicht von Nordosten, 1999.

IV.1.4 Die Mindener Landwehr
von Ulf-Dietrich Korn

Vergleiche hierzu die Kartenbeilage in diesem Teilband.

QUELLEN: KAM, Mi, B 361, B 759; C 20, 2 alt; C 132, fol. 47–50v; C 427; C 536; C 1127. – STA MS, KDK Mi, Nr. 3574. – WUB VI, Nr. 1182.

PLÄNE UND KARTEN: Ansicht des Ritterbruchs 1539, Aquarellierte Federzeichnung, ca. 65 x 140 cm (Hess. STA Marburg, Karten P II 1180; farbige Abb. bei von Schroeder 1971, S. 8 f.). – Urmeßtischblätter der Preuß. Landesaufnahme von 1837, Blätter Minden und Petershagen, Reproduktionen hrsg. vom Landesvermessungsamt Nordrhein-Westfalen 1993. – Meßtischblätter der Königl. Preuß. Landesaufnahme 1896, Blatt 1949 (Petershagen) und 2016 (Minden) – Kataster-Urhandrisse von 1837 (im KrKatA Minden-Lübbecke). – Stadtplan M 1:20 000, Fellbach 1978.

LITERATUR: Schroeder 1886, S. 309, 382, 411, 654. – Bölsche o. J., S. 15, 47, 50, 53. – Röckemann o. J., S. 28 f. – von Ledebur 1825, S. 34, 52. – Löffler 1932, S. 12. – Horstmann 1934/35, S. 54–58, Karte S. 38. – Hofmeister 1956, S. 12. – Schreiber 1957, S. 59. – M. Krieg 1966, S. 128, 131. – Stühmeier 1978, S. 29, 52 f., Karten S. 28, 30, 32, 34. – Meissen 1990, S. 49, 51, 61 f., Karte 1. – von Schroeder 1997, S. 208 f., 321 f.

Weit außerhalb der eigentlichen Stadtbefestigung des 13. Jahrhunderts zog sich die im Laufe des 14. Jahrhunderts angelegte Landwehr im Abstand von etwa 2,5 bis 6 km Entfernung von der Stadtmitte um Minden. Sie umschloß sowohl die engere Feldmark der Stadt, deren Außengrenzen weitgehend mit denen der Hudebezirke übereinstimmten, als auch – zumindest teilweise – die Feldmarken der rund um Minden gelegenen Dörfer Leteln, Aminghausen, Dankersen, Meißen, Aulhausen und Barkhausen, Häverstedt, Hahlen, Stemmer und Kutenhausen. Neesen und Dützen sowie Teile von Meißen lagen außerhalb der Landwehr.

Die Landwehr war keine eigentliche Verteidigungsanlage; es hätte bei ihrer großen Länge von etwa 31 km auch an Leuten zu einer wirksamen Besetzung der Linie gefehlt. Sie diente eher dazu, einen feindlichen Angriff zu erschweren und einem einmal eingedrungenen Gegner oder Räuber, der sich für den Rückzug an bestimmte Durchlässe halten mußte, den Rückweg abzuschneiden und ihm die Beute wieder abzunehmen. Der Domherr Tribbe charakterisiert sie um 1460 so: *Es gibt viele Türme und Wehren und Gräben zur Befestigung der Feldmark und zur Verteidigung der Pferde und des Viehes, damit die Feinde es schwer haben, in die Gemarkung zu gelangen* (Horstmann 1935 nach Tribbe bei Löffler 1932, S. 12).

Die Nachrichten zur Anlage dieses äußeren Schutzsystems sind spärlich und verstreut; auch fehlt es an einer Karte und einer genauen Beschreibung des Verlaufs der Landwehr und ihres durchaus verschiedenen Aussehens auf den einzelnen Strecken. Auch die Meßtischblätter der Preußischen Landesaufnahme von 1837 (Urmeßtischblätter) sowie die jüngeren Ausgaben dieses Kartenwerks und die Katasterkarten mit ihren Flur- und Hofesnamen geben nur in Einzelfällen Auskunft.

Die älteste Nachricht über die Landwehr dürfte ein Vermerk in einem undatierten Ausgabenverzeichnis der Zeit um 1360 sein: Er nennt eine Zahlung von 6 Solidi *to der Landwehr up de Rodenbeke* (Horstmann 1934/35, S. 57 nach KAM, Mi, Urk. 94). 1376 ist ein Feld *vor dem Segraven buten der Landwere* erwähnt (SCHROEDER 1886, S. 411 und HORSTMANN 1934/35, S. 71). Die Lokalisierung dieses Landwehrabschnitts ist unsicher. Da *die Seewiesen* südwestlich der Haselmasch am oberen Ende des Koppelgrabens liegen, könnte entweder dieser Teil des Koppelgrabens mit dem *Segraven* gemeint sein oder aber der alte Unterlauf der Bastau zwischen dem Erbe und der Mündung nördlich von Aulhausen (im Urmeßtischblatt *Die Riehe* und *Die alte Bache*), so daß dieser Landwehrabschnitt *vor dem Segraven* zwischen Stadt und Porta mit der noch im 17. und 18. Jahrhundert bekannten *Dünger Landwehr* identisch wäre (vgl. HORSTMANN 1934/35, S. 57. – BÖLSCHE o. J., S. 47, 50, 53. – KAM, Mi, B 759: 1713 die *Dünger Landwehr*. – KAM, Mi, C 536: 1751 soll das Geländer der *Dünger-Landwehrbrücke bei der Koppel am Großen Glintweg* erneuert werden). – Der weitere Verlauf der Dünger Landwehr nach Westen ist ganz unsicher; das westliche Ende sieht HORSTMANN (1935, S. 57) *südlich der Ziegelei zwischen Bölhorst und Dützen*. Man kann sicherlich davon ausgehen, daß die Mindener bei der Anlage der Landwehr natürliche Gegebenheiten wie unwegsames, nasses Gelände, Grabenläufe und deren Böschungen mitbenutzten. So könnte das fehlende Stück zwischen der Senke *In der Wasserfuhr* hinter dem *Knapp* zwischen Dützen und der Bölhorst im Westen und der *Riehe* bzw. der *alten Bache* im Osten (vgl. Urmeßtischblatt) etwa im Zuge der heutigen Straßen Erzweg – Eisenstraße – Weidestraße – Wiesenweg verlaufen sein, also südlich von Bölhorst und Erbe. Ob es sich hierbei um eine vor 1376 angelegte ältere, innere Landwehr handelt, der nach 1396 eine weiter südlich gelegene äußere Landwehr folgte (siehe unten), muß offenbleiben.

Im Jahre 1365 verzeichnet die Jahresrechnung der Stadtkämmerei mehrfach Ausgaben für Arbeiten auf dem Rodenbeck (VON SCHROEDER 1997, S. 208, Urk. Nr. 64): *Item illis, qui fecerunt fossam in Rodenbeke IV ½ sol. – Item X sol. famulis, qui fecerunt novas plantas in Rodenbeke. – Item V sol. ad plantandum quercus in Rodenbeke. – Item famulis, qui circumseperunt quercus in Rodenbeke XIII sol.* (Für die, die den Graben im Rodenbecke gemacht haben, 4 ½ Solidi – 10 Solidi für die Gehilfen, die die neuen Anpflanzungen im Rodenbeck gemacht haben – 5 Solidi für das Eichenpflanzen im Rodenbeck – Den Gehilfen, die die Eichen im Rodenbeck eingezäunt haben, 13 Solidi.) – Es liegt nahe, diese Arbeiten im Rodenbeck, der seit 1280 im städtischen Besitz war, zumindest die Anlage des Grabens und die Anpflanzungen, mit der Landwehr in Verbindung zu bringen, vor allem aber mit der für die Wasserverhältnisse um die Stadt entscheidenden Umleitung der Bastau in das Bett des »Minden-Baches«. Der Bach, der südlich von Hartum und Hahlen die nördlichen Teile des Ritterbruchs bzw. das *Hollenderbrok* entwässerte, näherte sich bei Rodenbeck der Bastau, die ursprünglich und bis zu dieser Wasserbaumaßnahme nach Südosten zwischen Bölhorst und Glindfeld weiterfloß, die spätere Wüstung Düngen passierte und bei Aulhausen die Weser erreichte. Ein Durchstich von etwa 450–500 m Länge genügte, um die Verbindung zwischen dem Bastaubett und dem kleineren »Minden-Bach« herzustellen und das Bastauwasser vor die Mauern der Stadt umzuleiten (vgl. Tribbe bei LÖFFLER 1932, S. 6 und NORDSIEK 1979, S. 41 f.).

1394 muß die Landwehr zumindest in Teilen fertiggestellt gewesen sein, und man konnte an den Ausbau der zugehörigen Warttürme gehen. Ob sich die Zahlung von sieben Solidi *custodibus turrium* im Jahre 1365 auf Turmwächter in der Stadt oder bereits in der Landwehr beziehen läßt, ist unklar (vgl. VON SCHROEDER 1997, S. 207). Am 24. Dezember 1394 verfügt Bischof Otto III. vom Berge als Erbe seines Bruders Simon, des verstorbenen Dompropstes, zugunsten des Domkapitels und der Stadt Minden über die Herrschaft vom Berge und setzt unter anderem fest: Die Stadt Minden darf *ene stenen Warde uppe de Belhorst unde ene ryngmuren derumme, dat der in vleen moghe, unde ein Wardbom setten uppe der Landwer to Ovvelhusen, dar en Wartmann under ore Kost uppe sy, de de Landwere slute* (SCHROEDER 1886, S. 308 f., Anm. **). Die steinerne Warte wird auf dem höchsten

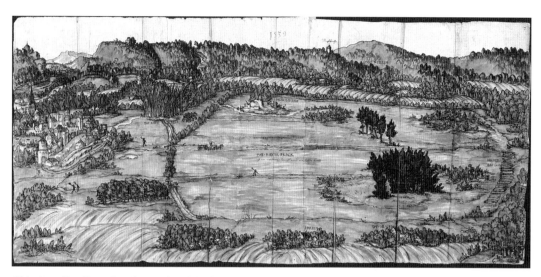

Abb. 8 Das Ritterbruch zwischen Minden und der Brücke bei Hilferdingsen von Norden, 1539. Oben das Haus zum Berge, die Porta Westfalica und das Wiehengebirge mit Bergkirchen und Rothenuffeln, unten Hahlen, Hartum und Südhemmern. Aquarellierte Federzeichnung. Hessisches Staatsarchiv Marburg.

Punkt der Bölhorst – die hier zum ersten Mal erwähnt ist – an der heutigen Mindener Straße gestanden haben, etwa an der Stelle der ehemaligen Schule; sie diente zugleich als Ausguck und mit ihrer Ringmauer als Fliehburg für Notfälle. Wie die *stenen Warde* im Jahre 1539 aussah, zeigt die aquarellierte Ansicht des Ritterbruchs (Hess. STA Marburg, Karten P II 1180): Auf dem Rücken der *BELHORST* ragt der Turm aus den Bäumen; in halber Höhe zur Stadt hin ist die hohe Türöffnung zu sehen, rechts daneben – in Richtung Dützen und *HADENHVSEN* – schlanke Scharten in zwei Geschossen. Um den Ansatz des spitzen Kegeldachs sind an der Mauerkrone drei Ausguckerker mit Satteldächern verteilt. Die dicken Mauerreste, die man bei »Brauers Haus« und auf anderen Grundstücken fand (HOFMEISTER 1956, S. 31), werden die Reste dieser Anlage gewesen sein. – Die Landwehr in Aulhausen sperrte den Engpaß in der Porta zwischen dem Fuß des Wittekindsberges und dem Weserufer; der Schlagbaum diente als Sperre im Zuge der Alten Poststraße.

Tribbes summarische Nennung der »vielen Türme und Wehren und Gräben« aus der Zeit um 1460 präzisiert auch ein Schreiben der Königin Christine von Schweden vom 2. Mai 1645 (KAM, Mi) nur wenig. Es heißt dort, daß die Stadt *rings um ihre Feldmark 7 alte eigene Wachttürme ... wie auch ihre Schlagbäume daselbst stehen hat, die von ihren dazu verordneten Thurmmännern auf und zugeschlossen werden auch der Stadt Landwehr noch in ihrer eigenen Aufsicht sich befinden sollen ...* (HORSTMANN 1935, S. 57 mit Anm. 159 und 160, letztere fälschlich mit Verweis auf SCHRÖDER 1886, S. 41). SCHRÖDER (ebd.) kannte noch *Spuren von solchen Landwehren ... bei den Dörfern Wietersheim, Dankersen, Meißen, Aulhausen, an der Minderheide, bei Kutenhausen und Totenhausen. Warttürme erhoben sich außer bei Dankersen noch bei Meißen (Notturm?), Aulhausen, auf der Bölhorst, am Walvartsteiche und bei Stemmern.*

Eine ungefähre Vorstellung vom Verlauf der Landwehrabschnitte gibt die einzige bekannte Beschreibung (HORSTMANN 1935, S. 55). Sie beginnt im Nordosten zwischen Leteln und Wietersheim, folgt im Uhrzeigersinn dem Verlauf der Anlage rund um die Feldflur und endet am Ausgangspunkt: *Bericht, wie anno 1597 die Herren von Minden ihre Landwehren und Feldmarken beziehen lassen: vom Wieterser Tuhrm der Landwehr nach hinter dem Hasenkampe her, und so fort; hinter Dankersen, bis auf den Nott Tuhrn, die Landwehr hinunter und von da durch Meißen, und von dannen, biß auf die Wiesen* [Wieser=Weser?]. *Von der Wiesen* [Wieser=Weser?] *die Landwehr auf hinter Owelhausen her, an den Berg, hinter Barkhusen her, das Erfft und die Bellhorst eingeschlossen, unter dem Berge her, ein Theil von Heverstette, und die Landwehr hinunter, durch Dutzen bis an das Rodenbeke. Vom Ritterbruch, hinter Hahlen her, auf den Stein, da die Elff Baume stehen, hinter der Fynßerei, über die Heide, hinter der Luchten her bis auf die Landwehr, und Stemmerthurn, weiter die Landwehr hinunter, hinter Kutenhausen her, uff den Petershager Tuhrn, und von dahr bis auf die Wieser. Von der Wieser wieder bis an den Wieterser Turhn.* (Die in der *Schnat* vom 19. Mai 1647 beschriebene Grenze der Kuh- bzw. Königstorschen Hude scheint nur auf der Strecke zwischen dem Rodenbeck und Osterhahlen mit der Landwehr übereinzustimmen, so daß sie lediglich hier mit in Betracht gezogen wird. Vgl. M. KRIEG 1966, S. 126, und VON SCHROEDER 1997, S. 322 f.)

Es fällt auf, daß die Beschreibung von 1597 nur an einigen Stellen *expressis verbis* von der Landwehr spricht. Entweder waren Feldmarkgrenze und Landwehr nicht dasselbe und die Landwehr verlief stellenweise außerhalb der Feldmark oder die Beschreibung meint mit Landwehr im eigentlichen Sinne nur Abschnitte, die mit Wall und Graben ausgestattet waren.

Für die letztere Möglichkeit spricht, daß der Verlauf der Grenze offensichtlich auch natürlichen Hindernissen wie Bachläufen mit steilen Ufern sowie nassem und unwegsamem Gelände folgt, so daß hier das Ausheben von Gräben und Aufwerfen von Wällen nicht nötig war und man sich – wo erforderlich – auf das Anpflanzen und die Unterhaltung eines dichten, dornigen Gebüschstreifens beschränken konnte (vgl. HORSTMANN 1935, S. 54). Dort, wo Dörfer mit ihren Hofstellen an der Grenze lagen, in Meißen, Barkhausen oder Häverstedt, konnte man sich zudem wohl auf die Wachsamkeit der Bauern oder ihrer Hofhunde verlassen und auf eine Landwehr mit Wall und Graben verzichten.

An den Stellen, wo die Straßen und Wege die Landwehr durchquerten und *Wartman* oder *Thurmmänner* für das Öffnen und Schließen des *Wardboms* zu sorgen hatten, entwickelten sich im Laufe der Zeit Wirtschaften, deren Inhaber in der Folge als *Kröger, Kreuger* und *Kräuger* bezeichnet wurden; wo nur ein Durchlaß mit einem Schling (Drehbaum) ohne Ausschankrecht bestand, erhielt der in der Nähe wohnende Bauer den Namen *Schlingmann*, so in Kutenhausen (Nr. 8) und hinter den Lüchten am Weg nach Holzhausen.

DIE LANDWEHR AUF DEM ÖSTLICHEN WESERUFER

Der östliche Teil der Landwehr begann im Norden an der Weser, zwischen Leteln und Wietersheim nördlich des Schoppenberges, knapp 400 m nördlich der heutigen Stadtgrenze, und zog sich in fast gerader Linie zur Lahder Straße. Für die östlichen zwei Drittel dieser Strecke verzeichnet das Urmeßtischblatt Petershagen noch einen geraden Wall von ca. 800 m Länge mit Resten eines zweiten, nördlich vorgelagerten Walles. Am Durchlaß der Lahder Straße durch die Landwehr stand der Wietersheimer Turm. *Der Hof an dieser Stelle heißt in den alten Urbaren Nr. 41 auf der Landwehr, jetzt hat er die Nr. 35 und wird Thornkreuger genannt* (HORSTMANN 1935, S. 56 und HOFMEISTER 1956, S. 91). Östlich der Landstraße läuft die Landwehr als *gerodeter Holzungsstreifen Lamwer* an der Schnedicke (Urmeßtischblatt: *d. Aue*) entlang, *noch durch Aminghausen hindurch* (HORSTMANN ebd.), im Bereich des nördlichen Dorfteils aber wohl auf dem Ostufer (Auf dem Ort). Wie die Landwehr zwischen Aminghausen und Hasenkamp verlief, ist ganz unsicher, am ehesten gerade in ostsüdöstlicher Richtung, etwa im Zuge von Krugstraße und Hans-Böckler-Straße. HORSTMANN diskutiert auch eine Aminghausen östlich umgehende Alternative: durch die Hänskenriehe, halbwegs zwischen Wietersheimer Turm und Aminghausen, über die Schnedicke nach Osten zur Kreuzung von Wietersheimer Straße und Schaffahrt und hier die Gemarkungsgrenze zwischen Aminghausen und Päpinghausen entlang bis zum Hasenkamp. Von dort bis Dankersen bieten der Talgrund des ursprünglich nach Südosten zur (großen) Aue an der Landesgrenze fließenden Baches und sein südlicher Zufluß von Dankersen her (Urmeßtischblatt: *Der lange Teich*) günstige natürliche Voraussetzungen; die Landwehr zog sich hier *baben Water* und östlich des Speckenweges nach Dankersen. Heute ist dies Gelände durch die Kiesgruben nördlich und östlich des Hasenkamps und die Trasse des Mittellandkanals völlig umgestaltet. Vom *langen Teich* existieren nur noch Reste zwischen Neckarstraße und Mainstraße, und der Gnadenbach fließt inzwischen südlich des Kanals nach Westen.

Für Dankersen ist ein *Landwehrkrüger (Nr. 25)* genannt (HORSTMANN 1935, S. 56); 1828 war es der Kolon *Friedrich Landwehr* (Kataster-Urhandriß). Sein Anwesen lag nordöstlich der Kirche, etwa an der Ecke Hünenbrink / Travestraße.

Vom Dankerser Ortskern aus zog sich die Landwehr über einen Kilometer stracks nach Süden bis zum Grenzweg zu Schaumburg; der Weg auf ihrer Trasse heißt noch heute »Landwehr«, für das östlich liegende Gelände verzeichnet das Urmeßtischblatt die Bezeichnungen *Hinter der Landwehr* und *Hinter die Lammer*.

Bei oder in Dankersen stand ein Wartturm, der in der zweiten Hälfte des 15. Jahrhunderts, in der Zeit Bischof Alberts II. von Hoya (1436–1473), als die Stadt Minden mit den benachbarten Schaumburgern immer wieder in heftiger Fehde lag, nach seinem Inhaber *Piles bom* genannt wurde. Piel berichtet dazu: *der [warturne] ist mit 4 burgeren besetzet wurden. Den haben die Schomburgeschen alle zeit der belegerunge und warende fede sonst keinmal einkriegen oder gewinnen muegen. Und haben die burgere davon alle zeit gewisse zeichen gehabt mit einem korbe, ob die fiende im felde weren, und daher guite zuflucht gehabt* (KRIEG 1981, S. 84). Die Bezeichnung *Pielesbaum* (VON LEDEBUR 1825, S. 34 und bei SCHRÖDER 1886, S. 382, 411, wohl verlesen zu *Vilesbaum*) deutet auf einen Schlagbaum, mit dem eine Wegepassage durch die Landwehr versperrt werden konnte. In seiner Nähe muß auch der Dankerser Wartturm gestanden haben, sicherlich etwas abseits vom Dorf; denn sonst hätten die Schaumburger nicht immer wieder versuchen können, ihn einzunehmen. Das Anwesen des Landwehrkrügers im Dorf kommt daher als Standort wohl nicht in Frage. Eher möchte man an die Stelle südlich des Dorfs denken, wo der Schaumburger Weg in der Verlängerung von Feldstraße und Steinkreuzstraße die Landwehr durchquerte. Leopold VON LEDEBUR vermutete 1825 die Warte weiter östlich *auf dem sogenannten Wittenbleck im Dankerser Holze, woselbst eine Erderhöhung in einem Umkreise von etwa zwanzig Schritt von einem Graben umgeben zu sehen ist.* Hierfür käme die leichte Anhöhe 47,5 in Frage, die aber etwa 850 m östlich der Landwehr (und ca. 150 m südlich der Bahnstrecke nach Hannover) liegt. Immerhin könnte hier, im ehemaligen Wald, ein zusätzlicher Schlagbaum beim Wartturm den verlängerten Schaumburger Weg nach Berenbusch oder Evesen versperrt haben. Noch eine weitere Möglichkeit muß für die Lokalisierung in Betracht gezogen werden: Der Urhandriß verzeichnet 1828 auf dem *Langen Feld* zwischen Dankersen und Hasenkamp zwei Stücke *beim Thorn*, heute zwischen Tauberstraße, Bodestraße und Ederstraße bzw. die letztere querend. Der zugehörige *Thorn* wäre dann am ehesten auf dem etwas über 46 m aufgewölbten *langen Feld* über dem *langen Teich* und dem alten Lauf des Gnadenbaches zu denken, etwa im Bereich der heutigen Lahnstraße. Allerdings müßte dann in der Nähe auch ein Durchlaß durch die Landwehr mit einem Schlagbaum bestanden haben, vielleicht an der Speckenstraße in der Gegend der Kreuzung von Hasenkamp und Cammer Straße am Kanal.

Die Landwehr stieß südlich von Dankersen an den Grenzweg vor dem schaumburgischen Territorium und folgte diesem nach Südwesten; zwei lange, schmale Grundstücke vor dem Grenzweg heißen 1828 im Urhandriß *Im Knick;* das westliche endete beim *Notthorn.* Von ihm schreibt von Ledebur 1825, S. 52: *Als zur Bauerschaft Meißen gehörig nenne ich den Notturm an der Chaussee, die von Minden nach Bückeburg führt. Zwei Bauernhöfe führen diesen Namen von dem Turm, der hier ohne Zweifel gestanden hat, ist aber außer der Benennung weiter keine Spur zu finden als ein noch mit Wasser gefüllter, zum Teil verschütteter und bewachsener Brunnen auf dem Felde neben den Häusern.* Rund hundert Jahre früher stand der Turm anscheinend noch; denn im Kontributionsregister von 1721 heißt es zu Nr. 34 (heute Notthorn 7): *Nottmeyer, Hinrich – Kötter – hat sonst im Notturm gewohnet, so der Stadt Minden gehörig; im Jahre 1716 aber auf sein Land eine Wohnung bauen müssen, weil er im Turm nicht bleiben können* (Meissen 1990, S. 51). Sein Nachbar auf der Stätte Nr. 27 (Notthorn 4) ist 1675 als abgedankter *Sergeant im Notthurm ... und Gastwirt* genannt, sein Nachfolger Johann Schwengel 1745 als *Krüger im Notthurm* (ebd. S. 49); Röckemann (o. J., S. 29) überliefert, daß auch *Nolting auf dem Notthurme in Meißen ... noch Notkräuger genannt wird.* Die Familie Nolting, die noch 1900 auf Nr. 27 saß, kam zwischen 1769 und 1828 in den Besitz der Brinksitzerstätte (Meissen 1990, S. 49, 249). An den Turm erinnert heute noch die Straße »Notthorn«, der alte *Thornweg;* er führt in der Verlängerung der Meißener Dorfstraße nach Dankersen. Der Turm stand an der Einmündung des *Thornweges* in die alte Trasse der Straße nach Bückeburg, etwa 100 m nordöstlich der jetzt »Clus« genannten Chaussee.

Zwischen *Nott Thurn* und Meißen nennt die Beschreibung von 1579 wieder *die Landwehr;* sie wird entlang der Kante der Uferterrasse, parallel zur heutigen Meißener Dorfstraße, verlaufen sein, ließ aber wohl den Meißener Dorfkern außen liegen; denn ein Geländestreifen zwischen der *Osterstraße* (heute Meißener Dorfstraße bei Kirche und Post), dem *Sunnerkamp* und dem nach Südwesten abknickenden alten Lauf der Schlau, am Rande des Meißener Bruchs, trug nach der Katasteraufnahme von 1828 die Bezeichnung *Unter dem Hagen* (Meissen 1990, Karte 1).

Daß westlich von Meißen eine regelrechte Landwehr bestanden hat, ist unwahrscheinlich; die Beschreibung von 1597 sagt hier: *von dannen bis auf die Wiesen* (oder *Wieser?=Weser*). Vermutlich lief die Grenze am Südrand des unwegsamen Neeser Bruchs, vielleicht an dem nach 1837 eingezogenen *Grasweg,* der von Meißen auf der Terrassenkante nach Nordwesten in die *kleine Masch* führte (Urmeßtischblatt). Nördlich von Neesen nennt Horstmann (1935, S. 56) eine *ganz geringe Spur, die aber nicht zu dem eben beschriebenen System zu gehören braucht, sondern selbständige Bedeutung als weiter zurückliegender Riegel zwischen Weser und Südbruch gehabt haben kann, ...zwischen der Bahn und Klm. 2,6 der Neesener Chaussee,* also etwa zwischen Giesekings Mühle und der Hausberger Straße bzw. dem Weserufer. In der nördlichen Kurve der alten Straße (heute Kalte Hude) lag rund 400 m nördlich des Dorfes Neesen der *Neesener Krug* (Urmeßtischblatt). Seine isolierte Position am Westende der von Horstmann genannten Spur einer Landwehr spricht dafür, daß der Neesener Krüger zugleich der *Wartmann* des Schlagbaums am Durchlaß der Hausberger Straße war. Eine weiter südlich, von Meißen zwischen Neesen und Lerbeck – etwa bei Neu-Lerbeck – zur Porta verlaufende Landwehrstrecke ist nicht belegt; sie wäre auch aufwendig und unnötig gewesen, wenn der kurze Abschnitt westlich des Neeser Bruchs mit einem Schlagbaum am Neesener Krug genügte.

DIE LANDWEHR AUF DEM WESTLICHEN WESERUFER

Die *Landwehr to Ovvelhusen* mit *Wartmann* und *Wardbom* ist bereits 1394 belegt (siehe oben); sie erscheint noch in der *Handzeichnung der Weges Strecke durchs Dorf A(u)lhausen bis ans Chaussée Haus soweit solcher zur Entschädigung gezogen werden kann* von Landmesser Friemel vom März 1800 (STA MS, KDK Mi, Nr. 3574, S. 150). Es ist die heutige Lannertstraße, die vom Alten Postweg und der im Jahre 1800 neu angelegten Chaussee durchquert wird. An der Kreuzung mit dem Alten Postweg liegt der *Krug und Garten des Schlomanns* (Nr. 12); *Krüger Schlomann* ist auch als Besitzer eines Landstreifens entlang der *Landwehre* eingetragen.

Anscheinend hat es in oder bei Aulhausen auch eine Warte gegeben; *Eggebert in dem Aulhuser thoren* ist in der Hudesatzung der Simeonstorschen Hude von 1567 genannt (M. Krieg 1966, S. 128). Wo der Turm stand, ist nicht bekannt; im niedrig gelegenen Aulhausen hätte er wenig Sinn gehabt, eher möchte man ihn sich weiter südlich denken, etwa auf der höher gelegenen *Brede* oder *Auf'm Wiethoop*, wo man einen weiteren und besseren Blick über das Gelände südlich der Porta hatte.

Von Aulhausen bis nach Häverstedt verlief die Grenze nach der Beschreibung von 1597 *an den Berg, hinter Barkhusen her ... unter dem Berge her ...* nach Westen (heute etwa im Zuge von Kaiserstraße – Unterm Berge – Philosophenweg). Waldrand und Bergfuß werden hier eine eigentliche Landwehr entbehrlich gemacht haben; erst in Häverstädt, am Austritt des seit 1936 versiegten Mühlenbaches unter dem Königsberg, begann wieder eine regelrechte Landwehr, an die der Straßenname »Lannert« erinnert. Im Urmeßtischblatt heißt der Mühlenbach *Landwehrbach;* seinem alten Lauf folgt heute der Südteil des Häverstädter Wegs. An dessen Strecke zwischen Uphauser Weg und Postillonweg lag die Landwehr vermutlich auf der Ostseite, wo sie *In der Wasserfuhr* auf die vielleicht ältere Landwehr stieß, die von Osten her, hinter dem Erbe und unter der Bölhorst her kam. Am Postillonsweg, der alten Heerstraße nach Lübbecke und Osnabrück, wo zwischen Bölhorst und Dützen der Ziegeleiweg abzweigt, verzeichnet das Urmeßtischblatt den *Hölkebaum*: Hier wird der *Dützer bomhöder* am Schlagbaum an der Landwehr gesessen haben. Auch von ihm ist in der Simeonstorschen Hudesatzung von 1567 die Rede (vgl. M. Krieg 1966, S. 128). Anscheinend ist auch dieser Schlagbaum in der Ansicht des Ritterbruchs von 1539 wiedergegeben: Unterhalb der Bezeichnung *DVTSSEN* – rechts daneben steigen zwei Männer den Wilde-Ort-Weg von Häverstädt nach Dehme hinauf zum Kamm – ist an der Straße zwischen Bölhorst und Dützen ein Drehbaum gezeichnet; weiter nach rechts ragt ein Krüppelwalmdach über die Bäume – und dazwischen steht ein Turm über einem Hausgiebel! Sein oberstes Geschoß kragt vor und zeigt beiderseits der Zinnen unter dem roten Kegeldach zwei Ausguckerker mit spitzen Dächern. Es besteht kein Anlaß, an der Richtigkeit der Darstellung zu zweifeln, aber demnach hätte auch am *Hölkebaum* ein Wartturm gestanden, über den alle Quellen schweigen. Der Turm hat eindeutig profan-fortifikatorischen Charakter, und an einen Kirchturm ist bei Dützen ohnehin nicht zu denken.

Nördlich vom Hölkebaum und jenseits der neuen Chaussee erstreckten sich bis zum alten Bastaulauf beim Rodenbeck das *große Bruch* und die *lange Wiese;* die Landwehr wird etwa im Bereich der Straßen Satellitenweg, Am Dützer Sportplatz und Südringbrede leicht nach Nordosten verschwenkt auf das westlichste Stück der alten Bastau hin verlaufen sein. Die alte Bastau zwischen den *langen Wiesen* und dem *Simeonsthorbruch* ist im Urmeßtischblatt als *Landwehr* bezeichnet. Vielleicht ist dies der Abschnitt, der um 1360 als die *Landwer up de Rodenbeke* genannt wird (siehe oben).

Am Rodenbeck (im Urmeßtischblatt *Seydel's Hof*) und weiter nach Nordwesten auf Hahlen zu boten die (neue) Bastau und das Ostende des Ritterbruchs mit dem von Hahlen her kommenden

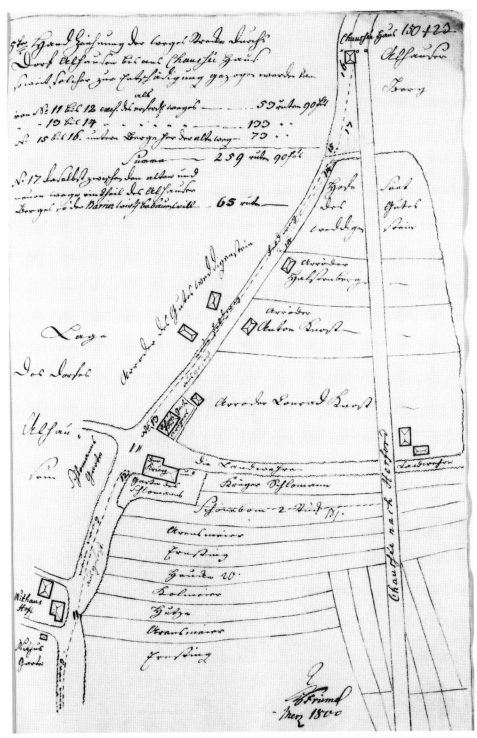

Abb. 9   Die Landwehr bei Aulhausen und die Chaussee nach Herford. Handzeichnung von Landmesser Friemel, 1800. Staatsarchiv Münster. (Norden unten).

»Minden-Bach« genügend natürliche Hindernisse. Das Sumpf- und Moorgebiet war nur auf den ost-westlich liegenden Dämmen passierbar, und diese waren durch Drehbäume versperrt. Diese Situation gibt sehr deutlich und anschaulich die schöne aquarellierte Ansicht des Ritterbruchs vom Jahre 1539 wieder. Hier lief auch die Grenze der Kuhtorschen Hude, wie sie in der *Schnat* von 1647 beschrieben ist (vgl. M. Krieg 1966, S. 126 und von Schroeder 1997, S. 322). Sie nennt den *Schlachtbaum bey der Awerdammschen Brügke*, den *Mitteldamm* und den *Nedderdammschen Schlagbaum*. Von diesem zog sich die Hudegrenze *ein wenig hinauf, vor dem Krueßbrok und Joh. Schoneboms Wiesen her bis an den Diebesort* und dann *die Reget ein wenig hinunter nach der Stadt hin*. Die *Reget* ist das Land beiderseits des Regtweges; der Diebesort ist daher wohl in der Gegend des Kanals oder am Hahler Hafen zu suchen. Für die folgende Strecke bis nach Stemmer gibt die Beschreibung von 1597 nur ungenügend Auskunft über den Verlauf; sie sagt auch nicht, ob hier tatsächlich eine Landwehr mit Wall und Graben angelegt war. Vom Ritterbruch geht es *hinter Hahlen her* – mit Einschluß der Höfe *Auf'm Drögen? – auf den Stein, da die Elff Baume stehen, hinter der Fynßerei, über die Heide*. Wo die »elf Bäume« standen, ist unbekannt, und mit der *Fynßerei* ist anscheinend das Finstere Feld gemeint, das als *Fintzer Feld* auch in der *Schnat* von 1647 vorkommt, jedoch deutlich weiter stadteinwärts (zwischen Zähringerallee und Petershäger Weg; an dieser Stelle auch im Urmeßtischblatt). Vermutlich verlief die Grenze ungefähr so wie die heutige Stadtgrenze im Nordwesten, jedenfalls *hinter der Luchten* her (Auf der Lüchten) und vielleicht dort, wo an der Holzhauser Straße der Hof Schlingmann liegt. Zwischen den Lüchten und dem *Stemmerthurn* nennt die Beschreibung wieder eine Landwehr – wo sie verlief, ist ungewiß. Die Gegend zwischen Hahlen und Stemmer ist durch Markenteilung, Verkoppelung, Flurbereinigung und Kultivierung der ehemaligen Heideflächen so stark umgestaltet, daß sich selbst ein großer Teil der Wege, die noch das Urmeßtischblatt verzeichnet, im heutigen Kartenbild nicht mehr findet.

Der Stemmer Turm lag am nordwestlichen Dorfrand nahe der Friedewalder Straße. Angeblich stand er noch bis zur Mitte des 19. Jahrhunderts (Hofmeister 1956, S. 12). Die heutige Straße »Vorm Thoren« nördlich des Herrendienstweges erinnert an ihn. Hier gab es auch einen *Kräugers Hof*. Der »Lannerweg«, der nach Norden von der Stemmer Landstraße abzweigt, durchquert den Zug der Landwehr, deren Verlauf an der Straße »Lannerdal« nach Osten, *hinter Kutenhausen her uff den Petershäger Thurn* wieder gesichert ist (vgl. Stühmeier 1978, S. 29, 52 f., Karte S. 28). Die Landwehr war hier zugleich die Grenze zwischen Kutenhausen und Todtenhausen; der Hof des Kolons Lammermann in Kutenhausen (Nr. 22) lag unmittelbar an der Landwehr, und der *Landwirt Hormann am Schling (Nr. 8) führt heute noch den Beinamen Schlingmann* (Stühmeier 1978, Karte S. 34, S. 52). Sein Hof liegt »Im Schling« am Ostende der Kutenhauser Dorfstraße. Östlich vom Schling entspricht der »Lammerweg« bis zur Straße »Am Thorn« dem Verlauf der Landwehr; auf der Ecke zur Todtenhäuser Dorfstraße findet sich um 1830 das Anwesen des *Kräuger* (Todtenhausen Nr. 19; Stühmeier 1978, Karte S. 35). Der Turm stand an der Todtenhauser Straße/Bremer Straße; die benachbarten Stücke heißen *Auf dem Thoren* und *Thorenfeld*. Östlich der Landstraße setzte sich die Landwehr noch ein Stück weit am *Lammerbach* bis zum Weserufer fort (vgl. auch Horstmann 1935, S. 57).

Obwohl die Landwehr zu Beginn des 17. Jahrhunderts angeblich schon *nicht mehr verteidigungsfähig* war (Bölsche o. J., S. 15 und Horstmann 1935, S. 58) und wohl nicht mehr auf ihren ordnungsgemäßen, dichten Zustand hin inspiziert wurde, war sie dennoch wohl als Grenzlinie von Bedeutung; denn der Mindener Bürgermeister Schreiber klagt in seinem Bericht aus dem Dreißigjährigen Krieg sehr darüber, wie unter der kaiserlichen Besatzung vor 1634 *der Stadt Holzungen* …

nebst den freien Landwehren verwüstet, und größeren Teils niedergehauen worden (SCHREIBER 1957, S. 59). Die Bemühungen der Stadt im Dreißigjährigen Krieg, die völlige Unabhängigkeit von der landesherrlichen Gewalt zu erlangen, hatten 1645 einen gewissen Erfolg. Am 2. Mai verlieh Königin Christine von Schweden der Stadt ein Privileg, welches ihr das *jus districtus sive territorii* gab, d. h. die Ausdehnung der eigenen, bisher auf den Raum innerhalb der Stadtmauern beschränkten Gerichtsbarkeit auf die städtischen Feldmarken, zudem das sogenannte *merum et mixtum imperium*, d. h. die volle Selbständigkeit in *ecclesiasticis, politicis, civilibus et criminalibus*. Am 11. und 12. Februar 1647 nehmen Deputierte des Magistrats und des Rats der Stadt von dem erstgenannten Recht feierlich Besitz, indem sie zu den Warttürmen an der Grenze der städtischen Feldmark hinauszogen und hierüber eine notarielle Urkunde fertigen ließen (SPANNAGEL 1894, S. 20 mit Anm. 2). Im Jahr 1759 soll die Landwehr aber noch in so gutem Zustand gewesen sein, daß Herzog Ferdinand von Braunschweig sie in der Schlacht bei Minden als Stützpunkt benutzte. Er ließ bei Todtenhausen breite Lücken schlagen, um seinen Truppen einen bequemen Durchlaß zu schaffen (STÜHMEIER 1978, S. 52 und SCHROEDER 1886, S. 654). Während noch 1698 Arendt Fromme angeklagt wird, weil er *etliche Bund Stöcker aus der Dünger Landwehr geholt* hatte (HORSTMANN 1935, S. 57), verkauft die Stadt Minden im Jahre 1690 *die beym Notthurm zur rechten Hand belegene und bis an das Sander Bruch der Nagelschen Wieh sich erstreckende Landwehr mit denen darauf befindlichen Bäumen und umbher vorhandenen lebendigen Hecken als ein Allodial durchschlachtig frey unbeschwertes Erb Guth* für 150 Rthl an Johann Hermann Wernern und Catharina Elsaben Schwengels (KAM, Mi, C 20,2 alt). Am 5. Mai 1714 vermerkt das Ratsprotokoll, daß *wegen umbreißung* der *Landweer beym Notturm* ein Ausschuß eingesetzt wird (KAM, Mi, B 759). 1755 werden Akten wegen *Der Stadt Thürme Verpachtung* angelegt (KAM, Mi, C 1127); das Verzeichnis nennt: *Wegen des Notthurm – Verpachtung wegen der Landwehrländereyen an Notthurn – Bau des Aulhauser turms und deßen Verpachtung Nachherigen Verkauff – Acta des Auelhauser Thurms Verpachtung* und *Acta von denen Warthürmen*. 1764 gibt es Akten wegen der *Verkauffung des Notthurms* (KAM, Mi, C 427). Zu dieser Zeit und sicherlich schon längere Zeit vorher wird kaum eine der steinernen Warten mehr gestanden haben; ihre Namen waren auf die Höfe der ehemaligen Turmwächter, Baumhüter und Wartmannen übergegangen. Noch im Siebenjährigen Krieg wird auch die Landwehr zwischen Kutenhausen und Todtenhausen stückweise verkauft: *1762 werden für Wehking, Kutenhausen Nr. 18, auf der Landwehr 3/16 Morgen = 48 Schritt lang, 11 Schritt breit, vogelfrei Land ausgewiesen* (HORSTMANN 1935, S. 57).

Wenn auch die Landwehr vom späten 17. Jahrhundert an Stück für Stück verkauft, gerodet und untergepflügt wurde, so hielten sich doch die an ihr gelegenen Krüge mit der Schankgerechtigkeit. Ob mit ihr auch Brennrechte verbunden waren, muß schon den Zeitgenossen zweifelhaft gewesen sein; denn 1698 wird vermerkt: *Der Receptor* (Steuereinnehmer) *Thilo hatte sich unternommen, unser Warthürmer zu Stemmer wegen Brandweinbrennens den Topf weg zu nehmen* (KAM, Mi, B 361).

Der *sogenannte Petershäger Thurm* wird am 20. März 1724 für 352 Rthl an den *Quartier Meister Gewekothe* verkauft. 300 Rthl werden im gleichen Jahr bezahlt; der Rest soll mit 2 Talern jährlich verzinst werden. Gewekothe weigert sich jedoch, diesen Rest von 52 Rthl zu zahlen, *weilen ihm vom Ambt Petershagen anbefohlen wehre kein minder Bier noch Brantwein zu verkaufen, so aber das Recht von andenklichen Zeiten vor sich [zu] haben* erklärte (KAM, Mi, C 341,12 alt). Wie die Sache ausging, ist unbekannt. Gut 70 Jahre später berichten die Akten von einem weiteren Streitfall (KAM, Mi, 132, S. 48–50): Am 9. April 1797 zeigte Johann Christian Wiehe aus Todtenhausen beim Magistrat an, *er habe den dortigen unter der hiesigen Stadt Bothmäßigkeit stehenden Warthurm, oder das statt desselben erbauete Wohnhauß ... in Pacht genommen und darin, wie von jeher geschehen sey, Bier und Brantwein*

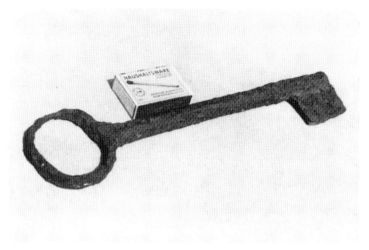

Abb. 10 Schlüssel, Bodenfund beim Ausbau der Bundesstraße 61 beim Petershäger Turm in Minden-Todtenhausen, 1964.

geschenket. Vorgestern aber habe sich der landreuter Ludeke bey ihm eingefunden, und das vorrätig gewesene Bier versiegelt. Wiehe bat den Magistrat als seine *competente Obrigkeit* um Schutz und Beistand, um die *jederzeit genoßene Freiheit und Befugnis so wol Bier als Brantwein zu schenken* zu behalten, und untermauerte dies mit einem Bescheid des Kriegs- und Steuerrats von Pestel und des Magistrats vom 17. Mai und 19. Juni 1775, weil die *Sache ... schon einmal in Bewegung gewesen.* Damals war dem Vorbesitzer des *Todtenhäuser Wahrthurmes* nur aufgegeben worden, daß *er seine Getränke nicht außer Landes einkaufen dürfe, sondern aus Minden holen und solches von den Verkauffern in ein zu haltendes Buch notiren lassen solle, welches er Comparent auch zu thun, und zu befolgen erbötig wäre.* Dank der Intervention des Magistrats ging die Sache schließlich so aus, daß man es bei der Regelung von 1775 beließ und der *Königlichen Accise Casse* in Petershagen aufgegeben wurde, daß *die Siegel sofort abgenommen werden.*

Das letzte Stück der Landwehr beim Petershäger bzw. Todtenhauser Turm verschwand 1964, als dort der kurvenreiche Abschnitt der Bundesstraße 61 begradigt wurde. Ein 28 cm langer Eisenschlüssel, der bei Schachtarbeiten neben der Straße gefunden wurde, ist möglicherweise das letzte Sachzeugnis vom Petershäger Wahrturm (vgl. STÜHMEIER 1978, S. 52 f.).

IV.2 Die Festung vom Dreißigjährigen Krieg bis zur Aufhebung im Jahr 1873

von Ulf-Dietrich Korn

IV.2.1 Einleitung

Siehe dazu die Kartenbeilagen in Teilband I.1: Wachstumsphasen der Stadt Minden M 1:5000, den Überdeckungsplan Minden, Stadt und Festung, auf dem Vorsatz dieses Teilbandes sowie die Kartenbeilagen in diesem Teilband.

1618–1650

In den ersten Jahren des Dreißigjährigen Krieges waren der meist in Celle residierende Administrator des Bistums Minden, Herzog Christian von Braunschweig-Lüneburg (1599–1633), und die Stadt selbst bemüht, sich leidlich neutral aus den verschiedenen Kriegshändeln herauszuhalten (Zu den politischen Konstellationen und dem Hin und Her der Truppenzüge des Halberstädter Administrators Herzog Christian von Braunschweig-Wolfenbüttel, des »tollen Christian« (1599–1626), des Grafen Ernst von Mansfeld (1580–1620), König Christians IV. von Dänemark (1588–1648) und des kaiserlichen Generals Johann Tserclaes von Tilly (1559–1632) beiderseits der Weser ober- und unterhalb von Minden siehe SCHROEDER 1886, S. 544–552. – BÖLSCHE o. J., S. 17–23. – ROTHERT 1949–1951, Bd. II, S. 137–158. – LAHRKAMP 1997, S. 12–16. – Zur Situation in der Stadt zwischen 1625 und 1636 siehe SCHREIBER 1957). Durch- und vorbeiziehende Heere besänftigte man mit Geldgeschenken und Proviantlieferungen. Die Stadt lehnte es ab, Truppen des niedersächsischen Reichskreises aufzunehmen, sah sich selbst aber durchaus veranlaßt, *praeparatoria zur befürchteten Defension* zu machen, nahm 1620 den Hauptmann Schünemann (oder Schönemann) aus Nienburg als Stadthauptmann wieder in Dienst und ließ Söldner anwerben. 1620–1622 wurden für Unterhaltung und Ausbau der Festungswerke 2617 Taler aufgewendet und zur *Verbesserung der Artollerey* 1138 Taler ausgegeben, 1623 verstärkte man die Artillerie für 1081 Taler und zahlte 9266 Taler für die Besoldung der angeworbenen Soldaten. Der vor dem Marientor gelegene Spenthof (siehe Teil V, S. 977 f., 993 f., Bleichstraße 20/20a) wurde zur Freiräumung des Schußfeldes abgebrochen und in die Stadt verlegt. Zahlreiche Pflanzungen, meist Obstbäume, in den Gärten im Vorfeld der Stadt wurden niedergelegt, die Wachträume ausgebessert und vermehrt und Unterkünfte hergestellt. Die Ausgaben für *Bauten zur Fortifizierung* beliefen sich 1623 auf 2794 Taler. 1624 zahlte die Stadt für die Artillerie wiederum 611 Taler, für die angeworbene Truppe 10239 Taler. Obwohl die politische Situation zwar äußerlich ruhiger, aber keineswegs friedlicher war, verminderten die Mindener ihre Söldnertruppe, weil die Kosten auf die Dauer zu hoch waren und *weil die Gefahr je länger je weniger sich ansehen lassen*. Mit der verbliebenen Kompanie konnte die Stadt gerade noch die Wachen besetzen (BÖLSCHE o. J., S. 18 ff.).

Minden war zwar gut befestigt und mit rund 70 Geschützen der unterschiedlichsten Größen und Kaliber wohl ausreichend armiert (vgl. das *Inventarium des Geschützes und anderer Munition dero Stadt Minden Anno 1624*, in: MiHbll 8, 1930, Heft 21, S. 2, Heft 23, S. 2), aber mit den angewor-

Abb. 11 Schwedischer Wappenstein, datiert 1643 (oder 1645?), vom Wesertor. Mindener Museum, Lap. 133.

benen 150 Mann keinesfalls zu verteidigen. Als am 11./21. August 1624 Tilly mit seiner ganzen Armee sein Lager auf dem anderen Weserufer oberhalb Mindens bei Neesen aufschlug und erklärte, er werde die Stadt mit Gewalt *zur Parition bringen*, wenn sie keine kaiserliche Garnison aufnehme, mußte die Stadt am 12./22. August wohl oder übel eine förmliche Kapitulation mit Tilly abschließen, die Tore öffnen und eine Besatzung von drei Kompanien unter Feldmarschall Graf Anholt und Obristleutnant Graf Gallas hinnehmen und versorgen (SCHROEDER 1886, S. 552 und BÖLSCHE S. 23 ff.). Die Kaiserlichen ließen sofort unter dem Ingenieur Westhoff auf Kosten der Stadt an den Festungswerken arbeiten, obwohl die Stadt dem Ingenieur Geschenke machte, *damit er nicht gar zu eifrig beim Bau sein sollte* (BÖLSCHE S. 37). Vor den Toren wurden Schanzen aufgeworfen – vermutlich die Ravelins vor Simeonstor und Marientor und die scherenförmige Schanze vor dem *Rodentor* am Ostende der Weserbrücke –, an der Fischerstadt entstand ein Blockhaus, und die profanierte Dominikaner-Kirche wurde als Pferdestall eingerichtet. 1626 verlangte der Obristleutnant Schellhammer, daß *auf den Wallen die Corps de garde mit gedoppelten Stuben* versehen werden sollten, wohl zur Unterbringung von Offizieren (BÖLSCHE o. J., S. 33).

Die kaiserliche Besatzung blieb sieben Jahre lang in Minden; in dieser Zeit wurden die Befestigungen weiter ausgebaut und verstärkt. 1628 entstanden neue Wachthäuser, rund um die Stadt wurde auf großen Strecken eine neue Brustwehr angelegt, 1629 (nach SCHROEDER 1886, S. 562, erst 1631) vollendete man die neuen Außenwerke um die Fischerstadt. Im folgenden Jahr entstand ein kleines Ravelin vor dem Hahler Tor, dicht neben dem Hohen Rondell, und ein Hornwerk vor dem Kuhtor. Für Kriegskosten, Festungsarbeiten, Einquartierung und Präsente hatte die Stadt in den Jahren 1626 bis 1632 rund 170 000 Taler aufzubringen, 1633 erhöhte sich die Summe um weitere 42 468 Taler (BÖLSCHE o. J., S. 37, 43). Umfang und Aussehen der bis 1633 unter Tilly angelegten Befestigungen zeigt anschaulich Wenzel Hollars Vogelschau-Vedoute. Sie entstand mit einiger

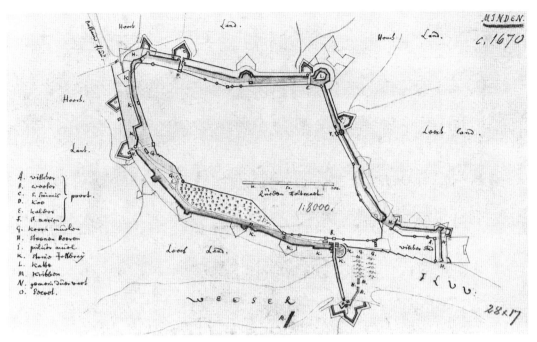

Abb. 12 Ältester Festungslan, um 1640 (1635?) (Kat.-Nr. 1).

Sicherheit 1633/34 vor der Belagerung durch die Schweden 1634, vielleicht gleichzeitig mit der 1641 publizierten Stadtansicht Merians (siehe Teil I.1, Kap. III, Nr. 6 und 5; vgl. auch die Beschreibung bei BÖLSCHE O. J., S. 6–15 sowie unten Kat.-Nr. 27).

Der Kriegseintritt Schwedens im Jahre 1630 berührte Minden zunächst nicht, erst nach Gustav Adolfs Tod bei Lützen 1632 erhielt Herzog Georg von Braunschweig-Lüneburg den Auftrag, Norddeutschland von den Kaiserlichen zu säubern und die Weserlinie zu sichern (Zu den Kämpfen und Heerzügen von 1633/34 siehe wiederum SCHROEDER 1886, S. 568–573, BÖLSCHE O. J., S. 38–45 und ROTHERT 1949–1951, Bd. II, S. 158–167). Im Februar 1633 zogen die Schweden und Lüneburger von Bremen die Weser herauf, nahmen Lübbecke und das von den Kaiserlichen geräumte Rinteln ein, vereinigten sich mit den hessischen Truppen des Landgrafen Wilhelm V. zur Belagerung von Hameln und schlugen die Kaiserlichen unter Gronsfeld, Merode und Bönninghausen am 27. Juni bei Hessisch-Oldendorf. Hameln kapitulierte am 9. Juli 1633; die Besatzung wurde von schwedischen Truppen nach Minden begleitet und verstärkte hier das kaiserliche Heer.

Schon im März 1633 rechnete man in Minden mit einer Bedrohung durch die nahenden Schweden und räumte das Schußfeld vor den Wällen. Wiederum wurden Büsche und Bäume, Obstpflanzungen und Wäldchen niedergehauen und zudem die Kirchhofsmauern des Nicolai-Hospitals vor dem Simeonstor (siehe Teil V, S. 151 ff., Kuckuckstraße) abgeräumt. Der neue Bischof von Minden, Osnabrück, Bremen und Verden, Franz Wilhelm von Wartenberg (1633–1648), verließ die Stadt bei Nacht und reiste nach Münster. Indessen verzog sich die Gefahr; Herzog Georg wandte sich von Hameln nach Pyrmont und Hildesheim, und die Schweden unter Knyphausen zogen gegen Osnabrück, das am 21. August 1633 kapitulierte, die Zitadelle Petersburg zwei Wochen später. Hildesheim wurde erst am 12. Juli 1634 von Herzog Georg eingenommen. Gleich danach wendete er

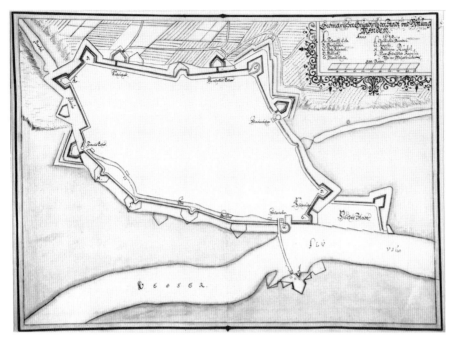

Abb. 13   *Geometrischer Grundtriß der Stadt und Vöstung MINDEN. Anno 1648* (Kat.-Nr. 2).

sich gegen die Weser, nahm Bückeburg ein, blockierte Minden und begann Ende Juli mit der vollständigen Einschließung, aus der sich eine länger als drei Monate währende Belagerung und Beschießung entwickelte (Zum Verlauf siehe SCHROEDER 1886, S. 572–576, die Darstellung von BÖLSCHE o. J., S. 62–66 und das Belagerungs-Tagebuch des Platzmajors Johann Schlick bei BÖLSCHE S. 45–62). Schwerpunkte der schwedisch-lüneburgischen Artillerie-Angriffe waren die Weserschanze und das Marientor, vor allem aber der Galgenbrink über dem rechten Bastau-Ufer vor dem Simeonstor. Von seiner Höhe konnte man über das sanft fallende Simeonsfeld hinweg die Wallanlagen und die Stadtmauer sowie Straßen und Häuser des Simeonsviertels einsehen und dominieren. Die Verteidiger versuchten zwar, den Galgenbrink einzuebnen und abzuflachen, doch schoben die Belagerer ihre Laufgräben und Batterien immer weiter vor, gewannen die Anhöhe und erreichten damit günstige Positionen für das Brescheschießen an der Simeonsfront, hinter der vor allem die Häuser am Weingarten mitbetroffen wurden (siehe Teil I.1, S. 218). Zudem versuchten sie anscheinend, die Bastau im Simeonsbruch aufzustauen und in den Koppelgraben abzuleiten, so daß die Gräben vor der stark attackierten Südwestfront trocken fielen (Schlick bei BÖLSCHE S. 49). Ende Oktober bot der kaiserliche Obrist und Kommandant Waldecker Verhandlungen an; am 3. November wurde der *Mindische Accord perfectiret und von beiden Teilen subscribiret*, und am 10. November zog die kaiserliche Besatzung mit 2 000 Mann, 300 Pferden und 99 Wagen durch das Kuhtor nach Münster ab (BÖLSCHE o. J., S. 62 f.).

Die schwedisch-lüneburgische Besatzung unter dem Kommandanten Wilhelm von Lüdinghausen gen. Wolf wurde nach dem Prager Frieden (30. Mai 1635) im Jahre 1636 durch eine rein schwedische ersetzt; Schweden organisierte die eroberten norddeutschen Lande, als ob es sie dauernd behalten wollte und richtete eine besondere Regierung für das Stift Minden ein. Generalmajor Friedrich von Sabelitz, zum Gubernator über die eroberten Plätze in Westfalen bestellt, ließ 1635 angeblich die Stadtmauern abbrechen; sein Nachfolger Generalmajor Steinbock sorgte für die Wiederherstellung der Festungswerke (SCHROEDER 1886, S. 577). Bei BÖLSCHE, S. 71 heißt es dagegen: *Die baufälligen inneren Stadtmauern, die man zuerst abzubrechen begonnen hatte, ließ General Steinbock neu aufbauen.*

Im Westfälischen Frieden vom 24. Oktober 1648 wurde Minden dem Kurfürsten von Brandenburg zugesprochen, doch dauerte es noch anderthalb Jahre, bis am 13. Oktober 1649 die schwedische Regierung für das Stift aufgelöst wurde (SCHROEDER 1886, S. 596). Die schwedische Besatzung räumte die Stadt erst am 7. September 1650 (ebd. S. 601).

Schweden nutzte die 14 Jahre von 1634 bis 1648, um den wichtigen Platz an der Weser nach modernen fortifikatorischen Gesichtspunkten auszubauen und setzte die unter Tilly seit 1625 begonnene Verstärkung der Festungswerke fort. Der um 1640 (1635?) entstandene erste Festungsplan (Kat.-Nr. 1) zeigt die vorgefundenen Werke und das Konzept zum Ausbau der Bastionärbefestigung, die nach dem Stockholmer »Schwedenplan« 1648 in wichtigen Teilen ausgeführt war (Kat.-Nr. 2). Der weitere Ausbau mit Bastions und Ravelins und die Vergrößerung der Werke auf dem Brückenkopf waren im Konzept festgelegt. Nach BÖLSCHE (S. 77) begannen die Schweden im Juni 1636 mit dem Bau einer Schanze *unter den Krollingen*, zwischen dem Scharfen Eck und dem Simeonstor, 1643 *ist das Rondell der Fischerstadt gegenüber* gebaut worden; vielleicht meint dies das 1648 als *New Gebautes Ravelin Vor der Weserbrücken* bezeichnete Werk. 1646 wurde das Schusterrondell *weiter hinausgelegt* (ebd. S. 82). In die Schwedenzeit fällt auch die Schließung des mittelalterlichen Hahler Tores nahe beim Hohen Rondell; es wurde in die Mitte der Kurtine zwischen Windmühlen-Rondell und Hohem Rondell verlegt und durch ein vorgelegtes Ravelin gesichert (*Newhaller Tohr*, später *Neutor* genannt).

1650–1763/1765–1813

Kurfürst Friedrich Wilhelm von Brandenburg, der neue Landesherr, kam am 1. Februar 1650 nach Petershagen, dem vorläufigen Sitz der Regierung, und nahm am 12. Februar dort die Huldigung an. Er bestätigte im Allgemeinen die Privilegien von Stadt und Stift; mit der Stadt wurde wegen der brandenburgischen Garnison eine Kapitulation abgeschlossen, die u. a. besagte:

2. *Die Garnison solle aus 5 Kompagnien, jede zu 112 Mann bestehen …*
4. *Se. Churf. Durchl. sind zufrieden, daß Baracken erbaut werden, wozu Sie die Materialien, die Stadt aber die Baukosten hergeben sollte, inzwischen wären die Soldaten bei den Bürgern einzuquartieren …*
9. *Die Reparation der Festungswerke solle aus gemeinen Landesmitteln geschehen, und wenn dazu etwas von der Stadt und Bürger Gründen genommen werden müßte, solches bezahlet werden …* (BÖLSCHE o. J., S. 98).

Zu dem anscheinend beabsichtigten Kasernenbau kam es einstweilen nicht, und über Baumaßnahmen an den Festungswerken ist für die ersten Jahre der brandenburgischen Herrschaft nichts bekannt. Insofern mag hierfür zutreffen, was VON BONIN (I, 1877, S. 12) schrieb: *Neben mannigfachen Verstärkungen der bestehenden und der erworbenen Festungen – namentlich des 1653 in Besitz genommenen Colberg, während das 1650 erworbene Minden von dem Großen Kurfürsten nicht sonderlich geschätzt wurde, so daß seine Werke im Laufe der Zeit völlig verfielen – wurde 1657 zum Bau der Feste Friedrichsburg bei Königsberg i. Pr. geschritten, außerdem wurde der Ausbau von Küstrin, Pillau, Memel und Berlin vorangetrieben, und seit 1657 begann man in Kalkar mit der Verstärkung der*

Stadtbefestigung und der Anlage einer Zitadelle (HAGEMANN 1985, S. 65). Der brandenburgische Statthalter in Kleve, Johann Moritz von Nassau-Siegen, zog hierbei den Festungsbaumeister Henrick Ruse zu Rate, der 1659 in den Dienst des Kurfürsten trat. Im gleichen Jahr zeichnete Ruse einen Entwurf für neue Befestigungen in Lippstadt (HAGEMANN 1985, S. 77, 80 f., Abb. 29) sowie für die Stadt und Zitadelle Spandau (TAVERNE 1979, Abb. 6). Mit einiger Sicherheit kann ihm auch der erste Mindener Festungsplan aus der brandenburgischen Zeit zugewiesen werden; er ist in die Jahre um 1660 zu datieren (Kat.-Nr. 3). Großartige Neubefestigungen waren offenbar in Minden weder notwendig noch geplant; alle Mindener Pläne der Folgezeit belegen aber zumindest einen kontinuierlichen Ausbau der von den Schweden vor 1648 begonnenen Bastionärbefestigung mit zahlreichen Verbesserungen und Modifikationen. Offensichtlich verlagerte sich das Interesse des Kurfürsten nach dem Friedensschluß von Kleve vom 20. April 1666 zwischen den Niederlanden und dem Bischof von Münster auf die festen Plätze in den westlichen Provinzen. Friedrich Wilhelm erwartete militärische Auseinandersetzungen mit den Niederlanden und gab Befehl, Gelder zur Befestigung von Kalkar, Lippstadt und Hamm aufzubringen (HAGEMANN 1985, S. 66). Im Politischen Testament vom 19. Mai 1667 schrieb der Kurfürst: *Minden, Lipstadt vndt Calkar sein drey vornehme ortter, beuorab in Krigszeitten,* und in seiner Auflistung der Landesfestungen mit den nötigen Mindestbesatzungen für Kriegs- und Friedenszeiten erscheint *Minden so lange keine Citadell gebaudt* mit 600 Mann Besatzung im Frieden und 1600 Mann in Kriegszeiten (HAGEMANN 1985, S. 67). 1668 und 1670 sind Reisen des brandenburgischen Generalquartiermeisters und Direktors aller Festungen Philipp de Chieze nach Ravensberg sowie nach Minden, Halberstadt und Magdeburg belegt (HAGEMANN 1985, S. 74; zu de Chieze siehe HECKMANN 1998, S. 77 ff.).

In diesen Jahren verdichtet sich die Reihe der erhaltenen, bisher nicht publizierten Mindener Festungspläne (Kat.-Nr. 4–11). Ihre Zeichner sind teils unbekannt (von Eisfeld, um 1670/1680, Kat.-Nr. 6; Major Starcke, um 1690, Kat.-Nr. 14); zwei stammen von Louis N. Hallart (1680, Kat.-Nr. 7 und 8), der anscheinend in brandenburgischen Diensten stand und im gleichen Jahr Bestandspläne der Festungen Lippstadt und Wesel zeichnete (HAGEMANN 1985, S. 86, Abb. 47, 48. – ARAND/BRAUN/VOGT 1981, S. 26 f., 66, Abb. 8, 76). Otto W. Neumann (nach 1680, Kat.-Nr. 119) ist möglicherweise mit dem bei VON BONIN (I, 1877, S. 264) für 1677 genannten Neumann identisch, der *vor Stettin Ingenieur* wurde, später Landmesser war. Zwei Pläne, die wohl erst im frühen 18. Jahrhundert gezeichnet wurden (Kat.-Nr. 9 und 10), sind Kompilationen von Hollars Vogelschau um 1633/1634 und jüngeren Plänen der Zeit um 1680 für die Außenwerke. Sie dürften als Kundschafterpläne von relativ geringer Aussagekraft zu werten sein (MEINHARDT 1958, S. 36 f.).

1680 gelangten Wesel und Magdeburg in den uneingeschränkten Besitz Brandenburgs. Auf den Ausbau dieser beiden Festungen konzentrieren sich daher in den folgenden Jahren, wie auch unter der Regierung Friedrichs III./I. (1688–1713), die fortifikatorischen Anstrengungen Brandenburg-Preußens. Die zwischen Wesel und Magdeburg gelegenen Festungen Lippstadt und Minden hatten hinter den strategisch weitaus bedeutenderen Plätzen zurückzutreten, doch wurden auch hier die Arbeiten fortgesetzt. Jean Louis Cayart zeichnete 1689 und 1697 sechs Projekte für Lippstadt, darunter eins für den Bau einer mächtigen Zitadelle im Westen der Stadt (HAGEMANN 1985, S. 88 f., Abb. 53–58; zu Cayart siehe HECKMANN 1998, S. 97 ff.). Für Minden sind aus der Zeit zwischen 1690 und 1700 immerhin neun Pläne und zwei Detailzeichnungen überliefert (Kat.-Nr. 12–21). Sie belegen, daß Ausbau und Korrektur der Festungswerke weiterhin betrieben wurden, wenn auch in relativ kleinen Schritten und ohne Neubauten oder grundsätzliche Änderungen im Konzept. Die Arbeiten konzentrierten sich im wesentlichen auf die Vervollständigung der Außenwerke mit

Abb. 14   Abraham Jansz. Begeyn, *Minde van t' noordoost*, 1696. Lavierte Federzeichnung, Mindener Museum.

Gedecktem Weg und Glacis sowie auf die Anlage größerer Bastions an der Weserfront zwischen Simeonstor und Weserbrücke. Akten und Nachrichten fehlen nahezu gänzlich, und wohl nur zufällig sind ein Bericht des (sonst nicht nachgewiesenen) F. von Möllendorff vom 5. November 1693, eine Denkschrift Cayarts (Colberg, 22. Juli 1699) sowie ein von Cayart und Jean de Bodt gemeinsam verfaßtes *Memoire* (Berlin, 19. Januar 1700) erhalten (SB PK, Kartenabteilung, Generalstabs-Denkschriften XXIII, Nr. 194, 193, 195), die sich zum Teil mit den vorliegenden Plänen verbinden lassen (zu Jean de Bodt siehe HECKMANN 1998, S. 203–226).

Der Bericht von Möllendorffs bezieht sich auf Bau- und Reparaturarbeiten sowie das Entkrauten von Gräben, Wällen und Contrescarpen – Kleinigkeiten, die nicht weiter von Belang sind. Außerdem enthält er die sonst nicht überlieferte Nachricht von einem Brand im Dachwerk des Domes (siehe Teil II, S. 419).

Cayarts *Memoire et Instruction abrégé* vom 22. Juli 1699 charakterisiert knapp und deutlich die Festungsanlagen, ihre zum Teil sehr mangelhafte Anlage und den schlechten Zustand (zum Wortlaut siehe Kat.-Nr. 16). Der erfahrene Ingenieur spart nicht mit deutlicher Kritik und macht einleuchtende Vorschläge zur Behebung der Fehler und Mängel. Hauptpunkte sind die überlange und geknickte Kurtine zwischen Weserbrücke und Bastion 28 (später Bastion I) an der Weserfront, die mangelhafte Befestigung der Petershagener Front vom Ravelin Marientor abwärts, einschließlich der Fischerstadt, die notwendigen Maßnahmen zur dauerhaften Sicherung des Weserufers und die nutzlosen Kavaliere auf den Bastions sowie Ausbau und Verbesserung der Außenwerke mit dem Gedeckten Weg. Nachdrücklich betont er die Notwendigkeit, vor allen anderen Maßnahmen einen möglichst genauen Plan der Stadt und ihrer Befestigungen aufzunehmen; offenbar fehlte es bis dahin an zuverlässigen Planunterlagen.

Auf einem Deckblatt zur zugehörigen Zeichnung hat Cayart das Projekt für den Neubau einer effektiveren Weserschanze auf dem Brückenkopf gezeichnet. Auf sie beziehen sich wesentliche Teile des *Memoire* von Cayart und de Bodt vom 19. Januar 1700, das zugleich eine detaillierte Stellungnahme zu einer nicht vorliegenden Denkschrift samt Plan des Ingenieurs Schnitter vom 24. Dezember 1699 enthält (zum Wortlaut des *Memoire* von Cayart und de Bodt siehe Kat.-Nr. 18; der mit

G. O. V. Schnitter signierte, nicht datierte Festungsplan Kat.-Nr. 12 ist deutlich älter und steht nicht im Zusammenhang mit den Ausführungen Cayarts und de Bodts).

Die Vorschläge der beiden um 1700 führenden Festungsingenieure Brandenburgs blieben, was die lange Kurtine der Weserfront, die Kavaliere und den Neubau der Weserschanze angeht, offensichtlich ohne Folgen. Die Arbeiten in Minden konzentrieren sich weiterhin auf die Vollendung und Verbesserung der äußeren Enceinte mit Gedecktem Weg und Glacis. Anscheinend hat Jean de Bodt auch hierfür ein Projekt skizziert, das auf eine rigorose Vereinfachung der Außenwerke vor der Hohen Front im Nordwesten mit langen Linien zielte und vor der schwachen Petershagener Front im Norden fortgesetzt werden sollte (Kat.-Nr. 16 a). Der Plan muß Jean de Bodt so wichtig gewesen sein, daß er ihn bei seinem Ausscheiden aus dem preußischen Dienst 1728 nach Dresden mitnahm und in seinen Fortifikations-Atlas aufnahm.

Die Reihe der Festungspläne der Zeit vor und um 1700 ergänzt die vortrefflich gezeichnete Stadtansicht *Minde van t' noordoost*, die der niederländische Maler und Radierer Abraham Jansz. Begeyn 1696 im Auftrag Kurfürst Friedrichs III. fertigte. Vor dem Hintergrund des Wiehengebirges entwickelt sich die Stadtansicht von der teils hölzernen, teils steinernen Bunten Brücke (links) bis zum Batardeau im Norden der Fischerstadt (rechts). Die Weserbrücke ist großenteils durch die Brückenkopfbefestigung (Weserschanze) verdeckt; an das Rondell beim Wesertor schließt sich *Maulschelle* (1648 *Rundell an der Weser*) an, jenseits des Altstadt-Festungsgrabens folgen nach Norden in dichter Reihung die Häuser der Fischerstadt über der niedrigen, en crémaillère geführten Ufermauer. Erdhaufen beim Batardeau zeigen, daß am Wall nördlich der Fischerstadt gearbeitet wurde.

Wohl aus der Zeit um 1729 stammen drei weitere Pläne (Kat.-Nr. 23, 25 und 26). Nach der Beischrift auf dem von Gerhard Cornelius von Walrave in Wusterhausen am 12. Oktober 1729 unterzeichneten Plan Kat.-Nr. 26 hatte König Friedrich Wilhelm I. den Befehl gegeben, die Weserschanze großzügig neu zu bauen. Auch hatte er wohl das 1667 vage umrissene Projekt des Großen Kurfürsten aufgegriffen, in Minden eine Zitadelle anzulegen. Hierzu mochte die Fischerstadt geeignet erscheinen. Walraves Projekt blieb mit Kosten von nur 5000 Talern bescheiden und sah neben einer Verstärkung der Außenwerke lediglich die Abtrennung des Bastions Biflick von der Haupten-

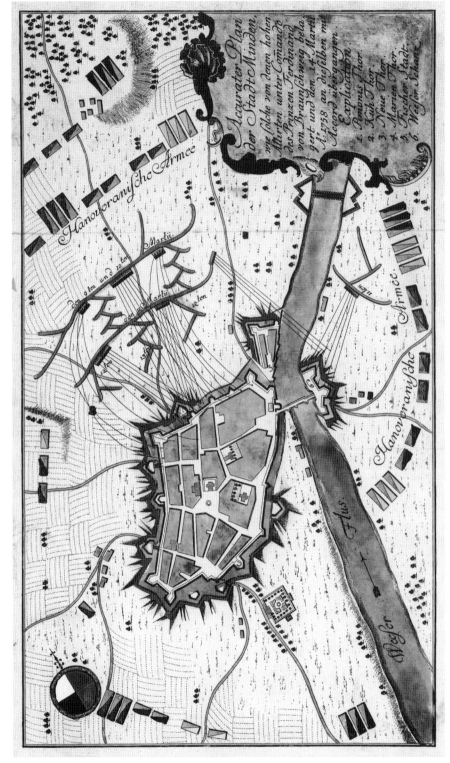

Abb. 15   Belagerung von Minden im März 1758. Kolorierter zeitgenössischer Kupferstich. KAM, Plansammlung.

IV.2 Die Festung vom Dreißigjährigen Krieg bis zur Aufhebung im Jahr 1873

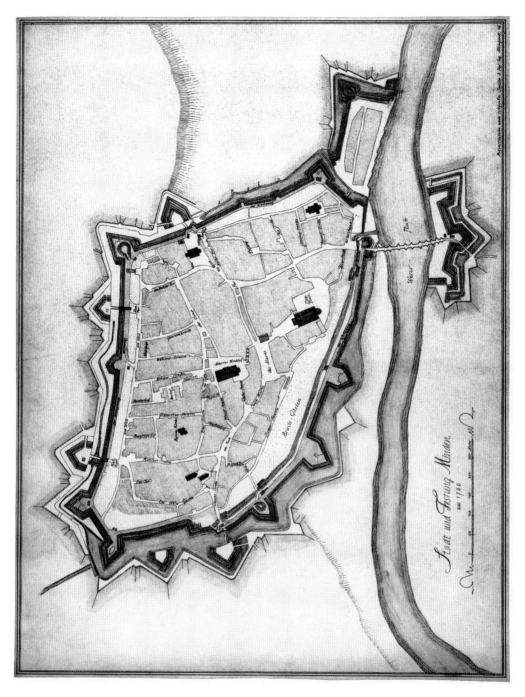

Abb. 16 Stadt und Festung Minden um 1760. Kolorierte Zeichnung von Volkmar Ulrich Meinhardt, 1956. Mindener Museum, FM 124 (Norden rechts).

ceinte und seinen gegen die Stadt gerichteten Ausbau als Ravelin vor. Für den Neubau der Weserschanze als geräumigen Fünfstern mit starker Enveloppe waren dagegen 24 400 Taler kalkuliert. Es blieb indes bei den Projekten auf dem Papier; auch der etwa gleichzeitig gezeichnete Entwurf für eine neue Glacisschüttung (Kat.-Nr. 25) blieb unausgeführt (Zu Walraves Tätigkeit und Bedeutung siehe von Bonin I, 1877, S. 32–60; Heckmann 1998, S. 277–285).

Minden war und blieb im 17. und 18. Jahrhundert eine Festung minderen Ranges (vgl. auch Meinhardt 1958, S. 27 f.). Das unter Walraves Kommando stehende, von ihm 1728/1729 neu organisierte Ingenieurkorps zählte 1740 unter Friedrich dem Großen ohnehin nur 45 Offiziere. Die meisten arbeiteten in den Festungen mit größeren Bauvorhaben (Magdeburg, Stettin und Wesel). In den kleineren Festungen gab es in der Regel nur einen Offizier für die meist geringfügigen Unterhaltungsarbeiten, und mit der 1740 veränderten Dislokation hatte Minden keinen ständig anwesenden Ingenieur-Offizier mehr (von Bonin I, 1877, S. 49 f., 273 f.). Zudem verlagerte sich seit 1745 das Schwergewicht auf den Ausbau der neugewonnenen schlesischen festen Plätze. *Mehrere andere der älteren Festungen, denen der König bei der damaligen politischen Weltlage wohl keinen besonderen Werth beilegte, wurden geradezu vernachlässigt und geriethen – wie Colberg und Minden – allmählig in Verfall* (ebd. S. 54 ff.).

Im Siebenjährigen Krieg war das schwach besetzte und in seinen Befestigungen veraltete Minden – zusammen mit den hannoverschen Plätzen Hameln und Nienburg und dem hessischen Rinteln – wegen seiner strategisch wichtigen Position in der Weserlinie mehrfach Ziel und Opfer von Heereszügen und Belagerungen (vgl. von Bonin I, 1877, S. 84, 86. – Schroeder 1886, S. 646–663. – Rothert 1949–1951, Bd. III, S. 83–92. – Meinhardt 1958, S. 29–32). Nach der unentschiedenen Schlacht von Hastenbeck und dem Abzug des Herzogs von Cumberland nach Norden am 26. Juni 1757 fielen Hameln und Minden kampflos an die Franzosen, beim Gegenzug im folgenden Jahr kapitulierten am 14. März 1758 in Minden 4 500 Mann unter Generalleutnant Morangies nach sechstägiger Belagerung und Beschießung durch die Alliierten unter Herzog Ferdinand von Braunschweig. Am 9. Juli 1759 überrumpelte der Herzog von Broglie die mit 1 400 Mann, meist preußischer Landmiliz, gehaltene Stadt von der schwachen Weserschanze her; General von Zastrow mußte sich nach heftigem Straßenkampf auf Gnade und Ungnade ergeben. Am 1. August 1759 schlug Ferdinand von Braunschweig mit seinen Alliierten die Franzosen unter Contades und Broglie auf der Minder Heide und unter den Wällen der Stadt; am 2. August kapitulierte die Festung und wurde kampflos übergeben. Die Belagerungsschäden in der Stadt waren beträchtlich, mehrere Kirchen wurden als provisorische Lazarette eingerichtet und dabei innen verwüstet (siehe Teil I.1, S. 218 f.). Bis zum Frieden von Hubertusburg am 15. Februar 1763 spielte Minden militärisch keine Rolle mehr.

Am 4. Juni 1763 besuchte Friedrich der Große Minden und befahl, die Festung aufzuheben. Die Erfahrungen des Siebenjährigen Krieges hatten gezeigt, daß schwache und veraltete Festungen militärisch kaum von Wert waren und für ihre Besatzungen eher *zu einer Mausefalle wurden* (Meinhardt 1958, S. 32; vgl. auch Nordsiek 1986, S. 20 f.). In Preußen wurden die Plätze Geldern, Hamm und Kalkar, Lippstadt, Minden und Moers sowie Driesen und Peitz aufgegeben (von Bonin I, 1877, S. 95); in der Nachbarschaft Mindens fielen 1763 die Befestigungen von Hannover, Nienburg und Bückeburg (Meinhardt 1958, S. 32), weiter westlich die von Warendorf und Münster. In Minden wurden die Festungsanlagen jedoch nicht völlig geschleift; nur die Außenwerke jenseits des Festungsgrabens mit den Ravelins vor Marientor, Neutor und Hausberger Front wurden eingeebnet, ebenso die Weserschanze auf dem Brückenkopf (siehe Kat.-Nr. 28–30). Schroeder (1886, S. 664) schreibt zwar: *Der Wall wurde planiert und auf den abgeworfenen Batterien Gärten angelegt,* doch scheint sich dies wohl nur auf Teile der Hauptenceinte zu beziehen, die im wesentlichen bestehen blieb und allmählich verfiel, soweit sie nicht – wie besonders am Königswall – mit neuen Häusern bebaut wurde. Beim geräumigen Bastion III der Weserfront, östlich vom Simeonstor, wurde bis 1765 der Wall abgetragen und die gewonnene Fläche als Exerzierplatz eingerichtet. An ihm entstand 1775 die Kaserne No 1 (siehe Kat.-Nr. 183–185).

1777 war offenbar die hölzerne Brücke *auf der Fischerstadt* so schadhaft, daß sie erneuert werden mußte. Die Kriegs- und Domänenkammer ordnete an, *daß statt einer anzufertigenden maßiven Brücke ... ein Damm gemacht und dazu der alte so genannte Bäre* [= Wasserbär, Batardeau] *zu Hülfe genommen werden solle*. Die Arbeiten wurden öffentlich ausgeschrieben und am 1. August vergeben. *Zugleich soll ... ein Theil des Fischerstädter Grabens von der alten Brücke bis an die Tiezelsche Batterie, mit ausgeboten werden* (WMA 30, 1777). Die genannte Brücke lag vermutlich vor dem Bastion Biflick (später Bastion X) am Beginn des Fischerstädter Festungsgrabens; die Tiezelsche Batterie war das nördliche Eckbastion der Fischerstadt-Befestigung.

Vom Ende des Siebenjährigen Krieges bis in die ersten Jahre nach 1800 war Minden eine friedliche Garnisonstadt, die zusammen mit Wesel und Magdeburg das Infanterie-Regiment Nr. 41 (von Lossau, von Woldegk) aufnahm (BLECKWENN 1984, Bd. II, S. 41–44 – NORDSIEK 1986, S. 92 ff.). Die Soldaten wohnten meist in Bürgerquartieren, nur ein kleiner Teil war in der Kaserne No 1 am Bastion III untergebracht. Die Einweisung von Soldaten in Bürgerhäuser führte nicht selten zu Konflikten mit den übrigen Bewohnern; darüber hinaus beeinflußte sie auch die Entwicklung von Bau- und Wohnformen in der Stadt (vgl. Teil I.1, Kap. II.3.7–10). In der Zeit nach 1763 wurde allmählich auch die Feldflur vor den Wällen wieder besiedelt.

Die Französische Revolution und der 1792 von Österreich und Preußen gegen die Revolutionstruppen geführte Erste Koalitionskrieg berührten Minden nicht; erst das Ausscheiden Preußens aus der Koalition mit dem Basler Sonderfrieden von 1795 und die Aufstellung der Observationsarmee zur Sicherung der Demarkationslinie betrafen die Stadt unmittelbar. Außer dem Hauptquartier der Armee mußten Kriegskommissariat, Kriegskasse und Proviantamt untergebracht werden; die Garnison wurde von acht auf zehn Kompanien vermehrt. Das bedeutete eine höhere Belastung der Bürgerschaft durch weitere Einquartierungen, außerdem wurden die Simeons-Kirche und die Stiftskirche St. Johannis bis 1801 als Proviantmagazine beschlagnahmt (SCHROEDER 1886, S. 667 f. und Teil III, S. 16 f., 633).

Der Vierte Koalitionskrieg gegen Frankreich 1806/1807 mit der Niederlage Preußens bei Jena und Auerstedt (14. Oktober 1806) endete am 9. Juli 1807 mit dem Frieden von Tilsit. Preußen mußte alle Länder westlich der Elbe abtreten. Minden wurde dem neugegründeten Königreich Westphalen zugeschlagen; seit dem 10. Dezember 1810 gehörte es zum Ober-Ems-Departement des Kaiserreichs Frankreich. Bis zum Rußland-Feldzug Napoleons von 1812 gab es für die Stadt zahlreiche Durchmärsche sowie Einquartierungen fremder Truppen und einer französischen Garnison, die im aufgehobenen Mauritius-Kloster eine Artillerie-Werkstatt einrichtete (vgl. SCHROEDER 1886, S. 671–682 und Teil III, S. 488, 498, 548 f.).

Die Katastrophe in Russland im Winter 1812/1813 beseitigte die zahlenmäßige Überlegenheit der napoleonischen Armeen, zwang den Kaiser in die Defensive und nötigte ihn, zum Schutz Frankreichs und der Rheinbundstaaten die rückwärtigen Befestigungen, besonders die Elblinie mit Hamburg, Lübeck, Stade und Bremen, auszubauen (MEINHARDT 1958, S. 39 f., dort auch das Folgende). Zur Unterdrückung möglicher Aufstände wurde in Minden im Frühjahr 1813 von Marschall Davout der Belagerungszustand erklärt, und Napoleon gab Befehl, die alten Wälle so instandzusetzen, daß die Stadt gegen einen Handstreich gesichert sei. In der Eile hatten die Franzosen allerdings keine

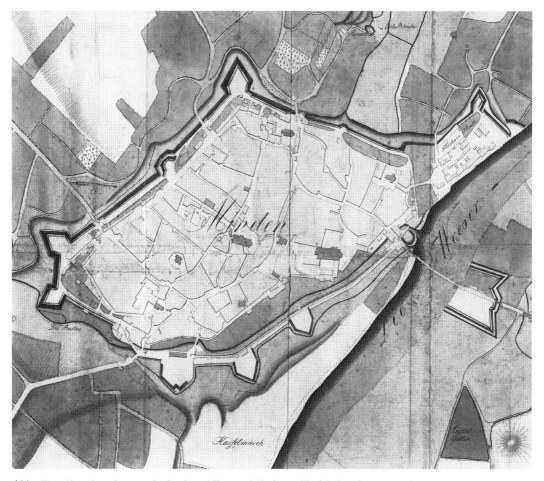

Abb. 17 *Situationsplan von der Stadt und Festung Minden, militairisch aufgenommen im Januar 1814* (Kat.-Nr. 30, Ausschnitt).

Möglichkeit, größere Befestigungsarbeiten an Wällen und Toren vorzunehmen. Einige im Wege stehende Bauten wurden eingerissen oder abgebrannt, wie die Wehdekingsche Windmühle auf dem Halbbastion am Simeonstor (siehe Teil IV, S. 2013 f., Rodenbecker Straße 7). Das einzige, was die Franzosen noch zu Stand brachten, war der Erdwall eines schwachen Hornwerks auf dem Brückenkopf vor der Weserbrücke.

Nach der Völkerschlacht bei Leipzig (16.–18. Oktober 1813) wurde Minden eilig geräumt und die mittleren Bögen der Weserbrücke gesprengt (Schroeder 1886, S. 683 f. und Teil V, S. 1610 ff.). Am 4. November zog preußische Kavallerie unter Oberst von Lützow in Minden ein.

1813–1836

Während die Armeen der Verbündeten die Truppen Napoleons weiter nach Westen verfolgten, ließ der preußische Generalstab Minden, den strategisch wichtigen Platz am Weserübergang vor der Porta Westfalica, eilig als Stützpunkt herrichten und für den Fall militärischer Rückschläge *gegen Handstreich und Überrumpelung* – diesmal von Westen – sichern. Eine besondere Ordre des Königs, die Stadt zu einer permanenten Festung auszubauen, ist für 1813 nicht überliefert; die Arbeiten hatten zunächst provisorischen Charakter. Bereits zwölf Tage nach dem Wiedereinzug preußischer Truppen, am 16. November 1813, bittet der nach Minden entsandte Ingenieur-Capitain von Rohwedel die Regierungs-Kommission um die Besorgung von Arbeitern, Material und Gerät für den Beginn der ersten Arbeiten, mit denen Minden in Verteidigungszustand gesetzt werden soll (vgl. MEINHARDT 1958, S. 40 f.). Rohwedel scheint nur kurz in Minden tätig gewesen zu sein, denn am 11. Januar 1814 schreibt Generalmajor von Rauch, der Chef des Ingenieur-Korps, an die Regierungs-Kommission, er habe den Ingenieur-Major Keibel mit der nötigen Instruktion für die Befestigungsarbeiten nach Minden geschickt. Zugleich bittet er, *dem dirigierenden Offizier möglichst behülflich zu sein, daß er zum Zeichnen, Aufnehmen und anderen Arbeiten brauchbare Bau-Conducteurs oder andere qualifizierte Subjekte aus dortiger Gegend erhalte, … indem der jetzige Mangel an Ingenieur-Offiziers mir für jetzt nicht gestattet, mehrere derselben gleich dorthin zu beordern* (MEINHARDT 1958, S. 42). Mit diesen Kräften wurden im Januar 1814 und im Laufe des Jahres die Stadt und die Reste der Festung als Grundlage für die weiteren Planungen *militairisch aufgenommen* (Kat.-Nr. 30, 32). Anfang 1814 wird die 2. Kompanie des im Vorjahr aus Mansfelder Bergleuten aufgestellten Pionier-Bataillons mit Kapitän Dammann zum Festungsbau nach Minden abgeordnet; die 5. Kompanie geht nach Minden und Wesel (VON BONIN II, 1878, S. 6).

Major Keibel, der sich in Arnheim aufhielt, schickte von dort am 18. Februar 1814 seine Anforderungen nach Minden. Er brauchte ständig 4000 taugliche Arbeiter, die in wöchentlichen Schichten wechseln sollten und auch aus den umliegenden Gebieten der nichtpreußischen Verbündeten Hannover, Lippe, Kurhessen und Schaumburg-Lippe vertragsmäßig zu stellen waren, außerdem Fuhrwerke und Geräte sowie tüchtige Zimmerleute mit allem Handwerkszeug (MEINHARDT 1958, S. 42 f.).

Keibels Maßnahmen für das Retablissement dürfte der 1814 von Leutnant Rohde gezeichnete Plan Kat.-Nr. 33 wiedergeben. Keibel hatte Weisung, *die zunächst vorzunehmenden provisorischen Ausführungen so einzurichten, daß sie bei dem später beabsichtigten Ausbau in permanentem Charakter beibehalten werden könnten* (VON BONIN II, 1878, S. 134). Die Wälle und Bastions der Hohen Front – von Bastion V bis zum Marientor – wurden wiederhergestellt und mit neuen Brustwehren versehen. Die notwendigsten Außenwerke – Ravelins, Couvrefacen und Contregarden vor den Toren, vor den Hauptbastions und um die Fischerstadt – sowie die neue Befestigung auf dem Brückenkopf und drei detachierte Werke auf dem hohen Ostufer jenseits der Bunten Brücke wurden 1814 zumindest eingemessen und abgesteckt. Mit dem Aufwerfen des Ravelins vor dem Marientor war bereits begonnen.

Neben den ersten Arbeiten an den Festungswerken waren Belange des täglichen Bedarfs der Armee zu besorgen. Da es an Magazinen und Lagerräumen fehlte, mußte man sich einstweilen mit Provisorien behelfen. Das Gartenhaus des Geheimrats Backemeister im Rosental war 1814 vom Militär beschlagnahmt und als kleines Laboratorium benutzt worden (siehe Teil V, S. 1132 f., Rosentalstraße 1–5). Am 3. Januar 1815 teilt die Regierungs-Kommission dem Ober-Ingenieur Ganzer mit, das Rosental *müsse zur Aufbewahrung eines unverzüglich hier erwarteten Munitions Vorraths eingerichtet werden*. Ganzer solle nach Rücksprache mit dem Festungskommandanten von Schwichow alles Erforderliche in die Wege leiten. Er besichtigt am 4. Januar mit Hauptmann Schmidt das Rosental und stellt einen Kostenanschlag über 85 Rthl 9 ggr 10 d auf. Für die Instandsetzung des Gebäudes werden 43 Rthl 7 ggr ermittelt, der Rest ist für erforderliche Stellagen für die Patronen vorgesehen. Da die Angelegenheit *höchst eilig* ist, wird am gleichen Tag der Kontrakt mit Maurermeister Krah aufgesetzt, der sofort anfangen und bis zum 8. Januar mit den Arbeiten fertig sein soll (STA DT, M 1 I C, Nr. 800). – 1816 mußte die Witwe Rodowe ihr Gartenhaus vor dem Kuhtor als Pulvermagazin bereitstellen (siehe Teil V, S. 237, Haus-Nr. 882); von Februar 1814 bis 1819 ist *Brunswicks Lust* (Teil V, S. 743, Marienstraße 82–86) als Pulvermagazin requiriert (KAM, Mi, E 352, 355).

Mit dem glücklichen Fortgang der militärischen Operationen im Westen und dem Einzug der Verbündeten in Paris am 31. März 1814 erlahmte bald der Eifer bei den Schanzarbeiten. Die Arbeiter waren säumig oder blieben aus; es fehlte an Material und Gerät, und obendrein erklärte die Regierungs-Kommission in der Hoffnung, daß der Festungsbau ganz eingestellt werde, am 14. April 1814 die Fortsetzung der Befestigungsarbeiten für überflüssig. Major Keibel protestierte dagegen am 18. April, verwies darauf, daß vom Militär-Gouvernement in Münster kein Befehl dazu erteilt worden sei und bat zwar *ganz ergebenst*, aber mit Nachdruck um die weitere Unterstützung durch die Zivilbehörde (siehe dazu MEINHARDT 1958, S. 43 ff.). Wenig später erging indessen die Kabinettsordre König Friedrich Wilhelms III. vom 26. April 1814 aus dem Pariser Hauptquartier, die gewiß in Minden mit Erleichterung begrüßt wurde: *Bei den in der letzten Zeit eingetretenen glücklichen Ereignissen ist die Beschleunigung der Befestigung von Minden nicht mehr so dringend, als sie früher angeordnet worden ist, vielmehr ist es jetzt zulässig, das Land nach den außerordentlichen Anstrengungen, welchen es bisher hat unterworfen werden müssen, mit vermehrten Lasten einstweilen zu verschonen und selbst den Plan zu dieser Arbeit gründlicher mit mehrerer Muse zu entwerfen und in Überlegung zu nehmen, als es bei der früher vorgeschriebenen Eile würde haben geschehen können. Ich will daher, daß die diesfälligen Arbeiten für jetzt und bis auf weiteren Befehl eingestellt werden* (MEINHARDT 1958, S. 45).

Nach dem ersten Sieg über Napoleon und dem Ersten Pariser Frieden vom 30. Mai 1814 begannen die politischen Verhandlungen um die Neuordnung Europas; am 1. November traten alle beteiligten Mächte samt Frankreich zum Wiener Kongreß zusammen. Die Nachrichten von der Flucht Napoleons aus Elba, seiner Landung bei Cannes am 1. März 1815 und der überraschenden Rückgewinnung Frankreichs wirkten in Wien wie Donnerschläge; die neu erstandene Gefahr einigte die Verbündeten erneut. Sie erklärten Napoleon als gemeinsamen Feind in die Acht und beschlossen den sofortigen Angriffskrieg gegen Frankreich. Schon am 11. März erging aus Wien eine Kabinettsordre Friedrich Wilhelms III. mit dem Befehl, u. a. die Festung Minden wiederherzustellen. Die Befestigungen sollten *nur von Erde ausgeführt werden,* zu den Arbeiten solle man Soldaten heranziehen, die nach den bestehenden Ingenieur-Grundsätzen zu bezahlen seien, wie auch *gezwungene, vom Land zu stellende Arbeiter* (MEINHARDT 1958, S. 46 f.). Generalmajor von Rauch erhielt am 18. März Befehl, alle irgend entbehrlichen Festungspioniere an den Rhein zu schicken zur verteidigungsfähigen Herstellung der Festungen Koblenz, Ehrenbreitstein, Köln, Wesel und Jülich sowie der rückwärtigen Plätze Minden, Erfurt, Torgau, Wittenberg, Magdeburg und Stralsund (VON BONIN II, 1878, S. 65). Am 15. April schreibt der König an von Rauch: *Die Festungsbauten am Rhein sind in diesem Augenblick ein Gegenstand von so großer Wichtigkeit, daß Ich die Leitung derselben nur Ihren eigenen Händen anvertrauen kann. Sie werden daher ungesäumt nach dem Rhein abgehen und diesem Geschäfte Ihre ganze Thätigkeit widmen. Ich verspreche Mir hierbei von Ihren Einsichten die wesentlichsten Dienste und werde mit Vergnügen dem Zeitpunkt entgegensehen, wo Ich Ihre Bemühungen anzuerkennen im Stande bin* (ebd. S. 67). Mit der Leitung der Arbeiten in Minden wurde Major von Kleist betraut

IV.2 Die Festung vom Dreißigjährigen Krieg bis zur Aufhebung im Jahr 1873

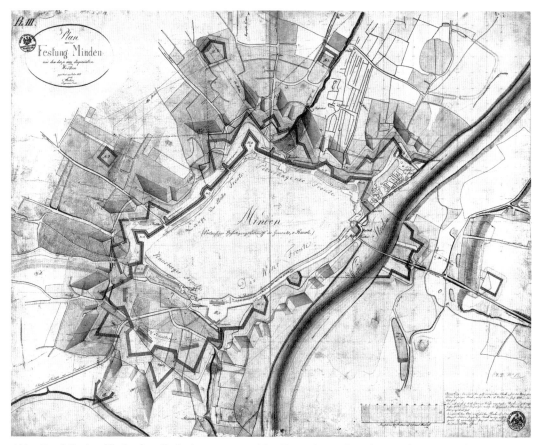

Abb. 18   Minden. Vorläufiger Befestigungsentwurf des Generals von Rauch, 1815 (Kat.-Nr. 34).

und von General Rauch über die Projekte instruiert. Kleists Entwürfe befriedigten Rauch aber nicht, auch schien ihre Ausführung zu kostspielig.

Rauch begab sich im Oktober 1815 nach Minden und entwarf dort selbst ein Projekt, das er im Mai 1816 dem Kriegsministerium vorlegte. Es ist der von Ingenieur-Leutnant Rohde 1815 gezeichnete Plan, der *als vorläufiger Befestigungs Entwurff des Generals etc. Rauch* benannt ist und dessen erklärende Anmerkung von Rauch selbst paraphierte (Kat.-Nr. 34). Sein Konzept sollte für die gesamte weitere Entwicklung der Festung bis in die 1860er Jahre prägend bleiben. Von Rauch schuf mit seinem Projekt eine zumindest in Teilen neue Festung Minden und glich einige der durch die Topographie der Stadt vorgegebenen Nachteile aus. Er schob die Hausberger Front im Südwesten um 400 Schritt bis auf die gefährliche Höhe des Galgenberges vor, um für *Militair-Etablissements freien Raum zu gewinnen*, den die enge Stadt nicht bot. *Die übrigen Fronten waren beizubehalten, der Hauptwall unter möglichster Benutzung der alten vorhandenen Mauerbauten zu retabliren und mit einer niederen Grabenflankirung zu versehen, die Festung mit einem Gedeckten Wege zu umgeben, und auf dem rechten Weserufer mit einem Brückenkopfe zu versehen, vor dem ein starkes detachirtes Fort zur Ermöglichung der Offensive vorgeschoben war; drei andere Forts und einige kleinere Werke waren vor der Enceinte auf dem linken Flußufer projektirt.*

Der Kriegsminister von Boyen genehmigte diese Entwürfe mit der Maßgabe, daß die alte Hausberger Front in Ermangelung einer Citadelle als innerer Abschnitt der Befestigung beizubehalten sei.

Die ganze Befestigung bekam durch diese Ergänzung der vorhandenen bastionirten Enceinte mit neuen Anlagen, namentlich mit starken Grabenkaponieren vor den Kurtinen der ziemlich langen Fronten, ein eigentümliches Gepräge. Der Bau – dem Rauch dauernd ein lebhaftes Interesse zuwandte und der als sein Lieblingsobjekt angesehen werden kann - begann sofort unter Leitung des inzwischen zum Platzingenieur ernannten Major Meinert, und war 1819 schon weit vorgeschritten, als die daraus erwachsenden Kosten Veranlassung zur einstweiligen Einstellung der Arbeiten gaben (von Bonin II, 1878, S. 134 f.).

Der in Rauchs Projekt (Kat.-Nr. 34) vorgesehene starke Ausbau der Außenwerke im Norden vor Bastion VIII, im Westen vor den Bastions V und VI (ehemals »Scharfes Eck« und »Tanzboden«) und die starken Anlagen der Neuen Hausberger Fronte im Südwesten beruhten auf der Annahme, *daß sich drei Attaquen auf Minden denken* lassen, wie Oberstleutnant Keibel in seiner *Beschreibung der Festung Minden und der daselbst projectirten Festungswerke* aus dem Jahre 1816 (SB PK, Kartenabteilung, Generalstabs-Denkschriften XXIII Nr. 188; unpubliziert) darlegt (fol. 2v/3):

1, *Eine auf der Petershagener Front auf dem hohen vor dem Bastion 8 gelegenen Terrain. Der Lage und der / Biegung des Hauptwalles wegen, kann nur allein das Bastion 8 und ein kleiner Theil der Courtine rechts auf die Attaque sehen, denn der andere Theil der Courtine, rechts vom Marienthor, liegt viel zu tief, als das dieß von hier aus möglich wäre.*

2, *Eine auf dem linken Ufer der Bastau, welche nur ganz allein von dem Bastion 6 beschossen werden kann, weil das Bastion 5 viel tiefer als die Höhe vor dem Bastion 6 liegt.*

3, *Eine Attaque zwischen der Koppelwiese und der Bastau; welche einem Feinde sehr gelegen ist, der die Weser herab operirt und den Paß die Porta Westfalica zu paßiren hat* (Von hier aus hatten 1634 die Schweden die Stadt kapitulationsreif geschossen, siehe oben S. 29).

Minden sollte indes nach dem Willen des Generalstabs nicht nur als fester Platz am wichtigen Weserübergang vor der Porta Westfalica wiederhergestellt, sondern unter strategischen Gesichtspunkten zu einem sogenannten Waffenplatz ausgebaut werden. Keibel schreibt dazu (fol. 4/4v): *Da es nicht möglich ist, die zu einem Waffenplatz so höchst dringend nöthigen Plätze zur Etablirung der Militair-Gebäude aller Art, als Kasernen, Wohn-Kasematten, Proviant-Magazine, Wachthäuser, Zeughäuser, Bäckereien, Brauereien, Brennereien, Hospitäler nebst Apotheken, Pulver-Magazine, Gefängniße ect: sich in Minden selbst zu verschaffen, weil der Ort äußerst elend und enge gebauet ist: so wurde deshalb und der besseren Verteidigung wegen der Hauptwall auf der Hausberger Front weiter hinausgeschoben, wodurch zugleich folgende Vortheile erhalten wurden.*

a, *wurde hierdurch, in Verbindung der vor der Festung anzulegenden Forts der so nöthige Raum gewonnen, den eine Festung durchaus bedarf, die als Waffenplatz und Depot sämtliche Bedürfnisse einer Armee sichern, die Bedürfnisse zur Belagerung der mehr vorliegenden feindlichen Festungen in sich enthalten, der Zufluchtsort für die Armee-Bedürfnisse sein soll, die derselben nachgefahren werden, wenn die Communication unsicher ist, die / ferner zur Sammlung der Armee, zur Communication und Etappen-Platz ect. dienen soll.*

b, *Ist dem Feind dadurch der Platz zwischen der Koppelwiese und den Festungswerken so enge zugeschnitten worden, daß von der Koppelwiese her nun kein förmlicher Angriff mehr zu befürchten ist, weil der Feind auf der Koppelwiese selbst nicht approchiren kann.*

c, *Ist dadurch, die der Festung sonst so nachtheilige Höhe durch das Ravelin vor der Polygon 4–5* [= Bastion IV und V] *mit in die Festungswerke eingeschlossen worden …*

(fol. 5/5v): *Um die Festung, da solche als Waffenplatz große Vorräthe aller Art in sich aufnehmen soll, für Bombardement zu sichern, und solche zum Anlehnungs Punkt, zur Aufnahme und zur Reorganisierung einer Armee tüchtig zu machen, ferner die Communication zu schützen, mehr Platz zu gewinnen, um den Angriff des Feindes auf dieselbe beschwerlicher, Zeitraubender und kostspieliger zu machen, sind folgende selbständige Forts projectirt worden:*

1, Fort 4 vor dem Brückenkopf, jenseits der Bunten Brücke, von dem aus das gesamte östliche Vorfeld übersehen werden kann,
2, *der drei Etagen hohe Montalembertsche Thurm vor dem alten Hornwerk der Fischerstadt, welcher so wie die Communication dahin mit einem Wassergraben umgeben ist. / Es flankirt dieser Thurm das Fort 4 und das Fort 1 auf der Höhe, zu welchem Zweck er drei Etagen hoch projectirt worden ist, bestreicht diese Höhe selbst, … bestreicht ferner das ganze umliegende Terrain und die Weser der Länge nach.*
3, Fort 1 auf dem höchsten Punkt der Geländestufe über dem Königsborn und vor dem Ravelin Marientor,
4, Fort 2 auf einem sanften Abhang vor Bastion VIII,
5, Fort 3 auf einer leichten Anhöhe vor dem Königstor und über dem sanften Abhang zur Bastauniederung.

Den Kranz der detachierten Forts 1–4 und des Montalembertschen Turms vor der Fischerstadt ergänzte die im Südwesten, vor Bastion IV der neuen Hausberger Front, auf dem steilen Hang über dem Koppelgraben vorgeschobene Koppelflèche.

Die vier Forts und die Flèche sind in von Rauchs vorläufigem Entwurf von 1815 eingezeichnet (Kat.-Nr. 34); der Montalembertsche Turm ist hier nur in Blei angedeutet und offensichtlich nachgetragen. Deutlicher erscheint er im Plan des Ingenieur-Leutnants Wegelin von 1816 (Kat.-Nr. 35) sowie – hier mit den langen Wällen der Communication – in dem um 1817/1820 entstandenen Kotenplan der Festung (Kat.-Nr. 37), der auch für die Gestalt der Forts und der Koppelflèche genauere Planungszustände fixiert. Zweifellos war der starke Batterieturm (siehe auch Kat.-Nr. 154) ein Ergebnis der weiteren Bearbeitung des von Rauchschen Entwurfs, der ja nach den Vorgaben des Kriegsministers von Boyen ohnehin einer Korrektur zur Befestigung der alten Hausberger Front zwischen Simeonstor und Bastion VI bedurfte. Hier entstand später entlang der Rodenbecker Straße die krenelierte Mauer des sogenannten Generalabschnitts.

Nach Keibels Ausführungen von 1816 sollte (fol. 6v) *dahin getrachtet werden, in diesem Jahr den Hauptwall so weit wieder herzustellen, daß derselbe als geschloßen betrachtet werden kann.* Keibels ausführliche Beschreibung wird ergänzt durch die *Bemerkungen über die Festung Minden*, die ein ungenannter Offizier – vermutlich Major Schulz II, der 1816–1818 Mindener Platzingenieur war (von Bonin II, 1878, S. 135) – im Frühjahr 1817 verfaßte (SB PK, Kartenabteilung, Generalstabs-Denkschriften XXIII Nr. 192, unpubliziert). Er schreibt (fol. 2): *Um daher zu leisten, was unter diesen Umständen möglich ist, wird die Einrichtung eines haltbaren Waffenplatzes mittlerer Größe für eine Garnison von etwa 6 000 Mann und 150 St(ü)ck Geschützen, nebst den nöthigen Maasregeln zum sichern Unterkommen der Besatzung, so wie der Kriegsbedürfnisse und Vorräte beabsichtigt. … (fol. 3/3v) Da die Vollendung obiger verschiedenen Befestigungsarbeiten, mit Einschluß der erforderlichen Neubauten an Defensionskasernen, Casematten Corps, Kaponieren, Kriegs- und Luftpulver Magazinen oder sonstigen Militair Gebäuden pp sowohl der Zeit, als den Mitteln nach, so wie auch wegen der gleichzeitigen Festungsbauten auf anderweitigen wichtigen Punkten, nur successive bewirkt werden kann, so wird das stufenweise*

Fortschreiten aller beabsichtigten Anlagen noch einer Reihe von Jahren vorbehalten bleiben und das dringendste zur unerläßlichen Verteidigungsfähigkeit, dem minder wichtigen nachstehen müssen. [Gemeint ist hier allerdings das Gegenteil: vorangehen].

Für das Jahr 1817 ist demnach das Ziel der Bauten:
1) die Fortsetzung der angefangenen Wiederherstellung und Verstärkung der inneren Enceinte,
2) die Anlegung des Brückenkopfs und
3) der Anfang des Baues der detachirten Forts auf beiden Weserufern.

Ein beträchtliches Hinderniß im schnellen Vorrücken dieser / Arbeiten ist ein, in folge des schlechten Zustandes des verwitterten Mauerwerks und durch die fast 2 Jahre anhaltend gewesene nasse Witterung, im Februar d(ieses) J(ahres) verursachter Einsturz bedeutender Theile des wiederhergestellten Hauptwalles; daher für jetzt die Herstellung der dadurch eingetretenen Beschädigungen allen andern Arbeiten vorgeht. Es ist indessen dabei zugleich der Vortheil gewonnen worden daß bei diesem Aufraum nunmehr die zweckmäßige Correction verschiedener Theile der fehlerhaften Trace mehr in Ausführung gebracht werden kann, als es früherhin zur Vermeidung allzu vieler und kostspieliger Arbeiten geschehen sollte, obschon die frühere vorausgesetzte Unhaltbarkeit der alten Mauern durch jenes Ereigniß bestätigt worden ist und die Kosten des Baues ansehnlich vermehrt.

Im Zuge der Wiederherstellungsarbeiten an der inneren Enceinte wurden 1817/1818 die immer noch bestehenden mittelalterlichen Toranlagen von der Stadt erworben und größtenteils abgebrochen, ebenso die Torschreiberhäuser und die Stadtweide samt den Bürgergärten ostwärts der Weserbrücke, wo die Franzosen ihre schwache Brückenkopfschanze aufgeworfen hatten. Die Häuser und Gärten, die sich seit 1763 auf und an den Wällen, Bastions und in den Gräben sowie im Vorfeld auf der Contrescarpe angesiedelt hatten, wurden *zum Festungsbau eingezogen*; allein im Jahr 1816 wurden rund 100 Häuser *zum Abbruch designiert*. So verschwand in den folgenden Jahren zur Begradigung des Marienwalls ein ganzer Baublock mit sieben Gebäuden im Winkel zwischen der Wallstraße und dem Deichhof (siehe Teil V, S. 523 ff.), weiter östlich gingen die nördlich und nordöstlich der Johannis-Kirche am Wall gelegenen Gebäude des Johannis-Stifts verloren: die Dechanei, der Stiftsreventer und zwei weitere Häuser (siehe Teil III, S. 4). Bei St. Marien wurde ein großer Teil der Stiftsdamen-Kurien samt der Abtei eingezogen und abgebrochen (siehe Teil III, S. 232 ff.). Die zumeist erst nach dem Siebenjährigen Krieg errichteten Häuser am Wallfuß der Hohen Front (Königswall Westseite) wurden sämtlich abgeräumt (siehe Teil IV, S. 1120–1129), ebenso drei Häuser am Steinweg in der Fischerstadt (ebd., S. 2560 f.) und alles, was nach 1813 wieder auf dem Brückenkopf angelegt worden war (siehe Teil V, S. 1163 ff.). Bauten, die für militärische Zwecke genutzt werden konnten, wurden zum Taxwert von der Fortification erworben und blieben stehen, wie das kleine Wohnhaus der Bleiche des Kaufmanns Clausen bei Bastion I (siehe Teil IV, S. 32 f., Klausenwall, Haus-Nr. 234 f.), das fortan als Wallmeisterhaus diente (siehe Kat.-Nr. 177, 178), ebenso die Clausensche Wachsbleiche und das *Kaffeehaus auf dem Walle* bei Bastion II (siehe Teil IV, S. 34 f., Klausenwall 16), die bis zum Abbruch 1914 als Festungs-Laboratorium genutzt wurde (siehe Kat.-Nr. 179–182).

Grundstücke und Häuser wurden sehr sorgfältig von Baufachleuten wie dem Stadtmaurermeister Georg Krah, dem Regierungs-Baukonducteur und Landmesser Friemel, dem Zimmermeister Georg Heinrich Wehking oder dem Regierungs-Baudirektor Ganzer inspiziert und – bis hin zu Umzäunung und Gartentorpfosten – abgeschätzt. So ergab z. B. die 1818 vorgenommene Taxation der Clausenschen Häuser *am Wall an denen Bastions 1 und 2* den nicht geringen Entschädigungsbetrag von 6 389 Rthl 3 gr 3 d (STA DT, M I 1 C, Nr. 801). Das Konzept eines Schreibens an einen Ungenannten in den Taxationsakten (ebd.) nennt nicht nur die stattliche Entschädigungssumme von 15 464 Rthl 10 gr 3d für sechs im Westen und Norden der Stadt gelegene Grundstücke, sondern überliefert zugleich sonst unbekannte jüngere Bezeichnungen für Bastions der alten Stadtbefestigung: Das alte Bastion 5 (Scharfes Eck) hieß demnach auch *Wolfsbastion,* das folgende Bastion 6 (Tanzboden) hieß *Wurzelbastion;* zwischen dem Marientor und der Fischerstadt lag die *Hexenbatterie.* Empfänger der Entschädigung war möglicherweise Regierungsrat Dr. von Möller, der 1811 den an der Westecke der Stadt gelegenen Tiezelschen Hof und benachbarte Häuser besaß (siehe Teil IV, S. 1109–1117, S. 1121, Königswall 101, 103/105, Haus-Nr. 395), außerdem ein *wohnbares Gartenhaus* zwischen Mauer und Bastion an der Rodenbecker Straße (siehe Teil IV, S. 2015). Eine weitere, sonst nicht belegte Bezeichnung ist vermutlich auf Bastion VII in der Mitte der Hohen Front zu beziehen (bei Hollar *Wint Mullen Rondeel):* Die Taxation des Landmessers Friemel vom 26. September 1816 nennt in der *General Uebersicht der abgeschätzten Fundamente Gemäuer unter den Wallgartens etc.: welche die Besitzer an Eigenthum behaupten und abzuschätzen angewiesen* unter Nr. 6 *v(on) d(er) Marck zum vormaligen Commandanten Garten auf dem Walle die Fundamente und Gewölbe.* Etwa gleichzeitig wurden *die auf der v.d. Marckschen Batterie befindliche Obstbäume, Gesträuche und Hecken zum Verkauf ausgeboten,* ebenso das *hölzerne Gartenhäuschen mit der hinter demselben stehende steinerne Statue.* Alles wurde vom Kaufmann Rupe (Obermarktstraße 1) für 18 Rthl 8 gr bzw. 10 Rthl 12 gr erworben (STA DT, M 1 C, Nr. 801). Das dem Bastion gegenüber liegende Haus Brüderstraße 26 war von etwa 1690 bis 1802 das Kommandantenhaus (siehe Teil IV, S. 480–493); vermutlich hatte der Kommandant nach 1763 auf dem nahegelegenen Wall bzw. dem Bastion einen Garten angelegt und ausgestattet.

Nach einem abschließenden Verzeichnis aus dem Jahre 1831 wurden 443 bebaute und unbebaute Grundstücke zum Festungsbau eingezogen (KAM, Mi; hier nach MEINHARDT 1958, S. 49). Weitere Grundstücke folgten in den Jahren 1831/32 für das Glacis vor dem Ravelin Königstor und der Fischerstadt, 1833 für das Glacis vor der Hausberger Front und auf dem Kloppenhagen (STA DT, M 1 I C, Nr. 236, fol. 76–83; Nr. 238; vgl. auch Kat.-Nr. 37 a, 39, 59, 60).

Bedeutete schon der Verlust der eingezogenen Grundstücke und der Abbruch vieler Häuser viel Beschwernis für die ehemaligen Eigentümer, die neue Unterkünfte suchen und Gartenland erwerben mußten, so war auch für die übrige Bevölkerung das Leben innerhalb einer Großbaustelle, die sich um die ganze Stadt erstreckte, in mancherlei Weise belästigt und eingeschränkt. Andererseits brachte die rege Bautätigkeit vielen Handwerkern aus dem Baugewerbe über viele Jahre Arbeit und Brot. Die Erdarbeiten sollten durch Soldaten oder angeworbene Arbeiter gegen ausreichende und pünktliche Bezahlung oder durch Freiwillige aus benachbarten offenen Garnisonstädten ausgeführt werden (VON BONIN II, 1878, S. 124); die Anwerbung von Unternehmern mit Arbeitskräften erfolgte durch öffentliche Ausschreibung, so am 4. April 1816: *Da zum Behuf der diesjährigen Festungs-Arbeiten in Minden für die Monate Mai, Juni, Juli, August, September und Oktober täglich circa zweihundert Maurer und dreißig Zimmer-Gesellen wie auch zweitausend Handarbeiter erforderlich sind, welche gegen bare Zahlung durch Entrepreneurs gestellt werden sollen, und deren Verdingung an den Mindestfordernden ... festgesetzt worden ist, so werden alle diejenigen, welche zur Gestellung dieser Arbeiter im Stande und bereit ... sind, hierdurch aufgefordert, sich ... in dem Hause der Königl. Regierungs-Kommission zu Minden einzufinden, um den Zuschlag zu gewärtigen* (MIB 1816, S. 256 f., nach NORDSIEK 1979, S. 74). Auf dem gleichen Wege wurden die umfangreichen Materiallieferungen ausgeschrieben, am 4. April 1816 5 000 *gut ausgebrannter Mauer-Ziegel,* am 20. August 1 Million Mauerziegel und am

18. September *70 Schock weidene Wasserfaschinen um 150 Schock Faschienen-Pfähle* (Nordsiek 1979, S. 74 f.). Die Backsteine dienten im wesentlichen als Hintermauerung; alles sichtbare Außenmauerwerk wurde mit Porta-Sandstein verblendet, der am *Wedigenstein* gebrochen und nach Minden gefahren werden mußte (siehe Teil I.1, S. 625, 628). 1817 wurde verfügt, daß für die notwendigen zahlreichen Fuhren die Gespanne der aus Frankreich zurückgekehrten, mobil belassenen Proviantkolonnen herangezogen werden sollten (von Bonin II, 1878, S. 124).

Der Ausbau der Festungswerke ging in den ersten Jahren offenbar gut voran. 1818 war nach Abbruch des mittelalterlichen Kuhtores der neue Torbau fertig (Kat.-Nr. 74–76; vgl. auch M. Nordsiek 1992), der durch Kabinettsordre Friedrich Wilhelms III. vom 25. Januar 1819 den Namen »Königsthor« erhielt.

EXKURS: GEFÄNGNIS UND LAZARETT BEIM MARIENTOR

Am Marientor konnte 1819 wenigstens die Passage geöffnet werden; der weitere Ausbau zog sich bis 1824 hin (siehe Kat.-Nr. 113–116). Am Tor befand sich das Gefängnis für Straftäter, die vom Stadt- und Landgericht verurteilt waren. Schon 1775 waren die *aus alten Casematten bestehende Marien-Thorsche Gefängnisse* so baufällig, daß sie nur mit großen Kosten wiederherstellbar waren (KAM, Mi, C 878). Die Kriegs- und Domänenkammer forderte damals die Stadt auf, ein anderes *Behältniß* vorzuschlagen, auch solle sie ein Haus *für das Lazareth ermitteln, damit das bisherige auf dem Marienthorschen Thurm* nach Vorschlag der Regierung wieder als Gefängnis eingerichtet werden könne, und außerdem solle sie prüfen, ob *das Eichmansche Nebenhaus* (Königstraße 31 oder 37, siehe Teil IV, S. 986–994 bzw. 1012–1017), *so ehedem ad interim zum Zucht-Hause gebraucht worden, zum Lazareth genommen* werden könne. Der Kriegskommissar Eichmann legte dar, daß sein Haus nicht geeignet sei, und schlug die *Brunnen-Anstalt* auf der Fischerstadt vor (siehe Teil IV, S. 2542–2546, Oberstraße 66/68). Sie sei sehr luftig, in der Nähe eines *Gesund- und Badewaßers* am Ende der Stadt gelegen. Sie sei teils auf öffentliche Kosten erbaut und *ein Institut, das zur Gesundmachung* bestimmt sei. Die Stadt schrieb schließlich an die Kriegs- und Domänenkammer, die Stadthäuser seien nicht zimmerreich, wie ein Gefängnis sein müsse, außerdem sei die nötige Festigkeit nicht vorhanden. *Es scheint die Zeit heran zu rücken, da neue öffentliche Gebäude errichtet werden müßen, worin die Alten zu unserm bisherigen Vortheil so freigiebig, unsere unmittelbaren Vorfahren aber zu sparsam gewesen sind.* Die Angelegenheit endete mit dem Beschluß der Kriegs- und Domänenkammer vom 6. Mai 1775, nichts weiter zu veranlassen. – Um 1795 schließlich wurde der unmittelbar vor dem Marientor gelegene Bau mit der Haus-Nr. 740 als städtisches Gefängnis eingerichtet (siehe Teil IV, S. 1256 f.). 1807 und 1811 wurden am *Gefangenen Haus* am Marientor Reparaturen vorgenommen (KAM, Mi, E 725). Bevor das Marientor – unter Beibehaltung des Batterieturms am Graben – um- und neugebaut werden konnte, mußte das Gefängnis verlegt werden. Am 10. März 1818 schrieb Festungskommandant von Schwichow an die Regierung, wegen des bevorstehenden Abbruchs des Turms am Marientor solle Stadtdirektor Müller *für schleunige Unterbringung der Sträflinge* sorgen, wofür er das Ordonnanzhaus am Kuhtor vorgeschlagen habe (STA DT, M 1 I C, Nr. 257, fol. 7). Der Neubau des Kreisgefängnisses war 1820 fertig (siehe Teil IV, S. 1094–1097, Königswall 89/89a). Der alte *Lazareth-Thurm am Marienthore* ist wohl mit dem mittelalterlichen Torturm gleichzusetzen, an den sich das zweistöckige *Gefangenen Haus* mit einer Giebelwand anlehnte. Dieses war 72 Fuß lang und 19 ¾ Fuß breit (22,60 x 6,20 m), *von Bergstein* gemauert und enthielt unten *Verhör Stube* und Küche, darüber zwei *Arrestanten Stuben*. Der dreigeschossige *Lazareth-Thurm* maß 44 x 26 Fuß (13,80 x 8,20 m), war 66 Fuß (20,80 m) hoch und aus Quadern aufgeführt. Turm, Gefangenenhaus und Hausplatz wurden 1815/1816 auf 7 172 Rthl 11 gr 11 d taxiert (STA DT, M 1 I C, Nr. 801).

1818 begannen die Arbeiten an der neuen Hausberger Front unter Ingenieur-Capitain Wittich, ebenso die Neuanlage der Brückenkopf-Befestigung (MEINHARDT 1958, S. 49). Nach der Rechnung des Landmessers Friemel war am 10. Oktober 1816 die *Anweisung der inneren und äußeren fortifications Puncte vor dem Simonis und dem Weser Thore in Gegenwarth des Herrn Obrist Lieutnant v. Schulz auch dem des Herrn Hauptmann Mühlenfeld* erfolgt; am 23. und 24. Oktober hatte Friemel *die neuen Limiten abgesteckt* [und] *die noch hinzu gekommene Grundstücke aufgemessen* (STA DT, M 1 I C, Nr. 801).

Das 1815 von General von Rauch in Minden entworfene und im Mai 1816 dem Kriegsministerium vorgelegte Projekt zur Neubefestigung der Stadt erwies sich anscheinend in der Ausführung als kostspielig. Sie war 1819 weit fortgeschritten, *als die daraus erwachsenden Kosten Veranlassung zur einstweiligen Einstellung der Arbeiten gaben* (VON BONIN II, 1878, S. 135). Dies wird sich indes wohl eher auf die Anlage der Außenwerke bezogen haben; denn selbstverständlich wurden die Arbeiten an der fortifikatorisch wichtigen Hauptenceinte, vor allem an den Toren, fortgesetzt und zum Abschluß gebracht: Das Simeonstor wurde 1820 fertiggestellt und geöffnet (Kat.-Nr. 187, 188), im gleichen Jahr war die Hauptgraben-Caponière Neutor vollendet (Kat.-Nr. 94, 95), und 1821 waren die Arbeiten am neuen Wesertor abgeschlossen (Kat.-Nr. 170, 171), nachdem man ein erstes Projekt dafür völlig überarbeitet hatte (Kat.-Nr. 169). Außerdem setzte man in der Mindener Fortification die Ausarbeitung der Pläne für die Außenwerke fort, wie die Zeichnung von 1821 für den Montalembertschen Turm nordöstlich der Fischerstadt (Kat.-Nr. 154) belegt.

Erst 1823, nachdem der damalige Kriegsminister Hake mit Rauch, Aster und Brese die Befestigungen an Ort und Stelle geprüft hatte, wurde der Bau mit geringen auf Kostenersparnis hinzielenden Modifikationen wieder aufgenommen (VON BONIN II, 1878, S. 135). Die Einsparungen betrafen vor allem die Vereinfachung der äußeren Befestigungsanlagen mit dem Verzicht auf die Erweiterung der Fischerstadt-Befestigung, den Wegfall von Contregarden vor den Bastions VI und VIII sowie von zwei Ravelins vor den Kurtinen der Neuen Hausberger Fronte samt der vorgeschobenen Koppelflêche. Auch die Pläne für den Montalembertschen Turm und die detachierten Forts 1 bis 4, die in weitem Halbkreis die nordwestlichen, nördlichen und östlichen Befestigungen schon im Vorfeld sichern sollten, wurden damals aufgeschoben oder aufgegeben, ebenso wohl auch das um 1816 gezeichnete Projekt des großen Kasemattencorps am Wall östlich vom Marientor (Kat.-Nr. 113). Das Ausmaß der Vereinfachungen läßt sich am besten im Vergleich von Rauchs vorläufigem Befestigungsentwurf (Kat.-Nr. 34) und dem Pagenstecherschen Festungsplan von 1837/1838 (Kat.-Nr. 39) ablesen.

Vier Jahre nach der Wiederaufnahme der Arbeiten waren 1827 die Mauerbauten vollendet; die Erdarbeiten an den Wällen, Gräben und am Glacis folgten nach und nach bis 1836, wobei die Kriegsrüstungen der Jahre 1830/31 – im Gefolge der französischen Juli-Revolution – zeitweise zu einer Beschleunigung führten. Mit der Vollendung der Neubefestigung hatten die Kosten den stattlichen Betrag von 1,8 Millionen Talern erreicht (VON BONIN II, 1878, S. 135). Nach einer königlichen Kabinettsordre vom 3. Mai 1817 wurden sie – zumindest teilweise – nicht aus laufenden Staatseinnahmen bestritten, sondern aus den französischen Kriegskontributionen (ebd. S. 124).

Vordringlich war in den ersten Jahren die Sicherung und Fertigstellung der Hauptenceinte samt den Kriegs-Pulver-Magazinen No 1 und 2 in den Bastions VI und X (Kat.-Nr. 71, 144); dahinter

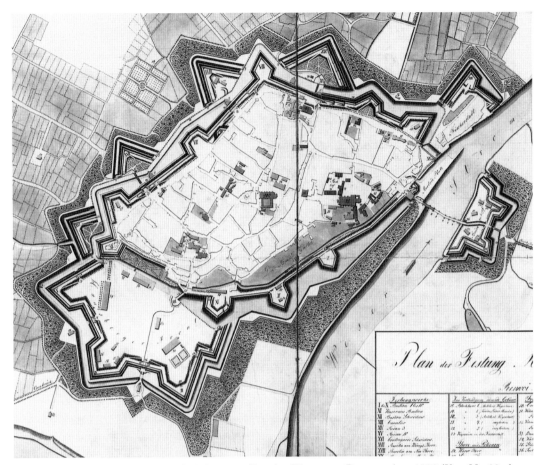

Abb. 19 *Plan der Festung Minden im Jahre 1837*. Premier-Lieutenant Pagenstecher, 1838 (Kat.-Nr. 39, Ausschnitt).

hatten zunächst die Bauten für die militärische Infrastruktur in der Stadt – Kasernen, Lager- und Magazinbauten und Verwaltungsgebäude – zurückzutreten. Zum Teil konnte der dringendste Bedarf hierfür mit den Baulichkeiten der säkularisierten geistlichen Institutionen, der Stifte und Klöster samt ihren Kuriengebäuden, gedeckt werden. Die Kommandantur zog 1819 in die alte Dompropstei am Kleinen Domhof 10 ein (siehe Teil II, S. 1399–1407); die Fortification, der Ingenieur vom Platz und der Festungsbauschreiber bezogen die Domdechanei Großer Domhof 6 (siehe ebd. S. 1233–1239). Dem Festungsbauhof wurde für die Dienstwohnungen des Personals, Werkstätten und Lagerräume das Marienstift bei der Marien-Kirche zugewiesen (siehe Teil III, S. 234–263). Das 1810 aufgehobene Mauritius-Kloster war noch im gleichen Jahr vom französischen Artillerie-Corps in Besitz genommen worden; die Kirche, die Reste der Klausurbauten und die Wirtschaftsgebäude wurden 1820/1821 als preußischer Artillerie-Zeughof eingerichtet und durch den Neubau des Wagenhauses No 1 ergänzt (Kat.-Nr. 329–344 und Teil III, S. 496–574). In der schon 1795 als Magazin profanierten Stiftskirche St. Johannis wurden seit 1815 Proviantwagen und Geschütze untergestellt; bis 1824 wurde der 1814 durch Teilabbruch verstümmelte Bau als Landwehr-Zeughaus eingerichtet (siehe Teil III, S. 16–50). Zur dringend nötigen Unterbringung des mit etwa 330 Fahrzeugen sehr umfangreichen Wagenparks des Train-Depots wurde 1819/1820 nach zweijährigem Planungsvorlauf der zweigeschossige Trainschuppen, das spätere Proviantmagazin, als erster Bau innerhalb des Kronwerks der Neuen Hausberger Fronte errichtet (Kat.-Nr. 205–209). Planung und Ausführung lagen hier nicht in der Hand der Fortification bzw. des Ingenieurs vom Platz, sondern bei der zivilen Bauverwaltung der Regierung Minden.

Für alle fortifikatorischen und primär militärischen Belange war die königliche Fortification, die Festungsbaubehörde, zuständig und verantwortlich, die vom jeweiligen Ingenieur vom Platz geleitet wurde. Auf den ersten Platzingenieur Major Meinert (1815/1816) folgten von 1816 bis 1818 Major Schulz II, von 1818 bis 1822 Major Karl Ludwig von Gayette und von 1822 bis 1837 Hauptmann (1829 Major) Franz Erdmann Konrad von Uthmann.

Während der Mindener Dienstzeit von Uthmanns wurde der Festungsbau vollendet; unter seiner Leitung entstanden 1823 die beiden Kriegs-Pulver-Magazine No 3 und 4 in den zur Stadt gerichteten Wallköpfen der Hausberger Front (Kat.-Nr. 190), 1827–1829 die Defensions-Kaserne (Kat.-Nr. 210–215) und 1829–1832 das Garnison-Lazarett (Kat.-Nr. 224–232), beide am Simeonsplatz, anschließend 1832–1834 die Heeresbäckerei (Kat.-Nr. 360, 361) und 1835/36 das Proviantmagazin (Körnermagazin, Kat.-Nr. 352–355) mitten in der Stadt am Martinikirchhof, sowie 1837 das Militär-Oekonomie-Gebäude am Simeonsplatz (Kat.-Nr. 236–238), zwischen dem älteren Trainschuppen (Proviantmagazin) und der Defensions-Kaserne. Fast alle dieser Bauten brauchten einen längeren Planungsvorlauf.

General von Rauch hatte in seinem vorläufigen Befestigungs-Entwurf von 1815 (Kat.-Nr. 34) für die Neue Hausberger Front drei Defensions-Kasernen vorgesehen, jeweils in der Kehle der Bastions III–V. Dies aufwendige und kostspielige Programm mußte reduziert und zeitlich aufgeschoben werden, zumal da zunächst die Anlage der eigentlichen Befestigungswerke voranzutreiben war. Überdies ergaben sich offenbar Modifikationen bei der Umsetzung der Planungen: 1816/1817 wurde im Projekt für den Ausbau des Marientores die Errichtung eines zweigeschossigen Kasematten-Corps von ca. 83 x 19 m Grundfläche am östlich anschließenden Marienwall geplant. Dies Projekt ist nur aus der Zeichnung Kat.-Nr. 113 bekannt.

Im Frühjahr 1827 muß das Projekt für eine andere Kaserne in der Planung weit fortgeschritten gewesen sein, die am Königswall vor der Kehle des Bastions VIII errichtet werden sollte. Am 24. April 1827 erließ die Regierung Minden eine Verfügung, daß *wegen Erbauung eines Kasematten-Corps in hiesiger Festung* Verhandlungen über den Erwerb von acht Grundstücken am Königswall beiderseits der Hahler Straße zu führen seien; das Ergebnis müsse am 15. Mai in Berlin vorliegen (KAM, Mi, E 317). Betroffen waren die Parzellen Nr. 669–673 (Hahler Straße 11 und Königswall 13–19), 693a (Hahler Straße 14), 691 (Königswall 9) und 699c (Königswall 1–3). Das Projekt für diese Defensions-Kaserne muß in der Fortification baureif ausgearbeitet gewesen sein, da nach der Verfügung der Regierung bereits am 1. Juli 1827 mit den Arbeiten begonnen werden sollte. Indes wurde im Juni bekannt, daß der Bau nicht erfolge. Anscheinend war die örtliche Fama hier schneller als die Übermittlung der Nachricht auf dem Dienstweg; denn erst am 31. März 1828 erging die Verfügung des Kriegsministers von Hake an den Oberpräsidenten von Vincke, die Regierung in Minden sei darüber zu instruieren, daß *der früher intendirte Bau eines Kasernengebäudes hinter dem Bastion VIII nunmehr nicht stattfindet und mithin den bereits eingeleitet gewesenen Entschädigungs Verhandlungen keine weitere Folge zu geben ist* (STA DT, M 1 I C, Nr. 206, fol. 3). Was zur Aufgabe dieses Kasernenprojekts führte, ist nicht bekannt. Möglicherweise insistierte von Rauch selbst auf der

Verwirklichung seines alten Projekts; denn nach derselben Verfügung hatte er am 30. Januar 1828 aus militärischen und ökonomischen Gründen den Bau des Lazaretts hinter Bastion III für *200 Köpfe* befürwortet. Man habe *nichts dagegen zu erinnern gefunden, daß dem Sentiment der Commission Folge gegeben, und die durch bombensichere Militär-Gebäude zu gewährende Verstärkung zunächst der neuen Hausberger Fronte zu Theil werde*. Mit dem Bau sei voranzuschreiten, da das bisher als Garnison-Lazarett benutzte städtische Waisenhaus (siehe Teil IV, S. 426–431, Brüderstraße 16) nur noch etwa zwei Jahre lang disponibel bleibe. Zugleich sei der Bau der Defensions-Kaserne – für ein halbes Bataillon nach der Friedensstärke – hinter Bastion V in Gang zu setzen.

Die ersten Pläne für das Garnison-Lazarett wurden sicher 1825 gezeichnet (Kat.-Nr. 225–227); die Planung für die Defensions-Kaserne wird vor 1827 begonnen haben. Die ersten Zeichnungen sind leider nicht datiert (Kat.-Nr. 210–213); unterzeichnet sind sie von Hauptmann von Uthmann als Ingenieur vom Platz, dem Leutnant Creuzinger sowie dem Regimentsarzt Dr. Symann und dem Garnison-Stabsarzt Dr. Jahn. Man wird daher dem Platzingenieur von Uthmann einen wesentlichen Anteil an der Entwurfsarbeit für beide Bauten zuweisen können, wobei ungeklärt bleibt, ob und wie weit der Leutnant G. A. Creuzinger daran beteiligt war. Zumindest war er ein sehr fähiger Zeichner. Dasselbe gilt entsprechend für den Entwurf des Proviant-Magazins und die Mitarbeit des Ingenieur-Hauptmanns Marcus Johann Friedrich Wegelin (siehe Kat.-Nr. 352, 355). Von Bonin (II, 1878, S. 135) nennt neben den Platzingenieuren und dem Hauptmann Wegelin weitere Ingenieur-Offiziere, die beim Festungsbau beteiligt waren: die Hauptleute Rohde, Westphal, Kriele, [von] Bütow sowie die Leutnants Weber, von Köckritz, Kreutzer, Fischer, von Bamberg und von Untzer. Diese Namen finden sich zum Teil und neben weiteren auf den Mindener Plänen (vgl. Meinhardt, S. 132). Ohnehin durchliefen die Projekte vom ersten Entwurf bis zu den ausführungsreifen Bauplänen mehrere Stadien der Begutachtung, Korrektur, Revision und Genehmigung, von der Mindener Fortification über die Festungs- und Ingenieur-Inspektion in Köln zum Allgemeinen Kriegs-Departement (Kriegsministerium) in Berlin und seiner Ingenieur-Abteilung. Diese (oder die Berliner Oberbaudeputation) legte mindestens in zwei Fällen eigene Entwürfe vor (1825 für das Garnison-Lazarett, Kat.-Nr. 227, und 1835 für das Militär-Oekonomie-Gebäude, Kat.-Nr. 236), die Grundlage für die Weiterbearbeitung in der Mindener Fortification waren. Ob alle Mindener Projekte stets auch der Oberbaudeputation zugeleitet und dort – von Karl Friedrich Schinkel oder seinen Mitarbeitern – bei der Entwurfsrevision in der Fassadengestaltung überarbeitet wurden (wie Kieling 1987, S. 97 dies für Berliner und Potsdamer Bauten feststellt), ist den Zeichnungen nicht zu entnehmen und wäre nur aus den verlorenen Akten zu ermitteln. Eng mit Schinkel arbeitete J. Georg Hampel zusammen, der als Kölner Garnisonbauinspektor 1822 in das Kriegsministerium berufen wurde und 1827 als Baurat der erste Direktor der neuorganisierten Heeresbauverwaltung wurde. Die meisten seiner Bauentwürfe für Berlin und Potsdam überarbeitete Schinkel (Kieling 1987, S. 199; vgl. auch Rave 1968, S. 140 f., 184–195). Daß er auch von den Mindener Planungen Kenntnis erhielt, ist nicht auszuschließen, aber auch nicht nachgewiesen.

Es gab indes noch einen zweiten Weg, auf dem Schinkels Architekturvorstellungen in das Baubüro der Fortification gelangen konnten. Die jungen Ingenieur-Offiziere wurden seit 1775 in der »Ecole de génie et d'architecture« im Berliner Schloß ausgebildet, die 1788 als Ingenieur-Akademie (»Ecole de génie«) nach Potsdam verlegt wurde (Strecke 2000, S. 122 ff.). Scharnhorst änderte 1804 und 1810 Lehrplan und Organisationsform; 1816 erfolgte eine Neuorganisation mit der Trennung von Kriegsakademie und Artillerie- und Ingenieurschule (Rave 1962, S. 175). König Friedrich Wilhelm III. regelte mit Kabinettsordre vom 13. Juni 1816 den Ausbildungsgang für Artilleristen und Ingenieure (VON BONIN II, 1878, Beilage 53, S. 287–290). Darin heißt es: *Um die nöthigen Kenntnisse der Bauwissenschaften zu erwerben, können die Militärzöglinge des Ingenieurkorpes die Vorlesungen der hiesigen Bauakademie, so weit es irgend thunlich ist, besuchen.* 1826 wurde dies neu geregelt: Nun sollten die Ingenieure nach der zweijährigen Ausbildung ein Jahr lang an der Bauakademie hospitieren. Sie kämen dadurch in Berührung mit Zivilbaubeamten, *was für ihren Beruf nur ersprießlich sein könne* (VON BONIN II, 1878, S. 163 ff.). Daß Schinkels architektonische Ideen und ästhetische Vorstellungen auf diesem Wege auch in das Ingenieurkorps vermittelt und von den jungen Offizieren in die Zeichenstuben der Fortifications-Büros getragen wurden, liegt dabei nahe.

Auch wenn sich die jeweiligen Anteile von Platzingenieuren und begabten Leutnants in der Fortification, von Ingenieur-Offizieren in der Ingenieur-Abteilung des Allgemeinen Kriegs-Departements und von Baubeamten in der Oberbaudeputation heute nicht mehr sauber trennen und diesem oder jenem zuweisen lassen, und wenn es vielleicht näher liegt, die Ergebnisse als Gemeinschaftsleistungen der Militärbaubehörden und der Oberbaudeputation anzusprechen: Schinkel war die dominierende künstlerische Persönlichkeit, die seit 1810 das gesamte Bauwesen Preußens sowohl im zivilen als auch im militärischen Bereich nachhaltig prägte und schulbildend wirkte. So ist es nicht verwunderlich, daß die Mindener Lokaltradition die markanten Militärbauten ihm unmittelbar zuschrieb (SCHREINER 1969, S. 271). Kennzeichnend hierfür ist die Stellungnahme des letzten Festungskommandanten von Minden, des Generals Ludwig Hannibal von Delitz, der 1874 den Abbruch des Simeonstores mit der Bemerkung ablehnte, *es wäre auch zu bedauern, wenn dieses Thor, ein Denkmal Schinkels, ebenfalls dem Vandalismus verfiele* (STA DT, M 1 I C, Nr. 262, fol. 60 und Kat.-Nr. 88).

1836–1873

Während die Neubefestigung Mindens ihrer Vollendung entgegenging, zeichneten sich neue Entwicklungen ab: Die Eisenbahn breitete sich aus, zunächst in einzelnen, kurzen Strecken, bald mit einem dichteren Netz. Die Schaffung einer Eisenbahnverbindung zwischen Rhein und Weser beschäftige seit Friedrich Harkorts erster, schon 1825 publizierter Vision zahlreiche Unternehmer aus Industrie und Handel und fand seit etwa 1828 verstärktes Interesse auch bei Beamten der preußischen Verwaltung (vgl. hierzu Teil V, Kap. X.2.1, S. 1662–1667). 1829 gründete sich in Minden ein Komitee, das die Weiterführung der zunächst nur bis Rehme an der Weser (heute Teil von Bad Oeynhausen) konzipierten Strecke bis nach Minden betrieb. Dem Komitee gelang es 1836, eine Aktiengesellschaft für die Finanzierung der »Rhein-Weser-Bahn« zu gründen und mit dem Bau der Strecke zu beginnen. Seit 1837 wurde auch die Weiterführung der Bahn bis nach Hannover diskutiert. Der Mindener Bahnhof sollte vermutlich vor dem Simeons- bzw. Hausberger Tor liegen; die Bahn hätte die Weser am Schweinebruch überquert und wäre auf einem Damm mit Flutbrücken über Werder und Masch geführt worden (ebd. S. 1664 f. und Abb. 1706–1708). Finanzierungsschwierigkeiten brachten 1838 das Projekt ins Stocken; die Gesellschaft wurde 1839 aufgelöst. Auf Initiativen, die von David Hansemann ausgingen, konnte 1840 das Projekt erneut angegangen werden, wobei nun Planungen einer durchgehenden Strecke von Berlin ins Rheinland in den Vordergrund traten und am 10. April 1841 schließlich zum Staatsvertrag zwischen Preußen und Hannover führten. In ihm wurde die Anlage einer Bahn von Magdeburg über Braunschweig und Hannover nach Minden und weiter bis zum Rhein vereinbart. Am 9. Oktober 1843 wurde auf preußischer Seite die Cöln-Mindener Aktiengesellschaft gegründet; Hannover plante die Strecke seit dem 13. März 1843 als Staatsbahn, seit Vertrag vom 4. 12. 1845 unter Beteiligung des Fürstentums Schaumburg-Lippe. Das neue Verkehrs- und Transportmittel nötigte auch das Militär, sich mit Vor- und Nachteilen auseinanderzusetzen und neue Konzepte zu entwickeln (vgl. zum Folgenden VON BONIN II, 1878, S. 250–253). 1835–1837 beschäftigen sich Staatsministerium und Generalstab in Denkschriften und Kommissionen mit dem neuen Transportmittel, zunächst aber noch ohne Bezug auf die Festungen, die von den ersten Bahnlinien auch nicht berührt wurden. Allerdings erhoben recht bald die größeren Festungsstädte ihren Anspruch auf unmittelbaren Anschluß an die entstehenden Eisenbahnen. 1840 erreichte Magdeburg die Durchführung der Magdeburg-Leipziger Bahn durch die Festungswerke, bald danach folgte Erfurt. Auch das Ingenieurkorps mußte im Hinblick auf die Festungen Stellung zur Eisenbahnfrage nehmen, doch formulierte sein Chef, General von Aster, in einer Denkschrift vom 2. Juli 1844 gegenüber dem Kriegsminister von Boyen, sehr entschiedene Bedenken, u. a.: *Die unmittelbare Heranführung der Bahn an die Festung, und gar die Einführung in letztere selbst, bedinge meist höchst nachtheilige bauliche Anlagen, Dämme, Einschnitte; die Eisenbahnen sollten daher mindestens außerhalb des zweiten Rayons der Festungen bleiben, wo sie von letzteren benutzt und beherrscht werden könnten* [d. h. in einer Entfernung von mindestens 1 300 Schritt = 980,20 m von der Glaciscrête; MEINHARDT 1958, S. 98 f.]. Der Kriegsminister vermochte von Asters Ausführungen nicht zu folgen; er hielt dessen Bedenken für *zu rein taktisch-fortifikatorisch und meinte, daß jeder einzelne Fall besonders erwogen werden müsse.* Die Verhandlungen um Erfurt gegen Ende 1844 nahm von Aster zum Anlaß für einen neuen scharfen Protest *gegen die Phantasiegebilde, die man sich von einer militärischen Bedeutung der Bahnen in einer noch ziemlich unreifen literarischen Polemik mache.* Um den Konflikten zwischen den Ingenieur- und den Bahnbehörden vorzubeugen, forderte er die künftige Beteiligung der Militäringenieure schon bei der Projektierung der Bahnen, außerdem hielt er im Hinblick auf die Eisenbahn eine Änderung des Rayonregulativs für geboten. Das Kriegsministerium versuchte, die grundsätzlichen Meinungsverschiedenheiten vermittelnd auszugleichen; unterdessen berührte der fortschreitende Ausbau des Bahnnetzes immer weitere Festungen, und *die militärische öffentliche Meinung* sprach sich *immer entschiedener für die Verwerthung und daher auch für Sicherung der neuen Verkehrswege und ihres kostbaren Betriebsmaterials aus.*

Generalstab und Fortification gingen bei ihren ersten Planungsüberlegungen 1841/42 für Minden schon von einem östlich der Stadt, auf dem anderen Weserufer gelegenen Bahnhof aus. Dies ergab sich zwangsläufig aus der Entscheidung für einen Weserübergang der Bahn bei Rehme, die im Generalstab aber offenbar kritisch bewertet wurde. In der unveröffentlichten *Beschreibung der Festung Minden bearbeitet im Jahr 1842 durch Kayser Premier Lieut(enant) in der Garde-Artillerie, com(man)d(ir)t zum gr(oßen) Gen(eral)Stab* (SB PK, Kartenabt., Generalstabs-Denkschriften XXIII, Nr. 187) heißt es (fol. 10v) in Bezug auf Rehme: *... ein anderer Umstand macht diesen Punkt besonders wichtig, indem nehmlich hier die Eisenbahn von Cöln nach Minden und respective nach Magdeburg die Weser überschreiten soll. Hierdurch erhielte man einen permanenten Uebergang bei Rehme, dessen Sicherung von großer Wichtigkeit wäre, da man denselben, wenn er nicht durch fortifikatorische Anlagen gedeckt würde, bei Annäherung des Feindes wahrscheinlich zerstören müßte.* Daneben steht eine Randbemerkung, vermutlich von Fischer, Hauptmann im Generalstab (zu Fischer vgl. VON BONIN II, 1878, S. 251): *Der Uebergang der Eisenbahn bei Rehme über die Weser ist immer ein Uebelstand. Nicht allein weil er auch einem leichten feindlichen Korps ... einen Uebergang in großer Nähe der Festung in die Hände giebt, sondern weil die Benutzbarkeit der Eisenbahn bei der Annäherung des Feindes Preis gegeben wird, weil wir das Eisenbahnmaterial nicht in den Schutz der Festung zurückführen können, da der Bahnhof vor*

IV.2 Die Festung vom Dreißigjährigen Krieg bis zur Aufhebung im Jahr 1873   53

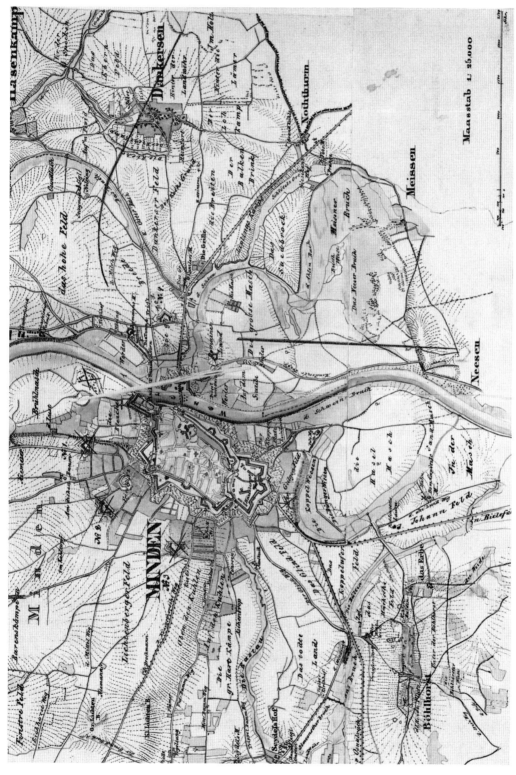

Abb. 20   Minden und Umgebung, 1842 mit Nachträgen; Deckblatt über dem späteren Bahnhofsbereich geöffnet (Kat.-Nr. 43).

dem Brückenkopf zu liegen kommt. Diesen Nachtheilen durch Befestigung einerseits des Uebergangs bei Rehme, anderseits des Bahnhofs begegnen zu wollen, führt immer zu einer schädlichen und nicht nothwendigen Zersplitterung der Kräfte, welche nicht erforderlich wäre, wenn die Bahn – wie dies sehr wohl geschehen kann – unmittelbar bei der Festung die Weser passirte. Unter *F. Projectierte Werke* schreibt Leutnant Kayser (fol. 30): *c, zur speciellen Sicherung des Ausmarsches aus dem Brückenkopf so wie zur Deckung des unweit der Tonne anzulegenden Bahnhofs der Rhein-Weser-Eisenbahn würde ein starkes selbständiges Werk (Nr. 4) auf der Mitte des Plateau, 660 bis 800 (Schritt) vor dem Brückenkopfe, etwa in der Mitte zwischen Kanzlers und Brüggemanns Mühle, für 400 Mann und 20–24 Geschütze zu erbauen sein.* Diese Überlegung folgt augenscheinlich den Vorstellungen des Generals von Aster und beruht letztlich auf dem Festungs-Projekt des Generals von Rauch von 1815 (siehe oben), doch sollte das detachierte Werk immerhin auf der Ostseite der Bahnanlagen, etwa am Platz des späteren Fort B, angelegt werden, flankiert von zwei Feldschanzen, die im Fall der Armierung aufzuwerfen seien. Ein erster, genauer umrissener Entwurf, der nur aus der knappen Charakterisierung bei von Bonin (II, 1878, S. 253) bekannt ist und für den keine Pläne vorliegen, sah schon völlig anders aus: *das ursprüngliche Projekt, den Bahnhof eng mit einer krenelierten Mauer zu umschließen und rings um denselben drei Lünetten anzulegen, sagte den Interessen der Bahn und ihrer späteren Erweiterung nicht zu.*

1845 entschloß man sich daher zu einer *besonderen Befestigung* des Bahnhofs, der nun in die Festungswerke einbezogen wurde: *Man erbaute ... die Lünetten als selbstständige Werke, verband sie durch Walllinien und stellte auf diese Weise eine geräumige geschlossene Enceinte her; der Bau währte von 1845 bis 1852 hauptsächlich unter der Leitung des Platzingenieurs, Major Hardenack* (von Bonin ebd.). Hardenack war vorher in Posen am Bau der Festung tätig und hatte die sogenannte neupreußische Befestigungsmanier kennengelernt, die der Major von Brese (später von Brese-Winiary) entwickelt hatte (ebd. S. 206). Sie bedeute eine radikale Abkehr vom herkömmlichen, hochkomplizierten und ungeheuer aufwendigen Bastionärsystem, das man in einer vereinfachten Form nach 1815 bei der Neubefestigung der Mindener Altstadt notgedrungen hatte beibehalten müssen und nur in Einzelheiten korrigieren konnte, u. a. mit dem Bau der drei Hauptgraben-Caponièren beim Königs-, Neu- und Marientor, mit denen eine wirksame artilleristische Bestreichung und Flankierung des Festungsgrabens erreicht wurde. Bei der Bahnhofsbefestigung gab es keine alten Festungswerke, die man einbeziehen und berücksichtigen mußte; hier ließ sich das neue System in reiner Form anwenden: Der Platz wurde ungefähr im Viertelkreis nach Norden und Osten mit langen Walllinien auf polygonalem Grundriß mit möglichst stumpfen Winkeln umschlossen (vgl. Kat.-Nr. 262, 263). Zur Flankierung dieser langen Linien wurde der Wallkörper am mittleren Knickpunkt mit einem Kavalier überhöht (Kat.-Nr. 297); in den beiden anderen Knickpunkten erbaute man mächtige hufeisenförmige Hauptgraben-Caponièren (Reduits), die nicht nur die Gräben bestrichen, sondern auch das Vorfeld dominierten und zugleich als bombensichere Wohnkasematten zu verwenden waren. Zur Deckung dieser Reduits gegen Geschützfeuer aus der Ferne wurde ihnen eine Enveloppe in Form eines detachierten Bastions vorgelegt, das die Formen der Hauptumwallung wiederholte und die Aufgaben der früheren Ravelins mit zu übernehmen hatte (Kat.-Nr. 278–285, Fort A, B; zur neupreußischen Befestigung 1815–1860 siehe von Bonin II, 1878, S. 198–206, und Reuleaux 1912, S. 81–93). An der Südseite genügte eine krenelierte Mauer, da sie die tiefliegende Niederung der Masch mit dem Osterbach dominierte, der im Ernstfall aufgestaut werden sollte und hier das Vorfeld weithin unter Wasser gesetzt hätte (Kat.-Nr. 298–300, 302). Hier wurde am Bahndamm das detachierte Fort C (Kat.-Nr. 293–295) als selbständiges, isoliertes Werk errichtet. Die westliche

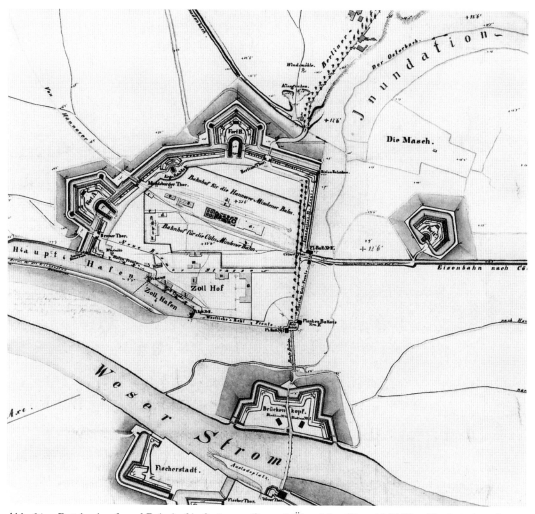

Abb. 21   Brückenkopf- und Bahnhofsbefestigung, General-Übersichts-Plan, 1847 (Kat.-Nr. 263, Ausschnitt, Norden links).

Kehle wurde über dem steilen Abhang mit einer krenelierten Mauer, einem kleinen Reduit an der Bunten Brücke und Flankenbatterien gesichert (Kat.-Nr. 301–305).

Für den Durchlaß der zweigleisigen Bahnstrecken legte man besondere Eisenbahntore an, im Süden das mit einer Flankenbatterie gesicherte *Cölner Thor* (Kat.-Nr. 267–272), im Nordosten, östlich neben Fort A, das *Magdeburger Thor* (Kat.-Nr. 273). Zwischen Hafen und Fort A verließ die Straße nach Nienburg und Bremen (Friedrich-Wilhelm-Straße) die Befestigung im *Bremer Thor* (Kat.-Nr. 276, 277), im Osten lag im Schutz von Fort B das *Berliner Thor* (Kat.-Nr. 1274, S. 275) Dazu kamen Batardeaux und Stauwehre für die Bewässerung der Gräben (Kat.-Nr. 264–266) und die Überflutung der Masch beim Kölner Tor. Hinter dem Kavalier der Mittelfront entstand das Kriegs-Pulver-Magazin No 6 (Kat.-Nr. 297, 306).

Abb. 22　Blick vom Balkon des Bahnhofsgebäudes nach Süden über die Anlagen der Hannoverschen Eisenbahn und das Kölner Tor zur Porta Westfalica. Chromolithographie von Wilhelm Riefstahl, 1860. Münster, Westfälisches Landesmuseum für Kunst und Kulturgeschichte.

Die neue Befestigung hatte mehrere Aufgaben zu erfüllen: die Sicherung der Bahnanlagen, des geplanten Zollhofs und des gleichzeitig in der westlichen Kehle angelegten Weserhafens, die Deckung des schwachen Brückenkopfes und der gegenüberliegenden Fischerstadt sowie – im Süden mit Fort C – den Schutz der Weserfront der Altstadt.

Dem leitenden und verantwortlichen Ingenieur vom Platz Major Hardenack stand mit Hauptmann Loehr von Kirn und den Leutnants Neuhauß, von Gaertner und Simon ein tüchtiger Mitarbeiter-Stab bei Entwurf und Ausführung zur Seite, dazu kam für Zeichenarbeiten der Gefreite Wagner von der IV. Pionier-Abteilung, vor allem aber Georg Daniel, der 1846 als Sergeant in der VII. Pionier-Abteilung begann, 1854 zum Wallmeister befördert wurde, 1867 zum Fortifications-Sekretär und später zum Rechnungsrat aufstieg. Er hat zwischen 1846 und 1875 mehr als 60 Pläne zu den Mindener Festungsanlagen gezeichnet oder kopiert, darunter allein über 20 der 38 Pläne für die Bahnhofsbefestigung, die zwischen 1846 und 1849 entstanden.

Als am 15. Oktober 1847, dem Geburtstag König Friedrich Wilhelms IV., die Bahnstrecke von Braunschweig über Hannover und Minden nach Hamm eröffnet wurde (SCHROEDER 1886, S. 699 und Teil V, S. 1668), stand der fertige Bahnhof inmitten einer Großbaustelle. Bis zur Aufhebung der Festung 1873 blieb die Bahnhofsbefestigung im wesentlichen unverändert. 1854 wurden Pläne für das Aufsetzen von Traversen auf den Enveloppen der Forts A, B und C gezeichnet (Kat.-Nr. 312–314), um diese gegen seitlichen Beschuß zu schützen. 1863 wurde nach langen Verhandlungen zwischen Preußen und Hannover über den Bau der Bahnstrecke Löhne – Osnabrück und die gemeinsame Nutzung der Strecke Minden – Löhne durch die Hannoversche Staatsbahn und die Cöln-Mindener Eisenbahn neben dem *Cölner Thor* das *Löhner Thor* als eigenes Eisenbahntor für die Einführung der hannoverschen Gleise in die preußische Strecke vereinbart und ausgeführt. Bereits 1856 hatte der Platzingenieur Major Pagenstecher für eine eingleisige Verbindung den Umbau des *Cölner Thores* projektiert; die zweigleisige Lösung mit dem zweiten Tor wurde – samt der notwendigen Flankenbatterie – in Eisenbahn-Pläne von 1853 und 1860 eingetragen (Kat.-Nr. 271, 361; vgl. auch Teil V, S. 1669 f.).

Auch nach der Fertigstellung der Hauptenceinte 1836/1837 wurden die Arbeiten mit kleineren Baumaßnahmen zur Ergänzung oder Korrektur der Anlagen fortgesetzt. Das von General von Rauch 1815 aufgestellte Konzept für den Bau von drei Defensions-Kasernen im Kronwerk der Neuen Hausberger Front blieb nach Umplanungen und Modifikationen letztlich unausgeführt; errichtet wurden lediglich die Defensions-Kaserne No I am Simeonsplatz und – anstelle einer zweiten Kaserne – das Garnison-Lazarett. Ein großer Teil der Garnison war weiterhin in Bürgerhäusern einquartiert. Erst 1850 bezogen die Artilleristen die ehemalige Kurie von Schaffgotsch, die mit Kabinettsordre Friedrich Wilhelms IV. vom 22. Dezember 1848 zur Kaserne bestimmt wurde (siehe Teil II, S. 1264–1271, Großer Domhof 8). Eine spürbare Erleichterung der Einquartierungslasten brachten schließlich der Bau der Infanterie-Kaserne No II am Marienwall 1862–1864 (Kat.-Nr. 365–369) und der Neubau der Bahnhofs-Kaserne 1867–1874 (Kat.-Nr. 372–379).

Wie bei der Bahnhofsbefestigung wurden 1854 auch für die übrigen Fronten Pläne zur Traversierung der Bastionsflanken und -facen, aber auch für die Kurtinen gezeichnet (Kat.-Nr. 65, 87, 192). Wie die Traversierungs-Gesamtpläne (Kat.-Nr. 51, 53), der nach 1867 gezeichnete Armierungsplan (Kat.-Nr. 52) und der Gesamtplan der Festung von 1853/1872 (Kat.-Nr. 47) zeigen, sollten die Schutzbauten, teils als kurze, volle Querwälle, teils als gedeckte Hohlbauten, nach und nach auf die ganze Enceinte ausgedehnt werden. Wie weit sie tatsächlich ausgeführt wurden, ist jedoch unklar.

Die Entwicklungen in der Waffentechnik mit der Einführung gezogener Geschütze in den europäischen Armeen – in Preußen 1860 –, die mit Hohlgeschossen auf große Schußweiten eine gesteigerte Treffsicherheit und Rasanz und damit eine bedeutende Erhöhung der Geschoßwirkung erzielten (dazu Reuleaux 1912, S. 95–101), führte zu neuen Schutz- und Verstärkungsmaßnahmen. Vor allem die besonders gefährdeten Kriegs-Pulver-Magazine wurden, soweit sie nicht – wie die Magazine 3 und 4 – in den Wällen lagen und so weitgehend geschützt waren, seit 1864 mit hohen Erdschüttungen überdeckt (Kat.-Nr. 72, 73, 103, 146, 147, 175, 176).

Bis zur Aufhebung der Festung 1873 wurde hieran gearbeitet, daneben entstanden zahlreiche kleinere Bauten wie Verbrauchs-Pulver-Magazine in den Wällen und Ravelins, Schuppen und Lagerbauten. Die markantesten Neubauten der fünfziger Jahre waren 1856 das Gewehrhaus neben dem Garnison-Lazarett am Simeonsplatz (Kat.-Nr. 241–244) und das seit 1853 projektierte Artillerie-Wagenhaus 2 in der Kehle von Bastion V der Hausberger Front, das zugleich als bombenfeste Batterie an die Stelle einer hier schon 1815 vorgesehenen Defensions-Kaserne trat (Kat.-Nr. 239, 240). Die nach 1867 errichteten Artillerie-Pferdeställe A und B am Wallfuß von Bastion V, deren Drempel und Dächer in die Höhe der Kanonenscharten der Defensions-Kaserne und damit in das mögliche Schußfeld der Kanonen reichten, machen deutlich, daß man um diese Zeit schon nicht mehr mit einer ernsthaften Bedrohung der Festung durch Belagerung und Beschuß rechnete.

Von 1837 bis 1873 wurden in und an der Festung folgende Baumaßnahmen geplant und/oder durchgeführt (ohne Garnison-Lazarett und Defensions-Kaserne; Daten meist nach den Plänen):

1837   Neubau des Militär-Oekonomie-Gebäudes auf dem Simeonsplatz (Kat.-Nr. 236–238); Projekt zur Änderung der Brückenkopf-Befestigung (Kat.-Nr. 257); am Brückenkopf Umbau der Batardeaux zu Graben-Caponièren (Kat.-Nr. 258)

1839   Kriegs-Pulver-Magazin No 5 in Bastion I (Kat.-Nr. 173)

1840   Ravelin Königstor, Communication zu den Graben-Caponièren rechts (Kat.-Nr. 84); Korrekturbau an der Nordostecke der Fischerstadt mit Batardeau und Blockhaus No 10 (Kat.-Nr. 157, 159); Umbau der Kaserne No I (Kat.-Nr. 185); Batardeau, Flankenmauer und Blockhaus No 6 am Redan III (Kat.-Nr. 202)

1841   Blockhaus No 10 nördlich der Fischerstadt (Kat.-Nr. 158)

1843   Batardeau vor der rechten Face von Bastion V der Hausberger Front bei Blockhaus No 7 (Kat.-Nr. 204)

1849/1850 Friedens-Pulver-Magazin/Blockhaus No 8 vor Bastion VIII (Kat.-Nr. 383–387)

1850   Neue Brücke am Marientor (Kat.-Nr. 120); Graben-Caponière am Ravelin Marientor links (Kat.-Nr. 122)

1851   Krenelierte Mauer am Redan X (Kat.-Nr. 150); Umbau des Wassertores (Kat.-Nr. 152); Gewehrkoffer am Nordende der Fischerstadt (Kat.-Nr. 161–163)

1853   Neue Zugbrücke am Hausberger Tor (Kat.-Nr. 191); Entwurf für Wagenhaus 2 in der Hausberger Front (Kat.-Nr. 239). – Der in der Mitte des Simeonsplatzes errichtete Wagenschuppen wird abgebrochen und *dadurch dem Platze ein bedeutend schöneres Ansehen gegeben* (SCHROEDER 1886, S. 702).

1854   Erhöhung der Bogenmauer im Bastion XII Schwichow (Kat.-Nr. 64), Traversen auf den Fronten von Bastion VI bis IX, im Bastion VIII und an der Hausberger Front (Kat.-Nr. 65, 87, 192)

1855   Gewehrgalerie vor der Contregarde Schwichow (Kat.-Nr. 66); neue Brücke am Königstor (Kat.-Nr. 85)

1856   Verbrauchs-Pulver-Magazin im Ravelin Marientor (Kat.-Nr. 123); Gewehrhaus/Schaftholz-Magazin am Simeonsplatz (Kat.-Nr. 241–244)

1858   Dacherneuerung am Laboratorium in Bastion II (Kat.-Nr. 181); krenelierte Mauer am Redan III (Kat.-Nr. 193)

1859   Latrine hinter Kaserne No I (Kat.-Nr. 186). *Zur größeren Sicherung der Stadt* Bau einer starken, krenelierten Mauer zwischen der Simeonsmühle und der Kaserne No I am rechten Bastau-Ufer (SCHROEDER 1886, S. 703)

1860   Verstärkung des ehem. Hahler Tores (Kat.-Nr. 102); Teilerneuerung der Brücke vor dem Fischertor (Kat.-Nr. 151); Schuppen für Artillerie-Material auf dem Simeonsplatz (Kat.-Nr. 246)

1862–1864 Marienwall-Kaserne (Kat.-Nr. 365–369)

1863   Geschützrohr-Schuppen in Bastion VII (Kat.-Nr. 93)

1864   Sicherung der Kriegs-Pulver-Magazine No 1 in Bastion VI, No 2 in Bastion X, No 5 in Bastion I und des alten Hahler Tores (Kat.-Nr. 72, 146, 147, 175, 176, 103); Verbrauchs-Pulver-Magazin in Bastion VIII, Ergänzung der Tambours vor dem Hausberger Tor und der Poterne 2 der Hausberger Front (Kat.-Nr. 194); Garnison-Waschanstalt an der Bastau auf dem Simeonsplatz (Kat.-Nr. 254–256)

1864/1865 Contrescarpen-Galerie vor Bastion VIII (Kat.-Nr. 108)

1865 Sicherung von Poterne 3 der Hausberger Front bei Blockhaus No 7 (Kat.-Nr. 195, 196), Tambour bei Blockhaus No 3 im Ravelin Neutor (Kat.-Nr. 97); Laboratorium in Bastion IX (Kat.-Nr. 141–143); Rauhfutter-Scheunen I und II am Marienwall (Kat.-Nr. 370, 371); Trockenlegung des Gewehrhauses am Simeonsplatz (Kat.-Nr. 245)

vor 1866 Reitbahn am Simeonsplatz

um 1866 Hohltraverse auf der Kurtine VIII/IX (Kat.-Nr. 121)

1866 Traversierungsplan (Kat.-Nr. 51); Traversen in Bastion VIII (Kat.-Nr. 107); Verbrauchs-Pulver-Magazine im Ravelin Neutor, im Bastion VII und im Hornwerk Fischerstadt (Kat.-Nr. 98, 99, 104, 164, 165); Schuppenanbau für Artillerie-Material/T-Schuppen auf dem Simeonsplatz (Kat.-Nr. 247)

1867 Armierungsplan (Kat.-Nr. 52); Wallgang-Korrektur und Hohlbauten in Bastion VII (Kat.-Nr. 88, 89); Korrekturbauten im Ravelin Marientor (Kat.-Nr. 124–132); Erweiterung des Geschützrohr-Schuppens auf dem Simeonsplatz (Kat.-Nr. 248–249); Bahnhofskaserne (bis 1874; Kat.-Nr. 372–279); Artillerie-Pferdeställe A und B samt Altem Krankenstall hinter der Defensions-Kaserne (Kat.-Nr. 250–252)

1868 Traversierungsplan (Kat.-Nr. 53); Traversen auf Bastion XII Schwichow (Kat.-Nr. 70); Verbrauchs-Pulver-Magazin am Hahler Tor (Kat.-Nr. 105)

1869 Stiftspassage mit Brücke über den Festungsgraben zwischen Bastion VIII und Marientor (Kat.-Nr. 133–136)

1870/1871 Tor für die neue Weserbrücke neben dem Wesertor, Projekt (Kat.-Nr. 172)

1871 Sicherung von Kriegs-Pulver-Magazin No 1 in Bastion VI (Kat.-Nr. 73); Teilerneuerung und Verbreiterung der Brücke über den Hauptgraben des Brückenkopfes (Kat.-Nr. 260).

DIE FESTUNG AUS DER SICHT DES GENERALSTABS

Zum Schluß seiner *Beschreibung der Festung Minden* erörterte der Leutnant KAYSER 1842 – vor dem Bau der Bahnhofsbefestigung – die *specielle Vertheidigungsfähigkeit* (fol. 32v-35v): *... Minden [soll] einmal als Waffenplatz und zweitens als Stützpunkt eines bedeutenden Truppencorps dienen.*

Um als Waffenplatz gelten zu können, fehlen vorläufig nicht blos Kriegsvorräthe aller Art, sondern auch bombensichere Räume zu deren Unterbringung. Durch die Anlage der neuen Hausberger Front ist der Raum für solche Gebäude gewonnen worden.

In Verbindung mit einem in seiner / [fol. 33] *Nähe manöverirenden Truppencorps ist Minden einem förmlichen Angriffe* [d. h. einer Belagerung] *weniger ausgesetzt. Seine Befestigungseinrichtungen müssen dagegen möglichst gegen den gewaltsamen Angriff* [d. h. Überfall oder Handstreich] *und ein Bombardement schützen so wie Offensivunternehmungen begünstigen. Gegen den gewaltsamen Angriff ist Minden hinreichend gesichert. Der schwächste Punkt in dieser Beziehung bleibt die Fischerstadt ... Ein Bombardement bedroht dagegen die Festung mit den größten Gefahren, da erstens die Stadt eng und unregelmäßig gebaut ist, zweitens ihr eine genügende Anzahl bombensicherer Räume fehlen. Dieser Angriffsart, selbst mit Feldgeschütz, ist aber Minden so lange ganz besonders ausge-/* [fol. 33] *setzt, als nicht durch die Anlage des Forts Nr. 4, nebst den beiden daneben projektirten Schanzen, vor dem Brückenkopfe der Feind auf dem rech-*

ten Weserufer in gehöriger Entfernung gehalten wird ... Durch die Anlage der Forts 1, 2 und 3 würde der Feind auch auf dem linken Weserufer in größerer Entfernung von der Stadt gehalten; inzwischen bietet dort weder das Terrain noch die Lage der Stadt so viele Vortheile zur Ausführung eines Bombardements. Dagegen würden durch die Anlage jener Werke einmal Offensivbewegungen sehr begünstigt, andern Theils besonders einem förmlichen Angriffe gegen Bastion VIII entgegengearbeitet werden. Die Erbauung des Forts Nr. 4 / [fol. 34] *wird aber noch durch andere Rücksichten höchst nothwendig gemacht. Davon abgesehen, daß dadurch der bei der Tonne zu erbauende Eisenbahnhof mit seinen Vorräthen gesichert würde, so kann allein auf diese Weise ein sicherer Uferwechsel möglich gemacht werden, da bei den oft eintretenden Überschwemmungen der Schlauniederung* [durch den Osterbach] *das Debouchieren auf das rechte Ufer nur über die 120 (Schritt) lange »bunte Brücke« ausgeführt werden kann ...*

In Betreff endlich der Vertheidigung gegen einen förmlichen Angriff wäre folgendes zu bemerken: Die Weserfront wird durch die Weser dagegen geschützt. Die Hausberger Front bietet nicht blos eine doppelte Enceinte dar, sondern / [fol. 34v] *die Koppelwiesen würden den Angreifer auf dem rechten Bastau-Ufer auf das Glindfeld beschränken. Außerdem müßte er auch auf dem linken, überhöhenden Thalrande der Bastau vorgehen, wodurch der Angriff eine sehr bedeutende Ausdehnung erhielte und dennoch der linke Flügel den Ausfällen der Festung ungemein ausgesetzt sein würde.*

Die »Lange Front« würde den Angreifer ebenfalls zu sehr ausgedehnten Angriffsarbeiten veranlassen und deshalb schwerlich gewählt werden.

Der östliche Theil der Petershagener Front wird durch die Fischerstadt, besonders aber durch die vorliegenden nassen Bleichen gegen einen förmlichen Angriff gedeckt. Dagegen kann Bastion VIII ... von einem förmlichen Angriffe umfasst werden. Außerdem eignet sich das vorliegende Terrain nicht blos sehr zur Ausführung von Trancheearbeiten, sondern die von Nordwesten gegen das Bastion VIII sanft abfallende Terraingestaltung / [fol. 35] *begünstigt den Angriff noch besonders. Diese Uebelstände würde die Anlage der Forts Nr. 1, 2 und 3 sehr vermindern und Minden auf der Langen und Petershagener Front eine große Stärke in der materiellen Defensive, sowie günstige Gelegenheit für Offensivunternehmungen geben. Vorläufig ist jedoch von der Ausführung dieser Bauten so gut wie gar nicht die Rede, und es scheint höhern Orts die Ansicht für die verhältnismäßig geringere Nothwendigkeit, Minden gegen einen förmlichen Angriff möglichst stark zu machen, den öconomischen Rücksichten zu Hilfe zu kommen. Das Obige zeigt aber, daß bei einer Bedrohung des westlichen Kriegstheaters* [= Kriegsschauplatzes] *die fehlenden Forts, namentlich Nr. 4, wenigstens durch starke passagere* [=provisorische] *Werke mit Blockhäusern so viel als möglich ersetzt werden müssen.*

Ueberblicken wir schließlich den gegenwärtigen Zustand Mindens, so kann derselbe, trotz den seit 1815 darauf verwendeten 3.000.000 Thalern / [fol. 35v] *noch keineswegs als der doppelten Bestimmung des Ortes genügend erkannt werden, da Letzterer weder als Waffenplatz noch als Stützpunkt eines mänoverirenden Truppencorps hinreichend in Stand gesetzt ist.*

Die 1842 angemerkten Mängel und Nachteile wurden zwar nach 1845 mit der Bahnhofsbefestigung teilweise ausgeglichen, die geschilderten Schwachpunkte auf dem Westufer der Weser blieben bestehen, da die geforderten Forts 1, 2 und 3 nie gebaut wurden und das 1849/1850 im Vorfeld von Bastion VIII erbaute Friedens-Pulver-Magazin/Blockhaus No 8 mit seiner Enveloppe (siehe Kat.-Nr. 383–385) bestenfalls als schwacher Ersatz für ein starkes Fort anzusehen war und überdies die nötige Flankierung fehlte.

Die Fortschritte in der Waffen- und Schießtechnik hätten in den fünfziger und sechziger Jahren den Bau eines weit vorgeschobenen Kranzes detachierter Forts erfordert. Daß man im Generalstab hierüber nachdachte, belegt der Auszug aus einem (nicht aufgefundenen) ausführlichen

IV.2 Die Festung vom Dreißigjährigen Krieg bis zur Aufhebung im Jahr 1873   61

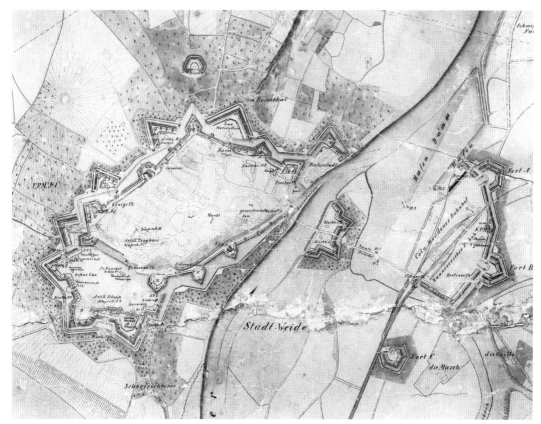

Abb. 23   Stadt und Festung Minden um 1865 (Kat.-Nr. 52, Ausschnitt).

Memoire des Mindener Platzingenieurs von Heinlé vom April 1861, *Minden gezogenem Geschütz gegenüber*, mit Randbemerkungen der Festungs- und Ingenieur-Kommission (SB PK, Kartenabt., Generalstabsdenkschriften XXIII, Nr. 190, fol. 2–4).

Eine solche Randbemerkung steht am Schluß (fol. 4): *In der 10ten Sitzung der Ingenieur-Kommission vom 8ten März [1862] wurde Minden als Verbindungsglied zwischen dem westlichen und östlichen Theil der Monarchie betrachtet. Bastion 8 sei der Angriffspunkt, die Befestigung sei schwach.*

Gen(eral)l(eutnan)t von Moltke verneinte die große strategische Wichtigkeit Mindens, das kein guter Waffenplatz werde könne, keine Neubauten erfordere, Genlt v Prittwitz hält Cassel oder Erfurt für bessere Waffenplätze, ist für Anlage 4 detaschirter Forts, einiger Batterien an der Porta.

Bei der Abstimmung wollen Genlt v Moltke u v Puttkammer Minden lassen wie es ist. Die übrige Majorität stimmt für 3 detaschirte Werke (900,00 rt) Böhlhorst – Poggenmühle und zwischen diesen beiden Punkten.

Bei der Zusammenstellung stehen diese 3 Forts mit 900,00 rt in 3ter Kategorie (einer Verbesserung). Besatzungserhöhung 1530 M(ann).

Die Einordnung solcher grundsätzlichen Vorhaben in die dritte Kategorie bedeutete die einstweilige Zurückstellung zu Gunsten wichtiger und seit langem betriebener Ausbauten, vor allem im Westen, an den preußischen Festungen (Köln, Koblenz mit Ehrenbreitstein, Saarlouis und Wesel)

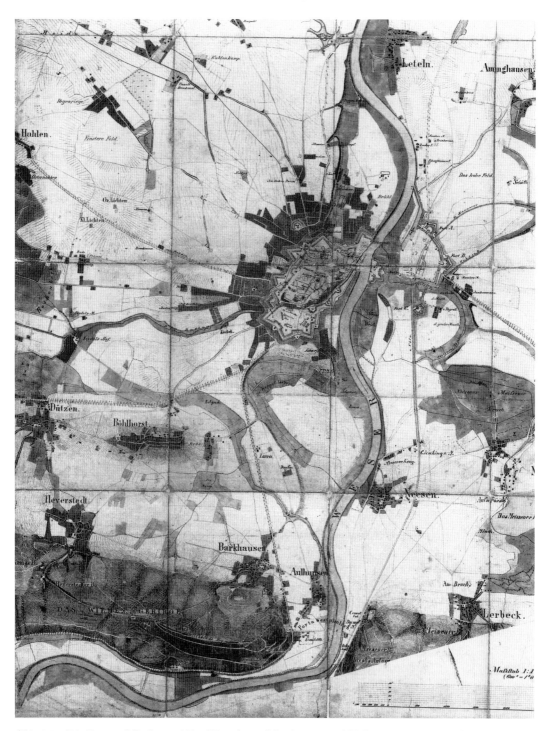

Abb. 24 Die Festung Minden und ihre Umgebung. Matthaesius und Hellmaier, 1860, nach Aufnahmen von Wegelin 1824 und Chevalier 1857/58 (Kat.-Nr. 49, Ausschnitt).

und denen des Deutschen Bundes (Mainz, Luxemburg, Landau, Rastatt und Ulm; vgl. hierzu NEUMANN 1986, S. 24–36). Das an den rückwärtigen Verbindungen gelegene Minden hatte trotz seiner grundsätzlichen Bedeutung als Waffenplatz dahinter zurückzustehen und blieb mangelhaft.

Das Aktenstück mit dem Mémoire-Auszug von 1867 (SB PK, Kartenabt., Generalstabs-Denkschriften XXIII, Nr. 190), enthält auf fol. 1/1v eine Stellungnahme Moltkes von 1867:

Minden. Über die geringe Bedeutung der strategischen Lage dieses Platzes habe ich mich ausgesprochen [Nicht ermittelt]. *Die örtliche Beschaffenheit ist der Art, daß auch mit sehr bedeutenden Mitteln aus Minden kaum ein guter Waffenplatz hergerichtet werden kann. Ringsum überhöht wird die eng und aus Fachwerk erbaute Stadt bald ein Raub der Flammen werden. Es fehlt fast gänzlich an gesicherter Unterkunft für Besatzung und Proviant. Wollte man Minden der Beschießung entziehen, so müßten Werke bis auf Poggenberg* [= Poggenmühle], *den Lichtenberg, nach der Böhlhorst und nach Neesen auf über 3000 (Schritt) vorgeschoben werden. An den beiden letzten Punkten ist man dann schon auf halbem Wege nach der Porta angekommen und würde allgemach zur Befestigung des entschieden überhöhten Wiehe Gebirgs gelangen.*

Ich glaube, daß für Minden, nur die / dringend nöthigsten Ausbesserungen gerechtfertigt sind.

Berlin 1867   gez: von Moltke

Die von Moltke für vorgeschobene Werke genannten Plätze liegen weit im Vorfeld der Stadt: Poggenburg / Poggenmühle im Norden, am Südende des Nordfriedhofs, ca. 2000 m vor den Festungswerken; der Lichtenberg ist eine flache Anhöhe zwischen Hahler Straße und Königstraße, ungefähr 2500 m westnordwestlich der Stadt, die hohe Böhlhorst liegt im Südwesten, ca. 2400 m vor der Hausberger Front; Neesen liegt auf dem Ostufer der Weser, südlich von Werder, Masch und Neeser Bruch, etwa 2500 m vor dem Weserglacis.

In einer Denkschrift vom Januar 1870 kam Moltke zu dem Schluß, daß eine größere Anzahl preußischer Festungen entbehrlich und aufzugeben sei. Daraufhin wurde die Landesverteidigungskommission im März 1870 beauftragt, die Frage zu untersuchen, welche Festungen ohne Nachteil eingehen könnten und welche von den verbleibenden nur gegen einen gewaltsamen Angriff auszurüsten seien (REULEAUX 1912, S. 101 f.).

Der Ausbruch des deutsch-französischen Krieges brachte für Minden eine allerletzte Befestigungsmaßnahme: Am 16. Juli 1870 erging die Anordnung, bei der »Lust« im Norden der Stadt ein detachiertes Fort zu erbauen (siehe Teil V, S. 742 ff., Marienstraße 82–86). Mit Kriegsende wurde es 1871 sofort wieder geschleift (Verw.-Bericht).

Nach dem Krieg wurde die Festungsfrage wieder aufgegriffen; mit Reichsgesetz vom 26. Mai 1873 wurden die Festungen Stettin, Minden, Erfurt, Wittenberg, Kosel, Graudenz, Kolberg und Stralsund aufgehoben (Verw.-Bericht pro 1873, S. 3. – SCHROEDER 1886, S. 711. – MEINHARDT 1958, S. 118 f.).

Mindens Festungszeit war zu Ende gegangen.

* * *

> Minden ist eine feste Burg,
> hat gute Wehr und Waffen!
> Mit preußischen Festungen hab ich jedoch
> nicht gerne was zu schaffen.
>
> Wir kamen dort an zur Abendzeit.
> Die Planken der Zugbrück stöhnten
> so schaurig, als wir hinüber gerollt;
> die dunklen Gräben gähnten.
>
> Die hohen Bastionen schauten mich an,
> so drohend und verdrossen;
> das große Tor ging rasselnd auf,
> ward rasselnd wieder geschlossen.
>
> Ach! meine Seele ward betrübt,
> wie des Odysseus Seele,
> als er gehört, daß Polyphem,
> den Felsblock schob vor die Höhle.
>
> Es trat an den Wagen ein Korporal
> und frug uns: wie wir hießen?
> Ich heiße Niemand, bin Augenarzt
> und steche den Star den Riesen.

So knapp und eindringlich zeichnete Heinrich HEINE 1844 das Bild der Festung, das sich ihm bei seiner Reise von Paris nach Hamburg im Jahre 1843 bot, in *Deutschland – ein Wintermärchen, Kaput XVIII* (HEINE 1956, S. 564 f.). Eingesperrt oder zumindest eingeengt werden sich viele Mindener Bürger gefühlt haben, selbst wenn sie keine Aversion gegen preußische Festungen hegten; der Gürtel der Wälle, Bastionen und Ravelins schränkte nicht nur durch lästige Torkontrollen und Schließzeiten die Bewegungsfreiheit des Einzelnen ein, sondern hinderte Handel und Gewerbe der Stadt über Jahrzehnte an einer freien Entwicklung, nicht zuletzt durch die strikt eingehaltenen Bestimmungen über Umfang und Nutzung der im Vorfeld abgesteckten Rayons (vgl. Teil V, Kap. I, S. 9 ff., Kap. IX, 1232–1235; zu den vielfältigen Folgen für die gesamte Stadt siehe MEINHARDT 1958, S. 86–117).

Selbst das Spazieren auf den Wällen war dem Normalbürger verwehrt und nur Privilegierten gestattet. Generalmajor von Schwichow erließ am 29. Januar 1817 *ein gänzliches Verbot, die Festungswerke zu betreten*, das im Sonntagsblatt (No 5, p. 41) publiziert wurde. Gleichzeitig übersandte er *einer Hochlöblichen Regierung Charten zur Promenade auf dem Walle für sämtliche Herren Mitglieder und Familien* (STA DT, M 1 I C, Nr. 257, S. 1, 3). Am 10. Mai 1828 teilte Festungskommandant von Briesen der Mindener Regierung mit, *daß die Einfassung der inneren Wallböschung vom Fischer Thor bis zum Bastion Schwichow beendet und die Aufgänge zu den Wällen mit Gitterthüren verschlossen seyn werden.*

Abb. 25   Blick vom Festungswall nach Süden zur Porta Westfalica, um 1820. Stich von Lieutenant Wagner nach Zeichnung von C. C. Teichmüller (Minden, KAM). Rechts vermutlich Bastion III/XI im Bau.

Nur zur Bequemlichkeit, für die durch Wallkarten berechtigten Spaziergänger, ist die Gitterthür am FischerThor zum Bastion Nr: 10. Nr: 7. und an der Apareille links am Königs Thor mit einer Klinke versehen, welche aber von den Passanten wieder zu zu klinken sehr gebeten wird.

Für Kinder und Kinder-Mädchen kann keine Wallkarte gelten, wenn nicht der Herr oder die Frau dabey sind, die für allen Schaden einstehen müssen (STA DT, M 1 I C, Nr. 257, S. 24).

Für die übrige Bevölkerung galten die Bestimmungen der erneuten *Bekanntmachung* der Königl. Kommandantur und des Bürgermeisters vom 12. April 1832 (KAM, Bildsammlung B VI 10): *Da die in der letzten Zeit häufiger bemerkten Uebertretungen der zur Sicherung der Festungswälle und Anlagen früherhin erlassenen Vorschriften mehrentheils in Unbekanntschaft mit den bestehenden Verordnungen begangen sind, so finden sich die unterzeichneten Behörden veranlaßt, diese Vorschriften hiermit in Erinnerung zu bringen und erwarten von den hiesigen Einwohnern um so zuversichtlicher deren pünktliche und genaue Befolgung, da diese es der unterzeichneten Kommandantur nur allein möglich macht, die Bereitwilligkeit, jede mit dem Königl. Dienste verträgliche Erleichterung und Bequemlichkeit zu gewähren, thätig zu beweisen. Zur allgemeinen Beachtung wird Folgendes bekannt gemacht:*

1) *Die Festungswerke, wozu auch die Wallgänge gehören, dürfen der Regel nach nur von den Personen, welche dienstliche Verrichtungen dahin führen, betreten werden. Ausnahmen zu gestatten, ist nur der Königl. Kommandantur vorbehalten, welche in solchen Fällen Wallkarten ertheilt.*

2) Das Besteigen der Banquets und Brustwehren, das Ueberschreiten, Durchbrechen und Beschädigen der an und auf den Wällen befindlichen Hecken, Staketten, Geländer und Anpflanzungen, einschließlich der auf den Glacis, ist untersagt; auch dürfen diese Letzteren nicht betreten werden. Ueberhaupt sind nur die offenen Fahr-und Fußwege in und an den Festungswerken ohne alle Ueberschreitung auf das anliegende, zur Festung gehörende Terrain erlaubt. Endlich ist auch die ebenso polizeiwidrige, als unanständige Verunreinigung der Wallstraßen an den krenelirten Mauern etc. zu vermeiden.

3) Zur Annehmlichkeit und Bequemlichkeit des Publikums werden folgende Vergünstigungen nachgegeben:

a. Die Wallgänge vom Fischer – nach dem Weserthore und von hier nach dem Simeonstor sind nur Fußgängern erlaubt. Offizieren ist des Dienstes wegen auch das Reiten hier verstattet. Pulverwagen nehmen der Sicherheit wegen vom Weser- nach dem Simonsthore den Weg um die Stadt auf dem Wallgange, und dem Müller der Priggenhäger-Mühle ist hinsichtlich seines Gewerbes erlaubt, von der Mühle, vor der alten Kaserne vorbei, nach dem Simeonsthore, sowie von da nach der Mühle zu fahren.

b. Der Wallgang vom Simeonsthore nach dem Königsthore ist Fußgängern, Reitern und dem von den Anwohnern gebrauchten Fuhrwerke gestattet.

c. Die Wallstraße vom Königsthore nach dem Hahlerthore (Marienstift), so wie vom Marienthor nach der Poststraße steht zum allgemeinen Verkehr offen.

d. Der Wallgang von der Poststraße nach dem Fischerthore ist Fußgängern, Reitern und den von den Anwohnern gebrauchten Fuhrwerken gestattet.

4) Die für Reiter und Fuhrwerke geöffneten Wallstraßen, so wie der Hof vom Bastion VII (der Brüderstraße gegenüber) können so lange von der Jugend als Spielplatz benutzt werden, bis die Nichtachtung der gegebenen Vorschriften und die Beschädigung der Anlagen die Zurücknahme dieser Begünstigung nothwendig machen.

5) Rindvieh; Pferde, Schweine und Ziegen sind von den Festungswerken, deren Anpflanzungen und Einfriedigungen entfernt zu halten.

[Die Punkte 6) bis 9) betreffen das Abladen von Bauschutt, das Anlegen von Anpflanzungen und Errichten von Gebäuden und Mauern innerhalb der Rayongrenzen von 800 bzw. 1 300 Schritt, das Jagdverbot im Kommandanturjagdbezirk sowie die Anweisungen für die Wachen und Posten.]

Uebertretung der hier gegebenen Bestimmungen, so wie die Ueberschreitung der ertheilten Erlaubniß wird, wenn auf das Vergehen nicht schon eine besondere Strafe verordnet ist, mit einer Polizeistrafe von 10 Sgr. bis 8 Thaler und im Zahlungsunvermögensfalle mit angemessener Gefängnißstrafe belegt, gegen Kinder aber Schul- oder sonstige körperliche Züchtigung verfügt. – Außer dieser Strafe werden die Kontravenienten für den herbeigeführten Schaden und die Aeltern für die Kinder noch in Anspruch genommen. Als Denunziantenantheil wird *die Hälfte der zur Kasse fließenden Strafe zugesichert.*

Das Verbot, die Festungsanlagen außerhalb der Wallgänge oder Wallstraßen zu betreten, war freilich keine Willkür des Stadtregiments oder der Kommandantur, sondern hatte seinen Sinn; denn Festungswerke unterlagen hier wie überall der militärischen Geheimhaltung, und von Banketten oder Brustwehren aus konnten Unbefugte leicht Erkenntnisse über Bauart und Anlage der Befestigungen gewinnen. Entsprechendes galt für den breiten Glacisstreifen außerhalb der eigentlichen Festungswerke. Sein Grüngürtel hatte mehrfachen Nutzen:

Die Bepflanzung des Glacis ist eigentlich kein Hinderniβmittel, welches die feindlichen Truppen unmittelbar, wohl aber der Belagerungsarbeiten durch dichte Verwurzelung des Bodens ungemein aufzuhalten im Stande ist. Da diese Anpflanzungen auβerdem noch das nöthige Material zu Faschinen, Schanzkörben etc. liefern, von denen in jeder Festung zur Zeit einer Belagerung ein bedeutender Verbrauch statt findet; und da sie endlich im Frieden und vor Beginn der Feindseligkeiten ein gutes Mittel abgeben, um die Befestigungsanlagen zu verstecken und das Recognosciren derselben zu verhindern: so ist ihre möglichste Vervielfältigung nicht genug zu empfehlen, und es wird angemessen seyn, auβer dem Glacis auch alle etwa noch disponiblen und geeigneten Theile des Festungsterrains damit zu versehen …, wogegen es unter allen Umständen sehr nützlich seyn wird, nächst der dichten Verwurzelung der Glacisflächen auch auf die allmähliche Heranziehung einer möglichst groβen Anzahl von Stämmen Bedacht zu nehmen, welche zur Zeit einer Belagerung nöthigenfalls zu Palisadirungen, Blockhäusern, bombensichern Decken etc. mit benutzt werden können (von Prittwitz 1836, S. 23).

Einer Belagerung war die neue Festung Minden zwischen 1815 und 1873 glücklicherweise nie ausgesetzt, und auch die Armierungen in den politischen Krisen von 1830, 1848/1849 und 1870 wurden alsbald wieder aufgehoben (siehe Meinhardt 1958, S. 82 f.). Aus der mit beträchtlichem Aufwand an Ingenieurkunst, Geldmitteln, Material und Arbeitskraft errichteten Festung wurde ernsthaft nie ein Schuβ abgegeben, und so hatten die in den Jahren nach 1815 im Glacis angepflanzten Bäume und Gehölze gut 50 Jahre Zeit, zu stattlichen Glaciswäldern heranzuwachsen.

IV.2.2 Katalog der gezeichneten Karten, Pläne und Bauzeichnungen

Die Festung im Ganzen (Kat.-Nr. 1–57)

KAT.-NR. 1 Abb. 26
Festungsplan mit projektierten Erweiterungen und Verbesserungen, um 1640 (1635?)

Unbezeichnet, nicht datiert.
Kolorierte Federzeichnung; 16,9 x 28 cm (innere Einfassung)
Wasserzeichen: Krone mit Lilienreif, darunter Schild mit liegendem Lamm Gottes, darunter gekreuzte Fähnlein (H 14,2 cm).
Maßleiste mit *100 Rueden Foetmaet* = 4,8 cm ≅ 1:8000, Norden rechts oben.
Oben rechts *MINDEN*, unten links Legende: *A. Visscher B. Weeser C. S. Simonis D. Koe E. Kaldor F. St. Marien* (Klammer von *A* bis *F*) *Poort. G. Koorn muelen H. Steenen Beeren I. puluer muel K. Steine Fossbray L. Katte M. Kribben N. gemein duervart. O. Secret.* Um die Stadt *Hooch Lant/Land – Laach Land/land, Wesser FLUV:, Bastauw fluu:*; in der Fischerstadt *Vischer stad.*

SB PK, Kartenabt. X 30 235/1; unpubliziert. – Im 19./20. Jahrhundert in Blei nachgetragen: Blattmaß *28 x 17*, Maßstab *1:8000* und vermutete Datierung *c. 1670*.

Der Bestand zeigt die mittelalterliche Stadtmauer mit zahlreichen Türmen, davor die neuzeitlichen Befestigungen; im wesentlichen wie Wenzel Hollars Vogelschau (1633/34), jedoch mit einigen zusätzlichen Werken: einer kleinen Schanze zwischen Kuhtor und Bastau, einem ravelinartigen Werk zwischen dem Steinernen Bären an der Südwestecke und dem Simeonstor sowie einem Bastion zwischen zwei Halbbastions oder Redans vor der Brückenkopfschanze.
    Die projektierte Erweiterung markiert den Wandel von der Rondell-Befestigung zum bastionierten System; sie sah zehn neue Bastions bzw. Ravelins vor, davon allein vier an der Weserseite, dazu eine Contregarde oder Ravelin vor der Südwestecke, ein weit vorgeschobenes Hornwerk vor dem Hohen Rondell / Katte und ein Hornwerk vor der Fischerstadt. Varianten sind punktiert: Ein Ravelin vor der Westseite der Fischerstadt und eine zurückgezogene Alternative für das Hornwerk vor dem Hohen Rondell.
    Die bei der Schwedischen Belagerung 1634 abgebrochene Krollage-Mühle (Krollinger Mühle) ist nicht mehr verzeichnet; die steinernen Faussebrayen (Niederwälle) an der Weserseite decken sich mit den Darstellungen von Hollars Vogelschau und seiner Stadtansicht (Merian 1641). Das 1648 datierte Stockholmer Blatt (Kat.-Nr. 2) zeigt einen deutlich fortgeschrittenen Zustand im Ausbau der Bastions; der vorliegende, nach der Legende von einem Ingenieur niederländischer Herkunft gezeichnete Plan wird daher ein erstes Befestigungsprojekt während der Schwedenzeit darstellen und um 1640 zu datieren sein.
    SCHROEDER 1886, S. 577 erwähnt, der schwedische Gubernator Generalmajor Friedrich von Sabelitz habe 1635 die Stadtmauern abbrechen lassen. Da sie im Plan noch vollständig verzeichnet sind, ist seine Entstehung im Jahre 1635 zumindest zu erwägen.

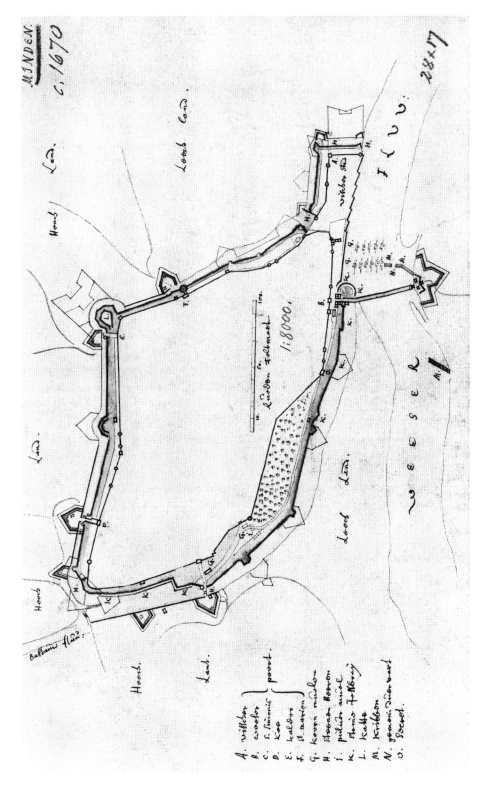

Abb. 26   Festungsplan mit projektierten Erweiterungen und Verbesserungen, um 1640 (1635 ?) (Kat.-Nr. 1).

KAT.-NR. 2   Abb. 27

Festungsplan mit projektierten Erweiterungen, 1648

Unbezeichnet, datiert *Anno 1648.*
Kolorierte Federzeichnung; 34 x 46,5 cm.
Maßleiste von *100. Ruten.* Norden rechts oben.
Oben rechts in buntem Rankenrahmen Titel und Legende:
Geometrischer Grundtriß der Stadt und Vöstung MINDEN. Anno 1648. A. Scharffe Ecke. B. Danßboden, C. Hohe Rundeel, D. Beiflick. E. Maulschelle, F. Christinken Rundeel. G. Kapelle, H. Bastower Rundel. J. New gebautes Ravelin Vor der Weßerbrücken. In der Stadt: *Kuhetohr, Newhaller Tohr, Marientohr, Fischertohr, Weßertohr, Simons Tohr; Fischer Stadt; Bastou Fluvius; Die Bastou; WESSER FLV.VIUS.*
Oben rechts *Nº: 33.*

Stockholm, Krigsarkivet, Handritade Kartverk, vol. 21, Nr. 33. – Meinhardt 1958, S. 26, Taf. 3. – Nordsiek 1979, S. 54, Abb. S. 53.

Bestandsplan ohne mittelalterliche Stadtmauern, aber mit rot gezeichneten Tortürmen, Mühlen und Weserbrücke. Wallstraßen gelblich, Böschungen grün mit rot angegebenen gemauerten Escarpen und Wasserbären: Spitze der *Scharffen Ecke, Danßboden* und Kurtinen B – C ohne Windmühlenrondell, Hohes Rondel (C bis Marientor, linke Flanke und Face der Maulschelle E). Ebenso gemauerte Contrescarpen: Vom Bastau-Einlauf bis zum Windmühlen-Rondell, vor dem Hohen Rondel bis zum Marientor, südlicher Wallkopf der Fischerstadt, vor dem Ravelin Simeonstor. Wasser hellblau, Umland grün (Acker) und grüngelb (Wiese).

Als *New gebaut* wird das kleine Ravelin am Brückenkopf, knapp nördlich der Weserbrücke bezeichnet; der Name *Christinken Rundeel* an der Weserseite, an der Stelle des späteren Bastion III, taucht nur hier auf; er wird aus der Zeit der schwedischen Besetzung stammen und auf Königin Christine von Schweden zu beziehen sein. In späteren Plänen erscheint er verballhornt als *Stineken* oder *Stinkendes Rondell*. Ein Gedeckter Weg ist nur ansatzweise vorhanden: vor dem Ravelin Simeonstor, vor dem *Hohen Rundeel* (C) – hier en crémaillère geführt – und vor dem nordöstlich anschließenden Ravelin Marientor.

Projektierte Erweiterungen: Vier Bastions und ein Ravelin an der Weserseite, ein Ravelin vor der Hohen Front als Ersatz für das Ravelin Kuhtor, Ausbau des Windmühlen-Rondells zum Bastion, ein weiteres Ravelin vor dem Einlauf des Königsborns sowie Ausbau des Brückenkopfes mit zwei Varianten: 1. Bastion zwischen zwei Halbbastions (vgl. Kat.-Nr. 2), 2. als Kronwerk von geringer Tiefe.

In Zeichenweise, Kolorierung und reicher Ausziervng der Beschriftung entspricht das Blatt dem sogenannten Schwedenplan der Festung Lemgo von 1646 (im gleichen Archivbestand, vol. 21, Nr. 46; vgl. Gaul/Korn 1983, S. 127 Nr. 2, Farbabb. S. 125). Für beide Blätter ist derselbe Zeichner anzunehmen.

IV.2.2 Katalog – Die Festung im Ganzen (Kat.-Nr. 1–57) 71

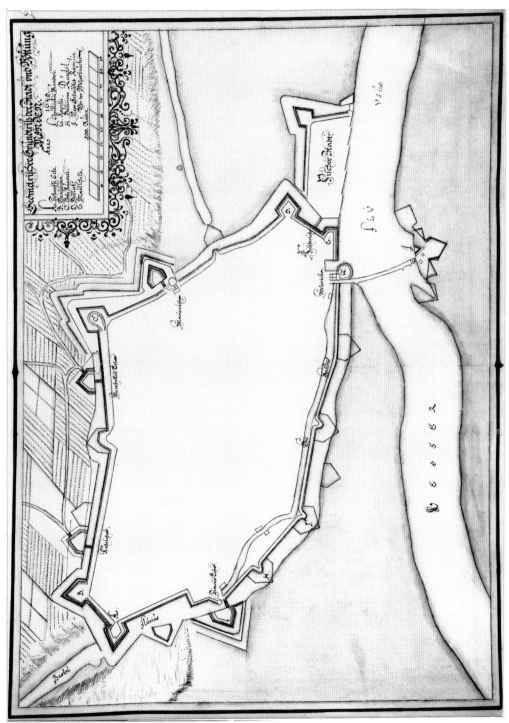

Abb. 27   Festungsplan mit projektierten Erweiterungen, 1648 (Kat.-Nr. 2).

KAT.-NR. 3 Abb. 28
Festungsplan mit skizzierten Veränderungen. Henrick Ruse (?), um 1660

Unbezeichnet, nicht datiert.
Kolorierte Federzeichnung, Nachträge und derbe Überzeichnung in Blei; 31,8 x 39 cm (Blatt), 31,5 x 38,2 cm (Einfassung, die unten fehlt).
Wasserzeichen: Nach rechts gewendeter Harlekinskopf mit zwei hochstehenden Schellenzipfeln auf der Kappe, fünfzipfeligem Kragen mit Schellen, darunter Hausmarke (Vierkopfschaft, hinten durchkreuzt) über drei – 1:2 – Kugeln. H 11,9 cm.
Schala von 100. ReynLandische Roeden = 9,3 cm ≅ 1:4000; Windrose, Norden rechts.
Unten links Kartentitel und Legende, letztere von anderer Hand als die übrige Beschriftung: *Geometrischer Grundris der Stadt Minden, A. das Hohe Rundeel. B die Schantz vor S. Marienthor C der Hexenthurn. D Bieflick Rundeel. E Fischerstadt brücke. F die Fischerstadt. G das Rundeel an der Weser. H die Drencke worin die Schiffe fahren. J. Capell an der Weserbrücke. K die Weserbrücke. L die schantz über der Weserbrücke: m das Becker Ravelin N. Stienicke Rundeel. O. Schuster Rundeel. P. Simeons Thorsche Schantze Q. die Scharffe ecke. R die Bastau S. der Tantzboden, T. die Kuhthorsche Schantze V. das Rundeel bey der Windtmühl. W. die Schantze vor dem Neuenthor.*
Im Fluß: *WESER FLVVI,VS*, unterhalb der Weserbrücke elf *Schiff Mühlen* mit Eisbrechern, vor dem Simeonstor *Hoch Landt*.

SB PK, Kartenabt. X 30 236/3; unpubliziert. – Oben gestrichene Numerierung *No: 4* (18. Jahrhundert), unten im Blaustift und Tinte alte Inv.-Nr. *XII 1783–3*, ferner in Blei *15* und *-11*.
Blattmaß *38 x 31*, Maßstab *1:4000* und vermutete Datierung *c. 1680* in Blei 19./20. Jahrhundert
Nicht in der Legende aufgeführt: *X* Hahler Tor, *Y* Arsenal im Paulinerkloster, *Z* Pulverturm.

Massive Bauten und Escarpen rot, Niederungsgebiet gelb gerändert. An Kirchen und öffentlichen Gebäuden sind rotgerändert eingetragen: Dom, St. Johannis, St. Marien, Paulinerkirche und -kloster, St. Simeon, St. Mauritius, Nikolai-Armenhaus am Obermarkt, Hospital am Simeonstor, die Mühlen am Simeonstor, am Priggenhagen, die Herrenmühle sowie drei weitere Gebäude südöstlich des Domes am Stadtgraben bzw. am Wesertor. Es fehlen St. Martini und das Rathaus.

Das Straßennetz ist in der Südhälfte einschließlich der Martini-Kirche unsicher in Blei skizziert (nachträglich?, vgl. Kat.-Nr. 11).

Die vorhandenen Befestigungen entsprechen weitgehend denen im »Schwedenplan« von 1648 (Kat.-Nr. 2), sind aber weiter ausgebaut oder genauer angegeben: Das Ravelin zwischen Simeonstor (P) und Scharfer Ecke (Q) hat einen trockenen Graben, das Ravelin zwischen *Stienicke Rundeel* (N) und *Becker Ravelin* (M) ist mit trockenem Graben fertiggestellt, der gedeckte Weg ist vor dem Ravelin Neutor (W) und vor dem Kuhtor (T) fortgeführt.

Die Brückenkopfbefestigung ist – dem Schwedenplan folgend – erheblich ausgebaut mit Bastion und südlichem Redan, nördlich des Bastions schließen sich eine Kurtine und ein halbes Bastion an. In der Fischerstadt sind die mittelalterlichen Mauern und Türme angegeben (vgl. Kat.-Nr. 1)

Die groben Bleistift-Überzeichnungen skizzieren Verbesserungen im Tracé und Veränderungen an den vorhandenen Werken: Anlage von drei neuen Bastions an der Weserfront, zwei große Bastions in der Hohen Front zur Verkürzung der Kurtinen und unter Wegfall der Schanzen vor Kuh- und Neuem Tor, ein weiteres großes Bastion ist für die Nordfront beim Hexenturm (C) vorgesehen.

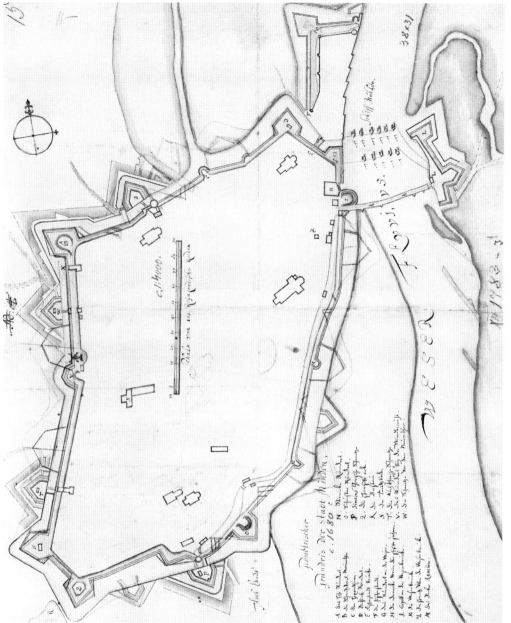

Abb. 28   Festungsplan mit skizzierten Veränderungen. Henrick Ruse (?), um 1660 (Kat.-Nr. 3).

Das schwierige Gelände mit dem Höhenvorsprung zwischen Ravelin Marientor (B) und dem Einlauf des Königsborns sollte durch eine kleine Flêche und einen größeren Waffenplatz im Gedeckten Weg gesichert werden. Zur Verkürzung der langen Kurtinen und zur besseren Flankierung der Bastionsfacen sind gebrochene Wall-Linien mit niederen Flanken und terrassenförmig gestaffelten Batterien vorgesehen. Diese Überlegungen wurden indes nicht weiter verfolgt.

Der unbezeichnete Plan stimmt im Duktus der niederländischen Beschriftung (*ReynLandische Roeden*) mit der Maßleistenbeschriftung des 1659 von Henrick Ruse gezeichneten Festungsentwurfs für Lippstadt (SB PK, Kartenabt. X 28903/5; HAGEMANN 1985, Abb. 29) überein; die Handschrift der Legende gleicht auffallend der auf Ruses Vorentwurf für die Befestigungen von Stadt und Zitadelle Spandau, ebenfalls von 1659 (SB PK, Kartenabt. X 33858; TAVERNE 1979, Abb. 6). Henrick Ruse (*1624, †1679) gehörte zu den bedeutendsten niederländischen Festungsbaumeistern des 17. Jahrhunderts, er stand seit 1643 in französischen und venezianischen Kriegsdiensten, bis er 1652 Ingenieur der Stadt Amsterdam wurde. Dort erschien 1654 seine *Versterckte Vesting*, eines der Standardwerke der Festungsliteratur seiner Zeit. 1658 erhielt Ruse eine Bestallung als Ingenieur in brandenburgischen Diensten; der Übertritt erfolgte 1659. Fünf Jahre später ist er Generalquartiermeister. Doch muß er noch 1664 in dänische Dienste getreten sein, wo er bis 1677 als Generalinspekteur der dänischen Festungen wirkte (HAGEMANN 1985, S. 73 f. mit weiteren Nachweisen; zu Ruses Tätigkeit in Kalkar TAVERNE 1979, S. 151–158). Das vorliegende Blatt kann mit einiger Sicherheit Henrick Ruse zugewiesen werden; es belegt eine sonst bisher nicht nachgewiesene planerische Arbeit auch für Minden. Auch dies widerlegt die Meinung VON BONINS (I, 1877, S. 12), daß *das 1650 erworbene Minden von dem großen Kurfürsten nicht sonderlich geschätzt wurde, so daß seine Werke im Laufe der Zeit völlig verfielen.*

KAT.-NR. 4   Abb. 29
Festungsplan, um 1660 (?)

Unbezeichnet, undatiert.
Kolorierte Federzeichnung in Sepia; 34,2 x 46,2 cm (Blatt), 32,4 x 44,6 cm (innere Einfassung)
Wasserzeichen: Gekrönter Schild mit Jagdhorn, darunter WR in Ligatur.
Scala, Vonn 70: ruthen Zue 12: Schuh = 6,6 cm ≅ 1:4000; Norden rechts oben.
Stadtgebiet bezeichnet in kalligraphischer Fraktur *Stadt Minden; Bastaw Fluß, Kühe thor, New Haller thor, Marien thor, Fischer thor, Fischer Stadt; Weser Thor, Weser Fluß, Baßaw Fluß, S: Simeonis Thor.*

SB PK, Kartenabt. X 30 236/5; unpubliziert. – Oben gestrichene Numerierung *No: 2.* (18. Jahrhundert); unten und oben rechts in Blaustift und Tinte alte Inv.-Nr. *XII 1783-5* bzw. *XII 1783-10*, ferner in Blei *14* und *-11*. Blattmaß *45 x 33*, Maßstab *1:4000* und vermutete Datierung *c. 1680* im 19./20. Jahrhundert in Blei nachgetragen.
Wälle braun laviert, Wasser hellblau bis blaugrau, Einfassung in Caput mortuum, von den Wasserläufen bis zum Blattrand durchbrochen.

Das Blatt zeigt den Fortgang der Befestigungsarbeiten am Gedeckten Weg, der – teils en crémaillière, teils mit geraden Linien – vom Marientor bis zum Bastion zwischen Simeonstor und Priggenhagen-Mühle fortgeführt ist. Vor Scharfem Eck und Tanzboden liegt am Bastau-Einlauf ein großer Waffenplatz wie eine Contregarde; das Ravelin zwischen Scharfem Eck und Simeonstor ist durch eine Brücke mit dem Hauptwall verbunden, hier und am Ravelin Simeonstor sind die Gräben wohl teilweise trocken. Das Ravelin vor der Weserfront hat einen nassen Graben. Die trockenen Gräben vor der Nordwestecke vom Neuen Haller Tor bis zum Marientor-Ravelin sind richtig angegeben. Am Einlauf des Königsborns liegt vor dem Hexenturm ein Ravelin; es ist ausgezogen, aber nicht koloriert, also wohl im Bau. Zwei neue Bastions an der Weserfront sind im Umriß punktiert, also

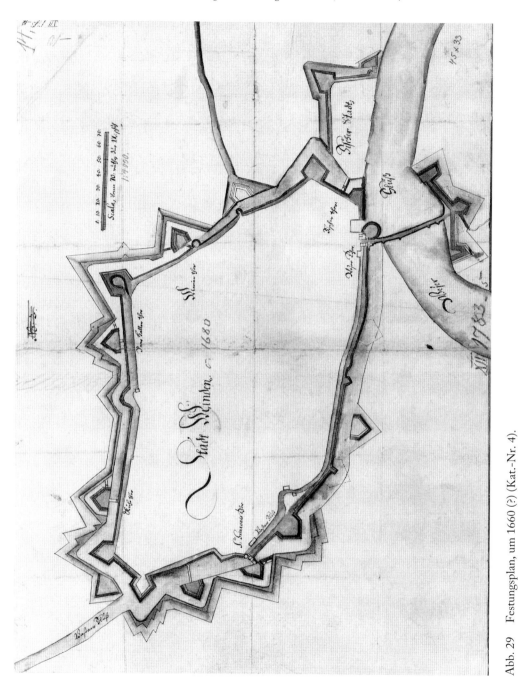

Abb. 29 Festungsplan, um 1660 (?) (Kat.-Nr. 4).

projektiert: Vor dem *Stienicke* bzw. *Christinken Rondell* sowie zwischen dem weserseitigen Ravelin und dem Wesertor. Es sind die späteren Bastions II und I.

Die Brückenkopfbefestigung ist nach Süden durch eine Kurtine und ein halbes Bastion anstelle des Redan erweitert; der Wall ist nicht vollständig koloriert, der Graben noch trocken, die Anlage ist wohl gleichfalls noch im Bau.

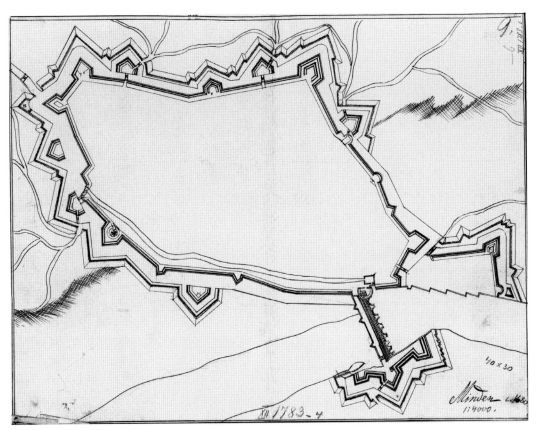

Abb. 30 Grundriß der Festungswerke, um 1670 (?) (Kat.-Nr. 5).

KAT.-NR. 5   Abb. 30
Grundriß der Festungswerke, um 1670 (?)

Unbezeichnet, undatiert.
Federzeichnung in brauner Tusche, vereinzelt Bleistift-Überzeichnungen; 31,6 x 41,2 cm (Blatt), 29,8 x 40,2 cm (innere Einfassung).
Wasserzeichen: Links Antiqua-Versalien PB, rechts das Stadtwappen von Amsterdam unter Krone mit Ranken, mit zwei schildhaltenden Löwen, darunter kursiv *AJ*.
Ohne Maßstab (ca. 1:4000); Norden rechts oben.

SB PK Kartenabt. X 30 236/4; nicht publiziert. – Unten rechts Bleischrift *Minden* (18. Jahrhundert), Dorsal Numerierung *No: 23 Riß von Minden* und *verschiedene Riße von festung u. häusern* (17./18. Jahrhundert).
Unten und rechts oben alte Inv.-Nr. in Blaustift und Tinte *XII 1783–4*, dabei in Blei *9.* und *-6*.
Blattmaß *40 x 30*, Maßstab *1:4000* und vermutete Datierung *c. 1680* im 19./20. Jahrhundert in Blei nachgetragen.

Der Gedeckte Weg ist bis um das Ravelin der Weserfront fortgeführt und – mit Ausnahme des Abschnitts vom Simeonstor bis zu diesem Ravelin – mit Waffenplätzen in den einspringenden Winkeln versehen. Die Contregarde vor den südwestlichen Bastions am Bastau-Einlauf ist durch einen kleinen Waffenplatz ersetzt. Fischerstadt und Brückenkopf sind mit entsprechenden Glacis ausgestattet, so daß lediglich zwischen Fischerstadt und Ravelin Marientor sowie zwischen dem Wesertor und dem Ravelin der Weserfront die Glacis-Aufschüttung noch fehlt. Das Bastion zwischen Simeonstor und Weserfront-Ravelin (später Bastion III) trägt eine Windmühle; die Weserbrücke ist in Aufsicht und Seitenansicht von Norden gezeichnet.

Zumindest für die Kavaliere in den Bastions der westlichen Hohen Fronte und der Nordwestecke (später Bastion VII und VIII) der Stadtbefestigung sowie für das Nordwest-Bastion der Fischerstadt scheint der Plan projektierte Werke anzugeben, da diese in jüngeren Plänen nicht oder in anderer Form erscheinen.

Schwach mit Blei skizziert sind Projekte für die Anlage von zwei Bastions anstelle der beiden Rondelle der Weserseite beiderseits des Ravelins sowie ein drittes Bastion nahe der Weserbrücke.

KAT.-NR. 6 — Abb. 31
Grundriß der Festungswerke, um 1670

Bezeichnet unten links *v. Eisfeld*, undatiert.
Kolorierte Federzeichnung; 44,3 x 58 cm.
Wasserzeichen: Hausmarke aus Vierkopfschaft, belegt mit S über M in mandelförmigem Rollwerkschild (11 x 9 cm); daneben drei (?) unleserliche Buchstaben, überhöht von einem Kreuz mit Endknäufen.
Ohne Maßstab, ca. 1:4000, Norden rechts.
In der Stadt *Minden*; Werke und Tore von anderer Hand mit Buchstaben bezeichnet, von dieser die Legende rechts oben: *A. das Weeser Thor. B das Marienthor. C. das neue Thor D das Kuhthor. E d(as) Simonthor. F. die Capell. G. die Maulschell. H. der Biyflecke J der Hertsen Thurm. K. Das hohe rondeel L. d(as) Mühlen rondeel. m der Danzboden. N. die scharffe Ecke. O. Das Kramer rondeel. P. das Schuster rondeel. Q das Striker rondeel. R das neue Bollwerk. S. die Weeser Schanze. T. die Fischer Stadt.*

SB PK, Kartenabt. X 30 235; unpubliziert. – Oben Mitte bezeichnet *Minden*, oben links *29* (durchstrichen; 18. Jahrhundert); unten Mitte und oben rechts alte Inv.-Nr. in Blei, Blaustift bzw. Tinte *XII 1780–1*. Blattmaß *58 x 44*, Maßstab *c. 1:4000* und vermutete Datierung *c. 1670* im 19./20. Jahrhundert in Blei nachgetragen.

Anscheinend vom Schreiber der Legende stammen die freihändigen Skizzen der Gärten nördlich des Hexenturms (J), der Geländestufe vor dem Marientor, die Senke östlich des Brückenkopfes und die Lage der Bunten Brücke.

Der Verlauf der älteren Stadtmauer und Toranlagen ist nur teilweise und meist ungenau angegeben, doch ist das alte Hahler Tor neben dem Hohen Rondell (K) eingezeichnet, ferner die Mühlen am Simeonstor und am Priggenhagen. Das große Rechteck nordöstlich des Windmühlen-Rondells (L) scheint ein Objekt militärischer Nutzung zu sein; es erscheint auch in einigen jüngeren Plänen.

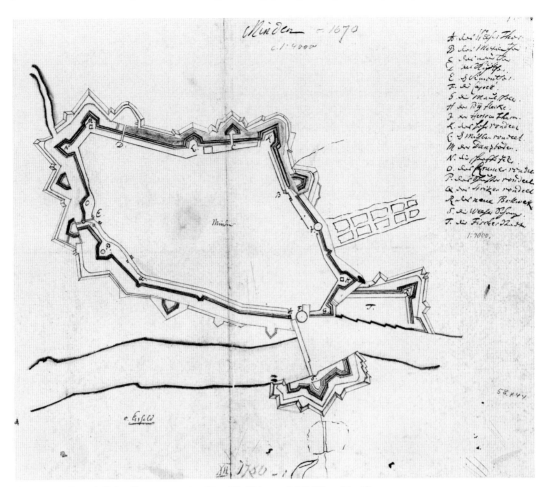

Abb. 31 Grundriß der Festungswerke. Von Eisfeld, um 1670 (Kat.-Nr. 6).

Gemeint könnte das Kommandantenhaus Brüderstraße 26/Königswall 51 sein, doch lag dies innerhalb der Bauflucht. Im Schusterrondell (P) ist offenbar der Standort der Windmühle angegeben, vgl. Kat.-Nr. 5. Die Anlage der Festungswerke stimmt recht genau mit diesem etwas älteren Plan überein, doch fehlen das Ravelin vor dem Kuhtor (D) und das Glacis beim Ravelin der Weserfront. Dagegen ist der Gedeckte Weg in diesem Bereich weiter nach Norden fortgesetzt und eine kleine, ravelinartige Schanze nahe der Weserbrücke angedeutet. Die trockenen Gräben vor der Nordwestecke und bis zum Kuhtor (D) sind in der dunkleren Farbe von den nassen Gräben deutlich unterschieden.

Die Probestriche in den unteren Ecken weisen das Blatt als Vorstufe zu einer Reinzeichnung aus; es zeigt überdies zahlreiche Nadeleinstiche.

Der Zeichner v. Eisfeld ist in der Nachweisung der bis zum Jahre 1718 in brandenburgisch-preußischen Diensten gestandenen Ingenieure bei VON BONIN I, 1877, S. 273 ff. nicht verzeichnet.

KAT.-NR. 7 Abb. 32
Bestandsplan der Festung, L. N. Hallart, 1680

Unbezeichnet (L. N. Hallart), datiert *1680 le 1 Novenbre*.
Federzeichnung in schwarzer und roter Tusche, grün und grau laviert, Bleistift-Ergänzungen; 31,2 x 38,3 cm (Blatt), 27,4 x 37,9 cm (Einfassung).
Wasserzeichen: Wappen der Grafen von Mansfeld in gekröntem Ovalschild (6 x 3,6 cm).
Zwei verschiedene Maßstäbe: 200 (wohl Verges/Ruten) = 19,3 cm (für die Vergrößerung, s. u.); *200* (Ruten) = 13,1 cm ≅ 1:6000; Norden rechts.
Kartentitel innerhalb der Befestigungen: *Plan de la ville De Minden fait l anne 1680 le 1 Novenbre*.
Tore: *Ruhe* (!) *thoer, Neuv Haller thoer, Marienthoer, fischer thoer, Wesser thoer, St. Simonis thoer; Fischer Stat*. Außerhalb: *Wesser Fluvivius* (!), *Bastaw flus, Canpagne* (3x), *wiesen Morast* (2x), *Morast, wiesen Morras, gartenß*.

SB PK, Kartenabt. X 30236; unpubliziert. – Alte Inv.-Nr. in Blaustift und Tinte *XII 1781*; oben rechts *3. Blattmaß 38 x 27* und Maßstab *1:6000* im 19./20. Jahrhundert in Blei nachgetragen. – Im oberen Viertel breitere Fehlstelle beiderseits der mittigen Knickspur.

Das ganze Blatt ist, ausgehend von der Mitte, überzogen von strahlenförmigen Ritzlinien, die in Nadeldurchstichen enden und offenbar zur Vergrößerung nach dem Strahlensatz bzw. mit einem Storchschnabel (?) dienten. Außerdem ist die gesamte Zeichnung in ihren Hauptpunkten durchstochen.
Vorzeichnung zu L. N. Hallart, Plan de la ville de Minden, 1680, SB PK, Kartenabt. X 30 236/1 (Kat.-Nr. 8).

KAT.-NR. 8 Abb. 33
Bestandsplan der Festung, L. N. Hallart, 1680

Bezeichnet und datiert in der Kartusche: *fecit LN Hallart / Ingenieur L anne / 1680 le 23 / December / à Berlin*.
Kolorierte Federzeichnung; 45,8 x 62,2 cm (Blatt), 30,1 x 44,5 cm (innere Einfassung).
Wasserzeichen: Adler mit Brustschild, darin Kurszepter, unter Kurhut.
Schala De 90 Verges du pied Du Rin = 5,6 cm ≅ 1:6000; Norden rechts.
Oben rechts ovale Volutenkartusche darin: *PLAN / DE LAVILLE / DE MINDEN / A.Fischer Stat. B. Wesser.thoer. C. fischer thoer. D. Marien thoer. E. Neuw Haller thoer. F. Ruhe* (!) *thoer. G. St. Simonis thoer*.
Im Plan sind die Tore mit den Buchstaben bezeichnet, ferner: *Bastaw flus* und *Wesser FLVVJVS*.
Auf der Weser ein Schiff mit Segel, unten rechts Figurenstaffage mit einem Fußsoldaten und drei bewaffneten Reitern, von denen der dritte eine rote Standarte mit schwarzem Adler und blauem Brustschild (?) führt.

SB PK, Kartenabt. X 30 236/1; unpubliziert. – Oben Mitte rote Numerierung *No: 1*. (18. Jahrhundert), alte Inv.-Nr. mit Blaustift und Tinte *XII 1782*.

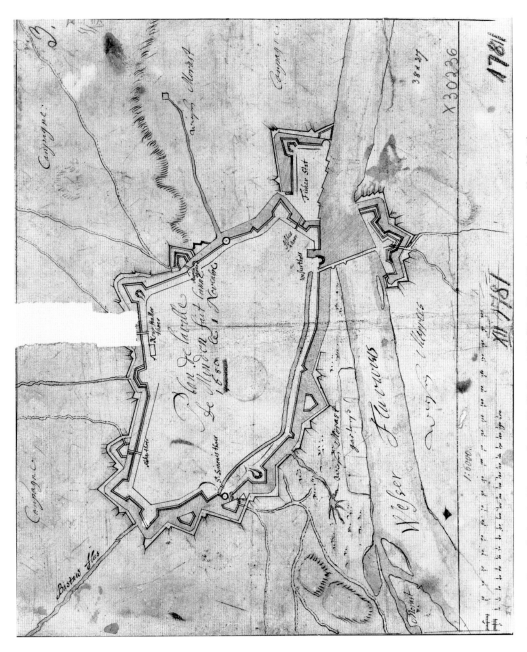

Abb. 32 Bestandsplan der Festung. Louis N. Hallart, 1680 (Kat.-Nr. 7; Vorzeichnung zu Kat.-Nr. 8).

IV.2.2 Katalog – Die Festung im Ganzen (Kat.-Nr. 1–57)

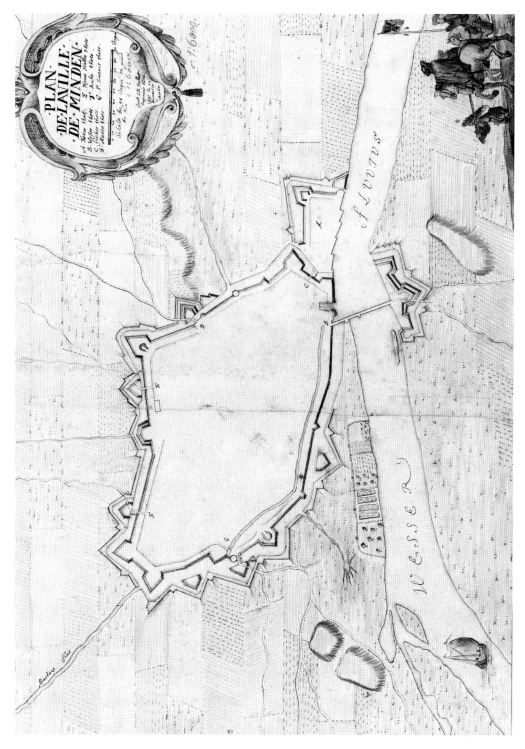

Abb. 33   Bestandsplan der Festung. Louis N. Hallart, 1680 (Kat.-Nr. 8).

Das sehr fein gezeichnete und ebenso sorgfältig kolorierte Blatt folgt im Bestand genau der sehr viel gröberen Vorzeichnung vom 1. November 1680 (Kat.-Nr. 7). Rot ausgezogen sind gemauerte Escarpen, Wasserbären, die Weserbrücke, die weserseitige Mauer der Fischerstadt und das Rechteck am Westrand der Stadtbebauung neben dem Neuen Hahler Tor (K), mit dem hier vermutlich das Haus des Festungskommandanten Königswall 51/Brüderstraße 29 gemeint ist (vgl. Kat.-Nr. 6). Abweichend von der Vorzeichnung sind hier die trockenen Grabenteile am Ravelin Marientor, um das Hohe Rondell und vor den Ravelins Neutor und Kuhtor sowie am Batardeau am Ravelin Simeonstor gelb angelegt. Die Angaben von Sumpf und Ackerland, die Gärten vor dem Weserglacis und die Erhöhungen im Vorfeld stimmen mit den Beischriften bzw. den in Blei oder Feder skizzierten Partien der Vorzeichnung überein. Auch die auffällige Verschreibung von *Ruhe thoer* statt Kuhtor findet sich hier.

Der dargestellte Bestand der Festungswerke deckt sich im wesentlichen mit dem des von Eisfeldschen Planes (um 1670, Kat.-Nr. 6); der Gedeckte Weg im Weserglacis ist vom Ravelin um ein kurzes Stück mit Waffenplatz zur Weserbrücke hin verlängert worden. Das Ravelin vor dem Kuhtor ist eingezeichnet; das Windmühlenrondell, das Ravelin Marientor und die Brückenkopfbefestigung haben eine Faussebraye erhalten, die sich beim letzteren allerdings nicht um das südliche Halbbastion zieht. Das Bastion an der Nordwestecke der Fischerstadt zeigt einen Kavalier.

Louis N. Hallart ist bei von Bonin I, 1877, Beilage 7, nicht verzeichnet. Im gleichen Jahr 1680 hat er eine Aufnahme der Festung Lippstadt gefertigt, von der Entwurf und Reinzeichnung erhalten sind (SB PK Kartenabt. X 28 903/1 und 28 904. – Vgl. Hagemann 1985, S. 86, Abb. 47, 48). Gleichfalls von 1680 stammt Hallarts Bestandszeichnung der Festung Wesel (SB PK, Kartenabt. X 36 058, bei Arand/Braun/Vogt 1981, S. 26 f., 66, Abb. 8,76). Hanke/Degner 1935, S. 63–68, nennt weitere Pläne von der Hand Hallarts, alle vor 1680: Fischhausen, Hamm, Johannesburg/Ostpreußen, Königsberg und Kolberg.

KAT.-NR. 9   Abb. 34
Stadt- und Festungsplan, Ende des 17./Anfang des 18. Jahrhunderts

Unbezeichnet, nicht datiert.
Kolorierte Federzeichnung über Blei, Bleistift-Überzeichnungen; 52 x 35 cm.
Ohne Maßstab; Norden rechts.
Oben rechts in gezeichnetem Einsatzblatt Kartentitel und Legende: *PLAN VON MINDEN 1. Die Wasser Schantz 2. Die Fischer Stadt 3. Das Fischer Thor 4. Das Marien Thor 5. Das Neue Thor 6. Das Kuh Thor 7. Das Siemonis Thor 8. Der Thum 9. St: Johann 10. St: Marien 11. St: Martin 12. St: Paul 13. St: Siemeon 14. Der Marckt. – WESER FLUS.*

SB PK, Kartenabt. X 30 240/1; unpubliziert. – Aus der Sammlung des sächsischen Generalleutnants Johann Georg Maximilian von Fürstenhoff (1680–1753) für August den Starken, König von Polen und Kurfürsten von Sachsen, die später aus dem Besitz des Grafen Brühl für König Friedrich II. von Preußen erworben wurde. Alte Numerierung *Nr. 315*. Im 19./20. Jahrhundert in Blei nachgetragen: Maßstab *c 1:4000*, unten rechts: *Joh. Georg Maxim. v. Fürstenhoff*.

Der Plan erweist sich bei genauem Vergleich als Umzeichnung der Vogelschau Wenzel Hollars von 1633/34, soweit es die innerstädtische Bebauung mit ihren Baublöcken sowie Lage und Zahl der

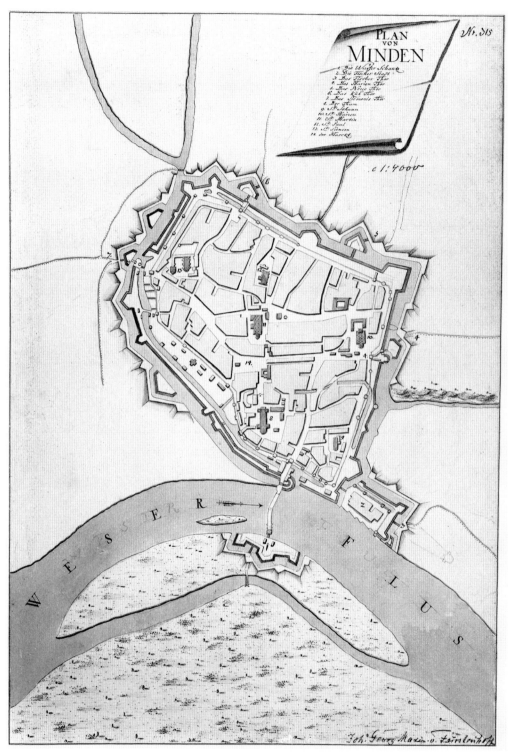

Abb. 34 Stadt- und Festungsplan, Ende des 17./Anfang des 18. Jahrhunderts (Kat.-Nr. 9).

Türme im Verlauf der mittelalterlichen Stadtmauer angeht. Daraus erklären sich der für die Mindener Festungspläne singuläre gestauchte Stadtgrundriß sowie Fehler und Mißverständnisse wie z. B. der kreuzförmige Bau einer Kirche oder eines öffentlichen Gebäudes außerhalb der Stadtmauer in den Bruchgärten, den es dort so nicht gegeben hat. Für die Darstellung der Bastionärbefestigung mit den vorgelagerten Ravelins, dem weitgehend angelegten Gedeckten Weg und dem flachen Kronwerk der Brückenkopf-Befestigung – allerdings fälschlich mit durchgehend nassen Gräben – hat dem Zeichner ein modernerer Plan vorgelegen, der etwa den von Hallart (Kat.-Nr. 7, 8) gezeichneten Ausbauzustand von 1680 wiedergegeben hat. Dabei übernahm der Zeichner allerdings – wiederum von Hollar – die nach Ausweis der älteren Festungspläne mindestens seit 1648 nicht mehr vorhandenen Faussebrayen im Nordteil der Weserfront sowie zwischen Simeonstor und Scharfer Ecke. MEINHARDT 1958, S. 36, spricht die Zeichnung als sogenannten Kundschafterplan an.

Um 1814 ff. hat das Blatt offenbar bei den Vorüberlegungen zur Neubefestigung vorgelegen und ist dabei stellenweise mit Blei überzeichnet worden:

1. Westlich des Marientores (4) wurde die Hauptgraben-Caponière eingetragen,
2. nördlich der Fischerstadt der damals projektierte Montalembertsche Turm mit seinen langen Verbindungslinien zum äußeren Fischertor (3), vgl. Kat.-Nr. 153, 154.
3. Die Brückenkopf-Befestigung ist mit geräumigen Werken überzeichnet, die mit zwei Halbbastions und anschließenden Redans ungefähr der späteren Neubefestigung entsprechen,
4. östlich des Brückenkopfes ist jenseits der Bunten Brücke mit einem Quadrat ein detachiertes Werk skizziert.
5. Zwischen Bastion VIII (Hohes Rondell) und der dahinterliegenden Stadtmauer mit Türmen und dem ehemaligen Hahler Tor sind die Auffahrtrampen zum Bastion skizziert,
6. Bastion VII in der Mitte der Hohen Fronte ist im Umriß korrigiert.

LITERATUR: MEINHARDT 1958, S. 36, Taf. 5 (Umzeichnung), dort die Anlehnung an Hollar festgestellt und die Datierung »um 1740« kritisch erörtert. – Im Mindener Museum unter FM 168 Foto einer kolorierten Umzeichnung, vermutlich von V. U. Meinhardt, mit schraffierten Baublöcken, ohne die Legende. Zur Geschichte der Fürstenhoffschen Sammlung siehe HANKE/DEGNER 1935, S. 209.

KAT.-NR. 10 Abb. 35
Stadt- und Festungsplan, Ende 17./Anfang 18. Jahrhundert

Unbezeichnet, nicht datiert.
Kolorierte Federzeichnung über Blei-Vorzeichnung; 40 x 52 cm.
Im Weserglacis Maßstab *40 Rh(ei)nl.: Ruth(en):*
Kartentitel: *MINDEN / capitale / Du Duché / Situe / sur le Fleuve de Weser. – Weser Flus.*

Stockholm, Krigsarkiv, SFP Tyskland, Minden 1; unpubliziert.
Flüsse und Gräben blaßgrün, Festungswerke braun und grau, Gebäude dunkelrosa, Baublöcke der Stadt rosa.

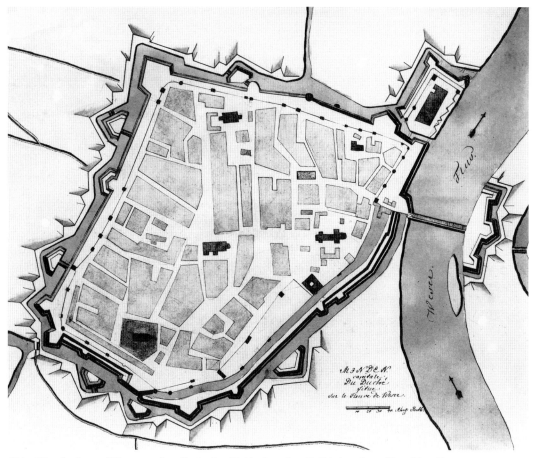

Abb. 35   Stadt- und Festungsplan, Ende des 17./Anfang des 18. Jahrhunderts (Kat.-Nr. 10).

Vergröberte und für die Bebauung der Stadt vereinfachte oder mißverstandene Nachzeichnung einer Karte, die mit dem Fürstenhoff-Plan (Kat.-Nr. 9) den stark gestauchten Stadtgrundriß gemeinsam hat, wenn nicht dieser selbst als Vorlage gedient hat, da die schwach sichtbare Vorzeichnung unter den mit dem Lineal summarisch durchgezogenen Baublöcken zahlreiche mit dem Fürstenhoff-Plan übereinstimmende Einzelheiten erkennen läßt. Die Darstellung der Festungswerke folgt gleichfalls diesem Plan, ist aber flüchtiger und sorgloser gezeichnet, so fehlen z. B. die Brücken am Simeonstor und am Brückenkopf sowie am Kuhtor-Ravelin, statt dessen zeigt das Ravelin vor dem Generalabschnitt westlich des Simeonstores eine Außenbrücke zum Glacis. Der historische Aussagewert dieses Kundschafterplanes ist eher gering anzusetzen.

LITERATUR: Meinhardt 1958, S. 37. – Foto im Mindener Museum, FM 170.

86 *IV Die Festung – IV.2 Die Festung vom Dreißigjährigen Krieg bis zur Aufhebung im Jahr 1873*

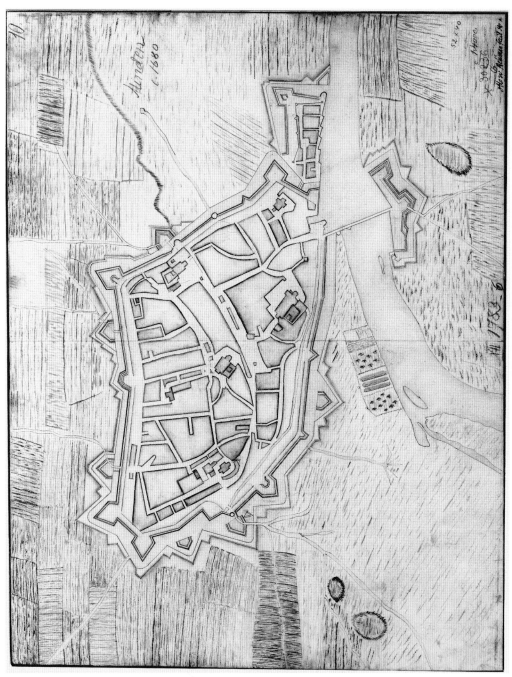

Abb. 36 Stadt- und Festungsplan. Otto W. Neumann, nach 1680 (Kat.-Nr. 11).

KAT.-NR. 11 — Abb. 36
Stadt- und Festungsplan, nach 1680

Bezeichnet unten rechts *Otto W Neumann fecit No 1*; undatiert.
Kolorierte Federzeichnung, dezent laviert; 40 x 52,5 cm.
Wasserzeichen: Lilie in gekröntem Rollwerkschild, darunter Hausmarke aus Vierkopfschaft über ligierten Antiqua-Versalien WR, daneben – auf dem Kopf stehend – kursiv *AJ*.
Ohne Maßstab (ca. 1:4000), Norden rechts oben.

SB PK, Kartenabt. X 30 236/6; unpubliziert. – Unten und rechts alte Signatur in Blaustift bzw. Tinte *XII – 1783–6*, oben rechts in Blei *10*. - Im 19./20. Jahrhundert in Blei nachgetragen: Blattmaß *52 x 40*, Maßstab *c 1:4000* und *Minden c. 1680*. Neu auf Leinen gezogen.

In der Wiedergabe der Befestigungen und charakteristischer Einzelheiten des Vorfeldes – Kennzeichnung von Morast und Ackerland, Angabe der Wasserläufe und Wege, Erhöhungen vor dem Simeonstor und östlich des Brückenkopfes sowie der Gärten vor dem Weserglacis – stimmt der Plan mit den Zeichnungen von Louis N. Hallart von 1680 (Kat.-Nr. 7, 8) überein, weicht aber in der vollständigen und annähernd zutreffenden Zeichnung der innerstädtischen Bebauung von ihnen ab. Von der mittelalterlichen Stadtbefestigung sind der runde Turm am Simeonstor, der dicke Turm beim Marientor zur Hälfte, der Hexenturm und die Fischerstadt-Mauern an Nord- und Westseite mit ihren Türmen eingezeichnet. Darin entspricht der Plan teilweise der um 1660 entstandenen Zeichnung Kat.-Nr. 3, wobei nicht festzustellen ist, ob die dort in Blei flüchtig skizzierte Bebauung im Südteil der Altstadt nachträglich aus Kat.-Nr. 11 übernommen wurde oder ob beide Pläne hierfür auf einen weiteren, nicht bekannten Plan zurückgehen.

Einen Ingenieur *Neumann* nennt von Bonin I, 1877, S. 264, für 1677 in brandenburgischen Diensten mit dem Zusatz *wurde vor Stettin Ingenieur, später Landmesser*.

KAT.-NR. 12 — Abb. 37
Festungsplan mit Umland, um 1700

Bezeichnet oben rechts auf der unteren Rahmenleiste: *diese Carte verfertiget GOV Schnitter fe.*, undatiert.
Federzeichnung in schwarzer, roter und grüner Tusche, laviert und kleinteilig koloriert, braun gerahmt; 60,8 x 86,8 cm (Blatt), 58,1 x 84,4 cm (innerer Rahmen).
Wasserzeichen: Gekrönter Lilienschild, darunter Marke aus Vierkopfschaft, aus ligierten Antiqua-Versalien WR wachsend, darunter geschobene Antiqua-Versalien VH in Ligatur. Abseits Antiqua-Versalien IV.
Schala von 80 R:Ruthen, 10 + 80 Ruten = 11 cm ≅ 1 : 3000, Norden rechts oben.
Oben links und recht in gerahmten Feldern Kartentitel in Fraktur und Legende: *Eigentlicher Grundris von der Vestun (!)/ Minden Nebst der Situation. Nebst der Beschreibung./ Die Vestung A, die fischer stadt B, die Weser Schantz C, die steinern brück über die Weser D, die Capell E, die newe erbaute Linie von der Capell an, nebst das neue bollwerck, welches gantz fertig ist F. Das neue bolwerck, so itzo geleget, und gebawet wird zeigen die puncten G, das Schuster Rondell H. das Simeon-Thor, nebst dem Revellin I. das Kramer Rondehl K. Die scharffe Ecke L der dantzboden m, Das Kuh Thor, nebst dem Revellin N, Das Mühlen Rondell O. Der Cavalier auff der Cortin P, Das newe Thor nebst dem Revellin Q, Das hohe Rondel nebst*

dem cavalier R, Das Marien Thor nebst dem Revellin S. der Hexen thurm T. Der Beyflick V. das fischer Thor W. die Maulschelle X. Die Wuchorrs an der Vestung Y. Alles, was der Herr Obriste an der Vestung hat bauen, und reparieren lassen. Z Die neue brücke, so bey dem neuen werck über die Pastau gebauet 1. Die Mühlen in der Stadt 2. Der berg Vorm Marienthor 3. Der berg vorm Simeonthor 4. Der berg Vor der Weser schantz 5. Der Königs brunn, so in fortifications graben fließet 6. Der fluß, so die Basta gennenet wird, welcher bey der scharffen Ecke in den Graben fließet, und fellt beym Simeonthor wieder durch den Wall, und gehet hinter das Schuster Rondel, dasselbe treibet auch die Stadt=Mühlen 7. Die Bleiche 8. Acker Land 9.

Die Gärtens, so umb der Stadt seyn, und auff der Brustwehr, Von der Contrescarpe gebauet seyn mit lauter Hecken 10. Die Gärten, so inwendig am Wall liegen 11. Der Weser flus 12. Die Schiff mühlen auf der Weser 13. Die steinerne Brücke Vor der Weser Schantze 14. Die Wiesen umb die Stadt 15. Die Simeonthorsche Weide 16. Das Gerichte 17. Die Brücke über die Basta auser der Stadt 18. Des Thumprobst sein Garten 19. Die Wege 20. Die Schlacht in der Weser 21. Das Ravelin, so in das neu erbaute bollwerck soll geworffen werd(en). NB.

SB PK, Kartenabt. X 30237/2; unpubliziert. – Dorsal gestrichen und teilweise überklebt Numerierung *N° 23 / Minden N° 11* (18. Jahrhundert); unten und rechts oben Signatur mit Blaustift bzw. Tinte *XII 1783* bzw. *1783*. Im 19./20. Jahrhundert mit Blei nachgetragen: Blattmaß *84 x 58*, Maßstab *c. 1:3000* und vermutete Datierung *c. 1690*.

Das außerordentlich fein und detailreich gezeichnete, leider nicht datierte Blatt vermittelt dank der Bemerkungen in der Legende über den Stand der Arbeiten an der Weserseite ein detailliertes Bild über das Aussehen der Befestigungsanlagen in der Zeit zwischen Hallarts Blättern von 1680 (Kat.-Nr. 7, 8) und den 1699/1700 datierten Zeichnungen und Mémoires von Cayart und Kat.-Nr. 16, 18. Im Vergleich zu Hallarts Plänen fällt auf, daß der Gedeckte Weg östlich vom Ravelin Simeonstor nur bis zur Spitze des Schuster-Rondells (H) fortgeschritten ist und daß dort das weserseitig vorgelagerte Ravelin deutlich größer gezeichnet ist als bei Schnitter. Das »*Stinckende Rondel*« (1648 *Christinken Rundeel*) zwischen Schuster-Rondell (H) und Ravelin (NB) wird durch das *neue Bolwerck, so itzo geleget, und gebawet wird* (G-G-G), ersetzt; das Ravelin selbst wird überflüssig und soll *in das neu erbaute bollwerck ... geworffen werden*. Nordöstlich schließen sich bis zur Weserbrücke der erneuerte Wall und *das neue bollwerck, welches gantz fertig ist* an (F). Dieser Abschnitt gehört zu den mit Z bezeichneten Partien, die *der Herr Obriste an der Vestung hat bauen und reparieren lassen:* die Contrescarpe südlich der Weserbrücke, das Bonnet am südlichen Wallkopf der Fischerstadt und Teile der westlichen Hohen Fronte (Kurtine südlich des Neutors Q, das Windmühlen Rondell O mit südlich anschließender Kurtine, Ravelin Kuhtor N und Dantzboden). Der *Herr Obriste* war möglicherweise F. von Möllendorf, der 1696 einen Bericht über Festungsarbeiten in Minden nach Berlin sandte. Auf die Arbeiten an der Weserfront bezieht sich Cayarts harsche Kritik im Mémoire von 1699, Punkt 3 (siehe Kat.-Nr. 16). – Das rote Rechteck an der Westseite der Stadt, östlich des Mühlenrondells (O) ist vermutlich – wie in den Plänen von Eisfelds und Hallarts (Kat.-Nr. 6–8) das Kommandantenhaus Königswall 51/Brüderstraße 29. Die *Wuchorrs* (Y) bezeichnen die Batardeaux bzw. Wasserbären in den Festungsgräben.

GOV(on) Schnitter – die Initialen lassen sich z. Z. nicht auflösen – ist vermutlich nicht der Oberingenieur Carl Constanin von Schnitter, der 1678 in brandenburgische Dienste trat und von 1692 bis 1699 als Generalquartiermeister mit der Oberleitung der Festungsbauten betraut war (VON BONIN I, 1877, Beilage 7, S. 264 und HAGEMANN 1985, S. 75), sondern eher der gleichfalls bei VON BONIN aufgeführte Schnitter, der seit 1681 in Brandenburg diente, zunächst als Kondukteur, seit 1693 als *Kapitain und Ingenieur* (VON BONIN I, 1877, S. 264).

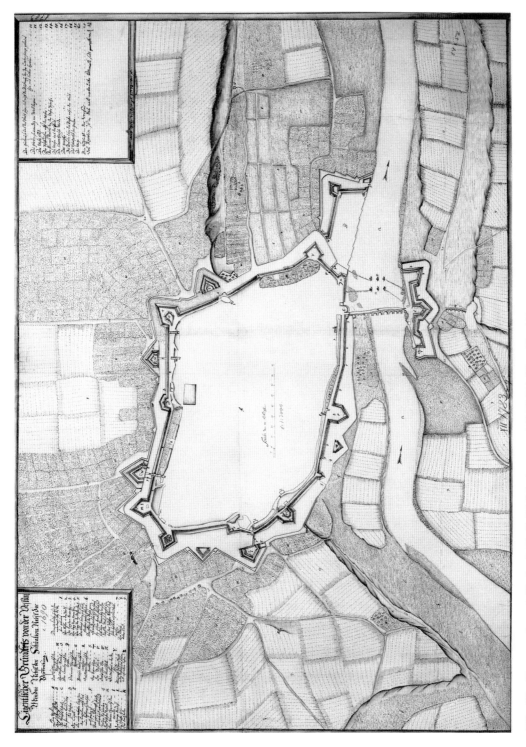

Abb. 37 Festungsplan mit Umland. G. O. V. Schnitter, um 1690/1700 (Kat.-Nr. 12).

KAT.-NR. 13 Abb. 38
Festungsplan mit projektierten Erweiterungen, um 1690

Unbezeichnet, nicht datiert.
Kolorierte Federzeichnung in schwarzer und roter Tusche, gelbgrün und hellgrau laviert; 37,3 x 48,3 cm (Blatt), 35,7 x 44,6 cm (innere Einfassung).
Wasserzeichen: Gekrönter Lilienschild, darunter Hausmarke mit Vierkopfschaft, aus ligierten Antiqua-Versalien WR wachsend.
Kartentitel: *Plan de Minden.*
Scala von 100 Ruthen = 9,05 cm ≅ 1 : 4000, Norden rechts oben.
Bezeichnung der Tore und Werke (z. T. später gestrichen): *Die Fischer Stadt. das Neue Bollwe:(rk) – die Maulschelle – die Capel. – das Weser Tohr. – das Stricker Rondehl. das Schuster Rondehl. Das Krahmer Rondel – Die Scharffe Ecke – der Dantz Boden – Das Küh Tohr. Das Neue Thor. Das Hohe Rondehl – das Marien Thor. Der Hecksen Turm – der Biy Flecke – Die Weser=Schantze. Innondation* (2 x).
Nach 1816 nachgetragen oder geändert: Die Zahlen *I – XII* für die Bastions einschließlich der Werke im *Kronen Werk auch die Hausberger Fronte genannt* sowie die Buchstaben *a – i* für einzelne Punkte, Bauten oder Grabenabschnitte bzw. Ravelins, ferner *Fischer Thor, Simeons Thor.* und *KönigsThor.*

SB, PK, Kartenabt. X 30 237; unpubliziert. – Roter Rautenstempel K:PR:PLANKAM(M)ER 1816 und Farbsiegel KÖNIGL.PREUSS.GENERALSTAB II.ABTHEILUNG. Unten alte Signatur mit Blaustift *XII 1783–7.* Im 19./20. Jahrhundert in Blei nachgetragen: Blattmaß *45 x 36*, Maßstab *c 1 : 4000* und vermutete Datierung. Dorsal: *Spind N° I^c pag: 78 N° 11 Fach N° 9.*

Das Blatt zeigt in seinem älteren Zustand eine weitere Phase des Ausbaus der Befestigungen an der Weserseite mit einem Bastion (I) zwischen dem vorgelagerten Ravelin und der Weserbrücke. Zugleich ist es ein Vorschlag für die Anlage von ausgedehnten Außenwerken, Ravelins und Contregarden mit eingezogenen Flanken, Gedecktem Weg mit geräumigen Waffenplätzen und Glacis. Der Brückenkopf sollte zu beiden Seiten der *Innondation* durch zwei isolierte Ravelins in Form halber Bastions erweitert werden. Der Gedeckte Weg davor sollte sich stadtseitig an ein vergrößertes, verändertes und zur Abkürzung der Linien verlegtes Glacis anschließen. Dies sollte im Norden die Fischerstadt umgeben und die Lücke bis zum Geländesprung beim Ravelin Marientor schließen, wobei zwischen *Hecksen-Turm* und dem späteren Bastion IX drei Traversen geplant waren. Der Gedeckte Weg vor der Weserfront ist in der Planung aufgegeben und durch eine kürzere Verbindung vom *Schuster Rondel* (Bastion XI) zur Weser und zum Anschluß an die erweiterte Brückenkopf-Befestigung ersetzt. – Die Planungen wurden nicht weiter verfolgt. Da die Zeichnung das spätere Bastion I offenbar als fertig und vorhanden angibt – wie auch Kat.-Nr. 14 – ist sie vermutlich nach dem Schnitterschen Plan (Kat.-Nr. 12) zu datieren, also um oder bald nach 1690.

Das Blatt wurde nach 1814 bei der Neuplanung der Befestigung wieder benutzt. Aus dieser Zeit stammen die Numerierung der Bastions *I – XII*, die Nachträge bzw. Änderungen von drei Torbezeichnungen samt der Andeutung der *Hausberger Fronte* mit ihren Bastions *III – V*. Außerdem wurden nicht vorhandene oder in anderer Form existierende Außenwerke gestrichen. – In der Eintragung der Gartenanlagen oder Bleichen im Brühl westlich der Fischerstadt folgt die Zeichnung dem von Eisfeldschen Plan von etwa 1670 (Kat.-Nr. 6).

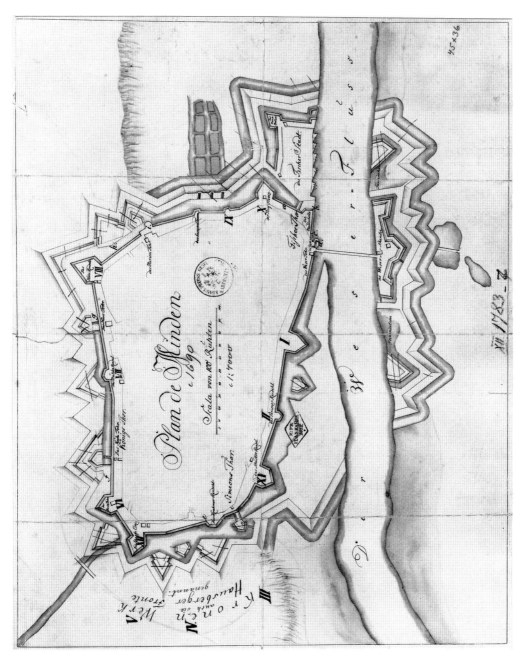

Abb. 38   Festungsplan mit projektierten Erweiterungen, um 1690 (Kat.-Nr. 13).

KAT.-NR. 14   Abb. 39
Festungsplan mit umliegenden Gärten. Major Starcke, um 1690

Bezeichnet unten rechts *Major Starcke.fecit;* undatiert.
Kolorierte Federzeichnung in dekorativer Aufmachung; 44,8 x 61,3 cm (Blatt), 41,4 x 54,8 cm (Einfassung).
Wasserzeichen: Reich konturierter Schild, gespalten, vorn eine Lilie, hinten ein halber Adler am Spalt. Über dem Schildhaupt ein von Bügeln eingefaßtes Feld (undeutlich), darüber Blattkrone. Unter dem Schild Marke aus Vierkopfschaft über Antiqua-H, der Schaft belegt mit S.
Ohne Maßstab (ca. 1:4000); Norden rechts oben.
In der Stadt kalligraphisch *MJNDEN:*, im Fluß *DER WESERSTROM*, Buchstaben *A–R* an Toren und Bastions. Oben rechts karminfarbenes, gerafftes Tuch mit Legende:
A. das Weßer = B. das Marien C. das Neuwe D. das Kuhe E. das Simon = (Klammer von *A. – E.*) *Thor. F. die Capelle. G. die Maulschelle. H. der Biefleck. I. der Hexen-thurm. K. das hohe Rondel. L. das alte Mühlen Rondel. m. der Tantz=boden. N. die Scharffe Ecke. O. das Krahmer P. das Schuster Q. das Stinckende* (Klammer) *Rondel. R. das Neuwe Bolwerck S. die Waßer Schantz. T. die Fischer Stadt.*

SB PK, Kartenabt. X 30 237/1; unpubliziert. – Oben rote Numerierung *No. 3* (18. Jahrhundert), unten alte Signatur in Blaustift *XII 1783–8*. Maßstab *1:4000* und vermutete Datierung *c. 1690* im 19./20 Jahrhundert in Blei nachgetragen.

Der Stand der Befestigungen entspricht weitgehend dem der vorhergehenden Blätter; neu ist lediglich das *Neuwe Bolwerck*, das Bastion *R* an der Weserseite. Die Fischerstadt, das Hohe Rondell und das Ravelin vor dem Neuen Tor zeigen ein Glacis en crémaillère mit stark bewegter Linienführung. Das Vorfeld ist dekorativ mit liebevoll gezeichneten Kraut-, Zier und Obstgärten, umgeben von Staketenzäunen, besetzt; die Bleichen im Brühl sind wiederum aus älteren Plänen (Kat.-Nr. 6 und 12) übernommen. Die Weserbrücke, die Bunte Brücke und die Brücke über die Bastau im Südwesten der Stadt sind rot in Seitenansicht wiedergegeben.

Ein *Major Starcke* ist bei von Bonin I, 1877, S. 263–268 nicht verzeichnet. – Das undatierte Blatt ist wegen des fertiggestellten *Newen Bollwercks R* nach dem Schnitterschen Plan (Kat.-Nr. 12) einzuordnen, vermutlich um oder bald nach 1690. – Ein von *Major Starcke* 1688 gezeichneter Plan der Festung Magdeburg befindet sich in der SB PK, Kartenabt., X 29085/14; siehe Hanke/Degner 1935, S. 66.

IV.2.2 Katalog – Die Festung im Ganzen (Kat.-Nr. 1–57)

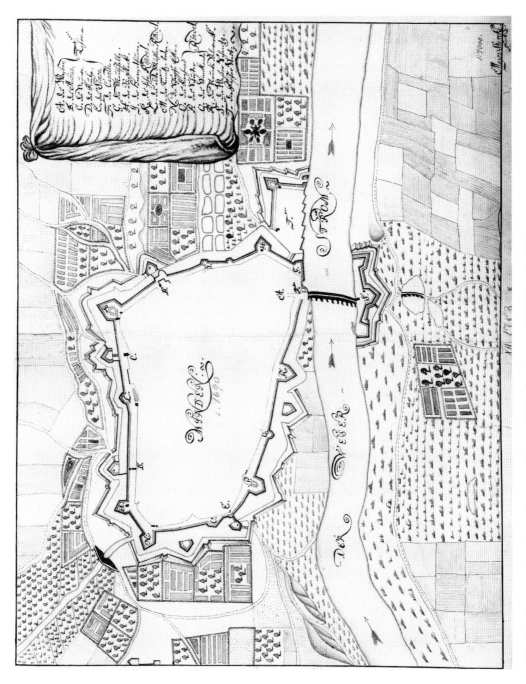

Abb. 39   Festungsplan mit umliegenden Gärten. Major Starcke, um 1690 (Kat.-Nr. 14).

KAT.-NR. 15 Abb. 40
Grundriß der Festungswerke mit Projekt für ein verbessertes Glacis, um 1690/1700

Unbezeichnet und undatiert.
Federzeichnung in schwarzer Tusche, 40 x 50 cm.
Wasserzeichen: Antiqua-Versalien HNB in Ligatur.
Skala von *10 + 100* (Ruten) = 9,8 cm = 1:4000; Norden links.
Ohne alten Kartentitel – Numerierung *1–46*, wobei *1* sich auf das Glacis-Projekt bezieht. *B* und *C* im Nordende des Weserglacis, *A* fehlt.

SB PK, Kartenabt. X 30 237/3; unpubliziert. – Alte Bezeichnung *Nº 5* (18. Jahrhundert) unten Mitte, über Kopf; ältere Signatur in Blaustift bzw. Tinte unten und rechts oben *XII 1783–10*, oben rechts in Blei *8*. – Im 19./20. Jahrhundert mit Blei nachgetragen: Blattmaß *50 x 40*, Maßstab *1:4000* und *Minden c. 1690*.

Das Blatt ist offenbar eine recht genaue Umrißaufnahme der Bastions, Ravelins und des Gedeckten Weges mit den kleinen Waffenplätzen. Die Nummern bezeichnen: *1* Projektiertes neues Glacis (umlaufend), *2/3* Gedeckter Weg und Waffenplätze (umlaufend), *4* Festungsgraben (umlaufend), *5* Rondell beim Wesertor, *6* Neues Bastion anstelle des Bäcker-Rondells, *7* Projektiertes oder im Bau befindliches Bastion anstelle des Christinken-Rondells, *8* Ravelin vor der Weserfront, *9* Bastion, vormals Schusterrondell, *10* Ravelin Simeonstor, *11* Rundturm beim Simeonstor, *12* Kramerrondell, *13* Ravelin vor der südlichen Front, *14* Scharfe Ecke, *15* Tanzboden, *16* Ravelin Kuhtor, *17* Bastion Windmühlenrondell, *18* Ravelin Neutor, *19* Bastion Hohes Rondell, *20* Ravelin Marientor, *21* Rundturm am Marientor, *22* Hexenturm, *23* Biflick, *24* Maulschelle, *25* Brückenkopf/Weserschanze, *26* Weserglacis, *27* Gartenland vor dem Simeonstor, *28* Gartenland vor der Scharfen Ecke, *29* Gelände am Bastau-Einlauf, *30* Bastau, *31* Glacis vor dem Tanzboden, *32/33* Glacis vor dem Hohen Rondell, *33* Geländestufe vor dem Marientor, *34* Gartenland vor dem Ravelin Marientor, *35* Gärten und Bleichen vor dem Hexenturm beiderseits des Königsborns, *36* Glacis vor dem Biflick, *37* Fischerstadt, *38* Weser, *39* Weserufer beim Schweinebruch, *40–44* Einspringende Winkel des Gedeckten Weges mit Waffenplätzen vom Schusterrondell bis zum Neutor, *45* Contrescarpe zwischen Hohem Rondell und Ravelin Marientor, *46* Niedere Flanke an der Weserbrücke; im Norden, unleserlich bezeichnet, der Königsborn.

Die ausgezogenen Linien geben den Bestand wieder, wobei das neue Bastion (7) den Gedeckten Weg (3) überlagert. Punktiert gezeichnet sind die Vorschläge oder Projekte für die Verbesserung des Gedeckten Weges mit längeren, meist geraden Linien und die Anlage größerer Waffenplätze in den einspringenden Winkeln vor langen Contrescarpen. Für die Weserfront zwischen Simeonstor und Weserbrücke ist eine weitgehende Neuanlage unter Verzicht auf das Ravelin (8) konzipiert. Hierin entspricht die Planung dem Schnitterschen Plan (Kat.-Nr. 12), so daß das Blatt in unmittelbare zeitliche Nähe hierzu einzuordnen ist, d. h. kurz vor oder um 1700. Die zugehörigen Erläuterungen liegen nicht vor.

IV.2.2 Katalog – Die Festung im Ganzen (Kat.-Nr. 1–57)

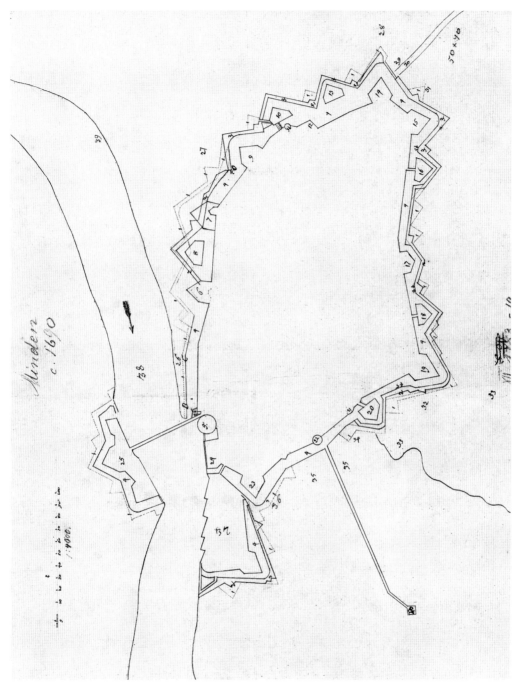

Abb. 40   Grundriß der Festungswerke mit Projekt für ein verbessertes Glacis, um 1690/1700 (Kat.-Nr. 15).

KAT.-NR. 16 Abb. 41–42
Stadt- und Festungsplan. J. L. Cayart, 1699

Unten links signiert *Cayart*, nicht datiert.
Kolorierte Federzeichnung mit Ergänzungen in Blei, 47 x 59,5 cm (Blatt), 43,2 x 56,2 cm (innere Einfassung), mit Klappe unten rechts.
Wasserzeichen: Schlanke Lilie über Rollwerkschild mit Schräglinksbalken, Antiqua-Versalien *HP*.
Echelle de 100 Verges Rhinlandiques = 12,3 cm ≅ 1:3000,
auf der Klappe: *80 Verges Rhinlandiques Echele du Plan* = 10 cm ≅ 1:3060,
              80 Pieds Rhinlandiques Echele du Profil = 10 cm ≅ 1:251.
Norden rechts.
Rechts unten, gesondert gerahmt, Kartentitel und Legende:
PLAN DE / MINDEN / B Simony Porte. C. Kirch (!) *porte. D. Neue Porte. N Vieille Porte. G Marie porte. O Porte de la Ville des pêcheurs. K Porte du Veser et son fort. R. Dom. S. L'Eglise de Saint Jean. T L'Eglise de Sainte Marie. V L'Eglise de Martin. X L'Eglise de Saint Simon. Y L'Eglise de la garnison. Z Hotel de Ville.*

SB PK, Kartenabt. X 30 236/2; unpubliziert. – Dorsal alte rote *No: 11* (18. Jahrhundert), unten und oben rechts ältere Signatur mit Blaustift und Tinte *XII 1783–1*, oben rechts in Blei *6*. Im 19./20. Jahrhundert mit Bleistift nachgetragen: Blattmaß *56 x 43,* Maßstab *c. 1: 3000* und *Minden* mit vermuteter Datierung *c. 1680*.

Die in der Legende fehlenden Buchstaben des Planes und die Zahlen 2, 3, 5, 25–32 beziehen sich z. T. auf Cayarts *Memoire et Instruction abregé*, Colberg, 22. Juli 1699 (SB PK, Kartenabt., Generalstabs-Denkschriften XXIII, 193), zu denen diese Zeichnung gehört (siehe unten). Es sind: A Scharfe Ecke, E Mühlenrondell, F Hohes Rondell, H Biflick, I Geländestufe vor dem Marientor, K (doppelt) Ufer am Weserglacis, L Königsborn, M Weserufer am Schweinebruch, N (zwischen G und H irrtümlich wiederholt) Hexenturm, P Tanzboden, Q Ravelin vor der Südfront. 2 Nordwestbastion der Fischerstadt, 3 Breschen in Revêtements und Contrescarpen, 5 Nordostbastion der Fischerstadt, 25 Bastion Schusterrondell, 26 Bastion Christinkenrondell, 27 Ravelin vor der Weserfront, 28 Bastion Bäckerrondell, 29 Rondell Capelle an der Weserbrücke, 30 Schlagde, 31 Wall südlich des Wesertores, 32 Niedere Flanke an der Weserbrücke.

Der Plan fixiert Cayarts Vorstellungen für den weiteren Ausbau der Befestigungen mit dem Bau eines breiten Bastions in der Weserfront (bei 31), der Vergrößerung des Bastions H sowie der Komplettierung und Verbesserung des Gedeckten Weges um die gesamte Festung unter Wegfall des Ravelins (27) vor der Weserfront. Die Klappe zeigt ein Projekt für den Umbau des Brückenkopfes, das in Cayarts und de Bodts *Memoire concernant les fortifications de Minden*, Berlin, 19. Januar 1700, unter A. erläutert ist (siehe unten Kat.-Nr. 18). Unter dem Grundriß ist ein Profilschnitt durch Wall, Graben und Glacis des Projekts angegeben.

Die Bereiche, in denen Umbauten und Verbesserungen vorgeschlagen werden, sind im Original gelb laviert; die vorgefundenen Befestigungslinien sind punktiert.

Das Straßennetz des Stadtplans ist teils ungenau, teils schematisiert wiedergegeben, ebenso die Umrisse der Kirchen, unter denen St. Mauritius fehlt. Beim Dom, in St. Marien und St. Martini sind in Blei sehr fehlerhaft Pfeilerstellungen, Gewölbelinien und Strebepfeiler eingetragen.

No 8 / Minden / 1699

Memoire et Instruction abregé touchant les fortifications de Minden et ce qui regarde le Wezer

Premierement.
De la situation à légard des lieux voisins et de son assiette

1. **La Ville de Minden** *capitale de la principauté de ce nom est située sur le Wezer fleuve considerable dans la Vestphalie, qui prend son nom à la jonction des rivieres du Verra et du Fuld au desous de Münden, et à son embouchure dans la Mer du Nordt ou de Germanie. Cette principauté est environnée du comte de Hoye au nordt et du Lac Dümmer; à l'occident de l'eveché d'Osnabruck et partie du comté de Ravensperg; au midi dudit comté de Ravensperg; à l'orient du comté de Schawberg. La ville de Minden est à 10. miles de Breme sur le même fleuve du Wezer, à 5. miles de Bilfeld capitale du comté de Ravensperg; à 10. miles de Lipstadt, à 15. miles de Münster, à 9. miles de Osnabruck, à 16. miles d'Oldembourg, à 24. miles de Vezell, à 7. miles de Hanover, à 12. miles de Zell, à 14. miles de Brunsvick, à 20. miles de Halberstadt, à 26. miles de Magdebourg, à 20. miles de Helmstadt &c.*

2. **Au regard** *de son assiette aussi bien que de sa fortification elle est fort irreguliere, aiant beaucoup depente depuis la porte neuve D. jusqu' à la porte du Vezer K. Ce fleuve la baigne depuis cette porte où est le pont du Vezer jusqu' au dessous de la ville des pecheurs, sur environ 130 verges de longueur. Ce pont à une rondel (29) au bout qui entre dans la ville par la rue K qui la garde et le port, mais elle est aussi dommageable au dit port qu'elle lui est profitable, à cause de sa mauvaise construction, qui est ronde, et qui amasse le sables* /[fol. 1v°] *et le remplit, si elle avoit eté construite en ligne droite en forme de demibastion, elle auroit eté beaucoup mel-*

No 8 / Minden / 1699

Denkschrift und kurze Instruktion über die Befestigungen von Minden und das, was die Weser betrifft

Erstens
Über die Lage in Bezug auf benachbarte Orte und die Lage der Stadt

1. Die Stadt Minden, Hauptstadt des gleichnamigen Fürstentums, liegt in Westfalen an der Weser, einem beachtlichen Fluß, der seinen Namen von der Vereinigung der Flüsse Werra und Fulda unterhalb von Münden an bis zur Mündung in die Nordsee oder Deutsche See trägt. Dies Fürstentum ist im Norden umgeben von der Grafschaft Hoya und dem See Dümmer; im Westen vom Bistum Osnabrück und einem Teil der Grafschaft Ravensberg; im Süden von besagter Grafschaft Ravensberg; im Osten von der Grafschaft Schaumburg. Die Stadt Minden liegt 10 Meilen von Bremen am selben Fluß Weser, 5 Meilen von Bielefeld, der Hauptstadt der Grafschaft Ravensberg; 10 Meilen von Lippstadt, 15 Meilen von Münster, 9 Meilen von Osnabrück, 16 Meilen von Oldenburg, 24 Meilen von Wesel, 7 Meilen von Hannover, 12 Meilen von Celle, 14 Meilen von Braunschweig, 20 Meilen von Halberstadt, 26 Meilen von Magdeburg, 20 Meilen von Helmstedt usw.

2. Bezüglich ihrer Lage und ebenso ihrer Befestigung ist sie sehr unregelmäßig, weil sie einen hohen Abhang vom Neuen Tor D bis zum Wesertor K aufweist. Der Fluß bespült sie von diesem Tor, wo die Weserbrücke ist, abwärts bis unterhalb der Fischerstadt, auf etwa 130 Ruten Länge. Die Brücke hat ein Rondell (29) am Ende zur Stadt mit der Straße K; es bewacht diese und den Hafen, aber es schadet diesem mehr als es nützt, weil seine schlechte Bauart, die rund ist, den Sand sammelt und ihn [den Hafen] auffüllt. Wenn es mit gerader Linie in Form eines Halbbastions gebaut worden wäre,

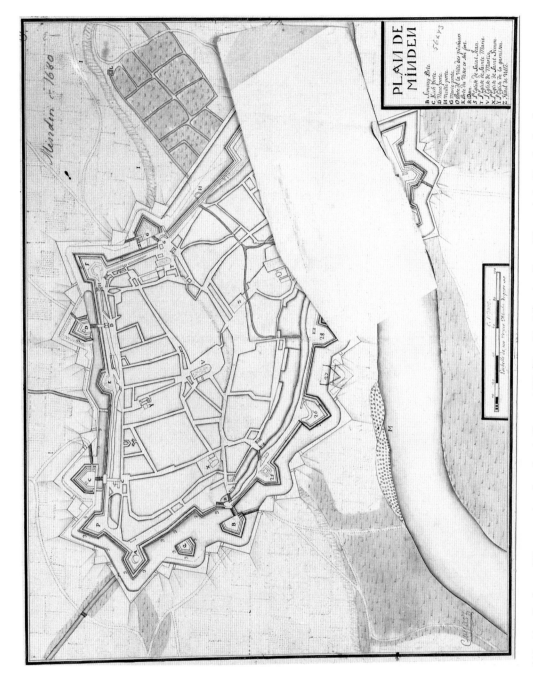

Abb. 41 Stadt- und Festungsplan. Jean Louis Cayart, 1699 (Kat.-Nr. 16), mit offener Klappe beim Brückenkopf.

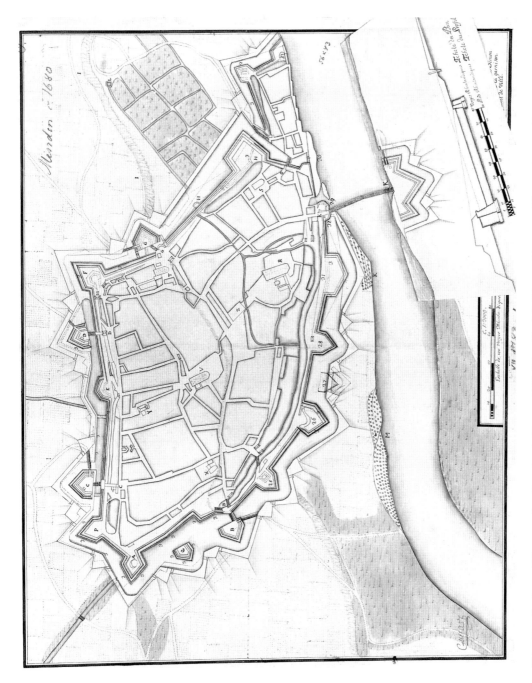

Abb. 42 Stadt- und Festungsplan. Jean Louis Cayart, 1699 (Kat.-Nr. 16). Die geschlossenen Klappe zeigt ein Alternativprojekt für den Brückenkopf mit Schnitt durch Wall, Graben und Glacis.

leure. Le reste jusqu'à l'extremité de la ville des Pecheurs (comme je viens de dire) est revetuë d'une assez bonne muraille qui lui sert de quai à la hauteur de 3 à 4. pieds au dessus du pavé des ruës voisines.

3. *L autre partie* de la ville au dessus du pont depuis le flanc bas (32) jusqu'aux bastions (28) et (26), qui font le front de cet endroit au Vezer, qui approche et gagne toujours (comme je dirai en un autre endroit, et ce qu'il est necessaire de faire) ces bastions sont revetus avec leurs courtines à l'hauteur de 14 pieds, et elevez de terres et placage encore audessus de 8 à 9. pieds. La courtine (31) fait un angle saillant qui est bien desavantageux en cet endroit, il faudroit la redresser, mais comme elle est extremement longue puisqu'elle a 86 verges, il seroit plus à propos d'y construire un bastion, et qui couteroit moins, ce qui servit aussi beaucoup meilleur pour la deffense. Ici l'ingenieur à fait une faute considerable car il auroit suffit de 3 bastions (s'il avoit sçu son metier) depuis le flanc bas (32) jusqu'à la Simony porte B et il y faudra 4; car il en faut faire un à l'angle saillant de la courtine (31) comme je viens de dire de toute necessité, parce que cette courtine n'est pas bien deffenduë, tant à cause de son obliquité que de sa longueur.

4. *Il est aussi* necessaire de continuër à revetir la courtine suivant le bastion (26) comme aussi le bastion (25). Proche la porte Simony il faut faire dans tout ce front la, depuis le pont du Vezer jusqu'à la face droite du bastion (26) de bons chemins couverts avec des places d'armes sur leurs angles rentrants.

Continuation de la fortification depuis la porte/ [fol. 2] Simony B en remontant jusqu'au bastion F qui est l'endroit le plus elevé de la ville, puisqu'il y a plus de 60 pieds de pente, depuis le terre-plain de ce bastion jusqu'au terreplain de la courtine plié (31).

wäre es viel besser gewesen. Der Rest bis zum Ende der Fischerstadt (wie gesagt) ist mit einer ziemlich guten Mauer bekleidet, die sich über dem Kai 3–4 Fuß hoch über das Pflaster der benachbarten Straßen erhebt.

3. Der andere Teil der Stadt oberhalb der Brücke von der niederen Flanke (32) bis zu den Bastions (28) und (26), welche hier die Front zur Weser bilden, die sich hier nähert und ständig abspült (wie ich bei einem anderen Punkt sagen werde, und was notwendig gemacht werden muß). Die Bastions sind mit ihren Kurtinen 14 Fuß hoch revêtiert und erheben sich über die Erde und den Belag noch 8–9 Fuß hoch. Die Kurtine (31) bildet einen ausspringenden Winkel, der hier recht unvorteilhaft ist. Man wird sie hier zurücknehmen müssen, aber weil sie äußerst lang ist – sie mißt 86 Ruten –, wird es nützlicher sein, hier ein Bastion anzulegen, was weniger kostet und der Verteidigung viel besser dient. Hier hat der Ingenieur einen beachtlichen Fehler gemacht, weil er sich von der niederen Flanke (32) bis zum Simeonstor B mit 3 Bastions begnügte und hier hätte 4 machen müssen (wenn er sein Metier beherrscht hätte). Denn man muß ein [Bastion] am ausspringenden Winkel der Kurtine (31) machen. Ich halte das für höchst nötig, denn diese Kurtine ist nicht gut verteidigt, sowohl wegen ihrer Schiefheit als auch wegen ihrer Länge.

4. Es ist auch nötig, das Revêtement der Kurtine, die auf Bastion (26) folgt, wie auch des Bastions (25) fortzuführen. Die ganze Front von der Weserbrücke bis zur rechten Face von Bastion (26) muß mit einem Gedeckten Weg samt Waffenplätzen in den einspringenden Winkeln ausgestattet werden.

Fortsetzung der Befestigung vom Simeonstor B, ansteigend bis zum Bastion F, das der höchste Punkt der Stadt ist; denn der Höhenunterschied zwischen diesem Bastionshof und dem Niveau der gewinkelten Kurtine (31) beträgt mehr als 60 Fuß.

5. *Il faut faire* depuis ladite porte Simony en remontant jusqu'au bastion F et depuis ledit bastion F à la face droite où le terrain commence à baisser, jusqu'à la face droite aussi du ravelin G de la porte Marie de bons chemins couverts, et places d'armes comme ils sont marquez au pourtour dudit plan lavé de jaune. Les lignes ponctuées marques les vieux chemins couverts en l'état qu'ils sont tout ruinez et trop petits.

6. *Depuis* la face droite dudit ravelin G de la porte Marie il y a un coteau I. I. tirant vers la fontaine L et continuänt beaucoup plus loin, fort rapide, tombant tout d'un coup. Depuis le pied dudüit coteau, c'est une plaine ou prairie jusqu'au Vezer. On peut aprocher aisement par le moien de ce coteau de la face droite du ravelin G d'autant plus facilement que tout le front G.H aussi bien que la ville des pecheurs ne vaut rien, etant trop bas et n'etant proprement qu'un simple retranchement tout ruïné, par lesquels on peut forcer et emporter l'epée à la main tous ces endroits là, c'est une expedition à faire en 3 heures de temps, avec 3 mille hommes à moins que la garnison ne soit aussi forte que ceux qui attaquent.

7. *Il faudroit* pour remedier à tout cela faire le bastion H grand et ample et l'elever assez haut pour n'etre pas vu de revers sur sa face et son flanc droit, ou si non elever une traverse sur la capitale pour etre à couvert dudit coteau, agrandir aussi le bastion (2) et le demi bastion (5) de la ville des pecheurs, y faire de bons parapets et ramparts, aussi bien qu'aux courtines, de bons chemins couverts et places d'armes, comme ils sont marquez et / [fol. 2v°] lavez de jaune. Les lignes ponctuées marques les ouvrages comme ils sont à present.

8. *Je ne propose* point de demi lunes sur la courtine quoiqu'elle soit assez longue, à cause qu'elle seroit

5. Von gesagtem Simeonstor ansteigend bis zum Bastion F und von der rechten Face dieses Bastions, wo das Gelände anfängt zu fallen, bis zur rechten Face des Ravelin G am Marientor muß ein guter Gedeckter Weg mit Waffenplätzen gemacht werden, die im Umfang des besagten Plans gelb laviert sind Die Punktlinien markieren den alten Gedeckten Weg, der völlig ruiniert und zu klein ist.

6. Von der rechten Face des besagten Ravelins G am Marientor zieht sich ein Abhang I. I. zur Quelle L und setzt sich ziemlich steil ohne Unterbrechung weiter fort. Vom Fuß des besagten Abhangs zieht sich eine Ebene oder Wiesenland bis zur Weser. Man kann sich dank dieses Abhangs vor der rechten Face des Ravelin G bequem nähern, um so leichter, weil die ganze Front G.H ebenso wie die Fischerstadt nichts wert ist, weil sie zu niedrig und eigentlich nur eine einfache und völlig ruinierte Verschanzung ist. Man kann alle diese Punkte deshalb angreifen und im Sturm nehmen (wörtlich: mit dem Degen in der Hand); das ist ein Unternehmen von drei Stunden mit weniger als 3 000 Mann, weil die Garnison nicht so stark ist wie die Angreifer.

7. Um das zu verhindern, muß man das Bastion H groß und weit machen und hoch genug aufwerfen, damit man es nicht an der Face und der rechten Flanke rückwärts einsehen kann, wenn man nicht auf der Kapitale eine Traverse aufwirft, um es gegen den Abhang zu decken; auch muß man das Bastion (2) und das Halbbastion (5) der Fischerstadt vergrößern, gute Brustwehren und Wälle machen, ebenso auf den Kurtinen, einen guten Gedeckten Weg und Waffenplätze, wie sie markiert und gelb laviert sind. Die Punkt-Linien zeigen die Werke wie sie jetzt sind.

8. Ich schlage gar keine Halbmonde an der Kurtine vor, obwohl sie ziemlich lang ist, weil sie

toujours commandée de dessus la hauteur du coteau I. I. Mais pour empecher de pousser les approches de ce coté là, et d'attaquer aisement, on pourra faire epancher les eaux de la fontaine L dans la plaine qui y formera une nape d'eau, ou du moins qui l'imbibera et la vendra un espece de marais à ne pouvoir ouvrir de tranchée sans trouver de l'eau.

9. *Il faut visiter exactement tous les endroits de la place où il y a quelque muraille de revetement (comme il y en a en plusieurs endroits quoi que peu elevés par rapport à la hauteur des ouvrages) et principalement aux bastions A. P. E. F. et les ravelins Q. C. D. G. et baisser et raser les cavaliers qui se trouvent dans les centres de ces bastions et ravelins, qui en occupent toute la place, et ces cavaillers devenant si petits par leur hauteur, et par leur grand talud, qu'ils sont inutiles, ne servant outre la place qu'ils occupent, qu'à charger lesdits bastions et ravelins par leur poids, on les baissera à la hauteur des sommets des parapets des chemins couverts, ou on les tiendra plus haut seulement de 2 à 3 pieds, de maniere que les centres et places interieures des bastions en deviendront beaucoup plus amples et par consequent capables d'une meilleure et plus grande deffense; supposé que les murailles de revetement soient assez fortes pour pouvoir elever au dessus le gasonnage ou placage à ladite hauteur des niveaux des parapets des chemins couverts (ou 2 ou 3 pieds plus haut) en laissant 3 ou 4 pieds de retraite ou petite berme sur les dites murailles de revetement. Mais il faut avant toutes choses lever le plan de la ville et de ses fortifications /* [fol. 3] *avec toute la justesse possible, et visiter comme je viens de dire toutes les murailles de revetement, quelles sont leurs hauteurs, et epaisseurs et si la maçonnerie en est bonne pour ne rien faire ou proposer qui ne soit utile et necessaire.*

immer von der Höhe des Abhangs I. I. aus beherrscht wird. Aber um Annäherungen oder leichte Angriffe an dieser Seite zu behindern, kann man das Wasser der Quelle L in die Ebene fließen lassen, das daraus eine Wasserfläche machen wird. Zumindest wird es sie durchtränken und eine Art Sumpf daraus machen, wo man keine Gräben eröffnen kann, ohne auf Wasser zu stoßen.

9. Man muß alle Punkte des Platzes genau besehen, wo es Revêtementsmauern gibt (wie sie es an mehreren Stellen gibt, obwohl sie im Verhältnis zur Höhe der Werke nur wenig hoch sind) und besonders an den Bastions A. P. E. F. und den Ravelins Q. C. D. G. [Hier muß man] die Kavaliere niedriger machen und abtragen, die sich in der Mitte dieser Bastions und Ravelins befinden, wo sie den ganzen Raum besetzen. Sie sind in der Höhe zu gering und haben lange Böschungen; sie sind unnütz, und abgesehen vom Platz, den sie einnehmen, belasten sie mit ihrem Gewicht nur die genannten Bastions und Ravelins. Man wird sie auf die Höhe der Brustwehr des Gedeckten Weges abtragen oder sie nur 2–3 Fuß höher stehen lassen, auf die Weise, daß die Mitten und inneren Plätze der Bastions dadurch viel geräumiger und folglich für eine bessere und stärkere Verteidigung geeignet werden; vorausgesetzt, daß die Revêtementsmauern stark genug sind für eine Erhöhung über den Belag oder den Rasen bis zur genannten Höhe der Brustwehr des Gedeckten Weges (oder 2 oder 3 Fuß höher), wobei man 3 oder 4 Fuß Einzug oder kleine Berne auf den besagten Revêtementsmauern läßt. Aber vor allen Dingen muß man einen Plan der Stadt und ihrer Befestigungen mit aller möglichen Richtigkeit [= Genauigkeit] aufnehmen, und – wie gesagt – alle Revêtementsmauern untersuchen, wie hoch sie sind und wie stark, und ob das Mauerwerk daran gut ist, damit man nichts Unnützes und Unnötiges macht.

*10. **Il est donc** necessaire de lever exactement le plan de la ville, comme je viens de dire, examiner la place et visiter toutes ses murailles aussi bien que les ouvrages de terre, avant meme de travailler au retablissement des breches qui sont en grand nombre, dont une grande partie sont marquées au plan (3)(3)(3)(3) &c. parce que peut etre suivant le projet qu'on en fera, on auroit retabli et fait de la depense pour des breches qu'il ne servit pas necessaire de faire, parce qu'elles peuvent tomber et etre envelopées dans un nouveau projet.*

*11. **Au sujet** du Wezer et pour empecher qu'il ne gagne du coté du front de la ville et des bastions (26)(28) et de la courtine (31) il est necessaire d'y remedier, et la chose n'est pas impossible, aiant des avantages des carrieres aussi prez qu'elles sont de la ville et la commodité de faire venir la pierre par bateaux.*

*12. **Je suis d'avis** pour cet effet de garnir le fond du bord de la riviere principalement vers les endroits M.K. des pierres provenants des dites carrieres ci dessus, de toute grosseur qui fera une espece de muraille de la largeur de 4 à 5 pi. et jusqu'au niveau des plus basses eaux ou un peu plus haut si l'on veut, et lorsque l'on sera à cette hauteur, aiant bien mis et rangé de niveau (où un peu en pente les dites pierres du coté du bord des terres), on pourra tuner dessus par bons lits de fascines bien liées et bien rangees, avec des saucissons ou du claionnage en leur place, et puis mettre un lit de pierrailles melé de bonne terre bien piqueté; puis recommencer un lit de fascines et claionnage ou / [fol. 3vº] saucissons, et une autre lit de pierrailles melé de terres, et continüant ainsi jusqu'à la hauteur du terrain des bords de la riviere. En visitant la place et levant le plan on examinera encore mieux la Vezer. Les eaux etant basses et on mesurera justement sur quelle longueur il sera necessaire de travailler, combien il faudra de bateaux de pierres pour cet ouvrage, et ce qu'ils couteront vendus sur la place, aussi bien que le prix des fascines, et*

10. Es ist daher nötig, den Plan der Stadt genau aufzunehmen, wie gesagt, den Platz zu inspizieren und alle Mauern zu besehen ebenso wie alle Erdwerke, selbst bevor man an der Schließung der zahlreichen Breschen arbeitet, von denen ein großer Teil im Plan angegeben ist (3) (3) (3) (3) etc.; denn vielleicht würde man, nach dem Projekt, das man dazu vorantreibt, [etwas] wiederherstellen und Kosten verursachen für die Breschen, was sich als nicht nötig herausstellt, weil sie entfallen können und in einem neuen Projekt ummantelt würden.

11. Im Hinblick auf die Weser und um zu verhindern daß sie von [dieser] Seite der Stadtfront und den Bastions (26), (28) und von der Kurtine (31) [Boden] abträgt, ist es nötig, sie daran zu hindern. Die Sache ist nicht unmöglich, da es auch vorteilhafte Steinbrüche in der Nähe der Stadt gibt und man den Stein bequem zu Schiff dorthin befördern kann.

12. Ich bin der Meinung, daß man zu diesem Zweck den Ufergrund des Flusses, hauptsächlich an den Stellen M. K. mit Steinen aus den obengenannten Steinbrüchen befestigt, in allen Größen, was eine Art Mauer von 4–5 Fuß Breite ergibt, bis zum Niveau des niedrigsten Wasserstandes oder ein wenig höher, wenn man will. Wenn sie auf dieser Höhe ist, gut versetzt und in richtiger Höhe (oder die genannten Steine an der Erdkante mit ein wenig Gefälle), kann man Kies schütten über einer guten Bettung aus gut gebundenen und mit Sandsäcken oder Flechtwerk an ihrem Platz ordentlich gepackten Faschinen, und dann eine gut verpflockte Schicht Schotter, vermischt mit gutem Boden aufbringen; dann wiederum eine Schicht aus Faschinen und Flechtwerk oder Sandsäcken und eine weitere Lage Schotter, vermischt mit Erde, und so fortfahren bis zur Geländehöhe des Flußufers. Wenn man den Platz inspiziert und den Plan aufnimmt, wird man auch die Weser untersuchen. Wenn der Wasserstand niedrig ist, wird man besser messen

ce qu'il coutera pour la façon, ce que l'on n'a pas eu le temps d'examiner assez en revenant de Vezell. D'ailleurs les eaux etant extremement grandes pour pouvoir mesurer, sur les lieux ce qu'il auroit été necessaire de mesurer, à cause que l'on ne pouvoit approcher assez prez pour cela.

*13. **Touchant** la maison que l'on propose d'acheter pour servir de magasin à mettre les bois et les tourbes en provision celle que l'on indique par le memoire envoyé à la cour, est en lieu assez commode, parce que les bateaux peuvent approcher assez prez: Mais il faut dire aussi que c'est un vieux bâtiment, j'estime qu'il vaudroit mieux la louer pour quelques années, et tacher d'en faire batir une auprez ou nous avons de la place le long du rampart, et qui aura la même commodité sans etre obligé d'en acheter une.*

*14. **On n'a guere** de lieu commode pour les armes, il servit necessaire d'en avoir un et commode et grand pour les dites armes. Il y a à la verité une grande sal(l)e a l'arcenal, qui a eté occupée quelquefois à mettre du bled et des farines, il n'y a rien presentement. On pourroit s'en servir à cet usage, et la faire garnir de rateliers necessaires pour y mettre les armes en reserve; aussi bien n'est il gueres convenable d'avoir des magasins à bled confondus dans un arcenal, qui n'est destiné que pour mettre la grosse et petite artillerie, et pour les choses qui en dependent. C'est un abus auquel il faudroit remedier./[fol. 4] La meme chose est à Colberg, où les greniers à bled, orge, avoine et pailles sont melez dans les sal(l)es des armes, et le commissaire des vicres Vestoup a meme son bois à bruler dans les celliers de l'arcenal, ce qui est extremement dangereux, et dequoi le Capitaine d'artillerie s'est plaint plusieurs fois. Les valets et servantes vont querir du bois le soir à la chandele dans les lieux qui ne sont point voutez.*

können, auf welcher Strecke man wird arbeiten müssen, wieviel Steinschiffe man für dieses Werk braucht und was sie kosten, wenn sie am Ort verkauft werden, ebenso den Preis der Faschinen, was das Machen kostet. Man hat nicht die Zeit gehabt, dies auf der Rückreise von Wesel hinreichend zu prüfen; außerdem stand das Wasser extrem [zu] hoch, um am Platz messen zu können, was zu messen nötig gewesen wäre, weil man dazu nicht nahe genug herangehen konnte.

13. Bezüglich des Hauses, das man zu kaufen vorgeschlagen hat, das als Holzmagazin und für den Torfvorrat dienen soll, was man schon in dem bei Hof eingereichten Memorandum angezeigt hat: Es steht an einem recht günstigen Platz, weil die Schiffe ziemlich nahe heranfahren können. Man muß aber auch sagen, daß es ein alter Bau ist; ich denke, es ist besser, es für einige Jahre anzumieten, und sich zu bemühen, ein [neues] zu bauen, in der Nähe oder wo wir am Wall Platz haben, und das ebenso geeignet ist, ohne gezwungen zu sein, eins zu kaufen.

14. Es gibt kaum einen geeigneten Platz für die Waffen; es erweist sich als nötig, einen sowohl bequemen als auch großen für genannte Waffen zu haben. Es gibt jeweils eine große Halle im Zeughaus, die manchmal zur Lagerung von Getreide und Mehl benutzt wurde; zur Zeit ist nichts darin. Man könnte sie für diesen Zweck [= für die Waffen] benutzen und die nötigen Stellagen für die Reservewaffen einbauen, zumal da es auch kaum zuträglich ist, Kornmagazine in einem Arsenal anzulegen, das mit [dazu] bestimmt ist, daß große und kleine Geschütz zu lagern und die Sachen, die damit zusammenhängen. Das ist ein Mißbrauch, den man wird abstellen müssen. Dieselbe Sache gibt es in Colberg, wo Lager für Korn, Gerste, Hafer und Stroh in den Waffenräumen verteilt sind und der Proviant-Kommissar Vestrup selbst sein Brennholz in Zeughauskeller hat, was äußerst gefährlich ist und worüber sich der Artillerie-

Voila ce que je crois devoir dire à S. E. Monseigneur le feldt Marechal pour le present, en lui remontrant tres respectueusement que la ville de Minden etant de l'importance qu'elle est, il est de l'interet et du service de S. S. E. de donner ordre non seulement à de simples reparations: mais de mettre sa fortification en bon état et avec toute l'oeconomie possible.	Hauptmann mehrmals beschwert hat. Die Knechte und Diener kommen abends mit Kerzenlicht, um Holz zu holen in Räumen, die überhaupt nicht gewölbt sind. Dies ist es, was ich S. E. dem Herrn Feldmarschall gegenwärtig glaube sagen und ihm mit großer Hochachtung darlegen zu müssen, daß es im Interesse und zu Nutzen S. Kurf. Durchl. ist, weil die Stadt Minden so wichtig ist, Befehl zu geben nicht nur für einfache Reparaturen, sondern ihre Befestigung in guten Stand zu bringen, auch mit aller möglichen Sparsamkeit.

Fait à Colberg
ce 22e Juillet 1699.
    Cayaert
	Aufgesetzt in Colberg
	am 22. Juli 1690
	    Cayaert

KAT.-NR. 16 a   Abb. 43
Stadt und Festung Minden, um 1700

Unbezeichnet, undatiert.
Federzeichnung, mehrfarbig laviert; 44,5 x 58 cm (Blatt), 42,8 x 56,4 cm (Einfassung).
Ohne Maßstab; ca. 1 : 3500.
Oben rechts Windrose mit den lateinischen Bezeichnungen der Himmelsrichtungen: *Septent(rio)* / Norden (ungefähr in der Blattdiagonalen), *oriens* / Osten, *merid(ies)* / Süden und *occid(ens)* (Westen). Darüber am Rand *Minden*.
Unten links blau schattierte Tuchdraperie mit der ANWEISUNG.

A.	der hecksen Turm wo / selbst ein Bollwerck. / noch zu legen höchst Nöthig. /
BBBB	diese Grabens misen [müssen] / In deffension gebracht werd:(en)
C	wie auch dies halbe. Bollwerck
D	dis bollwerck. ist noch nicht / vor vertigget
E	dieser beer. an der Weser. / Schantze ist halb. ein.gefallen.
FG	diese mauren misser [!] reparirt / werden nebest. dem. bedeckten Wegh / umb der gantzen Stadt.
HJ	dieser. ein spillung / mus geholffen werden.

Dresden, Militärhistorisches Museum der Bundeswehr, Fortifikationsatlas des Jean de Bodt, Ha-5044; unpubliziert. – In der rechten oberen Ecke ältere Numerierung *44*, unten rechts jüngere mit Blaustift: *59*. In der Mitte der Weser undeutlicher Farbstempel, darüber an der Einfassung von älterer Hand (18. Jahrhundert?) in Blei *Minden*.

Das Blatt ähnelt in der sorgfältigen und detaillierten, leicht perspektivischen Darstellung der Festungswerke, der Weserbrücke mit den Schiffmühlen und der Bunten Brücke wie in der schematischen Einzeichnung der Kirchen mit ihren Wölbungen (Dom, St. Johannis, Marien, Martini,

106 IV Die Festung – IV.2 Die Festung vom Dreißigjährigen Krieg bis zur Aufhebung im Jahr 1873

Abb. 43   Stadt und Festung Minden, um 1700 (Kat.-Nr. 16a).

Dominikaner-Kirche und St. Simeon – St. Mauritius fehlt! –) dem um 1700 entstandenen Blatt der SB PK, Karten X 30 238 (Kat.-Nr. 21), ist aber über einer anderen Stadtplanvorlage gefertigt, wie zahlreiche Abweichungen zeigen. Ähnlich diesem Plan skizziert das Blatt Überlegungen zur Sicherung der Nordfront, hier mit einem Bastion vor dem Hexenturm (*A*), und zur Vereinfachung des Tracés vor der Hohen Front und im Südwesten zwischen Simeonstor und Bastion I. (*BBBB* – die Gräben, die in *deffension gebracht werden* müssen). Das *halbe Bollwerck C* ist Bastion IV neben dem Simeonstor, das unfertige Bollwerk *D* ist Bastion II an der Weserfront. *FG* ist die weserseitige Mauer der Fischerstadt, *HJ* die Uferpartie am Schweinebruch vor Bastion II, wo es immer wieder zu Unterspülungen und Abbrüchen kam. Der Bär *E* ist der südliche Batardeau des Brückenkopfes, dessen Contrescarpe und Glacis nicht fertiggestellt waren. – Der Graben zwischen dem Ravelin vor dem Simeonstor und dem unfertigen Bastion II liegt trocken und ist verkrautet (vgl. auch Kat.-Nr. 21), das alte Ravelin zwischen den Bastions I und II ist vom neuen Tracé überplant, und von hier bis zur Weserbrücke fehlen Glacis und Gedeckter Weg.

Das Blatt gehört wie Kat.-Nr. 21 in die Nähe der Zeichnung zu Cayarts *Memoire et Instruction abregé*, Colberg, 22. Juli 1699 (Kat.-Nr. 16) und der Denkschrift von Cayart und de Bodt, Berlin, 19. Januar 1700 (siehe Kat.-Nr. 16, 18) und damit zu Jean de Bodts bisher unbekannter dienstlicher Tätigkeit in Minden um 1700. De Bodt wird das Blatt 1728 bei seinem Übertritt in sächsische Dienste von Berlin nach Dresden mitgenommen haben; es ist dort in dem wohl von Jean de Bodt selbst zusammengestellten Fortificationsatlas erhalten.

KAT.-NR. 17   Abb. 44
Wallprofile der Festung Minden, 1699

Unbezeichnet, rückseitig datiert *1699*.
Federzeichnung, 45,7 × 54 cm.
Maßstab: Skala von *12 + 132* (Fuß) = 14,65 cm ≅ 1:300.
Kartentitel rückseitig: *Plusieurs profils des fortifications / de Minden 1699*.
Vorderseitig neben den Wallschnitten: (1.) *Profil von Weser thor an bis becker heüschen*, (2.) *profil* (gestrichen), über dem Schnitt: *Profile von becker heüsch(en) bis an Schuster Rondehl*, (3.) *profil von Schuster Rondel biß simons tohr*, (4.) *profil von Simonstohr biß zum scharfen Ecke*, (5.) *profil zwischen den Scharfen Eck undt tantzboden*, (6.) *profil vom tantzboden bis an das müllen Rondell*, (7.) *profil vom müllen Rondell bis ans marien tohr*. (Beischriften (3.) – (7.) von anderer Hand.).

SB PK, Kartenabt., Generalstabs-Denkschriften XXIII, 193, Anlage zur Cayarts *Memoire et Instruction abregé*, Colberg, 22. Juli 1699. Rückseitig *N°: 13* (18. Jahrhundert). Unpubliziert.
Das Blatt zeigt links untereinander die sieben Wallprofile mit Maßangaben, aus denen Höhe, Tiefe, Böschungswinkel und ggf. Rondenweg und Revêtements der einzelnen Wallabschnitte hervorgehen. Profil (1) zeigt die ganze Grabenbreite (*114′*) mit der Contrescarpe und dem Vorfeld, bei (6) und (7) ist ebenfalls die Grabenbreite (*22* bzw. *40′*) vermerkt. Die geringste Wallhöhe hat der Abschnitt vom Simeonstor zum Scharfen Eck (4.) mit *20′*, die höchste das Profil vom Mühlenrondell bis zum Marientor (7.) mit *47½′*.

Ob die Zeichnung richtig bei dem *Memoire* liegt ist zweifelhaft, da Cayart im Text nicht auf die Profile eingeht.

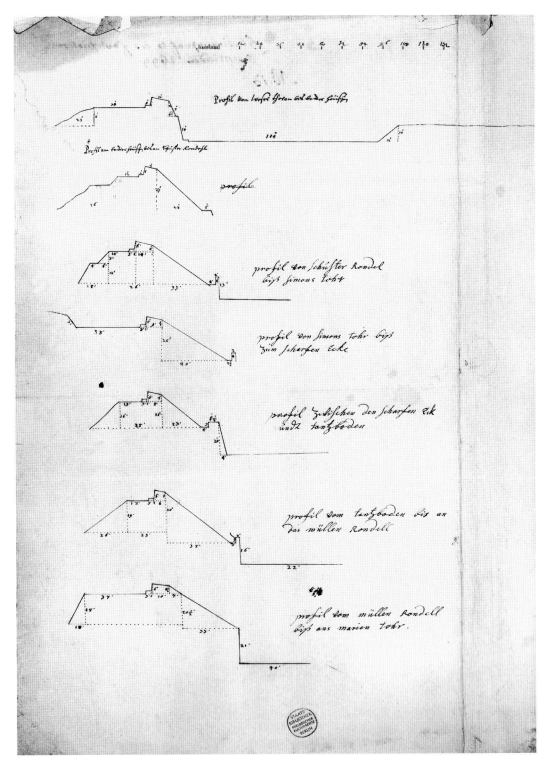

Abb. 44   Wallprofile der Festung Minden, 1699 (Kat.-Nr. 17).

IV.2.2 Katalog – Die Festung im Ganzen (Kat.-Nr. 1–57) 109

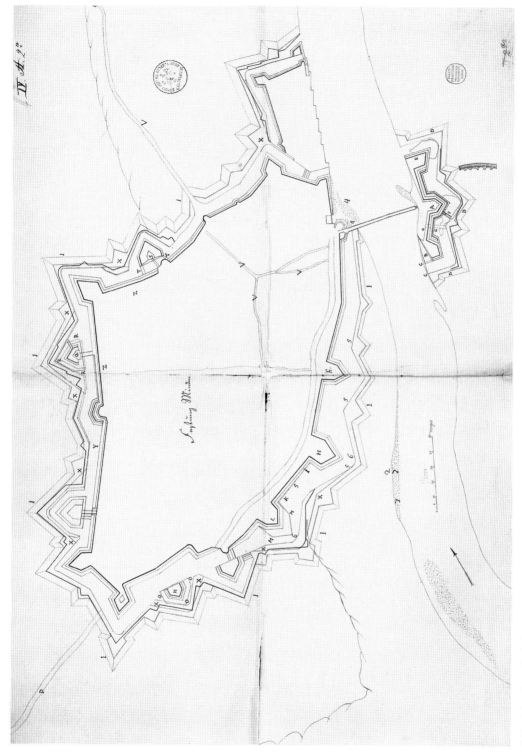

Abb. 45   Grundriß der Festungsanlagen, 1700 (Kat.-Nr. 18).

KAT.-NR. 18 Abb. 45
Grundriß der Festungsanlagen, 1700

Unbezeichnet, datiert *1700*.
Federzeichnung über Blei, schwarz und rot ausgezogen, 45,6 x 63,1 cm.
Maßstab: Skala von *50 Verges* = 6,4 cm ≅ 1 : 3000; Norden rechts.
In der Stadt *Festung Minden*, oben links, von anderer Hand *minden pour 1700*. Buchstaben *A – G, h, H – Z* für die Festungswerke, Zahlen *1–6* für verschiedene Stellen des Gedeckten Weges, der Escarpen und Contrescarpen, das Weserufer *(2)* und die Bastaumündung bei der Weserbrücke *(4)*. *A – G* Brückenkopf: *A* Mittelbastion, *B* Gelände zwischen südlichem Halbbastion und Weserufer, *CC* Abspülungen durch die Weser, *D* Glacis, *E* nördliches Halbbastion, *F* Wasserbär vor Bastion A rechts, *G* Tor und Brücke; *h – Z* Stadtbefestigung: *h* das neue Bollwerck/Bäckerrondell, *H* Bastion/Christinkenrondell, *IK* westlich anschließende Kurtine, *L* Bastion/Schusterrondell, *MM* vergrößertes Bastion, *N* Ravelin vor der Südfront, *OOO* Projektierte Vergrößerung des Ravelins, *P* die Bastau, *Q* Ravelin Neutor, *RRR* projektierte Vergrößerung, *S* Ravelin Marientor, *TT* Projektierte Flankenverbindungen zum Hauptwall, (*U* fehlt), *V* Königsborn und Stadtbache, (*W* fehlt), *X* Projektierte Waffenplätze im Gedeckten Weg, *Y* Hauptgraben, *Z* Hauptwall-Kurtine zwischen Mühlenrondell und Hohem Rondell.

Das doppelt geknickte und an den Rändern vielfach eingerissene Blatt hat zeitweise als Umschlag gedient; die Rückseite ist bezeichnet (durchgestrichen): *Memoires de L ingenieur Cayart / touchant les fortiffications de / Custrin / Briesen / Colberg / Spandau / Oberberg* [Oderberg] */ Briesen / Minden / Magdeburg / Guellage des Cartzich* [Gartz/Oder?] */ Lippstadt*. – HANKE/DEGNER, 1935, weist mehrere Festungspläne Cayarts aus der Zeit zwischen 1693 und 1701 nach: Driesen, um 1700; Kolberg, 1693–1700; Küstrin, um 1701; Landsberg/Warthe, 1698–1701; Oderberg, undatiert; Peitz, 1698–1709; Wesel, 1693.

SB PK, Kartenabt., Generalstabs-Denkschriften XXIII, 195, Anlage I; unpubliziert. – Maßstabsangabe *1/3000* im 19./20. Jahrhundert in Blei nachgetragen. – Farbsiegel KÖNIGL. PREUSS. GENERALSTAB / II. ABTHEILUNG und Signatur *IV. H.29*; unten rechts gestrichene Signatur *IV 29*.

Das Blatt zeigt übereinander in Schwarz die im Jahre 1700 bestehenden Befestigungswerke, wobei die Feuerlinien (Brustwehrcrêten) von Hauptwall, Faussebrayen und Gedecktem Weg stärker ausgezogen sind. Die von Schnitter und Cayart projektierten Verbesserungen und Umbauten sind rot gezeichnet.

Der Plan gehört als Anlage zum *Memoire Concernant Les fortifications de Minden* von Jean Louis Cayart und Jean de Bodt, Berlin, 19. Januar 1700, SB PK, Kartenabt., Generalstabs-Denkschriften XXIII, 195 (siehe unten). – Auffällig ist die in Seitenansicht wiedergegebene Bunte Brücke vor dem Brückenkopf, deren Lage aber nicht mit der tatsächlichen Situation übereinstimmt.

Anlagen zur Denkschrift: 2 Pläne: I. »Minden pour 1700«, Federzeichnung, 45,6 x 63,1 cm, M ca.1:3000, innerhalb der Festungswerke bezeichnet »Festung Minden. – II. »Minden 1700«, Wallprofil, Escarpengrundriß und -fundamentierung (Kat.-Nr. 19), zugehörig ferner: 1. »Plusieurs profils des fortifications de Minden 1699«, Federzeichnung, 45,7 x 54 cm, in: SB PK, Kartenabt., Generalstabs-Denkschriften XXIII, 193 (Kat.-Nr. 17); 2. »Plan de Minden«, signiert von Cayart, Federzeichnung 43,2 x 56,2 cm, ebd., Kartenabt. X 30 236/2 (zugehörig zu »Memoire et Instruction abregé« von Cayart, Colberg 22.7.1699, ebd., Kartenabt., Generalstabs-Denkschriften XXIII, 193; siehe Kat.-Nr. 16).

Minden / 1700
Memoire Concernant Les fortifications de Minden sur le plan et memoire de l'Ingenieur Schnitter qu'il a envoié en cour du 24e. decembre 1699 et en quoi on peut suivre le memoire

Premierement du fort du Vezer

A fort du Veser &c. Article 1er. dudit memoire

Il vaudroit mieux raser entierement ce fort que de le reparer et y faire une nouvelle contrescarpe puis qu'après tout il ne sera capable d'aucune deffense, et ce sera une grande depense tout à fait inutile, puisque d'un polygone à l'autre ou d'un angle flanqué à l'autre il n'y a pas 40 verges les faces aiant environ 10 verges et les courtines 15 ou 16, et ces mesures prises en bas au pied des taluds exterieurs c'est à dire sur la berme et sur la faussebraie; de maniere qu'en otant les taluds et donnant les epaisseurs des parapets, de 18 pieds pour etre à preuve, il ne restera presque aucun vuide dans le centre du bastion et des 2 demi bastions, et on n'y pourra pas mettre à leur deffense 15 hommes, le demi bastion E est un peu plus ample, mais il est vrai qu'il menace ruine, etant miné et sappé par les grands bordemens du Veser.

J'estime donc qu'il seroit plus à propos et plus avantageux pour couvrir le pont du Vezer d'y construire une bonne demilune flanquée ou tenaillée comme le montre le plan et le profil ci joint dont les faces auront 20 verges Rhinlandiques, les flancs 10, et les ailes qui se terminent sur le Veser environ 12. bien revetuë comme le montre le profil aussi bien que sa

Denkschrift über die Festungswerke von Minden auf Grund von Plan und Denkschrift des Ingenieurs Schnitter, die dieser am 24. Dezember 1699 bei Hofe eingereicht hat und in der man die[se] Denkschrift verfolgen kann.[1]

Erstens über die Weserschanze

A Weserschanze u. s. w., Artikel 1 der genannten Denkschrift[2]

Es wird besser sein, diese Schanze völlig abzutragen, statt sie zu reparieren, und hier eine neue Contrescarpe anzulegen, weil sie nach allem für keinerlei Verteidigung geeignet ist. Dies [= die Reparatur] wird eine große, völlig nutzlose Ausgabe sein; denn von einem Polygon zum anderen oder von einem flankierten Winkel bis zum anderen mißt sie keine 40 Ruten, die Facen sind etwa 10 Ruten lang, die Kurtinen 15 oder 16, und diese Maße sind am Fuß der äußeren Böschung genommen, d. h. auf der Berme und dem Niederwall. Wenn man die Böschungen abzieht und die Stärke der Brustwehr auf das richtige Maß von 18 Fuß bringt, wird in der Mitte des Bastions und der 2 Halbbastions fast kein Raum übrigbleiben, und man kann dort zur Verteidigung keine 15 Mann aufstellen. Das Halbbastion E ist ein wenig weiter, aber es ist richtig, daß es einzustürzen droht, weil es unterhöhlt und abgetragen wird von dem Hochwasser der Weser.

Ich halte daher dafür, daß es zur Deckung der Weserbrücke angemessen und vorteilhafter sein wird, hier einen guten Halbmond mit Flanken oder Scheren anzulegen, wie es der hier

---

[1] Die Denkschrift und der Plan Schnitters liegen nicht vor. Möglicherweise ist der unbezeichnete und nicht datierte Stadt- und Festungsplan der Zeit um 1700 (Kat.-Nr. 21) als der zitierte Plan Schnitters anzusprechen. – Der Plan Anlage I (Kat.-Nr. 18) ist anscheinend eine Kopie oder Zweitausfertigung von Schnitters Plan mit Korrekturen von Cayart. Annähernd den gleichen Zustand – allerdings mit markanten Abweichungen an der Weserfront – zeigt die Zeichnung von G. O. V. Schnitter, *Eigentlicher Grundtris von der Vestung Minden Nebst der Situation*, datiert 1700, SB PK, Kartenabt. X 30 237/2 (siehe Kat.-Nr. 12).

[2] Zu den Buchstaben vgl. den Plan Anlage I; das »fort du Vezer« ist die Brückenkopfbefestigung.

contrescarpe, avec un chemin / [fol. 1v°] *couvert, places d'armes et traverses, cette demilune sera d'une meilleure deffense que ce fort aiant de la capacité dans son centre pour y mettre du moins 200 hommes, et autant à la deffense, c'est à dire derriere ses parapets.*

On trouvera *à la demolition de ce fort et du revetement de sa contrescarpe, parce qu'il y a une muraille tout à l'entour de 8 à 10 pieds de l'hauteur à le verité assez mechante, assez de materieaux (!) pour la construction de ce nouvel ouvrage proposé: Il ne faudra donc que la chaux, et la main d'oeuvre de maçonnerie, le sable se trouvant sur les lieux coutera tres peu de chose.*

B. Touchant *l'eloignement du Veser de la gorge de ce fort c'est une marque qu'il gagne de l'autre coté, comme il est vrai, à quoi il faut prendre garde, et y donner ordre au plustot, comme il est marqué dans le memoire et instruction touchant les fortifications de Minden, et ce qui regarde le Veser du 22e. Juillet 1699. article 11. et 12.*

D. Au Sujet *de la nouvelle contrescarpe que le Sieur Schnitter propose, il seroit bon d'y en faire une si on se pouvoit servir utilement du fort. J'en ai marqué une autour de l'ouvrage que je propose en rasant ce fort: Cependant il y faut proceder avec jugement et ne rien faire que ne puisse durer, il y en a eu une defaite autrefois, et les palissades plantées; mais le Veser aiant deborde extraordinairement l'hiver sui-*

angeschlossene Plan und das Profil zeigen[3]. Die Facen werden 20 rhein. Ruten lang, die Flanken 10, und die Flügel, die an der Weser enden, ungefähr 12. Wie das Profil zeigt, werden sie und ebenso die Contrescarpe gut revêtiert, mit einem Gedeckten Weg, Waffenplätzen und Traversen. Dieser Halbmond wird eine bessere Verteidigung bieten, weil er in der Mitte Platz bietet für mindestens 200 Mann und ebenso viele zur Verteidigung, d. h. hinter der Brustwehr.

Beim Abbruch der Schanze und des Revêtements seiner Contrescarpe, weil dort rundum eine Mauer von 8–10 Fuß Höhe in wirklich bedrohlichem Zustand ist, wird man genug Material für den Bau des neuen vorgeschlagenen Werks finden: Man braucht deshalb nur Kalk und Maurer; der Sand, der sich am Ort findet, kostet nur sehr wenig.

B. Betreffend die Entfernung der Weser von der Kehle dieser Schanze, so ist dies eine Sache, die wirklich bis an die andere Seite reicht, und auf die man achten und möglichst bald Befehl geben muß, wie es in Denkschrift und Instruktion über die Befestigungen von Minden und das, was die Weser betrifft, vom 22. Juli 1699, Artikel 11 und 12 angemerkt ist.[4]

D. Was die neue Contrescarpe angeht, die Herr Schnitter vorschlägt, so wird es gut sein, eine anzulegen, wenn man sich mit Nutzen der Schanze bedienen will. Ich habe eine gezeichnet, rund um das Werk, die ich vorschlage, wenn man diese Schanze abträgt: Jedoch muß man mit Bedacht vorgehen und nichts machen, was nicht dauern kann. Man hat hier früher

---

[3] Dies bezieht sich nicht auf den Plan Anlage I, sondern auf Cayarts »Plan de Minden« (SB PK, Kartenabt. X 30 236/2, Kat.-Nr. 16) zu Cayarts »Memoire et instruction abregé«, Colberg, 22.7.1699 (ebd., Generalstabs-Denkschriften XXIII,193), der in der aufgeklebten Klappe die beschriebene »demilune« zeigt. Das erwähnte »profil« ist der dort gezeichnete Schnitt durch Wall, Graben, Contrescarpe und Glacis.

[4] SB PK, Kartenabt., Generalstabs-Denkschriften XXIII,193 (siehe oben bei Kat.-Nr. 16).

vant, emporta toutes les palissades, et comba ce chemin couvert /[fol. 2] *comme il est a present, commença le tourbillon à la pointe du demibastion E, qui sappe sa pointe et s'augmente tous les ans par les dits debordem(ent)s ce qui fera tomber dans peu si on n'y remedie.*

einen Rückschlag erlitten und die Palisaden schon eingerammt, aber die Weser hatte im folgenden Winter außergewöhnliches Hochwasser, spülte alle Palisaden weg und überflutete den Gedeckten Weg wie er jetzt ist, begann den Strudel an der Spitze des Halbbastions E, der die Spitze abträgt, sich alle Jahre durch besagte Hochwasser vergrößert und sie in Kürze einfallen lassen wird, wenn man es nicht verhindert.[5]

I. K. Il est bon de continuër le revetement de cette courtine, mais il ne faut pas pousser aussi loin qu'elle est marquée par le nouveau projet par des lignes rouges, par consequent il y aura moins de maçonnerie à faire.

I. K. Es ist gut, das Revêtement dieser Kurtine[6] fortzusetzen, aber man darf sie nur soweit ziehen wie es durch das neue Projekt mit roten Linien angegeben ist. Folglich wird man dann weniger Mauerwerk aufsetzen müssen.

L. Il est bon de revetir aussi ce bastion à la meme hauteur que les deux precedens H. h. en faisant la courtine moins longue, comme on vient de dire la gorge de ce bastion en sera plus grande, et le bastion plus ample et plus capable.

L. Es ist gut, auch dies Bastion bis zur gleichen Höhe zu revêtieren wie die zwei vorhergehenden H. h., indem man die Kurtine weniger lang macht, da die Kehle dieses Bastions größer sein wird und das Bastion weiter und geeigneter.

N. Il seroit aussi necessaire d'agrandir ce ravelin, il est effectivement tres petit et en tres mauvais état, mais neantmoins ce n'est pas ce qui presse le plus à Minden, ce front là etant assez bon, parce qu'il est revetu d'une muraille par tout depuis la Simony porte B en remontant jusqu'au bastion F marqué au plan de l'année passée, de 10 à 12 pieds. Il y faut reparer les breches, qui se sont faites par les eboulements des terres, causez par les grandes eaux ou pluies des années precedentes, et faute en partie d'avoir eté bien fassinés.

N. Es wird auch nötig sein, dies Ravelin[7] zu vergrößern; es ist tatsächlich sehr klein und in sehr schlechtem Zustand, aber trotzdem ist dies nicht das, was in Minden dringend ist, denn diese Front ist ziemlich gut, weil sie vom Simeonstor B aufsteigend bis zum Bastion F, angemerkt im Plan vom vorigen Jahr[8], 10–12 Fuß hoch mit einer Mauer revêtiert ist. Man muß die Lücken reparieren, die durch die Erdrutsche entstanden sind, verursacht durch die Hochwasser oder Regenfälle der vergangenen Jahre und weil sie zum Teil nicht gut mit Faschinen ausgeführt waren.

---

[5] Diese Angabe bezieht sich wieder auf den Plan Anlage I (Kat.-Nr. 18). Das »demibastion E« ist das nördliche halbe Bastion der Brückenkopfbefestigung.
[6] Siehe Anm. 5; die Kurtine I – K liegt an der Weserfront der Stadtbefestigung zwischen den Bastions H und L.
[7] Das Ravelin N liegt vor der Südfront der Stadt zwischen Simeonstor und Bastau-Einlauf.
[8] Dies bezieht sich auf Cayarts Plan von 1699 (Kat.-Nr. 16), vgl. Anm. 3.

Q. Il seroit à propos d'agrandir ce ravelin, et d'en elargir la fossé, epaissir ses parapets en leur donnant 18 pieds, et s'il arrivoit que l'on fit les chemins couverts proposés comme cela se peut et leur glacis avant que mettre ce ravelin en état, il le faudroit tracer comme il doit être, et ensuite tracer les chemins couverts, et leurs glacis, et y travailler, quoi que ce / [fol. 2v°] ravelin, comme on vient de dire, ne fut pas dans l'etat qu'il doit etre.

S. Ce n'est pas une necessité de joindre les flancs de ce ravelin au corps de la place, il n'y a qu'à donner les épaisseurs au parapet de la courtine à preuve c'est à dire 18 pieds: Cette courtine est aussi revetüe à l'hauteur de 10 à 12 pieds; mais il faut raser le cavailler, et elever le ravelin assez haut pour faire que son parapet decouvre et rase la glacis, tant avec la grosse qu'avec la petite artillerie. Ce cavailler occupant toute la capacité dudit ravelin, comme j'ai raporté dans le memoire et instruction abregé de l'année passée article 9e en parlant des cavaillers qui sont dans les centres des bastions et des ravelins.

W. Il faut raser et baisser ce cavailler pour en elargir le bastion même, et agrandir le demi bastion, comme ils sont marqués dans le plan de l'année passée, et dans le memoire et instruction abregé article 7e où il est parlé de ce qu'il y a à faire depuis la Marie porte jusqu'à la ville des pécheurs, et à la ville des pecheurs même.

Q. Es wird angemessen sein, dies Ravelin[9] zu vergrößern, hier den Graben zu verbreitern, die Brustwehr auf 18 Fuß zu verstärken, und wenn es dahin kommt, den vorgeschlagenen Gedeckten Weg anzulegen wie man kann und das Glacis, bevor man das Ravelin in Stand setzt; dann soll man es abstecken, wie es sein muß, und danach den Gedeckten Weg anlegen und das Glacis, und daran arbeiten, obwohl dies Ravelin, wie gesagt, nicht in dem Stand war wie es sein sollte.

S. Es besteht keine Notwendigkeit, die Flanken dieses Ravelins[10] mit dem Hauptwall zu verbinden, man muß nur die Dicke der Brustwehr der Kurtine auf das richtige Maß, d. h. 18 Fuß bringen. Diese Kurtine ist auch 10–12 Fuß hoch revêtiert; aber man muß den Kavalier abtragen und das Ravelin ziemlich erhöhen, um zu erreichen, daß seine Brustwehr das Glacis dem Feuer aussetzt und bestreicht, sowohl mit schwerem wie mit leichtem Geschütz. Dieser Kavalier nimmt die ganze Fläche des genannten Ravelins ein, wie ich in der Denkschrift und kurzen Instruktion vom vorigen Jahr, Artikel 9, berichtet habe, wo ich von den Kavalieren in der Mitte der Bastions und der Ravelins gesprochen habe.

W.[11] Man muß diesen Kavalier abtragen und niedriger machen, um damit das Bastion selbst zu erweitern und das Halbbastion vergrößern, wie im Plan vom vorigen Jahr und in Denkschrift und kurzer Instruktion, Artikel 7, angegeben, wo davon die Rede ist, was man vom Marientor bis zur Fischerstadt und in der Fischerstadt selbst machen muß.

---

9   Das Ravelin Q liegt vor dem Neuen Tor.
10 Gemeint ist das Ravelin S vor dem Marientor.
11 »W« fehlt im Plan Anlage I. Die Angaben beziehen sich auf die Nordseite der Befestigung der Fischerstadt.

Pour ce qui regarde la contrescarpe et le glacis, ils ont eté proposés des l'année passée aussi au plan lavé de jaune, et dans le memoire et instruction &c. article 5e mais surtout il faut se garder de faire les places d'armes aux angles flanquez des chemins couverts en forme de bastions, ni en quelques autres endroits que ce puisse etre, pour des raisons qu'il n'est pas malaisé de s'imaginer. /

[fol. 3]
Il est tres à propos et tres important que lors que les ingenieurs envoient des projets en cour, ils en envoient aussi les estimations, de ce que couteront chaque sorte d'ouvrage separé par articles, autrement on ne peut pas prendre des mesures certaines pour les fonds qu'on doit faire, ni combien on doit entreprendre d'ouvrage pour l'année courante suivant le fond qu'on destinera pour cela.

Fait à Berlin le 19e Janvier 1700

Cayart   J:Bodt

Was die Contrescarpe und das Glacis angeht, so sind sie seit dem vorigen Jahr vorgeschlagen, auch im Plan gelb laviert, und in Denkschrift und Instruktion usw., Artikel 5, aber vor allem muß man sich hüten, die Waffenplätze in den vom Gedeckten Weg flankierten Winkeln in Form von Bastions auszuführen, auch nicht an irgendwelchen anderen möglichen Punkten, aus Gründen, die man sich unschwer vorstellen kann.

Es ist sehr angemessen und sehr wichtig, wenn die Ingenieure Projekte bei Hof vorlegen, daß sie auch die Schätzungen, was jede Art von Werk kosten wird, getrennt nach Artikeln, einreichen. Sonst kann man keine sicheren Maßnahmen ergreifen für die Mittel, die man aufbringen muß, auch nicht wieviel man für das laufende Jahr an Arbeiten unternehmen muß, entsprechend den Mitteln, die man dafür bestimmen wird.

Aufgesetzt in Berlin, den 19. Januar 1700

Cayart   J: Bodt

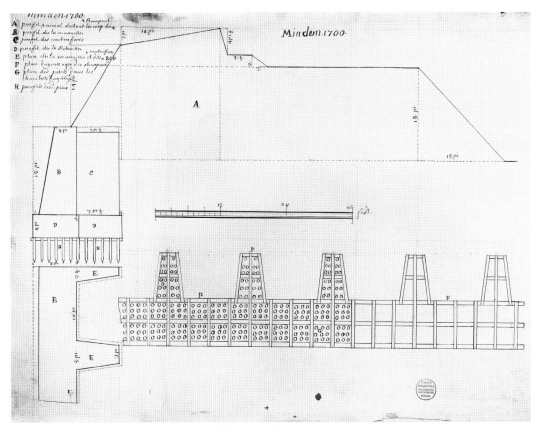

Abb. 46   Wallprofil und Grundrisse, 1700 (Kat.-Nr. 19).

KAT.-NR. 19
Wallprofil und Grundrisse, 1700

Abb. 46

Unbezeichnet, datiert *1700*.
Federzeichnung über Blei, 35 x 45,5 cm.
Maßleiste von *36 fuß* = 17 cm = 1:72.
Kartentitel: *Minden.1700* (2x). – Oben links Legende: *A profil general du tout le coup du Rampart, B profil de la muraille, C profil des contreforts, D. D. profil de la Retraitte, E plan de la muraille et des contreforts a B. C. D., F plan du grillage de charpant(e). G plan des pilots dans les chambres du grilage, H. profil desd(its). pilots.*
Maßangaben in *pi(eds)*.

SB PK, Kartenabt., Generalstabsdenkschriften XXIII, 195, Anlage II; unpubliziert. – Rückseitig bezeichnet *Nr: 14* (18. Jahrhundert).

Das Blatt liegt bei dem *Memoire Concernant les fortifications de Minden* von Jean Louis Cayart und Jean de Bodt, Berlin, 19. Januar 1700 (siehe bei Kat.-Nr. 18), doch nimmt der Text keinen Bezug darauf. Revetierte Escarpen in verschiedener Höhe (13–21') zeigt zwar das Blatt mit *Plusieurs profils des fortifications de Minden, 1699 (*Kat.-Nr. 17), doch findet sich dort kein identisches Wallprofil. Auch der Schnitt durch Wall, Graben und Glacis auf der Klappe von Cayarts *Plan de Minden* (Kat.-Nr. 16) weist andere Maße auf. Das mächtige Wallprofil mit einem 27' breiten Wallgang und einer Basistiefe von insgesamt 85' wird dort nur von den Profilen (6) und (7) übertroffen, doch sind dort Proportionen und Maße verschieden.

Das Blatt läßt sich daher einstweilen keiner bestimmten Stelle der Mindener Befestigungen zuordnen. Es zeigt anschaulich die Konstruktion der gemauerten Escarpe (B) mit den rückwärts angelehnten Stützpfeilern (C) und das Bankett (D), darunter den Balkenrost (F) mit den Spickpfählen in den Kammern.

KAT.-NR. 20   Abb. 47
Festungsplan, um 1700

Unbezeichnet, undatiert.
Federzeichnung in Schwarzgrau und Rot, Grün und Grau laviert. 32 x 40,4 cm. Norden oben rechts. Neu auf Leinen gezogen.
Maßleiste von *60 Verges* = 5,7 cm ≅ 1:4000.
Wasserzeichen: Harlekinskopf nach rechts, Schellenkragen mit sieben Spitzen, darunter Hausmarke: Vierkopfschaft, aus drei (1:2) Kugeln wachsend, hinten mit angehängtem S (H 7,8 cm).
Im Stadtkern *Minden; Bassau Fluvius, Weser Fl.*

SB PK, Kartenabt. X 30 238/1; unpubliziert. – Oben alte Numerierung *No: 6.* (18. Jahrhundert), unten und rechts in Blaustift und Tinte *XII 1783–12*, oben rechts in Blei *12*. - Im 19./20. Jahrhundert mit Bleistift nachgetragen Blattmaß *41 x 32*, Maßstab *1:4000* und Datierung *c. 1700*.

Das Blatt zeigt durchgehend rote, d. h. gemauerte Escarpen an Kurtinen, Bastions und Ravelins; der Gedeckte Weg ist vereinfacht in geraden Linien und ohne Waffenplätze dargestellt. Zwischen nassen und trockenen Grabenpartien wird nicht unterschieden; die Wasserbären sind z. T. unsinnig eingetragen, so beiderseits des Ravelins vor der Südfront und der Weserfront, bei der Brückenkopfbefestigung fehlen sie ganz.

Mit vier Bastions zwischen Simeonstor und Weserbrücke folgt der Plan den Vorstellungen Cayarts von 1699 (Kat.-Nr. 16), behält aber das Ravelin vor der Weserfront bei und greift mit dem Ravelin vor dem Hexenturm im Einlauf des Königsborns anscheinend auf sehr viel ältere Projekte des 17. Jahrhundert zurück (vgl. Kat.-Nr. 1, 2 und 4). Die vielfach gebrochene Mauer an der Weserseite der Fischerstadt fehlt; der Anschluß der Maulschelle an das Brückenrondell bleibt offen. Im Kronwerk des Brückenkopfes sind Ausspülungen durch die Weser eingetragen, die bis in den Wallgang der südlichen Kurtine reichen. – Oben rechts derbe Skizze eines Grabenprofils mit hoher gemauerter Escarpe, steiler Contrescarpe, gemauerter Brustwehr (?) am Gedeckten Weg und Glacis.

Daß das Blatt einen bestimmten Planungsstand fixiert, ist wegen der zahlreichen, etwas dilettantisch anmutenden Ungenauigkeiten eher zweifelhaft. Nach der alten Numerierung gehört es aber zum ältesten Planbestand der Festungsingenieure und wird daher auch wohl von der Hand eines Ingenieurs stammen.

118　　IV Die Festung – IV.2 Die Festung vom Dreißigjährigen Krieg bis zur Aufhebung im Jahr 1873

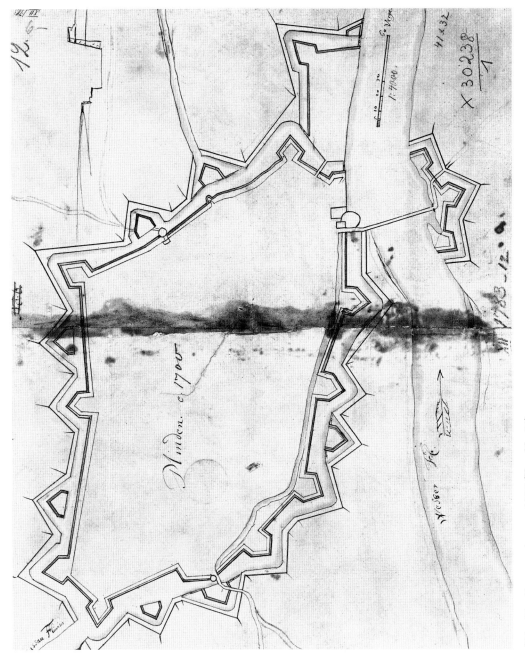

Abb. 47　Festungsplan, um 1700 (Kat.-Nr. 20).

Abb. 48   Stadt- und Festungsplan mit Entwurf für ein neues Glacis, vermutlich 1699 (Kat.-Nr. 21).

KAT.-NR. 21   Abb. 48
Stadt- und Festungsplan mit Entwurf für ein neues Glacis, vermutlich 1699

Unbezeichnet, nicht datiert.
Federzeichnung, teilweise laviert; 44 x 57 cm (Blatt), 43 x 56 cm (innere Einfassung); alt auf Leinen gezogen.
Maßleiste *10 + 60 R(uten)* = 8,5 cm ≅ 1 : 3000.
Unten links Windrose mit *Septentrio* (ungefähr in der Blattdiagonalen), *Oriens, Meridies* und *Occidens*.
Ohne Kartentitel.
Unten rechts Kartusche mit Akanthus- und Palmzweig-Rahmen, darin:
An Weisung. A. Weser Thor B. Simony Thor C. Kuh Tohr D. Ney Tohr E. Haller Tohr vor alters F. Fischer steder. Tohr G. Marien Tohr. H. Schwedisches Schlacht wercke J. Chantzlers Schlachte. K. Dom-Capittels Schlachte L. Cöniges. born m. Bleych Platz N. Durch gehende Kanale; in der Stadt: *Domkirche, Johan(n)es Kirche, Marien Kirche und Stifft, s. Martini Kirch, Simoni Kirche, alte oder Soldaten Kirche, Rahtt Hausz, M(ahl)Mile* (= Simeonsmühle*), mahl Mile* (=Priggenhagen-Mühle), *m(ahl)Mile* (= Herren-Mühle), ferner *Baston (*4 x für Bastau). Kleine Zahlen von *1* bis *41* bezeichnen einzelne Teile der Befestigungswerke, beginnend am Batardeau des Fischer-Grabens vor dem Biflick, die Fischerstadt im Uhrzeigersinn umfahrend (bis *5*), die Brückenkopfbefestigung einbeziehend (*6* bis *10*). Die Numerierung springt von dort wieder über die Weser und läuft von der rechten Flanke des Bastions II (*11*) um die Stadtbefestigung wieder bis zur Weser, wo *40* und *41* die gezackte Ufermauer der Fischerstadt bezeichnen (*22, 24* und *27* fehlen im Plan); *a-b* markiert einen Abfluß vom Teich hinter dem Tanzboden (*D, P*) in den Hauptgraben. Am Weserufer ist unter den Strichreihen zwischen *M* und *K* vermerkt: *Wasser Schaden*. Daneben gibt es zwei weitere, von anderer Hand mit brauner Tinte geschriebene Buchstaben- und Zahlenreihen: *A* bis *J* bezeichnen die Bastions, *L* bis *T* die Kirchen und einzelne Werke, *Z* bezieht sich anscheinend auf Arbeiten an Teilen der Bastionen und Kurtinen; *A* bis *M* markieren daneben Schäden und Maßnahmen an beiden Weserufern vom Schweinebruch bis zur Bastau-Mündung unterhalb der Weserbrücke, die Zahlen *25* bis *32* bezeichnen die Festungswerke der Weserfront sowie Weserbrücke und Schlagde.

SB PK, Kartenabt. X 30 238; unpubliziert. – Unten und rechts oben ältere Signaturen in Blaustift bzw. Tinte: *XII 1783–11* bzw. *XII 1783–8*, in Blei *11*. Im 19./20. Jahrhundert in Blei nachgetragen: Blattmaß *56 x 43*, Maßstab *1:3000* sowie *Minden c. 1700*.

Der Stadtplan stimmt bis auf geringe Abweichungen mit Cayarts Zeichnung von 1699 (Kat.-Nr. 16) überein, auch in den ungenauen Umrissen der Kirchen. Diese zeigen die dort in Blei eingetragenen, fehlerhaften und unsinnigen Pfeilerstellungen und Gewölbelinien. Die bestehenden Befestigungswerke samt Gedecktem Weg und Glacis sind sehr liebevoll und anschaulich in feiner Detaillierung perspektivisch wiedergegeben, bis hin zur Darstellung der gemauerten Revêtements an Bastionen, Kurtinen und Contrescarpen mit plastischer Schattierung der Erdböschungen, Rampen und Kavaliere. Wie in Cayarts zweitem Plan *(Minden pour 1700,* Kat.-Nr. 18) ist für das Bastion Schusterrondell (25) die projektierte Vergrößerung im Grundriß angegeben. Sehr genau werden nasse, trockene sowie unfertige und verkrautete Grabenpartien wiedergegeben; letztere finden sich vor der Kurtine der Südwestecke, zwischen Simeonstor und dem Ravelin vor der Weserfront sowie vor dem Brückenkopf.

Über diese, offenbar genaue Bestandsaufnahme ist rot mit grüner Lavierung das Projekt eines neuen Glacis gezeichnet, das zahlreiche große Waffenplätze in den einspringenden Winkeln und vor langen Contrescarpen sowie bastionsartig vorgelegte Waffenplätze vor den ausspringenden Winkeln vorsieht. Als mögliche Alternative ist bei J auf der Kante der Geländestufe vor dem Ravelin Marientor ein detachiertes Werk mit fünfeckigem Grundriß eingezeichnet. Das Ravelin vor der Weserfront (27) ist wie bei Cayart (Kat.-Nr. 16) überplant. – Die sekundäre Numerierung *25–30* sowie die Buchstaben *M* und *K* am Weserufer, hier mit der Beischrift *200 Schritt* bzw. *150 Schritt* stimmen mit Cayarts Zeichnung von 1699 (Kat.-Nr. 16) überein; möglicherweise hat das Blatt diesem als Konzept gedient, so daß es zeitlich dem Glacis-Projekt Cayarts von 1699 zuzuordnen ist.

Möglicherweise bezieht sich auf dieses Blatt mit den bastionsartig vorgelegten Waffenplätzen die kritische Bemerkung im vorletzten Absatz von Cayarts und de Bodts Denkschrift vom 19. Januar 1700 (siehe Kat.-Nr. 18), so daß dieser Plan vielleicht der im Titel der Denkschrift angesprochene Plan des Ingenieurs Schnitter vom 24. Dezember 1699 ist.

KAT.-NR. 21 a   Abb. 49
Plan der Festungswerke, 1. Viertel des 18. Jahrhunderts

Unbezeichnet, undatiert.
Schwach kolorierte Federzeichnung, 46 x 35 cm (Blatt), 41 x 25,5 cm (innere Einfassung).
Ohne Maßstab, M ≅ 1:5300.
Innerhalb der Stadtbefestigung kalligraphisch *MINDEN*, im Fluß *DIE WESER*. Oben links, außerhalb der Einfassung alte Bezeichnung *I.2.50*. Norden rechts.

STA HANN, Plansammlung 250 K/368 pm; unpubliziert.

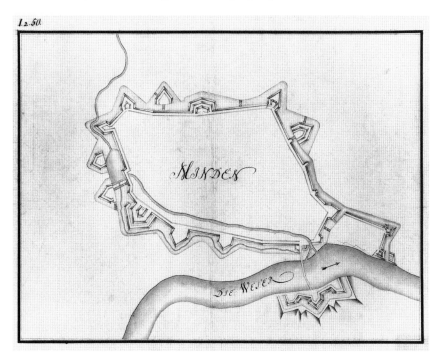

Abb. 49   Plan der Festungswerke, erstes Viertel des 18. Jahrhunderts (Kat.-Nr. 21a).

Der Plan entspricht ungefähr den um 1700 bzw. im ersten Drittel des 18. Jahrhundert entstandenen Plänen im STA MS (Kat.-Nr. 22) bzw. in der SB PK (Kat.-Nr. 21, 23–26); er zeigt, freilich im Detail ungenau, den Endzustand des Ausbaues der Festung, allerdings ohne Gedeckten Weg um die Stadtbefestigung, während der Brückenkopf mit einem vollständigen Glacis wiedergegeben ist. Die Gräben sind – nur teilweise richtig – überwiegend als trockene Gräben dargestellt, nasse Partien sind die von der Bastau durchflossenen Teile vor der Hausberger Front, mit Stauteich am Batardeau vor dem Simeonstor, und der nördliche Hauptgraben vom Ravelin Marientor um die Fischerstadt bis zur Weser, während der Hauptgraben zwischen Altstadt und Fischerstadt wiederum als trocken gezeichnet ist.

Einige Befestigungswerke sind im Plan deutlich überdimensioniert, wie Bastion III und Bastion VII mit großer Faussebraye und Kavalier; auch das weserseitige Bastion der Fischerstadt ist zu groß und zudem wie Bastion VI mit einem Kavalier ausgestattet. Das Ravelin vor dem Neuen Tor fehlt ganz. Im Vorfeld der Festung fehlen Angaben zur Geländeform; der Bastaulauf im Südwesten der Stadt schwenkt weit nach Norden bis vor das Bastion VI aus, was sicherlich nie zutraf.

Die Proportionen des Stadtgrundrisses sind relativ genau wiedergegeben; dem Zeichner wird ein entsprechender Plan vorgelegen haben. Die auffallenden Ungenauigkeiten im Detail sprechen indes – wie auch das Fehlen eines Maßstabs – dafür, daß die Werke nach dem Augenschein eingetragen wurden. Es wird sich daher nicht um ein Projekt für den angestrebten Ausbau der Festung von der Hand eines brandenburgischen Festungsingenieurs handeln, sondern wohl eher um einen sogenannten Kundschafterplan, der aber den vermutlich aus ähnlichem Anlaß gefertigten Fürstenhoff-Plan (Kat.-Nr. 9) an relativer Zuverlässigkeit weit übertrifft.

KAT.-NR. 22 Abb. 50
Festungsplan, 1. Viertel des 18. Jahrhunderts

Unbezeichnet, nicht datiert.
Kolorierte Federzeichnung, ca. 41 x 31 cm (Blatt), 36 x 27 cm (Einfassung).
Ohne Maßstab, Norden rechts oben.
Rechts oben gerahmt Kartentitel und Legende: *Minden.*
1. Porte du weser 2. Porte des pécheurs. 3. Porte marie 4. Porte Neuve. 5. Porte de vache. 6. Porte Simeon. 7. Moulins. 8. Porte du Pont. 9. Passage de Batteaux 10. ouvrage de la tête du pont. 11. moulin. 12. Marais. 13. Batardeaux. 14. Battardeau 15. Entré du Ruisseau 16. Entré du 2e Ruisseau 17. Battardeau. 18. Bastion Simeon. 19. Bastion Neuf. – Weser fleuve.

STA MS, Kartensammlung A 19 507; unpubliziert.

Im Plan fehlen Nr. 2 (Fischertor) und 8 (Brückentor); *7* bezeichnet die Schiffsmühlen, *15* den Bastau-Einlauf an der Scharfen Ecke, *16* die Quelle am Ravelin Marientor. Die Benennung der Scharfen Ecke als *Bastion Simeon (18)* und des Mühlenrondells als *Bastion Neuf (19)* ist falsch.

Die Zeichnung gibt den Bestand der Festungswerke im frühen 18. Jahrhundert wieder. Das Ravelin vor der Weserfront ist beseitigt, von seinem Glacis ist nur ein geringer Rest geblieben, der Gedeckte Weg ist an der Weserseite nicht ausgeführt worden. Bastion III/Schusterrondell steht in seiner alten, kleinen Form; die von Cayart verzeichnete Vergrößerung ist abgesteckt, das Bastion jedoch nicht aufgeschüttet worden. Vor der Hohen Front im Westen weist der Gedeckte Weg Lücken auf; zwischen Ravelin Marientor und Fischerstadt fehlt er weiterhin. Die von Cayart und de Bodt im Memoire von

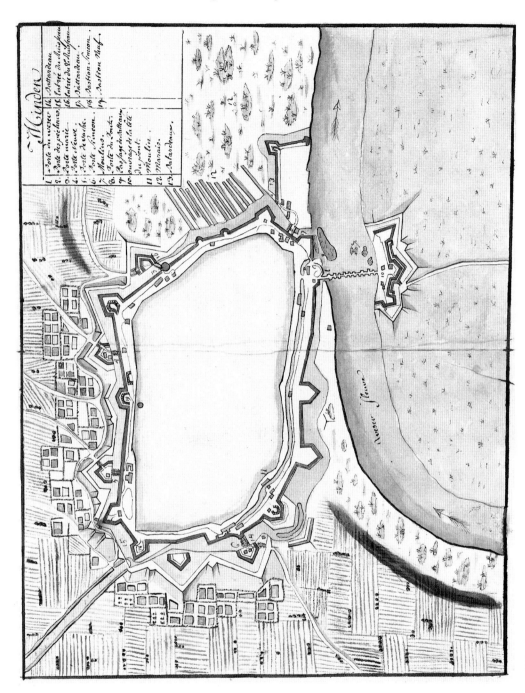

Abb. 50   Festungsplan, 1. Viertel des 18. Jahrhunderts (Kat.-Nr. 22).

1700 (siehe bei Kat.-Nr. 18) für erforderlich gehaltene Beseitigung der Kavaliere in den Bastionen ist nicht erfolgt. In der Brückenkopf-Befestigung ist die Flanke des südlichen Halbbastions, dessen weserseitiger Wallkopf offenbar – nach Darstellung der älteren Pläne – wegen der Abspülung und Aussandung durch das Weserwasser für längere Zeit unvollendet blieb, zurückgezogen und bis zum Ufer verlängert worden. Der Hauptgraben der Festung scheint nach diesem Plan – vor allem vor der Hohen Front – auf weite Strecken trocken gewesen zu sein. Das Blatt macht den eher bedenklichen Ausbauzustand der Festung, der sich auch bis zu ihrer Schleifung nach dem Siebenjährigen Krieg nicht mehr wesentlich ändern sollte, ziemlich ungeschminkt deutlich. – Autor des Plans war möglicherweise ein Franzose oder französisch schreibender Zeichner, der mit der Örtlichkeit und verschiedenen Bezeichnungen wohl nicht vertraut war. Dies und das Fehlen eines Maßstabs könnte dafür sprechen, daß es sich um einen Kundschafterplan handelt, der in preußische Hände geriet (vgl. auch Kat.-Nr. 9 und 21 a). Für einen solchen ist er – bei allen Mängeln – erstaunlich detailliert und genau.

KAT.-NR. 23 Abb. 51
Festungsplan, 1. Viertel des 18. Jahrhunderts

Unbezeichnet, nicht datiert.
Federzeichnung, dezent laviert, Bleistift-Nachträge; 62 x 94,5 cm (Blatt), 60,2 x 92,4 cm (innere Einfassung).
Wasserzeichen: Antiqua-Versalien P (?) VDL in Ligatur = P. van der Ley.
Maßskala *10 + 100 Rh*(einländische) *Ruthen* = 15,9 cm ≅ 1:2630; Norden oben rechts.
Kartentitel in der Stadt: *Plan de Minden / Dans L'Etat du cette place se trouvet actuelement.*

SB PK Kartenabt. X 30 239; unpubliziert. – Roter Rautenstempel K: PR: / PLANKAM(M)ER / 1816; schwarzes Farbsiegel des Generalstabs, II. Abteilung. – Unten alte Signatur in Blaustift *XII 1784–1*. Im 19./20. Jahrhundert in Blei nachgetragen: Maßstab *c. 1:2630* und vermutete Datierung *c. 1729*. – Die rechte untere Ecke fehlt.

Genaue Bestandsaufnahme der Festungswerke mit dem noch unvollständig ausgehobenen Hauptgraben vor der Kurtine II/III und dem nur teilweise ausgebauten Gedeckten Weg vor der nördlich anschließenden Weserfront. Der Brückenkopf zeigt die zurückgezogene Flanke des südlichen Halbbastions; der Graben ist nicht bis zum Weserufer fortgeführt, wohl aber der Gedeckte Weg. Vor dem Nordende des Brückenkopfgrabens liegt ein kleines Bonnet, das ebenso wie die Berme des nördlichen Halbbastions bis zum Beginn der Faussebraye mit Palisaden besetzt ist. Der Hauptgraben vor der Hohen Front ist bis auf eine Künette, die sich vor dem Wasserbär am Kuhtorravelin verbreitert, trocken. Im Rondell neben der Weserbrücke sind Geschützscharten verzeichnet.
    Zwischen Marientor und Fischerstadt fehlt der Gedeckte Weg weiterhin.
    Was auf dem Plan wie die verwischte Skizze eines Projekts zum Ausbau und zur Sicherung der Nordfront der Festung aussieht, ist lediglich der schwache Abklatsch der Zeichnung in der linken Blatthälfte vom Bastion III, Schusterrondell bis zum Tanzboden, so wie auch die nördlichen Befestigungen mit dem Ravelin Marientor als Abklatsch im Südteil der Altstadt wiederkehren. Die Symmetrieachse ist die Knickspur in der Blattmitte.
    Das Blatt geht in vielen Einzelheiten – einschließlich des Wasserzeichens – mit dem 1729 datierten Plan Walraves (Kat.-Nr. 25) zusammen und dürfte zeitlich in dessen Nähe einzuordnen sein.

IV.2.2 Katalog – Die Festung im Ganzen (Kat.-Nr. 1–57)

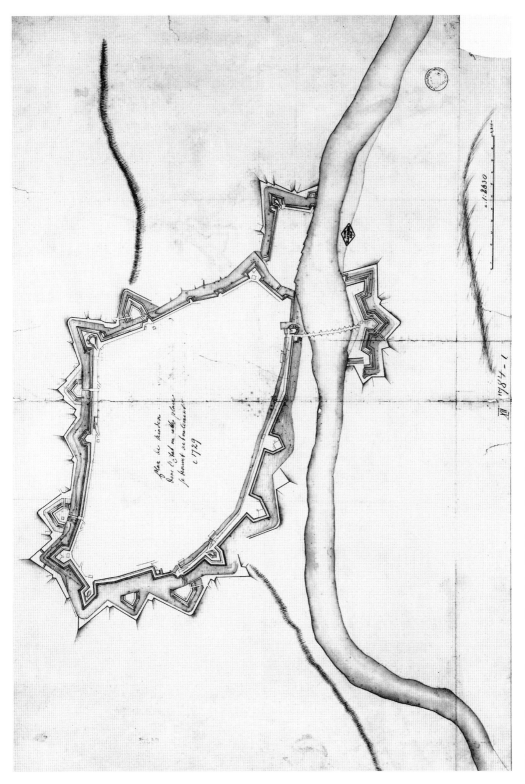

Abb. 51 Festungsplan, erstes Viertel des 18. Jahrhunderts (Kat.-Nr. 23).

KAT.-NR. 24 ohne Abb.
Festungsplan, 1. Viertel des 18. Jahrhunderts/1838 (Kopie nach der Mitte des 19. Jahrhundert)

Bez. *(: gez:) Pagenstecher, Ingen. Lieutenant, Minden d. 24" August 1838.*
Federzeichnung mit schwarzer und roter Tusche auf transparentartigem Papier über gelblichem Karton, rosa, grau und hellblau laviert; 48 x 66,1 cm.
Maßleiste *10 + 100 Ruthen* = 16,25 cm ≅ 1:2500. Norden oben rechts.
Kartentitel in der Stadt: *Place de Minden / dans l'etat ou cette place se trouve actuellement*; oben rechts Anmerkung: *Das Original dieses Planes befindet sich / in der Königlichen Plankammer zu Berlin, obgleich / ohne Jahreszahl, giebt es doch ohne Zweifel den Zustand / der Festung im 18" Jahrhundert bis zur Schleifung im Jahre 1764 an / Minden d. 24" August 1838 (:gez:) Pagenstecher / Ingen. Lieutenant.* – *Le Weser, Bastau.*

Mindener Museum FM 66; unpubliziert.

Wie Maßstab und Anmerkung erweisen, ist das Blatt die leicht verkleinerte und im Ausschnitt reduzierte Nachzeichnung des undatierten Berliner Blattes mit dem gleichen Titel (Kat.-Nr. 23). Das für 1838 ungewöhnliche Papier, die Art der Beschriftung und der *(:gez:)*-Vermerk lassen vermuten, daß es sich nicht um die Originalzeichnung Pagenstechers handelt, sondern wiederum um eine Kopie, die nach der Mitte des 19. Jahrhundert entstanden ist. Karteninhalt und Darstellungsart entsprechen bis auf geringfügige Abweichungen (rot schattierte statt flächig angelegter Gebäude) dem Berliner Blatt.

Von Ingenieur-Leutnant Pagenstecher (geb. 1802, Leutnant 1821), stammt eine beträchtliche Zahl der in Minden gefertigten Pläne für den Ausbau der Festung nach 1815 und für die Anlage der Bahnhofsbefestigung, u. a. aus dem gleichen Jahr 1838 der hervorragende Plan der Festung Minden im Jahre 1837 (Mindener Museum FM 167, Kat.-Nr. 39). Wie der ältere Ingenieur-Hauptmann Wegelin war er offenbar über die fortifikatorischen Tagesaufgaben hinaus an der Befestigungsgeschichte Mindens interessiert.

Das wohl aus dem Fortifikationsbüro in das Mindener Museum gelangte Blatt hat Meinhardt für seine Rekonstruktion von Stadt und Festung Minden um 1764 benutzt (Meinhardt 1958, S. 28, 37, Taf. 4). Vermutlich handelt es sich um eine Kopie, die von dem gleichen Zeichner gefertigt wurde wie die Pläne des Mindener Museums FM 159 (Kat.-Nr. 27) und FM 82 (Kat.-Nr. 29), vermutlich nach der Jahrhundertmitte. Pagenstecher hätte eine eigenhändige Zeichnung gewiß selbst unterschrieben.

KAT.-NR. 25 Abb. 52
Festungsplan mit Entwurf einer neuen Glacisschüttung um 1729

Unbezeichnet, undatiert.
Kolorierte Federzeichnung, Bleistift-Nachträge; 57,2 x 83 cm.
Maßskala *10 + 140 Ruthen* = 21,35 cm ≅ 1:2630; Norden rechts oben.
Wasserzeichen: Antiqua-Versalien P (?) VDL in Ligatur = P. van der Ley.
Ohne alten Kartentitel. Oben links *Bastau.*

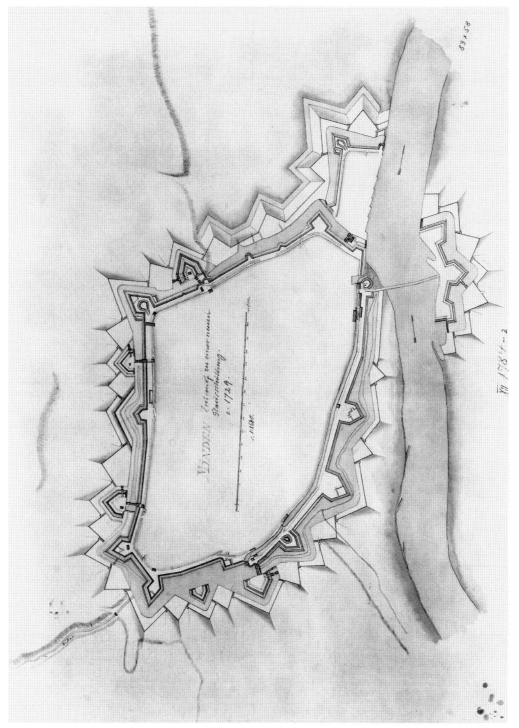

Abb. 52   Festungsplan mit Entwurf einer neuen Glacisschüttung, um 1729 (Kat.-Nr. 25).

SB PK, Kartenabt. X 30 239/1; unpubliziert. – Unten alte blaue Signatur *XII 1784-2*. Im 19./20. Jahrhundert mit Blei nachgetragen: Blattmaß *83 x 58*, Maßstab *c. 1:2630* und *MINDEN Entwurf zu einer neuen Glacisschüttung c. 1729*. Rückseitig *Münden N. 5* (18. Jahrhundert), darunter gestrichen: *IV: A. 8 / Festungs-Archiv / Minden / 18. St. 1 Schrift / Aus der Geog. Pat. Abth. / August 1871 erhalten / Hy.*

Der Plan wiederholt den Bestand der Zeichnung Kat.-Nr. 23, die hier sichtlich als Unterlage gedient hat, mit Ausnahme von Gedecktem Weg und Glacis sowie mit Vereinfachungen beim Brückenkopf, bei dem das Bonnet am unteren Batardeau und die Faussebraye vor dem Mittelabschnitt fehlen. Das Projekt umgibt die gesamte Festung mit einem neuen, großzügig ausgelegten Glacis mit großen Waffenplätzen in den einspringenden Winkeln des Gedeckten Weges, wobei dieser durch kleine Traversen beiderseits der Waffenplätze in viele kleine Abschnitte geteilt wird. Die Hohe Front im Westen wird durch eine Contregarde vor dem Bastion Mühlenrondell verstärkt, der Anschluß der Fischerstadt an den Hauptgraben durch Ausbau des Bonnets gesichert. Der Bastau-Einlauf im Südwesten bleibt unklar. Während der Hauptgraben seine Breite behält, wird der Graben vor dem Brückenkopf auf das Doppelte verbreitert; die Anlage des Glacis entspricht dem der Hauptfestung.

Die Zeichnung unterscheidet genau den Zustand des Hauptgrabens: Um die Fischerstadt und vor der Nordfront ist er bis zum Marientor naß, vor der Nordwestecke bis zum Neuen Tor trocken, von dort bis zum Tanzboden hat er eine unterschiedlich breite Künette, die sich bis zum Simeonstor wieder zum nassen Graben erweitert. Vom Wasserbär neben der Simeonstorbrücke bis zur Weserbrücke ist nur eine Künette verzeichnet. Am linken Weserufer sind drei Kribben zur Sicherung des Prallhangs vor der Weserfront eingezeichnet. – Das hier projektierte großzügige Glacis wurde nicht ausgeführt.

Der Plan stimmt in Papier, Maßstab und Zeichenweise eng mit Kat.-Nr. 26 überein; er wird den Arbeiten Walraves zuzuweisen sein.

KAT.-NR. 26 Abb. 53
Bestandsplan mit Entwurf für einen neuen Brückenkopf und Verstärkung der Fischerstadt-Befestigung. G. C. Walrave, 1729

In der Beischrift signiert *G. C. Walrave*, datiert *12 octobr(is) 1729*.
Dezent kolorierte Federzeichnung mit Beischriften und Bleistift-Nachträgen; 62,6 x 94,5 cm (Blatt), 59,8 x 91,8 cm (innere Einfassung).
Maßleiste *10 + 70 Ruthen Rl*: = 11,6 cm ≙ 1:2630; Norden oben rechts.
In der Stadt mit Bleistift: Minden, unten Bleischrift: *Allerunterthänigstes project wie die weser schantze zu Minden, nach der mir von ihro Königl. Majestet allergnädigst ertheilte ordre fortificiret werden solle, nehmlig daß solche sich mit ein Battaillon defendiren müßte, undt nicht über etlige zwantzig tausend rthr kosten solle, wie dan auch das gantze Werck nicht zu revetiren sondern von gasonage oder plancage zu machen wäre, Wusterhausen d(en) 12 octobr(is) 1729 G C Walrave*
Nota / daß holtz zu denen pallisades undt sturmpfähle ist nicht mit in anschlage gebracht, weilen solches ihro Königl. Majestet auß denen heyden allergenadigst undt zwar gratis können liefern laßen.
Beischrift im Brückenkopf: *project pour fortifiér la Weser schantze wird kosten 24 800 rthr.* – In der Fischerstadt: *Die fischer stadt en guise einer Citadelle zu aptiren wirdt kosten 5000 rthr.*

IV.2.2 Katalog – Die Festung im Ganzen (Kat.-Nr. 1–57) 129

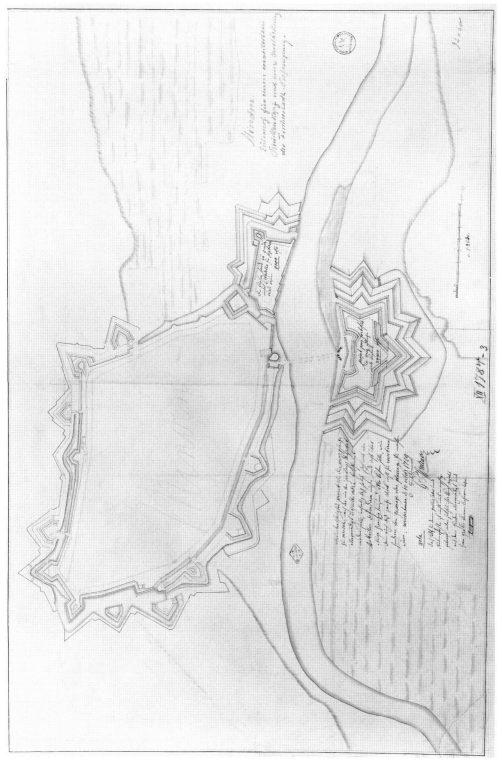

Abb. 53 Bestandsplan mit Entwurf für einen neuen Brückenkopf und Verstärkung der Fischerstadt-Befestigung. Gerhard Cornelius Walrave, 1729 (Kat.-Nr. 26).

SB PK, Kartenabt. X 30 239/23; unpubliziert. – Alte Numerierung I.1.1. (19. Jahrhundert) gestrichen; unten alte blaue Signatur *XII 1784–3*. – Roter Rautenstempel K:PR: / PLANKAM(M)ER / 1816, Schwarzes Farbsiegel des Generalstabs, II. Abteilung. – Im 19./20. Jahrhundert in Blei nachgetragen: Blattmaß *92 x 60*, Maßstab *1:2630* und *Minden / Entwurf für einen erweiterten Brückenkopf und eine Verstärkung der Fischerstadt-Befestigung.*

Grundlage des Plans ist die Zeichnung Kat.-Nr. 23, mit der sich dieser in der Darstellung des Bestandes deckt, einschließlich der Lücke im Gedeckten Weg beim Bastion III/Schusterrondell. Nach Norden, zum Wesertor hin, ist er ein Stück weitergeführt bis vor das Bastion I/Bäckerrondell.

Das Projekt für den Brückenkopf zeigt einen geräumigen Fünfstern, an der Kehle zur Weser mit Orillons, eingebogenen Flanken und einer Tenaille samt vorgelagertem Tambour – mit Geschützscharten – an der Brückenauffahrt. Feldseitig ist die Befestigung tenailliert; im Mittelabschnitt ist der Wall in den Winkeln zurückgezogen und mit einer Faussebraye verstärkt. Vor dem nassen Graben liegt ein breiter Außenwall mit Waffenplätzen und flacher Außenberme, davor ein breiter, nach Osten teichartig erweiterter nasser Graben, der bis an die östliche Uferterrasse reicht. Ein Gedeckter Weg ist hier nur vor den schmaleren westlichen Grabenteilen im Anschluß an das Weserufer vorgesehen.

Die Fischerstadt übernimmt die Funktion einer Zitadelle; ihr Wall wird zur Stadt hin komplettiert. Die äußere Befestigung wird beträchtlich verstärkt: Der Gedeckte Weg erhält im Norden ein verdoppeltes Glacis, an das sich nach Westen ein nasser Außengraben anschließt; das Bastion Biflick wird durch einen nassen Graben von der Stadt getrennt und durch einen dreiseitigen Wall zu einem Ravelin vor der Südwestecke der Fischerstadt umgestaltet.

Von Walraves Projekten wurde nichts ausgeführt; die Festung blieb in dem Zustand, den die Pläne Kat.-Nr. 22–24 zeigen.

KAT.-NR. 27   Abb. 54
Plan der Festung Minden, wie sie im 16", 17" und 18" Jahrhundert etwa gewesen sein mag

Vermutlich Kopie, ca. Mitte des 19. Jahrhunderts, nach Ing.-Hauptmann Wegelin.
Feder (schwarze und rote Tusche) auf dünnem Papier, 56,9 x 74,2 cm, auf Zeichenkarton gezogen und mit grünem Leinen kaschiert. Wasserflächen blau angelegt.
110 Ruthen = 13,02 cm ≅ 1:3180; Norden rechts.
Die rothen Linien beziehen sich auf das 16" und 17 Jahrhundert. Nach den im Archiv befindlichen Nachrichten entworfen durch den Hauptmann Wegelin.
Flurnamen und Bezeichnungen zur historischen Topographie außerhalb der Stadt: *Rosenthal, Der Brühl,* (östlich der Weser:) *Radebrink, Wahrscheinliche Lage des alten Werderschen Klosters, Bunte Brücke, Alter Weg, Weserufer im 17" Jahrhundert;* (westlich der Weser:) *Wahrscheinlich das ältere Weserufer der ersten Jahrhunderte, Simeonsmasch, große Masch, Hasselmasch, Scharfrichterei, Galgenbrink, Das Gericht, Das Koppelufer, Glindfeld, Der freie Stuhl, Der Glindweg, Kuckuk, Die Krollinge, Krollinger Mühle, Bastau im 16" Jahrh., Bastau, Gartenstrasse, Kuhlenstrasse, Am Lichtenberge.*
In der Stadt: *Hexenteich 1630, Domfreiheit, Briggenhagen, Zeughaus bei der Martini Kirche im 17" Jahrhundert, Artillerie Haus, Commandantur Haus bis zur Schleifung 1764.*
Ältere Befestigungen, Tore und Wallabschnitte: *Hohe Batterie / Unterwall, Kaufmannswall, Marien Thor, Zwinger, Kürschnerwall, Beiflick oder Höcker Rondel, Höckerwall, Fischer Thor, Rondel bei der*

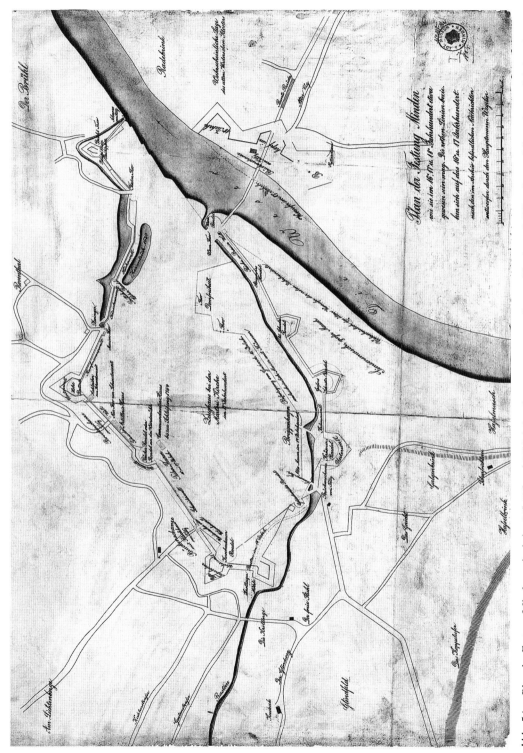

Abb. 54 *Plan der Festung Minden, wie sie im 16", 17" und 18" Jahrhundert etwa gewesen sein mag.* Kopie nach Wegelin, ca. Mitte des 19. Jahrhunderts (Kat.-Nr. 27).

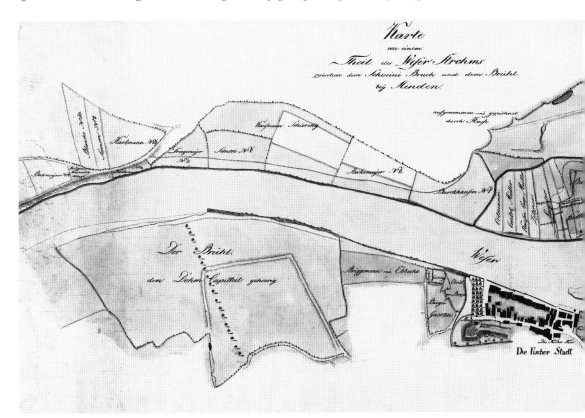

Abb. 55 Die Weser bei Minden mit Fischerstadt und Brückenkopf, nach 1800, vor 1813 (Kat.-Nr. 28).

Brühlpforte, Brühl Thor, Schanze von Tilly, Weser Rondel, Weser Thor, Bäcker u. Brauer Wall, Steinernes Rondel, kl. Schuster Rondel, grosses Schuster Rondel, Simeons Thor / Brückenschanze von Tilly, Goldschmidts Rondel, Knochenhauer Rondel / Unterwall / Der Tanzboden / Wandmacher oder Wollweberwall, Brückenschanze mit Blockhaus von Tilly, Schneiderwall, Pulver-Thurm im 16" und 17" Jahrh., Bäcker Rondel oder Rondel an der Windmühle / Unterwall, Schneider Wall, Neu Thor zur Schwedenzeit, Brückenschanze von Tilly, Hahlerthor zur Schwedenzeit. Jenseits der Weser: *Brückenschanze von Tilly, Brückenkopf im 18." Jahrh.*
Zwischen Simeonstor, im Bereich Lindenstraße: *Befestigung von Gerhard. 15" Jahrh. wahrscheinlich Mauer mit Thürmen,* in der *Domfreiheit* nach Norden und Westen *Thor* (2 x).

Mindener Museum FM 159; unpubliziert.

Wegelins Plan läßt ein ausgeprägtes Interesse des Ingenieur-Offiziers für die Geschichte und Entwicklung der Mindener Befestigungen erkennen. Leider ist nicht vermerkt, welche Quellen – vermutlich des städtischen Archivs – für die Zusammenstellung ausgewertet wurden. – Derselbe Zeichner hat die Plankopien Kat.-Nr. 24 und 29 gefertigt.

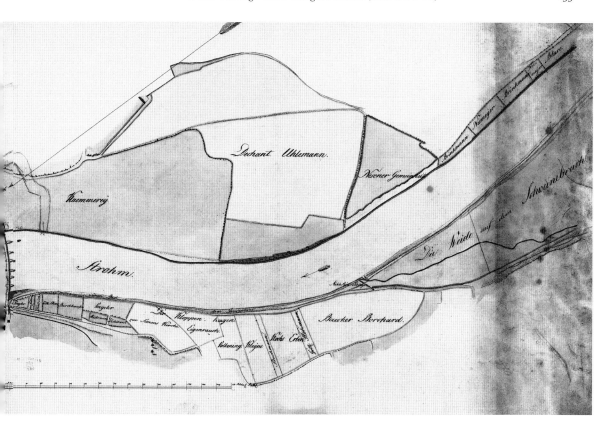

KAT.-NR. 28 Abb. 55
Die Weser bei Minden mit Fischerstadt und Brückenkopf, nach 1800, vor 1813

Bezeichnet *Hasse*, nicht datiert.
Kolorierte Federzeichnung; 25,8 x 103,8 cm, aus zwei Foliobögen zusammengeklebt. Teilweise mit Blei später überzeichnet.
Wasserzeichen: links Rollwerkschild, darin eine Hausmarke aus einem oben geschlossenen Andreaskreuz, der linke untere Balken schräg durchkreuzt, begleitet von D & C B; über dem Schildhaupt eine kleine Lilie. Rechts in Antiqua-Versalien D & C BLAUW.
Maßskala *10 + 140 Rheinl. Ruth.* = 20,03 cm ≅ 1:3000; Norden unten links.
Kartentitel: *Karte von einem Theil des Weser Strohms zwischen dem Schweine-Bruch und dem Brühl bey Minden aufgenommen und gezeichnet durch Hasse.* Neben zahlreichen Eigentümer-Namen in den Parzellen sind als Flurnamen *Der Brühl* und *Die Weide auf dem Schweinebruch* verzeichnet, im Brückenkopf-Gelände *Bürger Gaerten*; unten in der Mitte *Die Fischer Stadt*.

STA DT, D 73 Kartensammlung Tit. 5 Nr. 2802; unpubliziert.

Von Interesse ist hier der in der Mitte wiedergegebene Bereich beiderseits der Weserbrücke. Das Rondell neben der Weserbrücke (Eigentümer *Niemann*) ist in Gartenbeete aufgeteilt, ebenso die ehemalige Maulschelle, die mit dem zur Fischerstadt anschließenden Graben von *Francke* und *Rolff* genutzt wird. Der Nordwall der Fischerstadt ist durch eine Plantage ersetzt, der Graben davor ist zugeworfen. Leidlich erhalten ist nur das nordwestliche Eckbastion mit dem südlich anschließenden Wallabschnitt samt Graben; hier steht *Brüggemanns Wall*. Südlich der Weserbrücke sind nur die Konturen der äußeren Befestigungslinien im Weserglacis erkennbar. Die Brückenkopfbefestigung der brandenburgisch-preußischen Zeit ist völlig planiert; das Gelände ist in Gärten aufgeteilt.

Nördlich der Fischerstadt ist im Brühl eine nach Westen offene dreiseitige Wallanlage eingezeichnet. Die Seitenlänge beträgt 60–70 Ruten, ca. 225–270 m. Vorausgesetzt, daß es sich nicht um die Reste einer jüngeren Weideflächen-Einfriedung (Knick o. ä.) handelt, könnten hier möglicherweise die Wallreste des von den mittelalterlichen Chronisten beschriebenen und noch von Heinrich Piel um 1570/80 gesehenen Heerlagers Karls des Großen sichtbar gewesen sein. Die Wälle werden bis gegen 1860 regelmäßig in den Karten verzeichnet (siehe auch Teil V, Kap. VII, Der Brühl, Einleitung).

Das Blatt scheint bei den Planungen zu einer Neubefestigung des Brückenkopfes nach 1800 vorgelegen zu haben. In die *Bürger Gaerten* auf dem Brückenkopf sind grob mit Bleistift die Konturen eines Hornwerks skizziert, jedoch in einer Form, die von der späteren Ausführung stark abweicht: Die Flanken der Halbbastions sind stärker ausgestellt, die der Redans weiter eingezogen. Die beigeschriebenen Maße (an der Kehlfront beiderseits der Brücke je *120*, in der Längsachse *96*, Grabenbreite vor der Bunten Brücke *62*, am Weseranschluß *22*) können nur Metermaße sein, die im groben auch den späteren Maßen im Brückenkopf entsprechen. Möglicherweise ist hier ein nicht realisiertes Projekt aus der eiligen Instandsetzung von 1813 unter Napoleon im Entwurf überliefert.

Am stadtseitigen Weserufer ist der 1797 auf Veranlassung des Oberpräsidenten von Vincke angelegte *Leinen Pfad* als *dem Gouverneur* (zugehörig) vor den Gärten im Weserglacis und dem stromauf als *Der Kloppen-hagen* bezeichneten Gelände eingetragen (vgl. Teil V, Kap. X.3.2 Die Weser als Wasserstraße und Nordsiek 1979, S. 72).

Terminus post quem für die Entstehung der Karte ist das Jahr 1800, da vor dem Brückenkopf der zu dieser Zeit fertiggewordene Neubau der Bunten Brücke bereits eingezeichnet ist.

KAT.-NR. 29 Abb. 56
Plan der geschleiften Festung Minden, wohl 1813, Kopie der 2. Hälfte des 19. Jahrhunderts

Unbezeichnet, undatiert.
Lavierte Federzeichnung mit schwarzer Tusche, 49 x 62 cm, auf hellbraunem Transparentpapier, auf Zeichenkarton gezogen, rückseitig mit Leinenband eingefaßt.
Maßleiste mit *Echelle de deux Centimeter pour 100 Mètres, 100 + 300 Mtr = 80 mm = 1:5000*; Norden oben.
Im Stadtgebiet *Place de Minden, Eglise de St. Marie, Fischerstadt*, ferner bei den ehemaligen Befestigungen die Tore: *Marienthor, Fischerthor, Weserthor, Simeons Thor, Kuhtor;* im Vorfeld: *le Weser, Le Bastau, Route de Bielefeld et de Osnabrück, Route de Hannovre et de Berlin*. Die ehemaligen Bastions bzw. Rondelle sind, südwestlich vom Wesertor beginnend, im Uhrzeigersinn bezeichnet mit *1* bis *9*, die Ecken der Fischerstadtbefestigung mit *A, B* und *C*. Eine Legende fehlt.
Unten rechts *Le capitaine command(an)t du gémie*.

Abb. 56   Plan der geschleiften Festung Minden, wohl 1813. Kopie der 2. Hälfte des 19. Jahrhunderts (Kat.-Nr. 29).

Mindener Museum, FM 82; unpubliziert.

Grundlage des Plans war offensichtlich eine Karte in der Art des Fürstenhoff-Plans (Kat.-Nr. 9). Mit diesem hat er den auffallend gestauchten Stadtgrundriß gemeinsam, ebenso die Wiedergabe der kleinen Rondelle an der Weserfront, die schon seit dem frühen 18. Jahrhundert durch Bastions ersetzt waren. Der Plan ist anscheinend vor Ort ergänzt und korrigiert worden: Er zeigt gestrichelt das Tracé der nach 1765 geschleiften Außenwerke, verzeichnet die unter Friedrich dem Großen 1773 errichtete Kaserne No I am Bastion 3 und gibt das 1813 von den Franzosen neu aufgeworfene Hornwerk am Brückenkopf wieder. Außerdem ist ein kleiner Wall auf der Schlachte zwischen Bastaumündung und Fischerstadt eingetragen sowie verschiedene Batteriestellungen an den Eckpunkten der Hauptenceinte. Im Inneren der Stadt sind lediglich – schematisch und ungenau – die Mühlen, das Magazin-Areal mit der Johannis-Kirche, einige Gebäude innerhalb des Marientores sowie die Marien-Kirche und Teile der Gebäude des 1810 vom Königreich Westphalen aufgehobenen

Marienstifts eingetragen, ferner die Kommandantur (?) beim Mittelbastion der Hohen Front, ein Gebäude im Südwesten der Stadt im Bereich des Weingartens und das Moellersche Anwesen zwischen Scharffem Eck (4) und Simeonstor, außerhalb des Walles über der Bastau.

Im Vorfeld der Stadt sind die 1806/07 angelegten neuen Friedhöfe vor dem Marientor und dem Kuhtor eingetragen.

Die französische Beschriftung, vor allem der um diese Zeit in Deutschland unübliche Meter-Maßstab, machen es wahrscheinlich, daß der Plan zur Zeit der französischen Besatzung im frühen 19. Jahrhundert entstand, möglicherweise im Zusammenhang mit Napoleons Befehl, die alten Wälle so wiederherzustellen, daß die Stadt gegen einen Handstreich gesichert sei (SCHRÖDER 1886, S. 682 und MEINHARDT 1958, S. 39). Zu diesen Sicherungsmaßnahmen vom Frühjahr 1813 gehörte neben der Neubefestigung des Brückenkopfes (siehe auch Kat.-Nr. 28) die Instandsetzung der Fischerstadt-befestigung mit dem Neuauswerfen des Grabens bei $C-A-B$. Ob Letzteres ausgeführt wurde, ist eher fraglich (vgl. Kat.-Nr. 30). Der Plan vermittelt, trotz mancher Mängel, eine gute Vorstellung vom Zustand der Befestigungen zur Franzosenzeit und vom Ausmaß der Demolitionsarbeiten nach dem Siebenjährigen Krieg.

Die Plankopie entstand vermutlich in der Mindener Fortification und wurde vom gleichen Zeichner gefertigt wie die Plankopien des Mindener Museums FM 66 (Kat.-Nr. 24), FM 159 (Kat.-Nr. 27) und FM 22 (Kat.-Nr. 31).

KAT.-NR. 30   Abb. 57
Stadt- und Festungsplan, 1814

Unbezeichnet, datiert *Januar 1814*.
Kolorierte Federzeichnung mit schwarzer und roter Tusche; 71,2 x 89,3 cm, aus vier Blättern zusammengeklebt, auf braunes Leinen gezogen und mit blauem Seidenband geklebt eingefaßt. Dazu mit (verdeckter) Einfassung umzogen und rechts und links unter Beschriftungsverlust beschnitten.
Maßleiste *100 + 500 Schritt / 20 + 100 Ruthen* = 14,9 cm ≅ 1 : 3000; Norden oben.
Kartentitel rechts unten: *Situationsplan von der Stadt und Festung Minden militairisch aufgenommen im Januar 1814.*
Im Stadtgebiet außer *Minden* und *Fischer-Stadt* keine Bezeichnungen; in der Feldmark Flur- und Wegenamen sowie einzelne Anwesen bezeichnet: *In den Winddiehlen – von Hahlen – von der Heide – von Diepenau – Petershagener Weg – oben dem Königsborn – Weg von der Poggemühle – Rosenthal – Erste Bleiche – Zweite Bleiche – Der Königsborn – Der Brühl – Die Weser – Der Werder – Spier – Meyer (mit Windmühle) – Brüggemanns Mühle – Auf den Dau-Kuhlen – Bunte Brücke – Chaussée nach Berlin – Die Aue – Capitel Garten – Schweinebruch – Hasselmasch – Scharfrichterei – Hasselbrink – Das Galgenfeld – Die Koppelwiesen – (Chaus)sée von Osnabrück und Herford – Die Bastau – Kuckuck – Rodoweh – Der Bruchweg – Weg von Rahden – Mittelweg.*

Mindener Museum FM 3; veröffentlicht bei NORDSIEK 1979, Abb. S. 73, mit Datierung *um 1810*. – Oben links Farbsiegel KÖNIGL.PREUSSISCHES / HANNOVERSCHES / PIONIER BAT. / No. 10, *Inv.* 15; dorsal alt *Nro 5* mit Tinte.

IV.2.2 Katalog – Die Festung im Ganzen (Kat.-Nr. 1–57) 137

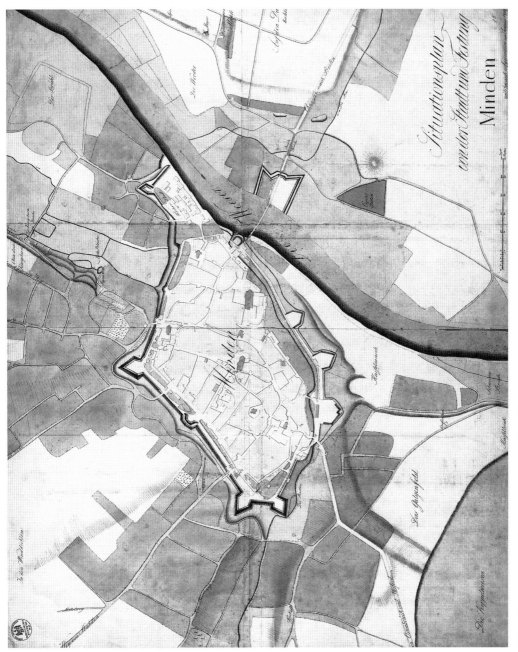

Abb. 57   Stadt- und Festungsplan, 1814 (Kat.-Nr. 30).

Detaillierte Bestandsaufnahme der Befestigungen unmittelbar nach der Wiederinbesitznahme Mindens durch die preußischen Truppen im November 1813 zur Vorbereitung der Planungen für die Neubefestigung. Der Stadtplan innerhalb der Enceinte stimmt weitgehend mit dem »Grundriss der Stadt Minden Behufs Strassen-Beleuchtung und Pflasterung« des Conducteurs A. A. Schwartz vom Jahre 1800 (Nordsiek 1979, Abb. S. 71) überein; wichtige Gebäude (Kirchen, Rathaus, Hauptwache, Lazarett in der Brüderstraße, Kommandantur am Kamp, Kaserne No. I am Bastion III; die Johannis-Kirche noch mit Seitenschiffen und Querhaus) sind rot angelegt; die übrige Bebauung ist nur summarisch wiedergegeben.

Der Plan belegt – anders als Kat.-Nr. 29 –, daß die Bastions an der Weserfront tatsächlich ausgeführt waren und in ihren Umrissen auch die Schleifung überdauert hatten. Der Brückenkopf zeigt das 1813 eilig von den Franzosen aufgeworfene Hornwerk. Die Gräben sind, abgesehen von schmalen Künetten, trocken, nur der Graben um die Fischerstadt ist naß, aber mit eingefallener Contrescarpe. Vor dem Marientor liegen drei Begräbnisplätze, neben dem großen, 1806 eröffneten großen Friedhof nach Osten am Hang ein kleinerer sowie ein streifenförmiger auf der Contrescarpe des Hauptgrabens, wohl der Judenfriedhof. Der vor dem Kuhtor 1806/07 angelegte neue Friedhof ist bei dem Anwesen *Rodoweh* verzeichnet.

KAT.-NR. 31 ohne Abb.
Stadt- und Festungsplan, 1814, Kopie der 2. Hälfte des 19. Jahrhunderts

Unbezeichnet, datiert Januar 1814.
Kolorierte Federzeichnung in schwarzer und roter Tusche auf braunem Transparentpapier, auf Zeichenkarton gezogen; 65,3 x 87,7 cm.
Nachzeichnung von Kat.-Nr. 30 mit leicht verkleinertem Ausschnitt. Kartentitel unten links, Maßstab rechts. Abweichend von der Vorlage sind die Tore bezeichnet *(Marienthor, Weser-Thor Simeonsthor, Königsthor);* einige Wegebezeichnungen fehlen. Mit Blei nachgetragen sind: *Fischerthor, Neuthor,* Torpfeiler am Fischertor, Brückenpfeiler an Marientor, Neutor und Königstor.

Mindener Museum FM 22; unpubliziert.

Die Kopie entstand vermutlich in der Mindener Fortification und wurde vom gleichen Zeichner gefertigt wie die Pläne des Mindener Museums FM 66 (Kat.-Nr. 24), FM 159 (Kat.-Nr. 27) und FM 82 (Kat.-Nr. 29).

KAT.-NR. 32 Abb. 58
Escarpen- und Grabenprofile, Grundriß des Rondells an der Weserbrücke, 1814

Bez. unten rechts: *aufgenommen und gezeichnet 1814 von Meckel.Lieutenant.*
Kolorierte Federzeichnung mit schwarzer Tusche auf Doppelblatt, 45,8 x 55,9 cm; Einfassung links 44,8 x 25,4 cm, rechts 44,8 x 25 cm.
Maassstab zum Grundriss und zu den Profilen 12 (Fuß)*+15 Ruthen Rheinl:* = 18,3 cm ≅ 1:300.
Beischriften links *No 21. rr – ss., No 22. tt – uu., No 23. vv – ww., No 24. xx – yy, No 25. z – α, No 26. β – γ;* rechts *No 27 δ – ε. Grundris von der Bastion No 10. am Weser=Thore zu Minden,* im Einsatz-

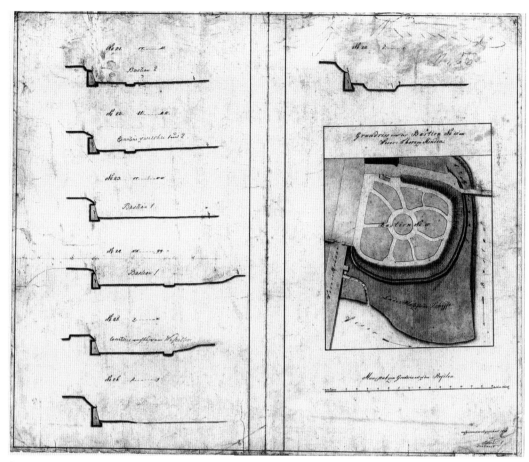

Abb. 58 Escarpen- und Grabenprofile, Grundriß des Rondells an der Weserbrücke. Lieutenant Meckel, 1814 (Kat.-Nr. 32).

Plan: *Bastion No 10, Thor, Weser=Brücke, Graben, Weser, Lade=Platz für die Schiffe, Fahr=Weg, Bastau. Schnittlinien β – γ und δ – ε.*
Links in Blei nachgetragene Ortsangaben: No 21: *Bastion 2*, No 22: *Courtine zwischen 1 und 2*, No 23: *Bastion 1*, No 24: *Bastion 1* mit weiteren Maßlinien und -zahlen sowie Ergänzung des Wallprofils nach links, No 25: *Courtine rechts vom Weserthor.*

Mindener Museum FM 51; unpubliziert.

Das Blatt zeigt die Escarpen- und Grabenprofile am Klausenwall und das nach 1553 angelegte Rondell zwischen Weserbrücke und Bastaumündung im Zustand vor der Neubefestigung. Nach der Profilnumerierung muß es weitere Blätter mit entsprechenden Grundrissen und Profilen von No 1 bis No 20 gegeben haben, also eine vollständige Bestandsaufnahme nach der Wiedereinnahme Mindens durch die Preußen im November 1813.

LITERATUR: MEINHARDT 1958, S. 48.

KAT.-NR. 32 a   Abb. 59
Ufervorverlegung vor der Fischerstadt, um 1814/15

Unbezeichnet, nicht datiert.
Kolorierte Federzeichnung; 39,2 x 60,4 cm (Blatt), 38,4 x 59,8 cm (Einfassung); neu aufgezogen, Blattmaß jetzt 44,5 x 66,7 cm. Maßleiste von *10 x 40 Rth* auf der unteren Einfassung = 21,4 cm = 1:880; Norden links.
Wasserzeichen: Gekrönter Turm (?). Ohne Kartentitel, oben rechts Blattbezeichnung *A. A.*

STA MS, Kartensammlung A 19 769. – BEHR/HEYEN 1985, S. 203, Abb. 156.

Das Blatt zeigt unten *die Fischerstadt*, rechts die Nordostecke der Altstadt mit Bäckerstraße und *Weser-Brücke* mit Seitenansicht im Schlagschatten rechts; hier: *Die Stadt Minden*. Oben *Der Weser Strohm* mit zwei Kribben am Ostufer, am Ende der Brücke das Zollhaus und der Anfang der *Chaussee* über den ehemaligen Brückenkopf. Die Bebauung ist nur im Nordende der Fischerstadt genauer dargestellt, u. a. mit einem runden Pavillon *(Gesundbrunnen)* vor dem Eckbastion und vier dunkler angelegten Häusern am Ufer, die mit $\alpha, \beta, \gamma, \delta, \eta$ markiert sind. Die übrige Bebauung im Südteil der Fischerstadt und im Altstadt-Ausschnitt ist nur ungenau und summarisch wiedergegeben; beiderseits der Brückenauffahrt das *Wacht Haus* im Süden, gegenüber *die Niemands Batterie* (= Rondell). Gleichfalls nur ungenau sind die vorhandenen oder neu geplanten Befestigungsanlagen gezeichnet; anscheinend hatte der Zeichner keine exakte Vorstellung von den Festungsplänen oder diese waren noch nicht hinreichend präzisiert: Bastion X ist zu klein, der Graben vor Redan X ist schmal, und die Wälle um die Fischerstadt entsprechen weder dem alten Bestand (vgl. Kat.-Nr. 28, 30, 31) noch den späteren Planungen (vgl. Kat.-Nr. 34, 153–155). Genauer ist das Weserufer zwischen der Brücke und dem Nordende der Fischerstadt dargestellt. *Die Bastau* erreicht die Weser nördlich des Rondells; unterhalb der Mündung liegt eine hohe Sandbank (bei *C* bis *F*), die sich bis *G* mit einer Zunge unter Wasser fortsetzt. Im Südende der Fischerstadt am Ufer ein *itz stehender Krahn*, vor den fünf Häusern am Nordende ist ein breiterer Uferstreifen ($v-w-x-y$) gezeichnet, darauf ein *neu anzulegender Krahn*.

Die rote Linie $B-K$, von der Weserbrücke zu diesem Uferstreifen über die Sandbank gezogen, markiert eine seit spätestens 1803 geplante Ufervorverlegung in die Weser (siehe Teil V, Kap. X.3, Die Weser, S. 1756 m. Abb. 1801). Die Bastau sollte bei *C* in die Weser fließen, die übrige Wasserfläche zwischen Ufer und Sandbank und weiter stromabwärts sollte mit sieben Buhnen abgedämmt und aufgeschüttet werden. Die Endpunkte der Buhnen sind umlaufend von *C* über *K* bis *R* bezeichnet, *S* und *T* bezeichnen das Nordende des Festungsgrabens an der Brücke, an deren Südseite anscheinend das Ufer bis zur gestrichelten Linie $A-B$ vorgeschoben werden sollte. – Die Bedeutung des mit Blei zwischen $F-G-N-O$ über die Sandbank skizzierten Rechtecks (von anderer Hand mit $A-B-C-D$ markiert) ist unklar. Die hier geplante, beträchtliche Verlegung des linken Weserufers, *mit der unter anderem eine Verbreiterung der Anlegestellen für Flußschiffer und damit eine Verbesserung für den Warenumschlag ermöglicht werden sollte* (BEHR/HEYEN 1985, S. 203), wurde schließlich in anderer Form verwirklicht. Die Uferbefestigung und Anschüttung des Ausladeplatzes erfolgte unterhalb der Weserbrücke etwa von *B* bis *G*. Die Bastau wurde nicht bei *C* in die Weser geleitet, sondern vor den krenelierten Mauern am Redan X und vor der Fischerstadt bis $L-M$ geführt, wo sich die Mündung zu einem Hafen erweiterte (vgl. Kat.-Nr. 167). Der Plan wird wegen der eher dilettanti-

IV.2.2 Katalog – Die Festung im Ganzen (Kat.-Nr. 1–57)   141

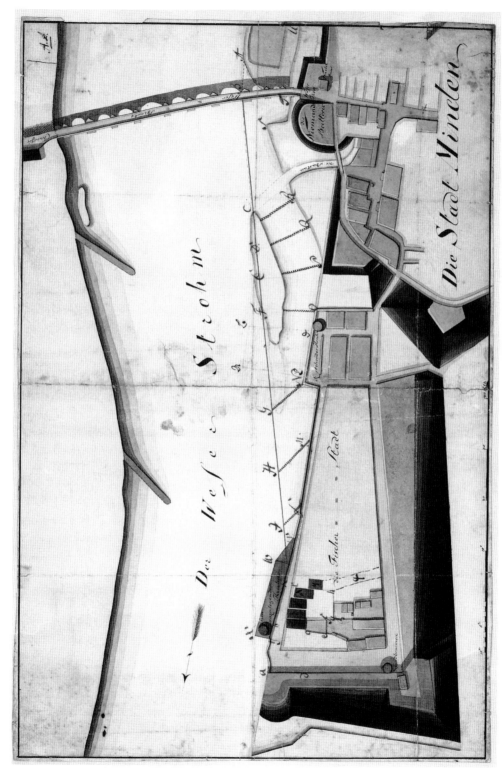

Abb. 59   Ufervorverlegung vor der Fischerstadt, um 1814/15 (Kat.-Nr. 32 a).

schen Darstellung der Festungswerke nicht von einem der preußischen Ingenieur-Offiziere gezeichnet worden sein, wie BEHR/HEYEN vermuten, sondern eher von einem der Wasserbau-Beamten der Regierung Minden. Nach der Verlegung des Bastaueinlaufs in das Weserglacis vor dem Schwanenteich (1904) wurde der alte Bastaulauf vom Simeonstor bis zur Schlagde zugeschüttet; die alte Bastaumündung diente bis zur Aufschüttung 1912 weiterhin als Hafen.

KAT.-NR. 33   Abb. 60
Festungsplan – Bestandsaufnahme und erste Neuplanung, 1814

Signiert und datiert unten rechts *Rohde 1814.*
Kolorierte Federzeichnung über Bleistift-Gitternetz mit roten Koten; 93,5 x 91 cm, auf Leinen gezogen und mit hellblauem Seidenband eingefaßt.
Unten links Transversal-Maßstab: *10 x 90 Ruthen Rheinl:* = 12,85 cm = 1:2960.
Kartentitel unten rechts im Oval: *Situations Plan von der Stadt Minden und deren Umgebungen, behufs der daselbst neu anzulegenden Vestungswerke gefertigt im Jahre 1814. Durch Rohde.*
Oben links *Plan I*, unten links *Anmerkungen. 1. Die gelb angelegten punktirten Linien bezeichnen die Cordonlinien der neu anzulegenden Vestungswerke. 2. Die rothen Zahlen bedeuten in den Eckpunkten der Quadrate die Höhe des Terrains, auf den Wällen die Höhe der Brustwehr, und die schwarzen Zahlen die inneren Brustwehrhöhen der neu anzulegenden Werke. 3. Sämtliche Höhen sind vom Nullpunkt des Marqueurs an der Weserbrücke gemessen.*
Außer den Toren, den Kirchen und den Kirchhöfen bei St. Marien und St. Martini sind in der Stadt bezeichnet: *Gr: Domhof, Kl: Domhof, Rathhaus, Markt, Armenhaus* (am Obermarkt), *Platz zum Armenhaus, Kloster St. Mauritii* und *Caserne* (am Bastion No 3), ferner *Weser-Brücke* und *bunte Brücke*, im Vorfeld neben den wichtigsten Straßen: *Färberey* (vor dem Marientor), *Rosenthal, Bleiche* (2x), *Brüggemanns Mühle* (mit Windmühle), *Rosenlicht, Scharfrichterey, Kuckuk* und *Rodoweh.*

GSTA PK, Festungskarten Minden A 70.038; unpubliziert.

Der Stadtplan innerhalb der Enceinte entspricht weitgehend dem des Conducteurs Schwartz von 1800 (vgl. Kat.-Nr. 30); die vorgefundenen Befestigungen bzw. deren Reste sind sehr genau aufgenommen; zwischen den Bastions 3 und 5 ist westlich vom Simeonstor ein *Demolirtes Bast. No 4* eingetragen. Für die Wälle und Bastions sind rund um die Stadt Schnittlinien von *A* bis *J* angegeben; die zugehörigen Profilzeichnungen liegen nicht vor. – Das Kotengitter hat eine Maschenweite von 20 x 20 Ruten.

In die Bestandszeichnung ist eine erste Neuplanung mit gelben Linien eingezeichnet, die lediglich die Cordonlinien der neuen Werke markieren, vor denen also noch die Gräben, der Gedeckte Weg und das Glacis zu ergänzen sind. Nach dieser Neuplanung sollten vor dem Simeonstor jenseits der Bastau zwei Ravelins liegen, vor Bastion No. 6 (Tanzboden) eine Contregarde und eine Couvreface. Für Kuhtor und Neues Tor waren Ravelins vorgesehen, vor Bastion No 8 (Hohes Rondell) wiederum eine Couvreface, vor dem Marientor ein geräumiges Ravelin mit Redan rechts. Die Fischerstadtbefestigung sollte erheblich nach Nordwesten vorgeschoben werden. Anstelle des französischen Brückenkopfes ist ein Hornwerk mit zwei Halbbastions und Redans geplant und auch so ausgeführt

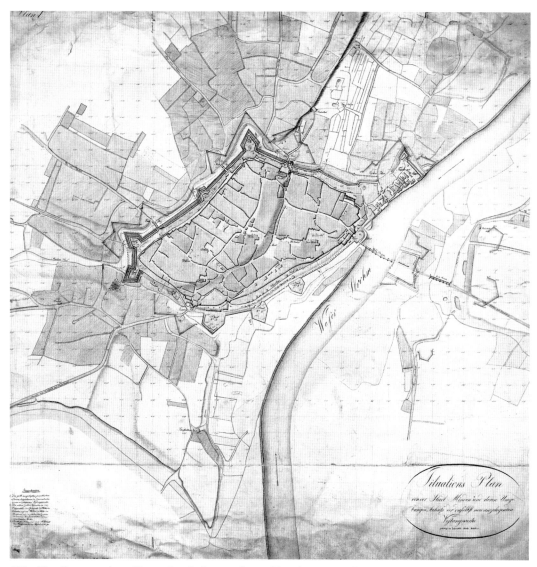

Abb. 60 Festungsplan – Bestandsaufnahme und erste Neuplanung von Ingenieur-Major Keibel. Ingenieur-Leutnant Rohde, 1814 (Kat.-Nr. 33).

worden. Auf dem hohen Ostufer jenseits der bunten Brücke sollten drei vorgeschobene Werke die östliche Front sichern und verstärken.

Der Plan fixiert das erste Projekt, zu dessen Ausführung der Ingenieur-Major Keibel am 11. Januar 1814 von Generalmajor von Rauch nach Minden geschickt wurde (MEINHARDT 1958, S. 42). Vorgesehen waren zunächst provisorische Retablierungsarbeiten, die aber beim permanenten Ausbau beizubehalten seien (VON BONIN II, 1878, S. 134).

KAT.-NR. 34
Festungsplan mit dem vorläufigen Projekt des Generals von Rauch, 1815

Abb. 61

Signiert und datiert *Rohde Ingenieur Lieut:, 1815.*
Kolorierte Federzeichnung mit schwarzer, grauer und roter Tusche; 71,5 cm x 91,5 cm, auf braunes Leinen gezogen und mit blau-grauem Seidenband eingefaßt; Bleistift-Nachträge.
Transversal-*Maasstab von 1 Ruthen auf 1 Rheinl: duodec: Zoll: 10 + 100 Ruten = 14,15 cm = 1 : 2960*
Kartentitel oben links im Oval: *Plan von der Festung Minden und den dazu neu disponirten Werken gezeichnet im Jahre 1815 durch Rohde Ingenieur Lieut:,* daneben *PL. III.* – Im rosa angelegten Stadtkern Minden *(Vorlaeufiger Befestigungs Entwurff des Generals etc. Rauch),* umlaufend: *Lange oder Hohe Fronte, Petershagener Fronte, Die Weser Fronte, Hausberger Fronte.*
Neben der Numerierung der Bastions von *1* bis *10,* vom Weserglacis umlaufend bis zur Fischerstadt, sind an den alten Werken der Hauptenceinte verzeichnet: *altes Pulvermagazin* in der Spitze vom Bastion 3, *Demolirtes Bast: Nr. 4* westlich am Simeonstor, daneben *Garten des Doct: v. Muller,* am Kuhtor, vor dem Neuen Tor und neben dem Marientor *projectirte Caponiere* (3x), *Rondeel* neben der Weserbrücke, *crenelirte Mauer* zwischen Fischertor und Schlagde, *zu crenelirende Gorge oder Quai Mauer* an der Weserseite der Fischerstadt sowie *Batardeau* (2x). Südwestlich der Altstadt *Neu projectirte Hausberger Fronte,* darin (3x) *Defensions-Caserne.*
Neben den Straßen sind im Vorfeld vereinzelte Bauten und Anwesen eingetragen: Im Norden *Rosenthal, Keller* (siehe Teil V, S. 731, Marienstraße 8), im Osten *Brüggemanns Mühle* (ebd, S. 1389, Friedrich-Wilhelm-Straße 31) und der *Capitels Garten* am Weg *von Hausberge,* im Süden die *Scharfrichterei* (ebd, S. 149, Johansenstraße 26), im Westen der *Kuckuk* (ebd., S. 153 ff.).
Unten rechts *Anmerkung: Die punctirten, gelb marquirten Werke sind die Magistral/Linien derjenigen Werke, welche der Obr. Lt. Keibel im Jahre 1814 projec=/tirt hat.*
Die mit einfach blaß schwarzer Tusche angelegten Werke, in gelb-ange-/legten Gräben, sind diejenigen welche der General v. Rauch im Herbst/1815 projectirt hat.
Die punctirten blau marquirten Werke sind die / Magistrallinien derjenigen Werke welche auf dem / Grund des vorerwähnten Projects eine verbesserte / Direction erhalten sollen.
vR (von Rauch)
Daneben schwarzes Farbsiegel: CHEF DES KOENIGL: PREUSSISCHEN INGENIEUR/CORPS.

Mindener Museum FM 23; unpubliziert. – Oben links Farbstempel des kgl. preuß. Hannoverschen Pionierbataillons Nr. 10, daneben in Blei *Nro 12* und *P. V.I No 12.*

Der Plan ist wegen der Überlagerung der verschiedenen Projekte schwer zu lesen. Grundlage ist die Bestandsaufnahme mit dem Koten-Gitternetz und dem provisorischen Ausbauprojekt Keibels (Kat.-Nr. 33). Die überarbeitete Planung von Rauchs betrifft:
1. Die Hauptenceinte mit der weitgehenden Beibehaltung der bastionären alten Befestigung, die mit der Neuanlage von Bastion 9 und 10 vervollständigt und mit dem Redan X zwischen Rondell und Fischerstadt bis zur Schlagde an der Weser fortgeführt wird. Die Befestigungen im Südwesten werden mit der neu projektierten Hausberger Fronte als großes Kronwerk weit über die Bastau hinausgeschoben und bei den Bastions 3 und 5 an die alte Enceinte angeschlossen.
2. Die Außenwerke im Bereich vor dem Marientor, dem Bastion 8 (Hohes Rondell) und dem Neuen Tor sowie vor dem Königstor und den anschließenden Bastions 5 und 6 im Westen der Stadt. – Mit dem provisorischen Retablissement nach dem Projekt Keibels war vor dem Marien-

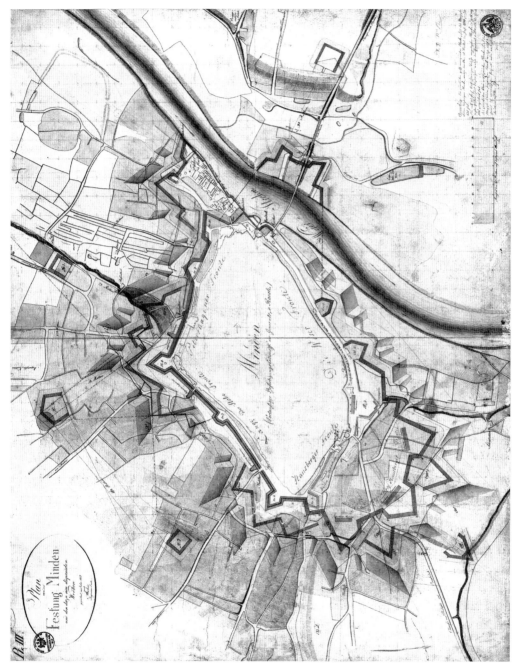

Abb. 61   Festungsplan mit dem vorläufigen Projekt des Generals von Rauch. Ingenieur-Lieutenant Rohde, 1815 (Kat.-Nr. 34).

tor bereits begonnen worden, wie der Eintrag *bereits aufgeworfen* an der linken Face des Ravelins im Bereich der Geländestufe zwischen *a* und *b* belegt. – Vor allen Werken werden Graben, Gedeckter Weg mit Waffenplätzen in den einspringenden Winkeln und ein weit in das Vorgelände ausgreifendes Glacis angelegt. – Am Kronwerk der neuen Hausberger Front sind Ravelins beiderseits des Mittelbastions vorgesehen.

3. Die vorgeschobenen Werke, die außerhalb der Glacis angeordnet werden. Sie sollten im Falle eines förmlichen Angriffs, d. h. einer Belagerung, bereits im Vorfeld starke gegnerische Kräfte binden und eine direkte Beschießung der Hauptenceinte verhindern; sie sollten daher innerhalb der Reichweite des kleinen Gewehrfeuers der Festung liegen. Drei solcher starken Feldwerke wurden vor der Nord- und Nordwestseite projektiert: Nr. 1 und Nr. 3 als quadratische Anlagen vor den Ravelins am Marientor (an der Straße *nach Bremen*) und am Kuhtor (neben dem Weg *nach Rahden*), Nr. 2 als fünfeckiges Werk vor der Spitze vom Bastion 8 (zwischen den Wegen von *Hahlen* und *Diepenau*). Ein weiteres detachiertes Werk mit quadratischem Grundriß sollte anstelle der von Keibel projektierten drei Werke vor der *bunte(n) Brücke* das Ostufer nahe der *Chaussee nach Berlin* sichern; vor dem Mittelbastion der Hausberger Front war eine Flêche nahe der *Chaussee von Bielefeld und Osnabrück* vorgesehen.

4. Das Kronwerk der neuen Hausberger Front hatte einen doppelten Zweck: Einmal sollte es in der Lage sein, bei Durchmärschen etc. größeren Truppenansammlungen vorübergehend Platz zu bieten, zum anderen sollte es für *Militair-Etablissements freien Raum ... gewinnen, den die enge Stadt nicht bot* (VON BONIN II, 1878, S. 134). Die hier vorgesehenen Defensions-Kasernen in den Kehlen der Bastions sollten die Mindener Garnison aufnehmen und damit die drückenden Einquartierungslasten für die Bürgerschaft lindern.

General von Rauch hat sein eigenes Projekt nochmals überarbeitet und die Linienführung der Außenwerke, vor allem im Bereich zwischen Neuem Tor und Marientor, beiderseits des Bastions 8, verbessert. Die Waffenplätze sollten vergrößert und reguliert werden; vor allem sollten die zurückgezogenen Flanken des Redans zwischen Ravelin Marientor und Couvreface vor Bastion 8 entfallen. Zu dieser verbesserten Linienführung gehören wohl auch die graublau angelegten Flächen (Kreis und Quadrat) bei den vorgeschobenen Werken Nr. 1 und 2; sie markieren alternative Standorte. Bei dieser Revision wurden auch die Grundrisse der drei Hauptgraben-Caponièren geändert. – Zu Rauchs überarbeitetem Projekt gehören ferner die Entfernungsangaben zwischen den Spitzen der Hauptbastionen und im Vorfeld. – Die vereinzelten Bleistift-Nachträge gehören wohl zur weiteren Bearbeitungs-Phase. Sie betreffen die Gliederung der Innenfläche des Kronwerks mit einem Halbkreisrondell vor dem Simeonstor und radial zur Mitte der Defensions-Kasernen führenden Wegen, skizzenhafte Änderungen an den Fußlinien des Glacis zur Vermeidung der ausspringenden Winkel vor den Waffenplätzen, die Skizze für ein asymmetrisches Außenwerk westlich neben der Flêche A zur Flankierung der Bielefelder Chaussee sowie die Skizze für einen Montalembertschen Turm nordöstlich der Fischerstadt mit langen Verbindungslinien zum Glacis vor dem äußeren Fischertor.

Das vorläufige Projekt des Generals von Rauch wurde in der Folge weiter modifiziert; es bildete aber die Grundlage für die Ausführung der Neubefestigung. Die Entwürfe des Majors von Kleist, der im Frühjahr 1815 nach Minden kommandiert und von Rauch instruiert wurde, liegen nicht vor. Sie befriedigten von Rauch nicht, *auch erschien deren Ausführung zu kostspielig* (VON BONIN II, 1878, S. 134). Das vorliegende Projekt ist sicherlich mit dem identisch, das von Rauch im Oktober 1815 in Minden aufstellte und im Mai 1816 dem Kriegsministerium vorlegte.

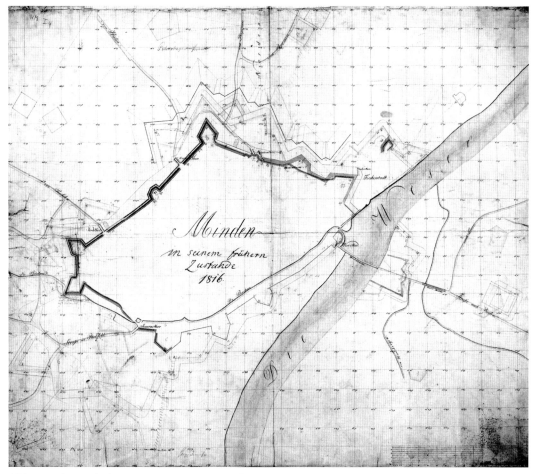

Abb. 62 Bestandsplan mit projektierter Neubefestigung. Ingenieur-Lieutenant J. Wegelin, 1816 (Kat.-Nr. 35).

KAT.-NR. 35   Abb. 62
Bestandsplan mit projektierter Neubefestigung, 1816

Bezeichnet und datiert unten rechts: *J: Wegelin Ing. Lieutenant 1816.*
Federzeichnung mit dunkelgrauer und roter Tusche, zum Teil farbig angelegt. Verschiedene Bleistift-Nachträge. 64 x 76,8 cm. Transversal-Maßstab mit *10 + 90 Ruthen* = 13,5 cm = 1:2880.
Wasserzeichen: 1801 / WHATMAN.
Kartentitel im Stadtbereich *Minden in seinem frühern Zustande 1816*, von zwei verschiedenen Händen. Von Wegelin die Tor-, Brücken- und Wegebezeichnungen.

KAM, Mi, Unverzeichnete Pläne; Stempel und ältere Signatur Pla Mi 16 bzw. HM I 4 des Mindener Museums; unpubliziert. – Rückseitig Aufschrift *6te Festungs Inspektion zu Cöln* und – mit Blei – *Alte Pläne von Minden.*

Grundlage des Plans ist eine Bestandsaufnahme der 1813/14 vorgefundenen Befestigungen mit 20 Ruten-Gitternetz und Koten wie Kat.-Nr. 33, bezogen auf den Mindener Pegel. Wallreste grau, bestehende Wälle grün mit grauem Wallgang sowie schwarzen inneren und roten äußeren Revêtements. – Eingezeichnet sind die Hauptlinien des neuen Befestigungskonzepts von Major Keibel, meist in gestrichelten Linien mit rötlich-gelbem Begleitstrich (vgl. Kat.-Nr. 33). In der gleichen Farbe sind auch die drei Hauptgraben-Caponièren angelegt.

Diese Anlagen sind fein überzeichnet mit den Linien des Projekts von General von Rauch (wie Kat.-Nr. 34) mit den hellgrau angelegten neuen Wällen und Bastions der Petershagener Front. Dabei sind die Werke vor der Nordfront mit detailliertem Glacis und stärker ausgezogener Glaciscrête dargestellt, die Anlagen im Westen und Südwesten dagegen nur in den Hauptumrissen gezeichnet. Die Flèche vor dem Mittelbastion der neuen Hausberger Front ist aus der Bastionskapitale leicht nach Süden verlegt. Die Brückenkopfbefestigung – mit dem eingezeichneten französischen Hornwerk und den drei vorgeschobenen Redouten – entspricht dem Konzept Keibels. Das an der *Straße nach Berlin* über die mittlere Redoute gezeichnete detachierte Werk mit quadratischem Grundriß ist leicht nach Westen zurückgenommen: Hier war vorübergehend als großes Rechteck eine weitere Defensions-Kaserne projektiert. – Nordöstlich der Fischerstadt ist der präzisierte Grundriß des Montalembertschen Turms eingetragen.

Die drei vorgeschobenen Werke nördlich der Altstadt entsprechen denen in von Rauchs vorläufiger Planung (Kat.-Nr. 34), mit Alternativlösung für die Anlage am Weg *nach Bremen*, von denen die innere mit Bleistift *auf dem hohen Thalrand* bezeichnet ist. Unter dem Fünfeck-Werk vor Bastion 8 ist mit Blei *Petershagener fronte* eingetragen; für das quadratische Werk in der Achse des Kuhtor-Ravelins ist daneben, etwas nach Westen verschoben, ebenfalls ein Alternativ-Standort angegeben.

Mit Bleistift sind ferner eingetragen die Nummern der Winkelpunkte der gesamten Enceinte, skizziert sind Wege vor dem Simeonstor mit der Lage des späteren Friedens-Pulver-Magazins an den *Koppelwiesen*, grob skizziert sind die Anschlußlinien für den Montalembertschen Turm im Nordosten sowie im Brückenkopf die Wegeführung und der Waffenplatz zwischen Contrescarpe und Bunter Brücke. Vor Bastion 5 dreizeilige Beischrift: *17′3″ bei Wasserfläche wenn der Müller 3′4″ Wasser auf dem Teichbaum hat* (?).

Das Blatt gibt anscheinend ein Zwischenstadium der Planung vor der in Kat.-Nr. 34 fixierten weiteren Überarbeitung des Projekts durch General von Rauch wieder. Es ist im wesentlichen für die Untersuchung der Alternativen für die vorgeschobenen Werke von Belang. Seine spätere Verwendung als Mappe für *Alte Pläne von Minden* läßt vermuten, daß es verworfen und nicht für weitere Planungen benutzt wurde.

KAT.-NR. 36 Abb. 63
Wallprofile und Grundriß eines Normalpulvermagazins, 1817

Bezeichnet unten rechts *Schultz 2te und JMFr(?) Wegelin*, rückseitig datiert *1817*
Kolorierte Federzeichnung; 54 x 33 cm.
Wasserzeichen: JWHATMAN / 1813.
Maßleiste *12 + 72 Fuss* = 17 cm ≅ 1:185.
Kartentitel: *Profile zum Hauptwall der Festung Minden wegen Anschüttung oder Abtragung derselben; zu den Erdarbeiten des Anschlages gehörig, und mit Bezug auf dessen Positiones.*

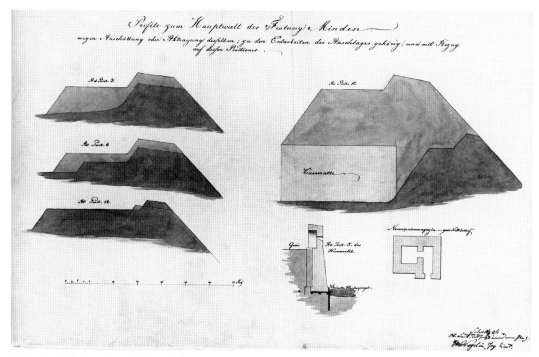

Abb. 63   Wallprofile und Grundriß eines Normal-Pulver-Magazins. J. M. Fr. Wegelin, 1817 (Kat.-Nr. 36).

Bezeichnet unten rechts: *Schultz 2te/Ob: Lieut: und Ingenieur vom Platz / JMFr(?) Wegelin, Ing. Lieut.* Rückseitig *No 7 d. Profil zum Hauptwall der Festung Minden ad No 2120 (1817).*

GSTA PK, Festungskarten Minden G 70.062; unpubliziert.

Links drei Wallprofile, bezeichnet (oben) *Ad Posit: 2*, (Mitte) *Ad Posit 6*, (unten) *Ad Posit: 12*. Rechts oben hohes Profil mit schematischem Querschnitt einer *Casematte*, bezeichnet *Ad Posit: 18*, darunter links Querschnitt durch die Ufermauer der Fischerstadt, bezeichnet *Ad Posit: 5 des Hornwerks*, dabei links *Quai*, rechts *Kleinster Wasserspiegel*. Rechts unten Grundriß, bezeichnet *Normalpulvermagazin zum Nothbedarf*.

Die in den Wallprofilen hell angelegten Flächen bedeuten anscheinend die anzuschüttenden Wallpartien; bei Pos. 12 waren größere Teile abzutragen und zugleich die Brustwehr zu verbreitern.

Da der zugehörige Kostenanschlag nicht vorliegt, könnten die gezeichneten Profile – mit Ausnahme der Mauer an der Fischerstadt – und das Pulvermagazin nicht genauer lokalisiert werden.

Schul(t)z II war von 1816 bis 1818 Ingenieur vom Platz in Minden, wo er 1818 starb (VON BONIN II, 1878, S. 135, 299). Sein letzter Dienstgrad war offensichtlich Oberstleutnant, während VON BONIN ihn als Major nennt. – Johann Marcus Friedrich Wegelin war von 1816 bis zu seiner Versetzung nach Stralsund 1837 als Leutnant bzw. Hauptmann im Ingenieur-Corps an Planung und Bau der Festung beteiligt.

KAT.-NR. 37   Abb. 64
Festungsplan mit Kotenangaben, um 1817/20

Unbezeichnet, undatiert.
Federzeichnung in roter, graubrauner und schwarzer Tusche auf transparentartigem Papier, neu auf Leinen gezogen; 45,2 x 59 cm.
Maßleiste von *10 + 100 Rh. Ruth.* = 7,3 cm ≅ 1 : 5700.
Oben links *Festung Minden* in Fraktur; östlich des Brückenkopfes und vor der Hausberger Front *Inondation.*

SB PK, Kartenabteilung S X 30244/2; unpubliziert. – Unten rechts schwarzer Stempel: VEND. / EX BIBL. / REG. BEROL., daneben roter Stempel KOENIGL. / KARTOGRAPH. / INSTITUT. / BERLIN. – Im späteren 19. Jahrhundert in Blei nachgetragen *Kotenplan der Festung und deren naher Umgebung c. 1848,* Maßstabsangabe *c 1 : 5700* und Blattmaß *59 x 45.*

Das ganze Blatt ist – mit Ausnahme der bebauten Flächen der Altstadt und der Fischerstadt – mit roten Höhenangaben zu einem 20-Ruten-Quadratnetz bedeckt, wobei die Koten von denen in Kat.-Nr. 33–35 z. T. abweichen. Eingezeichnet sind die Umrisse der Festungswerke, im wesentlichen übereinstimmend mit der Planung des Generals von Rauch (Kat.-Nr. 34) von 1815/16, aber in einigen Teilen weiter modifiziert. Die Feuerlinien von Hauptwall und Außenwerken schwarz, weitere Linien (Grabenkanten, Wallfuß, Caponièren, Tambours, Gebäude) rot oder grau. Eckpunkte der Werke numeriert; Angabe, wo trockene oder nasse Gräben.

Das anscheinend freihändig über einer Vorlage durchgezeichnete Blatt zeigt ein Zwischenstadium für die Neubefestigung: mit dem Montalembertschen Turm nordöstlich der Fischerstadt, einer auf den südlichen Talrand der Bastau vorgeschobenen Caponière südwestlich des Mittelbastions der Hausberger Front, die aus der früher hier projektierten Flèche an den Koppelwiesen entwickelt ist und eine Wallverbindung über die Bielefelder Straße zum westlichen Ravelin der Front aufweist. Die Formen der detachierten Werke östlich des Brückenkopfes und im nördlichen Vorfeld der Stadt sind weiter detailliert; danach sollten sie aus Blockhäusern mit Enveloppe aus Wall, Graben und Gedecktem Weg bestehen. Bei den quadratischen Werken sollten kleine Caponieren im Graben vor der Hauptangriffsseite liegen, während die bastionsartige Redoute im Norden Grabenstreichen an den rückwärtigen Winkeln des Gedeckten Wegs zeigt. Möglicherweise waren hier Gewehrgalerien geplant. Die im Vorfeld liegenden Blockhäuser sollten in Friedenszeiten als Pulvermagazine dienen; erst für den Kriegsfall war vorgesehen, sie mit der Enveloppe aus Wall und Graben zu versehen und in einen defensiblen Zustand zu versetzen.
    Abweichend von den Projekten Keibels und von Rauchs (Kat.-Nr. 33, 34) sind bei der Fischerstadt das nordöstliche Halbbastion an der Weser und das Redan in der westlichen Flanke entfallen, ebenso das große Redan am Ravelin Marientor links. Das Projekt des Montalembertschen Turms vor der Fischerstadt (siehe Kat.-Nr. 153, 154) wurde bald nach 1821 aufgegeben. Der Plan ist also in die Zeit davor zu datieren; die nachträgliche Datierung *c. 1848* ist unzutreffend.

IV.2.2 Katalog – Die Festung im Ganzen (Kat.-Nr. 1–57) 151

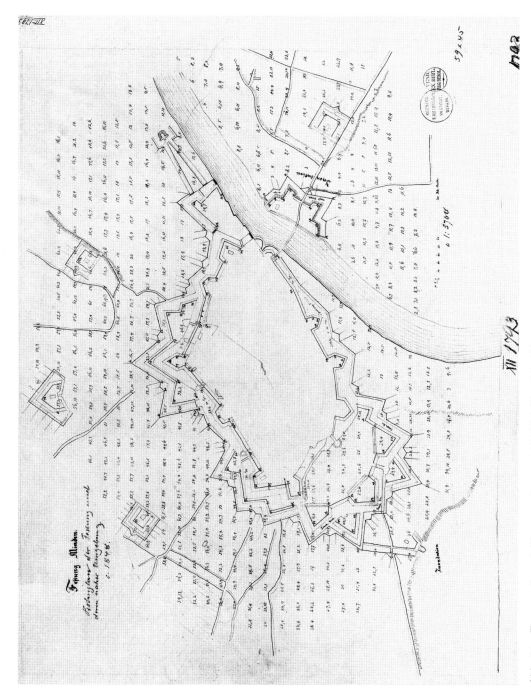

Abb. 64   Festungsplan mit Kotenangaben, um 1817/20 (Kat.-Nr. 37).

152   IV Die Festung – IV.2 Die Festung vom Dreißigjährigen Krieg bis zur Aufhebung im Jahr 1873

KAT.-NR. 37 a   Abb. 65
Stadtplan innerhalb der Hauptenceinte, 1820

Bezeichnet unten rechts *Westphal / Ing Lieutenant*, rückseitig datiert *1820*.
Federzeichnung, teilweise farbig angelegt; 86,5 x 111 cm, auf Leinen gezogen und mit grünem Seidenband eingefaßt. Einzelne Nachträge in Blei, z. T. unleserlich.
Transversal-*Maasstab / 10 Ruthen auf 1 Rhl dec. Zoll. 10+50 Ruth(en)* = 21,8 cm ≅ 1:1070; Norden oben rechts.
Kartentitel: *Plan / der Stadt Minden / innerhalb der Hauptenceinte.*

GSTA PK, Festungskarten Minden B. 70.020; Ausschnitte publiziert in Teil II, Abb. 697 und Teil III, Abb. 155, 184, 333.
Rückseitig Vermerk: *No : 12 / Plan der Stadt Minden / Eingesandt von dem Major v. Gayette unterm 29ten August 1820.*

Sorgfältige und genaue Aufnahme der Straßenfluchten mit Ansätzen der Parzellengrenzen und mit Haus-Nummern. Alle Straßen sind bezeichnet, ebenso größere oder wichtigere Gebäude (Kirchen, Verwaltungs- und Militärgebäude), daneben die *Bruchgärten* (2x) und *die Tränke*. Die farbige Differenzierung der Bauten bzw. ihrer Straßenfronten erläutert rechts oben das

Renvoi
[rosa]   *massive* ⎫
[graubraun]   *Fachwerks* ⎬ *Gebäude dem Staat oder der Stadt gehörig*
                                               ⎭
[graubraun mit   *Gebäude zum Theil mit massiven Umfassungsmauern dem Staat*
rotem Rand]   *oder der Stadt gehörig*
[hellrosa mit   *massive* ⎫
rotem Rand]   ⎬ *bürgerliche Gebäude*
[hellrosa]   *Fachwerks* ⎭

[hellrosa mit teil-   *theilweise massive bürgerliche Gebäude*
weise rotem Rand]
[grün]   *Gärten*
[rosa Strich neben   *Fachwerksmauern*
einfacher Linie]
[rote Doppellinie]   *Mauern*
[graubraun mit rotem   *Curien von Mitgliedern der Regierung als Dienstwohnungen benutzt*
Rand und Großbuchstabe]
o   *Pumpen*
[schräg schraffiert]   *Zum Abbruch designierte Gebäude.*

Zu den Letzteren gehören: das zwischen dem Großen Domhof und der Domstraße an den Nordflügel der Regierung (Großer Domhof 3/4) anschließende Gebäude vor dem *Fortifications Bureau* (Großer Domhof 6), *das Bleihaus* (die ehemalige Dekanatskurie nordöstlich der Johanniskirche) und die westlich daneben stehende Scheune, ferner vier Häuser an der späteren Marienwallstraße zwischen Deichhof und Poststraße bzw. Marientor und Bastion 9. Mit Blei-Schraffur nachgetragen sind

IV.2.2 Katalog – Die Festung im Ganzen (Kat.-Nr. 1–57)   153

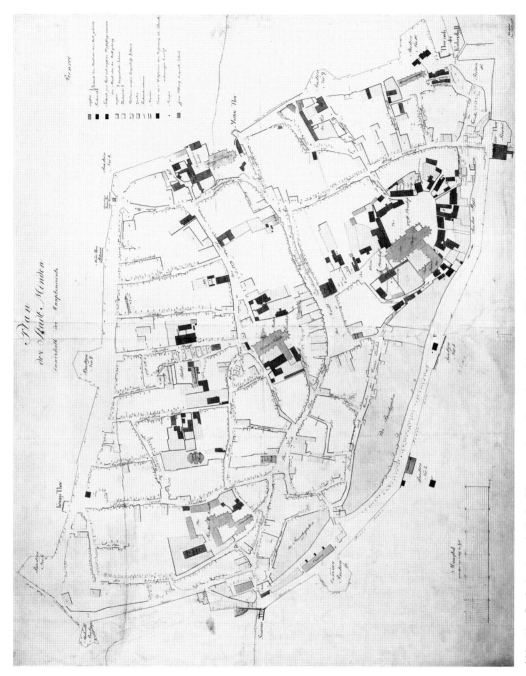

Abb. 65   Stadtplan innerhalb der Hauptenceinte. Ingenieur-Lieutenant Westphal, 1820 (Kat.-Nr. 37 a).

zwei Gebäude im *Fortifications-Bauhof* an der Marienkirche: ein kleines an der Nordseite des Turmes und ein benachbartes größeres.

Von den Stadttoren sind das *Weser-Thor*, das *Simeons-Thor* und das *Thor nach der Fischerstadt* vollständig wiedergegeben; die übrigen sind nur angedeutet: *Königs Thor, Neue Thor Poterne, ehemaliges Hahler Thor jetzt Traverse* und *das Marien Thor*. Die Bastions sind teils im Umriß eingetragen, teils ist nur ihr Platz angegeben (*Bastion Nro: 1, 2* und *8*). Die gezeichnete innere Grenzlinie der Festungswerke bezieht sich auf unterschiedliche Teile: Vom Wesertor bis zum *Casernen Bastion* (Bastion 3) ist es die Feuerlinie, im Kasernen-Bastion der *Fuss des Wallganges*, von hier bis zum *Abschnitts-Bastion* (ehemals Bastion 5, später XII Schwichow) die *crenelirte Mauer*, im Bastion selbst wieder der Fuß des Wallganges und westlich anschließend der *Fuss des Banquets*. Von Bastion 6 bis zum Marienthor ist der *Fuss der inneren Walldossierung* angegeben, ebenso von Bastion 9 bis zum Fischertor/Redan 10, zwischen Marientor und Bastion 9 dagegen die *Revetementsmauer des Walles*. – Von der Fischerstadt ist nur ein Teil der *Contre escarpe* jenseits des Festungsgrabens gezeichnet.

Die mit einer Mauer *geschlossene Kehle des Bastions* (*Nro:1*) liegt hinter dem *Wallmeisterhaus*, in Bastion 2 sind *Laboratorium, Feuerhaus* und ein Nebengebäude eingetragen.

Der bis vor kurzem unbekannte und daher bisher nicht bearbeitete Plan gehört eigentlich nicht in die Reihe der Festungspläne. Er wurde hier aufgenommen, weil er in der Fortification von Ingenieur-Lieutenant Westphal gezeichnet ist, vor allem aber, weil er den ersten, leidlich zutreffenden Stadtplan des Conducteurs A. A. Schwartze von 1800 (Nordsiek 1979, Abb. S. 71) an Genauigkeit weit übertrifft und außerdem den Stadtgrundriß vor der Aufnahme des Urkatasters von 1829 zeigt. Zudem vermittelt er mit den differenzierten Farbsignaturen – freilich meist nur an den Straßenfronten – eine genaue Vorstellung von der Ausführung der über dem Grundriß stehenden Bauten.

KAT.-NR. 37 b   Abb. 66
Lageplan zum Grunderwerb für die äußeren Festungsanlagen, 1825

Kopie von Ing.-Kapt. von Bütow, Minden, März 1825.
Federzeichnung, teilweise laviert; 95 x 177,5 cm.
Transversal-*Maaßstab* von *10 + 100 Ruthen Rhld.* = 27,4 cm = 1:1510; Norden oben rechts.
Kartentitel oben rechts: *KARTE / von den seit 1814 zum / Mindener Festungs Bau, / wirklich eingezogenen und für die Folge nöthigen/falls noch einzuziehenden Gründstücken / zusammengetragen und aufgenommen durch / den Conducteur Trippler / copirt / durch den / Ing.-Capit. v. Bütow.*
Anmerkung: / die mit dunkler Farbe angelegten Grundstücke / sind bereits wirklich eingezogen, die mit heller / hingegen nach dem Bedarf einzuziehen. / Minden im März 1825.

GSTA PK, Festungskarten Minden A 70.048; unpubliziert. – Rückseitig der Kartentitel mit Vermerk: *Eingesandt durch den Fest:Inspecteur Major von Gayette d. 23t April 1825.* – 1993 restauriert, dabei zwei durchgerissene senkrechte Knickfalten und mehrere Randpartien hinterklebt. Im Bereich des rechten Risses partieller Verlust von Zeichnung und Beschriftung.

Der Plan zeigt um den Kern der *Stadt Minden* und die *Fischer-stadt* merkwürdigerweise die 1825 längst überholten Umrisse der alten bastionierten, zum Teil seit 1763 verfallenen Anlagen mit dem

IV.2.2 Katalog – Die Festung im Ganzen (Kat.-Nr. 1–57)

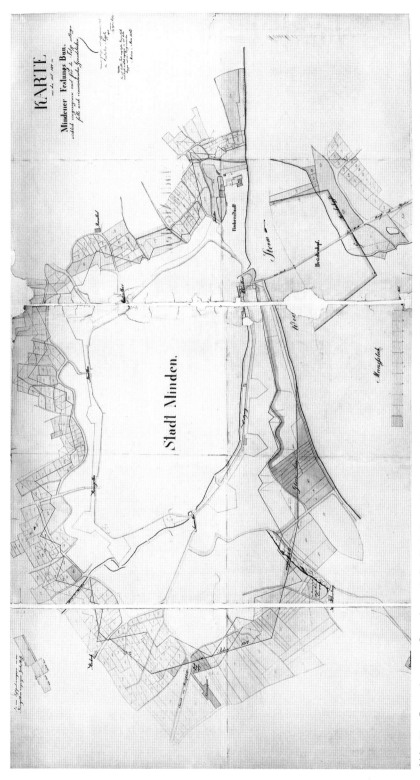

Abb. 66 Lageplan zum Grunderwerb für die äußeren Festungsanlagen. Baukondukteur Trippler, Kopie von Ingenieur-Capitain von Bütow, 1825 (Kat.-Nr. 37 b).

Wallgang, umgeben von dem seit 1815 geplanten Tracé des neuen Glacis. Im Bereich zwischen der *Bastau* bei der Contregarde Schwichow und dem Weserufer vor Bastion I überdeckt und durchschneidet das Glacis eine grau begleitete Punkt-Strich-Linie, bezeichnet *Die im Jahre 1817 ausgesteckte Glacis-Linie*. Die von der Anlage des Glacis betroffenen Grundstücke sind numeriert. Links oben (versetzt) *Die zum Luftpulvermagazin vor dem / Königsthore eingezogene Gartentheile*; hier wurde vor 1833 das Friedens-Pulver-Magazin No 1 angelegt (Kat.-Nr. 380–382). Ein langes Grundstück nahe der *Chaussee von Bielefeldt* ist für ein weiteres *Pulvermagazin* (No. 2) vorgesehen; ein benachbarter Zwickel ist *zur Chaussée / Anlage / eingezogen*. An der Glacisspitze vor Bastion III der Hausberger Front ist bei der *Halbmeisterey* eingetragen: *zur Gewinnung des be-/nöthigten Mauer-/Sandes eingezogen*. Am unteren Blattrand links das Gelände für ein *Pulvermagazin* (No. 3). – Auf dem *Brückenkopf* sind keine Befestigungen eingezeichnet; hier markiert nur die farbig begleitete Punkt-Strich-Linie die *Grenze des Brückenkopfes*. – Im Bereich der alten Stadtbefestigung sind eingetragen: *Weserthor, Simeonsthor, Königsthor, Neuthor, Marienthor* und *Fischerthor*, im Vorfeld *Rosenthal* (im Norden) und *Kuckuck* im Westen, außerdem die *Weser Brücke, Bunte Brücke* und *Chaussee nach Berlin* jenseits vom *Weser Strom*. – Die in der *Anmerkung* oben rechts genannten *dunkler ... angelegten Grundstücke* verteilen sich rund um die Stadt und den Brückenkopf; Schlüsse zum Verlauf oder Fortgang der Befestigungsarbeiten lassen sich daraus nicht ziehen. Lage und Umfang der Grundstücke machen den enormen Flächenverbrauch allein für die äußeren Befestigungsanlagen vor den Wällen und Gräben deutlich, auch wenn später nicht-»vergrabene« Grundstücke an die Vorbesitzer zurückgegeben oder anderweitig verkauft wurden.

KAT.-NR. 38 ohne Abb.
Situationsplan für einen Geländeankauf, 1833

Unbezeichnet, rückseitig datiert *1833*.
Teilweise kolorierte Federzeichnung; 90 x 64 cm.
Wasserzeichen: JWHATMAN / TURKEY MILL.
Maßleiste mit *10 + 150 Ruten* = 20,5 cm ≅ 1 : 2930.
Kartentitel rückseitig *No 28 Minden / Situationsplan von dem Terrain-Ankauf für die vollständige Anschüttung des Glacis vor dem Ravelin des Neuthors und vor der Fischerstadt. Einger. d.d. Platz-Ingen: unt. 10: Dec: 1833.*
Im Plan die endgültige Numerierung der Werke: An der Weserfront *Bast: I, Bast: II, Casernen Bast:*, in der Hausberger Front: *Redan III, Bast: III, Bast: IV, Bast: V*, in der Hohen Front *Bast: Schwichow, Bast: VI, Bast: VII, Bast: VIII*, in der Petershagener Front: *Bast: IX, Bast: X*, ferner: die Fischerstadt sowie die Tore: *Weser-Thor, Simeons-Thor, Königs-Thor* (früher Kuhtor), *Marien Thor* und *Fischer Thor*, dazu die wichtigsten Straßen: *Nach Bückeburg, Nach Hausberge, Nach Bielefeld, Nach dem Kirchhof*, außerdem vor dem Marientor *Rosenthal* und – an der Weserfront östlich vor Redan III – *abgetragenes Terrain*.

GSTA PK, Festungskarten Minden C 70.074; unpubliziert.

Umrißplan der Festungswerke in der nach 1823 erarbeiteten endgültigen Form. Die vom Geländeankauf betroffenen Grundstücke sind teils mit römischen Ziffern, teils mit arabischen Zahlen numeriert und rot schraffiert. Dabei stehen summarische Flächenangaben: Nördlich der Fischerstadt

425 Quadratruten, nordwestlich des Ravelin Neutor 684 Quadratruten. Weitere Grundstücke verteilen sich rund um die Außenwerke: nordöstlich der Fischerstadt, vor dem Ravelin Marientor, vor Bastion VII, vor der Contregarde Schwichow, vor den Bastions IV und V (Hausberger Front) sowie vor dem Brückenkopf nach Osten. – Außerdem sind kleine Bereiche der Innenstadtbebauung eingetragen: Die Situation Ecke Hahler Straße/Königswall, bezeichnet *vor dem Haller Thor*, das Ostende der Bäckerstraße mit der Mühle am Wesertor, und einige Parzellen zwischen *Weingarten* und Wall. Für das Gelände östlich des Brückenkopfes sind Flächenmaße angegeben: *No 1* nördlich der Straße nach Bückeburg N = *17 Morgen 89* Quadratruten, südlich der Straße *A. 615* Quadratruten, *C. 318* Quadratruten.

Im westlichen und südwestlichen Vorfeld ist vor Bastion VI der Hohen Front das Areal des Friedens-Pulver-Magazins No. 1 mit dem Umriß des Magazingebäudes eingezeichnet, vor Bastion IV der Hausberger Front, nahe der Straße nach Bielefeld, das Grundstück für das Friedens-Pulver-Magazin No. 2 (*F*). Zusammen mit dem weit nach Süden, am Schweinebruch gelegenen dritten Pulvermagazin waren die Magazine mindestens seit 1825 an diesen Plätzen vorgesehen (siehe Kat.-Nr. 37 a).

KAT.-NR. 39 Abb. 67
Stadt- und Festungsplan. Pagenstecher, 1837/1838

Datiert und signiert unten links *Minden den 6ten Februar 1838 / Pagenstecher / Pr. Lieutenant im Ingenieur Corps.*
Federzeichnung mit schwarzer und brauner Tusche, farbig angelegt; 77,9 x 87,8 cm, unten angestückt, in der Mitte geteilt und auf braunes Leinen gezogen, mit silbrig-grauem Seidenband eingefaßt (dies großenteils verloren).
Maßleiste von *10 + 130 Ruthen* = 18,4 cm = 1 : 2880.
Kartentitel und Legende im Kasten rechts unten: *Plan der Festung Minden im Jahre 1837./ Renvoi.*

Festungswerke
I bis X   Bastion 1 bis 10
XI   Kasernen Bastion
XII   Bastion Schwichow
XIII   Cavalier
XIV   Redan 3.
XV   Redan 10
XVI   Contregarde Schwichow
XVII   Ravelin am Königs Thore
XVIII   Ravelin am Neu Thore
XIX   Ravelin am Marien Thore
XX   Reduit am Marien Thore
XXI   Reduit am Simeons Thore
XXII   Befestigung der Fischerstadt
XXIII   Rondel am Weser Thore
XXIV   Linkes Bastion vom Brückenkopf
XXV   Rechtes Bastion vom Brückenkopf

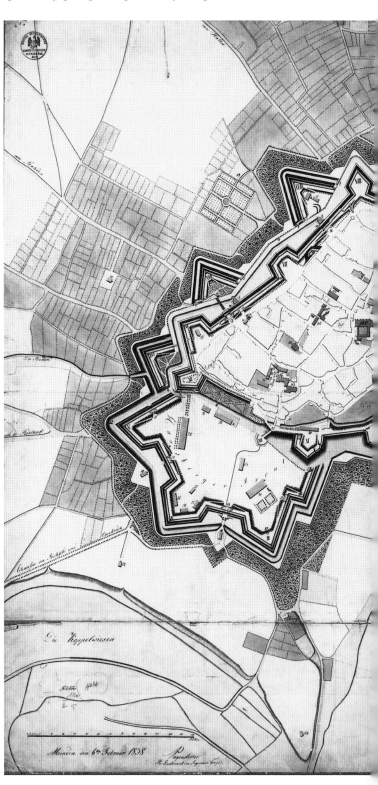

Abb. 67 Stadt- und Festungsplan, 1837. Premier-Lieutenant Pagenstecher, 1838 (Kat.-Nr. 39).

IV.2.2 Katalog – Die Festung im Ganzen (Kat.-Nr. 1–57) 159

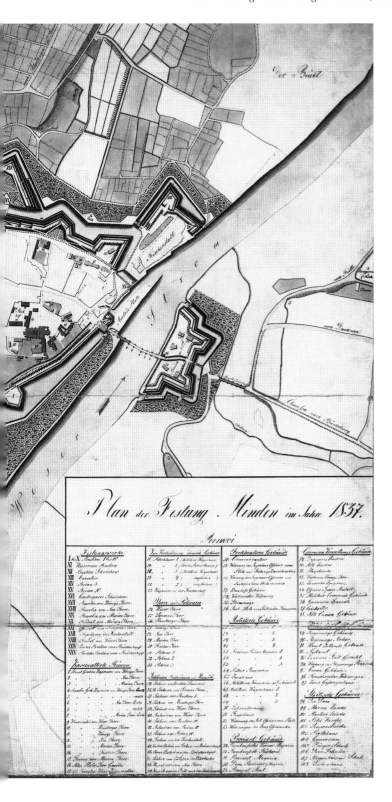

Kasemattirte Räume
1. Haupt Graben Kaponiere am Königsthore
2.   "   "   "   " Neu Thore
3.   "   "   "   " Marien Thore
4. Ravelin Grb. Kaponiere am Königs Thore links
5.   "   "   "   "   "   "   rechts
6.   "   "   "   "   Neu Thore links
7.   "   "   "   "   "   "   rechts
8.   "   "   "   " Marien Thore links
9. Kasematten am Weser Thore
10.   "   " Hausberger Thore
11.   "   " Königs Thore
12.   "   " Neu Thore
13.   "   " Marien Thore
14.   "   " Fischer Thore
15. Thurm am Marien Thore
16. Altes Haler Thor Gewölbe
17. 3 Ravelin Wach Kasematten
Zur Vertheidigung dienende Gebäude
18. Blockhaus 1. (Artillerie Wagenhaus)
19.   "   2. (Friedens Pulver Magazin)
20.   "   3. (Artillerie Wagenhaus)
21.   "   4. (desgleichen)
22.   "   5. (desgleichen)
23. Kaponiere in der Fischerstadt

Thore und Poternen
24. Weser Thor
25. Simeons Thor
26. Hausberger Thor
27. Königs Thor
28. Neu Thor
29. Marien Thor
30. Fischer Thor
31. Poterne 1.
32. Poterne 2.
33. Poterne 3.

Schleusen, Batardeaux und Kanäle
34. Schleuse am Bastion Schwichow
35,36 Schleusen am Simeons Thore
37. Schleuse vor Bastion 5.
38. Schleuse am Hausberge Thore
39. Schleuse am Weser Thore
40. Batardeau am Weser Thore
41. Schleuse vor Bastion 10.
42. Batardeau am Redan 10.
43. Schleuse am Redan 10.
44. Schleuse vor der Fischerstadt.
45. Unterer Batard. und Schleuse im Brückenkopf.
46. Oberer Batard. im Brückenkopf.
47. Schleuse zum Einlassen des Osterbaches
48. Kanal vor dem Neu Thore
49. Kanäle aus der Stadt nach dem Festungsgraben

Fortifications Gebäude
50. Commandantur
51. Wohnung des Ingenieurs Officiers vom Platz und Festungs Bauschreibers
52. Wohnung der Ingenieur Officiere und Fortifications Unterbediente
53. Bauhofs Gebäude
54. Wallmeister Wohnung
55. Steinwaage
56. Fort. Holz und Pallisaden Schuppen

Artillerie Gebäude
57. Kriegs Pulver Magazin 1.
58.   "   "   "   2.
59.   "   "   "   3.
60.   "   "   "   4.
61. Friedens Pulver Magazin 1.
62.   "   "   "   2.
63.   "   "   "   3.
64. Pulver Reservoirs
65. Zeughaus
66. Artillerie Verwahrungs Gebäude 1.
67. Artillerie Wagenhaus 1.
68.   "   "   2.
69.   "   "   3.
70. Laboratorium
71. Feuerhaus
72. Wohnung des Art. Officiers vom Platz
73. Wohnungen der Zeug Officianten.

Proviant Gebäude
74. Bombenfestes Körnermagazin
75. Bombenfeste Bäckerei

76. *Proviant Magazin*
77. *Dom Reventer (Magazin)*
78. *Proviant Amt*

Garnison Verwaltungs Gebäude
79. *Defensions Kaserne*
80. *Alte Kaserne*
81. *Hauptwache*
82. *Wache am Königs Thore.*
83. *Landwehr Zeughaus*
84. *Officier Speise Anstalt*
85. *Militair Oeconomie Gebäude*
86. *Garnison Lazareth*
87. *Eiskeller*
88. *Alte Curien Gebäude*

Königliche Civil Gebäude
89. *Regierungs Gebäude*
90. *Regierungs Archiv*
91. *Haupt Zollamts Gebäude*

92. *Postamt*
93. *Land und Stadt Gericht*
94. *Wohnung des Regierungs Präsidenten*
95. *Curien Gebäude*
96. *Thorschreiber Wohnungen*
97. *Kreis Gefangenenhaus*

Städtische Gebäude
98. *Der Dom*
99. *Marien Kirche*
100. *Martini Kirche*
101. *Petri Kirche*
102. *Simeons Kirche*
103. *Rathaus*
104. *Gymnasium*
105. *Bürger Schule*
106. *Dom Schulen*
107. *Armenhaus und Schule*
108. *Leichenhaus*

Im Plan Ortsbezeichnungen, Straßen- und Flurnamen, Gehöfte von oben links nach rechts umlaufend im Vorfeld: *Von Halen – nach Diepen(au) – nach Petershagen und Bremen – Rosenthal – Der Brühl – nach Frille – Brüggemanns Mühle – Tonne – nach Dankersen – Brückenkopf – Bunte Brücke -Chaussee nach Bückeburg – Osterbach – Weser Strom – Fischerstadt – Auslade Platz – Die Bruch Gärten – Scharfrichter – Die Koppelwiesen – Chaussee von Bielefeld und Osnabrück – Hausberger Front – von der Bölhorst – Die Bastau – von Rahden.* – In der Stadt: *Bauhof – Packhof – Zeughof.*

Mindener Museum FM 167; unpubliziert. – Oben links Farbsiegel des Königl. Preußischen Hannoverschen Pionier Bat. No. 10, rückseitig *No 7*. – Im Bastion XII in Blei nachgetragen *Schwichow*.

Der hervorragend fein gezeichnete und sorgfältig kolorierte Plan ist die umfassendste und genaueste Bestandsaufnahme von Stadt und Festung aus dem gesamten Mindener Planmaterial, zudem trotz deutlicher Gebrauchsspuren außerordentlich gut erhalten. Er gibt detailliert Auskunft über Form und Anordnung der Festungswerke, bis hin zu Auffahrten, Rampen, Toren und Durchlässen, ebenso über Vielzahl, Lage und Funktion der Militärbauten und der militärisch genutzten Gebäude in der Stadt, der größeren und kleineren Pulvermagazine und alle Anlagen, die zur Wasserhaltung in den nassen Gräben erforderlich waren. Darüber hinaus zeigt der Plan den dichten Bewuchs der Glacisanlagen rund um die Stadt, die Baum- und Heckenpflanzungen an den Wallgängen und den inneren Wallböschungen sowie zahlreiche Grünanlagen innerhalb der Ravelins sowie im Hof von Bastion IX. Die Grünanlage im sogenannten Generalabschnitt, der alten Hausberger Front, zwischen Simeonstor und Bastion XII Schwichow, zeigt die auf das hart vor der Mauer liegende, hier nicht verzeichnete Grabdenkmal des Generals von Schwichow zuführenden Wege.

Die allmählich aufwachsenden Glaciswaldungen, die in Friedenszeiten auch privilegierten Bürgern als Spazierwege offenstanden, boten nicht nur Schutz vor unerwünschten Inspektionen der Festungsanlagen von außen, sondern dienten zugleich als nachwachsendes Reservoir für den immensen Holzbedarf der Garnison, u. a. für Reparaturen und Instandsetzungen von Ufer- und Wallböschungen. Im Falle einer Belagerung wären die Glaciswälder bis unter Kniehöhe abgeholzt worden; das anfallende Holz wäre wiederum für fortifikatorische Zwecke, für Palisaden, Versatzbalken, Aussteifungen etc. verwendet worden (vgl. von Prittwitz 1836, S. 23, 109).

Die hier dargestellten Anlagen der ersten großen Phase der Neubefestigung waren im wesentlichen bis 1836 vollendet; der Plan dürfte also den tatsächlichen Ausbauzustand der Festung wiedergeben. – Die Darstellung der Bebauung in der Stadt folgt anscheinend dem genauen Verlauf der Häuserfronten und geht über die Aufmessung des Conducteurs A. A. Schwartz von 1800 (vgl. Nordsiek 1979, Abb. S. 71), die wohl den Plänen Kat.-Nr. 30 und 33 zugrunde lag, hinaus. Sie entspricht weitgehend, wenn auch nicht in allen Einzelheiten, dem Stadtplan *innerhalb der Hauptenceinte* des Ingenieur-Lientenants Westphal von 1820 (Kat.-Nr. 37a).

KAT.-NR. 40   Abb. 68
Festungsplan, nach 1836

Unbezeichnet, undatiert.
Federzeichnung in schwarzer Tusche; 39 x 50,3 cm.
Wasserzeichen: JWHATMAN / 1836.
Maßleiste von *200 Ruth. Rheinl.* = 13,4 cm = 1:5600.
Kartentitel: *Plan von der Festung Minden.*
Innerhalb der Werke sind verzeichnet: *Stadt Minden, Fischerstadt, Brückenkopf, Lange Fronte, Petershagener Fronte, Weser Fronte,* ferner die Tore (incl. *ehemaliges neue Thor* und *alte Hakler* (!) *Thor*) sowie die militärischen Massivbauten, soweit es sich um kasemattierte Räume, Tore und Poternen, Batardeaux, Caponièren, Pulver- und Batterie-Magazine handelt, außerdem die alte *Caserne* am *Casern Bast.* und die *General Abschnitts-Mauer* beim Bastion Schwichow.
Außerhalb der Enceinte sind neben den wichtigsten Straßen – die Straße von Bielefeld als *Projectirte Chaussée* –, der *Bastau* und dem *Rosenthal* drei *Lustpulver* (sic!) *Magazine* eingetragen: im Nordwesten vor Bastion 6, im Südwesten vor Bastion 4 sowie weit im Süden auf den Koppelwiesen vor Bastion 3.

SB PK, Kartenabteilung, Generalstabs-Denkschriften XXIII, Nr. 188, unpubliziert. – Rechts unten Farbsiegel des Königl. Preuss. Generalstabs, II. Abteilung, oben rechts alte Signatur *IV. A. 4.* – Blattmaß *50 x 38* mit Blei nachgetragen.

Anlage und Umfang der Werke, die nur in den Hauptumrissen eingezeichnet sind, entsprechen dem Pagenstecherschen Plan von 1837/1838 (Kat.-Nr. 30). Das Blatt liegt bei der Beschreibung der Festung Minden von Oberstleutnant Keibel von 1816/17, ist aber nach Inhalt und Wasserzeichen nicht vor 1836 entstanden.

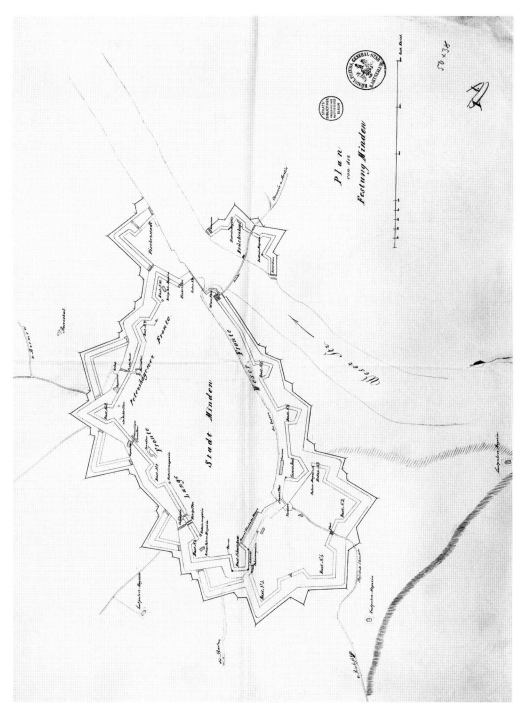

Abb. 68   Festungsplan, nach 1836 (Kat.-Nr. 40).

KAT.-NR. 41   Abb. 69
Armierungsplan für die Festung, um 1840

Unbezeichnet, undatiert.
Kolorierte Federzeichnung; 54,8 x 81 cm (Blatt), 50,6 x 76,9 cm (Einfassung); neu auf Leinen gezogen. Maßleiste von *100 Schritt* = 15,55 ≅ 1:5160.
Kartentitel: *Plan betreffend die Encinte* (!) *der Festung Minden und die Geschütz Placirung bei Armirung der Festung gegen einen gewaltsamen Angriff.*

SB PK, Kartenabteilung X 30 243; unpubliziert. – Rechts unten Farbstempel, rot: VEND. / EX BIBL. / REG. BEROL., Schwarz: KOENIGL. / KARTOGRAPH. / INSTITUT./ BERLIN. – Im späteren 19. Jahrhundert in Blei nachgetragen Maßstabsangabe *c. 1:5160* und Blattmaß *77 x 80*.

Schematischer Festungsumriß mit vereinfacht eingetragenen militärischen Anlagen und Gebäuden, die sorgfältig bezeichnet sind: neben den Bastions und Magazinen der *Zeughaus-Hoff* mit den Einzelgebäuden, der *Bauhof* und die Einzelbauten in der Hausberger Front. Geländeangaben außerhalb der Festung mit Straßen, Wegen, Wasserläufen sowie Böschungen und Erhebungen. Im Vorfeld auf der linken Weserseite um die Festung verteilt 5 x *Proj. Fleche*, davon die drei südlichen bei den Friedens-Pulver-Magazinen I–III. In alle Werke eingetragen kleine Kanonensymbole mit Angabe der Geschoßgewichte.

Im Kasten rechts *Zusammenstellung der Geschütze gegen einen gewaltsamen Angriff* mit den vorgesehenen Standorten (*Werke*), getrennt nach *Kanonen* und *Haubitzen*, unterteilt nach Geschoßgewichten bzw. Kalibern: 3-, 6-, 8-, 12- und 24pfündige Kanonen, 5½-zöllige, 7- und 10pfündige sowie 8zöllige Haubitzen. Die Gesamtzahl beläuft sich auf 139 verfügbare Geschütze, unter denen die sechspfündigen (72) und zwölfpfündigen (27) Kanonen den weitaus größten Teil ausmachen. – Da die Bahnhofsbefestigung nicht berücksichtigt ist, wird die vermutete Datierung *c. 1840* zutreffen.

KAT.-NR. 42   Abb. 70
Festung Minden, Übersichtsplan der Hohlräume, um 1845

Unbezeichnet, undatiert.
Federzeichnung, teils rosa und grau laviert; 36 x 46 cm.
Maßleiste von *800 Schritt* = 12,56 cm ≅ 1:5120.

SB PK, Kartenabteilung, S X 30 244/1; unpubliziert. – Rechts unten zwei Farbstempel, schwarz: VEND. / EX BIBL. / REG. BEROL., rot: KÖNIGL. / KARTOGRAPH. / INSTITUT. / BERLIN. – Im späteren 19. Jahrhundert in Blei nachgetragen: Kartentitel *Festung Minden. Uebersicht der Hohlräume* und vermutete Datierung *c. 1849*, Maßstabsangabe *c. 1:5120* und Blattmaß *46 x 36*. Unten alte blaue Signatur *XII 1792*.

Im schematischen, stark vereinfachten Festungsumriß sind ebenso schematisch die Gebäude und Anlagen für unmittelbare militärische Nutzung eingetragen und sorgfältig beschriftet: Schwarz die Pulvermagazine und Reservoirs, grau die Blockhäuser, Caponièren, Laboratorium und Feuerhaus sowie die Gebäude des Artillerie-Zeughofes *(Zeughaus)*, rosa die Kasernen, das Lazarett, das alte Artillerie-*Wagenhaus No II* auf dem Simeonsplatz, die Tore und die *Wallmeister-Wohnung* bei Bastion I.

IV.2.2 Katalog – Die Festung im Ganzen (Kat.-Nr. 1–57)

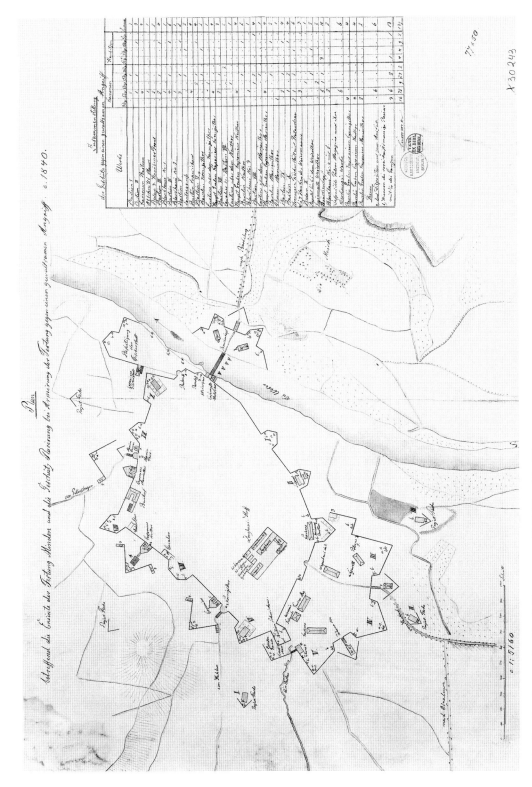

Abb. 69   Armierungsplan für die Festung, um 1840 (Kat.-Nr. 41).

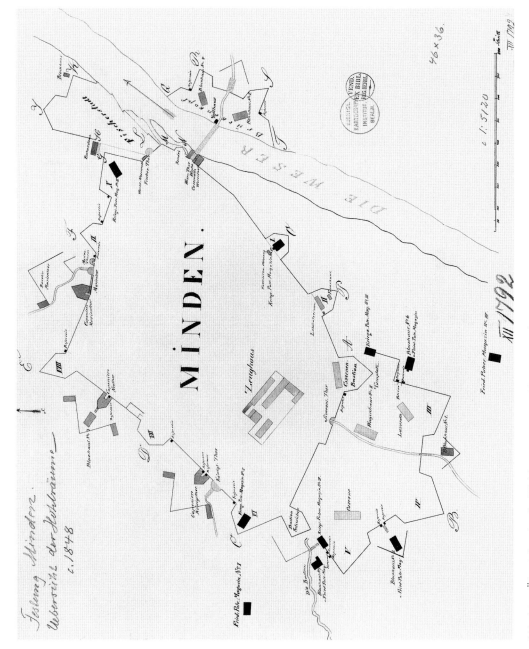

Abb. 70 Übersichtsplan der Hohlräume, um 1845 (Kat.-Nr. 42).

Die Bastions sind numeriert bzw. benannt, die Hauptpunkte der Befestigungen sind zusätzlich mit Buchstaben von *A* bis *T* bezeichnet, beginnend beim *Casernen Bastion / A*, umlaufend bis zum *Bastion II / P* und mit *Q* bis *T* am Brückenkopf fortgesetzt.

Da die 1845 begonnene Bahnhofsbefestigung nicht berücksichtigt ist, wird der Plan etwa um diese Zeit entstanden sein. Über den detaillierten Plan von Pagenstecher von 1837/1838 (Kat.-Nr. 39) hinaus zeigt das Blatt weitere, nach 1837 entstandene Massivbauten: *Blockhaus No 6 u. Fried.Pulv.Magazin* am Redan 3, *Blockhaus No 7 u. Fried.Pulv.Mag.* vor der rechten Face von Bastion V, je ein *Reservoir* in der Caponière Neuthor, am Bastion VIII rechts und östlich von *Marien Thurm*, ein *Blockhaus* bei *K* vor der Fischerstadt und das *Kriegs-Pulv.:-Magazin No V* im Bastion I.

KAT.-NR. 43   Abb. 71
Festung Minden und Umgebung, 1842, mit späteren Ergänzungen

Unbezeichnet, nicht datiert.
Kolorierte Federzeichnung mit Klappe; 34 x 39 cm (Blatt), 26,6 x 31,6 cm (Einfassung).
Wasserzeichen: Gekrönter Rollwerkschild mit Lilie.
Maßstab *1:25000 / 500 + 2500 Schr. = 9 cm.*

SB PK, Kartenabteilung, Generalstabs-Denkschriften XXIII, Nr. 187, Anlage II; unpubliziert. – Oben rechts Farbstempel des Kgl. Preuß. Generalstabs, II. Abt., *Anlage II zum Mémoire über die Festung Minden* (des Premier-Lieutenants Kayser von 1842), Inv.-Nr. *IV A 6.* – Im späteren 19. Jahrhundert in Blei nachgetragen Maßstabsangabe *1/25000* und Blattmaß *32 x 27*.

Die dargestellte Umgebung reicht von *Seydel's Hof* (Gut Rodenbeck) im Westen bis hinter *Dankersen* im Osten, von *Leteln* im Norden bis *Neesen* im Süden, eingetragen sind zahlreiche Siedlungen, Gehöfte, Flurnamen und Wegebezeichnungen. Die Stadt mit Straßennetz und wichtigsten Gebäuden sowie die Festungswerke mit Militärbauten und Glaciswaldungen sind mit bemerkenswerter Feinheit und Genauigkeit wiedergegeben und zeigen den Ausbauzustand nach 1836.

Darüber hinaus fixiert der Plan ein nicht ausgeführtes Projekt zur Sicherung und Verstärkung der Festung mit detachierten Forts. Es war bereits im vorläufigen Befestigungsentwurf des Generals von Rauch 1815/16 skizziert worden und wird in der *Beschreibung von Minden nach einer Recognoscirung Ende Oktober 1828* von Oberstleutnant von Sclasinsky (Generalstabs-Denkschriften XXIII, Nr. 189) erläutert. Sechs bastionsartige Lünetten von fünfeckigem Grundriß mit halbkreisförmigen Reduits an der offenen Kehle, mit Schultercaponièren im Graben und mit Gedecktem Weg sollten die Festung im Norden und Osten umgeben: *No 1* im Norden zwischen Petershagener Weg und der Geländestufe (östlich der Marienstraße / An der Hochzeitstreppe), *No 2* im Nordwesten (Gelände der späteren Artilleriekaserne), *No 3* im Westen (heute Ringstraße / Klinikum I). Drei Werke im Osten sollten jenseits der Bunten Brücke auf der hohen Terrasse bzw. auf dem Werder liegen: *No 4* auf der *Großen Dombreede* (etwa zwischen Bahnhof und Fort B), flankiert von zwei kleineren Redouten: im Norden bei *Brüggemanns Mühle* (Friedrich-Wilhelm-Straße, südlich von Fort A), im Süden auf dem *Domainen Land* (Schwarzer Weg, westlich der Bahn), dem alten Platz des Mauritius-Klosters (siehe Abb. 20 mit offener Klappe).

168 IV Die Festung – IV.2 Die Festung vom Dreißigjährigen Krieg bis zur Aufhebung im Jahr 1873

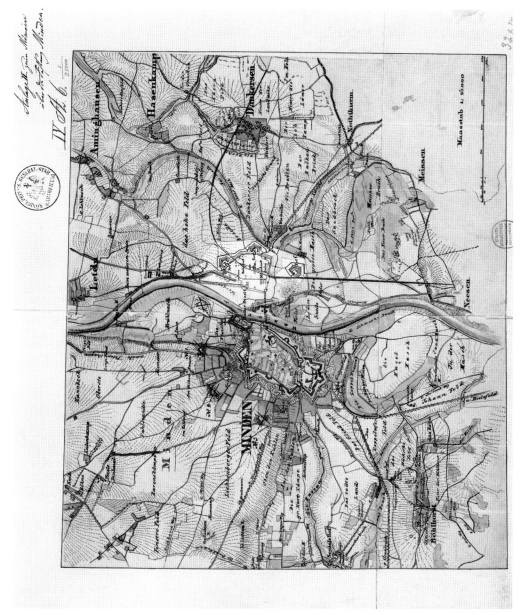

Abb. 71   Festung Minden und Umgebung, 1842 mit späteren Ergänzungen. Deckblatt geschlossen (Kat.-Nr. 43).

Die drei Lünetten auf der linken Weserseite sind nachträglich durchstrichen worden, ebenso das *Pulv.Mag.No 2* zwischen *Hausberger Front* und *Koppelwiesen* und die alten Wallanlagen im Brühl, nördlich der Fischerstadt (vgl. dazu Kat.-Nr. 28). Statt dessen ist das seit 1848/49 geplante und ausgeführte *Friedens-Pulver-Magazin No 8* vor Bastion 8 (Heidestraße, Neue Oberpostdirektion) auf einem aufgeklebten Blättchen nachgetragen worden.

Auf der nachträglich eingesetzten Klappe, die die detachierten Werke östlich des Brückenkopfes überdeckt, ist die seit 1845 erbaute Bahnhofsbefestigung mit dem *Bahnhof der Cöln-Mindener Bahn* und dem südöstlich vorgeschobenen Fort C verzeichnet; im Zusammenhang damit wurden die von Süden ankommende Trasse der Köln-Mindener Eisenbahn und die von Osten über Dankersen im Bogen in das Bahnhofsareal einlaufende Strecke der Hannoverschen Staatsbahn nachgetragen.

Weitere Nachträge betreffen die 1867 in der Hausberger Front erbauten Artillerie-Pferdeställe. Die Aktualisierung der Karte dürfte daher um 1870 vorgenommen worden sein.

Der Plan gehört als Anlage II zur *Beschreibung der Festung Minden bearbeitet im Jahr 1842 durch Kayser Premierlieut(enant) in der Garde-Artill(erie), com(man)d(ier)t zum gr(oßen) Gen(eral)-Stab* (Generalstabs-Denkschriften XXIII, Nr. 187) und ist wohl vom Verfasser der Denkschrift gezeichnet. Anlage I ist ein montierter Ausschnitt aus der Generalstabskarte von Rheinland und Westfalen 1:80000, Blatt 6, aufgenommen vom Kgl. Preuß. Generalstab 1836–1850, Ausgabe um 1840. Die Inselkarte zeigt die preußischen Gebiete nördlich und südlich des Wiehen- bzw. Wesergebirges und beiderseits der Porta Westfalica von Petershagen (Norden) bis Beerenkämpen (südlich von Vlotho) und von Uphausen (Westen) bis Raderhorst (Nordosten) bzw. Schirnbeck (bei Kleinenbremen im Osten).

KAT.-NR. 44 Abb. 72
Plan der Festung Minden, 1842, mit späteren Ergänzungen

Unbezeichnet, undatiert.
Kolorierte Federzeichnung; 42,4 x 38 cm.
Wasserzeichen: Gekrönter Rollwerkschild mit Lilie.
Maßstab *1:5600 / 200 Rhl. R.* = 13,6 cm; Norden oben links (der eingezeichnete Nordpfeil ist falsch).

Berlin, SB PK, Kartenabteilung, Generalstabs-Denkschriften XXIII, Nr. 187, Anlage III; unpubliziert. – Rechts Farbstempel des kgl. Preuß. Generalstabs, II. Abteilung, unten links: *Anlage III. zum Memoire über die Besichtigung Mindens:*, Inv.-Nr. *IV A 7* – später in Blei nachgetragen: Blattmaß *38 x 42*.

Grundriß der Festung im Ausbauzustand von 1836 mit Angabe der Geländestufe zwischen Ober- und Niederterrasse, der niedrigen Höhe westlich der Stadt mit dem Abfall zur Bastauniederung sowie mit den Geländestufen im Süden bei den Koppelwiesen und am Schweinebruch. Alle Befestigungswerke sind genau und sorgfältig bezeichnet; die bombenfesten Bauten sind dunkelrot, die nicht bombensicheren hellrot angelegt. – Gegenüber den vorhergehenden Plänen neu hinzugekommen sind: das *Blockhaus No 6* und die *Schleuse (h)* am Redan III, das *Blockhaus No 7* mit *proj. Schleuse f* vor Bastion V und das *Kriegs-Pulver-Magazin No 5* im Bastion I.

Der Plan ist um 1870 überarbeitet und mit Nachträgen aktualisiert worden: In der Hausberger Front sind zahlreiche, nach 1842 errichtete Bauten wie *Garnison Wasch Anstalt, Artillerie Pferdeställe,*

170 IV Die Festung – IV.2 Die Festung vom Dreißigjährigen Krieg bis zur Aufhebung im Jahr 1873

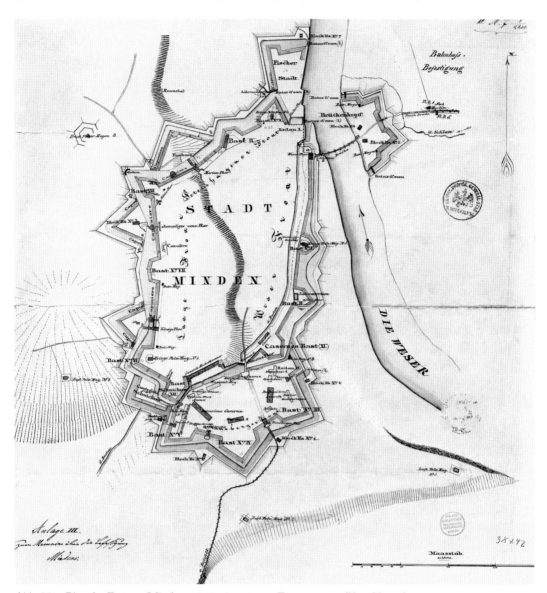

Abb. 72   Plan der Festung Minden, 1842 mit späteren Ergänzungen (Kat.-Nr. 44).

Reitbahn, Wagenhaus 2 und *4, Gewehrhaus* u. a. m. verzeichnet, die Kriegs-Pulver-Magazine No 1 (Bastion VI), No 2 (Bastion X) und No 5 (Bastion I) sind mit der nach 1864 ausgeführten Erdbedeckung eingezeichnet, ebenso ist das 1865 erbaute Kriegs-Laboratorium im Bastion IX nachgetragen. Im Vorfeld wurde das *Luft-Pulver-Magazin No 2* vor Bastion IV nachträglich gestrichen, im Nordwesten vor Bastion VIII das *Friedens-Pulver-Magazin 8* mit schematisierter Enveloppe eingetragen, ebenso – über Rasur – die Südwestecke der *Bahnhofs-Befestigung* mit den *Flanken-Batterien No 1 und 5* am Ostende der *Bunten Brücke*. – Der Plan gehört als Anlage III zur *Beschreibung der Festung Minden* des Premierleutnants Kayser vom Jahr 1842 (vgl. Kat.-Nr. 43).

KAT.-NR. 45 Abb. 73
Rayonplan der Festung, 1846, vervollständigt 1866

Bezeichnet *Bock, Lieutenant im Ingenieur-Corps,* datiert *1846.*
Kolorierte Federzeichnung; 75,5 x 63 cm (Blatt), 70 x 57 cm (Einfassung).
Transversal-Maßstab von *50 + 200 Ruth.* = 12,5 cm ≅ 1:7500.
Kartentitel: *Rayon-Plan der Festung MINDEN* – Am unteren Rand rechts Signatur (s. o.), links anschließend Sichtvermerke: *Major und Platz-Ingenieur von Scheel I, Minden, 23. April 1846, Major und Platz-Ingenieur Hardenack, Minden, 11. Dezember 1848, F. von Uthmann, Oberst und Festungsinspekteur.* Unter der Signatur Vermerk: *Vervollständigt laut N. 19 2/2.66.* – Rechts im Plan *Renvoi* (Legende).

GSTA PK, Festungskarten Minden C 70.075; unpubliziert. – Oben links Farbsiegel der KÖNIGL. PREUSS: FORTIFICATION ZU MINDEN samt Signatur *P. V.I Nro 34.*

Der Plan zeigt von Festung, Brückenkopf und Bahnhofsbefestigung lediglich die Feuerlinien des Glacis, umgeben von den Glacis bzw. den Anpflanzungen, bei der Bahnhofsbefestigung mit der Bezeichnung der Forts und der Fronten. Das Vorfeld ist sehr detailliert dargestellt, mit Geländeschraffuren, Wegen, Gewässern, der gesamten Bebauung sowie der Differenzierung von Garten-, Acker- und Weideland. Eingetragen sind die Grenzen der verschiedenen Rayons, innerhalb derer die Bebauung bestimmten Beschränkungen unterlag. Im innersten Bereich, dessen Grenze von den ausspringenden Winkeln bzw. den Anlagen gemessen 75 Ruten (ca. 280 m) vor den Werken lag, sowie innerhalb des *Ersten Rayons*, dessen Grenze 800 Schritt/165 Ruten (ca. 620 m) vor der äußersten Feuerlinie des Glacis verlief, war keine Bebauung zulässig, es sei denn, daß die Bauten wegen älterer Rechte Bestandsschutz genossen, wie das Rosenthal und der Hof Schnelle vor dem Marientor oder das Gasthaus Grille und die Dinnendahlsche Eisengießerei an der Berliner Chaussee. Der Zweite Rayon wurde bis zu einer Entfernung von 1300 Schritt/260 Ruthen (ca. 980 m) angelegt; hier wurden nur leichte Bauten geduldet oder zugelassen, die im Armierungs- bzw. Belagerungsfall leicht und schnell abzubrechen oder abzubrennen waren. In Minden betraf dies vor allen die Häuser an der Bremer Straße auf dem Kohlenufer, links der Weser die Gebäude und *die Lust*, die Hahnsche Windmühle beim *Dicken Baum* vor dem Marientor und die *Ziegelei* im Brühl (zu den Rayonbestimmungen und ihren Auswirkungen vgl. MEINHARDT 1958, S. 98–101). – Annähernd gleichlaufend mit der Grenze des Ersten Rayons verlief die *Jagdgrenze*, die 800 Schritt vor dem Fuß des Glacis lag. In dem so begrenzten Bezirk stand das Jagdrecht dem Festungskommandanten zu. Erst außerhalb der Rayons war die Bebauung frei; die Gebäude der *Zuckersiederei*, die *Knochenfabrik* an der Bremer Straße und die Brinkmannsche Windmühle konnten daher nur in weitem Abstand vor der Stadt errichtet werden. Der Plan enthält neben den seit dem Bau der Bahnhofsbefestigung nach Osten vorgeschobene Rayongrenzen auch die vorher gültigen Begrenzungen, die sich auf den Brückenkopf bezogen. Die unter der Signatur vermerkte Vervollständigung von 1866 bezieht sich vermutlich auf das Nachtragen der Enveloppe um ein *Noch zu erbauendes Fr: Pulv: Magazin 8* im Norden vor Bastion VIII, das erst seit 1848 geplant wurde.

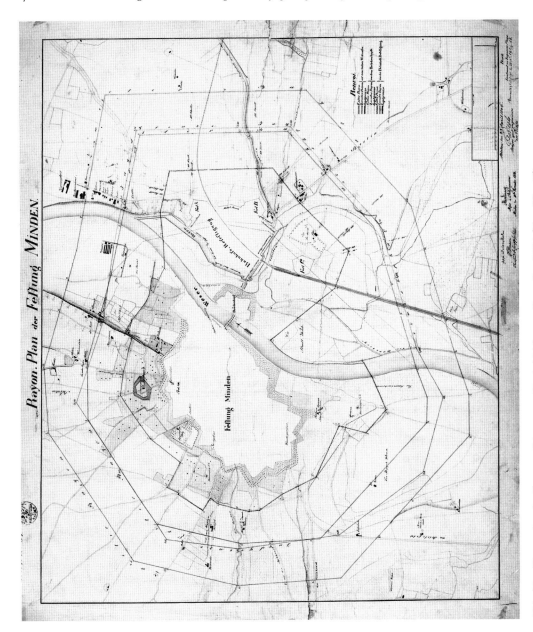

Abb. 73   Rayonplan der Festung. Lieutenant Bock 1846, vervollständigt 1866 (Kat.-Nr. 45).

KAT.-NR. 46   Abb. 74
Armierungsplan für die Festung, 1848 (Kopie)

Wohl von B. Voigt nach Original des Pionier-Sergeanten Daniel.
Kolorierte Federzeichnung; 74 x 110 cm.
Maßleiste mit *10 + 150 Ruthen* = 20,85 cm ≅ 1:2900.
Kartentitel: *Festung Minden 1848*; unten rechts: *Die zur Revision des Entwurfs (Armirungs) kommandirte Kommission gez. v. Francois, General-Lieutenant und Kommandant; gez. v. Scharnhorst, General-Lieut. u. Inspekteur; gez. Schlegell, Oberst u. Reg. Kommandeur; gez. Hardenack, Major & Platzingenieur; gez. Hesse, Hauptm. u. Artillerie Offizier v. Platze; Loehr von Kirn, Ingenieur Hauptmann.* – Unten links: *(Original) gezeichnet durch Daniel, Pionir-Sergt. a. D., Minden d. 9 Juny 1848.*

SB PK, Kartenabt. S X 30 244; unpubliziert. – Rechts unten Farbstempel, schwarz: VEND. / EX BIBL. / REG. BEROL., rot: KOENIGL. / KARTOGRAPH. / INSTITUT./ BERLIN. – Im späteren 19. Jahrhundert Maßstabsangabe *c. 1:2900* in Blei nachgetragen.

Grundriß der Festungswerke samt Brückenkopf und Bahnhofsbefestigung, jedoch ohne die vorgeschobenen Friedens-Pulver-Magazine. Alle Werke, Tore, Poternen und Pulvermagazine bezeichnet, in der Bahnhofsbefestigung auch die Fronten und Flankenbatterien. – Die *Kriegs- und Verbrauchs-Pulvermagazine* laut *Renvoi* (unten links) rot angelegt; in den Werken *Geschützbezeichnung mit Angabe des Kalibers* (Geschützsymbol und Zahl: 3, 6, 8, 10, 12, 24, 5 ½"). – Anhand der Karte läßt sich die vorgesehene Bewaffnung mit Geschützen errechnen.

Nach Handschrift und Zeichenstil stammt die Kopie von einem B. Voigt, der um 1840/45 einen summarischen *Plan von der Festung Minden und ihrer Umgebung nach einer Vermessung des Ingenieurs Capitain Wegelin*, M ca. 1:12000, kopiert und signiert hat (SB PK, Kartenabt. S X 30 245; hier nicht bearbeitet).

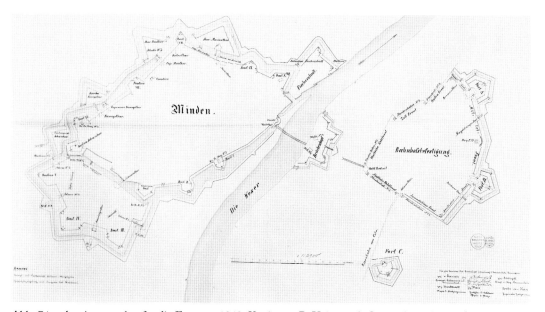

Abb. 74   Armierungsplan für die Festung, 1848. Kopie von B. Voigt nach Original von Daniel (Kat.-Nr. 46).

Abb. 75 Gesamtplan von der Stadt und Festung. Oberfeuerwerker Seydel, 1853, Nachträge von Premier-Lieutenant Hartmann, 1872 (Kat.-Nr. 47).

KAT.-NR. 47   Abb. 75
Gesamtplan von Stadt und Festung, 1853, mit Nachträgen von 1872

Datiert *1853*, signiert *Seydel* und *Hartmann I* (1872).
Kolorierte Federzeichnung; 131 x 99 cm; auf Leinen gezogen und mit dunkelgrünem Seidenband eingefaßt.
Zwei Maßleisten: *20 + 80 Ruthen* = 12,5 cm ≅ 1:3000; *50 + 300 Meter* = 11,5 cm ≅ 1:3000 (Die Angabe *1:2890* ist unzutreffend!).
Kartentitel: *PLAN von der Festung Minden und Bahnhofsbefestigung. 1853* oben links im Kasten; unten rechts: *Minden den 24ten December 1853 / Pagenstecher / Major und Platzingenieur / gezeichnet durch Seydel / Oberfeuerwerker im 4ten Artill. Regt. / Minden im December 1853*, daneben *Berichtigt von / Hartmann I / Ing:Prem:Lieutenant. / Minden, im Januar 1872*.

GSTA PK, Festungskarten Minden A 70.040. – KORN 1999, vordere Umschlagklappe.

Vorzüglich gezeichneter, außerordentlich detaillierter und genauer Plan der Stadt, der Festungswerke und des Vorgeländes innerhalb des I. Rayons, mit ebenso vollständiger und sorgfältiger Beschriftung der Straßen, wichtigen zivilen und militärischen Gebäude und Anlagen, mit Eintragung aller für die Fortifikation wichtigen Grenz- und Vermessungspunkte sowie zahlreichen Höhenangaben für die Festungswerke und das Vorgelände, das gleichfalls sehr genau in seinem Relief samt Wegen, Teichen, Gräben und Wasserläufen sowie mit der Differenzierung von Acker-, Wiesen- und Gartenland dargestellt ist.

Der 1853 aufgenommene Bestand wurde für den militärischen Bereich im Jahre 1872 berichtigt und ergänzt durch die Eintragung der seither entstandenen Neubauten in der Stadt (Marienwall-Kaserne, Bahnhofskaserne), in der Hausberger Front und anderen Werken (Artillerie-Pferdeställe, Garnison-Waschanstalt, Wagenhäuser und Nebenbauten, Kriegslaboratorium, Palisadenschuppen etc.) sowie der Erdabdeckungen an den Kriegs-Pulver-Magazinen in den Bastions I, VI, X und im Kavalier der Bahnhofsbefestigung. Außerdem wurde die seit etwa 1865 geplante und in den folgenden Jahren schrittweise durchgeführte Traversierung auf Wällen der Fronten, Bastions und Außenwerke nachgetragen.

Die bis in die vierziger Jahre verfolgten Pläne zur Anlage eines Kordons vorgeschobener Werke (vgl. Kat.-Nr. 43) sind östlich der Weser durch den Bau der Bahnhofsbefestigung überholt worden, für das linke Weserufer sind sie auf die Anlagen der Friedens-Pulver-Magazine No 1 vor Bastion VI und No 3 am Schweinebruch sowie den Bau des Blockhauses 8 vor Bastion VIII reduziert worden. Für letzteres war die vorgesehene Enveloppe laut Plan abgesteckt, sie ist aber wohl nie ganz ausgeführt worden. Die Friedens-Pulver-Magazine sollten im Belagerungsfall mit Erdumwallungen versehen werden. Wasserbautechnisch ist die genaue Darstellung der Maßnahmen zur Weserregulierung von Belang. Beide Weserufer sind an gefährdeten Stellen mit zahlreichen Buhnen versehen, vor der Kehle des Brückenkopfes sind größere Kribben (aus Pfahlwerken und Faschinen?) eingezeichnet, ferner sind bei der Weserbrücke die *Durchfahrt für Segelschiffe* (stadtseitig) und die *Durchfahrt für Dampfschiffe* (vor dem Brückenkopf) angegeben. Der seit 1853 projektierte und nach 1860 durchgeführte Anschluß der Hannoverschen Staatsbahn an die Gleise der Köln-Mindener Bahn zwischen *Cölner Thor* und Fort C mit dem Bau *des Osnabrück-Löhner Eisenbahn Thores* östlich der *Flankenbatterie No 4* ist gleichfalls nachgetragen.

KAT.-NR. 48   Abb. 76
Revenüenplan der Festung, 1855, vervollständigt 1868

Unbezeichnet, datiert *1855* und *1868*.
Kolorierte Federzeichnung; 99 x 66 cm.
Maßleiste von *10 + 100 Ruthen* = 14 cm = 1 : 2880.
Kartentitel: *REVENUeENPLAN / der Festung Minden und Bahnhofbefestigung*. Rechts unten: *Zum Bericht der Fortification zu Minden / Sect: V² No 51, vom 23. Januar 1855 / do 109 (vom) 23. Februar 1855 / Minden, den 23sten Januar, 1855 / Pagenstecher / Major u. Platzingenieur;* daneben links: *Vervollständigt / Minden den 4ten Mai 1868 / Behm / Major und Platz Ingenieur.*

GSTA PK, Festungskarten Minden C 70.077; unpubliziert.

Grundrißzeichnung der Festungswerke mit den äußeren Grenzpunkten des Fortifikationsbereichs am Fuß des Glacis. Die *Lünette vor Bastion VIII* und das *Fr.: Pulv.Magasin No 3* (am Schweinebruch) aus Platzgründen verschoben. Innerhalb der Wälle sind der Festungs-Bauhof samt Wohnung des *Art.Ofr. v. Platz* (Marienstift), *Platz Ingenieur und Bauschreiber Wohnung* (Großer Domhof 6), *Commandantur* (Kleiner Domhof 10) und der Zeughof (Mauritius-Kloster) inselartig eingetragen, außerdem die *Wallmeisters-Wohnung* (Klausenwall), ferner sind alle Werke numeriert oder benannt. Einzelne Abschnitte der Festungsanlagen oder Grundstücke im Fortifikationsbereich sind in verschiedener Schattierung koloriert und mit römischen und arabischen Zahlen bezeichnet. Diese beziehen sich offenbar – je nach der römischen Zahl – auf verschiedene Zuständigkeiten der Festungsverwaltung. Der zugehörige Bericht liegt nicht vor.

KAT.-NR. 49   ohne Abb.
Die Festung Minden und ihre Umgebung, 1860

Bezeichnet *Matthaesius* und *Hellmeier*, datiert *1860*.
Kolorierte Federzeichnung; 99 x 69,8 cm, in 16 Teilblättern von je 24,4 x 17,1 cm auf Leinen gezogen, dieses 1995 erneuert. Das ursprünglich ungeteilte Blatt war 98 x 68,4 cm groß; Abriebverluste an den Einzelblattecken.
Wasserzeichen: JWHATMAN / 1858.
Transversal-Maßstab, *500 + 3500 Schritte* = 26 cm = *Maßstab 1 : 1200 (600 x' = 1" dc.)* [600 Schritt = 1 Dezimalzoll].
Ohne Kartentitel. Unten rechts: *Nach den Aufnahmen des Ingenieur-Hauptmann Wegelin von 1824 und des Ing. Lieutenant Chevalier von 1857/59 excl: der Bergzeichnung gezeichnet von Matthaesius Feuerwerker im 4. Artill.Regt. im Mai 1860* [Kurzschrift-Vermerk?] */ fortgesetzt und beendet von Hellmeier Feuerwerker im 4. Artill.Regt. im Juni 1860;* darüber in Blei *Plan No 4.*

Mindener Museum, FM 173; unpubliziert.

Die oben und unten rechtwinklig zum leicht schräglinks versetzten Nordpfeil begrenzte Zeichnung zeigt über einem Quadratnetz von 500 Schritt Weite eine hervorragende topographische Aufnahme

IV.2.2 Katalog – Die Festung im Ganzen (Kat.-Nr. 1–57) 177

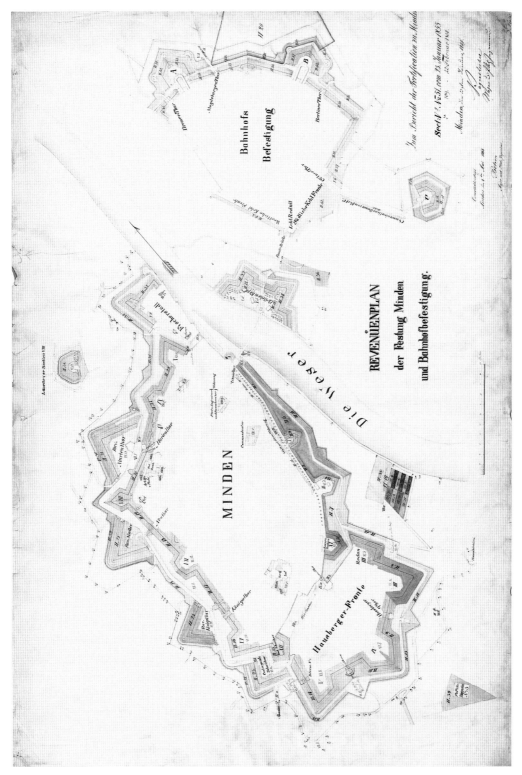

Abb. 76   Revenüenplan der Festung, 1855, vervollständigt 1868 (Kat.-Nr. 48).

der Festung und ihrer Umgebung beiderseits der Weser. Sie reicht im Norden von der *Mindener Heide* bis nach *Wietersheim*, im Süden vom Weserbogen südlich des *Wiehengebirge*[s] bis nach *Lerbeck*. Westlichste Orte sind *Hahlen, Dützen und Heverstedt*, die östlichsten *Wietersheim, Hasenkamp und Dankersen*. Wald, Weideland, Gärten und feuchte Niederungen sind farblich differenziert; neben den Dörfern sind Wohnplätze, Flurbezeichnungen und Höhen benannt. Im Stadtkern sind die wichtigsten Straßen bezeichnet, ebenso wichtige militärische und zivile Gebäude, die z. T. rot in den rosa Baublöcken markiert sind. Ebenso sind hier größere Grünflächen und Gärten markiert (Bruchgärten, Anlage im Generalabschnitt, Kreuzhöfe von Dom und St. Martini, Grünflächen bei St. Marien und im Mauritius-Kloster / Artillerie-Zeughof).

Im Vorfeld der Stadt sind die Grenzen der beiden Rayons eingetragen, ebenso die Ansiedlungen an den Ausfallstraßen: *Die Grille, Junkermann, Kanzlers Mühle* vor dem Berliner Tor, daneben eine *Sandgrube*, an der Bremer Straße nördlich von Fort A *Schwefelsäure-F(abrik), Zucker-F(abrik), Knochen M(ühle)* und die Windmühle *Brinkmann*, im Brühl die *Z(iegelei)*.

Verschiedene Punkte im nördlichen und östlichen Kartenteil sind nachträglich mit Bleistift von 1–90 numeriert; bei *Kuhlenbusch* (zwischen *Leteln* und *Kutenhausen*) ist an der Straße nach *Todtenhausen* das *Denkmal* für die Schlacht bei Minden 1759 nachgetragen.

KAT.-NR. 50 Abb. 77
Rayonplan, 1862

Unterzeichnet *Heinlé*, datiert *1862*.
Kolorierte Federzeichnung auf Pausleinen; 75 x 63 cm (Blatt), 70 x 57 cm (Einfassung).
Transversal-Maßstab mit *50 + 200 Ruthen* = 12,5 cm ≅ 1:7400.
Ohne Kartentitel; oben: *Zum Bericht über die Rayon-Verhältnisse der Festung Minden vom 6ten September 1862*; unten rechts *M: Heinlé / Major und Platz-Ingenieur*, unten links: *Minden, September 1862*.

GSTA PK, Festungskarten Minden C 70.076; unpubliziert. – Dorsal: *Plan No. 91 Minden / Rayonplan der Festung*.

Übersichtsplan mit vereinfachter Darstellung der Festungswerke, die einzeln bezeichnet sind, an der Weserfront mit Zusatz *Esc(arpe) revetirt*, an der Hohen Front mit Zusatz *Es(carpe) u(nd) Contresc(arpe) rev(etirt)*. Revetierte Escarpen sind auch für Fort A und B vermerkt. In der *Hausberger Front / Simeons-Platz* sind die Gebäude eingetragen, in der Fischerstadt auch die Straßen. Detaillierter ist das Vorgelände dargestellt, mit den Geländeformen, Wasserläufen, Wegen, Chausseen und der vorhandenen Bebauung mit Gartenhäuschen, Gehöften und Fabrikanlagen innerhalb und außerhalb der Rayongrenzen. Deren wichtige Punkte sind im Uhrzeigersinn umlaufend von *a* bis *z* markiert, beginnend auf dem linken Weserufer am *Schweinebruch*, endend am Weg *nach Hausberge* auf dem rechten Ufer. Der Bestand deckt sich weitgehend mit den Eintragungen des Rayonplans von 1846/1866 (Kat.-Nr. 45), zusätzlich verzeichnet sind der *Quäker Kirchhof* beim *Kukuk* und der *Fischerst(ädtische) Kirchhof* hart nördlich von Fort A am Nordende vom *Hafenbassin*.

IV.2.2 Katalog – Die Festung im Ganzen (Kat.-Nr. 1–57) 179

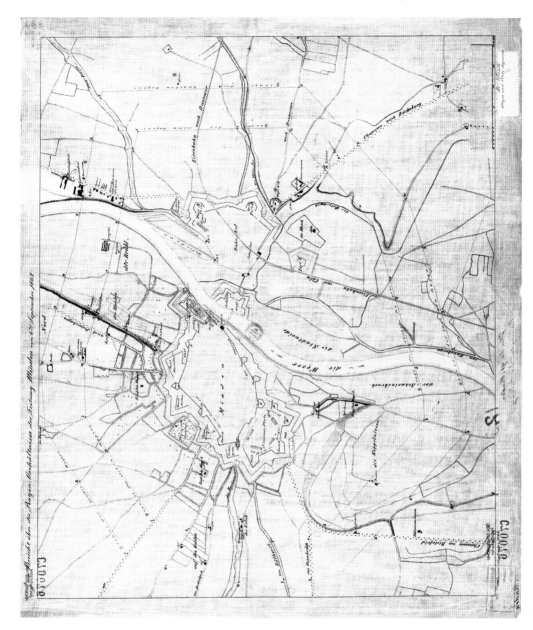

Abb. 77   Rayonplan, 1862 (Kat.-Nr. 50).

KAT.-NR. 51 Abb. 78
Traversierungsplan für die Festung, 1866

Bezeichnet unten rechts *Ross*, datiert *1866*.
Kolorierte Federzeichnung; 97,5 x 65 cm (Blatt), 91 x 61,5 cm (Einfassung).
Maßleiste von *20 + 120 Ruthen = 17,8 cm*; *Maßstab 20 Ruthen = 1ddc. Zoll = 1 : 2880*.
Kartentitel: *Traversirungs-Plan für die Festung Minden./ Bearbeitet zufolge Verfügung des Königlichen Allgemeinen Kriegs Departements vom 20ten Juni 1885 und zum Bericht vom 8ten Februar 1866 gehörig*.
Unten rechts *Ross* (Ecke fehlt), daneben von rechts: *Minden den 8ten Februar 1866 / Maentell Major und Platz-Ingenieur* und drei Sichtvermerke: *Grapow, Major und Artillerie Offizier vom Platz; Schultz I, Oberst und Festungs Inspecteur; Caspary, Oberst und Regiments Kommandeur*.

GSTA PK, Festungskarten Minden C 70.078; unpubliziert.

Detaillierter Grundriß der Festungswerke mit Bezeichnungen; die Wälle sind in dichter Folge mit Traversen besetzt, die für den Belagerungsfall Schutz vor direktem Beschuß von der Seite oder von rückwärts und gegen das Enfilieren, ggf. auch gegen Rikoschettschüsse bieten sollten. Die Hohltraversen waren z. T. als gedeckte Geschützstände, z. T. als Schutzräume für die Bedienungsmannschaften gedacht. Im Plan *Bemerkung. Die vorhandenen Traversen sind mit schwarzen Linien ausgezogen. Die projectirten vollen Traversen und alle Aenderungen an Rampen, Geschützbauten und Wallgängen sind mit braunen Linien ausgezogen. Die projectirten Hohlräume sind roth schraffiert, die Erdschüttungen mit braunen Linien angegeben. Die Hohlräume für Geschütze sind jenachdem sie für 2 oder 4 Geschütze eingerichtet werden sollen, mit »2G.« resp. »4G« bezeichnet.*

    Die Notwendigkeit der Ausstattung der z. T. langgezogen Linien der Fronten, Ravelinfacen sowie der Facen und Flanken der Bastions mit zahlreichen Traversen ergab sich aus den Fortschritten der Waffentechnik, vor allem der Einführung gezogener Geschütze und der Hohlgeschosse in den europäischen Armeen. Preußen führte sie 1860 nach längeren Erprobungen und Schießversuchen bei Schweidnitz und an der Zitadelle von Jülich ein; im Ernstfall erwies sich ihre Überlegenheit 1864 bei der Belagerung der Düppeler Schanzen. *Diese Überlegenheit bestand in der großen Schußweite, der gesteigerten Rasanz und Treffsicherheit, der bedeutenden Erhöhung der Geschoßwirkung und der durch alle diese Vorzüge ermöglichten Ausbildung des indirekten Schusses* (REULEAUX 1912, S. 95).

    Dieser Gesamt- und Übersichtsplan ergänzt Einzel- und Detailpläne aus den fünfziger Jahren für verschiedene Werke, die unter diesen besprochen sind. Der angegebene Bericht vom 8. Februar 1866 liegt nicht vor. – Ob die Traversierung bis zur Entfestigung 1873 im geplanten Umfang ausgeführt worden ist, bleibt unsicher (vgl. Kat.-Nr. 52).

    Ausführungsbestimmungen von 1865 zur Traversierung der Wallgänge etc. finden sich im GSTA PK, I. HA, Rep. 75 D Nr. 238/2 : Vervielfältigte Stellungnahmen der Spezial-Kommission zur Bearbeitung artilleristisch-fortifikatorischer Fragen.

IV.2.2 Katalog – Die Festung im Ganzen (Kat.-Nr. 1–57)

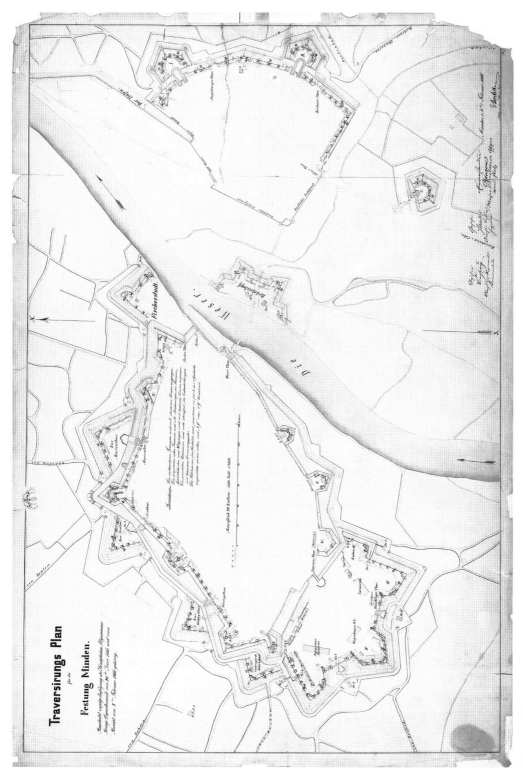

Abb. 78   Traversierungsplan. Ross, 1866 (Kat.-Nr. 51).

KAT.-NR. 52 Abb. 79
Plan von Stadt und Festung mit Rayons und Armierung, um 1865, mit Nachträgen

Unbezeichnet, undatiert.
Kolorierte Federzeichnung; 64 x 71,2 cm (Blatt), 54,9 x 62,7 (innere Einfassung). Wegen starker Brüche mit einzelnen Fehlstellen auf Japanpapier gezogen.
Wasserzeichen: JWHATMAN / 1862.
Maßleiste von *50 x 150 Ruth.* = 10,4 cm = 1:7200.
Kartentitel: *Plan der Festung Minden* (nachgezogen).
Rechts unten Legende mit *Geschütz-Bezeichnung* in roter und schwarzer Tusche, z. T. durchstrichen und außerhalb der Einfassung korrigiert oder nachgetragen, z. T. unleserlich. Die Symbole bezeichnen 3pfündige, 6pfündige und 8pfündige Kanonen; 12pfündige Kanonen; kurze 24-Pfünder, lange 24-Pfünder; 7pfündige und 5 ½-zöllige Haubitzen; 10pfündige und 6zöllige dto.; 7pfündige Mörser; 50pfündige dto., Handgranaten; Leuchtfackeln, Wall-Lampen; Geschoß-Ladestelle; Geschoßraum; Zündreservoir (bei den drei Letzteren: *in Roth permanent.*) Anmerkung: *Die mit rother Farbe eingetragenen Geschütze sind aus der Dotierung gegen den förmlichen Angriff entnommen.*
Am Rand rot nachgetragen Symbole und Legende für *25pfündige gez. B...; gez(ogene) 6 Pfünder; gez(ogene) 24 Pfünder; Hohltraversen* (für) *Verbrauchspulver* (stark verblaßt).

KAM, Mi; aus dem Mindener Museum, ältere Signatur Pla Mi 20. – Abb. bei Nordsiek 1979, S. 83; Zusammenstellung der Bewaffnung bei Meinhardt 1958, S. 77 f.

In minutiöser Feinheit ist der gesamte Festungsbereich mit Erstem und Zweitem Rayon samt Jagdgrenze dargestellt, in genauer topographischer Aufnahme, mit dem Bestand der Festungswerke im letzten Ausbauzustand vor der Aufhebung und Entfestigung 1873 ff. Die Anfertigung des Planes dürfte um 1865 liegen, da die Artillerie-Pferdeställe und andere Bauten in der Hausberger Front eindeutig nachgetragen sind. – Die seit Beginn der sechziger Jahre geplante Traversierung (siehe Kat.-Nr. 51) ist in Teilen durchgeführt, vor allem im mittleren Bereich der Hausberger Front, an den Werken der Hohen Front und den davorliegenden Ravelins sowie an der Inundations-Front der Bahnhofsbefestigung.

In allen Werken sind Aufstellung und Art der Geschütze verzeichnet. Nach der Zusammenstellung bei Meinhardt betrug die Bestückung auf den Wällen 140 Geschütze, davon 74 drei- bis sechspfündige Kanonen und 14 siebenpfündige Haubitzen; ein 50pfündiger Mörser war über der Poterne II der Hausberger Front, neben der Defensions-Kaserne, vorgesehen. Moderne gezogene Geschütze von 6–24 Pfund waren mit sieben Stücken nur in geringer Zahl vertreten. Als Geschützreserve sind je vier zehnpfündige und sechszöllige Haubitzen anzusehen, die im Armierungsfall auf dem Markt und auf dem Großen Domhof postiert werden sollten. Sie sind nachträglich in der Legende gestrichen und erscheinen daher nicht in der Tabelle bei Meinhardt (1958, S. 79). – Die Leuchtfackeln und Wall-Lampen wurden im Armierungsfall meist an den Spitzen der Werke postiert. Handgranaten sind auf dem Wesertor und im Tambour vor dem Marientor eingetragen, also an Stellen, an denen ggf. am ehesten mit einer Nahkampftätigkeit zu rechnen war. Die Kleinanla-

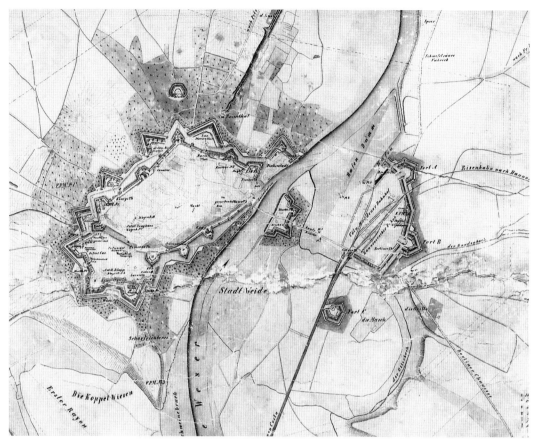

Abb. 79   Stadt und Festung mit Rayons und Armierung, um 1865 (Kat.-Nr. 52, Ausschnitt).

gen wie Geschoß-Ladestellen, Geschoßräume und Zündungsreservoirs gehörten zum permanenten Bestand der Festung und waren rundum in den Werken verteilt.

Im Vergleich mit dem Armierungsplan von ca. 1840 (Kat.-Nr. 41), der eine Gesamtzahl von 139 Geschützen aufweist, ist nach dem Bau der Bahnhofsbefestigung die Bewaffnung der Gesamtfestung eher vermindert worden. Die Bestückung war demnach recht sparsam; im Belagerungsfall wäre sie allerdings durch Material des Feldheeres verstärkt worden.

Die sparsame Ausstattung der Festung mit Geschützen macht neben der Reduzierung der Ausbaupläne und dem Verzicht auf starke vorgeschobene Forts auf dem linken Weserufer deutlich, daß der Festung Minden seitens des Generalstabs spätestens seit der Vollendung der Bahnhofsbefestigung eine deutlich verminderte strategische Bedeutung beigemessen wurde als in der ersten Jahrhunderthälfte. Dies deckt sich zudem mit den Einschätzungen in den verschiedenen Generalstabs-Denkschriften (SB PK, Kartenabt., Generalstabs-Denkschriften XXIII, Nr. 190 mit Anhang).

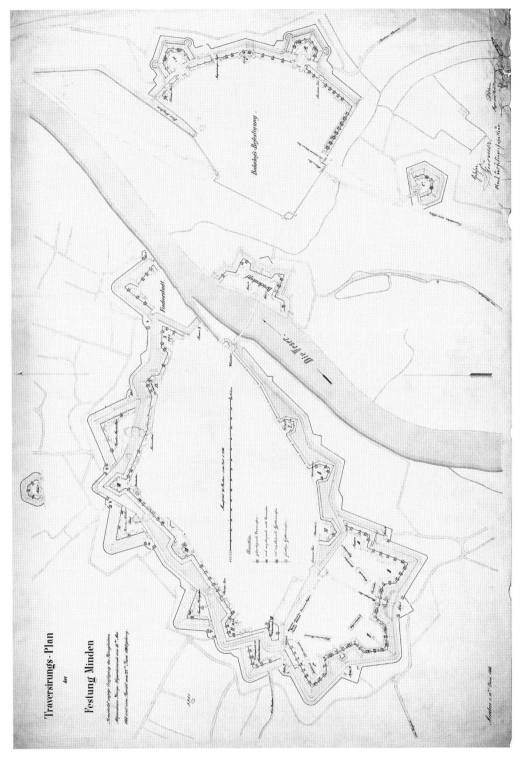

Abb. 80   Traversierungsplan. Unteroffizier Langen, 1868 (Kat.-Nr. 53).

KAT.-NR. 53   Abb. 80
Traversierungsplan 1868

Bezeichnet unten rechts *Langen, Unteroffizier*, datiert *1868*.
Kolorierte Federzeichnung; 98 x 6 cm.
Maßleiste von *10 + 150 Ruthen* = 20,5 cm; *Maaßstab 20 Ruten = 1 ddc. Zoll = 1:2880*.
Kartentitel oben links: *Traversirungs-Plan der Festung Minden.*
Bearbeitet zufolge Verfügung des Königlichen Allgemeinen Kriegs-Departements vom 16ten Mai 1868 und zum Bericht vom 22ten Juni 1868 gehörig.
Unten rechts Zeichner-Signatur: *Langen Unteroffizier*; daneben nach links *Behm, Major und Platz Ingenieur* und Sichtvermerk von *Stürmer, Oberst und Festungs-Inspekteur*.

GSTA PK, Festungskarten Minden C 70.079; unpubliziert.

Der Plan stimmt in der Grundlage weitgehend mit dem Traversierungsplan von 1866 (Kat.-Nr. 51) überein, zeigt aber in der Anlage der Traversen, der Zahl der projektierten Hohlräume und ihrer Ausrichtung gegenüber dem zwei Jahre älteren Blatt beträchtliche Unterschiede. Generell wurde die Zahl der Hohltraversen verringert; in der überarbeiteten Fassung stehen sie durchweg wieder rechtwinklig zur Feuerlinie, während 1866 vor allem die Traversen der Hausberger Front, besonders in Bastion IV und V, fächerförmig vom gedachten Bastionsmittelpunkt aus angeordnet und somit die toten Winkel vor den Bastionsspitzen verringert waren.

KAT.-NR. 54   Abb. 81
Stadt- und Festungsplan 1868/69

Bezeichnet unten rechts *Langen, Unteroffizier*, datiert *1869*.
Kolorierte Federzeichnung; 70 x 62,5 cm.
Maßleiste von *10 + 160 Ruthen* = 21,6 cm; *Maaßstab 20 Ruthen = 1ddc. Zoll = 1:2880*.
Kartentitel: *Festung Minden / Zum Bericht vom 2ten April 1868 gehörig. Zu dem Antrage vom 20ten Juni 1869 gehörig. Zu dem Entwurf vom 18ten September 1869 gehörig.*
Unten rechts Signatur: *Langen, Unteroffizier*, daneben *Behm, Major und Platz Ingenieur*, links *Minden, den 2ten April 1868;* darüber rechts *Minden, den 10ten Juni 1869, Giese Major und Ingenieur vom Platz*.

GSTA PK, Festungskarten Minden C 70.119; unpubliziert.

Innerhalb der vereinfacht wiedergegebenen Enceinte der Stadtplan über aquarellierter Schraffur zur Verdeutlichung der topographischen Situation des Geländesprungs im Bereich der Altstadt und nördlich des Marientores. Im Stadtbereich, mit bezeichneten Hauptstraßen sind *Artilleriezeughof*, *Martinikirche*, *Garnison Bäckerei* am *Martini-Platz*, der *Dom* und die *Marienkirche* sowie Tore und Caponièren an den Festungswerken rot hervorgehoben. Dunkelrot markiert und detailliert bezeichnet sind die Baulichkeiten vom *Festungs Bauhof* bei St. Marien, im ehem. Marienstift. Westlich neben der *Caponiere Marienthor* ist die *Projectirte Thorpassage* zwischen *Stift Strasse* und *Ravelin Marienthor* eingetragen.

Da das Neue Tor in der Hohen Front zwischen Bastion VII und VIII seit der Neubefestigung für den allgemeinen Verkehr geschlossen war und nur für militärische Zwecke benutzt wurde, mehrten sich die Klagen der Einwohner vor allem der nördlichen Oberstadt über die weiten Umwege, die sie machen mußten, um zu ihren Gärten und Äckern vor dem Marien- und Neutor zu gelangen. Sie waren gezwungen, entweder das Königstor zwischen Bastion VI und VII zu benutzen oder über die steile Hufschmiede zum Marientor hinunter- und durch das Ravelin Marientor wieder auf die Höhe hinaufzufahren bzw. umgekehrt, was für beladene Fahrzeuge äußerst beschwerlich war. Diese Unzuträglichkeiten vermehrten sich im Jahre 1833 noch, als die Hauptgraben-Caponière Königstor erbaut wurde und das Königstor zeitweilig für den zivilen Verkehr gesperrt werden mußte. Alle Fuhrwerke waren allein auf das weit im Süden der Stadt gelegene Simeonstor angewiesen (MEINHARDT 1958, S. 106). Nach längeren Verhandlungen und Abwägung aller möglichen militärischen Nachteile erklärte sich 1869 die Festungsbehörde schließlich bereit, einen Walldurchstich am Marienstift zu bewilligen, der es ermöglichte, über eine aus freiwilligen Beiträgen der Bürgerschaft erbaute Brücke auf kurzem Weg aus der Oberstadt direkt vor das Marientor zu gelangen (SCHROEDER 1886, S. 708).

Diesen Situationsplan ergänzen zwei weitere Blätter (GSTA PK, Festungskarten Minden F 70.073 und C 70.119) mit dem Lageplan der Stiftspassage und der Detailplanung der Brücke (siehe Kat.-Nr. 133,134) und zwei weitere Zeichnungen zur Brücke (Kat.-Nr. 135, 136).

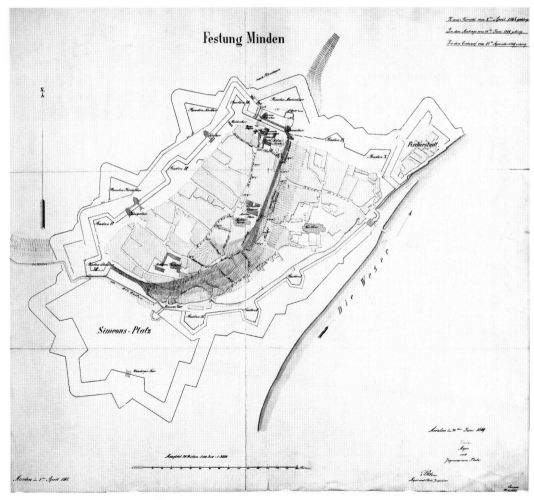

Abb. 81   Stadt- und Festungsplan. Unteroffizier Langen, 1868/69 (Kat.-Nr. 54).

KAT.-NR. 55 ohne Abb.
Revenüenplan der Festung, 1871

Bezeichnet, *Langen,* datiert *1871*.
Kolorierte Federzeichnung; 102 x 97,5 cm.
Maßleisten von *10 + 120°* = 16,3 cm und *50 + 300 m* = 18,2 cm; *Maßstab 20° = 1ddc." = 1 : 2880*.
Kartentitel: *REVENÜEN-Plan der Festung Minden mit Bezeichnung der Grenzen des Festungs Terrains,* unten rechts: *Langen, Sergeant* und *Heinlé, Major z.D. und stellv. Platz-Ingenieur,* unten links *Minden den 31ten Januar 1871.* Oben rechts: *Zu der Revenüen-Uebersicht vom 31ten Januar 1871 gehörig.*

GSTA PK, Festungskarten Minden A 70.047; unpubliziert.

Grundrißzeichnung der Festungswerke mit den äußeren Grenzpunkten des Fortifikationsbereichs am Fuß des Glacis. Die Friedens-Pulver-Magazine No 1 (vor dem Königstor) und No 3 (am Schweinebruch) sowie das Blockhaus 8 /Friedens-Pulver-Magazin (vor Bastion VIII) am richtigen Ort verzeichnet. Innerhalb der Enceinte sind der *Festungs-Bauhof, Marien Kirche,* die *Kommandantur* und der *Artillerie Zeughof* inselartig eingetragen, vor Bastion II (mit *Laboratorium*) und Redan III der *Artillerie-Exercir-Platz,* nordöstlich von Fort B der *Pionir-Uebungs-Platz;* alle Werke sind numeriert oder bezeichnet.

Festungsabschnitte und Grundstücke innerhalb der Fortifikationsgrenzen sind farbig differenziert und mit roten Nummern von *I* bis *VII* und *No 1 …* versehen, einzelne Grün- und Wasserflächen auch mit römischen Ziffern und *a,b…* Die Numerierung der Abschnitte und Flächen weicht von dem Revenüenplan von 1855/1868 (Kat.-Nr. 48) ab.

KAT.-NR. 56 Abb. 82
Stadt- und Festungsplan mit Umgebung, 1871

Bezeichnet *Langen,* datiert *1871*.
Kolorierte Federzeichnung; 69 x 67 cm (Blatt), 67 x 65,5 cm (innere Einfassung), in zwölf Stücken auf Leinen gezogen.
Maßleisten mit *50 + 250°* = 15 cm, *100 + 1000 m* = 14,8 cm; *Maßstab 50° = 1ddc." = 1 : 7200*; Norden entgegen der Pfeil-Angabe oben links!
Kartentitel oben links im Kasten: *PLAN der Festung Minden und Umgebung / Minden im November 1871 / gez. Langen, Sergeant.*
Unten rechts: *Rotte Major und Platz-Ingenieur.*

GSTA PK, Festungskarten Minden C 70.072; unpubliziert.

Hervorragend gezeichnete, sehr detaillierte topographische Karte der Festung im letzten Ausbauzustand – allerdings ohne die seit Beginn der sechziger Jahre geplante und teilweise ausgeführte Traversierung und ohne Enveloppe um das Blockhaus 8 –, mit zahlreichen Eintragungen auch nichtmilitärischer Objekte in Stadt und Umland samt Rayongrenzen: Nördlich *Boelhorst* ist das *Kohlen-Berg-*

188 IV Die Festung – IV.2 Die Festung vom Dreißigjährigen Krieg bis zur Aufhebung im Jahr 1873

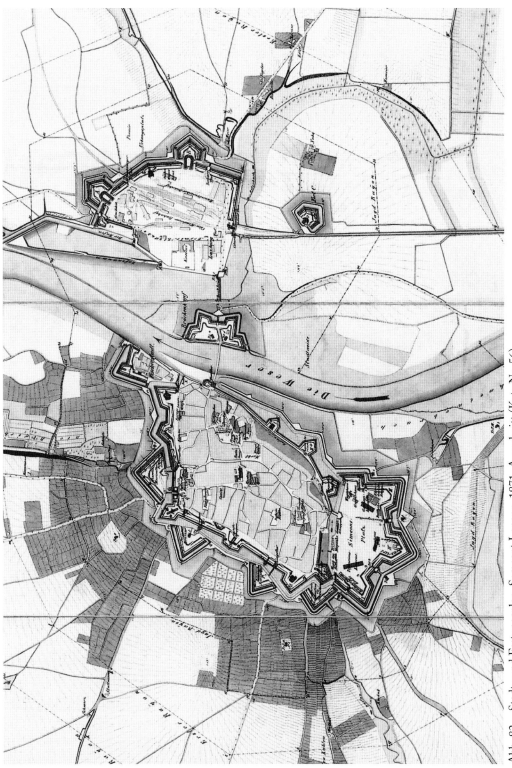

Abb. 82   Stadt- und Festungsplan. Sergeant Langen, 1871. Ausschnitt (Kat.-Nr. 56).

Abb. 83   Minden und die weitere Umgebung. Sergeant Langen, 1871 (Kat.-Nr. 57).

werk samt Halden verzeichnet, östlich *Erbe* ein *Luftschlot* (2 x) und das *Kohlen-Bergwerk Laura*, an der *Berliner Chaussée: Die Grille, Vogeler, Edler, Zörner*, an der Bremer Straße: *Cigarren-Kisten-Fabrik*, Windmühle *Brinkmann, Zucker-Fabrik, Knochen-Fabrik*, am Weg *nach Petershagen: Bier-Brauerei*, im Brühl: *Ziegelei*.

Im Stadtplan sind öffentliche wie militärische Gebäude hervorgehoben, in der Bahnhofsbefestigung sind *Laxburg, Post, Kaserne und Gas-Fabrik* bezeichnet, ebenso *Cöln-Mindener Bahnhof und Hannöverscher Bahnhof* mit den zahlreichen Gebäuden und den Gleisanlagen. Vor dem Glacis und im Umland zeigt die Karte alle Wege, Gewässer, die Gärten, *die Bleichen* und Niederungen von der *Poggen-Mühle* im Norden bis zur *Boelhorst* im Südwesten und *Meissen* im Südosten.

KAT.-NR. 57 Abb. 83
Minden und die weitere Umgebung, 1871

Bezeichnet *Langen*, datiert *1871*.
Kolorierte Federzeichnung; 93 x 73 cm.
Maßleisten von *500 + 3000 Schritt / 100 + 600°* = 20,5 cm; *500 + 2500 m* = 23,3 cm; *Maaßstab 1: 12 500*.
Ohne Kartentitel. Unten rechts: *Langen, Sergeant;* unten Mitte *Minden, den 5ten Juli 1871/ Rotte Major und Platz-Ingenieur;* Sichtvermerk *Stürmer, Oberst und Inspecteur der 6. Festungs-Inspection*.

GSTA PK, Festungskarten Minden A 70.039; unpubliziert.

Die Topographische Karte zeigt Stadt und Festung nur in den Hauptumrissen der Werke, die numeriert oder bezeichnet und mit Angabe der höchsten Erhebung (in Fuß über dem Mindener Pegel) versehen sind. Im nördlichen Vorgelände, westlich der *Poggen-Mühle* ist das mit Kriegsausbruch 1870 begonnene detachierte Fort eingezeichnet, das nach Kriegsende sofort wieder geschleift wurde (Verwaltungs-Bericht).

Das Umland ist mit dem Geländerelief, Niederungen, Wasserläufen, Hofstellen und Ortslagen detailliert wiedergegeben; an den Blattgrenzen im Norden *Kutenhausen / Todtenhausen*, im Osten *Evsen / Petzen*, im Süden *Holzhausen / Nammen*, im Westen *Heverstedt / Hahlen*.

Die Hohe Front vom Bastion XII Schwichow bis zum Bastion VIII (Kat.-Nr. 58–112)

KAT.-NR. 58   Abb. 84
Die Hohe Front, 1817

Bezeichnet *Creuzinger*, datiert *1817*.
Lavierte Federzeichnung; 50,1 x 70,4 cm (Blatt), 46 x 66,5 cm (Einfassung); z. T. mit Blei überskizziert und nachträglich beschriftet.
Wasserzeichen: JWHATMAN / 1813 (oder 1815).
(Transversal-)*Maasstab zum Grundriss 10 + 50 Ruthen rhnl.* = 15,35 cm, darüber nachgetragene Maßleiste *10 + 300 Meter* = 21,3 cm ≅ 1:1500. *Maasstab zu den Profilen 12 (Fuß) + 10 Ruthen* = 16,66 cm ≅ 1:250; Norden oben rechts.
Kartentitel: *Zeichnung von der hohen Fronte der Festung Minden*, unten rechts: *gez. von GA Creuzinger / Vol: Pion:1817*.

Mindener Museum, FM 98; unpubliziert. – Oben links Stempel der Fortification Minden mit alter Inv.-Nr. *P.V: IIa, No 19*.

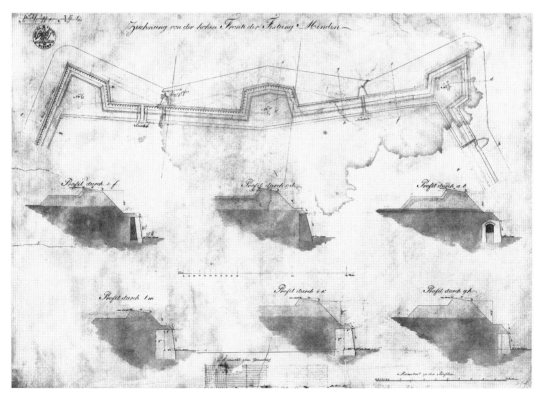

Abb. 84   Die Hohe Front, Grundriß und Schnitte. Pionier-Volontär G. A. Creuzinger, 1817 (Kat.-Nr. 58).

Oben Grundriß der Neuplanung der Front mit Bastion No 6 bis No 8 und dem Anschluß der Petershagener Front bis hinter die Hauptgraben-Caponière Marientor, über den gestrichelten Linien des 1814 vorgefundenen Bestandes (vgl. Kat.-Nr. 30, 33). Die rechte Face und Flanke vom Bastion VI sowie linke Flanke, beide Facen und die halbe rechte Flanke von Bastion VII wurden neu angelegt, die Kurtinen samt Bastion VIII blieben bestehen, wobei neue Teile und die Kurtine VI–VII eine Escarpenmauer mit Strebepfeilern erhielten. Neben dem Königstor (*Kuhthor*) rechts, vor dem *Neuethor* und neben Bastion VIII sind die geplanten Hauptgraben-Caponièren eingezeichnet. Unter dem Grundriß von rechts nach links in zwei Reihen *Profile durch ab, cd, ef, gh, ik, lm* mit Höhen- und Maßangaben und farblicher Unterscheidung von bestehendem (dunkel) und neu anzulegendem (hell) Mauerwerk. Das *Profil ab* durchschneidet die gewölbte Kommunikation vom Marientor zur Caponière.

Das Blatt entstand vermutlich im Zusammenhang mit Einstürzen von Teilen der Festungsanlagen beim Neuen Tor im März 1816 und Februar 1817, die Anlaß waren, *eine zweckmäßige Correction verschiedener Theile der fehlerhaften Trace* vorzunehmen (siehe S. 44).

KAT.-NR. 59   Abb. 85
Plan zu den Festungsbauten pro 1832

Unbezeichnet; datiert *1832*.
Kolorierte Federzeichnung mit Bleistift-Ergänzungen; 65 x 70,5 cm.
Maßleiste beim Grundriß *10 + 150 Ruthen* = 20 cm ≅ 1:3000; bei den Profilen *12 + 180 Prss: Fuß* = 25,1 cm ≅ 1:240. Norden oben rechts.
Kartentitel: *Plan zu den Festungsbauten pro 1832 und zur Uebersicht derjenigen Ländereien welche zur Beendigung des Glacis fehlen.*
Unten rechts: *Minden d: 22 Februar 1832 FvUthmann Maj und Ing. vom Platz.*; rückseitig: *eingesandt v.d. 3t: Ingen: Inspection d. 7" July 1832.*

GSTA PK, Festungskarten Minden C 70.081; unpubliziert.

Oben Grundriß der Hohen Front, der Petershagener Front und der Fischerstadt samt Eintragung der für die Anlage des Glacis noch erforderlichen Grundstücke (schraffiert) vor den Außenwerken von der Contregarde Schwichow bis zum Weserufer bei der Fischerstadt; daneben oben rechts Schnitt *Nach der Linie a.b* durch die Spitze des Ravelins Neutor. Darunter *Grund- und Profil-Risse vom Ravelin vor dem Königs-Thor in Minden;* unten links Grundriß und Schnitt *Nach der Linie A.B.* des Anschlusses des linken Wallkopfes an den Festungsgraben mit der Torkasematte und Angabe der projektierten Verbreiterung des Ravelingrabens; unten rechts Grundriß des entsprechenden Anschlusses rechts, dazu Schnitt *Nach der Linie C. D.* und Ansicht der Grabenseite *Nach der Linie E. F.* Das im Wallkopf eingezeichnete Pulver-Magazin nachträglich gestrichen (*fällt weg*). Dazwischen rechts Ansicht, Grundriß und Schnitt *Nach a.b.* des südlichen Abschnitts der *Quaimauer von der Fischerstadt a-b-c-d* mit Ausfallpforte.

Zu den Korrekturen am Anschluß der Ravelin-Wallköpfe an den Festungsgraben vgl. Kat.-Nr. 60. Die dichte Reihung der Gewehrscharten in der Fischerstadtmauer wurde in der Ausführung aufgelockert (siehe Kat.-Nr. 156).

IV.2.2 Katalog – Die Hohe Front (Kat.-Nr. 58–112)

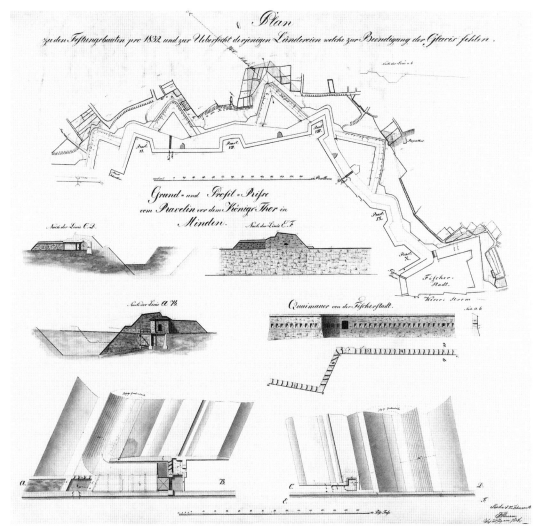

Abb. 85   *Plan zu den Festungsbauten pro 1832* (Kat.-Nr. 59).

KAT.-NR. 60   Abb. 86
Plan zu den Festungsbauten pro 1832

Unbezeichnet, datiert *1832*.
Kolorierte Federzeichnung mit Bleistift-Ergänzungen in der Beschriftung; 63 x 96 cm.
Wasserzeichen: JWHATMAN / TURKEY MILL.
Maßleiste beim Grundriß *10 + 100 Ruthen* = 13,5 cm ≅ 1:3000; bei den Profilen *12 + 132 Fuss* = 19 cm ≅ 1:244. Norden oben rechts.
Kartentitel rückseitig: *No 26 b Minden: Plan zu den Festungsbauten pro 1832 Die Uebersicht der zur Vollendung des Glacis einzuziehenden Ländereien enthaltend. / Eingesandt von der 3t: Ingenieur-Inspection den 7t: July 1832.*

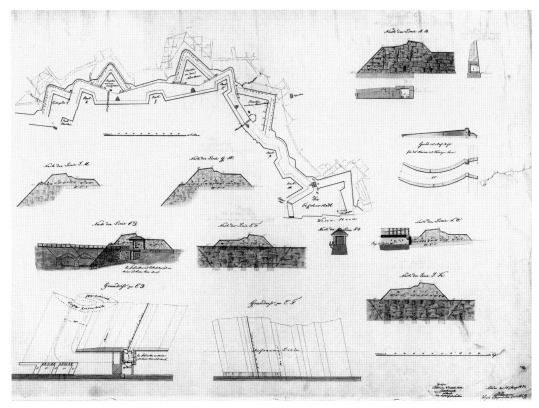

Abb. 86   *Plan zu den Festungsbauten pro 1832* (Kat.-Nr. 60).

Unten rechts: *Minden den 18" Juny 1832 / FvUthmann Major und Ingenieur vom Platz;* daneben Sichtvermerk *Cölln den 2ten July 1832 / Jachnick Oberst und Festungs Inspecteur.*

GSTA PK, Festungskarten C 70.098; unpubliziert.

Oben Grundriß der Hohen Front und der Petershagener Front samt Fischerstadt mit Bezeichnung der Werke und Eintragung der einzuziehenden Parzellen im Glacis vor der Contregarde Schwichow, den Ravelins und vor der Fischerstadt. – Darunter und rechts Profile und Detailgrundrisse; die Bezeichnungen mit genaueren Ortsangaben in Blei ergänzt. Oben rechts: *Profil der rechten Face der Contregarde vor Bastion Schwichow. Nach der Linie A. B.* In der Ansicht gestrichelte Strebepfeiler, rechts *Profil durch das Pulver Magazin nach der Linie A. B.,* darunter Grundriß *Pulver Magazin;* darunter: *Grund- und Auf-Riss für das Marien und Königs-Thor* (Durchlässe durch das Glacis); darunter: *Profil des lincken Anschlusses der Befestigung der Fischerstadt / Nach der Linie N.O:* Ansicht des Wallkopfes und Längsschnitt durch die Graben-Caponière, die daneben *(Nach der Linie P.Q)* im Querschnitt steht. Rechts unten: *Profil der rechten Façe des Ravelins vor dem Neuen Thor / Nach der Linie J.K,* mit Revêtement en décharge.

 Unter dem Grundriß links: *Profil der lincken Face des Ravelins vor dem Marienthor / Nach der Linie L. M.;* rechts das gleiche beim *Neuen Thor / Nach der Linie G. H.* – Darunter links das gleiche beim Königs-Thor / *Nach der Linie C.D* mit Schnitt durch Torkasematte und Brückenkeller, im Graben Schnitt der Grabencaponière. Beischrift: *Die Kasematten und Brückenkeller sind am Marien und Neuen Thore eben so.* – Rechts: Das gleiche für die rechte Face vor dem Königstor *Nach der Linie E. F.* mit Breschbögen. Unter beiden Schnitten die entsprechenden Grundrisse, der linke mit der Gegenüberstellung der vorhandenen und der projektierten Grabenbreite. Der neue Graben sollte danach um 30 Fuß (ca. 9 m) breiter angelegt werden.

Der Plan gehört zu Kat.-Nr. 59; er ergänzt und korrigiert diesen mit der Verdoppelung der Grabencaponière links und dem Wegfall des Pulvermagazins rechts.

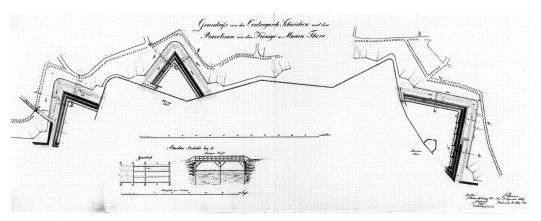

Abb. 87 Außenwerke vor der Hohen und der Petershagener Front, 1833 (Kat.-Nr. 61).

KAT.-NR. 61   Abb. 87
Außenwerke vor der Hohen und der Petershagener Front, 1833

Unbezeichnet, datiert *1833*.
Kolorierte Federzeichnung; 105,5 x 36 cm; aus zwei Blättern zusammengeklebt.
Maßleiste beim Lageplan: *10 + 120 Ruthen* = 33,4 cm ≅ 1:1430; *Maaßstab zur Brücke*: *12 + 72 Fuß* = 21,9 cm = 1:120. Norden oben rechts.
Kartentitel: *Grundriß von der Contregarde Schwichow und den Ravelinen vor den Königs- u. Marien-Thore.* Rechts unten: *FvUthmann Maj und Ing vom Platz. Minden den 20 März 1833*, daneben: *Gesehen Cölln den 28ten März 1833 Jachnick Oberst und Festungs Inspecteur.*

GSTA PK, Festungskarten Minden D 70.014; unpubliziert.

Detaillierter Grundriß der Contregarde, der Ravelins und des Glacis mit Maßangaben zu Längen und Breiten; Höhenangaben in Rot in Fuß *a.M.* (= am Maß = am Mindener Pegel).

Unten Detailzeichnung für die Konstruktion der Brücke im Zuge des Glaciswegs vor dem Einlauf der Bastau in den Graben vor der Contregarde Schwichow *(Bastau-Brücke bei X).*

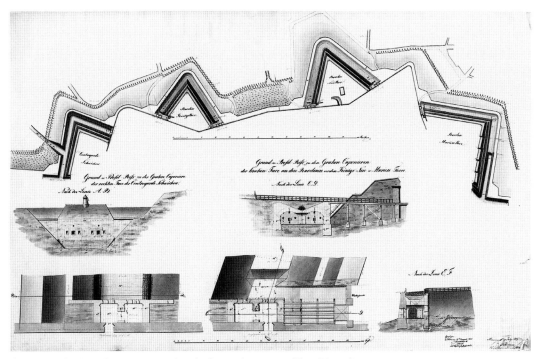

Abb. 88   Graben-Caponièren an den Außenwerken, 1833 (Kat.-Nr. 62).

KAT.-NR. 62   Abb. 88
Graben-Caponièren an den Außenwerken, 1833

Unbezeichnet, datiert *1833*.
Kolorierte Federzeichnung mit Korrekturen in Blei und blauer Tusche; 58,5 x 96 cm.
Wasserzeichen: JWHATMAN / TURKEY MILL.
Maßleiste beim Lageplan *10 + 120 Ruthen* = 32 cm ≅ 1:1530, bei den Details *12 + 144 Fuss* = 32,2 cm ≅ 1:152. Norden oben rechts.
Kartentitel rückseitig: *Entwurf zur Anlage von Graben-Caponieren bei der Contregarde Schwichow und den Ravelins vor dem Königstor, Neuen Tor und Marientor.*
Unten rechts: *Minden d: 29 July 1833 / FvUthmann Maj u. Ingenieur vom Platz; gesehen Cölln den 13ten August 1833 / Jachnick Oberst und Festungs Inspecteur.*

GSTA PK, Festungskarten Minden C 70.129; unpubliziert.

Oben Lageplan von Außenwerken und Glacis von der Contregarde Schwichow bis zum Ravelin Marientor mit Bezeichnung der Werke sowie Höhen- und Maßangaben.
    Darunter links *Grund u. Profil-Riss zu der Graben-Caponiere der rechten Face der Contregarde Schwichow./ Nach der Linie A. B.* Profilriß mit Ansicht der Caponière von der Grabenseite mit Kanonen- und Gewehrscharten in jeder der Kammern. Auf der dachförmigen Abdeckung Stacheln und

Dame (kegelförmiges Hindernistürmchen mit kuppeliger Bekrönung). Der Zugang zur Caponière liegt in der Contrescarpenmauer des Hauptgrabens.

Rechts *Grund- u. Profil-Riss zu den Graben-Caponieren der lincken Face an den Ravelin vor dem Königs- Neu- und Marien-Thore*, dabei oben Längsschnitt *Nach der Linie C. D.* durch die Brücke und die darunterliegende Caponière, rechts Querschnitt *Nach der Linie E. F.* durch Contrescarpenmauer, Caponière und Ravelingraben mit Diamant (Grabenvertiefung vor der Caponière).

Im Grundriß und im Querschnitt blaue Korrektur zur Verstärkung der Mauern und zur Verkürzung des Diamants. In Blei im Grundriß und im Längsschnitt ergänzt eine dritte Caponièrenkammer von 9 x 15 Fuß Größe mit zwei Gewehrscharten unter der Brücke.

KAT.-NR. 63   Abb. 89
Batardeaux und Schleusen, 1838 und 1845

Signiert und datiert *Pagenstecher 1838* bzw. *von Gaertner, 1845*.
Kolorierte Federzeichnung; 58,8 x 91 cm. Ecke unten links fehlt mit Teilverlust des Maßstabs.
Wasserzeichen: JWHATMAN / 1833.
A. Maaßstab zum Hauptgrundriß 90 Fuß = 19,65 cm ≅ 1:148, B. Maaßstab zu den Special Grundrissen und den Durchschnitten 6 + 40 Fuss = 17,4 cm ≅ 1:84.

Mindener Museum, FM 9; unpubliziert. – Oben links Stempel der Fortification zu Minden und Inv.-Nr. *P:V: II a, No 13* (gestrichen).

1. Im linken Drittel des Blattes *Schleuse und Batardeau am Redan 10*. Unten rechts *aufgenom(m)en und gezeichnet durch den Ing. Pr. Lt. Pagenstecher im Jahre 1838*, in Blei ergänzt: *Die Höhenmaße sind nach dem neuen Pegel berichtigt / Daniel*.
Oben Grundriß mit dem Batardeau am Ende des Hauptgrabens zwischen *Redan 10* und *Fischerstadt*, darunter *Grundriß der Schleuse* zur Regulierung des Wasserstandes im Festungsgraben, *Durchschnitt nach a b* mit dem Profil des Schleusenkanals und zwei Schnitte samt Grundriß für den Schleusenschacht mit Schütt und Winde.
Unten gerafter Längsschnitt durch Schleusenkanal und Schleusenschacht zwischen den Mauern an der Ecke des Redan 10, daneben Querschnitt durch den Batardeau.
2. Blattmitte, obere Hälfte: *Batardeaux und Schleuse am Weser Thor*. Mit dem Westende der Brücke, der Künette des Hauptgrabens zwischen dem Nordende des Gedeckten Weges (unten) und der Mauer des Wesertores (oben). Darunter *Durchschnitte* durch den winkelförmig an die Brücke laufenden Batardeau *(nach EF)*, durch den Schleusenkanal mit Schacht und Geländer *(nach CD)* sowie durch Brücke, Kanal und Schacht *(nach AB)*. – Wasserbär und Schleuse regelten den Wasserstand im Hauptgraben vor der Weserfront der Festung. Die *höchste Anspannung* lag bei *+ 14'* über dem Pegel, die Sohle der Künette bei *+ 1' 11"*. Die Höhe der Brückenfahrbahn lag bei *+ 25'*, die Oberkante des Batardeau bei *+ 23' 5"*.
3. Rechts oben: *Batardeau und Schleuse am Bastion Schwichow*, zwischen der linken Flanke des Bastions XII Schwichow und dem Kriegs-Pulver-Magazin Nr. 4 im Wallkopf der rechten Flanke vom Halbbastion V der Hausberger Front. Der Batardeau regulierte den Wasserstand

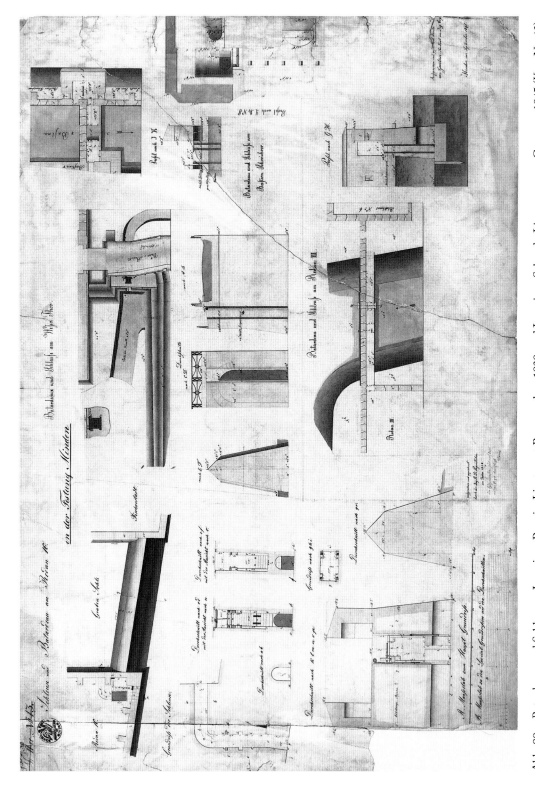

Abb. 89   Batardeaux und Schleusen. Ingenieur-Premier Lieutenant Pagenstecher, 1838, und Ingenieur-Sekonde-Lieutenant von Gaertner, 1845 (Kat.-Nr. 63).

der Bastau vor der alten Hausberger Front, dem ehemaligen Stadtgraben, und zugleich den Wasserzufluß im Graben vor der neuen Hausberger Front. Durch die Flanke von Bastion V und die Contregarde Schwichow war er relativ schwach gedeckt, allerdings dominiert vom Bastion XII Schwichow selbst; er war deshalb mit einer krenelierten Mauer versehen und am Fuß des Bastion Schwichow von einer Gewehrgalerie flankiert, unter der der Schleusenkanal lief. Oben Grundriß mit der Gewehrgalerie rechts und der Zugangstreppe vom Bastion V links, darunter Querschnitt durch Batardeau mit Schacht und krenelierter Mauer (*Profil nach JK*), rechts *Profil nach L. M. N. P.*: Innere Ansicht der krenelierten Mauer mit Schacht und Schnitt durch die Kasematte der Galerie samt Schleusenkanal und -schacht.

4. Unten rechts *Batardeau und Schleuse am Redan III.*, zwischen der Spitze des Redans und dem *Blockhaus No 6* jenseits des Grabens der Hausberger Front. Der Batardeau diente zur Regulierung des Wasserstandes im Graben, zugleich ermöglichte er den Zugang zum Blockhaus No 6 im Gedeckten Weg. Die Verbindung wurde durch die krenelierte Mauer auf dem Wasserbär gedeckt, die an die Schießschartenmauer am äußeren Wallfuß des Redans anschließt und auf die Seitenwand des Blockhauses stößt. Im Batardeau liegt ein Wasserdurchlaß, der mit Versatzbalken und Sandsäcken geschlossen werden konnte. Die Grabensohle lag bei + *3' 4"*, der Normalwasserstand bei + *13' 10"*, die *höchste Anspannung* betrug + 16'. Links Grundriß, rechts *Profil nach GH* mit Teilansicht der krenelierten Mauer des Redan III.

Die Planteile 1 und 2 waren 1838 von Pagenstecher gezeichnet worden, 3 und 4 sind bezeichnet *Aufgenom(m)en und gezeichnet durch von Gaertner, Sec. Lieut. im Ing. Corp(s) / Minden im September 1845*; von Gaertner hat das offenbar unfertig liegengebliebene Blatt auch in der Beschriftung von Planteil 2 vervollständigt. Der Zusatz *in der Festung Minden* stammt wiederum von anderer Hand, vermutlich von Pionier-Sergeant Daniel.

Die Ingenieur-Leutnants wurden vermutlich (auch) eingesetzt, um das Plan- und Kartenmaterial der Fortification durch aktuelle und zuverlässige Bauaufnahmen zu ergänzen.

KAT.-NR. 64   Abb. 90
Krenelierte Bogenmauer des Bastion Schwichow, 1854

Bezeichnet *Schumann*, datiert *1854*.
Federzeichnung in schwarzer und roter Tusche auf Pausleinen; 21 x 34 cm.
Maßleiste *12* (Fuß) + *5 Ruth.* = 15,8 cm = 1:144.
Kartentitel: *Project zur Erhöhung der crenellirten Bogenmauer des Bastion Schwichow / Zum Kosten Anschlage vom 31 October 1854.*
Unten rechts: *Schumann Ingenieur Lieutenant*, daneben nach links *Pagenstecher Major und Platz Ingenieur* und *Gesehen/ gez: v. Dechen Oberst und Festungs Inspecteur*, links *Minden den 12/10 54*.

Mindener Museum, FM 24; unpubliziert. – Oben links Stempel der Fortification und Inv.-Nr. *Pl.V.II a. Nro 27.* (gestrichen).

Dargestellt die *Rechte Flanke des Bastion Schwichow* mit Pforte, Kanonen- und Gewehrscharten unten, oben mit liegenden Gewehrscharten, darüber die Böschung der Brustwehr. Links im Schnitt

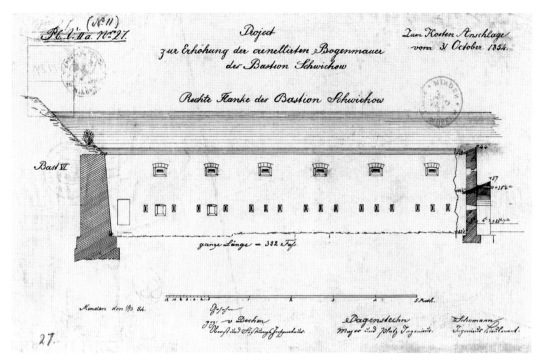

Abb. 90   Krenelierte Bogenmauer des Bastion Schwichow. Ingenieur-Lieutenant Schumann, 1854 (Kat.-Nr. 64).

Revêtement und Böschung der rechtwinklig anstoßenden linken Flanke von *Bast VI*, rechts im Schnitt die niedrige alte Bogenmauer auf der Escarpe vor Bastion XII Schwichow mit der rot gezeichneten Aufhöhung um 8' 4" und der Bogenhintermauerung, die zugleich als Laufgang diente. Die *ganze Länge* der zu erhöhenden Mauer betrug *382 Fuß* (= 120 m).

Demnach sollte die gesamte freistehende Mauer am Fuß der vier Seiten des Bastions XII – vom Bastion VI bis zum Anschluß der Generalabschnitts-Mauer – erhöht werden. Ob das Projekt ausgeführt wurde, ist nicht bekannt.

KAT.-NR. 65   Abb. 91
Entwurf für die Anlage von Traversen, 1854

Signiert *Vincenz*, datiert *1854*.
Federzeichnung; 50 x 77 cm.
Transversal-*Maaßstab von 10 Ruthen = 1 Zoll ddc.: 10 + 80 Ruthen = 23,3 cm = 1 : 1450.*
Kartentitel: *Entwurf für neuanzulegende Traversen auf den Fronten von Bastion VI bis IX der Befestigung zu Minden. / Zum Bericht d. d. Minden den 27". Januar 1854. Nro: 69. und 4". November 1854 / Nro 1.*
Unten rechts: *Minden, den 19ten Januar 1854 / Vincenz Ingenieur-Seconde-Lieutenant / Minden den 27". Januar 1854 Pagenstecher Major und Platz Ingenieur.*

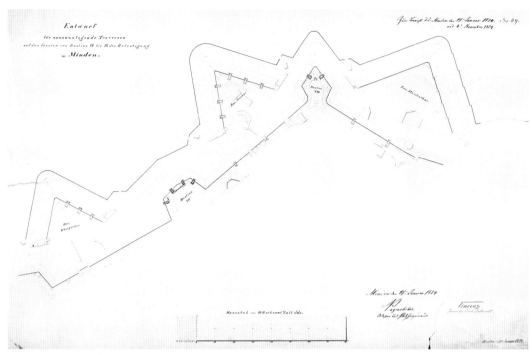

Abb. 91   Entwurf für die Anlage von Traversen. Sekonde-Lieutenant Vincenz, 1854 (Kat.-Nr. 65).

GSTA PK, Festungskarten Minden D 70.029; unpubliziert.

Grundriß der Festungswerke der Hohen Front und der Petershagener Front zwischen Bastion VI und Bastion IX mit den *Rav(elins) Königsthor, Neuthor* und *Marienthor* und den für die einzelnen Werke und Wallabschnitte vorgesehenen Traversen.

Zur Traversierung der Festungswerke vgl. Kat.-Nr. 51.

KAT.-NR. 66 ohne Abb.
Entwurf für eine Gewehrgalerie bei der Contregarde Schwichow, 1855 (Konzept)

Unbezeichnet, datiert 1855.
Federzeichnung mit schwarzer, roter, blauer Tusche und Sepia mit Bleistiftkorrekturen; 46,4 x 33 cm.
Maßleiste von *12 + 24 Fuß* = 15,65 cm = 1:72.
Kartentitel: *Entwurf zur Erbauung einer Gallerie für Gewehrfeuer zur Bestreichung des Grabens vor der rechten Face der Contregarde Schwichow / Zum Kosten Anschlage vom 6" Februar 1855.*
Unten rechts: *Minden, den 6ten Februar 1855 / Pagenstecher Major und Platzingenieur.*

Mindener Museum, FM 2; unpubliziert. – Oben links Inv.-Nr. der Fortification: *P. V. IIe No 11.*

Oben *Profil nach a b*, daneben vergrößertes Detail der Traufausbildung; unten *Grundriss* zwischen *Escarpe* und *Contrescarpe*. Der Bestand der Mauer ist schwarz mit Sepia-Schraffur gezeichnet, die Neubauteile der Galerie rot. Im Querschnitt sind gestrichelt die Lage und Maße *der alten Scharten* eingetragen; neben dem Maueraufsatz steht in Blei *Ist nicht so ausgeführt*; die neue Dachlinie ist schraffiert eingezeichnet. Zu der während des Baues vorgenommenen Korrektur vgl. Kat.-Nr. 68, 69.

Nach der Zeichenweise ist das Blatt vom Pionier-Sergeanten Daniel angefertigt.

KAT.-NR. 67   Abb. 92
Entwurf für eine Gewehrgalerie bei der Contregarde Schwichow, 1855 (Reinzeichnung).

Unbezeichnet, datiert *1855*.
Federzeichnung mit farbigen Tuschen; 46,5 x 33 cm.

GSTA PK, Festungskarten Minden G 70.065; unpubliziert.

Reinzeichnung des Blattes im Mindener Museum, FM 2 (Kat.-Nr. 66), in identischer Ausführung und Beschriftung, mit Sichtvermerk des Obersten und Festungsinspekteurs von Dechen, jedoch ohne die Bleistiftkorrekturen und -nachträge des Mindener Blattes. Die Reinzeichnung dürfte gleichfalls vom Pionier-Sergeanten Daniel stammen.

KAT.-NR. 68   ohne Abb.
Entwurf zur Korrektur einer Contrescarpen-Mauer an der Contregarde Schwichow, 1855 (Konzept)

Unbezeichnet, datiert *1855*.
Federzeichnung in schwarzer und blauer Tusche; 47,5 x 30,2 cm. Konzeptblatt, rechte Hälfte, allseits ungleich beschnitten.
Ohne Maßstab. Ansicht 1:148, Schnitt ≅ 1:250.
Vom Kartentitel nur die rechte Hälfte erhalten:
Entwurf
… der Contrescarpen Mauer über der im Bau begriffenen
… der Contregarde Schwichow, behufs besserer Flankirung des
… hten Face der Contregarde Schwichow vom Bastion VI aus.
Unten rechts: *Minden den 4 Juli 1855*, Unterschrift (vermutlich Pagenstecher) abgeschnitten.

Mindener Museum, FM 42, unpubliziert. – Auf der unteren Hälfte über Kopf in Blei *Nicht zur Ausstellung*.

Das Blatt ist die rechte Hälfte des Konzepts zu Kat.-Nr. 69; zu allen weiteren Angaben siehe dort.

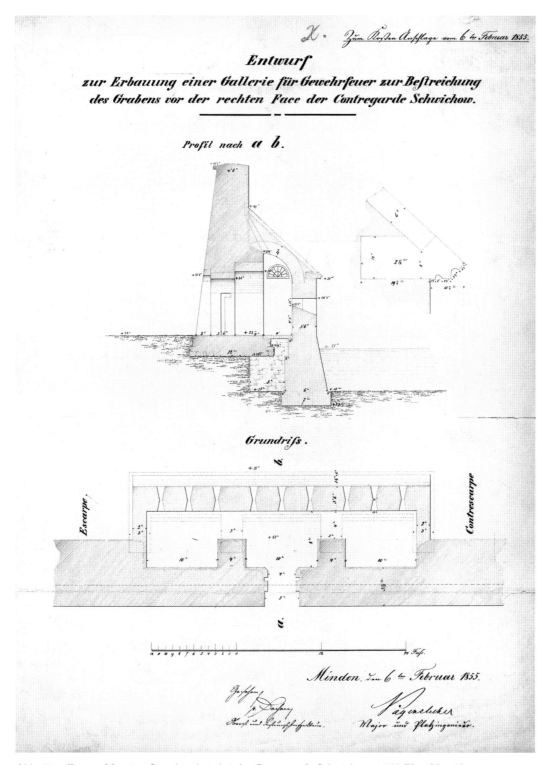

Abb. 92   Entwurf für eine Gewehrgalerie bei der Contregarde Schwichow, 1855 (Kat.-Nr. 67).

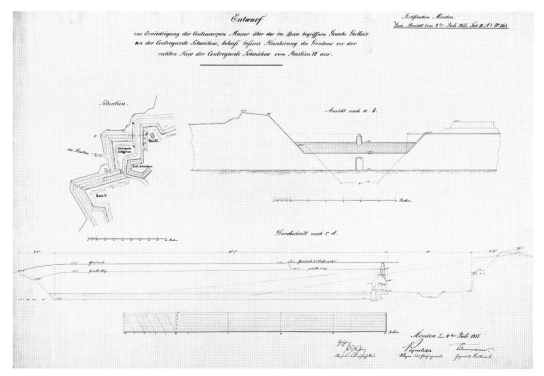

Abb. 93   Entwurf zur Korrektur einer Contrecarpen-Mauer an der Contregarde Schwichow. Ingenieur Lieutenant Schumann, 1855 (Kat.-Nr. 69).

KAT.-NR. 69   Abb. 93
Entwurf zur Korrektur einer Contrescarpen-Mauer an der Contregarde Schwichow, 1855

Bezeichnet *Schumann*, datiert *1855*.
Leicht lavierte Federzeichnung mit Bleistift-Korrektur; 57,5 x 96 cm.
Maßstab zum Lageplan: *10 + 80 Ruthen* = 11,5 cm = 1:2880, zur Ansicht a–b: *12' + 6 Ruthen* = 17,6 cm = 1:148, zum Transversal-Maßstab Schnitt c–d: *50 + 20 Ruthen* = 37,8 cm ≅ 1:250.
Kartentitel: *Entwurf / zur Erniedrigung der Contrescarpen Mauer über der im Bau begriffenen Gewehr Gallerie an der Contregarde Schwichow, behufs besserer Flankirung des Grabens vor der rechten Face der Contregarde Schwichow vom Bastion VI aus. – Fortification Minden. Zum Bericht vom 4ten Juli 1855. Sect. III A 2 No 363.*
Unten rechts: *Minden den 4ten July 1855 / Schumann Ingenieur Lieutenant, Pagenstecher Major und Platzingenieur, / Gesehen v. Dechen Oberst und Festungs Inspekteur.*

GSTA PK, Festungskarten Minden C 70.132, unpubliziert.

Oben links *Situation* mit der *Contregarde Schwichow* vor *Bast: V.*, *Bast: Schwichow* und *Bas. VI* mit dem Kriegs-Pulver-Magazin No 1. Die betreffende Contrescarpen-Mauer ist schraffiert eingetragen. Rechts: *Ansicht nach a-b* mit der Ostansicht der Gewehrgalerie, über der die Mauer von 47' 1" auf 41' Höhe reduziert und mit einem Hindernistürmchen (Dame) besetzt werden sollte. Links das

Wallprofil der Contregarde Schwichow, rechts der Anschnitt des Gedeckten Weges, gestrichelt das Profil des Contregarden-Grabens. Am Gedeckten Weg ist die Contrescarpen-Mauer in Blei bis zu einem senkrechten Abschnitt ergänzt.

Unten: *Durchschnitt nach c.d.* nach Norden. Links der Contregarden-Graben mit dem Gedeckten Weg, an seinem Ende der Querschnitt durch Gewehrgalerie und Contrescarpen-Mauer mit dem schraffiert angegebenen oberen Teil, der entfallen sollte. Rechts anschließend das Profil des Hauptgrabens mit Künette und das Wallprofil vom Bastion VI. Die Schußlinien machen deutlich, daß der Graben vor der Galerie näher und wirksamer vom Bastion VI aus bestrichen werden konnte.

Zum Bau der Gewehrgalerie vgl. Kat.-Nr. 66 und 67. – Der Plan zeigt, daß auch bei offensichtlich sorgsamer Planung während des Baues Verbesserungen und Korrekturen vorgenommen wurden. Im halben Konzeptblatt (Kat.-Nr. 68) ist die Dame auf der Contrescarpen-Mauer gestrichen; in der eingereichten Reinzeichnung ist das Türmchen wieder eingetragen. Ob es schließlich ausgeführt wurde, ist unsicher.

KAT.-NR. 70 — Abb. 94
Traversierung des Bastions XII Schwichow, um 1868

Bezeichnet *Langen,* undatiert.
Federzeichnung in schwarzer und roter Tusche; 47,2 × 49,2 cm.
Maßleiste von *12* (Fuß) + *15°* = 20,9 cm = 1:288; Norden unten rechts.
Kartentitel: *Zeichnung der Traversierung des Bastion XII Schwichow,* unten rechts : *Langen.*

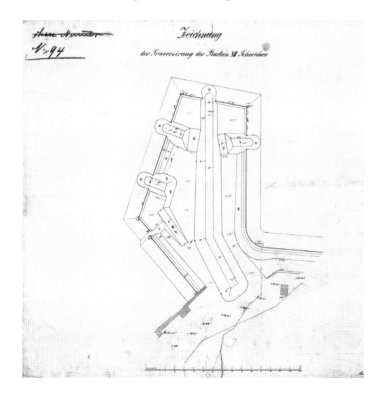

Abb. 94   Traversierung des Bastion XII Schwichow. Langen, um 1868 (Kat.-Nr. 70).

Mindener Museum, FM 49; unpubliziert. – Nach dem rückseitigen Planzeichen-Zettel aus dem Bestand der Mindener Fortification, Inv.-Nr. 94.

Grundriß des Bastions mit den Anschlüssen an die Generalabschnitts-Mauer (links) und die linke Face vom Bastion VI (rechts). Im Bastion die Kapitaltraverse, die auf der rechten Face endet; auf der linken Face zwei Traversen, auf der rechten Flanke eine, alle mit Maß- und Höhenangaben.

Die Traversierungspläne von 1866 (Kat.-Nr. 51) und 1868 (Kat.-Nr. 53) zeigen für Bastion XII außer der Kapitaltraverse nur je eine weitere auf beiden Seiten, so daß nicht klar ist, ob diese Zeichnung nur eine nicht realisierte Planung zur dichteren Traversierung der linken Face darstellt.

Der Zeichner Langen ist seit 1866 als Gefreiter auf Plänen nachweisbar; das vorliegende Blatt dürfte in diese Zeit zu datieren sein.

KAT.-NR. 71 Abb. 95
Kriegs-Pulver-Magazin No 1, 1859

Bezeichnet *Daniel*, datiert *1859*.
Federzeichnung, leicht grau laviert, mit Bleistiftergänzungen; 75,4 x 51,9 cm (links beschnitten).
Maßleiste von *12 + 48 Fuss* = 26,1 cm = 1:72. Norden rechts.
Kartentitel: *Kriegs-Pulver Magazin Nro: 1.*; unten rechts *Aufgenommen und gezeichnet durch Daniel, Wallmeister / Minden den 26ten September 1859. / Querprofil / Längenprofil / Grundriss.*

Mindener Museum, FM 85; unpubliziert. – Inv.-Nr. der Fortification durch Beschneiden des linken Blattrandes verloren, oben links in Blei *56*.

Genaue Bauaufnahme des 1819 (MEINHARDT 1958, S. 49) erbauten Magazins, eines tonnengewölbten Backsteinbaus von innen 58 x 20' Größe und 21' Höhe, mit massivem Satteldach und vier Strebepfeilern an beiden Langseiten und eingezogenem, zweigeschossigem Vorhaus. Die innere Holzkonstruktion ist zweigeschossig mit Mittelgang und äußerem Umgang, dazwischen konnten im Erdgeschoß in fünf Abteilungen jeweils sechs Fässer in Viererreihen zu fünf Lagen gestapelt werden, im Obergeschoß zwei Reihen von 35 Fässern in vier Lagen. Das Fassungsvermögen betrug etwa 3 900 Fässer zu je einem Zentner Pulver. Die Holzkonstruktion ruhte auf zwei Reihen steinerner Pfeiler, seitlich auf Mauervorsprüngen. Für die nötige Durchlüftung war mit zwei Reihen abgewinkelter Luftkanäle unter und über dem unteren Boden gesorgt. Im Vorhaus lag die (hier nicht gezeichnete) Holztreppe zum Obergeschoß. Im Längsschnitt nicht dargestellt, teilweise in Bleistift grob skizziert, ist die Holzkonstruktion im Bereich des Gewölbes über der Zwischendecke. Sie ist im Querschnitt dargestellt und in Blei ergänzt. Die notwendige Blitzableiterkonstruktion ist nur im Grundriß eingetragen; sie stand an der südlichen Längswand hinter dem zweiten Strebepfeiler.

Zwei Pulvermagazine ähnlicher Bauart, die zwischen 1799 und 1808 von den Franzosen errichtet wurden, sind auf der Bastion St. Johannes der Zitadelle und im Südteil des Brückenkopfes in Jülich erhalten (vgl. DOOSE/PETERS 1991, S. 19 f.).

Zur inneren Einrichtung von Pulvermagazinen vgl. VON PRITTWITZ 1836, S. 139–142.

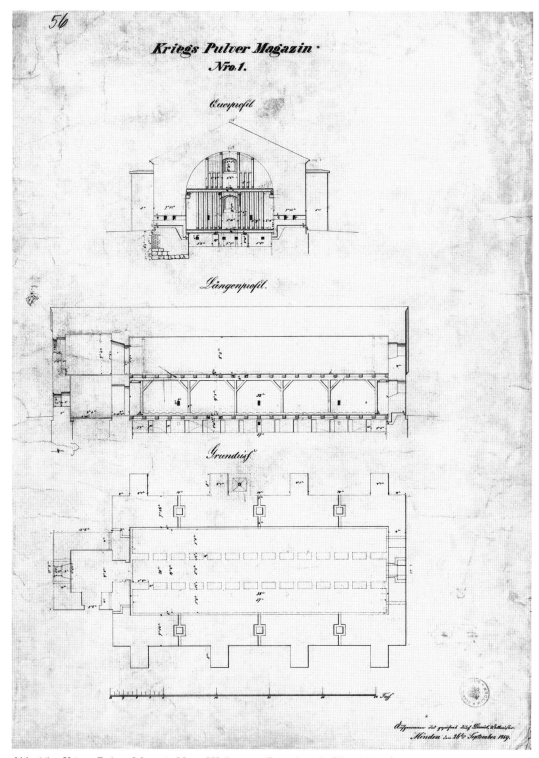

Abb. 95   Kriegs-Pulver-Magazin No 1. Wallmeister Daniel, 1859 (Kat.-Nr. 71).

KAT.-NR. 72
Entwurf zur Sicherung des Kriegs-Pulver-Magazins No 1, 1864

Bezeichnet *Schreiber*, datiert *1864*.
Kolorierte Federzeichnung; 52,5 x 61,5 cm. *Maaßstab= 12' = 1 ddc Zoll = 1/144*. Transversal-Maßstab *10 + 70 Fuß* = 17,3 cm.
Kartentitel: *Entwurf zur Sicherung des Kriegs Pulver Magazins No 1 im Bastion VI der Stadt-Befestigung von Minden gegen das Feuer aus gezogenen Geschützen. Bearbeitet zu folge Verfügung des Königlichen Allgemeinen Kriegs Departements vom 3ten April 1862, 14ten Februar 1863, 29ten Januar 1864 und zum Vorbericht vom 22ten Mai 1864 gehörig.*
Unten rechts *Schreiber. Ingenieur Hauptmann / Minden den 22ten Mai 1864 Maentell Hauptmann und Platz Ingenieur / Einverstanden Coester Hauptmann und Artillerie Offizier vom Platz / Gesehen I. V. Schulz. 2. Oberst und Festungs-Inspekteur.*

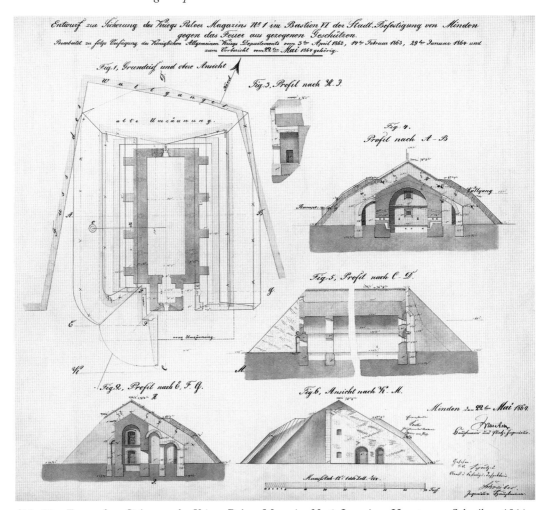

Abb. 96   Entwurf zur Sicherung des Kriegs-Pulver-Magazins No 1. Ingenieur-Hauptmann Schreiber, 1864 (Kat.-Nr. 72).

GSTA PK, Festungskarten Minden E 70.019; unpubliziert.

Links *Fig: 1, Grundriß und obere Ansicht* des Kernbaues mit der projektierten Ummantelung und der Erdschüttung am *Fuss des Wallganges* von Bastion VI; *Fig: 2, Profil nach E, F – G* mit Querschnitt durch das Vorhaus; rechts *Fig: 3, Profil nach H – J*, Teil-Längsschnitt neben dem Vorhaus; *Fig: 4, Profil nach A – B*, Querschnitt durch den Hauptbau; *Fig: 5, Profil nach C – D*, gerraffter Längsschnitt; *Fig: 6, Ansicht nach K – M* (Vorderseite). – In den Querschnitten blaue Korrekturen für die Verstärkung der unteren Erdabdeckung und die damit verbundene Verlegung des Blitzableiters.

Die Einführung gezogener Geschütze in den europäischen Armeen und die Verwendung von Hohlgeschossen, die eine größere Treffsicherheit und Durchlagskraft zur Folge hatten, machte Vorkehrungen zur Sicherung der Pulvermagazine gegen direkten und indirekten Beschuß notwendig. Die Magazine wurden ummantelt, die entstehenden Gänge mit Viertelkreistonnen eingewölbt, die sich an den Kernbau lehnten, und die gesamte Anlage mit einer Erdpackung von 5–8' Stärke versehen. An der freibleibenden Eingangsseite wurden Stützmauern mit den notwendigen Türen zu den Umgängen angelegt; senkrechte Schächte sorgten für die erforderliche Belüftung der Mantelräume. Die Ausführung dieser Schutzmaßnahmen zog sich in Minden bis kurz vor der Entfestigung hin.

KAT.-NR. 73   Abb. 97
Entwurf zur Sicherung des Kriegs-Pulver-Magazins No 1, 1864–1871

Unbezeichnet, mehrfach datiert.
Federzeichnung mit schwarzer und roter Tusche; farbig laviert, z. T. mit Deckweiß korrigiert. Bleistift-Nachträge mit Meterangaben. 50/49 x 65,6 cm, oberer Rand beschnitten.
Maßleiste mit 10 + 60 *Fuß* = 15,15 cm = 1:144.
Kartentitel: *Entwurf zur Sicherung des Kriegs-Pulver-Magazins No 1 im Bastion VI der Stadt-Befestigung von Minden gegen das Feuer ausgezogenen Geschützen / Bearbeitet zu Folge Verfügung des königl. Allgemeinen Kriegs Departements vom 3ten Juli 1862. 14ten Februar 1863, 29ten Januar 1864 und zum Vorbericht vom 22ten Mai 1864 gehörig / Blatt I Zum Kosten-Anschlage vom 14ten Juni 1869 gehörig. / Zu dem Kosten-Anschlage vom 27ten Februar 1871.*
Rechts unten *Minden den 22ten Mai 1864 gez. Maentell Hauptmann und Platz-Ingenieur / Einverstanden gez. Coester Hauptmann und Artillerie Offizier vom Platz / Gesehen gez. Schulz 2. Oberst und Festungs Inspecteur.* Darüber *Minden den 14ten Juni 1869 gez. Giese Major und Ingenieur vom Platz / Gesehen gez. Stürmer Oberst und Festungs-Inspekteur.*

Mindener Museum, FM 68, unpubliziert. – Oben links Stempel der Fortification Minden und Inv.-Nr. *III a No 47*, korrigiert *No 56*.

Überarbeitete Reinzeichnung, wohl Zweitausfertigung der Planung von 1864 (Kat.-Nr. 72) auf der Grundlage des Aufmaßes von 1859 (Kat.-Nr. 71) mit Grundriß, zwei Querschnitten, Teil-Längsschnitt neben dem Vorderhaus, Vorderansicht und Längsschnitt. Rechts am Rand Detail der Kragsteine und Deckenauflager im Kämpferpunkt des Tonnengewölbes (M 1:33). Gelb laviert sind *neu auszuführende Arbeiten zu dem Kosten-Anschlage vom 27ten Januar 1871*: Erneuerung der Kragsteine, von Pfeilern und Boden unter dem ersten Holzboden und Abdeckung der seitlichen Halbgewölbe.

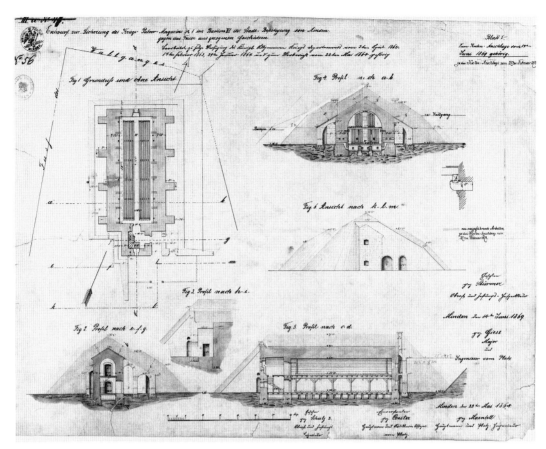

Abb. 97 Entwurf zur Sicherung des Kriegs-Pulver-Mgazins No 1, 1864–1871 (Kat.-Nr. 73).

Die Erdabdeckung war demnach 1871 noch nicht ausgeführt. Ergänzend zu den vorhergehenden Plänen sind drei Lüftungskamine eingezeichnet, die über der Erdschüttung austreten.

Das Kriegs-Pulver-Magazin ist erhalten und steht am Königswall 26 (unter dieser Adresse seit 1912), zwischen der »Margarethenkrippe« Königswall 22 und dem Gymnasium Königswall 28. Wann Gelände und Magazin von der Firma Adolf Kemena, Großhandel für Bier, Flaschenbier und Kohlensäure, Brüderstraße 20 (siehe Teil IV, S. 444–467) erworben wurden, ist nicht ermittelt. 1912 Bauantrag für Ausbau eines vorhandenen hölzernen Schuppens (ca. 17,50 x 5 m) in der Nordostecke des Grundstücks als *Contor* mit massiver Ummauerung samt Anlage von zwei Toiletten am Westende, Bau einer Mauer mit zwei Einfahrten zum Königswall und Errichtung eines zum Hof offenen Pultdachschuppens (16 x 4,50 m) hinter der Mauer zwischen beiden Einfahrten (BA Königswall 26). Die östliche Stirnwand des Kontorschuppens erhält eine architektonische Gestaltung nach Entwurf der Firma G. Ed. König Nachf., Hoch- und Tiefbau, Minden: Über den drei Öffnungen Gebälk und eingezogener Attika-Aufsatz mit geschweiftem Abschluß zwischen Balustraden. Gleichzeitig Anschluß an die Kanalisation. Der Magazinbau wird als *Eiskeller* bezeichnet.

1949/1951 Instandsetzung der bombenbeschädigten Einfriedung, Abbruch des hölzernen Schuppens. 1954 Umsetzung einer 6 x 12 m großen Holzbaracke vom Grundstück Kuhlenstraße 20;

Abb. 98   Königswall 26. Ehemaliges Kriegs-Pulver-Magazin No 1 in Bastion VII, 1994.

sie soll als provisorischer Büroraum an der Südgrenze zum Gymnasium dienen. Dabei Abbruch eines weiteren Schuppens und der Einfriedungsmauer an der Straße. Der alte Kontorschuppen dient als Abfüllraum. 1956 Einziehen einer Betonrippendecke im Magazinbau. Sie teilt den 7,50 m hohen Raum 3 m über dem unteren Boden, der 2,10 m unter dem Hofniveau liegt, teilt auch das Vorhaus und setzt sich vor der östlichen Stirnwand als 0,80 m hohe Laderampe fort. Im Magazinraum Betontreppe zum unteren Geschoß (Planung und Ausführung Fa. Wilhelm Becker, Hoch-, Tief- und Stahlbetonbau, Minden). Die alte Treppe im Vorhaus wird beseitigt, die Türstürze werden höhergelegt. – 1959 Einbau eines Aufzugs an der Südwand des Magazinraumes. – 1964 Anbau eines Aufenthaltsraumes für die Beschäftigten; Holzrahmenbau von 4 x 6 m Größe mit flachem Pultdach an der Nordseite des Magazins. 1975 Errichtung einer 7 x 23 m großen Lagerhalle in der Südwestecke des Geländes an der Grenze zum Gymnasium: eingeschossiger Flachdachbau mit Gasbeton-Dachplatten (Plan: Fa. Johann Sierig OHG, Minden). Eine 1992 eingereichte Bauvoranfrage zum Umbau des *Bunkers* und der Nebengebäude für eine gastronomische und kulturelle Nutzung wird abgelehnt, weil sich in dem als Baudenkmal eingetragenen Magazinbau die nötigen Fluchtwege nicht einrichten lassen. Die Anfrage wird 1994 zurückgezogen; der Bau dient weiterhin als Lagerraum für die Getränkehandlung.

Das ehemalige Kriegs-Pulver-Magazin No 1 wurde am 9.12.1991 in die Denkmalliste der Stadt Minden eingetragen.

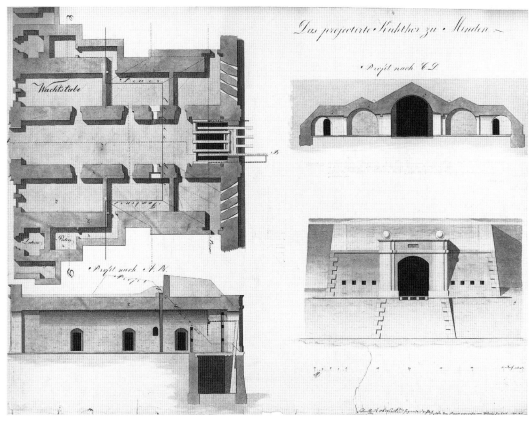

Abb. 99   Projekt für das Kuhtor (Königstor). Ingenieur-Lieutenant Wegelin, 1816 (Kat.-Nr. 74).

KAT.-NR. 74   Abb. 99
Projekt für das Kuhtor (Königstor), 1816

Bezeichnet *Wegelin,* datiert *1816.*
Kräftig kolorierte Federzeichnung mit Bleistiftkorrekturen und -beischrift; 46,5 x 64,5 cm (oberer Blattrand beschnitten).
Maßleiste von *12 + 60 Fuss rhnl*: = 22,3 cm ≅ 1:100. Norden unten rechts.
Kartentitel: *Das projectirte Kuhtor zu Minden;* unten rechts: *Nach dem Project entworfen von Wegelin Ing.Lieut.Sept. 1816 / Schultz 2t Ob: Lieut: und Ingenieur v: Platz.*

GSTA PK, Festungskarten Minden F 70.071; unpubliziert.

Links Grundriß (Norden unten rechts) mit eingezeichneter *Feuerlinie des Tambours* und Bezeichnung einiger Räume (*Wachtstube, Latrine, Pulver*); darunter Längsschnitt durch die Torfahrt: *Profil nach A B* mit gestricheltem *Profil der Curtine.* Rechts Querschnitt *Profil nach CD,* darunter Ansicht der Feldseite.

Unter dem Querprofil Bleistift-*Anmerkung: Die beiden letzten Seitengewölbe mit den Pulver Magazinen könnten wohl ganz wegbleiben und erspart werden, da in dem Eingange zur nebenliegenden Caponiere dergleichen schon befindlich sind.*

Auf den Dosd'anen fehlen die Capellen – der Gang rechts *dem Thore würde bis zur anstoßenden Caponiere zu verlängern sein. v. Rauch.*

Neben und im Grundriß Bleistift-Skizze dazu.

Das feldseitige Tor über der Zugbrücke – mit der Jahreszahl *1817* in der Attika-Tafel – sollte zwischen den geböschten, mit Eckquaderung und Gewehrscharten versehenen Mauern des Torbaues eine schlichte gedrungene Gliederung mit vorgekröpften Lisenen und entsprechend vorgekröpfter Attika zeigen. Sie sollte über dem Kordon des vorgeschobenen Tambours liegen und über den Lisenen mit Kugeln besetzt sein. Das Tor wurde nicht in der von Wegelin projektierten Form ausgeführt (siehe Kat.-Nr. 75, 76).

Am 28.8.1817 zeigt Generalmajor von Schwichow der Regierung Minden an, daß die Passage über die Brücke vor dem Kuhtor vom 1.9. an so lange gehemmt wird, bis das Tor aufgeführt ist. Dies soll im Amtsblatt publiziert werden.

Auf eine Eingabe vom 21.10.1817 wegen des Baues einer Interimsbrücke für die Winterszeit teilt der Ingenieur vom Platz, Hauptmann Wittich, am 6.11. mit, daß über den Winter an der neuen Brücke gearbeitet werde. Für Fußgänger werde eine *Laufbrücke* angelegt, *welche neben unseren Arbeiten recht gut bestehen kann.*

Im Januar 1819 war der Torbau weitgehend fertig und passierbar; im April wurde das Tor noch einmal für drei Tage gesperrt *indem solches inwendig ausgeputzet werden soll* (STA DT, M I 1 C, Nr. 257, p. 4–16).

KAT.-NR. 75 — Abb. 100
Königstor und Hauptgraben-Caponière, um 1835 (?)

Unbezeichnet, undatiert.
Grau lavierte Federzeichnung mit grauem Rand und schwarzer Einfassung; 48,8 x 64 cm (Blatt), 46,1 x 62,1 cm (Einfassung). Kein Wasserzeichen festgestellt.
Maßleiste von *12 + 84 Preuss. Fuss* = 40,8 cm ≅ 1:72.
Ohne Kartentitel; oben *Innere Ansicht*, unten *Aeussere Ansicht*.

Mindener Museum, FM 55. – MEINHARDT 1958, S. 49, 57, Bild 15. – NORDSIEK 1979, S. 265, Abb. VI.2. – Oben links Stempel der Fortification zu Minden, Inv.-Nr. *P:V: II, a, No 7*

Oben die Stadtseite mit repräsentativer, strenger Architektur. Die Fassade durch doppelt vorgekröpfte Lisenen gleichmäßig in drei Felder geteilt, in der Mitte stichbogige Tordurchfahrt, zu beiden Seiten je zwei Fenster unter blinden Lünetten. Faszienarchitrav, Fries und Gebälk um die Lisenen gekröpft, darüber glatte Attika mit Inschrift *KOENIGSTHOR ERBAUT. 1818.* Zu beiden Seiten Flankenmauern und die auf den Wallgang führenden Rampen. Bauhorizont an den Rampen bezeichnet *37'6" a.Maaß.*

Darunter Grundriß der Fassade zwischen den Flankenmauern.

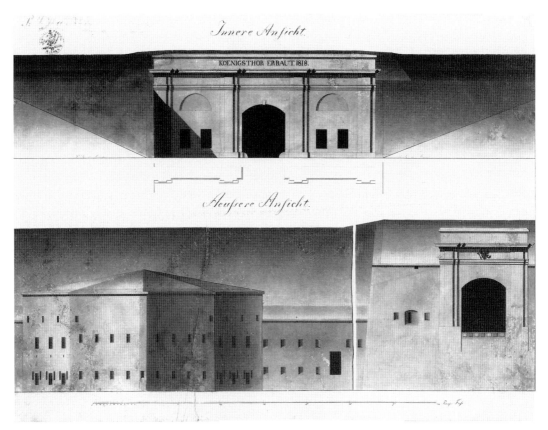

Abb. 100 Königstor und Hauptgraben-Caponière, um 1835 (?) (Kat.-Nr. 75).

Unten in geraffter Ansicht links die 60 Fuß entfernte Hauptgraben-Caponière mit zwei Stockwerken, Abflußscharten und flachpyramidenförmiger Erdabdeckung vor dem Wall, anschließend die zweistöckige Kommunikation zum Torbau mit Grabenpforte, rechts die Feldseite des Tores mit geböschter Mauer. Davor in der Mittelachse die Torfahrt, beiderseits gerahmt von doppelt vorgekröpften Lisenen mit glatter Attika; die Details wie an der Stadtseite. Am Gebälkfries der preußische Adler. Gebälkzone und Attika stehen vor der geböschten Brustwehr des Tor-Tambours.

Die Cordonlinie des Torbaues ist mit Bleistift nachträglich korrigiert; die Höhe des Cordons ist mit *+ 58 ½* angegeben, die Oberkante des Architravs mit *+ 60* (Fuß).

Das nicht datierte Blatt zeigt anscheinend die ausgeführte Form des Tores. Vorausgesetzt, daß in der Plankammer der Fortification die Pläne chronologisch genau abgelegt und inventarisiert wurden, läßt die Inventarnummer II a, No 7 eine zeitliche Nähe zu den 1835 und 1836 entstandenen Zeichnungen Kat.-Nr. 76 (II a, No 9) und Kat.-Nr. 78 (II a, No 10) vermuten, so daß der Plan um 1835 als Bauaufnahme entstanden ist.

KAT.-NR. 76
Das Königstor, 1835

Abb. 101

Bezeichnet *vUntzer*, datiert *1835*.
Federzeichnung, teilweise blaßgelb laviert; Bleistift-Nachträge; 49 x 69,8 cm.
Wasserzeichen: Schwerthaltender Löwe in gekröntem Schild, darüber kursiv G. F. Helb(on).
Maßleiste mit *12 + 36 Fuss* = 15,2 cm = 1:98. Norden oben rechts.
Kartentitel: *Das Königs-Thor*, rechts *Obere Ansicht vor der Trockenlegung*, links *Obere Ansicht nach der Trockenlegung*, in der Mitte *Grundriss*. Rechts unten *Minden im October 1835 vUntzer Ing:Prem:Lieut:.*

Mindener Museum, FM 154, unpubliziert. – Oben links Stempel der Fortification, rückseitig Inv.-Nr. 9.

Über dem Grundriß in der Mitte vereinfachte Ansicht der Stadtseite, rechts die Draufsicht mit den Verfallungen vor der Korrektur, darüber Querschnitt *Nach der Linie A. B.* Links das gleiche nach der Korrektur. Die korrigierten Verfallungen sind durch Schraffungen deutlicher vorstellbar gemacht; im darüberstehenden Schnitt *Nach der Linie A. B.* sind Mauerwerk und Flächen der Abdeckung schraffiert. Die Bleistiftlinien bezeichnen *Crête der Brustwehr, Mauerhöhe, Geschützbank*, rechts *Brustwehrcrête, Banquett, Wallgang*. Dabei Angabe von Höhenmaßen. – Im Grundriß ist in der Mitte der

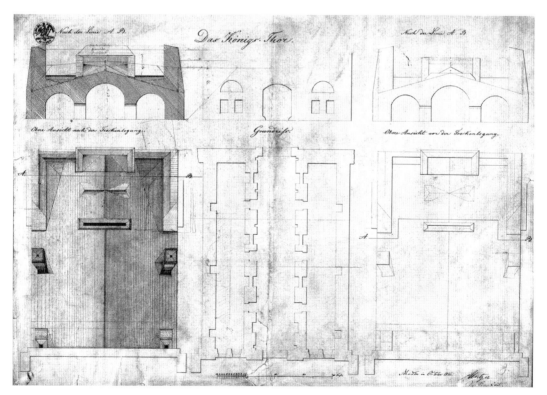

Abb. 101 Königstor. Ingenieur-Premier-Lieutenant von Untzer, 1835 (Kat.-Nr. 76).

linken Außenwand eingetragen *feucht*, vor diesem Wandabschnitt ist im Gang eine Fläche schraffiert.

Die Korrektur der Dachflächenverfallungen sollte eine bessere Ableitung der Bodenfeuchtigkeit aus der Erdabdeckung über dem Torbau hinter dem Tambour gewährleisten.

Das Königstor wurde 1878/1880 im Zuge der Entfestigung abgebrochen (Verw.-Bericht 1879/1881, S. 20, 22).

KAT.-NR. 77 Abb. 102
Projekt für die Hauptgraben-Caponière am Kuhtor (Königstor), 1816

Bezeichnet *Weber*, datiert *1816*.
Kolorierte Federzeichnung mit Beischriften in Blei; 46 x 65 cm (Blatt), 39,5 x 61,5 cm (Einfassung).
Wasserzeichen: JWHATMAN / 1813.
Maßleiste von *10 + 70 Fuss rheinl.* = 16,9 cm = 1 : 148. Norden unten rechts.
Kartentitel: *Die projectirte Caponiere am Kuhthore zu Minden*, unten rechts, außerhalb der Einfassung: *Nach dem Projekt gez: v. Wegelin Ing.Lieut. cop.v.Weber, Ing.Lieut.Dec: 1816 Schultz 2te Ob:Lieut: und Ingenieur vom Platz.*

GSTA PK, Festungskarten Minden F 70.072; unpubliziert.
Links untereinander *Grundriss* mit *Pulver-Magazin* am Eingang der Poterne, Längsschnitt *Profil nach AB* und *Seitenansicht;* rechts Querschnitt *Profil nach CD*.

Beim Grundriß oben Bleistift-Bemerkung *NB. Da die Caponiere hier an das neue Kuhe Tor stößt, so würde selbige, durch Verlängerung der Gallerie damit zu verbinden sein.*

Vor der rechten Flanke der Caponière eingezeichnet *Diamant 6' breit, 5' tief*, dazu unter dem Querschnitt *Bemerkung*: *Auf den langen Seiten der Caponiere würden Diamants anzulegen sein, um das Einsteigen in die Kanonscharten zu verhindern. / In der Spitze würde noch ein Pfeiler anzubringen sein. Die Pfeiler oder Widerlager würden in der unteren Etage in der Mitte zusammen zu wölben sein, um die Träger zu ersparen. Die Klein Gewehr Scharten, müssen den Kanonscharten ähnlich vorn u. hinten weit, construirt werden. / Die Capellen sind zu groß – und der Boden auf der Caponiere muß sattelförmig, u. in der Mitte höher aufgeschüttet werden, um dem Wasser einen besseren Abzug zu geben. / v. Rauch.*

Die angemerkten Korrekturen von Rauchs wurden – bis auf den Pfeiler – in der Ausführung berücksichtigt, außerdem wurde die Zahl der Gewehrscharten in Facen und Flanken der Caponière auf vier bzw. drei vermindert, wie die Ansicht Kat.-Nr. 75 zeigt.

Die Caponière wurde trotz ihrer fortifikatorischen Bedeutung zur Bestreichung des Hauptgrabens zwischen den Bastions VI und VII und zur Flankierung des Königstores erst 1833 erbaut. Am 18. 9. Eingabe *der Bürger Rupe, Herrscher, Krüger, Korff et Consorten wegen Eröffnung der gesperrten Fuhr-Passage* durch das Königstor, da durch den von der Fortification veranlaßten *Bau einer Kaponiere* vor dem Königstor hierdurch die schon seit ca. vier Wochen unterbrochene Fuhrpassage auf längere Zeit gehemmt sei. Die Regierung bescheidet den Antrag am 25. 9., *daß durch Anlegung einer Nothbrücke für Fuhrwerk den Nachtheilen vorgebeugt wird, welche Sie in dem nun nicht eintretenden Falle der temporairen Sperrung des Königsthores für Ihre wirtschaftlichen und gewerblichen Verhältnisse befürchtet haben* (STA DT, M 1 I C, Nr. 257, p. 34–37).

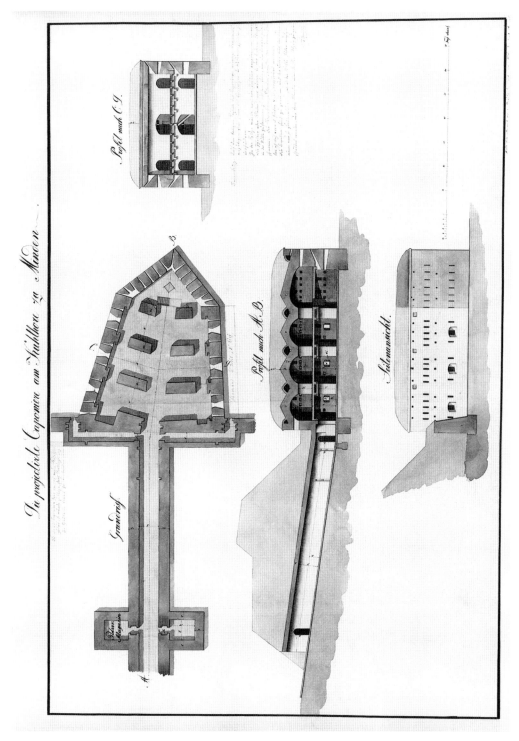

Abb. 102 Projekt für die Hauptgraben-Caponière am Kuhtor (Königstor). Ingenieur-Lieutenant Wegelin, Kopie von Ingenieur-Lieutenant Weber, 1816 (Kat.-Nr. 77).

KAT.-NR. 78   Abb. 103
Korrektur der Wasser-Ableitung an der Haupt-Graben-Caponière am Königstor, 1836

Bezeichnet *Pagenstecher*, datiert *1836*.
Lavierte Federzeichnung im schwarzer und roter Tusche mit Nachträgen in Bleistift; 54,1 x 32,5 cm.
Maßleiste mit *10 + 50 Fuss* = 17,43 cm ≅ 1:98. Norden unten rechts.
Kartentitel: *Abwässerung der Hauptgraben Caponiere am Königs-Thore nach der im Jahre 1836 ausgeführten Abänderung*. Unten rechts *Minden im November 1836 Pagenstecher Ingenieur Pr. Lieutnant*.

Mindener Museum, FM 127; unpubliziert. – Oben links Stempel der Fortification zu Minden und Inv.-Nr. *P:V:IIa, No 10*.

Oben *Durchschnitt nach der Linie ab*, darunter *Durchschnitt nach der Linie cd*, unten *Obere Ansicht* der Verfallungen der gemauerten Abdeckung über den Gewölben.

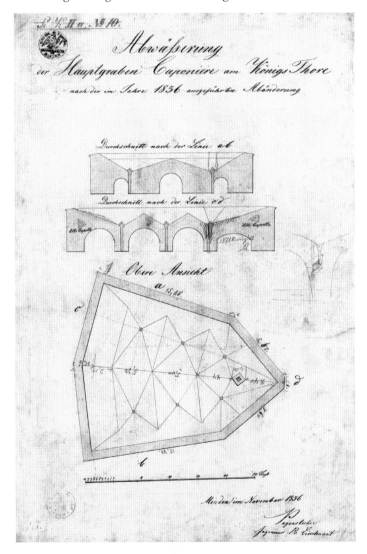

Abb. 103 Korrektur der Wasserableitung an der Hauptgraben-Caponière am Königstor. Ingenieur-Premier-Lieutenant Pagenstecher, 1836 (Kat.-Nr. 78).

IV.2.2 Katalog – Die Hohe Front (Kat.-Nr. 58–112)   219

Offenbar war die Wasserableitung durch die hinter den Außenmauern liegenden *Capellen* (vgl. Längsschnitt in Kat.-Nr. 77) ungenügend, so daß man sich zur Korrektur dieser »Grabendächer« entschloß. Die Abdeckungen wurden zu flachen Pyramiden umgebaut; die mit *Alte Capelle* bezeichneten Hohlräume hinter den Außenmauern wurden stillgelegt; die Wasserableitung erfolgte – wohl durch Rohre – in Schlitzen an den äußeren Schmalseiten der Pfeiler. Die Details der Ableitung wurden laut Bleistifteintragung und Skizze neben dem Längsschnitt *1871 korrigiert Dr.* oder *R.;* gleichzeitig wurden Längenmaße in Metern eingetragen.

KAT.-NR. 79   Abb. 104
Königstor und Hauptgraben-Caponière, 1844

Bezeichnet *Creuzinger*, datiert *1844*.
Kolorierte Federzeichnung; 42,5 x 54,5 cm.
Maßleiste von *12+144 Fuss Preuss:* und *12 Ruth:* = 16,5 cm = 1:296. Norden oben rechts.
Kartentitel: *Das Königs-Thor nebst Caponiere der Festung Minden;* rückseitig: *Zeichnung zum Kosten-Anschlag über einen Wasser-Abzugs-Canal längs dem Eigange vor der Kaponiere am Königsthore / Eingesandt von der 6t Festungs-Inspektion 11" Febr. 1844.*

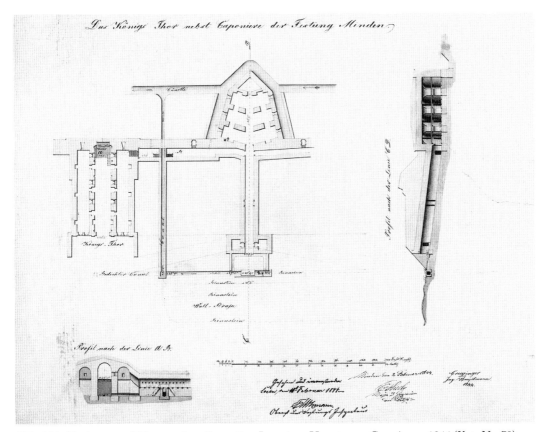

Abb. 104 Königstor und Hauptgraben-Caponière. Ingenieur-Hauptmann Creuzinger, 1844 (Kat.-Nr. 79).

Unten rechts: *Creuzinger Ing: Hauptmann. 1844. / Minden den 2 Februar 1844 Cv Scheel1 Major & Ing. vom Platze / gesehen und einverstanden Coeln, den 11t Februar 1844 FvUthmann Oberst und Festungs Inspecteur.*

GSTA PK, Festungskarten Minden F 70.070; unpubliziert.

Links Grundriß vom *Königs-Thor* mit dem *Brücken-Keller* vor der grabenseitigen Außenmauer, mit dem Verbindungsgang zur Caponière und deren Poterne durch den Hauptwall. Dazwischen der neuanzulegende Abflußkanal, der Regen- und Abwasser von den *Rinnsteinen* der *Wall-Straße* (Königswall) aufnehmen und in die *Cünette* des Festungsgrabens leiten sollte. Rechts, um 90 Grad gedreht Längsschnitt (*Profil nach der Linie CD*) durch Wallstraße, Poterne und Caponière. Unten *Profil nach der Linie AB*, Querschnitt durch die Caponière und einen Teil der zweigeschossigen Kommunikation zum Königstor. Der Abzugskanal durchquerte ihr unteres Geschoß; der Übergang mußte mit Treppen bewerkstelligt werden. Der Plan zeigt, daß der von General von Rauch 1816 angegebene Diamant an den Flanken der Caponière von der Künette des Hauptgrabens bewässert wurde.

KAT.-NR. 80   Abb. 105
Entwurf zu Graben-Caponièren am Ravelin Königstor, 1833

Unbezeichnet, datiert *1833*.
Kolorierte Federzeichnung mit Korrekturvorschlag in Blei; 72 x 53 cm.
Maßleiste von *12 + 108 Fuss* = 31,8 cm ≅ 1: 120.
Kartentitel: *Project I. zu den Caponieren zur rechten u. lincken Face des Ravelins v. d. Königs-Thor.*
Unten rechts *FvUthmann Maj und Ing. v. Platz. Minden d. 20 März 1833. / Gesehen Cölln den 28ten März 1833 Jachnick Oberst und Festungs Inspecteur.*

GSTA PK, Festungskarten Minden C 70.095; unpubliziert.

Oben *Längen Profil A. B.* und Grundriß der Caponière an der rechten Ravelin-Face vor der Contrescarpen-Mauer des Hauptgrabens. Die einräumige Caponière, mit je zwei Kanonen- und Gewehrscharten sollte den Ravelingraben bestreichen und vom Hauptgraben her zugänglich sein. Der Grundriß ist den schräg anlaufenden Grabenlinien entsprechend verzogen. Auf dem Dach sollte in Höhe der Contrescarpen-Mauer ein Hindernistürmchen stehen. Rechts neben dem Grundriß ist eine Alternative mit rechtwinkligem Grundriß und schräggezogenen Scharten skizziert.
Unten *Längen Profil C. D.* und Grundriß der entsprechenden Caponière an der linken Face, die am Ende der hölzernen Brücke unter dem Fahrweg vor dem äußeren Königstor liegen sollte.
Das Projekt gehört zu dem Lageplan Kat.-Nr. 61 mit dem gleichen Datum; es wurde mehrfach umgearbeitet. – Die Höhenangaben in der mit vielen Maßangaben versehenen Zeichnung machen mit der Differenz von 40 Fuß = 12,56 m zwischen Hauptgraben-Sohle *(21' a. M.)* und Feuerlinie bzw. Brustwehr-Crête des Ravelins *(61' a. M.)* die Dimensionen der Erdbewegungen für die Neubefestigung deutlich.

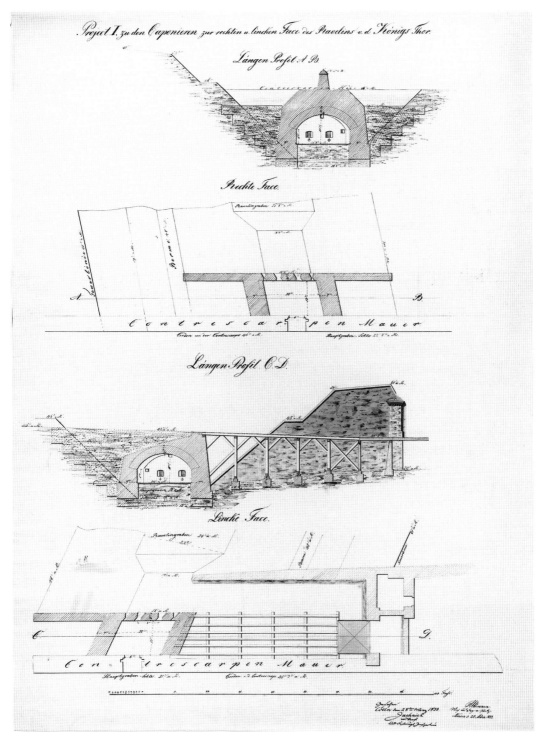

Abb. 105 Entwurf zu Graben-Caponièren am Ravelin Königstor, 1833 (Kat.-Nr. 80).

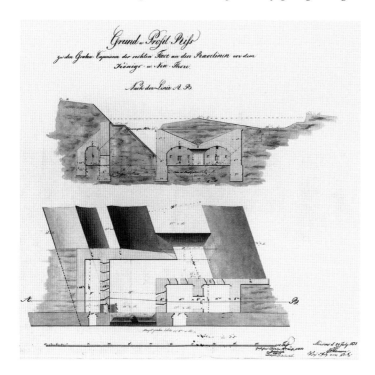

Abb. 106 Graben-Caponière an der rechten Flanke der Ravelins vor Königs- und Neutor, 1833 (Kat.-Nr. 81).

KAT.-NR. 81 Abb. 106
Graben-Caponière an der rechten Flanke der Ravelins vor Königs- und Neutor, 1833

Unbezeichnet, datiert *1833*.
Kolorierte Federzeichnung mit Bleistiftkorrekturen; 41,5 x 47 cm.
Maßleiste von *12 + 120 Fuß* = 1: 148.
Kartentitel: *Grund u: Profil-Riss zu den Graben-Caponieren der rechten Face an den Ravelinen vor dem Königs- u: Neu-Thore.* Oben rechts *A.* Unten rechts: *Minden d 29 July 1833 FvUthmann Maj und Ing vom Platz / Gesehen. Cölln den 16ten August 1833 Jachnick Oberst und Festungs Inspecteur.*
Rückseitig: *Zum Entwurf über die Anlage von Graben Caponieren bei den Ravelinen vor dem Königs- und Neuen Thore gehörig.*

GSTA PK, Festungskarten Minden F 70.058, unpubliziert.

Oben Schnitt *Nach der Linie A. B.* durch die Caponière, unten der entsprechende Grundriß. Er zeigt die den Ravelingraben bestreichende, hier zweiräumige Caponière mit rechtwinkligem Grundriß. Durch die Überarbeitung der Planung wurde sie ergänzt durch eine gangartige Abschnittsgalerie im Wallkopf des Ravelins, von der aus der Grabenraum vor der Caponière mit Gewehrfeuer bestrichen werden konnte. Von hier aus konnte zudem der Grabenraum durch eine Tür erreicht werden. Der freistehende Teil der Contrescarpen-Mauer des Hauptgrabens sollte durch ein Hindernis aus sattelförmiger Abdeckung und Dame gegen das Überqueren gesichert werden.

Die Bleistift-Korrektur skizziert in Grundriß und Schnitt Überlegungen zur Verengung des Grabenabschnitts vor der Contrescarpen-Mauer.

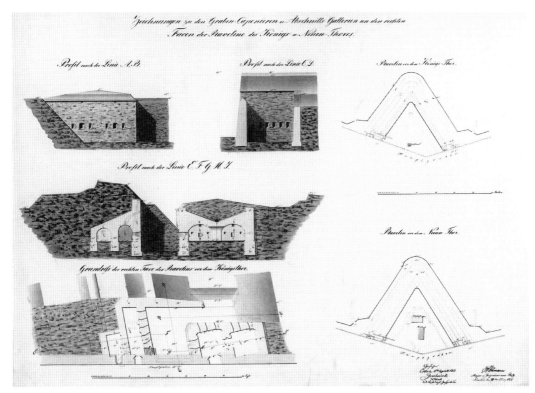

Abb. 107   Graben-Caponièren am Königs- und Neutor, 1835 (Kat.-Nr. 82).

KAT.-NR. 82   Abb. 107
Graben-Caponieren am Königs- und Neutor, 1835

Unbezeichnet, datiert *1835*.
Kolorierte Federzeichnung mit Bleistift-Nachträgen in der Beschriftung; 63 x 87 cm.
Wasserzeichen: JWHATMAN / TURKEY MILL.
Maßleiste von *12 + 84 Fuss* = 24,9 cm = 1:120 bei Grundriß und Schnitten,
bei den Lageplänen *10 + 50 Ruthen* = 19,25 cm ≅ 1:1200.
Kartentitel: *Zeichnungen zu den Graben-Caponieren u: Abschnitts-Gallerien an den rechten Facen der Raveline des Königs- u.: Neuen-Thores.*
Unten rechts: *FvUthmann Major und Ingenieur vom Platz. Minden den 30ten März 1835 / Gesehen Cölln den 8ten April 1835 Jachnick Oberst und Festungs-Inspecteur.*
Rückseitig: *Eingesandt durch die 3t Ing. Insp. unterm 10. April 1835.*

GSTA PK, Festungskarten Minden C 70.097; unpubliziert.

Rechts untereinander Lagepläne, bezeichnet *Ravelin vor dem Königs-Thor* und *Ravelin vor dem Neuen Thor* mit den Graben-Caponièren; im Ravelin Königstor vor der Hauptgrabenbrücke das *Zollhaus*, im Ravelin Neutor gestrichelt schraffiert ein projektierter (?) *Pallisadenschuppen* und ein *Blockhaus* (No 3).

Über dem *Grundriss der rechten Face des Ravelins vor dem Königsthor* oben links die Ansicht der Grabencaponière (*Profil nach der Linie A. B.*), daneben Ansicht der Abschnittsgalerie (*Profil nach der Linie C. D.*) und darunter das *Profil der Linie E, F, G, H, I*.

Die erneut überarbeitete Fassung (vgl. Kat.-Nr. 81) zeigt die Gesamtanlage parallel zu den Linien von Wall und Contrescarpen-Mauer zum Parallelogramm verzogen, doch sind die beiden Kasematten der Caponière in sich rechtwinklig angelegt. Im Rücken der Abschnittsgalerie ist neu dazugekommen – wohl nachgetragen – ein Pulvermagazin mit kleinem Vorraum, Tür zur Galerie und Fenster in der Contrescarpen-Mauer. In Ansichten und Lageplänen sind die Höhen eingetragen, Grundriß und Schnitt sind außerdem sorgfältig vermaßt.

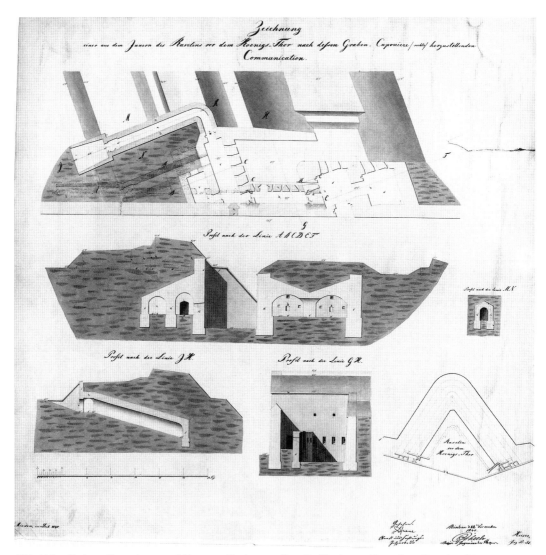

Abb 108   Graben-Caponièren und Kommunikation am Ravelin Königstor. Ingenieur-Premier-Lieutenant Kaiser, 1842 (Kat.-Nr. 84).

KAT.-NR. 83   ohne Abb.
Graben-Caponière am Ravelin Königstor, 1835

Bezeichnet *von Untzer*, datiert *1835*.
Federzeichnung in schwarzer und roter Tusche, hellrot laviert; 48,9 x 69,7 cm.
Wasserzeichen: G F Halbon (kursiv).
Maßleiste von *12 + 60 preuss: Fuss* ≅ 23,15 cm ≅ 1:98.
Kartentitel (nachgetragen?): *Graben-Caponiere Ravelin Koenigstor rechts*. Unten rechts: *Minden im Oct. 1835 v. Untzer Ing: Prem: Lieut:*.

Mindener Museum, FM 67; unpubliziert. – Oben links blaue Inv.-Nr. *106* der Fortifikation Minden.

Die wohl für den internen Gebrauch der Fortifikation einfacher angefertigte Zeichnung entspricht dem Planungsstand von 1833 (vgl. Kat.-Nr. 82), zeigt aber einen deutlich spitzeren Winkel zwischen Ravelinwall und Contrescarpe des Hauptgrabens.

Unten rechts *Grundriss* von Caponière, Abschnittsgalerie und Pulvermagazin, darüber rechts *Obere Ansicht der Abwässerung* der Caponière. – In der Mitte von rechts nach links *Durchschnitt nach der Linie ab* durch die Caponière, *Durchschnitt nach der Linie cd* durch Abschnittsgalerie und Pulvermagazin und *Durchschnitt nach der Linie gh* durch die Verbindung der beiden Caponièren-Kammern mit Details der Abwässerung. Rechts oben *Durchschnitt nach der Linie ef* mit derselben Wand und der Contrescarpen-Mauer. – Oben links schematische Ansichten der Grabenseiten von Caponière und Abschnittsgalerie mit der Verteilung der Öffnungen. – Unten links zwei schematische Hilfszeichnungen für Massenberechnungen, von anderer, sehr zittriger Hand beschriftet: *Front nach der Caponiere – Gallerie – Gallerie und Pulver Magazin – Kontrescarpe – Verstärkung derselben*.

KAT.-NR. 84   Abb. 108
Graben-Caponièren und Kommunikation am Ravelin Königstor, 1840

Bezeichnet *Kaiser*, datiert *1840*.
Kolorierte Federzeichnung; 67,6 x 64,3 cm.
Wasserzeichen: LETMATHE.
Maßleiste von *12 + 72 Fuss* = 21,2 cm ≅ 1:124.
Kartentitel: *Zeichnung einer aus dem Innern des Ravelins vor dem Koenigs-Thor nach dessen Graben-Caponieren (rechts) herzustellenden Communication*.
Unten von rechts: *Kaiser Ing. Pr. Lt./ Minden d 22" Dezember 1840. / vScheel 1 Major u Ingenieur des Platzes / Gesehen vHuene Oberst und Festungs Inspecteur;* unten links *Minden, im Decb.1840*.

GSTA PK, Festungskarten Minden E 70.021; unpubliziert.

Rechts unten Lageplan des Ravelins, ohne Maßstab. Oben Grundriß der Gesamtanlage, entsprechend dem vorhergehenden Blatt Kat.-Nr. 83, ergänzt durch den abgewinkelten Gang, der vom Hof des Ravelins durch den Wall in die Abschnittsgalerie führt. Als Alternative ist die Kommunikation näher an die Contrescarpen-Mauer verlegt und führt hinter dem Pulvermagazin seitlich in die Galerie. – Eine zweite Variante ist punktiert eingezeichnet: Die Kommunikation führt entlang der Contrescarpen-Mauer durch Pulvermagazin und Abschnittsgalerie in eine weitere, oben offene Galerie zwischen der Abschnittsgalerie und der Caponière; das Pulvermagazin ist entsprechend verlängert.

In der Mitte *Profil nach der Linie ABDCEF* durch Pulvermagazin und Caponière, daneben *Profil nach der Linie MN* durch den abgewinkelten Gang. Unten links *Profil nach der Linie JK*: Längsschnitt durch diesen Gang; daneben *Profil nach der Linie GH*: Schnitt durch die offene Galerie und Ansicht der Abschnittsgalerie.

Die Kommunikation sollte offenbar eine gedeckte Verbindung vom Hof des Ravelins zur Caponière herstellen, die sonst nur durch den offenen Hauptgraben erreichbar war. Außerdem sollte der grabenseitige Einstieg in die Abschnittsgalerie besser geschützt werden.

KAT.-NR. 85   Abb. 109
Brücke über den Hauptgraben vor dem Königstor, 1855

Bezeichnet *Schumann*, datiert *1855*.
Kolorierte Federzeichnung; 56 x 88 cm.
Transversal-Maßstab von *12 (Fuß)* + *6 Ruthen* = 26,6 cm ≅ 1:98.
Kartentitel: *Entwurf zur Erbauung einer neuen Königsthor Brücke. / Blatt II. / Zum Bericht vom 23ten November 1855.* Unten rechts: *Minden den 23ten November 1855. / Schumann. Ingenieur Lieutnant. / Pagenstecher Major und Platzingenieur / Gesehen vHuene Oberst und Festungs Inspecteur.*

GSTA PK, Festungskarten Minden C 70.111; unpubliziert.

Oben links Querschnitt *Profil nach c.d.*, daneben Längsschnitt *Profil nach a–b.*, unten *Grundriß*, links jeweils das *Ravelin Königsthor*, rechts das *Königsthor (Gewölbe)* mit der Zugbrücke.

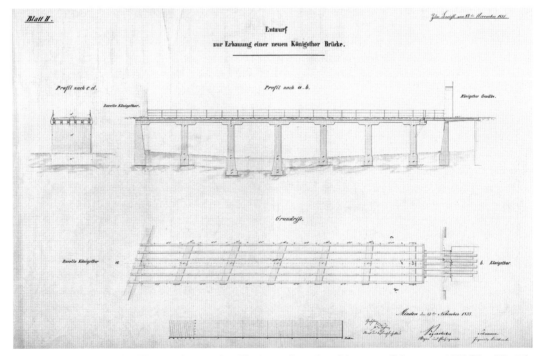

Abb. 109   Brücke über den Hauptgraben vor dem Königstor. Ingenieur-Lieutenant Schumann, 1855 (Kat.-Nr. 85).

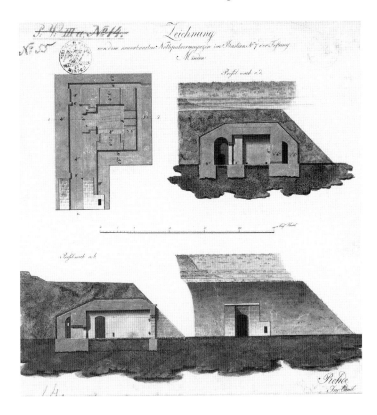

Abb. 110 Notpulvermagazin im Bastion VII. Ingenieur-Capitain Rohde, um 1820 (Kat.-Nr. 86).

KAT.-NR. 86
Notpulvermagazin im Bastion VII, um 1820

Abb. 110

Bezeichnet *Rhode,* nicht datiert.
Kräftig kolorierte Federzeichnung mit Bleistift-Nachtrag; 32,1 x 31,6 cm.
Maßleiste mit *10 + 40 Fuss Rheinl.* = 15,6 cm ≅ 1 : 98.
Kartentitel: *Zeichnung von den neuerbauten Nothpulvermagazin im Bastion No 7 der Festung Minden.*
Unten rechts: *Rhode Ing Capit:*.

Mindener Museum, FM 164; unpubliziert. – Oben links Stempel der Fortification zu Minden und (durchstrichen) Inv.-Nr. *P:V:IIIa, No 14.,* korrigiert *No 55.*

Oben links vermaßter Grundriß mit Gang, Pulverkammer, Ummantelung und Luftkanälen; rechts Querschnitt *Profil nach c.d;* unten Längsschnitt *Profil nach a.b.* und Außen-Ansicht der Tür zwischen den schrägen Flankenmauern im Wall. – Im Grundriß ist mit Blei die Anordnung der Stellagen zur Lagerung der Pulvervorräte grob skizziert.

Das Blatt zeigt den charakteristisch klassizistischen Zeichen- und Kolorierungsstil der ersten Phase der Neubefestigung mit sorgfältig lavierten Schatten; da Rohde 1817 zum Kapitän (=Hauptmann) befördert wurde, dürfte es bald danach, um 1820, entstanden sein.

Das kleine Pulvermagazin lag nach Pagenstechers Festungsplan von 1837 (Kat.-Nr. 39) am nordöstlichen Ende der Kurtine VI – VII, knapp neben der hier ansetzenden linke Flanke des Bastions VII (vgl. auch Kat.-Nr. 88, 89).

KAT.-NR. 87
Traversierung von Bastion VII, 1854

Abb. 111

Bezeichnet *Schumann*, datiert *1854*.
Kolorierte Federzeichnung mit Bleistift-Beischriften; 29 x 40 cm.
Maasst. 2° = 1dd (Zoll); *Maßleiste von 24 + 72' = 10,7 cm* ≅ 1: 280. Norden oben rechts.
Kartentitel: *Entwurf zur Anlage von Traversen im Bast.VII zu Minden / Nro 4 / Zum Berichte vom 4". November 1854.*
Unten von rechts: *Pagenstecher Major und Platz Ingenieur / Schumann Ing. Lieut. / Gesehen, v.Dechen Oberst und Festungsinspecteur.*

GSTA PK, Festungskarten Minden G 70.071; unpubliziert.

Grundriß der Bastion mit zwei Varianten: rechts mit seitlicher Traverse, erhöhter Brustwehr auf Flanke und Face (durchstrichen) sowie einer Rampe hinter der Face, mit alternativer Rampe am Fuß der Traverse, hier mit Beischrift in Blei: *Diese Anordnung der Rampe war diesseits in Vorschlag gebracht. v D* (= v. Dechen); links einfache Traversen neben den vergrößerten Geschützständen, mit je einer Rampe am Fuß der Traversen. Hier Beischrift in Blei: *Die Ausführung soll erfolgen wie auf der linken Seite angegeben.* Zur Anlage der Traversen auf den Wällen vgl. Kat.-Nr. 51. – Der Plan gehört zu einer Serie von mehreren Zeichnungen, die schon für 1854 eine erste Traversierung der Festungswerke belegen.

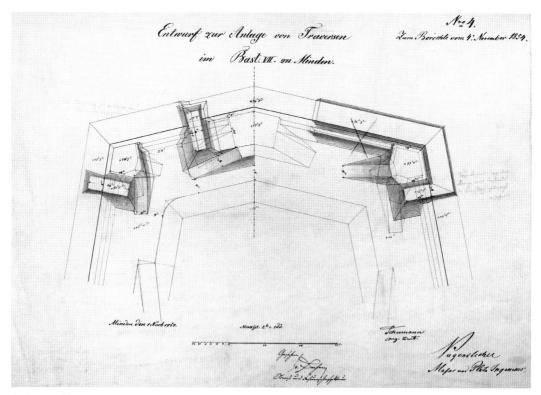

Abb. 111 Traversierung von Bastion VII. Ingenieur-Lieutenant Schumann, 1856 (Kat.-Nr. 87).

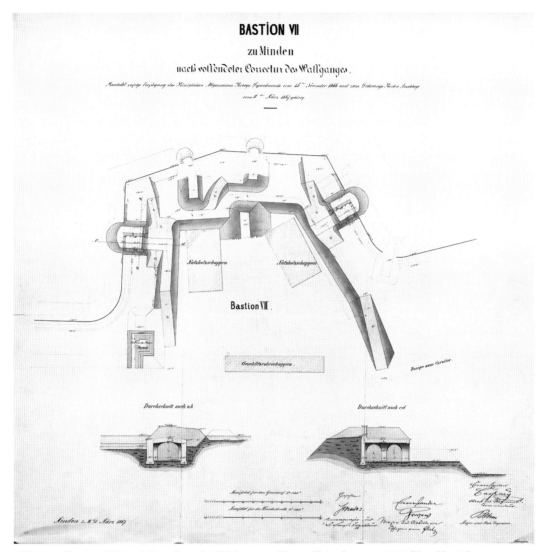

Abb. 112   Bastion VII nach Korrektur des Wallganges. Unteroffizier Langen, 1867 (Kat.-Nr. 88).

KAT.-NR. 88   Abb. 112
Bastion VII nach Korrektur des Wallganges, 1867

Bezeichnet *Langen*, datiert *1867*.
Kolorierte Federzeichnung; 58,5 x 62 cm.
Maaßstab für den Grundriss 2° = 1ddc".: 10 + 110' = 13 cm = 1:288;
Maaßstab für die Durchschnitte 12' = 1 ddc.": 10 + 50' = 13 cm = 1:144. Norden oben rechts.
Kartentitel: *Bastion VII zu Minden nach vollendeter Correctur des Wallganges. Bearbeitet zufolge Verfügung des Königlichen Allgemeinen Kriegs-Departements vom 15ten November 1866 und zum Dotierungs-Kosten-Anschlage vom 11ten März 1867 gehörig.*

Unten links: *Minden den 11ten März 1867*, von rechts: *Langen Unteroffizier im 7" I. B./ Behm Major und Platz Ingenieur / Einverstanden Caspary Oberst und Regiments-Kommandeur / Einverstanden Grapow Major und Artillerie Offizier vom Platz / Gesehen Schultz I Generalmajor und Festungs-Inspekteur.*

GSTA PK, Festungskarten Minden E 70.020; unpubliziert.

Grundriß des Bastions mit Anschluß der Kurtinen VI – VII und VII – VIII, links das um 1820 als Notpulvermagazin erbaute *Verbrauchs Pulver Magazin* (vgl. Kat.-Nr. 86), rechts *Rampe zum Cavalier*. Im Hof des Bastions *Geschützrohrschuppen* und zwei *Nutzholzschuppen*. Über den dünn ausgezogenen Bestand mit vier bzw. fünf Traversen, die dem Blatt von 1854 (Kat.-Nr. 87) links entsprechen, ist die verbesserte Traversierung samt der zugehörigen Verbreiterung des Wallganges und der Rampen gezeichnet und farbig angelegt. Die beiden Flankentraversen sind durch überwölbte Hohlräume mit breiterer Erdabdeckung ersetzt; die Traversen auf den Facen sind nach innen verlängert und an der Stirn gerundet. Unten *Durchschnitt nach ab* (Querschnitt) und *Durchschnitt nach cd.* (Längsschnitt) durch die Hohltraversen, die nicht als bedeckte Geschützstände dienten, sondern als Schutzräume für Mannschaften und leichtes Geschütz.

KAT.-NR. 89 Abb. 113
Hohlbauten im Bastion VII, 1867

Bezeichnet *Langen*, datiert *1867*.
Kolorierte Federzeichnung mit Bleistift-Ergänzungen; 48 x 66,6 cm.
Wasserzeichen: JWHATMAN / 1864.
Maaßstab für den Grundriß 2° = 1ddc.": 10 + 100 Fuss : 12,1 cm = 1 : 288;
Maaßstab für die Durchschnitte 12' = 1 ddc.": 10 + 50 Fuss = 13,2 cm = 1 : 144. Norden oben rechts.
Kartentitel: *Zeichnung über Anlage eines Geschossraumes einer Geschossladestelle und eines Reservoirs für Zündungen im Bastion VII zu Minden / Bearbeitet zufolge Verfügung des Königlichen Allgemeinen Kriegs-Departements vom 14ten März 1867 und Kosten-Anschlage vom 29ten April 1867 gehörend*. Unten links *Minden den 29ten April 1867; von rechts Langen Unteroffizier / gez. Behm Major und Platz Ingenieur / Einverstanden gez. Grapow Major und Artillerie Offizier vom Platz / Einverstanden gez. Caspary Oberst und Regiments Commandeur / Gesehen gez. Schulz I Generalmajor und Festungs-Inspecteur.*

Mindener Museum, FM 63; unpubliziert. – Oben links Stempel der Fortification zu Minden und Inv.-Nr. *Pl. V. III a No 57* (korrigiert *No 61*).

Grundriß des Bastions mit den Anschlüssen an die benachbarten Kurtinen, rechts mit einem Teil des Kavaliers über der Kurtine VII – VIII. Der Plan entspricht im Bestand dem am 11. März 1867 gezeichneten Blatt Kat.-Nr. 88, ist jedoch ergänzt durch die *Später zu projectirende Capitaltraverse mit Schutzhohlräumen*. Links daneben *Abzubrechender Palisadenschuppen*. Hier detaillierter Grundriß der geplanten Bauten für Geschoßraum und Geschoßladestelle bzw. des Zündungsreservoirs in der Flanke der Kapitaltraverse. Darüber – orange angelegt – die Erdabdeckung.

Gleichzeitig vorgesehen sind zwei Rampen, eine am Hauptwall links, die andere zwischen *Geschützrohrschuppen* und *Cavalier*, beide mit Steigung *6/1*. Unten *Durchschnitt nach a,b.* (Querschnitt) durch die projektierten beschußsicheren Bauten, rechts *Durchschnitt nach c,d* (Längsschnitt). – Im Grundriß sind nachträglich die beiden Hohltraversen und das Verbrauchspulvermagazin mit Bleistift

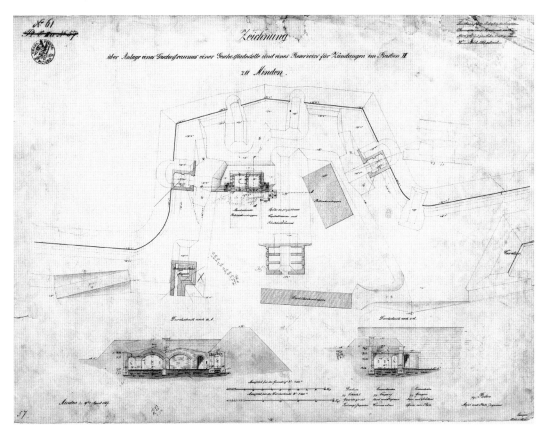

Abb. 113 Hohlbauten im Bastion VII. Unteroffizier Langen, 1867 (Kat.-Nr. 89).

durchkreuzt, Geschoßraum und -ladestelle korrigierend überzeichnet, mit Beischrift *Dies ist die zu sprengende Traverse. T.* – In den Schnitten ist ein Teil der Höhenmaße in Meterangaben umgerechnet. Dies bezieht sich möglicherweise auf Massenberechnungen für die Entfestigung nach 1873.

KAT.-NR. 90 ohne Abb.
Hohlbauten im Bastion VII, 1867

Bezeichnet rechts unten *Langen, Unteroffizier,* datiert *29ten April 1867.*
Kolorierte Federzeichnung mit zwei Klappen; 49,5 x 67 cm.
In Anlage, Beschriftung, Maßstäben und Unterschriften übereinstimmend mit Kat.-Nr. 89, rechts oben Zusatz: *Abgeändert zufolge Verfügung des Königlichen Allgemeinen Kriegs-Departements vom 29ten Mai 1867.*

GSTA PK, Festungskarten Minden F 70.055; unpubliziert.

Die beiden aufgeklebten Klappen zeigen Grundriß und Ansicht bzw. *Durchschnitt nach a,b* mit geringfügig verringerten Mauerstärken für die Ausführung.

KAT.-NR. 91 Abb. 114
Hohlbauten im Bastion VII und Kurtinenkavalier, 1867 (?)

Unbezeichnet, nicht datiert.
Farbig angelegte Federzeichnung mit Bleistift-Einträgen; 59,1 x 84,7 cm.
Wasserzeichen JWZANDERS / 1867.
Maßleiste von *10 + 50 Fuss* = 23,63 cm ≅ 1:250 (wohl nachgetragen). Norden oben rechts.
Ohne Kartentitel und Beschriftung; oben links *Bastion 7* und blaue Inv.-Nr. *No 99*.

Mindener Museum, FM 143; unpubliziert.

Oben Lageplan bzw. Grundriß und Draufsicht vom Bastion VII mit Anschluß an die benachbarten Kurtinen, rechts der vollständige Grundriß des Kavaliers hinter der Kurtine VII – VIII.
    Das Blatt stimmt im wesentlichen mit den beiden vorausgehenden (Kat.-Nr. 89, 90) überein; die Schnitte *a – b* und *g – h* beziehen sich auf die Hohlbauten von Geschoßraum, Geschoßladestelle und Zündungsreservoir im Hof des Bastions, ebenso die Ansicht (mit Schnitt durch das Reservoir) rechts unten. – Die Schnitte *c – d* und *e – f* (links) sind Längs- und Querschnitt der Hohltraversen im Wallgang hinter der Brustwehr. Der Kopfbau vor der Kapitaltraverse ist nicht eingezeichnet; der Palisadenschuppen rechts davon ist ausgekreuzt und als *abgebrochen* bezeichnet. Die gestrichelte Linie um den Geschützrohrschuppen markiert möglicherweise einen Zaun; die Strichelung mit *h – i – k* skizziert eine Verlängerung der Rampe zum Wallgang.

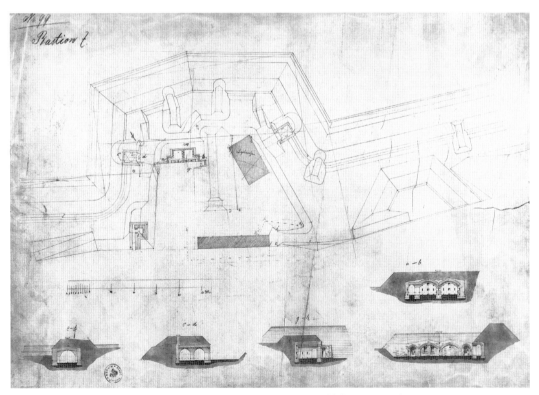

Abb. 114 Hohlbauten im Bastion VII und Kurtinenkavalier, 1867 (?) (Kat.-Nr. 91).

Der Kurtinenkavalier ist nur in diesem Blatt in einem genauen Grundriß überliefert. Er lag als dreiseitig gebrochenes Erdwerk mit leicht eingezogener Kehle links auf dem hier stark verbreiterten Wallgang. Nach den Höhenangaben in Kat.-Nr. 89 und 90 für die Crête von Kavalier und Hauptwall (85' 6" bzw. 73' 8") überragte der Kavalier den Hauptwall mit 11' 10" (ca. 3,70 m) beträchtlich und war somit geeignet, das leicht wellige Vorgelände der Hohen Front besser einzusehen und zu beherrschen.

Das Blatt gehörte zum Planbestand der Mindener Fortification; es wird wie die vorherigen vom Unteroffizier Langen gezeichnet worden sein. Vermutlich ist es eine Vorstufe zu den Plänen Kat.-Nr. 88–90.

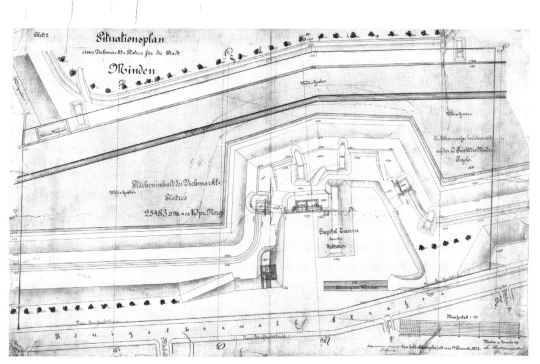

Abb. 115 Bastion VII mit Hauptgraben und Gedecktem Weg. Stadtbaumeister Schneider, 1878 (Kat.-Nr. 92).

KAT.-NR. 92   Abb. 115
Bastion VII mit Hauptgraben und Gedecktem Weg, 1878

Bezeichnet *F. Schneider*, datiert *1878*.
Lavierte Federzeichnung mit Nachträgen in Blei; 62,3 x 104,5 cm.
Transversal-Maßstab mit *10 + 50 Meter, Maßstab 1:250*. Norden oben rechts.
Kartentitel: *Situationsplan eines Viehmarkt-Platzes für die Stadt Minden / Blatt 2*.
Unten rechts: *Zum Erläuterungsplan vom 19 Dezember 1878 / Stadt Minden im November 1878 Der Stadtbaumeister Schneider / Aufgenommen und gezeichnet F. Schneider*.

Mindener Museum FM 14; unpubliziert.

Streng genommen gehört das Blatt zu den Entfestigungsplänen; es wird hier behandelt, da es die Anlagen des Bastion VII und seiner Umgebung in unversehrtem Zustand vor der Demolierung zeigt.

Der Plan zeigt das Gelände nordwestlich des Altstadtrandes zwischen *Bartling-Hof* und *Pöttcher-Str.* jenseits der *Königsthorwall Straße* und dem Gedeckten Weg zwischen den Ravelins vor dem Königs- und dem Neuen Tor. An Bastion VII, das mit Traversen und Hohlbauten (*Hohltraverse* 2x); *Geschoßstelle; Capital Traverse darunter Hohlraum; Zünder Reservoir;* Geschützrohrschuppen (*jetzt Rodenberg'sche Werkstatt*) dem Bestand von etwa 1867 (vgl. Kat.-Nr. 91) entspricht, schließen sich die Kurtinen an, mit dem angeschnittenen Kavalier im Norden. Vor Kurtinen und Bastion liegt der *Wallgraben* mit dem schmalen *Wasser-Graben* (Künette); die Höhendifferenz zwischen Hauptwallbrustwehr und Grabensohle beträgt 14,60 m, zwischen Königswall und Grabensohle 7,50 bis 8,50 m. Jenseits der Contrescarpe liegt der Gedeckte Weg hinter der etwa 1,80 m hohen Aufschüttung des Glacis; er ist beiderseits beim Ansatz der Ravelingräben durch Erdtraversen gesichert. Die Graben-Caponière am Ravelin Königstor rechts ist hier als *Pulver-Magazin* bezeichnet. Das Gelände zwischen dem inneren Fuß des Glacis und der *Neue(n) Baufluchtlinie* am Westrand des Königswalls ist rot umrandet; der *Flächeninhalt des Viehmarkt-Platzes* beträgt *25483* [Quadrat]*M ≈ 10 pr. Morg(en). Die Höhenmaße beziehen sich auf den O-Punkt des Minder Pegels* (Höhenangaben in Metern). Die roten Schnittlinien *A–B, C–D, E–F* und *G–H* beziehen sich auf weitere, nicht vorliegende Blätter mit den entsprechenden Wall- und Grabenprofilen. – Der Plan zur Anlage eines Viehmarkt-Platzes wurde bereits 1873 während der Entfestigungs- und Übergabe-Verhandlungen erörtert; die

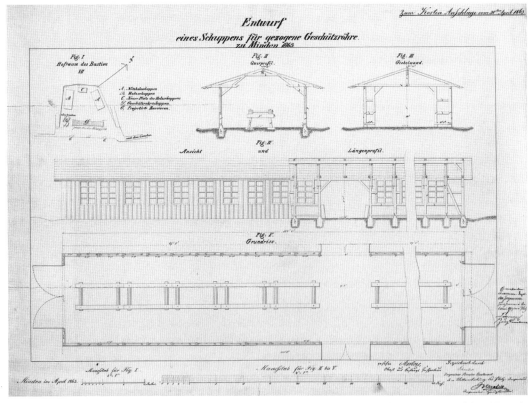

Abb. 116 Geschützrohrschuppen im Bastion VII. Ingenieur-Premier-Lieutenant Schreiber, 1863 (Kat.-Nr. 93).

Stadt hatte hierfür alternativ ein Gelände im Bastion X oder in den Werken der Fischerstadt vorgesehen, in Verbindung mit einem geplanten Schlachthaus. Am 22.9.1873 schreibt der Vorsitzende des landwirtschaftlichen Kreisvereins Minden, Fr. Brüggemann, aus Minderwald bei Hille an die Regierung, die Reservierung eines geeigneten Viehmarktplatzes sei dringend geboten, da in der Mindener Region ein bedeutender Aufschwung des Viehhandels infolge der Umstellung vom Körnerbau auf die Viehzucht zu verzeichnen sei. Zwar werde der Simeonsplatz zur Aufstellung von Handelsvieh benutzt, er sei aber militärisch-fiskalisches Eigentum, daher könnten dort keine festen Barrieren und Verschläge und keine Schuppen zum Einstellen der Tiere bei schlechtem Wetter errichtet werden, außerdem sei dort die Aufstellung einer Viehwaage nicht möglich. Falls ein Platz in guter Lage, möglichst in der Nähe der projektierten (Kreis-)Bahn, zur Verfügung stünde, könnten die jetzt monatlichen Viehmarkttage bald als wöchentliche eingerichtet werden. Das Projekt für Bastion X bzw. die Fischerstadt zerschlug sich, weil das Ministerium für landwirtschaftliche Angelegenheiten am 8. Januar 1874 dem Oberpräsidenten in Münster mitteilte, es sehe sich außerstande, das Viehmarktprojekt mit Geldern zu unterstützen (STA DT, M 1 I C, Nr. 797, p.13 ff., 24).

Im Hof des Bastions sowie vor den Facen und der linken Flanke sind mit Blei die Böschungslinien der Abtragung des Walles bzw. des Verfüllens des Hauptgrabens mit dem Datum *am 10ten April 79* bzw. *Böschung am 10/4.79* eingetragen. – Heute stehen auf dem Gelände zwischen Königswall und Königsglacis die Gebäude der Kurt-Tucholsky-Gesamtschule (siehe Teil V, S. 328–333, Königswall 10/12).

KAT.-NR. 93 Abb. 116
Geschützrohrschuppen im Bastion VII, 1863

Bezeichnet *Schreiber,* datiert *1863.*
Federzeichnung; 46 x 63 cm (Blatt), 35 x 55,5 cm (Einfassung).
Maaßstab für Fig.:I: (Lageplan) *6° = 1":* Maßleiste *6 + 12 Ruthen* = 7,3 cm ≅ 1:930; Transversal-*Maaßstab für Fig. II bis V.: 5 + 45 Fuss* = 31,2 cm ≅ 1:50.
Kartentitel: *Entwurf eines Schuppens für gezogene Geschützröhre zu Minden 1863 / Zum Kosten-Anschlage vom 30ten April 1863.* Unten links: *Minden im April 1863,* von rechts: *gezeichnet durch Schreiber Ingenieur Premier Lieutenant / In Stellvertretung des Platz-Ingenieurs Maentell Ingenieur-Hauptmann / gesehen Mertens Oberst und Festungs Inspecteur* / am Rand rechts: *Einverstanden. Artillerie-Depot. von Jagemann Hauptmann u. Artillerie Offizier v. Platz / Lehmann Zeug Lieutenant.*

GSTA PK, Festungskarten Minden F 70.080; unpubliziert.

Oben links *Fig.I: Hofraum des Bastions VII:* Lageplan mit den vorhandenen, umzusetzenden und neu zu errichtenden Bauten: *A. Nutzholzschuppen. B. Holzschuppen, abzubrechen, C. Neuer Platz des Holzschuppens, D. Geschützrohrschuppen, E. Projectirte Barrieren. Fig. II bis V: Querprofil, Giebelwand, Ansicht* und *Längenprofil, Grundriss des Geschützrohrschuppens.*

Hölzener, barackenartiger Schuppen von 104' 4" Länge, 16' Breite und ca 11' Höhe, mit Toren in beiden Giebelseiten und in der Mitte der Langseiten. In der mittleren Längs-Achse lange hölzerne Stellage für die Rohre, die quer nebeneinander gelagert wurden.

Der Schuppen dürfte noch 1863 erbaut worden sein; nach der Aufhebung der Festung war er für militärische Zwecke überflüssig und diente 1878 als Rodenbergsche Werkstatt (siehe Kat.-Nr. 92).

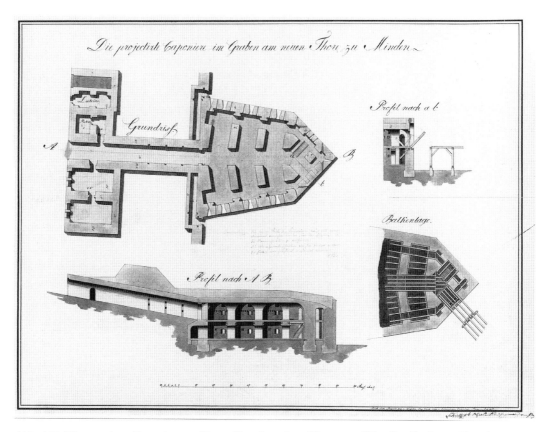

Abb. 117 Hauptgraben-Caponière am Neuen Tor. Ingenieur-Lieutenant Wegelin, Kopie von Premier-Volontair Kreuzinger, 1816 (Kat.-Nr. 94).

KAT.-NR. 94   Abb. 117
Hauptgraben-Caponière am Neuen Tor, 1816

Bezeichnet *Kreuzinger*, datiert *1816*.
Kolorierte Federzeichnung mit Beischriften in Blei; 49,5 x 66,5 cm (Blatt); 43,5 x 60,5 cm (innere Einfassung).
Maßleiste von *10 + 100 Fuss rhnl:* = 23,3 cm = 1:148. Norden rechts unten.
Kartentitel: *Die projectirte Caponiere im Graben am neuen Thore zu Minden.*
Unten rechts zwischen den Einfassungslinien: *Nach Project gez. v. Wegelin Ing. Lieut. cop. v. Kreuzinger Volontair Pionnir Oct. 1816*, darunter: *Schultz 2te Ob: Lieut: und Ingenieur vom Platz.*

GSTA PK, Festungskaraten Minden F 70.074; unpubliziert.

Oben links *Grundriss* der Caponière mit den stadtseitigen Nebenräumen *(Latrine, Pulver)* beidseits der Poterne, hier Bleistiftnotiz *kein Ofen?* Unter der rechten Flanke in Blei: *Anmerkung. Die lange Seite der Caponiere muß mit einem Diamant versehen werden, um das Einsteigen in die Kanonscharten zu verhindern. Die kleine Gewehrscharten müssen anders – nemlich hinten u. vorn geöffnet construirt werden. vR.* (= von Rauch).

Darunter *Profil nach AB*: Längsschnitt durch die stark fallende Poterne und die zweigeschossige Caponière. Rechts *Profil nach ab:* Teilschnitt durch die rechte Face mit der Zugbrücke, die vom Obergeschoß zum Hof des Ravelins führte. Darunter *Balkenlage* der Decke über dem Erdgeschoß mit dem Anschluß an die Brücke.

Die Hauptgraben-Caponièren gehörten zu den wichtigsten Werken zur Sicherung der Festung und wurden daher, zusammen mit den Toren, als erste erbaut. Die Anlage entspricht weitgehend der Caponière am Königstor (vgl. Kat.-Nr. 77), doch führte dort die Poterne in das untere Geschoß. Die innere Verbindung zwischen dem bombenfest eingewölbten Obergeschoß und dem Erdgeschoß erfolgte durch Holztreppen in der Spitze.

Das Neutor war seit 1818 für den öffentlichen Verkehr geschlossen und diente ausschließlich militärischen Zwecken zur Verbindung mit dem davorliegenden Ravelin. Die Brücke über den Hauptgraben ermöglichte den Transport von Geschützen zum Ravelin, in dem das Blockhaus No 3 errichtet wurde, das in Friedenszeiten als Artillerie-Wagenhaus diente (vgl. den Pagenstecherschen Plan von 1838, Kat.-Nr. 39).

Die Bauarbeiten waren im Winter 1818/1819 im Gange. Die Torpassage drohte im Januar 1819 wegen des fortgeschrittenen Abbruchs der steinernen Brücke *bei dem Neuen Tore* unbrauchbar zu werden. Da die letzten Arbeiten am Kuhtor (Königstor) und Marientor deren zeitweise Sperrung bedingten und nur das Simeonstor passierbar bleibe, bat die Regierung den Festungskommandanten Generalmajor von Schwichow am 10. Januar, das Neutor bis zur gänzlichen Vollendung des Marien- und Kuhtores geöffnet zu lassen. Dieser entschied noch am gleichen Tag, nach Rücksprache mit dem Ingenieur vom Platz, Major von Gayette, *daß das neue Tor vor Endigung* dieser Tore *nicht in Arbeit genommen werden soll* (STA DT, M 1 I C, Nr. 257, p. 10,13).

Eine Beschwerde der ackerbautreibenden Einwohner der Oberstadt vom 17. April 1834 beschied die Regierung am 3. Mai abschlägig: Das Gesuch *um Anlegung eines sechsten Stadtthores muß als unstatthaft und mit den in seiner Ausführung nicht mehr abzuändernden Befestigungs-System unvereinbar zurückgewiesen werden. Bei der Distribution der Ausgänge aus der Festung ist neben dem fortificatorischen, auch das gewerbliche polizeiliche und Steuer-Interesse zu Rahte gezogen worden und hat sich damals der Vorstand der Gemeinde mit den getroffenen Anordnungen einverstanden erklärt* (STA DT, M 1 I C, Nr. 257, p. 41 f.).

Der 1853 erneut erwogene Plan, das Neue Tor wegen der für die Bewohner der Oberstadt beschwerlichen Umwege als öffentliche Passage wiederherzustellen, wurde von einer Kommission aus dem Festungskommandanten, dem Ingenieur vom Platz, dem Regierungspräsidenten und dem Oberbürgermeister geprüft und verworfen. Es zeigte sich, daß dies nur mit unerschwinglichen Kosten möglich sei, daß sich lediglich eine mit Karren befahrbare Passage herstellen ließe und außerdem ein ebenso starkes Gefälle wie in der Hufschmiede zu überwinden sei. Überdies sei eine Öffnung für das Publikum fortifikatorisch unzulässig (STA DT, M 1 I C, Nr. 257, p. 244 f.).

KAT.-NR. 95   Abb. 118
Hauptgraben-Caponière am Neuen Tor, um 1830.

Unbezeichnet, nicht datiert.
Kräftig kolorierte Federzeichnung mit schwarzer Einfassung; Bleistift-Nachträge. 49,2 x 65,7 cm (Blatt), 45,2 x 61,6 cm (Einfassung).
Maßleiste von *12 + 84 Preuss. Fuss* = 20,48 cm = 1: 148, darunter nachgetragener Maßstab *1 + 20 Meter* = 14,26 cm.
Wasserzeichen: GM.
Kartentitel rechts im Blatt: *Die Caponiere am Neuenther.* (!)

Mindener Museum, FM 134; unpubliziert. – Oben links Stempel der Fortifikation zu Minden mit Inv.-Nr. *P:V:IIa, No 6*, rechts jüngere Inv.-Nr. der Garnison-Verwaltung Minden: *G. V.M No 20 F:V*.

Links *Grund-Riss,* hier mit leicht abgeknickter Poterne, den stadtseitigen Nebenräumen und einem Kanalschacht, der das Oberflächenwasser von der Straße unter dem Hauptwall her durch die Escarpenmauer in den Hauptgraben führte. – Neben dem Grundriß kleine Lageplan-Skizze ohne Maßstabsangabe. In der Mitte, um 90 Grad gedreht, *Profil nach der Linie A B*: Längsschnitt durch Poterne und Caponiere, daneben zwei Detailschnitte *Profil nach der Linie G.H.* durch den Kanal und *Profil*

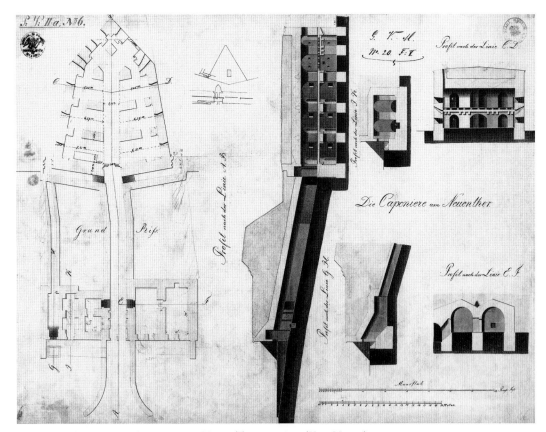

Abb. 118 Hauptgraben-Caponière am Neuen Tor, um 1830 (Kat.-Nr. 95).

nach der Linie J.K. durch die danebenliegende Latrine. Rechts *Profil nach der Linie C.D.:* Querschnitt durch die Caponière und *Profil nach der Linie E.F.* : Querschnitt durch die Mannschaftsräume rechts neben der Poterne. – Im Grundriß sind grob mit Blei Mauerzüge zwischen den Vorbauten und der Escarpenmauer skizziert, bei den Vorbauten Skizze für einen Zulauf des Abwasserkanals.

Das Blatt dürfte den ausgeführten Bau zeigen und etwa um 1830 entstanden sein, nach Zeichenstil und Beschriftung von der gleichen Hand wie die Schnittzeichnungen zur Defensions-Kaserne (Leutnant Creuzinger?).

KAT.-NR. 96 Abb. 119
Graben- Caponière am Ravelin Neutor, 1835

Bezeichnet *von Untzer*, datiert *1835*.
Federzeichnung in schwarzer und roter Tusche, hellrot laviert; 50,6 x 71,4 cm.
Wasserzeichen: Wappenschild mit schwerthaltendem Löwen; darüber Krone und G. F. Helbon (oder ähnlich, kursiv). – Maßleiste von *10 + 60 Fuss* = 22,63 cm ≅ 1 : 98.
Kartentitel: *Graben Caponiere der rechten Face des Ravelins am Neu Thore.* Unten rechts: *von Untzer Ing. Prem. Lieut. Minden im October 1835.*

Mindener Museum, FM 149; unpubliziert. – Oben links blaue Inv.-Nr. *105.*

Das Blatt gleicht in Anlage und Ausführung weitgehend dem entsprechenden für die Graben-Caponière am Ravelin Königstor (siehe Kat.-Nr. 83).

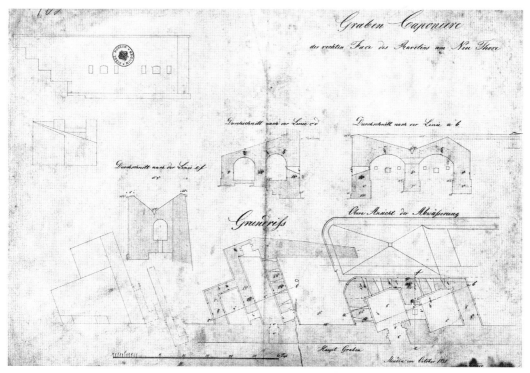

Abb. 119 Graben-Caponière am Ravelin Neutor. Ingenieur-Premier-Lieutenant von Untzer, 1835 (Kat.-Nr. 96).

KAT.-NR. 97   Abb. 120
Tambour im Ravelin Neutor, 1865

Bezeichnet *Daniel*, datiert *1865*.
Kolorierte Federzeichnung; 47,5 x 66 cm.
Maaßstab zur Situation: 1 : 864 = 5 + 30 Ruthen = 14,8 cm, Maaßstab für den Grundriss. 1: 288 = 10 + 130 Fuss = 14,8 cm, Maaßstab für die Durchschnitte. 1:144 = 10 + 70 Fuss = 17 cm.
Kartentitel: *Entwurf zur Erbauung eines massiven Tambours im Ravelin Neuthor zu Minden. / Bearbeitet zu folge Verfügung des Königlichen Allgemeinen Kriegs Departements vom 15ten März 1865 und zum Vorbericht vom 11ten Mai 1865 gehörig.* – Unten von rechts: *Minden, den 11ten Mai 1865 / Daniel. Wallmeister / Maentell Major und Platz-Ingenieur / gesehen v Mertens Oberst u. Festungs Inspecteur.*

GSTA PK, Festungskarten Minden F 70.060; unpubliziert.

Unten links *Situation* des Ravelins mit Blockhaus No 3 und Traversen vor der gleichfalls traversierten *Courtine VII – VIII* und der *Hauptgraben-Caponière Neuthor*. Im Waffenplatz vor dem Ravelin links *Armirungs Blockhaus No 4* am Durchlaß *zum Glacis-Weg*. Rechts daneben *Grundriss* des Tambours mit

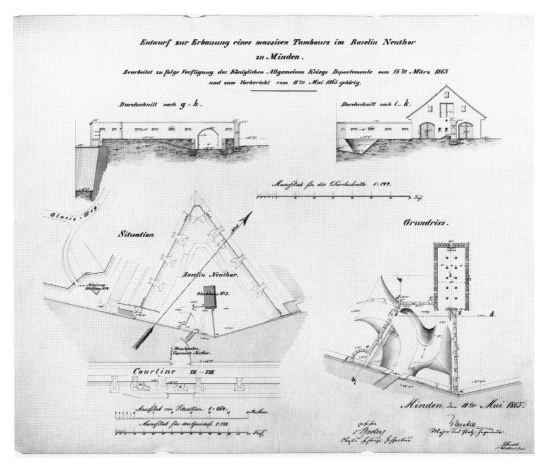

Abb. 120   Tambour im Ravelin Neutor. Wallmeister Daniel, 1865 (Kat.-Nr. 97).

den Anschlüssen an die Contrescarpen-Mauer und das Blockhaus No 3. – Oben links *Durchschnitt nach g-h* mit der Innenansicht der westlichen Tambourmauer samt Tor, rechts *Durchschnitt nach i-k*: Innenansicht der nordwestlichen Tambourmauer und Giebelansicht des Blockhauses.

Der Tambour zwischen dem Blockhaus No 3 und der Brücke vor der Hauptgraben-Caponière sollte es ermöglichen, im Falle einer Einnahme des Ravelins durch den Gegner hier einen weiteren Abschnitt zu bilden, einen geordneten Rückzug über den Hauptgraben zu sichern oder Truppen für einen Ausfall zu sammeln. Ähnliche Tambours bestanden vor dem Marientor, dem Simeonstor und am Fort C. – Der hier projektierte Tambour ist ausgeführt worden; er ist in den Festungsplänen von 1871 (Kat.-Nr. 55, 56) verzeichnet. Zum Bau des Blockhauses No 3 von 1831 vgl. Kat.-Nr. 198–200.

Das Armierungs-Blockhaus im Waffenplatz am Gedeckten Weg mißt ca. 10 x 6,50 m. Armierungs-Blockhäuser waren keine permanenten Bauten. Sie sollten erst im Belagerungsfall gezimmert werden und die Reihe der dauerhaften Blockhäuser No 1–10 ergänzen. Für die Haupteneceinte waren sieben Armierungs-Blockhäuser vorgesehen: Nr. 1 in der Contregarde Schwichow, Nr. 2 vor dem Ravelin Königstor links, Nr. 3 im Ravelin Königstor, Nr. 4 vor dem Ravelin Neutor links, Nr. 5 ebendort rechts, Nr. 6 vor dem Ravelin Marientor links und Nr. 7 im Winkel vor Bastion X und dem Fischerstadt-Wall. Die Armierungs-Blockhäuser sind in einigen der vielfältigen Übersichtspläne eingetragen, die im Zuge der Übergabeverhandlungen 1875 aufgestellt wurden und in unterschiedlichen Ausfertigungen vorliegen: im Mindener Museum FM 172, im KAM, Plansammlung (ohne Signatur), im GSTA PK, Festungskarten Minden A 70.042–70.044. – Über die Bauart der leichten und schnell zu errichtenden Gebäude konnte nichts Näheres ermittelt werden.

KAT.-NR. 98 ohne Abb.
Verbrauchs-Pulver-Magazin im Ravelin Neutor, 1866

Bezeichnet *Langen*, datiert *1866*.
Kolorierte Federzeichnung; 29 x 48 cm.
Maaßstab für den Grundriss 12' = 1ddc." = 1:144, für den Durchschnitt 6' = 1ddc." = 1:72. Maßleiste mit *10 + 50 Fuss = 12,9 cm = 1:144*.
Kartentitel: *Project zum Bau eines Verbrauchs-Pulver-Magazins für 40 Centner im Ravelin Neuthor der Festung Minden. / Zum Kostenanschlage vom 21ten August 1866 gehörend / Blatt I*.
Unten rechts: *Langen Unteroffizier / Behm Major und Platz Ingenieur / Einverstanden Grapow Major und Artillerie Offizier vom Platz / Gesehen: Bernis Oberst und Inspecteur der 4. interimist. Festungs-Inspektion*. Unten links: *Minden, den 21ten August 1866*.

GSTA PK, Festungskarten Minden G 70.072; unpubliziert.

Links Grundriß des Magazins im linken Wallkopf des Ravelins, mit Ummantelung, Luftkanälen und Stellagen für die Pulverfässer. Rechts *Durchschnitt nach a,b:* Querschnitt durch die gewölbte und bombenfest abgedeckte Magazinkammer. Die Beischrift: *Die seitens des Königlichen Allgemeinen Kriegs-Departements befohlene Abänderungen sind in »Blau« eingetragen. Minden den 1ten October 1866 Behm Major und Platz-Ingenieur* bezieht sich auf die Verstärkung der Erdabdeckung um 2' 1", die entsprechende seitliche Verbreiterung und die Erhöhung des Luftschachtes.

Das zugehörige, gleichzeitig eingereichte Blatt II betrifft ein gleichgroßes Pulvermagazin im Bastion VIII hart neben dem alten Hahler Tor (siehe Kat.-Nr. 104, 105).

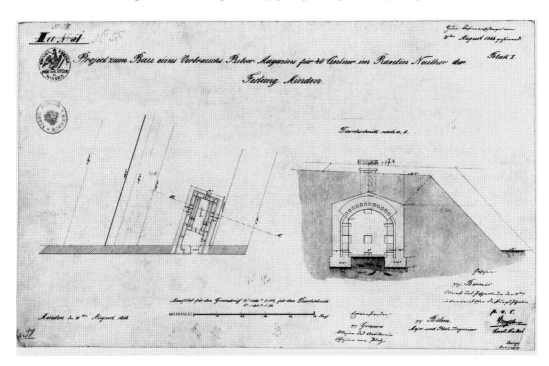

Abb. 121 Verbrauchs-Pulver-Magazin im Ravelin Neutor. Unteroffizier Langen, 1866 (Kat.-Nr. 99).

KAT.-NR. 99 Abb. 121
Verbrauchs-Pulver-Magazin im Ravelin Neutor, 1866

Bezeichnet *Langen*, datiert *1866*.
Kolorierte Federzeichnung mit Bleistiftkorrektur; 28,3 x 47,5 cm.
Darstellung, Anordnung, Maßstäbe, Beschriftungen und Unterschriften entsprechen dem Blatt Kat.-Nr. 98. Unten rechts: *P(ro) v(era) c(opia) Krack* (oder *Brack?*) *Fort(ifications) Sekre(tär)*. – Die mit Teilen der Signatur des Unteroffiziers Langen abgerissene Ecke ist durch Hinterklebung ergänzt.

Mindener Museum, FM 126, unpubliziert. – Oben links Stempel der Fortification zu Minden mit Inv.-Nr. *III a No 51* (blau korrigiert *No 58*).

Zweitausfertigung der Zeichnung Kat.-Nr. 98 für den Gebrauch der Fortification. Die dort hinzugesetzte Beischrift betreffend die vom Kriegs-Departement befohlenen Änderungen fehlt hier, doch ist die Erhöhung und Verbreiterung der Erdabdeckung mit Bleistift nachgetragen.

KAT.-NR. 100 Abb. 122
Das alte Hahler Tor. G. C. Walrave, 1740

Bezeichnet *de Walrave*, datiert Berlin, 2. Dezember 1740.
Kolorierte Federzeichnung; 32 x 45 cm (Blatt), 29,1 x 43,9 cm (Einfassung).
Wasserzeichen: Gekrönter Lilienschild, darunter Hausmarke aus hinten durchkreuztem Vierkopfschaft, aus WR (in Ligatur) wachsend.
Maßleiste von 10 + 60 Fuess Rheinl = 17,6 cm = 1 : 120. Norden unten rechts.
Kartentitel: *Plan des alten Hahler Thores in Minden, wie solches zum Pulver Magatzin zu aptiren ist wird Kosten 390 rtllr 8 ggr. Berlin d 2ten Xbr 1740 / de Walrave.*

SB PK, Kartenabteilung X 30240; unpubliziert. – Unten und rechts alte Signaturen *XII 1785*; Blattmaße *44 x 29* und Maßstabsangabe *c 1: 120* im 19. Jahrhundert in Blei nachgetragen.

Links Grundriß, rechts – um 90 Grad gedreht – der Querschnitt.
  Das wohl noch mittelalterliche Hahler Tor, dessen Aussehen um 1633/34 die Vogelschau von Wenzel Hollar überliefert, war schon im Dreißigjährigen Krieg wegen seiner militärisch unvorteilhaften Nähe zum Hohen Rondell aufgegeben und durch das weiter südlich gelegene Neue Tor ersetzt worden. Nach Abbruch des am Graben stehenden Rundturmes war der Rest, die auf starken Arkaden von der Stadtmauer über den vorgelagerten Niederwall führende überhöhte Torfahrt, am Westende vermauert und mit dem neuen Wall weitgehend angeschüttet worden. (Der um 1640 entstandene Plan Kat.-Nr. 1 zeigt noch die ganze Toranlage; der etwa auf 1660 anzusetzende Plan Kat.-Nr. 3 verzeichnet nur noch den Rest.) Diese tot im Wall endende Poterne sollte nach Walraves Projekt als Pulvermagazin genutzt und durch Zwischenmauern, mit Belüftungsöffnungen und seitlichem Eingang, umgebaut werden. Ob das Obergeschoß, das mit seinen seitlichen Öffnungen vor dem

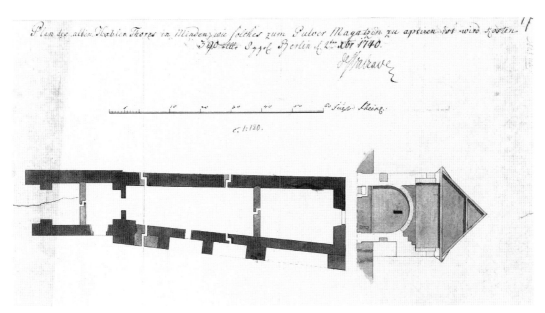

Abb. 122 Das alte Hahler Tor. G. C. Walrave, 1740 (Kat.-Nr. 100).

Aufschütten des neuen Walles möglicherweise als eine Art Caponière zum Bestreichen und Flankieren des Niederwalles dienen konnte, ebenfalls zur Pulverlagerung vorgesehen war, geht aus Walraves Zeichnung nicht hervor. – Zum alten Hahler Tor vgl. MEINHARDT 1958, S. 24, und die folgenden Blätter. – Von 1763 bis nach 1815 war die Torpoterne privatisiert und diente als Kellerraum (siehe Teil IV, S. 1129, Hahler Tor). Im Zuge der Entfestigung wurde sie um 1880 für die Neuanlage der Hahler Straße abgebrochen.

Ein 1853 vorgebrachter Plan, *das von den Schweden zur Zeit ihrer neunjährigen Occupation vermauerte und außer alte Verbindung mit dem hinterliegenden Terrain gesetzte* Tor als öffentliche Passage wiederherzustellen, wurde mit ähnlichen Gründen wie beim Neuen Tor (vgl. Kat.-Nr. 94) verworfen (STA DT, M 1 I C, Nr. 257, p. 244 f.).

KAT.-NR. 101   Abb. 123
Das Hahler Tor, 1850

Bezeichnet *Daniel*, datiert *1850-*.
Kolorierte Federzeichnung mit Ergänzungen und nachträglicher Beischrift in Blei; 45,9 x 59,8 cm.
Wasserzeichen JWHATMAN / 1849.
Transversal-Maßstab von *12' + 8 Ruthen* = 23,34 cm ≅ 1:144.
Kartentitel: *FESTUNG Minden / Zeichnung des sogenannten Haler Thor's in der Courtine zwischen Bastion VII & VIII.*
Unten links: *Aufgenommen und gezeichnet durch Daniel. Minden, im Juli 1850*. Rechts unten *Hardenack Major & Platzingenieur*.

Mindener Museum, FM 137; unpubliziert. – Oben links Stempel der Fortification zu Minden mit Inv.-Nr. *P. V.II.a. No 16* (blau korrigiert *No 6).*

Oben *Grundriss*, darin links der stadtseitige Torturm mit beidseitig vorgezogenen Flankenmauern, rechts die sich nach Westen verbreiternde Torfahrt (Poterne), die tot im Wall endet. An ihr sind beiderseits in Blei je zwei Strebepfeiler nachgetragen, außerdem verschiedene Maßangaben für ein seitliches Fenster im Torturm links. Darunter *Durchschnitt nach der Linie i.k.* durch Hauptwall und Escarpen-Mauer – mit Heckenbewuchs auf der Berme – und nördliche Seitenansicht der aus Quadermauerwerk errichteten Toranlage. Die nach Westen ansteigende *Sohle des Halerthores* ist gestrichelt eingetragen.

Unten *Durchschnitt nach der Linie g – h.:* Längsschnitt durch Torturmrest und Poterne, die tief in den Wall reicht. *Die Sohle steigt von vorn bis hinten 18".* Mit Blei nachgetragen sind seitliche Öffnungen und ein Luftschacht am toten Ende.

Rechts untereinander: *Vordere Ansicht, Durchschnitt nach der Linie a – b* durch den Torturm, *Durchschnitt nach der Linie c-d.* durch den vorderen Teil der Poterne nach Osten, *Durchschnitt nach der Linie ef.* durch das tote Ende mit Ansicht der Westwand, die einen nach links versetzten, vermauerten Bogen zeigt. Die beiden mittleren Querschnitte zeigen, daß das 1740 (siehe Kat.-Nr. 100) noch vorhandene Obergeschoß bis auf niedrige Seitenmauern abgetragen war. Die zwischen ihnen und darüber liegende Erdabdeckung ist korrigiert: Die Seitenmauern sollten entfallen und durch eine niedrige Aufschüttung ersetzt werden (vgl. Kat.-Nr. 102, 103).

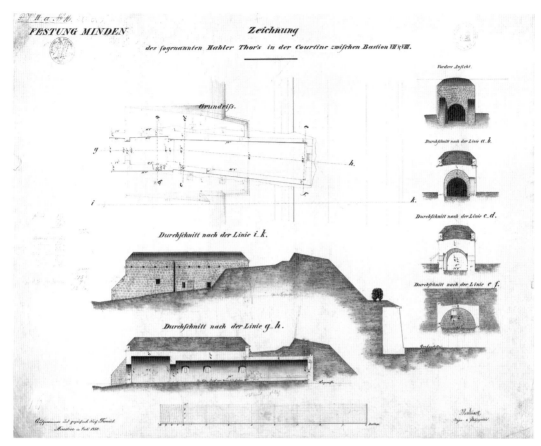

Abb. 123 Das Hahler Tor. Daniel 1850 (Kat.-Nr. 101).

KAT.-NR. 102 ohne Abb.
Bombenfeste Verstärkung des Hahler Tores, 1860

Bezeichnet *Heinlé*, datiert *1860*.
Federzeichnung mit verschiedenfarbenen Tuschen angelegt; zahlreiche Bleistiftkorrekturen; 47,8 x 61,1 cm.
Wasserzeichen JWHATMAN / 1859.
Maßleiste zur *Situation fig: 7: 20 R(u)then = 1ddc. Zoll, 10 + 30 Rthn = 5,2 cm = 1: 2880*; Transversal-Maßstab zu Grundriß und Schnitten *fig: 1 bis 6 : 12 Fuss − 1ddc Zoll, 10 + 90 Fuß = 21,75 cm =* 1:144.
Kartentitel: *Entwurf zur bombenfesten Verstärkung des Hahler=Thors zu Minden / Zu dem Bericht vom 15ten September 1860 / S(ect.) III. E. 8° No 784 60.*
Unten rechts: *M.: Heinlé Major und Platz-Ingenieur,* unten links *Minden am 15ten September 1860.*

Mindener Museum, FM 152, unpubliziert. − Oben links Stempel der Fortification zu Minden mit Inv.-Nr. *Pl. V.II a. No. 16* (blau korrigiert *No 6*).

Oben links *fig: 1. Grundriss,* mit zahlreichen projektierten Strebepfeilern an den freistehenden Seitenwänden der Poterne und Verstärkung des Gewölbes im toten Ende. Die vorgesehene Erdabdeckung ist mit Bleistift skizziert; sie läßt die seitlichen Belüftungsöffnungen und Fenster frei. Die Rampen zur Auffahrt auf den Wallgang sind entsprechend verlegt.

Rechts vier *Querdurchschnitte* untereinander; *fig. 4* und *5* zeigen die geplante Untermauerung des Tonnengewölbes im toten Ende unter dem Wallgang. – Unten links *Längendurchschnitt fig: 6.* – Am linken Rand Lageplan mit Bastion VIII.

Das Blatt beruht auf der Bauaufnahme von Daniel (Kat.-Nr. 101) und ist eine Vorstufe zum Entwurf von 1864/65 (Kat.-Nr. 103).

KAT.-NR. 103 Abb. 124
Bombensichere Verstärkung des Hahler Tores, 1864/1865

Bezeichnet *Daniel,* datiert *1864* und *1865.*
Federzeichnung mit verschiedenfarbenen Tuschen auf Zeichenleinen, grau laviert, mit Blei überzeichnet; 40,9 x 63 cm.
Maaßstab zu Fig: 1. 1/2880, 10 + 50 Ruthen = 7,85 cm; Maaßstab zu Fig: 2 bis 7 = 1/144, 10 + 50 Fuss = 13,1 cm.
Kartentitel: *Entwurf zur bombensicheren Verstärkung des Hahler Thores zu Minden / Bearbeitet zufolge Verfügung des Könglichen Allgemeinen Kriegs Departements vom 22ten November 1862 und zum Erläuterungsbericht vom 14ten Februar 1864 gehörig / Vervollständigt und mit dem Dotierungs Anschlag pro 1865 wieder eingereicht.*
Unten: *Minden den 14ten Februar 1864 / Vervollständigt Minden den 27ten Februar 1865,* von rechts: *Daniel Wallmeister / Gez: Maentell Hauptmann und Platz-Ingenieur / gesehen I. V. Schulz 2. Oberst und Festungs Inspecteur / Maentell Major und Platzingenieur.*

Mindener Museum, FM 140; unpubliziert. – Oben links Stempel der Fortification mit Inv.- Nr. *P. V.IIa No 16,* blau korrigiert *No 12.*

Links *Fig. 1, Situation* mit Bastion VIII und anschließenden Courtinen, daneben *Fig: 2, Grundriss und obere Ansicht* mit sechs Strebepfeilern, die anscheinend mit Eisenankern (gestrichelt) mit den Poternenwänden verbunden werden sollten. Beiderseits der nördlichen Fenster lichtschachtartige Strebemauern; an den Flankenmauern neben dem Tor seitlich gebogene Flankenmauern.

Unten *Fig. 3, Durchschnitt nach a – b;* rechts untereinander *Fig: 4* bis *7: Durchschnitte;* unten links *Ansicht nach l – m* von Osten. Die orangerot eingezeichneten Korrekturen der Abdeckung wurden in Fig. 2 und 4 mit Blei verstärkt bzw. verändert.

Die in Kat.-Nr. 102 im Jahre 1860 noch vorgesehenen Schächte an der Südseite sind weggefallen.

IV.2.2 Katalog – Die Hohe Front (Kat.-Nr. 58–112)

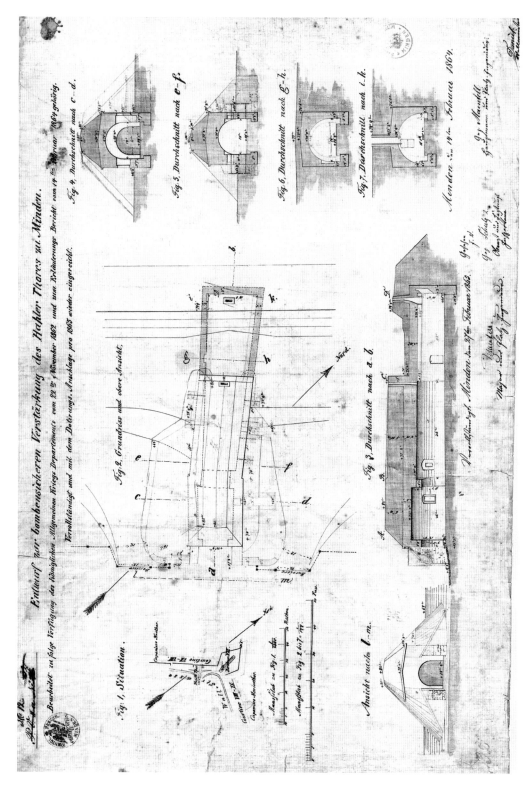

Abb. 124 Bombensichere Verstärkung des Hahler Tores. Wallmeister Daniel, 1864/66 (Kat.-Nr. 103).

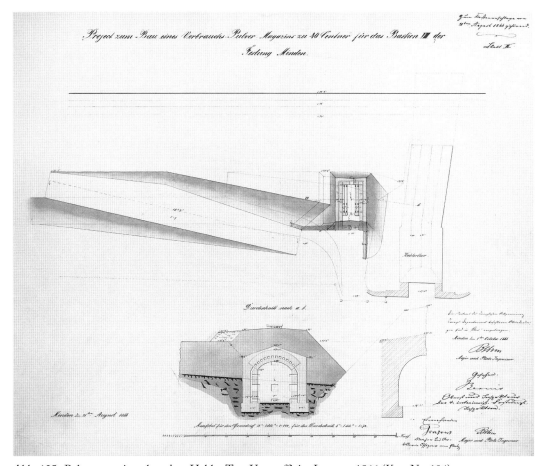

Abb. 125   Pulvermagazin neben dem Hahler Tor. Unteroffizier Langen, 1866 (Kat.-Nr. 104).

KAT.-NR. 104   Abb. 125
Pulvermagazin neben dem Hahler Tor, 1866

Bezeichnet *Langen*, datiert *1866*.
Kolorierte Federzeichnung; 45,5 x 55 cm.
Maaßstab für den Grundriss 12' = 1ddc." = 1:144, für den Durchschnitt 6' = 1ddc." = 1:72; Maßleiste von *10 + 100 Fuss* = 23,6 cm.
Kartentitel: Project zum Bau eines Verbrauchs-Pulver-Magazins zu 40 Centner für das Bastion VII der Festung Minden. / Zum Kostenanschlage vom 21ten August 1866 gehörend / Blatt II.
Korrekturvermerk und Unterschriften wie auf dem zugehörigen Blatt I für das Verbrauchs-Pulver-Magazin im Ravelin Neutor (Kat.-Nr. 98).

GSTA PK, Festungskarten Minden F 70.067; unpubliziert.

Oben Grundriß mit Teil der Kurtine VII – VIII, an der zwischen dem Hahler Tor (vgl. Kat.-Nr. 100–103) und der zu verändernden Rampe das Magazin im Wallkörper angelegt werden sollte.

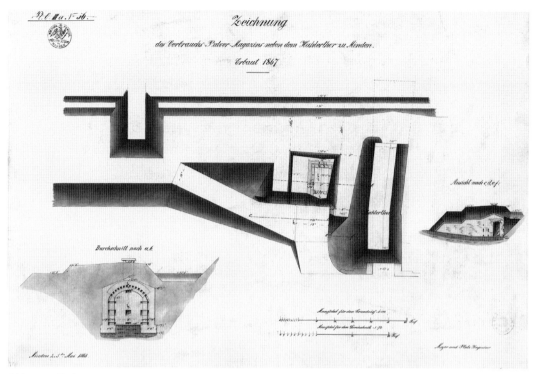

Abb. 126 Pulvermagazin neben dem Hahler Tor. Unteroffizier Langen, 1868 (Kat.-Nr. 105).

Unten *Durchschnitt nach a.b*: Querschnitt durch Magazin und Erdabdeckung mit dem halbierten Querschnitt durch die Poterne des Hahler Tores. – Das Pulvermagazin wurde 1867 errichtet (vgl. Kat.-Nr. 105).

KAT.-NR. 105   Abb. 126
Pulvermagazin neben dem Hahler Tor, 1868

Bezeichnet *Langen*, datiert *1868*.
Farbig lavierte Federzeichnung; 44,2 x 65 cm.
Wasserzeichen: JWZANDERS / 1867.
Maaßstab für den Grundriss = 1:144, 10 + 60 *Fuß* = 15,45 cm;
Maaßstab für dem (!) Durchschnitt = 1:72, 10 + 20 *Fuss* = 13,23 cm.
Kartentitel: *Zeichnung des Verbrauchs-Pulver-Magazins neben dem Hahlerthor zu Minden. Erbaut 1867.*
Unten: *Minden den 5ten Mai 1868 / Langen Unteroffizier*. Die Unterschrift des Majors und Platz-Ingenieurs fehlt.

Mindener Museum, FM 153; unpubliziert. – Oben links Stempel der Fortification, Inv.- Nr. *Pl: V:IIIa. No 56*, blau korrigiert *No 60*.

Oben Grundriß und Aufsicht mit der Lage des kleinen Magazins an der Rampe hart neben dem Hahler Tor (vgl. Kat.-Nr. 100–103). Auf Wallgang und Brustwehr eine Traverse.
Rechts *Ansicht nach c, d, e, f,* unten *Durchschnitt nach ab* mit den Details der Belüftung des doppelschaligen Mauerwerks.

Die Ausführung entspricht im wesentlichen dem Projekt von 1866 (Kat.-Nr. 104); die Erdabdeckung ist in Einzelheiten geändert.

KAT.-NR. 106   Abb. 127
Pulvermagazin im Bastion VIII, 1864

Bezeichnet *Schreiber,* datiert *1864.*
Federzeichnung, z. T. mit Blei ergänzt; 23,9 x 24,2 cm.
Maaßstab 1:144; Maßangaben schwarz, Höhenzahlen rot.
Kartentitel: *Scizze des Verbrauchs-Pulver-Magazins in Bast. VIII, unten Minden October 1864 / Schreiber Ing. Hpt.*

Mindener Museum, PM 25; unpubliziert. – Oben links blaue Inv.-Nr. *No 65.*

Oben Grundriß, darunter *Profil A. B:* Längsschnitt; unten *Profil CD.* mit Querschnitt durch Poterne und Magazin.

Das kleine Pulvermagazin lag neben dem Ansatz der rechten Flanke von Bastion VIII in der östlich anschließenden Kurtine VIII – IX neben einer zweimal leicht geknickten Poterne; vgl. Kat.-Nr. 107. Der Innenraum war 8 x 8 Fuß groß; die Belüftung erfolgte durch gewinkelte Luftkanäle beiderseits der Tür und gabelförmig zusammenlaufende Röhren zur Innenseite des Walles.

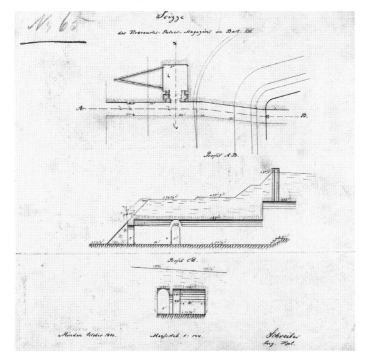

Abb. 127 Pulvermagazin im Bastion VIII. Ingenieur-Hauptmann Schreiber, 1864 (Kat.-Nr. 106).

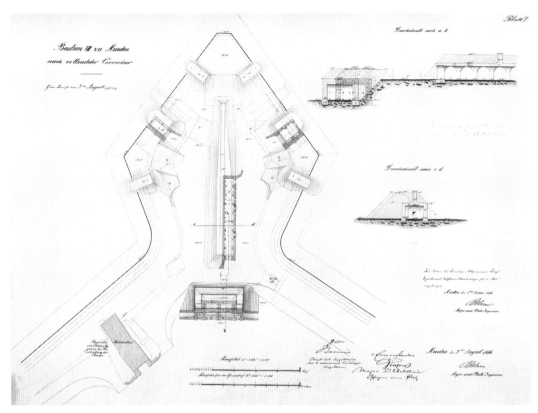

Abb. 128 Traversen und Hohlbauten im Bastion VIII. Unteroffizier Langen, 1866 (Kat.-Nr. 107).

KAT.-NR. 107   Abb. 128
Traversen und Hohlbauten im Bastion VIII, 1866

Bezeichnet *Langen*, datiert *1866*.
Kolorierte Federzeichnung mit Beischrift in Blei; 47 x 64,5 cm.
Maaßstab 12' = 1ddc." = 1 : 144; Maßleiste mit *12 + 48 Fuß* = 12,8 cm;
Maaßstab für den Grundriß 2° = 1 ddc." = 1:288; Maßleiste mit *12 (Fuß) + 9 Ruthen* = 12,8 cm.
Kartentitel: *Bastion VIII zu Minden nach vollendeter Correctur / Zum Bericht vom 3ten August gehörig / Blatt I.*
Unten links *Langen Unteroffizier;* von rechts *Minden den 3ten August 1866 Behm Major und Platz-Ingenieur / Einverstanden Grapow Major und Artillerie Offizier vom Platz / Gesehen Bernis Oberst und Inspekteur der 4. interimist. Festungs-Inspektion.*

GSTA PK, Festungskarten Minden F 70.057; unpubliziert.

Grundriß des Bastions mit den vorhandenen einfachen Traversen auf den Facen, darübergezeichnet und laviert die projektierte Form mit zwei Traversen auf den Facen, von denen die beiden rückwärtigen als Hohltraversen von verschiedener Breite vorgesehen waren, und je einer Traverse auf den Flanken. Dazu in der Mitte eine Kapitaltraverse, deren rückwärtige Hälfte rechts als bombensicherer Schutzraum ausgebildet werden sollte. Im Winkel vor dem Bastion Geschoßraum und Geschoß-ladestelle; sie sollten nach den Vorstellungen des Kriegs-Departements um 7 Fuß = 2,20 m weiter in das Bastion verschoben werden. – Links Grundriß des Hahler Tores, daneben Vermerk *Raum für ein Pulver Magazin bei Verschiebung der Rampe* (vgl. Kat.-Nr. 104, 105). Rechts im Wall Grundriß von Poterne und *V. P. M* (Verbrauchs-Pulver-Magazin; vgl. Kat.-Nr. 106).

Oben rechts *Durchschnitt nach a, b* durch die Geschoßräume – mit eingetragener Verschiebung – und durch die Hälfte des Schutzraumes in der Kapitaltraverse, darunter *Durchschnitt nach c, d*: Querschnitt durch Kapitaltraverse und Schutzraum.

Rechts Beischrift in Blei: *Die Detailzeichnung für die beiden Hohltraversen befindet sich in Actis VII.2.1.M.2*; unten rechts Vermerk: *Die seitens des Königlichen Allgemeinen Kriegs-Departements befohlenen Änderungen sind in »Blau« eingetragen. Minden den 1ten October 1866. Behm Major und Platz-Ingenieur.*

Nach den Übersichtplänen von 1873 für die Entfestigung waren die Geschoßräume ausgeführt; ob der Schutzraum in der Kapitaltraverse noch zur Ausführung gekommen ist, geht aus den Plänen nicht hervor.

KAT.-NR. 108 Abb. 129
Contrescarpen-Galerie vor Bastion VIII, 1864/65

Unbezeichnet, datiert *1864* und *1865*.
Kolorierte Blei- und Federzeichnung mit zahlreichen Bleistiftkorrekturen und -nachträgen; 63,3 x 48,9 cm, am unteren Rand mit Textverlust beschnitten.
Maaßstab zur Situation = 1/864; 1 + 35 Ruthen = 15,76 cm;
Maaßstab für den Grundriss und die Profile 1/144; 10 + 60 Fuss = 15,3 cm
Kartentitel: *Entwurf zur Anlage einer Contrescarpen Gallerie vor der Spitze des Bastion VIII zu Minden. / Bearbeitet zu folge Verfügung des Königlichen Allgemeinen Kriegs-Departements vom 22ten November 1862 und zum Erläuterungs-Bericht vom 14ten Februar 1864 gehörig und zum Kosten Anschlag vom 18ten März 1865 gehörig.*
Unten rechts: *Minden den 14ten Februar 1864 / 18ten März 1865 / Maentell Hauptmann und Platz-Ingenieur / Gesehen I. V. Schulz. 2. Oberst und Festungs-*(Inspektor).

Mindener Museum, FM 61; unpubliziert. – Oben links blaue Inv.-Nr. *No 72* der Fortification.

Oben Situation des Bastion VIII zwischen den Hauptgraben-Caponièren Neutor und Marientor und den Ansätzen der entsprechenden Ravelins und dem Gedeckten Weg. Darunter der Grundriß der Galerie mit drei Zugängen vom Hauptgraben, zahlreichen Gewehrscharten und fünf rückwärts angelegten Minenanfängen mit Versatzfalzen.

Unten Schnittzeichnungen *Profil nach a – b* bzw. *c – d*, davon der Querschnitt a – b links in korrigierter Form wiederholt, dabei Bleistift-Skizzen für Details.

Contrescarpen-Galerien dienten als Reverskasematten zur rückwärtigen Bestreichung des Grabens beiderseits der Bastionsfacen, vor allem aber als Minenvorhäuser, von denen aus im Belagerungsfall durch die Minenanfänge die Minengalerien als Stollen mit hölzernem Verbau weiter unter den Gedeckten Weg und das Glacis vorgetrieben werden konnten, um feindlichen Minierarbeiten

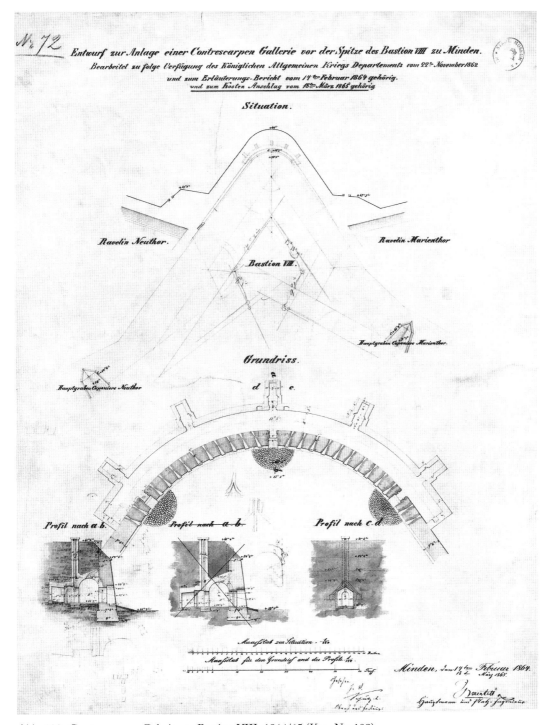

Abb. 129 Contrescarpen-Galerie vor Bastion VIII, 1864/65 (Kat.-Nr. 108).

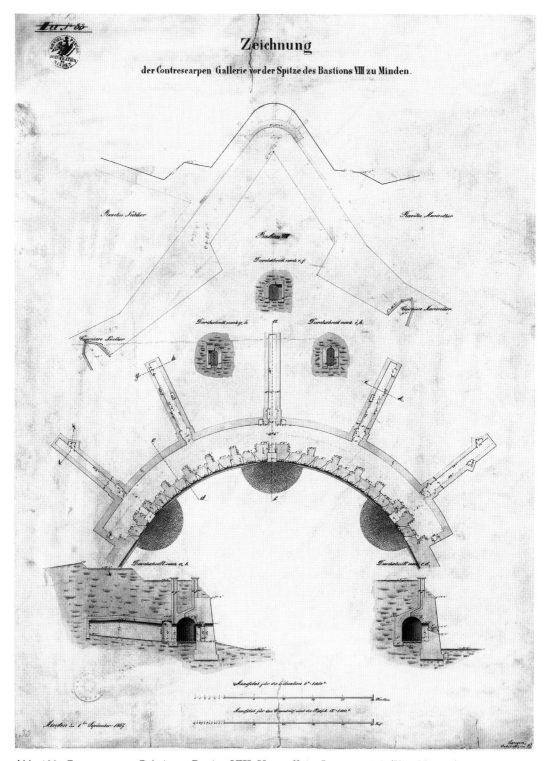

Abb. 130 Contrescarpen-Galerie vor Bastion VIII. Unteroffizier Langen, 1867 (Kat.-Nr. 110).

zu begegnen oder eigene Minen zu legen (zu technischen Einzelzeiten vgl. von Prittwitz 1836, S. 24 ff., Tafel 8). – Das Blatt ist das Konzept zu Kat.-Nr. 109; wegen der Übereinstimmung beider im Ganzen wie im Detail ist es dem Wallmeister Daniel als Zeichner zuzuweisen.

KAT.-NR. 109   ohne Abb.
Contrescarpen-Galerie vor Bastion VIII, 1865

Bezeichnet *Daniel*, datiert *1865*.
Kolorierte Federzeichnung; 64,5 x 46,5 cm.
In Anlage, Darstellung und Beschriftung weitgehend übereinstimmend mit Kat.-Nr. 108; rechts unten *Minden, den 18ten März 1865. / Daniel Wallmeister / Maentell Major und Platz-Ingenieur / gesehen v Mertens. Oberst u. Festungs-Inspecteur.*

GSTA PK, Festungskarten Minden F 70.056; unpubliziert.

Beim Kriegs-Departement eingereichte Reinzeichnung des Entwurfs Kat.-Nr. 108 (siehe dort).

KAT.-NR. 110   Abb. 130
Contrescarpen-Galerie vor Bastion VIII, 1867

Bezeichnet *Langen*, datiert *1867*.
Kolorierte Federzeichnung; 66,4 x 48,2 cm.
Maaßstab für die Situation 6´ = 1 ddc", Maßleiste von *6 + 30 Ruthen* = 15,9 cm ≅ 1:850;
Maaßstab für den Grundriss und die Profile 12´ = 1 ddc.", Maßleiste mit *12 + 60 Fuß* = 15,9 cm = 1:144.
Kartentitel: *Zeichnung der Contrescarpen Gallerie vor der Spitze des Bastions VIII zu Minden.*
Unten links *Minden den 1ten September 1867*, rechts *Langen Unteroffizier, Ing.* (?).

Mindener Museum, FM 79; unpubliziert. – Oben links Stempel der Fortification mit Inv.- Nr. *II a No 33* blau korrigiert *No 13*.

Oben Lageplan wie in Kat.-Nr. 108 und 109, darunter Grundriß der Anlage mit *Durchschnitt nach a, b*: Längsschnitt durch die mittlere Minengalerie, *Durchschnitt nach c. d.*: Querschnitt durch die Galerie bzw. das Minenvorhaus. Über dem Grundriß drei Querschnitte durch drei Minengalerien: *Durchschnitt nach e. f.*, durch den linken Stollen mit Abzweig eines schrägen Seitenstollens (Rameau), *Durchschnitt nach g. h* durch den zweiten Stollen von links mit hoher Ausweichnische links, *Durchschnitt nach i, k* durch den zweiten Stollen von rechts mit niedriger Nische rechts.
    Die Planung von 1864/65 wurde überarbeitet und mit Minengalerien von 36 Fuß Länge (ca. 11,50 m) erweitert. Nach dem Festungsplan von 1871 (Kat.-Nr. 56) ist die Galerie mit den fünf tiefen Stollen so ausgeführt worden.

Abb. 131 Hauptgraben und Gedeckter Weg vor dem Königstor. Theodor Doemk (?), 1898 (Kat.-Nr. 111).

KAT.-NR. 111   Abb. 131
Hauptgraben und Gedeckter Weg vor dem Königstor, 1898

Rückseitig bezeichnet *Theodor Doemk (?)*, datiert *(18)98*.
Aquarell mit blaugrauer Farbe; 13,4 x 21,6 cm, auf starker Pappe, 23,1 x 29,8 cm, mit Einfassung und Beschriftung in blauer Tinte *Am Königsthor, Minden*.
Rückseitig in Blei: *von Theodor Doemk (?), Herford, gezeichnet*.

Mindener Museum, FM 160; unpubliziert.

Die Ansicht ist offenbar vom Dach des ehemaligen Kriegs-Pulver-Magazins No 1 im Hof von Bastion VI mit Blick nach Nordwesten aufgenommen. Sie zeigt über den Dächern von nach der Entfestigung errichteten Schuppen die äußere Böschung (Contrescarpe) des westlichen Grabens von Bastion VI vor dem Königstor, die ebene Fläche des Gedeckten Weges und die innere, steile Böschung des Glacis. Von rechts läuft an der Grabenkante der Weg vom Königstor zum Durchlaß durch das Glacis, der mit Torpfeilern und schrägen Flankenmauern markiert ist. Neben der rechten Flankenmauer führt eine Treppe auf die Glaciscrête, die mit Buschwerk bestanden ist. Die sanft nach Westen, zur Feldseite abfallende Böschung des Glacis ist mit dem Glaciswald bewachsen.

Das Gelände hat durch die Umwandlung der Ravelingraben- und Glacisteile in öffentliche Grünanlagen zwischen Parkstraße und Königsglacis seit etwa 1900 sein Aussehen völlig verändert, vor allem durch Auffüllen der Gräben und teilweises Einebnen der übermannshohen inneren Glacisböschung. Nahe dem ehemaligen Durchlaß des Torwegs vor dem Königstor steht hier, etwa 70 m südlich der Königstraße, seit 1921 das Denkmal für die Gefallenen der Mindener Feldartillerie-Regimenter.

Abb. 132 Durchlaß im Glacis vor dem Königstor, um 1900 (Kat.-Nr. 112).

KAT.-NR. 112 Abb. 132
Durchlaß im Glacis vor dem Königstor, um 1900

Unbezeichnet, nachträglich datiert *um 1900*.
Bleistiftzeichnung; 12,25 x 19,2 cm.
Unten links *Königsthor,* nachgetragen *um 1900* (von gleicher Hand ?).
Rückseitig beschriftet: *Dieses Bild zeichnete Walter Schulz. Prof. Schulz (Halle S.).*

Mindener Museum, FM 161; unpubliziert.

Das Blatt zeigt den Durchlaß des alten Weges aus dem Königstor durch den Gedeckten Weg und das Glacis am Waffenplatz südwestlich des Ravelins Königstor. Den Durchlaß markieren die Torpfeiler mit Radabweisern, abgetreppten Flankenmauern an der inneren, steilen Glacisböschung und die nach Nordwesten gebogenen Stützmauern im sanft nach außen fallenden Glacisbereich (vgl. Kat.-Nr. 111). Das Gelände ist nach der Jahrhundertwende in die öffentlichen Grünanlagen zwischen Parkstraße und Königsglacis, südlich der Königstraße, umgewandelt worden. Das Bodenrelief läßt mit Bodenwellen und Senken den Verlauf des ehemaligen Gedeckten Weges und die Lage der Ravelingräben nur noch schwach erkennen.

Die Petershagener Front und die Werke bis zum Wassertor (Kat.-Nr. 113–166)

KAT.-NR. 113   Abb. 133
Entwurf für den Ausbau des Marientores und den Bau eines Kasemattencorps, wohl 1816/1817

Bezeichnet *Wegelin*, Datierung unvollständig erhalten.
Lavierte Federzeichnung; 50,5 x 105 cm.
Maßstab zum Grundriss und zu den Profilen 12 (Fuß) + 10 Ruthen = 21,1 cm ≅ 1:198; Maßstab zu der Casematte 12 (Fuß) + 25 Ruthen = 34,5 cm = 1:288. Norden links oben.
Kartentitel: *Das projectirte Marienthor zu Minden,* darunter Farblegende: [rot=]*Projectirte neue Gebäude;* [braun=] *Alte massive Gebäude.*
Rechts unten: *Schultz 2te Ob: Lieut: und Ingenieur vom Platz / Nach dem Project entworfen von Wegelin Ing. Lieut. Nov. 18* [… Fehlstelle …] *ss.*
GSTA PK, Festungskarten Minden C 70.112; unpubliziert.

Rechts Grundriß und Bestandsaufnahme der alten Bebauung (braun laviert) am Nordende der Marienstraße: mit der westlich (unten) zum Chor der Marien-Kirche hinaufführenden Treppe, einem langgestreckten Bau mit der knapp 14 Fuß (= 4,40 m) breiten Durchfahrt des inneren Marientores und dem unregelmäßigen Zwinger. Von ihm war links, nach Westen, mit einer Mauer ein Höfchen abgeteilt, dahinter lag mit spitzem Winkel das *Thorschreiberhaus,* dahinter das äußere Tor, an das sich rechts der runde Batterieturm des 16. Jahrhunderts anlehnte. Vor diesem lag stadtseitig, mit der Rückseite in den Wall gebaut, die *jetzige Wachtstube* mit zwei Räumen auf trapezförmig verzogenem Grundriß. Zwischen innerem Tor und Wache kam man auf den östlich anschließenden Wall. Vor dem äußeren Tor führt der Weg schräg zwischen zwei Mauern über den hier trockenen Stadtgraben.

Die Planung sah den Abbruch der gesamten alten Toranlage unter Beibehaltung des Batterieturmes vor: Die neue Torfahrt sollte als zweifach geknickte Poterne von 20 Fuß (= 6,30 m) Breite und nahezu gleicher Höhe anstelle des Höfchens, der alten Torschreiberei und der dahinterliegenden alten Mauern auf die Hauptgrabenbrücke führen, die rechtwinklig über den Graben zum *Reduit* auf der *Contrescarpe* führen sollte. Die Brücke konnte vom Batterieturm rechts, einer Gewehrkasematte links und der etwas entfernter liegenden Hauptgraben-Caponiere wirksam flankiert und gedeckt werden; ihr feldseitiger Zugang war zudem durch das im Grundriß bastionsartige Reduit gesichert.

Stadtseitig sollten rechts vor dem Tor die *Wachtstuben* liegen, noch davor – zurückgesetzt – die *Latrinen* mit *Schlammgrube* und *Abzugskanal,* alle mit der Rückseite am Wall, der über das Tor hinweggeführt wurde. Gegenüber der neuen Torwache war hinter der Treppe zum Chor von St. Marien ein *Pulvermagazin* angeordnet, dessen Eingang in der Poterne lag. Der Raum des alten Torzwingers, zwischen Poterne und Batterieturm, sollte mit dem Zugang zum Turm und Nebenräumen genutzt werden. – Östlich neben den Latrinen und mit deren stadtseitig schräg angesetzter Wand fluchtend war eine *Casematte* geplant, die gänzlich im Wall liegen sollte. Der Lageplan zeigt den westlichen Ansatz des Gebäudes (oben rechts), der *Grundriss der Casematte nach EF* weist eine Länge von 22 Ruten (ca. 83 m) bei einer maximalen Tiefe von 4 Ruten 9 Fuß (=18,90 m) aus; die Fassadenhöhe sollte laut *Profil nach GH* (unten links) etwa 2 Ruten 7 Fuß (= 9,70 m) betragen. Der gewaltige Baukörper wäre demnach nur wenig kleiner gewesen als die spätere Defensions-Kaserne in der Hausber-

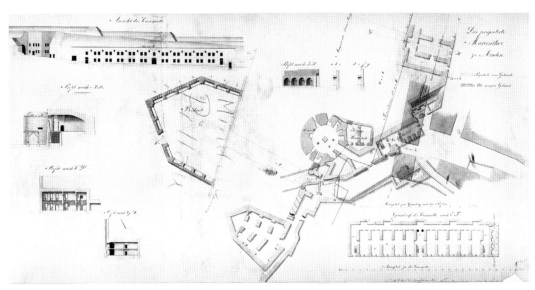

Abb. 133 Entwurf für den Ausbau des Marientores und den Bau eines Kasemattencorps. Ingenieur-Lieutenant Wegelin, wohl 1816/1817 (Kat.-Nr. 113).

ger Front. Die innere Disposition des als Kaserne gedachten Baues war ähnlich konzipiert: Zwischen dem Eingangsraum mit Treppen und zwei Brunnen in der Mittelachse sowie zwei seitlichen Treppenfluren sollten je fünf tiefe Stuben liegen, im Erdgeschoß flach gedeckt, im Obergeschoß bombenfest gewölbt. Die Belichtung erfolgte nur von vorn über je zwei Fenster pro Stube; rückwärts im Wall lag der Erschließungs-Korridor mit Luftschächten in tiefen Wandnischen, vgl. *Profil nach G. H.* unten links und *Ansicht der Casematte* oben links. – Die *Wachtstuben* sollten gleichfalls zweigeschossig erbaut werden, mit bombenfester Wölbung im Obergeschoß, vgl. *Profil nach CD* links.

Am feldseitigen Ende der Torpoterne (*Profil nach A. B.*, links am Rand) lag die Zugbrücke mit dem Brückenkeller, flankiert von dem alten Batterieturm, der eine Erdbrustwehr auf der Plattform tragen sollte.

Das *Reduit* jenseits des Hauptgrabens war ein vierseitig ummauerter Platz von bastionsförmigem Grundriß mit offener Kehle an der Contrescarpe, gewölbten Strebepfeilernischen und je vier Gewehrscharten in den Nischen von Facen und Flanken sowie einem Laufgang darüber. Das Tor sollte in der linken Face liegen (vgl. *Profil nach IK* und die Schnitte *abc* und *defg).*

Die Toranlage wurde nicht in der hier geplanten Form errichtet (vgl. Kat.-Nr. 114, 115, 119); auf die große Kasematte wurde zugunsten anderer Überlegungen verzichtet. Der Tambour (*Reduit*) im Ravelin wurde in der vorgesehenen Form erbaut, aber modifiziert (vgl. Kat.-Nr. 117–119).

Das durch die geänderte Planung überholte Blatt mit dem Projekt für die große Kasematte blieb erhalten, weil es als Umschlag für andere Zeichnungen benutzt und mit *Minden Pillau* bezeichnet wurde. Die Datierung 1816/17 ergibt sich aus der meist chronologischen Ablage im ehemaligen preußischen Heeresarchiv, dort war es – nach der alten Numerierung – zwischen den Blättern Kat.-Nr. 74 (datiert 1816) und Kat.-Nr. 36 (datiert 1817) bzw. 77 (datiert 1816) eingeordnet. Der unterzeichnende *Schulz 2te* wurde 1816 Oberstleutnant und Platzingenieur in Minden; er starb dort 1818 (VON BONIN II, 1878, S. 299).

KAT.-NR. 114
Marientor, 1827

Abb. 134

Bezeichnet *Creuzinger*, datiert *1827*.
Kolorierte Federzeichnung mit Bleistift-Nachträgen; 51,6 x 70,1 cm (Blatt), 49,2 x 67,7 cm (innere Einfassung), auf Leinen gezogen.
Maßleiste von *12 + 84 Pr. Fuss* = 25,8 cm = 1:148. Norden rechts oben.
Kartentitel: *Das Marienthor der Festung Minden;* unten rechts*: Aufgen.: u: gez: von Ingen: Lieutenant Creuzinger im Januar 1827.*

Mindener Museum, FM 145; unpubliziert. – Oben links Stempel der Fortification zu Minden mit Inv.-Nr. *P: V: IIa, No 5;* oben rechts und unten links Inv.-Nr. und Stempel der Garnison-Verwaltung Minden.

Links Grundriß der Toranlage mit gekrümmter Poterne, zwischen der Treppe zur Marien-Kirche und der Zugbrücke am Hauptgraben. Links vor der Poterne, hinter der Treppe, ein Pulvermagazin, gegenüber die *Wacht-Casematte,* an die sich im stumpfen Winkel die Latrinenräume anschließen. Neben der Poterne Treppenraum zum Obergeschoß sowie weitere Räume mit Zugang zum alten Batterieturm (*2te Etage*). Dieser weist einen quadratischen Mittelpfeiler und vier Kanonenscharten auf; rechts neben dem Turmeingang führt eine Treppe in das Untergeschoß, dessen Grundriß (*1te*

Abb. 134 Marientor, Bauaufnahme. Ingenieur-Lieutenant Creuzinger, 1827 (Kat.-Nr. 114).

Etage) rechts gesondert gezeichnet ist, mit vier unregelmäßigen Geschützkammern in der 12 bis 16 Fuß (3,80–5,00 m) starken Mauer. – Schräg über den Grundriß gezogen verläuft die *Feuerlinie vom Hauptwalle*. – Neben dem Grundriß, um 90 Grad gedreht, *Profil nach der Linie AB:* Längsschnitt durch die Torpoterne und Fassadenansicht des Wachtgebäudes; über der Poterne das Profil des Hauptwalles. Über der Torpoterne lag stadtseitig ein tiefer, tonnengewölbter Raum, der durch ein Lünettenfenster über dem Tunnelmaul belichtet wurde (vgl. Abb. 136, darunter stand *MARIENTHOR. ERBAUT 1818*).

Die Fassade des zweigeschossigen Wachtgebäudes zeigt – anders als die Lithographie von Sickert – Rundbogenfenster mit Keilsteinen. Das dritte Fassadengeschoß ist durch blinde Fenster gegliedert. Der schräge Fassadenanschnitt rechts ist durch das Wallprofil bedingt.

Rechts am Rand *Profil nach der Linie CD:* Querschnitt durch die Poterne mit dem gewölbten Obergeschoßraum und den gleichfalls gewölbten Raum, der Wache und Batterieraum verband. Darunter *Profil nach der Linie EF:* Schnitt durch die beiden Geschosse des Batterieturmes mit der dachförmigen Abwässerung und der Erdaufschüttung. Das dort angegebene Außenniveau ist das des Hauptgrabens, da die *2te Etage* niveaugleich mit der Poterne lag. Die rechts durchschnittene Kammer im Erdgeschoß fehlt im Grundriß; möglicherweise ist hier der Schnitt seitenverkehrt gezeichnet. – Der Batterieturm ragte außen nicht über das Tor hinaus; die Feuerlinie des Walles lag erheblich über der Erdabdeckung (vgl. Kat.-Nr. 113, Profil nach AB). Unter dem Schnitt *Bemerkung. Die Gewölbegurte springen in der 1ten Etage 3 Zoll und in der 2ten Etage 5 Zoll vor.*

Im Grundriß sind zahlreiche Maße in Blei nachgetragen; die Wandstücke zwischen den Scharten sind außen mit *A* bis *D* bezeichnet. Die kleinen schraffierten Quadrate stellen vermutlich Abwasserschächte dar. Die Bedeutung der Kreise um sie ist unklar. Eine Nische an der Ostseite, vor der kurzen Scharte, ist schraffiert mit dem Zusatz *zuzusetzen*.

Im Schnitt EF durch den Batterieturm ist eine hölzerne Obergeschoß- und Dachkonstruktion mit laternenartigem Aufsatz skizziert (vgl. Kat.-Nr. 120).

KAT.-NR. 115 ohne Abb.
Marientor, wohl nach 1873

Unbezeichnet, undatiert.
Federzeichnung auf Transparentpapier, rückseitig rot angelegt und dadurch stark geschrumpft; ungleichmäßig beschnitten, 39,3 / 39,7 x 52,2 cm.
Maßleiste von *12 x 84 Pr. Fuß* = 20,05 cm, darüber Maßleiste von *20 Meter* = 14,65 cm ≅ 1 : 137, ursprünglich 1:148.
Kartentitel: *Thurm nebst Marienthor*.

Mindener Museum, FM 151; unpubliziert. – Blaue *No. 3*.

Pause des Grundrisses aus Kat.-Nr. 114 mit dem danebengezeichneten Grundriß der *I. Etage*. In der Poterne bezeichnet: *öffentliche Marienthor-Passage;* die einzelnen Räume numeriert; die Wachtstube als *Küche* bezeichnet.

Die undatierte Pause dürfte im Zusammenhang mit der Entfestigung nach 1873 entstanden sein, vielleicht zur Vorbereitung der Massenberechnungen für den Abbruch.

KAT.-NR. 116 — Abb. 135
Marientor, Feldseite, nach 1844

Bezeichnet *v. Boyen*, nicht datiert.
Federzeichnung mit verschiedenfarbigen Tuschen; 53,5 x 39,2 cm.
Transversal-Maßstab mit *12 + 36 fuss* = 20,9 cm = 1:72.
Kartentitel: *Das Marien Thor der Festung Minden*, unten rechts *v. Boyen Ing: Prem: Lieuten(ant);* (Ecke fehlt).

STA DT, D 73 Kartensammlung Tit. 4 Nr. 10216; unpubliziert. – Oben links Stempel der Mindener Fortification mit Inv.-Nr. *P: V: IIa, No. 14*, oben rechts und unten links entsprechendes der Garnison-Verwaltung Minden.

Oben links Grundriß des feldseitigen Endes der Torpoterne mit äußerer Gliederung des Tores, seitlicher Gewehrkasematte und Anschnitt des Batterieturmes.

Darunter entsprechende Aufsicht mit Erläuterung: *Abwaesserung des Thor-Gewoelbes zunaechst dem aeussern Portale ausgeführt im July 1844.*

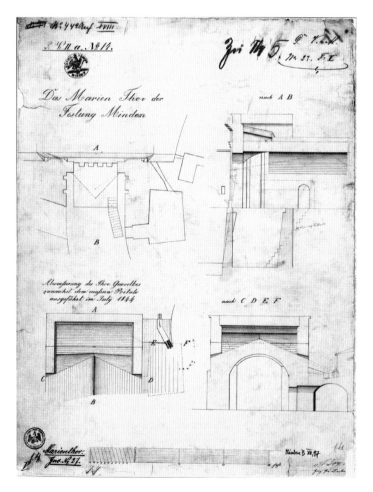

Abb. 135 Marientor, Feldseite. Ingenieur-Premier-Lieutenant von Boyen, nach 1844 (Kat.-Nr. 116).

Abb. 136 Marientor, Stadtseite nach Nordwesten. Lithographie von Johann Jürgen Sickert, 1856/57 im Sammelbild Minden (Westfalia Picta VII, Nr. 320).

Rechts Schnitt *nach AB:* Längsschnitt durch Tor und Poterne; gestrichelt Schnitt durch die Gewehrkasematte und ihr Dach sowie Treppe zum Brückenkeller mit Beischrift *14 Stufen incl.: Auftritt*.

Darunter Querschnitt *nach CDEF* durch Poterne und Gewehrkasematte mit rückwärtiger Ansicht der Attika.

Die Zeichnung entspricht dem Aufmaß Creuzingers von 1827 (Kat.-Nr. 114). Schwierigkeiten bei der Ableitung des Oberflächen- und Sickerwassers über dem äußeren Tor machten offenbar die pultdachförmige Abwässerung hinter der Attika erforderlich.

Die äußere Ansicht des Tores ist in keiner Zeichnung überliefert; sie läßt sich nach diesem Blatt rekonstruieren. Sie war der Außenansicht des Königstores sehr ähnlich (vgl. Kat.-Nr. 75), wirkte aber durch die breiteren und kürzeren Pilaster gedrungener (vgl. Teil III, Abb. 46, Marienkirche und Marientor von Norden. Gemälde von A. Bertung, vor 1873, im Mindener Museum).

Das Blatt muß spätestens 1848 gezeichnet sein, da von Boyen in diesem Jahr zum Kapitän befördert wurde (von Bonin II, 1878, S. 305).

KAT.-NR. 117 Abb. 137
Tor im Reduit vor dem Marientor, um 1825

Bezeichnet *v. Bütow*, nicht datiert.
Federzeichnung, grau und blaßrosa laviert, Bleistiftnachträge und -korrekturen; 46 x 52,3 cm.
Maaßstab von *10 + 50 Fuss: Pr.* = 25,8 cm ≅ 1:72.
Kartentitel: *Zeichnung des Thors im Reduit vor dem Marienthore zu Minden;* unten rechts *v. Bütow Ing: Capt.*

Mindener Museum, FM 144; unpubliziert. – Oben links Stempel der Fortification zu Minden; Inv.-Nr. *P:V: IIa, No 4*; weitere Inv.-Nr. der Garnison-Verwaltung Minden. Beischrift *Nicht ausgeführtes Project*.

Oben *Grundriss*. Die bestehenden Mauern des Reduits (vgl. Kat.-Nr. 113) grau, der projektierte Torbau rosa. Das Tor sollte statt eines einfachen Durchlasses in der Reduitmauer eine Torkammer von

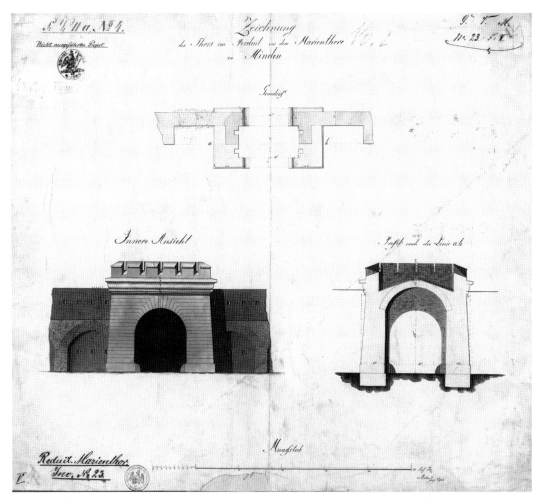

Abb. 137 Tor im Reduit vor dem Marientor. Ingenieur-Capitain von Bütow, um 1825 (Kat.-Nr. 117).

7 Fuß (= 2,20 m) Tiefe mit doppelten Versatzfalzen in den Seitenwänden erhalten, um es im Notfall wirksamer verbarrikadieren zu können.

Die *Innere Ansicht* zeigt den Torkörper mit genutetem Mauerwerk – sicherlich aus Quadern aufgeführt zu denken, darüber ein mächtiges Kranzgesims mit Zinnenaufsatz. Beiderseits schließen Bogenmauern und Laufgang des Reduits an, in beiden Geschossen mit Gewehrscharten versehen.

Rechts *Profil nach der Linie a.b.*: Querschnitt durch den Torbau. Danach konnte im Ernstfall auch vom Dach des Tores gefeuert werden; es war jedoch allenfalls über Leitern vom Hof des Reduits oder vom Laufgang her erreichbar, da Treppen nicht angegeben sind. – Über dem Schnitt Korrekturskizzen für die Gewehrscharten in der Attika; darüber Detailskizze von Gesims und Attika mit flacherer Abdeckung.

Ingenieur-Kapitän von Bütow hat nach seiner Tätigkeit in Minden im Jahre 1828 die Pläne für die Infanterie-Kaserne anstelle des ehemaligen Aegidii-Klosters in Münster unterzeichnet. Er war damals laut Rangliste von 1828 von der 3. Ingenieur-Inspektion zur Garnison-Baudirektion beim VII. Armee-Corps nach Münster abkommandiert (Vgl. GEISBERG IV, 1935, S. 486 ff.). – Aus seiner Mindener Zeit liegen neben diesem undatierten Blatt ein ebenfalls nicht datiertes Projekt für den Umbau von St. Johannes sowie für 1821 Pläne für den Artillerie-Zeughof im ehemaligen Mauritius-Kloster vor (siehe Teil III, Kap. I, S. 23 f.; siehe unten Kat.-Nr. 332, 335, 336), außerdem für 1825 die Zeichnung Kat.-Nr. 37 b.

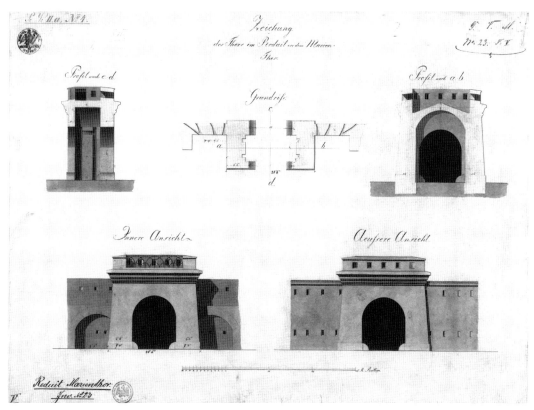

Abb. 138 Tor im Reduit vor dem Marientor, um 1825 (Kat.-Nr. 118).

KAT.-NR. 118   Abb. 138
Tor im Reduit vor dem Marientor, um 1825

Unbezeichnet, undatiert.
Federzeichnung, rosa, grau und braun laviert; 48 x 64,7 cm (Blatt), 45,3 x 62,8 cm (innere Einfassung).
Maßleiste von *12 + 36 Pr. Ruthen* (statt Fuß!) = 20,7 cm = 1:72.
Kartentitel: *Zeichnung des Thores im Reduit vor dem Marien-Thor.*

Mindener Museum, FM 56; Abb. bei MEINHARDT 1958, Bild 24,25 (Ansichten). – Oben links Stempel der Fortification zu Minden; Inv.-Nr. *P:V: IIa, No 4;* weitere Inv.-Nr. und Stempel der Garnison-Verwaltung Minden.

Oben in der Mitte *Grundriss* wie in Kat.-Nr. 117, jedoch mit Gewehrscharten beiderseits des Tores. Links *Profil nach c.d.*: Längsschnitt mit Anordnung der Versatzfalze und Einstiegsöffnung in der linken Schmalseite vom Laufgang her; rechts *Profil nach a,b.*: Querschnitt durch den Torbau.

Unten *Innere Ansicht* und *Aeussere Ansicht*, beide ohne Fugenschnitt. Die Änderungen gegenüber Kat.-Nr. 117 betreffen die Attika: Sie ist innen mit einem Gitter geschlossen, nach außen zeigt sie statt der Zinnen rechteckige Gewehrscharten; die Abdeckung ist flacher.

Das Blatt wird zeitlich unmittelbar an Kat.-Nr. 117 anschließen; da die Sicherung der Festungstore vordringlich war und das innere Fischertor, zwischen Redan X und Fischerstadt, auf dem Stich von Anton Wilhelm Strack von 1826 (Teil I.1, S. 708 f., Nr. 24 mit Abb. S. 710; VON SCHROEDER 1971, Abb. S. 27 und NORDSIEK 1979, S. 264, Abb. VI.1) eine sehr ähnliche Architektur – ohne Attika – zeigt, wird das Tor im Reduit etwa zur gleichen Zeit erbaut worden sein.

Zeichner des Blattes ist vermutlich der Ingenieur-Lieutenant Creuzinger, vgl. Kat.-Nr. 171 (signiert) bzw. Nr. 190 (unsigniert).

KAT.-NR. 119   Abb. 139
Marientor und Ravelin Marientor, 1849

Bezeichnet *Daniel*, datiert *1849.*
Kolorierte Federzeichnung, auf Leinen gezogen; Bleistift-Nachträge; 64 x 94 cm (incl. Einfassung am Blattrand).
Wasserzeichen: JWHATM(AN).
Transversal-Maßstab *1 Zoll ddc. = 3 Ruthen ~ 1.432, 1 + 29 Ruthen* = 26,05 cm = 1:432.
Kartentitel: *Festung Minden 1849. / Grundriss des Ravelin Marienthor nebst hinterliegenden* (!) *Thor und Hauptgraben-Caponiere zwischen Bastion VIII & IX.*
Unten links: *Aufgenommen und gezeichnet von Daniel, Minden, im März 1849.* – Im kalligraphischen Schnörkel unter dem Kartentitel in der »Nase« ganz klein *Daniel* wiederholt.

STA DT, D 73 Kartensammlung Tit. 5 Nr. 2942; unpubliziert. – Oben links Stempel der Mindener Fortification, Inv.-Nr. *P. V. II e, No 5;* oben rechts Inv.-Nr. und Stempel der Garnison-Verwaltung Minden.

Grundriß bzw. Aufsicht des Hauptwalles und des Ravelins mit den sorgfältig vermaßten Massivbauten des Marientores (vgl. Kat.-Nr. 114) mit dem Batterieturm, der Galerie zur Hauptgraben-Capo-

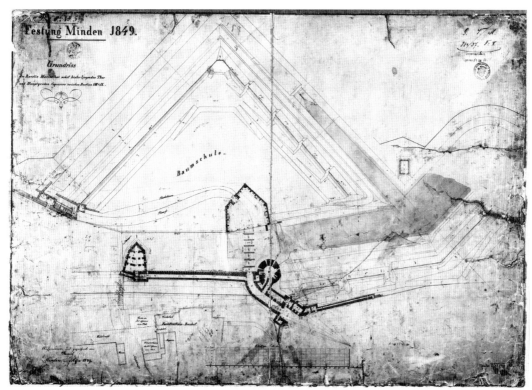

Abb. 139 Marientor und Ravelin Marientor. Aufnahme von Daniel, 1849 (Kat.-Nr. 119).

nière westlich des Tores, der Brücke über den Hauptgraben, dem Tambour (Reduit) im Hof des Ravelins und der Graben-Caponière am linken Wallkopf des Ravelins sowie – ohne Maße – des Blockhauses No. 9 im Waffenplatz zwischen Ravelin und Bastion IX. Der Hauptwall ist im Bereich des Tores mit vier Traversen besetzt; östlich des Batterieturms ist der nasse Graben angegeben, der aus einer Quelle vor der rechten Ravelin-Face gespeist wird. Diese Face ist wegen des starken Geländeabfalls viermal abgetreppt.

Die Hauptgraben-Caponière entspricht im Grundriß den ähnlichen Werken am Königs- und Neutor (siehe Kat.-Nr. 77, 79, 94, 95). Ihre Flanken zeigten je drei Kanonenscharten zwischen Gewehrscharten, die Facen hatten links vier, rechts sechs Gewehrscharten; am Fuß der Caponière war umlaufend im hier trockenen Graben ein Diamant angelegt. An der durchgehend mit Gewehrscharten versehenen Kommunikations-Galerie auf der Esarpe des Hauptwalles ist die Entfernung angegeben: *von der Caponiere bis zum Thurm 23° 1'* (ca. 86,80 m). – Der Hof des Ravelins ist als *Baumschule* bezeichnet; sie ist durch einen *Stacketzaun* gegen die *Straße* abgeteilt.

Südlich des Hauptwalles liegt an der Stiftstraße der *Fortifications-Bauhof* mit *Einfahrt, Werkstatt, Magazin, Dienstwohnung und Garten des Art. Offiziers vom Platz*; an der Ecke zur *Wallstraße* liegt der zum ehemaligen Marienstift gehörende *Remter*.

Hart westlich der Hauptgraben-Caponière ist nachträglich mit Bleistift in der Verlängerung der Stiftstraße die 1869 angelegte Stiftspassage durch den Hauptwall mit der Brücke über den Graben eingezeichnet und die Linie der *Bauflucht* festgelegt.

KAT.-NR. 120   Abb. 140
Brücke vor dem Marientor, 1851

Bezeichnet *Daniel*, datiert *1851*.
Federzeichnung mit Bleistiftnachträgen; 22,8 x 33,2 cm.
Maßleiste von *12'+ 6 Ruthen* = 18,25 cm = 1:144.
Kartentitel: *Zeichnung der Marienthorbrücke zu Minden. Umgearbeitetes Project nach der Bestimmung des Königl. Allg: Kriegs-Departements von 30ten Dcbr: 1850.*
Unten links gez. *d. Daniel*, rechts *Minden, den* (Datum fehlt), *Loehr. v. Kirn. Ing: Hauptmann. gez: Hardenack Major & Platzingenieur*.

Mindener Museum, FM 146; unpubliziert. – Oben links Stempel der Fortification zu Minden und Inv.-Nr. *II a No 26*, rechts oben und links unten weitere Inv.-Vermerke der Garnison-Verwaltung Minden.

Oben *Querprofil*, unten *Längenprofil* mit Maßangaben; rechts Teilschnitt durch das äußere Marientor mit dem *Marienthorgewölbe*, bei dem die Klappe der Zugbrücke zugleich als Torverschluß diente; links *Tambour vor der Marienthor-Brücke*.
  In Blei nachgetragen im Längsschnitt der Materialbedarf für Hölzer und Latten. – Vermutlich war die alte Marientorbrücke schadhaft und mußte erneuert werden.

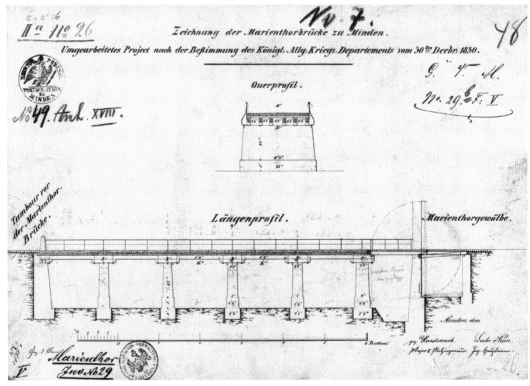

Abb. 140 Brücke vor dem Marientor. Daniel, 1851 (Kat.-Nr. 120).

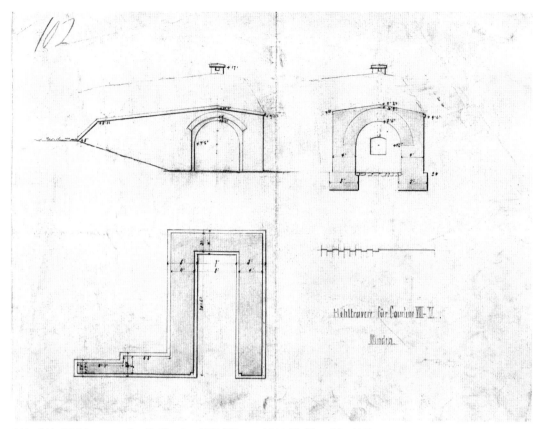

Abb. 141 Hohltraverse für die Kurtine VIII/IX, um 1866 (?) (Kat.-Nr. 121).

KAT.-NR. 121 Abb. 141
Hohltraverse für die Kurtine VIII–IX, um 1866 (?)

Unbezeichnet, nicht datiert.
Bleistiftzeichnung, rosa angelegt; 24,4 x 30,6 cm.
Maßleiste mit 10 (Fuß) und 1 (Rute) = 6,55 cm = 1:115.
Kartentitel: *Hohltravese* (!) *für Courtine VIII – IX. Minden.*

Mindener Museum, FM 30; unpubliziert. – Oben links blaue Inv.-Nr. *102.*

Unten links Grundriß des massiven Hohlraums, oben links Ansicht vom Wallgang mit der Erdabdeckung, rechts Querschnitt mit Ansicht der Scharte, alle mit Maßangaben in Fuß und Zoll.
  Im Traversierungsplan von 1866 (Kat.-Nr. 51) ist eine Hohltraverse rechts neben der Hauptgraben-Caponière beim Marientor vorgesehen. Das vorliegende Blatt wird im Zusammenhang mit diesen Planungen um 1866 entstanden sein.

KAT.-NR. 122 Abb. 142
Graben-Caponière am Ravelin Marientor, um 1833 (?)

Unbezeichnet, nicht datiert.
Federzeichnung mit schwarzer und roter Tusche, Ergänzungen in Blei; 79,9 x 63 cm.
Maßleiste von *12 + 180 Fuss* = 42,2 cm = 1 : 144.
Kartentitel: *Grund- und Profil-Riss von der Graben-Caponiere der lincken Face an dem Ravelin vor dem Marien-Thore.*
Oben links, wohl von Daniel um 1850 nachgetragen: *Festung Minden / Anmerkung. Die Höhenzahlen sind noch nach dem alten Pegel und daher 1' 1" hinzuzurechnen.*

Mindener Museum, FM 4; unpubliziert. – Oben links Stempel der Fortification zu Minden und Inv.-Nr. *P: V: II e, No 3*, blau korrigiert *No 50*.

Zur Situation vgl. Kat.-Nr. 119. – Unten Grundriß der zweiräumigen Graben-Caponière mit je einer Kanonenscharte zwischen zwei Gewehrscharten, rechts anschließend die Balkenlage der Brücke, samt Zugbrücke und Torkasematte auf der Contrescarpe des Hauptgrabens. Oben anschließend die Linien von Wall und Graben. Links der Waffenplatz im westlichen Winkel von Haupt- und Ravelingraben mit dem von gebogenen Mauern und Torpfeilern eingefaßten Durchlaß der Straße durch das Glacis zu der mit Bäumen bepflanzten Gabelung der Straßen nach Diepenau und Petershagen, links der Glacisweg.

Rechts um 90 Grad gedreht *Profil nach der Linie A, B, C, D, E.*: Ansicht und Schnittzeichnung von Brücke und Caponière mit der anschließenden Abwicklung des Glacisdurchlasses.

Zwischen Ravelinhof (rechts) und Graben-Caponière ist parallel zur Contrescarpen-Mauer in Blei eine *Gallerie* eingezeichnet. In der Contrescarpen-Mauer ist eingetragen: *Hierin Lichtöffnungen,* in der Parallelmauer *Hierin Gewehrscharten.*

In der Schnittzeichnung liegt die *Gallerie* unter der Brücke, über der Galerie *Gewölbe* und *Schräger Mauer-Sattel.* Über der Brücke ist der *Cordon* der Contrescarpenmauer eingetragen, in der Caponière *Sohle der Caponière 36', Diamant 31', Fundament 28'.*

Das undatierte Blatt könnte nach dem Duktus der Beschriftung um 1833 entstanden sein; aus diesem Jahr stammen die in der Sache übereinstimmenden Caponièren-Entwürfe für die drei großen Ravelins und die Contregarde Schwichow (Kat.-Nr. 61, 62).

Die mit Bleistift ergänzte Galerie, die für eine gedeckte Kommunikation zwischen Ravelinhof und Caponière sorgen sollte – statt des relativ ungeschützten Zugangs durch die Contrescarpen-Mauer –, ist nicht ausgeführt worden, wie die Aufnahme von Daniel von 1849 (Kat.-Nr. 119) und andere Blätter zeigen.

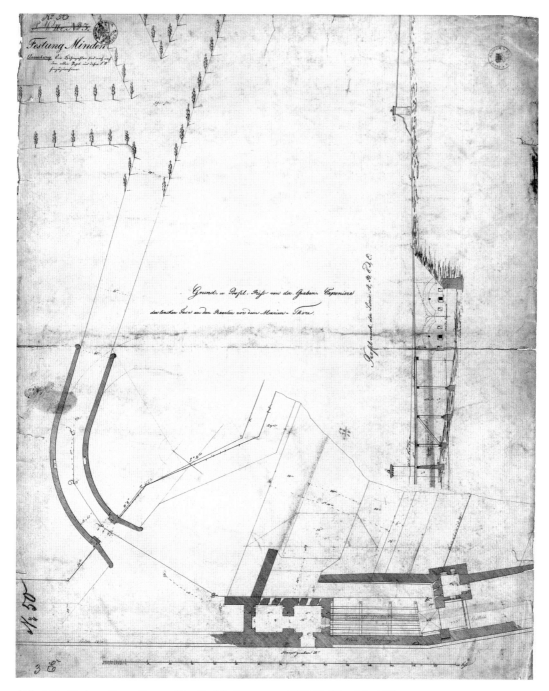

Abb. 142 Graben-Caponière am Ravelin Marientor, um 1833 (?) (Kat.-Nr. 122).

KAT.-NR. 123
Pulvermagazin im Ravelin Marientor, 1856

Abb. 143

Bezeichnet *Protze* (?), datiert *1856*.
Kolorierte Federzeichnung; 40 x 44 cm.
Maßleiste von *10 + 20 Fuß* = 12,8 cm 1 : 72.
Kartentitel: *Entwurf zu einem Verbrauchs- und Pulver Magazin in* (!) *Ravelin Marienthor in Minden / Zum Kosten Anschlag vom 9ten April 1856.* – Unten rechts: *Minden, den 9ten Mai 1856 / Protze* (oder: *Protzmann* ?) *Hauptmann und Artillerie Offizier vom Platz / Schulz. 1. Ingenieur Hauptmann und Platz-Ingenieur.*

GSTA PK, Festungskarten Minden G 70.066; unpubliziert.

Oben *Grundriss.* mit der Lage in der Stirnmauer des linken Ravelinwalles, neben der äußeren Torkasematte (vgl. Kat.-Nr. 122, rechts). Unten *Profil nach a – b:* Querschnitt, und *Profil nach c – d.:* Längsschnitt durch die 8 Fuß breite, 8 ¼ Fuß große Kammer.

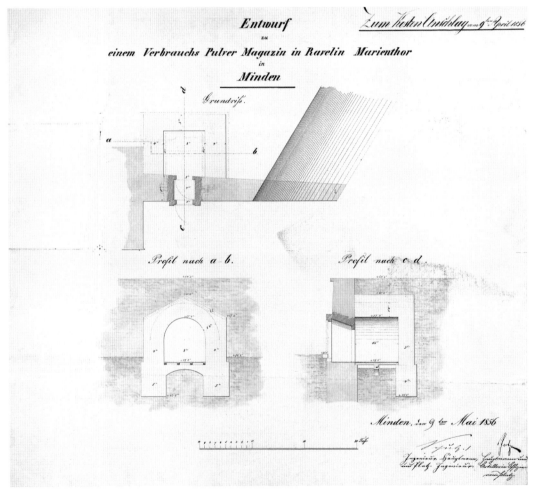

Abb. 143 Pulvermagazin im Ravelin Marientor, 1856 (Kat.-Nr. 123).

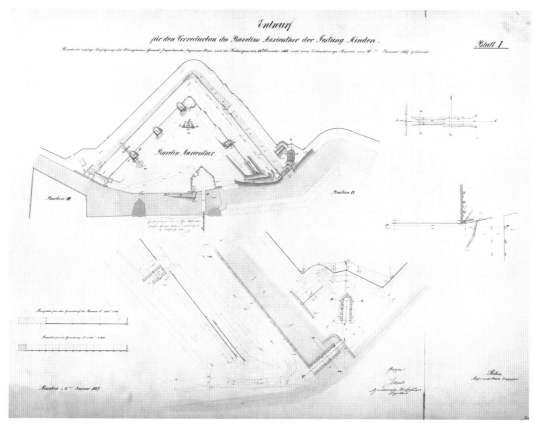

Abb. 144 Korrekturbauten im Ravelin Marientor, Blatt I. Unteroffizier Langen, 1867 (Kat.-Nr. 124).

KAT.-NR. 124   Abb. 144
Korrekturbauten im Ravelin Marientor, 1867, Blatt I

Bezeichnet *Langen*, datiert *1867*.
Kolorierte Federzeichnung; 64,5 x 94,5 cm.
Transversal-*Maaßstab für den Grundriß des Ravelins 6° = 1ddc." = 1:864 / 10 + 30 = 17 cm*; *Maaßstab für die Grundrisse 2 = 1ddc' = 1:288 / 10 + 150' = 17* cm.
Kartentitel: *Entwurf für den Correcturbau des Ravelins Marienthor der Festung Minden. Bearbeitet zufolge Verfügung der Könglichen General-Inspection des Ingenier Corps und der Festungen vom 22ten November 1866 und zum Erläuterungs-Bericht vom 16ten Januar 1867 gehörend. Blatt I.*
Unten links: *Minden den 16ten Januar 1867*, von rechts: *Langen Unteroffizier im 7" Pionier Bataillon / Behm Major und Platz-Ingenieur / Gesehen Schulz Generalmajor und Festungsinspekteur.*

GSTA PK, Festungskarten Minden C 70.096/1; unpubliziert.

Oben Gesamtgrundriß des *Ravelin Marienthor* mit *Bastion VIII* und *Bastion IX*, mit den im Wall vorgesehenen drei Hohltraversen und einer Poterne, einem Pulver- oder Geschoßmagazin im Hof, einer Rampe vom Tambour in den Hauptgraben sowie Änderungen am und vor dem östlichen Wallkopf: Bau einer Gewehrgalerie über den nassen Ravelingraben mit Weg vor dem Wallkopf, Ummantelung des Blockhauses im Waffenplatz und Anlage einer Traverse im linken Winkel zwischen Blockhaus und Gedecktem Weg. Außerdem sollte eine krenelierte Mauer zwischen Wallfuß und Graben das Ravelin umziehen. Unten Detailgrundriß zu den Bauten und Anlagen vor dem Wallkopf und auf dem Waffenplatz.

Rechts oben Grundriß der Poterne im Ravelinwall links, darunter Detailgrundriß für die Rampe am Tambour.

Zugehörig Blatt II (Kat.-Nr. 125) und das nicht numerierte Blatt Kat.-Nr. 126.

Zwischen Hauptgraben-Caponière und *Marienthor* Beischrift: *Eine Zeichnung von der im Jahre 1869 trocken gelegten Escarpen-Gallerie befindet sich bei No. 453/269 A III./W.*

KAT.-NR. 125   Abb. 145
Korrekturbauten im Ravelin Marientor, 1867, Blatt II

Bezeichnet *Langen*, datiert *1867*.
Kolorierte Federzeichnung, Bleistift-Beischriften; 64,5 x 94,5 cm.
Transversal-*Maaßstab 12' = 1ddc." = 1:144 / 10 + 100 Fuß = 23,5 cm.*
Kartentitel, Datum und Unterschriften wie in Blatt I (Kat.-Nr. 124).

GSTA PK, Festungskarten Minden C 70.096/2; unpubliziert.

Das Blatt zeigt Detailzeichnungen zu den in Blatt I (Kat.-Nr. 124) dargestellten Bauvorhaben:

Oben links *Durchschnitt nach a,b:* Längsschnitt durch die Gewehrgalerie im nassen Graben zwischen östlichem Wallkopf und Waffenplatz. Die Galerie sollte wie ein Batardeau am Ende des Ravelingrabens liegen und mit einer Zugbrücke zum Waffenplatz versehen sein. Eine Stauvorrichtung für das Grabenwasser war nicht vorgesehen.

Daneben rechts *Durchschnitt nach c.d:* Längsschnitt durch das Blockhaus im Waffenplatz mit Profil des Gedeckten Weges. Bleistift-Beischrift an der Frontseite rechts: *Geschützscharte, nicht nöthig.* – Daneben rechts *Durchschnitt nach e.f.:* Querschnitt durch die Gewehrgalerie im nassen Graben. – *Durchschnitt nach g.h.:* Querschnitt durch das Blockhaus.

In der Mitte links *Durchschnitt nach i.k.:* Längsschnitt durch die Poterne im Ravelinwall links, über deren hofseitigem Teil eine Hohltraverse liegen sollte. Die Poterne sollte eine schnelle und kurze Verbindung zwischen dem Ravelinhof und dem Rondengang hinter der krenelierten Mauer am Wallfuß ermöglichen. Daneben rechts *Durchschnitt nach l, m.:* Querschnitt durch Poterne und Hohltraverse. Hier Bleistift-Beischrift: *Stärke der linken Seitenmauer 3' 1" genügend. G. F. J.*

Rechts am Rand *Durchschnitt nach n, o.:* Querschnitt durch den äußeren Teil der Poterne, der mit Gefälle nach außen zum Rondengang führte (siehe Längsschnitt links). Beischrift in Blei: *Widerlagsmauern von 2' 3" genügen. G. F. J.*

Unten links *Durchschnitt nach p.q.:* Längsschnitt durch die Hauptgrabenrampe und Schnitt durch die Tambourmauer, Ansicht des Gittertores und der Abschrankung der Contrescarpenmauer in der Kehle des Tambours sowie Schnitt durch die Marientorbrücke.

Rechts daneben *Durchschnitt nach r.s.:* Längsschnitt durch das Pulvermagazin im Hof des Ravelins in der Kapitale; unten rechts *Durchschnitt nach t.u.:* Querschnitt dazu. Soweit die Räume nicht überwölbt waren, sollten sie mit eng gelegten Doppel-T-Trägern unter Dämmschichten und Erdaufschüttungen bombensicher eingedeckt werden.

Von dieser aufwendigen Planung wurden nur die in Blatt I dargestellten Hohltraversen im Wall des Ravelins sowie der Neubau des Blockhauses Nr. 7 mit der Traverse ausgeführt.

KAT.-NR. 126   Abb. 146
Korrekturbauten am Ravelin Marientor, 1867

Bezeichnet *Langen*, datiert *1867*.
Kolorierte Federzeichnung mit Korrekturen in blauer Tusche; 69,5 x 98 cm.
Maaßstab für den Grundriß des Ravelins und den Längenschnitt des Grabens 6° = 1ddc." = 1:867 / 10 + 30° = 17,6 cm.
Maaßstab für die Profile 12' = 1ddc." = 1:144 / 10 + 70 = 17,6 cm
Maaßstab für den Grundriß des rechten Endprofiles 2° = 1ddc." = 1 : 288 / 10 + 150' = 17,6 cm
Kartentitel: *Zeichnung für den Correcturbau des Ravelins Marienthor zu Minden / Bearbeitet zufolge Verfügung der Königlichen General-Inspection vom 13ten November 1866 und zum Kostenanschlage vom 16ten Januar 1867 gehörend / Umgearbeitet zufolge Verfügung der Königl. General-Inspection vom 7ten Februar c(urrentis) u. zum umgearbeiteten Kostenanschlage vom 22ten Februar 1867 gehörend.*
Unten links *Minden den 16ten Januar 1867*, rechts Unterschriften von *Unteroffizier Langen*, *Major Behm* und *Generalmajor Schulz* wie in Kat.-Nr. 124.

GStA PK, Festungskarten Minden A 70.052; unpubliziert.

Oben links Teilgrundriß des *Ravelin Marienthor* mit der krenelierten Mauer am äußeren Wallfuß, darunter links vergrößert der Anschluß der Mauer bei der Grabencaponière. – Unten vergrößert der östliche Wallkopf mit der Gewehrgalerie im nassen Graben. – Dazwischen *Längenschnitt des Grabens und der crenelierten Mauer vor der rechten Face* in einer oberen (durchstrichenen) und der unteren revidierten Fassung.

In der rechten Blatthälfte sieben Querschnitte durch die krenelierte Mauer mit Profil von Wall, Graben und Gedecktem Weg: *Durchschnitt nach a, b* bzw. *c, d* für die linke Face, die übrigen (*Durchschnitt nach e,f; g, h; i, k; l, m und n,o*) für die rechte Face.

Unten *Durchschnitt nach p,q* bzw. *r,s*: Längs- und Querschnitt durch die als Grabencaponière und Kommunikation zum Waffenplatz dienende Gewehrgalerie.

Das vorliegende Blatt gehört als Ergänzung zu Kat.-Nr. 124 und 125. Die Planungen wurden im Laufe des Jahres 1867 modifiziert und reduziert.

Über die Errichtung freistehender krenelierter Mauern am Wallfuß und ihre Vor- und Nachteile sind in der ersten Hälfte des 19. Jahrhunderts unter den Ingenieur-Offizieren der verschiedenen Länder und Schulen lange Diskussionen geführt worden. Die preußischen Festungsingenieure haben diese Projekte mit Nachdruck verteidigt, vgl. VON PRITTWITZ 1836, S. 86–91, und VON ZASTROW 1854, S. 491 ff. Am Ravelin Marientor sind diese Mauern nicht zur Ausführung gekommen.

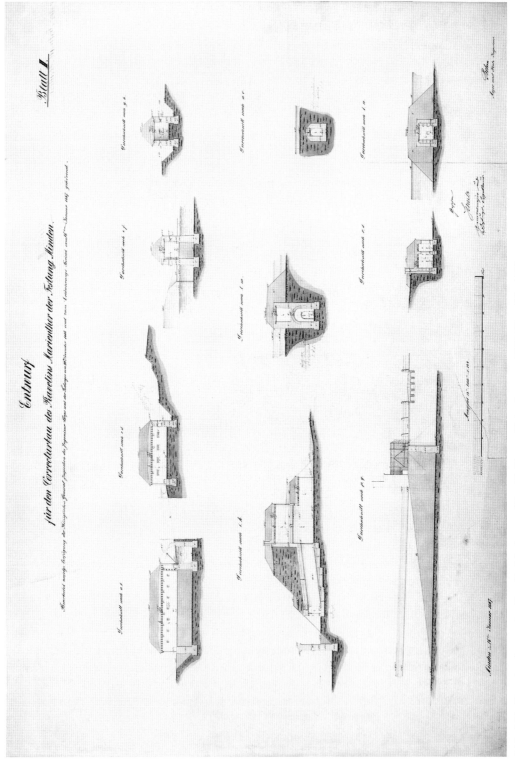

Abb. 145 Korrekturbauten im Ravelin Marientor, Blatt II. Unteroffizier Langen, 1867 (Kat.-Nr. 125).

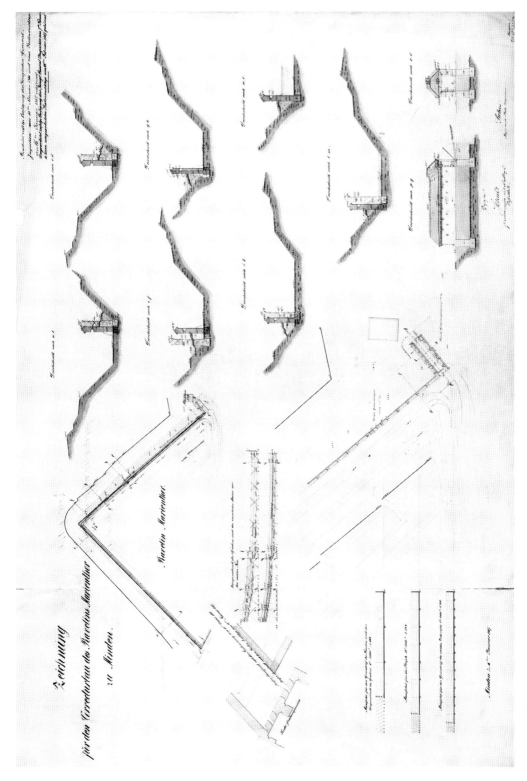

Abb. 146 Korrekturbauten am Ravelin Marientor. Unteroffizier Langen, 1867 (Kat.-Nr. 126).

KAT.-NR. 127   Abb. 147
Geschoßladestelle im Ravelin Marientor, 1867

Bezeichnet *Langen* und *Daniel,* datiert *1867.*
Kolorierte Federzeichnung mit Bleistift-Korrekturen; 48,5 x 65,7 cm.
Wasserzeichen JWHATMAN / 1861.
Maaßstab (für den Gesamtgrundriß) *6 = 1ddc." = 1:864* / Maßleiste von *6 + 24 Ruthen* = 13,2 cm;
Maaßstab (für den Teilgrundriß) *2 = 1ddc." = 1:288 / 10 + 100 Fuß* = 12,13 cm;
Maaßstab (für die Schnitte) *12' = 1ddc." = 1:144 / 10 + 50 Fuß* = 13,2 cm.
Kartentitel: *Zeichnung zur Erbauung einer Geschossladestelle eines Geschossraumes und eines Reservoirs für Zündungen im Ravelin Marienthor zu Minden / Bearbeitet zufolge Verfügung des Königlichen Allgemeinen Kriegs-Departementes vom 7. Juni 1867 und zum Kosten Anschlage vom 27ten Juli c(u)r(rentis) gehörend.* Darunter in Blei: *Genehmigt am 15. August 1867.*
Unten*: Minden den 27ten Juli 1867,* von rechts: *Langen Unteroffizier / p(ro) v(era) c(opia) Daniel. Fortif. Sekr./ gez.: Behm Major und Platz-Ingenieur / Einverstanden gez. Grapow. Major und Artillerie Offizier vom Platz / Gesehen gez.: Schulz Generalmajor und Festungs-Inspecteur / Einverstanden Westfälisches Fest. Art. Regiment in Vertretung* (Name fehlt) *Major und Abtheilungs-Commandeur.*

Mindener Museum, FM 64; unpubliziert.

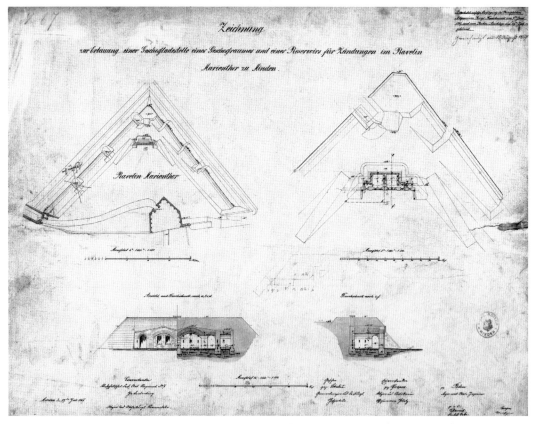

Abb. 147   Geschoßladestelle im Ravelin Marientor. Unteroffizier Langen, 1867 (Kat.-Nr. 127).

Oben links Gesamtgrundriß des *Ravelin Marienthor* mit Tambour, Torkasematte und vier Traversen, von denen die erste links durchstrichen und als *nicht ausgeführt* bezeichnet ist.

Rechts Teilgrundriß der Ravelinspitze mit dem Grundriß der Geschoßladestelle. Darunter in Blei Skizze für Alternative des linken Maueranschlusses. Unten *Ansicht und Durchschitt nach a, b, c, d* und *Durchschnitt nach e, f* des Gebäudes.

Die Anlage entspricht weitgehend der im Bastion VII aus demselben Jahr (siehe Kat.-Nr. 89). Das Blatt ist die in der Fortification verbliebene Zweitausfertigung von Kat.-Nr. 129.

KAT.-NR. 128   Abb. 148
Geschoßladestelle im Ravelin Marientor und Bastion VII, wohl 1867

Unbezeichnet, undatiert.
Bleistiftzeichnung; 49,2 x 63 cm.
Maßleiste von *12 + 10* (Fuß) = 14,16 cm = 1 : 48.
Kartentitel: *Geschoßraum, Geschoßladestelle und Zündreservoir im Ravelin Marienthor und Bastion VII.*

Mindener Museum, FM 77; unpubliziert. – Oben links blaue Inv.-Nr. *101*.

Oben Ansicht der Hofseite, darunter *Durchschnitt nach ...* und *Durchschnitt nach cd:* Teilquerschnitt und Längsschnitt; unten *Grundriss*, in dem das rechts angefügte Zündungsreservoir durchgekreuzt ist.

Detaillierte Vorzeichnung für Kat.-Nr. 127, wohl von Unteroffizier Langen gefertigt.

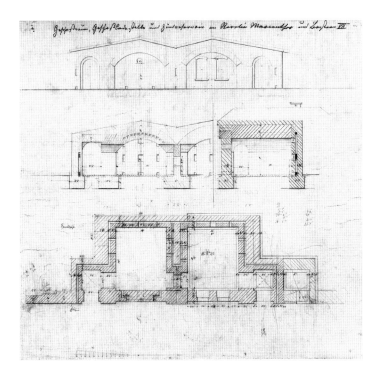

Abb. 148 Geschoßladestelle im Ravelin Marientor und Bastion VII, wohl 1867 (Kat.-Nr. 128).

KAT.-NR. 129 ohne Abb.
Geschoßladestelle im Ravelin Marientor, 1867

Bezeichnet *Langen*, datiert *1867*.
Kolorierte Federzeichnung; 48,5 x 61 cm.
Kartentitel, Anlage, Darstellung und Beschriftung wie in Kat.-Nr. 127; hier die Unterschriften im Original, links unterschreibt Major *Maschner* (?) für das Westf. Festungs-Artillerie-Regiment No. 7.

GSTA PK, Festungskarten Minden F 70.059; unpubliziert.

Ausfertigung von Kat.-Nr. 127 für das Allgemeine Kriegs-Departement, vgl. auch Kat.-Nr. 89 (für Bastion VII).

KAT.-NR. 130 Abb. 149
Korrekturbauten im Ravelin Marientor, 1867

Bezeichnet *Langen*, datiert *1867*.
Kolorierte Federzeichnung mit Streichungen, ursprünglich 65,6 x 95 cm; in zwei Teile zerschnitten unter Teilverlust eines ca. 1 cm breiten Streifens in der Mitte und Randverlust oben links.
Wasserzeichen: JWHATMAN / 1866.
Maaßstab für die Situation 6° = 1ddc: Zoll / 10 + 30 Ruthen = 18,2 cm = 1:864; Maaßstab für die Durchschnitte 12' = 1ddc Zoll / 10 + 60 Fuß = 15,35 cm = 1:144.
Kartentitel: *Z(e)ichnung für die Correcturbau(te)n des Ravelins Marienthor / Zu den Kostenanschlägen vom 11ten September und 8ten November 1867 gehörig.*
Unten links: *Minden den 11ten September 1867, von rechts Langen Unteroffizier / gez: Behm Major und Platz-Ingenieur / Einverstanden gez: Grapow Major und Artillerie Offizier vom Platz / Einverstanden Westf. Fest. Art. Regiment No 7 In Vertretung gez: v. Wellmann Major und Artillerie Offizier vom Platz / Gesehen gez: Schulz I Generalmajor und Festungs Inspecteur.*

Mindener Museum, FM 90; unpubliziert.

Oben links Lageplan des Ravelins, darunter *Grundriss des rechten Endprofils mit dem Waffenplatze*, darin schraffiert *Abzubrechendes Blockhaus* und Grundriß des nach außen vorgeschobenen, schmaleren Neubaues und der Traverse.

Rechts oben *Durchschnitt nach a,b* bzw. *c,d:* Längs- und Querschnitt für das neue Blockhaus, darunter *Grundriss der Poterne und des Verbrauchs-Pulver-Magazins* in der linken Ravelinface und zugehöriger *Durchschnitt nach g,h,* sowie *Durchschnitt nach l,m* bzw. *e,f.* und *(i,k)* für die Poterne.

Unten rechts *Grundriss der vom Tambour aus in den Hauptgraben führenden Rampe* und *Durchschnitt nach p,q.:* Längsschnitt durch die Rampe mit hohem Gitterzaun auf der Contrescarpen-Mauer.

Das Blatt ist eine in Einzelheiten modifizierte Zweitausfertigung und Zusammenzeichnung der Planung von Kat.-Nr. 124 und 125 vom Januar 1867 als Vorzeichnung für Kat.-Nr. 131. Nachträglich – weil nicht genehmigt – wurden grob mit Blaustift durchstrichen: die krenelierte Mauer am Wallfuß, die Gewehrgalerie über den nassen Graben, die Poterne und das Pulvermagazin sowie die Änderungen am östlichen Wallkopf. Die Durchstreichungen z. T. wieder abradiert. – Das Blockhaus samt Traverse und die Hauptgrabenrampe wurden demnach ausgeführt.

IV.2.2 Katalog – Die Petershagener Front und die Werke bis zum Wassertor (Kat.-Nr. 113–166) 281

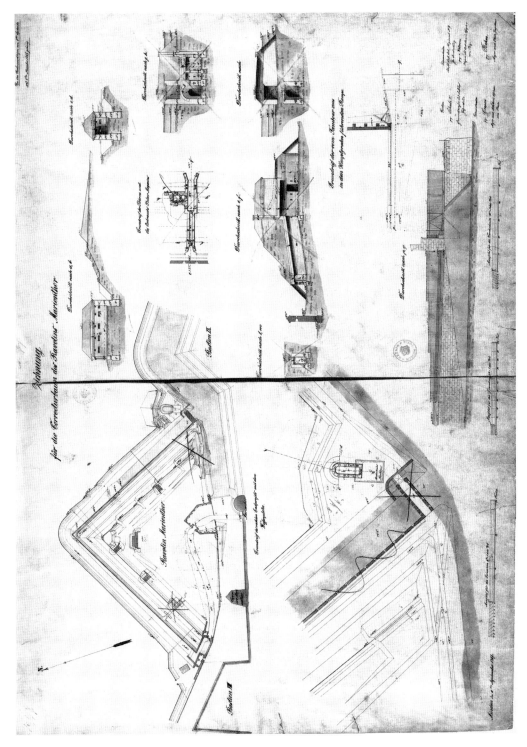

Abb. 149 Korrekturbauten im Ravelin Marientor. Unteroffizier Langen, 1867 (Kat.-Nr. 130).

282   IV Die Festung – IV.2 Die Festung vom Dreißigjährigen Krieg bis zur Aufhebung im Jahr 1873

KAT.-NR. 131 ohne Abb.
Korrekturbauten im Ravelin Marientor, 1867

Bezeichnet *Langen*, datiert *1867*.
Kolorierte Federzeichnung; 62,5 x 94 cm. Im Lageplan Klappe.
Kartentitel, Anlage, Darstellung, Beschriftung und Unterschriften weitgehend identisch mit Kat.-Nr. 130 (siehe dort), zu Abweichungen siehe unten.

GSTA PK, Festungskarten Minden C 70.128; unpubliziert.

Reinzeichnung des Planes Kat.-Nr. 130 vom gleichen Datum, hier mit den Original-Unterschriften. Zwischen den Schnitten durch die Poterne und der Darstellung der Hauptgrabenrampe eingeschoben *Durchschnitt nach n,o.* mit der grabenseitigen Stirnmauer der Traverse am Waffenplatz. Sie wurde bei der Revision in Berlin gestrichen und durch die blau eingezeichnete Böschung ersetzt. Außerdem wurde bestimmt, daß das neue Blockhaus um etwa 8 Fuß (= 2,50 m) nach Norden zum Gedeckten Weg verschoben werden sollte. Dadurch entfiel die Rampe zu einer Geschützplattform im ausspringenden Winkel. Die korrigierte Version ist auf der Klappe im Lageplan dargestellt.
   Zur reduzierten Ausführung der Planung vgl. Kat.-Nr. 130.

KAT.-NR. 132 Abb. 150
Hohltraversen im Ravelin Marientor, 1868

Bezeichnet *Langen*, datiert *1868*.
Kolorierte Federzeichnung auf Pausleinen; 50 x 66,8 cm; Bleistift-Nachträge.
Maaßstab für das Ravelin 6°= 1ddc. Zoll / 10 + 30 Ruthen = 17,75 cm ≅ *1:864; Maaßstab (für die Details) 12'= 1ddc. Zoll = 1:144 / 10 + 70 Fuß = 17,75 cm.*
Kartentitel: *Zeichnung zur Erbauung von 2 Schutzhohlräumen à 4 Geschütze im Ravelin Marienthor zu Minden.*
Unten links *Minden den 16ten April 1868*, von rechts *Langen Unteroffizier / gez.: Behm Major und Platz-Ingenieur / Einverstanden gez: Grapow Oberstlieutenant und Artillerie Offizier vom Platz / Einverstanden gez: v. Ziegler Generalmajor und Kommandant / Gesehen gez: Stürmer Oberst und Festungs Inspecteur.*

Mindener Museum, FM 58; unpubliziert. – Oben links Stempel der Fortification zu Minden mit Inv.-Nr. *Pl.V.IIe No14*, blau korrigiert *No 53*.

Oben Grundriß des *Ravelin Marienthor* mit der Lage der projektierten Hohltraversen in der linken Face. Anstelle der 1867 geplanten Poterne ist eine dritte Traverse eingezeichnet. Daneben Wallprofil. Unten Grundriß, daneben *Durchschnitt nach a,b,* bzw. *c,d* durch die Schutzräume.
   Im Lageplan sind nach 1873 in Blei eingetragen: Der Verlauf der Marienstraße vom Tambour durch die Ravelinspitze, links eine Strecke der späteren Stiftstraße und quer durch das Ravelin die Immanuelstraße.
   Die hier geplanten beiden Hohltraversen sind ausgeführt worden, der Bau der dritten ist unterblieben.

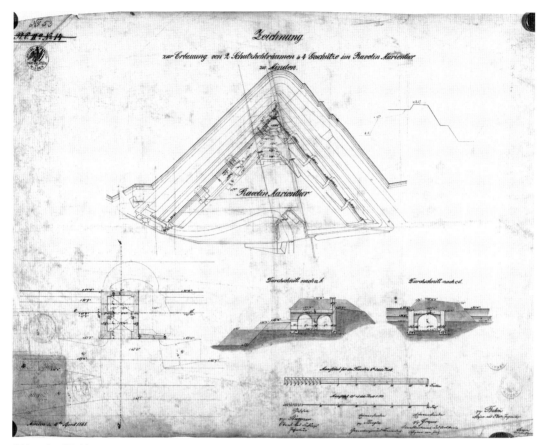

Abb. 150 Hohltraversen im Ravelin Marientor. Unteroffizier Langen, 1868 (Kat.-Nr. 132).

KAT.-NR. 133   Abb. 151

Anlage der Stiftspassage neben dem Marientor, 1869

Bezeichnet *Langen*, datiert *1869*.
Kolorierte Federzeichnung; 42,5 x 46,5 cm.
Maaßstab 3° = 1ddc" / Maßleiste von *12 (Fuß)* + *20°* = 17,6 cm ≅ 1:450.
Kartentitel: *Zeichnung des Haupt-Walles der Stadt-Befestigung von Minden in der Nähe des Marienthores / Zu dem Antrage vom 20ten Juni 1869 gehörig. Zu dem Entwurf vom 18ten September 1869 gehörig.*
Unten links: *Minden den 20ten Juni 1869*, rechts *gez: Langen Unteroffizier / Giese Major und Ingenieur vom Platz.*

GSTA PK, Festungskarten Minden F 70.091; unpubliziert.

Lageplan des Wallabschnitts westlich vom Marientor (mit *Marien-Thurm*, *Marien-Thor-Poterne* und *Marien-Thor-Brücke*), der *Escarpen-Gewehr-Gallerie* und der *Marien-Thor-Caponiere*. Jenseits des

Hauptgrabens ein Teil des Ravelins mit dem *Tambour*, dem *Hof des Ravelins*, abgeteilt durch einen *Lattenzaun*, westlich *Wacht-Local, Verbrauchs-Pulver-Magazin* und *Linke Face des Ravelins*. Stadtseitig das Nordende der *Stift-Strasse* mit der Verbindung zur *Wall-Strasse*. Hier liegen *Werkstatt, Einfahrt* und *Magazin des Festungs-Bauhofes, Dienstwohnung* und *Garten des Artillerie-Offiziers vom Platz* und *Holz-Schuppen des Bauhofes (:Remter:)*.

Neben der Hauptgraben-Caponière *Projectirter Durchstich* durch den Wall und *Projectirte Brücke* für die Stiftspassage. Beiderseits des Durchstiches Aufschüttung von *140 Sch.:° (Schacht-Ruten) des ausgeschachteten Bodens*, westlich davon *90 Sch.:° des ausgeschachteten Bodens zu einer 9° langen Verbreiterung des Wallganges*.

Zu der hier dargestellten Planung gehören der Übersichtsplan der Festung von 1868/69 (Kat.-Nr. 54) sowie die Detailzeichnungen zum Bau der Brücke über den Hauptgraben (Kat.-Nr. 134, 135). Zu den Umständen, die zur Anlage der Stiftspassage führten, siehe Kat.-Nr. 54.

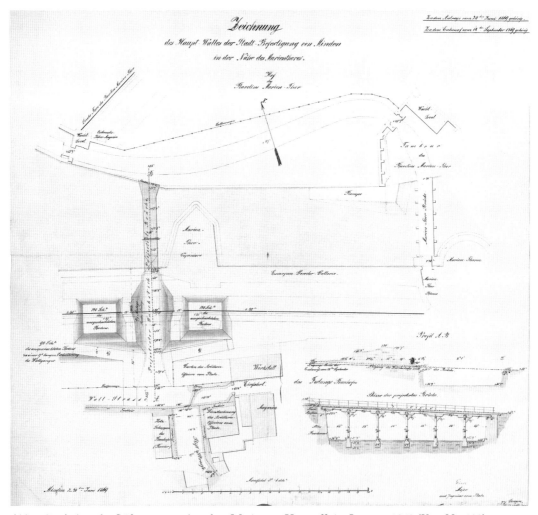

Abb. 151 Anlage der Stiftspassage neben dem Marientor. Unteroffizier Langen, 1869 (Kat.-Nr. 133).

Rechts unten *Profil AB:* (1:450), Schnitt durch Wall und Hauptgraben mit Maß- und Höhenangaben. Gestrichelt eingetragen die *Neigungs-Linie des Entwurfs vom 18ten September* (1869) und *Neigung des Durchstichs und der Brücke*. Darunter *Skizze der projectirten Brücke*: Seitenansicht mit Maßangaben (ohne Maßstabsangabe; 1:225). Links, an der Escarpe, *Altes Revetement*, darüber *Neuer Aufbau* für das südliche Brückenauflager.

KAT.-NR. 134 ohne Abb.
Brücke über den Festungsgraben im Zuge der Stiftspassage, 1869

Bezeichnet *Langen*, datiert *1869*.
Kolorierte Federzeichnung; 47,5 x 64,5 cm.
Maaßstab 6′ = 1ddc″, Maßleiste von *6° + 60 Fuss* = 27,8 cm ≅ 1:75.
Kartentitel: *Entwurf zu einer Brücke über den Festungs-Graben neben der Marien-Thor-Caponiere zu Minden / Zu dem Entwurf vom 18ten September 1869 gehörig.*
Unten links: *Minden den 18ten September 1869*, von rechts *Langen Unteroffizier / Giese Major und Ingenieur vom Platz / Gesehen Stürmer Oberst und Festungs-Inspecteur.*

GSTA PK, Festungskarten Minden F 70.073; unpubliziert.

Oben *Grundriss* der Balkenlage zwischen *Hauptwall* links und *Hof des Ravelins Marien-Thor* rechts, darunter *Längen-Profil in der Mittelinie der Brücke*. Über dem zweiten Brückenbock ist – ebenso im Grundriß – ein *Eisernes Gitter-Barrier* mit *Spreizstange* und *Strebe* eingezeichnet. Unten *Quer-Profil* mit Ansicht der hölzernen Bock-Konstruktion unter der Balkenlage. Für alle Teile der Brückenkonstruktion sind die Maße angegeben.
    Die Zeichnung gehört zu dem Gesamtplan der Festung Kat.-Nr. 54 und zu dem Übersichtsplan für das Projekt der Stiftspassage Kat.-Nr. 133.

KAT.-NR. 135 ohne Abb.
Brücke über den Festungsgraben im Zuge der Stiftspassage, 1869

Bezeichnet *Langen* und *Daniel,* datiert *1869*.
Rückseitig farbig angelegte Federzeichnung auf Pausleinen, 43,5 x 64,5 cm.
In Anlage, Beschriftung und Unterschriften mit der Reinzeichnung Kat.-Nr. 134 übereinstimmend, rechts unten zusätzlich: *p(ro) v(era) c(opia) Daniel.*
Unter der Contrescarpen-Mauer rechts späterer Zusatz in Blei: *Kanalsohle liegt auf p(raeter) p(rop)t(e)r + 9,5* [Meter].

Mindener Museum, FM 53; unpubliziert.

Von Daniel beglaubigte Kopie nach Kat.-Nr. 134; wohl für den Gebrauch in der Fortification gefertigt.

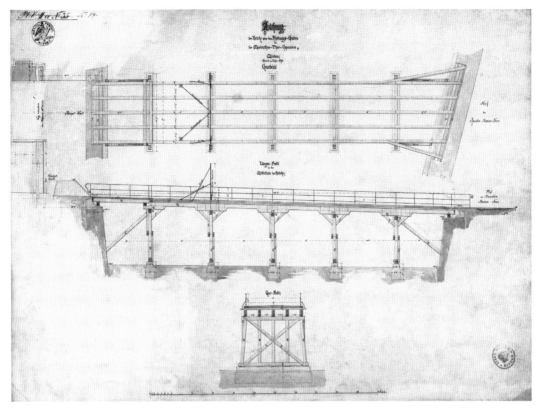

Abb. 152 Brücke über den Festungsgraben im Zuge der Stiftspassage, nach 1870 (Kat.-Nr. 136).

KAT.-NR. 136 Abb. 152
Brücke über den Festungsgraben im Zuge der Stiftspassage, nach 1870

Unbezeichnet, nicht datiert.
Kolorierte Federzeichnung; 48,5 x 66,4 cm.
Maßleiste von *6 + 60 Fuss rh.* = 28,65 cm ≅ 1:75.
Kartentitel: *Zeichnung der Brücke über den Festungs-Graben der Marienthor-Thor-Caponiere zu Minden / Erbaut im Jahre 1870.*
In Anlage und Beschriftung übereinstimmend mit Kat.-Nr. 135; die Unterschriften fehlen.

Mindener Museum, FM 74, unpubliziert. – Oben links Stempel der Fortification zu Minden und Inv.-Nr. *Pl:V:IIa, No 35*, blau korrigiert *No 14*.

Ergänzend zur Vorlage Kat.-Nr. 135 ist links eine der Flankenmauern der Stiftspassage eingezeichnet mit der Angabe *Weg zwischen den Mauern 18' breit*.

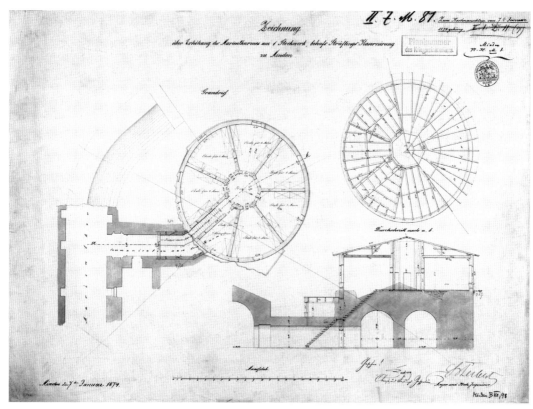

Abb. 153 Aufstockung des Batterieturms am Marientor, 1874 (Kat.-Nr. 137).

KAT.-NR. 137
Aufstockung des Batterieturms am Marientor, 1874

Abb. 153

Unbezeichnet, datiert *1874*.
Kolorierte Federzeichnung mit einzelnen Bleistift-Korrekturen; 46,7 x 65,6 cm.
Wasserzeichen: JWHATMAN / 1873.
Maaßstab 1:100 (*10* (dm) + *20 m*).
Kartentitel: *Zeichnung über Erhöhung des Marienthurmes um 1 Stockwerk, behufs Stäflings Kasernirung zu Minden / Zum Kostenanschlage vom 7ten Januar 1874 gehörig.*
Unten links *Minden den 7ten Janur 1874*, rechts *Scheibert Major und Platz Ingenieur / Gesehen! Sontag Oberst und Festungs Inspecteur.*

STA DT, D 73 Kartensammlung Tit. 4 Nr. 10 217; unpubliziert. – Oben rechts Stempel des Kriegs-Ministeriums, Allg. Kriegs-Depart. I B. mit Inv.-Nr., Stempel: Plankammer des Kriegsministeriums. Rückseitig weitere Vermerke.

Links *Grundriss* eines Teils der *Marienthor*-Poterne mit *Communication nach dem Thurme* und Grundriß der geplanten Aufstockung und *Treppe nach der projectirten Etage*.

Rechts daneben Grundriß der Dachkonstruktion, im linken Teil *Balkenlage*, rechts *Dachverband*, im Zentrum *Ober-Licht*. – Darunter *Durchschnitt nach a, b* durch Torpoterne, Verbindungsgang, Turmobergeschoß und Aufstockung.

Die Treppe sollte in einen zentralen sechseckigen *Flur* mit Oberlicht führen, um den radial sechs Stuben angeordnet wurden: rechts neben der Treppe *Stube für 4 Unteroffiziere,* die anderen als *Stube für 8 Mann* bezeichnet. An den Längswänden sind Doppelstockbetten eingezeichnet, daneben und zu Seiten der Fenster Spinde. – Die ganze Zeichnung ist mit Bleistift kreuzweise durchstrichen.

Die 1868/1869 im Tambour des Ravelins Marientor erbaute Wache war mit der Aufhebung der Festung 1873 überflüssig; sie wurde 1874 aufgestockt und diente zur Unterbringung von Militärgefangenen, da die Hauptwache am Markt zu klein war (vgl. Kat.-Nr. 138). Schon vorher entstand das Projekt zur Aufstockung des Batterieturmes neben dem Marientor zur Unterbringung weiterer Gefangener. Ob dieser Plan verwirklicht wurde, ist nicht sicher; er könnte auch als Provisorium gedacht gewesen sein, da 1880 die neue Hauptwache und Arrestanstalt an der Hausberger Torstraße errichtet wurde. Auch die Unterbringung der Militärgefangenen in der Hauptgraben-Caponière neben dem Marientor und in Gebäuden des nach 1873 aufgelösten Festungsbauhofs (vgl. Kat.-Nr. 139) wird kaum als dauerhafte Lösung angesehen worden sein.

Nach Zeichenweise und Beschriftung ist das Blatt dem Unteroffizier Langen als Zeichner zuzuweisen.

KAT.-NR. 138 Abb. 154–155
Aufstockung des Wachtgebäudes im Ravelin Marientor, 1874

Unbezeichnet, datiert *1874*.
Kolorierte Federzeichnung mit Korrekturen in blauer Tusche; 49 x 54 cm.
Maaßstab = 1 : 125.
Kartentitel: *Project zur Erhöhung der Wache im Ravelin Marienthor behufs Unterbringung von Festungs-Gefangenen zu Minden / Zum Kosten-Ueberschlag vom 15 Juni 1874 gehörig.* Unten rechts *Minden den 15t. Juni 1874 / Scheibert Major und Platz-Ingenieur / Gesehen! Sontag Oberst und Festungs-Inspecteur.*

GSTA PK, Festungskarten Minden F 70.076; unpubliziert.

Wohl zur Verbesserung und Vergrößerung der Räumlichkeiten für die Marientor-Wache (vgl. Kat.-Nr. 114) wurde zu Ende der sechziger Jahre ein größerer Neubau im Winkel zwischen den beiden Facen des Tambours im Ravelin vor dem Marientor errichtet. Der Bau ist seit 1868 in den Plänen verzeichnet (vgl. Kat.-Nr. 53, 132, 133). Der massive, eingeschossige Bau (15,22 x 6,50 m) lehnte sich mit der linken Schmalseite und der Rückseite an die krenelierten Bogenmauern des Reduits und war mit Mittelflur, Wachtstube und Aufenthaltsraum wesentlich größer als die alte stadtseitige Torwache, deren zwei Räume nur ca. 12 x 3,80 m groß waren. Die notwendigen Latrinen lagen rechts neben dem Bau vor einer Bogennische der Mauer. Die fünfachsige Front gliederten vier dorische Pilaster; die rundbogige Tür nahm das schmalere Mittelfeld ein, gekuppelte Rundbogenfenster die Seitenfelder. Konsolfries und Attika schlossen den Bau oben ab.

Mit der Aufhebung der Festung 1873 erübrigte sich die Torwache, zusammen mit benachbarten Teilen der Festungswerke wurde sie dem Militärgefängnis zugewiesen; 1874 entstand die vorlie-

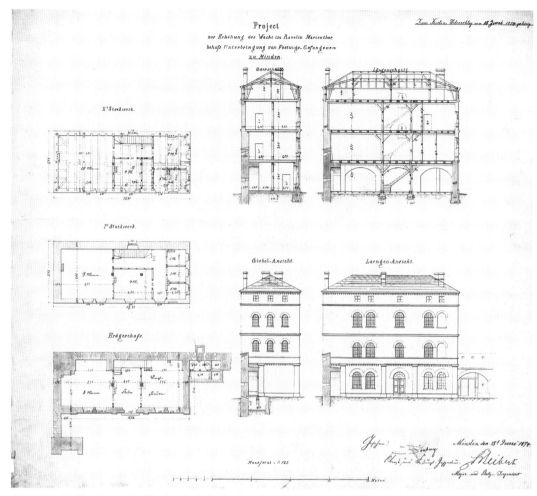

Abb. 154 Aufstockung des Wachtgebäudes im Ravelin Marientor, 1874 (Kat.-Nr. 138).

gende Planung zur Aufstockung des Wachtgebäudes mit zwei Geschossen, Drempel und flachgeneigtem Walmdach. Neben der Wache konnten hier 35 Festungs-Gefangene in heizbaren, gut belichteten Räumen untergebracht werden.

Die Gewehrscharten in den rückseitigen Bogenmauern wurden nicht mehr benötigt und vermauert, Rückwand und linke Seitenwand der Aufstockung blieben fensterlos; in der Fassade wurde die Achsengliederung der alten Wache nach oben fortgesetzt, der Drempel des Dachraumes erhielt quadratische Fenster. Die innere Aufteilung geht aus dem Plan hervor.

Mit der Fertigstellung der neuen Hauptwache und Arrestanstalt in der Hausberger Front wurde das Festungsgefängnis aufgehoben; mit Verträgen vom 17. Juli und 2. August 1880 kaufte die Stadt auch das militärfiskalische Terrain zwischen Marientor und Stiftspassage südlich der Immanuelstraße (Verw.-Ber. 1879/81, S. 61) und mit ihm auch Tambour und Wachtgebäude. Sie werden bald darauf abgebrochen worden sein. Eine Ansicht der aufgestockten Wache ist im Ölbild des Dilettanten A. Bertung im Mindener Museum überliefert (Abb. 155).

Abb. 155 Torwache und Militärgefängnis im Tambour vor dem Marientor von Südwesten. A. Bertung, nach 1874, Öl auf Pappe, 30 x 42 cm, Mindener Museum (Westfalia Picta VII, Nr. 342).

KAT.-NR. 139 Abb. 156
Festungsgefängnis, 1878

Bezeichnet *Klöpping;* datiert *1878.*
Farbig angelegte Federzeichnung; 50,3 x 65,7 cm.
Wasserzeichen: JWHATMAN / 1877.
Maßleiste *10 + 40 Meter* = 13 cm ≙ 1:385. Norden links.
Kartentitel: *Situations-Plan des Festungs-Gefängnisses zu Minden i.W.*
Unten rechts *gez. im Januar 1878 Klöpping, Techn. / Minden, den 25. Januar 1878 Der Garnison-Baumeister P. Bandner.*

STA DT, D 73 Kartensammlung Tit. 4 Nr. 10 270; unpubliziert.

Lageplan der Festungswerke und Baulichkeiten am Marientor zwischen der *Marien-Strasse* im Osten, die als *Neu angelegter Weg* nördlich um den Tambour weiterführt, und der *Stift-Strasse* im Westen sowie der *Hufschmiede* im Süden. Das Gelände umfaßt neben Wall und *Festungs-Graben* das ehemalige Marienstift (mit der *Marienkirche*) bzw. den *Festungs-Bauhof jetzt Arbeitshof für Gefangene*. Die Einzelbauten und Grundstücke sind (ausgehend von der Kirche im Uhrzeigersinn) bezeichnet: *Verwahrungsraum I, Dienstwohnung des Vorstandes u. Miethswohnung der Witwe Antze; Dienstwohnung des Feldwebels, Verwahrungsraum III Arbeitsstube für Schneider, Schuster, Bürstenbinder pp.; Verwahrungsraum II Tischlerei und Klempnerei; Latrine; Verwahrungsraum IV Wäscherei, Verwahrungsraum V Feuerlöschgeräte*.

Zur Hufschmiede: *Dienstwohnung des pensionierten Wallmeisters* mit *Hof und Garten*; an der Stiftstraße: *Stall*; *Wohnung des Fortifications Secretairs*; *Garten des pensionirten Fortifications Secretairs*; gegenüber: *Remter zur Garnison gehörig*.

Die ehemaligen Festungsbauten sind bezeichnet: *No 2 Marienthor* mit *Koch-Küche* und *Vorraths-Kammer* in der alten Torwache; *No 3 Marienthor-Thurm*; *Brücke und Gewölbter Gang* (Escarpen-Galerie); *No 4 Graben-Caponiere am Marienthor*; *No 5 Wachtgebäude am Marienthor* (im Tambour). Links am Rand: *Bem. Die bei einzelnen Gebäuden beigeschriebenen Nummern stimmen mit den Nummern des Belegungsplans überein*. Oben im östlich anschließenden Wallgelände: *Dem 1ten Bataillon des 15ten Regiments überwiesenes Terrain* (Exerzierplatz am Marienwall).

Das Festungsgefängnis wurde 1880 aufgehoben bzw. in die Arrestanstalt bei der neuen Hauptwache am Simeonsplatz verlegt.

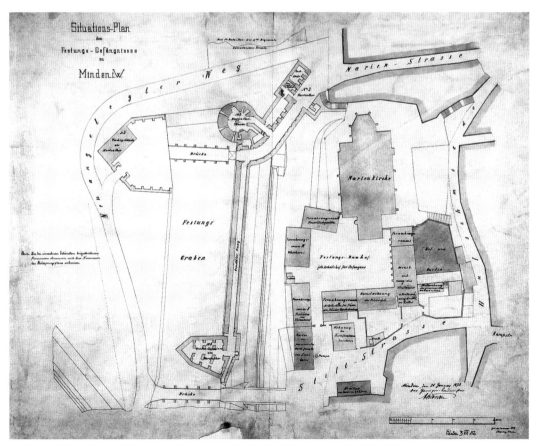

Abb. 156 Lageplan des Festungsgefängnisses. Techniker Klöpping, 1878 (Kat.-Nr. 139).

KAT.-NR. 140 Abb. siehe Teil III, Abb. 162
Einzelbauten des Festungsgefängnisses, 1878

Bezeichnet *Klöpping*, datiert *1878*.
Farbig angelegte Federzeichnung; 48,4 x 65,1 cm.
Maaßstab für Fig. 1 bis 10: Maßleiste *1 + 20 m* = 14 cm = 1:150;
Maaßstab für Fig. 11 bis 14: 10 + 40 m = 13,3 cm = 1:300.
Kartentitel: *Grundrisse der als Gefängnisräume dienenden Gebäude des Festungsgefängnisses zu Minden.*
Unten rechts: *gezeich. im Maerz 1878 Klöpping, Tech. / Minden, den 23. Maerz 1878 Der Garnison-Baumeister P Bandner.*

STA DT, D 73 Kartensammlung Tit. 4 Nr. 10271. – Rechts oben Inv.-Vermerk und Stempel: Plankammer des Kriegsministeriums.

Der Plan gibt Detailgrundrisse der im Lageplan Kat.-Nr. 139 verzeichneten Gebäude wieder: Links *Fig. 1–3* die drei Stockwerke vom *Wachtbäude am Marienthor* (No 5) im Tambour, in der Mitte *Fig. 4* und *5* zwei Geschosse der *Dienstwohnung des Feldwebels* und von *Verwahrungsraum III*, dem Westflügel des ehemaligen Marienstifts, darunter *Fig. 6, 7* Erdgeschoß und 1. Stock von *Verwahrungsraum I* am Ostende des Südflügels, rechts *Fig. 8–10* die Grundrisse von *Verwahrungsraum II, IV und V.*

Die *Caponiere am Marienthor (No 4)* enthält *in Fig. 11* Erdgeschoß und *Fig. 12 I. Stock* Wohn- und Schlafraum für Gefangene unten bzw. oben sowie *Unterofficirstube N. 1 und N. 2* neben dem *Flur.*

In der alten Wache Marienthor (No 2.) zeigt *Fig. 13* Erdgeschoß die Küche, daneben eine Stube, *Fig. 14 I. Stock Stube 1 bis 4.*

Das Blatt wurde später als überholt mit Bleistift durchkreuzt.

KAT.-NR. 141 Abb. 157
Kriegslaboratorium im Bastion IX, 1865, Blatt I

Bezeichnet *Daniel*, datiert *Minden den 25ten April 1865.*
Kolorierte Federzeichnung; 49 x 65,5 cm.
Maaßstab 24' = 1ddc." = 1:288, Maßleiste von *10 + 180 Fuß* = 20,3 cm.
Kartentitel: *Entwurf zur Erbauung eines Kriegs Laboratoriums unter dem Wallgang des Bastion IX. zu Minden / Bearbeitet zufolge Verfügung des Königlichen Allgemeinen Kriegs Departements vom 25ten August 1863, 1ten März 1865 und zum Vorbericht vom 25ten April 1865 gehörig. / Blatt I.*
Unten von rechts: *Daniel. Wallmeister / Maentell Major und Platz-Ingenieur / Einverstanden Coester Hauptmann und Artillerie-Offizier vom Platz / gesehen v Mertens Oberst u. Festungs Inspecteur.*

GSTA PK, Festungskarten Minden F 70.062/1; unpubliziert.

Grundriß von *Bastion IX* mit Rampen und drei Traversen auf den Facen, zwischen *Kurtine VIII – IX und Kurtine IX – X.* Anstelle einer Rampe an der linken Face liegt unter dem verbreiterten Wallgang

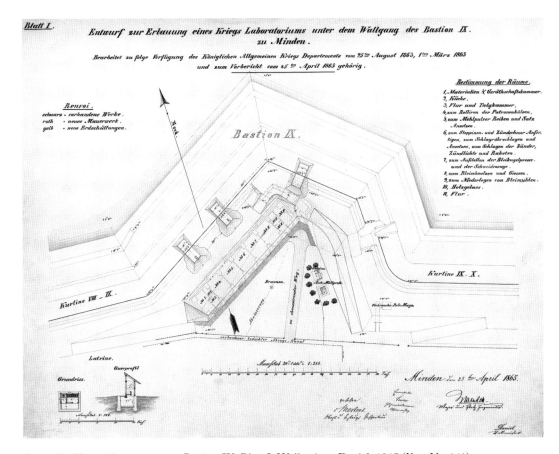

Abb. 157   Kriegslaboratorium im Bastion IX, Blatt I. Wallmeister Daniel, 1865 (Kat.-Nr. 141).

der langgestreckte Bau mit den Räumen *No. 1.* bis *No 10.*, im Hof davor ein *Brunnen* und ein *zu chaussirender Weg*, vor der neu anzulegenden Rampe vor der rechten Face *Latrine* und *Asch-Müllgrube*, von Bäumen umstanden. Jenseits des Zaunes ist in der Wallstraße ein *vorhandener bedeckter Abzugs-Kanal* eingetragen.

Für die *Latrine* sind unten links *Grundriss und Querprofil* im Maaßstab 1:144 gezeichnet. Am rechten Rand *Bestimmung der Räume. 1, Materialien & Geräthschaftskammer; 2, Küche; 3, Flur und Talgkammer; 4, zum Rollieren der Patronenhülsen; 5, zum Mehlpulver Reiben und Satz ansetzen; 6, zum Stoppinen- und Zündschnur-Anfertigen, zum Schlagröhrschlagen und Ansetzen, zum Schlagen der Zünder, Zündlichte und Raketen; 7, zum Aufstellen der Bleikugelpresse und der Schneidezeuge; 8, zum Bleischmelzen und Giessen; 9, zum Niederlegen der Bleimulden; 10, Holzgelass; 11, Flur.*

Zugehörig sind Blatt II (Kat.-Nr. 142) und die Zeichnung für die Kehlmauer (Kat.-Nr. 143).

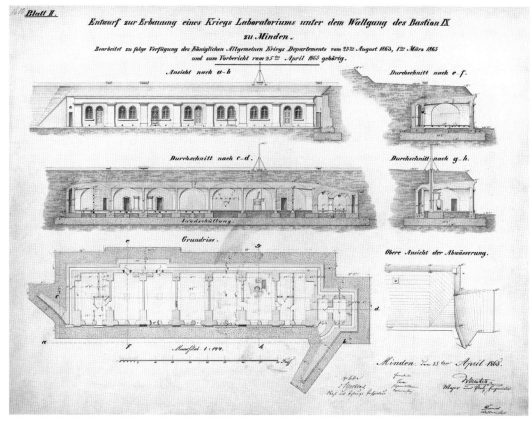

Abb. 158 Kriegslaboratorium im Bastion IX, Blatt II. Wallmeister Daniel, 1865 (Kat.-Nr. 142).

KAT.-NR. 142
Kriegslaboratorium im Bastion IX, 1865, Blatt II

Abb. 158

Bezeichnet *Daniel*, datiert: *Minden, den 25ten April 1865.*
Kolorierte Federzeichnung 49 x 65,5 cm.
Maßstab 1:144, Maßleiste von *10 + 80 Fuss* = 19,1 cm.
Kartentitel und Unterschriften wie in Blatt I (Kat.-Nr. 141).

GSTA, PK, Festungskarten Minden F 70.062/2; unpubliziert.

Oben *Ansicht nach a–b:* Fassade zum Bastionshof, gegliedert durch acht stämmige dorische Pilaster unter durchlaufendem Gebälk, darüber die Erdabdeckung des Wallganges mit den niedrigen Schornsteinköpfen und Blitzableiter über dem Schmelz- und Gießraum No 8. In den Wandfeldern gekuppelte Rundbogenöffnungen, je eine im dritten und fünften Wandfeld bei der Revision in Berlin als Fenster bzw. Tür korrigiert. Darunter *Durchschnitt nach c – d:* Längsschnitt durch die überwölbten Fabrikationsräume, mit Kanonenofen in Raum No 4 und 5 und Schmelzofen in Raum No 8. Raum 1–5 haben Dielenböden mit Balken, Raum 6 ist mit Holz gepflastert, die rechts anschließenden haben Steinpflasterboden. Unter den Fundamenten eine 4 Fuß hohe *Sandschüttung*.

Rechts neben Raum 10 Schnitt durch die zwei Kammern des Pulvermagazins mit gewinkelten Luftkanälen in den Wänden. Um die Erdfeuchtigkeit aus dem Wall abzuhalten, ist der ganze Bau wandhoch mit einer zweiten Mauerschale umgeben, die sich oben mit einer Viertelkreistonne an die innere Mauer legt. Der 18 Zoll (= 47 cm) breite Zwischenraum ist hinter Raum 4 und 5 auf 3 ½ Fuß (= 1,10 m) verbreitert und hier mit Doppeltüren verschlossen.

Unten *Grundriss*: In Raum 7 ist mit Blei *Presse* nachgetragen. Rechts untereinander *Durchschnitt nach e – f.* durch Raum 4, *Durchschnitt nach g – h.* durch Raum 8 und *Obere Ansicht der Abwässerung.*

Zugehörig Blatt I (Kat.-Nr. 141) und die Zeichnung für die Kehlmauer (Kat.-Nr. 143).

KAT.-NR. 143   Abb. 159
Kriegslaboratorium im Bastion IX, Kehlmauer 1865

Unbezeichnet, datiert *Minden den 21ten Juli 1865.*
Kolorierte Federzeichnung; 49 x 67,5 cm.
Maaßstab für den Grundriss und Profil = 1 : 72 / Maßleiste von *10 + 30 Fuss = 16,9;* cm; *Maaßstab für die Situation und Ansicht = 1 : 288* / Maßleiste von *10 + 150 Fuss = 16,9 cm.*
Kartentitel: *Entwurf über die Anlage einer Kehlmauer im Bastion IX zu Minden / Bearbeitet zufolge Verfügung des Könglichen Allgemeinen Kriegs Departements vom 27ten Mai 1865 und zum Vorbericht vom 21ten Juli 1865 gehörig.*

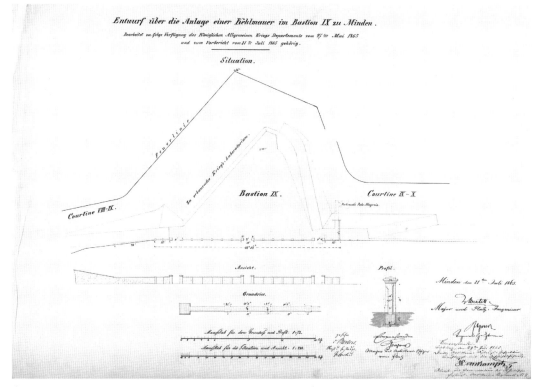

Abb. 159 Kriegslaboratorium im Bastion IX, Kehlmauer 1865 (Kat.-Nr. 143).

Unten rechts: Maentell Major und Platz-Ingenieur / Ilgner Ingenieur Hauptmann / Einverstanden Grapow Major und Artillerie Offizier vom Platz / gesehen v Mertens Oberst und Festungs-Inspecteur / Einverstanden. Coblenz, den 29ten Juli 1865. Dritte Artillerie-Festungs-Inspektion Beauftragt mit der Geschäftsführung W. v Kamptz Oberst und Commandeur des Rheinischen Festungs-Artillerie-Regiments No 8.

GSTA PK, Festungskarten Minden D 70.030; unpubliziert.

Die Zeichnung stammt vermutlich von Wallmeister Daniel; sie zeigt den vereinfachten Grundriß von *Bastion IX* zwischen *Courtine VIII – IX.* und *Courtine IX – X.*, die *Feuerlinie* und den Platz für *Zu erbauendes Kriegs-Laboratorium*. Vor dem Bastionshof zur Wallstraße die geplante Kehlmauer mit Tor zum Bastionshof in der Mitte und je einem Tor vor den auf den Wall führenden Rampen. Darunter *Ansicht* der Mauer und Teil-*Grundriss* mit Detailmaßen. Rechts *Profil*: Schnitt durch Fundament und Mauer mit Seitenansicht eines Torpfeilers.

Seit der Neubefestigung Mindens nach 1815 diente das vom Kaufmann Wilhelm Clausen erworbene Wachsbleichenhaus in der Kehle von Bastion II der Weserfront als Laboratorium für den Patronenbedarf der Garnison. Das zugehörige Feuerhaus lag davon getrennt im Hof des Bastions (siehe Kat.-Nr. 179 ff.)

Da die Räumlichkeiten dort wohl dem wachsenden Bedarf nicht genügten und es außerdem im Sommer 1861 zu einer Explosion kam, wurde 1865 das neue Laboratorium geplant und vermutlich sofort gebaut. Im Traversierungsplan von 1866 (Kat.-Nr. 51) ist es bereits verzeichnet. Nach CRAMER (1910, S. 241) wurden in diesem Laboratorium die Patronen für alle Infanterie-Regimenter des VII. Armeekorps von Soldaten der Garnison gefertigt, die die beiden Bataillone des Infanterie-Regiments 15 abwechselnd mit dem I. Bataillon des Infanterie-Regiments 55 stellten. Die Arbeiten begannen etwa zehn Tage nach den Herbstmanövern und endeten erst im Mai. Mit der Entfestigung wurde das Gelände des Bastion IX dem Finanzministerium zugewiesen und als Exerzierplatz dem II. Bataillon des Infanterie-Regiments 15 zur Verfügung gestellt, das in der 1865 errichteten Marienwall-Kaserne lag. Nach dem Abtragen der Wälle stand das Laboratorium frei. Da seine Beseitigung Schwierigkeiten machte, ließ man es bis zu Anfang der 1890er Jahre stehen und benutzte es als Exerzierhaus. Als die Errichtung eines neuen Exerzierhauses in Aussicht stand, wurde das Laboratorium durch Pioniere *mit vieler Mühe mittels Quetschmine* gesprengt (CRAMER 1910, S. 354). 1910 bzw. 1914 wurden hier Erweiterungsbauten für die Marienwall-Kaserne erbaut; nach 1945 dienten diese als »Rhodesia Baracks« der britischen Standortverwaltung und dem britischen Arbeitsamt. 1955 entstanden auf dem Gelände das »Globe«-Lichtspieltheater und 1983 die katholische Kirche für die britische Garnison (FORERO 1992, S. 62 f.; siehe auch unten Nr. 3.3).

KAT.-NR. 144 Abb. 160
Kriegs-Pulver-Magazin No 2 im Bastion X, um 1820

Bezeichnet *Bernhardt*, nicht datiert.
Federzeichnung mit Bleistift-Ergänzungen; 26,2 x 34,5 cm.
Maßleiste von *10 + 50 Fuss Preuss*: = 15,55 cm ≙ 1:120.
Kartentitel: *Kriegs Pulver Magazin im Bation* (!) *10*.
Unten rechts *Bernhardt*.

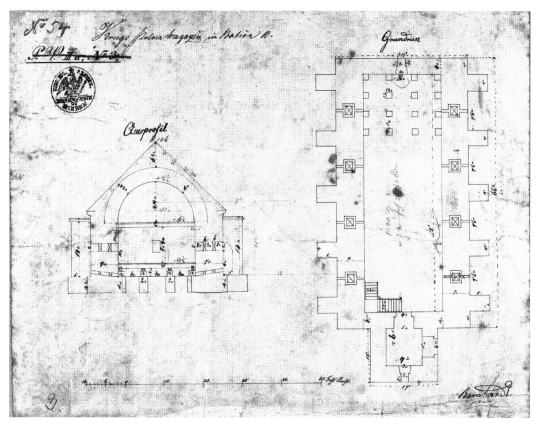

Abb. 160 Kriegs-Pulver-Magazin No 2 im Bastion X. Bernhardt, um 1820 (Kat.-Nr. 144).

Mindener Museum, FM 28; unpubliziert. – Oben links Stempel der Fortification zu Minden und Inv.-Nr. *P V.IIIa, No 3*, blau korrigiert *No 54*.

Links *Querprofil* des tonnengewölbten Baues mit steilem Satteldach; an den Seitenwänden mit Platten abgedeckte Strebepfeiler, in den Wänden Luftkanäle. Im Inneren auf Steinsockeln die Lagerhölzer für den Bretterboden, darüber zweite Decke auf Konsolsteinen unter dem Kämpferpunkt. Mit Blei sind die senkrechten Hölzer für die Faßstellagen skizziert.

Rechts *Grundriess* (!), der weitgehend maßgleich ist mit dem Grundriß des Kriegs-Pulver-Magazins No 1 im Bastion VI (siehe Kat.-Nr. 71). Unten das Vorhaus; die Treppe zum Obergeschoß liegt im vorderen linken Winkel des Hauptraumes. Im oberen Teil sind die Steinsockel für die Lagerhölzer des Bodens angegeben. Im Inneren ist mit Blei eingetragen *1400 Ctr. in 5 Tonnen hoch und auf dem Boden*.

Nach dem Schriftduktus wird das Blatt im ersten Drittel des 19. Jahrhunderts entstanden sein. Das Kriegs-Pulver-Magazin No 1 war nach MEINHARDT 1819 fertig, die Pulvermagazine in den Wallköpfen der Hausberger Front waren 1823 datiert. Da das Magazin im Bastion X die No 2 trug (siehe Kat.-Nr. 145 ff.) muß es zwischen 1819 und 1823 geplant und errichtet worden sein. – Der Zeichner des Planes, Bernhardt, ist sonst nicht nachzuweisen.

KAT.-NR. 145
Kriegs-Pulver-Magazin No 2 im Bastion X, um 1855/59

Abb. 161

Bezeichnet *Sontag* und *vWolkowa-Fedkowicz*, nicht datiert.
Federzeichnung in schwarzer und roter Tusche; 48,8 x 34,3 cm.
Maaßstab für den Grundriss. 1ddc" = 10 Fuss / Maßleiste von *10 + 70 Fuss* = 23,1 cm ≅ 1:108;
Maaßstab für das Querprofil 1ddc." = 5 Fuss / Maßleiste von *10 + 40 Fuss* = 28,9 cm ≅ 1:54.
Kartentitel: *Entwurf zur Eindeckung des Kriegs-Pulvermagazins No 2. als Krondach auf gemauerten Klinkerleisten.* – Unten von rechts: *gez: Sontag Ingenieur Hauptmann / cop. vWolkowa-Feldkowicz. Ingenieur Lieutenant / gez.: / Roulland. Major und Platz-Ingenieur. / Gesehen gez: Neuland Oberstlieutenant und Festungs-Inspecteur.*

Mindener Museum, FM 39; unpubliziert. – Oben links Stempel der Forticifation zu Minden mit Inv.-Nr. *P. V.III a / ad Nro 3*, blau korrigiert *No 54*.

Oben *Grundriss* in Umrißzeichnung; unten *Quer-Profil* mit Giebelkontur. Auf der rechten Dachfläche ist die Anordnung der Klinkerleisten detailliert gezeichnet, auf der linken die Eindeckung mit

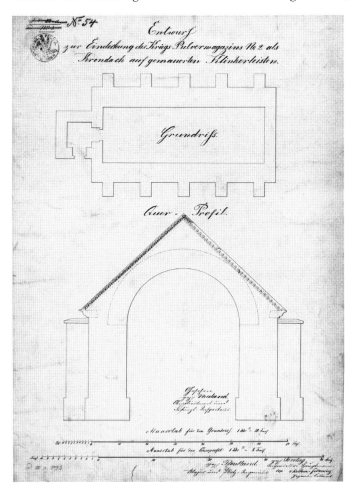

Abb. 161 Kriegs-Pulver-Magazin No 2 im Bastion X. Kopie, Lieutenant von Wolkowa-Fedkowicz, um 1855/59 (Kat.-Nr. 145).

doppelt übereinanderliegenden Ziegeln, wohl mit Biberschwänzen. – Die zeitliche Einordnung des nicht datierten Blattes ergibt sich aus den Beförderungen der Unterzeichner: Sontag wurde 1855 Kapitän, Roulland wurde 1854 Major und schied 1859 aus dem Dienst aus (von Bonin II, 1878, S. 307, 304).

KAT.-NR. 146 Abb. 162
Entwurf zur Sicherung des Kriegs-Pulver-Magazins No 2, 1864

Bezeichnet *Daniel*, datiert *Minden den 20ten Januar 1864*.
Kolorierte Federzeichnung; 62 x 91 cm.
Maaßstab 12'= 1ddc: Zoll = 1/144; Maßleiste von *10 + 90 Fuss* = 21,2 cm.
Kartentitel: *Entwurf zur Sicherung des Kriegs Pulver Magazins Nro 2 im Bastion X der Stadt-Befestigung von Minden gegen das Feuer aus gezogenen Geschützen. / Bearbeitet zu folge Verfügung des Königlichen Allgemeinen Kriegs Departements vom 3ten April 1862 und 27ten Februar 1863, und zum Vorbericht vom 20ten Januar 1864 gehörig.*
Unten von rechts: *Daniel Wallmeister. / Maentell Hauptmann und Platz-Ingenieur / Einverstanden Coester Hauptmann und Artillerie Officier vom Platz / Gesehen. I. V. Schulz. 2. Oberst und Festungs Inspecteur.*

GSTA PK, Festungskarten Minden C 70.094; unpubliziert.

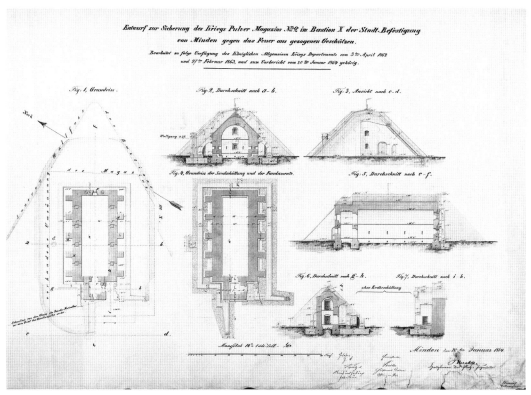

Abb. 162 Entwurf zur Sicherung des Kriegs-Pulver-Magazins No 2. Wallmeister Daniel, 1864 (Kat.-Nr. 146).

Links *Fig: 1, Grundriss* des Kernbaus mit der Ummantelung und der Erdschüttung; darin *vorhandene Umzäunung* des Magazins. Oben angegeben *Innerer Wallfuss des Bastions No X*. Unten links: *Schusslinie von dem Glacis des Ravelin Marienthor vor dem Grat der Ravelinspitze vorbei.*

In der Mitte oben *Fig: 2, Durchschnitt nach a – b*, daneben *Fig: 3, Ansicht nach c – d*. Unter beiden *Fig: 4, Grundrisse der Sandaufschüttung und der Fundamente* und *Fig: 5, Durchschnitt nach e – f* (Längsschnitt), unten rechts *Fig: 6, Durchschnitt nach g – h* und *Fig: 7, Durchschnitt nach i – k* (Längs- und Querschnitt durch das Vorhaus), beide ohne Erdbeschüttung.

Zur Sicherung der Kriegspulvermagazine vgl. Kat.-Nr. 72. – Die Ummantelung und Erdabdeckung entspricht weitgehend den Plänen zum Magazin No 1, doch mußte wegen der steileren Dachneigung hier die Firstpartie um 3 Fuß erniedrigt werden. Die Revision in Berlin forderte eine 2 Fuß 6 Zoll stärkere Erdschüttung.

KAT.-NR. 147 ohne Abb.
Entwurf zur Sicherung des Kriegs-Pulver-Magazins No 2, 1864

Unbezeichnet, datiert *Minden den 20ten Januar 1864*.
Kolorierte Federzeichnung; 46 x 74,1 cm.
In Anlage, Darstellung, Beschriftung und Unterschriften übereinstimmend mit Kat.-Nr. 146, aber ohne Zeichner-Vermerk.

Mindener Museum, FM 104; unpubliziert. – Oben links Stempel der Mindener Fortification mit Inv.-Nr. *P V.IIa No 48*, blau korrigiert 57.

Zweitausfertigung von Kat.-Nr. 146 für den Gebrauch in der Fortification. In Fig. 2 Beischrift in Blei: *Der Wallgang ist auf 43' 3" hinten mit 4" Fall pro o* (= Rute) *zu legen.*

KAT.-NR. 148 ohne Abb.
Entwurf zur Sicherung des Kriegs-Pulver-Magazins No 2, 1864

Bezeichnet *Daniel*, datiert *Minden den 20ten Januar 1864*.
Kolorierte Federzeichnung auf Pausleinen; 49,7 x 85,6 cm.
In Anlage, Darstellung, Beschriftung und Unterschriften übereinstimmend mit Kat.-Nr. 146, hier mit Zusatz *p(ro) v(era) c(opia) Maentell Hauptmann & Platz-Ingenieur*.

Mindener Museum, FM 105; unpubliziert. – Oben links Stempel der Fortification mit Inv.-Nr. *P. V.IIIa. No 48*, korrigiert *No 74*; mit Beischrift: *gehört nicht in das Plan Archiv. Maentell*.

KAT.-NR. 149 Abb. 163
Fischertor und Wachtkasematte, 1839

Bezeichnet *Creuzinger* und *Lehrs*, datiert *Minden den 28sten Septbr 1839*.
Kolorierte Federzeichnung; 29,5 x 40 cm. Maßleiste von *12* (Fuß) + *15 Ruthen Preuss* = 19,3 cm, darunter *1 + 55 M* nachgetragen = 18,3 cm ≅ 1:300. Norden unten.

Kartentitel: Zeichnung von den Häusern und Gärten der Seidenbeutel-Strasse in der Nähe der Wacht-Casematte am Fischer Thore der Festung Minden, behufs Erbreiterung der Wallstraße daselbst / Copie. Unten: *aufgen: und gezeichnet vom Ingr: Prem: Lieut: Creuzinger,* oben rechts *copirt durch Lehrs Festungs Bauschreiber.*

Minden, Stadtverwaltung, Planungsamt, Fluchtlinienplan Nr. 2; unpubliziert. – Oben Stempel der Fortification zu Minden mit Inv.-Nr. *P:V: IIa, No 12;* unten und rechts weitere Inventarvermerke der Garnison-Verwaltung Minden und des Militär-Bauamtes.

Lageplan mit genauer Bezeichnung der Häuser an *Rosmarin Strasse* und *Seidenbeutel Strasse,* rechts das *Landwehr Zeughaus* (ehemalige Johannis-Kirche). Unten links die mit Strebepfeilern versehene Mauer des *Redans X,* an die das *Fischer Thor* und der rechteckige Bau der *Wacht Casematte* anschließen. Diese lag quer vor dem Wallkopf des Bastions X.

Für die Verbreiterung der Wallstraße sollte ein Streifen der Gärten der Häuser *No: 761 x / Wehmeier, 761 u / Curie* und *761 t / Brand* eingezogen werden.

Weitere Pläne für das Aussehen der Wachtkasematte liegen nicht vor; die äußere Ansicht des Fischertores zeigt die Vedoute von Anton Wilhelm Strack, Minden und die Porta Westfalica 1826 (Teil I.1, S. 708 f., Nr. 24, Abb. S. 710). Danach hatte es eine ähnliche Form wie das Tor im Reduit vor dem Marientor (vgl. Kat.-Nr. 117, 118).

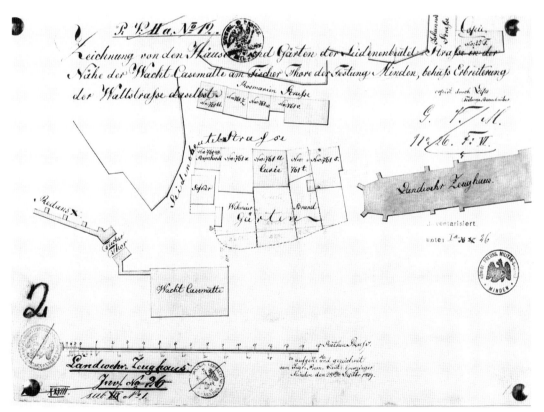

Abb. 163 Fischertor und Wachtkasematte. Ingenieur-Lieutenant Creuzinger, Kopie von Festungs-Bauschreiber Lehrs, 1839 (Kat.-Nr. 149).

KAT.-NR. 150   Abb. 164–165
Fischertor und Redan X, 1851

Bezeichnet *Daniel*, datiert *Minden, d 22. 10. 51*.
Federzeichnung in schwarzer und roter Tusche, Nachträge in Blei; 54,9 x 73,3 cm.
Transversal-Maßstab mit *10 + 40* (Meter) = 17,15 cm ≅ 1:288 in Blei nachgetragen. Norden unten links.
Ohne Kartentitel, unten links *Aufgen. p.p. durch Daniel* und Datum wie oben.

Mindener Museum, FM 87; unpubliziert. – Oben links Stempel der Mindener Fortification mit Inv.-Nr. *II a No 25*, blau korrigiert *No 10*.

Links und oben Grundriß des Redan X mit Fischertor, Brücke und Wachtkasematte vor dem Wallkopf des Bastion X, Wasserbär (Batardeau) zwischen Redan X und Fischerstadt (links), davor die Bastau mit dem Durchlaß im Winkel von Redan X und Brückenrondell (oben rechts, vgl. Kat.-Nr. 152). Schräg über das Redan läuft die Verlängerung der Wallstraße mit der Flucht der Häuser der Altstadt. Der Grundriß der Redanmauer mit Pfeilern und Scharten, des Fischertores mit doppelten Versatzfalzen (vgl. äußeres Marientor, Kat.-Nr. 117, 118) und der Wachtkasematte sind genau angegeben und vermaßt. Letztere hatte einen Flur mit Feuerstelle zwischen den beiden Wachträumen, dahinter lag zum Wall ein tiefer Gang (Verbrauchspulvermagazin?).

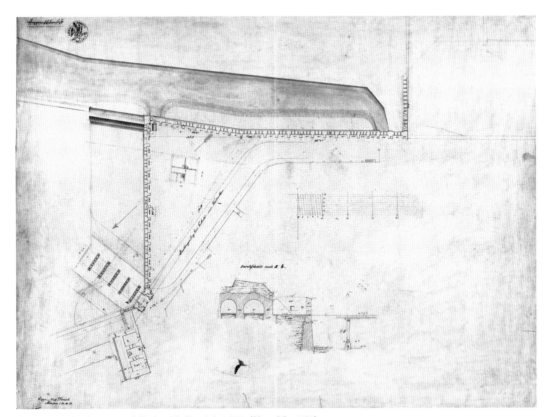

Abb. 164   Fischertor und Redan X. Daniel, 1851 (Kat.-Nr. 150).

Abb. 165   Redan X über der Schlagde von Nordosten, 1993.

Unten *Durchschnitt nach a.b.* durch die Gewölbe der Kasematte mit dem Wallprofil und dem Beginn der Brücke über den Festungsgraben.

Anlaß für die Zeichnung war offensichtlich die unzureichende Flankierung der Brücke und des Grabens aus dem engen Winkel zwischen Torbau und Wachtkasematte. Die rot eingezeichnete Veränderung sah vor, diesen Winkel durch eine Verkürzung des Walles zu vergrößern und in der neuen Mauer weitere Geschütz- und Gewehrscharten anzubringen.

Nach der Entfestigung wurde das Blatt benutzt, um anstelle der Brücke eine Dammschüttung und im Redan den Grundriß eines Hauses von 10,25 × 11,0 m Grundfläche einzutragen. Dies Projekt ist jedoch nicht ausgeführt worden.

KAT.-NR. 151   Abb. 166
Brücke vor dem Fischertor, 1860

Unbezeichnet, *datiert Minden den 12ten April 1860.*
Kolorierte Federzeichnung; 49,5 × 66 cm.
Maßleiste von *12 + 36 Fuß* = 20,3 cm ≅ 1:75.
Kartentitel: *Zeichnung der Brücke über den Hauptgraben am Fischerthor behufs Erneuerung des Oberbaues derselben / Zum Kostenanschlag vom 12ten April 1860.*
Unten von rechts: *M. Heinlé Hauptmann und Platzingenieur / Gesehen Cöln, den 16" April 1860. Neuland Oberstlieutenant und Festungs Inspecteur.*

GSTA PK, Festungskarten Minden F 70.069; unpubliziert.

304   IV Die Festung – IV.2 Die Festung vom Dreißigjährigen Krieg bis zur Aufhebung im Jahr 1873

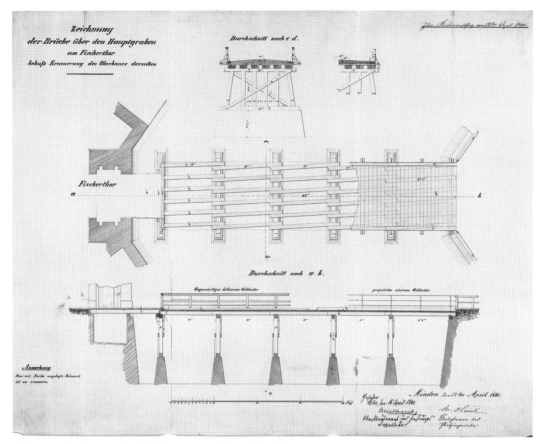

Abb. 166   Brücke vor dem Fischertor, 1860 (Kat.-Nr. 151).

In der Mitte Grundriß der Balkenlage mit dem Bohlenbelag rechts, links Grundriß des Fischertores. – Unten *Durchschnitt nach a – b:* Längsschnitt in der Brückenmitte mit Zugbrücke, Brückenkeller und Teil des Torbaues links. Auf der Brücke links *Gegenwärtiges hölzernes Geländer*, rechts *projectirtes eisernes Geländer*. – Oben *Durchschnitt nach c – d:* Querschnitt der Brücke mit Ansicht der Bock-Konstruktion, mit Holzgeländer. Daneben Detail mit dem Eisengeländer. – Unten links: *Anmerkung. Das mit Farbe angelegte Holzwerk ist zu erneuern.* Dies betraf die Balkenlage und den Bohlenbelag unter der Fahrbahnschüttung.

KAT.-NR. 152   Abb. 167
Wassertor, 1851

Bezeichnet *Daniel,* datiert *Minden den 23ten März 1851.*
Federzeichnung mit schwarzer und roter Tusche, mit Bleistift ergänzt; 34,2 x 41,6 cm.
Maaßstab für den Grundriss / Maßleiste von *12 Fuß und 8 Ruthen* = 11,6 cm ≅ 1 : 292 / *für die Durchschnitte der doppelte* (6' + 4 Ruthen) ≅ 1 : 146.

Kartentitel: *Zeichnung des Wasserthor's in der Festung Minden / Zum Bericht d.d. Minden den 25ten März 1851 Sect. III E 8 No 291.* – Unten links *gez. durch Daniel*, rechts *Hardenack Major & Platzingenieur*.

Mindener Museum, FM 36; unpubliziert. – Oben links Stempel der Fortification zu Minden mit Inv.-Nr. *II a No 24*, blau korrigiert *No 9*.

Oben *Grundriss*. Norden rechts. Dargestellt ist der Auslaß der *Bastau* nördlich vom *Rondel* neben der Weserbrücke, von dem die *Wallstraße* zum Redan X über der Schlagde und dem Ausladeplatz führte. Der Durchfluß liegt in der linken, 10 Fuß breiten Öffnung, durch den rechten Bogen führt der Rondengang am Fuß des Rondells. Der Durchlaß ist durch die krenelierte Bogenmauer gesichert, die sich um das Rondell bzw. auf dem Redan X fortsetzt.

In der Mitte *Durchschnitt nach A – B.* mit Ansicht der Bogenmauer von Osten; der Bastaudurchfluß ist mit einem Gittertor verschlossen. Unten *Durchschnitt nach C – D.* durch den Bogen des Rondenganges und die Brücke; links die nördliche Ansicht der Rondellmauer mit zwei Kanonenscharten und mehreren, zur Bestreichung des Rondenweges tief gesenkten Gewehrscharten.

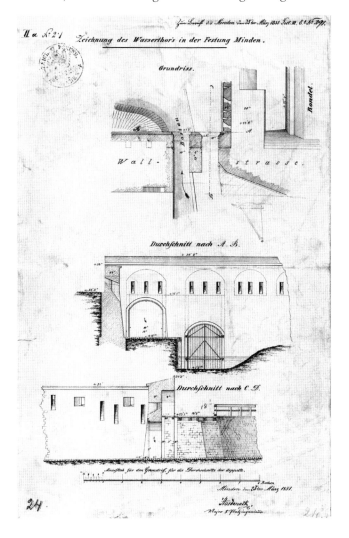

Abb. 167 Wassertor. Daniel, 1851 (Kat.-Nr. 152).

KAT.-NR. 153 Abb. 168
Entwurf für die Befestigung der Fischerstadt, um 1820/21

Bezeichnet *Wegelin,* nicht datiert.
Partiell kolorierte Federzeichnung mit zahlreichen Überzeichnungen und Maß-Ergänzungen in Blei; 49,9 x 75,2 cm.
Maaßstab zum Grundriss / Transversal-Maßstab von *10 + 50 Prss: Ruthen* : = 22,25 cm ≅ 1 : 1000; *Maaßstab zu den Profilen* / Maßleiste von *12 + 108 Prss: Fuss* = 14,8 cm ≅ 1 : 255. Norden oben rechts.
Kartentitel: *Zeichnung des Hornwerkes um die Fischerstadt zu Minden / mit Beziehung auf den Kostenanschlag desselben.*
Unten rechts *Wegelin.*

Mindener Museum, FM 106; unpubliziert: – Oben links Stempel der Fortification zu Minden und Inv.-Nr. P:V: I c, No 1, blau korrigiert, Korrektur durch Beschneiden des Blattes verloren.

Grundlage des Blattes ist ein Katasterplan der *Fischer Stadt* mit Eintragung der *Brustwehr des alten Hornwerks* an der Nordost- und Nordwestseite. An der Ostecke sind drei Häuser durch Rasur getilgt. Im Westen liegt die *Magistrale* der Altstadtbefestigung mit *Bastion 10, Fischerthor, Redan 10* und *Batardeau* am Ende des Hauptgrabens; die stadtseitige Begrenzung der Fischerstadt markiert der *Cordon der Contrescarpe.* An der Weserseite die *Crenelierte Quai=Mauer,* deren gezackter Grundriß ein Bestreichen der Teilfronten ermöglichte.

Die projektierten Wallanlagen vor der Nordost- und Nordwestseite schließen mit einem Haken an die weserseitige Mauer an, bilden im Norden ein Halbbastion und laufen nach Südwesten auf die Spitze von Bastion 10 zu. Der Fischerstadtgraben wird durch Batardeaux geschlossen; der Wasserbär vor Bastion 10 wird von einer Brücke zum Waffenplatz begleitet, an der Weserseite kann ein *alter Batardeau* beibehalten werden.

Auf der nordöstlichen Contrescarpe schließt sich, beiderseits von Wall und Graben begleitet, die *Communication zum Montalembertschen Thurm* (vgl. Kat.-Nr. 154, 155) an, erreichbar über eine Brücke in der Verlängerung der heutigen Oberstraße. Im Bereich des Walldurchstichs *Emplacement für das Wachthaus.* – Die Überzeichnungen des Walles an der Nordostface dienten anscheinend zur Untersuchung einer Alternative ohne Eckbastion.

In der rechten Blatthälfte oben *Profil nach GH:* Schnitt durch Wall, Graben und Glacis südöstlich der *Communication,* rechts am Rand ist das *Mittelwasser der Weser* angegeben.

Darunter *Grundriss der Latrine* und *Profil nach EF;* die Latrine sollte im Wallkopf des östlichen Hakens neben dem Maueranschluß liegen und in die Weser entwässern.

Unten *Profil nach AB:* Schnitt durch den neuen Wall und die Reste des alten Walles an der linken Flanke der Befestigung. Zahlreiche Höhenmaße sind hier in Blei nachgetragen.

Das *Profil nach CD,* ganz unten, läuft durch das alte und neue Eckbastion.

Der Lageplan ist mit Blei mit einem Netz von 12 x 12 Ruten Linienabstand überzeichnet.

Die Planung entspricht in den Umrissen der Darstellung im Kotenplan der Festung von etwa 1817/20 (Kat.-Nr. 37). Da sie 1821 weiter präzisiert wurde (vgl. Kat.-Nr. 154) wird das Blatt um 1820/1821 anzusetzen sein.

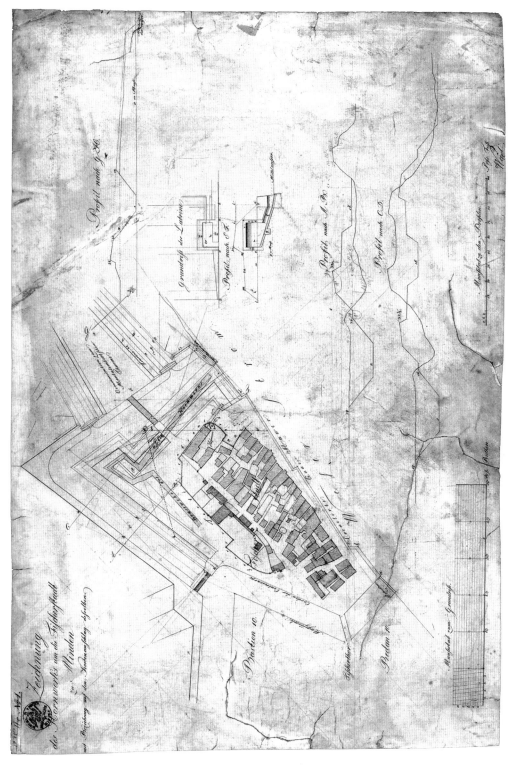

Abb. 168 Entwurf für die Befestigung der Fischerstadt. Wegelin, um 1820/21 (Kat.-Nr. 153).

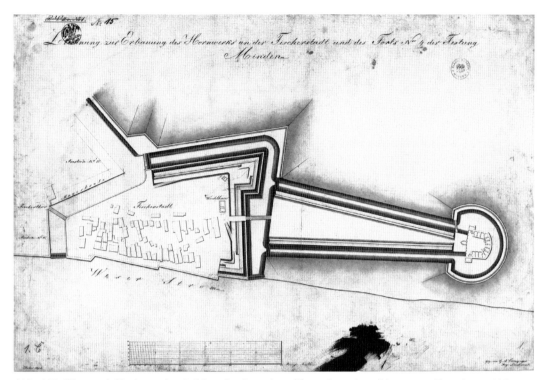

Abb. 169 Hornwerk Fischerstadt mit Montalembertschem Turm. Ingenieur-Lieutenant Creuzinger, 1821 (Kat.-Nr. 154).

KAT.-NR. 154   Abb. 169
Hornwerk Fischerstadt mit Montalembertschem Turm, 1821

Bezeichnet *Creuzinger*, datiert *Jahr 1821*.
Kolorierte Federzeichnung; 49,7 cm × 77,7 cm.
Wasserzeichen: Z. Kool & COMP / Löwe mit Schwert.
Transversal-Maßstab von *10 + 50 Preuss. Ruthen* = 22,23 cm ≙ 1 : 1000. Norden rechts oben.
Kartentitel: *Zeichnung zur Erbauung des Hornwerkes an der Fischerstadt und des Forts Nro 4 der Festung Minden*. (Die Bezeichnung des *Forts Nro 4* ist unzutreffend).
Unten links *Jahr 1821*, rechts *gez: von G. A. Creuzinger Ing: Lieutenant*.

Mindener Museum, FM 107; als Nachzeichnung publiziert bei MEINHARDT 1958, Tafel 9. – Oben links Stempel der Fortification zu Minden mit Inv.-Nr. *P:V:II c, No 1*, blau korrigiert *No 15*.

Grundlage der Karte ist der gleiche Kastasterplan wie in Kat.-Nr. 153. Im Südwesten liegen die Befestigungswerke der Altstadt mit *Redan No 10*, *Fischerthor* und *Bastion No 10*; an der Escarpe ist die *Magistrale* eingetragen. Verlauf, Ausdehnung und Details der Befestigung sind festgelegt; das Eckbastion ist ein wenig breiter als im Entwurf Kat.-Nr. 153 und zeigt einen geräumigeren Hof auf der Höhe des Wallgangs. Im Winkel vor dem Wallgang liegt ein kleines Pulvermagazin; links vor dem Walldurchstich das *Wachthaus*; das Maß *20′ 8″* gibt die Breite des Bauplatzes an. Weit vor der Contrescarpe, in etwa 75 Ruthen (= 280 m) Entfernung liegt der geplante Montalembertsche Turm im kreisrunden nassen Graben mit Gedecktem Weg, durch das von Wall und Graben begleitete spitze Dreieck der Kommunikation mit der Fischerstadt verbunden. Zwei leicht divergierende Flügel fassen einen konkaven Mittelteil ein; der dazwischen und davorliegende Hof ist stadtseitig mit Mauer und kleinem Tambour geschlossen; die Außenseiten der Seitenflügel werden von caponièren-artig vorspringenden Räumen aus flankiert. Im Kernbau liegen 13 Geschützkammern, mit den Caponièren sind es 15; Wendeltreppen vermitteln die Verbindung zu den Obergeschossen. Eine Aufriß- oder Schnittzeichnung liegt nicht vor; doch schreibt Major KEIBEL in seiner auf 1816 zu datierenden *Beschreibung der Festung Minden und der daselbst projectirten Festungswerke* (SB PK, Kartenabt., Generalstabs-Durchschriften XXIII Nr. 188, p. 5): Um die Festung zu verbessern, zu verstärken und zu sichern etc. etc. *sind folgende selbständige Forts projectirt worden. 1, … 2, der drei Etagen hohe Montalembertsche Thurm vor dem alten Hornwerk der Fischerstadt, welcher so wie die Communication dahin mit einem Wassergraben umgeben ist. Es flankirt dieser Thurm das Fort 4* (vor dem Brückenkopf) *und das Fort 1 auf der Höhe* (vor dem Marientor) *zu welchem Zweck er drei Etagen hoch projectirt worden ist, bestreicht diese Höhe selbst, und sieht den Ausgang einer Schlucht die sich 800 Schritt vor dem Fort Nro 1 befindet, bestreicht ferner das ganze umliegende Terrain und die Weser der Länge nach.*

Die an KEIBELS Beschreibung anschließenden, nicht signierten *Bemerkungen über die Festung Minden*, ebenfalls von 1816, führen dazu aus (p. 2v, 3): *Endlich wird noch eine Instandsetzung der Schleusen zur Grabenbewässerung erfordert, bei welcher Gelegenheit der Vorschlag zur Sprache gebracht worden, den Graben des Hornwerks um die Fischerstadt, zur Anlage eines Sicherheits-Hafens, für circa / 40 Weserschiffe zu benutzen. Kommt diese Idee zur Ausführung, so hat selbiger noch die Anlage eines detaschirten Forts zur Sicherung des Hafens zur folge, welches ueberhaupt zur Flancirung und Unterstützung der auf dem rechten Weserufer befindlichen Befestigungsanlagen vortheilhaft wirken wird* (vgl. auch Kat.-Nr. 34, 35, 37).

Der für Minden geplante Montalembertsche Turm hätte bei drei Stockwerken für 45 Geschütze Platz geboten – eine äußerst wirksame Artillerie-Massierung an einem weit vorgeschobenen Punkt. Derartige Batterietürme, letztlich eine Wiederaufnahme und Weiterentwicklung von Ideen Albrecht Dürers, waren nur Teil des vom Marquis de Montalembert (1714–1799) entwickelten Systems der Perpendikulär-Befestigung, die als Tenaillen- oder Polygonalbefestigung das als untauglich erkannte Bastionärsystem des 17. und 18. Jahrhunderts ersetzen und, mit detachierten Forts verstärkt, feindliche Belagerungen erheblich erschweren sollte (Zu Montalembert und seinem System vgl. ausführlich VON ZASTROW 1854, S. 256–372 und zusammenfassend REULEAUX 1912, S. 58–64). Mit dem Verzicht auf die Kette detachierter Forts um Minden (siehe die Erläuterungen zu dem Festungsplan von 1842, Kat.-Nr. 43, und die zugehörige Beschreibung der Festung Minden des Premierlieutnants Kayser, Generalstabs-Denkschriften XXII, Nr. 187) unterblieb auch die Ausführung dieses Projekts.

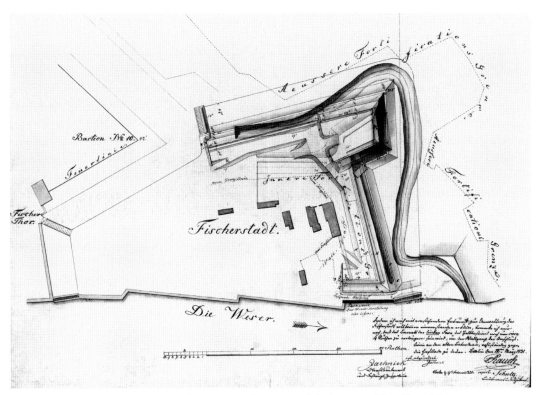

Abb. 170 Befestigung der Fischerstadt. Kopie von Lieutenant Schultz, 1831 (Kat.-Nr. 155).

KAT.-NR. 155   Abb. 170
Befestigung der Fischerstadt, 1831

Bezeichnet *Schultz*, datiert *Coeln d. 27ten Februar 1831*.
Kolorierte Federzeichnung; 32,5 x 45 cm.
Maßleiste von *10 + 40 Ruthen* = 18,5 cm ≅ 1:1000. Norden oben rechts.
Ohne Kartentitel. Unten rechts *Coeln d. 27ten Februar 1831 copirt. Schultz Lieutenant u. Adjutant*;
Beischrift: *Indem ich mich mit vorstehendem Entwurff zur Umwallung der Fischerstadt vollkom(m)en
einverstanden erkläre, bemerke ich nur noch, daß das Bonnet der linken Face des Halbbastions noch um
circa 4 Ruthen zu verlängern sein wird, um den Wallgang der Anschlußlinie an den alten Batardeau, vollständig gegen die Enfilade zu decken. Berlin den 12ten März 1831 vRauch. / ist abgeändert Jachnick
Oberstlieutnant und Festungs Inspecteur.*

GSTA PK, Festungskarten Minden G 70.063; unpubliziert.

Der Lageplan zeigt von der Bebauung der Fischerstadt nur die nördlichsten Gebäude, zur Weser die
krenelierte, gezackte Mauer, nach Südwesten den Anschluß der Altstadtbefestigung mit *Fischertor*
und der *Feuerlinie* im *Bastion No: 10*. Am inneren Wallfuß *neue Grenz Linie* (3x), die die ältere *Innere
Fortfications Grenze* ersetzt. Grau eingetragen ist die alte Fischerstadt-Befestigung mit dem geschlän-

gelten Außengraben, davor *Aeussere Fortficationsgrenze* (2x). Die überarbeitete Planung ist gelb angelegt über die alten Anlagen gezeichnet.

Mit dem Montalembertschen Turm (siehe Kat.-Nr. 153, 154) konnte auch die Passage durch den Wall zwischen Halbbastion und Weser samt der Brücke entfallen, statt dessen wird der weserseitige Haken nach innen gezogen und vor ihm eine Passage zum Waffenplatz an der Weser angelegt. Der Wallfuß erhält eine *faschinirte Böschung*, zwischen Mauerende und Batardeau wird *Packwerk zur Wiederherstellung des Ufers* vorgesehen. Die nordöstliche Kurtine stößt in stumpfem Winkel an die nach innen verlängerte rechte Face des Halbbastions. Durch die Änderung des Bastionswinkels wird der Hof im Halbbastion wiederum etwas geräumiger, der Wall wird gegenüber der Kurtine rechts und der Fortsetzung der linken Face um sechs Fuß erhöht. Die ausgeführte Form, ohne Abtreppung der linken Face, zeigt der Pagenstechersche Plan von 1837 (Kat.-Nr. 39).

KAT.-NR. 156 Abb. 171–177
Kaimauer der Fischerstadt, 1833

Bezeichnet *FvUthmann*, datiert *Minden den 20 März 1833*.
Kolorierte Federzeichnung mit Beischrift in Blei; 27,5 x 123 cm, aus zwei Blättern zusammengeklebt.
Maßleiste von *5 + 25 Ruthen* = 36,6 cm ≙ 1 : 308.
Kartentitel: *Quaimauer von der Fischer Stadt*,
Unten von rechts *FvUthmann Major und Ing vom Platz / Gesehen Cölln den 28ten März 1833 Jachnick Oberst und Festungs Inspecteur*.

GSTA PK, Festungskarten Minden D 70.015; unpubliziert.

Oben Ansicht der Mauer von der Weserseite mit den Kanonenscharten vom Batardeau am Redan X bis zum Batardeau vor dem Außengraben der Fischerstadt, daneben am Rand *Profil AB* mit der Innenansicht des äußeren Fischertores zwischen dem Wallhaken und der parallel zu ihm projektierten Verlängerung der Mauer. Neben den paarigen Gewehrscharten in der Mitte, beiderseits der *II. Fl(anke)* sind die Höhenmaße der *Schartensohle innerhalb* bzw. *außerhalb* beigeschrieben.

Unten entsprechender Grundriß mit der südöstlichen Häuserflucht, dem Wallhaken und einem Teil des Außengrabens. Links *Batardeau* (in Blei), *Escarpe vor Redan X* und *Rechte Fl(anke)*:, rechts der Batardeau vor dem äußeren Fischertor.

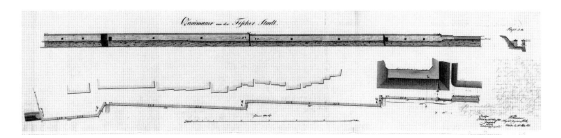

Abb. 171 Kaimauer der Fischerstadt, 1833 (Kat.-Nr. 156).

Abb. 172 Befestigungsanlagen unterhalb der Weserbrücke. Aquarellierte Federzeichnung von Friedrich Gottlob Müller, 1850, Mindener Museum (Westfalia Picta VII, Nr. 303): Wesertor mit Rondell und Redan X, nach rechts anschließend die Kaimauer vor den Häusern der Fischerstadt.

Für die einzelnen Mauerabschnitte sind die Längen angegeben, außerdem die Kanonenscharten, jeweils zwischen zwei Gewehrscharten. Die Lage der übrigen Gewehrscharten ist durch die jeweilige Mittellinie festgelegt. Ihre Zahl ist pro Abschnitt in Blei nachgetragen.

Zwischen Rechter Flanke (am *Batardeau* bei Redan X) und I. Flanke (*124,6"*) *12 Gewehr- und 2 Kanonscharten;* 1. Flanke (*28'*): *3 Gewehrscharten;* zwischen I. und II. Flanke (*308'*) : *31 Gewehr- und zwei Kanonscharten;* II. Flanke (*14' 6"*) : [1 Gewehr-, 1 Kanonenscharte]; zwischen II. und III. Flanke (*291'*) : *30 Gewehr- und 2 Kanonenscharten;* III. Flanke (*18'*) : [2 Gewehr- und 1 Kanonenscharte]; zwischen III. Flanke und Batardeau (*155'*): *10 Gewehr und 2 Kanonscharten.* – Außerdem sind links neben Flanke I und III zwei Ausfallpforten und Zugbrücken angeordnet, die jede 7 x 18 Fuß messen.

Am rechten Rand längere, flüchtig geschriebene und schwer lesbare Beischrift in Blei: *Nach meiner Notiz gilt 14 oder 15' am Maaß des jetzigen Pegel zu Minden der 23 Zoll* (?) *niedriger als der Fortificat. Pegel liegt ...* Es folgen Bemerkungen und Einwände wegen des Eisgangs der Weser und die Paraphe *B* ... (?).

Die ältere, kaum vor 1600 in sechsfacher Einziehung en crémaillère angelegte Kaimauer der Fischerstadt reichte nach Ausweis von Hollars Vogelschauplan von 1633/34 und der detaillierten Stadtansicht von Abraham Jansz. Begeyn von 1696 (siehe Teil I.1, Kap. III, Nr. 6 und 9) kaum über eine normale Brüstungshöhe hinaus. Die Festungspläne des 17. und 18. Jahrhunderts (Kat.-Nr. 1–27) zeigen nahezu durchgehend die sechsfache Zähnung; die Mauer wird also bis zur Schleifung der Festung nach dem Siebenjährigen Krieg so bestanden haben, doch dürfte sie nur einen geringen Verteidigungswert besessen haben. Allerdings war diese Seite der Fischerstadt gegen eine feindliche Annäherung wohl durch die Weser hinreichend geschützt.

Die zwischen 1800 und 1815 gezeichneten Pläne der Festung zeigen in der Regel längere Facen und nur zwei bis vier Flanken (Kat.-Nr. 28–33); demnach war der Mauerzug in der Zwischenzeit vereinfacht oder steckenweise abgebrochen worden. Im vorläufigen Befestigungsentwurf des Generals von Rauch von 1815 (Kat.-Nr. 34) wurde die bestehende Trasse mit drei Flanken festgelegt und als *zu crenelirende Gorge oder Quai Mauer* bezeichnet.

Der endgültige Ausbau zog sich indes wohl hin; denn am 2. März 1830 teilte der Magistrat der Fortificationsverwaltung mit (KAM, Mi; hier nach Bericht des MT vom 7. 8. 1978; dort auch das Folgende): *Bey Gelegenheit des hohen Wassers haben die Bewohner der Fischerstadt den Wunsch geäußert,*

Abb. 173 Südende der Kaimauer vor der Fischerstadt nach Norden. Auf den Schiffslafetten drei der Kanonenrohre vom Schwichow-Denkmal, 2003.

daß die Mauer an der Fischerstadt vollendet werden möchte, 1. weil dadurch sie gegen den Andrang des Eises und Wassers mehr geschützt werden, 2. weil sie dadurch von der Gefahr, daß Kinder in die Weser stürzen, ganz befreit werden … Euer Hochwohlgeboren bitte ich gehorsamst, dahin [entscheiden] zu wollen, daß die Mauer … möglichst in diesem Sommer aufgeführt werde. Die Errichtung der Mauer wird weitgehend nach dem vorliegenden Plan in den Jahren 1833/34 erfolgt sein. Die karge Strenge des langen, nur in Kanonen- und Gewehrscharten geöffneten Mauerzuges ist 1850 vorzüglich in der weserseitigen Ansicht von Friedrich Gottlob Müller erfaßt worden (Abb. 172).

Die Stadt wandte sich am 19. Mai 1841 an den Festungskommandanten mit der Bitte um Erneuerung zweier Treppen vor den Ausfallpforten. Vor dem Bau der neuen Mauer hätten die Fischerstädter stets mehrere Zugänge zur Weser gehabt, um Wasser zu holen und zu ihren Schiffen zu gelangen. Jetzt gebe es nur zwei Ausgänge, die aber eigentlich unbenutzbar oder wenigstens sehr gefährlich seien, da die Treppen vor ihnen zu kurz seien. Es werde als eine billige Forderung angesehen, daß der Militärfiskus die Treppen erneuere und unterhalte. Dies sagte Festungskommandant Generalmajor von Boyen am 20. Juni 1841 zu.

Ein Teil der Fischerstadt-Bewohner benutzte die Pforten offensichtlich dazu, sich des Mülls zu entledigen. Der Festungskommandant schreibt am 7. April 1842 an den Magistrat: *Einem wohllöblichen Magistrat danke ich ganz ergebenst für die gefällige Benachrichtigung vom 2. dieses [Monats], wonach eine Wiederholung des Verbots wegen Ablagerns von Kehricht bei den Pforten in der krenelirten Mauer der Fischerstadt stattgefunden hat. Indeß bitte ich gleichzeitig ganz ergebenst, die Fortschaffung des sich dort sehr angehäuften Kehrichts gefälligst anordnen und die Reinhaltung dieser Stellen dringendst anempfehlen zu wollen, weil ich sonst genöthigt sein würde, jene Pforten gänzlich schließen zu lassen.*

Abb. 174 Kaimauer vor der Fischerstadt. Mauerpforte neben der III. Flanke, Stadtseite nach Südosten, 2003.

Trotz des Verbots war das Übel wohl nicht abgestellt; denn am 1. Juli 1881 teilte Bauinspektor Haupt der Mindener Polizeiverwaltung mit, *daß nach wie vor von den Bewohnern der Fischerstadt Kehricht etc. in den Bastauhafen geworfen wird. Da diesem Mißstande nur abgeholfen wird, wenn die Schießscharten in der Mauer an der Bastau vermauert werden, so erlaube ich mir, der Polizeiverwaltung dieses Mittel zur gefälligen Ausführung in Vorschlag zu bringen.*

Da man seit der Aufhebung der Festung 1873 weder Mauer noch Schießscharten brauchte, stimmten Polizeiverwaltung und Stadtbaumeister Schneider dem Vorschlag zu; der Magistrat genehmigte die Maßnahme am 19. Juli 1881. Kurz danach, am 8. August 1881, verfügt er jedoch, das Zumauern der Scharten bis auf weiteres auszusetzen. Vermutlich hing dies damit zusammen, daß der Schiffseigner Schlüter und der Siegellackfabrikant Schaefer aus der Fischerstadt die Verpflichtung übernahmen, *dafür zu sorgen und darüber zu wachen, daß kein Kehricht und Asche etc. durch die Scharten in den Kanal* (d. h. den Bastaumündungs-Hafen) *bzw. in die Weser geworfen werde.* Zudem gab es einen Beschluß der Entfestigungskommission vom 14. Oktober 1878, der besagte: *Die Wesermauer zwischen dem Rondell* (an der Weserbrücke) *und der Fischerstadt kann gleich der Wesermauer um das Rondel auf Brusthöhe abgebrochen werden… Die … untere Fischerstadtstraße bedarf dringend der Neupflasterung und einer Erhöhung … gleichzeitig oder vorab ist die Wesermauer auf Brusthöhe abzubrechen und wird der Schutt teilweise die erforderliche Masse für die obgedachte Erhöhung der Straße hergeben.*

Die Fischerstadt-Bewohner hatten seit der Aufhebung der Festung mehrfach um Abbruch bzw. Erniedrigung der Mauer nachgesucht. Eine neuerliche Eingabe vom 19. August 1881, die von 47 Einwohnern der Fischerstadt unterschrieben war, hatte schließlich Erfolg: *Schon seit der Entfestigung … ist uns schon verschiedentlich die Zusicherung geworden, daß der Abbruch bis auf die Höhe der Schießscharten erfolgen solle, ja es ist schon das Submissions-Verfahren … eingeleitet gewesen. Wir wiederholen nun unser Ersuchen … auf ungesäumten Abbruch, da wir nicht einsehen können, weshalb die Sache so verschleppt wird. Wir zahlen allen Einwohnern der Stadt gleiche Steuern und dürfen gleiche Behandlung mit allen Bürgern erwarten. Vom Wesertore ab bis zur Fischerstadtgrenze ist die Mauer abgetragen und mit einem schönen Stacket versehen; die Fischerstadt selbst liegt aber nach wie vor hinter der Mauer. Es gereicht der Stadt nicht zur Zierde, daß die Mauer den Blick in die Stadt erschwert. Wir sind freilich gewohnt, bei den Verbesserungen der Stadt – wie z. B. auch bei dem Pflaster – stets zuletzt an die Reihe zu*

Abb. 175 Kaimauer vor der Fischerstadt. III. Flanke und Mauer-Pforte, Flußseite nach Südwesten, 1993.

kommen, doch dürfte Alles auch Maaß und Ziel haben … Bei dieser Gelegenheit machen wird darauf aufmerksam, daß die Fugen der Mauer nach der Weser zu nachgesehen werden müssen und die Abzugs-Canäle, soweit solche nicht mehr benutzt werden, zur Verhütung beziehungsweise Verringung der Gefahr des Hochwassers zugemauert werden müssen.

Am 28. Dezember 1881 berichtet der Stadtbaumeister dem Magistrat, daß die Unternehmer Schmidt und Langen mit dem Abbruch der Mauer vom Redan X bis zum Wassertor nahezu fertig seien. Mit dem Wassertor ist hier die nördliche Mauerpforte bei der III. Flanke bezeichnet. Bis hierhin erstreckte sich der Teilabbruch der Mauer vor den Häusern der Fischerstadt; das nördliche Mauerende mit Batardeau und Fortsetzung als Winkelmauer auf der Contrescarpe lag vor dem unbebauten Befestigungsgelände.

Die Mauer ist wie im vorliegenden Plan ausgeführt – allerdings mit weniger Gewehrscharten –; sie ist im wesentlichen in dem 1881 reduzierten Umfang erhalten. An der Stelle des südlichen Batardeau vor dem Festungsgraben am Redan X liegt heute die Abfahrt zur Schlagde. Die zweischalig aus Portasandstein-Quadern in gleichmäßig hohen Schichten mit sauberem Fugenschnitt aufgeführte Mauer ist innen mit Bruchsteinbrocken und Mörtel aufgefüllt. Die Außenseite zur Weser ist in der unteren Hälfte leicht geböscht.

An der Innenseite zur Weserstraße ist das Mauerwerk bis zum Ansatz der stark nach außen und innen geschrägten Gewehrscharten abgetragen, die Kanonenscharten reichen mit flacher Schräge eine Schicht tiefer. An der ersten, südlichen Face stehen seit 1995, 1997 bzw. 2002 auf neuen, aufgebockten Schiffslafetten drei der sechs Kanonenrohre vom Schwichow-Denkmal (siehe dazu Kap. V, Nr. 2). Die erste Flanke, die vermutlich seit 1881 für eine bequeme Abfahrt zur Schlagde und zum Weserufer abgebrochen wurde, ist 1974 als glatte Quadermauer neu errichtet worden. Die benachbarte Pforte am Südende der zweiten Face ist aufgegeben.

Am Südende der vierten Face, neben der III. Flanke, befindet sich die zweite Pforte. Zur Weser zeigt sie sich als große Rechtecköffnung mit scheitrechtem Sturz aus fünf stark geschrägten Keilsteinen. Ihre Schwelle liegt heute ca. 1 m unter dem Niveau der Weserstraße. An der Straßenseite ist daher nur die obere, mit Sockelmauer und Gitter gesicherte Hälfte der Öffnung zu sehen. Die Pfortenöffnung ist hier breiter; der siebenteilige scheitrechte Sturz liegt eine Quaderschicht höher und

Abb. 176 Kaimauer vor der Fischerstadt. Vierte Face mit Torpfeiler und Batardeau, Flußseite nach Nordwesten, 2003.

ist in der Mitte leicht stichbogig geschrägt. In der inneren Laibung sitzen Versatzfalze zum Verschließen der Öffnung mit eingeschobenen Balken bei Hochwasser oder im Belagerungsfall. Üblicherweise genügte der Verschluß mit Holztoren, deren Kloben erhalten sind. In Höhe der Mauerkrone ist die Pforte durch einen Triglyphenfries unter kräftig ausladendem Gesimsprofil hervorgehoben. Die an die III. Flanke anschließende vierte Face ist mit dem östlichen Torpfeiler in voller Höhe erhalten. Zwischen und zu Seiten der beiden Kanonenscharten stehen je vier statt der 1833 geplanten je fünf Gewehrscharten; die Krone ist nach außen fallend mit Quadern und Steinplatten abgedeckt. Der Torpfeiler steht weserseitig bündig in der Flucht von Mauer und Batardeau. Zur Straße springt er vor; hier sitzen die eisernen Torkloben sowie Mauerschlitz und eisernes Lager für die Umlenkrolle der Brückenkette (vgl. Kat.-Nr. 163). Den Pfeiler bekrönt umlaufend das gleiche dorische Gebälk wie die Pforte; die Kugel auf der Spitze der Abdeckung fehlt.

Die an den Pfeiler anschließende Mauer des Batardeau, der den nördlichen Graben vor der Fischerstadt gegen die Weser schloß, ist mit einer Kanonenscharte versehen; die Mauerabdeckung ist dachförmig.

Mit dem Bau des Blockhauses No 10 im Jahre 1853 auf dem Waffenplatz der Contrescarpe vor dem äußeren Fischertor wurde eine Flankensicherung zur Weser und der Anschluß an den Gedeckten Weg nötig. Dazu errichtete man in der nördlichen Verlängerung des Batardeau die Winkelmauer mit sechs Gewehrscharten zur Weser und einer Kanonenscharte im kurzen, abgewinkelten Stück (siehe Kat.-Nr. 159). Die Mauer ist bis auf die leicht nach außen geschrägten Deckplatten erhalten.

Die Fischerstädtische Kehlmauer wurde am 22.2.1984 in die Denkmalliste der Stadt Minden eingetragen.

IV.2.2 Katalog – Die Petershagener Front und die Werke bis zum Wassertor (Kat.-Nr. 113–166)   317

Abb. 177 Kaimauer vor der Fischerstadt. Vierte Face mit Torpfeiler, Batardeau und Winkelmauer, Flußseite nach Südwesten, 1993.

KAT.-NR. 157   Abb. 178
Anschluß des Hornwerks Fischerstadt an die Weser, 1840

Bezeichnet *Creuzinger*, datiert *Minden den 7" December 1840*.
Kolorierte Federzeichnung; 64,5 × 81,5 cm.
Wasserzeichen: JWHATMAN.
Maßleiste von *12' + 12 Ruthen* = 17 cm = 1 : 288. Norden oben links.
Kartentitel: *Zeichnung von dem Theile des Hornwerks der Fischerstadt am Anschluß der Weser der Festung Minden*; Rückseitig: *Plan No 43. Minden (o) / Entwurf zur Anlage eines Blockhauses und einer Zugbrücke im rechten Anschlusse der Befestigung der Fischerstadt / Journ. No 102/3 41 A III.*
Vorderseite oben rechts: *Creuzinger Ing. Lieut. / Auf Befehl des Herrn Festungs: Inspecteurs Minden den 7" December 1840 vScheel 1 Major u Ingenieur d Platzes*. Auf beiden Blatthälften *Gesehen v Huene Obristlieutenant und Festungs Inspector*.

GStA PK, Festungskarten Minden C 70.082; unpubliziert.

Das Blatt zeigt nebeneinander zweimal dieselbe Situation mit nordöstlicher Wallecke, Graben, Waffenplatz und Glacis vor der Fischerstadt mit Alternativplanungen für das Blockhaus No 10 vor dem äußeren Fischertor. An Wall und Glacis ist die *Feuerlinie* eingetragen, am Weserufer *Höhe des Vorlandes an der Mauer* mit vier verschiedenen Angaben (*2' 4"* bis *4' 1"*), davor *Vorland bei 1' 1" Wasserstand am Pegel*. – Links ein Blockhaus mit siebeneckig-polygonalem Grundriß mit Achsausrichtung nach Nordosten, mit *Rollbrücke* über den Graben und Palisaden vor dem äußeren Fischertor, mit Blei durchkreuzt und Beischrift *nicht ausgeführt v.Leithold*. – Rechts die auf Befehl des Festungsinspekteurs gezeichnete, ausgeführte Alternative: Das Blockhaus ist mit der Achse parallel zur Weser ausgerichtet, ist rechteckig mit außen abgeschrägten Ecken; der Durchlaß durch das Glacis ist um Torbereite nach Norden verschoben. Vor dem Tor fehlen die Palisaden. Der Balkenrost für die Brücke beginnt knapp vor den Torpfeilern. Hier nahe am Blattrand Klebespur eines verlorenen Deckblatts.

Links unter dem Kartentitel *Bemerkungen*.

Höhe des Sohlsteins am Eingange des Kanals	+ 2' 4"
" " an der Ausmündung	+ 1' 6"
Höhe des Cordonsteins auf der Revetements-Mauer vor dem Batardeau	+ 15' 7"
" des Rückens vom Batardeau	+ 24' 5"
" des Batardeaus bis zur Sattellinie	+ 22' 2" 9'''

NB die Höhenmaße gelten für den neuen (Regierungs) Pegel, der 1' 11" höher ist, als der frühere.
In der rechten Blatthälfte, um 90 Grad gedreht:
Bemerkung: Das abzurechende Mauerwerk ist mit blassrother Farbe angedeutet. Die gelb geschriebenen Zahlen bedeuten die umzuändernden Höhenmaasse des neuen Projects.

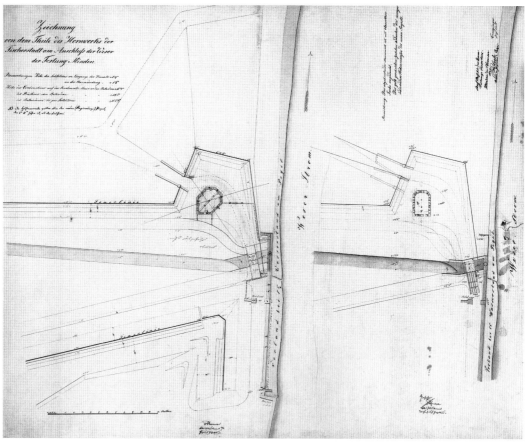

Abb. 178 Anschluß des Hornwerks Fischerstadt an die Weser. Ingenieur-Lieutenant Creuzinger, 1840 (Kat.-Nr. 157).

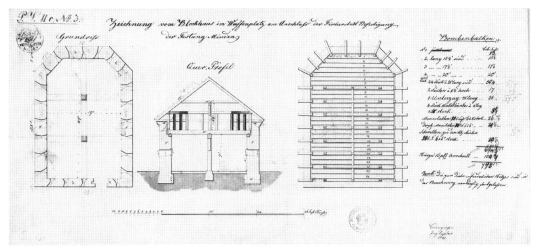

Abb. 179 Blockhaus No 10 vor dem äußeren Fischertor. Ingenieur-Capitain Creuzinger, 1841 (Kat.-Nr. 158).

KAT.-NR. 158   Abb. 179
Blockhaus No 10 vor dem äußeren Fischertor, 1841

Bezeichnet *Creuzinger*, datiert *1841*.
Kolorierte Federzeichnung mit Nachträgen in Blei; 25,2 x 58,5 cm.
Maßleiste von *12 + 36 Fuss Preuß*: = 20,8 cm = 1:72.
Wasserzeichen: GM.
Kartentitel: *Zeichnung vom Blockhaus im Waffenplatz am Anschluss der Fischerstadt Befestigung der Festung Minden.*
Unten rechts: *Creuzinger Ing: Capitain 1841*.

Mindener Museum, FM 47; unpubliziert. – Oben links Stempel der Fortification zu Minden und Inv.-Nr. *P. V. II c, No 3.*, korrigiert *No 17*.

Links *Grundriss* des Blockhauses mit in Blei ergänzten Maßen; daneben *Quer-Profil*, an der Dachschräge beigeschrieben *23 Latten;* daneben Grundriß der Balkenlage mit Numerierung der Bombenbalken von *1.* bis *28.*
    Am rechten Rand *Bombenbalken p.p.:* Erläuterung mit Maßangaben und Massenberechnung entsprechend der Numerierung für die Bombenbalken sowie für *Säulen, Unterzug, Winkelbänder, Mauerlatten, Schwellen* samt 10 % *Verschnitt*. Der Holzbedarf berechnet sich auf 798 Kubikfuß. *Die zum Dache erforderlichen Hölzer sind in der Berechnung vorläufig fortgelassen.*
    Die Ausführungszeichnung entspricht dem 1840 von der Festungs-Inspektion befohlenen Alternativprojekt (vgl. Kat.-Nr. 157, rechts). Das Blockhaus war anscheinend für die Pulverlagerung im Dachraum mit den Drempelmauern vorgesehen. Im Querschnitt ist eine Alternative ohne Drempel, mit einer Erdschüttung über der Bombenbalkendecke mit Blei skizziert. Welche Form schließlich ausgeführt wurde, ist aus weiteren Plänen nicht zu ersehen.

KAT.-NR. 159 ohne Abb.
Verlängerung der Fischerstädtischen Ufermauer, 1850

Bezeichnet und datiert *Minden, den 25/3. 50. Daniel.*
Federzeichnung, 23,9 x 32,8 cm.
Wasserzeichen JWH[ATMAN] / 1[8…].
Maßstab 12' = 2ddc" (in Blei beigeschrieben) = 1 : 72. Norden links.
Kartentitel: *Anschluß der Fischerstädtischen Befestigung an die Weser.*

Mindener Museum, FM 29; unpubliziert. – Oben links blaue Inv.-Nr. *No 69.*

Oben Grundriß der am Nordende nach Westen abgewinkelten, 3' starken Mauer mit sechs Gewehrscharten im langen weserseitigen Verlauf und einer Kanonenscharte im kurzen, abgewinkelten Stück. Rechts Anschluß an die *alte Mauer.* Beischriften in Blei: *ganze Länge 47' 7"* und *39' 3" bis zum Pfeiler.*

    Darunter *Durchschnitt nach a – b* durch das kurze Winkelstück mit Kanonenscharte und *Durchschnitt nach c – d* durch das lange Stück mit Gewehrscharte.

    Die Mauer diente dazu, den Anschluß zwischen dem Batardeau *(alte Mauer)* und dem neuangelegten Gedeckten Weg auf der Contrescarpe des Fischerstädtischen Festungsgrabens herzustellen (vgl. Kat.-Nr. 161, 162)

KAT.-NR. 160 Abb. 180
Wallprofile der Fischerstadt-Befestigung, 1851

Bezeichnet und datiert *v. Köppen, Minden im Februar 1851.*
Federzeichnung mit Korrekturen und Ergänzungen in Blei; 54,4 x 78,6 cm. Stark brüchig, mit größeren Randverlusten.
Maßleiste von *10 + 100 Fuss* = 23,95 cm = 1 : 144.
Kartentitel: *FESTUNG MINDEN. / Profile der Fischerstädtischen Befestigung.*
Unten von rechts: *Minden im Februar 1851, v. Köppen Sek Lieutenant d. Landwehr Pion(ire) / Hardenack Major & Platzingenieur.*

Mindener Museum, FM 5; unpubliziert. – Oben links Stempel der Fortification zu Minden; rote Inv.-Nr. *IIc No 6;* unten links in Blei *6.C.*

Oben *Profil der linken Face der Fischerstädtischen Befestigung,* mit dem Vorgelände (*Glaçis Fahrweg, Glaçis Fußweg*); darunter entsprechend das *Profil in der Richtung der Capitale der Fischerstädtischen Befestigung;* jeweils mit mehreren Höhenangaben. Auf der Berme zwischen Graben und Wall sind Palisaden eingezeichnet, deren Lage an der Wallböschung so korrigiert wurde, daß hinter den Palisaden ein Rondengang angelegt werden konnte.

    Die *Capitale* ist die Winkelhalbierende des nördlichen Eckbastions; dementsprechend ist das Profil hier flacher geneigt.

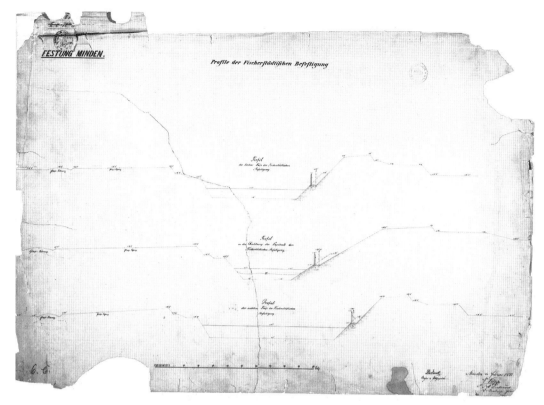

Abb. 180 Wallprofile der Fischerstadt-Befestigung. Sekonde-Lieutenant von Köppen, 1851 (Kat.-Nr. 160).

KAT.-NR. 161 Abb. 181
Gewehrkoffer und Zugbrücke am äußeren Fischertor, 1851

Bezeichnet und datiert oben rechts, über Kopf: *Minden, den 27. 9. 51 Daniel.*
Lavierte Federzeichnung mit schwarzer und roter Tusche, mit Überzeichnungen, Maßeinträgen, Beischriften und Nebenrechnungen in Bleistift; auf feines, weißes Leinen gezogen, 54,2 x 73,3 cm. Norden oben rechts.
Transversal-Maßstab, oben über Kopf, *12'+ 12 Ruthen* = 16,9 cm = 1 : 288.
Kein Kartentitel; rechts Beischrift: *Zum Kostenanschlage 22/1 Sect. III A 2 No 60 / Bmk: die nach Berlin eingesandte Zeichnung stimmt mit dieser überein. D[aniel]. / Ist in der Ausführung abgeändert worden. cfr. Blatt No 9.*

Mindener Museum, FM 103; unpubliziert. – Unten rechts über Kopf Stempel der Mindener Fortification, rote Inv.-Nr. *II c. No 7,* blau korrigiert *No 19.*

Im Grundriß dargestellt ist der Anschluß der Fischerstadtbefestigung an die Weser mit dem hakenförmig abgewinkelten Wall, dem Ostende des Grabens und dem Gedeckten Weg mit dem Blockhaus No 10 im Waffenplatz. Vor dem Wallfuß liegt weserseitig die Fahrstraße, davor am Weserufer die krenelierte Mauer mit dem Batardeau und der Verlängerung bis zum Gedeckten Weg (vgl. Kat.-Nr. 159). In Abänderung der 1840 gezeichneten Situation (vgl. Kat.-Nr. 156) sollte die Zugbrücke unmittelbar vor die Torpfeiler verlegt, der spitze Wallwinkel abgestochen und unter der neuen Stirnmauer die kleine, gewinkelte Kasematte angelegt werden. Von ihr aus sollten der Raum vor dem Tor und vor der Stirnmauer durch Gewehrscharten bestrichen werden.

Der *Längendurchschnitt nach a – b* zeigt die östliche Ansicht des Wallhakens mit der Stirnmauer, darin Eingang zur Kasematte und vier Gewehrscharten, und den Schnitt durch Zugbrücke und Graben. Der *Querschnitt nach c.d.* zeigt das Profil des Diamants und den Schnitt durch die kleine Kasematte. Rechts daneben ist in Blei eine Variante mit Maßangaben skizziert. – Oben links in Blei *Dreckgasse.*

Das Blatt ist die in der Fortification verbliebene Vorzeichnung; der Verweis auf Blatt No 9 bezieht sich auf FM 81 (Kat.-Nr. 163).

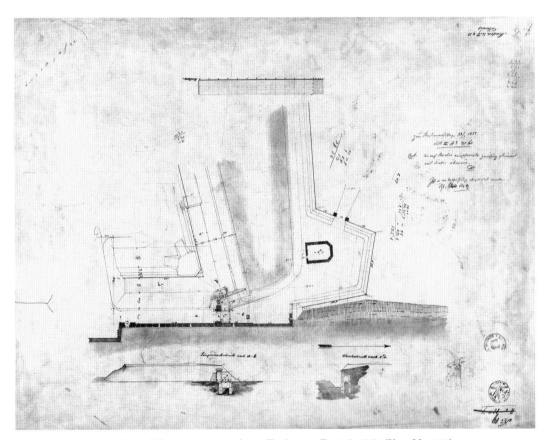

Abb. 181 Gewehrkoffer und Zugbrücke am äußeren Fischertor. Daniel, 1851 (Kat.-Nr. 161).

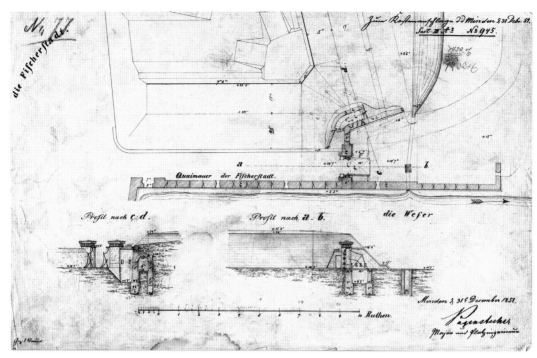

Abb. 182 Gewehrkoffer und Zugbrücke am äußeren Fischertor. Daniel, 1851 (Kat.-Nr. 162).

KAT.-NR. 162
Gewehrkoffer und Zugbrücke am äußeren Fischertor, 1851

Abb. 182

Bezeichnet *Daniel*, datiert *Minden d 31 December 1851*.
Federzeichnung mit farbigen Tuschen, Bleistift-Nachträge; 21,2 x 34,2 cm. Norden oben rechts.
Maßleiste mit *12'+ 10 Ruthen* = 14,3 cm = 1:288.
Ohne Kartentitel, oben rechts *Zum Kostenanschlage d.d. Minden d 31 Dcbr: 51. Sect: III A 2 No 945*, unten links *Gez. d. Daniel*, rechts *Pagenstecher Major und Platzingenieur*.

Mindener Museum, FM 34; unpubliziert. – Oben links blaue Inv.-*Nr. 77.*

Der Plan zeigt die gleiche Situation wie Kat.-Nr. 161, aber in engerem Ausschnitt mit der *Quaimauer der Fischerstadt* und deren nördlicher Verlängerung, östlich davon *die Weser*. Die geplante Kasematte, die Stirnmauer und die Zugbrücke mit ihren kleinen Nebenpfeilern an den inneren Laibungen der Torpfeiler sowie dem Schacht für die Kugel-Kontergewichte sind rot eingezeichnet, die Stäbe und Gewichte der Zugbrücke blau, die Ketten grau. Die Bleistifteintragungen im Wall um die Kasematte machen deutlich, wie die Wallecke für die Bauarbeiten abzustechen war. Oben links *die Fischerstadt*. – Unten links *Profil nach c–d.* mit Schnitt durch Gewehrkoffer und Diamant und mit Schrägansicht der Torsituation; rechts *Profil nach a–b.* mit der Ansicht von Wall und Stirnmauer sowie Schnitt durch die Zugbrücke und den Schleusenschacht über dem Auslauf des Hauptgrabens. – Unter der Beischrift sind die veranschlagten Baukosten mit zunächst *1750 rt* (gestrichen) bzw. *1900 rt* vermerkt.

Das minutiös ausgeführte Blatt zeigt anschaulich die Fähigkeiten des Fortifikationszeichners Daniel.

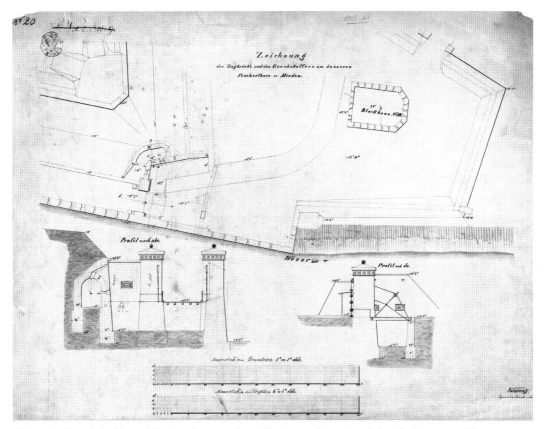

Abb. 183 Gewehrkoffer und Zugbrücke am äußeren Fischertor. Ingenieur-Sekonde-Lieutenant Vincenz, wohl 1852 (Kat.-Nr. 163).

KAT.-NR. 163   Abb. 183
Gewehrkoffer und Zugbrücke am äußeren Fischertor, wohl 1852

Bezeichnet *Vincenz*, nicht datiert.
Farbig lavierte Federzeichnung mit Bleistift-Nachträgen; 49,9 x 66,9 cm, am rechten Rand beschnitten. Transversal-*Massstab zum Grundriss 1° = 1" ddc.* mit *10 + 110'* = 25,9 cm = 1:144; Transversal-*Massstab zu den Profilen 6' = 1" ddc.* mit *5 + 55'* = 25,9 cm = 1:72.
Kartentitel: *Zeichnung der Zugbrücke und des Gewehrkoffers am äusseren Fischerthore zu Minden.*
Unten rechts *Vincenz Ingenieur Sekonde Lieute(nant)*.

Mindener Museum, FM 81; unpubliziert. – Oben links Stempel der Fortification zu Minden mit roter Inv.-Nr. *P. V.II c Nro: 9.* / blau korrigiert *No 20*.

Das Blatt zeigt die gleiche Situation wie Kat.-Nr. 161–162; jedoch mit anderem Ausschnitt aus dem Wallhaken und dem Waffenplatz auf der Contrescarpe mit dem *Blockhaus No 10*. Nach der Bleistift-Notiz *1853 erbaut* (am oberen Rand) zeigt es die ausgeführte Version; auf dieses Blatt *No 9* verweist die nachgetragene Beischrift auf Kat.-Nr. 161. Die Zeichnung dürfte daher 1852 entstanden sein.

Die Ausführung unterscheidet sich von den 1851 datierten Projekten durch die Ausrundung des Kasematten-Endes, den Wegfall der in der Kasematte liegenden vierstufigen Treppe und durch die Anlage von drei liegenden Gewehrscharten, die ein besseres Sicht- und Schußfeld ergaben als die zuerst geplanten, hochrechteckigen Scharten, die eine komplizierte Anlage erforderten (vgl. Kat.-Nr. 162). Unten *Profil nach abc* mit dem Schnitt durch die kleine Kasematte und (seitenverkehrter) Außenansicht des Tores samt Schnitt durch die Zugbrücke und die anschließende krenelierte Mauer. Daneben *Profil nach de.* mit dem Längsschnitt durch Zugbrücke und Graben sowie Ansicht des westlichen Torpfeilers und der Stirnmauer des Walles mit dem Kasematten-Eingang und zwei Gewehrscharten. Im *Profil nach abc* sind mit Blei metrische Maße für den Torpfeiler (*4,40*) und die Zwischenmauer (*4,05*) nachgetragen.

KAT.-NR. 164 ohne Abb.
Verbrauchs-Pulver-Magazin im Hornwerk Fischerstadt, 1866

Bezeichnet *Langen*, datiert *Minden den 8ten October 1866.*
Lavierte Federzeichnung; 46,5 x 66,5 cm.
Maaßstab für den Grundriß 12′ = 1ddc." = 1:144, für die Durchschnitte 6′ = 1 ddc" = 1:72; Maßleiste mit *10 + 60 Fuß* = 15 cm, rechts unter dem Lageplan *Maaßstab 20° = 1 ddc" = 1:2800* mit Maßleiste von *10 + 50° = 7,8 cm.*
Kartentitel: *Project zum Bau eines Verbrauchs-Pulver-Magazins für 20 Centner im Hornwerk Fischerstadt der Festung Minden. Bearbeitet zufolge Verfügung des Königlichen Allgemeinen Kriegs Departements vom 10ten September 1866 und zum Kostenanschlage vom 8ten October 1866 gehörend.*
Rechts von unten: *Langen, Unteroffizier / Behm, Major und Platz-Ingenieur. / Einverstanden Westfälisches Festungs-Artillerie-Regiment No 7 Caspary Oberst und Regiments-Kommandeur / Einverstanden Grapow Major und Artillerie-Offizier vom Platz / Gesehen Schulz Generalmajor und Festungs-Inspekteur.*
Über den Unterschriften Vermerk: *Die Seitens des Könglichen Allgemeinen Kriegs Departments befohlenen Abänderungen sind in blauer Farbe eingetragen. Minden den 19ten November 1866. Behm Major und Platz-Ingenieur.*

GSTA PK, Festungskarten Minden F 70.068; unpubliziert.

Rechts am Rand *Situation* vom *Hornwerk Fischerstadt;* das Pulvermagazin lag am Fuß des Wallganges der westlichen Face, etwa in der Mitte zwischen der Brücke zum Waffenplatz vor Bastion X und dem Halbbastion der Fischerstadt. Links der Grundriß des doppelwandigen Magazins mit den Gestellen für die Lagerung der Pulvervorräte in der Kammer, davor eine Zugangsschleuse. Rechts *Durchschnitt nach a.b* (Querschnitt) bzw. *nach c.d* (Längsschnitt), hier ohne die Faßbettungen. In den inneren Wänden die in drei Reihen angeordneten Belüftungsöffnungen und dem über der Erdabdeckung austretenden Luftkamin.

Die von Berlin aus angeordneten Änderungen betreffen die Decke über den Kammern: Von den dicht nebeneinanderliegenden Doppel-T-Trägern sollte jeder zweite wegfallen, außerdem wurden die hölzernen Auflagerbalken gestrichen.

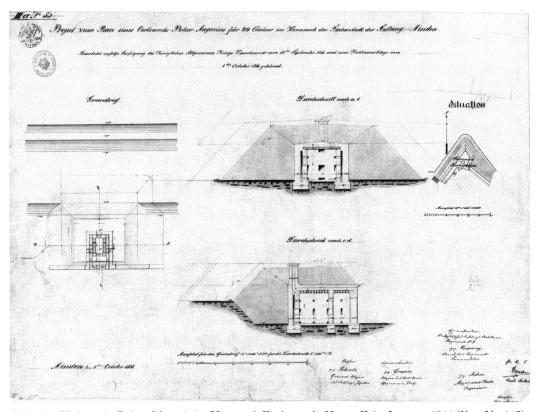

Abb. 184 Verbrauchs-Pulver-Magazin im Hornwerk Fischerstadt. Unteroffizier Langen, 1866 (Kat.-Nr. 165).

KAT.-NR. 165   Abb. 184
Verbrauchs-Pulver-Magazin im Hornwerk Fischerstadt, 1866

Bezeichnet *Langen*, datiert *Minden den 8ten October 1866*.
Lavierte Federzeichnung, z. T. mit Blei überzeichnet; 44,5 x 63,5 cm, grob beschnitten.
Kartentitel, Beschriftung, Darstellung, Maßstäbe und Unterschriften wie in Kat.-Nr. 164, zusätzlich rechts unten *p(ro) v(era) c(opia). Brack* (o.ä.) *Fort. Sekrt (=Fortifications-Sekretär)*.

Mindener Museum, FM 88, unpubliziert. – Oben links Stempel der Mindener Fortification, mit Inv.-Nr. *III a No 55*.

Das Blatt ist eine für den Gebrauch in der Fortification gefertigte Kopie, in der die von Berlin aus befohlene Verminderung der Deckenträger bereits berücksichtigt ist. Zusätzlich ist in Blei eine Aufhöhung und Verstärkung der Erdaufschüttung eingezeichnet. Ob diese ausgeführt worden ist, steht nicht fest.
   Oben rechts flüchtige Bleistiftskizze eines Wallprofils mit gewölbten Kasematten hinter der Escarpenmauer. Sie hat mit dem Pulvermagazin nichts zu tun.

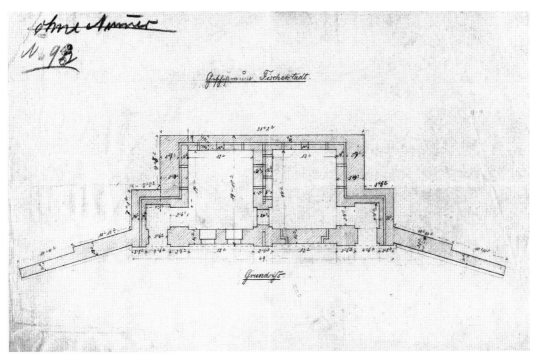

Abb. 185   Geschoßraum in der Fischerstadt-Befestigung, wohl 1867 (Kat.-Nr. 166).

KAT.-NR. 166   Abb. 185
Geschoßraum in der Fischerstadt-Befestigung, wohl 1867

Unbezeichnet, undatiert.
Bleistiftzeichnung; 21,3 x 33 cm.
Ohne Maßstab, ≅ 1 : 100.
Kartentitel: *Geschoßraum Fischerstadt*.

Mindener Museum, FM 26; unpubliziert. – Oben links rot *ohne Num(m)er*, blau korrigiert *N" 92* oder *93*.

Grundriss einer zweiräumigen Anlage von Geschoßraum und Geschoßladestelle mit seitlich abgewinkelten Zugängen und schräg angesetzten Flankenmauern. Sie stimmt in Maßen und Details mit den entsprechenden Anlagen im Ravelin Marientor und im Bastion VII (vgl. Kat.-Nr. 128) überein und wird gleichzeitig um 1867 geplant sein.

Nach dem 1872 ergänzten Festungsplan von 1853 (Kat.-Nr. 47) lag der Geschoßraum in der Kehle des nördlichen Halbbastions zwischen der Rampe zum Wallgang und dem Wallkopf der rechten Flanke.

Die Weserfront vom Rondell bis zum Simeonstor und die alte Hausberger Front bis zum Bastion XII Schwichow (Kat.-Nr. 167–189)

KAT.-NR. 167　　　　　　　　　　　　　　　　　　　　　　　　　　　　　　　Abb. 186
Ausladeplatz vor dem Wassertor, 1847

Unbezeichnet, datiert *9ten April 1847*.
Farbig lavierte Federzeichnung, einzelne Maße in Blei nachgetragen; 30,9 x 47,8 cm.
Maaßstab 1 Zoll ddc. = 6 Ruthen; Transversal-Maßstab mit 6 + 48 *Ruthen* = 23,5 cm ≅ 1:870. Norden rechts.
Kartentitel: *SITUATIONSPLAN von dem der Fortification gehörigen Terrain, welches unterhalb der Weserbrücke zu Minden von der Königlichen Regierung als Ausladeplatz benutzt wird.*
Oben rechts: *Zur commissarischen Verhandlung vom 9ten April 1847 gehörig.*
Unten von links nach rechts unterschrieben: *Hardenack. Major & Platzingenieur / Goeker Wasser Bau Inspector / Struwy Reg. Assessor / Leser Auditeur.*

STA DT, D 73 Kartensammlung Tit. 4 Nr. 9696; unpubliziert.

Der Plan zeigt die schmale Landzunge zwischen Weser und Bastau, die durch Sandablagerungen aus beiden Flüssen und durch Anschüttungen allmählich entstanden war und die Bastaumündung von der Weserbrücke weit nach Norden vor die Fischerstadt verlagert hatte. *Die Bastau* wurde bis nach der Fertigstellung des Nordhafens und der Anlagen bei der Bahnhofsbefestigung in den fünfziger Jahren als *Hafen* benutzt; der *Auslade-Platz* hatte an der Westseite ein *hölzernes Bohlwerk* zum Anlegen der Schiffe. *Die Weser* auf der Ostseite bot eine entsprechend befestigte Kaianlage. Zur Stadt war der nach Westen, zur Bastau abfallende Platz durch das *Rondel* geschlossen; Zugänge gab es nur durch das *Wassertor* und – von Süden – über den *Leinenpfad* sowie das Brückchen über den Auslauf des Festungsgrabens. Jenseits der Künette stehen die mittelalterlichen Pfeiler der *Weser-Brücke*, nach Süden (links) schließt sich das *Festungs-Glacis* an. In der Flucht der Brücke das *Weserthor*. Das Westufer der Bastau begrenzen *Redan X*, der *Batardeau* vor dem Festungsgraben und die *crenelierte Mauer der Fischerstadt*.

Die Nutzungswünsche der Kaufleute und Schiffer, deren Interessen die Regierung zu vertreten hatte, führten zu Differenzen mit dem Militär, das hier seine fortifikatorischen Belange und die Rayon-Bestimmungen geltend machte. Die Verhandlungen der unterzeichneten Kommissions-Mitglieder legten Nutzung und Bebauung fest, die im *Renvoi* (unten links) erläutert ist:

A.,*Transportabler Steuer-Expeditions-Schuppen mit hölzernen Ständern.* B., desgl. mit eisenen Ständern und einem Bretterverschlage als Bureau. C., *Transportable Expeditions-Bude der Dampfschiffahrts-Gesellschaft.* D., *Zwei transportable hölzerne Krahne,* einer an der Weserseite, einer an der Bastau.

Zu der Linie *abcde* vor dem Rondel vgl. Kat.-Nr. 168.

(Zu den Anlagen siehe auch Teil V, Kap. X.3.2, Flußufer und Flußausbau bei Minden, Weserschlacht)

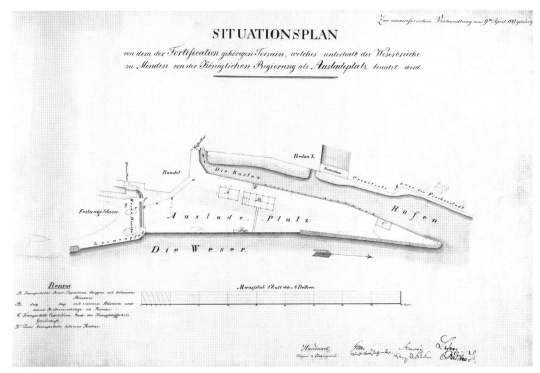

Abb. 186   Ausladeplatz vor dem Wassertor, 1847 (Kat.-Nr. 167).

KAT.-NR. 168   Abb. 187
Rondell und Ausladeplatz vor dem Wassertor, 1846

Bezeichnet *Hardenack* (Kopie); datiert *1846*.
Kolorierte Federzeichnung; 28,3 x 20,8 cm.
Maßleiste (unvollständig) von *12' + 3* (Ruthen) = 4,4 cm ≅ 1:400. Norden rechts.
In der unteren Blatthälfte vielfache Ausbrüche mit Verlusten in Zeichnung und Beschriftung.
Ohne Kartentitel. *Unten rechts: / gez. / H(ard)enack Major & Plat(zing)enieur. Minden den 1…tbr. 1846 / (Für d)ie Richtigkeit der (Copie) der Wasserbau Insp: Goeker.* Oben *Copia*.

STA DT, D 73 Kartensammlung Tit. 4 Nr. 9668; unpubliziert.

Das Blatt zeigt einen vergrößerten Auschnitt der Situation des Ausladeplatzes (vgl. Kat.-Nr. 167) nördlich der *We(s)er-Brücke*, von der die ersten drei freistehenden mittelalterlichen Pfeiler links, jenseits der Künette des Festungsgrabens gezeichnet sind. Am Weserufer *Ueberbrückung des Leinpfades*, in der Fortsetzung der Brücke das *Weser-Thor* mit der Zugbrücke, südlich daneben die Absattelung des abgewinkelten Batardeau. Rechts neben dem Torbau das polygonale *Rondel* mit Revêtementsmauer, Rondengang und Brustwehr, die rechts oben an *das Wasser-Thor* anschließt, durch das *die Bastau* die Stadt verläßt. Vor dem Rondel der *Auslade-Platz* mit *Bohlw(erk)* am Weserufer. Vor dem

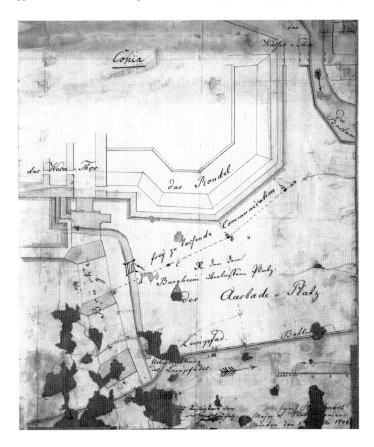

Abb. 187 Rondell und Ausladeplatz vor dem Wassertor. Major Hardenack, 1846 (Kopie) (Kat.-Nr. 168).

Rondel ist ein *12′* breiter Streifen mit der Linie *a-b-c-d-e* ausgegrenzt, die bei *e* an den zweiten Brückenpfeiler stößt. Der Streifen ist als *frey zu lassende Communication* bezeichnet, östlich davon ist *X der dem Burgheim überlassene Platz*, der mit Bleistift-Linien wohl weiter eingegrenzt ist. *g.* unter dem ersten Brückenbogen bezeichnet den Durchgang zum Gedeckten Weg vor der Weserfront; er ist über das Brückchen *f* über die Künette erreichbar.

KAT.-NR. 169 Abb. 188
Projektiertes Wesertor, um 1815

Unbezeichnet, undatiert.
Mehrschichtig farbig lavierte Federzeichnung mit Beischriften in Blei; 44,5 x 63,5 cm.
Wasserzeichen: JWHATMAN.
Maßleiste *zum Grundriss* von *12′+ 15 Ruthen* = 18,2 cm = 1:332, Maßleiste *zu den Profilen* von *10* (statt *12*) + *96 Fuss* = 20,4 cm = 1:166.
Kartentitel: *Das projectirte Weserthor zu Minden.*

GSTA PK, Festungskarten Minden F 70.075; unpubliziert.

Links Grundriß bzw. Lageplan. Hellgrau laviert *Unterirdische Brückenbogen zum Theil verschüttet,* als Kellergewölbe beidseitig geschlossen, sowie die freistehenden Pfeiler der *Weserbrücke* und *Alte Schleuse.* Darüber sandfarben der aufgehende Baubestand der Häuser am Ostende der Bäckerstraße, nördlich davon *Der Hafen* und zwei Gebäude mit der nördlichen Hafenmauer, hart südlich der unterirdischen Brückenjoche das Fundament des alten Brückenturmes sowie zwei Drittel der Revêtementsmauer des Rondels. Hellrot laviert sind die neu aufzuführenden Mauern des Torbaues und die anschließende *Crenelirte Mauer* mit der Höhe von *22 a m* (22 Fuß am Maß = über Mindener Pegel) sowie die Mauern am *Ausfluß der Bastau* und die *Quaimauer* nördlich des Hafens. Die Holzbrücke über die Bastau ist gelb angelegt. – Innerhalb der eiförmigen Revêtementsmauer ist die *Feuerlinie des Rondels 35 a m* eingetragen, links vom Wesertor der Anschluß der *Curtine,* am Ende der Brücke die *Zugbrücke,* neben der Torfahrt *Wachhaus,* südlich der Zugbrücke der *Batardeau* und der *Anschluss des Glacis.* Über dem Torbau *Feuerlinie des Tambours,* stadtseitig vor dem Wachhaus *Treppe zur Latrine.* Stadtseitig liegen zwischen Torbau und Rondellhof unter der Erdschüttung zwei Kammern für *Munition* und *Pulver.*

Rechts oben Ansicht *Nach der Linie A.B.:* Wasserseite des Torbaues mit Höhenangaben und *Höhe des Wassers im Graben.* Darunter *Profil nach C.D.:* Querschnitt durch den Torbau und den darüberliegenden Tambour (Erdaufschüttung mit Brustwehr).

Der Torbau sollte im Zuge von Bäckerstraße und Brücke die Durchfahrt erhalten, flankiert von der Wache und dem Durchgang zur Schleuse, bei der eine *Versetzung,* d. h. Versatzfalze zum

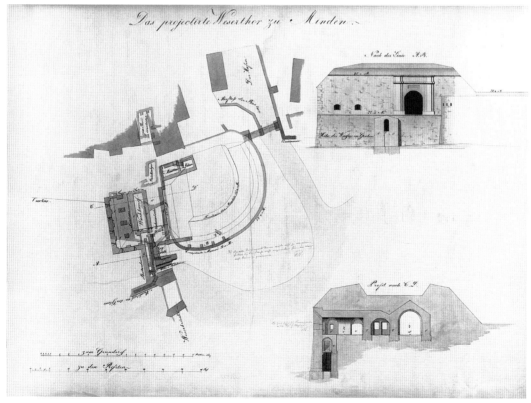

Abb. 188 Projektiertes Wesertor, um 1815 (Kat.-Nr. 169).

Absperren des Durchflusses, angegeben ist. Südlich neben der Wache eine Geschützkasematte mit vier Scharten zum Festungsgraben und zwei zur Weser. Alle Räume sollten mit Tonnengewölben überdeckt sein.

Die Ansicht zeigt die für Torbauten übliche Instrumentierung mit einer derben dorischen Pilasterstellung und Attika. Die Ecken der Stirnmauer sind schräg abgeschnitten; dahinter liegt die Erdschüttung des Tambours.

Im Grundriß und in der Schnittzeichnung Bemerkungen des Generals von Rauch: *NB. die alte Revetements Mauer würde nicht zu creneliren, sondern die Brustwehr mehr vorzurücken sein, um etwas mehr Raum zu gewinnen, vR: – NB: Hier fehlt die Kanonscharte und die Rauch-Abzüge. vR.*

Die Anlage der innen Wall-Enceinte und der Bau sicherer Tore waren die vordringlichen Aufgaben bei der Neubefestigung. Das Projekt dürfte daher um 1815 zu datieren sein; der Torbau wurde allerdings in anderer Form errichtet und war 1821 fertiggestellt (vgl. Kat.-Nr. 170); er stand bis 1896. Der Entwurf wird von Major Karl Ludwig von Gayette stammen, der von 1818 bis 1822 Mindener Ingenieur vom Platz und Leiter der Fortification war. – Der Ausbau des Rondells zu der in Kat.-Nr. 167, 168 dargestellten Form wird gleichzeitig erfolgt sein; spätestens 1833 war er abgeschlossen (vgl. Kat.-Nr. 38).

KAT.-NR. 170 Abb. 189
Das Wesertor, 1825

Bezeichnet *Creuzinger,* datiert *Octob(er) 1825.*
Mehrfarbig lavierte Federzeichnung in schwarzer und roter Tusche mit Bleistift-Ergänzungen und Nebenrechnungen; auf Leinen gezogen; 48,3 x 68,4 cm (Blatt), 45,5 cm x 66,6 cm (innere Einfassung).
Wasserzeichen: GM.
Maasstab zum Grundriss: Maßleiste von *12 + 144 Pr. Fuss* = 16,9 cm = 1:288; *Maaßsstab zu den Profilen* = *12 x 84 Pr. Fuss* = 20,8 cm = 1:144.
Kartentitel: *Zeichnung vom Weser-Thor der Festung Minden.*
Unten rechts *aufgen: u: gez: im Octob: 1825 vom Ing: Lieut: Creuzinger.* Daneben: *Die Profile nach ab und ik sind unterm 28ten Juni 1847 in Bezug auf die Absattelung über der Thorpassage berichtigt durch die rothen Linien von Simon Ingenieur Lieutenant.* Unten links, außerhalb der Einfassung, in roter Tusche: *(B)emk: Die plus Maaße = alter Pegel, daher 1' 1" hinzuzurechnen. D(aniel).*

Mindener Museum, FM 92; unpubliziert. – Oben links Stempel der Fortification zu Minden mit roter Inv.-Nr. *P:V:IIa, No 2.*

Oben rechts *Grundriss* in Höhe der Durchfahrt, mit Klappe über Wachtraum und Kasematte, die die Absattelung der Gewölbe zeigt. Rechts anschließend *Feuerlinie* und *Cordon der Curtine* des Klausenwalles. – Das Bauwerk von annähernd quadratischem Grundriß hat links die Torfahrt mit dem Balkenwerk der Zugbrücke, rechts daneben die Wache mit Wendeltreppe zum Tambour über den Gewölben und zum Untergeschoß, dahinter ein Durchgang zur rechts anschließenden Kasematte. Zur Weser drei, zum Festungsgraben vier Kanonenscharten. Die Kasemattengewölbe ruhen auf drei querrechteckigen Pfeilern. Neben dem stadtseitigen Kasemattentor Treppe zum Untergeschoß. In der linken Innenwand und in den Pfeilern Schlitze für die Entwässerungsrohre.

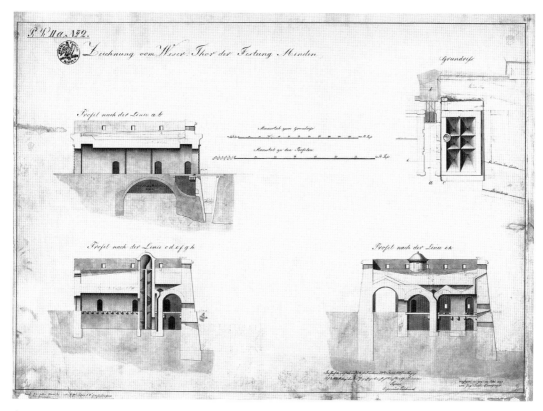

Abb. 189 Wesertor. Bauaufnahme von Ingenieur-Lieutenant Creuzinger, 1825 (Kat.-Nr. 170).

Unter der Torfahrt gestrichelt ein trapezförmig verzogener Bogen der alten Weserbrücke. – Zum Festungsgraben und zur Weser sind die Berme und die *Künette* in Blei nachgetragen.

Links *Profil nach der Linie ab:* Längsschnitt durch die Torfahrt und der Innenansicht der Tambour-Attika, darunter *Alter Brückenbogen,* offenbar weitgehend verfüllt. Unter dem Außentor der Brückenkeller und der Graben unter der Zugbrücke. Die oberen Gewölbescheitel (Absattelung) sind in Blei und roter Tusche geändert, Beischrift in Blei *Gewölbe 4' bis 4'6" stark,* die Wasserhöhe im Graben ist mit Blei + *7' a m.* angegeben.

Links unten *Profil nach der Linie cdefgh:* Längsschnitt durch Wachtraum und Durchgang, mit Wendeltreppe und Untergeschoß, das mit einer Balkendecke vom Erdgeschoß geschieden ist. Die Wendeltreppe trägt über Dach eine geschweifte kuppelige Haube. Im Gewölbe über der Wache Bleistift-Notiz: *Gewölbe wahrscheinlich (?) 3' 6" stk.,* links davon quer *5' 3".* Die Erdaufschüttung lag bis zu 10 Fuß hoch. – Vom Untergeschoß des Durchgangsraumes führte eine Tür in den Brückenkeller. Das Bodenniveau des Erdgeschosses ist mit *22' a.M.* angegeben.

Rechts unten *Profil nach der Linie ik:* Querschnitt durch den Torbau im Bereich des Wachtraumes mit Innenansicht der Tambour-Attika und Ansicht des über Dach ragenden Teils der Wendeltreppe. Auch hier ist die Absattelung über dem Torfahrtgewölbe rot erhöht; Bleistiftschraffuren und Eintragungen zeigen eine ebene, zur Stadt fallende Erdaufschüttung von *5' 6"* bzw. *9'* Höhe. – Die Schnittzeichnung macht das System der Wasserableitung aus dem Bereich über den Gewölben deutlich. In den Trichtern über den Ablaufrohren saßen eiserne Körbe, darüber lag eine grobe Kiesschüttung.

In der Schnittzeichnung links unten *(cdefgh)* ist auf dem Niveau des unteren Kasemattengeschosses ein steinernes Brückenjoch mit Geländer in Blei skizziert, sein Bogen setzt bei *O a.M.* an. Diese Skizze sieht vor, die hoch ansteigende Brücke wohl neben dem Torbau auf tieferem Niveau zu erneuern. Vermutlich steht diese Skizze im Zusammenhang mit dem Neubauprojekt von C. Marx von 1861 oder den Bemühungen der Mindener Handelskammer von 1864 für die Erneuerung der Weserbrücke. Möglich ist auch, daß diese Skizze zu den ersten Überlegungen für den 1871–1873 ausgeführten Neubau gehört, bei dem man jedoch – sicherlich mit Rücksicht auf die Weserschiffahrt – das alte, hohe Niveau beibehielt.

Abb. 190 Wesertor, Stadtseite. Bauaufnahme von Ingenieur-Lieutenant Creuzinger, 1825 (Kat.-Nr. 171).

KAT.-NR. 171   Abb. 190–192
Das Wesertor, 1825

Bezeichnet *Creuzinger*, datiert *November 1825*.
Lavierte Federzeichnung mit jüngeren Überzeichnungen; ursprünglich ca. 99 × 48,5 cm, in zwei Blätter zerschnitten, dabei die linke Hälfte oben und unten unter Verlust der Einfassung beträchtlich beschnitten.
Jetzige Maße: Linke Hälfte 35 × 48,9 cm, rechte Hälfte 48,5 × 49,7 cm (Blatt), 45,4 × 48,8 cm (Einfassung).

Wasserzeichen: GM.
Maßstab auf der rechten Hälfte: Maßleiste von *12 + 72 Preuss: Fuss* = 36,2 cm = 1:72; nach 1871 metrischer Maßstab mit *10 dm + 25 Meter* = 35 cm in Blei nachgetragen.
Ohne Kartentitel; unten rechts *Aufgen: u: gez: vom Ingen. Lieutenant Creuzinger im November 1825.*

Mindener Museum, FM 45/1 und 45/2; rechte Hälfte (Weserseite) bei MEINHARDT 1958, Bild 26. – Oben links Stempel der Fortification zu Minden mit roter Inv.-Nr. *P:V:II a, No 2.*

Links *Innere Façade*. Dem ungefügen Mauerklotz mit leicht geböschten Flanken ist links die dorische Portalarchitektur der Torfahrt mit genuteter Quaderrustika und Flachgiebel über dem reich profilierten Schlußgesims vorgelegt. Am Fries Inschrift in klassizistischen Antiqua-Versalien: *WESER THOR ERBAUT 1821*. Im rechten Fassadenteil das rundbogige Tor zur Erdgeschoß-Kasematte zwischen paarig geordneten Rundbogenfenstern mit schlichten Faschen. Der über dem Torbau liegende Tambour ist zur Stadt offen und mit einem schlichten Eisengitter gesichert, rechts und links erscheinen seine Mauern mit profiliertem Kordongesims auf Volutenkonsolen im An-

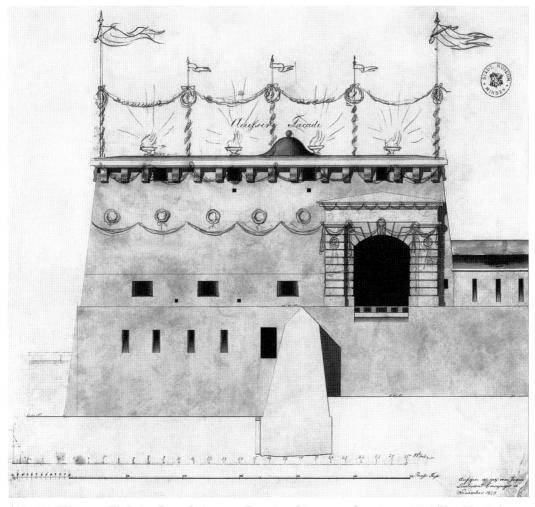

Abb. 191 Wesertor, Flußseite. Bauaufnahme von Ingenieur-Lieutenant Creuzinger, 1825 (Kat.-Nr. 171).

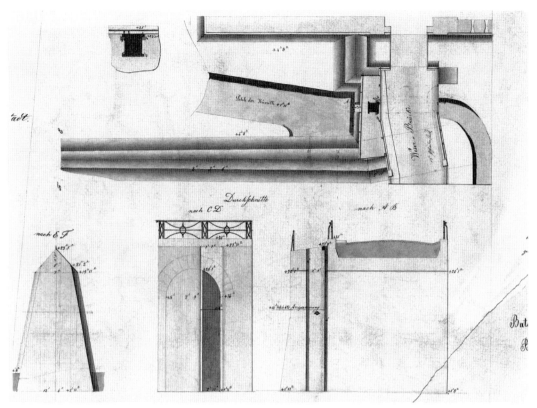

Abb. 192 Schleusen und Batardeau am Wesertor. Pagenstecher, 1838 (Kat.-Nr. 63, Ausschnitt).

schnitt. Etwa in der Mitte das Freigeschoß der Wendeltreppe mit kuppelig geschweiftem Dach. Rechts Anschluß der Brustwehr des Klausenwalles.

Rechts *Aeussere Façade.* Im rechten Drittel Portal wie auf der Innenseite, hier ohne Inschrift, links daneben drei Kanonenscharten, im Untergeschoß vier Gewehrscharten und Tür zum Festungsgraben neben dem im Schnitt gezeichneten Wasserbär. Unter dem Kordon zwischen den volutenartig geschweiften Konsolen vier Kanonenscharten des Tambours, über dem Gesims die Kuppel der Wendeltreppe. Rechts schließt sich die Revêtementsmauer des Rondells mit Gewehrscharten an, darüber erscheint die Brustwehr.

Links ist neben dem unteren Kasemattengeschoß in Blei die Revêtementsmauer des Klausenwalles ergänzt. – Die Höhe des Tambourkordons ist mit *52′ a. M.* = 16,30 m über Mindener Pegel angegeben, die Bodenhöhe des Erdgeschosses mit *22′ a. M.* = 6,90 m; der Torbau war stadtseitig demnach etwa 7,90 m hoch.

Die Bauaufnahme Creuzingers zeigt den Bau so wie er von 1821 bis zum Abbruch durch Maurermeister Sinemus im Jahre 1896 gestanden hat (vgl. Abb. 194, 195).

Den vor dem Tor liegenden Batardeau samt Schleuse am Westende der Weserbrücke zeigt detailliert das von Pagenstecher 1838 und von Gaertner 1845 gezeichnete Blatt Kat.-Nr. 63 (siehe dort). – Die mit Blei eingetragene Festdekoration mit Girlanden, Kränzen, Flammenschalen und schwarz-weiß-rot bzw. weiß-schwarz zu denkenden Flaggen ist nicht sicher zu datieren. Der Kranz am linken Portalpilaster der Stadtseite trägt die Jahreszahl *1649*, das Jahr des Einzugs der Brandenburger nach dem Abzug der Schweden, die Zahl am rechten ist undeutlich überschrieben: ursprünglich wohl *1874* – das Jahr der 225. Wiederkehr der Inbesitznahme Mindens durch den Großen Kurfürsten. Die Korrektur scheint auf *1889*, das Jahr des Besuchs Wilhelms II. anläßlich des Kaisermanövers, zu deuten. Die Stadt war aus diesem Anlaß üppig mit Ehrenbögen und Flaggen dekoriert (NORDSIEK, Kaiserwetter 1991, S. 106–110 mit Abb.).

KAT.-NR. 172   Abb. 193
Projekt für den Neubau des Wesertores, um 1870/71 (?)

Unbezeichnet, nicht datiert.
Federzeichnung auf bräunlichem Transparentpapier, z. T. laviert, Zahlen mit roter Tusche; Einfassung in Blei; 27 x 29 cm, ungleich beschnitten.
Ohne Maßstab; 10' = 2,1 cm = 1:148.
Kartentitel: *Neues Festungsth(or)*.

Mindener Museum, FM 44; unpubliziert.

Das Blatt zeigt ein rundbogiges Doppeltor in krenelierter Mauer zwischen polygonalen Zinnentürmen. Auf dem Durchfahrtsniveau sind Zugbrückenplatten, darunter – gestrichelt – die Brückenkeller verzeichnet. Maßangaben in Fuß und Zoll.

Links anschließend eine hohe Zinnenmauer mit Geschützscharte unter drei Gewehrscharten, die sich über hohem, senkrechtem Mauersockel an die leicht geböschte Nordseite des Wesertores

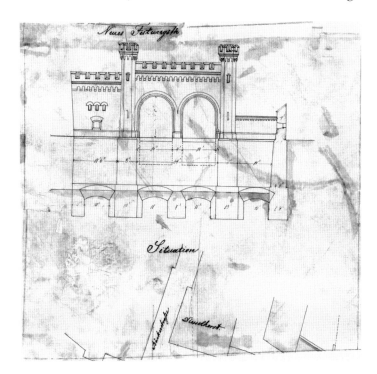

Abb 193   Projekt für den Neubau des Wesertores, um 1870/71 (Kat.-Nr. 172).

Abb. 194 Wesertor, Stadtseite von Nordwesten, vor 1896.

Abb. 195 Wesertor, Graben- und Flußseiten von Südosten, vor 1896.

anlehnen sollte. Rechts neben dem Tor ein niedriges Mauerstück, daneben im Schnitt eine höhere Mauer mit Gewehrscharte, offenbar zum brückenseitigen Vorplatz gehörend.

Der Plan der *Situation* ist unten abgeschnitten; der erhaltene Teil zeigt das Ostende der *Bäckerstrasse* mit dem Haus *Dieselhorst* (vgl. den Grundriß in Kat.-Nr. 169). Die Situation ist eindeutig nur auf das Wesertor zu beziehen.

Der nicht ausgeführte Plan steht vermutlich im Zusammenhang mit den Vorüberlegungen zur Neuplanung der Weserbrücke in den Jahren 1870/71, bei denen zunächst noch aus fortifikatorischen Gründen der Bau von Toren und Zugbrücken vorgesehen war (siehe Kapitel Weserbrücke in Teil V, S. 1603–1624, hier S. 1618 f.). Für die späte Datierung spricht auch die Verwendung des früher kaum verwendeten Transparentpapiers.

KAT.-NR. 173 Abb. 196
Kriegs-Pulver-Magazin No 5 im Bastion I, 1839

Bezeichnet *Creuzinger,* datiert *im November 1839.*
Farbig angelegte Federzeichnung in schwarzer und roter Tusche, stellenweise radiert und mit Bleistift überzeichnet; 50,9 x 41,1 cm.
Maßleiste bis auf Reste zerstört, *(12 + 12' Fuss)* Preuss = 14 cm = 1 : 296. Norden links.
Kartentitel: *Project zu einem zu erbauenden Kriegs-Pulver-Magazin im Bastion No I. der Festung Minden; nach den Bestimmungen des Herrn Ingenieur-Inspecteurs Obristen von Vigny.* Unten rechts: *Gez: vom Ing: Prem: Lieut: Creuzinger im November 1839.*

Mindener Museum, FM 129; unpubliziert. – Oben links Stempel der Fortification zu Minden und rote Inv.-Nr. *P. V. III a, No 8.*

Oben Grundriß des leicht nach Norden verzogenen Bastions mit dem Grundriß des Pulvermagazins in der Kapitale, davor – knapp vor der östlichen Stirnmauer und auf der Sohle des Diamants – ein *Grabmal.* Die Kehle des Bastions ist durch eine Mauer mit zwei Toren geschlossen. Die Mauer reicht in den Anschlußpunkten an den Wall bis zur Brustwehr und setzt sich über diese in Palisaden fort. Auf dem Klausenwall, halb in die Wallstraße gerückt, die *Wohnung eines Wallmeisters* (siehe Kat.-Nr. 178, 179); innerhalb des Walles *Die Bastau,* mit Angaben zu verschiedenen Wasserstandshöhen. – Unten *Profil nach der Linie AB.:* Querschnitt durch die Bastionsflanken und den Magazinbau über *Null a(m) P(egel).* – Rechts am Rand, um 90 Grad gedreht, der Längsschnitt in der Kapitale mit der Seitenansicht des Pulvermagazins, der Wallmeisterwohnung und Schnitt durch das Bastaubett.

Anders als die beiden 1819 bzw. um 1820–1823 errichteten freistehenden Kriegs-Pulver-Magazine No 1 und 2 in Bastion VI und X (vgl. Kat.-Nr. 71–73 und 144–148) – die Magazine No 3 und 4 von 1823 lagen in den Wallköpfen der Hausberger Front (Kat.-Nr. 190) – war das Magazin No 5 im Inneren nur einstöckig zu beschicken und mit einer korbbogigen Tonne zwischen starken Seitenmauern gewölbt. Diese Konstruktion ermöglichte den Verzicht auf seitliche Strebepfeiler. Hinter der Kehlmauer lag das Vorhaus mit seitlichem Eingang; die östlichen Ecken waren abgeschrägt. Die Wölbung war durch eine abgesattelte Erdpackung bombenfest gesichert.

Die Überzeichnungen in Blei betreffen die Korrektur der Rampen bei der seitlichen Verschiebung der Tore in der Kehlmauer und die Verbreiterung der Rampen zur rechten Geschützplattform in der Bastionsspitze, wo auch die Brustwehr um 1' 6" höher lag.

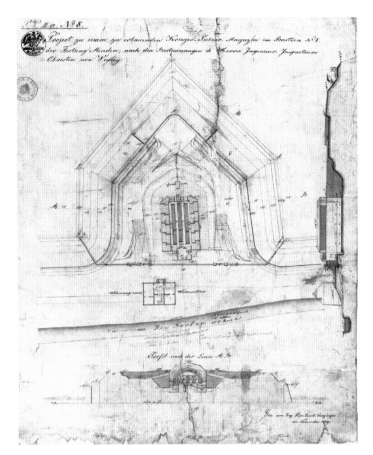

Abb. 196 Kriegs-Pulver-Magazin No 5 im Bastion I. Premier-Lieutenant Creuzinger, 1839 (Kat.-Nr. 173).

Das Kriegs-Pulver-Magazin No 5 wurde 1840 erbaut; der Festungskommandant von Boyen teilte der Regierung am 7. Mai mit, daß die Anlage des Abwasserkanals in der Kehle des Bastions die *Sperrung des Wallganges für alles Fahren und Reiten* erfordere. Er ordnete gleichzeitig an, daß die Pulverwagen, die üblicherweise den Klausenwall als kürzeste Verbindung zwischen Wesertor und Hausberger Front benutzten, vom Hausberger Tor aus außerhalb des Glacis um die Stadt bis zum Marientor und von dort auf dem Wallgang bis zum Wesertor zu fahren hätten, in umgekehrter Richtung entsprechend (STA DT, M 1 I C, Nr. 257, p. 81).

Wer in dem Grabmal im Bastionshof beigesetzt worden ist, ließ sich bisher nicht ermitteln. Zweifellos war es ein höherer Offizier, dem diese Ehre zuteil wurde, jedoch war es sicher nicht der 1827 im Alter von 62 Jahren verstorbene Festungskommandant Carl Wilhelm von Rango, der nach einer Lebensbeschreibung (MiHbll. 5, 1927, S. 1 f.) an Altersschwäche starb und auf dem Alten Friedhof vor dem Königstor begraben wurde, wo seine Grabstätte erhalten ist. Von ihm wurde in Minden erzählt, *er sei von einem Posten erschossen worden, als er nachts auf einer Ronde, die er in Zivil zu machen pflegte, von diesem vorschriftsmäßig angerufen sei, habe aber nicht geantwortet, worauf der Posten feuerte und ihn tödlich traf* (A. M. in MT vom 24./25. 4. 1943, S. 3). Möglicherweise liegt hier eine Verwechslung mit einem anderen Offizier vor, der bislang jedoch nicht festzustellen war.

KAT.-NR. 174
Kriegs-Pulver-Magazin No 5 im Bastion I, 1843

Abb. 197

Unbezeichnet, datiert *1843*.
Mehrfarbig lavierte Federzeichnung in schwarzer und roter Tusche mit Bleistift-Nachträgen; 38,7 x 34,1 cm (Blatt, unten beschnitten), 37,8 x 32,1 cm (innere Einfassung, unten verloren).
Maßleiste von *10 + 70 Fuss* = 16,45 cm ≅ 1:152.
Kartentitel: *Zeichnung der Fundamente vom erbauten Krieges-Pulver-Magazin No 5, in Bastion No I zu Minden, oben links 1843.*

Mindener Museum, FM 38; unpubliziert. – Oben links Stempel der Fortification zu Minden und rote Inv.-Nr. *P. V.III a No 16.*

Unten Grundriß des Magazins mit den Öffnungen und Luftkanälen im Mauerwerk samt Fundamentbankett. In der Nordostecke (rechts oben) gestrichelt ein *Brunnen* eingetragen, daneben *Fundamentwall* in Blei, sowie Maßangaben zu Fundamenthöhe.

Darüber Längsschnitt *a.b.* mit der Bleistift-Beischrift *zu beide Längenfronten gültig*; unter dem Bankett links *Lehm*, rechts *Sand*. Knapp darüber *Profil A. B.:* Längsschnitt in der Mittelachse mit der Holzbodenkonstruktion über und unter den seitlichen Luftöffnungen.

Oben *Profile CD bis EF:* Querschnitte mit den Fundamenten für die mittleren Längs-Lagerhölzer.

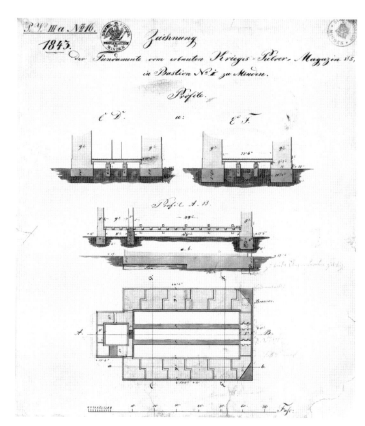

Abb. 197 Kriegs-Pulver-Magazin No 5 im Bastion I, 1843 (Kat.-Nr. 174).

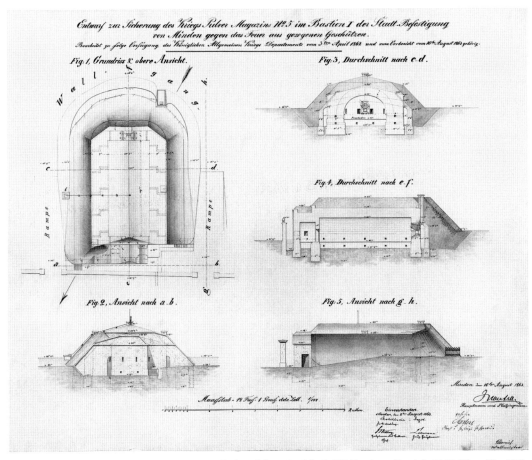

Abb. 198 Entwurf zur Sicherung des Kriegs-Pulver-Magazins No 5. Wallmeister Daniel, 1863 (Kat.-Nr. 175).

KAT.-NR. 175   Abb. 198
Entwurf zur Sicherung des Kriegs-Pulver-Magazins No 5, 1863

Bezeichnet *Daniel*, datiert *Minden, den 10ten August 1863.*
Lavierte Federzeichnung; 49,5 x 65,5 cm.
Maaßstab = 12 Fuß = 1 Preuß; ddc. Zoll – 1/144; Maßleiste von *12' + 7 Ruthen* = 20,5 cm. Norden unten links.
Kartentitel: *Entwurf zur Sicherung des Kriegs Pulver Magazins No 5 im Bastion I der Stadt-Befestigung von Minden gegen das Feuer aus gezogenen Geschützen. Bearbeitet zu folge Verfügung des Königlichen Allgemeinen Kriegs Departements vom 3ten April 1862 und zum Vorbericht vom 10ten August 1863 gehörig.*
Unten von rechts*: Daniel. Wallmeister / Maentell. Hauptmann und Platzingenieur / gesehen Mertens, Oberst u Festungs Inspecteur / Einverstanden: Minden, den 11ten August 1863. Artillerie-Depot. In Vertretung Metting Hauptmann und Batterie-Chef / Lehmann Zeug-Hauptmann.*

GSTA PK, Festungskarten Minden F 70.065; unpubliziert.

Links *Fig: 1, Grundriß & obere Ansicht* des Magazins zwischen *Wallgang, Rampe* (2x) und Kehlmauer, mit der Erdabdeckung, für die in Berlin eine Verstärkung an der Weserseite mit blauer Tusche eingetragen wurde.

Das ursprünglich in der Bastionskapitale = Mittelachse des Magazins gelegene Grabmal (vgl. Kat.-Nr. 173) wurde anscheinend nach Südosten an den Wallgang versetzt und mit einem Lanzengitter versehen.

Unten links *Fig: 2, Ansicht nach a – b.* mit den Aufmauerungen der Stirnwände von Magazin und Vorhaus sowie der Anlage eines Blitzableiters.

Rechts *Fig: 3, Durchschnitt nach c – d.*: Querschnitt durch das Magazin mit den außen vorgesetzten Doppelwänden, den Viertelkreis-Wölbungen und der Erdaufschüttung.

Darunter *Fig: 4, Durchschnitt nach c – f.*: Längsschnitt mit Kehlmauer, neuem Luftkamin und Verstärkung der Erdpackung an der östlichen Stirnseite.

Unten *Fig: 5, Ansicht nach g – h.* von Süden mit einem Torpfeiler in der Kehlmauer und dem versetzten Grabmal.

Zu der Verstärkung der Hohlbauten in der Festung nach 1860 vgl. Kat.-Nr. 72.

KAT.-NR. 176 ohne Abb.
Sicherung des Kriegs-Pulver-Magazins No 5, 1864

Bezeichnet *Ross*, datiert *Minden den 17 October 1864.*
Mehrfarbig lavierte Federzeichnung in schwarzer, roter und blauer Tusche mit Bleistift-Nachträgen; 49 x 65,9 cm.
Wasserzeichen: JWHATMAN / 1863.
In Anlage, Darstellung, Maßstab und Beschriftung mit Kat.-Nr. 175 übereinstimmende Zweitausfertigung für den Gebrauch der Mindener Fortification, bezeichnet *Für die Richtigkeit: Ross Feuerwerker.*

Mindener Museum, FM 155; unpubliziert. – Oben links Stempel der Fortification zu Minden mit Inv.-Nr. *P. V.III.a, No 43.*

Die in der Vorlage Kat.-Nr. 175 in Berlin blau eingetragenen Korrekturen sind hier als Bestand eingearbeitet. Die Nachträge bzw. Eintragungen in Blei bezeichnen in Fig. 2 *Oberkante* bzw. *Unterkante Gewölbe* sowie eine grob skizzierte giebelförmige Erniedrigung der westlichen Stirnmauer mit gleichzeitiger Verbreiterung nach links.

In Fig. 3 und 4 ist mit Blei eine weitere Verstärkung der Erdanschüttung an der nördlichen Langseite und der östlichen Stirnseite angedeutet.

Der Klausenwall mit den Bastions I und II samt Graben, Gedecktem Weg und Glacis ging mit dem Übergabevertrag vom 28. September 1878, § 7c, in den Besitz der Stadt über; Wall und Bastion II wurden aber erst nach der 1901/02 erfolgten Verlegung der Bastaumündung in das Weserglacis vor der Kurtine I/II eingeebnet. Bastion I wurde bereits 1886 planiert, das Pulvermagazin gesprengt (KAM, Mi, F 1218; siehe auch Teil V, S. 617 f., Immanuelstraße 20). Bis 1906 wurde auf dem Bastionsgelände das Ostende der Tonhallenstraße angelegt, anschließend erfolgte die Bebauung mit dem neuen Kreishaus und der »Ressource« (siehe Teil V, S. 61–86, Tonhallenstraße 4 und 5–7).

KAT.-NR. 177   Abb. 199
Wallmeisterhaus bei Bastion I, vor 1820

Bezeichnet *C. Krause*, nicht datiert.
Farbig angelegte Federzeichnung in schwarzer und grauer Tusche mit Korrekturen in Blei; 33,7 x 40,2 cm (Blatt), 27,8 x 32,3 cm (Einfassung).
Wasserzeichen: VAN GELDER.
Maßleiste von *10 + 30 rheinl: Fuss* = 15,55 cm ≅ 1:80.
Kartentitel: *Zeichnung des Laboratoriums*, gestrichen und überschrieben: *Gegenwärtige Wallmeister-Wohnung;* unten rechts in der Einfassung *C. Krause*.

STA DT, D 73 Kartensammlung Tit. 4 Nr. 10284; unpubliziert. – Oben links Stempel der Fortification zu Minden und rote Inv.-Nr. *P. V. IIIa, N 62;* oben rechts und unten links Inv.-Nr. der Garnison-Verwaltung Minden mit Stempel und Zusatz: *Wallmeister-Wohnung am Clausenwall /: An die Stadt verkauft: /* sowie weitere Inv.-Nummern.

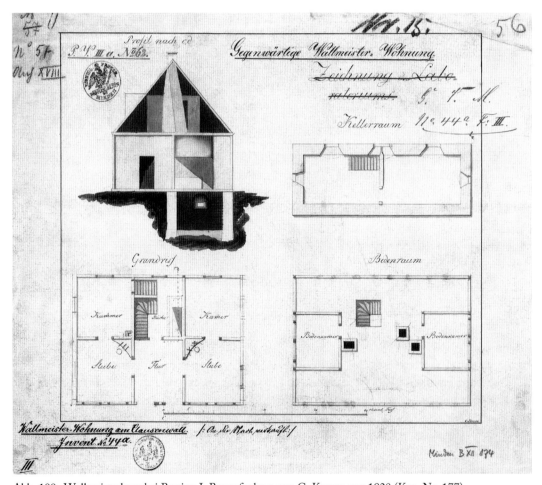

Abb. 199 Wallmeisterhaus bei Bastion I. Bauaufnahme von C. Krause, vor 1820 (Kat.-Nr. 177).

IV.2.2 Katalog – Die Weserfront und die alte Hausberger Front (Kat.-Nr. 167–189) 345

Unten links *Grundriss:* An der Eingangsseite (unten) zwei Türen zum *Flur,* dahinter *Küche* mit gemauertem Herd und Bosen sowie Treppen zum Dachraum und zum Keller.

Beiderseits vorn *Stube* und *Kammer,* die Ofennischen in den Stuben später durchstrichen, in der linken Kammer Schornstein nachgetragen. Rechts oben *Kellerraum,* der sich in der hinteren Haushälfte über die ganze Länge erstreckt. – Darunter *Bodenraum* mit drei Kaminzügen und je einer *Bodenkam(m)er* an den Giebelseiten.

Oben links *Profil nach c,d:* Querschnitt durch Flur, Küche und Keller mit Ansicht der gezogenen Kamine, die im First austreten. In der linken (vorderen) Dachfläche ist eine Gaupe angedeutet.

Das 1804 vom Kaufmann Wilhelm Clausen *für 2 und noch mehr Parteien* neu erbaute und eingerichtete Fachwerkhaus (später Haus-Nr. 234 f) wurde im Zuge der Neubefestigung eingezogen und dem Wallmeister als Wohnung zugewiesen. Der Plan wird um 1810 als Bauaufnahme im Zuge der Einziehung der für die Fortification benötigten Häuser entstanden sein (vgl. Kat.-Nr. 178). Das Haus wurde 1878 mit Wall und Bastion an die Stadt verkauft; es stand bis 1904 und wurde bei der Anlage der Klausenwallstraße abgebrochen.

Die gestrichene Bezeichnung *Laboratorium(s)* beruht auf einer Verwechslung mit dem gleichfalls dem Kaufmann Clausen gehörenden ehemaligen Wachsbleichen- und Kaffeehaus bei Bastion II, das gleichzeitig von Krause aufgemessen wurde (vgl. Kat.-Nr. 179). Es wurde nach der Einziehung durch die Fortification als Laboratorium benutzt. Die Verwechslung scheint darauf hinzudeuten, daß der Zeichner C. Krause nicht dem Ingenieurkorps bzw. der Fortification angehörte, sondern als Zivilist mit der Aufmessung betraut wurde.

Vgl. auch Teil V, S. 32 f., Klausenwall o. Nr. (234 f).

KAT.-NR. 178 Abb. 200 und Teil V, S. 32, Abb. 18
Wallmeisterhaus bei Bastion I, 1820

Unbezeichnet, rückseitig datiert *1820.*
Farbig angelegte Federzeichnung; 45 x 44,5 cm (Blatt), 43 x 40,5 cm (Einfassung).
Wasserzeichen: JWHATMAN / 1811.
Ohne Maßstab; 11'= 4,65 cm ≅ 1:74.
Kartentitel: *Wallmeister-Wohnung in der Gorge des Bastions No I.;* rückseitig Vermerk: *durch den Major v Gayette zu Minden den 21. Maerz 1820. eingesandt.*

GSTA PK, Festungskarten Minden F 70.083; unpubliziert.

Oben links Grundriß von *Keller* (2x) und Erdgeschoß. Der Vergleich mit der etwa 1815/16 entstandenen Bauaufnahme von C. Krause (Kat.-Nr. 177) zeigt, daß in der Zwischenzeit die Nordseite zur Bastau abgegraben und daß vor der dadurch freigelegten Kellerwand ein Fachwerkanbau mit vier unterschiedlich großen Räumen (Stall- und Lagerräume für Brennmaterial o.ä.?) unter einem Pultdach errichtet wurde. Von den beiden Haustüren zum Flur wurde die rechte geschlossen; die Feuerkammer zur Beschickung der Öfen in den Stuben wurden dagegen beibehalten. Die gewinkelte Treppe von der Küche zum Dachraum hat hier einen längeren Anlauf; die Kellertreppe ist schmaler.

Rechts *Profil nach ab:* Querschnitt durch die rechte Stube und Kammer mit Keller und Anbau; hinter diesem die *Bastau.*

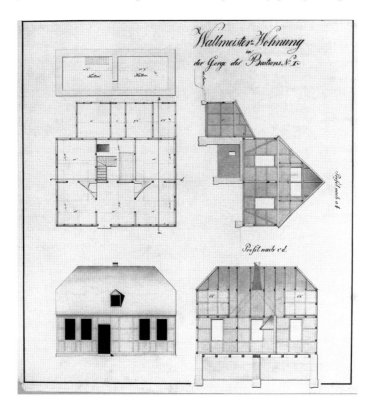

Abb. 200 Wallmeisterhaus bei Bastion I, 1820 (Kat.-Nr. 178).

Unten Ansicht der Eingangsseite am Wallgang mit dem Krüppelwalmdach, rechts *Profil nach cd:* Längsschnitt hinter der mittleren Längswand mit dem Küchenbosen und den gezogenen Kaminen, die sich zum firstmittigen Schornsteinkopf vereinen.

Das Haus erhielt 1818 die Haus-Nummer 234 f; es wurde 1904 abgebrochen.

KAT.-NR. 179   Abb. 201
Laboratorium im Bastion II, vor 1820

Bezeichnet *C. Krause*, nicht datiert.
Farbig lavierte Federzeichnung; 48 x 34 cm (Blatt), 44,4 x 29,6 cm (Einfassung).
Wasserzeichen: Gekrönter Lilienschild über VG (= Van Gelder).
Maßleiste von *10 + 50 rh: Fuss* = 22,6 m ≅ 1:84.
Kartentitel: *Profil und Bodenraum des dem Kaufmann Clausen zugehörigen Wachsbleichen-Hauses.* (Nachgetragen:) *gegenwärtiges Laboratorium.*
Unten rechts innerhalb der Einfassung signiert *C. Krause.*

KAM, Mi; aus dem Mindener Museum (Stempel); unpubliziert. – Oben links Stempel der Fortification zu Minden mit roter *Inv.-Nr. P. V.IIIa, No 2.*

Oben: Querschnitt durch die Mittelachse nach Norden. Links niedriges, rechts höheres Zwerchhaus, dazwischen halbe Ansicht des südlichen Krüppelwalms.

Darunter zwei Schnitte durch die Keller; links *Keller gegen Norden* mit Tonnengewölbe und Lichtschacht, rechts *Keller gegen Süden* mit einer auf je zwei Mauerlatten aufgekämmten Balkendecke. Der gewölbte Keller lag parallel zur Rückwand des Hauses in der Nordhälfte, der balkengedeckte Keller nahm die Südostecke ein (vgl. Kat.-Nr. 180).

Unten Grundriß des Dachbodens mit *Flur* (2x), *Stube* (3x) und *Dachkam(m)er* (8x). In der Dachkammer neben dem kleinen Zwerchhaus Auslauf der Treppe vom Erdgeschoß und *Boden-Treppe* zum Spitzboden; in den Kammern beiderseits des großen Zwerchhauses (*Stube*) Kaminzüge.

Das 1764 vom Kaufmann Bernhard Heinrich Clausen und seiner Frau Sophie Christine geb. Pöppelmann erbaute Haus war 1818 als *Kaffeehaus auf dem Walle* noch im Besitz des Kaufmanns Wilhelm Clausen, der aber schon 1816 in den Mindener Intelligenzblättern den Verkauf von allerlei Gewächsen aus der Auflösung seiner Baumschule wegen des Festungsbaues annoncierte. 1818 erhielt das bis dahin nicht numerierte Haus die Haus-Nummer 234 e; bald darauf wird es von Krause

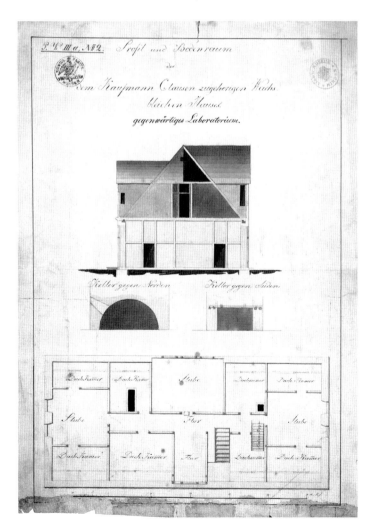

Abb. 201 Laboratorium im Bastion II. C. Krause, vor 1820 (Kat.-Nr. 179).

aufgemessen und zur Festung gezogen worden sein: Die in diesen Jahren vorgenommene Abschätzung der Clausenschen Häuser *am Wall an denen Bastions 1 et 2* ergibt für *Gebäude zur Wohnung, Wachsfabr(ik) excl. Utens(ilien) u(nd) Kaffee Haus* den Betrag von 6389 Rthl 3 gr 3 d (STA DT, M 1 I C, Nr. 801). Vgl. auch Kat.-Nr. 177, Wallmeisterhaus bei Bastion I, sowie Teil V, S. 32 f., Klausenwall o. Nr. (234 f.). – Im Sommer 1861 kam es im Laboratorium zu einer Explosion (Verw.-Bericht zu 1862); sie dürfte u. a. den Neubau eines Kriegslaboratoriums im Bastion X veranlaßt haben (vgl. Kat.-Nr. 141–143).

Der eingeschossige Massivbau erscheint regelmäßig seit 1814 in den Festungsplänen, südlich davon stand in gleicher Flucht ein kleines Nebengebäude (Stall o.ä.).

Das Haus wurde erst 1914 abgebrochen, an seiner Stelle entstand der Neubau der Reichsbank Klausenwall 16. Das reizvolle Sandstein-Türgestell mit der Jahreszahl ANNO 1764 und den Initialen der Bauherren wurde als Zugang zum Hof des Bankgebäudes wiederverwendet (siehe Teil V, S. 34 f., Klausenwall 16).

KAT.-NR. 180   Abb. 202
Laboratorium und Feuerhaus im Bastion II, 1856

Bezeichnet *Seydel* und *Daniel*, datiert *Minden den 3ten September 1856*.
Federzeichnung in schwarzer und roter Tusche, teilweise laviert, mit zahlreichen Bleistifteintragungen; 47 x 68 cm.
Transversal-Maßstab von *12'+ 7 Ruthen* = 20,75 cm = 1:144.
Kartentitel: *Aufnahme des Laboratoriums und des Feuerhauses der Festung Minden.*
Unten rechts: *Aufgenommen und gezeichnet durch den Oberfeuerwerker Seydel / Copirt durch Daniel, Wallmeister / Minden den 3ten September 1856.*

Mindener Museum, FM 73; unpubliziert. – Oben links zwei Stempel der Fortification zu Minden mit roter Inv.-Nr. *P V.IIIa Nr. 37.*

Links und in der Mitte die Zeichnungen des Laboratoriums (vgl. Kat.-Nr. 179), rechts des Feuerhauses. – Links übereinander die Grundrisse, unten *Erdgeschoss* mit der Westseite/Fassade zum *Wallgang,* an der Nord- und Ostseite *Eingang zum Keller* (2x). Ursprünglich schmaler Mittelflur mit Treppe zum Dachraum rechts neben der Haustür, durch Umbauplanung überzeichnet. Rechts und links je zwei große Räume, jeder mit vier Fenstern zum Wallgang, dahinter rechts ein gleichgroßer Raum zum Bastionshof, links zwei Zimmer. Mit Blei weitere Trennwände und Ofenplätze einskizziert. Detaillierte Maßangaben in Blei.

Darüber *Grundriss des Dachbodens,* der in der Raumaufteilung dem Grundriß von Kat.-Nr. 179 entspricht. Es fehlen die Kaminzüge in den seitlichen Kammern, statt dessen ist ein zentraler Kamin zwischen Flur und mittlerer Stube eingezeichnet. – Oben *Grundriss des Bodenraum's und der zweiten Dachbalkenlage* mit dem zentralen Schornstein. – In der Mitte unten *Langendurchschnitt A.B* mit zentralem Schornstein und der Heizkammer für die Kastenöfen der beiden große Räume rechts. Vor dem rechten (südlichen) Krüppelwalm in Blei skizziert und wieder gestrichen ein vorkagendes Kranhäuschen.

Darüber *Querdurchschnitt DC.* durch die beiden südlichen Säle nach Süden mit Ansicht eines türhohen Ofens. Unter der Rückwand zum Bastionshof (links) ist der Gewölbekeller skizziert, der aber unter dem nördlichen Hausteil lag. Im Dachgeschoß in Blei Skizze für ein neues, weiter aus-

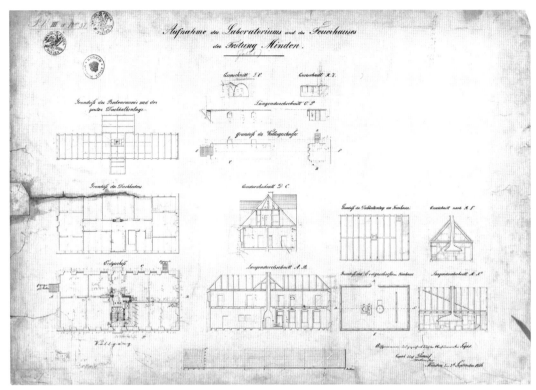

Abb. 202   Laboratorium und Feuerhaus im Bastion II. Oberfeuerwerker Seydel, Kopie von Wallmeister Daniel, 1856 (Kat.-Nr. 180).

kragendes Dach (siehe Kat.-Nr. 181). – Oben *Grundriss des Kellergeschosses* unter dem rückwärtigen Hausteil mit *Längendurchschnitt O.P.*, *Querschnitt T.V.* durch den gewölbten und *Querschnitt X.Z* durch den flachgedeckten Keller mit Korrekturen, Ergänzungen und Maßangaben in Blei.

In der rechten Blatthälfte unten *Grundriss des Erdgeschosses vom Feuerhause*, eines eingeschossigen Fachwerkbaues mit Feuerstellen und Kesseln in der Mitte und einem zwei Fache breiten, abgeteilten Nebenraum.

Die in diesem Raum liegende Treppe zum Dachraum zeigt der *Längendurchschnitt M. N.*, rechts daneben, ebenso den gewaltigen Rauchfang über den Feuerstellen.

Oben *Grundriss der Dachbalkenlage vom Feuerhause und Querschnitt nach R.S.*

Laut Nachweisung vom 14. 4. 1875 (STA DT, M 1 I C, Nr. 206, fol. 212 ff. unter C) war das Feuerhaus 1818 im Hof des Bastions II erbaut; es maß 13,18 x 7,85 m und war im Lichten 3,09 m hoch. Das Dach war mit Ziegeln gedeckt.

Laboratorium und Feuerhaus werden gleichzeitig 1914 abgebrochen worden sein. Bis zum Bau des neuen Kriegslaboratoriums im Bastion IX 1865/66 (siehe Kat.-Nr. 141–143) wurde hier die Munition für die Mindener Garnison hergestellt. Nach 1866 wird es als Friedenslaboratorium geführt. Es war 22,75 x 10,67 m groß, im Lichten 3,51 m hoch und mit *Linksdeckern* belegt (STA DT, M 1 I C, Nr. 206, fol. 212 ff., C Nr. 32).

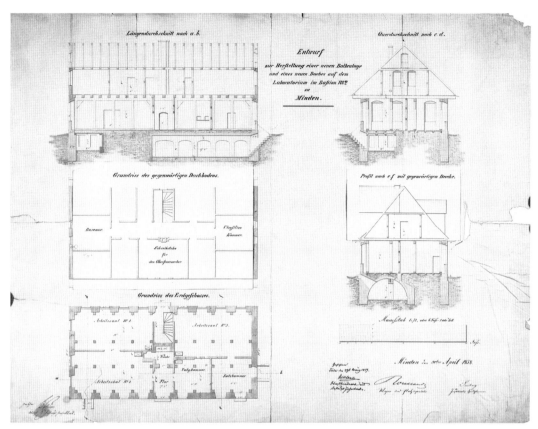

Abb. 203 Laboratorium im Bastion II. Ingenieur-Hauptmann Sontag, 1858 (Kat.-Nr. 181, Klappen geschlossen).

KAT.-NR. 181   Abb. 203, 204
Laboratorium im Bastion II, 1858

Bezeichnet *Sontag*, datiert *Minden den 30ten April 1858*.
Farbig angelegte Federzeichnung mit zwei Klappen; 65 x 83 cm.
Transversal-*Maaßstab 1 : 72, oder 6 Fuß =1 ddc Zoll* = 20 cm.
Kartentitel: *Entwurf zur Herstellung einer neuen Balkenlage und eines neuen Daches auf dem Laboratorium im Bastion No 2 zu Minden.*
Unten rechts Datum und Unterschriften, von rechts: *Sontag Ingenieur Hauptmann. / Roulland Major und Platzingenieur /Gesehen Cöln den 29t März 1858 Neuland Oberstlieutnant und Festungs Inspecteur.*
Unten links: *gesehen Oettingen Oberst u. Festungs-Inspekteur.*

GSTA, PK, Festungskarten Minden C 70.103; unpubliziert.

Links unten *Grundriss des Erdgeschosses* (Norden rechts, Fassade zum Wallgang oben) mit unterteiltem Mittelflur, zentraler Heiz- und Kaminanlage und Treppe hinter der Haustür entsprechend der

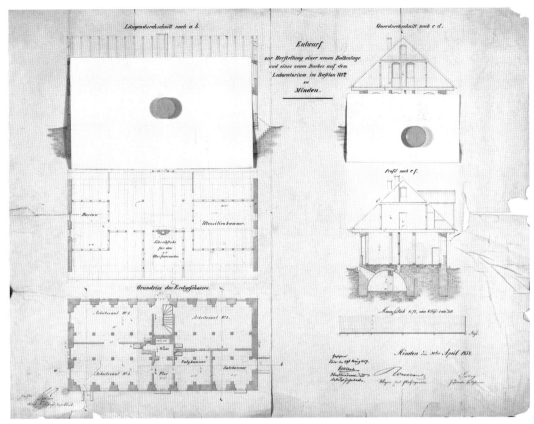

Abb. 204 Laboratorium im Bastion II. Ingenieur-Hauptmann Sontag, 1858 (Kat.-Nr. 181, Klappen offen).

Umbauplanung von 1856 (siehe Kat.-Nr. 180), aber zusätzlich mit zwei firstparallelen Reihen kräftiger Ständer. Neben dem Treppenhaus *Arbeitsaal No 1.* bzw. *No 3.*, der große Raum zum Bastionshof *Arbeitsaal No 2*. In der Mitte des Hauses *Küche* mit großer Feuerstelle und Heizkammern für die Beschickung der Öfen, dahinter *Flur* mit Ausgang nach Osten. Zwei Räume im Nordosten des Hauses bezeichnet als *Talgkammer* und *Satzkammer*.

Über dem Erdgeschoß auf der linken Klappe *Grundriss des gegenwärtigen Dachbodens*. In den beiden Giebelkammern *Bureaux* bzw. *Utensilien Kammer*, der Raum im großen Zwerchhaus *Schreibstube für den Oberfeuerwerker*. Unter der Klappe die Neuaufteilung des Dachgeschosses mit vergrößerten Giebelräumen; die Schreibstube wird um ein Gefach schmaler, dafür aber tiefer.

Oben *Längendurchschnitt nach a – b*.

In der rechten Blatthälfte bei geschlossener zweiter Klappe *Profil nach e – f mit gegenwärtigem Dache*, unter der Klappe das Profil *nach e – f* mit dem neuen, weit auskragenden Dach, den beiden Ständerreihen im Erdgeschoß und Schnitt durch den Gewölbekeller.

Darüber *Querdurchschnitt nach c – d.* mit neuem Dachwerk und Balkenkeller samt Kellertreppe.

Der in Kat.-Nr. 180 schon projektierte und hier als Reinzeichnung vorgelegte Neubau des Daches scheint nicht ausgeführt worden zu sein, vgl. Kat.-Nr. 182.

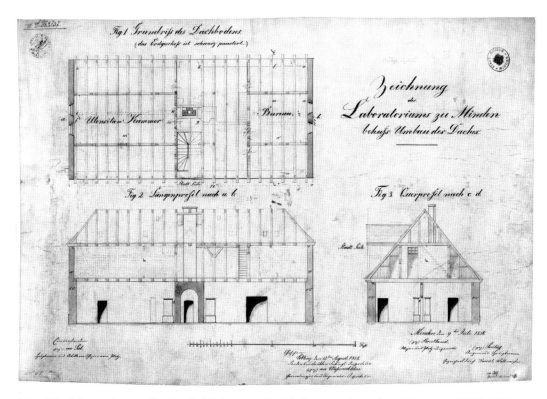

Abb. 205   Laboratorium im Bastion II. Wallmeister Daniel, Kopie von Ingenieur-Lieutenant Wolf, 1858 (Kat.-Nr. 182).

KAT.-NR. 182　　　　　　　　　　　　　　　　　　　　　　　　　　　　　　　　Abb. 205–206
Laboratorium im Bastion II, 1858

Bezeichnet Daniel und *Wolf,* datiert *Minden, den 9ten Juli 1858.*
Farbig angelegte Federzeichnung mit schwarzer und roter Tusche, Bleistift-Nachträge bzw. Korrekturen; 44,2 x 65,6 cm.
Wasserzeichen: JWHATMAN / 1858.
Maßleiste von *12 + 36 Fuss* = 20,95 cm = 1:72.
Kartentitel: *Zeichnung des Laboratoriums zu Minden behufs Umbau des Daches.*
Unten rechts: *Gezeichnet durch Daniel, Wallmeister / cop. Wolf. Ingenieur-Lieutenant / (:gez:) Sontag. Ingenieur-Hauptmann / (: gez:) Roulland. Major und Platz-Ingenieur / Gesehen Coblenz den 12ten August 1858 Für den beurlaubten Festungs-Inspecteur. (:gez:) von Wasserschleben Generalmajor und Ingenieur-Inspecteur.*
Unten links: *Einverstanden gez.) von Seel. Hauptmann und Artillerie-Offizier vom Platz.*

Mindener Museum, FM 131; unpubliziert. – Oben links Stempel der Fortification zu Minden mit roter Inv.-Nr. *III a No 37;* in Blei *ad No 37* (2x).

Abb. 206 Laboratorium und Nebengebäude im Bastion II am Klausenwall, um 1910.

Oben links *Fig: 1 Grundriss des Dachbodens (:das Erdgeschoss ist schwarz punctirt.:)*. Die beiden Räume an den Giebelseiten als *Utensilien Kammer* und *Bureau* bezeichnet, der erstere bis an die Treppenhauswand verlängert, vor dem anderen neue Treppe zum Spitzboden. Die Schreibstube – und damit das größere Zwerchhaus – ist fortgefallen. Unten *Stadt-Seite* (Nordwesten).

Unten: *Fig. 2. Längenprofil nach a.b.* mit Ansicht des zentralen Schornsteins und zweier Öfen im Erdgeschoß. Im Dachgeschoß gestrichelt die Verriegelung der Längswände; in Blei skizzierte Alternative mit zwei Riegelketten statt einer, darüber angedeutete Aufmauerung der Krüppelwalmgiebel und Ergänzung des Dachstuhls samt Angabe von Dachfenstern.

Rechts *Fig: 3 Querprofil nach c.d.* mit dem Zwerchhaus über der Treppe an der *Stadtseite*. Schnitt durch das *Bureau*.

Der Plan zeigt die weniger aufwendige Alternative zu dem großen Umbauprojekt Kat.-Nr. 181. Da diese das jüngere Datum trägt, wird sie auch ausgeführt worden sein.

354   IV Die Festung – IV.2 Die Festung vom Dreißigjährigen Krieg bis zur Aufhebung im Jahr 1873

KAT.-NR. 183   Abb. 207
Kaserne No I am Bastion III/XI, um 1820/30

Unbezeichnet, nicht datiert.
Grau und gelb lavierte Federzeichnung; 59,1 x 45 cm, neu mit Büttenpapier kaschiert. Wasserzeichen nicht erkennbar.
Maßleiste von *12 + 84 Preuß*. Fuß = 20,85 cm = 1 : 148.
Kartentitel: *Ehemalige* (nachgetragen) *Vordere Ansicht der Kaserne an der Kasernen-Bastion.*

STA DT, D 73 Kartensammlung Tit. 4 Nr. 10231; unpubliziert. – Oben links Stempel der Fortification zu Minden mit roter Inv.-Nr. *(P.:)V: III d, No 3*. Unten links und oben rechts Inventar-Vermerke und Stempel der Garnison-Verwaltung Minden bzw. des Militär-Bauamtes Minden.

Oben Fassade nach Südosten zum ehemaligen Bastion III. Langgestreckter, dreigeschossiger Massivbau von 24 Achsen Länge, die Ecken mit angeputzten Quadern eingefaßt. Das mittlere Drittel als flacher Risalit ausgeschieden und durch genutete, angeputzte (?) Lisenen in drei Kompartimente von 3 : 2 : 3 Achsen gegliedert, darüber durchlaufender Fries mit Inschrift KASERNE NRO. 1 ERBUET (!). 1775. in Antiqua-Versalien. Über dem Gebälk Attika, in der Mitte Trophäen-Arrangement aus gekröntem Wappenschild zwischen Fahnen, Kanonenrohren und Kanonenkugeln.
   In der Mitte jedes Fassadendrittels im Erdgeschoß korbbogige Tore, die jeweils zwei Achsen einnehmen, das mittlere in genuteter Wandfläche; die Fenster darüber mit Brüstungsschürzen versehen. Das Krüppelwalmdach mit drei Schornsteinköpfen auf dem First besetzt, zu Seiten der Attika je zwei Halbkreisgaupen. Die Wandflächen waren verputzt.
   In der Blattmitte *Längen-Profil des Daches:* Ausschnitt des mittleren Dachteils mit zwei hinter den mittleren Lisenen liegenden Kaminzügen, die im Dachraum gezogen sind und sich zum Mittelschornstein vereinigen.
   Unten links *Seiten-Ansicht* von Nordosten mit je zwei blinden Fensterachsen in allen drei Geschossen, im Giebeltrapez zwei Fenster. Links Ansicht der umgewinkelten Attika, nach hinten Schleppgaupe. Der Latrinenanbau hinter dem Erdgeschoß ist mit Blei durchkreuzt mit Vermerk: *abgebrochen.*
   Rechts *Quer-Profil nach A.B:* Schnitt durch eine der seitlichen Torachsen und die dahinterliegenden Etagenflure, an deren Rückseite die hölzernen Treppen lagen. Zwischen den Türen zu den Mannschaftsstuben rundbogig geschlossene Öffnungen zwischen den Kaminen, in den sich anscheinend Waschstellen für die Mannschaften befanden (vgl. Kat.-Nr. 185). Außerhalb der Rückwand Schnitt durch einen der drei Latrinenbauten, die vom Keller und vom Erdgeschoß her zugänglich waren (vgl. Kat.-Nr. 33, 34, 184). Der Anbau ist mit Blei durchkreuzt, Beischrift: *ist abgebrochen.*
   Der zugehörige Grundriß-Plan, auf den sich die Schnittangabe *A.B.* bezieht, fehlt.

Bei seinem Besuch in Minden am 7. Juni 1763 befahl Friedrich der Große die Schleifung der Festungswerke, *die auch in zwei Jahren bewirkt wurde. Der Wall wurde planiert und auf den abgeworfenen Batterien Gärten angelegt, nur eine, die größte wurde geschont, weil sie zum Exerzierplatze bestimmt war* (SCHROEDER 1886, S. 664). *1774 ließ der König am Paradeplatz eine Kaserne errichten, wodurch einem dringenden Bedürfnisse abgeholfen wurde* (SCHROEDER S. 665). General von Lossau erwarb für den Bau der Kaserne einen Teil des Steinmaterials, das 1774 beim Abbruch der alten Dominikaner-

IV.2.2 Katalog – Die Weserfront und die alte Hausberger Front (Kat.-Nr. 167–189)

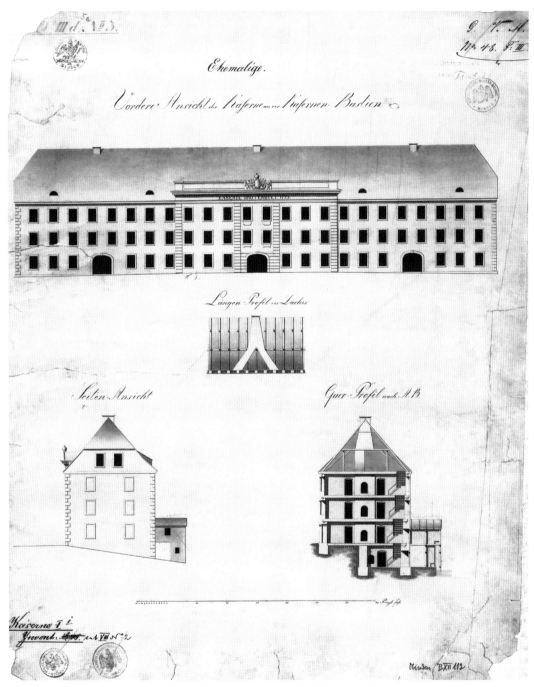

Abb. 207   Kaserne No I am Bastion III. Bauaufnahme um 1830 (Kat.-Nr. 183).

Klosterkirche St. Pauli anfiel (siehe Teil IV, Alte Kirchstraße 9–15). Im selben Jahr verkaufte die Kirchengemeinde St. Simeon die für den Neubau des Kirchturms vorgesehenen Steine für den Bau der Kaserne, nach dem Abbruch des Turmrestes auch bereits eingelagertes Holz und den eingesumpften Kalk (KAM, Mi, C 1097, siehe Teil III, S. 710). Zumindest ein Teil der Soldaten der Mindener Garnison konnte damit aus den Bürgerquartieren in eine Kaserne umziehen, was für die Mindener Bürger eine spürbare Entlastung darstellte.

Für 1802 ist eine Reparatur der Kaserne bezeugt (KAM, Mi, C 142), 1808 berechnet Maurermeister Remy für Reparaturarbeiten 13 Rthl, 1810 Zimmermeister Wehdeking 130 Rthl (KAM, Mi, E 727).

Ende 1815 steht der Bau leer; *die Nachweisung derjenigen öffentlichen Gebäude welche sich zur Aufnahme der Proviant Wagen eignen* (STA DT, M 1 I C, Nr. 800), führt auf: *7. In den 3 Einfahrten der jetzt unbewohnten Kaserne 3 Wagen.* Gleichzeitig werden Kostenrechnungen bei Einrichtung zum Lazarett, Aufstellen und Reparatur von 195 Bettstellen und Fensterreparatur durch Schreiner Daake, Schlosser Müller sowie Glaser LeDoux und Köhler über 332 Rthl 7 gr 4 pf vorgelegt. Ebenfalls 1815 Kostenanschlag von Maurermeister Meyer: 72 Zimmer und 9 Flure weißen, Putz und Wände ausbessern, 36 Öfen putzen, unten zwei Kessel einmauern, Dachreparatur: 83 Rthl 11 gr 9 pf.

Die Herrichtung der Kaserne als Lazarett ist gerade abgeschlossen, als das Kriegsende 1815 mit der Rückkehr der Truppen aus Frankreich neue Schwierigkeiten mit ihrer Unterbringung in Minden bringt. Das Problem der Wiederbelegung der Kaserne hat 1815/16 einen längeren Behörden-Schriftwechsel und Gutachten zur Folge (STA MS, Zivilgouvernement Nr. 396, fol. 1–24). Wegen der Unterbringung von Truppen der Garnison schreibt die Regierungs-Kommission an den Oberpräsidenten von Vincke am 10. Dezember 1815, es gebe in Minden keine disponiblen Gebäude, die als Kasernen geeignet seien. Das Mauritius-Kloster sei sehr baufällig, lasse sich als Kaserne nicht zweckmäßig einrichten, ein Umbau werde zu teuer und wenig befriedigend. (Der Gebäudekomplex wurde bis 1818 großenteils abgebrochen, siehe Teil III, S. 550.) Die bisherige *Caserne* sei hingegen völlig benutzungsfähig; es bedürfe nur weniger Reparaturen für die Einrichtung der Schneider-Stube, für die Aufbewahrung von *Regiments- und Lazareth-Utensilien* etc. Eine Belegung mit Teilen der Garnison sei kurzfristig möglich. Allerdings sei der Bau nur für die Unterbringung von Gemeinen eingerichtet; es gebe 36 Stuben à 5 Mann nebst je einer Kammer für eine Frau zum Kochen. Dies ergebe 180 Mann und 6 Soldatenfrauen.

Anzuschaffen seien für jede Stube:

a) *3 zweischläfrige Bettstellen*
b) *3 – " – Unterbetten mit Federn oder besser Matratzen mit Pferdehaar ausgestopft*
c) *6 Kopfkissen, einschläfrig, mit Federn*
d) *3 zweischläfrige Oberbetten mit Federn oder sehr starke Wolldecken*
e) *3 – " – Bettlacken mit Bezüge*
f) *1 großer Tisch für 6 Personen*
g) *1 kleiner in die Kammer*
h) *6 hölzerne Stühle*
i) *einige Bretterbörte und Haken zum Aufhängen und Aufbewahren der Sachen.*

Die Kosten betragen je Stube 80 Rthl, bei 36 Stuben 2 880 Rthl.

Die Kaserne liege am Abhang zur Bastau, vorn sei sie dreistöckig, hinten vierstöckig. Im Untergeschoß gebe es noch 5 Stuben, in denen 5 Mann incl. eines Beweibten untergebracht werden könnten. Diese seien aber jetzt *gänzlich ruiniert*, ohne Fußboden, Türen und Fenster. Die Instandsetzung sei zu kostspielig, zudem böten sie wegen der tiefen Lage am Wasser *keinen völlig gesunden Aufenthalt dar* (ebd. fol. 1 f.).

Die Mindener Garnison werde zum 27. Januar 1816 umfassen:
Garnison-Bataillon ⎫
Artillerie-Kompanie ⎬ mindestens 1 000 Mann
Pionier-Kompanie ⎭
dazu Offiziere und Ingenieure ca. 30 Mann
dazu nach dem 13. Januar 1816
die Batterien Nr. 17 und 18 400 Mann

Diese Garnison sei ohne die größte Beschränkung der Haus-Eigentümer nicht unterzubringen, zudem gebe es oft Einquartierungen von Rekonvaleszenten-Kommandos, Ersatzmannschaften etc. auf dem Marsch von und zu der Armee. Außerdem seien 100 Häuser zum Abbruch für den Festungsbau designiert; mit dem Abbruch werde im Februar 1816 begonnen. In der Stadt seien daher kaum 450 Häuser belegbar, manche Häuser seien schon jetzt mit 5 bzw. 10 Mann Einquartierung belegt. Man bitte daher um *höchstnothwendige schleunige Erbauung mehrerer Kasernen*. Zur Entlastung der Stadt wird vorgeschlagen, die gesamte Artillerie und einen Teil der Pioniere nach Schlüsselburg und Umgebung zu verlegen (fol. 4). Dieses ist aber nach Meinung des Generalkommandos in Münster auf keinen Fall möglich (fol. 6).

Am 8. März 1718 teilt Innenminister Schuckmann dem Oberpräsidenten mit, der Kriegsminister habe die Verlegung von einer zwölfpfündigen Batterie an einen anderen Ort veranlaßt. Die Besatzung in Minden werde künftig nur schwach sein, die Kompanien würden ansehnlich vermindert, und die Mannschaftsstärke des Garnison-Bataillons sei schon bedeutend herabgesetzt worden (hier Rand-Verfügung von Vinckes: *Einer Kgl. Regier(ungs)-Kom(mission) zu Minden zur beruhigend(en) Nachricht 19/3 16*) (fol. 7).

Am 17. März 1816 wendet sich die Regierungs-Kommission erneut an den Oberpräsidenten (fol. 86). Alle Einrichtungen in der Kaserne müssen erneuert werden, die alten Utensilien seien im Juli 1809 zur Zeit der westphälischen Regierung nach Cassel verbracht oder verkauft worden. Die Lazarett-Utensilien seien nicht brauchbar, zum Teil verdorben; die Bettstellen seien zu leicht gebaut und würden dauernde Reparaturen erfordern. Zur Ersparnis von Feuerung wird die Anlage einer gemeinschaftlichen Kochanstalt vorgeschlagen; dann sei auch die Anschaffung von Kochtöpfen für die Soldaten für jede Stube nicht nötig. Von Vincke stellt dazu in einer Randverfügung vom *21/3/16* die Frage, ob die Anstellung eines besonderen *Casernen-Inspectors* zur Aufsicht über Inventar, Erhaltung, Reinigung, Wäsche des Bettzeugs, Feuerung und Erleuchtung zweckmäßig sei. *Hierzu möchte sich vorsorglich ein gedienter auf Wartegeld oder Pension stehender Offizier eignen*. Die Einrichtung eines gemeinschaftlichen Speisesaals wird vorgeschlagen; aus Paderborn solle eine Zeichnung von der Einrichtung der dortigen Kaserne nach Minden geschickt werden.

Am 24. März 1816 legt Baudirektor Ganzer von der Mindener Regierung einen Bericht über die Kaserne und deren möglichen Umbau vor (fol. 15–19).

Die Kaserne hat drei Hauptabteilungen mit separaten Eingängen, Fluren und Treppen, jede zu drei Etagen und Souterrain. Jede Etage habe in jeder Abteilung vier heizbare Zimmer mit je einer zugehörigen, durch eine Fachwerkwand abgeteilten Kammer, also 12 Stuben in jeder Etage. Nehme man die Fachwerkwand heraus, so werde jede Stube 12 ½ x 15 ½ Fuß groß, habe drei Fenster und könne mit 8 Mann belegt werden, d. h. jede Etage mit 96 Mann. Die ganze Kaserne könne demnach in den drei Hauptabteilungen zu je drei Etagen ein Bataillon fassen. Im Souterrain jeder Etage gebe es einen Flur mit weitem Rauchfang, er sei als Küche geeignet. Daneben liege zu beiden Seiten eine heizbare Kammer und eine Stube, die als Wohnung für zwei beweibte Soldaten dienen könnten, wobei die Frauen putzen und kochen könnten.

Zwei obere Flure ließen sich als vorschriftsmäßige Speisesäle einrichten, jede Kompanie müsse zwei Säle à 50 Mann erhalten, freilich seien sie etwas eng, da je Mann nur 1 ⅓ statt 1 ½ Fuß zur Verfügung ständen.

Der Bodenraum könne Montierungskammern für jede Kompanie aufnehmen, daneben sei Platz zum Wäschetrocknen vorhanden. Die nötigen Wohnungen für Subaltern-Offiziere und einen Feldwebel, Arbeitsstuben für Schneider, Schuster sowie die Wohnung für einen Kasernen-Inspektor hätten hier keinen Raum, er sei auch nur mit kostspieligen Umbauten zu schaffen. Zweckmäßig sei hier ein Neubau, etwa in Form eines Anbaus an der Südwestseite zum Simeonstor. Am 23. Juni 1816 teilt das Generalkommando von Westfalen in Münster, General von Thielmann, dem Regierungsrat Westphal in Minden mit, daß

1. *ein Garnison-Bataillon wenigstens zukünftig, wenn die Verhältnisse mit Frankreich aufgehört haben, bei weitem nicht 600 Mann stark sein wird, die Caserne also für das Garnison Bataillon wie sie ist zureichen wird.*
2. *Aller Neubau ist auszusetzen.*
3. *es ist unerläßlich, daß alle Feldwebel und wenigstens 1 bis 2 Offiziere in der Caserne untergebracht werden* (ebd. fol. 24).

Ganzers Umbauvorschlag mit dem Herausnehmen der Fachwerkwände zur Vergrößerung der Mannschaftsstuben wurde offenbar angenommen und der Umbau in die Wege geleitet. Am 17. Oktober 1816 berichtet Bauinspektor Kraushaar dem Baudirektor Ganzer, die Kaserne sei laut Anschlag für drei Kompanien à 100 Mann vorgesehen; dieses soll nun so geändert werden, daß einige Subaltern-Offiziere und der Kasernen-Inspektor mit aufgenommen werden sollen. Dies sei aber nicht tunlich, Kraushaar habe deshalb mit dem Umbau anfangen lassen, und der Maurermeiser Krah wolle bis zum 1. November in der Hauptsache fertig sein: Das Dach sei fast fertig, die Scherwände durchgebrochen, die Putzerneuerung sei in Arbeit und die Fassade ausgebessert. Es fehle aber an Tischlern; die Fenster mache der Schreiner Gabriel, am Bau seien der Schlosser Gabriel und der Glaser LeDoux beschäftigt. Die Kaserne erhält nun sechs Speisesäle in den geräumigen Fluren, dazu im Souterrain Küchen und Vorratskammern, aber sonst nur notdürftige Räume für ca. 300 Mann. Nach Mitteilung des Hauptmanns von Zarnowsky halte General von Schwichow ein weiteres Zusammendrängen der Mannschaften mit der Zusammenfassung von zwei Kompanien als ein ganzes mit nur einer Küche wie in der Paderborner Kaserne für nicht möglich (STA DT, M1IC, Nr. 800; dabei Grundrißzeichnung von Souterrain und Etage einer Abteilung mit der geänderten Disposition sowie skizzierter Stubenbelegung mit zwölf statt sechs Schlafplätzen). Wie das Problem der zusätzlichen Unterbringung der Subaltern-Offiziere und des Kasernen-Inspektors schließlich gelöst wurde, ist aus den Akten nicht zu ersehen.

1833 Umdeckung des Daches auf der Rückseite; Bauinspektor Schelle schlägt Biberschwänze als zweckmäßigste Bedachung vor. Maurermeister Däumer führt die Arbeiten für rund 600 Rthl aus. 7500 Dachpfannen sollen meistbietend verkauft oder anderweitig bei Militärbauten verwendet werden. 1838 Reparaturen am Innenputz (STA DT, M 1 I C, Nr. 208).

1840 erfolgte ein Umbau (vgl. Kat.-Nr. 185): Die Quaderung der Gebäudeecken und der Lisenen samt Attika und Trophäenschmuck fällt weg; die Krüppelwalmgiebel werden bis zum First aufgemauert, das Dach neu gezimmert und die Schornsteine senkrecht über den First geführt: Der Bau verliert seinen barocken Charakter. Die innere Aufteilung mit je zwei Stuben beiderseits der durchgehenden Querflure mit Treppen, massiver firstparalleler Längstrennwand zwischen den Stuben und Fachwerkwänden zwischen den nebeneinanderliegenden Stuben bleibt bestehen, die Flure werden durch 10 Fuß weite Stichbögen geteilt, die Waschnischen (?) werden hinter die Bogenvorlagen verlegt. Wohl gleichzeitig werden die drei einzelnen Latrinenverschläge abgebrochen und durch einen neuen Fachwerkbau an der Stelle des mittleren ersetzt (Kat.-Nr. 184). Vor 1859 entsteht ein größerer Latrinenbau weiter zur Bastau (Kat.-Nr. 186).

Durch Gesetz vom 25. Mai 1873 gehen die im Bereich der Königlichen Regierung gelegenen militärfiskalischen Gebäude und Grundflächen in das Eigentum des Reiches über. Die danach von Baurat Pietsch aufgestellte Nachweisung der zur Garnison-Verwaltung Minden gehörigen Gebäude vom 14. April 1875 zählt für die Kaserne auf: 1 Offizierswohnung, 1 Feldwebel-Wohnung, 30 Stuben à 6–8 Mann, belegt mit einem Offizier, einem Feldwebel und 136 Mann, ferner Speisesaal, Unteroffizier-Versammlungs-Zimmer, Wärterwohnung, zwei Küchen mit Vorratskammern, Waschküche, drei Ökonomie-Gelasse, Bodenraum mit 9 Montierungskammern (STA DT, M 1 I C, Nr. 206, fol. 139 ff.)

Um 1900 wurde der Bau mit einer großen Uhr ausgestattet, die sich in einer großen, halbrund geschlossenen Dachgaupe über dem mittleren Tor befand. Die beiden Schlagglocken hingen offen in einem leicht überdachten Gestell über dem Gaupenscheitel (Abb. 209). – Vermutlich seit dem Umbau von 1840 war der Bau mittig zwischen dem ersten und zweiten Obergeschoß deutlich lesbar bezeichnet: *CASERNE NRO. 1*; die Inschrift verschwand nach dem Ersten Weltkrieg (Ansicht von Süden, Foto im KAM, Bildsammlung B VI, 10, Nr. 3539; Ansicht von Nordosten, 1901, GRÄTZ 1997, S. 48; Ansicht von Osten, im KAM, Bildsammlung B VI 10).

Bis 1945 wurde der Bau als Kaserne benutzt, war aber schon vor 1918 als Unterkunft für 22 Verheiratete ausgewiesen (Garnisons-Atlas 1910 bzw. 1923–1930).

Im Zweiten Weltkrieg wurde das östliche Drittel des Gebäudes durch Bomben zerstört (Abb. in Westfalen-Zeitung vom 19. 10. 1961).

1962 wurde der schlichte Bau (Klausenwall 7–9, danach Lindenstraße 58), der zusammen mit den gleichzeitig errichteten Kasernen in Hamm (1887 abgebrochen; JUCHO 1926, S. 224 f. und BERGES 1975, S. 14) und Bielefeld (Hans-Sachs-Straße, ehemalige 55er Kaserne; erhalten und im 19. Jahrhundert erweitert) zu den ältesten erhaltenen preußischen Kasernenbauten in Westfalen gehörte, für den Neubau der Polizeidienststelle mit Garagenbau für die Fahrbereitschaft der Kreispolizei Minden nach Entwurf des Staatshochbauamtes Bielefeld, Außenstelle Minden, abgebrochen. Dieser Bau wurde 1994/95 niedergelegt; an seiner Stelle entstand ein Hotelneubau nach Plänen der Fa. Kamper, Minden.

Das Bastion III der alten Stadtbefestigung aus dem 18. Jahrhundert verlor mit der Anlage der Hausberger Front mit den neuen Bastions III–V nach 1815 seine alte Bezeichnung und wurde bei der Neubefestigung als Bastion XI gezählt. Meist wird es aber als Kasernen-Bastion bezeichnet.

KAT.-NR. 184
Kaserne No I am Bastion III/XI, um 1840

Abb. 208–209

Unbezeichnet, undatiert.
Federzeichnung in schwarzer Tusche über Bleistiftvorzeichnung, im Lageplan blau laviert und rot schraffiert; 39,1 x 54,6 cm.
Wasserzeichen: JWHATMAN.
Maßleiste von *12 + 12 Fuss* = 12,3 cm = 1:72 (für die Latrine); Ansichten und Schnitte im M 1:148
Ohne Kartentitel.

STA DT, D 73 Kartensammlung Tit. 4 Nr. 10230; unpubliziert. – Oben rechts Stempel der Plankammer des Kriegsministeriums mit Inv.-Nummern.

Das Blatt ist eine weitgehend übereinstimmende Nachzeichnung von Kat.-Nr. 183. Oben rechts Lageplan ohne Maßstab, Norden oben links. Blau laviert *Die Bastau* mit der Brücke beim Priggenhagen, parallel zum östlichen Ufer *Die alte Kaserne am Simeons Thore*, rückseitig mit drei Latrinenbauten. In der Mitte darübergezeichnet und rot schraffiert die geplante neue *Latrine*, die halb im Bastaubett liegt.

Links daneben *Vordere Ansicht der Kaserne I an dem Kasernen Bastion in Minden*; wie in Kat.-Nr. 183, doch fehlen die Gebälk-Inschrift und die Brüstungsschürzen in den beiden mittleren

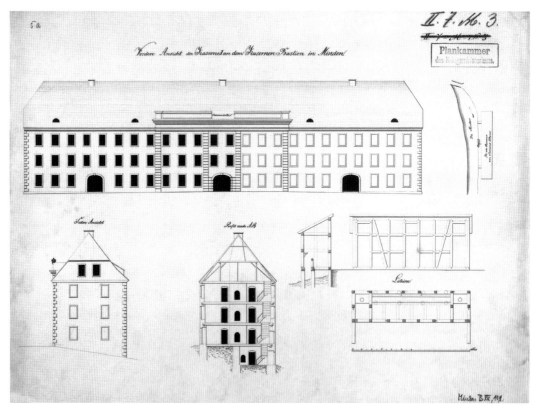

Abb. 208 Kaserne No I am Bastion III, um 1840 (Kat.-Nr. 184).

Abb. 209   Kaserne No I, Klausenwall-Kaserne. Ansicht von Südwesten, erste Hälfte des 20. Jahrhunderts.

Fensterachsen, ebenso das Trophäenarrangement in der Attika, statt dessen hier eingeschrieben *Ornamente*. – Unten links *Seiten Ansicht* und *Profil nach AB* wie in Kat.-Nr. 183, jedoch ohne die Latrinenverschläge. – Rechts Schnitt, Ansicht und Grundriß der geplanten neuen *Latrine* über dem Bastau-Ufer: Fachwerkbau mit drei Türen, in der Mitte offener Abritt für Mannschaften, rechts und links je eine Einzeltoilette.

Das undatierte Blatt durfte etwa 1840 entstanden sein, möglicherweise im Zusammenhang mit den in Kat.-Nr. 185 dargestellten Umbauten.

KAT.-NR. 185   ohne Abb.
Kaserne No I am Bastion III/XI, 1840

Unbezeichnet, datiert *Minden den 16 Maerz 1840*.
Federzeichnung in schwarzer und hellroter Tusche, rosa, und grau laviert, sorgfältig vermaßt; Bleistift-Einträge. Alt auf Leinen gezogen; 47,3 x 63,1 cm (Blatt); 45,7 x 61,7 (innere Einfassung). Wasserzeichen nicht erkennbar.
Maßleiste von *10 + 100'* = 28,35 cm = 1:144.
Kartentitel: *Zeichnung der alten Caserne in Bastion XI der Festung Minden* (von anderer Hand ergänzt /: *Casernen Bastion:*) / *zu den 4 Kosten-Anschlägen von 11" März 1840 Dieckmann Bauconducteur.*
Unten von rechts: *v. Scheel* I (Fehlstelle: Major) *und Ingenieur vom Platz / gesehen FvUthmann Obrist-Lieutenant und Festungs Inspekteur / Werth Garn: Bau* (?) *Inspector / Carsten /* … (unleserlich).

STA DT, D 73 Kartensammlung Tit. 4 Nr. 10218; unpubliziert. – Oben rechts Stempel der Fortification zu Minden mit roter Inv.-Nr. *P:V:III d, No 3*; weitere Inv.-Nummern und Stempel der Garnison-Verwaltung Minden und des Militär-Bauamtes Minden.

Oben links Teilansicht *Vordere Fronte* mit sechs Fensterachsen des zweiten und dritten Obergeschosses mit Dach, daneben Teil einer *Giebel-Ansicht*.

Rechts *Laengenprofil* des linken Gebäudedrittels durch alle drei Geschosse und Dach, daneben *Querprofil* durch alle Geschosse und Kellergeschoß zur Bastau.

In der unteren Blatthälfte vier Grundrisse der Südhälfte bis zur Mittelachse; die nördlichen Hälften sind spiegelbildlich zu ergänzen: Links unten *Souterrain*, darüber *Ite Etage* (= Erdgeschoß), und *IIte Etage*, rechts unten *IIIte Etage*, darüber *Balkenlage* des Dachgeschosses.

Die einfache und zweckmäßige Disposition des Inneren mit durchgehenden Querfluren und je zwei hintereinander liegenden Stuben an beiden Seiten ist klar ersichtlich. Am bastauseitigen Flurende liegen die Treppen, in der Flur-Seitenwand hinter der Bogenvorlage, die im zweiten Obergeschoß durch eine Balkenkonstruktion mit Kopfbändern ersetzt ist, die runden Wasch- oder Wasserbecken neben den Kaminzügen.

Im Erdgeschoßgrundriß (*Ite Etage*) sind mit Blei Zwischenwände oder Wasserbecken skizziert, vermutlich für die Zusammenfassung von je zwei Mannschaftsstuben zu einer Verheirateten-Wohnung. Die Beischriften erläutern die Nutzung als *Küche*, *Kammer* und *Stube*. Nachgetragene Maße in Metern. Zwischen Raum *15* und *16* ist in der Trennwand ein Pfeiler eingetragen mit Beischrift *Gurtbogen ad med 0,41*.

Die halbe Gebäudelänge ist mit 96' 9" eingetragen, die ganze Länge betrug demnach 193' 6" = 61,17 m, die Gebäudetiefe 36' 6" = 12,87 m. Die Firsthöhe betrug 48' = 15,07 m, die einzelnen Geschosse waren im Lichten 8' 6" = 4,08 m hoch.

KAT.-NR. 186   Abb. 210–212
Latrine und Pissoir bei Kaserne No I, 1859

Bezeichnet *Daniel*, datiert *Minden den 24ten Dezember 1859*.
Farbig angelegte Federzeichnung, mit Blei durchstrichen; 32,8 x 50,2 cm.
Maßleiste von *12 + 24 Fuß* = 15,6 cm = 1:74.
Kartentitel: *Zeichnung der Latrine und Pissoir hinter der Infanterie Kaserne No I. zu Minden*.
Unten von rechts: *Aufgenommen und gezeichnet durch Daniel. Zeichner / Für die Richtigkeit M: Heinlé Hauptmann und Platz-Ingenieur*.

STA DT, D 73 Kartensammlung Tit. 4 Nr. 10232; unpubliziert. – Oben rechts Stempel der Plankammer des Kriegsministeriums mit Inv.-Nummern.

Unten *Grundriss* auf dem schmalen Uferstreifen hinter der *Infanterie-Kaserne No I*, halb in *die Bastau* gebaut. Rechts Treppe hinter der Kaserne zum Vorplatz, daran über der Bastau die Abtritte, links, hart am Ufer, das Pissoir.

Darüber *Durchschnitt und Ansicht nach a – b.*, jeweils zur Hälfte, rechts daneben *Durchschnitt nach c – d*. Während bei den älteren Anlagen die Fäkalien unmittelbar in die Bastau gingen, liegen die

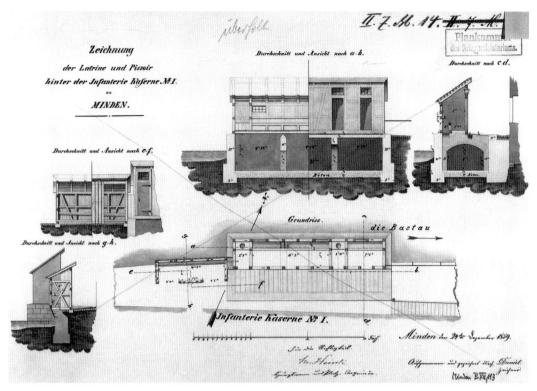

Abb. 210   Latrine und Pissoir bei Kaserne No 1. Daniel, 1859 (Kat.-Nr. 186).

Aborte jetzt über einer gemauerten Grube mit *Betonsohle*. Die Grube ist durch zwei Stichbogenarkaden unterteilt.

Links *Durchschnitt und Ansicht nach e–f* bzw. *g–h* für das Pissoir, die Abwässer flossen hier in die Bastau.

Um 1840 waren die drei Einzellatrinen-Verschläge hinter den Fluren der Kaserne durch einen hinter der Mitte liegenden Neubau ersetzt worden (vgl. Kat.-Nr. 183, 184). Vor 1859 ist die Anlage in verbesserter und größerer Form hinter dem südlichen Teil neu errichtet worden, wie diese Bauaufnahme belegt.

1876 wurde das Bastaubett zwischen Simeonsmühle und Priggenhagenmühle verengt; das hinter der Kaserne gewonnene Gelände wurde angeschüttet und an der neuen Grenze eine neue Latrine erbaut (Mindener Museum, FM 12: Skizze zum Projekt des Magistrats betr. Verlängerung der Lindenstraße und Einengung des Bastaubettes, 27.12.1875, kgl. Baurat Pietsch). In 1882/1883 erneuerter und vergrößerter Form (Garnison-Bauinspektor Bandke 1880; Revisions-Zeichnung, Blatt 2 und 3, von Garnison-Bauinspektor Heckhoff 1882 in BA Simeonsplatz) bestand die Latrine vermutlich bis zum Abbruch der Kaserne 1962. Erst mit der Verlegung der Bastaumündung in das Weserglacis und der Anlage der Kanalisation im Simeonsviertel mit Hauptkanal im alten Bastaubett 1903/04 wurden die hygienisch völlig unzureichenden Abwässerverhältnisse grundlegend verbessert. Bis dahin war die Bastau eine offene Kloake (GELLERT 1994, S. 59–63, 84–96).

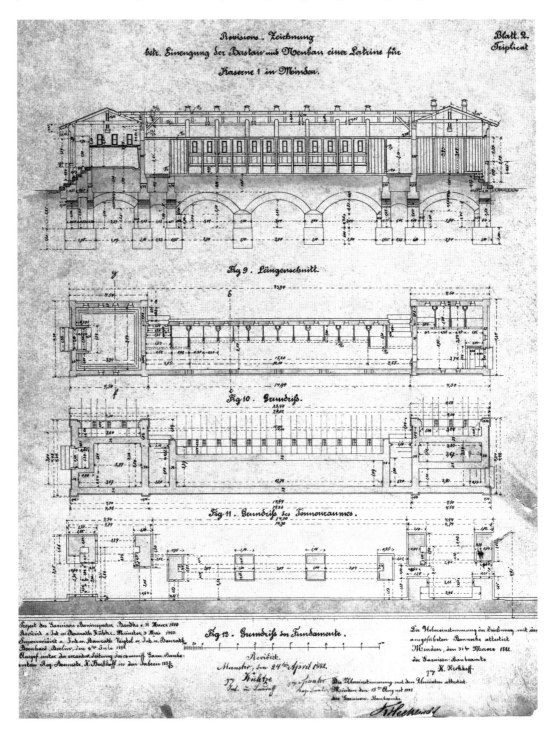

Abb. 211 Latrine bei Kaserne No I. Neubauplan, Garnison-Bauinspektor Bandke/Heckhoff, 1882.

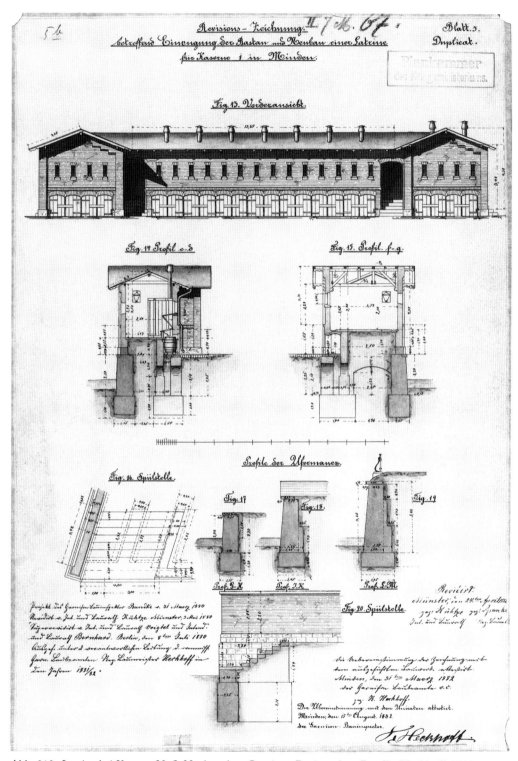

Abb. 212   Latrine bei Kaserne No I. Neubauplan, Garnison-Bauinspektor Bandke/Heckhoff, 1882.

KAT.-NR. 187   Abb. 213
Simeonstor, 1845

Bezeichnet *von Gaertner*, datiert *Minden im October 1845*.
Mehrfarbig angelegte Federzeichnung in grauer, schwarzer, roter und blauer Tusche mit Bleistift-Nachträgen, auf feines weißes Leinen gezogen; 57 x 55,9 cm.
Transversal-Doppelmaßstab *Zu Figur I: 1 Zoll ddc = 2 Ruthen: 4 Ruthen + 12 Fuss = 26 cm = 1/289* (unten in Blei); *Zu Fig: II. III. IV. V. VI.: 1 Zoll ddc = 6 Fuss: 19 Ruthen + 12 Fuss = 26 cm = 1/72,4* (in Blei nachgetragen).
Kartentitel: *Zeichnung des Batardeau's und der Schleussen am Simeons Thore der Festung Minden.*
Unten rechts: *Aufgenommen und gezeichnet durch von Gaertner, Ing. Lieutenant.*

Mindener Museum, FM 78; unpubliziert; die Außenansicht des Tores in Umzeichnung bei MEIN-HARDT 1958, Tafel 21. – Oben links Stempel der Fortification zu Minden mit roter Inv.-Nr. *P: V: IIa No 13*, blau korrigiert *No 5*. Legende zu den Figuren zwischen Fig. I und II.

Oben links *Fig: I Hauptgrundriss* (Norden unten): Unten das Simeonstor mit der beiderseits anschließenden krenelierten Bogenmauer. Vor dem Torbau liegt zwischen Bastau (rechts) und Festungsgraben (links) der Batardeau, über den der Fahrweg führt, beiderseits eingefaßt von Mauern mit dichtgereihten Schießscharten. Der Weg durchquert den ravelinartigen Tambour mit der vierseitig gebrochenen Schartenmauer, davor auf einer Brücke den trockenen Graben und führt über den Simeonsplatz zur Hausberger Front. Links im Festungsgraben der hölzerne Auslauf der Schleuse. Unterhalb der Mauergasse der Bastaukolk vor der Simeonsmühle; die beiden Bastau-Durchlässe unter Mauer und Weg sind mit Blei nachgetragen und schraffiert.

Rechts *Fig: II: Durchschnitt und Ansicht nach A.B.:* Außenansicht des Simeonstores mit den anschließenden Mauern, darin zwei Reihen von Schießscharten. Davor Schnitt durch die Schleuse im Batardeau mit Fahrweg und krenelierten Mauern. – Das rundbogige Tor war über den Prellsteinen mit diamantierten Quadern eingefaßt; über dem Scheitelstein saß der gußeiserne preußische Adler. Sechs Konsolen aus vorgelagerten Diamantquadern trugen fünf Rundbögen, die in die tiefe Kehle des weit auskragenden, schweren Gesimses eingeschnitten waren. In der Wand unter den Bögen hohe Schlitzscharten. – Darunter *Fig: III: Spezialgrundriss der Schleuse bei A.B.:* Draufsicht auf den Ausschnitt des Fahrwegs mit dem Schacht für die Bedienung des Schütts, eingefaßt von den durch die Gewehrscharten geschnittenen Mauern. Rechts der Auslauf der Schleuse mit Schlitz für ein zweites Schütt, daneben die hölzerne *Ablauffläche*.

Unten links *Fig: IV: (Spezialgrundriß... bei C. D. etc. etc.)* mit den beiden Durchlässen der Bastau durch Mauer und Weg westlich des Torbaues, mit doppelten seitlichen Schlitzen für die Führung des Schütts bzw. zum Einsetzen von Versatzbalken bei der Abdämmung des Durchlaufs. – Daneben Fig: *V: (Durchsch(nitt) u. Ansicht nach CD):* Unten Schnitt bei den inneren Versatzfalzen mit den hölzernen Bühnen, darüber innere Ansicht der Bogenmauer mit je drei Gewehrscharten in den Nischen, oben der Laufgang mit der Brustwehr.

Rechts unten *Fig: VI: (Durchschnitt und Ansicht nach EFG):* Schnitt durch den äußeren, niedrigen Durchlaß in der Mauer und die Mauernische mit Scharte, Laufgang und Brustwehr. In der Nische die Schüttbühne mit dem Schützenauftritt, daneben rechts Schnitt durch Mauergasse und tunnelartigen Durchlaß mit der Brüstung zum Bastaukolk.

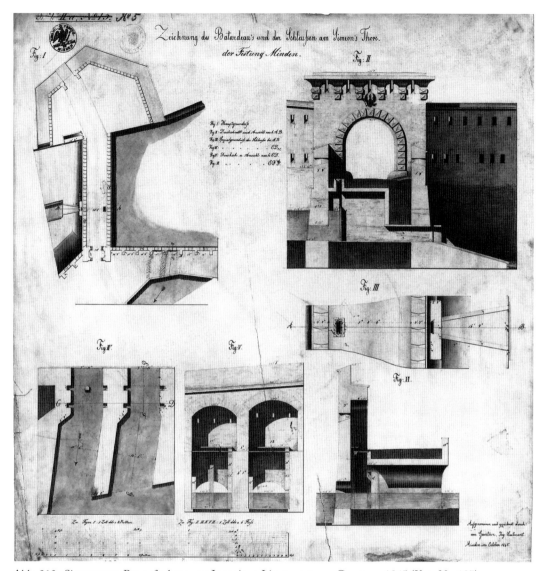

Abb. 213 Simeonstor. Bauaufnahme von Ingenieur-Lieutenant von Gaertner, 1845 (Kat.-Nr. 187).

Für den Tambour, der in der Hausberger Front einen gesonderten Abschnitt vor dem Batardeau und dem Simeonstor bildete, liegen keine weiteren Zeichnungen vor. In den Abmessungen war er geringfügig kleiner als der Tambour vor dem Marientor (siehe Kat.-Nr. 113, 117–119), doch war die Mauer sicherlich niedriger als dort, da sie auf der Innenseite keine Pfeilerverstärkungen und somit keinen oberen Laufgang trug. Lediglich beiderseits des Tores waren Pfeiler mit Versatzfalzen vorhanden; die Pfeilertiefe reichte jedoch nicht zur Aufnahme von Torflügeln. Vermutlich sollte die Brückenplattform im Ernstfall als Torverschluß dienen. Man wird daher annehmen können, daß es keinen Torbogen mit darüberliegendem Zinnenkranz gegeben hat, sondern daß das Tor nur durch die Pfeiler markiert wurde.

KAT.-NR. 188   Abb. 214–216
Simeonstor, 1875

Unbezeichnet, datiert *1875*.
Kolorierte Federzeichnung; 46,5 x 60,2 cm (Blatt), 43,7 x 57,3 cm (innere Einfassung). Untere Ecke rechts (mit Signatur?) fehlt.
Zwei Maßleisten: *12 + 36 f. R.* = 20,6 cm; *15 Meter* = 20,5 cm = 1 : 72.
Kartentitel: *ZEICHNUNG DES SIMEONS THORS. FESTUNG MINDEN / Zum Bericht d. d. Minden 24 Februar 1875 Nr. 199 A. Der Königliche Baurath Pietsch.*

STA DT, D 73 Kartensammlung Tit. 4 Nr. 10 130. – Grundriß und Stadtseite in Umzeichnung bei MEINHARDT 1958, Taf. 21.
Oben links *Grundriß* des Torbaues mit den anschließenden krenelierten Mauern, rechts anschließend *Querprofil A. B* und *Längen-Profil C. D.*, alle mit Maßangaben in Fuß und Metern.
Unten *Innere Ansicht* und *Auessere Ansicht*.

Der Grundriß des Torbaues ist hier genauer aufgenommen als 1845 (siehe Kat.-Nr. 187) und zeigt in der Torkammer die doppelten Versatzfalze, vor die die Torflügel schlagen konnten. Im links

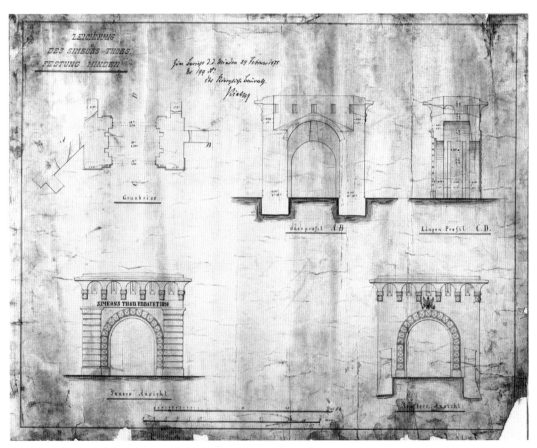

Abb. 214   Simeonstor. Bauaufnahme, 1875 (Kat.-Nr. 188).

Abb. 215 Simeonstor. Feldseite vor dem Abbruch, 1878.

anschließenden Mauerstück bei *A* die stark verzogenen Gewehrscharten, von denen aus die krenelierte Mauer auf der Ostseite des Batardeaus flankiert werden konnte. – Die Torkammer war hoch mit einem Tonnengewölbe gedeckt. Über der Absattelung hinter der Attika konnten hinter den Scharten Schützen postiert werden; der Zugang erfolgte vom östlichen, oberen Laufgang der krenelierten Mauer durch einen rundbogigen Durchlaß. Die Feldseite ist offensichtlich aus der Zeichnung von 1845 (Kat.-Nr. 187) übertragen; die Stadtseite vermutlich neu aufgenommen. Der Torbogen ist wie nach außen mit diamantierten Quadern besetzt; er wird von schweren dorischen Pilastern mit einfach gekehlten Kapitellen und tiefen Schattenfugen zwischen den Quaderlagen gerahmt. Die Attika gleicht der der Feldseite, zwischen Torbogen und Konsolen trägt sie die Antiqua-Inschrift *SIMEONS THOR ERBAUET 1820*. (Die vor dem Abbruch aufgenommene Photographie zeigt die Inschrift breiter auseinandergezogen, mit schlankeren Lettern und ERBAUT statt ERBAUET (Nordsiek 1979, S. 266, Abb. VI.4).

Das Simeonstor war bereits 1819 im Bau; am 10. Januar teilt Generalmajor von Schwichow der Regierung mit, daß wegen der Arbeiten am Neuen Tor und Restarbeiten am Marien- und Kuhtor (Königstor) nur das Simeonstor als Passage geöffnet sei, *wo selbst über dem noch gebauet wird*. Nach der Inschrift war der Bau 1820 fertiggestellt, war aber im Mai 1824 wiederum für kurze Zeit gesperrt, ebenso 1839, *wegen nöthigen Reparaturen der sehr defecten Aufzieh-Brücke* vor dem Tambour (STA DT, M 1 I C, Nr. 257, fol. 10, 21, 76). – Den Entwurf des eindrucksvollen Bauwerks wird man dem Major Karl Ludwig von Gayette zuschreiben können, der von 1818 bis 1822 Platzingenieur in Minden war.

Die Zeichnung entstand im Zusammenhang mit den sich über mehrere Jahre hinziehenden Verhandlungen und Querelen um den Abbruch (STA DT, M 1 I C, Nr. 262). Sie wurde vermutlich vom

Abb. 216 Gußeiserner Adler von einem der Festungstore, vermutlich vom Simeonstor, um 1820. Mindener Museum, 1998.

Zeichner Wilken in der Mindener Bau-Inspection gefertigt, der 1876 den Lageplan zur Verbesserung der Simeonspassage zeichnete (Kat.-Nr. 189). Die Passage war mit dem im Lichten nur 3,76 m breiten Torbau, der schmalen Bastaubrücke bei der Simeonsmühle und dem zwischen den krenelierten Mauern nur 6,70 m breiten Batardeau im Wallgraben ein außerordentliches Verkehrshindernis zwischen der Simeonstraße und dem Simeonsplatz in der Hausberger Front. Der Festungskommandant Generalmajor von Delitz lehnte 1874 die dringenden Anträge von Magistrat und Regierung auf Abbruch des Tores und Beseitigung des Engpasses u. a. mit der Bemerkung ab, *es wäre auch zu bedauern, wenn dieses Thor, ein Denkmal Schinkels, ebenfalls dem Vandalismus verfiele* (STA DT, M 1 I C, Nr. 262, fol. 60); der Regierungs- und Baurat Heldberg meinte 1875, *... halte ich den architektonischen Werth für nicht in's Gewicht fallend; ich habe einen solchen überhaupt nicht aufzufinden vermocht* (ebd. fol. 67), streicht aber immerhin im Konzept eines Berichts vom 2. März 1875 an das Handels-Ministerium bei der Übersendung der angeforderten Zeichnung im Satz *... wir vermögen diesem plumpen Bauwerke irgendwelchen architektonischen Werth nicht beizumessen* das Wort *plump* mit der Randbemerkung *Das Epitheton ornans paßt nicht!* (ebd. fol. 73 ff.). – 1878–1880 wurde schließlich das Tor auf Kosten der Stadt abgebrochen; der Engpaß wurde durch Verbreiterung der Brücken und Anlage von Trottoirs mit Geländern auf dem Batardeau hinreichend passierbar gemacht.

Der reliefierte Adler aus Gußeisen mit dem Brustmonogramm *FWR* (Fridericus Wilhelmus Rex), der über dem feldseitigen Torbogen angebracht war, wurde vermutlich beim Abbruch des Tores geborgen und gelangte schließlich in das Mindener Museum; allerdings fehlen bei ihm die Fänge mit Szepter und Reichsapfel sowie die mittleren Schwanzfedern (H. jetzt ca. 0,90 m). Den Entwurf für die Adlerreliefs, die ehemals an allen preußischen Festungstoren zu sehen waren und heute nur noch in wenigen Exemplaren überliefert sind (Zitadellen in Berlin-Spandau, Erfurt/Petersberg, Jülich), zeichnete Christian Daniel Rauch (VON SIMSON 1996, S. 195, Kat.-Nr. 113 f.); gegossen wurden die Adler vermutlich in der Königlichen Eisengießerei in Berlin.

Abb. 217 Passage am Simeonstor. Wilkens, 1876 (Kat.-Nr. 189).

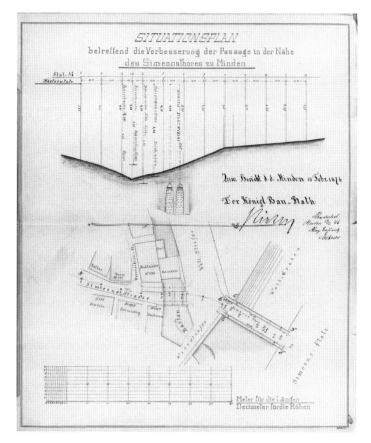

KAT.-NR. 189   Abb. 217–219
Passage am Simeonstor, 1876

Bezeichnet *Wilkens*, datiert *Minden 10 Febr. 1876*.
Kolorierte Federzeichnung; 41,4 x 34 cm (Blatt), 39,3 x 31,8 cm (innere Einfassung); Signatur unten rechts außerhalb der Einfassung.
Transversal-Maßstab von *10 + 80 Meter für die Längen* bzw. *Decimeter für die Höhen* = 18 cm = 1:500 bzw. 1:50.
Kartentitel:. *SITUATIONSPLAN betreffend die Verbesserung der Passage in der Nähe des Simeonsthores zu Minden / zum Bericht d. d. Minden 10 Febr. 1876 / Der Königl. Bau-Rath Pietsch / Revidirt Minden 17/2 76 Reg. Baurath Eitner*.

STA DT, M 1 I C, Nr. 262, fol. 180/181; unpubliziert.

Unten Lageplan mit der Bebauung beiderseits der unteren *Simeons-Straße*, der Brücke über die Bastau bei der Simeonsmühle, der *Wallstraße* und dem *Wallgraben*, über den der Fahrweg auf dem Batardeau vom *Simeons-Thor* zum *Simeons-Platz* führt.

Brücke, Simeonstor und Passage über den Wallgraben mit Maßangaben. Die Profillinie ist mit den Punkten *1–12* angegeben; für die Bastaubrücke ist ein Vorschlag zur Verbreiterung der Fahrbahn auf 6,20 m eingezeichnet.

Abb. 218 Krenelierte Mauer am Generalabschnitt westlich des Simeonstores während der Demolierung, 1898/1901. Vorn die Bastau, über der Mauer die Giebel von Weingarten 50–56, das Dach der Mauritius-Kirche (Artillerie-Zeughaus) und der Fachwerkturm von St. Simeon.

Anlieger an der Simeonstraße, Ostseite: *Rather, Guese No 295, Mahlmühle, Oelmühle* mit *Stall No 296;* Westseite: *Schütte No 298, Schmieding No 297b, Deichmann No 297a.*

Oben Nivellementsprofil an den *Stat. No 1 bis 12* in zehnfacher Überhöhung mit Maßangaben und Angaben einzelner Zwischenmeßpunkte an Haustürschwellen, außerdem mit den beiden Bogendurchlässen der Bastaubrücke und Eintragung *Höchstes Stau-Wasser* bei *5,05 m.*

Der Plan gehört zu den Verhandlungen über den Abbruch des Simeonstores und die Verbesserung der Passage zum Hausberger Tor von 1874 bis 1878.

Für den Generalabschnitt zwischen dem Simeonstor und dem Bastion XII Schwichow liegen keine detaillierten Pläne vor. Bis zur Schleifung nach dem Siebenjährigen Krieg lag nach den älteren Festungsplänen (Kat.-Nr. 6, 12–14) nordwestlich neben dem Simeonstor das Kramerrondell, das teils als schwach vorgeschobenes Bastion, teils als redanartiger Winkel gezeichnet wird und nach dem ältesten Festungsplan (Kat.-Nr. 1) wie auch nach Hollars Vogelschauplan mit einer *steine(n) Fossbray* ausgestattet war, die sich auch vor der anschließenden Kurtine bis zum Bastion V (später XII) hinzog. Das Rondell trug die Bastionsnummer IV und war in seinem Winkel mit einer erhöhten Geschützplattform ausgestattet (vgl. Kat.-Nr. 23–25). Mit der Schleifung nach 1763 wurde das Werk demoliert und mit Privatbauten besetzt (Haus-Nr. 310 a, Lohgerberei), außerdem entstand

IV.2.2 Katalog – Die Weserfront und die alte Hausberger Front (Kat.-Nr. 167–189)

Abb. 219 Krenelierte Mauer am Generalabschnitt westlich des Simeonstores während der Demolierung, 1898/1901. Vorn die Bastau mit dem Durchlaß zur Simeonsmühle, über der Mauer der Kirchturm von St. Simeon, der Giebel von Simeonstraße 36, rechts Simeonstraße 35 mit dem Schornstein der Usadelschen Dampfmühle.

eine kurze Fahrverbindung zwischen der Brücke über den Festungsgraben vor dem Simeonstor und der Wallstraße. Sie blieb bis zum Ausbau der Rodenbecker Straße bzw. des Schwichowwalles im ersten Jahrzehnt des 20. Jahrhunderts bestehen. – Im Neubefestigungsprojekt des Generalmajors von Rauch von 1815 (Kat.-Nr. 34) erscheint das Gelände als *Demolirtes Bast(ion) Nr. 4;* es wurde auch weiterhin nicht in die Befestigung einbezogen bzw. nur mit einer krenelierten Mauer besetzt.

Das Gelände zwischen der Kurtine IV/V und dem Festungsgraben bzw. der Bastau war um 1815 im Besitz des Regierungsrats Dr. von Möller; außerdem lag hier das Haus von Dr. von Möller. Mit der Neubefestigung wurde dieses Areal wieder zur Festung gezogen. Die Kurtine wurde als *Generalabschnittsmauer* (Kat.-Nr. 44) wiederhergestellt; das Vorgelände war nach dem Pagenstecherschen Plan von 1837 (Kat.-Nr. 39) mit Wegen und Baumpflanzungen gärtnerisch angelegt – oder wenigstens so geplant; der Festungsplan Seydels von 1853 (Kat.-Nr. 47) verzeichnet hier ein Wegekreuz inmitten von Beeten; der Querweg war – wie bei Pagenstecher – durch eine Brücke über die Bastau zwischen Militär-Ökonomie-Gebäude und Proviantmagazin mit dem Simeonsplatz verbunden.

In dieser Anlage wurde 1826 auf Allerhöchste Kabinettsorder Friedrich Wilhelms III. am Fuß der Generalabschnittsmauer das Grabdenkmal für Generalmajor Ernst Michael von Schwichow errichtet. 1905/06 fand es bei der Anlage des Schwichowwalles seinen heutigen Platz auf dem ehemaligen Bastion XII Schwichow.

Die Hausberger Front und ihre Bauten (Kat.-Nr. 190–256)

Zur ersten Planung des verschanzten Lagers auf dem Vorgelände der alten »Hausberger Fronte« jenseits der Bastau, als großes Kronwerk mit zwei Redans im Anschluß an die Stadtbefestigung, zwei Ravelins vor den Kurtinen, einer vorgeschobenen Flèche im Südwesten sowie drei Defensions-Kasernen in den Kehlen der Bastions nach den Vorstellungen des Generalmajors von Rauch 1815 siehe Kat.-Nr. 34 und 37.

Die schließlich in reduzierter Form ausgeführte Neue Hausberger Front zeigt am deutlichsten der Pagenstechersche Plan von 1837 (Kat.-Nr. 39). Detaillierte Gesamtpläne liegen für die Zeit der Anlage nicht vor; der erhaltene Planbestand setzt mit Zeichnungen für Einzelbauten ein.

KAT.-NR. 190   Abb. 220
Kriegs-Pulver-Magazine Nr. 3 und 4, nach 1823

Unbezeichnet und undatiert.
Federzeichnung, hellgelb, hellrot und gelbgrau laviert, Bleistiftnachträge; 49,8 x 66,8 cm (Blatt), 45,9 x 62,2 cm (Einfassung).
Wasserzeichen: GM.
Maaßstab zu den Grundrissen u. Profilen: Maßleiste von *12 + 84 Preuss. Fuss* = 26,8 cm ≅ 1:124; *Maaßstab zu den Ansichten.* Maßleiste von *12 + 60 Preuss. Fuss* = 31 cm ≅ 1:72.
Kartentitel: *Zeichnung der Kriegspulver-Magazienen No III und IV. an der Hausberger Fronte.*

Mindener Museum, FM 100; unpubliziert. Ausschnitte der Ansichten bei MEINHARDT 1958, Bild 55, 56. – Oben links Stempel und rote Inv.-Nr. *P:V:II b, No 3* der Fortification zu Minden; oben rechts und unten links Inventarvermerk und Stempel der Garnison-Verwaltung Minden.

Auf der linken Blatthälfte oben *Grundriss* und *Profil nach a – b* von *No: III.*, darunter *Vordere Ansicht*. Die Bezeichnung *Unter-Anschluss* bezieht sich auf die Lage des Magazins im Wallkopf von Redan III, auf der Contrescarpe vor Bastion XI (Kasernen-Bastion). Tonnengewölbte Kammer von 33' Länge und 12' Breite, mit doppelwandiger Mauer zum Wall, zwei Luftscharten in der grabenseitigen Mauer sowie den üblichen gewinkelten Luftkanälen. Das Vorhaus, 12 x 12' groß, ist leicht nach links versetzt. Die Stirnseite ist als glatte Wand ausgebildet, mit Deckplatte in Höhe der *Crete der Brustwehr*. Das rundbogige Tor flankieren breite, gedrungene Vorlagen aus schweren diamantierten Quadern auf glatten Sockeln; der Bogen ist mit einer Reihe von Diamantquadern besetzt, um die sich außen ein Inschriftband zieht: *KRIEGS-PULVERMAGAZIN. No III. ERBAUT 1823.*

Die Hofsohle lag mit *21 ¾' a. m.* (= am Maß = am Pegel) 17 ¾' = ca. 5,55 m über der *Graben Sohle (4' a. m.)*; die Höhe der Brustwehrcrête ist mit *47' a. m.* angegeben; die Stirnwand war demnach 25 ¼' = ca. 8 m hoch.

Auf der rechten Blatthälfte *Grundriss* und *Profil nach a – b* von *No: IV*, darunter die *Vordere Ansicht*. Die Beischrift *Ober-Anschluß* bezeichnet die Lage des Magazins im Wallkopf der rechten Face von Bastion V, gegenüber dem Bastion XII, zu dem eine Gewehrgalerie über die Bastau führte.

Größe und Konstruktion des Magazins entsprachen im wesentlichen spiegelbildlich der des Pendants No. 3; das Vorhaus mit dem Durchgang zur Gewehrgalerie war querrechteckig; die Eingänge waren wegen der exponierten Lage in der Nähe der Contregarde Schwichow mit Versatzfalzen aus-

IV.2.2 Katalog – Die Hausberger Front und ihre Bauten (Kat.-Nr. 190–256) 375

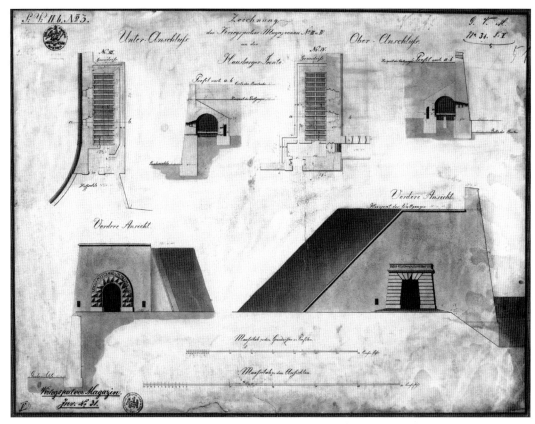

Abb. 220   Kriegs-Pulver-Magazine No 3 und 4, nach 1823 (Kat.-Nr. 190).

gestattet. Die glatte Stirnmauer des Walles hatte mit *51' a. m.* bis zum *Horizont des Wallganges* eine Höhe von ca. 9,30 m über dem Hofniveau. Die schildförmige Portalwand aus lagerhafter Quaderrustika hatte auffallend stark nach innen geneigte Gewände, parallel zur Böschung der Flanken; sie erinnert damit weniger an klassisch-antike Portale als an ägyptische Tempelpylone und ist möglicherweise durch die Ägyptenmode der Zeit um 1800 angeregt, vielleicht vermittelt durch Theaterdekorationen, wie diesen martialischen Portalarchitekturen ja – bei aller Sinnfälligkeit – durchaus etwa Theatralisches anhaftet. An der Attika Inschrift: *KRIEGS-PULVERMAGAZIN No IV ERBAUT. 1823.*

Im Querschnitt von Magazin Nr. 3 Bleistiftergänzungen: Entlüftungsschacht vom gewölbten Raum und vom wallseitigen Zwischenraum bis zur Brustwehrcrête grob skizziert, daneben auf dem *Horizont des Wallganges* anstelle der gemauerten Brustwehr Skizze einer niedrigen, nach außen abgeböschten, aus Erde aufgeschütteten Brustwehr mit Kordon in verschiedenen Höhen.

Die Zeichnung entstand wahrscheinlich als Bauaufnahme der fertiggestellten Anlagen, nach dem Duktus und den Buchstabenformen der Beschriftung von der Hand des gleichen Zeichners wie Kat.-Nr. 118 (Tor im Reduit vor dem Marientor, um 1825) und Kat.-Nr. 171 (Wesertor, 1825). Die letztere ist von Ingenieur Lieutenant Creuzinger signiert, so daß ihm wohl auch diese nicht unterzeichneten Blätter zugewiesen werden können.

Die Magazine wurden bald nach 1873 mit der Einebnung der Hausberger Front demoliert. Magazin Nr. 3 lag am südlichen Bastauknick hart westlich der Johansenstraße; das Gelände von Nr. 4 überdeckt die moderne Halle der Simeonsbetriebe hinter den Artillerie-Pferdeställen.

KAT.-NR. 191   Abb. 221, 222
Zugbrücke vor dem Hausberger Tor, 1853

Unbezeichnet, datiert *Minden den 1ten März 1853*.
Kolorierte Federzeichnung; 76,5 x 53,5 cm.
Maaßstab zum Grundriß: Maßleiste von *5 + 20'*= 16,2 cm = 1:48;
Maaßstab zum Durchschnitt: Maßleiste von *5 + 15'*= 17,3 cm ≅ 1:36.
Kartentitel: *Entwurf zu einer neuen Zugbrücke vor dem massiven Tambour des äusseren Hausberger Thores zu Minden. / Zum Kostenanschlage vom 1ten März 1853. Sect. III A 2. No 132.*

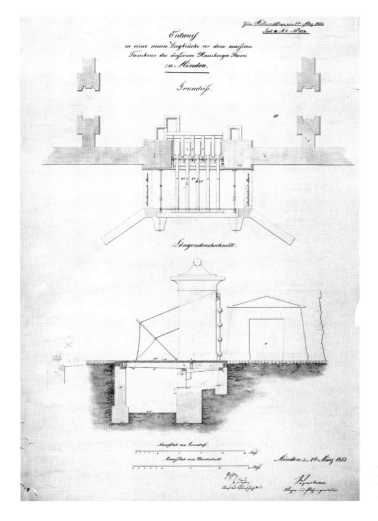

Abb. 221 Zugbrücke vor dem Hausberger Tor, 1853 (Kat.-Nr. 191).

IV.2.2 Katalog – Die Hausberger Front und ihre Bauten (Kat.-Nr. 190–256) 377

Abb. 222 Hausberger Tor, Feldseite von Süden. Lithographie von Johann Jürgen Sickert, 1855/58 im Sammelbild Minden (Westfalia Picta VII, Nr. 320).

Unten rechts Ort und Datum, darunter *Pagenstecher Major und Platzingenieur*, daneben *Gesehen v. Dechen Oberst und Festungs Inspekteur*.

GSTA PK, Festungskarten Minden C 70.110; unpubliziert. – Zur feldseitigen Ansicht der Toranlage vgl. das lithographierte Sammelblatt von Johann Jürgen Sickert von 1855/58, zum Grundriß Kat.-Nr. 194, Fig. II (unten links).

Oben *Grundriss* des äußeren Hofes (Zwingers) vor dem (nicht mitgezeichneten) Tor, der seitlich von hohen Mauern mit Durchgängen eingefaßt und zur inneren Künette vor dem Wallfuß durch schwere Torpfeiler zwischen Flankenmauern geschlossen war. Die seitlichen Durchgänge mit doppelten Versatzfalzen; die maulartigen Gewehrscharten neben den Pfeilern hier nicht dargestellt. Jenseits der Künette die seitlich abgewinkelte Kontermauer mit dem Brückenauflager. Der Grundriß zeigt den Brückenrost mit der Drehachse, die Aufsicht der Aufzughebel und – hinter den Pfeilern –

die Schächte für die Kugel-Ketten-Kontergewichte. In der äußeren Pfeilerflucht in der Künette *abzubrechende Mauern*.

Unten *Längendurchschnitt* durch Künette, Mauern und Brückenkeller mit Seitenansicht eines Pfeilers samt Hebelkonstruktion, Ketten und Kontergewichten; rechts anschließend die hofseitige Ansicht des linken seitlichen Durchgangs zum Rondengang am Wallfuß: ein derbes, außen stark geböschtes Portal mit Dreieckgiebel.

Links Detailzeichnung für das Auflager der festen, inneren Brückenplattform hinter der Drehachse.

In der Zeichnung nicht dargestellt sind die eisernen Geländer an der Brückenklappe, die beim Aufziehen der Brücke mit hochgezogen wurden (vgl. die Ansicht von Sickert).

Der Tambour bzw. Zwinger vor der eigentlichen Torpoterne wurde mit den Brückenpfeilern zu Beginn der Demolierungsarbeiten 1874 beseitigt (vgl. Nordsiek 1979, S. 278, Abb. VI.71).

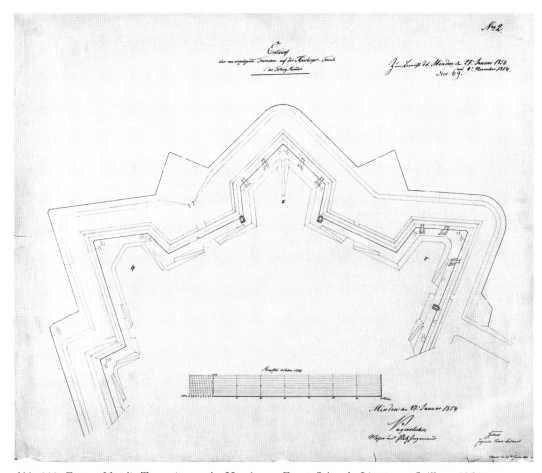

Abb. 223 Entwurf für die Traversierung der Hausberger Front. Sekonde-Lieutenant Spillner, 1854 (Kat.-Nr. 192).

IV.2.2 Katalog – Die Hausberger Front und ihre Bauten (Kat.-Nr. 190–256) 379

KAT.-NR. 192   Abb. 223
Entwurf für die Traversierung der Hausberger Front, 1854

Bezeichnet *Spillner*, datiert *Minden den 26ten Januar 1854.*
Federzeichnung, die Traversen gelb angelegt, Bleistift-Beischriften; 46,5 x 57,5 cm.
Transversal-Maßstab mit *10 + 70 Ruthen*; *Maaßstab: 10 Ruthen = 1 Ddz* = 20,8 m = 1 : 1450.
Kartentitel: *Entwurf über neu anzulegende Traversen auf der Hausberger-Fronte der Festung Minden / zum Bericht d.d. Minden den 27." Januar 1854 und 4." November 1854 Nro: 69* / oben rechts *Nro 2*.
Unten rechts*: Spillner Ingenieur-Seconde-Lieutenant / Minden den 26ten Januar 1854*, daneben Ort und Datum wie oben, *Pagenstecher Major und Platz Ingenieur*.

GSTA PK, Festungskarten Minden F 70.054; unpubliziert.

Grundriß der Hausberger Front innerhalb des Gedeckten Weges, ohne Künetten im Hauptgraben und ohne Brücken. Die Bastions mit *III, IV und V* bezeichnet. Traversen waren zunächst nur in Bastion IV und V vorgesehen, dazu zwei auf den Kurtinen III–IV und IV–V am Ansatz der Flanken von Bastion IV. Eine weitere Traverse links über der Poterne des Hausberger Tores auf der Kurtine III–IV ist flüchtig ausradiert. An den Schulterpunkten von Bastion IV und V dreimal in Blei *NB*, dazu im Graben beim linken Schulterpunkt von Bastion IV Beischrift *mit der Capitale des Schulter-Winkels*, d. h. daß die Achse der Traverse parallel zur Winkelhalbierenden zu korrigieren war. Diese Korrektur ist laut Kat.-Nr. 194 (siehe dort) ausgeführt worden.

    Der Plan gehört zu einer Serie von sechs Blättern, in denen 1854 Vorschläge für eine Traversierung der Festung gemacht wurden (vgl. Kat.-Nr. 65 und 87), denen um 1866 die stärkere Bestückung der Wälle mit Traversen folgte.

KAT.-NR. 193   Abb. 224
Weiterbau der krenelierten Mauer vor Redan III, 1858

Unbezeichnet, datiert *Minden den 25ten März 1858.*
Farbig angelegte Federzeichnung, mit Bleistift-Beischriften; 67,5 x 94,5 cm.
Maaßstab für den Grundriss und das Profil a – b. Maßleiste von *12' + 13 Ruthen* = 17,7 cm = 1 : 288; *Maaßstab für das Profil c – d*, Maßleiste von *12' + 6 Ruthen* = 17,7 cm = 1 : 144.
Kartentitel: *Entwurf zur Erbauung der Unvollendeten freistehenden crenelierten Mauer auf der niedern Berne der linken Face des Redan III der Hausberger Fronte zu MINDEN.*
Unten rechts Ort und Datum wie oben; *für den abwesenden Platzingenieur Sontag Ingenieur-Hauptmann*; daneben *Gesehen Oettinger Oberst u. Fest. Insp.*

GSTA PK, Festungskarten Minden C 70.092; unpubliziert.

Unten Grundriß des *Redan III* (Norden links; hier *gemauertes Endprofil*) mit *Poterne I* und dem *Blockhaus No 6* und *Ausgehende(r) Waffenplatz* des Gedeckten Weges. An dessen Anschluß an das Weserglacis *Eingehender Waffenplatz*. Die bestehenden Mauerteile am nördlichen Wallkopf, an der rechten Flanke des Redan und auf dem Batardeau zwischen Redan und Blockhaus grau mit dichtgereihten Gewehrscharten, der projektierte Weiterbau rot mit liegenden Scharten in weiteren Abständen. Nahe der Redanspitze am Anschluß von alter und neuer Mauer Korrektur der bestehen-

380　　IV Die Festung – IV.2 Die Festung vom Dreißigjährigen Krieg bis zur Aufhebung im Jahr 1873

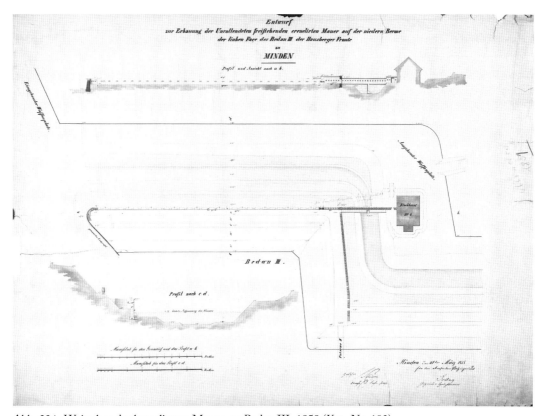

Abb. 224　Weiterbau der krenelierten Mauer vor Redan III, 1858 (Kat.-Nr. 193).

den Scharten *1.2.* mit Bleistift-Beischrift: *hier ist noch eine horizontale Scharte statt 1.2. anzulegen.* – Diese Situation wird deutlicher im darüber angeordneten *Profil und Ansicht nach a – b* mit Schnitt durch das gemauerte Endprofil links, Graben, Blockhaus und Gedecktem Weg rechts, dazwischen Innenansicht der Mauer und des Batardeau.

Unten *Profil nach c – d* durch Wall, Graben und Gedeckten Weg mit lebender Hecke auf dem Rondengang und der projektierten Mauer auf der unteren Berme. Im Graben ist mit *12' höchste Anspannung des Wassers* eingetragen; die Mauer stand in diesem Fall 2 ½' tief im angestauten Graben. Das noch zu erbauende Mauerstück war 29° 6'= ca. 111 m lang.

Zur Situation im Jahre 1840 und zum Blockhaus No. 6 im Waffenplatz vgl. Kat.-Nr. 202.

KAT.-NR. 194　　　　　　　　　　　　　　　　　　　　　　　　　　　　　　　　Abb. 225
Umbauten an den Tambours vor der Hausberger Front, 1863

Unbezeichnet; datiert *Minden den 8ten April 1863.*
Kolorierte Federzeichnung; 57,5 x 65,5 cm.
Maßleiste *zu Fig. I 10 + 90 Ruthen* = 12,6 cm ≅ 1:3000, *zu Fig. Ia b, c, d, II & IV : 10 + 110 Fuss* ≅ 1:300, *zu Fig. III & V : 10 + 50 Fuss* ≅ 1:150.

Kartentitel: *Zeichnung zur Umänderung des Tambours vor Front III – IV. Neuanlage eines Tambours vor Front IV – V. und Verbreiterung der Graben Cünette vor den Bastions Facen der Hausberger Front zu Minden. / Zu den Kosten-Anschlägen vom 8ten April 1863.*
Unten rechts Ort und Datum wie oben; *In Stellvertretung des Platz-Ingenieurs Maentell Ingenieur-Hauptmann*, daneben *Mertens Oberst und Festungs Inspecteur.*

GSTA PK, Festungskarten Minden E 70.018; unpubliziert.

Oben in der Mitte *Fig. I. Hausberger Front* und *Simeons Platz,* Lageplan mit Bezeichnung der Werke, der Poternen und dem *Hausberger Thor* sowie den Blockhäusern 6, 1, 2 und 7, die – mit Ausnahme von Blockhaus 1 – als Friedens-Pulver-Magazine bezeichnet sind. Gegenüber dem Traversierungsplan von 1854 (Kat.-Nr. 192) sind die Wälle der Hausberger Front jetzt durchgehend mit Traversen besetzt.

Rechts daneben untereinander *Fig. Ia – Id, Profil nach a – b, c – d, e – f und g – h* mit Angabe der projektierten Grabenverbreiterungen am Gedeckten Weg.

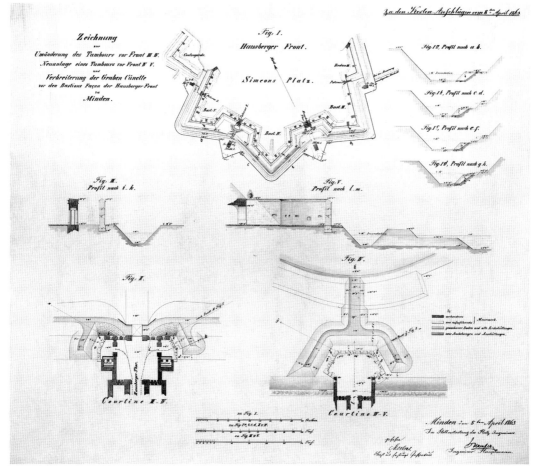

Abb. 225 Umbauten an den Tambours vor der Hausberger Front, 1863 (Kat.-Nr. 194).

Unten links *Fig. II*: Grundriß des Tambours vor dem Hausberger Tor in der *Courtine III – IV* mit den projektierten Änderungen: Die kleinen Plätze vor den seitlichen Durchgängen (siehe Kat.-Nr. 191) sollten durch abgeknickte Mauern mit je drei Gewehrscharten und Durchgang zum Rondenweg geschlossen werden; die Künette sollte als Stichgraben vor die neuen Mauern verlängert werden.

Fig. III. Profil nach i – k, darüber, zeigt den Schnitt durch die bestehenden Durchgänge sowie die neue Mauer samt Stichkünette.

Unten rechts *Fig. IV* zeigt den Grundriß des grabenseitigen Platzes vor Poterne 2 in der *Courtine IV – V*; dieser sollte durch einen vierfach geknickten Tambour mit 14 Schießscharten und Durchschlupf zum Rondenweg rechts gesichert werden. Die Stichkünette vom Hauptgraben sollte dem Grundriß des neuen Tambours folgen.

Fig: V. Profil nach l – m, darüber, zeigt den Schnitt durch das Poternentor mit Ansicht der Flankenmauer, Innenansicht der Tambourmauer und Schnitt durch die Künette.

Laut Plan von 1873 (Kat.-Nr. 197) sind die projektierten Maßnahmen ausgeführt worden.

KAT.-NR. 195 Abb. 226
Sicherung der Poterne 3 in der Hausberger Front, Blatt I, 1865

Bezeichnet *Daniel*, datiert *Minden den 18ten März 1865*.
Farbig angelegte Federzeichnung mit Ergänzung in Blei und Korrekturen in Tusche; 38 x 62,5 cm.
Maaßstab zur Situation, 1 : 720; Maßleiste von *10 + 20 Ruthen* = 15,2 cm, *Maaßstab für die Durchschnitte, 1 : 144;* Maßleiste von *10 + 60 Fuss* = 14,9 cm.
Kartentitel: *Entwurf zur Sicherung der Poterne 3 in der Hausberger Front zu Minden. Bearbeitet zu folge Verfügung des Könglichen Allgemeinen Kriegs Departements vom 22ten November 1862, 22ten März und 15ten Juni 1864 und zum Vorbericht vom 18ten März 1865 gehörig. Blatt I.*
Unten rechts Ort und Datum wie oben, *Maentell Major und Platz-Ingenieur / Daniel, Wallmeister;* daneben *Gesehen v. Mertens Oberst u. Festungs-Inspecteur*.

GSTA PK, Festungskarten Minden A 70.051/1; unpubliziert.

Oben links *Fig: I. Situation* mit der rechten Flanke von *Bastion V.*, östlich davon Umriß vom *Bastion Schwichow*, nördlich das Südende der *Contregarde vor Bastion Schwichow,* beide durch Gewehrgalerie bzw. Brücke über *die Bastau* mit der Hausberger Front verbunden. Westlich der Bastau der Abzweig des Hauptgrabens vor Bastion V mit einem Batardeau, der zugleich die Kommunikation zum Waffenplatz mit *Blockhaus No 7* herstellt. Für diesen Platz, auf dem westlich des Blockhauses eine Erdtraverse liegt, ist eine Verpalisadierung vorgesehen (vgl. Blatt II, Kat.-Nr. 196). Im Wall von Bastion V der Grundriß der Poterne 3, östlich davon im Wallkopf eine weitere Poterne, die zur Bastaubrücke und zur Contregarde führt. Vor der Poterne 3 setzt eine Mauer an, die am Graben entlang zur Bastaubrücke führt und hier eine gedeckte Verbindung herstellt. Die Kommunikation zum Batardeau und zum Blockhaus sollte außerhalb der Mauer erfolgen. Die zweite Poterne war vermutlich als – nicht ausgeführte – Alternative konzipiert.

Unten *Fig: 2. Durchschnitt nach c – d* durch den grabenseitigen Ausgang der Poterne mit dem Ansatz der Mauer.

Rechts untereinander *Fig: 3. Grundriss* und *Fig: 4. Durchschnitt nach a – b* mit genauerer Darstellung des Poternenausganges. Wegen des Anschlusses der neuen Mauer mit einem Durchschlupf (für

IV.2.2 Katalog – Die Hausberger Front und ihre Bauten (Kat.-Nr. 190–256) 383

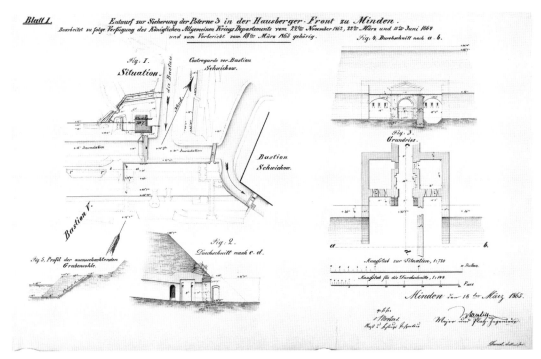

Abb. 226 Sicherung der Poterne 3 in der Hausberger Front, Blatt I. Wallmeister Daniel, 1865 (Kat.-Nr. 195).

die Verbindung zum Waffenplatz) wurden die dorischen Pilaster des Poternenportals durch neue Pfeiler zwischen drei Stichbogenblenden verdeckt, Gebälk und Giebeldreiecke wurden abgebrochen (siehe auch Fig. 2). Beiderseits des Poternenportals lagen kleine Kasematten mit je drei Gewehrscharten.

Links unten *Fig: 5, Profil der auszuschachtenden Grabensohle* zur Verbreiterung des Hauptgrabens westlich der neuen Mauer um 15 Fuß bei *1 ½facher Anlage*, d. h. mit flacherer Böschung.

In Fig. I ist der Bastau-Zulauf von Westen samt der *Brücke* über den Glacisweg am oberen Rand in Blei nachgetragen.

KAT.-NR. 196   Abb. 227
Sicherung der Poterne 3 und des Blockhauses No 7 in der Hausberger Front, Blatt II, 1865

Bezeichnet *Daniel*, datiert *Minden den 18ten März 1865*.
Farbig angelegte Federzeichnung mit Korrekturen in Tusche; 49,5 x 66,5 cm.
Maaßstab für den Grundriß = 1:288, Maßleiste von *10 + 130 Fuß* = 15,9 cm; *Maaßstab für die Durchschnitte 1:144*, Maßleiste von *10 + 60 Fuss* = 15,9 cm.
Kartentitel sowie Unterschriften und Sichtvermerk (unten rechts) wie in Blatt I (Kat.-Nr. 195).

GSTA PK, Festungskarten Minden A 70.051/2; unpubliziert.

Oben *Fig: 6, Grundriss* des Waffenplatzes mit dem Grundriß von Blockhaus No 7, umgeben von Diamant und Staketenzaun (Norden rechts unten). Der Gedeckte Weg sollte von einer Palisade auf

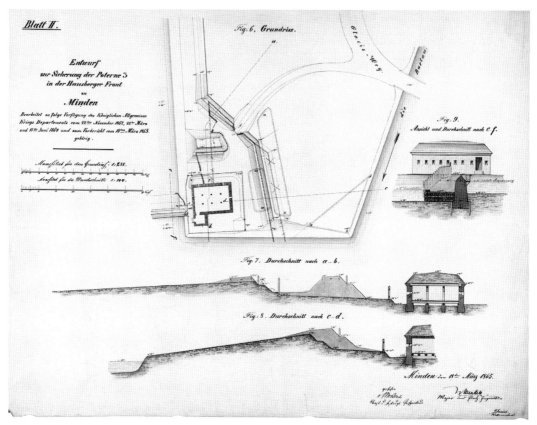

Abb. 227 Sicherung der Poterne 3 und des Blockhauses No 7 in der Hausberger Front, Blatt II. Wallmeister Daniel, 1865 (Kat.-Nr. 196).

dem Bankett begleitet werden, die vor dem Graben in komplizierter Führung mit Durchlässen um die Traverse an das Blockhaus geführt werden sollte. Das erste Konzept ist mehrfach durchgekreuzt, die korrigierte Version sieht für den Gedeckten Weg einen etwas stumpferen ausspringenden Winkel vor, gleichzeitig ist jedoch die rechte, nördliche Flanke um ca. 6 Fuß nach innen verlegt.

Die unten angeordneten Profilschnitte *Fig: 7. Durchschnitt nach a − b* und *Fig: 8 Durchschnitt nach c − d.* zeigen das Glacis, den Waffenplatz und das Blockhaus mit den vorgesehenen Aufhöhungen der Brustwehr bzw. die Traverse mit Palisaden und Stakett.

Fig: 9. Ansicht und Durchschnitt nach e −f, rechts am Rand, zeigt den Wasserbär mit der Uferbefestigung durch Faschinen, die Palisade auf der Grabenböschung und die Eingangsseite des massiven Blockhauses mit der allseits abgewalmten bombenfesten Erdabdeckung. Nach der Bestandszeichnung der Hausberger Front von 1873 (siehe Kat.-Nr. 197) waren die Arbeiten zur Sicherung der Poterne mit der Anlage der Mauer auf der Berme (Blatt I) ausgeführt, nicht jedoch die in Blatt II dargestellten Veränderungen am Glacis des Waffenplatzes samt Aufwerfen der Traverse vor der Südwestseite des Blockhauses.

KAT.-NR. 197 Abb. 228
Grundriß und Wallprofil der Hausberger Front, 1873

Bezeichnet *Küppermann*, datiert *Minden, den 15" August 1873*.
Farbig angelegte Federzeichnung mit Nachträgen in Blei; 48,5 x 65,0 cm, neu auf Büttenpapier gezogen.
Wasserzeichen: JWHATMAN.
Maaßstab für den Grundriss 10 + 400 m = 13,9 cm = 1:2880, *für die Profile 10 + 40 m* = 17,2 cm = 1:288
Kartentitel (rechts am Rand): *Grundriss & Querdurchschnitte der Hausberger Front zu Minden / Zum Kostenanschlage vom 15. August* (gestrichen) *5" October 1873 gehörig.*
Unten links: *Gezeichnet durch Küppermann Feuerwerker*, rechts Ort und Datum wie oben, *Scheibert Major und Platz-Ingenieur/ Gesehen! Sontag Oberst und Festungs-Inspecteur.*

STA DT, D 73 Kartensammlung Tit. 4 Nr. 10215; unpubliziert. – Oben rechts Inv.-Nr. des Militär-Bauamts Minden.

In der Blattmitte Grundriß der Gesamtanlage im letzten Ausbauzustand vor der Entfestigung (Norden unten). Im Osten (links) *Die Weser*, im Norden *Bast. XI* mit *Clausenwall-Kaserne, Simeons Thor* und *Bast. XII* (Schwichow), umlaufend der Weg am *Fuss des Glacis* mit der *Scharfrichterei* im Südsüdosten. Für die Kasernenbastion (XI) und die sämtlich bezeichneten Werke der Hausberger Front sind Rampen, Poternen, Tore, Tambours, freistehende Mauern, Traversen und Künetten eingezeichnet, ebenso die Blockhäuser (*Blh.*) 6, 1, 2 und 7 in den Waffenplätzen des Gedeckten Weges samt den durch den Glacis führenden Wegen und Straßen.

Innerhalb der Befestigung sind alle wesentlichen Bauten eingetragen und meist bezeichnet (im Uhrzeigersinn, beginnend am *Redan III*): *Wagenhaus 4, Gewehrhaus, Garnison Lazareth*, Reithalle (nicht bez.), *Wagenhaus 2, Defensions Kaserne, Artillerie Pferde Ställe, Garn. Wasch-Anstalt, Oeconomie Gebäude, Proviant-Mag., Geschütz Rohr Schuppen, Simeons Tambour*. An der Feuerlinie der Wallabschnitte sind die Längenmaße eingetragen; ihre Summe ergibt eine Gesamtfeuerlinie von 1.307,50 m. Die rot eingetragenen Höhen beziehen sich auf den Mindener Pegel.

Von Bastion XI ist quer über den Platz durch Bastion V mit Blei die Trasse der projektierten Portastraße skizziert, vom Simeonstor ist nach Nordosten, hinter der Klausenwall-Kaserne, der Lauf der Bastau eingezeichnet.

Über dem Grundriß zeigt das Blatt *Mittlere Quer-Profile von: Redan III* (oben links), *Bastion III* (darunter), *Courtine III – IV* (oben rechts), *Bastion IV* (darunter); unter dem Grundriß stehen die Profile von : *Courtine IV – V* (rechts), *Bastion V (*darunter*), Bastion XI* (unten links). Die Profile sind in den Längen vermaßt; die Höhen sind rot eingetragen.

Auf die Profile bezieht sich das Renvoi am linken Rand: ockerfarben: *abzuschachtender Theil*, braun: *verbleibender Theil. X = durchschnittlich 3,88 (Quadrat)m* bezieht sich auf den Querschnitt der Bankettpartien hinter den Brustwehren von Wall und Glacis.

Das Blatt entstand offensichtlich zur Vorbereitung einer völligen Einebnung der Befestigungen, einschließlich des Glacis. Daß dieses samt dem seit 1815 angewachsenen, wertvollen Baumbestand der Glaciswaldungen nicht beseitigt, sondern zu parkartigen Grünanlagen umgeformt wurde, ist dem bei den Entfestigungsverhandlungen mit Nachdruck vorgetragenen Willen der Verwaltung und des Rates der Stadt Minden zu verdanken.

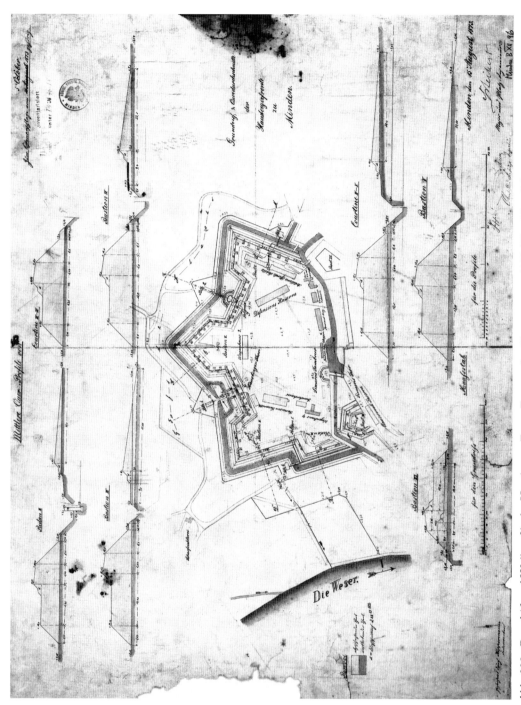

Abb. 228 Grundriß und Wallprofile der Hausberger Front. Feuerwerker Küppermann, 1873 (Kat.-Nr. 197).

KAT.-NR. 197 a ohne Abb.
Lageplan der Hausberger Front, 1874

Bezeichnet *Daniel*, datiert *Minden, den 4. Juli 1874*.
Farbig angelegte Federzeichnung; 51,6 x 41,6 cm.
Maßleiste von *100 x 400 Meter* = 16,5 cm ≅ 1:3000 (3030). Norden unten rechts.
Kartentitel: *Minden./Blatt 1 – Situation der Hausberger Fronte. – Zum Kosten-Anschlage vom 4t Juli 1874.*
Unten links: *Gezeichnet durch Daniel*, rechts Ort und Datum wie oben, *Scheibert Major und Platz-Ingenieur / Gesehen! Sontag Oberst und Festungs-Inspecteur.*

GSTA/PK, Festungskarten Minden F 70.053; unpubliziert.

Grundriß der Gesamtanlage mit dem farbig umgrenzten Glacis, das links an *Die Weser* stößt. Die im Zuge der Entfestigung abzutragenden Wälle (bezeichnet *Redan III, Bastion III, IV, V* und das nicht bezeichnete Kasernen-Bastion) und die einzuebnenden Gräben sind nur in den Hauptlinien wiedergegeben und leicht laviert. Die eingetragenen Zahlen geben die Höhen über dem Mindener Pegel an. *Die eingeklammerten Zahlen sind die Coten der Anschüttung* (Zusatz rechts). Schräg über den Platz zieht sich vom Kasernenbastion/Lindenstraße zur rechten Face von Bastion IV die *zu verlegende Chaussée nach Bielefeld*, die in der Platzmitte die Straße zum *Hausberger Thor* kreuzt. Vor dem Festungsgraben beim Kasernen-Bastion (*Vorfluth-Graben*) zweigt ein *projectirter Weg* ins Glacis ab. Rund um den Platz sind die bestehenden Bauten eingetragen, vom Redan III bis zum Simeonstor im Uhrzeigersinn: *Wagenhaus No 4* (T-Schuppen), *Gewehrh(aus), Lazareth* mit drei Nebengebäuden im hinteren Bereich, dahinter am Wallfuß *Exerzier Geschütz Schuppen; Reitbahn, Wagenh(aus) 2, Defensions-Kaserne*, dahinter die *Artillerie Pferdeställe* und drei kleine Nebengebäude. Entlang der Bastau: *Garnison-Waschanstalt, Oekon(omie) Gebäude, Proviant Mag(a)z(in)* und *Geschütz-Schup(pen)*. In den Wällen liegen *Poterne I–III*. Auf den Waffenplätzen in den einspringenden Winkeln bei Redan III/Bastion III, vor der Kurtine III/IV (Hausberger Tor), vor Kurtine IV/V und vor der rechten Flanke von Bastion IV am Bastau-Einlauf stehen die Blockhäuser No 6, 1, 2, und 7. Zwischen Lazarett und Wagenhaus 2 sowie um das *Blockh(aus) 1* außerhalb des Hausberger Tores bezeichnet eine mit roter Schraffur umzogene Fläche eine geplante Anschüttung auf dem zum Tor abfallenden Gelände; eine weitere Schraffur markiert die *Wedeking'sche Lohgerberei* zwischen der Mauer des Generalabschnitts und der Bastau.

Die angegebenen Profilschnitte durch die Wälle und Gräben (*a–b* bis *x–y*) beziehen sich auf das zugehörige Blatt 2 (siehe Kat.-Nr. 197 b).

Eine Zweitausfertigung des Blattes im Maßstab 1:2880 aus dem Planbestand des Militärbauamtes Minden liegt im STA DT, D 73 Tit. 4 Nr. 10214. In ihm sind später die nach 1878 errichteten Gebäude des Laboratoriums am Redan III, die kleinen umwallten Pulvermagazine, Hauptwache und Arresthaus, ein Feldfahrzeugschuppen sowie weitere Gebäude in der Nähe der Defensions-Kaserne nachgetragen.

KAT.-NR. 197 b   Abb. 229
Wall- und Grabenprofile der Hausberger Front, 1874

Bezeichnet *Daniel*, datiert *Minden, den 4t Juli 1874*.
Farbig angelegte Federzeichnung; 58 x 78 cm.
Maßleiste von *10 + 120 Meter* = 21,6 cm = 1:600.
Kartentitel: *Minden./Blatt 2 – Profile der Hausberger Fronte nach den Linien a–b* bis *x–y. – Zum Kosten-Anschlage vom 4ten Juli 1874 gehörig*. Unten links: *Gezeichnet durch Daniel*, rechts Ort und Datum wie oben; Unterschriften wie in Blatt 1 (Kat.-Nr. 197 a).

GSTA PK, Festungskarten Minden C 70.091; unpubliziert.

Das Blatt zeigt, teils neben-, teils untereinander angeordnet, die in Blatt 1 angegebenen Profilschnitte mit Längen- und Höhenangaben. Die Höhen sind auf den Mindener Pegel bezogen. Die Tiefe der Gräben ist nicht angegeben. Bauhorizont, Graben und Glacis sind dunkel schollig angelegt, die Wallprofile flächig heller, die aufzufüllenden Gräben leicht laviert.

Die Profile *a–b*, *c–d* und *e–f* zeigen den Wall des Kasernenbastions (Bastion III/XI) mit der bis zum Wasserspiegel des Festungsgrabens (± 0) reichenden Escarpenmauer. Der Graben selbst ist nicht gezeichnet, da er nicht verfüllt wurde, sondern als *Vorfluth-Graben* für den Bastaulauf bestehen

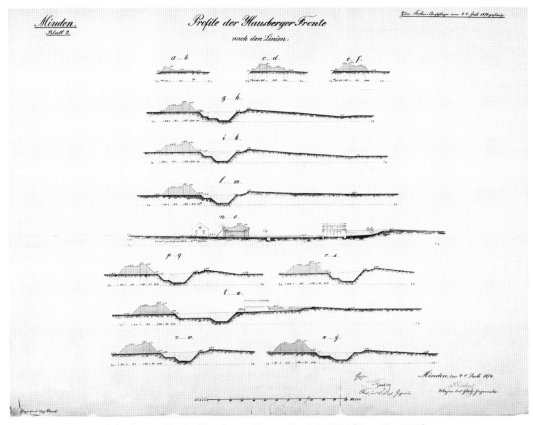

Abb. 229 Wall- und Grabenprofile der Hausberger Front. Daniel, 1874 (Kat.-Nr. 197b).

blieb. Profil *g–h* schneidet das Redan III links, *i–k* die linke Flanke, *l–m* die rechte Face von Bastion III. *Profil n–o* verläuft mitten durch den Bau des Hausberger Tores; links davon ist die Giebelseite des Reithauses am inneren Wallfuß gezeichnet, rechts vom Tor stehen die Pfeiler der Zugbrücke an der Grabenkünette. Auf dem Waffenplatz ist das Blockhaus No 1 geschnitten, an das sich die Innenansicht der Glaciskante mit den Pfeilern des Straßendurchlasses anschließt. – Die Profile *p–q* und *r–s* schneiden die linke bzw. die rechte Face von Bastion IV, *t–u* liegt in der Mitte der Kurtine IV/V neben der Poterne II; auf dem Waffenplatz steht das Blockhaus No 2 innerhalb der Glaciskante, in der ein Durchlaß ohne Torpfeiler zu verfüllen ist. – Die Profile *v–w* und *x–y* schneiden die Wälle von Bastion V in der linken Face bzw. rechten Flanke.

Das Blatt macht die beträchtlichen Tiefen der Gräben und die Höhen der aufgeschütteten Wälle deutlich, ebenso vermittelt es eine ungefähre Vorstellung von der jeweiligen Arbeitsleistung, die zum Ausheben der Gräben und Aufschütten der Wälle nach 1816 ebenso wie zum Abtragen und Verfüllen in den Jahren 1874 ff. nötig war (siehe auch Abb. 576 und Meinhardt 1958, Tafel 10).

Der im Kartentitel genannte Kostenanschlag vom 4. Juli 1874 liegt nicht vor.

KAT.-NR. 198 Abb. 230
Entwurf für ein Blockhaus, 1831

Unbezeichnet, datiert *Minden d 19 Juny 1831*.
Federzeichnung in schwarzer Tusche, fein mit blauer Tusche überzeichnet, in Blei korrigiert und ergänzt; 52,4 x 35,8 cm, unterer Rand beschnitten. Mehrfach mit Papier und Leinenstreifen hinterklebt. Maßleiste von *10 + 50* (Fuß) = 24,7 cm ≅ 1:76.
Kartentitel (in Blei nachgetragen): *Project eines Blockhauses*; Ort und Datum unten rechts.

Mindener Museum, FM 50; unpubliziert. – Oben links rote Inv.-Nr. *P. V.IIIa, No 4* und Stempel der Fortification zu Minden. Rückseitig aufgeklebter Zettel *Wagenhaus No 6 / 4 e 2*

Unten *Grundriss* mit *60'* innerer Länge und *30'* innerer Breite, Mauerstärke *3 ½'*. Das Innere durch zwei Reihen von je fünf Ständern mit jeweils 10' Achsabstand gleichmäßig in drei Schiffe geteilt. In einer Längswand mittig ein Tor, daneben beiderseits je sechs Gewehrscharten; in der gegenüberliegenden Wand 13 Gewehrscharten in Gruppen zu drei, sieben und drei Scharten, dazwischen je eine Kanonenscharte. In den Giebelwänden jeweils sechs Gewehrscharten zu dreien neben einer mittig angeordneten Kanonenscharte. Vor der rechten Giebelwand eine Treppe zum Dachraum. Neben dem zweiten und vierten Ständer der vorderen Reihe je ein *Schornstein*.

In der Blattmitte Schnitt bzw. Ansicht *Nach der Linie A, B, C, D*. Links Schnitt mit der Ständerkonstruktion des unteren Raumes, der Bombenbalkendecke und dem Dachstuhl, rechts Außenansicht mit Tor, Scharten und Bombenbalkendecke; die Fläche des Krüppelwalmdachs teilweise mit Biberschwänzen gedeckt. – Oben Querschnitt *Nach der Linie E, F*. mit Schnitt durch die Gewehrscharten und Ansicht der mittleren Kanonenscharte. Dachkonstruktion mit Kehlbalken und doppelt stehendem Stuhl samt langen Aufschieblingen über den weit vorkragenden Bombenbalken der Decke. Der Dachraum ist bis zur halben Höhe der Ständer mit einer Erdpackung gefüllt, an den Sparren liegen Faschinenbündel. Der Schornstein reicht bis knapp unter die Kehlbalkenlage (sog. halber Schornstein).

Das Blatt ist mit blauer Tusche sehr sorgfältig korrigiert und teilweise schraffiert: In der linken Giebelwand sind in den seitlichen Schiffen Tore statt zweier Gewehrscharten eingezeichnet; die

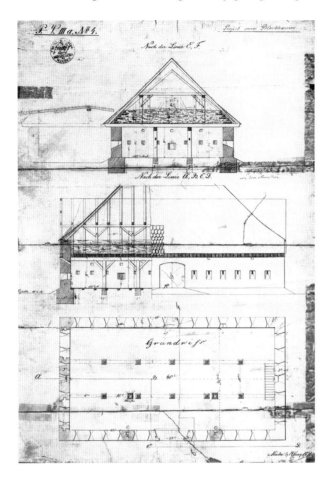

Abb. 230 Entwurf für ein Blockhaus, 1831 (Kat.-Nr. 198).

Kanonenscharte in der Mitte ist durch eine Gewehrscharte ersetzt. Die Schornsteine sind gestrichen. – Die Dachneigung ist verringert, die Stuhlpfosten sind weiter nach innen versetzt; das Dach ist zum Satteldach komplettiert, dementsprechend entfallen die niedrigen Giebeltrapeze und werden durch Fachwerkgiebel mit mittiger Luke ersetzt. – In einer weiteren Korrekturphase sind im Querschnitt mit Blei die Tore in der Giebelwand eingetragen und das Tor in der Langseite gestrichen worden; außerdem wurden in der hinteren rechten Ecke zwei zusätzliche schräggezogene Scharten angegeben. Neben dem Querschnitt wurde eine alternative, sehr flache Dachlösung gezeichnet: Über den Bombenbalken eine mansarddachförmige Erdpackung mit *Deckrasen* an der starken Schräge. Die obere Fläche ist über einer *Lehm*schicht mit *Sparren, Latten und Brettziegel* abgedeckt.

Links neben dem Längsschnitt ist neben der Sockelböschung *Hofsohle – 14' a. M.* (= am Pegel) eingetragen; rechts neben dem Querschnitt steht in Blei *Sohle der Fundamente an dem Blockhause im Waffenplatz links vor B(astion) V u. im Ravelin vor dem Neuenthor*. Diese Angabe bezieht sich auf den Standort des Blockhauses No 1 im Waffenplatz vor dem Hausberger Tor und des Blockhauses No 3 vor dem Neuen Tor im Zuge der Hohen Front (vgl. Kat.-Nr. 97). Das letztere wurde nach 1873 im Zuge der Entfestigung demoliert; Blockhaus No 1 stand bis 1971; seine Stelle nimmt heute der Südostflügel des neuen Kreishauses ein.

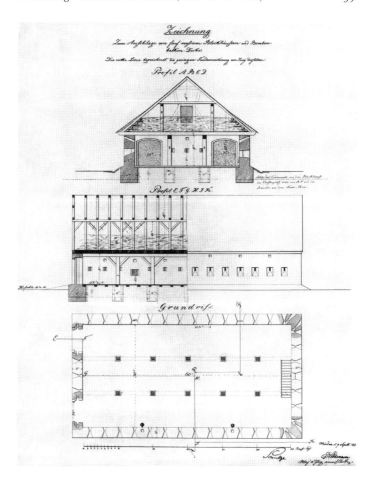

Abb. 231 Zeichnung zu fünf Blockhäusern, 1851 (Kat.-Nr. 199).

KAT.-NR. 199
Zeichnung zu fünf Blockhäusern, 1831

Abb. 231

Unbezeichnet, datiert *Minden d. 9 Septb 1831.*
Federzeichnung in schwarzer Tusche mit blauen Korrekturen; 52,5 x 39,5 cm.
Maßleiste von *10 + 50 Preuss: Fuss* = 23,5 cm = 1:80.
Kartentitel: *Zeichnung. Zum Anschlage von fünf massiven Blockhäusern und Bombenbalken-Decke.*
Unten rechts Ort und Datum wie oben; *FvUthmann Maj u Ing vom Platz*, daneben *Schulze*
Rückseitig: *No: 24 Zeichnung von einem zum Wagenhaus zu benutzenden Blockhause / Eingesandt von dem Ingenieur vom Platz zu Minden unterm 31. März 1832.*

GSTA PK, Festungskarten Minden G 70.069; unpubliziert.

Unten *Grundriss*, oben *Profil A. B. C. D.*, in der Mitte *Profil E. F. G. H. J. K.* Dazu als Erläuterungen
a) unter dem Kartentitel: *Die rothe Linie bezeichnet die geringere Fundamentirung von zwey derselben,*
b) rechts neben dem Querschnitt bei der roten Linie: *Sohle der Fundamente von dem Blockhause im*

Waffenplatz links vor B(astion) *V und im Ravelin vor dem Neuen-Thore.*, c) links neben dem Längsschnitt: *Hofsohle 14' a. m.*

Das Blatt ist die nach Berlin eingesandte Reinzeichnung zum Entwurf vom 19. Juni 1831 (Kat.-Nr. 198), in der die dort blau angegebenen bzw. in Blei eingetragenen Korrekturen berücksichtigt sind: Anordnung von zwei Toren in einer Giebelwand statt der Quererschließung, schräggezogene Gewehrscharten in den Ecken, Änderung von Dachneigung und Giebelform. Die Zeichnung wurde in Berlin erneut korrigiert: Die Tore wurden um etwa 8 Zoll nach innen gerückt, im Dach wurde die Zahl der Kopfbänder an den Stuhlpfosten verringert, die Schornsteine sind verschwunden. Die im Kartentitel genannten fünf Blockhäuser sind Nr. 1 und 2 vor dem Hausberger Tor bzw. der Kurtine IV–V der Hausberger Front, Nr. 3 im Ravelin vor dem Neuen Tor sowie Nr. 4 und 5 im Brückenkopf beiderseits der Straße (vgl. den Pagenstecherschen Plan Kat.-Nr. 39).

KAT.-NR. 200   ohne Abb.
Zeichnung für fünf Blockhäuser, 1848

Bezeichnet *vSchlegel*, datiert *April 1848*.
Verschiedenfarbig lavierte Federzeichnung mit späteren Bleistiftnotizen; 65,7 x 47,3 cm.
Maßleiste von *10 + 60 Fuss R(heinisch)* = 27,3 cm = 1:80; über dem Längsschnitt metrischer Maßstab von 10 dm + 20 cm = 26,8 cm.
Kartentitel: *Blockhäuser Nro: 1–5. (excl. 2.), Festung Minden; gez: im April 1848.*
Oben rechts *Maaßstab 1:80*; unten rechts: *gezeichnet durch vSchlegel Sec. Lieutenant im Garde-Reserve-Rgt. / Fortification zu Minden im April 1848.*

Mindener Museum, FM 57; unpubliziert.

Unten *Grundriss* wie in Kat.-Nr. 199 mit nachgetragenen metrischen Maßen: innere Länge *18,80*; innere Breite *9,40*, Mauerstärke der vorderen Giebelwand *0,65*, der Seitenwände *0,95*, der rückwärtigen Giebelwand *1,20 m*. Torbreite *2,35*, Höhe *2,25 m*. Boden: *hochk*(ant) *Z*(iegel) *Pfl*(aster).
Darüber *Längendurchschnitt* mit nachgetragener metrischer Angabe der Holzstärken. Oben Querschnitt mit metrischen Maßangaben und Bemerkungen zum Material: *Tannenfußb*(oden), *keine Sch*(alung?). *Lattung*.
Das Blatt ist eine Variante zur maßstabgleichen Zeichnung Kat.-Nr. 199 mit schematisch vervollständigtem Längsschnitt, aber ohne Angabe der Scharten und Torlaibungen, im Grundriß dagegen mit differenzierten Mauerstärken, die wohl der Ausführung entsprechend vor Ort aufgenommen wurden. – Nach der Beschriftung galt die Zeichnung für die Blockhäuser No 1, 3, 4 und 5 (siehe Kat.-Nr. 199); zum Blockhaus No 2 vgl. Kat.-Nr. 201.
Der Zeichner, Seconde-Lieutenant von Schlegel, war möglicherweise ein Sohn des Mindener Festungskommandanten von 1858/59 Rudolf Leopold von Schlegel (1804–1877); vgl. MEINHARDT 1958, S. 137, Nr. 13.
Die Ausführung der Blockhäuser in der hier gezeichneten Form – mit den unterschiedlichen Mauerstärken – belegt die Aufmaßzeichnung (Lichtpause) M 1:100 mit Lageplan 1:2500 vom *Wagenhaus 6 (ursprünglich Blockhaus)*, die etwa zwischen 1920 und 1930 vom *Reichsvermögensamt Minden* gefertigt wurde (Mindener Museum FM 128). Wagenhaus 6 war das Blockhaus No 1 vor dem alten Hausberger Tor (vgl. Kat.-Nr. 198).

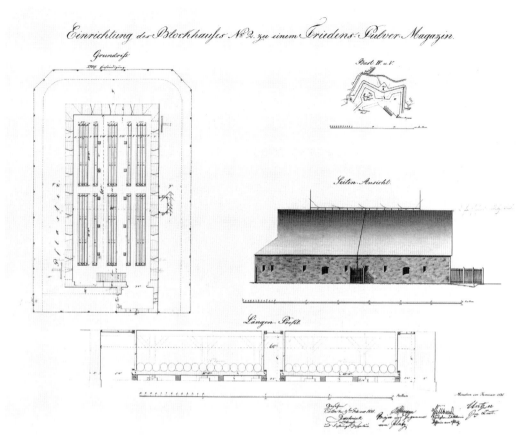

Abb. 232 Umbau des Blockhauses No 2 zum Friedens-Pulver-Magazin. Ingenieur-Lieutenant von Untzer, 1835 (Kat.-Nr. 201).

KAT.-NR. 201   Abb. 232
Umbau des Blockhauses No 2 zum Friedens-Pulver-Magazin, 1835

Bezeichnet *vUntzer*, datiert *Minden im Januar 1835*.
Kolorierte Federzeichnung mit Nachträgen in Blei; 50 x 66,5 cm.
Maßleiste von *50 + 150 Ruthen* = 10,2 cm ≅ 1:7350 für den Lageplan; von *12 + 72* (Fuß) = (1+)
6 Ruthen = 26,2 cm ≅ 1:100 für Grundriß und Seitenansicht, von *12 + 36* (Fuß) = (1+) *3 Ruthen* =
30,1 cm = 1:50 für den Längsschnitt.
Kartentitel: *Einrichtung des Blockhauses No 2. zu einem Friedens-Pulver-Magazin.*
Unten von rechts: *Minden im Januar 1835 / vUntzer Ing: Lieut. / Hellbardt Hauptm: und Artillerie Officier vom Platz / FvUthmann Major und Ingenieur vom Platz. / Gesehen Cölln den 9ten Februar 1835 Jachnick Oberst und Festungs-Inspecteur.*
Rückseitig: *Einges(andt) d. d. 2. Rhein: Fest.-Insp. unterm 9. Febr. 1835.*

GSTA PK, Festungskarten Minden E 70.022; unpubliziert.

Oben rechts kleiner Lageplan mit *Bast: IV. u. V. der Hausberger Front, Hausberger Thor, Armirungs-Schuppen in Bastion IV, Defensions-Caserne, Pulver-Magazin* No. 4 und *Chaussee nach Bielefeld* sowie *Blockhaus No 2* im Waffenplatz vor der Kurtine IV–V. – Links *Grundriss* des Blockhauses samt seitlichem Vorhaus, umlaufendem *Pflaster* und *270 lf. (Fuß) Einfriedigung* durch einen Holzzaun. Vor der rechten Langseite sind *14' lf. Einfriedigung* gestrichen. Im sorgfältig vermaßten Plan sind die Bettungen für die Pulverfässer eingetragen. – Rechts *Seiten-Ansicht* von rechts mit Zaun. – Verschlag vor der Mitte der Langseite und Ansicht des umlaufenden Zaunes. – Unten *Längen-Profil* ohne Bombenbalken-Decke und Dach, mit den Bettungen für die Pulverfässer; die Ständerkonstruktion des Inneren gestrichelt. Die Treppe zum Dachraum liegt hinter der schwächeren Frontmauer.

Der Grundriß entspricht dem für die Blockhäuser 1–5 von 1848 (siehe Kat.-Nr. 200) mit den unterschiedlichen Wandstärken. Die Zahl der Gewehrscharten ist etwa auf die Hälfte reduziert, doch sind die Achsen der anscheinend geblendeten Scharten gestrichelt angegeben. Das linke Tor ist vermauert, vor dem rechten liegt das Vorhaus mit seitlichem Eingang. Nachträglich sind in Blei Korrekturen vorgenommen worden: Der Blitzableiter auf dem First ist gestrichen, statt dessen sind *2 freistehende Blitzableiter* nahe den diagonal gegenüberliegenden Ecken mit T-förmigem Grundriß eingetragen; nahe der Vorderfront steht bei zwei Scharten: *blenden,* bei zwei benachbarten: *offen.* Dies ist auch in der Seitenansicht skizziert. Die ungleich langen Abteilungen im Inneren sollten *16 Tonnen* bzw. *14 Tonnen* in der untersten Lage fassen.

Der Umbau zum Pulver-Magazin ist laut Gesamtplan der Hausberger Front von 1873 (Kat.-Nr. 197) ausgeführt worden.

KAT.-NR. 202   Abb. 233
Blockhaus No 6 samt Batardeau und Flankenmauer am Redan III, 1840

Bezeichnet *Weber,* datiert *März 1840.*
Farbig angelegte Federzeichnung mit Überzeichnungen in Blei; 68,5 x 98 cm.
Wasserzeichen: FWE LETMATHE.
Maßleiste von *12'+ 10 Preuss: Ruthen* = 14,4 cm = 1:288. Norden unten.
Kartentitel: *Zeichnung zur Erbauung eines massiven Batardeaux und einer crenelierten Flankenmauer an der rechten Face des Redans III der Hausberger Front in Verbindung mit einem massiven Blockhause im gegenüberliegenden Waffenplatze in der Festung Minden.*
Unten von rechts: *Angefertigt im Monat März 1840 durch Weber Ing: Hauptmann / v.Scheel1 Major und Ingenieur des Platzes / Gesehen vHuene Obristlieutenant und Festungs Inspecteur,* daneben Stempel des Kgl. Preuß. Kriegs-Ministeriums, Allg. Kriegs-Depart., Ing.-Abt.

GSTA PK, Festungskarten Minden A 70.050; unpubliziert.

In der Kartenmitte Teilgrundriß des *Redan III* (Norden unten) mit Anschluß der linken Flanke des Bastions III, vor dem die *Poterne No 1* durch den Wall auf den Rondengang führt. Im Vorfeld *a vorhandener Glacis-Weg* und *Linie vom Fuss des Glacis* samt begleitendem *Glacis-Weg* eingezeichnet. Im einspringenden Winkel vor dem Redan liegt, leicht eingetieft, das Blockhaus, mit der Spitze des Redan verbunden durch den Batardeau. Die Kommunikation auf dem Rondengang zwischen Poterne und Batardeau deckt die mit Schießscharten versehene Mauer am Grabenrand, die am Wasserbär rechtwinklig umknickt (hier: *Aeussere Linie der am Anschluss angefangenen crenelierten Mauer).*

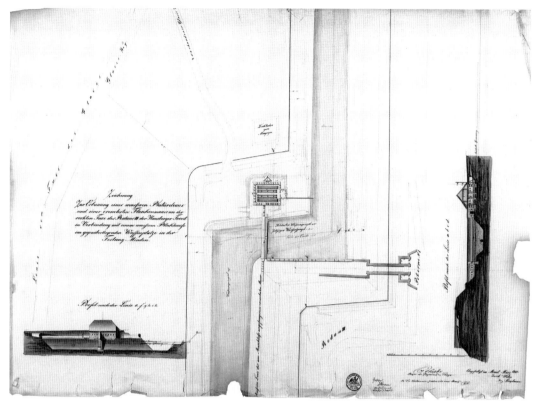

Abb. 233   Blockhaus No 6 samt Batardeau und Flankenmauer am Redan III. Ingeniuer-Hauptmann Weber, 1840 (Kat.-Nr. 202).

Im Graben neben dem Batardeau sind eingetragen: *Höchster Wasserspiegel +16', jetziger Wasserspiegel +13' 10", Sohle der Cünette +3' 4"*, unterhalb des Batardeau: *Wasserspiegel +9'*. – Im Grundriß des Blockhauses, mit Vorhaus mittig vor der schwächeren wallseitigen Schmalseite, sind Bettungen für Pulverfässer eingezeichnet; der Bau sollte demnach auch als Pulvermagazin verwendet werden. – In der Nordmauer des Blockhauses sind nachträglich die fünf Gewehrscharten rechts zu drei Horizontalscharten geändert (siehe Kat.-Nr. 203). Rechts am Rand, um 90 Grad gedreht, *Profil nach der Linie a.b.c.d.* mit Schnitt durch den Wall des Redan III, den Graben und das Blockhaus mit Blitzableiter sowie der Innenansicht der Mauern und des Batardeau mit dem Wasserdurchlaß. Die anschließenden Teile von Graben und Gedecktem Weg sind nur als Linien angegeben mit Beischrift *höchste Spannung + 16'* (= höchster Wasserstand).

Unten links *Profil nach der Linie e.f.g.h.i.k.* mit Schnitt durch den Gedeckten Weg, den Batardeau und die Berme des Hauptwalles sowie Seitenansicht des Blockhauses im Waffenplatz.

Das Blockhaus ist, ähnlich wie in der Entwurfszeichnung für das Blockhaus No 1 von 1831 (Kat.-Nr. 198) mit einem mäßig geneigten Krüppelwalmdach versehen. Im Kriegs- oder Belagerungsfall wäre das Dach abgenommen und durch eine Erdpackung ersetzt worden, deren Profil in der Schnittzeichnung (rechts am Rand) gestrichelt angegeben ist. Die nötige Erde (*Deckboden zum Magazin*) war im einspringenden Winkel des Glacis, jenseits der Feuerlinie, aufgeschüttet.

396 IV Die Festung – IV.2 Die Festung vom Dreißigjährigen Krieg bis zur Aufhebung im Jahr 1873

Der Anschluß des Gedeckten Weges vor der linken Flanke des Bastions III ist nachträglich mit Bleistift korrigiert: Hier sollte eine *Rampe mit 5 bis 6facher Anlage* vom abzugrabenden Waffenplatz hinaufführen. Weitere Bleistiftnotizen betreffen Böschungen und Rondengang vor dem Hauptwall.

Die krenelierte Mauer auf der Wallberme war nach dieser Zeichnung begonnen; ihre Fortsetzung auf der linken Flanke des Redan bis zum Anschluß an den Graben vor dem Kasernen-Bastion XI wurde erst 1858 errichtet (vgl. Kat.-Nr. 193).

KAT.-NR. 203 Abb. 234
Umbauprojekt für Blockhaus No 6, um 1840

Unbezeichnet, undatiert.
Bleistiftzeichnung; 19,9 x 32,7 cm.
Maßleiste von *12 + 48 Fuss* = 12 (Fuß) + *4 Ruth(en)* = 13 cm = 1:144.
Oben rechts: Plan *No 42b. Minden.*

GSTA PK, Festungskarten Minden B 70.073; unpubliziert.

Oben links Seitenansicht des Blockhauses mit Krüppelwalmdach und Vorhaus rechts, dessen Dach vom Giebelwalm abgeschleppt ist. Links von der Mitte Ansatz einer Mauer, links davon eine horizontale Gewehrscharte anstelle von drei Vertikalscharten eingetragen, rechts ist die Zahl der Horizontalscharten von drei auf zwei verringert, darunter undeutliche Beischrift: *3 entfernt (?)* bzw. *3 horizontale Scharten.* – Rechts Schnitt durch die Seitenwand mit Schartenschnitt und Maßangaben. – Unten schematischer Grundriß mit Lage der verschiedenen Scharten in der Seitenwand und Ansatz der Quermauer.

Grundriß, Dachform und Maueransatz entsprechen denen des Blockhauses No 6 im Waffenplatz vor Redan III (siehe Kat.-Nr. 202); dort finden sich auch übereinstimmende Höhenangaben für das umliegende Gelände (+19' bzw. +22'6"), so daß die Zeichnung ohne Zweifel für dieses Gebäude gilt. Da im Blatt von 1840 (Kat.-Nr. 202) fünf vertikale Gewehrscharten nachträglich zu drei Horizontalscharten verändert wurden, dürfte das nicht näher bezeichnete Skizzenblatt Überle-

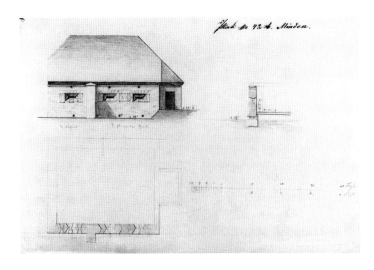

Abb. 234 Umbauprojekt für Blockhaus No 6, um 1840 (Kat.-Nr. 203).

gungen zu weiteren Veränderungen fixieren. Wie der Grundriß zeigt, bieten Horizontalscharten einen weiteren Blick- und Schußwinkel für die Beobachtung und Bestreichung des Vorgeländes (vgl. auch VON PRITTWITZ 1836, S. 56 f., Taf. 26).

Das Blockhaus stand mit seiner östlichen Giebelwand hart an der nach Süden führenden Johansenstraße. Im Garnisons-Atlas von 1910 ist es unter 7c aufgeführt. In der Ausgabe um 1923 ist es noch eingezeichnet, aber nicht aufgelistet. Das Abbruchdatum (vor 1945) wurde nicht ermittelt.

KAT.-NR. 204 Abb. 235
Blockhaus No 7 und Batardeau vor Bastion V der Hausberger Front, 1843

Bezeichnet *Creuzinger*, datiert *1843*.
Kolorierte Federzeichnung mit Nachträgen; 49,5 × 63 cm, auf Leinen gezogen.
Wasserzeichen JWHATMAN.
Maßstab zum Lageplan: *50 + 50 Ruthen* = 5 cm ≅ 1:7600.
Maasstab zum Grundriß. der Lage des Batardeaus und Blockhauses: Maßleiste von *12* (Fuß) + *12 Ruth: Preuss:* = 16,2 cm ≅ 1:300.
Maasstab zu den Profilen und dem Grundriss des Blockhauses: Maßleiste von *12* (Fuß) + *6 Ruth: Preuss:* = 17,6 cm ≅ 1:144.
Kartentitel: *Zeichnung eines zu erbauenden Batardeaus vor der rechten Face des Bastions V. der Hausberger Fronte der Festung Minden, mit Anschluss-Mauer an den Hauptwall und Blockhaus im vorliegenden Waffenplatze.*
Unten von rechts: *Creuzinger Ing: Hauptmann 1843. / Minden den 24 December 1843* (korrigiert: *28 October 1844*) *vScheel 1 Major u Ingenieur des Platzes / Coeln den 10t. Januar 1844* (zweimal korrigiert: *27 Novbr.* bzw. *26 März 1845*) *FvUthmann Oberst u. Festungs Insepcteur.*
Darunter: *Nach den Bestimmungen des Königlich Hochlöblichen Allgemeinen Kriegs Departements vom 13 Januar 1845 umgeändert, und zum Kosten-Anschlage ueber den Batardeaux vom 19 Februar 1845 gehörig; in Betreff des Blockhauses zum Kosten-Anschlag vom 22 December 1843, genehmigt unterm 13" Januar 1845. Minden den 19" Februar 1845. v.Scheel 1.*
Rückseitig: *Plan No 48a Minden (o) Entwurf zu einem Batardeau rechts vor Bastion 5 der Hausberger Fronte*, sowie Journalnummern für 1843 und Inventarvermerke.

GSTA PK, Festungskarten Minden D 70.028; unpubliziert.

Oben links kleiner Lageplan (Norden rechts) mit *Bastion V* der Hausberger Front, *Bastion Schwichow* und anschließenden Werken der Hauptenceinte sowie der *Contregarde Schwichow* mit dem Zulauf der *Bastau*. – Diesen Lageplan umgreifend der Grundriß (Norden rechts oben) eines Teils der rechten Face des Bastion V mit grabenseitigem Tor der Poterne 3, Hauptgraben mit Batardeau und *Die Bastau* sowie Waffenplatz mit Blockhaus. Bei den Erdwerken eingetragen *Feuerlinie vom Hauptwall* und *Feuerlinie vom Glacis*, in den Gräben die *Höchste Anspannung* sowie die *Schußlinie vom Rondengang des Bast: Schwichow* bzw. *vom Hauptwall des Bast.: Schwichow*. Über die Bastau führen eine *Vorhandene Laufbrücke* und eine *Projectirte Laufbrücke*. – Zwischen Poternentor und Batardeau eine gestrichelte Tambourmauer, an die sich links die *In Aussicht gestellte zu erbauende crenelirte Mauer* anschließt.

Rechts oben *Grundriss* des Blockhauses und – um 90 Grad gedreht – *Profil und Ansicht nach der Linie G. H.* mit dem Blitzableiter vor der rechten Seitenwand. Im Grundriß sind Bettungen für Pul-

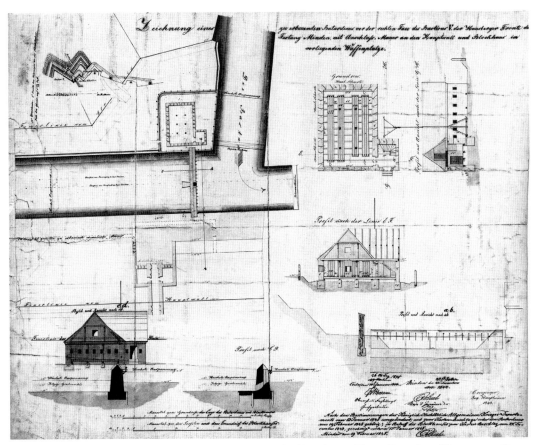

Abb. 235 Blockhaus No 7 und Batardeau vor Bastion V der Hausberger Front. Ingenieur-Hauptmann Creuzinger, 1843 (Kat.-Nr. 204).

verfässer eingezeichnet. Die drei breiten Schießscharten in den feldseitigen Wänden bezeichnet *Kan(on) Scharte* bzw. *Haub(itzen) Scharte* (2x). – Darunter *Profil nach der Linie E. F.:* Querschnitt durch Blockhaus und Vorhaus mit Palisadenzaun. – Unten rechts *Profil und Ansicht nach ab:* Schnitt durch den Hauptgraben mit Ansicht und Pfahlfundament des Batardeaus. Links am Rondengang die *In Aussicht gestellte zu erbauende crenelirte Mauer*, rechts angeschnitten das Blockhaus. Dieses erscheint links in *Profil und Ansicht nach cd* in der Giebelansicht mit eingestellter Balkenkonstruktion, darunter Schnitt durch den Batardeau. – In der Mitte unten *Profil nach CD:* Schnitt durch den Batardeau mit Pfahlfundament, Wasserdurchlaß und Laufgang. Links und rechts vom Batardeau sind *Höchste Anspannung* und *Jetzige Grabensohle* eingetragen.

Das Blatt hat 1843 für die Genehmigung zum Bau des Blockhauses vorgelegen; die Änderungen der Planung für den Batardeau, der zusammen mit den Batardeaux am Bastion Schwichow und am Simeonstor den Wasserstand der Bastau zwischen Stadt und Hausberger Front regulierte, erfolgte 1845.

Zu den Korrekturbauten an den Befestigungsanlagen (Poterne 3, Waffenplatz) mit den zugehörigen Entwürfen von 1865 vgl. Kat.-Nr. 195 und 196.

KAT.-NR. 205   Abb. 236
Lageplan für vier Trainschuppen vor dem Simeonstor, 1817

Unbezeichnet, nicht datiert.
Farbig lavierte Federzeichnung mit Nachtrag in Blei; 25,9 x 26,4 cm (Blatt), 25,2 x 25,2 cm (Einfassung).
Transversal-*Maasstab von 10 + 30 Ruthen Rhl.* = 9,85 cm ≅ 1 : 1530; Norden rechts.
Kartentitel: *Situations-Plan von dem Garten des Herrn Regierungs-Raths von Möller zu Minden behuf Erbauung von 4 Trainschuppen.* Oben rechts: *A*.

STA DT, M 1 I C, Nr. 800; unpubliziert.

Dargestellt ist das Gelände zwischen der von Südwesten auf das *Simeons-Thor* zulaufenden *Chaussee von Bielefeld* und der Wallstraße der alten Hausberger Front (später Rodenbecker Straße) mit dem alten Bastion V (später XII Schwichow), das von der *Bastau fl*(uß) durchteilt wird. Zwischen Wallstraße und Bastau liegt im Gartengelände das Anwesen des Herrn *von Moeller*; das Areal zwischen Bastau und Chaussee ist in Gärten mehrerer Besitzer aufgeteilt. Der größte Teil, entlang der Bastau, gehört *Regierungs-Rath von Moeller*, die anschließenden Stücke sind bezeichnet: *Stuhr, Dom-Capitul, Knippenberg, Blancke, Stein, Kul, Kaup, Schering, Barthold, Menny, Dom-Capitul, Simeons-Küster, Nolting, Reg.Rath Ricke.* Auf dem von Moellerschen Gartenland, bis auf die Stücke von Stuhr und Domkapitel reichend, sind die Umrisse von vier gestreckten Bauten eingetragen: ein sehr langer Bau parallel zum Bastaulauf, drei kürzere, rechtwinklig dazu, vor dem östlichen Teil.

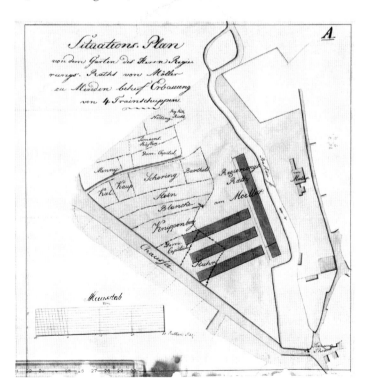

Abb. 236 Lageplan für vier Trainschuppen vor dem Simeonstor, 1817 (Kat.-Nr. 205).

Anstelle des längeren Gebäudes von 32 x 3 Ruten (120 x 11,30 m) ist später ein kürzeres und dafür breiteres von 28 x 4 (103 x 15 m) Ruten eingetragen; die drei parallelen Bauten sind am Nordende um 8 Ruten (30 m) von 22 (82,50 m) auf 18,5 (67,50 m) Ruten Länge bei 3 Ruten Breite gekürzt.

Zum Hof (Gartenhaus) des Regierungsrats Dr. von Moeller, der nach 1763 auf den alten Befestigungsanlagen der Hausberger Front entstanden war, siehe Teil IV, S. 2015, Rodenbecker Straße 9.

KAT.-NR. 206 Abb. 237
Trainschuppen vor dem Simeonstor, 1817

Unbezeichnet, undatiert.
Farbig lavierte Federzeichnung mit Nachträgen in Blei; 27,3 x 29,7 cm (Blatt), 24,7 x 26,8 cm (Einfassung).
Maßleiste von *10 + 160 Fuss rheinl.* = 19,45 cm ≅ 1 : 275.
Kartentitel: *Plan der behuf Unterbringung der Train-Wagen neu zu erbauenden Schuppen*. Oben rechts: *B*.

STA DT, M 1 I C Nr. 800, unpubliziert.

Unten halber *Grundriss* des durch eine leicht außermittig stehende Pfostenreihe in zwei Schiffe geteilten Baues, dessen Gesamtlänge 22 Ruten bei 3 Ruten Breite (82,50 x 11,30 m) betragen sollte. Er sollte durch je ein Tor in den Giebelwänden und ein Tor in der vorderen Längswand erschlossen werden. In den Grundriß sind nachträglich mit Blei mehrere Querwände und zusätzliche Pfosten eingetragen, außerdem ist der Treppenanlauf verlängert.

Über dem Grundriß ein Ausschnitt der *Balkenlage*, darüber der halbe *Aufriss*, aus dem die Fachwerkkonstruktion, die Lage der Fenster und der Fledermausgaupen im Krüppelwalmdach zu ersehen sind. Rechts daneben *Profil* mit der inneren Balkenkonstruktion.

Ein undatiertes, 1818/1819 entstandenes Schreiben der Mindener Regierung stellt die Notwendigkeit der Trainschupen dar: *Für das Train Depot zu Pr. Minden bestehen noch immer keine geeigneten Remisen für Fahrzeuge, Geschirre, Stallsachen, Feldgeräthe für Feld Oekonomie Trains, Feldlazarethe und zum Theil für die Feldequipage der Truppen.*

Zwar wurde bisher das sog. Zuckersiederey Gebäude [im ehemaligen Dominikaner Kloster, Alte Kirchstraße 9–15, siehe Teil IV, S. 63–99] *dazu benutzt, ist aber nicht hinreichend für alle Fahrzeuge, außerdem wird es von 4. Department des Kriegs Ministeriums als Luft-Magazin in Anspruch genommen, ist dazu auch besser geeignet*. 1817 wurde geplant, den *Moellerschen Gartenplatz* mit Trainschuppen zu bebauen (GSTA PK, I. HA Rep. 93 D, Lit. Gc Tit. XX Nr. 3 Bd 1, Bl. 15 f.).

Die beiden zusammengehörigen Pläne (Kat.-Nr. 205, 206) liegen bei Erläuterungen und Kostenanschlag des Regierungs-Bauinspektors Kraushaar vom 14. Juli 1817. Nach der von Oberstleutnant und Platzingenieur Schulz mitgeteilten Bestimmung sollten die vier Schuppen von insgesamt 98 Ruten (ca. 370 m) Länge zur Unterbringung von 336 Trainwagen errichtet werden. Die Fachwerkkonstruktion sollte mit Bruchstein ausgemauert und beidseitig verputzt werden, da eine Bretterverkleidung *kostbarer und weniger dauerhaft* sei. Für das Dach war eine Kronendeckung mit

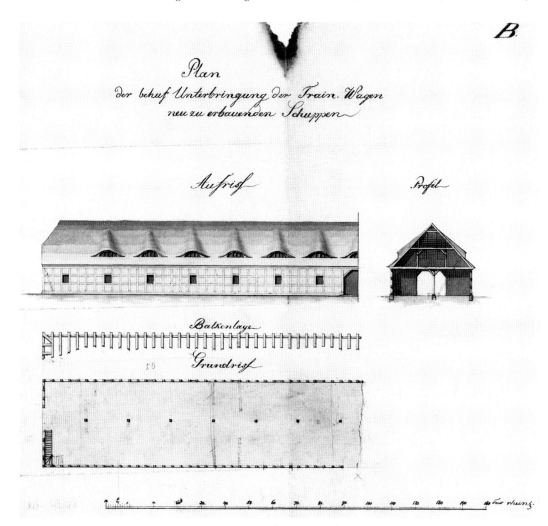

Abb. 237   Trainschuppen vor dem Simeonstor, 1817 (Kat.-Nr. 206).

Biberschwänzen vorgesehen. Im längeren Schuppen war der Ausbau des Bodenraumes *behufs Aufbewahrung der Medicamente* in besonderen *Repositorien* geplant. Die Baukosten waren für alle vier Schuppen auf rund 24 000 Rthl veranschlagt. Anschlag und Pläne wurden über das Kriegskommissariat der Landwehr-Inspektion und der Festung Minden dem 5. Departement des Kriegsministeriums in Berlin eingereicht, das sie nach Minden zurückschickte mit der Bitte, sie vom obersten Departements-Baubeamten prüfen und feststellen zu lassen. Unter dem 27. Januar 1818 kritisierte Regierungs- und Baurat Ganzer die Pläne Kraushaars: Die lichte Höhe betrage nur 10 statt der vorgeschriebenen 12 Fuß, da die Wagen im Schuppen geöffnet und gepackt werden müßten, ferner sei die Fundamentierung nicht ausreichend und die langen Bauten hätten keine Queraussteifung. Ganzer legte gleichzeitig einen neuen Plan vor (Kat.-Nr. 207–209).

KAT.-NR. 207 ohne Abb.
Trainschuppen vor dem Simeonstor, 1818

Unbezeichnet, undatiert.
Federzeichnung; 25,5 x 45,7 cm (Blatt), 23,3 x 43,7 cm (Einfassung).
Wasserzeichen: Sockel mit aufgerichtetem, gekröntem Löwen, der ein Schwert hält, am Sockel HONIG, darunter: JH & Z.
Maßleiste von *10 + 170 Fuss Rhl.* = 23,45 cm ≅ 1:240.
Kartentitel: *Plan zu den behuf Unterbringung der Trainwagen neu zu erbauenden Schuppen.*

STA DT, M 1 I C Nr. 800; unpubliziert.

Unten *Grundriss* eines Schuppens von 339 Fuß Länge und 47 Fuß Breite mit zwei inneren Ständerreihen und mehreren, zum Teil gegeneinander versetzten Querwänden. An beiden Stirnwänden je zwei Tore, im breiten Mittelteil der Längswände – gegeneinander versetzt – neun bzw. acht Einfahrten. – Im linken Viertel ist die Anordnung von 31 Wagen in Längs- und Querrichtung schematisch angegeben. – Darüber *Aufriss* einer Längswand mit der Fachwerkkonstruktion, neun Einfahrten von regelmäßig wechselnder Breite, mit drei Aufzugsluken sowie sechs Fledermausgaupen im Krüppelwalmdach. – Oben rechts *Profil*: Querschnitt mit Fundamenten und innerer Balkenkonstruktion.

Im Aufriß ist nachträglich die linke Aufzugsluke gestrichen, an ihrer Stelle ist eine Fledermausgaupe skizziert.

Das Blatt ist die Vorzeichnung zu Kat.-Nr. 208; es stammt anscheinend gleichfalls vom Zeichner F. Stamm.

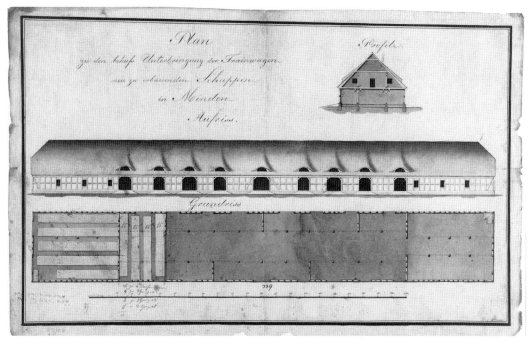

Abb. 238 Trainschuppen vor dem Simeonstor. F. Stamm, 1818 (Kat.-Nr. 208).

KAT.-NR. 208   Abb. 238
Trainschuppen vor dem Simeonstor, 1818

Bezeichnet *FStamm*, nicht datiert.
Mehrfarbig lavierte Federzeichnung mit beigeschriebenen Berechnungen in Blei; 28 x 46,4 cm (Blatt), 24,8 x 43,7 cm (innere Einfassung).
Maßleiste von *10 + 210* (Fuß) = 28,9 cm ≅ 1 : 240.
Kartentitel: *Plan zu den behufs Unterbringung der Trainwagen neu zu erbauenden Schuppen in Minden.* Unten rechts in der Einfassung *FStamm*.

STA DT, M 1 I C, Nr. 800; unpubliziert.

Der Plan ist die sorgfältig lavierte, korrigierte Reinzeichnung zu Kat.-Nr. 208 mit gleicher Verteilung von *Grundriss*, *Aufriss* und *Profil*. Die Länge ist mit *339*, die Breite mit *45* (Fuß) beigeschrieben.

Im linken Viertel ist wiederum die Aufstellung von Wagen schematisch angegeben, hier mit Eintragung von 6' 6" für die Breite und 14' für die Länge jedes Wagens, dazwischen sind Gangbreiten und seitlicher Freiraum vermerkt. Unten Nebenrechnung für die Breite der zweiten Abteilung mit 36' samt Gängen.

Im *Profil* sind nachträglich die Kopfbänder an den Ständerreihen gestrichen.

KAT.-NR. 209   Abb. 239
Trainschuppen vor dem Simeonstor, 1818

Unbezeichnet, undatiert.
Federzeichnung mit Nebenrechnung; 25,4 x 45,8 cm.
Wasserzeichen: Gekrönter Löwe mit Schwert auf Sockel, dieser bezeichnet HONIG, darunter JH & Z.
Maßleiste von *10 + 70 Fss rhl.* = 20,9 cm ≅ 1 : 120.
Kartentitel: *Plan der behuf Unterbringung der Train-Wagen neu zu erbauenden Schuppen.*

STA DT, M 1 I C, Nr. 800; unpubliziert.

Unten *Grundriss* von nicht ganz halber Länge (127' 6") in doppelter Größe mit Angabe der Längen- bzw. Breitenmaße der einzelnen Abteilungen.

Oben verkürzte Ansicht einer Langseite mit drei Fenstern und drei Toren, rechts daneben Querschnitt mit zwei Einfahrten im Giebel; im Dachraum zwei hochsitzende Öffnungen.
Unter dem Kartentitel rechts Beischrift:

jeder Endtheil wird lang	*59' 6"*
im lichten 2 also	*119'*
jeder Mittheil -33'- 6 also	*198'*
von 9 Wänden je 7" – 9 also	*5' 3"*
Das Gebäude wird also lang	*322' 9"*
oder	*26° 10' 3"*

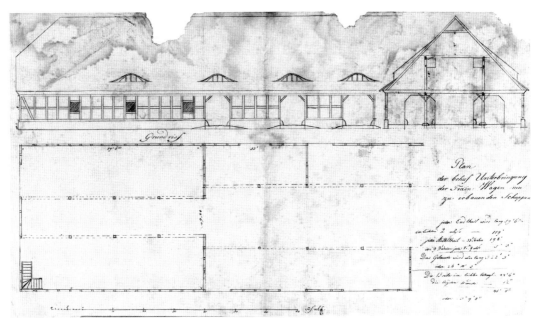

Abb. 239 Trainschuppen vor dem Simeonstor, 1818 (Kat.-Nr. 209).

Die Breite im lichten beträgt	*44' 6"*
die beyden Waende -	*1' 2"*
oder 3° 9' 8"	*45' 8"*

Die drei zusammengehörigen Pläne liegen bei den zugehörigen Akten, auch diese letzte Zeichnung wird von F. Stamm gefertigt sein; sie scheint eine leicht reduzierte Version mit 322' 9" statt 339' Länge zu sein.

Regierungs- und Baurat Ganzer hatte am 27. Januar 1818 die Pläne von Bauinspektor Kraushaar (Kat.-Nr. 205, 206) scharf kritisiert; er legte gleichzeitig das Alternativprojekt Kat.-Nr. 208 vor: Es sollten nun drei Schuppen à 110 Wagen errichtet werden, mit sieben inneren offenen Strebewänden, *welche der Einwirkung der Sturmwinde auf das Gebäude vollständig widerstehen*. In jeder der acht Abteilungen sind die Wagen so angeordnet, daß jedes Fahrzeug leicht erreichbar ist, *nur wenn der hinterste Wagen herausgeschoben werden soll, es uns nöthig ist, die zwei bis drei vorderen Wagen herauszuziehen* statt bis zu zehn nach dem vorigen Projekt. Bei einem Brand ließen sich alle Wagen schnell herausbringen.

Der Kostenaufwand für drei Schuppen mit 330 Wagen würde nur rund 4200 Rthl größer; Mehrkosten seien aber für die größere Höhe (12'), stärkere Fundamente und die Querwände anzurechnen. Die Eichenbohlen-Unterlage unter den Wagenrädern – mit rund 306 Rthl pro Schuppen veranschlagt – könne erspart werden, wenn das Innere bis zur Oberkante des Sockels mit Bauschutt verfüllt werde, 1½ Fuß höher als das Gelände liege und dadurch stets trocken bleibe.

Nach Prüfung im Kriegsministerium durch den Oberbaurat Friderici werden Pläne und Anschläge am 5. Mai 1818 nach Minden an Commissair Berghaus zurückgereicht: Der Bau von zwei

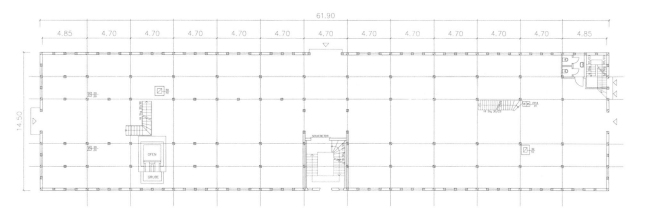

Abb. 240   Simeonsplatz 3, Trainschuppen/Proviantmagazin. Erdgeschoß-Grundriß, M 1:400. Bestandsplan 1995.

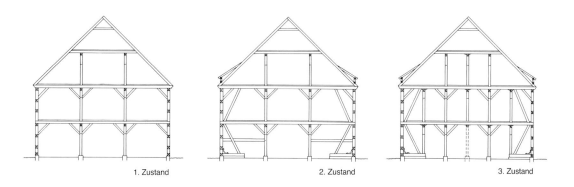

Abb. 241   Simeonsplatz 3, Trainschuppen/Proviantmagazin. Querschnitte, 1. Zustand (geplant und vorbereitet), 2. Zustand (ausgeführt), 3. Zustand nach Umbau zum Proviantmagazin. U.-D. Korn, 2000.

zweistöckigen Train-Remisen sei vorzuziehen, Ganzer solle neue Anschläge und Zeichnungen in Berlin vorlegen. Dem Ministerium sei an baldiger Ausführung sehr gelegen; die Vorbereitungen seien so zu treffen, *daß der Anfang mit dem Bau gemacht werden kann und wenigstens eine der beiden Remisen zum Herbst fertig werde.* Ganzer erhält am 19. Juli 1818 von Berghaus den Auftrag; vorher hatte dieser mit dem Ingenieur vom Platz Major von Gayette geklärt, *ob derselbe gegen die Erbauung der ... zweckmäßiger befundenen Train-Remisen, rücksichtlich der Vertheidigung, etwa Einwendungen zu machen habe?* und von demselben zur Antwort erhalten, *daß seinerseits gegen diesen Aufbau nichts zu erinnern sey.*

Die von Bauinspekteur Kraushaar umgearbeiteten Pläne für zwei Remisen mit je 165 Fahrzeugen wurden 1818/19 der Technischen Oberbaudeputation mit der Bitte um Superrevision vorgelegt (GSTA PK, I. HA Rep. 93 D, Lit. Gc. Tit. XX Nr 3, Bd.1, Bl. 15 f., undatiert). Im Reskript des Kriegsministeriums, 5. Departement, vom 13. Juni 1819 (ebd.) werden Bedenken bezüglich der Not-

Abb. 242   Simeonsplatz 3, Proviantmagazin. Erdgeschoß, Osthälfte nach Osten, 2000.

wendigkeit eines Pfahlrostes geäußert. Man möge in Minden, ggf. nach einer Untersuchung des Baugrundes, darüber selbst entscheiden und die Arbeiten überwachen. – Weitere Akten mit den neuen Plänen und Berechnungen liegen nicht vor; die Akte im Staatsarchiv Detmold (M 1 I C, Nr. 800) enthält lediglich das *Aufnahme-Protokoll über die nach dem revidirten und genehmigten Anschlage vom 2ten May 1819 ausgeführte Erbauung einer Train-Remise für 165 Fahrzeuge*, datiert *20. December 1820*, aufgenommen von Bauinspektor Kraushaar, und einen am 18. Dezember attestierten *Nachtrags-Anschlag*. Es könnte zunächst zweifelhaft sein, ob mit dem bis zum Herbst 1820 errichteten Bau das Proviantmagazin am Bastau-Ufer gemeint ist oder ob es sich um den älteren Artillerie-Wagen-Schuppen handelt, der mitten auf dem Simeonsplatz zwischen dem Tambour vor dem Simeonstor und dem Hausberger Tor errichtet und 1856 nach dem Bau des defensiblen Wagenhauses 2 in der Kehle von Bastion IV (Kat.-Nr. 239, 240) wieder abgetragen wurde. Beide Bauten erscheinen in ihren Grundrißkonturen erstmals auf dem 1835 oder bald danach entstandenen Lageplan der Hausberger Front mit den Projekten für das Garnison-Lazarett (Kat.-Nr. 224): der Wagenschuppen mit 10½ x 3½ Ruten (ca. 34 x 13,20 m), das Proviantmagazin mit 16 x 5 Ruten (etwa 60 x 19 m). Im Pagenstecher-Plan von 1837/1838 (Kat.-Nr. 39) sind beide Bauten, auch ungenau, mit 10 x 3 Ruten (ca. 37,70 m x 11,30 m) bzw. 15 x 3 Ruten (etwa 56,50 x 11,30 m) eingezeichnet. Für das Wagenhaus liegen keine weiteren verläßlichen Angaben vor; die verfügbare Fläche erscheint allerdings, auch bei doppelstöckiger Unterbringung der Wagen, als weitaus zu klein für die belegte Zahl von 165 Fahrzeugen. Zudem diente dieser Schuppen zur Unterbringung des Wagenparks der Artillerie und lag damit – wie das jüngere Wagenhaus 2 von 1856 – in der Zuständigkeit der Artillerie. Das Proviantmagazin war als Remise für den Train geplant und gehörte stets zum Heeres-Proviantamt. Planung und Ausführung lagen daher auch nicht in der Hand der Fortification

Abb. 243 Simeonsplatz 3, Proviantmagazin. Eiserne Schwellenverstrebung im Erdgeschoß, 2000.

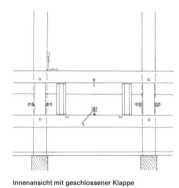 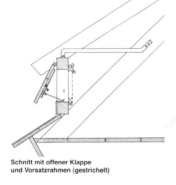

Abb. 244 Simeonsplatz 3, Proviantmagazin. Rahmen mit Lüftungsklappen am Dachfuß. U.-D. Korn, 2000.

bzw. des Platzingenieurs, sondern bei der zivilen Bauverwaltung der Regierung Minden. Das Aufnahme-Protokoll vom 20. Dezember 1820 gibt zwar keine Gesamtmaße für den Bau an, wohl aber unter den *Mauermaterialien (B.6)* für das *Kieselpflaster* im Inneren eine *Länge von 193½ Fuß* und *Breite von 43 ½ Fuß* (ca. 61 x 13,70 m). Dies stimmt mit den Außenmaßen von 61,90 m x 14,50 m überein (ca. 200 x 45 Fuß oder 16 ½ x 3 ¾ Ruten). Zudem gibt es zahlreiche Einzelangaben, die für den Bau des Proviantmagazins zutreffen, so daß kein Zweifel besteht, daß dieses als zweistöckiger Train-Schuppen für 165 Wagen errichtet wurde und das Ergebnis eines jahrelangen Planungsvorlaufs ist.

Simeonsplatz 3, Proviantmagazin

Der Bau wurde bis zum Herbst 1820 aus Fachwerk mit zwei halben Giebeln und Backstein-Ausmauerung errichtet. Die Traufhöhe liegt bei 7,70 m, die Firsthöhe bei 15,20 m. Der zunächst veranschlagte Pfahlrost wurde durch eine *tiefere* und *stärkere Gründung der Fundament-Mauern ... unnöthig.* – In beiden Giebeln und in der Mitte der beiden Langseiten wurden große Torfahrten angelegt (Abb. 240).

Da das Gebäude auf einem freien Platz steht, und dem Winde stark ausgesetzt ist, so wurden statt der Mantelziegel Höxter Schiefersteine genommen welche Deckungsart zwar etwas theurer dagegen aber dauer-

Abb. 245   Simeonsplatz 3, Proviantmagazin von Südwesten, 1895.

hafter ist. Die Anlieferung von 172 Fudern Höxterplatten besorgte Schiffer Kathe; wegen des niedrigen Wasserstandes und des Zeitdrucks *sah man sich genöthigt die Steine des ... Daches der Johanniskirche in Anspruch zu nehmen;* die später durch den Schieferdecker Luckhard ersetzt wurden. Statt 14 Lichtziegeln *zur Erhellung des Dachgebälks* wurden *blecherne Dachfenster gebraucht,* für die *28 Luchten* im Dach wurden *2flüglichte Dachfenster in die Fledermäuse* gesetzt; der Bau wurde nach Vorschrift gestrichen. *Da das Gebäude an allen Seiten frei steht, so wurden die Balkenköpfe zur mehreren Konservation in Theer gesetzt;* hierzu waren 48 Pfund Teer nötig. Die Zimmerarbeiten an der zweistöckigen Remise führte Zimmermeister Scheideman aus, die Dachdeckerarbeiten Schieferdecker Luckard *et C(onsorten).*

Die Baukosten betrugen nach Abrechnung durch Bauinspektor Kraushaar 11 248 Rthl 8 Pf; dazu kamen für weitere Arbeiten im Inneren (Treppen, Bretterwände für innere Abteilungen, *Repositorien unter Verwendung von Holz aus der Zuckersiederey,* Winde im Dach, Fenster, Türen und *Lattenbänke für Sättel*) weitere 737 Rthl 1 Sgr 9 Pf (Nachtrags-Anschlag).

Für den wettergeschützten Innenausbau wurde meist Tannenholz verwendet. Das Eichenholz für die vier Außenwände, die 24 Hauptständer des Inneren und die Deckenbalken wurde wahrscheinlich im Winter 1818/1819 geschlagen (dendrochronologische Datierung durch Tisje/Neu-Isenburg, 17. 12. 2000: 1818 ±1) und für einen dreischiffigen Bau mit 12 inneren Gebinden mit einem Achsmaß von 4,70 m (15 Fuß) nach der Länge und Breite vorbereitet. Die Endjoche vor den Giebelwänden haben dabei ein Maß von 4,85 m (15 ½ Fuß). Die paarweise stehenden Hauptständer sind mit Kopfbändern zu den Deckenbalken und zu den Längsunterzügen abgestrebt; die ent-

IV.2.2 Katalog – Die Hausberger Front und ihre Bauten (Kat.-Nr. 190–256) 409

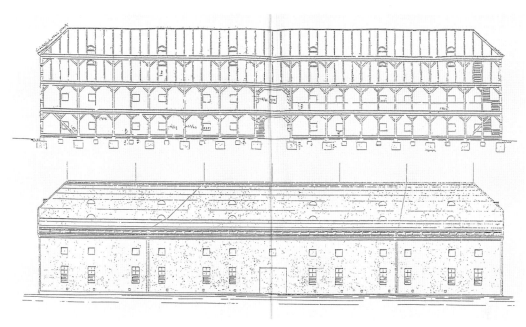

Abb. 246 Simeonsplatz 3, Proviantmagazin. Längsschnitt nach Norden, Ansicht von Süden nach Fotokopie der verschollenen Zeichnung des Garnison-Baubeamten Doege, 1897.

sprechenden Stiele der Außenwand sollten Kopfbänder zu den Deckenbalken erhalten (Abb. 241, 1. Zustand). Abgezimmert wurde in den Seitenschiffen des Erdgeschosses eine statisch wirksamere Konstruktion: In jedem zweiten Gebinde (Achsmaß 9,40 m, in den Endjochen 9,55 m) wurden auf Quer-Fundamentstreifen bis zur halben Seitenschiffsbreite Schwellen gelegt, auf denen nach außen gerichtete Streben zu den Deckenbalken stehen. Die Streben waren zusätzlich über Kopfbänder durch Riegel mit den Außenwandstielen und den Hauptständern verbunden (Abb. 241, 2. Zustand). Die Querschwellen sind durch eiserne Winkelbänder und Krampen mit den Außenwandstielen verbunden; der Winkel ist zusätzlich durch ein angenietetes Diagonalband ausgesteift. Durch die *Strebwände* entstanden beiderseits der mittleren Querdurchfahrt jeweils drei Abteilungen in den Seitenschiffen (Abb. 242, 243). Im Obergeschoß konnten die Querschwellen entfallen; hier stehen – zusätzlich zu den Kopfbändern an den Außenwandstielen – nach innen gerichtete Streben zwischen Decken und Dachbalken, ohne zusätzliche Riegelkette zu den Hauptständern. Anscheinend wurde auch die Längsaussteifung im Erdgeschoß, die zunächst nur von den Kopfbändern an den Hauptständern geleistet wurde, als nicht ausreichend angesehen: Hinter beiden Giebeln wurden das erste Hauptständerpaar auf Längsschwellen gesetzt; eine lange Strebe zwischen Hauptständern und Giebelwand-Kopfbändern verbindet Schwellen und Längsunterzüge. Auch hier gab es eine zusätzliche Riegelkette zwischen Giebelwandstiel und Hauptständer (Abb. 246 oben).

Um auch im Obergeschoß Wagen abstellen zu können, wurde der Bau mit einer *Appareille* ausgestattet, einer nach unten zu öffnenden Klappe, die mit einer Winde wieder aufgezogen wurde. Ihr unteres Ende wurde mit Hilfe einer *Vorlege Rampe* verlängert, so daß eine genügend lange schiefe

Abb. 247   Simeonsplatz 3, Proviantmagazin. Obergeschoß nach Osten, 2000.

Ebene zum Hinaufziehen der Fahrzeuge entstand (vgl. die entsprechende Anlage im Artillerie-Zeughaus in der ehemaligen Mauritius-Kirche, Kat.-Nr. 333, und Teil III, Kap. IV St. Mauritius, S. 498 f.). Das Aufnahme-Protokoll von 1820 vermerkt nicht, wo die *apparille* mit den zugehörigen Windevorrichtungen angebracht wurde; vermutlich befand sie sich in der schmaleren mittleren Abteilung bei der Querdurchfahrt. Infolge der späteren Umbauten hat sie hier keine Spuren hinterlassen. – Vor allen vier Torwegen lag außen Kieselpflaster, das mit einem Rahmen von 6–8 Zoll starkem Eichenholz eingefaßt war. Der Bau wurde außen und innen verputzt, hierfür wurden *726 lb Haare verbraucht incl. denen welche zur ehe gemachten inneren Verputzung und zum Dache nöthig wurden* (Protokoll C.8.). Der Boden im Obergeschoß erhält einen *gefederten Beschuß von eichen 70er Diehlen* (Protokoll E.3.), ein Teil des Dachbodens wurde mit *30er Dielen* belegt (E.4.) *die übrigen Theile des Bodens und der Kehlbalken* waren *mit gefederten rauhen Dielen (40er)* zu beschießen (E.7.). Für die Fensteröffnungen in beiden Geschossen wurden 49 *Klappen von rauhen gefederten 40er Dielen incl. Futter und aufgenagelten eichenen Leisten* angefertigt (E.12.); das Dach erhielt *für 28 Luchten 2flüglichte Dachfenster… mit 5zölligem Futter in die Fledermäuse*; die Fensterflügel wurden mit Blei und Windeisen verglast (E.13., H.1.). Statt *12 Stück halbrunde Fenster zur Erhellungung des Kehlgebälkes* wurden 14 Stück gefertigt – zwei kamen in die Giebelflächen-, mit zwei Flügeln in jeder Öffnung. Laut Anschlag waren sie *mit starkem Blech zu beschlagen und das Blech ¾ Fuß unter die Steine greifend auf die Sparren zu nageln, auch die Fensterschwellen mit dergleichen Blechstreifen, welche die nächsten Dachsteine mit 6 Zoll überdecken zu verkleiden … incl. 3maligen Anstrich mit brauner Oelfarbe … Die 14 Stück angefertigten Fenster sind mit Rautenblech beschlagen … incl. Anstrich u. der Blechstreifen* (Nachtrags-Anschlag, 23.). Im Dachraum richtete man mit Bretterwänden vier Abteilungen ein,

Abb. 248 Simeonsplatz 3, Proviantmagazin. Obergeschoß, Mitteljoche nach Süden, 2000.

die mit *Repositorien* (Regalen) ausgestattet wurden, außerdem wurden auf dem Dachboden *zum Aufhängen der Sättel, Geschirre p.p. erforderlich 388 lauf. Fuß Tebbenbanken* (ebd. 24.).

Ursprünglich war offenbar vorgesehen, auch im Dachraum Fahrzeuge abzustellen. Der Nachtrags-Anschlag sieht vor, die *Oeffnung im Dachgiebel, welche für die jetzt wegfallende äußere Rampe bestimmt war, mit 2 Stielen ... u. 4 Riegel... auszubinden, bis auf eine Oeffnung von 5 u 6 Fuß groß zu vermauern u. zu verputzen.* Sie erhielt eine *Luckenthüre, darüber eine Auslage im halben Walme von 12 Fuß lang 1 Fuß stark im (Qua)trat aus gesundem Eichenholz* mit Beschlägen, dahinter eine Welle zum Aufwickeln des Seils mit Gestell und in der *Luckenöffnung eine 4 Fuß lange Rolle worüber das Tau läuft*. Der Ausleger, in der Ausführung nur 11 Fuß lang und 11–12 Zoll stark, wurde mit Blech beschlagen (Nachtrags-Anschlag, 10.–18.).

Sämtliche Leistungen, Materialien, Nebenarbeiten, Erdkarren und Kreuzhacken sowie ein *annotations Buch bey Führung des Baues*, zudem die Zahlungen an den *Condukteur Trippler für Aufsicht* (153 Rthl) und *Conducteur Kloth* (12 Rthl) sowie an *Zollgefällen für 19 Fuder Höxter Steine* (alles in K. 1, 2.) sind sorgfältig aufgelistet, bei Abweichungen gegenüber dem Anschlag begründet und von Bauinspektor Kraushaar am 18. und 20. Dezember 1820 attestiert.

Merkwürdigerweise sind im Aufnahme-Protokoll und im Nachtrags-Anschlag nicht enthalten die 104 eichenen Ausstell-Klappen mit Beschlägen und Haken, die samt kräftigen Rahmen und Aufschieblingen über der Traufe eingebaut wurden, 52 an jeder Langseite. Die unteren Rahmenhölzer sind auf die Sparrenfüße aufgekämmt, die oberen werden durch die Aufschieblinge gehalten (Abb. 244). An jedem dritten oder vierten Sparren ist das obere Rahmenholz durch eine abgewinkelte Eisenlasche mit dem Sparren verbunden. In jedem Sparrenzwischenraum sitzt eine oben ange-

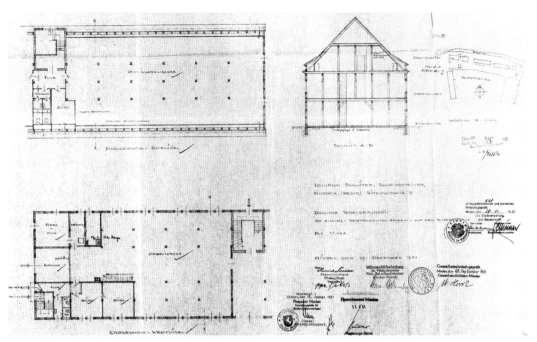

Abb. 249 Simeonsplatz 3, Proviantmagazin. Bauaufnahme, 1950: Osthälfte, Dachgeschoß; Querschnitt; Westhälfte, Erdgeschoß.

schlagene Klappe vor der 34 x 106 cm großen Rahmenöffnung, verstärkt durch zwei profilierte eichene Leisten. Je zwei gegenständige eiserne Haken am unteren Rahmenholz und ein Vorreiber am oberen Holz deuten darauf hin, daß es zusätzliche Vorsatzrahmen (mit Gittern aus Holz oder Draht als Vogelschutz?) gegeben hat. Rahmenhölzer, Aufschieblinge und Klappen müssen vor dem Aufnageln der Lattung und vor dem Decken des Daches eingebaut worden sein, da die Sparren im Bereich zwischen Rahmenholz und Aufschiebling keinerlei Nagelspuren aufweisen. Die Klappen dienten offensichtlich zur Belüftung des unteren Dachraumes.

Das ursprüngliche äußere Aussehen des Daches läßt sich nicht eindeutig rekonstruieren. Die im Aufnahme-Protokoll von 1820 belegten 28 Fledermaus-Gaupen lassen vermuten, daß sie auf jeder Dachseite in zwei Reihen zu sieben Gaupen angeordnet waren. Dazu kamen 14 halbrunde Fenster *zur Erhellung des Kehlgebälkes*, d. h. je sechs in den Dachflächen und zwei in den Giebeln des Spitzbodens. Zahlreiche Spuren an den Sparren scheinen indes eher auf eine dichte paarweise Reihung von 14 Fledermaus-Gaupen auf jeder Seite hinzuweisen, über und zwischen denen möglicherweise zwölf der 14 belegten halbrunden Dachfenster saßen.

Zwischen 1820 und 1836 wurde die Nutzung als Train-Wagenhaus aufgegeben, der Bau wurde fortan meist als Proviant-Magazin bezeichnet, so im Pagenstecher-Plan von 1836/1837 (Kat.-Nr. 39, Nr. 76). Vermutlich im Zuge dieser Nutzungsänderung, die mit der Einlagerung von großen Proviantmengen größere Gewichte auf die Decken brachte, wurde ein erster Umbau des Inneren vorgenommen. Zumindest in den beiden Seitenschiffen, vermutlich aber auch im mittleren Schiff, wurden mit dem alten Achsmaß der Hauptständer neue Ständerreihen mit Deckenunterzügen und firstparallelen Kopfbändern eingebaut (Abb. 241, 3. Zustand). Angenagelte Keile an den Deckenbalken verhinderten das seitliche Ausweichen. Der Bau wurde damit fünf- oder sechsschiffig. Jeder zweite Ständer wurde auf die freien Enden der Querschwellen gestellt. Die Riegelketten der Strebewände entfielen und wurden herausgesägt. Die freistehenden Ständer erhielten kleinere Steinsockel als die Hauptständer. Die Riegelketten der Strebewände neben den Toren entfielen gleichfalls, hier wurden die neuen Zwischenständer von unten und oben so in die lange Strebe eingezapft, daß sie wie durchgesteckt wirken.

Zwei Lichtbilder vom Ende des 19. Jahrhunderts (Festgottesdienst der Bürgerkompanien, undatiertes Foto von J. Zoerb, KAM, Bildsammlung B VII 2; Parade auf dem Simeonsplatz, Foto Grätz, 14.8.1895) zeigen den äußeren Zustand des Gebäudes zu dieser Zeit (Abb. 245). Der Bau war rundum mit Schieferplatten in englischer Deckung verkleidet; das Dach zeigt zwei Reihen von je sechs halbrunden Gaupen mit Blechdeckung. Wann die Schieferverkleidung aufgebracht und die Dachgaupen verändert wurden (wobei die *Fledermäuse* von 1820 verschwanden), konnte nicht ermittelt werden. Vielleicht ist ein mit Ölfarbe am 5. nördlichen Sparren von Osten gemaltes Datum damit zu verbinden: *1. VIII XC* (1. August 1890). Im Jahr 1895 fehlten mehrere der außen angeschlagenen Fensterklappen im Obergeschoß. Eine im Original nicht auffindbare, aber in Fotokopien bei der LEG überlieferte Zeichnung des Garnison-Bauinspekteurs Doege von 1895 belegt weitere Baumaßnahmen (Abb. 246, 247): Die Achsabstände zwischen den Pfosten, die in der Querrichtung schon früher durch die Unterteilung der Seitenschiffe halbiert waren, wurden nun auch in der Längsrichtung durch das Einstellen von dünnen Pfosten (12 x 12 cm) mit Längskopfbändern (13 x 15) unterteilt. Dafür wurden in die Unterzüge entsprechende Zapfenschlitze gestemmt und im Boden kleine Steinsockel gesetzt. Möglicherweise wurde erst in dieser Phase die mittlere Ständerreihe in beiden Untergeschossen und im Dachgeschoß gesetzt. Wohl aus dieser Zeit stammt die Verstärkung im ungeteilten mittleren Querjoch der beiden unteren Geschosse. Auf zwei Dritteln der Ständerhöhe, an Kopfband und Unterzug wurden torbogenartig kräftige Hölzer angebolzt und verschraubt (nur im Obergeschoß erhalten) (Abb. 248). Im Erdgeschoß sollten die Fensteröffnungen um ein Gefach nach oben versetzt und mit Fensterrahmen statt der Luken geschlossen werden; die alten Öffnun-

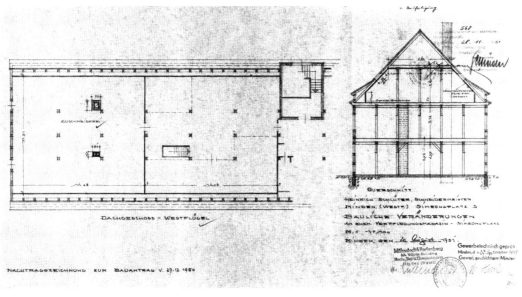

Abb. 250   Simeonsplatz 3, Proviantmagazin. Umbauplan für das Dachgeschoß der Westhälfte, 1951.

Abb. 251 Simeonsplatz 3, Proviantmagazin von Südwesten, 2003.

gen sollten anscheinend vermauert werden. Aus Mangel an Bilddokumenten ist nicht nachzuweisen, ob dies so ausgeführt wurde.

Vor 1936 wurden die halbrunden Dachgaupen durch liegende Dachfenster in größerer Zahl ersetzt (Simeonsplatz vom Simeonskirchturm aus, undatiertes Foto von F. Grätz, um 1936; Abb. 518). Vermutlich bald danach erfuhr der Bau eine weitere Umgestaltung. Zur Verbesserung der Belichtung wurde die Zahl der Fenster in den Langseiten (bisher je 25) auf mehr als das Doppelte vergrößert (Südseite 46, Nordseite 52), zudem wurden die alten, quadratischen Lukenöffnungen durch Höhersetzen der Sturzriegel im Erdgeschoß bzw. durch Ausschneiden der Brustriegel im Obergeschoß zu hochrechteckigen Fenstern mit je zwei Flügeln umgestaltet. Die Fenster sind meist paarweise geordnet; in der Mitte der Südseite stehen zwei Dreiergruppen, vier Dreiergruppen weist das Obergeschoß der Nordseite auf. Im Mitteljoch der Nordseite entstand ein feuersicheres Beton-Treppenhaus mit kastenartigem Ausbau über der Traufe (Abb. 249, 250). Die nördliche Torfahrt wurde aufgegeben und auf Türmaß verkleinert. Über der südlichen Torfahrt Einbau von Toiletten mit sieben kleinen Fenstern. Gleichzeitig nahm man die Schieferverkleidung des späteren 19. Jahrhunderts ab und verputzte den Bau rundum. Die Fenster erhielten knappe, angeputzte Faschen, das Dach wurde mit Doppelmulden-Ziegeln gedeckt, und der ganze Bau erhielt einen ockergelben Anstrich. – Im Inneren wurde die mittlere Ständerreihe entfernt, außerdem wurden die dünnen Zwischenständer von 1897 (?) beseitigt. Im Obergeschoß blieb die sechsschiffige Aufteilung bestehen, doch wurden hier im Westteil die dünnen Zwischenstützen herausgenommen.

1945 endete die Nutzung durch das Proviantamt der Deutschen Wehrmacht; der Bau unterstand weiterhin dem Reichsbauamt bzw. der Finanzverwaltung (alles Folgende nach Bauakte Simeonsplatz 3). 1947 Antrag auf Nutzung des Erdgeschosses der Westhälfte durch die Firma Dro-Che-Mi Karl Theodor Grätz (Königstraße 2 und Marienwallstraße 41) für die kühle, trockene und einbruchsichere Lagerung *sämtlicher Spezialitäten für Kliniken, Krankenhäuser, Apotheken und Drogerien*. Der Lagerraum wurde der Firma vom Finanzamt Minden als Abwicklungsstelle zugewiesen; durch den Umzug zum Simeonsplatz wurden die bisher genutzten Lagerräume an Deichhof und Marienwall frei. Der Antrag sah für den Westteil des Erdgeschosses den Einbau von zwei Büros mit

Vorraum und Toilette an der Südseite vor, an der Nordseite Räume zur Lagerung wichtiger Waren und ein kleines Labor, alles mit halbsteinigen Wänden in Leichtbauweise (Abb. 249 unten).

1948 Plan des Reichsbauamtes für den Ausbau der Osthälfte im Erd- und Obergeschoß zum Fabrikationsgebäude für die Ritter-Keramik-GmbH: im Erdgeschoß Lager-und Fabrikationsräume mit Mittelofen, sechs Töpferscheiben, zwei großen Brennöfen, Tonablage, Schlammbecken und Kohlenlager, im Obergeschoß eine kleine Wohnung mit Balkon vor den mittleren Fenstern (noch vorhanden), ferner Arbeitsräume für die Herstellung von Keramik und Plastiken mit Lager, Trocken- und Verkaufsraum. – Gleichzeitig legen die Firmen Grätz (Dro-Che-Mi) und die Schneiderei Schlüter Umbaupläne für die Westhälfte des Gebäudes vor; die Ausführung von Entwässerungsanlagen wird genehmigt.

1950/51 Bauantrag der Damenmantel-Fabrik Schlüter für den Umbau des Westteils im Erdgeschoß und für das ganze Dachgeschoß: im Erdgeschoß zwei Büros, Garage, Kohlen- und Heizraum sowie ein großer Arbeitsraum, im Dachgeschoß Zuschneiderei und Rohstoff- bzw. Fertigwarenlager, sowie – als Auflage der Gewerbeaufsicht – ein Aufenthaltsraum für Betriebszugehörige. Alle Einbauten greifen nicht in das konstruktive Gerüst ein (Abb. 250).

In den frühen 1990er Jahren war der Bau in Teilen als Lagerraum der benachbarten Simeonsbetriebe genutzt; an die Kleiderfabrik Schlüter erinnerte noch die Lichtreklame unter dem Krüppelwalm des Ostgiebels.

Seit 1995 gab es mehrere Projekte für eine neue Nutzung, die sich 2000/2001 konkretisierten und 2001/2002 zu grundlegender Sanierung und zum Umbau unter weitgehender Wahrung der konstruktiven Substanz führten. Im Dezember 2000 bauhistorische Untersuchung des weitgehend von späteren Einbauten leergeräumten Gebäudes (P. Barthold, Dr. Korn, WAfD). – 2001 Ausbau des Inneren für Gastronomie (im Ostteil des Erdgeschosses), Büro- und Wohnnutzung unter Einbeziehung des Daches mit Abstellräumen im Spitzboden. An beiden Enden der Nordseite Einbau zusätzlicher Treppenhäuser aus Stahlbeton, neue Trennwände im Rastersystem der beibehaltenen Ständeraufteilung als Leichtwände mit Metallständern und Gipskartonbeplankung auf durchgehenden, aus Feuerschutzgründen eingezogenen Betondecken. Die paarige Anordnung der Fenster aus der zweiten Hälfte der 1930er Jahre wurde beibehalten bzw. konsequent durchgeführt; sie setzt sich in den neu aufgebrachten Schleppgaupen fort. Sämtliche Ausstellklappen über der Traufe sind entfernt und durch eine vertikal gegliederte durchlaufende Holzverkleidung ersetzt. Neue Dachdeckung mit roten Doppelmuldenpfannen, neuer Außenputz mit hell-sandfarbenem Anstrich (Planung: Architekt H.-D. Manke, Minden).

KAT.-NR. 210   Abb. 253
Entwurf für eine Defensions-Kaserne, vor 1827

Unbezeichnet, undatiert.
Mehrfarbig angelegte Federzeichnung und Beischrift in Blei; 56,5 x 84,5 cm (Blatt), 53 x 81 cm (Einfassung).
Maaßstab zu den Grundrissen: Maßleiste von *240 Preuss. Fuss* = 27,5 cm 1:288; *Maaßstab zu den Profilen*: Maßleiste von *180 Preuss. Fuss* = 38,8 cm 1:144.
Ohne Kartentitel; oben rechts in Blei nachgetragen: *Iter Entwurf*.

GSTA PK, Festungskarten Minden C 70.100, unpubliziert.

Abb. 252   Simeonsplatz 12, Defensions-Kaserne von Osten, 1994.

Oben links übereinander Grundrisse für *Erste Etage* (Erdgeschoß) und *Zweite Etage* eines langgestreckten Baukörpers von ca. 430' Länge und 60' Tiefe (135 x 18,80 m) mit 19 Achsen und gleichmäßig, ohne Risalite durchlaufender Pilastergliederung an der Vorderseite. In jedem Wandfeld gekuppelte Fenster; in der Mittelachse Tür, davor – über drei Wandfelder reichend, im Kreissegment geschwungene Auffahrt. Vor den äußeren Öffnungen der 2. und 18. Achse geschweifte Freitreppen, schräg davor, vor dem 3. bzw. 18. Pilaster ein *Brunnen*, auf der anderen Treppenseite und an der Auffahrt *Laterne*.

Seiten- und Rückwände glatt durchlaufend mit Eckpilastern; im Erdgeschoß in den Seitenwänden sechs paarweise angeordnete Gewehrscharten, in der feldseitigen Rückwand 54 Scharten in Dreiergruppen. Darüber, im Obergeschoß, über jeder Gewehrschartengruppe je eine Kanonenscharte, lediglich in der Seitenwand neben dem feldseitigen Pilaster wiederum je zwei Gewehrscharten, im ganzen demnach 66 Gewehrscharten und 22 Kanonenscharten.

Der Pilastergliederung der Front entspricht die gleichmäßige innere Aufteilung in 19 Räume von 17' 8" Breite und 30' 6" Tiefe mit unterteilten Eckräumen, hinter denen ein Korridor von 8' Breite durch den ganzen Bau läuft. Hinter dem Korridor sondern Zungenmauern mit eingestellten Scherwänden 19 kleine Kammern von 10'6" Tiefe aus. Die Verbindung zwischen den Geschossen besorgen Treppen im Mittelraum und im jeweils vorletzten Raum vor den Stirnwänden.

Unter den Grundrissen *Längen-Profile nach den* (mehrfach versetzten) *Linien A. B. C. D. E. F. G. H.:* halber Längsschnitt im verdoppelten Maßstab. Das halb eingetiefte Kellergeschoß ist mit stichbogigen Tonnen unter Holzbalkenböden gedeckt; die Eckräume haben Quertonnen. Über dem Erdgeschoß Balkendecken auf Streichbalken und Steinkonsolen, über dem Obergeschoß 3' starke Tonnengewölbe mit dachförmiger Absattelung, hinter den Stirnwänden wiederum als Quertonnen ausgebildet. Über der im ganzen 5½' hohen Einwölbung eine mansarddachförmige Erdpackung.

Die Binnenzeichnung der einzelnen Kompartimente macht Art und Anlage der Öffnungen, der Fachwerkscherwände vor den feldseitigen Kammern, die Lage der Scharten und Rauchabzugsöffnungen und die Größe der Fassadenfenster (links neben dem hohen Mittelachsenraum im Querschnitt) deutlich. Links neben der Stirnwand sind die Geländehöhe (*25' a. M.*) und die *Feuerlinie* des Walles (*47' a. Maaß*) angegeben, die mit der Sturzlinie der Kanonenscharten zusammenfällt.

Im rechten Blattdrittel *Quer-Profil nach der* (zweimal versetzten) *Linie J. K. L. M.:* Querschnitt durch eine Mannschaftsstube, Korridor und Mittelachsenraum mit feldseitigem Tor im Erdgeschoß. Die auf einem Sockel stehende dorische Pilastergliederung trägt ein schweres Gebälk; die Traufhöhe beträgt 34 Fuß (ca. 10,70 m), die Firsthöhe 36½ Fuß (ca. 11,60 m).

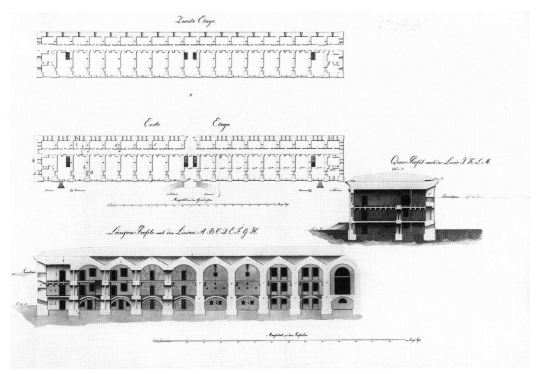

Abb. 253 Entwurf für eine Defensions-Kaserne, vor 1827 (Kat.-Nr. 210).

In den Grundrissen und Schnitten sind alle feldseitig gelegenen Öffnungen und Durchgänge, die gegebenenfalls für eine abschnittsweise Verteidigung von Belang sein könnten, mit Versatzfalzen zur Verbarrikadierung versehen; entsprechend konnten die dünnen Wände zwischen den Mannschaftsstuben hinter der Fassade gegebenenfalls leicht beseitigt werden, um rückwärtige Durchgänge zu schaffen. – Der hier gezeichnete Bau ist mit einer Länge von ca. 135 m = 35° 10' um etwa 37 m länger als die ausgeführte Defensions-Kaserne (Länge ca. 98 m); es kann sich daher allenfalls um einen Vorentwurf handeln, freilich in weit durchgearbeiteter Form.

Der frühe Entwurf für das Kronwerk der Hausberger Front von Generalmajor von Rauch von 1815 (Kat.-Nr. 34) sah drei Defensions-Kasernen in den Bastionskehlen vor, im linken und mittleren Bastion von ca. 25 Ruten (94,50 m) Länge, im rechten Bastion etwa 18 Ruten (68 m) lang. Für dieses Planungsstadium kann der vorliegende Entwurf nicht gezeichnet sein.

Dagegen zeigt die überarbeitete Planung für die Hausberger Front aus der Zeit um 1817/20 (Kotenplan, Kat.-Nr. 37) in den Kehlen der Bastions III und IV zwei etwa 35 Ruten (132 m) lange Bauten, bei Bastion V ein etwa 25 Ruten langes Gebäude. Die vorliegende Planung wird sich daher auf eine der längeren Defensions-Kasernen beziehen, deren Ausführung dann aber unterblieb. Die nicht datierte Zeichnung ist deshalb wohl deutlich vor dem Baubeginn der heute bestehenden Defensions-Kaserne, zwischen 1820 und 1827 anzusetzen. Nach der alten Inventarnummer des Heeresarchivs Potsdam, die augenscheinlich der chronologischen Abfolge der Ablage folgte, lag das Blatt hinter der 1825 datierten Berliner Zeichnung für das Garnison-Lazarett (Kat.-Nr. 227, Abb. 280). – Die mit Bleistift nachgetragene Bezeichnung *Iter Entwurf* ist irreführend.

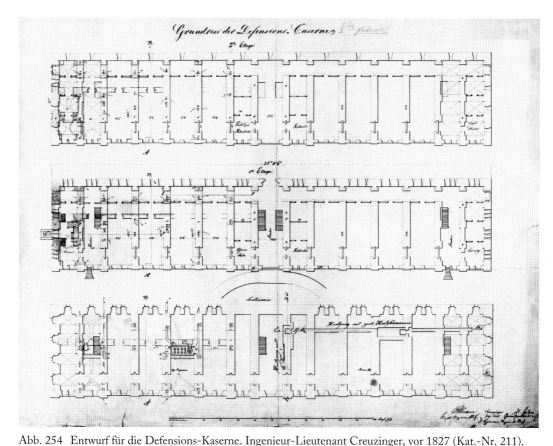

Abb. 254 Entwurf für die Defensions-Kaserne. Ingenieur-Lieutenant Creuzinger, vor 1827 (Kat.-Nr. 211).

KAT.-NR. 211   Abb. 254
Entwurf für die Defensions-Kaserne, vor 1827

Bezeichnet *Creuzinger*, nicht datiert.
Federzeichnung mit Korrekturen in blauer Tusche; 60,5 x 81 cm.
Maßleiste von *12 + 132 Preus: Fuss.* = 30,2 cm ≅ 1 : 144.
Kartentitel: *Grundriss der Defensions-Caserne.* In Blei nachgetragen: *Iter Entwurf.*
Unten rechts: *H. D. Symann, Regiments Arzt / Dr. Jahn Garnison Staabsarzt / Creuzinger Ing: Lieut: / FvUthmann Kapt u Ing vom Platz.*

GSTA PK, Festungskarten Minden C 70.099; unpubliziert.

Untereinander drei Grundrisse, oben: *2te Etage*, Mitte: *1te Etage*, unten: *Souterrain.* Länge 25° 11' 6", Tiefe *60'* (≅ 98,10 x 19.65 m).

Der 15 Achsen lange Bau ist in der Fassade durch Pilaster mit drei Risaliten gegliedert, die nur um eine Pilasterstärke vortreten: Mittelrisalit aus breiter Mittelachse zwischen zwei schmalen Feldern, an den Enden zweiachsige Risalite, ebenfalls mit schmalen Feldern. In allen Achsen durchgehend paarig geordnete Öffnungen, in der Mitte eine breite Tür. Seitenwände und Rückseite glatt, ohne Eckpilaster. Vor dem Mittelrisalit geschwungene Auffahrt, vor den inneren Achsen der Seitenrisalite geschweifte Freitreppen. Die innere Aufteilung durch Querwände mit Korridor-Durchgängen vor der Rückwand entspricht der rhythmisierten Fassadengliederung; die schmaleren Abteilungen sind 12 Fuß, die Räume hinter den Rücklagen 17 ½ Fuß breit; die Tiefe bis zu den Fachwerk-Scherwänden vor dem Korridor beträgt 42 Fuß 6 Zoll. Für die Abteilungen hinter den Seitenrisaliten sind in Souterrain und Obergeschoß Kreuzgratgewölbe und breite Gurte angegeben.

Im *Souterrain* in der rechten Zwischenwand des Mittelbaues *Heitzung mit 6 Kam(m)ern*, in der dritten Abteilung des rechten Flügels *Heitzung mit zwei Heitzkammern*. Im zweiten Raum jedes Flügels (von der Mitte gerechnet) ein *Brunnen*.

Die *1te Etage* zeigt im mittleren *Fluhr* eine zweiarmige Treppe, beiderseits der Tür kleine, durch Fachwerkwände abgeteilte Räume: links *Officier-Stube*, rechts *Feldwebel*. Im *Fluhr* hinter den Freitreppen der Seitenrisalite einläufige Treppen, die Eckräume daneben sind links für einen *Capit: D'Armes*, rechts für einen *Chirurg* vorgesehen. Die großen Räume sind Mannschaftsstuben.

Die *2te Etage* entspricht der ersten; die vorderen Räume im Mittelbau sind für den *Port-Epée Fähndrich* bzw. *Feldwebel*, die Eckräume für einen *Chirurg* bzw. einen *Capit: D'Armes* bestimmt.

Die mit blauer Tusche vorgenommenen Korrekturen sind vermutlich im Kriegs-Ministerium vorgenommen worden; sie betreffen neben der Eintragung von zwei Heizaggregaten samt Luftkanälen und -schächten im Souterrain des linken Flügels vor allem die Verkürzung der vorderen Räume durch das Einziehen einer starken Längsmauer mit dahinterliegendem Korridor, dessen feldseitigen Abschluß die Fachwerk-Scherwände zwischen den zu Zungenmauern verlängerten Wandvorlagen bilden. Auf diese Weise entstehen (wie in Kat.-Nr. 210) kleine Kammern vor den Gewehr- und Kanonenscharten. Statt der seitlichen Querflure sind Treppenräume etwa in der Mitte der äußersten Abteilungen vorgesehen; die Zugänge von außen werden als gerade Freitreppen vor die Stirnseiten gelegt. Aus der Verlegung der Treppen und des langen Korridors ergeben sich Änderungen in der Verteilung der Türen, Fenster und Schießscharten in diesen Wänden, außerdem werden statt der Kreuzgratgewölbe hinter den beiden letzten Achsen des Obergeschosses Quer- und Längstonnen angeordnet.

KAT.-NR. 212 Abb. 255
Entwurf für die Defensions-Kaserne, vor 1827

Bezeichnet *Creuzinger*, nicht datiert.
Teilweise farbig angelegte Federzeichnung mit Korrekturen in blauer Tusche; 48,5 x 70 cm.
Wasserzeichen GM.
Maßleiste von *12 + 132 Preuss: Fuss* . 30 cm ≅ 1:144.
Kartentitel: *Profile zur projectirten Defensions-Caserne*. In Blei nachgetragen: *Iter Entwurf*.
Unten von rechts: *Dr. Jahn Garnison Staabsarzt / D. Symann Regiments Arzt / Creuzinger Ing: Lieut./ FvUthmann Kapt u Ing v Platz*.

GSTA PK, Festungskarten Minden D 70.031; unpubliziert.

Links oben, farbig angelegt, *Profil nach der Linie AB:* Querschnitt durch Mannschaftsstuben und Korridor (siehe Kat.-Nr. 211). – Rechts daneben, schematischer gezeichnet, *Profil nach der Linie A,a B,b.:* Teil-Längsschnitt durch die rechte Hälfte des Baues im hinteren Viertel mit der *Heitzkammer*

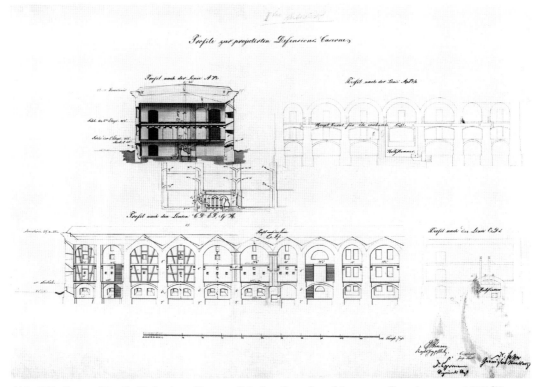

Abb. 255   Entwurf für die Defensions-Kaserne. Schnitte, Ingenieur-Lieutenant Creuzinger, vor 1827 (Kat.-Nr. 212).

und *Haupt Kanal für die erwärmte Luft* in der Decke zwischen Erdgeschoß und Obergeschoß. Der Kanal liegt auf eingezogenen Stichbögen.

Unten: *Profil nach Linien C D E F, G H*: Teil-Längsschnitt durch die linke Hälfte und zwei Abteilungen des rechen Flügels. Die Beischrift *Profil nach der Linie E,e F,f* bezieht sich auf die drei Abteilungen links vom mittleren Treppenhaus. (vgl. Kat.-Nr. 211).

Rechts daneben, vereinfacht gezeichnet, *Profil nach der Linie C,c Dd* durch die *Heitzkam(m)er* rechts neben dem mittleren Treppenhaus.

Die blauen Korrekturen im Schnitt A–B markieren das Einziehen der starken Längswand, die Verlegung des Korridors vor die Fachwerk-Scherwände, die Einzeichnung des Heizaggregats samt Kanälen im Souterrain sowie Änderungen an den Gewölbe-Absattelungen und an der Erdabdeckung.

Über dem unteren Längsschnitt C–H sind als Korrektur die entsprechenden drei Abteilungen des linken Flügels neu gezeichnet: mit dem Längsschnitt durch die Heizanlage im Souterrain sowie der Verteilung der Warmluft- bzw. Zuluft-Kanäle und -Öffnungen in den Zwischenwänden. Die eingetragenen Buchstaben beziehen sich auf nicht vorliegende Erläuterungen.

Neben den Schnitten sind Höhenangaben eingetragen: Geländehöhe hofseitig *25'*, feldseitig *26'*; *Sockelhöhe 30'*, Sohle der 1" Etage *31½'*, Sohle der 2ten Etage *41½'*; *59' a.M.* Feuerlinie des Walles = Traufhöhe des Gebäudes; Firsthöhe der Erdabdeckung *63½'*, korrigiert auf *63'*.

Die Traufhöhe des Baues beträgt danach 34' = 10,90 m, die Firsthöhe 38' = 11,90 m.

IV.2.2 Katalog – Die Hausberger Front und ihre Bauten (Kat.-Nr. 190–256)

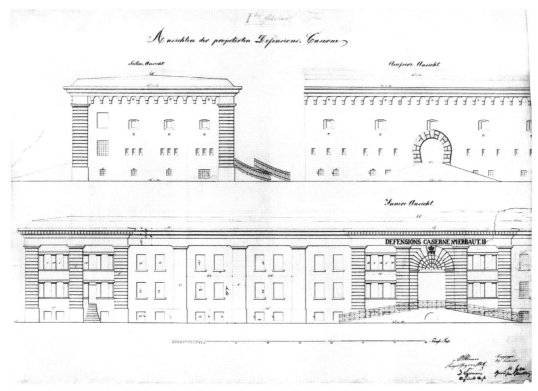

Abb. 256 Entwurf für die Defensions-Kaserne. Ansichten, Ingenieur-Lieutenant Creuzinger, vor 1827 (Kat.-Nr. 213).

KAT.-NR. 213   Abb. 256
Entwurf für die Defensions-Kaserne, vor 1827

Bezeichnet *Creuzinger,* nicht datiert.
Federzeichnung, 60,5 × 87 cm; rechts beschnitten.
Maßleiste von *12 + 84 preuss: Fuss* = 41,6 cm ≙ 1:72.
Kartentitel: *Ansichten der projectirten Defensions-Caserne.*
Unten rechts: *Dr. Jahn Garnison Staabsarzt / D. Symann Regiments Arzt / Creuzinger Ing: Lieutnant / FvUthmann Kapt u Ing von Platz.*

GSTA PK, Festungskarten Minden C 70.101.

Oben links *Seiten-Ansicht* von Süden mit feldseitiger Rampe zum Kanonentor links und Auffahrt rechts. Im Erdgeschoß von links vergittertes Korridorfenster, daneben drei Dreiergruppen von Gewehrscharten, im Obergeschoß entsprechende Verteilung der Kanonenscharten. Die zunächst höher gezeichnete Erdabdeckung durch Rasur korrigiert und mit *63'* niedriger angegeben.
   Oben rechts *Aeussere Ansicht:* Ausschnitt der Feldseite mit den fünf mittleren Achsen. In der Mitte das hufeisenförmige Kanonentor mit Diamantquaderrahmen über kegelförmiger Rampe,

daneben Gewehrscharten in Dreiergruppen, im Obergeschoß durchlaufend Kanonenscharten. Unter dem Traufgesims Arkadenfries auf diamantierten Konsolen.

Unten *Innere Ansicht:* Teil der Platzfassade mit dreiachsigem Mittelrisalit und Auffahrt, vierachsige Rücklage und zweiachsiger Seitenrisalit mit geschweifter Freitreppe. Die dorischen Pilaster der Risalite sind genutet; das Kreuzgesims ist nur hier mit einem Zahnschnitt versehen. Am Keilstein des Mittelportals Krone und Initialen *FW III* (Friedrich Wilhelm III.), am Gebälkfries des Mittelrisalits Antiqua-Inschrift *DEFENSIONS CASERNE NO I ERBAUT. 18*[…]; Jahreszahl unvollständig gelassen. – Für Öffnungen, Wandfelder, Sockel, Pilaster und Gesimsteile sind die Maße eingetragen.

Die Zeichnungen Kat.-Nr. 211–213 gehören nach den Unterschriften zu einem Plansatz, der während der Durcharbeitung der Planung entstand. Sie weichen von der ausgeführten Form, aber auch untereinander ab: Kat.-Nr. 213 zeigt Eckpilaster auch an den Stirnseiten – und sicherlich auch an der Feldseite –, die in Kat.-Nr. 211 fehlen; die in Kat.-Nr. 211 und 212 korrigierte Lage des Korridors (zwischen Mannschaftsstuben und feldseitigen Kammern) ist in Kat.-Nr. 213 nicht eingetragen, ebensowenig die Verlegung der seitlichen Freitreppen von der Fassade an die Stirnseiten. Für die Gestaltung des Mitteleingangs ist die endgültige Form noch nicht gefunden (vgl. Kat.-Nr. 215): Gewändepfeiler und Bogen sind schwerfällig-breit, die eingestellten Säulen unter der Oberlicht-Lünette fehlen. Auch die kleinen Pilaster neben und zwischen den Fenstern der Risalite sind breiter, die Stürze einfacher profiliert.

Der Plansatz zeigt verschiedene Planungs- und Korrekturstufen; er ist damit sicherlich vor Baubeginn 1827 zu datieren. Planverfasser dürfte der unterzeichnende Hauptmann und Ingenieur vom Platz Franz Erdmann Konrad von Uthmann (1790–1861) sein. Wie weit der Ingenieur-Leutnant G. A. Creuzinger an den Entwurfsarbeiten beteiligt war oder ob er lediglich die Zeichnungen anzufertigen hatte, ist nicht bekannt.

Die Einfassung der Risalitfenster durch die kleine dorische Ordnung geht möglicherweise auf den Berliner Entwurf von 1825 für das Garnison-Lazarett (Kat.-Nr. 227) zurück; es ist ein Berliner Motiv, das seit Schinkels Entwürfen für das Schauspielhaus am Gendarmenmarkt von 1818 – zum Teil unter Schinkels Mitwirkung – Eingang in die Militärarchitektur gefunden hat. Der Entwurf ähnelt in den wesentlichen Zügen der Fassadengliederung auffallend dem Projekt I für das Garnison-Lazarett (vor 1825?, Kat.-Nr. 226).

KAT.-NR. 214   Abb. 257–258
Defensions-Kaserne, Schnitte, nach 1829

Unbezeichnet, undatiert.
Mehrfarbig angelegte Federzeichnung mit jüngeren Überzeichnungen in Bleistift; 60 x 87,5 cm.
Wasserzeichen: JWHATMAN / 1829.
Maßleiste von *12 + 132 Preuss: Fuss* = 30,8 cm ≅ 1:148.

Mindener Museum, FM 15; Nordsiek 1979, S. 270, Abb. VI.12. – Korn 1999, Abb. 2 (Ausschnitt)

Oben links rote Inv.-Nr. *P:V: IIIb, No1.* und Stempel der Fortification zu Minden; oben rechts und unten links Inventarvermerke der Garnison-Verwaltung Minden.

IV.2.2 Katalog – Die Hausberger Front und ihre Bauten (Kat.-Nr. 190–256) 423

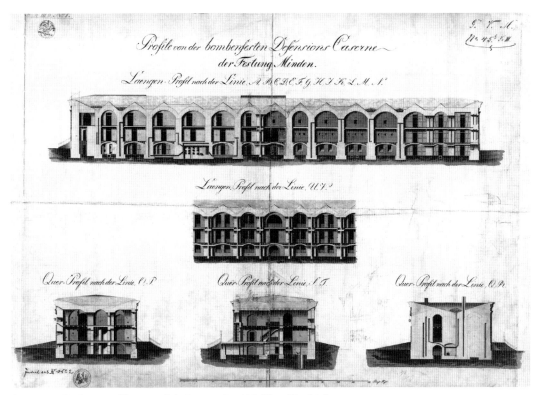

Abb. 257 Defensions-Kaserne, Schnitte, nach 1829 (Kat.-Nr. 214).

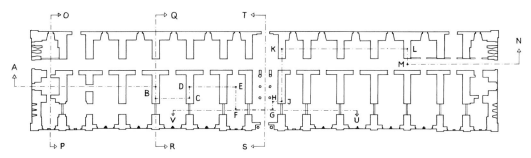

Abb. 258 Defensions-Kaserne, Grundriß mit Lage der Schnittebenen für Abb. 257. U.-D. Korn, 2004.

Oben *Laengen-Profil nach der Linie A, B, C, D, E, F, G, H, J, K, L, M, N*. Mehrfach versetzter Längsschnitt durch Treppenraum, Mannschaftsstuben und Heizkammern im linken Flügel, mittleren Eingangsraum mit Treppe, Kammern vor der Feldseite und Korridor im rechten Flügel mit Ansicht der Fachwerk-Scherwände vor den Kammern. An der linken Stirnseite die dorthin verlegte Freitreppe.

In der Mitte *Laengen-Profil nach der Linie, U.V:* Teil-Schnitt hinter der Fassade durch die mit leichten Wänden verschlossenen Durchgänge zwischen den einzelnen Abteilungen und Innenansicht der Fassadenöffnungen.

Unten links *Quer-Profil nach der Linie, O, P.:* Schnitt durch die äußerste linke Achse hinter der Stirnwand mit der nun gewendelten Innentreppe vom Souterrain zum Obergeschoß.

Daneben *Quer-Profil nach der Linie, S, T.:* Schnitt durch die Mittelachse mit Ansicht der neben der Treppe eingestellten drei Säulen und der Treppengeländer.

Rechts unten *Quer-Profil nach der Linie, Q, R.:* Schnitt durch eine der Querwände zwischen den Abteilungen mit Heizkammer, Luftkanälen, Abluftkamin und Sickerwasser-Ableitung aus der Absattelung über den Gewölben.

In den Querschnitten O–P und Q–R sind die Kanonentor-Rampe mit dem diamantierten Rahmen, der laternehaltende Adler und die vordere Auffahrt in der Seitenansicht wiedergegeben.

Der Längsschnitt A–N und der Querschnitt S–T zeigen im Mittelraum des Souterrains an der Feldseite einen Brunnenschacht mit Schalenbrunnen und mittiger Pumpensäule.

Die jüngeren Bleistift-Überzeichnungen im oberen Längsschnitt und im mittleren Querschnitt fixieren skizzenhaft Überlegungen zum Ersatz der Gewölbe über dem Obergeschoß durch eine Balkendecke und zur Konstruktion eines Walmdachstuhls mit aufliegender Regenrinne über dem Kranzgesims sowie – als Alternative – für das Aufsetzen einer niedrigen Attika mit flachgeneigtem Satteldach anstelle von Gewölben und Erdaufschüttung. Die beigeschriebenen Maße im metrischen System zeigen, daß diese Skizzen in die Zeit nach der Aufhebung der Festung 1873 gehören. – Die gleichfalls mit Bleistift eingetragenen Raumhöhen, -breiten und Durchgangsmaße sind dagegen in Fuß und Zoll angegeben; sie sind demnach vor 1873 nachgetragen worden.

Das außerordentlich sorgfältig gezeichnete und farbig angelegte Blatt gehört mit dem Fassadenplan (Kat.-Nr. 215) zu einem Plansatz, der nach der Fertigstellung des Gebäudes als Bauaufnahme gefertigt wurde und bei der Mindener Fortification verblieb. Zur Datierung vgl. Kat.-Nr. 215.

KAT.-NR. 215   Abb. 259
Defensions-Kaserne, Fassaden nach 1829

Unbezeichnet und undatiert.
Grau lavierte Federzeichnung mit Überzeichnungen in blauer Tusche und Bleistift; in drei Blätter zerschnitten; ursprüngliches Maß ca. 58,2 x 93,5 cm. Einzelmaße: oben links 35,6 x 45,3 cm; unten links 22,5 x 46,3 cm, rechte Hälfte 57,5 x 47,2 cm.
Wasserzeichen: JWHATMAN / 1828.
Maßleiste von *12 + 84 Preuss: Fuss* = 41,6 cm = 1:72; oben links 1928 (?) wiederholt: Maßleiste von *12 + 24 Preuß. Fuß* = 15,5 cm.
Ohne alten Kartentitel; jüngerer Kartentitel oben links: *Standort Minden. Defensions-Kaserne. Ausführungszeichnung. Blatt 6*, wohl von 1928.

Mindener Museum, FM 46 (oben links), FM 75 (rechte Hälfte) und FM 163 (unten links); MEINHARDT 1958; Bild 31,32 (rechte Hälfte in Ausschnitten); SCHREINER 1977, Abb. 2 (oben rechts im Ausschnitt); KORN 1999, Abb. 1. – Oben links Stempel der Fortification zu Minden; oben rechts und unten links Inventar-Vermerke und Stempel der Garnison-Verwaltung Minden.

Oben links Ansicht der linken, südlichen Stirnseite mit annähernd mittig liegendem Nebeneingang samt Freitreppe, links daneben die Lünette bzw. zwei große Fenster zur Belichtung des Korridors

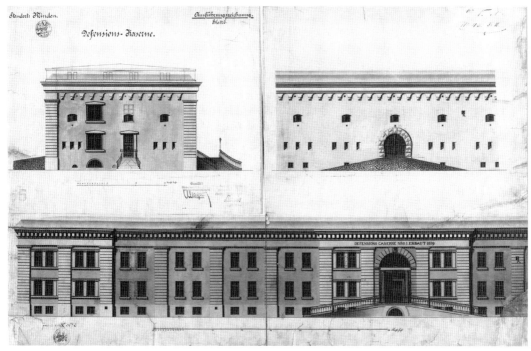

Abb. 259   Defensions-Kaserne, Fassaden, nach 1829 (Kat.-Nr. 215).

im Souterrain und in beiden Hauptgeschossen. In den äußeren Achsen je drei Gewehrscharten, darüber je eine Kanonenscharte, eine weitere über der Tür. Fenster und Türen mit flachgiebligen Verdachungen. Unter dem Gebälk, zwischen den Friesstücken über den Pilastern, Bogenfries auf diamantierten Konsolen. Links angeschnitten die Kegelrampe vor dem Kanonentor, rechts Ansicht der vorderen Auffahrt mit Geländer und Laterne.

Oben rechts Ausschnitt der feldseitigen Fassade: die fünf mittleren Achsen mit Kanonentor und Rampe. Gegenüber Kat.-Nr. 213 hier nur ein von der Rampe überschnittenes Souterrainfenster. Über dem Kanonentor fehlt zwischen Scharte und Gebälk der laternentragende Adler (vgl. Kat.-Nr. 214, Querschnitte).

Unten Ansicht der vorderen Fassade im Ausschnitt mit zehn Achsen. Die Pilastergliederung ist jetzt durchgehend genutet; der Zahnschnitt im Kranzgesims läuft gleichfalls durch und ist großformiger bemessen, das Traufgesims mit Halbkehle, Platte und Karnies lebhafter profiliert. Das Hauptportal hat seine endgültige Form mit eingestellten toskanischen Säulen unter der Oberlicht-Lünette; Gewändepfeiler und Bogen sind entsprechend schlanker. Die Detaillierung der Tür entspricht ungefähr der Ausführung, nicht jedoch die Trophäe über dem Türsturz: Zwei Fahnenschäfte sind schräggekreuzt durch zwei verschlungene Siegeskränze gesteckt, über diesen sitzt, leicht nach rechts gewendet, der preußische Adler. (Die endgültige Fassung zeigt die Neujahrsplakette der Königlich Preußischen Eisengießerei Berlin für 1831: ein Arrangement aus Kanonenrohren und Kugeln, Trommeln und Pauken, Mörsern, Waffen und Fahnen, darüber der Adler mit weitausgebreiteten Flügeln. Vgl. Kat. Berlin und die Antike 1979, S. 222, Abb. S. 224 in Nr. 406. – ARENHÖVEL 1982, S. 36 f., Nr. 28. Die Trophäe wird erst 1830 gegossen worden sein.) (Abb. 261)

Abb. 260   Simeonsplatz 12, Defensions-Kaserne, südliche Schmalseite, 2001.

Am Keilstein des Bogens die Königskrone über den Initialen *FW III* (hier in Antiqua-Versalien, in der Ausführung als Fraktur-Buchsaben).

Am Gebälkfries Inschrift: *DEFENSIONS CASERNE NRO. I. ERBAUT 1829.* – Das Geländer der Auffahrt entspricht weitgehend der Ausführung; statt der vorhandenen gegossenen sind hier geschmiedete Laternenträger gezeichnet.

Das ebenso sorgfältig wie die Schnitte (Kat.-Nr. 214) gezeichnete und lavierte Blatt gehört zu einem Plansatz, der offensichtlich nach Fertigstellung des Gebäudes für und durch die Mindener Fortification gefertigt wurde und dort verblieb. Die zugehörige Grundrißzeichnung, aus denen die genaue Lage der Schnittebenen (für Kat.-Nr. 214) zu ersehen wäre, konnte nicht gefunden werden. – Die Datierung bald nach 1829 ergibt sich einmal aus der hier vollständig und korrekt wiedergegebenen Inschrift am Fries des Mittelrisalits, zum anderen aus den datierten Wasserzeichen von 1828 und 1829.

Das Blatt wurde anscheinend 1882 bei der Planung für die Veränderung der Fenster der Mannschaftsstuben in den Rücklagen benutzt. In der dritten Achse der vorderen Fassadenansicht ist mit Bleistift der Ersatz des breiten Fensterpfeilers durch einen schmalen Pilaster und das Einziehen einer Verdachung nach dem Muster des benachbarten Risalitfensters skizziert (zur Ausführung vgl. Kat.-Nr. 220). Wohl gleichzeitig wurde in der feldseitigen Fassade der Umbau des Kanonentores und darüber die Anlage des großen Treppenhausfensters sowie die Vergrößerung einer Kanonenscharte zu einem Fenster skizziert (vgl. Kat.-Nr. 222).

Abb. 261 Simeonsplatz 12, Defensions-Kaserne, Gußeiserne Trophäe über dem Hauptportal, 1999.

1926 wurde das Blatt zerschnitten; der Teil mit der Seitenansicht wurde neu beschriftet, hier wurden die seither eingetretenen Veränderungen in blauer Tusche nachgetragen (Stempel des Heeresbauverwaltungsamtes Hannover, Zieseniss, Regierungsbaurat; Prüfstempel vom 26.10.1928, Wehrkreisbaudirektion VI, Münster, Wagner, Regierungsbaurat; vgl. Kat.-Nr. 220): Die Freitreppe ist beseitigt, die Tür und die Kanonenscharte darüber sind zu Fenstern umgebaut, über dem Kranzgesims steht die – hier zu breit gezeichnete – Attika anstelle der Erdaufschüttung. Das Teilblatt erhielt die gestempelte laufende Nr. 55.

KAT.-NR. 216 ohne Abb.
Defensions-Kaserne, 1852

Bezeichnet *Daniel*, datiert *Minden den 17ten Juli* 1852.
Federzeichnung von *12* (Fuß) + *8 Ruthen* = 23,5 cm = 1:144.
Kartentitel: *Ansicht der DEFENSIONS CASERNE in der Kehle des Bastions V der Hausberger Fronte zu MINDEN./ Zum Kostenanschlage d.d. Minden den 17t Juli 1853. Sect. VI³ No 500.*
Unten rechts *Gez. durch Daniel* / Ort und Datum wie oben, *Pagenstecher Major und Platzingenieur*.

Detmold, NW STA, D 73 Tit.5 Nr. 2955; unpubliziert. – Oben rechts Inventarvermerke und Stempel der Verwaltung der Garnison-Bauten Minden und des Militär-Bauamts Minden; unten rechts Inv.-Nr. des STA Münster.

Verkleinerte und im rechten Teil ergänzte Nachzeichnung der Fassadenaufnahme Kat.-Nr. 215; dementsprechend ohne die endgültige Form der gusseisernen Trophäe über dem Portal sowie mit den geschmiedeten statt der ausgeführten gegossenen Laternenträger an der Auffahrt.
    Unter der Mittelachse ist die Fassadenlänge mit *312'* angegeben.
    Der angegebene Kostenanschlag liegt nicht vor; es ist daher nicht klar, welche Maßnahmen vorgesehen waren.

428 IV Die Festung – IV.2 Die Festung vom Dreißigjährigen Krieg bis zur Aufhebung im Jahr 1873

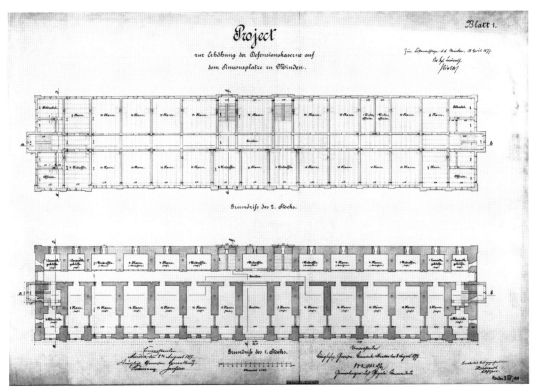

Abb. 262 Projekt zur Aufstockung der Defensions-Kaserne. Bauführer Hildebrandt, 1877 (Kat.-Nr. 217).

KAT.-NR. 217   Abb. 262
Projekt zur Aufstockung der Defensions-Kaserne, 1877

Bezeichnet *Hildebrandt*, datiert *Minden, 28. April 1877*.
Farbig angelegte Federzeichnung; projektierte Änderungen in roter Tusche; 63,4 x 92,3 cm.
Wasserzeichen: JWHATMAN / 1875.
Maßstab 1:125.
Kartentitel: *Project zur Erhöhung der Defensionskaserne auf dem Simeonsplatze zu Minden / Blatt 1. / zum Kostenanschlage d.d. Minden, 28. April 1877 Der Kgl. Baurath Pietsch.*
Unten von rechts: *Bearbeitet und gezeichnet Hildebrandt Bauführer / Einverstanden Königliches Garnisons-Kommando Minden den 3. August 1877 von Resja Generalmajor und Brigade Kommandeur / Einverstanden. Minden, den 2ten August 1877 Königliche Garnison-Verwaltung Fahrenkamp Hoenseler.*

STA DT, D73 Tit.5 Nr. 2956; unpubliziert.

Übereinander *Grundriß des 1. Stocks* und *Grundriß des 2. Stocks*. Im 1. Obergeschoß ist der Baubestand grau laviert, die projektierten Veränderungen mit roten Schraffuren angegeben: Anlage von zwei Treppenhäusern in schmalen feldseitigen Abteilungen des Mittelbaues, Anlage von zwei Treppenhäusern anstelle der ehemaligen Wendeltreppen in der Mitte der Schmalseiten, mit Wendepodesten in 4,32 m breiten Risaliten, die 2 m vor die Seitenfronten treten sollten; Aufweitung der feldseitigen Kanonenscharten zu Fenstern von 1,20 m Breite. – Angaben für die Belegung der Stuben mit Mannschaften, Fähnrichen, Unteroffizieren und *Lazarethgehülfen* (Alternativbelegung in Klammern).

Zugehörig Blatt 2 (Kat.-Nr. 218). – Projekt für den 2. Stock: Entsprechende Treppenhäuser, dazu mittlerer Längskorridor, daran beiderseits Stuben für Mannschaften, Unteroffiziere, Feldwebel und Offiziere.

KAT.-NR. 218 Abb. 263
Projekt zur Aufstockung der Defensions-Kaserne, 1877

Bezeichnet *Hildebrandt*, datiert *Minden, 28. April 1877*.
Farbig angelegte Federzeichnung; 63,3 x 93 cm.
Wasserzeichen: JWHATMAN / 1876.
Maßstab 1:125.
Kartentitel, Signatur und Unterschriften wie Kat.-Nr. 217; hier *Blatt 2*.

STA DT, D 73 Tit. 5 Nr. 2957; unpubliziert.

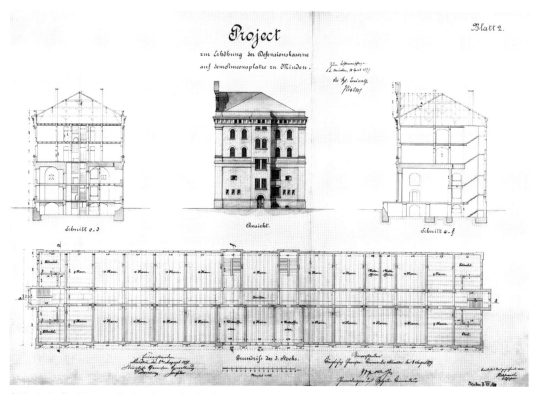

Abb. 263 Projekt zur Aufstockung der Defensions-Kaserne. Bauführer Hildebrandt, 1877 (Kat.-Nr. 218).

Unten *Grundriß des 3. Stocks* wie Kat.-Nr. 217, 2. Stock, mit Belegungsplan für Mannschaften, Unteroffiziere, Feldwebel und Arzt.

Oben links *Schnitt c-d:* Querschnitt durch die äußerste linke Abteilung mit Ansicht des Treppenhauses; oben rechts *Schnitt e-f:* Querschnitt durch die linke Treppe im Mittelbau.

Oben Mitte: *Ansicht* der nördlichen (rechten) Stirnseite mit Treppenhausrisalit und Seitenansicht des Zwerchgiebels in der Mittelachse.

Die zugehörigen Blätter 3 und 4 mit Erdgeschoß-Grundriß, Längsschnitt a–b, Ansicht der Hauptfassade und der Feldseite liegen nicht vor.

Das nicht ausgeführte Umbauprojekt sah die Beseitigung der Erdaufschüttung über den Gewölben des Obergeschosses vor, vermutlich zusammen mit der Beseitigung der gemauerten Absattelungen. Der Bau sollte dann um zwei Vollgeschosse mit Aufnahme der Fassadengliederung durch Pilaster aufgestockt werden und ein schweres, auf die Proportionen des Gesamtbaues abgestimmtes Konsolgebälk und Attika erhalten. Die Öffnungen der neuen Geschosse sollten rundbogig mit Überfangprofilen werden; über der Mittelachse war ein Zwerchhaus mit unten verjüngten Pilastern, seitlichen Voluten und Segmentgiebelbekrönung vorgesehen. Ob die Aufstockung – wie beim Reduit von Fort B ausgeführt- aus Sichtbacksteinmauerwerk oder mit einer Verkleidung aus Portasandstein erfolgen sollte, ist aus den Zeichnungen nicht zu ersehen; für letzteres spricht allerdings die Detailausbildung des Zwerchgiebels.

Der Entwurf dürfte von Baurat Pietsch in der Garnison-Bauverwaltung stammen; die Ausarbeitung im Einzelnen besorgte Bauführer Hildebrandt.

Nach den Belegzahlen hätte der Bau allein in den drei Obergeschossen insgesamt 594 Offiziere, Unteroffiziere, Mannschaften und Sanitätspersonal aufnehmen sollen, dazu im Erdgeschoß, für das kein Plan vorliegt, neben Schreibstuben etc. etwa weitere 100 Mann, so daß im Ganzen an die Unterbringung von rund 700 Soldaten gedacht war.

KAT.-NR. 219 Abb. 264
Umbauprojekt für die Defensions-Kaserne, 1882

Bezeichnet *K Heckhoff*, datiert *Minden den 22. Januar 1882.*
Federzeichnung in schwarzer Tusche und roter Tinte, grau und hellblau laviert; 32,3 x 43,2 cm.
Maßleiste von *1 + 20 m* = 14,7 cm ≅ 1:144.
Kartentitel oben rechts: *Defensions-Kaserne in Minden / Zum Bericht des Garnison-Bau-Beamten von 22 Januar 1882. J No 112* (in Blei *ad Belag 15*).
Unten von rechts: *Zum Bericht vom heutigen Tage No. 112*, Ort und Datum wie oben. *Der Garnison-Bau-Beamte K Heckhoff v.c.*(=vera copia) / *Hat vorgelegen Münster, den 2ten Maerz 1882 Kühtze Intendantur- & Baurath.*
Oben von rechts: *Einverstanden Stockmarr Oberst und Regiments Commandeur / Minden, den 7. März 1882 Einverstanden! v. Ilten Generalmajor und Brigade Commandeur.*

STA DT, D73 Tit. 4 Nr. 10 228; unpubliziert.

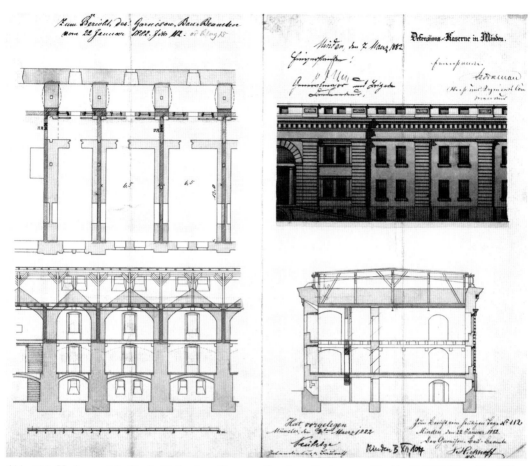

Abb. 264 Umbauprojekt für die Defensions-Kaserne. Garnison-Baubeamter Heckhoff, 1882 (Kat.-Nr. 219).

Oben links Teilgrundriß des rechten Flügels mit einer Achse des Mittelbaues, darunter der entsprechende Längsschnitt. Unten rechts Querschnitt, darüber Ausschnitt aus der Fassade mit halbem Mittelrisalit und zwei rechts anschließenden Achsen.

Das Umbauprojekt sah den Abbruch aller Innenwände und Gewölbe des Obergeschosses, neue dünnere Zwischenwände zwischen den Mannschaftsstuben sowie Anlage eines Korridors vor der feldseitigen Außenwand vor. Anstelle der Gewölbeabsattelungen und der Erdaufschüttung war ein Dachgeschoß mit sehr flach geneigtem Satteldach hinter einer durchfensterten Attika geplant, die die Achsmaße der Geschoßfenster aufnahm.

Für das Erdgeschoß war, dem Obergeschoß entsprechend, die Verlegung des Korridors an die Außenwand erwogen, zudem sollten Kanonen- und Gewehrscharten an dieser Seite durch große Fenster ersetzt werden. Das Projekt wurde nicht ausgeführt.

KAT.-NR. 220 Abb. 265
Umbauprojekt für die Defensions-Kaserne, 1882

Bezeichnet *K Heckhoff*, datiert *Minden den 15. Junir 1882.*
Grau und rot angelegte Federzeichnung mit Bleistift-Korrekturen; 63,7 x 99,5 cm.
Wasserzeichen: JWHATMAN / 1881.
Transversal-Maßstab von *1–20* (m) = 20,3 cm ≅ 1 : 98.
Kartentitel: *Defensions-Kaserne. Projekt zur Bedachung/* (1926 nachgetragen:) *Standort: Minden / Ausführungszeic(hnung) Blatt 5.* In und neben dem unteren Querschnitt: *Minden den 14. Juni 1882 der Garnison Bauinspector K Heckhoff / Einverstanden! Minden, den 15. Juni 1882. Stockmarr Oberst und Regiments-Kommandeur / Derselbe J. A.d.G. A / Einverstanden königliche Garnisonverwaltung Bänicke Bartel / Revidirt Münster, 29. Juni 1882 Kühtze Intend. u. Baurath* (weiteres unleserlich) / Stempel: Nachgetragen u. berichtigt Hannover, den 31. März 1926 Heeresbauverwaltungsamt Zieseniss Regierungsbaurat; Prüfstempel der Wehrkreisdirektion VI, Münster, 26. 10. 1928, Regierungsbaurat Wagner.

Mindener Museum, FM 10; Korn 1999, Abb. 3 (Ausschnitt mit Fassade). – Inventarnummer und Stempel der Garnisonsbauverwaltung Minden; gestempelt 54.

Oben: *Ostansicht* der beiden linken Drittel, daneben *Querschnitt* in der Mittelachse und Verweis: *siehe Detailzeichnungen auf Blatt 2* (liegt nicht vor). – Mitte: *Längenschnitt*, teilweise, mit Obergeschoßgewölben, Dachgeschoß und mittlerer Treppenanlage, daneben Teilquerschnitt durch das Dach und

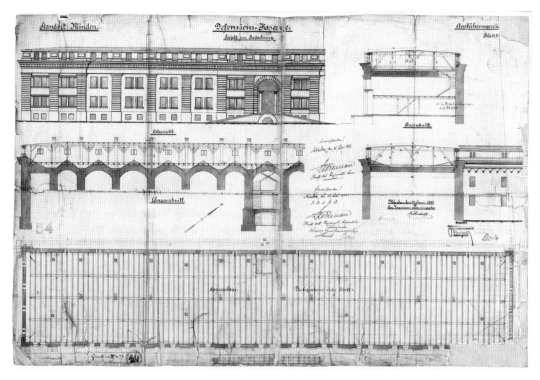

Abb. 265 Umbauprojekt für die Defensions-Kaserne. Garnison-Bauinspektor Heckhoff, 1882 (Kat.-Nr. 220).

Ausschnitt der Westfassade. – *Unten*: *Sparrenlage* mit Verweis: *Dachgeschoss siehe Blatt 4* (vgl. Kat.-Nr. 224)

Das Blatt ist die überarbeitete und dabei in ihren Eingriffen wesentlich reduzierte Planung für den Umbau der Kaserne nach der Entfestigung. Erdabdeckung und Absattelungen über den Gewölben sind entfernt und durch ein leichtes Dachgeschoß ersetzt, das hinter der durchfensterten, gegenüber dem Vorentwurf Kat.-Nr. 219 von 1,50 auf ca. 2,00 m erhöhten Attika liegt. In der Fassaden-Ansicht ist die Verbreiterung der Rücklagenfenster eingetragen; im Eingangsraum hinter dem Portal sind die Säulen und der Treppenlauf durchstrichen; die Treppe ist vor die feldseitige Rückwand verlegt. In dieser sind die Schießscharten durch Fenster ersetzt, ihnen entsprechen kleine Fensterpaare in der Attika. – Die Treppenanlage in der Mittelachse entspricht nicht der ausgeführten Form (vgl. Kat.-Nr. 221).

Die Aufstockung mit dem Attikageschoß wurde in der Folge durchgeführt; in die neugewonnenen Räume wurden die Kompanie-, Bataillons- und Regimentskammern verlegt, die sich bis dahin im *alten Regiments-Ökonomiegebäude an der Bastau befanden* (CRAMER 1910, S. 355 f.).

KAT.-NR. 221 ohne Abb.
Umbau der Defensions-Kaserne, 1892

Bezeichnet *Schmedding*, datiert *Minden den 15 November 1892*.
Farbig angelegte Federzeichnung; 50,8 x 99 cm.
Maßstableiste von *10 dm + 20 m* = 20,9 cm ≅ 1:100.
Kartentitel: *Defensions-Kaserne.* / (1926 nachgetragen:) *Umbau der Defensions-Kaserne I Standort: Minden / Ausführungs Zeichnung Blatt 1.*
Unten links: *Ausgeführt im Jahre 1892,* rechts: *Die Uebereinstimmung der Zeichnung mit der Ausführung wird bescheinigt Minden den 15 November 1892 Der Königl. Garnison-Bau-Inspektor Schmedding/ geprüft, Münster den 17. April 1893 Kühtze Geheimer Baurat.* Weitere Berichtigungs- und Prüfvermerke des Militär-Bauamts (1905, 1907, 1914) sowie des Heeresbauverwaltungsamtes Hannover (1926) und der Wehrkreisdirektion VI, Münster (1928).

Mindener Museum FM 70; unpubliziert. – Oben rechts Inv.-Nr. und Stempel der Militär-Bauamts Minden; unten links gestempelt *50*.

Unten *Grundriß des Kellergeschosses* mit den alten, ausgekreuzten und den neu angelegten Treppen: die alten in der Mittelachse und an den Stirnseiten (hier Wendeltreppen) vor dem Korridor, die neuen an der feldseitigen Außenmauer in der Mitte sowie in der jeweils vorletzten Achse.

Darüber *Details Zeichnung* (Grundrisse und Schnitte), jeweils im Zustand *vor* und *nach der Anlage*; die alten Zustände durchgestrichen. In der Mittelachse war feldseitig bereits früher, aber nach 1873, das Kanonentor auf eine Tür von ca. 1,80 m Breite verengt und die davorliegende Kegelrampe durch eine zweiläufige Freitreppe ersetzt worden (vgl. auch Kat.-Nr. 222).

Für die einzelnen Räume ist vielfach die frühere und neue Nutzung eingetragen: Versammlungszimmer für Offiziere, Unteroffiziere und Mannschaften, Bade-Küche, Küche für Unteroffiziere und Mannschaften, Vorratsräume, Keller etc.

Zugehörig Blatt 3 (Kat.-Nr. 222); Blatt 2 liegt nicht vor.

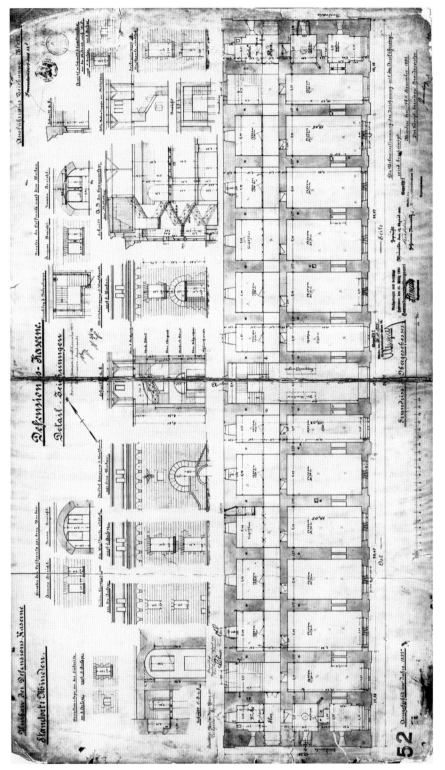

Abb. 266 Umbau der Defensions-Kaserne. Garnison-Bauinspektor Schmedding, 1892 (Kat.-Nr. 222).

IV.2.2 Katalog – Die Hausberger Front und ihre Bauten (Kat.-Nr. 190–256)

Abb. 267 Simeonsplatz 12, Defensions-Kaserne von Westen, 2001.

KAT.-NR. 222   Abb. 266–275
Umbau der Defensions-Kaserne, 1892

Bezeichnet *Schmedding*, datiert *Minden den 15t. November 1982.*
Farbig angelegte Federzeichnung; 56 x 99,50 cm.
Maßleiste von *10* dm + *30 m* = 30,6 cm ≅ 1:100.
Kartentitel: *Defensions-Kaserne* / (1926 nachgetragen:) *Standort: Minden / Umbau der Defensions-Kaserne / Ausführungs-Zeichnung Blatt 3.*
Unten links: *Ausgeführt im Jahre 1892,* rechts: *Die Uebereinstimmung der Zeichnung mit der Ausführung wird bescheinigt. Minden den 15t November 1892 Der Königl. Garnison Bauinspector Schmedding. / Geprüft. Münster den 14 April 1893 Kühtze Geheimer Baurath:* Weitere Berichtigungs- und Prüfvermerke des Militär-Bauamtes (1897, 1901), des Heeresbauverwaltungsamtes Hannover (1926) und der Wehrkreisdirektion VI, Münster (Stempel ohne Datum).

Mindener Museum, FM 156; unpubliziert. – Oben rechts Inv.-Nr. und Stempel des Militär-Bauamtes Minden; unten links gestempelt 52.

Unten *Grundriss des Obergeschosses* mit den alten und neuen Treppenanlagen (siehe Kat.-Nr. 221); darüber *Detail-Zeichnungen* in Ansichten, Schnitten und Grundrissen für Änderungen an Schießscharten bzw. Fenstern, für den Umbau des Kanonentores mit der dahinterliegenden eisernen Haupttreppe sowie die Nebentreppe, jeweils im Zustand *vor* und *nach der Anlage* bzw. *dem Umbau.* Zugehörig Blatt 1 (Kat.-Nr. 221); Blatt 2 liegt nicht vor.
Weitere Blätter dieses bis 1926 ergänzten und durchnumerierten Plansatzes gleichfalls im Mindener Museum: FM 94: Kellergeschoß mit Entwässerungsanlagen von 1905, Blatt 7; FM 101: Einrichtung von Mannschaftsstuben im Dachgeschoß, 1916, Blatt 4. – Die Grundrisse von Keller- und Erdgeschoß aus der gleichen Serie (Blatt ohne Nummer), Umzeichnung des Heeresbauamtes Bielefeld vom 9.10.1936, liegen als farbig angelegte Lichtpausen in BA Simeonsplatz 10/21/24/37.
Mit der Vergrößerung der Kanonenscharte über dem ehemaligen Kanonentor entfiel der Platz für den laternentragenden Adler über der Scharte, wo er sich seit der Fertigstellung des Gebäudes befand. (vgl. Kat.-Nr. 214, Quer-Profile unten links und rechts). Er gelangte in das Städtische

Abb. 268 Ehemals laternentragender Adler von der Feldseite der Defensions-Kaserne, über dem Kanonentor. Mindener Museum, 1998.

Museum. Das fein ausgearbeitete Holzbildwerk (H mit Standplatte 92,5 m, Flügelspannweite ca. 1,50 m) ist schwarz gefaßt, mit matt vergoldeter Krone und Fängen. Im Schnabel faßt er einen Ring, an dem ehemals eine etwa 6 Fuß (ca. 1,90 m) lange Kette mit der Laterne hing. Die zugehörige Konsole ist nicht erhalten.

Bis zum Bau der Infanterie-Kaserne No. III an der Portastraße zu Ende der achtziger Jahre (siehe unten Kap. IV.3.1.3) war in der Defensions-Kaserne das II. Bataillon des Infanterie-Regiments Nr. 15 untergebracht. 1864 wurde eine Kompanie in die Domhofskaserne verlegt (CRAMER 1910, S. 242; zur Domhofskaserne siehe Teil II, S. 1264–1271, Großer Domhof 8). Nach dem deutsch-französischen Krieg 1870/1871 erhielt der vorher innen schlicht weiß gekälkte Bau im oberen Geschoß des Eingangs- und Treppenraumes am unteren Randstreifen des Gewölbes eine starkfarbige dekorative Ausmalung, offenbar mit den Namen der Schlacht- und Einsatzorte des Regiments im Wechsel mit umkränzten Wappenmedaillons. Davon fand sich 1995 ein spärlicher Rest im Inneren des nachträglich eingebauten Uhrenkastens: Ein kobaltblauer, von rotbraunen Borten begleiteter Streifen trägt in Weiß den Namen *Charleville*, daneben ist eines der Wappenmedaillons etwa zur Hälfte erhalten: Ein Eichenkranz auf schwarzem Grund umgibt einen weißen Schild, darin wohl das Wappen des Großherzogtums Mecklenburg (im goldenen, gekrönten Schild ein schwarzer herschauender Stierkopf). Charleville an der Maas und das gegenüberliegende Mézières, 15 km nordwestlich von Sedan, wurden Ende 1870 eingeschlossen und kapitulierten nach heftiger Beschießung am 3.1.1871. Die Wand unter dem Fries war sienafarbig bis beige gestrichen und mit rotem Begleitstrich zum Gewölbeansatz abgesetzt. Die Ausmalung dürfte bald nach dem Ende des Krieges entstanden sein.

Vermutlich im Zusammenhang mit den Umbauten von 1892 erhielt die Defensions-Kaserne eine Uhr, die auf das Dach über der Mitte der Attika gesetzt wurde. Das Uhrwerk, 1891 von Ed. Korfhage & Söhne, Buer bei Osnabrück, gefertigt, wird im Attikageschoß gestanden haben; Zifferblatt und Zeigergestänge saßen in einer oben halbrund geschlossene Dachgaupe, die auf ihrem Scheitel die Schlagglocken im offenem Gehäuse trug (Zwei Postkarten aus dem Verlag von Gustav Kaufmann, Minden, gestempelt 1908 und 1917, in KAM, Bildsammlung B VI 10). – Das Werk entspricht in seiner technischen Disposition den Korfhage-Uhren dieser Zeit: In dem gußeisernen Werkgestell sind drei Werke eingebaut. Mittig ist das Gehwerk mit Graham-Ankerhemmung angeordnet, wobei die bis dahin übliche Version mit kontinuierlichem Gang zur Anwendung kam (vgl. im Gegensatz dazu die Uhren von St. Marien [+] mit eigenem Regulatorwerk und von St. Simeon, deren Gehwerk bereits mit einem Zwischenaufzug mit Minutenimpulsen ausgestattet ist; siehe hierzu Teil III, S. 159 f. und 730). – Zu den Seiten liegen die beiden Schlagwerke, links das für die Viertelstunden, rechts das für die Stunden mit außen aufgesteckter Schloßscheibe. Die Rädersätze aller drei Werke sind auf eine Gangreserve von etwa einer Woche ausgelegt; wegen der dafür nötigen größeren Übersetzung enthält jedes Werk vier Achsen (Technische Angaben von Claus Peter, Hamm-Rhynern).

Um 1910 wurde die Uhr umgesetzt: Das Zifferblatt steht seither im verglasten Oberlicht über dem Hauptportal, die Schlagglocken hängen unter kleinen, neugotisch mit Krabben und Kreuzblume dekorierten Dächlein zwischen den mittleren Attikafenstern. Das Uhrwerk wurde im oberen Geschoß des Eingangsraums hinter der Fassade unter den Gewölbeansatz aufgestellt; um Uhrwerk und Gewichte wurde in beiden Geschossen ein Holzverschlag gefertigt (unten hinter dem Portal links). Reste hinter dem Uhrenkasten belegen weitere Ausmalungen in mehreren Schichten: Die letzte zeigt im Ein-

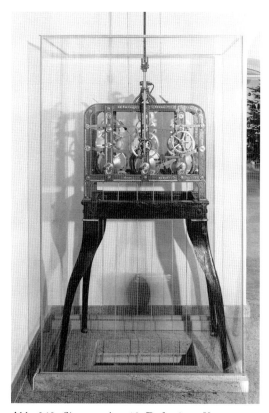

Abb. 269 Simeonsplatz 12, Defensions-Kaserne. Uhrwerk von 1891 in neuer Aufstellung, 2000.

Abb. 270 Simeonsplatz 12, Defensions-Kaserne. Malerei am Gewölbe des Eingangsraumes, Südwand, Aufdeckungsbefund 1999.

gangsraum am graugrünen Sockel einen blaugrau schablonierten Blütenmedaillonfries mit abhängenden Rosenfestons, darüber auf rosa Wandton einen Fries aus kleinen und größeren Quadraten, der um die Kragsteine unter den Deckenbalken gekröpft ist. Nach der stark vom Jugendstil geprägten Stilisierung der Formen wird die Ausmalung etwa zwischen 1900 und 1910 entstanden sein. – Die Wandmalereibefunde sind erhalten und abgedeckt (Untersuchungsbericht von Dr. Christoph Hellbrügge, Ascheberg, im WAfD).

Nach 1995 wurde das Uhrwerk mit seinem eisernen Untersatz an den Platz des unteren Uhrenkastens im Eingangsraum umgesetzt und über ein neues Zeigergestänge mit dem Zifferblatt im Oberlicht verbunden. Die Gewichte sind nun ins Kellergeschoß abgehängt. Dafür wurde unter dem Uhrwerk eine passende Öffnung im Erdgeschoßboden bzw. in der Kellerdecke geschaffen.

1905 teilweise Neuanlage von Entwässerungsrohren im Kellergeschoß (BA Simeonsplatz 3; zugehöriger Grundriß des Kellergeschosses, z. T. mit Eintragungen zur Nutzung, im Mindener Museum, FM 94). In den platzseitigen Gewölberäumen befanden sich getrennte Versammlungszimmer für Offiziere und Mannschaften, die Mannschafts-Kantine mit Küche, die Küche der Unteroffiziere sowie Bad mit Waschküche. Acht Räume waren leer. Die kleine Latrine auf dem hinteren Hof wird 1907/1908 abgebrochen.

1936 Anlage neuer Abort- und Waschräume in Erd- und Kellergeschoß mit zugehörigen Frisch- und Abwasserleitungen (BA Simeonsplatz 10/21/24/37 mit Grundrissen von Erd- und Kellergeschoß). Die großen Räume des Erdgeschosses sind in der Südhälfte mit Krankenrevier, Umkleide-, Brause- und Toilettenräumen belegt, in der Nordhälfte sind es Mannschaftsstuben für je acht Mann. Die kleinen Räume an den Schmalseiten des Gebäudes und die feldseitigen Kammern am Flur hinter den Fachwerkwänden sind meist – je nach Größe – mit ein bis zwei Unteroffizieren belegt. Die Kellerräume dienen zumeist zur Aufbewahrung von verschiedenem Gerät, unter dem Eingangsraum zum Unterstellen von Krafträdern.

Nach dem Ende des Zweiten Weltkriegs übernahmen die britischen Besatzungstruppen die Defensions-Kaserne als Block E der Westminster Barracks; die Räume wurden für die Verwaltung einer Transport- und Instandsetzungs-Einheit der Rheinarmee benutzt, ein Teil diente als Lagerraum (Forero 1992, S. 38, 41 f.).

Der Abzug der britischen Stationierungsstreitkräfte 1993/1994 eröffnete die Möglichkeit, die geräumige Defensions-Kaserne anstelle des beengten Fort C als angemessenen und vorzüglich geeigneten Mindener Standort für das Preußen-Museum Nordrhein-Westfalen zu nutzen.

1994–1999 grundlegende Instandsetzung, technische Modernisierung, Restaurierung und Einrichtung als Museums- und Verwaltungsgebäude (Planung und Bauleitung: Städt. Hochbauamt); 1994/1995 gründliche Befunduntersuchung (Dr. Christoph Hellbrügge, Ascheberg; Untersuchungsbericht und Dokumentation im WAfD).

Die vorgefundene Raumdisposition wurde im wesentlichen beibehalten, doch entfiel im Eingangsbereich die Zwischendecke zum Obergeschoß zu Gunsten der repräsentativeren Wirkung des tonnengewölbten, nun durch zwei Geschosse reichenden Raumes als Vestibül. Das Ausbrechen der dünnen Wände in den Bögen zwischen den ehemaligen Mannschaftsräumen stellte im Ausstellungsbereich zusätzlich günstige Verbindungen her. – Gegen das Votum der Denkmalpflege wurde ein großer Teil der fachwerkenen Trennwände zwischen dem langen Querkorridor und den feld- bzw. wallseitigen Kammern beseitigt. In Friedenszeiten trennten sie kleine, bewohnbare Räume für Unteroffiziere ab, im Belagerungsfall wären sie im Erdgeschoß für die Gewehrverteidigung, im

Abb. 271 Simeonsplatz 12, Defensions-Kaserne. Mittelachse der Ostfassade, vor 1945 (Ausschnitt).

Obergeschoß für das Aufstellen von Geschützen abgebrochen worden. Der Ersatz der verbrauchten, stark durchhängenden und zum Teil mehrfach aufgefütterten Holzdecken zwischen Erd- und Obergeschoß durch Betonrippendecken war technisch geboten; das Austauschen der Holzböden durch Sandsteinplatten verwischt allerdings den Charakter der ehemaligen Stuben als Wohn- und Aufent-

Abb. 272 Simeonsplatz 12, Defensions-Kaserne. Eingangsraum nach Westen, 2001.

haltsräume der Soldaten und leistet einer unerwünschten Monumentalisierung Vorschub. Brauchbare Restbestände der originalen, 6 cm starken Eichen- und Eschendielen in den Kanonenräumen des 1. Obergeschosses wurden als Beleg- und Musterstücke in wenigen Kojen versammelt; die übrigen erhielten wie Stuben und Korridore neue Sandsteinböden. Die verbrauchte jüngere Warmwasserheizung mit Radiatoren unter den Fenstern wurde durch eine Temperieranlage ersetzt.

Die beiden Nebentreppen an den Korridorenden mußten wegen unterschiedlicher Steigungshöhen ersetzt werden; die Treppengeländer von 1882 wurden wiederverwendet; bei der Mitteltreppe, in deren Auge der notwendige Aufzug angelegt werden konnte, wurde die vorgefundene Geländerform rekonstruiert. Im Attikageschoß entstanden neben einem kleinen Vortragsraum neue Depoträume; das Dach wurde dauerhaft mit Zinkblech statt Teerpappe eingedeckt. Die Anhebung des Dachfirsts um 1 m wirkt sich in der Außenansicht nur wenig aus; störender ist die außermittig über Dach geführte Rippe der Brandabschnittswand.

Im Portalbereich wiederholte man den letzten, schwarz-weißen Anstrich von Türflügeln und Gewänden. Bei den zuletzt weiß gestrichenen Säulen und der Architravplatte wurde der natürliche helle Sandsteinton freigelegt. Die Befunduntersuchungen von 1995 ergaben eine ursprünglich gänzlich andere Farbgebung: Türblätter dunkelbraun, die aufgesetzten Löwenköpfe golden mit roten

Abb. 273 Simeonsplatz 12, Defensions-Kaserne. Ehemaliger feldseitiger Kanonenraum im Obergeschoß nach Nordwesten, 2000.

Lefzen, Gewände und Säulen rotbraun, Wandton dunkel-beige; die gußeiserne Trophäe war dunkelgrün gefaßt.

Beibehalten wurde auf Betreiben der Museumsleitung auch der letzte weiße Anstrich der Fenster; nach Befund und Bilddokumenten waren sie zumindest seit 1882 moosgrün gestrichen. Der weiße Anstrich gibt dem Bau ein schloßartig-freundlicheres Aussehen; störend wirkt er vor allem in der Attika, die durch die weißen Fenster in kleine unruhige Kompartimente zerlegt wird.

Der in schlichterer Form erneuerte Mittelteil des Geländers an der Auffahrtrampe wurde nach dem Muster der originalen Seitenteile in der ursprünglichen Form wiederhergestellt; allerdings ersetzte man die gegossenen Laternenträger mit Straußenfederbüschen unter den (verlorenen) Lampen durch geschmiedete Laternenträger. Für ihre Form orientierte man sich an der bald nach 1829 entstandenen Fassadenzeichnung Kat.-Nr. 215 (Mindener Museum, FM 163).

Die restaurierte und modernisierte Defensions-Kaserne wurde im Juni 1999 als Mindener Sitz des Preußen-Museums Nordrhein-Westfalen eingeweiht und für die Öffentlichkeit zugänglich gemacht.

Abb. 274 Simeonsplatz 12, Defensions-Kaserne. Geländer der Auffahrt mit neuem Laternenträger, 2000.

KAT.-NR. 223 Abb. 275–276
Projekt für ein Lazarett-Gebäude, nach 1815

Unbezeichnet, undatiert.
Farbig angelegte Federzeichnung; ca. 18,7 x 21 cm.
Maßleiste von *12 + 24 Ruthen* = 10,85 cm ≅ 1:1280; der angegebene Maßstab stimmt mit den Maßangaben der Zeichnung nicht überein: *360'* = 9,25 cm ≅ 1:1130.
Kartentitel: *Lazareth. Gebäude. 2 Stockwerke hoch.*
Unten: *Plankam(m)er der königl. Regierung zu Minden. Abth: XII. No 30.*

STA DT, D 73 Tit. 4 Nr. 9910; unpubliziert.

An einem nach rechts fließenden Bach ein zu diesem offenes *Geviert* von *360'* Seitenlänge. Die *40'* tiefen Flügel enthalten rundum die *Krancken-Zimmer* von *30'* Tiefe, davor liegt hofseitig ein *10'* breiter *Gang*, der an den beiden stirnseitigen Flügeln am Bach in einem *Abtritt* endet. Auf dem *Hofplatz*, aus der Hofachse nach links versetzt, eine *Stroh-Remise*, mit einer Langseite am Bachufer.

Da die im Repertorium als zugehörig angegebene Fundstelle (STA DT, M 1 I C, Nr. 206, S. 200) keinen näheren Aufschluß über den Standort des Projekts gibt, das Blatt aber zu einem auf Minden bezogenen Zeichnungsbestand gehört, kann man über den vorgesehenen Platz dieses mit 113 x 113 m großen Lazarettprojekts nur Mutmaßungen äußern. Innerhalb der Festung Minden gab es keinen derart großen, verfügbaren Platz an einem Bach- oder Flußlauf, für den ohnehin nur die Bastau in Frage kommt. Die Bruchwiesen zwischen Lindenstraße und Klausenwall, die im Südosten an die Bastau grenzen, hätten allenfalls ein Gelände von 70–80 m Tiefe geboten. Falls sich der Zeichner in der Angabe der Fließrichtung des Gewässers geirrt hat, käme nur das Gelände des Simeonsplatzes innerhalb der neuen Hausberger Front in Frage, doch war dies zweifelsfrei für andere Zwecke vorgesehen (vgl. die seit 1817 angestellten Planungen für den Bau von Trainschuppen, Kat.-Nr. 205–209) und war seit 1820 am Bastauufer mit dem Proviantmagazin besetzt.

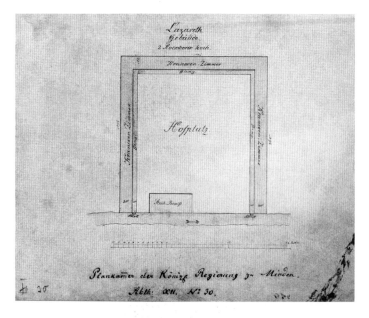

Abb. 275 Projekt für ein Lazarett-Gebäude, nach 1815 (Kat.-Nr. 223).

Abb. 276   Portastraße 9, ehemaliges Garnison-Lazarett von Westen, nach 1929.

Es kann sich daher bei diesem Blatt nur um eine unverbindliche Ideenskizze für ein großes Lazarettprojekt handeln, das keine Aussicht auf Verwirklichung hatte.

Nach Art der Zeichnung könnte es von dem Zeichner F. Stamm gefertigt sein; es wird zwischen 1815 und ca. 1820 zu datieren sein.

KAT.-NR. 224   Abb. 277
Lageplan der Hausberger Front mit projektierten Lazarettbauten, nach 1825 (1828?)

Bezeichnet *Creuzinger*, nicht datiert.
Teilweise farbig angelegte Federzeichnung; 45,5 x 57,5 cm, Maßleiste von *10 + 60 Ruthe(n): Preuss.* = 17,9 cm ≅ 1:1250. Norden unten.
Kein Kartentitel. - Unten rechts: *Creuzinger Ing: Lieut:/ FvUthmann Kapt u Ing vom Platz / D. Symann Regiments Arzt/ Dr: Jahn Gamison Stabsarzt* – Oben rechts in Blei nachgetragen: *Iter Entwurf*.

GSTA PK, Festungskarten Minden F 70.061; unpubliziert.

Der Plan zeigt in vereinfachtem Grundriß die Südfront der Stadtbefestigung mit *Casernen Bastion*, *Simeons-Thor* und *Bastion Schwichow*, davor das Kronwerk der Hausberger Front mit *Bast: III* bis *V*, *Haupt- Thor*, *Poterne* (3 x) und *Kriegs-Pulv: Magazin* (2 x). Für die Werke ist jeweils die *Feuerlinie* mit Höhenangaben eingetragen. Innerhalb des Kronwerks sind schraffiert zwei bestehende Bauten angegeben: der *Artillerie Wagen-Schuppen* (dabei: *Sohle 24', Forst 57'*) zwischen Tambour und Haus-

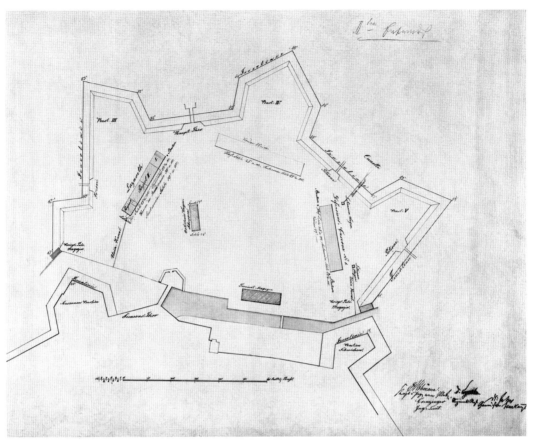

Abb. 277 Hausberger Front, Lageplan mit projektierten Lazarettbauten. Ingenieur-Lieutenant Creuzinger, nach 1825 (1828?) (Kat.-Nr. 224).

berger Tor und das Proviant-Magazin an der Bastau. In der Kehle des Bastions V rot angelegt (im Bau?) *Defensions-Caserne No 1* mit *Brun(n)en* an den vorderen Ecken (dabei *Hof-Sohle 25' a.M., Souterrain Sohle 22' a. M. Kordon 59' a.M.*). Hinter der Kaserne *Latrinen Wagen* (2 x) mit *Urin-Kanal* zur *Cunette* bzw. zur Bastau. – Nur im Umriß mit ca. 37 x 6 Ruten ist der Platz einer weiteren Defensions-Kaserne vor der Kehle von Bastion IV markiert: dabei Höhenangaben: *Hof-Sohle 25' a. M., Souterrain Sohle 21' a. M.* und *Kordon 59' a. M.* In der Kehle von Bastion I sind für das *Lazareth* die Umrisse von *Project I* mit ca. 28 x 4½ Ruten und *Project II* mit ca. 17 x 6 Ruten Größe ineinander gezeichnet; rot angelegt, Projekt II mit Blei schraffiert. Dabei Höhenangaben: *Hof-Sohle 23' a.M., Balkenlage 54' a.M., Kordon der Rundmauer 59' a.M., Souterrain Sohle 19' a.M.*, ferner für *Projekt I Latrine* und *Urin-Kanal* zum Hauptgraben sowie ein *Brun(n)en* an der entgegengesetzten Seite.

Das Blatt gehört in eine Reihe von undatierten und nur grob zwischen 1824/25 und 1828 datierbaren Plänen; es gibt mit der Einzeichnung von zwei unterschiedlichen Projekten Einblick in den Wechsel der Planung. Projekt I folgt mit dem sehr langgestreckten Bau noch der ersten Planung des Genralmajors von Rauch von 1815 (vgl. Kat.-Nr. 34), der für die Hausberger Front drei Defensions-Kasernen vorgesehen hatte. Dies aufwendige und kostspielige Programm mußte reduziert und zeitlich aufgeschoben werden, zumal da zunächst die Anlage der eigentlichen Befestigungswerke voranzutreiben war. Überdies ergaben sich Modifikationen bei der Umsetzung der Planungen, weil zwischenzeitlich, vor 1828, Überlegungen zum Bau einer weiteren Defensions-Kaserne in der Nordwestecke der Altstadt, hinter dem Bastion VIII, angestellt worden waren. Da für das kleinere Lazarettprojekt II bereits im Jahre 1825 ein sicher datierter Vorentwurf in Berlin angefertigt wurde (Kat.-Nr. 227), ist das größere Projekt I mindestens in das gleiche Jahr zu setzen. Die Entscheidung zog sich jedoch hinaus; erst am 31. März 1828 ergeht eine Verfügung des Kriegsministers von Hake an den westfälischen Oberpräsidenten von Vincke in Münster (STA DT, M1IC Nr. 206, fol. 3 f.): Danach hatte von Rauch am 30. Januar 1828 aus militärischen und ökonomischen Gründen den Bau des Lazaretts *für 200 Köpfe* hinter Bastion III der Hausberger Front befürwortet. Man habe *nichts dagegen zu erinnern gefunden, daß dem Sentiment der Commission Folge gegeben, und die durch bombensichre Militair-Gebäude zu gewährende Verstärkung zunächst der neuen Hausberger Fronte zu Theil werde.* Mit dem Bau sei voranzuschreiten, da das bisher als Garnison-Lazarett benutzte städtische Waisenhaus in der Brüderstraße nur noch etwa zwei Jahre lang disponibel bleibe. Außerdem sei der Bau der Defensions-Kaserne – für ein halbes Bataillon nach der Friedensstärke – hinter dem wahrscheinlichen Angriffs-Bastion V in Gang zu setzen. Zugleich sei die Regierung in Minden zu instruieren, daß *der früher intendirte Bau eines Kasernengebäudes hinter dem Bastion VIII nunmehr nicht statt findet und mithin den bereits eingeleitet gewesenen Entschädigungs Verhandlungen keine weitere Folge zu geben ist.* Mit dieser Verfügung des Kriegsministers war der Bauplatz endgültig festgelegt und die Ausführungsplanung eingeleitet. Der vorliegende Lageplan scheint die bisherigen Überlegungen zusammenzufassen; er wird damit vermutlich auf 1828 zu datieren sein.

KAT.-NR. 225   Abb. 278
Garnison-Lazarett, Projekt 1, vor 1825 (?)

Bezeichnet *Creuzinger,* nicht datiert.
Federzeichnung; 62,5 x 84 cm.
Maßleiste von *12 + 156 Preuss: Fuss* = 36,2 cm = 144.
Kartentitel: *Project I. Grundrisse von einem projectirten bombenfesten Ganison-Lazareth für 200 Mann.*
Unten rechts: *Creuzinger Ing:Lieut: / FvUthmann Kapt u Ing vom Platz / D. Symann Regiments Arzt / Dr Jahn G(arnison)staabsarzt –* Oben rechts in Blei nachgetragen: *Iter Entwurf.*

GSTA PK, Festungskarten Minden C 70.106; unpubliziert

Übereinander die Grundrisse für *Souterrain, I. Etage und II. Etage* für einen Bau von *327'* Länge und *48'* Breite (gezeichnet sind 50 Fuß ohne die Pilaster!). Der 17 Achsen lange Bau hat vorn wie hinten einen dreiachsigen Mittelrisalit, davor eine breit geschwungene Auffahrt, an der Rückseite eine Freitreppe vor der Mittelachse. Die jeweils beiden äußersten Achsen sind als Seitenrisalite schwach vorgezogen; die Achsabstände der Pilasterordnung sind in Mittelrisalit, Rücklagen und Seitenrisaliten jeweils unterschiedlich (ca. 16, 20 bzw. 14½ Fuß), auch die Pilasterbreiten wechseln in Risaliten und Rücklagen (4'6" und 5'5"). Die Seitenwände sind völlig glatt und ungegliedert; an der linken Seite befindet sich ein Abortanbau aus Fachwerk.

Der äußeren Pilastergliederung entspricht die innere Aufteilung in schmale, im Souterrain vier Joche tiefe Kompartimente, wobei hier hinter den Pfeilern der gekuppelten Rücklagenfenster drei

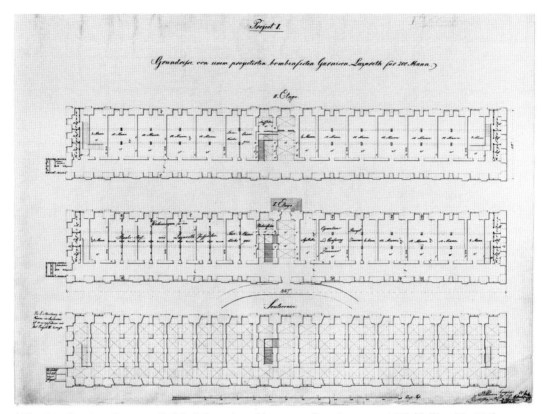

Abb. 278 Garnison-Lazarett, Projekt I. Ingenieur-Lieutenant Creuzinger, vor 1825 (?) (Kat.-Nr. 225).

Pfeiler als Gewölbeauflager stehen. In der 1. Etage stehen dahinter Fachwerkwände oder – wie in der 2. Etage durchgehend – doppelte hölzerne Stützen. – Die rückwärtige, wallseitige Mauer ist mit 4½ Fuß stärker als die vordere mit 3½ Fuß. – Die Räume des Erdgeschosses sind hinter einem durchlaufenden Korridor im linken Teil ausgewiesen als *Wohnungen für den Staabs-Arzt* und den *Lazareth-Inspector* (je acht Zimmer), *Thee-Küche* und *Chirurgus*, sowie eine Stube für *8 Mann* und einen *Unterofficier;* der rechte Flügel enthält *Apotheke, Operations und Conferenz Zimmer, Recept(ur) Zimmer* sowie fünf Stuben für *6*, dreimal *12* und *8 Mann*. Außer einer Treppe im Mittelbau liegen zwei weitere Treppen an den Gebäudeenden; hier sind je drei kleine Resträume als *Kriegs-Latrinen*, alternativ als Krankenzimmer für *1 M(ann)* ausgewiesen.

Die zweite Etage hat neun größere Stuben für je *12 Mann*, zwei mittelgroße für *8 Mann*, drei kleine für *6 Mann, Thee-Küche* und *Chirurgus* sowie – vor den Stirnseiten – wiederum Einzelzimmer bzw. *Kriegs-Latrinen*. Der *Aufseher* hat einen kleinen Raum hinter der Mitteltreppe. – Der kleine Fachwerkanbau links enthält im Souterrain die *Ausfahrt des Latrinen Wagens*, darüber in beiden Geschossen je eine Latrine und eine *Todten-Kam(m)er*. Beim Souterrain-Grundriß wohl nachgetragen Beischrift: *Die Eintheilung der Räume im Souterrain ist so auszuführen wie das Project II besagt* (vgl. Kat.-Nr. 228).

Der langgestreckte Bau entspricht mit seinen Maßen von 327 x 50 Fuß ≅ 28 x 4½ Ruten dem im Lageplan Kat.-Nr. 224 eingetragenen *Project I*, dieser Entwurf wird daher vor dem Berliner Projekt von 1825 (Kat.-Nr. 227) einzuordnen sein (vgl. auch das zugehörige Blatt Kat.-Nr. 226).

KAT.-NR. 226 Abb. 279
Garnison-Lazarett, Projekt I, vor 1825 (?)

Bezeichnet *Creuzinger*, nicht datiert.
Federzeichnung; 63 x 87,5 cm.
Maßleiste für die Schnitte *12 + 84 Preuss: Fuss* = 22,6 cm = 1:150, für die Ansichten *12 + 84 Preuss: Fuss* = 40,1 cm = 1:75.
Kartentitel: *Zu Project I./ Profile und Ansichten zu einem projectirten bombenfesten Garnison-Lazareth.* Unterschriften unten rechts wie auf dem zugehörigen Blatt Kat.-Nr. 225. – Oben rechts in Blei nachgetragen: *Iter Entwurf.*

Berlin, GSTA PK, Festungskarten Minden C 70.105; unpubliziert.

Oben links *Quer Profil:* Schnitt durch den linken Flügel mit Platzfassade links; daneben *Längen Profil* durch die fünf linken Abteilungen hinter dem Korridor. Das Platzniveau ist mit *23' a.M.* angegeben, die *Feuerlinie mit 53';* in den Schnitten sind Mauerstärken, Raum- und Fußbodenhöhen sowie die Maße der Tür- und Fensteröffnungen eingetragen; in beiden Schnitten wird die innere Konstruktion mit Kellergewölben, Balkendecken, massiven Querwänden und Stützen aus verdoppelten Hölzern mit Kopfbändern deutlich, ebenso die Lage der Seitentreppen. Die oberste Geschoßdecke ist als Bombenbalkendecke mit dichtgereihter Balkenlage ausgebildet, darauf liegen Platten aus

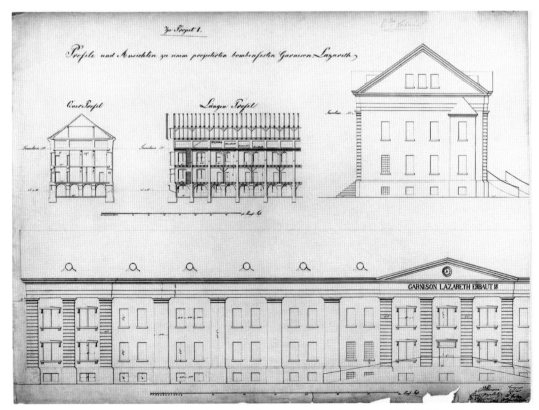

Abb. 279 Garnison-Lazarett, Projekt I. Ingenieur-Lieutenant Creuzinger, vor 1825 (?) (Kat.-Nr. 226).

Cementguss. Darüber folgen hinter der Gebälkzone *Trockene Erde* (ca. 2½ Fuß hoch), eine *Lehmschicht* (1 Fuß hoch) und eine *Erdbeschüttung* (ca. 2 Fuß hoch). Auf der Bombenbalkendecke stehen gemauerte Pfeiler, die mit Quer- und Längsunterzügen die Balkenlage für das Kehlbalkendach mit doppelt stehendem Stuhl und langen Aufschieblingen unterstützen.

Unten Teilansicht der platzseitigen Fassade mit zweiachsigem Seitenrisalit, fünfachsiger Rücklage und vierachsigem, übergiebeltem Mittelrisalit. Die toskanischen Kolossalpilaster sind an den Risaliten genutet; die breiteren Rücklagenpilaster sind glatt. Gebälk mit dreiteiligem Architrav und feinprofiliertem Traufgesims; im Satteldach sechs Ochsenaugen. Die Sohlbänke der Pfostenfenster in den Risaliten ruhen auf diamantierten Quadern, die sehr flach übergiebelten Verdachungen auf Voluten (?)-Konsolen. Unter dem Giebeldreieck des Mittelrisalits Versalien-Inschrift: *GARNISON LAZARETH ERBAUT 18*(..) (Jahreszahl offengelassen). Vor dem Mittelbau, über die erste Rücklagenachse reichend, die flach ansteigende Auffahrt.

Rechts oben die zugehörige Seitenansicht von links mit der ungegliederten Schmalseite, darüber umlaufendes Gebälk und Giebeldreieck des Satteldachs. Vor der vierten Achse Ansicht des Abortbaues mit Walmdach, das bis unter das Traufgesims reicht.

Die zugehörigen Grundrisse zeigt Kat.-Nr. 225. – Der Entwurf wirkt mit den wechselnden Achsabständen, der unterschiedlichen Behandlung der Pilasterschäfte und den verschiedenen Schrägen der Giebeldreiecke an Mittelrisalit und Stirnseite labil und unausgegoren, wenngleich nicht zu verkennen ist, daß der Entwerfer – vermutlich der unterzeichnete Platzingenieur Kapitän von Uthmann – versucht, dem gleichförmigen seitlichen Weiterlaufen der sehr langen Fassade mit den beiden kürzeren Achsschritten in den Seitenrisaliten entgegenzuwirken. Der Entwurf ähnelt damit in wesentlichen Zügen dem ersten Fassadenprojekt für die Defensions-Kaserne (Kat.-Nr. 213) aus den Jahren vor 1827, das gleichfalls von Uthmann zuzuweisen ist.

Zur Datierung vgl. Kat.-Nr. 224 und 225.

KAT.-NR. 227 Abb. 280
Garnison-Lazarett, Berliner Vorentwurf, 1825

Bezeichnet *F. Butzke,* datiert *Berlin d 4' July 1825.*
Federzeichnung; 40 x 52,5 cm (Blatt), 37,5 x 50,5 cm (innere Einfassung); Klappe 10,7 x 23,2 cm.
Bei Fassade und Grundrissen Maßleiste von *10 + 190 P: Fuss)* = 20,6 cm ≅ 1:300, bei den Schnitten *10 + 80 Preuss Fuss* = 18,8 cm ≅ 1:150.
Ohne Kartentitel; in Blei nachgetragen *Lazareth-Gebäude Iter Entwurf.* Oben rechts *No. 4,* unten links innerhalb der Einfassung *gezeichnet durch F: Butzke,* unten rechts außerhalb der Einfassung *Berlin d 4' July 1825;* Ecke hier abgerissen.

GSTA PK, Festungskarten Minden F 70 063; KORN 1999, Abb. 4 (Ausschnitt mit Fassade).

Links übereinander Grundrisse für *Souterrain* und *1te Etage* sowie die *Facade,* über dem Grundriß der ersten Etage als Klappe der für die *IIte Etage.*

Rechts oben *Längendurchschnitt nach AB* durch das linke Gebäudedrittel, darunter *Querschnitt nach C. D. F. G. H.* mit Angabe von *Terrainhöhe* und *Feuerlinie* des Bastions III sowie Maßen für Stockwerks-, Raum- und Gebäudehöhen.

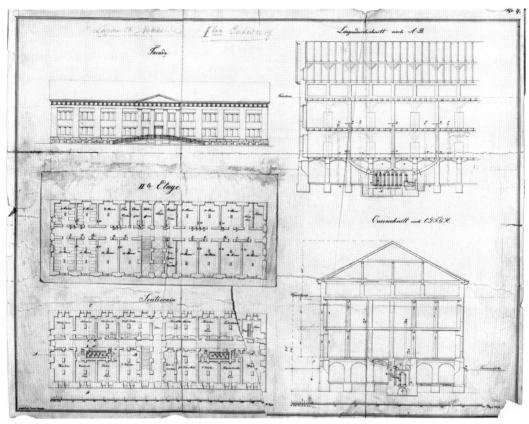

Abb. 280 Garnison-Lazarett, Berliner Vorentwurf. F. Butzke, 1825 (Kat.-Nr. 227; Klappe geschlossen).

Gegenüber dem *Project I* (Kat.-Nr. 225, 226) ist die Länge von 327 auf 207 Fuß reduziert, die Gebäudetiefe von 48 auf 70 Fuß vergrößert worden.

Das Souterrain enthält neben zwei zentralen Heizanlagen mit Aggregaten für eine *athmospärische Luftheizung* die Wirtschafts- und Personalräume, vorn: *Holzkeller, Wäscherin Stube, Köchin Stube, 3 Wärter, Keller der Rev(ier) Aufse(her), Keller für Brod u Mehl, 3 Wärter, Wäsche Vorraths Zim(m)er, Holzkeller*, hinten: *Wäsche Kamer, Badezim(m)er, Waschküche, Speise-Küche, Fluhr, Vorraths-Keller, Räucherkam(m)er, Laboratorium, Treppe* und *Latrine*.

Die erste Etage enthält vorn, beiderseits des Mittelbaues, je vier Stuben für *10 Mann* und neben der Mittelachse zwei Räume für den *Portier*, jenseits des durchgehenden Korridors: *Wohnung des Aufsehers* (3 Räume), drei kleine Räume für den *Revier Aufseher, Thee-Küche, Chirurgen Stube, Fluhr, Recept(ur) Zim(m)er, Operations-Saal, Conferenz-Zim(m)er, Apotheke, Fluhr* und *Latrine*.

Die zweite Etage entspricht im Grundriß weitgehend der ersten; vorn liegen acht Stuben à *10 Mann* und ein *Zim(m)er zum Ergehen der Kranken*, hinten sechs Stuben à *7 Mann*, dazwischen Räume für *Thee-Küche, Chirurgus, Unterofficier, Fluhr, Recept(ur) Zim(m)er* sowie rechts *Treppen Fluhr* und *Latrine*. Nach den Belegungsangaben konnten 202 Mann untergebracht werden.

Grundrisse und Schnitte zeigen Lage und Verteilung der Luftkanäle in den Zwischenwänden, die von den zentralen Heizaggregaten in beiden Seitenteilen ausgingen und durch Schieber geschlossen werden konnten. Die Heizanlagen zeigen große, aufrecht stehende Röhrenschlangen, aus denen die erwärmte Luft (*w*) aufsteigen und durch Kaltluftkanäle (*K*) zurückgeführt werden sollte. An zusätzliche Rauchröhren (*r*) waren die Feuerstellen in den Küchen sowie Einzelöfen in den Wohnungen sowie den nicht für Mannschaften bestimmten Räumen angeschlossen. Sie dürften als halbe Schornsteine in den Dachraum geführt worden sein.

Der Drempel über dem Obergeschoß war vermutlich für die Aufbringung von Erd- und Lehmschüttungen als Schutz gegen Granateinschläge gedacht (vgl. das Längen-Profil in Kat.-Nr. 226), doch ist eine Bombenbalkendecke nicht eingezeichnet. Das mäßig geneigte Dach ist als Kehlbalkendach auf dreifach stehendem Stuhl konzipiert.

Die *Facade* zeigt auf gequadertem Sockel mit breiten Auffahrtrampen einen dreiachsigen, flach übergiebelten Risalit mit toskanischen Kolossalpilastern; die Seitenteile gliedern kräftige Lisenen in je vier weitere Wandfelder mit gekuppelten Fensterachsen. Diese werden von kleinen toskanischen Pilastern mit bis zu den Lisenen durchlaufenden Sohlbankprofilen und Architraven eingefaßt. Das Gebälk des Mittelrisalits entspricht mit Architrav, Triglyphen, (leeren) Metopen, Regulae und Guttae der dorischen Ordnung; in den Seitenteilen gehen die Lisenen ohne Absatz in den Architrav über, so daß ein flächiges Rahmensystem entsteht, über dem der Triglyphenfries sich fortsetzt. Die Traufe zeigt die klassische Form mit Tropfenplatten, Sima und Geison. Die Pilaster- und Lisenengliederung ist auf die Fassade beschränkt; die Rückseite und die gleichmäßig vierachsigen Seitenwände sind glatt und ungegliedert, lediglich Triglyphenfries und Traufgebälk sind umlaufend zu denken; die Traufe bildete an den Stirnwänden zugleich das Fußgesims für das Giebeldreieck des Satteldachs.

Aus dem Entwurf geht nicht hervor, ob er in der Ingenieur-Abteilung des Allgemeinen Kriegs-Departements in Berlin gezeichnet wurde – wie 1835 das Projekt für das Militär-Ökonomie-Gebäude – oder ob möglicherweise die Oberbaudeputation beratend und mit einem eigenen Entwurf eingeschaltet war. Die großformige Lisenengliederung erinnert an das von Schinkel 1817 entworfene Gebäude der Lehr-Eskadron-Kaserne; die Rahmung der Rücklagenfenster mit einer kleinen Ordnung findet sich seit Schinkels Schauspielhaus (1818–1821) vielfach auch in der Berliner Militärarchitektur wie in der 1827 unter Schinkels Beteiligung entstandenen Reitbahn der Lehr-Eskadron an der Ritterstraße (vgl. Schinkelwerk, Berlin III, Abb. 179 bzw. 187–190). – Der Berliner Entwurf war die Grundlage für die weitere Bearbeitung des Projekts durch die Mindener Ingenieuroffiziere (siehe Kat.-Nr. 228 ff.).

KAT.-NR. 228   Abb. 281
Garnison-Lazarett, Projekt II, ca. 1828

Bezeichnet *Creuzinger*, undatiert.
Federzeichnung mit blau eingezeichneten Korrekturen sowie Bleistiftskizzen; 85 × 62 cm.
Maßleiste von *12 + 132 Preuss.Fuss* = 31,2 cm = 1 : 144.
Kartentitel: *Project II. Grund- und Profilrisse eines projectirten bombenfesten Garnison-Lazareth für 200 Mann.*
Unten rechts: *Creuzinger Ing: Lieut. / FvUthmann Kapt u Ing v Platz / D. Symann Regiments Arzt / Dr. Jahn G(arnison)staabsarzt.*

GSTA PK, Festungskarten Minden C 70.104, unpubliziert.

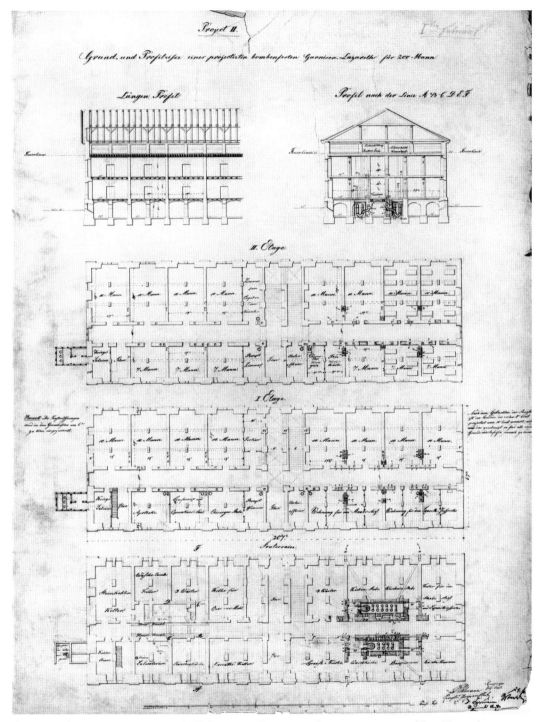

Abb. 281 Garnison-Lazarett, Projekt II. Ingenieur-Lieutenant Creuzinger, ca. 1828 (Kat.-Nr. 228).

In den unteren beiden Dritteln die Grundrisse für *Souterrain, I. Etage und II. Etage* mit Maßen und Nutzungsangaben für die Räume. Gesamtlänge *207', Tiefe 67'*.

Oben links *Längen-Profil* durch die Kompartimente des linken Flügels, oben rechts Profil nach der *Linie ABCDEF*: Querschnitt nach links mit Angabe des Platzniveaus (*23'*) und der *Feuerlinie 53'*.

Gegenüber dem Berliner Entwurf (Kat.-Nr. 227) ist der Grundriß um 180 Grad gedreht, so daß die Räume für das Lazarettpersonal, *Apotheke, Conferenz- und Operations-Saal* etc. jetzt zum Platz liegen, die großen Krankenstuben für je *10 Mann* an der Rückseite, hinter dem nach vorn gerückten Korridor.

An der linken Stirnseite ist wieder – wie im Projekt I (Kat.-Nr. 225) – ein Latrinenanbau aus Fachwerk vorgesehen; er sollte im Kriegsfall abgebrochen werden können, die Räume hinter der Nebentreppe sind als *Kriegs-Latrine* ausgewiesen.

Neben dem Grundriß der I. Etage links *Bemerk(ung): Die Fensteröffnungen sind in den Grundrissen um 6" zu klein eingezeichnet*, rechts: *Nach dem Gutachten der Aerzte ist der Corridor, der vorher 8' breit projectirt war, 10' breit gemacht; wird dies genehmigt, so sind alle andre Grund- und Aufrisse danach zu ändern.*

Die Schnitte zeigen über dem zweiten Geschoß wiederum die Bombenbalkendecke (vgl. Kat.-Nr. 226), darüber drei Lagen Platten aus *Cementguss*, darüber folgen *Trockene Erde, Lehmschicht und Erdbeschüttung*; das Kehlbalkendach ruht wegen der größeren Gebäudetiefe auf drei Stuhlreihen.

Die Heizanlage ist mit blauer Tusche (in Berlin?) korrigiert: Jeder Flügel erhält im Souterrain beiderseits des Korridors ein größeres und kleineres Heizaggregat mit Zuluftkanälen (*a*) von den Außenwänden. Die *Warmluft-Haupt-Kanäle* sind links im Korridorboden angeordnet und verzweigen sich zu den Zwischenwänden, wo die Austritte mit *w* bezeichnet sind, während die Rückluftkanäle (*z*) neben den Rauchröhren (*r*) für Einzelöfen in den Korridorwänden liegen.

Neben dem Abortanbau ist in Blei eine Alternativlösung vor dem Korridorende skizziert.

KAT.-NR. 229   Abb. 282
Garnison-Lazarett, Projekt II, ca. 1828

Bezeichnet *Creuzinger*, nicht datiert.
Federzeichnung mit flüchtigen Bleistiftskizzen; 63 x 87,5 cm.
Maßleiste von *12 + 84 Preuss: Fuss* = 40 cm ≙ 1:75.
Kartentitel: *Ansichten vom projectirten Garnison-Lazareth / zu Project II.* Dies später mit Blei durchstrichen und durch Beischrift rechts *Iter Entwurf* korrigiert.
Unten rechts Unterschriften wie bei Kat.-Nr. 228.

GSTA PK, Festungsplan Minden C 70.107; unpubliziert.

Oben Seitenansicht von links mit eingetragenen Höhen: Platzniveau *23' a.M.*, Sockelhöhe *6'*, Höhe bis zum Gebälk *31½'*, Gebälkhöhe *7'*. Feuerlinie *53' a.M.* in Kapitellmitte, Traufhöhe *61½'* (a.M. = 38,5' = 12,10 m), Firsthöhe *79'* (a.M. = 56' = 17,60 m). Die Gebäudetiefe beträgt 69 Fuß.

Unten Teilansicht der Fassade mit dem Abortanbau links, mit Maßangaben für Pilasterbreiten und Öffnungen. Die Fassadenlänge beträgt ohne Anbau 206 Fuß. Am oberen Faszienarchitrav des Risalits Inschrift *GARNISON LAZARETH ERBAUT 18* [..].

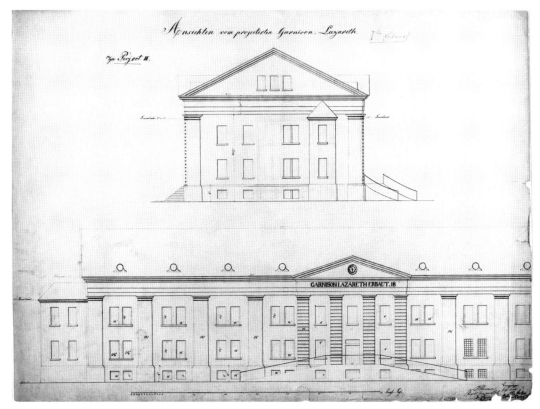

Abb. 282 Garnison-Lazarett, Projekt II. Ingenieur-Lieutenant Creuzinger, ca. 1828 (Kat.-Nr. 229).

Dem Fassadenplan liegt nicht der Berliner Entwurf (Kat.-Nr. 227) zu Grunde, sondern das ältere Projekt I: Der dreiachsige Mittelrisalit zeigt 4½' breite genutete Pilaster; die Seitenteile haben gleichfalls dorische Kolossalpilaster von 5½' Breite, die um die Gebäudeecken greifen. Die Gliederung wird auf der Rückseite wiederholt. Die Pilasterverteilung in den Seitenteilen erscheint nur im flüchtigen Blick gleichmäßig: Die Wandfelder neben dem Risalit und am Ende sind 14 Fuß, die beiden inneren 16½ Fuß breit. Zusammen mit den genuteten und schmaleren Risalitpilastern ergibt dies zwar eine lebendige, aber doch eigentümlich labige Gliederung. – Ähnlich unentschieden wirkt die Seitenansicht, deren Gliederung sich aus dem Grundriß ergibt. Das Korridorfenster ist wegen der größeren Breite durch einen Pfosten geteilt, daneben liegt rechts der Abortanbau, dessen Walmdach in das Gebälk schneidet. – Die flüchtigen Bleistiftskizzen zeigen, daß Überlegungen für eine harmonischere Verteilung der Öffnungen angestellt wurden (Pfostenfenster bzw. Abortanbau in der Mitte). – Vor dem Bau (rechts) liegt die doppelte geschwungene Auffahrtrampe; auf der Rückseite liegt vor dem Risalit eine dreiseitige Freitreppe.

Das Blatt gehört zwar nach Beschriftung und Unterschriften zu den Schnitten und Grundrissen Kat.-Nr. 228, doch zeigt der Bau dort ungegliederte Seitenwände, während die Pilasterverteilung an den Langseiten übereinstimmt. Beide Blätter gehören demnach in ein Planungsstadium, in dem die endgültige Fassadengliederung noch nicht gefunden war. Die offengelassene Jahreszahl der Risalitinschrift spricht für eine Datierung um 1828 (vgl. die Erläuterungen zu Kat.-Nr. 224).

KAT.-NR. 230 Abb. 283
Garnison-Lazarett, Ausführungsplan, Grundrisse, um 1830/32

Unbezeichnet und undatiert.
Farbig angelegte Federzeichnung mit zahlreichen jüngeren Bleistift-Nachträgen; 94 × 62,7 cm.
Wegen zahlreicher Brüche, Ausrisse und zweier Brandlöcher neu auf Leinen gezogen.
Wasserzeichen: JWHATMAN / TURKEY MILL.
Maßleiste teilweise verloren: *12 + 108 Prss: Fuss* = 25,9 cm = 1 : 148.
Kartentitel mit kalligraphischen Verzierungen: *Grundrisse von dem bombenfesten Garnison-Lazareth*.

STA DT, D 73 Tit. 5 Nr. 2962; unpubliziert. – Oben links rote Inv.-Nr. *P:V:IIIc, No 1, Festung Minden* mit Stempel der Fortification zu Minden.

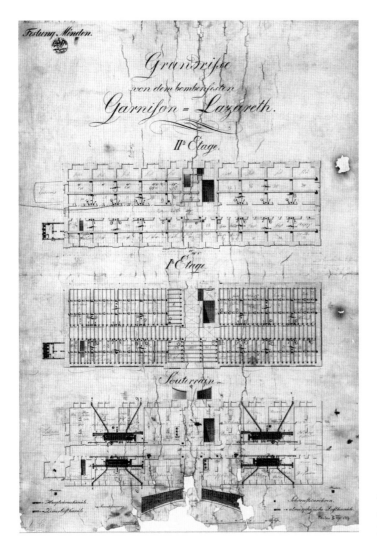

Abb. 283 Garnison-Lazarett, Ausführungsplan, Grundrisse, um 1830/32 (Kat.-Nr. 230).

Übereinander Grundrisse für *Souterrain, Ite Etage* und *IIte Etage*. Unten Legende für die Wandkanäle, links: (blau) *Hauptwärmekanäle*, (grün) *Zim(m)erluftkanäle*, (Schlängel) *Secundefeuerung*, rechts: (schwarz) *Schornsteinröhren*, (rotbraun) *atmosphärische Luftkanäle*. – Gesamtlänge 216' 8" (=68,04 m), Tiefe 69' 6" (= 21,80 m).

Souterrainplan mit detaillierter Darstellung der vier Heizaggregate und der Luftkanäle sowie mit sechs *Brunnen*: zwei im Korridor, zwei im Keller hinter den größeren Heizanlagen, zwei vor den vorderen Gebäudeecken.

Für die beiden oberen Geschosse sind die Balkenlage bzw. die Längsunterzüge unter der Bombenbalkendecke eingezeichnet.

Die zahlreichen Bleistift-Eintragungen betreffen eine jüngere Belegung der Räume; vielfach sind Maße im metrischen System eingeschrieben. An der linken Stirnwand ist die Verlegung des Latrinen-Anbaues nach hinten skizziert. – Zugehörig Kat.-Nr. 231 und 232.

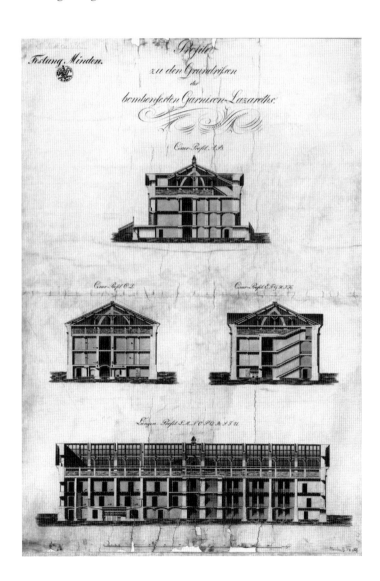

Abb. 284 Garnison-Lazarett, Ausführungsplan, Schnitte, um 1830/32 (Kat.-Nr. 231).

KAT.-NR. 231   Abb. 284
Garnison-Lazarett, Ausführungsplan, Schnitte, um 1830/32

Unbezeichnet, nicht datiert.
Sehr sorgfältig vielfarbig angelegte Federzeichnung mit jüngeren Bleistift-Nachträgen und -Notizen; 89,5 x 59,8 cm, neu auf Leinen gezogen.
Wasserzeichen: JWHATMAN / TURKEY MILL (beschnitten).
Maßleiste von *12 + 132 Fuss.* = 31 m = 1:148.
Kartentitel mit Kalligraphie-Ranken: *Profile zu den Grundrissen des bombenfesten Garnison-Lazareths.*

STA DT, D 73 Tit. 4 Nr. 10 243; unpubliziert. – Oben links *Festung Minden* und rote Inv.-Nr. *P:V:IIIc, No 1* und Stempel der Fortification zu Minden.

Oben: *Quer-Profil A. B.* durch die Mittelachse, links mit Auffahrtrampe, rechts mit leicht geschwungener Treppe. Mitte links *Quer-Profil. C. D.* neben der dritten Achse von links, rechts *Quer-Profil. E. F. G. H. J. K.*, mehrfach springend rechts neben dem Risalit und durch die rechte Risalitachse.

Unten: *Längen-Profil. L. M. N. O. P. Q. R. S. T. K.* mehrfach versetzt durch Kellerräume, Heizkammer und Korridor (vgl. den Souterrain-Grundriß in Kat.-Nr. 230). Im Querschnitt C-D und im Längsschnitt sind die Lufteintritts- und -austrittsöffnungen angegeben. Das Heizsystem zeigt hier nicht stehende, sondern liegende Lufterwärmungsschlangen in den Heizkammern. Die Obergeschoßdecke ist als Bombenbalkendecke ausgebildet, die über dem obersten Treppenlauf mitansteigt; auf ihr liegt eine starke Erdschüttung im Drempelraum. Das Kehlbalkendach mit dreifach stehendem Stuhl und langen Aufschieblingen trägt unter der Dachhaut eine weitere Lage von schlankeren Sparren auf fünf Pfetten. Die Schornsteinröhren enden nicht als halbe Kamine im Dachraum, sondern sind als gezogene Kamine unter dem First zusammengeführt und treten mit acht niedrigen Schornsteinköpfen über dem First durch die Dachhaut.

Das Blatt zeigt den ursprünglichen Zustand des Daches: mit zwei mächtigen Giebeldreiecken über den Stirnseiten und einem kleinen Dachreiter mit Schweifhaube auf der Firstmitte.

Die Änderungen sind mit Bleistift grob skizziert; die erläuternden Beischriften sind nur noch teilweise lesbar. Eingetragen ist eine stärkere Dachneigung mit *6 fetten* an der Schräge, die Abwalmung der Giebelseiten mit engerer Sparrenstellung und die Anlage von liegenden Dachfenstern. Diese Umbauten dürften gegen 1860 vorgenommen worden sein, vgl. Kat.-Nr. 235.

Zugehörig sind die Blätter Kat.-Nr. 230 und 232.

KAT.-NR. 232   Abb. 285
Garnison-Lazarett, Ausführungsplan, Ansichten, um 1830/32

Unbezeichnet, nicht datiert.
Farbig angelegte Federzeichnung; ca. 60 x 92,5 cm.
Maßleiste von *12 + 84 Preuss*. Fuß ≙ 1:72.
Ohne Kartentitel.

Original nicht aufgefunden; Foto ohne Archiv-Nachweis im Westfälischen Amt für Denkmalpflege, Münster. – Oben links Inv.-Nr. *P:V:IIIc, No 1./Festung Minden* und Stempel der Mindener Fortifi-

Abb. 285 Garnison-Lazarett, Ausführungsplan, Ansichten, um 1830/32 (Kat.-Nr. 232).

cation – Abb. bei SCHREINER 1977, S. 273, Abb. 5 (nach Foto im WAfD, ohne Archivnachweis); KORN 1999, Abb. 5.

Oben links Ansicht der linken Stirnseite mit geschwungener Treppe vor dem rückwärtigen Risalit und Auffahrtrampe vor dem vorderen Risalit.

Oben rechts Ausschnitt der rückwärtigen Fassade mit dem Risalit und der zweiläufigen Treppe.

Unten Teilansicht der vorderen Fassade mit linkem Fassadenteil samt Abortanbau, Risalit und drei Achsen des rechten Fassadenteils; vor den mittleren fünf Achsen die Auffahrtrampe. Am Architrav des Risalits Inschrift *GARNISON LAZARETH ERBAUT 1829.*

Die Zeichnung gehört augenscheinlich zu den beiden vorhergehenden Blättern mit Grundrissen und Schnitten (Kat.-Nr. 230, 231) und dürfte mit diesen nach Vorliegen der Ausführungspläne, während des Baues oder bald nach seiner Vollendung 1832 für die Fortification angefertigt worden sein. Für letzteres spricht die vollständige Jahreszahl der Architrav-Inschrift.

Die Zeichnung zeigt den ausgeführten Zustand, allerdings mit kleinen Abweichungen von den Schnitten (Kat.-Nr. 231): Es fehlen die niedrigen Schornsteinköpfe und der kleine Dachreiter.

Im Vergleich zu den älteren Fassadenprojekten (Kat.-Nr. 226, 227 und 229) hat die endgültige Überarbeitung zu einer entschiedenen und wirksamen Straffung der Kolossalpilastergliederung geführt. Die Pilaster sind jetzt durchgehend glatt und von gleicher Breite. Im leicht vorgezogenen Risalit verengt sich ihre Schrittfolge; die Wandflächen sind hier genutet, das Einstellen der kleinen Ordnung beiderseits der Fenster geht vermutlich auf den Berliner Entwurf von 1825 (Kat.-Nr. 227) zurück. Völlig neu ist das rundbogige Portal in einer tiefgekehlten, knapp zwischen die Pilaster

Abb. 286 Portastraße 9, ehemaliges Garnison-Lazarett. Geländer der vorderen Auffahrt, 1993.

gesetzten Nische. Es ist von den Porte-cochères der französischen Barockarchitektur herzuleiten und setzt mit seiner tiefen Höhlung einen wirksamen Akzent in der betonten Flächigkeit der Fassadenarchitektur. Über ihm erscheint, ähnlich der ausgeführten Form, aber mit Antiqua-Buchstaben, das Monogramm *FW III* unter der preußischen Königskrone zwischen Lorbeer- und Eichenzweigen. Das Gebälk zeigt eine eigenwillige Variante der klassisch-dorischen Form mit zahnschnittartig dicht gereihten Konsolen aus großformigen umgeschlagenen Blättern anstelle des Triglyphen-Frieses. Die Konsolen sind konsequent unter Sima und Geison der Risalitgiebel und der Seitengiebel wiederholt.

Die mit der inneren Aufteilung vorgegebene außermittige Lage des Korridors ließ eine gleichmäßige Verteilung der Fenster und Fortführung der Pilasterordnung an den Stirnseiten nicht zu, doch ist die Fassade hier durch die Verwendung gleichgroßer Pfostenfenster mit flachgiebliger Verdachung – an der Südseite liegt anstelle des Abortanbaus ein drittes Pfostenfenster – wenigstens einigermaßen beruhigt. Die Lünetten in Sockel und Giebel nehmen die Fensterbreiten wieder auf; das Pfostenfenster im Giebel setzt den nötigen Mittelakzent. – Das Walmdach des Abortanbaus ist flach und hat die Höhe des Architravs; die blinden Stirnfenster nehmen die Rahmung der Pfostenfenster auf, während die platzseitigen Öffnungen wie die Fenster in den Seitenteilen der Fassade ohne Rahmung in die glatte Wand geschnitten sind.

Das Geländer der Auffahrt entspricht der Ausführung; lediglich die Laternenträger wurden nicht gegossen, sondern geschmiedet.

In seiner eindrucksvollen Würde steht das Lazarett gleichwertig neben der gemessenen Strenge der Defensions-Kaserne; der mehrstufige Planungsprozeß hier wie dort hat – vermutlich unter korrigierender Mitwirkung der Berliner Instanzen – zu einer reifen Lösung geführt, die zu den eindrucksvollsten Leistungen des preußischen Klassizismus im Bereich der Militärarchitektur gehört. Der entwerfende Architekt bzw. Ingenieur-Offizier ist nicht genannt; am ehesten kommt der Kapitän Franz Erdmann Konrad von Uthmann in Frage, wobei der Anteil des Ingenieur-Leutnants Creuzinger, der den größten Teil der Pläne gezeichnet hat, ungeklärt ist.

Abb. 287 Portastraße 9, ehemaliges Garnison-Lazarett. Portal der Rückseite von Südosten, 1992.

Abb. 288 Portastraße 9, ehemaliges Garnison-Lazarett. Laternenträger im Geländer der vorderen Auffahrt, 1993.

KAT.-NR. 233 Abb. 289
Garnison-Lazarett, Plan für die Bombenbalkendecke, 1840

Bezeichnet *Creuzinger,* datiert *1840.*
Kolorierte Federzeichnung mit Bleistift-Eintragungen; 49 x 61,20 cm.
Wasserzeichen: GM.
Maßleiste von *12 + 96 Fuss: Preuss*: = 22,3 cm ≅ 1:154.
Kartentitel: *Quer-Profile und Grundriss von der 2ten Etage des bombenfesten Garnison-Lazareths in der Festung Minden.*
Unten von rechts *Creuzinger Ing:Prm: Lieut. 1840 / v Scheel 1 Major u. Ingenieur des Platzes.*
Rückseitig: *Plan Nr 45.a. Minden (o)./ Zeichnung von dem bombenfesten Garnison-Lazareth /Journ.No. A III, X 134/11 40* (rot:) *54.*

GSTA PK, Festungskarten Minden F 70.064; unpubliziert.

Unten Teil-*Grundriss von der 2ten Etage* mit den Längsunterzügen unter der Bombenbalkendecke und Sturzbalken in den Fensterlaibungen.

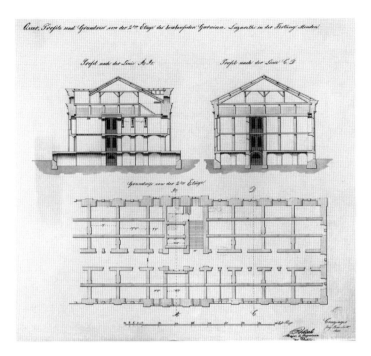

Abb. 289 Garnison-Lazarett, Plan für die Bombenbalkendecke. Ingenieur-Premier-Lieutenant Creuzinger, 1840 (Kat.-Nr. 233).

Oben links *Profil nach der Linie AB:* Schnitt durch die Mittelachse nach links. Die Konstruktion entspricht der im Quer-Profil AB von Kat.-Nr. 231; die *Bombenbalken* sind mit Blei so beschriftet. Unter ihnen sind im Flurbereich hinter dem Korridor *Neue Unterzüge* mit anscheinend geschweiften Kopfbändern auf Wandkonsolen eingetragen. Die Erdaufschüttung im Drempelraum ist summarisch angegeben.

Rechts *Profil nach der Linie C. D.* durch zwei Stuben und Korridor rechts vom Mittelrisalit. Auch hier sind die *Bombenbalken* besonders bezeichnet.

Dieser Plan steht anscheinend im Zusammenhang mit Verhandlungen zwischen dem Militär-Ökonomie-Departement des Kriegsministeriums und der Oberbaudeputation im Frühjahr 1843 über die *Herstellung der Bombenbalkendecke* und die notwendige *Erneuerung* des vorhandenen *Zinkdaches* (GSTA, I. HA, Rep. 93 Lit. Gc Tit. XX Nr. 3 Bd.1, fol. 72–79). Während der Klempnermeister Serodino aus Nordhausen, der die Eindeckung der Defensions-Kaserne der Cyriaksburg in Erfurt gut ausgeführt hatte, eine neue Zinkdeckung nach der schlesischen Methode empfahl, bewarb sich Klempnermeister Homann aus Minden um die Arbeit und schlug eine Schieferdoppeldeckung vor. Oberbaurat Busse bemerkte am Rande, daß wegen der geringen Dachneigung Zink vorzuziehen sei; die schlesische Methode mit aufgeschraubten Decklleisten sei ganz zweckmäßig und zu empfehlen.

Kostenanschlag für ein Doppelschieferdach rd. 2.900 Rthl, für Zinkdach nach Serodino rd. 5.500 Rthl, für Zinkdach nach schlesischer Methode 5.884 Rthl.

Das Ministerium bittet am 29. April um nochmalige Stellungnahme wegen der nötigen Kostenersparnis und da *die allgemeine Meinung in den westlichen Provinzen dem Schiefer von allen Bedachungen die größte Dauer zuspricht.*

Busse schreibt am 6. Mai 1843, man habe wegen der Verwendung von Schiefer Bedenken, da das Garnison-Lazarett nur eine Dachneigung von 26 Grad habe; dies wäre jedoch zu wagen, *sobald der*

IV.2.2 Katalog – Die Hausberger Front und ihre Bauten (Kat.-Nr. 190–256) 461

Bau Inspector Buchholz [aus Soest], *welcher bei hinreichender Erfahrung, genaue Kenntniß des Materials und der zuverläßigsten Schieferdecker in dortiger Gegend besitzt, das Gelingen verbürgt. Uebrigens ist es thunlich die Dach-Construction dergestalt abzuändern, daß die Flächen unter größeren Winkeln geneigt sind, und werden die Kosten dieser Abänderung, einschließlich der Schieferdeckung, die der Zinkbedeckung kaum errreichen.*

Die Erhöhung der Dachneigung von 26 auf 31 Grad und die Eindeckung mit Schiefer wurde dann vor 1861 ausgeführt (siehe Kat.-Nr. 235); sie hatte als einschneidende Veränderung die Abnahme der Seitengiebel und die Abwalmung des Daches über den Stirnseiten zur Folge.

KAT.-NR. 234 Abb. 290
Garnison-Lazarett, Veränderungen bis 1886

Unbezeichnet (s. u.), datiert *1860, 1881* und *1886*.
Federzeichnung in schwarzer und roter Tusche mit Korrekturen in orangefarbener und roter Tinte, Nachträge z. T. in Blei skizziert; 37,7 x 52,9 cm. Neu auf Büttenpapier gezogen. Links angeklebte Lasche 3,8 x 1,8 cm; das hier angeklebte Deckblatt fehlt.
Wasserzeichen JWHATMAN / 1833.
Maßleiste von *12 + 120 Fuss* = 28,7 cm, darunter *10 dm + 35 m* = 24,9 cm = 1:148.
Kartentitel: *Garnison Lazareth zu Minden*. Oben rechts alte Signatur *II-7 m No 4* gestrichen, ersetzt durch *V 4.M.1*.

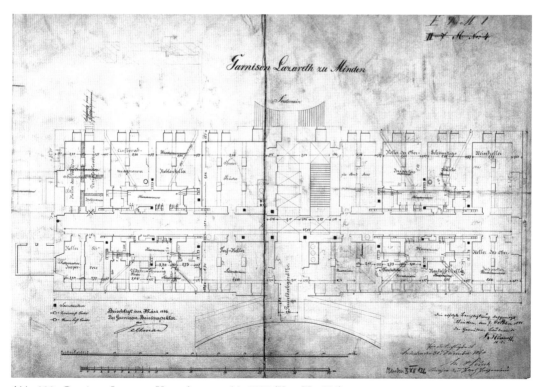

Abb. 290 Garnison-Lazarett, Veränderungen bis 1886 (Kat.-Nr. 234).

Unten rechts: *Für die Richtigkeit Minden den 31t December 1860 M: Heinlé Major und Platz Ingenieur / Die erfolgte Berichtigung bescheinigt. Minden, den 7. October 1881 Der Garnison-Baubeamte K Heckhoff v(era) c(opia);* unten links: *Berichtigt im März 1886. Der Garnison-Bauinspektor Veltmann.*

STA DT, D 73 Tit. 4 Nr. 10 241; unpubliziert.

Der Plan zeigt das *Souterrain*; er ist eine Kopie des Kellergrundrisses aus Kat.-Nr. 230 und dürfte nach dem 1833 datierten Wasserzeichen bald danach entstanden sein. Zusätzlich ist, von der Hand des nicht genannten Zeichners, die damalige Nutzung der Räume (Keller, Vorratsräume, Küchen, Laboratorium etc.) eingetragen, außerdem liegt an der Rückseite vor dem zweiten Fenster von links eine Treppe mit Beischrift *Eingang zur Todtenkammer.*

Die rot eingetragenen baulichen Veränderungen betreffen nur die Aufteilung der *Todtenkammer* (vorher: *Steinkohlen Raum*) in drei Räume durch Einziehen von Zwischenwänden. Der kleinste dient neu als *Heizraum,* entsprechend sind die vier alten *Heizkammern* durchgestrichen. Demnach ist das Heizsystem auf eine raumsparende Dampf- oder Warmwasserheizung umgestellt worden. Nach der Schrifttype gehören diese Änderungen, einschließlich der Angaben zur geänderten Nutzung und der orangefarbenen Eintragung *Badestube für Unteroffiz.* anstelle der alten *Waschküche* zur Berichtigung von 1886, die beiden älteren Vermerke werden sich auf andere Blätter bzw. den ganzen, jetzt unvollständigen Plansatz beziehen (vgl. Kat.-Nr. 235) oder die Verlegung des Abortanbaues an die rückwärtige Hälfte der linken Stirnwand betreffen. 1886 dürfte auch die Eintragung der metrischen Maße und der Nachtrag der entsprechenden Maßleiste erfolgt sein.

Oben links Bleistiftskizze für eine nicht lokalisierbare Öffnung, vielleicht im Zusammenhang mit der flüchtig eingezeichneten Öffnung zwischen Latrinenanbau und hinterer Gebäudeecke. – Zugehörig, aber von anderer Hand gezeichnet, ist der folgende Plan Kat.-Nr. 235.

KAT.-NR. 235 Abb. 291
Garnison-Lazarett, Veränderungen bis 1886

Unbezeichnet, datiert *1860* und *1886*.
Farbig angelegte Federzeichnung mit Korrekturen in roter Tusche; 50,5 x 60 cm; neu auf Büttenpapier gezogen.
Maßleiste von *12' + 6 Ruthen* = 18,15 cm, darunter *10 + 15 m* = 17,3 cm = 1:148.
Kartentitel: *Profilzeichnung vom Garnison Lazareth zu MINDEN.* Oben rechts alte Inv.-Nr. *II 7 m. 21.* gestrichen, ersetzt durch *V 4. m.5.*
Unten rechts: *für die Richtigkeit Minden den 31ten December 1860 M: Heinlé Major und Platz-Ingenieur / Berichtigt im März 1886 Der Garnison-Bauinspektor Veltman.*

STA DT, D 73 Tit. 4 Nr. 10 242; unpubliziert.

Oben *Profil nach a-b.* Querschnitt durch die Heizkammer in der Nordhälfte nach links, unten *Profil nach c,d,e,f,g,h,i,k,l,m,n,o.* Mehrfach versetzter Längsschnitt; in der Nordhälfte durch den Abortanbau und eine Heizkammer im Keller.

Die Raumhöhen sind 1886 in metrischen Maßen nachgetragen.

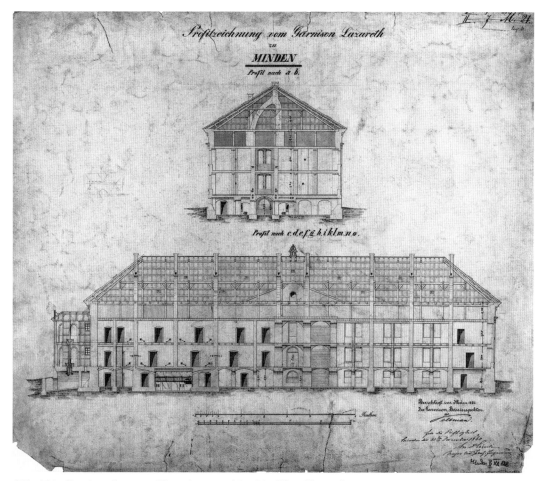

Abb. 291 Garnison-Lazarett, Veränderungen bis 1886 (Kat.-Nr. 235).

Die wichtigste Veränderung ist der Umbau des Daches mit der von 26 auf 31 Grad erhöhten Dachneigung (vgl. die Erläuterungen zu Kat.-Nr. 233 und die in Kat.-Nr. 231 skizzierte Änderung; wie dort beigeschrieben mit *6 fetten*), die Anlage von Vollwalmen über den Stirnseiten und die damit verbundene Abnahme der Seitengiebel sowie der Ersatz der Ochsenaugen-Gaupen durch liegende Dachfenster. Der Längsschnitt zeigt links den nach rückwärts verlegten, jetzt massiven Latrinenanbau mit rundbogigen Fenstern; das Heizaggregat mit liegenden Schlangen (wie in Kat.-Nr. 231) ist mit Bleistift durchgestrichen.

Rot korrigiert, d. h. nachgetragen sind die Dachreiter in der Firstmitte sowie die Fensterpfosten in den Korridorfenstern des Querschnitts. Wann die baulichen Veränderungen – sicherlich zwischen 1843 und 1861 – vorgenommen wurden, ist einstweilen unklar.

Jüngere Pläne (Ausführungszeichnung Blatt 1–7, kolorierte Lichtpausen), die außer dem erneuten Umbau der Heizungsanlage, der Erweiterung des Latrinenanbaus und dem Einbau von Bodenverschlägen im Drempelraum 1921/22 keine größeren baulichen Veränderungen zur Folge hatten, befinden sich in der Bauakte Portastraße 7; ein weiterer, unvollständiger Plansatz des Heeresbauamtes Minden von 1936 bzw. des Heeresbauamtes II Bielefeld von 1939 (kolorierte Lichtpausen Blatt 1 und 3–7) liegt im Mindener Museum (FM 19 bzw. FM 108–112).

30.08.1905: Bauerlaubnis für die Entwässerungsanlage und Anschluß an den städtischen Kanal (Bauunternehmer G. Sipp im Auftrag des Kgl. Militär-Bauamtes; Antrag vom 26.8.1905; BA Portastraße 7/ Simeonsplatz 8 mit 4 Plänen M 1: 100 und Plan des vorhandenen Latrinenanbaus M 1: 66 ⅔).

1922/1923 Einrichtung als *Versorgungskrankenhaus* unter Leitung des Regierungsbaurats Sponholz, dabei nur geringfügige Veränderungen im Inneren.

1928 Einbau eines Speiseaufzuges vom Keller in das 1. Obergeschoß. Der Aufzugschacht von 0,79 x 1,01 m im Lichten liegt am Mittelflur links vor dem rückwärtigen Ausgang und ersetzt einen älteren Aufzug (BA Portastraße 7/ Simeonsplatz 8; dabei drei schematische Grundrisse mit Lichtmaßangaben für die Räume). – Gleichzeitig Anlage der Einfriedung zur Alten Hausberger Torstraße mit Anschluß an die Reitbahn und zur Portastraße (BA ebenda): Niedrige Mauer aus zwei bossierten Portasandstein-Quaderschichten mit Abdeckung, unterbrochen durch querrechteckige Pfeiler von 1,60 m Höhe, Grundfläche 0,80 x 0,45 m, mit profilierten und oben abgesattelten Deckplatten. Dazwischen weißgestrichener Holzzaun bzw. Torflügel und Fußgängerpforten an den beiden Zufahrten zur Portalrampe. Alle Holzteile nach 1955 beseitigt, die Pfeiler mit den alten Abdeckungen auf ca. 1 m Höhe erniedrigt (Foto vom alten Zustand: Abb. 276; SCHREINER 1969, Abb. 213).

In den dreißiger Jahren war das Krankenhaus wieder Standortlazarett; 1935 kleinere Umbauten im Inneren und Vergrößerung des Abortanbaus an der Nordostecke in beiden Geschossen (BA Portastraße 7 mit einem Plansatz M 1:100). – Eine Lichtpause von 1939 mit den Ansichten, Blatt 7, liegt im Mindener Museum, FM 19.

Das Gebäude des Standort- bzw. Reservelazaretts der Wehrmacht wurde am 14.10.1945 auf Veranlassung des Regierungspräsidenten mit Genehmigung der Militärregierung vom Kreis Minden übernommen. Die am 1.2.1946 vom Landrat Bothur dem Oberpräsidenten der Provinz Westfalen in Münster mitgeteilte Absicht, das ehemalige Lazarett als Kreiskrankenhaus zu führen, stieß bei der Stadt Minden nicht auf Begeisterung oder Zustimmung. Nach Ansicht des Bürgermeisters widersprach ein kreiseigenes Krankenhaus dem 1940 geschlossenen Zweckverbandsvertrag, außerdem befürchtete man, daß die Stadt als kreisangehörige Kommune auf dem Wege über die Kreissteuer (Kreisumlage) mit der Hälfte der »Aufbringungsbeträge« belastet würde. Bürgermeister Dr. Hutze sah im Aufbau eines Kreiskrankenhauses und der Zweckentfremdung des Gebäudes durch die Unterbringung des Kreishochbauamtes Gründe zur Kündigung des Vertrages von 1940.

Nach langwierigen Verhandlungen wurde am 31.7.1946 die Satzung eines neuen Krankenhaus-Zweckverbandes unterzeichnet; am 2.9.1946 genehmigte der Regierungspräsident die Bildung des Zweckverbandes »Stadt- und Kreiskrankenhaus Minden«. Damit wurden die Weichen gestellt für den Ausbau der gemeinsamen Krankenversorgung durch Stadt und Kreis; die in den folgenden Jahren eintretende Stabilisierung der wirtschaftlichen Verhältnisse sicherte den kontinuierlichen Ausbau des Klinikums an seinen beiden Standorten an der Friedrichstraße (Klinikum I) und an der Portastraße (Klinikum II). (Zur Krankenhausgeschichte siehe Teil V, S. 252–256, zu den Erweiterungs- und Neubauten im Bereich des Klinikum II ebd. S. 266–269).

Im Zuge des Ausbaus fiel 1971 die Entscheidung, das alte Garnison-Lazarett zur Dermatologischen Klinik umzubauen; die Kosten waren auf etwa 2,6 Mill. DM kalkuliert. – Die im Dezember 1974 begonnene Maßnahme geriet allerdings im folgenden Jahr wegen fehlender Mittel ins Stocken,

Abb. 292 Portastraße 9, ehemaliges Garnison-Lazarett. Mittelrisalit der rückwärtigen Fassade von Osten, 1992.

konnte aber bis zum Oktober 1977 erfolgreich, wenn auch mit Gesamtkosten von 5,1 Mill. DM abgeschlossen werden (MT, 12.10.1977).

Von dem nobel proportionierten klassizistischen Bau blieben im wesentlichen die Fassaden sowie die Bombenbalkendecke und der Dachstuhl übrig; Keller, Erdgeschoß und Obergeschoß wurden im Inneren stark verändert (Planung: Kreisbauamt). Das gewölbte Treppenhaus der Bauzeit wurde beseitigt und durch eine geräumige Treppe mit Aufzug im Treppenauge ersetzt. Vor der nördlichen Schmalseite entstand an der Stelle des alten, mehrfach veränderten Toilettenanbaus ein zusätzliches Treppenhaus in schlichten Formen. Der ehemalige Haupteingang an der Portastraße ist aufgegeben und an die Rückseite verlegt; die erhaltenen originalen Türblätter und das Oberlicht wurden zur besseren Belichtung des hinter dem alten Eingang gelegenen Warteraums mit Billigung der Denkmalpflege beseitigt und durch eine Großscheibenverglasung ersetzt.

Die Auffahrtrampe mit den geschmiedeten Geländegittern und den beiden Laternenträgern ist nun funktionslos, stillgelegt und seither stark mit Buschwerk zugewachsen.

Vor der Rückfront führt eine lange, flache Rampe zur Estrade vor dem Mittelrisalit, die auf der Höhe des Erdgeschoßbodens einen stufenlosen Übergang zu den rückwärtigen Neubauten ermöglicht. Rampe und Estrade sind mit Waschbetonplatten belegt und mit Betonmauern eingefaßt; für sie wurde die zweiarmige Freitreppe vor dem Eingang abgebrochen. Die Tür liegt in einer tiefgekehlten Rundbogennische; die originalen Türblätter zeigen kymation- und perlstabgerahmte Füllungen, die unten und oben flach diamantiert, in der Mitte mit achteckigen Schilden und geschnitzten Löwenköpfen besetzt sind. Die breite gefelderte Schlagleiste hat ein Palmettenkapitell; der Sturz zum Radialsprossen-Oberlicht ist mit Faszien und Eierstab verziert. Das Feld zwischen Nischenbogen und Fenstersohlbank füllen gußeiserne Applikationen aus Eichen- und Lorbeerzweigen; sie rahmen die Fraktur-Initialen *FW III.* (Friedrich Wilhelm III.) unter der preußischen Krone (Abb. 286).

Der Bau wurde am 28.06.1984 in die Denkmalliste der Stadt Minden eingetragen.

Zu den Nebenbauten im rückwärtigen Gelände des Garnison-Lazaretts siehe unten S. 778–782.

KAT.-NR. 236 Abb. 293
Militär-Ökonomie-Gebäude, Berliner Projekt, 1835

Unbezeichnet, datiert *Berlin im Juni 1835.*
Farbig angelegte Federzeichnung mit Beischriften in Blei; 35,5 x 46 cm (Blatt), 25,5 x 36 cm (innere Einfassung), auf Leinen gezogen.
Maasstab 10 + 70 Fuss = 10,5 cm ≅ 1:240.
Kartentitel: *PROJECT ZUM BAU EINES MILITAIR-OECONOMIE-GEBÄUDES IN MINDEN.*
Unten rechts: *Entworfen in der Ingenieur Abteilung des Königl. Allgemeinen Kriegs Departements Berlin im Juny 1835.*

GSTA PK, Festungskarten Minden G 70.067; KORN 1999, Abb. 6 (Ausschnitt mit Fassaden), – Oben am Rand in Blei: *von dem Mil.Oek. Dep. remittirt 14/10. 35. hat in den Grundrissen bedeutende Abänderung erlitten(?).*
Rückseitig: *Remittirt vom Mil. Oec. Dep. unt. 14 Oct. 1835.*

Innerhalb der aufwendig-dekorativen Einfassung unten drei Grundrisse, in der Mitte *Erste-Etage,* links *Zweite-Etage,* rechts *Dritte-Etage.* mit Maßangaben für den ganzen Bau *(60 x 54')* und die ein-

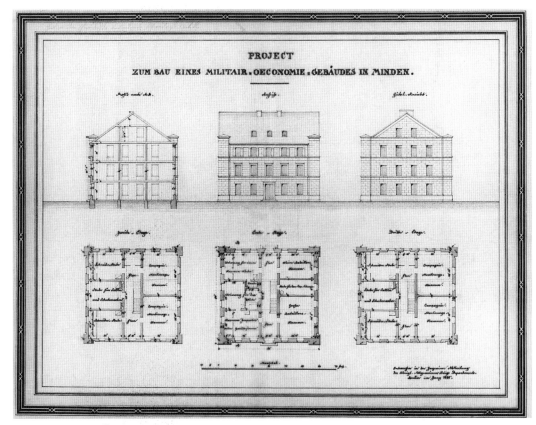

Abb. 293 Militär-Ökonomie-Gebäude, Berliner Projekt, 1835 (Kat.-Nr. 236).

zelnen Räume samt Angaben für die Nutzung. Erdgeschoß: Neben dem mittleren *Flur* links: *Wohnung für den Kasernen-Inspector* mit *Kam(m)er, Geschäftszimmer* und *Küche,* dahinter *Wohnung für einen Kasernen Wärter,* dabei besteigbarer *Camin;* rechts: *Grosse Bataillons-Kammer,* Stube für den *Cap(itain) d'Armes* und *Kleine Bataillons-Kammer.* – 1. und 2. Obergeschoß, links: *Schneider-Stube* mit Kammer *für den Zuschneider,* dazwischen *Stube für Sattler und Schumacher;* rechts: *Compagnie-Montirungs-Kammer (2x).* – Über den Grundrissen links *Profil nach A + B.,* in der Mitte *Aufriss* der vorderen Fassade, rechts *Giebel-Ansicht.*

Die fünfachsige Fassade wird beiderseits neben einem schmalen Rücksprung von breiten dorischen Pilastern eingefaßt, die sich über der Traufe turmartig mit flachem Pyramidenabschluß fortsetzen. Jedes Geschoß schließt mit einem Gebälk, das sich in den unteren Geschossen um die Lisenen kröpft und hier – ähnlich dem Erdgeschoßsockel – zugleich Brüstung und Gurtgesims des nächsthöheren Geschosses bildet.

Die Erdgeschoßfenster sind einfach in die gequaderte Wand geschnitten; das Portal hat ein am Sturz ausgekröpftes Faschengewände mit gerader Verdachung, ihm entsprechen die Fenster des 1. Obergeschosses, jedoch ohne Verkröpfung. Die Fenster des 2. Obergeschosses werden von kleinen dorischen Pilastern gerahmt; das Traufgebälk endet am Rücksprung.

Die vierachsige Seitenfassade zeigt in allen drei Geschossen gleichmäßig einfache, in die gequaderte Wand geschnittene Fenster, die auf den Gebälkzonen stehen. Das oberste Geschoß nimmt den Gebälkabschluß der Lisenen auf; auch hier ist die eigentliche Fassade durch schlitzartige Rücksprünge von den rahmenden Lisenen abgesetzt, so daß das Giebeldreieck nur über dem inneren Fassadenteil ansetzt.

Das mäßig geneigte Satteldach zeigt drei Stichbogengauben über den mittleren Achsen. Zwei breite Schornsteine sitzen symmetrisch-firstmittig. Die Rückfassade sollte wie die vordere ausgebildet werden.

Auf der Grundlage dieses Projekts wurde die Planung in Minden weiter ausgearbeitet, wobei jedoch Gliederung und Wandrelief Vereinfachungen erfuhren (vgl. Kat.-Nr. 237, 238). Zu der kleinen Ordnung im zweiten Obergeschoß vgl. die Bemerkungen zum Berliner Entwurf für das Garnison-Lazarett von 1825 (Kat.-Nr. 227).

KAT.-NR. 237 ohne Abb.
Militär-Ökonomie-Gebäude, Ausführungsplan, (nach) 1837

Kolorierte Federzeichnung; Maße nicht bekannt; Maßstab vermutlich 1:148.

Original nicht aufgefunden; nur in zwei Ausschnittfotografien ohne Archivhinweis im Westfälischen Amt für Denkmalpflege, Münster, überliefert.

Vordere Ansicht: Dreigeschossiger Bau von sieben Achsen Breite, seitlich ohne Rücksprung von schlankeren Pilastern eingefaßt, die hier – im Vergleich zum Berliner Projekt von 1835 (Kat.-Nr. 236) – nur noch die Breite eines Obergeschoßfensters samt Faschen haben.

Da der seitliche Rücksprung fehlt, stößt das Traufgesims stumpf vor die Pilasterflanken. Die Dachgauben sitzen, der Fassadenstreckung entsprechend, über der 2., 4. und 6. Achse. Am Erdgeschoßfries Inschrift: *MILITAIR OEKONOMIE GEBAEUDE ERBAUT 1837.*

Giebel-Ansicht: Auch in der Tiefe ist das Gebäude vergrößert und auf fünf gleichmäßig gereihte Achsen, ohne Rücksprung vor den rahmenden Pilastern, erweitert. Wie die auch im Foto sichtbaren Rasuren zeigen, war hier anscheinend zunächst eine Gruppierung der Fenster 2 : 1 : 2 geplant; vielleicht wurde auf sie zugunsten einer bis in die Giebel reichenden Achsgliederung verzichtet. Hier stehen über und zu Seiten eines Rechteckfensters drei Lünetten (1 : 2).

Das unter der Giebelansicht angeschnittene *Profil C. D.* zeigt eine nachträglich vorgenommene Korrektur: Statt des gestrichenen firstmittigen Schornsteinkopfes tritt der Schornstein in der vorderen Dachfläche aus.

Das in der Fassadenzeichnung eingetragene Baujahr *1837* spricht dafür, daß es sich bei dem sonst nicht weiter bekannten Blatt um eine korrigierte Ausführungszeichnung handelt (vgl. Kat.-Nr. 238).

KAT.-NR. 238   Abb. 294
Militär-Ökonomie-Gebäude, 1849

Bezeichnet *Daniel*, datiert *Minden im Mai 1849*.
Farbig angelegte Federzeichnung mit zahlreichen Bleistift-Nachträgen und Beischriften; 65,5 x 85 cm (Blatt), 60,6 x 79,8 cm (Einfassung). Auf schwarzes Kaliko-Leinen gezogen und damit eingefaßt.
Transversal-Maßstab von *12 + 84 Fuss* = 20,6 cm = 1 : 148.
Kartentitel: *Festung Minden. / Zeichnung vom Militair Oekonomie Gebaeude in der Hausberger Fronte der Festung Minden. / 1849.* Unten links: *Gez: durch Daniel. Minden im Mai 1849.*

STA DT, D 73 Tit. 5 Nr. 2963; KORN 1999, Abb. 7 (Ausschnitt mit Fassaden). – Oben links rote Inv.-Nr. *P. V. III d. No 17* und Stempel der Fortification zu Minden; unten links und oben rechts weitere Inventar-Vermerke und Stempel der Garnison-Verwaltung Minden und des Militär-Bauamtes Minden.

Das Blatt ist anscheinend eine Wiederholung oder Nachzeichnung des nur in zwei Ausschnitt-Fotografien überlieferten Ausführungsplanes um 1837 (Kat.-Nr. 237), unter Berücksichtigung von Planänderungen (Schornsteine).

    Links übereinander vier Grundrisse: *Grundriss des Fundaments und Kellers, Erdgeschoss, Iter Stock, IIter Stock,* jeweils mit Maßangaben für die Räume. Die Gesamtbreite beträgt *79' 8"*, die Tiefe *50' 6"* (gezeichnet 52 Fuß!)

    In der Blattmitte nebeneinander *Laengendurchschnitt nach a-b.* und *Querdurchschnitt nach c-d.* mit Schnitt durch das Bastaubett, darin angegeben: *mittlerer Wasserstand der Bastau + 19' a.M.,* darunter *Durchschnitt nach ef.* bzw. *gh.* durch Fundament und Sockel der Vorder- und Rückwand, und *Durchschnitt* nach *ik.* bzw. *lm.*: Querschnitte durch Fundamente und Kellermauern.

    Oben *Vordere Ansicht.* und *Giebel-Ansicht.*

    Die Zeichnung macht die Randbemerkung auf dem Berliner Projekt von 1835 (Kat.-Nr. 236) deutlich, daß die Planung *in den Grundrissen bedeutende Abänderung* erfahren hatte. Der Mittelteil ist in drei Achsen in der vorderen Hälfte unterkellert; im Erdgeschoß sind beiderseits des Mittelflurs je zwei weitere Räume und zwei Stichflure eingeschoben; die rückwärtigen Stuben sind bedeutend ver-

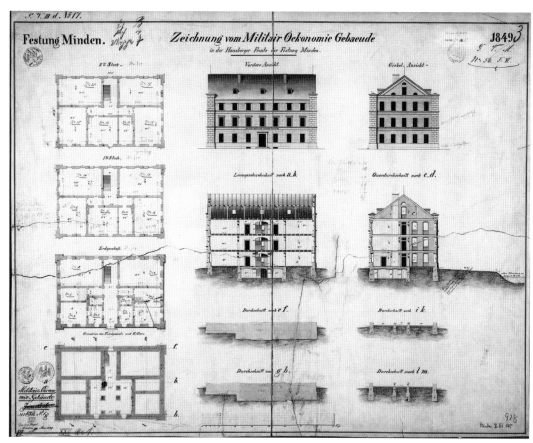

Abb. 294 Militär-Ökonomie-Gebäude. Daniel, 1849 (Kat.-Nr. 238).

größert worden. Die Treppe liegt am Ende des Flures zwischen ihnen und ist nun zweiläufig. Durch das Einführen der Stichflure konnten in den Obergeschossen vorn vier gut belichtete Räume angeordnet werden. Angaben zur Nutzung der Räume fehlen; die großen Räume werden – wie im Berliner Projekt – als Montierungskammern für das Bataillon und die Kompanien gedient haben, die kleineren als Wohnungen für das Kasernenpersonal und als Werkstätten für Schneider, Schuhmacher und Sattler verwendet worden sein.

Der Bau liegt wenige Meter westlich des Proviantmagazins in gleicher Flucht mit dem Rücken zur Bastau.

Die 4 Fuß 6 Zoll (ca. 1,40 m) tiefere Fundamentierung der Mauern im rechten (östlichen Teil) des Gebäudes dürfte damit zusammenhängen, daß auf dem Gelände westlich des Simeonstores vor 1763 ein später völlig aufgegebenes Ravelin lag, dessen verschüttete Gräben eine tiefere Gründung verlangten. Der Schnitt durch das Bastaubett mit seinem hohen Wasserstand läßt ohnehin Schwierigkeiten bei der Fundamentierung bzw. bei der Trockenhaltung der Keller vermuten. Zwischen dem Gebäude und der Bastau ist im Querschnitt c-d ein 6 Fuß tiefer, 3 Fuß breiter Graben eingezeichnet mit der Beischrift: *Ein im Jahr 1839, zur Abhaltung des Bastau-Wassers auf die ganze Länge der Hinterfront ausgehobener und wieder mit Thon ausgefüllter Graben.*

Die Fassadenzeichnungen entsprechend denen in Kat.-Nr. 237; die Eckpilaster zeigen hier allerdings markantere Fugen; die Schornsteine liegen – wie dort bereits als Korrektur eingetragen – vor dem First in der vorderen Dachfläche. – Neben der Giebelansicht ist mit Blei später eingetragen: *Sockel im Portasandstein*, darüber: *dieser Giebel nachgeputzt*.

Die Raumnumerierung *No 1 – No 20* ist nachträglich von anderer Hand mit Tinte vorgenommen, ebenso stammen aus späterer Zeit die mit Blei eingetragenen metrischen Raummaße und die beigeschriebenen Berechnungen, die sich auf Fenster beziehen.

Wann der Bau seine ursprüngliche Funktion als Werkstattgebäude und Montierungskammer verlor, war nicht zu ermitteln, vermutlich 1882 mit dem Aufsetzen des Attikageschosses auf der benachbarten Defensions-Kaserne. Nach Cramer (1910, S. 355 f.) wurden mit der Aufstockung zu Ende der achtziger Jahre die Kompanie-, Bataillons- und Regimentskammern, die sich bis dahin im alten *Regiments-Ökonomiegebäude an der Bastau* befanden, dorthin verlegt. – Wohl mit der Neuaufstellung des Feld-Artillerie-Regiments Nr. 58 im Jahre 1899 wurde das Gebäude dessen Stabsquartier (Garnisons-Atlas 1910, Bl.29, Nr. *8a*: *Stabsgebäude ... 1./3. Batterie*).

Ein Umbauantrag vom 7.2.1905 sieht die *Einrichtung von Mannschaftsstuben, Geschäftszimmern, Schulstube, Handwerkerstuben, Montierungskammern und 2 Wohnungen, sowie Anbau eines zu dem Gebäude gehörigen Abortgebäudes* für das Feld-Artillerie-Regiment Nr. 58 vor. Die Arbeiten erstrecken sich auf Türdurchbrüche, Türzumauerungen, Vermauern zweier Fenster im 2. Obergeschoß, Einziehen neuer Fachwerkwände und neuer Schornsteine und teilweise Erneuerung von Dielenfußböden. Unter und über den beiden Montierungskammern werden *massive Geraddecken* anstelle von Balkendecken eingebaut. Die alte Eichenholztreppe wird durch das *Aufstellen einer eisernen Treppe mit Eichenbohlenbelag* ersetzt. Die Kosten betragen 37 000 Mark; der Bauschein wird am 9.2.1905 ausgestellt (BA Simeonsplatz 3). Laut beiliegendem Plan entsteht der Abortanbau vor der Mitte der Nordseite zur Bastau; weitere Toiletten liegen im Inneren neben den Treppenpodesten. Der Anbau wurde zu unbekannter Zeit wieder entfernt; dabei wurde vermutlich das jetzt bestehende breite senkrechte Fensterband für die Treppenhaus-Belichtung angelegt, das in Höhe der Wendepodeste dreifach durch Stürze unterteilt ist.

Abb. 295 Simeonsplatz 4, ehemaliges Militär-Ökonomie-Gebäude. Ansicht von Südosten, 2000.

Nach 1921 diente der Bau als Stabshaus (Regiments- und Abteilungs-Stab) für das 6. (Preußische) Artillerie-Regiment der Reichswehr (Garnisons-Atlas, Neuauflage 1923, Bl. 29, Nr. 8a), nach 1936 für das Artillerie-Regiment Minden bzw. die schwere I. Abt./ Artillerie-Regiment 42.- Mit dem Aufbau der Bundeswehr zog hier die Standort-Kommandantur ein; seit etwa 1995 ist der Bau Sitz der Mindener Entwicklungs- und Wirtschaftsförderungsgesellschaft (MEW). Das Haus wurde im Inneren den jeweiligen Erfordernissen angepaßt und technisch modernisiert (Heizung, Installation etc.; Daten nicht ermittelt); äußerlich blieb es weitgehend unverändert, abgesehen vom Ersatz der Sprossenfenster durch Großscheiben-Verglasung mit Oberlichtern, der Dachgaupen durch Dachflächenfenster und das Einziehen eines mächtigen, asymmetrisch gesetzten Schornsteins anstelle der beiden symmetrisch angeordneten Kaminköpfe. – Die Inschrift *MILITAIR OEKONOMIE GEBAEUDE ERBAUT 1837* wurde zu unbekannter Zeit entfernt.

KAT.-NR. 239 Abb. 296
Wagenhaus No 2, Projekt, 1853

Bezeichnet *Caspary*, datiert *Minden den 14ten März 1853*.
Kolorierte Federzeichnung; 64,5 x 98 cm.
Wasserzeichen: JWHATMAN / 1852.
Transversal-Maßstab zum Lageplan (5) + *100 Ruthen* = 13 cm = 1:2880; zu Grundriß, Schnitten und Ansichten *12 + 96 Fuss = 8 Ruthen* = 23,4 cm ≅ 1:144.
Kartentitel: *Project zum Wagenhaus No 2 in der Kehle des Bastion IV der Hausberger Fronte zu MINDEN / Zum Kostenanschlage d.d. Minden den 14ten März 1853. Sect. VI.3.No 155.*
Unten von rechts: Ort und Datum wie oben; *Caspary Hauptmann und Artillerie Offizier vom Platz / Pagenstecher Major und Platzingenieur / Gesehen. v. Dechen Oberst und Festungs Inspekteur.*

GSTA PK, Festungskarten Minden C 70.166; unpubliziert.

Oben rechts *Situation der Hausberger Fronte* (Norden unten). Vereinfachte Darstellung des Kronwerks mit den Bezeichnungen der Bastions *III. – V.*, dazu Haus*bergerthor, Poterne No 2* und *3* und *Simeons-Tambour*. An Gebäuden eingetragen nur *Defensions Caserne* und *Garnison Lazareth*. Zwischen ihnen, hinter Bastion IV, das projektierte Wagenhaus. Für die Feuerlinie und einzelne Stellen der Befestigung sind die Höhen über dem Mindener Pegel angegeben.

Oben links, je zur Hälfte, *Grundriss des Erdgeschosses* und des *Obern Geschosses*. Gesamtlänge *208'6"*, Tiefe *48'*. Die Mauerstärke zum Platz beträgt *3'6"*, Rückseite und Schmalseiten sind je *4'* stark angegeben. Außerdem sind die Lichtmaße der Tore, Fenster und der inneren Abteilungen eingetragen.

Darunter *Längendurchschnitt* in der Firstlinie mit Höhen- und Längenmaßen, Mauerstärken (oben rundum *3'6"*) und Fundamenttiefen. – In der Mitte rechts *Querdurchschnitt* nach links.

Unten *Ansicht der inneren Fronte*, daneben rechts *Giebel-Ansicht*. – Das großzügige Projekt von Rauchs für den Bau von drei großen Defensions-Kasernen in den Bastionskehlen der Hausberger Front (vgl. Kat.-Nr. 34) war spätestens 1828 mit der Entscheidung für den Bau des Garnison-Lazaretts hinter Bastion III aufgegeben worden (vgl. Kat.-Nr. 224), doch fehlte nach wie vor hinter Bastion IV ein entsprechendes Gebäude, das im Kriegs- bzw. Belagerungsfall als bombenfeste Batterie dienen und massiertes Artilleriefeuer über das Bastion hinweg gewährleisten konnte.

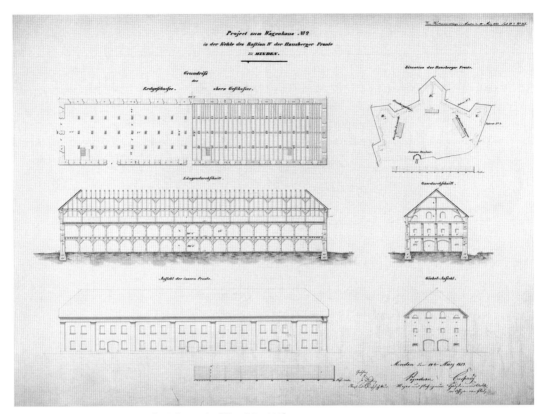

Abb. 296 Wagenhaus No 2, Projekt, 1853 (Kat.-Nr. 239).

Der halbenwegs zwischen dem Simeons-Tambour und dem Hausberger Tor gelegene, seit etwa 1828 in Plänen nachweisbare Artillerie-Wagen-Schuppen war mit 10½ x 3½ Ruten Größe (ca. 39 x 13,20 m) für den Bedarf der Festungs- wie der Feldartillerie sicherlich zu klein, jedoch konnte erst relativ spät daran gedacht werden, sowohl dem Raumbedarf der Artillerie als auch den fortifikatorischen Notwendigkeiten Rechnung zu tragen. Ob auch ästhetische Gesichtspunkte eine Rolle spielten, steht dahin, doch stand der alte Artillerie-Wagenschuppen an der Hausberger Torstraße schräg vor der repräsentativen Fassade des Garnison-Lazaretts, und man wird ihn dort gewiß als störend und beeinträchtigend empfunden haben (vgl. den Pagenstecher-Plan von 1837/38, Kat.-Nr. 39). Zudem stand der Schuppen sicherlich auch dem Exerzierbetrieb auf dem Platz buchstäblich im Wege. Bis zum Neubau des Wagenhauses befanden sich im Bastion IV die Steinwaage und drei Fortifications-Holz- und Palisaden-Schuppen (vgl. ebd. und den Lageplan nach 1825, Kat.-Nr. 224, Abb. 277). Sie wurden später abgebrochen; noch 1860 sind sie im Lageplan zu Kat.-Nr. 246 verzeichnet.

Die Ausstattung der langen Platzfront mit Kolossalpilastern in Anlehnung an die beiderseits benachbarten Bauten der Defensions-Kaserne und des Garnison-Lazaretts hängt vermutlich mit der Lage *auf einem freien Platze und an eine(r) Landespassage* – hier der Staats-Chaussee nach Bielefeld – zusammen. Projekte für staatliche Bauten in solcher Situation waren dem in Architekturfragen sehr engagierten und anspruchsvollen König Friedrich Wilhelm IV. *zur allerhöchsten Genehmigung* vorzulegen (vgl. das Projekt von 1856 für den Schaftholz-Schuppen Kat.-Nr. 241).

IV.2.2 Katalog – Die Hausberger Front und ihre Bauten (Kat.-Nr. 190–256)

Abb. 297   Simeonsplatz 21, ehemaliges Wagenhaus No 2 von Südosten, 2003.

Die 19 Achsen lange zweigeschossige Platzfassade nimmt mit der dorischen Kolossalpilaster-Gliederung den bei der Defensions-Kaserne und dem Garnison-Lazarett angeschlagenen Ton einer würdig-ernsten und zugleich repräsentativen Fassadengestaltung auf mit der Absicht, die bisher bestehende große Lücke am trapezförmigen Simeonsplatz angemessen zu schließen. Jeweils drei Achsen werden zu einem Feld zusammengefaßt; auf die Endfelder entfallen zwei Fensterachsen. Drei stichbogige Tore im zweiten, vierten (mittleren) und sechsten Wandfeld setzen symmetrisch verteilte Akzente und erschließen das Innere; zwei Tore in den vierachsigen Stirnseiten treten hinzu. Fenster und Tore sind ohne Faschen schlicht in die Wandflächen geschnitten. Über den Pilastern einfaches Gebälk mit Architrav und Traufgesims, darüber geschlossenes Satteldach mit Krüppelwalmgiebeln.

Die Giebelseiten sind neben den Toren mit liegenden Gewehrscharten ausgestattet, im Obergeschoß mit vier Kanonenscharten. Das Traufgesims der Langseite bricht hinter der Ecke ab und wird als Rahmung des Giebeltrapezes über zwei Rundbogenfenstern und zwei Lünetten fortgesetzt.

Die Rückseite ist völlig schlicht; hier sind in beiden Geschossen je 19 Scharten angeordnet, im Erdgeschoß liegende Gewehrscharten, im Obergeschoß Kanonenscharten mit entsprechenden Rauchabzügen. Zwei Scharten an den Enden sind jeweils schräg gezogen.

Das Innere wird der Länge nach durch drei Reihen kräftiger Ständer aus Doppelhölzern mit Kopfbändern in Längsrichtung in vier Schiffe geteilt; die obere Geschoßdecke ist als Bombenbal-

Abb. 298 Simeonsplatz 21, ehemaliges Wagenhaus No 2. Obergeschoß nach Nordwesten, 2001.

kendecke ausgebildet. Hinter dem Fassadengebälk liegt ein Drempelraum (für die Erdschüttung im Belagerungsfall); der Dachstuhl ist eine Kombination aus Kehlbalken- und Pfettendach mit Kehlbalken und Hahnebalken und mittigen Stuhlrähmen, zu denen im unteren Dachgeschoß zwei schrägegeneigte Stuhlreihen mit Streben zur Drempelkrone und zur Kehlbalkenlage treten.

Entwurfsverfasser dürfte entweder der unterzeichnende Hauptmann und Artillerieoffizier vom Platz Caspary oder der Platzingenieur Major Pagenstecher gewesen sein, wobei freilich unklar ist, ob reine Artillerie-Offiziere wie Caspary eine Architekturausbildung genossen wie sie den Ingenieur-Offizieren zuteil wurde.

KAT.-NR. 240 ohne Abb.
Wagenhaus No 2, Projekt, Kopie 1854

Bezeichnet *Daniel*, datiert *Minden den 22ten Februar 1854*.
Zartfarbig angelegte Federzeichnung mit Bleistift-Nachträgen; 62,8 x 94 cm, alt auf Leinen gezogen.
Wasserzeichen: JWHATMAN / 1852.
Maßleiste zum Lageplan von *5 + 100 Ruten* = 13,8 cm = 1:2880,
Transversal-Maßstab von *12(') + 8 Ruthen* = 23,5 cm = 1:144; daneben in Blei Maßleiste mit Teilung in Viertelruten.
Kartentitel, Beschriftung und Unterschriften wie in Kat.-Nr. 239, links unten: *Copirt durch Wallmeister Daniel*, Ort und Datum wie oben.

STA DT, D 73 Tit. 5 Nr. 2966; unpubliziert. – Oben links rote Inv.-Nr. *P. V.IIIa. Nro: 35* und Stempel der Fortification zu Minden.

Der Plan ist eine genaue Kopie des nach Berlin abgegebenen Blattes von 1853 (Kat.-Nr. 239). Im Querschnitt und in der Fassade ist zu späterer Zeit, aber vor Einführung des metrischen Systems (1872) mit Blei ein Umbauprojekt eingetragen: Es sah die Einrichtung des Erdgeschosses als Pferdestall mit drei Reihen von Pferdeständen vor. Dazu sollte die Erdgeschoßdecke beseitigt und auf höherem Niveau durch längsgespannte preußische Kappen auf Trägern und zwei Reihen von Gußeisenstützen ersetzt werden; die Bombenbalkendecke über dem Obergeschoß sollte unter Aufgabe des Drempels auf die Mauerkrone verlegt werden. Der Einbau von Futtertrögen im Stall und die bis zur Fenstersohlbank verlegte Fußbodenhöhe im Obergeschoß hätten eine Verschiebung der Fensteröffnungen nach oben bedingt, die in einer Achse der Fassadenansicht skizziert ist. Eine entsprechende Verlegung der Kanonenscharten an der Rückseite ist dabei anscheinend nicht erwogen – oder jedenfalls nicht eingezeichnet – worden. Dieses Umbauprojekt ist möglicherweise mit der Bleistiftnotiz oben links *(II G. J./ad 175/60)* zu verbinden und ließe sich damit auf 1860 datieren. Es ist denkbar, daß hier Vorüberlegungen zum Bau der Artillerie-Pferdeställe von 1867 fixiert wurden (siehe Kat.-Nr. 250–252).

Am ausgeführten Bau setzt sich das schwere Gebälk über die Giebelseiten und an der wallseitigen Rückfront fort; entsprechend sind auch hier die Ecken mit Pilastern besetzt. In den niedrigen, trapezförmigen Giebelschilden unter den Krüppelwalmen sitzen statt der projektierten Rundbogenöffnungen vier gleichmäßig gereihte Stichbogenfenster. Die Entwurfszeichnungen zeigen außer der

Abb. 299 Simeonsplatz 21, ehemaliges Wagenhaus No 2. Portalblock vor dem nordwestlichen Tor von Osten, 2001.

Abb. 300 Simeonsplatz 21, ehemaliges Wagenhaus No 2. Mittelteil der Platzfassade, 2001.

Abb. 301   Wagenhaus No 2 von Nordosten, 1913.

Abb. 302   Simeonsplatz 21, ehemaliges Wagenhaus No 2. Östliches Tor der Platzseite, Innenansicht, 2001.

Abb. 303   Simeonsplatz 21, ehemaliges Wagenhaus No 2. Gewehrscharte und Rauchabzug im feldseitigen Erdgeschoß, 2001.

Pilastergliederung nichts zur Behandlung der Wandflächen. Zum Platz und an den Giebelseiten wurden die geputzten Wände gleichmäßig gequadert, mit Keilsteinschnitt über den Stichbögen der Tore, Gewehr- und Kanonenscharten. Die lange Rückfront zeigt nur die glatte Putzwand mit den Gewehrscharten im Erdgeschoß und den Kanonenscharten im Obergeschoß. Die gestalterischen Änderungen gegenüber dem Entwurf gehen möglicherweise auf Anordnungen aus Berlin zurück.

Ausgeführt – oder zu nicht ermitteltem Zeitpunkt durch Umbau hergestellt – wurde nicht der 1853 projektierte vierschiffige Innenbau, sondern eine dreischiffige, sparsamere Version mit asymmetrischer Längsteilung: Die wallseitige Doppelständerreihe blieb bestehen. Die beiden Doppelständerreihen in der Mitte und zur Platzseite wurden durch eine Reihe mit einfachen Ständern ersetzt, so daß hier in beiden Geschossen zwei Schiffe von je 4,80 m Achsmaß entstanden. Im Anschluß an die Giebelwände hatte dies zur Folge, daß der Längsunterzug vor den jeweils platzseitigen Toren mit einem Bock aus starken Balken abgefangen werden mußte (Abb. 299). Möglicherweise ging mit diesem Umbau (?) eine Veränderung der Platzfassade einher:

Abb. 304   Simeonsplatz 21, ehemaliges Wagenhaus No 2. Erdgeschoßfenster der Platzseite mit Versatzfalz, 2001.

Über dem mittleren Tor wurde im Obergeschoß eine große, fast torbreite Luke mit geradem Sturz eingebrochen; Keilsteinschnitt und Fugen waren sorgfältig dem Quaderputz der Wandflächen angeglichen. Die Öffnung wurde mit einem zweiflügeligen Eisentor verschlossen und einer Sicherungsstange im Gewände versehen. Vor dem Tor wurde eine offensichtlich permanente steile Auffahrtrampe angelegt, über die bei Friedensnutzung Fahrzeuge des Artillerie-Wagenparks in das Obergeschoß gezogen werden konnten, im Armierungsfall die notwendigen Geschütze zu Bestückung der Kanonenscharten. Eine »Appareille« (Rampenklappe im Inneren) wie im Trainschuppen / Proviantmagazin (Kat.-Nr. 209) und im Artillerie-Zeughaus / Mauritius-Kirche (Kat.-Nr. 332, 333; Teil III, S. 498 f.) war nicht vorhanden.

Die Rampe, vermutlich eine Holzkonstruktion, bestand zumindest 1913 und 1936 (Foto von der Parade zur 100-Jahr-Feier des Infanterie-Regiments Nr. 15, KAM, Bildsammlung B VI 2; Simeonsplatz, 1936 ebd. B VI 10, Nr. 7555; GRÄTZ, S. 231). – Der Bau war einheitlich, vermutlich grau, gestrichen. Das Dach hatte eine altdeutsche Schieferdeckung und zwei Reihen kleiner, liegender Dachfenster.

Das Wagenhaus 2 wurde auch von der Wehrmacht zum Unterstellen von Artilleriefahrzeugen benutzt (Simeonsplatz, 1936, GRÄTZ S. 231). 1937 Anbau einer Transformatorenstation an der Mitte der Rückseite, B 5,50 m, Tiefe 5,00 m, flaches Walmdach mit 3,40 m Traufhöhe und 4 m

Abb. 305   Simeonsplatz 21, ehemaliges Wagenhaus No 2 von Nordosten, 2003.

Firsthöhe (BA Simeonsplatz 10/21/24/37). Vermutlich um die gleiche Zeit Einbau von zwei feuersicheren Betontreppenhäusern neben dem mittleren Tor der Platzseite und vor der Rückwand, sowie einer Brandabschnitts-Querwand links neben dem Mitteltor.

Die britische Besatzungsmacht hatte anscheinend für reine Lagerbauten wie das Proviantmagazin (Simeonsplatz 3) und das Wagenhaus No 2 keine Verwendung; der Zaun um die Westminster Barracks sparte – neben dem ehemaligen Militär-Ökonomie-Gebäude und der Heereswaschanstalt – beide Gebäude aus.

1947 Genehmigung zum Ausbau einer Vier-Zimmer-Wohnung mit Sanitärräumen im Dachgeschoß hinter dem Ostgiebel für die Firma Otto Graupner, die im übrigen Dachraum Werkstätten zur Fabrikation von Textilien betreibt (BA Simeonsplatz 21; dort auch das Folgende). Im Ostteil des Erdgeschosses befindet sich die Firma H. Jehle, Auto-Elektrik, deren Werkstatt Königswall 4 durch Bomben zerstört war. – 1950 bezieht die Spirituosenfabrik Erich Fürste den Westteil des Erdgeschosses; 1952 wird der Einbau eines gebrauchten Steilsiedekessels genehmigt. – Am 2. 3. 1951 beantragt die Fa. Christian Keul, Zuckerwarenherstellung, Wunstorf-Blumenau, die Genehmigung zum Ausbau des 1. Obergeschosses im Ostteil. Für eine Belegschaft von 12–15 Personen sollen Büro, Fabrikations- und Lagerraum, zwei Aufenthaltsräume samt Küche, Bad und Toilette eingerichtet werden; die Zwischenwände werden aus Schwemmstein errichtet, für zwei Herde werden die nötigen Schornsteine eingezogen. Zwei Kanonenscharten in der östlichen Giebelwand werden zu großen querrechteckigen Fenstern erweitert. Der Bauausschuß und der Baulenkungsausschuß stimmen am 23. 4. zu. An der Südostecke wird ein Abstellraum (später Garage) von 3 x 6 m Größe errichtet, auf dessen Flachdach seitlich eine Treppe führt, die als geforderter Notabstieg vom 1. Obergeschoß

IV.2.2 Katalog – Die Hausberger Front und ihre Bauten (Kat.-Nr. 190–256)

Abb. 306   Schaftholz-Schuppen/Wagenhaus No 5 und Garnison-Lazarett an der Ostseite des Simeonsplatzes, 1895.

dient. – 1958 wird der Bau behelfsmäßig für die Standortbekleidungskammer der Bundeswehr eingerichtet. Wohl im Zusammenhang damit Neueindeckung mit dunkelbraun engobierten Hohlfalzpfannen und Außenanstrich: Wandflächen ziegelrot; Pilaster, Gebälk und Giebelgesimse in gebrochenem Weiß.

Nach längerem Leerstand und Ausarbeitung verschiedener Nutzungskonzepte im Rahmen von Konversion und Sanierung der Militärbauten am Simeonsplatz erfolgte 2000/01 die Umgestaltung des Wagenhauses zum Zentrum für »Wellnes-Relax-Fitness« mit integriertem Friseur- und Kosmetiksalon, Reisebüro und Videothek (Planung: Narten + Partner Architekten, Gehrden). Unter Beibehaltung des massiven Treppenhauses neben dem mittleren Tor der Platzseite wurde der Bereich hinter den mittleren fünf Achsen für den Bau einer zentralen kreisrunden Treppenanlage ausgekernt; in den seitlichen Teilen blieben Ständer, Decken und Dachkonstruktion unter feuersicheren Bekleidungen erhalten. Neue Zwischenwände wurden in Trockenbauweise eingezogen. Die große Luke über dem Mitteltor ist auf das Maß der übrigen Fassadenfenster reduziert, die beiden querrechteckigen Fenster von 1951 im Ostgiebel erhielten eine neue Form als stichbogige Hochrechteckfenster, zwei Kanonenscharten im Westgiebel und die beiden mittleren Fenster im westlichen Giebeltrapez wurden in der Höhe vergrößert. An der Rückseite wurden veränderte oder vermauerte Gewehr- und Kanonenscharten in der vorgefundenen Form belassen. Für die Belichtung des ausgebauten Dachgeschosses und die Sicherstellung eines ausreichenden Notausstieges im Bereich des Spitzbodens war das Aufbringen von Gaupen unerläßlich. Sie sind mit kräftigen Stichbogen geschlossen und mit Blech verkleidet. Das Dach ist nun mit blauschwarzen Falzpfannen gedeckt; der neue Anstrich setzt

Pilaster, Gebälk und Giebelgesimse in hellrotem Ton gegen die in hellem, leicht rötlichem Ocker gefaßten Wandflächen ab.

Der Bau bildet mit der neuen, freundlichen Farbfassung auch optisch ein Pendant zum hell-sandfarben gestrichenen Bau des Proviantmagazin auf der gegenüberliegenden Seite des Simeonsplatzes. Das Wagenhaus No 2 wurde am 29.9.1987 in die Denkmalliste der Stadt Minden eingetragen.

KAT.-NR. 241 Abb. 307
Schaftholz-Schuppen, Fassadenentwurf, 1856

Bezeichnet *Schulz 1*, datiert *Minden, den 2ten August 1856.*
Grau lavierte Federzeichnung mit aquarellierter perspektivischer Ansicht; 57,8 x 67,5 cm.
Wasserzeichen: JWHAT[MAN] / 185[.].
Maaßstab für die geometrischen Ansichten 1:144 = 12' + 7 Ruthen = 20,8 cm.
Kartentitel in Schönschrift: *Entwurf zur Façade des Schaftholz Schuppens zu MINDEN.*
Unten rechts: Ort und Datum wie oben; *Schulz 1 Hauptmann und Platzingenieur / Sontag Hauptmann der III Ingenieur Inspection.*
Unten links: *Gez: von Daniel Wallmeister.*
Rückseitig aufgeklebter Zettel: *Grundriß des Zeughofes zu Minden / Entwurf zur Facade des Wagenhauses 5 zu Minden. / Zeichnung des Verwahrungsgebäudes No1 auf dem Artillerie Zeughof der Festung Minden.*

STA DT, D 73 Tit.4 Nr. 10279; unpubliziert. – Oben links rote Inv.-Nr. *IIIa No 46* und Stempel der Fortification zu Minden.

Oben *Längen Ansicht* und *Giebel Ansicht* (Aufrisse), unten *Ansicht des Schaftholz Schuppens und eines Theiles des Lazareth's:* Aquarellierte perspektivische Schrägansicht von Westen, rechts angeschnitten das Garnison-Lazarett mit dem zurückgesetzten Latrinen-Anbau (vgl. Kat.-Nr. 234, 235).

Die Platzfassade des ca. 86 x 41 Fuß messenden und von den Giebelseiten her erschlossenen Gebäudes zeigt in beiden Geschossen je fünf rundbogige Zwillingsfenster und Faschen; die oberen sitzen auf dem als Gurtgesims durchlaufenden Sohlbankprofil. Unter der Traufe in jeder Achse ein kleiner kreisrunder Okulus. Zu beiden Seiten wird die Fassade nach einem kleinen Rücksprung, in dem das Gurtgesims endet, von breiten gequaderten Lisenen mit einem durch eine Leiste abgesetzten Kopfstück eingefaßt. Darüber folgt, über dicht gereihten Karnies-Konsolen, das Traufgesims. Das Satteldach zeigt in zwei Reihen fünf (3:2) auf die Fassadenachsen bezogene liegende Dachfenster.

Die Giebelansicht ist wesentlich schlichter. In jeder der drei Achsen stehen in drei Geschossen gekuppelte Rundbogenfenster; abgesehen vom Sockel sind weder die Ecklisenen noch das durchlaufende Gurtgesims aufgenommen. In der Erdgeschoß-Mittelachse eine rundbogige Tür, in der Giebelspitze ein Okulus. Im Fassadenentwurf wird die Absicht deutlich, mit den breiten, rahmenden Lisenen das Gliederungssystem der den Simeonsplatz umstehenden Gebäude aufzunehmen und vor allem die unmittelbare Nachbarschaft des Garnison-Lazaretts zu berücksichtigen. Dabei greift der Entwurf mit dem Absetzen der Lisenen gegen den durchfensterten Fassadenteil durch einen schmalen, schlitzartigen Rücksprung offensichtlich auf das Berliner Projekt von 1835 für das Militär-Öko-

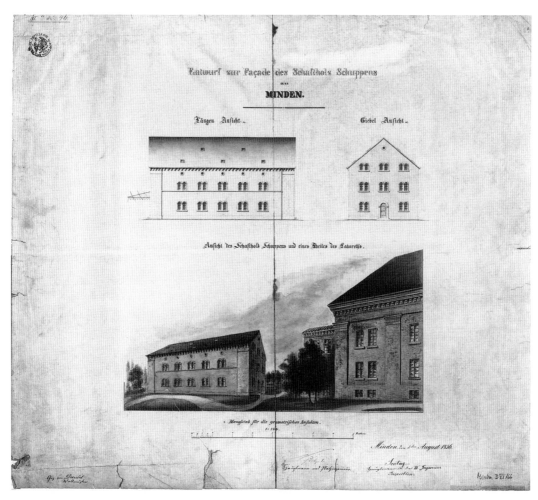

Abb. 307 Schaftholz-Schuppen, Fassadenentwurf. Wallmeister Daniel, 1856 (Kat.-Nr. 241).

nomie-Gebäude zurück (vgl. Kat.-Nr. 236). – Ein an der linken Giebelseite auskragendes Vordach mit seitlicher Verbretterung und hängendem Kleeblatt-Bogenfries ist nachträglich mit Bleistift durchstrichen.

Vermutlich mit einem vorhergehenden, nicht vorliegenden Entwurf wendet sich das Allgemeine Kriegs-Departement an das Ministerium für Handel, Gewerbe und öffentliche Arbeiten am 3. Mai 1856 (GSTA PK, I. HA, Rep. 93 D Lit. Gc Tit. XX Nr. 3 Bd. 2, fol. 48 ff.) mit der Bitte, den Plan für den *Schaftholz Schuppen, welcher in Betracht, daß das qu(aestionierte): Gebäude auf einem freien Platze und an eine Landespassage zu liegen kommt, Sr. Majestät dem Könige zur Allerhöchsten Genehmigung vorgelegt werden soll, zunächst durch die technische Bau Deputation geneigtest begutachten zu lassen.* Am 24. Mai schreiben die Oberbauräte Strack und Busse dazu: ... *Es scheint räthlich, die Fenster abweichend von den für Wohnhäuser üblichen Verhältnissen mehr der Bestimmung des Gebäudes entsprechend zu gestalten, die Dachfenster aber in Verbindung mit der Architectur des Gebäudes zu setzen, oder statt derselben runde Fenster im Friese anzuordnen und endlich das Detail des Hauptgesimes zu ändern. − Die diesseitigen Vorschläge sind mit Blei auf der Zeichnung angedeutet.*

Diese Empfehlungen sind anscheinend in dem vorliegenden Entwurf des Hauptmanns und Platzingenieurs Schulz I berücksichtigt worden. Die ungewöhnliche Ausgestaltung des Blattes mit schön gezeichneten, dekorativen Schriften und der sorgsam aquarellierten perspektivischen Ansicht läßt vermuten, daß dieser Plan als Präsentationsblatt zur Vorlage beim König diente.

Die beiden weiteren, auf dem rückseitigen Zettel vermerkten Pläne (Grundriß des Zeughofes und Zeichnung des Verwahrungsgebäudes No 1 auf dem Artillerie-Zeughof) liegen für die Zeit um 1856 nicht vor.

KAT.-NR. 242   Abb. 308
Schaftholz-Magazin, Ausführungsplan, 1856 (Kopie)

Bezeichnet *Daniel,* datiert *Minden den 18ten September 1856.*
Federzeichnung, z. T. mit Blei überzeichnet, Nebenskizze und -rechnungen in Blei; 45,8 x 59,9 cm.
Maßleiste von *10 + 60 Fuss* = 22 cm ≅ 1 : 100.
Kartentitel: *Schaftholz Magazin zu MINDEN;* später gestrichen und mit Blei korrigiert (2x): *Wagenhaus 5.*
Unten rechts: Ort und Datum wie oben, *Copirt durch Daniel. Wallmeister.*

STA DT, D 73 Tit.4 Nr. 10278; unpubliziert. − Oben links durch Abriß unvollständige rote Inv.-Nr. … *No 38* und Stempel der Fortification zu Minden; oben rechts gestrichen *No 371.* Unten links Beischrift: *[Ar]till Dep hat noch 1 Ausfertig. v. diesem Blatt.*

Links Ansicht der Platzfassade, rechts Giebelansicht. Die Langseite des ca. 86 x 42 Fuß messenden Gebäudes ist im Vergleich zum vorhergehenden Entwurf (Kat.-Nr. 241) jetzt siebenachsig; die mittleren fünf Achsen sind wie dort aus unten stichbogigen, oben rundbogigen, paarweise geordneten Fenstern gebildet, die erste und siebente Achse zeigen nur je ein Fenster. Die Fassade fassen schmale Lisenen ein, zwischen denen der Gebälkstreifen mit Konsolen unter der Traufe besetzt ist. Knapp unter ihnen sitzt in jeder Achse ein Okulus; das Satteldach zeigt in zwei Reihen sieben (4:3) in die Achsen gesetzte, liegende Dachfenster. Wandflächen und Lisenen sind waagerecht durch Putzfugen gebändert; über den Fensterbögen ist der Steinschnitt einer Quaderfassade angedeutet.

Die Giebelansicht ist dreiachsig mit einem Fensterpaar in der Mitte, dessen Gesamtbreite die stichbogige Tür entspricht. Im Giebel begleiten drei Okuli (2:1) die Zwillingsfenster. Ecklisenen fehlen auch hier; das Gebälkprofil folgt nach kurzem, waagerechtem Ansatz der Giebelschräge. Die Giebelseite ist wie die Fassade gebändert. − In die Giebelansicht sind nachträglich mit Blei die Höhenmaße der Fenster und Mauerstreifen eingetragen. Für die Tür ist eine lichte Breite von *5′* (statt *5½′*) angegeben; die Gesamtbreite mit Gewände und skizzierter Fasche von *8′* Breite soll *7′4″* betragen. − Unter der Platzfassade steht eine Detailskizze für das Konsolgesims: Die Konsolenstirn soll *7″* breit werden, der Abstand *10 4/11″* betragen.

Der Bau ist mit kleinen Änderungen nach dem vorliegenden Plan errichtet worden. Die Giebelseiten und die auf die vordere Fassade herumgreifenden Lisenen wurden glatt geputzt; die Putzbänderung der Fassade wurde durch eine Putzquaderung ersetzt; außerdem wurden die Konsolen über die Lisenen hinweg bis zum Giebel fortgesetzt. Zu späteren Veränderungen siehe unten.

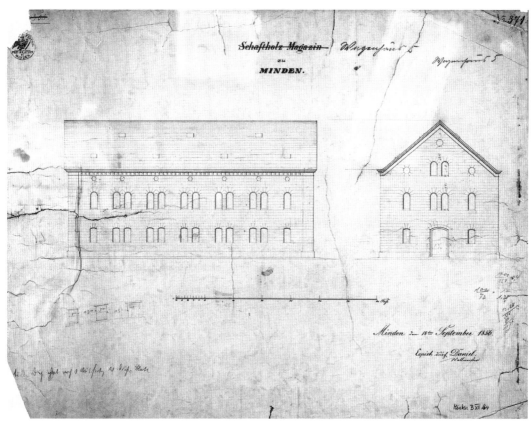

Abb. 308 Schaftholz-Magazin, Ausführungsplan. Kopie von Wallmeister Daniel, 1856 (Kat.-Nr. 242).

KAT.-NR. 243   Abb. 309
Schaftholz-Magazin, Ausführungsplan, 1857

Bezeichnet *Daniel*, datiert *Minden im April 1857*.
Farbig angelegte Federzeichnung; 65,5 x 98,5 cm; alt auf Leinen gezogen.
Transversal-Maßstab von *10 + 50 Fuss* = 29,2 cm = 1:65.
Kartentitel: *Zeichnung des Schaftholz-Schuppens / Erbaut 1856/57.* (Schaftholz-Schuppen später in Blei korrigiert: *Wagenhauses No 5.*)
Unten links: *Gezeichnet durch Daniel Wallmeister, Minden im April 1857.*
Unten rechts: *für die Richtigkeit Sontag Ingenieur-Hauptmann.*

STA DT, D 73 Tit. 5 Nr. 2964; unpubliziert. – Oben links rote Inv.-Nr. *P. V.III.d, Nro. 38* und Stempel der Fortification zu Minden.

Links übereinander Grundriß *Erdgeschoss* und *Grundriss des 1ten Stocks* mit der Balkenlage (Norden unten links). – Rechts oben *Profil nach a-b.*: Querschnitt zum linken Giebel mit der Treppenanlage, rechts unten *Profil nach c-d.*: Längsschnitt durch die Mittelachse mit der Ständerkonstruktion in der linken Hälfte und durch das hintere rechte Giebelfenster.

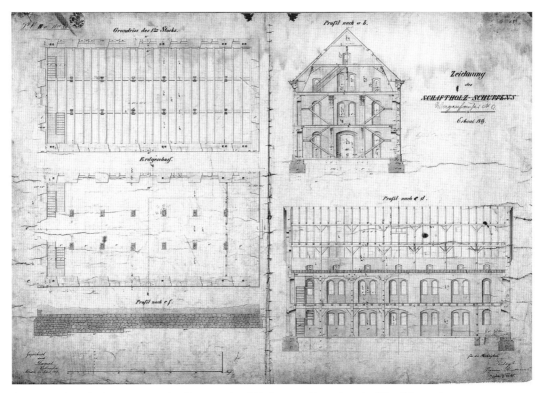

Abb. 309 Schaftholz-Magazin, Ausführungsplan. Wallmeister Daniel, 1857 (Kat.-Nr. 243).

Unten links *Profil nach e-f:* Längsschnitt durch das Fundament der vorderen Längsmauer mit nach links zunehmender Gründungstiefe.

Der rechteckige Bau von *86'* Länge und *41'4"* Breite wird durch Türen in der Mitte der Giebelseiten erschlossen und durch zwei Reihen von verdoppelten Ständern mit Längskopfbändern gleichmäßig in drei Schiffe zu sieben Jochen geteilt. Hinter dem nördlichen Giebel liegen zwei doppelläufige Holztreppen; die Fenster liegen in den *3'6"* starken Mauern in tiefen Stichbogennischen. Im Erdgeschoß ist das südliche Joch durch eine Fachwerkwand mit Tür abgetrennt. Die Erdgeschoßdecke ruht auf einfachen Unterzügen; unter die Bombenbalken der Obergeschoßdecke sind doppelte Balken auf Sattelhölzer gelegt. Der Drempelraum wird durch die Okuli unter der Traufe belichtet; der Dachstuhl zeigt die übliche Konstruktion mit Kehlbalken und Hahnebalken; die Kehlbalken werden durch drei Stuhlreihen unterstützt, von denen die äußeren nach innen geneigt und gegen die Mauerkrone und die Kehlbalken abgestrebt sind. Im oberen Dachgeschoß einfach stehender Stuhl. – Grundrisse und Schnitte sind sorgfältig mit Maßen versehen.

Die Grundrisse zeigen – abweichend vom Fassadenplan Kat.-Nr. 242 – zwischen den Lisenen und dem durchfensterten Wandteil wieder die schon bei Kat.-Nr. 241 besprochenen Wandschlitze. Sie scheinen tatsächlich ausgeführt gewesen zu sein; zuletzt lagen in ihnen die Regenfallrohre. Die Regenrinnen waren ursprünglich auf das Traufgesims gelegt; im letzten Zustand waren sie vor eine durch kurze Aufschieblinge gebildete Stufe am Dachfuß gehängt.

KAT.-NR. 244   **Abb. 310**
Schaftholz-Magazin; Einrichtungsplan, 1858

Unbezeichnet, datiert *Minden, den 6ten April 1858.*
Federzeichnung in schwarzer und roter Tusche; 46,5 x 56,5 cm.
Maasstab zu den Grundrissen: 12 + 72 Fuss = 17,7 ≅ 1:148;
Maasstab zu dem Durchschnitt: 10 + 40 Fuss = 23,9 cm = 1:66.
Kartentitel: *Grundriss der verschiedenen Etagen des Schaftholz-Schuppens mit eingezeichneten Stellagen zur horizontalen Lagerung von Zündnadel-Gewehren.*
Unten rechts Ort und Datum wie oben; *für den abwesenden Platzingenieur Sontag Ingenieur Hauptmann;* unten links: *gesehen Oettinger Oberst u. Fest.-Insp.*

GSTA PK, Festungskarten Minden F 70.077; unpubliziert.

Links übereinander: *Grundriß des Erdgeschosses, Grundriss der 1ten Etage, Grundriss des Bodens auf den Bombenbalken.* Norden rechts oben. – Rechts *Durchschnitt nach A. B.:* Querschnitt durch die Haupträume und den Dachstuhl mit Stellagen in drei Ebenen.

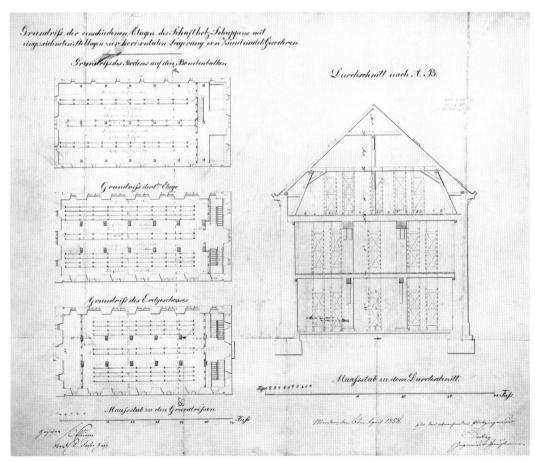

Abb. 310 Schaftholz-Magazin, Einrichtungsplan, 1858 (Kat.-Nr. 244).

Im Erdgeschoß sind die beiden kurzen Endjoche durch Fachwerkwände abgeteilt, im Obergeschoß und im unteren Dachgeschoß nur die Treppenräume. Der Bau ist schwarz ausgezogen; die Stellagen sind rot eingezeichnet. Im Querschnitt ist die vorgesehene Art der Gewehrlagerung anschaulich gemacht: die Kolben nach außen, die aufgesteckten Bajonette nach innen. In den Grundrissen sind entsprechend mit gestrichelten Linien, Maßen und Beischriften *Die Spitzen der Bajonette* und *Die Enden der Kolben* eingetragen.

Die Zeichnung macht deutlich, daß der Bau nicht nur für die Lagerung von hölzernen Gewehrschäften, sondern für die Aufbewahrung kompletter Gewehre benutzt wurde. Dementsprechend wurde er später meist als *Gewehrhaus* bezeichnet (siehe Kat.-Nr. 245). Das 1836 von Johann Nikolaus Dreyse entwickelte Zündnadelgewehr wurde 1840/41 in der preußischen Armee eingeführt.

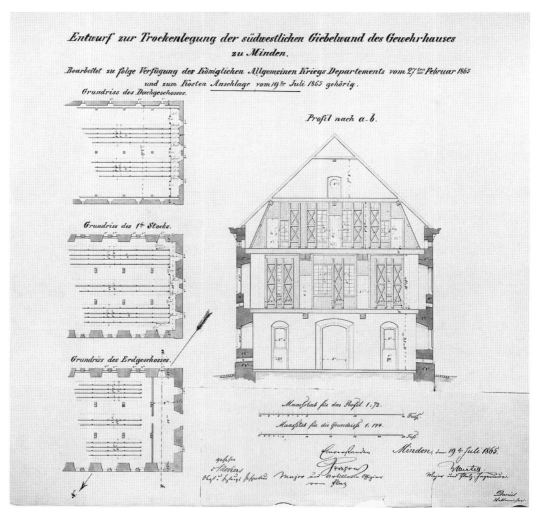

Abb. 311 Schaftholz-Magazin, Entwurf zur Trockenlegung. Wallmeister Daniel, 1865 (Kat.-Nr. 245).

Abb. 312 Schaftholz-Magazin/Wagenhaus No 5 von Westen, 1970.

KAT.-NR. 245 Abb. 311
Schaftholz-Magazin, Entwurf zur Trockenlegung, 1865

Bezeichnet *Daniel*, datiert *Minden, den 19ten Juli 1865*.
Farbig angelegte Federzeichnung; 43,5 x 51 cm.
Maassstab für das Profil 1:72.: 10+20 Fuss = 12,7 cm; Maassstab für die Grundrisse 1:144.: 10+50 Fuss = 12,7 cm.
Kartentitel: *Entwurf zur Trockenlegung der südwestlichen Giebelwand des Gewehrhauses zu Minden. / Bearbeitet zu folge Verfügung des Königlichen Allgemeinen Kriegs Departementes vom 27ten Februar 1865 und zum Kosten Anschlage vom 19ten Juli 1865 gehörig.*
Unten von rechts Ort und Datum wie oben; *Daniel Wallmeister / Maentell Major und Platz-Ingenieur / Einverstanden Grapow Major und Artillerie Offizier vom Platz / gesehen vMertens Oberst u. Festungs Inspecteur*

GSTA PK, Festungskarten Minden F 70.078; unpubliziert.

Links *Grundriss des Erdgeschosses, Grundriss des 1ten Stocks, Grundriss des Dachgeschosses* mit den Gewehrstellagen. Rechts *Profil nach a-b:* Querschnitt durch das südliche kurze Joch gegen den Giebel.
  Der Bau litt offensichtlich unter Feuchtigkeit, die vom Schlagregen an der nicht eigens isolierten südwestlichen Giebelwand herrührte. Der Plan sah daher vor, im Obergeschoß und im unteren Dachraum vor Kopf der Stellagen hölzerne Scherwände mit Fenstern und Türen anzuschlagen und zusätzlich den Dachraum durch Bretterwände an den schrägstehenden Stuhlreihen gegen Drempel

und Dach abzukleiden. Gleichzeitig wurden in den Fensterbrüstungen des Südwestgiebels und der ersten Fensterachse der Langseite quadratische Lüftungsöffnungen eingebaut.

Das Schaftholz-Magazin bzw. Gewehrhaus wurde nach 1873 – der genaue Zeitpunkt ließ sich nicht ermitteln – zum Wagenhaus No 5 umgebaut und führte seither diese Bezeichnung: In die Giebelwand wurden beiderseits der Türen gleichhohe, breite doppelflügelige Tore eingebrochen, vermutlich wurde gleichzeitig der straßenseitige Teil der doppelten Treppenanlage beseitigt.

Die militärische Nutzung als Fahrzeug- und Geräteschuppen (Garnisons-Atlas nach 1923) dauerte bis 1945. Im Juli 1946 Bauantrag der Fa. Heinrich Nagel, Weserspinnerei (Hahler Straße 27), zum Einbau von Büro- und Wohnräumen im Obergeschoß (Architekt Heinz Garnjost) auf Grund der Anordnung der Militär-Regierung vom 10.12.1945 zur Fortführung der Produktion von Seilerwaren, Flechtwaren und handgewebten Textilien unter beträchtlicher Verwendung von Altmaterial. Der größte Teil der Produktion sei früher in Strafanstalten der nach 1945 sowjetischen Besatzungszone ausgeführt worden; in Zukunft solle sie hauptsächlich mit Kriegsbeschädigten betrieben werden. Der Bauschein vom 26.7.1946 vermerkt: *Mit Rücksicht darauf, daß vorstehendes Gebäude unter Schutz (Schinkel-Schule) steht, dürfen Veränderungen an dem Äußeren ohne vorherige Genehmigung nicht ausgeführt werden.*

1948 wird der zeichnungsgemäße Einbau bescheinigt: Trennwände ¼ Stein stark, Deckenverkleidung aus leichten Faserplatten, über Küche und Bad auf Schalung mit Putz. Zum anschließenden Lagerraum feuerhemmende Tür. Baukosten ca. 2000 RM (BA Simeonsplatz 24; als Anschrift ist Portastraße 45 – statt Portastraße 3 – angegeben).

1972 Abbruch für die Erweiterung des Kreiskrankenhauses und die Anbindung der Johansenstraße an die Portastraße (Abbruchantrag des Kreises Minden als Eigentümer in BA Portastraße 1/2/2a/3/4).

KAT.-NR. 246   Abb. 313
Artillerie-Feldmaterial-Schuppen, Entwurf, 1860

Unbezeichnet, datiert *Minden den 2ten Juli 1860.*
Federzeichnung mit Bleistift-Vermerken; 50 x 66,5 cm.
Maaßstab für den Grundriss 12 + 60 Fuss = 15,2 cm = 1:148;
Maaßstab für die Durchschnitt 12 + 24 Fuss = 15,2 cm ≅ 1:72;
Maaßstab für die Situation 10 + 110 Ruthen = 15,2 cm ≅ 1:2880.
Kartentitel: *Entwurf eines leichten einstöckigen Schuppens zur Unterbringung von Feldmaterial der Batterien und Colonnen des 7ten Artillerie Regiments auf dem Simeonsplatz zu MINDEN./ Zum Kostenanschlag vom 2ten Juli 1860.*
Unten rechts: Ort und Datum wie oben; M: *Heinlé Hauptmann und Platz-Ingenieur / Einverstanden Minden den 3ten Juli 1860 Das Artillerie Depot von Jagemann Hauptmann und Artillerie Offizier vom Platz, Lehmann Zeug Lieutenant / Gesehen Cöln, den 16. Juli 1860 Neuland Oberst und Festungs Inspekteur.*

GSTA PK, Festungsplan Minden E 70.023; unpubliziert.

Oben rechts *Fig. 4. Situation der Hausberger Fronte.* Vereinfachter Plan innerhalb der Feuerlinie der Bastions *III.-V.*, mit *Poterne 1–3, Hausbergerthor, Kriegs Pul: Magazin 3* und *4* in den Werken sowie

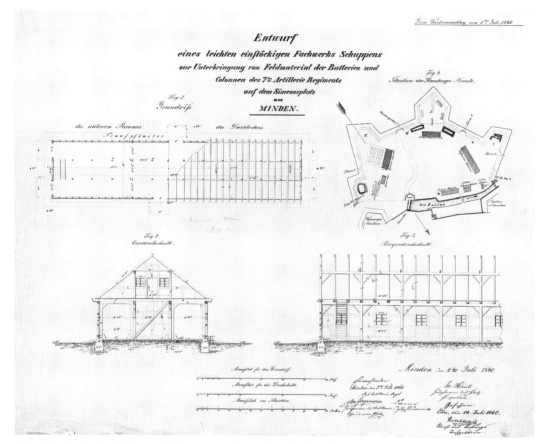

Abb. 313   Artillerie-Feldmaterial-Schuppen, Entwurf, 1860 (Kat.-Nr. 246).

Gewehrhaus, Garnison Lazareth, Artillerie Wagenhaus No 2, Defensions Kaserne, Tambour, Proviant Magazin, Militair Oekonomie Gebäude und Trocken Schuppen samt Latrine. Unten *die Bastau,* jenseits *Kasernen Bastion, Simeonsthor und Bastion Schwichow.* Der *zu erb(auende) Schuppen* liegt zurückgesetzt links vom Gewehrhaus vor der Erdanschüttung im Redan III.

Oben links *Fig: 1. Grundriss des unteren Raumes* (links) bzw. *des Dachbodens* (rechts).

Darunter *Fig: 2. Querschnitt* zum linken Giebel, rechts daneben *Fig: 3 Längendurchschnitt,* alles mit Maßangaben.

Das eingeschossige Fachwerkgebäude von *139' 6"* Länge und *30' 10"* Breite (ca. 44 x 9,80 m) wird durch zwei einfache Ständerreihen mit Längskopfbändern gleichmäßig in 13 Joche geteilt; die Wände sind doppelt verriegelt mit mittigen Fenstern in jedem Joch. An den Ecken Schwelle-Rähm-Streben, desgleichen an den Giebelseiten zwischen den beiden Einfahrtstoren, dort auch die Treppen zum Dachboden. Das mäßig geneigte Satteldach mit angeblatteten Kehlbalken ruht auf doppelt stehendem Stuhl. Etwa in der Mitte der Längsseiten je ein weiteres Tor. Der Boden ist mit Steinen gepflastert; rund um den Bau liegt ein *4' breites Traufpflaster* mit Ausläufen vor den sechs Toren.

Bleistiftnotiz beim Grundriß *Kostenanschlag 4300 rt,* □*f* (= Quadratfuß) *pp. 1 rt.*

KAT.-NR. 247 Abb. 314
Artillerie-Feldmaterial-Schuppen, Entwurf zur Erweiterung, 1866

Bezeichnet *Langen*, datiert *Minden den 13ten Juni 1866*.
Farbig angelegte Federzeichnung; 47 x 58,5 cm.
Maaßstab 12' = 1 ddc." = 1:144: 10 + 60 Fuss = 14,9 cm;
Maaßstab zur Situation 6° = 1ddc.": 6 + 18 Ruthen = 10,4 cm ≅ 1:860. Norden rechts unten.
Kartentitel: *Entwurf zum Bau eines Schuppens für die Festungs-Artillerie im Anschluß an das Wagenhaus No 4 auf dem Simeonsplatz zu Minden. / Bearbeitet zufolge Verfügung des Königlichen Allgemeinen Kriegs-Departements vom 3ten Mai 1866 / Zum Kosten-Anschlage vom 13ten Juni gehörend.*
Unten rechts Ort und Datum wie oben; *Langen Gefreiter / Behm Hauptmann und stellvertretender Platz-Ingenieur / Einverstanden Grapow Major und Artillerie Offizier vom Platz /* links: *Caspary* [Oberst und Regiments-Kommandeur] / *Gesehen: Bernis Oberst und Inspekteur der 4ten interimistischen Festungs-Inspektion.*

GSTA PK, Festungskarten Minden F 70.079; unpubliziert.

Oben rechts *Situation* mit *Redan III*, dem dort aufgeschütteten *Vorrathsboden*, dem davorliegenden, hier als *Wagenhaus 4* bezeichneten Schuppen, dem benachbarten *Gewehrhaus* und dem *K. P. M. III* (Kriegs-Pulver-Magazin No 3).
Links oben *Grundriss* des projektierten Anbaues, darunter *Längendurchschnitt*, rechts *Querdurchschnitt*.
Der 55' lange, 31' breite (ca. 17,30 x 10 m) Schuppen soll den 1860 errichteten Artillerie-Feldmaterial-Schuppen (siehe Kat.-Nr. 246) in der Mitte der westlichen Langseite T-förmig erweitern. Die Konstruktion entspricht der des vorhandenen Baues. Eine Korrektur im Dachstuhl sieht vor, daß die hier verdoppelten Kehlbalken-Zangen unter die Stuhlrähme verlegt werden. Der dreischiffig angelegte Anbau wird über zwei Tore in der platzseitigen Stirnwand erschlossen; zwischen den Toren liegt die Treppe zum Dachraum.
Durch diesen Anbau erhält das Gebäude die später weithin übliche Bezeichnung »T-Schuppen«.
1937 Bauantrag des Herresbauamtes II, Bielefeld, zur Zurücknahme des über die Fluchtlinie der Portastraße ragenden Teils des Nordwestflügels um vier Gefache = 4,90 m. Die neue Front erhält Fenster mit Klappläden; sie werden farbig abgesetzt. Das Tor wird in die südliche Langseite verlegt (BA Simeonsplatz 5).
Die militärische Nutzung als Geräteaufbewahrungsraum endet 1945. Am 1.5.1946 weist der britische Stadtkommandant Major Spuner die Lagerräume dem seit 1919 bestehenden Fuhrunternehmen Kurt Lulling zu, der sie von der Abwicklungsstelle des Finanzamtes Minden pachtet. 1947 Genehmigung einer neuen Durchfahrt in der Mitte der beiden Stützreihen des älteren Schuppenteils, Ausbau des Querflügels mit einer kleinen Wohnung samt Büroraum und Fahrerzimmer. Lulling begründet den Bauantrag mit der Notwendigkeit einer dauernden Bewachung von Fahrzeugen und Lagergut, da mehrmals Einbruch- und Diebstahlversuche vorgekommen seien. Außerdem werde neuer Wohnraum geschaffen und die bisherige große Wohnung Marienstraße 2 werde dadurch frei.

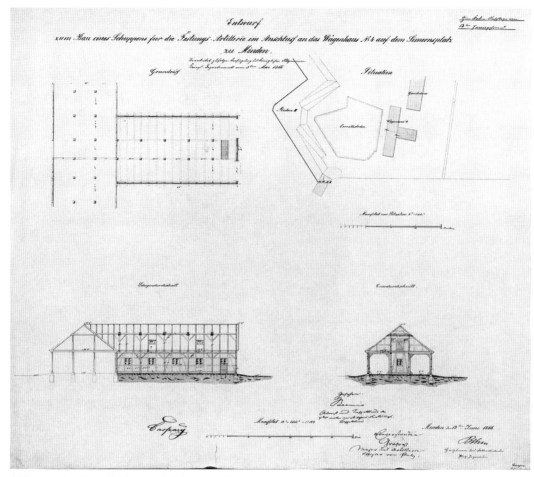

Abb. 314 Artillerie-Feldmaterial-Schuppen, Entwurf zur Erweiterung. Gefreiter Langen, 1866 (Kat.-Nr. 247).

Der Allgemeine Ausschuß erhebt Einwände aus verkehrs- und gesundheitspolitischen Gründen wegen der Lärmbelästigung für die Patienten des Kreiskrankenhauses im ehemaligen Garnison-Lazarett. Die Arbeiten werden zeitweilig eingestellt. Die Wohnung ist am 1.10.1947 fertig; Baukosten laut Abnahme vom 25.08.1948 21.000 DM.

1955 Fa. Nolting & Serbser ist Mieter; zwischen dem nördlichen Kopfbau und der Bastau Anlage einer Tankstelle für das Fuhrgeschäft.

1973 Abbruch des ehem. Schuppens Nr. 7/T-Schuppen durch den Kreis Minden-Lübbecke als neuen Eigentümer zugunsten der Anbindung der Johansenstraße an die Portastraße. In der Zwischenzeit war an der östlichen Langseite auf ganzer Länge ein ca. 5 m breiter Schuppenanbau mit flachem Pultdach errichtet worden (BA Simeonstraße 37, Portastraße 1/2/2a/3/4).

KAT.-NR. 248   Abb. 315
Geschützrohrschuppen, 1867

Bezeichnet *Langen,* datiert *Minden den 20ten Februar 1867.*
Federzeichnung; 48 x 63 cm.
Lageplan-*Maaßstab 20° =1ddc":* 10 + 70° = 10,5 cm = 1:2880; *Maaßstab für den Grundriss 12' = 1ddc."* = 1:144: 10 + 90' = 21,3 cm; *Maaßstab für den Durchschnitt 6' = 1ddc." = 1:72: 5 + 45'* = 21,3 cm.
Kartentitel: *Entwurf zum Bau eines Schuppens für gezogene Geschützrohre. Bearbeitet zufolge Verfügung des Königlichen Allgemeinen Kriegs-Departements vom 18ten December 1866, 14ten Januar 1867 und zum Kostenanschlage vom 20ten Februar 1867 gehörend./ Verändert zufolge Verfügung des Königlichen Allgemeinen Kriegs-Departements vom 12ten März 1867.*
Unten rechts: *Langen, Unteroffizier / Behm Major und Platz-Ingenieur / Einverstanden Caspary Oberst und Regiments-Kommandeur / Einverstanden Grapow Major und Artillerie Offizier vom Platz / Gesehen Schulz I Generalmajor und Festungs-Inspekteur.*
Unten links: Ort und Datum wie oben.

GSTA PK, Festungskarten Minden F 70.081; unpubliziert.

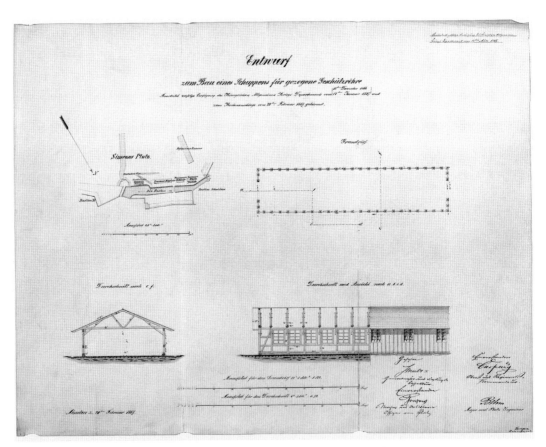

Abb. 315 Geschützrohr-Schuppen. Unteroffizier Langen, 1867 (Kat.-Nr. 248).

IV.2.2 Katalog – Die Hausberger Front und ihre Bauten (Kat.-Nr. 190–256)   493

Oben links Teil-Lageplan vom *Simeons Platz.* mit den Bauten am *Bastau*-Ufer vor *Bastion XI* und *Bastion Schwichow:* (Projektierter) *Geschützrohr-Schuppen, Proviant Magazin, Oeconomie Gebäude* und *Garnison Wasch Anstalt.* Von den übrigen Bauten nur die *Defensions-Kaserne,* vor dem Schuppen *Gepflasterte Wege.* – Rechts *Grundriss,* darunter *Durchschnitt* und *Ansicht nach a,b,c,d;* links daneben *Durchschnitt nach e,f.*

Der Plan zeigt eine einfache Holzkonstruktion von *104'* Länge und *22' 10"* Breite (ca. 32,60 x 6,95 m) mit Einfahrten an beiden Schmalseiten und ohne Innenteilung. In den Endfeldern der Langseiten zwei Riegel und Schwelle-Ständerstreben, in den übrigen Feldern der Südseite durchgehend, an der Nordseite in jedem dritten Feld Fenster. Die Wandteile senkrecht verbrettert mit Deckleisten. Flachgeneigtes Satteldach mit großem Giebel- und Traufüberstand; die Sparren mit angeschraubten Schräghölzern zu den Dachbalken und den Seitenwänden verstrebt. Dachdeckung vermutlich Teerpappe. Der Schuppen wurde noch im gleichen Jahr verlängert, siehe Kat.-Nr. 249.

KAT.-NR.249 Abb. 316
Geschützrohrschuppen, Verlängerung 1867

Bezeichnet *Langen,* datiert *Minden den 21ten Mai 1867.*
Federzeichnung; 33,5 x 42 cm.
Maaßstab für den Grundriss 12' = 1 ddc.": 10 + 60' = 14,9 cm ≅ 1:144;
Maaßstab für den Durchschnitt 6' = 1ddc.": 10 + 30' = 17,1 cm ≅ 1:72.
Kartentitel: *Zeichnung zur Verlängerung des Schuppens für gezogene Geschützrohre auf dem Simeonsplatz zu Minden./ Bearbeitet zufolge Verfügung des Königlichen Allgemeinen Kriegs-Departements vom 8ten Mai 1867 und zum Kosten-Anschlage vom 21ten Mai 1867 gehörig.*
Unten links: Ort und Datum wie oben, rechts *Langen, Unteroffizier.* Weitere Unterschriften wie in Kat.-Nr. 248.

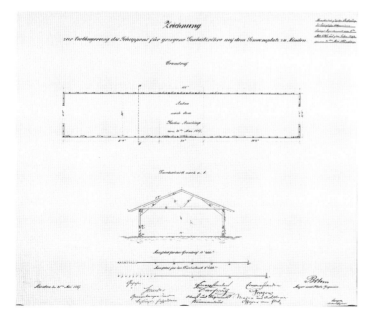

Abb. 316 Geschützrohr-Schuppen, Verlängerung. Unteroffizier Langen, 1867 (Kat.-Nr. 249).

GSTA PK, Festungskarten Minden G 70.068; unpubliziert.

Oben *Grundriss* des von *104'* auf *128'* (ca. 40 m) Länge vergrößerten Schuppens mit dem in der Mitte eingeschobenen *Anbau nach dem Kosten-Anschlage vom 21ten Mai 1867* von *24'* Länge.
Unten *Durchschnitt nach a,b* entsprechend dem Querschnitt in Kat.-Nr. 248.

Der Garnisons-Atlas von 1910 verzeichnet auf Blatt 29 unter 27e an dieser Stelle einen dem Proviantamt unterstehenden *Haferspeicher* von ca. 28 x 14 m Größe. Vermutlich ist damit ein nicht realisiertes Projekt eingetragen; denn der jüngere Garnisons-Atlas (nach 1923, bis 1.10.1930 berichtigt; KAM) zeigt hier wiederum unter 3r einen dem Artillerie-Regiment Nr. 6 zugewiesenen *Geräteschuppen* von ca. 40 x 7 m Größe, also in den Dimensionen des 1867 erbauten Geschützrohrschuppens. Dieser wurde 1933/34 für den Neubau einer Kraftfahrzeughalle für 22 Artillerie-Fahrzeuge der Wehrmacht samt Werkstatt und Wagenwaschanlage (46,44 x 12,76 m) abgebrochen. Der Neubau wurde 1937 um 12,38 m mit zwei Hallenräumen, davon einer mit Arbeitsgrube, und dahinterliegendem Sammler-Werkstattraum nach Westen erweitert (BA Simeonsplatz 5; 10/21/24/37, siehe unten S. 789, Nr. 57).

Die Kraftfahrzeughalle wurde nach 1945 von den britischen Stationsstreitkräften weiterbenutzt (Block J) und um 1995 abgebrochen.

KAT.-NR. 250 ohne Abb.
Artillerie-Pferdeställe, Stall A, 1867

Bezeichnet *Moelle*, datiert *Minden den 28ten September 1867*.
Farbig angelegte Federzeichnung auf feinem Pausleinen mit Überzeichnungen und Nachträgen in Blei und Tusche; 49,8 x 59,1 cm.
Maßleiste von *10 + 90 Fuß* = 21,95 cm ≅ 1:144.
Kartentitel: *ENTWURF zum NEUBAU zweier ARTILLERIE-PFERDESTÄLLE auf dem SIMEONSPLATZ zu MINDEN STALL A.*
Unten links Ort und Datum wie oben; rechts *Moelle Baumeister / Behm Major und Platz Ingenieur*.

Mindener Museum, FM 147; unpubliziert. – Unten links und oben rechts Inventar-Vermerke der Garnison-Verwaltung Minden.

In der Mitte halbierter *Grundriss: des Erdgeschosses* (links), *des Dachgeschosses* (rechts) mit Maßangaben. – Oben: *Vorder-Ansicht;* unten *Seiten Ansicht*.
Die 1816 aufgestellte 7. Artillerie-Brigade (1860 in Westfälische Artillerie-Brigade Nr. 7 umbenannt) wurde 1864 umgegliedert und bildete mit zwei Abteilungen in Wesel und Minden das Westfälische Artillerie-Regiment Nr. 7. 1866 erfolgte die Verlegung der II. Abteilung von Wesel nach Minden, der III. Abteilung von Minden nach Münster und die Umbenennung in Westfälisches Feld-Artillerie-Regiment Nr. 7, das 1872 als Divisionsartillerie umgruppiert wurde (von Senger und Etterlin 1980, S. 151). Die verschiedenen Umformierungen hatten anscheinend eine Vergrößerung und damit einen erhöhten Raumbedarf zur Folge. Mit der Planung der Ställe A und B, die zwischen der Defensions-Kaserne und der rechten Flanke des Bastions V unmittelbar vor dem Wallfuß errichtet wurden, beauftragte man den Zivilbaumeister Wilhelm Moelle (1828–1916).

Der langgestreckte Bau von 13 Achsen Länge (72,70 x 12,72 m), dem der Stall B entspricht, ist in seinen Hälften symmetrisch disponiert: in der Mittelachse Eingangsraum mit Treppe zum Heu- und Futterboden, beiderseits Stallräume mit 2 x 18 Pferdeständen, an die sich Kopfbauten mit je sechs Boxen und seitlichem Ausgang anschließen. Beide Ställe faßten damit zusammen 168 Pferde.

Das Mittelportal ist durch die vorgesetzte Tafel betont; beiderseits folgen je sechs rundbogige Fenster und die einachsigen Kopfbauten, die mit Futterluken, begleitenden größeren Fenstern und Querdächern den vorgekragten Drempel überragen. Die Seitenwände des Eingangsraumes sind als Brandmauern über das Dach gezogen.

Disposition und Fassadengestaltung in den strengen Formen des spätklassizistischen Rundbogenstils folgen mit Abwandlungen im Detail anscheinend einem Berliner Vorbild: dem Casernement für das Garde-Dragoner-Regiment vor dem Halleschen Tor. Die Publikation (Zeitschrift für Bauwesen V, 1855, Sp. 524–542, Bl. 66–68) dürfte Moelle bekannt gewesen sein.

Nach 1872 wurden die angegebenen Fuß-Maße auf das metrische System umgerechnet und in Blei, z. T. in Tusche nachgetragen sowie Quadrat- und Kubikmeter-Angaben ergänzt. – In der Seitenansicht wurden später die Dachlinien des langen Bauteils sowie ein niedriger Vorbau vor dem Eingang mit Blei skizziert.

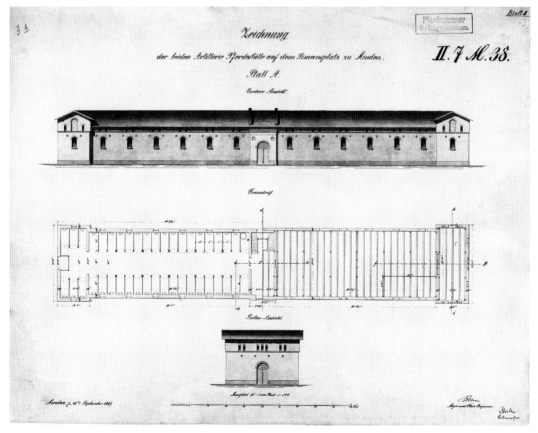

Abb. 317 Artillerie-Pferdeställe, Stall A. Baumeister Moelle, 1867 (Kat.-Nr. 251).

KAT.-NR. 251   Abb. 317
Artillerie-Pferdeställe, Stall A, 1867

Bezeichnet und datiert *Moelle, Minden, den 28ten Februar 1867.*
Sorgfältig farbig angelegte Federzeichnung; 48,8 x 66,4 cm.
Maaßstab 12' = 1ddc. Zoll = 1 : 144: 10 + 90 Fuss = 21,9 cm.
Kartentitel: *Zeichnung der beiden Artillerie Pferdeställe auf dem Simeonsplatz zu Minden. Stall A/ Blatt II.*
Unten rechts *Moelle Baumeister / Behm Major und Platz-Ingenieur.*

Mindener Museum, FM 99; Nordsiek 1979, S. 272, Abb. VI.16 – Oben rechts Stempel: Plankammer des Kriegsministeriums mit Inv.-Nr. *II./.M.38.*

Das Blatt ist die beim Ministerium vorgelegte Reinzeichnung von Kat.-Nr. 250. Moelle unterzeichnet offensichtlich nur als Planverfasser, während die Zeichnung selbst entweder von Wallmeister Daniel oder von Unteroffizier Langen ausgeführt wurde. – Zugehörig ist Blatt IV (Kat.-Nr. 252); Blatt I und III sind nicht aufgefunden.

KAT.-NR. 252   Abb. 318
Artillerie-Pferdeställe, Schnitte, 1867

Bezeichnet und datiert *Moelle, Minden den 28ten September 1867.*
Kolorierte Federzeichnung auf kartonkaschiertem, hellbraunem Transparentpapier; 47,8 x 66,9 cm.
Maaßstab 6' = 1ddc. Zoll = 1 : 72; 10 + 50 Fuss = 26,3 cm.
Kartentitel: *Zeichnung der beiden Artillerie Pferdeställe auf dem Simeonsplatz zu Minden. Blatt IV.*
Unten links Ort und Datum wie oben; rechts *Moelle Baumeister Behm Major und Platz-Ingenieur.*

Mindener Museum, FM 83; unpubliziert. – Oben rechts blaue Inv.-Nr. *A V 14.*

Oben links *Durchschnitt nach a,b,c,d:* links halber Querschnitt durch den linken Stallflügel, rechts durch die Mittelachse mit der Bodentreppe.
    Oben rechts *Durchschnitt h,i.:* Querschnitt durch den rechten Kopfbau.
    Unten links *Durchschnitt nach b,c,e:* Längsschnitt durch den Eingangsraum, mit Ansicht der Bodentreppe und durch die erste Abteilung des rechten Stallflügels.
    Unten rechts *Durchschnitt nach f,g:* Längsschnitt durch die beiden letzten Abteilungen des rechten Flügels und den rechten Kopfbau (Zur Lage der Schnitte vgl. auch den Grundriß in Kat.-Nr. 251).
    Das Mauerwerk ist aus Backstein mit Formsteingesimsen; Sockel und Sohlbänke sind aus Werkstein. Die Balkendecken liegen mit Längsunterzügen und Sattelhölzern auf hölzernen Stützen; dazwischen stehen auf Steinsockeln die Boxentrennungen. Die Stallgassen sind mit Pflastersteinen belegt, die Boxen mit Backsteinen. Unter den hochsitzenden Fenstern Futtertröge und Raufen; die Kipp-Oberlichter der gußeisernen Fensterahmen und die Klappen der Lüftungsöffnungen beiderseits der Oberlichter werden mit Schiebestangen bedient. Die Dachkonstruktion ist eine Verbindung

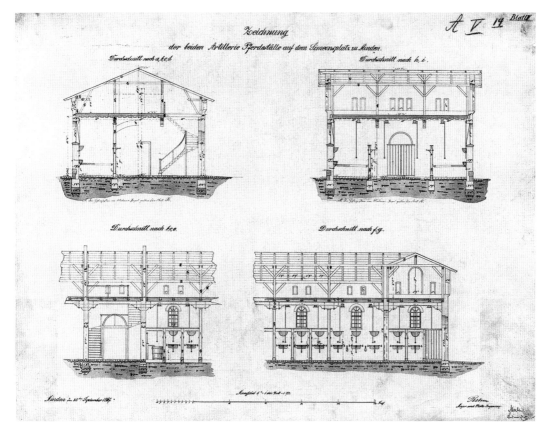

Abb. 318 Artillerie-Pferdeställe, Schnitte. Baumeister Moelle, 1867 (Kat.-Nr. 252).

von Kehlbalken- und Pfettendach mit zwei stehenden Stuhlreihen und Schrägstreben zu den Drempelwänden.

Beim Querschnitt oben links Beischrift: *NB. Die Höhenzahlen am Mindener Pegel gelten für Stall B*, oben rechts entsprechend *für Stall A*. Der Höhenunterschied beträgt 2 Fuß 6 Zoll (ca. 78 cm).

Das Blatt ist – ebenso wie der zugehörige Plan Kat.-Nr. 251 – nicht von Moelle gezeichnet, sondern entweder von Wallmeister Daniel oder von Unteroffizier Langen. – Die Ställe wurden nach den vorliegenden Plänen ausgeführt. Mit einer Firsthöhe von 28 Fuß 3¼ Zoll (ca. 9 m) blieben die Stallbauten zwar noch rund 5 Fuß (ca. 1.170 m) unter der Feuerlinie des Bastions V und waren damit gegen direkten Beschuß gedeckt, doch liegt die Firstlinie auf der Höhe der Konsolen unter der feldseitigen Traufe der Defensions-Kaserne. Drempel und Dach der Ställe lagen damit in Höhe ihrer Kanonenscharten, d. h. im möglichen Schußfeld der Kanonen. Daß Planung und Ausführung an dieser Stelle und in dieser Höhe genehmigt wurden, läßt den Schluß zu, daß nach den kriegerischen Auseinandersetzungen von 1866 mit einer ernsthaften Bedrohung der Festung Minden durch eine Belagerung nicht mehr gerechnet wurde.

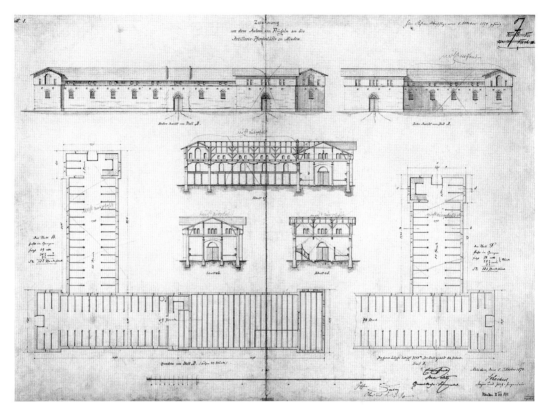

Abb. 319 Artillerie-Pferdeställe, Erweiterungsprojekt. Architekt Samm, 1874 (Kat.-Nr. 253).

KAT.-NR. 253   Abb. 319
Artillerie-Pferdeställe, Erweiterungsprojekt, 1874

Bezeichnet *Samm*, datiert *Minden, den 8. Oktober 1874*.
Leicht farbig angelegte Federzeichnung mit Bleistift-Beischriften, 63,4 x 91,3 cm.
Wasserzeichen: JWHATMAN / 1874.
Maßstab 1:125.
Kartentitel: *Zeichnung von dem Anbau von Flügeln an die Artillerie-Pferdeställe zu Minden / Blatt 1/ Zum Kosten-Überschlage vom 8. Oktober 1874 gehörig.*
Unten Ort und Datum wie oben; *Samm Architekt / Scheibert Major und Platz-Ingenieur / Einverstanden von Delitz Generalmajor und Kommandant / gesehen Sontag Oberst und Festungs-Inspekteur.*

STA DT, D 73, Tit. 5 Nr. 2965; unpubliziert. – Oben rechts gestrichene Inv.-Nr. der Garnison-Verwaltung Minden.

Unten links *Grundriss vom Stall B (früher 72 Stände)* mit dem projektierten, an der Rückseite des linken Flügels angesetzten Erweiterungsbau für *30 Pferde*. Beischrift links: *Der Stall B faßt im ganzen / jetzt 69 alte / 30 (und) 3 neue / Sa 102 Pferdestände.*

IV.2.2 Katalog – Die Hausberger Front und ihre Bauten (Kat.-Nr. 190–256)

Abb. 320   Simeonsplatz 8, ehemalige Artillerie-Pferdeställe. Stall A von Südosten, 1994.

Abb. 321   Simeonsplatz 8, ehemalige Artillerie-Pferdeställe. Stall B, Rückseite von Norden, 1994.

Unten rechts Teilgrundriß von *Stall A* für *79 Pferde* (überschrieben aus 82) / darunter *Die ganze Länge beträgt 72,68 m.*

Der Stall enthält 82 Stände. Der symmetrisch zum Anbau an Stall B angesetzte Erweiterungsbau ist kürzer und faßt 24 Pferde. Beischrift: *Der Stall A faßt im ganzen / jetzt 79 alte / 24 (und) 3 neue Stände / Sa 106 Pferdestände.* – Zwischen den Flügeln *Schnitt ab:* Querschnitt durch den Stallteil, und *Schnitt cd:* Querschnitt durch den Kopfbau; darüber *Schnitt ef* : Längsschnitt durch den Anbau und Querschnitt durch Stall A.

Oben links *Hintere Ansicht von Stall B* mit Ansicht des Kopfbaues der Erweiterung; oben rechts *Seiten-Ansicht von Stall A* mit der Seitenansicht des alten Kopfbaues und der Langseite der Erweiterung. – Alle projektierten Teile, die nach der Niederlegung der Befestigungen der Hausberger Front auf dem ehemaligen Wallgelände stehen sollten, sind mit Blei durchkreuzt und als *nicht ausgeführt* bzw. *nicht vorhanden* bezeichnet.

Eine erste Erweiterung der Stallanlagen erfolgte nach 1875 durch den Stall C, der rechtwinklig vor dem rechten Flügel des südlich gelegenen Stalles B, aber ohne bauliche Verbindung mit diesem, errichtet wurde. Dadurch entstand hinter der Defensions-Kaserne ein kleiner dreieckiger, von Ställen eingefaßter Platz. Auf diesem wurde die kleine Beschlagschmiede erbaut, die nach 1896 einem Neubau weichen mußte. In den Jahren zwischen 1901 und 1914 wurden die Stallgebäude für das Feldartillerie-Regiment Nr. 58 in mehreren Etappen erweitert und ergänzt: 1901 durch einen rechtwinkligen Anbau am Stall C, 1902 durch die neue Reitbahn und den Kühlstall hinter und zwischen Stall A und B, 1905/06 durch Verlängerung der Kopfbauten von Stall B und C nach Süden und den Neubau des Krankenstalles hinter der neuen Reithalle sowie 1913/14 durch weitere kleine Anbauten für je sechs Pferde an den Enden von Stall A, B und C. Eine letzte Erweiterung des Stalles C erfolgte 1937 durch Verlängerung nach Südosten (siehe auch unten S. 759, Nr. 18).

KAT.-NR. 254 Abb. 322
Garnison-Waschanstalt, Entwurf, 1864

Bezeichnet *Marx*, datiert *Minden den 5ten April 1864.*
Farbig angelegte Federzeichnung mit Klebespuren von drei verlorenen Deckblättern; 47,8 x 65,3 cm.
Maaßstab zu den Special-Zeichnungen = 1/120 : 10 + 50 Fuss = 15,75 cm;
Maaßstab zur Situation: 10 + 90 Fuss = 6,8 cm = 1 : 480.
Kartentitel: *Entwurf zu einer Waschanstalt für die Garnison Minden / Bearbeitet gemäß Verfügung des Königlichen Allgemeinen Kriegs-Departements vom 9ten Januar 1864 und zum Erläuterungs-Bericht vom 5ten April 1864 gehörig.*
Unten rechts Ort und Datum wie oben, darunter von rechts:
C. Marx Baumeister / Maentell Hauptmann und Platz-Ingenieur / Einverstanden Königl. Garnison-Verwaltung JVark vSalzer / Gesehen I. V. Schulz 2 Oberst und Inspecteur der 5. Festungs-Inspection / Einverstanden : Münster den 9. May 1864 Die Intendantur 7 Armee Corps Meyer v. Schilgen. – Berichtigt 1889/90 Der Garnison-Bauinspektor Schmedding.

STA DT, D 73 Tit. 4 Nr. 10276; unpubliziert. – Oben rechts und unten links Inventar-Vermerke der Garnison-Verwaltung Minden und des Militär-Bauamtes Minden.

Unten links *Situation* mit dem 77' x 33' großen Bau der *Wasch-Anstalt* westlich des *Oekonomie-Gebde*, mit einem *Schuppen* (16 x 23') an der linken Giebelseite als Verbindung zum bestehenden *Trocken-Schuppen*. Dieser ist seit 1860 in Plänen nachweisbar, vgl. Kat.-Nr. 246, Lageplan. Hinter dem Gebäude ein Hof, daran – in die Bastau gebaut – vier *Waschbänke* von je *10' Länge*. *Kesselhaus* und *Anbau* an der Nordostecke 1889/90 nachgetragen.

Darüber, um 90 Grad gedreht, *Fundament & Keller*, unten in der Blattmitte Grundriß für das *Erdgeschoß*, rechts – wiederum um 90 Grad gedreht – *Balkenlage*.

In der Blattmitte *Längenprofil* mit nachgetragenem Anbau rechts.

Oben rechts *Querprofil*; links daneben *Vordere Ansicht* mit nachgetragenem Anbau und Schornstein; oben links, nur als Federzeichnung ausgeführt, *Seiten-Ansicht*.

Der eingeschossige Fachwerkbau mit flachgeneigtem Satteldach über niedrigem Drempel und mit Kreuz- und Schrägstreben in den doppelt verriegelten Feldern hat in der Mitte einen risalitartigen Vorbau mit Querdach, darin mittiger Querflur zwischen *Kochraum* und *Stube*, unter denen der *Keller des Wärters* und der *Kohlenkeller* liegen. Am Ende des Querflurs zentraler Erschließungsraum mit Treppe, Längsflur zum Trocken-Schuppen und Flur zum Hof mit den Zugängen zur *Stube für*

IV.2.2 Katalog – Die Hausberger Front und ihre Bauten (Kat.-Nr. 190–256)

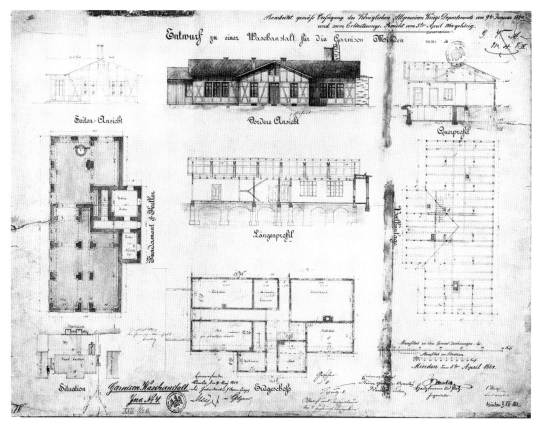

Abb. 322 Garnison-Waschanstalt, Entwurf. Baumeister C. Marx, 1864 (Kat.-Nr. 254).

schmutzige Wäsche, Flickstube, Kammer, Materialien-Kammer, Waschküche und *Rollstube.* In der Waschküche – nur im Fundamentplan verzeichnet – ein *Brunnen.*

In der Vorderansicht ist für die beiden rechten Drittel der Fassade die Angabe *geschiefert* 1889/90 nachgetragen.

KAT.-NR. 255   Abb. 323
Garnison-Waschanstalt, Entwurf, Blatt II, 1864

Bezeichnet *Marx,* datiert *Minden, den 28ten Juli 1864.*
Farbig angelegte und aquarellierte Federzeichnung; 46,2 x 63,7 cm.

Maßleiste von *10 + 50 Fuss* = 19,8 cm = 1:100.
Kartentitel: *Entwurf zu einer Waschanstalt für die Garnison Minden. / Blatt II. / Bearbeitet zufolge Verfügung des Königlichen Allgemeinen Kriegs-Departements vom 9ten Januar 1864 und des Königlichen Militär Oeconomie Departement vom 30ten Mai 1864 und zum Kosten-Anschlage vom 28ten Juli 1864 gehörig.*

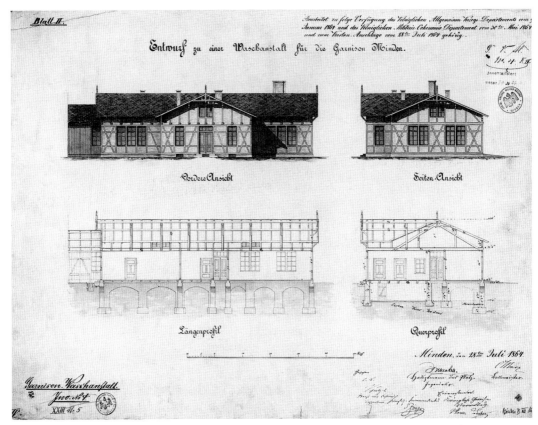

Abb. 323 Garnison-Waschanstalt, Entwurf, Blatt II. Baumeister C. Marx, 1864 (Kat.-Nr. 255).

Unten rechts Ort und Datum wie oben; *C. Marx Baumeister / Maentell Hauptmann und Platz-Ingenieur / Einverstanden Königliche Garnison Verwaltung JVark vSalzer / Königl. Commandantur vZiegler / Gesehen I. V. Schulz 2 Oberst und Festungs Inspecteur.*

Detmold, NW STA, D73 Tit. 4 Nr. 10275; unpubliziert. – Unten links und oben rechts Inventar-Vermerke der Garnison-Verwaltung und des Militär-Bauamtes Minden.

Unten nebeneinander *Längenprofil* und *Querprofil* mit Maßangaben und Beischrift *Moorboden* bzw. *Fester Kies-Boden;* sie erklärt die mit rund 10 Fuß (ca. 3,20 m) außergewöhnlich tiefe Gründung an der Bastauseite. – Der Drempel ist gegenüber dem älteren Entwurf (Kat.-Nr. 254) erhöht und mit Lüftungsluken versehen worden.

Oben nebeneinander *Vordere Ansicht* und *Seiten-Ansicht*, die den entprechenden Ansichten in Kat.-Nr. 254 weitgehend gleichen. – Das zugehörige Blatt I liegt nicht vor. Der Bau wurde im wesentlichen nach diesem Entwurf ausgeführt (vgl. Kat.-Nr. 256).

KAT.-NR. 256 Abb. 324
Garnison-Waschanstalt, Erweiterung, 1874

Bezeichnet *Scheibert,* datiert *Minden im April 1874.*
Farbig angelegte Federzeichnung mit Vermerken und Nebenrechnungen in Blei; 46,6 x 60,8 cm.
Maaßstab 1 : 125 : 5 + 25 Meter = 23,8 cm.
Kartentitel: *Zeichnung der Waschanstalt für die Garnison Minden.*
Unten links Ort und Datum wie oben; rechts *Minden den 9ten September 1874. Scheibert Major und Platz-Ingenieur.*

STA DT, D73 Tit. 4 Nr. 10274; unpubliziert. – Oben rechts Inv.-Nr. *A V 24.*

Unten rechts *Grundriss* mit dem Kesselhaus an der Hofseite und dem Anbau am rechten Giebel, letzterer mit Beischrift *Berichtigt 24.IV.90 Clg.* In der Waschküche vor dem Kesselhaus sind Behälter für *Warmwasser, Kaltwasser,* sowie *Pumpe* und *Dampfbottich* eingezeichnet.
　Darüber *Balkenlage* mit Bleistift-Eintragung *stimmt m.*
　Oben rechts *Durchschnitt nach ab:* Teil-Ansicht der Hofseite mit Schnitt durch das Kesselhaus.

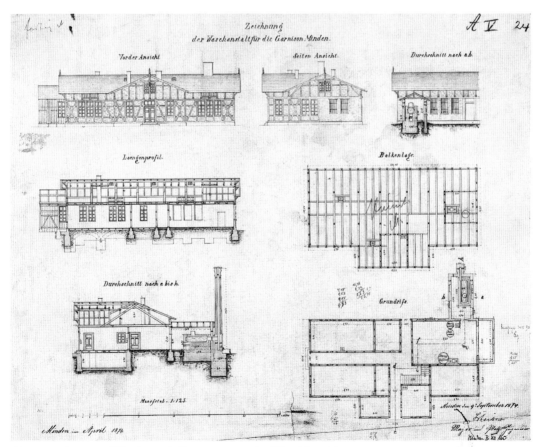

Abb. 324　Garnison-Waschanstalt, Erweiterung, 1874 (Kat.-Nr. 256).

Abb. 325 Simeonsplatz 6, ehemalige Garnison-Waschanstalt. Maschinistenhaus von Südosten, 2003.

Unten links *Durchschnitt nach c. bis h.*: Querschnitt durch Flur und Waschküche mit Längsschnitt durch Kesselhaus und Schornstein. – Darüber *Laengenprofil* mit Eintragung der ausgeführten geringeren Fundamentierung der Rückwand.

Oben links und Mitte: *Vorder Ansicht* und *Seiten Ansicht*, die weitgehend dem zweiten Plan von 1864 entsprechen (vgl. Kat.-Nr. 255).

Die 1874 um das Kesselhaus und vor 1890 um den Giebelanbau erweiterte Wäscherei wurde 1896 umgebaut (Plan von Garnison-Bauinspektor Bösensell in BA Simeonsplatz 3): Die Wärterwohnung entfiel; durch Verlegung der Treppe auf die linke Flurseite und Abbruch von inneren Längswänden samt Schornstein der Waschküche wurden die rückwärtigen Räume vergrößert (Trockenraum und Waschraum); Rollkammer, Flickstube und Raum für Schmutzwäsche wurden nach vorn verlegt.

1898 erfolgte der Neubau des Maschinisten-Wohnhauses vor dem Wäscherei-Gebäude zwischen Defensions-Kaserne und Militär-Ökonomie-Gebäude als eingeschossiger Backsteinbau von 9,61 x 7,64 m Größe mit Kellersockel, Drempel und Satteldach. Traufhöhe 4,90 m, Firsthöhe 7,40 m. Im Inneren neben Treppe und Abort drei kleine Räume mit Ofenheizung (Pläne von Garnison-Bauinspektor Bösensell in BA Simeonsplatz 3). – 1905 Anbau eines Fachwerk-Windfangs auf der Veranda an der Ostseite, 1911 Einbau einer Schlafstube im Dachgeschoß (BA Simeonsplatz 5).

Bei weiteren Umbauten der Wäscherei (nach 1945 als privates Unternehmen unter dem Namen »Simeonsbetriebe« weitergeführt) wurde das Gebäude zusammen mit dem westlich anschließenden Trockenschuppen mehrfach erweitert, in Teilen aufgestockt und erneuert, ohne daß sich die einzelnen Bauphasen zeitlich genau fixieren lassen.

Die Simeonsbetriebe übernahmen nach 1945 neben den Gebäuden der Garnison-Waschanstalt auch den 1937 für die Schwere I. Abteilung des Artillerie-Regiments 42 neu erbauten Krankenstall. Dieser ersetzte den 1905 erbauten Krankenstall des Feld-Artillerie-Regiments 58 und die 1919 daneben errichteten Räudezellen. Diese Gebäude standen hinter den Ställen A und B bzw. der neuen Reitbahn von 1902 etwa am Platz des nach 1873 niedergelegten Blockhauses No. 7 (siehe unten S. 761, Nr. 19, 20).

Nach dem Abzug der britischen Stationierungsstreitkräfte 1993/94 dehnten die Simeonsbetriebe ihre Wäschereianlagen in die freigewordenen Ställe A und B und die mit diesen verbundene ehemalige Reitbahn sowie den Stall C (S. 757 ff., Nr. 17, 18) aus.

Der Brückenkopf (Kat.-Nr. 257–261)

KAT.-NR. 257   Abb. 326
Brückenkopf, Änderungsprojekt 1837

Bezeichnet *Pagenstecher*, datiert *Minden den 31". October 1837.*
Farbig angelegte Federzeichnung, teilweise mit Blei überzeichnet; 52,1 x 70 cm, oben und links beschnitten.
Maaßstab zum Grundriß : 10 + 30 Ruthen = 25,35 cm ≅ 1:600; *Maaßstab zum Profil* : 10 + 120 Ruthen [statt richtig: Fuss] = 13,82 cm ≅ 1:300. Norden links.
Kartentitel: *Entwurf zur Umänderung des Brückenkopfes bei Minden.*

Mindener Museum, FM 80; unpubliziert. – Oben links rote Inv.-Nr. *P:V: IId No1* (blau korrigiert: *22*) und Stempel der Fortification zu Minden.

Oben Grundriß des Brückenkopfes, darunter *Profil der Linien AB und CD* im verdoppelten Maßstab. Der Plan folgt dem Grundriß der seit 1814 nach der Planung von Generalmajor von Rauch und Oberst Keibel (vgl. Kat.-Nr. 33, 34) neu angelegten Brückenkopf-Befestigung: ein durch zwei Redans erweitertes Hornwerk mit zwei Halbbastions zu Seiten der Torkurtine. Unten *Die Weser* mit dem Leinpfad vor der nicht durch Befestigungen gesicherten Kehle. Gegen die Mittelachse leicht nach Süden versetzt erreicht die *Weser Brücke* das Ostufer; an der Nordseite der Brückenauffahrt steht das *Zollhaus*, die zur Mittelachse verschwenkte Straße wird flankiert durch die schräg gestellten, auf die Kapitalen der Halbbastions ausgerichteten Blockhäuser, bezeichnet *Blockhaus Nro 4* bzw. *5*. Die Straße durchquert den Wall der Kurtine im Tor, führt über eine Brücke zum Waffenplatz, durchschneidet das Glacis nach Südwesten und führt auf die *Bunte Brücke*, die den *Osterbach* quert.

    In die einspringenden Winkel am Ansatz der Redans an die Bastionsflanken ist beiderseits ein *Altes Verbrauchs Pulver Magazin* gestrichelt eingezeichnet. Die Böschungen am Ansatz des Grabens am Weserufer sind mit *altes Bollwerk* (4x) bezeichnet.

    Pagenstechers Neuplanung (farbig angelegt über dem nur in Tusche ausgezogenen alten Grundriß) sah eine Vereinfachung der Wall-Linien an den Flanken und den Wegfall der Redans vor. Die Wallköpfe sollten vor einer *Rampe zur Caponiere* enden, die beiderseits zur Grabenbestreichung angelegt wurde (vgl. Kat.-Nr. 258).

    Die Ausführung dieses Planes, der für den auch in der Neuanlage etwas beengten Brückenkopf einen erheblichen Platzgewinn bedeutet hätte, unterblieb ebenso wie die Errichtung eines Tambours unmittelbar vor dem Ostende der Weserbrücke unter Einbeziehung der beiden Blockhäuser. Der Tambour, als *Projectirter Abschnitt* eingezeichnet, sollte die mittlere Kehlfront beiderseits der Brücke sichern und für den Fall der Einnahme der Brückenkopf-Befestigung durch einen Gegner als Reduit zur Deckung des inneren Brückenkopfes dienen und einen geordneten Rückzug über die Brücke gewährleisten.

    Zur Konstruktion und Einrichtung der Blockhäuser vgl. die Zeichnung von 1831 (Kat.-Nr. 199). MEINHARDT (1958, S. 56) datiert die Errichtung der beiden Brückenkopf-Blockhäuser ohne Quellenangabe auf 1833. Die 18,78 x 9,39 m großen Massivbauten mit Bombenbalkendecken, die im Kriegsfall durch eine Erdschüttung verstärkt werden konnten, dienten in Friedenszeiten als Wagenhäuser. Im Erdgeschoß konnten drei Reihen Fahrzeuge untergestellt werden; weitere zwei

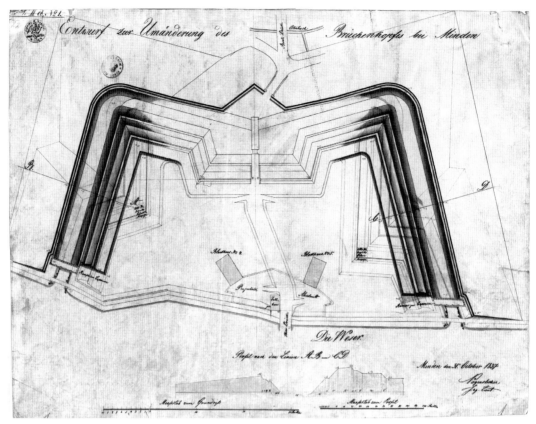

Abb. 326 Brückenkopf, Änderungsprojekt. Ingenieur-Lieutenant Pagenstecher, 1837 (Kat.-Nr. 257).

Reihen ließen sich über eine hölzerne Schiefe Ebene im Dachraum unterbringen (MEINHARDT 1958, S. 56). – Die beiden Blockhäuser sind in einem Lichtbild überliefert, das vor 1881 gefertigt wurde (Abb. 331) und als Vorlage für den Holzstich von Clerget mit dem Weserpanorama der Stadt in Malte-Bruns *L'Allemagne illustrée*, um 1880, diente (Teil I.1, S. 719 f., Nr. 42; vgl. NORDSIEK 1979, Abb. VII.1). 1881 begann die Erschließung und Bebauung des Brückenkopfes mit dem Wohnhaus des Buchdruckers Wilhelm Köhler (Brückenkopf 2, siehe Teil V, S. 1169 ff.).

Nicht im Plan verzeichnet sind zwei Fortifications-Holz- und Palisadenschuppen, die nach Pagenstechers Festungsplan von 1837/38 (Kat.-Nr. 39) in der Kehle der Halbbastions, parallel zu den Flanken am Fuß des Wallganges standen.

Zu den älteren Formen der Brückenkopf-Befestigung vor 1763 vgl. die Festungspläne Kat.-Nr. 1–26, für die provisorische Neubefestigung durch die Franzosen Kat.-Nr. 28–31. – Die preußische Neubefestigung war 1819 noch im Gange; in diesem Jahr erfolgte die *Abschätzung der am Weserthor belegenen, den Weserthor'schen Hude-Interessenten gehörigen und zum Festungsbau gezogenen Schweineweide* beiderseits der Bunten Brücke und des Weges nach Wietersheim. Erst 1823 erhielten die Interessenten für 3067 Quadratruten Wiesengrund (= 17 Morgen 7 Quadratruten) 5963 Rthl 14 gr 8 d; der Betrag wurde an den Kaufmann Joh. Conrad Hempelmann zur Verteilung an die Hude-Interessenten ausgezahlt (STA DT, M 1 I C, Nr. 230, mit Zeichnung des Bau-Conducteurs Trippler).

KAT.-NR. 258

Abb. 327

Batardeaux bzw. Graben-Caponièren im Brückenkopf, 1837

Bezeichnet *Pagenstecher*, datiert *Minden den 31." October 1837*.
Farbig angelegte Federzeichnung; 32,5 x 45,5 cm.
Maßleiste von *10 + 60 Fuß* = 22,7 cm = 1:96.
Kartentitel: *Entwurf zur Umänderung der beiden massiven Batardeaux im Brückenkopf in Graben Caponieren. / B./ Beilage No. VIII zum Reise-Berichte über die Festung Minden pro October 1837.*
Unten rechts Ort und Datum wie oben; *Pagenstecher Ing. Lieut. / FvUthmann Maj u. Ing vom Platz. / Gesehen und einverstanden vHuene Major und int(erimistischer) Festungs Inspekteur.*

GSTA PK, Festungskarten Minden G 70.064; unpubliziert.

Links *Grundriss* mit Maßangaben; rechts *Durchschnitt nach ab*.

Gezeichnet ist nur die linke (nördliche) der beiden Caponièren, die nahe dem Weserufer aus den Wasserbären im Graben umgebaut werden und zur flankenparallelen Grabenbestreichung dienen sollten (vgl. Kat.-Nr. 257). Die *3' starken Mauern* sind nach drei Seiten mit Gewehrscharten, zur Grabenseite außerdem mit drei Kanonenscharten bestückt; die weserseitige Mauer sollte als schwächere Bogenmauer ausgebildet werden. Der Querschnitt des alten Batardeaus ist im Durchschnitt

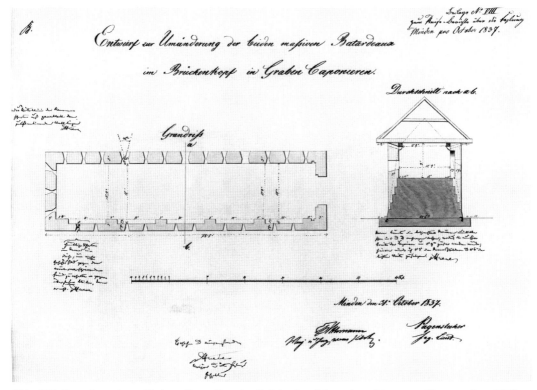

Abb. 327 Batardeaux bzw. Graben-Caponièren im Brückenkopf. Ingenieur-Lieutenant Pagenstecher, 1837 (Kat.-Nr. 258).

gestrichelt eingezeichnet, das stehenbleibende Mauerwerk ist dunkler angelegt. Die Caponière sollte ein Kehlbalkendach auf Streichbalken und Steinkonsolen erhalten.

Die Beischriften des Festungs-Inspekteurs von Huene beziehen sich auf Details der Scharten und der Mauern, oben links: *Die Mittellinie der Kanonenscharten muß parallele dem zu flankirenden Wall liegen;* unter dem Grundriß bei der korrigierten ersten Scharte: *Sämtliche Scharten im Revers wie diese* [nach innen und außen trichterförmig], *um mehr Gesichtsfeld gegen den vorübermarschirenden Feind zu erhalten – gegenüber* stehen *bleiben, kann er nicht;* unter dem Schnitt: *Man könnte die besprochene* [?] *Mauern unmittelbar schon in c und d* [am Böschungsansatz über dem Fundament] *anfangen lassen, wodurch die äußere Breite der Caponiere um 0′9″ größer werden würde; hiervon würde ich 0′3″ den Reversschildern und 0′6″ der lichten Weite zusetzen.* Alle drei Beischriften mit Unterschrift *vHuene*.

Der Umbau der Batardeaux zu Caponièren ist ebenso wenig erfolgt wie die Korrektur der Wall-Linien (vgl. Kat.-Nr. 260, 261).

KAT.-NR. 259   Abb. 380
Plan für die Verlegung der Gasleitung zwischen Bahnhofsbefestigung und Stadt, wohl 1859

Bezeichnet *Daniel*, nicht datiert.
Farbig angelegte Federzeichnung; 61,5 x 66,3/65,4 cm, links beschnitten; die rechte Blatthälfte verloren.
Soweit erhalten: *Maaßstab für* [die Profile] *12 + 36* Fuß = 10,4 cm = 1:144; *Maaßstab für* [die Situation] *5 +15* Ruten = 10,4 cm = 1:720. Norden unten.
Kartentitel: *Grundriss und Profile behufs Anlage von Gasröhren durch die Festungswerke von Minden.*
Unten links: *Gez. durch Daniel. Wallmeister.*

Mindener Museum, FM 158; unpubliziert. – Oben links Inv.-Nr. *Pl:V:II.d.No.75* und Stempel der Fortification zu Minden.

Das nur zur Hälfte erhaltene Blatt zeigt unten den Lageplan mit dem Verlauf der geplanten, blau gestrichelten Gasleitung, die nach dem Bau des Gasometers der Gas-Compagnie im Herbst 1858 von der Bahnhofsbefestigung zur Altstadt verlegt wurde.

Links angeschnitten ein Teil der Bahnhofsbefestigung mit dem Anfang der *Berliner Chaussee* und dem Teilgrundriß des Reduits, an das sich nach Westen die *Bunte Brücke* anschließt. Vor dem Reduit bei *a.* [Fortificatio]*ns Terrain*, beiderseits der Brücke die *Festungsgrenze*. Am Westende der Brücke bei *c Festungs Terrain* und *der Osterbach.*, weiter nach Westen der Waffenplatz vor dem Brückenkopf-Graben, den die Straße auf der Holzbrücke bei *d.e* quert und durch die Torpfeiler in der Kurtine führt. Hier der *Brückenkopf*. Der Straße ist nach Süden verschwenkt und trifft beim Gebäude *der Steuer Verwaltung* bei *f* auf *die Weser Brücke*. Die Gasleitung liegt nördlich der Straße.

In den beiden oberen Blattdritteln übereinander vier Profile: unten *Durchschnitt nach a-b* mit der vereinfachten Nordansicht des Reduits mit Torpfeilern, Hofmauer und Flankenbatterie No 1 und dem Schnitt durch die Kehlmauer.

Darüber *Durchschnitt nach c–d.*: Schnitt durch Glacis und Waffenplatz vor dem Brückenkopf zwischen Osterbach und Contrescarpe des Grabens.

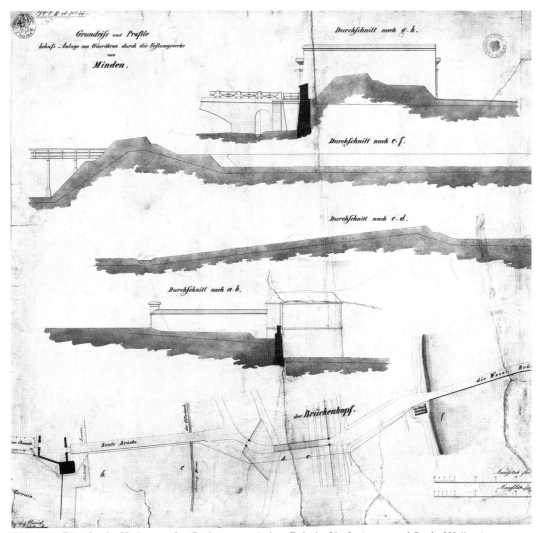

Abb. 328 Plan für die Verlegung der Gasleitung zwischen Bahnhofsbefestigung und Stadt. Wallmeister Daniel, wohl 1859 (Kat.-Nr. 259).

Darüber linke Hälfte vom *Durchschnitt nach e–f.* mit dem Westende der Holzbrücke über den Brückenkopf-Graben, dem Profil der Kurtine und dem Hof des Brückenkopfes. Das Westende des Schnittes bei *f* mit dem Ansatz der Weserbrücke fehlt.

Oben *Durchschnitt nach g–h.:* Ansicht der Weserbrücke mit dem Schleusenjoch über die Künette des Festungsgrabens, mit der Seitenansicht des Wesertores von Norden sowie Profil von Mauer und Wall des Rondells an der Weserbrücke (vgl. Kat.-Nr. 63, 168, 170).

Die Gasleitung wurde in einer Tiefe von ca. 4 Fuß (ca. 1,25 m) verlegt, was bei der westlichen Kehlfront der Bahnhofsbefestigung beim Reduit starke Höhenversprünge zur Folge hatte. Wie die Leitung auf der Weserbrücke verlegt wurde, ist im Detail nicht ersichtlich.

KAT.-NR. 260   Abb. 329
Brücke über den Hauptgraben des Brückenkopfes, 1871

Unbezeichnet, datiert *Minden den 29ten März 1871.*
Farbig angelegte Federzeichnung; 49,5 x 64,5 cm.
Maaßstab zu den Grundrissen und Profilen. Fig. 1 – incl: 4.: 12 + 72 Fuss pr. = 17,6 cm = 1:150; Maaßstab zu Fig. 6.: 5 + 20 Ruthen Preuss. = 10.5 cm ≅ 1:900; Maaßstab zu Fig. 7.: 10 + 80 Ruthen pr. = 11,5 cm ≅ 1:3000.
Kartentitel: *Zeichnung zur theilweisen Erneuerung der Brücke über den Hauptgraben des Brückenkopfes der Festung Minden. / Zum Kosten-Anschlage vom 29ten März 1871.*
Unten links Ort und Datum wie oben; rechts *M. Heinlé Oberst-Lieutenant z.D. vnd stellvr. Ingenieur vom Platz / Einverstanden vZiegler Generalmajor und Kommandant / Gesehen Stürmer Oberst und Inspecteur der 6ten Festungs-Inspection.*

GSTA PK, Festungskarten Minden F 70.089; unpubliziert.

Unten: *Situation des Brückenkopfes.*, rechts *Fig. 7.*: Gesamtplan mit *Weser-Strom* und *Weser-Brücke*, *Zollhaus, Blockhaus* (Nr. 4 und 5),
Im Osten *Osterbach* und *bunte Brücke*, im Süden *Chaussée nach Hausberge*. Für den Brückenkopf, Wälle und Vorgelände sind die Höhen eingetragen.
Links *Fig. 6.*: Ausschnitt mit Kurtine, Brücke und gestrichelter *Nothbrücke*; vor dem Waffenplatz *Bunte Brücke* und *Abzweig* der *Chaussée nach Hausberge*.
Oben links *Fig.1. Längen-Profil nach A–B*: Schnitt durch Graben, Brücke und Profil des Kurtinen-Walles mit einem Torpfeiler. Der aufklappbare Teil der Fahrbahn im zweiten und dritten Joch von rechts ist gestrichelt in Schrägstellung gezeichnet.
Darunter *Fig.2. Grundriss* mit zahlreichen Maßen. Die seitlichen Fußgängersteige führen am Westende der Brücke (rechts) schräg zu Durchlässen zwischen den Torflankenmauern und den abgeböschten Wallköpfen. Im Kriegsfall wären die Durchlässe zugeworfen worden; die Torfahrt ließ sich durch Versatzbalken in den Schlitzen der Torpfeiler verschließen.
Unter dem Grundriß links *Detail des Oberbaues* (M 1:30) mit *Längendurchschnitt* und *Querdurchschnitt*, aus denen der Fahrbahnaufbau deutlich wird: Holm, Brückenbalken, Latten, Schutzbretter (mit Fase und Tropfkante), Belagbohlen, alles mit Maßangaben.
Rechts oben *Fig. 3. Quer-Profil nach C–D.* für die neue Brücke mit beiderseits auskragenden Fußgängersteigen; darunter *Fig.4. Quer-Profil der gegenwärtigen Brücke* mit schmalem Fußsteig an der Nordseite (Zur Seitenansicht der alten Brücke vgl. Kat.-Nr. 259, Durchschnitt nach e–f.).
Fundamente und Tragebökke der alten Brücke sollten beibehalten werden; die Gesamtbreite wurde von 20 auf 25 Fuß erhöht, die Fahrbahn um 3 Zoll auf 16 Fuß verbreitert, beiderseits kamen je 4' 6" für die Gehsteige dazu, statt vorher einseitig 4' 3".
Die im Lageplan-Ausschnitt eingetragene *Nothbrücke* für die Bauzeit liegt südlich der alten; für die Zufahrt mußte ein Teil des Kurtinenwalles abgetragen werden.

IV.2.2 Katalog – Der Brückenkopf (Kat.-Nr. 257–261) 511

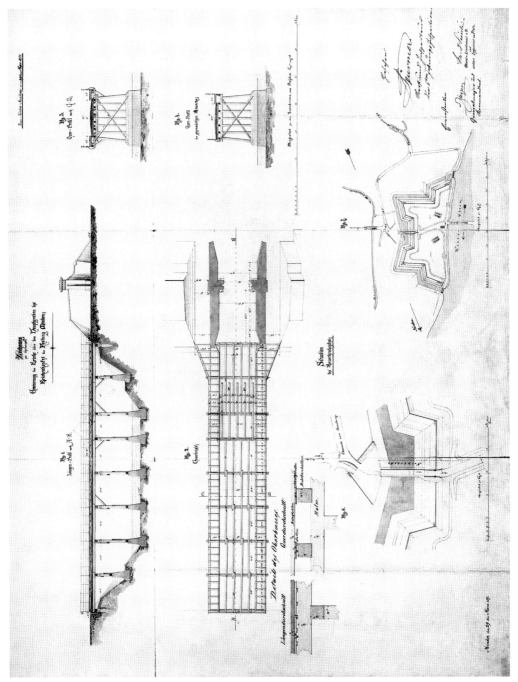

Abb. 329 Brücke über den Hauptgraben des Brückenkopfes, 1871 (Kat.-Nr. 260).

512 IV Die Festung – IV.2 Die Festung vom Dreißigjährigen Krieg bis zur Aufhebung im Jahr 1873

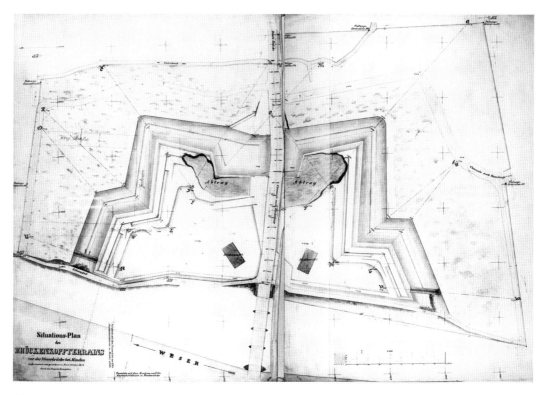

Abb. 330   Brückenkopf während der Entfestigung. Geometer Knappstein, 1874 (Kat.-Nr. 261).

KAT.-NR. 261   Abb. 330
Brückenkopf während der Entfestigung, 1874

Bezeichnet *Knappstein*, datiert *October 1874*.
Kolorierte Federzeichnung mit Überzeichnungen in Blei; ca. 132 x 195 cm.
Transversal-Maßstab *1 : 500 : 10 + 90 Meter* = 20 cm. Norden links.
Kartentitel: *Situations-Plan des BRÜCKENKOPFTERRAINS vor der Weserbrücke bei Minden aufgenommen und gezeichnet im Monat October 1874 durch den Geometer Knappstein.*

Ehemals Stadt Minden, Planungsamt, 1945 verbrannt. – Foto-Negative im Planungsamt, Fluchtlinienpläne Bd. I, Nr. 2/28

Grundriß der Brückenkopfbefestigung mit *Blockhaus No 4* und *No 5*, dazwischen die neutrassierte *Chausseé nach Bückeburg*, die mit leichtem Knick von der östlichen Flutbrücke der 1874 neu errichteten Weserbrücke auf die *Bunte Brücke* über den *Osterbach* zuführt und den alten Hauptgraben auf einem Damm quert. Das Material zur Ausschüttung wurde auf beiden Seiten dem *Abtrag* von Kurtine, inneren Flanken und Facen der Halbbastione entnommen.

IV.2.2 Katalog – Der Brückenkopf (Kat.-Nr. 257–261)

Abb. 331 Blick vom Brückenkopf-Wall über die neutrassierte Kaiserstraße nach Westen auf die Altstadt, vor 1881. Beiderseits der Straße die Blockhäuser No 5 und 4, neben der neuen Weserbrücke das Wesertor.

Die Grenze des Fortifikations-Geländes ist durch die *Festungs-Grenzstein(e) No 1–9* markiert. Grundlage der Vermessung war das Quadratnetz, dessen Bezugspunkt unten links angegeben ist: *Parallele mit dem Meridian* (bzw. *Perpendikel) von Cöln Marienkirchthurm zu Minden als 0,0.*

An der Kehle des Brückenkopfes wird deutlich, daß sich das Weserufer in den Jahrzehnten vor 1874 durch Verengung des Flußbettes und Anwachs um 30 bis 65 m nach Westen verschoben hat. Der breite Wiesenstreifen hätte an sich Anlagen zur Befestigung oder wenigstens Sicherung der Kehle erfordert, wie dies in einer vergleichbaren Situation in Torgau an der Elbe zu Ende der 1840er Jahre geschah. Der Bau der Bahnhofsbefestigung, die die Verteidigung des Ostufers übernahm, machte einen Ausbau der Brückenkopf-Kehle überflüssig; der Brückenkopf verblieb in seinem veralteten Zustand von ca. 1815 und hatte militärisch nur noch untergeordnete Bedeutung (vgl. MEINHARDT 1958, S. 60).

Das Blatt ist gegen Ende des 19. Jahrhunderts in der Nordhälfte überzeichnet worden mit Teilen des neuen Straßennetzes. Am linken Redan *Brückenkopfstraße*, rechtwinklig dazu im Grabenbereich *Jahnstr.*, parallel zur Brückenkopfstraße im Glacis eine nicht ausgeführte *Proj. Straße*.

Die Bahnhofsbefestigung (Kat.-Nr. 262–328)

KAT.-NR. 262   Abb. 332
Bahnhofsbefestigung, General-Übersichtsplan, 1846

Bezeichnet *Daniel*, datiert *Minden, den 23ten October 1846.*
Farbig angelegte Federzeichnung mit Korrekturen und Bleistift-Überzeichnungen; 130,8 x 99,3 cm
Transversal-Maßstab *12 Ruthen = 1 Zoll ddc.: 10 + 100 Ruthen* = 23,8 cm = 1:1750.
Kartentitel: *Blatt No II Bahnhofsbefestigung zu MINDEN. General-Uebersichts-Plan . /Fortification zu Minden, Sect. III. D.1.a.ad No 906. Zum General Kostenanschlage d.d. Minden, den 23ten October 1846.*
Unten links: *gez. durch Daniel, Sergeant in d. VII. P(ionier)Abt.,*
rechts: *Loehr Ingenieur Hauptmann / Hardenack Major und Ingenieur vom Platz / Gesehen FvUthmann Oberst und Festungs Inspekteur.*

GSTA, PK, Festungskarten Minden A 70.049; unpubliziert.

Gesamtgrundriß mit Eisenbahn- und Bahnhofs-Anlagen und umliegendem Gelände, westlich *Osterbach* und *Bunte Brücke*, *Brückenkopf* und *Weser Strom*. Jenseits der Weser unkoloriert und nur in Umrissen die *Fischerstadt* und Teile der *FESTUNG MINDEN* mit rot angelegten bombenfesten Gebäuden und Bezeichnung der einzelnen Werke. Im Norden *Die Bleichen*.

Für die Bahnhofsbefestigung sind die Werke und Fronten bezeichnet und mit Höhenangaben versehen, im Uhrzeigersinn beginnend am Ostende der Bunten Brücke: *Kehl Reduit, Flanken Batterie No 1; Westliche Kehl-Fronte, Flanken Batterie No 2, Zoll Fronte, Flanken Batterie No 3, Hafen Fronte, Bremer Fronte* mit *Bremer Thor, Fort A, Mittel-Fronte* mit *Magdeburger Thor* für die Bahnlinie *von Hannover* und *Kriegs Pulver Magazin* hinter dem Kavalier, *Fort B, Berliner Fronte* mit *Berliner Thor, Inundations-Fronte, Flanken Batterie No 4, Cölner Thor, Südliche Kehl Fronte* und *Flanken Batterie No 5* am Kehl-Reduit.

Südlich vorgeschoben liegt am Bahndamm der Linie *nach Cöln* das *Fort C*. An der Südostecke, zwischen Berliner und Inundations-Fronte der *Einlass-Batardeau* für die Graben-Bewässerung; der *Auslass-Batardeau* liegt im Nordwesten vor der Ecke zwischen Bremer und Hafen-Fronte.

Vor Hafen- und Zoll-Fronte *Projectirter Hafen* (bis zur Flankenbatterie No 2) mit einem Wall an seiner Westseite.

Unter der *Krone* die *Berme für den Leinenpfad*. – Die hohe Ufer-Terrasse vor dem Berliner Tor im Osten ist als *Grosses Dankerser Feld* bezeichnet; davor fließt von Nordosten die *Kleine Aue oder Gnadenbach* in den von Südosten herankommenden *Osterbach*.

Über seiner breiten Niederung, die als *Inundation* markiert ist, verläuft die *Berliner Chaussée* nach Südosten; an ihr liegt vor dem Tor am Gnadenbach *Kanzlers Mühle*, weiter östlich *Sand- und Kiess Gruben* und eine *Windmühle* sowie – an der Straße – rechts die *Grille*, links die *Dinnendahlsche Eisengiesserei*. Östlich von Fort C *Die Masch*. Straßen und Wege: *von Bremen, Viehtrift* (bei Fort B), *von Dankersen* (an der Aue), *nach Hausberge* und *nach Neesen* (südlich des Brückenkopfes).

Die Festungsanlagen umschließen im Viertelkreis die Anlagen der Hannoverschen Staatsbahn (Ostseite) und der Cöln-Mindener Eisenbahn (Westseite), dazwischen *Gemeinschaftliches Stations-Gebäude* mit dem Vorplatz *Zum Anfahren der Equipagen,* begleitet von zwei Wegen *Für Fussgänger*.

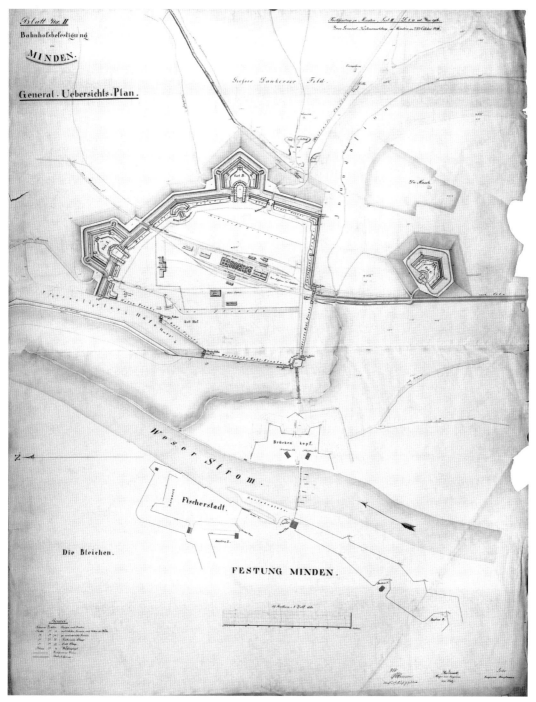

Abb. 332 Bahnhofsbefestigung, General-Übersichtsplan. Pionier-Sergant Daniel, 1846 (Kat.-Nr. 262).

Nördlich des Bahnhofs-Gebäudes die *Hannoversche-Personen-Station* mit *Perron*, jenseits der Gleise *Lokomotiv Schuppen, Werkstatt & Kesselhaus* und ein *Koaks Schup(pen)*, im nördlichen Gleiszwickel *Wagen-Schuppen* und *Reserve Wagen-Schuppen*. Entsprechend hat die *Cöln-Mindener-Personen-Station* auf der Westseite *Lokomotiv Schuppen* und *Koaks-Schuppen*, an der Nordgrenze des Bahngeländes stehen *Wasser-R(eservoir)* und *Werkstätte der Cöln-Mindener Bahn*. Die *Neue Bremer Strasse* (heute Friedrich-Wilhelm-Straße) trennt Bahngelände und *Zollhof*, am Straßenknick liegt das Anwesen *Tonne*, zwischen Straße und Hafen-Fronte *Brüggemann-Windmühle*.

Unten links *Renvoi*.

Schwarze Zahlen:	*Längen und Breiten.*
Rothe d° n:	*natürliches Terrain und Höhen der Werke.*
d° d°(n):	*zu veränderndes Terrain.*
d° d° n̄:	*Souterrain-Etage.*
d° d° n:	*Erste Etage.*
Blaue d° n:	*Wasserspiegel.*
[gelbe Linie]	*Fortifications Grenze.*
[blaue Punkte]	*Bahnhofgrenze.*

Im Laufe der weiteren Bearbeitung wurden die westliche Kehl-Fronte und die Zoll-Fronte im Norden nach Westen verschwenkt, entsprechend verschoben sich die Flankenbatterien No 2 und 3, deren neue Standorte schraffiert wurden.

Noch später wurde mit Blei der Anschluß der Hannoverschen Bahn an die Köln-Mindener Bahn mit der Verbreiterung des Bahndammes vor dem *Cölner Thor* in Blei skizziert, ebenso wurde südlich des Zollhof-Geländes der Standort einer *Defensions-Kaserne* (später Bahnhofs-Kaserne) bezeichnet (Zum Bahnhof und den umgebenden Anlagen siehe ausführlich Teil V, Kap. X.2.1).

Blatt I der Planserie liegt nicht vor.

KAT.-NR. 263   Abb. 333
Bahnhofsbefestigung, General-Übersichtsplan, 1847

Bezeichnet *Daniel*, datiert *Minden den 18ten Februar 1847*.
Farbig angelegte Federzeichnung mit farbigen Tuschen und Beischrift in Blei; 93,5 x 66,5 cm.
Transversal-Maßstab, *12 + 144 Ruthen* = 17,8 cm ≅ 1 : 3300.
Kartentitel: *Blatt Nro IIa Bahnhofsbefestigung zu MINDEN / GENERAL UEBERSICHTS PLAN / Fortification zu Minden / Sect.III. D.1.a.ad: No 139. Zum Bericht von dd. Minden den 18ten Februar 1847.*
Unten rechts: *Reducirt nach dem Uebersichtsplan Nro: II durch Daniel, Sergeant in der VIIten Pionir Abth./ Hardenack Major und Platzingenieur / Gesehen FvUthmann Oberst und Festungs Inspekteur.*

GSTA PK, Festungskarten Minden C 70.083; unpubliziert.

Der Plan ist eine verkleinerte Neuzeichnung von Kat.-Nr. 262 mit gleichem Ausschnitt und im wesentlichen gleichem Inhalt und übereinstimmender Beschriftung. Brückenkopf- und Stadtbefestigung sind detaillierter dargestellt. Der Weserhafen, unterteilt in *Haupt Hafen* und *Zoll Hafen*, ist nicht als projektiert angegeben, obwohl mit der Ausführung noch nicht begonnen wurde. Auf diese

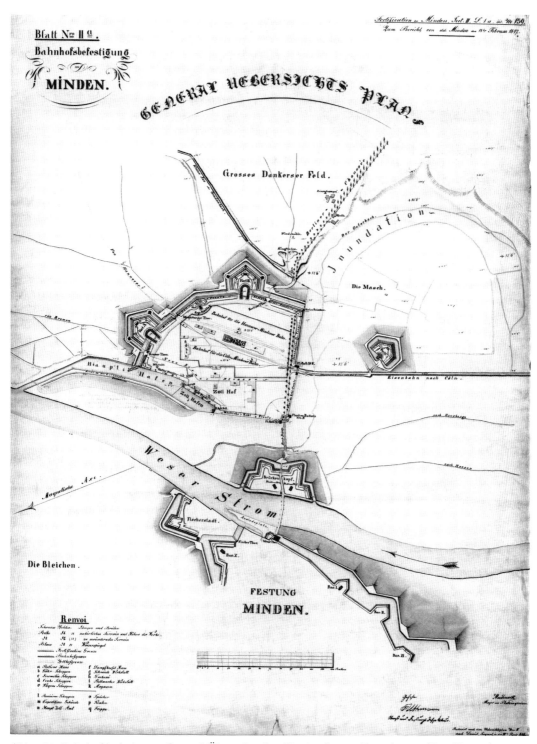

Abb. 333 Bahnhofsbefestigung, General-Übersichtsplan. Pionier-Sergant Daniel, 1847 (Kat.-Nr. 263).

bezieht sich die Beischrift in Blei zwischen Hafen und Weser: *Die Ausführung des Hafens wird vorläufig auf den Theil zwischen der Bleilinie ab* [zwischen Nordende des Hafenbeckens und Flankenbatterie No III] *und der Kaimauer oder deren Fortsetzung beschränkt (cfr. No 411/9 52 A III).* Bei dieser reduzierten Form ist es dann auch geblieben. Auch für den *Zoll-Hof* sind projektierte Gebäude eingetragen, die nicht ausgeführt wurden, weil die Verlegung des Hauptzollamts vom Kleinen Domhof in die Bahnhofsbefestigung unterblieb. Ebenso wurde der Gleisanschluß mit mehreren Drehscheiben hinter den Zollhof-Gebäuden und Gleisen an der Zollhafen-Kaimauer nicht eingerichtet.

Die Gebäude der Köln-Mindener Eisenbahn wurden um weitere Lokomotiv-Koksschuppen vermehrt; die Vielzahl dieser Bauten ist mit Kleinbuchstaben markiert. Dazu unten links:

Renvoi

Schwarze Zahlen		*Längen und Breiten*
Rothe	*d° n*	*natürliches Terrain*
d°	*d° (n)*	*zu veränderndes Terrain*
Blaue	*d° n*	*Wasserspiegel*
- - - -	[gelb]	*Fortifications Grenze*
-.-.-.	[blau]	*Bahnhofgrenze*
―――	[rosa]	*Zollhofgrenze*

a Stationshaus	*f Dampfkessel Haus*
b Güter-Schuppen	*g Schmiede Werkstatt*
c Locomotive Schuppen	*h Dreherei*
d Coaks Schuppen	*i Stellmacher Werkstatt*
e Wagons Schuppen	*k Magazin*

l Revisions-Schuppen	*o Speicher*
m Expeditions-Gebäude	*p Krahn*
n Haupt Zoll-Amt	*q Treppe*

Für die Berliner Chaussée ist eine Alleebepflanzung eingetragen; der Gebäudebestand von Grille und Eissengießerei hat sich vergrößert.

Das folgende Blatt III der Planserie liegt nicht vor; zu Blatt IIIa siehe Kat.-Nr. 321.

KAT.-NR. 264   Abb. 334
Einlaß-Batardeau, 1846/1847

Bezeichnet *Daniel,* datiert *Minden den 1ten Maerz 1847.*
Farbig angelegte Federzeichnung; 49,5 x 67 cm.
Transversal-Maßstäbe. *Maaßstab für den Grundriss. 12* (Fuß)+10 Ruthen = 13,8 cm = 1 : 300, *Maaßstab für die Profile. 12* (Fuß)+ *5 Ruthen* = 15 cm = 1 : 50.
Kartentitel: *Blatt Nro. IV. Bahnhofsbefestigung zu MINDEN / Grundriss des Einlass-Batardeau. / Fortification zu Minden. Sect. III. D.1.aNo: 715. Zum Anschlag d.d. Minden den 6ten August 1846. Zum berichtigten Anschlag d.d. Minden den 1ten Maerz 1847.*
Unten links *Gez. durch Daniel. Sergeant in d 7: Pionir Abth.,* rechts *Neuhauss Ing.Lieut./Hardenack Major & Platzingenieur. / Gesehen FvUthmann Oberst u. Festungs Inspektor.*

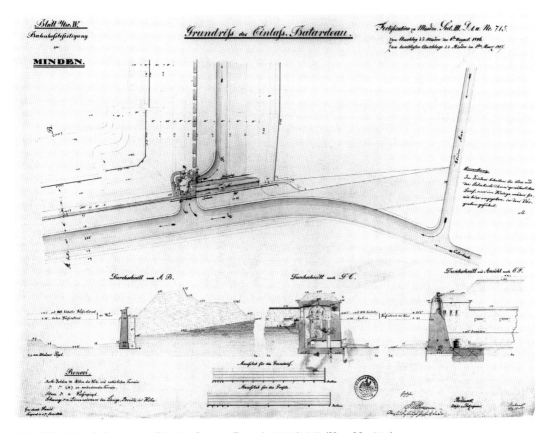

Abb. 334 Einlaß-Batardeau. Pionier-Sergant Daniel, 1846/1847 (Kat.-Nr. 264).

GSTA PK, Festungskarten Minden F 70.049; unpubliziert. – Unten Stempel des Kriegsministeriums, Allg. Kriegs-Departement, Ing.-Abt.

Oben Grundriß der leicht stumpfen Südostecke der Befestigung mit dem Batardeau, der den Graben vor der Berliner Front abriegelt und dem Schleusenbauwerk, über dem eine Eckbatterie mit drei Gewehrscharten nach Westen, Süden und Osten sowie dem Zugang von Norden zwischen zwei Scharten steht. Die Batterie ist gewölbt und mit einer Erdschüttung versehen. Vor der freien inneren Ecke liegt ein erhöhter Laufgang mit Stufen zur Stützmauer der westlich anschließenden Inundationsfront und zum Rondengang hinter der nach Norden ansetzenden krenelierten Mauer zwischen Graben und Wall der Berliner Front. Rechts die *Kleine Aue*, die in den *Osterbach* fließt. Am Rand *Anmerkung. Im Frieden behalten die Aue und der Osterbach ihren gewöhnlichen Lauf, nur im Kriege werden sie, wie hier angegeben, in den Vorgraben geführt. vU.* (= von Uthmann).

Unten links *Durchschnitt nach AB* mit dem Wallprofil und der rückseitig mit Pfeilern verstärkten Stützmauer der Inundationsfront mit Wasserstandsangaben über *+0 am Mindener Pegel : + 23' 2" seit 1682 höchster Wasserstand / +20' hoher Wasserstand* (Klammer) *der Weser.*

In der Mitte *Durchschnitt nach DC* durch Schleuse und Batterie nach Osten mit Innenansicht der krenelierten Mauer.

Rechts *Durchschnitt und Ansicht nach EF*: Schnitt durch den Batardeau mit Ansicht der Dame, der Eckbatterie und der krenelierten Mauer von Osten. Die Scharten der Batterie sind vertikal gesetzt, die der Mauer horizontal. Wasserstandsangaben wie links; das *Renvoi* unten links, zu den Zahlen, wie in Kat.-Nr. 262 und 263. – Die innere Spundwand unter der Schleuse ist durchgekreuzt.

Der Stichgraben zur Umleitung des etwa 60 m weiter südlich fließenden Osterbaches und der Vorgraben vor der Inundationsfront sind in den beiden General-Übersichtsplänen von 1846 und 1847 nicht eingetragen; ihre Anlage ergab sich vermutlich erst bei der detaillierten Ausarbeitung der Pläne. – Zugehörig ist Blatt IVa mit dem Auslaß-Batardeau (Kat.-Nr. 265).

KAT.-NR. 265 Abb. 335
Auslaß-Batardeau, 1846/1847

Bezeichnet *Daniel*, datiert *Minden den 1ten Maerz 1847*.
Farbig angelegte Federzeichnung; 49,5 x 67 cm.
Tansversal-Maßstäbe (M 1:150/1:300), Beschriftung, Unterschriften und Stempel wie im zugehörigen Blatt Kat.-Nr. 264.
Kartentitel: *Blatt Nro. IVa. Bahnhofsbefestigung zu MINDEN. Auslass-Bartardeau.*

GSTA PK, Festungskarten Minden D 70.025; unpubliziert.

Rechts Grundriß der leicht spitzwinkligen Nordwestecke der Bahnhofsbefestigung mit dem beiderseits von einer *Spundwand* eingefaßten Batardeau zwischen Festungsgraben und *Hafen*. Wie beim Einlaß-Batardeau sitzt über der Auslaß-Schleuse eine Eckbatterie mit Gewehrscharten; hier auf gleicher Höhe mit dem Rondengang hinter der krenelierten Mauer. Die südlich an die Batterie anschließende Hafenkaimauer war zunächst auf einer Strecke von 6 Ruthen (ca. 22,60 m) als Gewehrgalerie mit Durchgängen in den Strebepfeilern und nischenartig ausgebogener Rückwand zwischen den Pfeilern geplant; die Mauer sollte weiter nach Süden mit Breschbögen ausgestattet werden (gestrichelt eingezeichnet). Jede Abteilung der Galerie sollte mit drei fächerförmig angeordneten Gewehrscharten versehen sein.

Nachgetragene Beischrift: *das als Anhang bei der Bremer Fronte berechnete Revetement en decharge faellt nach der Hohen Bestimmung vom 26ten September 1846 weg. Hardenack.* – Der auf ca. 50 m Länge um die Ecke nach Süden gezogene Wall (sogenannter »Bremer Haken«) endete im abgeböschten Wallkopf. – Links oben *Durchschnitt und Ansicht nach AB*, daneben *Durchschnitt nach CD*. Batardeau, Schleuse und Batterie zeigen die gleichen Formen wie die Anlage an der Südostecke (vgl. Kat.-Nr. 264); die Spitze der Dame ist hier wie dort durch Korrektur um 1 Fuß erniedrigt worden. Die eingetragenen Weser-Wasserstände liegen hier um 3 Fuß niedriger als an der Südostecke.

Unten links *Durchschnitt nach EF*. durch die Revêtementsmauer (Hafenkaimauer) mit der Gewehrgalerie über Breschbögen; daneben rechts *Durchschnitt und Ansicht nach GH.*: Schnitt durch das Revêtement mit doppelstöckigen Breschbögen, darüber Wallprofil und Ansicht der Stirnmauer mit Eingang zur Gewehrgalerie.

Beischrift: *Die Breschboegen fallen nach dem Hohen Erlaß vom 26ten September 1846 weg. Hardenack.* (Zu Escarpen en décharge, Breschbögen und Décharge-Kasematten vgl. von Prittwitz 1836, S. 5, 63 f., 89, Taf. 28, 30, 33.)

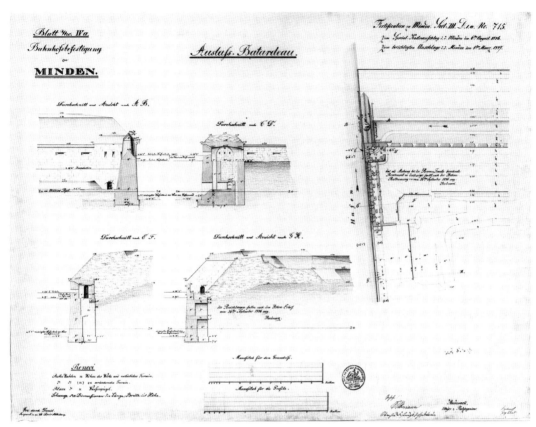

Abb. 335 Auslaß-Batardeau. Pionier-Sergant Daniel, 1846/1847 (Kat.-Nr. 265).

KAT.-NR. 266 ohne Abb.
Auslaß-Batardeau, 1846/47

Bezeichnet *Daniel*.
Farbig angelegte Federzeichnung mit farbigen Tuschen; 49,4 x 66,4 cm.
Transversal-Maßstäbe. *Maaßstab für die Grundrisse 12' + 13 Ruthen* = 18,23 cm = 1:288;
Maaßstab für die Durchschnitte 12' + 6 Ruthen = 18,23 cm = 1:144.
Kartentitel: *Blatt Nro IVa. Bahnhofsbefestigung zu Minden. 1847.* – Die weitere Beschriftung samt Unterschriften stimmt mit der Vorlage Kat.-Nr. 265 bzw. Kat.-Nr. 264 überein.
Unten links *Cop.d.Daniel*.

Mindener Museum FM 150; unpubliziert. – Oben links rote Inv.-Nr. *P:V: II d No: 37* (blau korrigiert *No 35*) mit Stempel der Fortification zu Minden.

Das Blatt ist eine weniger detailliert ausgeführte und etwas flüchtiger kolorierte Zweitfassung von Kat.-Nr. 265 in leicht vergrößertem Maßstab, angefertigt für den Gebrauch in der Mindener Fortification. Die Höhenkorrektur der Dame auf dem Batardeau um 1 Fuß ist hier bereits berücksichtigt.
   Die folgenden Blätter V und Va der Planserie fehlen.

KAT.-NR. 267   Abb. 336
Kölner Eisenbahntor, 1847

Bezeichnet *Daniel*, datiert *Minden den 13ten März 1847*.
Farbig angelegte Federzeichnung; 66,5 x 99 cm.
Transversal-Maßstäbe; *Maaßstab für den Grundriss und Oberen Ansichten: 12' + 10 Ruthen* = 13,8 cm = 1:300; *Maaßstab für die Ansichten und Durchschnitte: 12' + 5 Ruthen* = 14,8 cm ≅ 1:150.
Kartentitel: *Blatt Nro: V.b. Bahnhofsbefestigung zu Minden./ Coelner-Thor (Südliches – Eisenbahnthor.)/ Fortification zu Minden, Sect: III, D.1.a.ad Nro: 190: Zum berichtigten Special-Kostenanschlag dd Minden den 13ten März 1847.*
Unten links: *Gez: durch Daniel. Sergeant in der 7t Pionir Abthl.;*
unten rechts: *Neuhaus Ingenieur Lieutenant / Hardenack, Major und Platzingenieur / Für den erkrankten Festungs-Inspecteur Gesehen. vHuene Oberst und Ingenieur-Inspecteur.* Danebenstempel der Ingenieur-Abteilung des Allg. Kriegs-Departements.

GSTA PK, Festungskarten Minden C 70.084; unpubliziert.

Unten links Grundriß des Pfeilertores an der *Berliner-Chaussée* (Norden unten), links begleitet von der *Flankenbatterie No. 4.* vor dem Wallkopf der *Inundations-Fronte* mit Durchgang zu Rondengang, Pulverkammer und Latrine, gegenüber eine kleine Eckbatterie am Beginn der *Südliche(n) Kehlfronte*. Dazwischen die zweigleisige *Eisenbahn nach Coln* sowie der Durchlaß für die *Communication nach Fort C.* und die *Rampe nach der Osterbachwiese*. Hinter der Kehlfront-Mauer gestrichelt der Platz für *Vorraths-Boden zum Versetzen der Thore*. – Dabei rechts *Obere Ansicht der Abwässerung* der Flanken-Batterie.

    Oben links *Aussere Ansicht* der Toranlage von Süden mit Schnitt durch den Batardeau und Angabe der Weser-Wasserstände. Darunter nachgetragene Beischrift: *Die von Sr: Exellenz dem General-Inspecteur der Festungen, Herrn General der Infanterie von Aster, bei Ihrer Anwesenheit am 27ten Juni 1847 befohlene Abänderung des Batardeau's in einen Überfall mit Versatzfalzen ist in roth schraffirt angegeben worden. Minden den 23ten November 1847. Hardenack, Major & Platzingenieur.*

    Oben rechts *Ansicht nach A–B:* Seitenansicht der Flankenbatterie No 4 von Westen mit dem dahinter anschließenden Wall.

    Darunter *Durchschnitt nach C–D* und *Durchschnitt nach EF*: Längs- und Querschnitt durch Gewölbe und Gründung der Batterie mit der Erdaufschüttung, die nach Osten als Brustwehr ausgebildet ist.

    Unter dem Schnitt C–D *Obere Ansicht* der *Flankenbatterie No 4.* mit Plattform, Brustwehr und Rampe zum Wallgang der *Inundations-Fronte*.

    Daneben rechts *Durchschnitt nach GH* durch das Eisenbahntor mit Pfeileransicht und Schnitt durch Brückenkeller und Vorgraben. Hier nachgetragene Beischrift: *die eisernen Stützen* [unter der Brückenplatte] *fallen weg und werden Hoher Bestimmung gemaess durch einfache hoelzerne, schnell fortzunehmende Bockgestelle ersetzt Conferat(ur): Erlass d.d. Berlin, d. 3ten Mai 1847. No 688/3. Hardenack.*

    Darunter *Durchschnitt nach JK*: Längsschnitt durch die Toranlage der niedriger liegenden Passage zum Fort C mit der Ziehbrücke über den Vorgraben. Links Treppe zum Bahndamm.

    Rechts unten *Durchschnitt nach LM* durch die kleine Eckbatterie mit Gründung und Erschütterung.

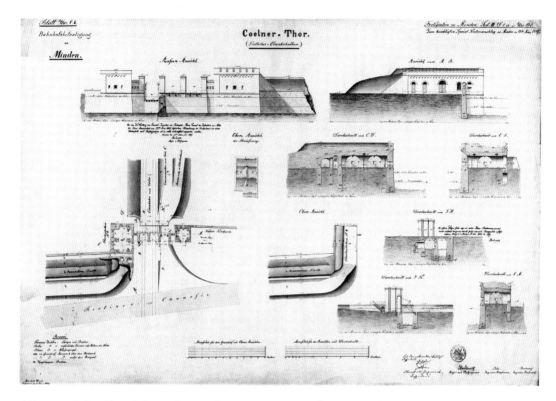

Abb. 336 Kölner Eisenbahntor. Pionier-Sergant Daniel, 1847 (Kat.-Nr. 267).

Unten links *Renvoi*.

Schwarze Zahlen:	*Längen und Breiten*
Rothe d° n.	*natürliches Terrain und Höhen der Werke*
Blaue d° u.	*Wasserspiegel*
[rosa] *im Grundriß:*	*Mauerwerk über dem Horizont*
[blau] d° d°	*d° unter dem Horizont*
[schraffiert]	*Zugklappen-Balken* [in der Außen-Ansicht]

Eine anschauliche Isometrie nach diesem Plan bzw. der Zweitausfertigung (Kat.-Nr. 268) bei MEINHARDT 1958, Taf. 51; ferner ein Modell im Mindener Museum (NORDSIEK 1979, S. 279, Abb. VI.30).

Die aufwendige Ausgestaltung und Ausstattung der Flankenbatterie mit Kanonenscharten erklärt sich aus der freiliegenden Situation des Tores. Es war zwar durch die in Kriegszeiten überschwemmte Niederung des Osterbaches und das etwa 400 m vorgeschobene Fort C gesichert und gedeckt, mußte aber seinerseits auch die Flankierung der östlich anschließenden Inundations-Front übernehmen können. Die hier gezeichnete Form ist das Ergebnis einer Überarbeitung im Verlauf der Planung; die ältere Fassung mit einer kleineren, vom Tor nach Osten abgesetzten Flankenbatterie zeigt Blatt XIII vom 8. September 1846 (Kat.-Nr. 298, 299).

KAT.-NR. 268 ohne Abb.
Kölner Eisenbahntor, 1847

Bezeichnet *Daniel,* datiert *Minden den 13ten März 1847.*
Blaßfarbig angelegte Federzeichnung mit Überzeichnung und Beischrift in Blei; 65,3 x 98 cm, alt auf Leinen gezogen.
Transversal-Maßstäbe; *Maaßstab für den Grundriss und Obere Ansichten 12′ + 13 Ruthen* = 18,2 cm = 1:288; *Maaßstab für die Ansichten und Durchschnitte 12′ + 6 Ruthen* = 18,2 cm = 1:144.
Kartentitel: *Blatt Nro V.b. Bahnhofsbefestigung zu Minden. 1847.* Die weitere Beschriftung und Anlage des Blattes stimmt mit der Vorlage Kat.-Nr. 267 überein. Unten links: *Daniel.*
STA DT, D 73 Tit 5 Nr. 2925; unpubliziert. Umzeichnung bei MEINHARDT 1958, Bild 50.

Das Blatt ist – wie Kat.-Nr. 266 – eine weniger detailliert ausgeführte und weniger sorgsam kolorierte Zweitfassung des nach Berlin eingereichten Planes Kat.-Nr. 267 in leicht vergrößertem Maßstab für den Gebrauch in der Mindener Fortification. Die Abweichung im Maßstab mag sich so erklären, daß man in der Mindener Festungsbaubehörde die Beibehaltung der gewohnten Maßstäbe (1:144, 1:288 etc.) vorzog.
   Im Grundriß ist nachträglich der Wallanschluß der Inundations-Front an die Flankenbatterie mit vereinfachter Rampen-Verschleifung in Blei korrigiert. Die Beischrift ist großenteils unleserlich.

KAT.-NR. 269 Abb. 337
Kölner Eisenbahntor, Fundamentplan, 1847

Bezeichnet *Neuhauss,* datiert *1847.*
Kolorierte Federzeichnung mit Ergänzungen und Berechnungen in Blei; 41,2 x 43,4 cm.
Transversal-Maßstab *12′ + 16 Ruthen* = 18,3 cm = 1:144.
Kartentitel: *Bahnhofsbefestigung zu Minden 1847. / Fundamente des Colner Thores.*
Unten rechts: *Neuhauss Ing.Lieut.*
STA DT, D 73 Tit. 4 Nr. 10124; unpubliziert. – Oben links rote Inv.-Nr. *P:V: IId, No 32 (*blau korrigiert *No 30)* mit Stempel der Fortification zu Minden.

Grundriß der Fundamente und der aufgehenden Mauern bis zur Sohlbank der Gewehr- und Kanonenscharten mit schwarz eingetragenen Maßangaben (Norden unten):

| [rote Zahlen]: | *Höhenzahlen der reinen Mauer* |
| [rote Zahlen]: | *Höhenzahlen der Fundamentsohlen* |

Zwischen den beiden Batteriebauten Pfeiler und Brückenkeller der Klappbrücke für das Eisenbahntor; davor die Grabenstaumauer mit seitlichen Versatzfalzen, die jenseitige Grabenmauer und die Flankenmauer zwischen Bahndamm und Kommunikation zum Fort C.
   Das Blatt ist einer der wenigen erhaltenen Werkpläne für die Bauten der Festung, die es zu Hunderten gegeben haben muß.

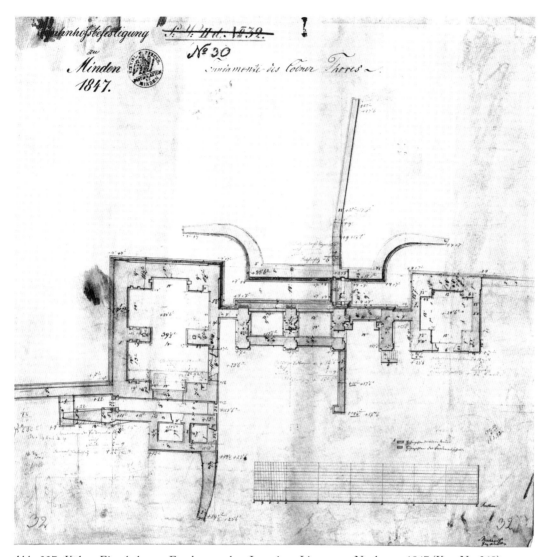

Abb. 337 Kölner Eisenbahntor, Fundamentplan. Ingenieur-Lieutenant Neuhauss, 1847 (Kat.-Nr. 269).

KAT.-NR. 270 ohne Abb.
Kölner Eisenbahntor, Details für die Flankenbatterie No. 4, 1849

Bezeichnet *Simon*, datiert *1849*.
Federzeichnung; 42,6 x 66 cm.
Transversal-Maßstab *1 + 18 Fuss. ddc* = 24,7 cm = 1:24.
Kartentitel: *Details der aeusseren Façade von Flanken-Batterie No IV am Cölner Thor der Bahnhofs-Befestigung zu Minden. 1849.*
Unten rechts: *gez: Simon Ing. Lieutenant.*

STA DT, D 73 Tit. 4 Nr. 10126; unpubliziert. – Oben links rote Inv.-Nr. *P. V.II, d, No 59* (blau korrigiert *No 40*) und Stempel der Fortification zu Minden.

Unten Ansicht des oberen Teils der südlichen Ansichtsmauer der Flankenbatterie mit Ecklisenen, Rundbogenfries, Cordon und blinder Zinnendekoration.
    Darüber: Aufsicht der Ecken mit einer der blinden Zinnenscharten.
    Unten links: Schnitt durch die Mauer.
    Schwarze Zahlen für die Maße der Längen und Breiten; blaue Zahlen für die Höhen.
    Wie das vorhergehende Blatt Kat.-Nr. 269 gehört dieser Plan zu den wenigen erhaltenen eigentlichen Werkzeichnungen für Bauten der Mindener Festung.

KAT.-NR. 271   Abb. 338
Kölner Eisenbahntor, Detailzeichnung, 1856

Bezeichnet *Pagenstecher*, datiert *Minden den 26ten Januar 1856*.
Federzeichnung in farbigen Tuschen, zartfarbig angelegt, auf Pausleinen; 57,8 x 38,1 cm.
Maßleiste von *12" + 10 Fuss* = 14,3 cm = 1:24 (Ansicht); Maßleiste von *12 + 36 Fuss* = 10,8 cm ≅ 1:140 (Grundriß).
Kartentitel: *Das Cölner Eisenbahn Thor zu Minden./ Copie.*
Unten rechts: Ort und Datum wie oben; *gez. Pagenstecher Major und Platzingenieur.* Links: *Hannover, den 4t. März 1856 Königlich Hannoversche General Direction der Eisenbahnen und Telegraphen gez:* [Unterschrift fehlt] */ Mit dem Original verglichen Minden den 18" April 1856. Gesau [?] Festungs Bau-Schr(ei)b(e)r.*

STA DT, D 73 Tit.4 Nr. 92 44; unpubliziert. – Oben links rote Inv.-Nr. *P. V.IId No 32* (korrigiert *No 30*) der Mindener Fortification.

Unten Teil-*Grundriss* des Eisenbahntores mit der Westwand der Flankenbatterie samt *Latrine* und *Wallprofil Mauer* (Norden unten). Eingetragen ein gerades und ein schräg von Nordnordosten mit leichter Krümmung einlaufendes und kreuzendes Gleis. Pfeiler A mit roter und blauer Schraffur schräg verzogen korrigiert.
    Rechts *Grundriss des Pfeilers A* in vergrößertem Maßstab mit rot und blau korrigierter Schrägstellung.
    Oben links *Seiten Ansicht des Pfeilers A.*, daneben *Hintere Ansicht des Pfeilers A* in vergrößertem Maßstab.
    Der Plan fixiert schon bald nach Inbetriebnahme der Bahnanlagen angestellte Überlegungen, die bisher strikt getrennten Gleise der Hannoverschen Staatsbahn und der Köln-Mindener Eisenbahn miteinander zu verbinden und so einen durchlaufenden Gleisstrang von Hannover über preußisches Gebiet zur wiederum hannoverschen Strecke Löhne–Osnabrück zu schaffen. Für die Einleitung des hannoverschen Gleises schräg über den Bahnhofsvorplatz in die preußische Bahnlinie sollte der östliche Pfeiler des Eisenbahntores leicht verzogen und verschwenkt werden, ohne daß die Funktion des Tores beeinträchtigt wurde. Dieser Plan wurde indes nicht weiter verfolgt, doch erscheint das Projekt noch im Bahnhofsplan von 1860 (Kat.-Nr. 317). Schließlich verständigte man sich 1862 auf

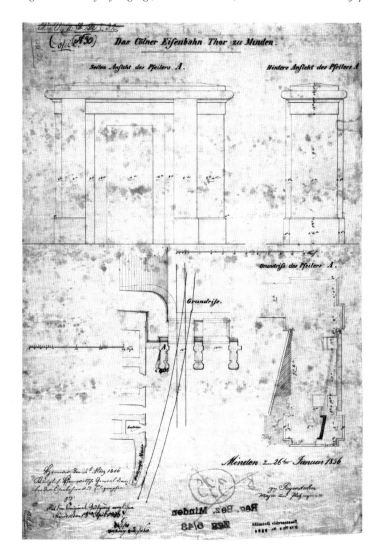

Abb. 338 Kölner Eisenbahntor, Detailzeichnung. Major und Platzingenieur Pagenstecher, 1856 (Kat.-Nr. 271).

die Anlage eines zweiten, des Löhne-Oeynhauser Eisenbahntores mit einem Walldurchstich östlich des Kölner Tores. Die Gleisstränge vereinigten sich zwischen den beiden Toren und dem südlich vorgelagerten Fort C (Situationsplan des Bahnhofes Minden, Blatt I, aufgenommen Dezember 1877, von Feldmesser Kühne, gezeichnet Juli 1878 von Feldmesser Nalenz, Deutsche Bahn AG, Betr.-Dir. Hannover, Plankammer U4).

Der Detailgrundriß des Pfeilers macht deutlich, daß das Tor im Kriegsfall nicht nur durch die aufgezogene Brücke geschlossen wurde, sondern außerdem durch starke Torflügel, die zwischen den seitlichen Lisenen angeschlagen waren und zurücklagen. Bei geschlossenem Tor gaben sie die doppelten Versatzfalze frei, in die bereitliegende kräftige Balken eingelegt werden konnten. Der Raum zwischen ihnen wäre mit dem Vorratsboden aufgefüllt worden; der westlich der kleinen Eckbatterie bereitlag (vgl. Grundriß in Kat.-Nr. 267, 268).

KAT.-NR. 272 ohne Abb.
Eisenbahnbrücke am Kölner Tor, 1862

Bezeichnet *Schütte*, datiert *Minden, den 10t November 1862*.
Farbig angelegte Federzeichnung; 50,2 x 65,2 cm.
Maßleiste von *10 + 40 Pr: Fuss:* = 20,2 cm = 1:78.
Kartentitel: *Brücke über den Festungsgraben am Cölner Thore.*
Unten rechts: Ort und Datum wie oben; *Fr:Schütte*

Minden, KAM, Mi, F 1861; unpubliziert.

Unten links *Grundriss und obere Ansicht* des Balkenrostes bzw. des Bohlenbelags (Norden links).
Oben links *Längendurchschnitt (a-b)* mit drei Bockgestellen und westlichem Auflager an der Contrescarpe. – Oben rechts *Querdurchschnitt* mit Ansicht eines Bockgestells und zwei Gleisen.
Der Plan gehört zu den Akten für die Zimmermeisterprüfung des Ferdinand Schütte aus Minden. Die selbstgewählte Aufgabe ist unten beurteilt: *Gesehen und dürft[e] sich zu einem Meisterbau eignen, mit vert(raulichem): Vorbehalt zu ...[unleserlich] Ew: Wolgeb: Stahl Kreisbaum(ei)st(e)r.* – Das Projekt bezieht sich auf die Situation östlich des eigentlichen Kölner Tores, wo die nach Westen konvergierenden Gleise der Hannoverschen Staatsbahn vor dem Löhne-Osnabrücker Eisenbahntor über den hier breiteren Festungsgraben zu führen waren. Der in Kriegszeiten wasserführende Graben selbst ist nicht dargestellt; er schloß sich links an und wurde mit der Klappe des Eisenbahntores überbrückt, die ihr Auflager auf dem linken der drei dargestellten Böcke hatte.

Abb. 339 Flankenbatterie No 4 westlich des Kölner Tores von Norden. Zeichnung von Karl Hermann Bitter, 1855, Minden, KAM (Westfalia Picta VII, Nr. 340). Hinter dem Zaun die Chaussee nach Berlin bzw. Bückeburg.

KAT.-NR. 273   **Abb. 340**
Magdeburger Eisenbahntor, 1846/1847

Bezeichnet *von Gaertner,* datiert *August 1846.*
Farbig angelegte Federzeichnung; 65,5 x 99 cm.
Drei Transversal-Maßstäbe; *Maaßstab für den Grundriss 1ddc. Zoll = 24 Fuss:* 12 + 120 Fuss = 13,7 cm ≅ 1:300; *Maaßstab für die Durchschnitte 1ddc. Zoll = 12 Fuss:* 12 + 60 Fuss = 15 cm ≅ 1:150; *Maaßstab für die Gesimse: 12 Fuss* = 6 cm ≅ 1:62,5.
Kartentitel: *Blatt No VI. Bahnhofsbefestigung zu Minden / Magdeburger Thor. / Fortification zu Minden Sect. III. D.1.a. ad Nro 750. Zum Special-Kostenanschlage d.d. Minden 21ten August 1846. Zum berichtigten Kostenanschlage dd: Minden den 17ten März 1847.*
Unten, von rechts: *Gezeichnet im Monat August 1846 durch von Gaertner Lieutenant im Ingenieur Corps. / Hardenack Major & Platzingenieur. / Gesehen FvUthmann Oberst u Festungs Inspekteur.* Stempel der Ing.-Abt. des Allg. Kriegs-Departements.

GSTA PK, Festungskarten Minden C 70.085; unpubliziert.

Links Grundriß der gesamten Toranlage in der *Mittel-Fronte* (Norden oben links): Im Walleinschnitt das Tor mit Mittelpfeiler und Klappbrücken über den hier nach innen erweiterten Festungsgraben, begleitet von zwei kleinen Kasematten und Wallprofilmauern. Hinter der westlichen Mauer liegt, im Viertelkreis gebogen, eine Gewehrgalerie zur seitlichen Flankierung, hinter der rechten liegt unter der Brustwehr eine *Latrine*. Die beiden Gleise überqueren den Graben schräg auf einer Brücke, queren den Waffenplatz im einspringenden Winkel zwischen Mittelfronte und rechter Flanke von Fort A und durchstoßen den Gedeckten Weg und das Glacis im Außentor mit Pfeilern. Innerhalb des Haupttores liegt beiderseits auf dem Wallgang *Vorrathsboden zum Versetzen der Eisenbahnthore*, auf dem Waffenplatz links entsprechend *Vorrathsboden zum Zufüllen des Eisenbahn-sorties*.

    In der Mitte oben *Innere Ansicht* der Torbauten im Walleinschnitt, darüber *Aeussere Ansicht nach der Linie CD.* mit Schnitt durch den bis an das Tor gezogenen Graben und die Gewehrgalerie neben dem Tor. Unten *Durchschnitt nach der Linie GH* durch Batterien, Torpfeiler und Brückenkeller mit Blick in den Galeriegang links.

    Rechts oben *Durchschnitt nach der Linie AB* mit der Seitenansicht des Wallprofils und der Kasematte rechts, mit Versatzfalzen und Längsschnitt durch Brücke und Brückenklappe. Die gezeichneten gußeisernen Stützen unter dem festen Brückenteil sind durchstrichen und durch *hölzerne Joche* ersetzt, die sich im Kriegsfall leichter abbauen ließen (vgl. die Bemerkung in Kat.-Nr. 267 und 268 rechts). – Darunter *Durchschnitt nach der Linie EF*: Schnitt durch die linke Kasematte und Ansicht der Wallprofilmauer mit den abgestuften Gewehrscharten der Galerie. Die Kasematten waren gewölbt und mit Erdschüttungen versehen.

    Rechts unten *Durchschnitt nach JK* durch die Latrine vor dem Haupttor rechts; daneben *Durchschnitt nach der Linie LM* mit innerer Ansicht des Außentores im Gedeckten Weg.

    Links unten eine Detailzeichnung: *Gesimse der Casematten und des Pfeilers.*

    Die Flankenmauern im Glacis im Anschluß an die äußeren Torpfeiler sind durchgekreuzt; statt ihrer sollten Böschungen angelegt werden.

    Da das Magdeburger Tor in der unmittelbaren Nähe von Fort A von dessen Enveloppe und Reduit aus flankiert werden konnte und zudem außen durch das Glacis gedeckt war, konnte es wesentlich einfacher und kleiner geplant und ausgeführt werden als das frei an der Südseite der

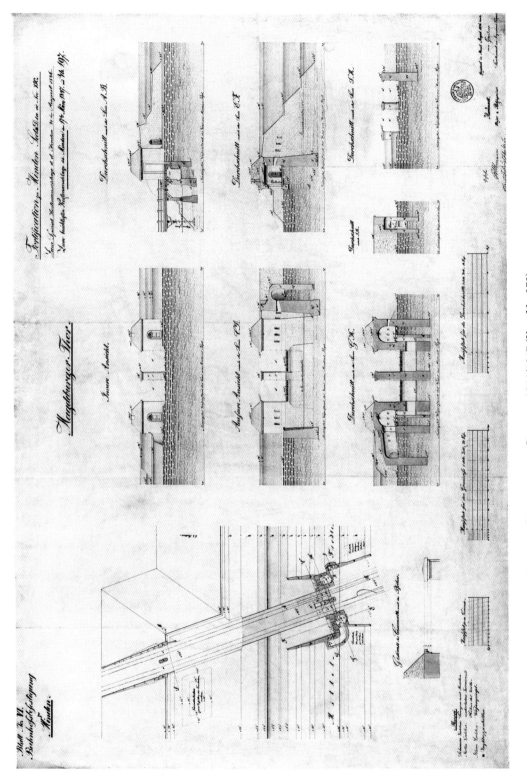

Abb. 340 Magdeburger Eisenbahntor. Ingenieur-Lieutenant von Gaertner, 1846/1847 (Kat.-Nr. 273).

IV.2.2 Katalog – Die Bahnhofsbefestigung (Kat.-Nr. 262–328)

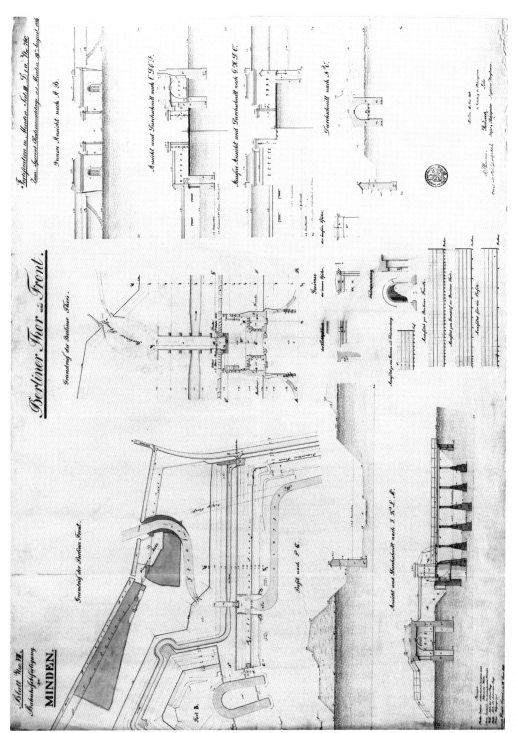

Abb. 341 Berliner Tor und Berliner Front. Pionier-Sergant Daniel, 1846 (Kat.-Nr. 274).

Bahnhofsbefestigung gelegene Kölner Tor. Dieses war zwar durch die in Kriegszeiten überschwemmte Niederung des Osterbaches und das rund 400 m nach Süden vorgeschobene Fort C gedeckt, es mußte aber auch die Flankierung der Inundations-Front übernehmen.

KAT.-NR. 274   Abb. 341
Berliner Tor und Berliner Front, 1846

Bezeichnet *Daniel*, datiert *Minden 16. Mai 1846.*
Kolorierte Federzeichnung; 66,5 x 95,5 cm.
Vier Transversal-Maßstäbe, drei von 14,9 cm Länge;
Maaßstab zur Berliner Fronte. 1 + 36 Ruthen ≅ 1:935; *Maaßstab zum Grundriß des Berliner Thores. 12'
+ 11 Ruthen = 1:300; Maaßstab für die Profile. 12' + 5 Ruthen = 1:150; Maaßstab zu den Gesimsen und
Thürwandung. 1 + 9 Fuss = 5 cm = 1:62,5.*
Kartentitel: *Blatt Nro: VII. Bahnhofsbefestigung zu MINDEN. / Berliner Thor und Front. Fortification
zu Minden, Sect. III. D.1.a.Nro:760. / Zum Special-Kostenanschlage d.d. Minden 29ten August, 1846.*
Unten rechts: Ort und Datum wie oben; *In Vertretung des Platzingenieurs Loehr Ingenieur Hauptmann. / Hardenack Major & Platzingenieur / FvUthmann Oberst und FestungsInspekteur.* Stempel des
Kön.Pr.Kriegs-Ministeriums, Allg. Kriegs-Depart., Ing: Abth.
Unten links: *Gez. durch Daniel, Sergeant in der VII" Pionir Abth:*

GSTA PK, Festungskarten Minden C 70.086; unpubliziert.

Links oben *Grundriss der Berliner Front.* (Norden links). Teilgrundriß von *Fort B*, südlich anschließend die *Berliner Fronte* bis zum stumpfwinkligen Ansatz der *Inundations-Fronte* im Süden. Nahe bei Fort B das Berliner Tor mit der neuen Führung der *Berliner Strasse*, die *jetzige Straße* in gerader Führung ist gestrichelt angegeben. Die neue Straße biegt bei *Kanzlers Mühle* in die alte Trasse ein und quert hier *Die kleine Aue*; an ihrem Talrand ist die *Inundations-Grenze* eingetragen.

In der Mitte oben *Grundriss des Berliner Thor's.* im Walldurchstich mit Gewehrkasematten beiderseits der Torpfeiler. Stadtseitig gebogene Wallprofilmauern (blau korrigiert statt gerader Führung) mit Treppen zum Wallgang. Den Torhof fassen beiderseits Mauern ein, an ihnen liegen Treppen und Durchgänge zum Rondengang hinter der krenelierten Mauer am Wallfuß. Deren Fortsetzung schließt den Torhof nach Osten; beiderseits des äußeren Tores sind je sechs *Verticale Scharten n(ach) d(er) Hohen Bestimmung vom 17. October 1846* angeordnet. Vor dem Tor liegt ein Zugbrückenjoch; die Holzbrücke führt über den Festungsgraben zum Waffenplatz im Winkel zwischen der Enveloppe von Fort B und Berliner Front. Am Durchlaß durch Gedeckten Weg und Glacis stehen einfache Pfeiler mit Versatzfalzen und Flankenmauern.

Rechts oben *Innere Ansicht nach AB.* mit den erdgedeckten Torkasematten und den Treppen zum Wallgang, darunter *Ansicht und Durchschnitt nach C. D. E. F.:* links Innenansicht der krenelierten Mauer und der östlichen Torhofmauer (hier noch mit quadratischen Gewehrscharten), rechts Schnitt durch die rechte gewölbte Torkasematte. Die Kugel-Kontergewichte hinter den Torpfeilern sind gestrichen. – Darunter *Aeussere Ansicht und Durchschnitt nach G. H. D. C.*

Links Ansicht von Mauer und Außentor von Osten, rechts Schnitt durch den Torhof mit Ostansicht der nördlichen Torkasematte, darunter *Durchschnitt nach NO:* Krenelierte Mauer und Wallprofil am linken Wallkopf neben dem Berliner Tor an der Passage zwischen dem Reduit von Fort B und dem Wall der Berliner Front. Das geschnittene Gewölbe gehört zu dem hier angelegten Pulver-Magazin. – Links unter dem Lageplan *Profil nach P. Q.:* Schnitt durch Wall, Graben und Gedeckten Weg rechts neben dem Tor, mit der krenelierten Mauer und dem Rondengang am Wallfuß. – Darunter, links unten, *Ansicht und Schnitt nach J. K. L. M.* Längsschnitt durch die Toranlage und die Brücke über den Festungsgraben mit Schnitt durch die nördliche Kasematte.

Auch hier sind Aufziehvorrichtung und Kontergewichte an der Brückenklappe gestrichen; anscheinend war bei der Korrektur an eine erhebliche vordere Verlängerung der Klappe mit Bau eines Brückenkellers gedacht, der wie im Grundriß des Tores blau eingezeichnet ist. Diese Korrektur wird im Berliner Kriegsministerium vorgenommen worden sein.

Über den Maßstäben Details für die *Gesimse:* links der *Wachtgebäude* (Kasematten), *der innern Pfeiler* und *der äussern Pfeiler* (rechts), darunter Einzelheiten der *Thürwandung*.

KAT.-NR. 275 ohne Abb.
Verlegung der Berliner Chaussee, 1846

Bezeichnet *Daniel,* datiert *Minden den 16ten May 1846.*
Farbig angelegte Federzeichnung; 67 × 100 cm, auf Leinen gezogen.
Zwei Transversal-Maßstäbe; *Maaßstab für den Grundriss (1 + 30) Ruthen* = 12,8 cm = 1:915; *Maaßstab für die Profile 12′ + 10 Ruthen* = 13,7 cm ≅ 1:300; *Querprofil der Chaussée 12 + 36 Fuss* = 10 cm = 1:150.
Kartentitel: *Blatt Nro: VII a. Bahnhofsbefestigung zu MINDEN.*
Verlegung der Berliner Chaussée / Fortification zu Minden. Sect: III. D.1.a. Ad Nro: 819. Zum Special-Kostenanschlage d.d. Minden den 16ten September 1846.
Unten von rechts: Ort und Datum wie oben, *In Vertretung des Platzingenieurs Loehr Ingenieur Hauptmann / Hardenack Major und Platzingenieur / FvUthmann Oberst und FestungsInspekteur.* Stempel des Allg. Kriegs. Dep., Ing.-Abt. (2x).
Unten links *Gezeichnet durch Daniel. Sergeant in der VIIt. Pionir Abtheilung.*

GSTA PK, Festungskarten Minden C 70.118; unpubliziert.

Links *Grundriss* der *Berliner Fronte* zwischen *Fort B.* und Inundations Fronte wie im vorhergehenden Blatt VII (Kat.-Nr. 274). Die starke Krümmung der verlegten *Berliner Strasse* bei *Kanzlers Mühle* ist hier gemildert. Jenseits der *Kleinen Aue* sind ein Haus und – beiderseits des Weges nach Dankersen – zwei *Kiesgruben* eingezeichnet, ferner die *Windmühle* am Dankerser Weg.

Rechts und unten untereinander drei Geländeschnitte; unten *Profil nach AB.* durch die verlegte Berliner Chaussee *auf der Wallstraße* mit Wallprofil, freistehender Mauer, Graben und Glacis mit *Chaussée im Glacis-Sortie* bis zum östlichen Geländeanstieg hinter dem *Aubach* mit der *Inundation.*

Oben *Profil nach CD.:* Schnitt durch das Glacis mit der zunächst geplanten und korrigierten Trasse der *Chaussée,* der *Inundation* am *Aubach* und dem östlich ansteigenden Gelände. – Dazwischen *Profil nach EF.:* Schnitt durch das Glacis mit dem anzuschüttenden Damm der *Chaussée* und dem *Durchlass der Aue* bei Kanzlers Mühle und durch die südlich der Berliner Chaussee liegende *Kiesgrube.* – Über dem Profil nach AB. eingeschoben das *Querprofil der Chaussée* mit geschottertem Fahrweg zwischen Fußsteigen und begleitenden Gräben.

Das *Renvoi* unten links erläutert die eingetragenen Terrain- und Wasserspiegel-Zahlen.

KAT.-NR. 276　　　　　　　　　　　　　　　　　　　　　　　　　　　　　　Abb. 342
Bremer Tor und Bremer Haken, 1846

Bezeichnet *Daniel,* datiert *Minden 29ten August 1846*
Farbig angelegte Federzeichnung; 67 x 99,5 cm.
Drei Transversal-Maßstäbe; *Maaßstab für den Grundriss der Bremer Front (1+)30 Ruthen* = 12,8 cm = 1:915; *Maaßstab für den Grundriß des Bremer Thores 12' + 10Ruthen* = 13,7 cm ≅ 1:300; *Maaßstab für die Profile 12' + 3 Ruthen* = 15 cm = 1:100.
Kartentitel: *Blatt Nro: VII. Bahnhofsbefestigung zu Minden. / Bremer Thor nebst Front. / Fortification zu Minden, Sect:III. D.1.a.Nro: 760. Zum Special-Kostenanschlage dd.Minden 29ten August 1846.*
Unten von rechts: *Loehr Ingenieur-Hauptmann / Hardenack Major & Platzingenieur / Gesehen FvUthmann Oberst und FestungsInspekteur;* unten links: *Gez: durch Daniel. Sergeant in der 7t. Pionir Abtheilung.* Rechts Stempel der Ing.-Abt. des Allg. Kriegs-Departements.

GSTA PK, Festungskarten Minden C 70.087; unpubliziert.

Oben links *Grundriss der Bremer Front* mit dem am Westende umgewinkelten »Bremer Haken« und dem Reduit von *Fort A.* In der Mitte des Walles der Torbau, davor Graben, Waffenplatz und Glacis, durch die sich die *Projectirte Verlegung der Bremer-Strasse* schlängelt.
　　Darunter *Grundriss des Bremer Thor's* im Walleinschnitt der *Bremer-Front.* Die Anlage gleicht weitgehend der des Berliner Tores (Kat.-Nr. 274); auch hier ist für die Mauer beiderseits der äußeren Torpfeiler vermerkt, daß die zwölf Gewehrscharten als *Verticale Scharten n(ach) d(er) Hohen Bestimmung von 17ten October 1846* auszubilden sind. Die inneren Flankenmauern mit den Treppen zum Wallgang sind hier rechtwinklig und gerade angesetzt.
　　In der Mitte und rechts oben *Innere Ansicht und Durchschnitt nach AB.* bzw. *Aeussere Ansicht nach C. D.* mit Torpfeilern, Kasematten, Außentor und anschließenden Mauern. Die Gewehrscharten sind hier bereits als Vertikalscharten gezeichnet.
　　Darunter *Ansicht und Durchschnitt nach E. F. G.:* Längsschnitt durch die westliche Kasematte mit Gewölben und Erdschüttung, Innenansicht der seitlichen Torhofmauer sowie Schnitt durch Graben und Glacis.
　　Unter der Blattmitte *Ansicht und Durchschnitt nach H. J.:* Seitenansicht von Torpfeilern und westlicher Kasematte sowie Längsschnitt durch die Brücke. Die im Plan des Berliner Tores (Blatt VII, Kat.-Nr. 274) in Berlin angebrachten Korrekturen zur Anlage einer langen Klappbrücke mit Brückenkeller statt einer Zugbrücke mit Kontergewichten sind hier bereits berücksichtigt.
　　Rechts daneben *Durchschnitt nach K. L.:* Querschnitt durch den linken Kasemattenbau, parallel zum Wall.
　　Unten in der Mitte *Durchschnitt nach M.N.* durch das Pulver-Magazin an der Passage neben dem Reduit von Fort A, mit Wallprofil und freistehender, krenelierter Mauer, daneben *Durchschnitt nach O. P.:* Längsschnitt der gewölbten Kammer und Innenansicht der mit Gewehrscharten versehenen, anschließenden Mauer.
　　Das *Renvoi* unten links erläutert die überall angegebenen Höhenzahlen und die Schraffur der Zugklappenbalken in der Ansicht C. D. oben rechts.

IV.2.2 Katalog – Die Bahnhofsbefestigung (Kat.-Nr. 262–328) 535

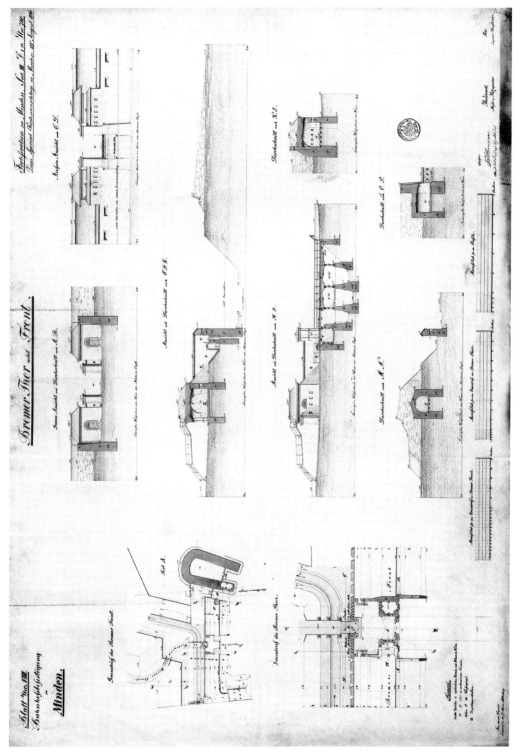

Abb. 342 Bremer Tor und Bremer Haken. Pionier-Sergant Daniel, 1846 (Kat.-Nr. 276).

KAT.-NR. 277 ohne Abb.
Bremer Tor und Bremer Haken, 1846

Bezeichnet *Daniel*, datiert *Minden den 29ten* [August 1846].
Farbig angelegte Federzeichnung mit Bleistiftkorrekturen und Nebenrechnungen; 64,3 x 95,3 cm, am rechten Rand mit Textverlust beschnitten, hier Fehlstellen und Einrisse hinterlegt.
Maaßstab für den Grundriss der Bremer Fronte 12' + 30 Ruthen = 13,36 cm = 1:888; *Maaßstab für den Grundriss des Bremer Thor's 12 + 9 Ruthen* = 12,9 cm = 1:296; *Maaßstab für die Profile 12' + 5 Ruthen* = 15,5 cm = 1:148.
Kartentitel: *Blatt Nro: VIII. Bahnhofsbefestigung zu Minden 1846 / Bremer Thor nebst Front.*
Die übrige Beschriftung samt Unterschriften entspricht der von Kat.-Nr. 276. Entsprechend ist das oben fehlende Datum zu ergänzen, unten rechts fehlt die Unterschrift in der Ecke größtenteils: g[ez. Loehr] Ing[enieur-Hauptmann], unten links ist [Gez.]: *durch Daniel* zu ergänzen.

Mindener Museum, FM 133; unpubliziert. – Vergrößerte Umzeichnung, zusammengestellt mit dem Grundriß von Fort A, bei MEINHARDT 1958, Taf. 46 und 49. – Oben links rote Inv.-Nr. *P:V:IId, No 17* (blaue Korrektur *No 26* radiert) mit Stempel der Fortification zu Minden.

Das Blatt ist die etwas weniger aufwendig gezeichnete und kolorierte Zweitausfertigung von Kat.-Nr. 276 in leicht vergrößertem Maßstab für den Gebrauch in der Mindener Fortification. Unten links zahlreiche jüngere Nebenrechnungen im Dezimalsystem zur Umrechnung der im Plan angegebenen Fuß- und Rutenmaße, möglicherweise zur Massenberechnung für den Abbruch nach 1878.

Beim Ausbau der Friedrich-Wilhelm-Straße (Kreisstraße nach Leteln) und ihrer geraden Fortführung nach Norden wurde das Tor am 29. Oktober 1897 von Mindener Pionieren gesprengt (Abb. 582)

KAT.-NR. 278 Abb. 343
Fort A mit Enveloppe, wohl 1846

Unbezeichnet, undatiert.
Farbig angelegte Federzeichnung mit Nachträgen in Blei; 49,3 x 49,7 cm, links und oben erheblich beschnitten; ursprüngliches Format ca. 95 x 70 cm. Stark beschädigt und verschmutzt; neu auf Büttenpapier gezogen.
Transversal-*Maaßstab 1 Zoll ddc:* = *2 Ruthen: 12* (Fuß) + *15 Ruthen* = 20,75 cm ≅ 1:296.
Kartentitel, Datierung und Unterschriften verloren, ursprünglich wohl »Blatt Nr. IX der Bahnhofsbefestigung zu Minden/Grundriß des Fort A/...« (vgl. Kat.-Nr. 281). – Rechts unten Rest-Abdruck des Stempels des Kriegs-Ministeriums (Allg.Kriegs-Dept., Ing.-Abt.) erhalten.

STA DT, D 73 Tit.4 Nr. 10 207; unpubliziert. Ergänzte Umzeichnung, zusammen mit dem Bremer Tor, bei MEINHARDT 1958, Tafel 46. – Unten links Inv.-Vermerk *Fort. A. Invent. No 33* mit Stempel der Garnison-Verwaltung Minden.

Das Blatt zeigte in vollständigem Zustand den Gesamtgrundriß des Forts A mit Enveloppe, Graben und Gedecktem Weg zwischen den Wallabschnitten der Bremer Front und der Mittel-Fronte. Das Restblatt zeigt davon etwas mehr als die untere Hälfte in den beiden rechten Dritteln (vgl. den Grund-

IV.2.2 Katalog – Die Bahnhofsbefestigung (Kat.-Nr. 262–328) 537

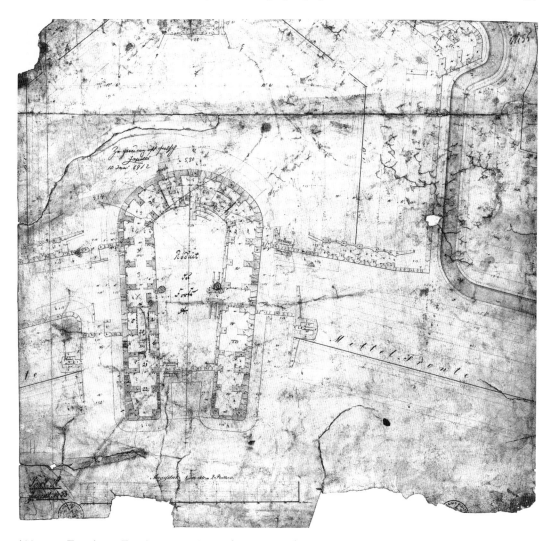

Abb. 343   Fort A mit Enveloppe, wohl 1846 (Kat.-Nr. 278).

riß von Fort B, Kat.-Nr. 281) mit dem Wallkopf der *(Bremer Fron)te* links, mit *Pulver-Magazin* an der Passage, dem gedrückt hufeisenförmigen *Reduit des Forts A* (Beschriftung nachträglich, nach Verlust der abgegangenen Blatt-Teile) und dem Anschluß an die *Mittel-Fronte* rechts. Hier im Wallkopf wiederum ein *Pulver-Magazin*. Die Einziehung der Reduitflügel vermittelt zwischen den Fluchten der Wall-Linien und der Kapitale; die feldseitige Rundung des Reduits gewährleistet ein gleichmäßiges Bestreichen des Hofes vor dem Reduit aus den Gewehrscharten des Untergeschosses (rechte Hälfte) bzw. des Walles und des Vorfeldes aus den Kanonenscharten des oberen Geschosses (linke Hälfte).

Am Ansatz der Rundung gehen nach beiden Seiten, ungefähr parallel zu den Wall-Linien der Fronten krenelierte Mauern aus, die sich als Déchargen-Galerien (Kehl-Poternen) in den Wallköpfen der Enveloppe fortsetzen und den Zugang zum Rondengang, der freistehenden krenelierten Mauer am Wallfuß und zu den Schultercaponièren ermöglichen.

In der linken Mauer liegt das Tor zum Hof vor dem Reduit, die rechte hat nur einen Durchschlupf im Diamant, daneben liegen *Latrine* und *Kothgrube* vor und hinter der Mauer.

Alle Mauern und Galerien sind reichlich mit meist gefächerten Gewehrscharten bestückt, so daß die Enveloppe auch – unabhängig vom Reduit – nach rückwärts gegen den Wall verteidigt werden kann.

Das Reduit selbst ist gleichfalls auf isolierte Verteidigung eingerichtet: Außer dem zurückgezogenen Tor zwischen den Flügeln gibt es keinen weiteren Zugang; das Tor ist durch eine Zugbrücke über den umlaufenden Diamant, die Gewehrscharten in der Hofmauer und Flankierung aus den Flügelbauten gesichert. Im Hof des Reduits führen drei Doppelrampen für die Kanonen in das obere Geschoß; unter ihnen liegen in Treppenstollen die Zugänge zum Untergeschoß. Alle Räume sind gewölbt; die äußeren Ecken der Flügelbauten sind durch Schrägführung der inneren Mauern verstärkt. Jedes Geschoß hat 26 Abteilungen, die durchgehend verbunden sind. In der dritten Abteilung jedes Flügels hinter der Stirnwand ist eine Pulver(?)-Kammer abgeteilt. Alle Abteilungen haben an den Seiten der Zungenmauern Versatzfalze, so daß eventuell entstandene Breschen in der Außenwand geschlossen werden konnten. – Im Winkel hinter der Hofmauer liegt links die *Latrine*, mit *Kothgrube* im Diamant, rechts befindet sich ein Brunnen.

Zu den übrigen Bauten der Enveloppe (Pulvermagazine neben der Kapitalpoterne, Schulterkaponnièren etc.) vgl. die Angaben zu Kat.-Nr. 281.

Der oval gedrückte Grundriß der Reduit-Rundung ist durchstrichen mit der Beischrift *Zeichnung ist falsch! Zipollé 10 Juni 1912* (Zipollé war Garnison-Bauinspektor). Dieses trifft allerdings nur für die hofseitige Risalitbildung und die Anordnung der Fenster zu. Anscheinend haben die unterschiedlichen Planungszustände zu Fort B in den vorliegenden Plänen, mit halbovalem und halbrundem Grundriß auch bei den späteren Garnison-Baubeamten Verwirrung gestiftet, zumal da diese Unterschiede mit bloßem Auge, ohne exaktes Nachmessen, kaum wahrzunehmen sind. Indessen zeigt bereits der erste Gesamtübersichtsplan von 1846 (Blatt II, Kat.-Nr. 262) diese Unterschiede in den Grundrissen der Reduits von Fort A und B. Der Grund der ovalen Stauchung bei Fort A wird darin zu suchen sein, daß man hier durch dichtere Reihung der Scharten an der flacher gewölbten Vorderseite die Feuerkraft auf das Vorfeld beiderseits der Kapitalen zu konzentrieren suchte, weil die linke Flanke am Hafenbecken keinen starken Angriff erwarten ließ. Fort B dagegen hatte ein breites und weites Vorfeld, so daß eine gleichmäßige Verteilung der Feuerkraft im Halbkreisgrundriß angeraten sein mochte.

Zugehörig sind Blatt IXa und IXd (Kat.-Nr. 279, 280); die Blätter IXb und IXc liegen nicht vor. Im vorliegenden Restblatt ist allerdings die Lage der Schnitte von Blatt IXa (Kat.-Nr. 279) nicht eingetragen; es wird demnach eine weitere Grundrißzeichnung mit entsprechenden Schnittangaben gegeben haben.

KAT.-NR. 279   Abb. 344
Fort A, Schnitte und Ansichten, 1846/1847

Bezeichnet *von Gaertner*, dreifach datiert zwischen 8. September 1846 und 28. März 1847.
Farbig angelegte und sorgfältig lavierte Federzeichnung, z. T. mit Bleistift-Nachträgen; 65,8 x 98,7 cm, auf Leinen gezogen.
Zwei Tansversal-Maßstäbe; *Maaßstab für die Profile 1 Zoll ddc: = 12 Fuss : 12 + 120 Fuss = 28,35 cm ≅ 1:148; Maaßstab für die Details, 1 Zoll ddc = 5 Fuss: 5 + 20 Fuss = 12,95 cm = 1:60.*

IV.2.2 Katalog – Die Bahnhofsbefestigung (Kat.-Nr. 262–328)

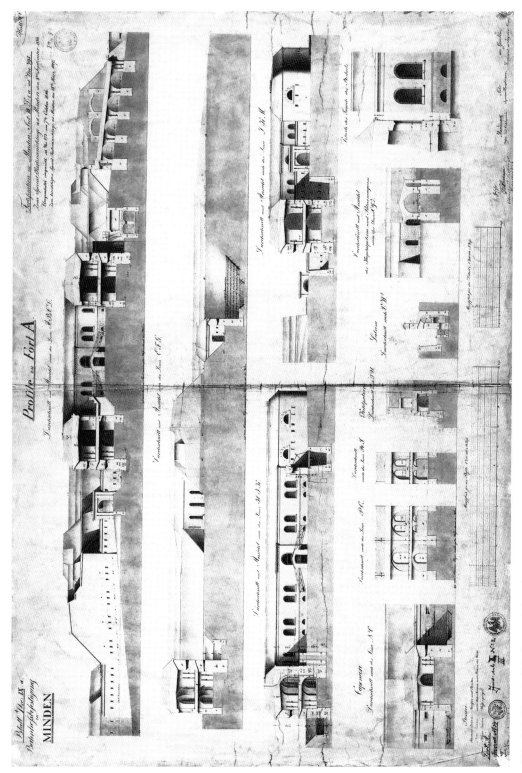

Abb. 344 Fort A, Schnitte und Ansichten. Ingenieur-Lieutenant von Gaertner, 1846/1847 (Kat.-Nr. 279).

Kartentitel: *Blatt Nro: IX.a. Bahnhofsbefestigung zu MINDEN / Profile zu Fort A./ Fortification zu Minden, Sect: III. D.1.a. ad Nro: 795. Zum Special Kostenanschlage d.d. Minden den 8ten September 1846. Umgearbeitet eingereicht sub Nro: 873: am 7ten October 1846. Zum berichtigen Special-Kostenanschlage, d.d. Minden den 28ten März, 1847.*

Unten von rechts: *von Gaertner Lieutenant im Ingenieur Corps./ Loehr Ingenieur-Hauptmann / Hardenack Major und Platzingenieur / Gesehen FvUthmann Oberst und Festungs Inspecteur.*

Mindener Museum FM 13; unpubliziert. – Unten links Inv.-Vermerke und Stempel der Garnison-Verwaltung Minden.

Oben *Durchschnitt und Ansicht nach der Linie ABCD.:* Im linken Drittel Ansicht des Wallkopfes der Enveloppe mit dem Tor zum Hof vor dem Reduit und den zu dritt gruppierten Gewehrscharten der Kehlpoterne; in der Mitte Schnitt durch die Reduitflügel mit Ansicht der mittleren Hofseite; rechts Schnitt durch die Latrine und die als Déchargen-Galerie ausgebildete Kehlpoterne.

Darunter *Durchschnitt und Ansicht nach der Linie EFG.:* Schnitt durch den gerundeten Teil des Reduits rechts von der Mitte und den Hof vor dem Reduit mit Schrägansicht des Pulvermagazin samt Schnitt durch den Wall der rechten Face der Enveloppe mit Ansicht einer Abschnittsmauer im Rondengang. Vor der krenelierten Mauer rechts Graben mit Faschinenbefestigung an den Böschungen und Schnitt durch das Glacis.

In der unteren Blatthälfte links *Durchschnitt und Ansicht nach der Linie HJK:* Längsschnitt durch den Hof des Reduits sowie die Mittelachse des Gebäudes und des Hoftores mit Hoffassade des rechten Flügels.

Rechts daneben: *Durchschnitt und Ansicht nach der Linie LKM:* Querschnitt durch den linken Reduitflügel vor der Hofmauer mit Tor, die rechts mit der Ansicht der Stirnseite des rechten Flügels gezeichnet ist.

Unten Detailschnitte und -ansichten, von links: *Caponiere Durchschnitt nach der Linie NO:* Querschnitt durch die rechte Schultercaponière mit Gewehrscharte nach hinten (links) und Kanonenscharte nach vorn (rechts) über dem Grabenprofil. Beiderseits Ansicht der krenelierten, freistehenden Mauer vor dem Rondengang. – Rechts folgt *Durchschnitt nach der Linie PQ:* Teil-Längsschnitt durch den linken Flügel mit der Eingangsachse links; daneben *Durchschnitt nach der Linie RS* durch eine Abteilung in der Rundung des Reduits, gleichfalls zur Hofseite. In der Mitte *Kehlpoterne Durchschnitt nach TU.:* Schnitt durch den Wallkopf der Enveloppe mit der Déchargen-Galerie, daneben *Latrine Durchschnitt nach VW.* Die Latrine liegt im Diamant zwischen Enveloppe und Reduit.

Rechts *Durchschnitt und Ansicht der Kapitalpoterne und Pulvermagazin nach der Linie XYZ:* Die Kapitalpoterne führt in der Mittelachse vom Hof der Enveloppe zur Kasematte in deren Spitze; zum Hof liegen beiderseits im Wall zwei Pulvermagazine.

Rechts unten *Details der Façade des Reduits* mit Schnitt und Ansicht einer Doppelachse der Hofseite. Unten die Lünetten des eingetieften Untergeschosses, darüber zwei Rundbogenfenster des Hauptgeschosses und Ansicht der Erdschüttung über den Gewölben.

Das hervorragend gezeichnete und äußerst sorgfältig lavierte Blatt gibt einen Eindruck von der gedrängten Kompaktheit der Anlagen und Einzelteile des Forts; darüber hinaus macht es die bei aller stets gebotenen Sparsamkeit sorgsame Durchgestaltung der strengen Rundbogenarchitektur des Reduits und der Torbauten bis in die Details deutlich.

In der Ausführung ergaben sich Abweichungen von diesem Plan, da die paarig geordneten Fenster näher zusammengerückt und als Biforien mit einem teilenden Pilaster und Überfangprofil versehen wurden und die Hoffassade eine Rhythmisierung durch Risalitbildung mit zwei Einzelfenstern in den stark gerundeten Rücklagen erfuhr (vgl. das Blatt Kat.-Nr. 280, das indes auch nicht ganz der Ausführung entspricht).

Die Leitung bei Planung und Ausführung der Bauten und Erdarbeiten hatte hauptsächlich der Platzingenieur Major Hardenack, der vorher als Hauptmann unter Brese und von Prittwitz an den Arbeiten zur Neubefestigung von Posen beteiligt war (VON BONIN I, 1877, S. 253; II, 1878, S. 206). Die Detail-Ausarbeitung wird wesentlich in der Hand des Ingenieur-Hauptmanns Loehr von Kirn gelegen haben, während für die vielfältig anfallenden Zeichnungen die Leutnants (von Gaertner, Neuhauß, Simon) und – vor allem – der Pionier-Sergeant und spätere Wallmeister Daniel herangezogen wurden.

Im Längsschnitt durch das Reduit (HJK) wurden später die Hauptmaße der Höhen mit Blei im metrischen System nachgetragen.

KAT.-NR. 280 Abb. 345
Fort A, Ansichten des Reduits, 1847

Bezeichnet *Wagner*, datiert *28ten März 1847*.
Farbig angelegte und grau lavierte Federzeichnung; 63,4 x 95,6 cm; unten und rechts leicht beschnitten.
Transversal-*Maaßstab für die Façade, 1 Zoll ddc: = 12 Fuss: 12 + 144 Fuss = 33,5 cm ≅ 1:144*.

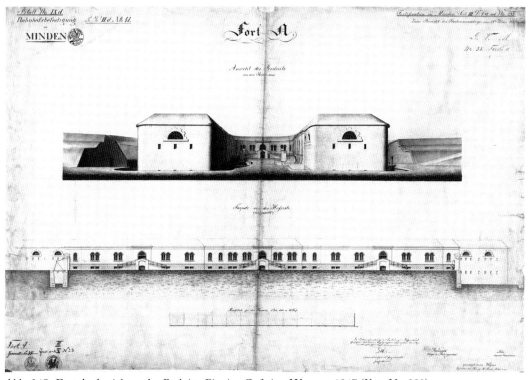

Abb. 345   Fort A, Ansichten des Reduits, Pionier-Gefreiter Wagner, 1847 (Kat.-Nr. 280).

Abb. 346 Festungsstraße 4, Fort A. Reduit von Südosten, nach 1914. Hinten die Häuser Friedrich-Wilhelm-Straße 77 von 1912 und Nr. 88, erbaut 1914.

Kartentitel: *Blatt No: IX d. Bahnhofsbefestigung zu MINDEN/ Fort A / Fortification zu Minden, Sect: III. D.1.a.ad No: 233. Zum Bericht des Kostenanschlages vom 28ten März 1847 gehör(end).*
Unten von rechts: *gezeichnet durch Wagner Gefreiter der Königl. IV. Pionir-Abtheilung / Loehr Ingenieur-Hauptmann / Hardenack Major & Platzingenieur / In Stellvertretung des Festungs-Inspecteurs. Gesehen und unter Bezugnahme auf meine Randbemerkung zum Text unterzeichnet vHüene Generalmajor und Ingenieur-Inspekteur.*

Mindener Museum, FM 18; die perspektivische Ansicht bei MEINHARDT 1958, Bild 47.

Oben *Ansicht des Reduits von der Kehle aus:* Zentralperspektivische Ansicht in der Mittelachse zwischen den Wallköpfen der Bremer Front (links) und der *Mittelfront* (rechts). Die zurückgezogene Hofmauer mit dem Tor ist bis auf die Sockel der Torpfeiler und die seitliche Verzahnung in den Flügelbauten weggelassen, so daß die Anlage der Kanonenrampen und der Kellerhälse vor den drei Zugängen im Hof deutlich wird.

Unten *Façade von der Hofseite (aufgerollt):* vor dem linken Flügel der Schnitt durch die Toranlage mit Zugbrücke und Kontergewichten, vor dem rechten die Seitenansicht des Brunnens hinter der Tormauer. Die Hoffronten sind durch flaches Absetzen von den Rücklagen in drei fünfachsige Baukörper gegliedert. In der Ausführung fielen zwei der dicht gedrängten Fensterpaare im Mittelbau fort, der nur drei Achsen in breiteren Wandflächen erhielt, so daß sich eine gleichmäßig fortlaufende Folge der Öffnungen ergab. Die Rücklagen in den ausgerundeten Ecken blieben zweiachsig ohne Überfangprofil am Bogen. Die hier gezeichnete Risalitgliederung und Fensterzahl entspricht dem Grundriß Kat.-Nr. 278. Pläne für die endgültige Ausführung liegen nicht vor.

IV.2.2 Katalog – Die Bahnhofsbefestigung (Kat.-Nr. 262–328) 543

Abb. 347 Festungsstraße 4, Fort A. Reduit von Südwesten, um 1900.

Alle vorliegenden Pläne zeigen das Reduit mit einer mächtigen Erdaufschüttung über dem Obergeschoß, die aber anscheinend bei den Forts A und B erst im Belagerungsfall aufgebracht werden sollte. Normalerweise trugen die Reduits ein »Friedensdach«, ein leichtes hölzernes Pfettendach mit flacher Neigung und Teerpappendeckung. Für Fort B ist es in der Zeichnung Kat.-Nr. 286 belegt; bei Fort A war es bis 1989 erhalten und ist in mehreren Fotos seit etwa 1900 überliefert (KAM, Bildsammlung, B VI 10).

Mit der Aufhebung der Festung im Jahre 1873 entfiel die Notwendigkeit, Räume für kasemattierte Batterien in den Reduits vorzuhalten; diese konnten daher umgebaut und als Truppenunterkünfte eingerichtet werden. Schon 1877 bezog das aus Bielefeld nach Minden verlegte Füsilier-Bataillon des Infanterie-Regiments Nr. 15 zunächst die Reduits von Fort A und B, doch war die Unterbringung dort sehr mangelhaft. Das Bataillon zog im folgenden Jahr in die Bahnhofs-Kaserne (S. 707, Kat.-Nr. 372–379) um. Der Ausbau der Reduits zu Kasernen erfolgte erst in den 1880er und 1890er Jahren (CRAMER 1910, S. 370). Hierbei wurden die Kanonenscharten des Obergeschosses und die darunter liegenden Gewehrscharten des eingetieften Untergeschosses zu großen, rechteckigen Fenstern aufgeweitet; überflüssige Gewehrscharten wurden entweder ganz beseitigt, von innen vermauert oder zu Schlitzfenstern umgearbeitet. Nach 1897 trug man die Wälle ab, verfüllte mit den Erdmassen den außen umlaufenden Festungsgraben und brach die Massivbauten von Caponièren, Déchargen-Galerien, Pulvermagazinen und Kapitalpoterne bis unter Erdgleiche ab (Mindener Museum, FM 21/21a, 95, 96; STA DT, D 73 Tit. 5 Nr. 2948). Das so gewonnene Gelände innerhalb des Glaciswegs (Festungsstraße) ergab einen Exerzierplatz von 3 ha 79 ar 20 qm Größe (Garnisons-Atlas 1910, Bl. 27/28, Nr. 24). Das Reduit war damals den Pionieren zugewiesen und diente

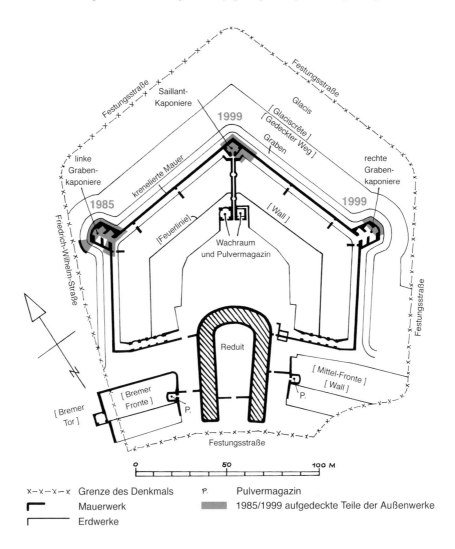

Abb. 348 Fort A. Vereinfachter Grundriß mit Kartierung der 1985 und 1999 aufgedeckten Mauerteile der Enveloppe. M 1:2000. U.-D. Korn, 2000.

der 1. Kompanie als Unterkunft. Zumindest zeitweise diente es – nach dem Schild am Hoftor – als *Revier der 1ten Komp. Hann. Pion.-Btl. Nr. 10* (Fotos im KAM, Bildsammlung B VI 10, Nr. 3884 und 5560).

1921 übernimmt das Eisenbahn-Beriebsamt als Pächter das ganze Gelände und errichtet auf dem Exerzierplatz Baracken für Bahnarbeiter (Festungsstraße 10–18, Friedrich-Wilhelm-Straße 12; vgl. Teil V, S. 1357 f., 1379). Das Folgende nach BA Friedrich-Wilhelm-Straße 12 und WAfD, Objektakte Fort A. 1928 Bau eines Dapolin-Tanklagers für Kaufmann Renke auf dem südlichen Teil des Geländes (Festungsstraße 2). Ein Teil des Areals wird als Eisenlagerplatz (Festungsstraße 1) an die Fa. Fritz Berg (Königswall 5) vermietet; 1937 Genehmigung eines 1936 illegal errichteten

Abb. 349 Festungsstraße 4, Fort A. Westflügel des Reduits mit Erdabdeckung von Süden, 2000.

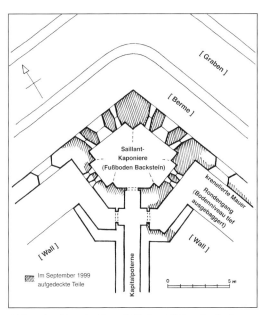

Abb. 350 Fort A. Grundriß der 1999 aufgedeckten Saillantcaponière mit Anschluß der krenelierten Mauer. M 1:300. U.-D. Korn, 2000.

massiven Schuppens. 1940–1945 sind in den Baracken Zwangsarbeiter der Reichsbahn untergebracht, nach 1945 sind sie an den Rohproduktenhändler Fritz Berg verpachtet und als Behelfswohnungen eingerichtet. 1948 ist eine Baracke mit sechs Familien belegt. 1949/1950 Bau einer Fahrzeugwaage mit Wiegehäuschen. 1950 brennt eine Lagerhalle ab; 1951 Wiederaufbau mit Heizungsanlage und Sozialräumen und einem angehängten offenen Schuppen, gleichzeitig Entwässerungsanschluß. Nachtragsbauschein 16. 7. 1952. Die Halle steht im nordwestlichen Bereich an der Ecke Friedrich-Wilhelm-Straße/Festungsstraße; weiter südlich befinden sich Schuppen und eine Baracke.

1955 erhält das Gelände einen eigenen Bahnanschluß; das Gleis überquert die östliche Festungsstraße südlich der Eisenbahnerhäuser (Festungsstraße 7/9/11; siehe Teil V, S. 1711 f.) und endet am östlichen Flügelbau des Reduits.

Abb. 351   Fort A. Aufgedeckte Saillantcaponière, Innenansicht nach Südosten, 2000.

1961 Bau einer Eigenverbrauchs-Zapfanlage mit Tanks für 13 000 Liter Dieseltreibstoff und 5 000 Liter Benzin für die Mindener Transport-Gesellschaft m.b.H., Spedition und Lagerung, Rohprodukten- und Schrottgroßhandel Friedhelm Berg, Festungsstraße 1 (siehe auch Teil V, S. 1357 f.). 1969 Abbruch einer Wohnbaracke an der Friedrich-Wilhelm-Straße; die letzte Baracke verschwindet 1980. Seit 1971 steht die Bundespost in Verhandlungen mit dem Bundesvermögensamt bzw. der Oberfinanzdirektion Münster. Die Post will zunächst eine Teilfläche des Geländes mit dem Reduit von Fort A erwerben, nimmt aber davon Abstand, da das Reduit als Baudenkmal nicht abgebrochen werden kann. Sie konzentriert sich schließlich auf das nordwestliche Eckgrundstück Friedrich-Wilhelm-Straße/Ecke Festungsstraße und errichtet hier – auch als Ausweichmöglichkeit für das von Straßenplanungen der Stadt betroffene Grundstück an der Hafenstraße, westlich der Bahnhofs-Kaserne, und als Ersatz für die von der Post genutzten ehemaligen Rauhfutterscheunen V/VI an der Salierstraße (siehe S. 877 ff., Kap. IV.3.9, Wagenhaus 9 und 10) – 1985 eine Kraftfahrzeug-Instandsetzunghalle gemäß Typenbau III 2. – Das übrige, weitläufige Gelände wird von der Fa. Berg als Altauto- und Schrottsammelplatz genutzt, die vor 1991 ihren Betrieb einstellt.

Bei Beginn der Baggerarbeiten für das Bauvorhaben der Bundespost werden im Herbst 1985 größere Teile der verschütteten linken Schultercaponière aufgedeckt und von Bodendenkmalpfleger Rolf Plöger im Rahmen einer Baustellenbeobachtung untersucht und dokumentiert (Ausführlicher Bericht vom 30. 3. 1986 im Mindener Museum und im WAfD, Objektakte Fort A) (Abb. 348).

1988/1989 wird das Reduit in die Überlegungen zum Ausbau des Preußen-Museums Nordrhein-Westfalen einbezogen, das hier neben dem wiederhergestellten Fort C seinen zweiten Minde-

IV.2.2 Katalog – Die Bahnhofsbefestigung (Kat.-Nr. 262–328)

Abb. 352   Fort A. Aufgedeckte Saillantcaponière, Außenansicht von Nordosten mit Reduit, 2000.

ner Standort mit ausreichenden Räumen für Ausstellung und Depots erhalten soll. Der Bau wird entrümpelt und vorderhand durch Vermauern der Fensteröffnungen gesichert. Das als Provisorium angesehene, stark reparaturbedürftige »Friedensdach« wird abgenommen und an Hand der Pläne des 19. Jahrhunderts durch die kriegsmäßige Erdabdeckung ersetzt – letztlich eine Ironie der Geschichte (Abb. 349). Die Wiedervereinigung Deutschlands, der damit verbundene Abzug der britischen Stationierungsstreitkräfte aus Minden und die Freigabe der Defensions-Kaserne haben eine völlig neue Museumsplanung zur Folge; das Reduit von Fort A steht seither leer.

1999/2000 wurden bei umfangreichen Bodensanierungs- und -austauscharbeiten auf dem inzwischen abgeräumten ehemaligen Schrottlagerplatz weitere Teile der verschütteten Außenwerke der Enveloppe freigelegt und untersucht. Es handelt sich um die weitgehend erhaltene Saillantcaponière (Bonnetkasematte) mit südöstlich anschließenden Teilen der krenelierten Mauer am äußeren Wallfuß, die rechte Grabencaponière im Osten und Reste der Kasematten im ehemaligen Wallkopf östlich des Reduits (Abb. 348, 350). Die aufgedeckten Partien werden mit Abschluß der Bodensanierung wieder zugedeckt; weitere Überlegungen zur musealen Präsentation, etwa in Form einer »passeggiata archeologica« im Zusammenhang mit großflächigeren Sanierungsprojekten im Bereich der ehemaligen Bahnhofsbefestigung, sind nicht aktuell und können nicht weiter verfolgt werden. – Nachdem das Reduit von Fort A bereits am 29. 9. 1987 in die Denkmalliste der Stadt Minden eingetragen worden war, erfolgte am 23. 11. 2000 die Eintragung des Gesamtareals zwischen Friedrich-Wilhelm-Straße und Festungsstraße als Bau- und Bodendenkmal.

KAT.-NR. 281 Abb. 353
Fort B mit Enveloppe, wohl 1846

Bezeichnet *Loehr*, Datierung verloren.
Farbig angelegte Federzeichnung mit jüngeren Überzeichnungen und Streichungen sowie Nachträgen; 96 x 66,8 cm.
Wasserzeichen: JWHATMAN / 1845.
Transversal-Maßstab von *12′ + 12 Ruthen* = 16,85 cm 1 : 292.
Kartentitel: *Blatt Nro. X. Bahnhofsbefestigung zu MINDEN / Grundriss des Fort B. / Fortification zu Minden* [Fehlstelle] *zum Spezial Kostenanschla(ge vom...)* [Rest fehlt, vermutlich 18ten October 1846; vgl. Kat.-Nr. 283].
Unten von rechts: *Loehr Ingenieur-Hauptmann / Hardenack Major und Platz-Ingenieur / gesehen FvUthmann Oberst und Festungs-Inspekteur.*

STA DT, D 73 Tit. 5 Nr. 2950; unpubliziert.

Gesamtgrundriß der Anlage mit dem hufeisenförmigen Reduit zwischen den Wallabschnitten der *Mittel-Fronte* (links) und der *Berliner-Fronte* (rechts), die beide in den Wallköpfen mit einem *Pulver-Magazin* versehen sind. Die linke Passage zwischen Wall und Reduit ist mit einer Schießscharten-Mauer geschlossen, die nur einen Durchschlupf im Diamant hat; die rechte Passage zum Hof der Enveloppe ist mit Mauer, Tor und davorliegender Zugbrücke versperrt. – Am Ansatz der Rundung des Reduits schließen sich Mauern mit Gewehrscharten an, die sich in den Kehlpoternen in den Wallköpfen der Enveloppe fortsetzen. Diese sind als Gewehrgalerien en décharge ausgebildet und führen auf den Rondengang der Enveloppe hinter die krenelierte Mauer. Aus ihr schieben sich in den Schulterpunkten zwischen Flanke und Face zwei Caponièren zur Grabenbestreichung vor, nach vorn – entlang den Facen – mit zwei Kanonenscharten, nach rückwärts – entlang den Flanken – mit je sechs Gewehrscharten. Drei weitere Gewehrscharten liegen in den feldseitigen, gerundeten Stirnen dieser Grabenstreichen. Der Rondengang ist hinter der Mauer an den Facen durch Quermauern mit Durchgang und Gewehrscharte in drei Abschnitte unterteilt; er mündet durch einen doppelt abgewinkelten Gang in der Bonnetkasematte (Saillantcaponière) in der Spitze der Enveloppe, die feldseitig und zum Rondengang mit Gewehrscharten versehen und durch die lange Kapitalpoterne mit dem Hof vor dem Reduit verbunden ist. Beiderseits der Poterne liegt zum Hof im Wall je ein doppelwandiges *Pulver-Magazin* mit kleinem Vorraum.

Um die Enveloppe zieht sich, die Schultercaponièren umgreifend, der Festungsgraben der gesamten Bahnhofsbefestigung. Auf seiner Contrescarpe liegen vor den Caponièren Futtermauern, die so in den Gedeckten Weg einschneiden, daß dieser hinter der Brustwehr zu einem schmalen Durchgang verengt wird. – Das *Renvoi* unten links erläutert die Terrainhöhen sowie Längen und Breiten der Bauten.

Das Reduit ist hier halbrund in den Hof der Enveloppe vortretend gezeichnet; es steht um 3 Grad nach Süden aus der Kapitalen der Gesamtanlage verschwenkt. Das Innere ist an der Außenwand durch Zungenmauern in 24 gleichgroße Kammern geteilt, so daß eine Zungenmauer in die Mittelachse fällt. Zugunsten einer annähernd gleichmäßigen Fensterreihung und um die Kammern an der Hofseite nicht zu eng werden zu lassen, sind die Zungenmauern hier nicht radial durchgezogen, sondern gegeneinander versetzt, so daß hier nur 21 Kammern liegen. Im Hof ist rechts der *Eingang nach der Souterrainetage* bezeichnet. *Latrine und Kothgrube* liegen beiderseits der Hofmauer; ein

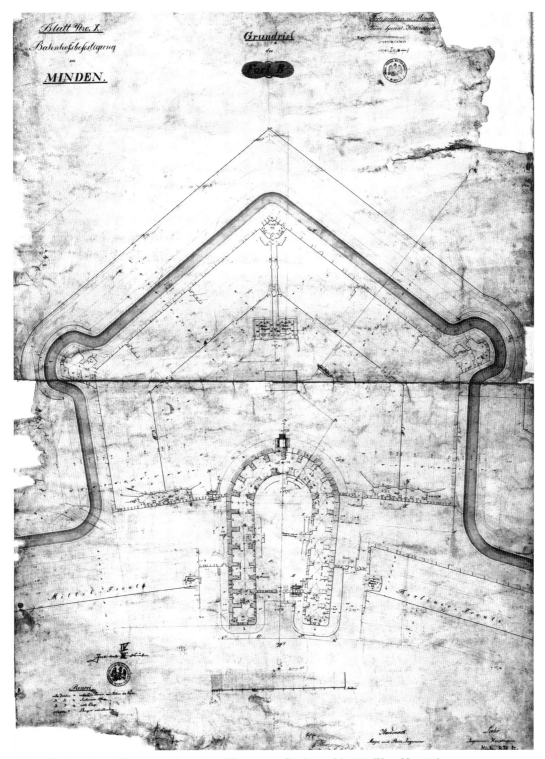

Abb. 353 Fort B mit Enveloppe. Ingenieur-Hauptmann Loehr, wohl 1846 (Kat.-Nr. 281).

Brunnen ist vor dem linken Flügel eingetragen. Die Anlage gleicht im wesentlichen der des Forts A (vgl. Kat.-Nr. 278), allerdings in spiegelbildlicher Anordnung der Zufahrten zum Hof der Enveloppe. Sie liegen jeweils nahe den Zufahrtsstraßen Bremer Straße bzw. Berliner Chaussee, so daß sie im Ernstfall leicht von der Stadt aus zu erreichen waren. Die schräggeführten Eckverstärkungen der Flügelstirnen des Reduits, die der Plan von Fort A zeigt, fehlen hier. – Die eingetragenen Buchstaben beziehen sich auf die Schnittzeichnungen in Blatt Xa (Kat.-Nr. 282, 283).

Nachträglich korrigiert wurde – vermutlich erst nach der Entfestigung – die mittlere Zungenmauer der Reduitrundung: An ihrer Stelle ist eine Verbindungstür mit Damm im Diamant und Stufen zum äußeren Hofniveau eingetragen worden. Sicher aus der Zeit nach der Entfestigung stammt die Bleistiftüberzeichnung bzw. Verkürzung des Walles der Berliner Fronte, die skizzierte Verbindung über den Graben in der Ecke vor der Mittel-Fronte sowie die Eintragung von *Latrine* und *Asch- & Müll-Gr(ube)* im Hof der Enveloppe. Verschiedene Maße sind im metrischen System nachgetragen.

KAT.-NR. 282   ohne Abb.
Fort B, Schnitte und Ansichten, wohl 1846

Unbezeichnet, nicht datiert.
Rosa lavierte Federzeichnung; 58,3 x 98,3 cm, rundum beschnitten unter Verlust von Beschriftungen sowie eines breiten Streifens von 10,3 x 43,5 cm oben rechts. Auf Leinen gezogen.
Zwei Transversal-Maßstäbe; *Maaßstab 12 Fuss = 1Dd: Zoll, 12 (Fuß) + 8 Ruthen* = 30,4 cm = 1:144; *Maaßstab für die Details der Façade des Reduits 5 Fuss = 1 Dd : Zoll, 5 + 22 Fuss* = 15,6 cm = 1:72.
Ohne Kartentitel.

STA DT, D 73, Tit. 4 Nr. 10205; unpubliziert. – Oben rechts jüngerer Vermerk *zu Nr. 4*.

Das Blatt ist offensichtlich ein Konzept zu Blatt Xa (Kat.-Nr. 283) mit teilweise abweichender Verteilung der Darstellungen. Die Zuordnung zu den Plänen von Fort B ergibt sich aus der übereinstimmenden Beschriftung. Der Plan wird vor Oktober 1846 entstanden sein. – Oben: [Profil nach ABC], darunter *Durchschnitt und Ansicht nach der Linie DEF.*, rechts *Profil durch die Grabencaponier[e] nach JK.* – Unter der Mitte links *Durchschnitt und Ansicht des Reduits nach WZ*; rechts *Profil der Latrine in der Enveloppe nach GH.*, daneben rechts *Hintere Ansicht des Reduits nach NOPQ.* – Unten links *Längendurchschnitt nach RS*; daneben *Details der Façade des Reduits*. Rechts anschließend *Durchschnitt und Ansicht der Kapitalpoterne mit Pulvermagazinen nach TUV*. Rechts unten *Profil der Kehlpoterne nach XY*.

KAT.-NR. 283   Abb. 354
Fort B, Schnitte und Ansichten, 1846

Bezeichnet *Loehr*, datiert *Minden, den 18ten October 1846.*
Farbig angelegte Federzeichnung; 65,5 x 97,5 cm, auf Leinen gezogen.
Wasserzeichen: JWHATMAN / 1844.
Zwei Transversal-Maßstäbe; *Maßstab für die Profile, 1 Zoll ddc = 12 Fuss : 12 + 120 Fuss* = 28,5 cm = 1:144; *Maßstab für die Details, 1 Zoll ddc = 5 Fuss : 5 + 20 Fuss* = 12,9 cm = 1:72.

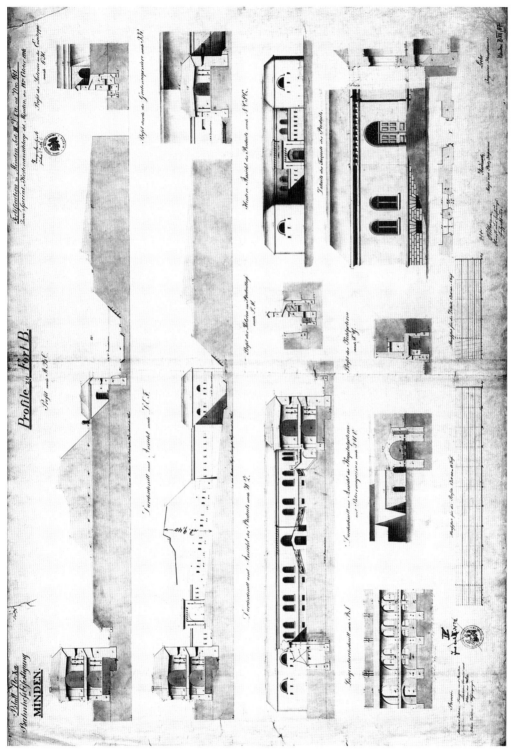

Abb. 354 Fort B, Schnitte und Ansichten. Ingenieur-Hauptmann Loehr, 1846 (Kat.-Nr. 283).

Kartentitel: *Blatt No: Xa. Bahnhofsbefestigung zu MINDEN./ Profile zu Fort B. / Fortification zu Minden. Sect: III. D.1.a. ad Nro: 901. Zum Special-Kostenanschlage dd. Minden, den 18ten October 1846.* Unten von rechts: *Loehr Ingenieur-Hauptmann / Hardenack Major und Platz-Ingenieur / Gesehen FvUthmann Oberst und Festungs-Inspekteur.*

STA DT, D 73 Tit 5 Nr. 2952; unpubliziert. – Unten links und oben rechts Inv.-Vermerke und Stempel der Garnison-Bau-Verwaltung bzw. des Militär-Bauamtes Minden.

Die Schnittbezeichnungen beziehen sich auf den zugehörigen Grundriß Blatt X (Kat.-Nr. 281).

Oben: *Profil nach ABC.:* Schnitt durch die zweite Abteilung des Reduits rechts von der Kapitale, Schnitt durch Wall, Graben und Glacis der Enveloppe mit der freistehenden, krenelierten Mauer vor dem Rondengang und Ansicht der kleinen Abschnittsmauer vor der Enveloppen-Face. Auf halber Wallhöhe eine Hecke. Künette und Grabenböschung der Contrescarpe sind bis zur Höhe der *Inundation* (+12′6″) mit Faschinen befestigt. – Darunter: *Durchschnitt und Ansicht nach DEF.:* Schnitt durch den rechten Flügel des Reduits vor dem Wallkopf der Enveloppe mit dem Tor zum Hof des Reduits, der Stirnseite des Walles, Ansatz der krenelierten Mauer und Seitenansicht der Schultercaponière (Grabencaponière) samt Schnitt durch das Glacis.

Unter der Blattmitte links *Durchschnitt und Ansicht des Reduits nach WZ:* Längsschnitt durch Hofmauer und Zugbrücke und Mittelabteilung des Reduits, Ansicht der Südfassade des linken Flügels. – Rechts *Hintere Ansicht des Reduits nach NOPQ.:* Stirnseiten der Flügel und Hofmauer mit Tor. – Links unten *Längendurchschnitt nach RS* durch vier Abteilungen des linken Flügels mit Blick zum Hof, links die Zugänge zu beiden Geschossen. – Rechts unten *Details der Façade des Reduits:* Ansicht und Grundriß eines Portalrisalits und zweier Fensterachsen, die rechts im Schnitt dargestellt sind.

Oben rechts *Profil der Latrine in der Enveloppe nach GH.* hinter der linken Kehlmauer mit Eingang zur Kehlpoterne; darunter *Profil durch die Grabencaponiere* nach JK, links mit Gewehrscharte, rechts mit Kanonenscharte; in der Ansicht der krenelierten Mauer horizontale Gewehrscharten.

Unter der Blattmitte *Profil der Latrine im Reduithofe nach LM.* mit Schnitt durch den Diamant und die Hofmauer neben dem Tor rechts.

Unten in der Mitte *Durchschnitt und Ansicht der Kapitalpoterne und Pulvermagazinen nach TUV.* mit der 11 Fuß (ca. 3,50 m) tiefen Fundamentierung und dem Holzrost für die trockene Pulverlagerung. Daneben *Profil der Kehlpoterne nach XY:* unten der Gang mit Schießscharte und Rauchabzug, darüber Déchargenpfeiler und -bögen, die vom Wall her mit Erde verfüllt wurden.

Das *Renvoi* unten links erläutert die verschiedenfarbig eingetragenen Maß- und Höhenzahlen.

In den Plan wurde nachträglich die Höhe des Enveloppen-Walles über der Inundationslinie mit *rd. 9,40* [Meter] eingetragen.

Wie bei Fort A entsprechen die gezeichneten Hoffassaden nicht der Ausführung; wie dort wurden die Rundbogenfenster näher zusammengeschoben und erhielten trennende Pilaster und Überfangbögen auf Kämpferprofilen. Statt der glatt durchlaufenden Front, in der nur die Portalrisalite leichte Akzente setzen, wurde der gesamte Baukörper durch leichte Risalitbildung in drei jeweils fünfachsige Einzelkörper untergliedert, zwischen denen einachsige Rücklagen den Übergang bilden. Auch die jeweils ersten Achsen hinter der Hofmauer wurden als Rücklage – hier mit einer Biforie – ausgebildet. Die Lünetten in den Kopfteilen der Flügel erhielten kräftig rustizierte Bögen statt des gezeichneten Überfangprofils. Eine Vorstufe zur ausgeführten Form zeigt die Perspektive in Kat.-Nr. 280, dort allerdings mit einer gezahnten Rustikafasche statt des durchgehenden Wechsels von vor- und zurücktretenden Keilsteinen. Pläne für den ausgeführten Zustand liegen nicht vor.

KAT.-NR. 284   Abb. 355
Fort B mit Enveloppe, 1847

Bezeichnet Loehr, datiert *Minden d. 22ten März 1847*.
Farbig angelegte Federzeichnung mit Überzeichnungen und metrischen Maßangaben in Blei; 97 x 66 cm, auf Leinen gezogen.
Wasserzeichen: JWHATMAN / 1846.
Transversal-*Maaßstab: 1 Zoll ddc: = 2 Ruthen. 12' + 16 Ruthen = 22,15 cm = 1:290.*
Kartentitel: *Blatt Nro Xb. Bahnhofsbefestigung zu MINDEN./ Grundriss des Fort B / Fortification zu Minden, Sect: III. D.1.a. ad Nro:2* [Rest fehlt] *Zum berichtigten Special-Kostenanschlage d.d. Minden d. 22ten März 1847 gehö*[rend] */ Blatt No.2*.
Unten von rechts: *Loehr Ingenieur-Hauptmann / Hardenack Major & Platzingenieur In Stellvertretung des Festungs-Inspecteurs. Gesehen und unter Bezugnahme auf meine Randbemerkungen zum Text unterzeichnet v.Hüene Generalmajor und Ingenieur-Inspecteur.*

STA DT, D 73 Tit. 5 Nr. 2951; unpubliziert. – Oben links Stempel der Fortification zu Minden; unten links und oben rechts mehrere Inv.-Vermerke der Garnisonverwaltung bzw. des Militär-Bauamtes Minden. – Unten rechts Stempel des Allg. Kriegs-Departements, Ing.-Abt.

Der Grundriß der Enveloppe vor den Wallabschnitten der *Mittel Fronte* und der *Berliner Fronte* entspricht dem von Blatt X (Kat.-Nr. 281); im Hof der Enveloppe ist rechts neben der Kapitalpoterne ein *Wachtlocal* mit gebogenen Déchargenmauern statt des zweiten doppelwandigen Pulvermagazins gezeichnet.

In der Mittelachse der Enveloppe führt die Kapitalpoterne – beiderseits mit je drei halbrunden Ausweichnischen versehen – durch den Wall zum Rondengang hinter der krenelierten Mauer und zur Bonnetkasematte (Saillantcaponière) in der Spitze, die mit Gewehrscharten zur Bestreichung des Gedeckten Weges und des Rondenganges versehen ist. Den Rondengang unterteilen drei Quermauern mit Schießscharte und Durchgang mit Versatzfalzen in kleinere Abschnitte. Nur über den Rondengang – durch die Kapitalpoterne oder von der Kehlpoterne her – waren die Grabencaponièren erreichbar, die sich an den Schulterpunkten der Enveloppe vor die Fluchten von Facen und Flanken schoben. Ihre vier tonnengewölbten Kammern öffneten sich feldwärts, zur Grabenbestreichung vor den Facen, in Kanonenscharten; zur rückwärtigen Flankenbestreichung und in den gerundeten Stirnseiten genügten Gewehrscharten.

Der Grundriß des Reduits – hier mit der gleichen Achsabweichung um 3 Grad nach Süden wie in Blatt X (Kat.-Nr. 281) – zeigt in der Rundung ein stark gedrücktes Halboval. Die Zahl der Abteilungen beträgt innen wie außen 25; der Baukörper ist durch Rücklagen an der Hofseite in drei Blöcke gegliedert.

Anscheinend handelt es sich bei dem Blatt um ein alternatives Zwischenprojekt mit Halbovalrundung, analog zu den Plänen für das Fort A (vgl. Kat.-Nr. 278), das im Verlauf der weiteren Bearbeitung wieder aufgegeben wurde. Die Gründe hierfür sind ohne Kenntnis der nicht aufgefundenen zugehörigen Akten nicht ersichtlich; ebenso ist die Achsabweichung des Reduits ohne sie nicht erklärbar. Die weitgehende Übereinstimmung der Gesamtanlage mit Fort A und das Halboval im Reduitgrundriß haben offenbar später zur zweifachen Korrektur des Kartentitels geführt: Das *B* wurde gestrichen und durch *A* ersetzt. Diese Korrektur wurde wiederum gestrichen und flüchtig radiert; ein neues *B* wurde darübergesetzt.

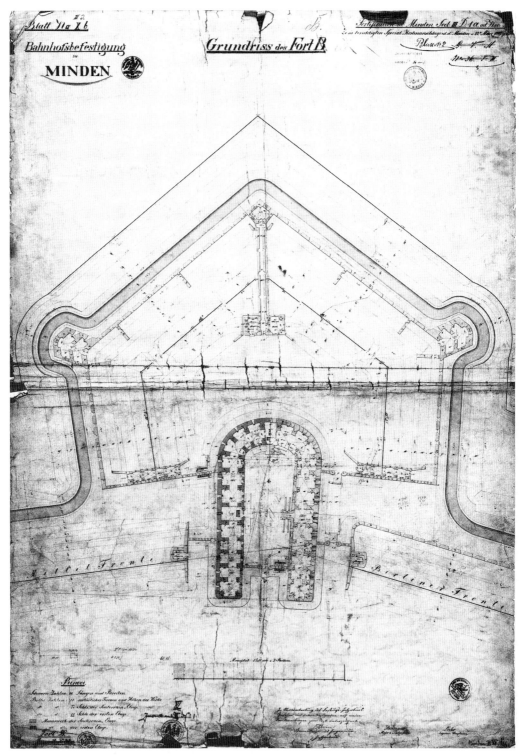

Abb. 355 Fort B mit Enveloppe. Ingenieur-Hauptmann Loehr, 1847 (Kat.-Nr. 284).

IV.2.2 Katalog – Die Bahnhofsbefestigung (Kat.-Nr. 262–328)

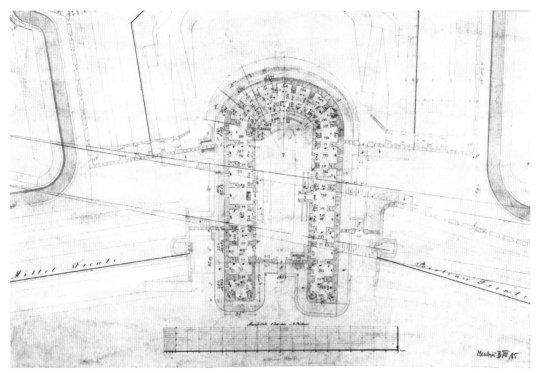

Abb. 356 Fort B, Reduit mit Teilen der Enveloppe, um 1847 (Kat.-Nr. 285).

KAT.-NR. 285   Abb. 356
Fort B, Reduit mit Teilen der Enveloppe, um 1847

Unbezeichnet, undatiert.
Farbig angelegte Federzeichnung mit Überzeichnung und Maßnachträgen in Blei; 39,2 x 59,1 cm, allseits unter Verlust von Zeichnungsteilen und Beschriftung beschnitten.
Wasserzeichen: JWHATMAN 1845.
Transversal-*Maaßstab 1 Zoll ddc = 2 Ruthen; 12 (Fuß) + 19 Ruthen = 26,1 cm = 1:296.*
Kartentitel und weitere Beschriftung verloren. Unter dem Maßstab in Blei *Mittlerer Theil.*

STA DT, D 73 Tit.4 Nr. 10 208; unpubliziert.

Das Blatt stimmt in Maßstab, Darstellungsart und Inhalt mit Blatt Xb (Kat.-Nr. 284) so genau überein, daß eine gleichzeitige Entstehung angenommen werden kann. Aus der Beschriftung der Wallabschnitte mit *Mittel-Fronte* und *Berliner Fronte* ergibt sich die Zuweisung zum Fort B. Die Maßangaben sind nur beim Reduit und bei der angeschnittenen linken Schultercaponière in Tusche eingetragen, sonst in Blei; vermutlich ist der Plan eine unfertig gebliebene Vorstufe zur Reinzeichnung Kat.-Nr. 284 mit dem im Halboval geschlossenen Reduit. Dieser, für Fort A charakteristische Grundriß und der frühzeitige (?) Verlust der Beschriftung haben wohl auch hier zur Verwechslung mit diesem Bau geführt: Nach 1873 wurden für das Reduit zahlreiche Maßangaben im metrischen

System eingetragen, außerdem erfolgte eine Überzeichnung durch eine von links nach rechts ansteigende Straßenrampe. Dabei kann es sich nach den örtlichen Gegebenheiten nur um die Planung einer Querverbindung von der Friedrich-Wilhelm-Straße – vor dem ehemaligen Bremer Tor – zur Pionierstraße/Bahnstraße jenseits der Eisenbahn handeln; die nach Südosten ansteigende Rampe hätte eine Überbrückung der Bahnanlagen vor dem ehemaligen Magdeburger Eisenbahntor ermöglicht, etwa dort, wo heute die schmale Brücke zwischen Festungsstraße und Bahnstraße liegt. Die Eintragung der Metermaße mag der Ermittlung der Mauermassen für den dann notwendigen Abbruch des Forts A gedient haben.

KAT.-NR. 286 Abb. 357
Fort B, Umbauentwurf für das Reduit, 1874

Bezeichnet *Langen*, datiert *Minden den 31t Januar 1874*.
Farbig angelegte Federzeichnung mit Korrekturen in Blei; 64,6 x 88,5 cm, mit Leinenklebeband gerändelt.
Wasserzeichen: JWHATMAN / 1873.
Maßleiste mit *100 (cm) + 10 + 30 Meter, Maßstab für die Grundrisse und Ansichten = 1:200, für die Profile der doppelte = 1:100*.
Kartentitel: *Entwurf zur Verbesserung des Kasernements in dem Reduit des Forts B zu Minden./ Zum Kosten-Ueberschlage vom 31. Januar 1874 gehörig*. In der Mitte Beischrift in Blei: *Pioniere*.
Unten von rechts: *Langen / Scheibert Major und Platz-Ingenieur / Gesehen Sontag Oberst und Festungs-Inspecteur*. Unten links Ort und Datum wie oben.

STA DT, D 73 Tit. 5 Nr. 2953; unpubliziert.

In der Mitte *Grundriss*, rechts *Kellergeschoss*, links *Erdgeschoss*. Am linken Rand halber *Grundriss der proj. Etage*, unkoloriert.
Rechts *Profil a b mit Friedensdach*, darunter *Profil c,d mit proj. Etage*.
Oben links *Hintere Ansicht* (Stirnseite eines Flügels), daneben in der Mitte *Ansicht des Reduits mit der aufgesetzten Etage vom Hofe aus* (Abwicklung der linken Hoffassade).
Mit der Aufhebung der Festung im Jahre 1873 entfiel die Notwendigkeit, die Reduits der Forts als fortifikatorische Anlagen vorzuhalten. Damit wurde es möglich, das bisher schon für das Hannoversche Pionierbataillon Nr. 10 als Kaserne genutzte Reduit des Forts B auszubauen und dringend benötigte Unterkünfte für die Soldaten zu schaffen.
Der von Pionier-Sergeant Langen gezeichnete Plan fixiert die Vorstellungen des Platzingenieurs Major Scheibert für Umbau und Aufstockung des Reduits unter Beibehaltung bzw. Aufnahme der vorgegebenen Formen des klassizistischen Rundbogenstils.
Der vorhandene Bestand (Keller- und Erdgeschoß) sollte offenbar weitgehend unverändert beibehalten werden; lediglich in den Eingangsräumen beider Flügel waren Treppenhäuser geplant, die Rampen für den Transport von Kanonen in das Erdgeschoß sollten samt den Kellerhälsen beseitigt und durch Freitreppen ersetzt werden, ferner war an die Anlage einer größeren Latrine zwischen linkem Flügel und Wallkopf der Mittelfront gedacht. Für die weitere Aufteilung und Nutzung beider Geschosse sind keine Angaben gemacht.

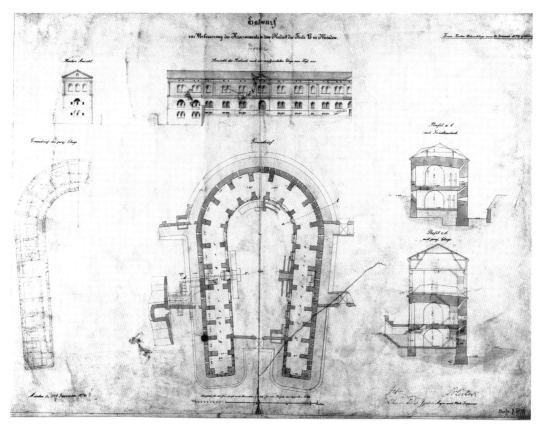

Abb. 357   Fort B, Reduit, Umbauentwurf. Langen, 1874 (Kat.-Nr. 286).

Das *Profil a b* (Schnitt durch den rechten Flügel) mit Grabenrevêtement und hohem Außengelände läßt in der Angabe *mit Friedensdach* vermuten, daß das Reduit normalerweise ein leichtes hölzernes Pfettendach mit doppelt stehendem Stuhl und Kehlbalkenspannriegel trug, gewissermaßen ein Interimsdach, wie es das Reduit von Fort A bis zum Aufbringen der Erdschüttung 1989 aufwies. Die Erdabdeckung erscheint zwar in allen Plänen, sollte aber offenbar erst im Belagerungsfall aufgebracht werden.

Das Aufstockungsprojekt sah in den Flügeln und in der Rundung beiderseits der Treppenhäuser gleichmäßig, den internen Abteilungen entsprechend gereihte Mannschaftsstuben für vier bis zehn Mann vor, mit hofseitig davorliegendem Korridor. Im Scheitel der Rundung und in den Flügelköpfen sind drei- bzw. vierräumige Offizierswohnungen mit *Cabinet* eingetragen. Das *Profil c d* zeigt die dünneren Mauern, über dem neuen Geschoß einen Drempel und ein flach geneigtes Satteldach mit Kehlbalken und schrägen Streben. Das Außenniveau vor dem Untergeschoß sollte – unter Beibehaltung des Diamants – erheblich erniedrigt werden.

Die Fassadenansichten von Stirnseite und Hof zeigen das Bestreben, die vorgefundenen Architekturformen in angemessener Weise fortzusetzen. Ecken und Risalite der einzelnen Baukörper werden durch toskanische Pilaster gefaßt, die Eingänge und Flügelfronten durch Dreieckgiebel akzentuiert, alle Öffnungen werden konsequent als einfache oder gekuppelte Rundbogenfenster ausgebildet, denen Okuli im Fries des Gebälks für die Belichtung des Drempels entsprechen. Die Außenansicht des Reduits ist nicht gezeichnet; über den unveränderten Schießscharten der bestehenden beiden Geschosse sollte das aufgesetzte Obergeschoß eine der Hoffassade entsprechende Pilastergliederung zeigen; die Fenster sind gleichfalls als rundbogige Biforien zu denken. Lediglich die Flügelfronten zeigen ein etwas anderes Bild: Über Zwillingsfenstern anstelle von Gewehrscharten und Lünetten zeigt das neue Geschoß drei einzelne Rundbogenfenster, über den gerundeten Ecken stehen vor Abschrägungen Halbsäulen, die das Gebälk und einen Dreieckgiebel mit Okulus tragen.

Die von Scheibert gefundene Form der architektonischen Gliederung für die Aufstockung wirkt im Ganzen zwar überzeugend, doch geht es bei der Verteilung der Pilaster an den Hoffronten nicht ohne Härten ab, da das Erdgeschoß im Verhältnis von Wandflächen und Öffnungen nicht auf eine solche Gliederung angelegt war; die Einfügung von Halb- und Viertelpilastern am Ansatz der Rücklagen zeigt deutliche Schwachpunkte.

KAT.-NR. 287 Abb. 358
Fort A und B, Umbauprojekt, 1874

Bezeichnet *Scheibert*, datiert *Minden, den 4. December 1874.*
Grau lavierte Federzeichnung mit rot eingetragenen Änderungen, Nachträge in Blei; 44,5 x 62,7 cm
Maaßstab 1:200 für die Grundrisse, Maaßstab 1:125 für die Profile.
Kartentitel: *Skizze von den Reduits der Forts B & A in der Bahnhofs-Befestigung zu Minden behufs Veränderung der Scharten in Fenster. / Zum Kosten-Anschlage vom 4. December 1874 gehörig.*
Unten von rechts: Ort und Datum wie oben; *Scheibert Major und Platz-Ingenieur / Gesehen. Sontag, Oberst und Festungs-Inspecteur.*

STA DT, D 73 Tit. 4 Nr. 10206; unpubliziert.

Links: halber *Grundriss vom Fort B,* links von der *Mitte,* daneben halber *Grundriss vom Fort A,* rechts von der *Mitte,* jeweils im Obergeschoß mit Eintragung der Kanonenscharten.
Rechts *Schnitt a b* und Teil-*Ansicht* der Außenwand von zwei Abteilungen für Fort B, darunter *Schnitt c d.* durch den halben rechten Flügel von Fort A.
Das Blatt schließt sich zeitlich wie inhaltlich an das Projekt zur Aufstockung des Reduits von Fort A (Kat.-Nr. 286) an; es zeigt die Vorstellungen des Platzingenieurs Scheibert, analog zu den Hoffronten in die Außenseiten der beiden vorhandenen Reduitgeschosse statt der Kanonen- und Gewehrscharten rundbogige Zwillingsfenster einzubauen. Scheibert skizzierte zwei verschiedene Lösungen in der *Ansicht*: links mit schlichten Bögen, rechts mit komplizierterem Rustika-Steinschnitt. Beides wäre dem wuchtigen Ernst der Außenfronten und dem vorgegebenen klassizistischen Rundbogenstil sicherlich angemessen gewesen, wurde aber nicht ausgeführt. Eine weitere Variante wurde nachträglich mit Blei über die linke Obergeschoß-Biforie der Ansicht skizziert: ein Rechteckfenster von 2,10 m Höhe und 1,60 m Breite.

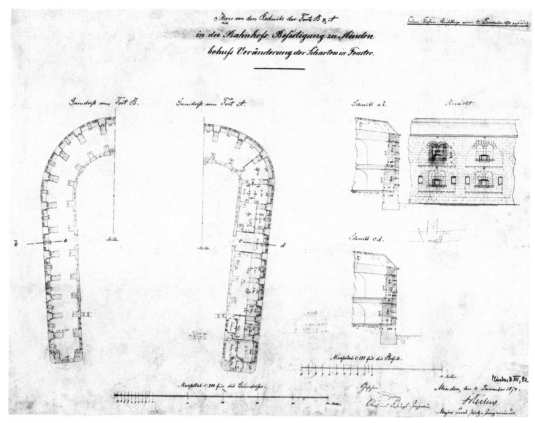

Abb. 358 Fort A und B, Umbauprojekt. Major und Platzingenieur Scheibert, 1874 (Kat.-Nr. 287).

Unter der Ansicht flüchtige Bleistiftskizze für die Lage der schräg verzogenen Gewehrscharten beiderseits der Zungenmauern, neben dem *Schnitt c d* Innenansicht eines Bogenfeldes mit Maßangaben. – Im halben Grundriß von Fort A sind mit Blei Überlegungen zur Abtrennung von kleinen Stuben durch leichte Scherwände zwischen den Zungenmauern fixiert und (z. T. unleserliche) Angaben zur Nutzung der Räume im Flügelkopf eingetragen. Diese fehlen zwar im Aufstockungsprojekt für das Reduit von Fort B (Kat.-Nr. 286) und hier in der entsprechenden Grundrißskizze, doch galten die Überlegungen wohl für beide Reduits. Die kleinen Stuben sollten jeweils mit *2 m* (= Mann) belegt werden; für den keilförmigen Raum in der Rundung sind *4 m* (= Mann) eingetragen. Beim Eingangsraum ist *Küche* angegeben, daneben vor drei Stuben *Flur*. Vielfach sind Maße angegeben.

Die beiden einander ergänzenden Umbauprojekte wurden nicht ausgeführt, vermutlich wegen des hohen finanziellen Aufwandes, der mit ihrer Realisierung verbunden gewesen wäre. Die Umbauplanung für Fort B wurde erst 1885 wieder aufgenommen. Das Reduit von Fort A blieb ohne Aufstockung; das erst 1989 durch eine Erdaufschüttung ersetzte flache Satteldach war möglicherweise das schon ursprünglich aufgesetzte Friedensdach (vgl. Kat.-Nr. 286, Profil a b).

560   IV Die Festung – IV.2 Die Festung vom Dreißigjährigen Krieg bis zur Aufhebung im Jahr 1873

KAT.-NR. 288   Abb. 359
Fort B, Umbauprojekt, 1885

Bezeichnet *Veltman*, datiert *Minden, den 20. November 1885*.
Farbig angelegte Federzeichnung; 46,2 x 29,9 cm.
Maaßstab 1:200.
Kartentitel: *Garnison Minden./ Generelles Project betreffend die Erhöhung des Fort B./ Blatt:1*.
Unten von rechts: Ort und Datum wie oben; *Der Garnison Bauinspektor Veltman / Revidirt Münster, den 28. Januar 1886 Kühtze Int(endantur-) u. Baurath, Hildebrandt Reg. Baum(ei)st(e)r*. Links von unten: *Einverstanden! Königliche Garnison-Verwaltung Breusch(?), I. V. Dopp / Einverstanden! Königliches Hannoversches Pionier-Bataillon No 10 Bertram Major und Bataillons-Commandeur / Einverstanden! Königliches Garnison-Commando vStücken General-Major und Brigade Commandeur*.
Oben links nachträglich mit Blei: *ungültig*.

STA DT, D 73 Tit. 4 Nr. 10 209; unpubliziert.

Grundriß für das *Kellergeschoss* mit Maß- und Nutzungsangaben, die im Hof wiederholt sind: *Belegungs-Plan. 1 Mannsch. Küche. 1 Speisekammer, 1 Fleischkammer. 1 Kartoffelkeller. 1 Mannschafts-Spei-*

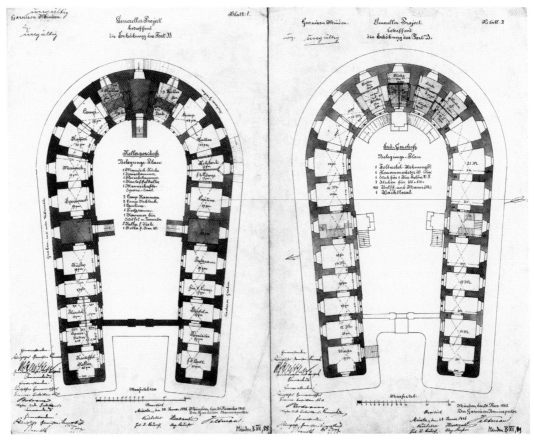

Abb. 359   Fort B, Umbauprojekt. Garnison-Bauinspektor Veltman, 1885 (Kat.-Nr. 288, 289).

se-Saal. 2 Comp.Kammern. 2 Comp.Kohlenk(eller). 1 Cantine. 1 Putzraum. 1 Kammer für Stiefel u. Tornister. 5 Keller f: Verb(rauchsmaterial?). 1 Keller f. Kas(ernen).W(ärter). – Der Raum im Scheitel der Rundung ist durch eine Tür und eine Anschüttung im *trockenen Graben* mit dem Vorgelände verbunden, ebenso die Kompanie-Kohlenkeller im rechten Flügel am Ansatz der Rundung.

Zugehörig sind Blatt 2 und 4 (Kat.-Nr. 289, 290); Blatt 3 liegt nicht vor.

KAT.-NR. 289 Abb. 359
Fort B, Umbauprojekt, 1885

Blattgröße, Darstellungsart, Maßstab, Beschriftung und Unterschriften wie in Kat.-Nr. 288, *Blatt: 2*.

STA DT, D 73 Tit.4 Nr. 10 210; unpubliziert.

Grundriß für das *Erd-Geschoss* mit Maß- und Nutzungsangaben, die für mehrere Stuben zusammengefaßt sind. Im Hofbereich *Belegungs-Plan. 1 Feldwebel-Wohnung (F). 1 Kasernenwärter W(ohnung) (Kw). 1 Stube für 1 Vice-Feldw(ebel) V. F. 7 Stuben für (55 + 53)=108 Unt(ero)ff(iziere) und Mann (M). 1 Wachtlocal.*

Die durch leichte Wände abgeteilten Wohnräume für Kasernenwärter, Feldwebel und Vizefeldwebel liegen in der Rundung, die Wache im linken Flügelkopf, mit gesondertem Eingang vor der Hofmauer. Die Kanonenrampen vor den Flügeleingängen sind durch Treppen ersetzt.

Der Plan ist wie Blatt 1 (Kat.-Nr. 288) nachträglich mit Blei als *ungültig* bezeichnet.

KAT.-NR. 290 Abb. 360
Fort B, Umbauprojekt, 1885

Bezeichnet *Veltman*, datiert *Minden, den 20. November 1885*.
Farbig angelegte bzw. aquarellierte Federzeichnung; 29,9 x 44,6 cm *Maaßstab 1:200*.
Kartentitel und Revisionsvermerk wie in Blatt 1 (Kat.-Nr. 288); *Blatt:4*.

STA DT, D 73 Tit. 4 Nr. 10211; unpubliziert.

Oben aquarellierte *Vorder-Ansicht*, darüber Klebespur eines verlorenen Deckblatts aus Transparentpapier.

Unten *Schnitt a–b* durch die Mittelachse des Reduits mit Ansicht der linken Hoffassade.

Ergänzend zu den beiden Grundrissen des vorhandenen Baubestandes (Keller- und Erdgeschoß, Kat.-Nr. 288, 289) zeigt der Plan ein Projekt für die Aufstockung des Reduits mit paarigen Stichbogenfenstern in Backsteinmauerwerk, das an den Hoffassaden über den Eingangsrisaliten durch flach übergiebelte Blendbögen auf Pilastern und ein Traufgebälk sparsam gegliedert und akzentuiert ist. Die Flügelköpfe sind als Pavillons über die Traufe erhöht; die Stirnwände sollten Pilaster und eine mittige Fensterblende zeigen, dazu hohe Fahnenmasten auf den verschieferten Dächern. Im Bogenfeld des mittleren Eingangsrisalits eine Uhr, auf dem Giebel eine geschmiedete Blattbekrönung. Die Beischrift an der Flügelstirn im Schnitt *(Ändert sich nach der übergelegten Skizze auf Blatt 3 und 4)* bezieht sich vermutlich auf die Ausbildung der Eckverquaderung zur Hofseite; wie die Variante aussah, läßt sich wegen des Fehlens von Blatt 3 und des Verlustes des Deckblatts auf dem vorliegenden

562   IV Die Festung – IV.2 Die Festung vom Dreißigjährigen Krieg bis zur Aufhebung im Jahr 1873

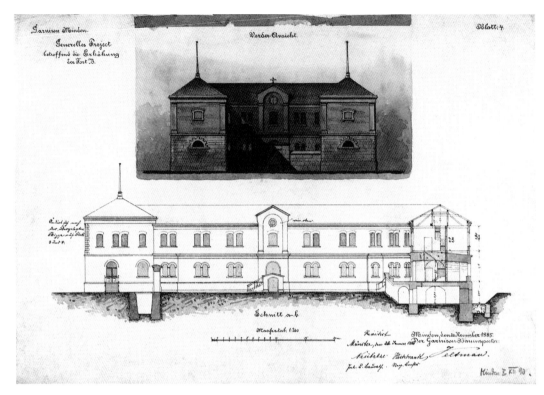

Abb. 360   Fort B, Umbauprojekt. Garnison-Bauinspektor Veltman, 1885 (Kat.-Nr. 290).

Plan nicht nachvollziehen. Die Beischrift *wie oben* am seitliche Eingangsrisalit dürfte die Einfügung eines schlichten Kapitells statt einer durchlaufenden Blendenlisene betreffen. – Die Blendbogenrisalite und die Pilaster an den Stirnseiten hätten der Aufstockung sicherlich ein leidlich gefälliges Aussehen gegeben; der Plan wurde jedoch nicht ausgeführt.

KAT.-NR. 291   ohne Abb.
Fort B, Umbauprojekt, 1886

Bezeichnet *Koppers*, datiert *Münster den 7ten September 1886*.
Farbig angelegte Federzeichnung mit roten Revisions-Korrekturen, 54,4 x 76,1 cm.
Maßstab 1:200, Maßleiste von *1+20 m*.
Kartentitel: *Garnison Minden Generelles Project betreffend die Erhöhung des Forts B./ Blatt 5*
Unten rechts: *Zu den Revisionsbemerkungen vom heutigen Tage Münster den 7ten September 1886 Koppers. Regierungs-Baumeister, Kühtze Intendantur- u. Baurath / Revidirt Berlin den 25t Septbr. 1886 K. M. B. A.* [= Kriegs-Ministerium, Bau-Abt.], [unleserliche Unterschrift] *I. V., Wodrig*. – Oben links mit Blei als *ungültig* bezeichnet.

STA DT, D 73 Tit. 4 Nr. 10 212; unpubliziert.

Unten *Schnitt a–b* durch die Mittelachse des Reduits mit Ansicht der nördlichen Hoffassade.

Oben links *Schnitt c–d* durch den linken Flügelkopf mit Treppe im aufgesetzten Obergeschoß, rechts *Schnitt e–f* durch den rechten Flügel mit Stube und Korridor zur Außenseite. – In der Mitte oben *Vorder-Ansicht* von Westen mit den Stirnseiten der Flügel und der Hofmauer.

Die weitere Bearbeitung bzw. Revision der Umbaupläne von 1885 für das Reduit des Forts B hatte offenbar ein völlig neues *Generelles Project* zur Folge, das anscheinend nicht in Minden, sondern vom Regierungsbaumeister Koppers in Münster entwurfen wurde. Von dieser Neuplanung liegt nur Blatt 5 vor; Blatt 1–4 mit Grundrissen und Außenansichten fehlen. Für die Aufstockung mit Obergeschoß, benutzbarem Drempelgeschoß und Attika vor dem sehr flach geneigten Pultdach ist durchgehend Sichtbacksteinmauerwerk vorgesehen. Auf architektonisch-dekorativen Aufwand wie Pilaster oder Putzgliederungen ist verzichtet worden, lediglich die Portalrisalite und das leichte Zurückstufen der Flügelköpfe werden bis zum gemauerten Konsolgesims der Traufe durchgezogen. Die Attika erscheint nur in der Außenansicht und über den Portalrisaliten. Die Fensteröffnungen im Obergeschoß sind durchgehend stichbogig und im Hof paarig geordnet, nur über den breiteren Fenstern der Portalrisalite steht eine rundbogige Blende mit kreisrundem Uhren-Okulus, über der sich das Geschoßgesims als Überfangbogen aufwölbt. Die kleinen Drempelfenster stehen in den Achsen der Obergeschoßfenster. Von der paarigen, achsbezogenen Anordnung weichen nur die hofseitigen Einzelfenster der Flügelköpfe ab. – In der Mittelachse ist eine einfach gewendelte Treppe bis zum Drempelgeschoß geplant. – (Die zweifellos auf einem der zugehörigen, nicht vorliegenden Blätter gezeichnete Außenansicht zeigt – wie ausgeführt – eine abweichende Fensteranordnung: Die Flügel haben Einzelfenster, darüber paarige Drempelfenster, in der Rundung stehen Zwillingsfenster im Wechsel mit Einzelfenstern, während die weitgestellten Drempelfensterpaare teils über diesen, teils über jenen angeordnet sind.)

Hinter der Attika des mittleren Portalrisalits ist mit Blei ein gegenläufiges, sehr flaches Satteldach mit einem beigeschriebenen Fragezeichen vorgeschlagen.

Die Beischrift *ungültig* bezieht sich vermutlich auf die spätere Überarbeitung der mittleren Treppe; im übrigen ist das Projekt in der hier gezeichneten Form ausgeführt worden.

KAT.-NR. 292 Abb. 361
Fort B, Umbauprojekt, 1887

Bezeichnet *Veltman*, datiert *Minden, den 25ten Februar 1887*.
Farbig angelegte Federzeichnung mit roten Revisions-Korrekturen; 54,4 x 76,1 cm.
Maßstab 1:100, 1:10.
Kartentitel: *Garnison Minden./ Specieller Entwurf betreffend die Erhöhung des Fort: B. / Blatt: 5.*
Unten von rechts: Ort und Datum wie oben, *der Garnison-Bauinspector Veltman./ Geprüft: Münster den 26ten März 1887 Kühtze Intendantur- u. Baurath, Koppers Regierungs-Baumeister./ Geprüft. Berlin, den 5 Juli 1887 Kriegsministerium; Bauabteilung. Astmann,* [unleserliche Unterschrift] / *Königliche Garnison-Verwaltung Borrmann, I. A. Nau (?) / Einverstanden! Königliches Hannoversches Pionier-Bataillon Nr. 10 Bertram Major und Bataillons-Commandeur / Königliches Garnison-Commando v. Kessel Generalmajor und Brigade-Commandeur.* – Oben links mit Blei als *ungültig* bezeichnet.

STA DT, D 73 Tit. 4 Nr. 10213; unpubliziert.

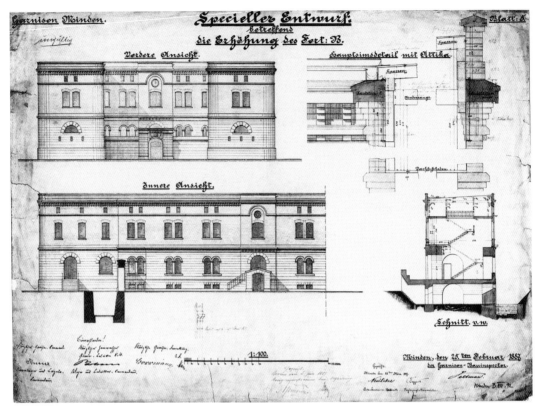

Abb. 361 Fort B, Umbauprojekt. Garnison-Bauinspektor Veltman, 1887 (Kat.-Nr. 292).

Oben links *Vordere Ansicht* mit Flügelstirnen und Hofmauer, darunter *Innere Ansicht*: nördliche Hoffassade in den beiden westlichen Dritteln. – Unten rechts *Schnitt v.w.* durch die Rundung mit dem Treppenhaus in der Mittelachse. – Oben rechts *Hauptgesimsdetail mit Attika*, M.1:10.

Die bei der Revision in Berlin eingetragenen Korrekturen betreffen die innere Ausbildung der Gesimszone am Fuß der Attika und das Einziehen von Ankern zur Verbindung der Dachkonstruktion mit dem Mauerwerk sowie – unten – die Bemessung der Wandvorsprünge im Bereich des Erdgeschoßgesimses am Zwischenstück im Bereich der Hofmauer: *Ansicht bei a; cf. Blatt 2* [liegt nicht vor], ferner das Auffüllen und Pflastern des Diamants in *Schnitt v.w.* vor dem Durchgang unter dem mittleren Treppenhaus in der Rundung.

Auf der Grundlage des wohl in Münster erarbeiteten Generellen Projekts (Kat.-Nr. 291) erfolgte die Detailplanung wieder in Minden durch Garnison-Bauinspektor Veltman. Mindestens vier zugehörige Blätter liegen nicht vor. Die Zeichnung ist detaillierter als der vorhergehende Generelle Entwurf und entspricht zumindest weitgehend der Ausführung mit Werksteinen für das Traufgesims und die Abdeckung der Attika. Dies ist mit Blei als *so ausgeführt* nachträglich vermerkt. – Die einläufige Treppe in der Mittelachse hat jetzt Wendepodeste; das Treppenauge im Drempelgeschoß ist umgittert, für die Dachkonstruktion mit zwei Stuhlreihen, Binderzange und Kopfbändern sind die Holzmaße eingetragen, ebenso die Detailmaße für Gesims und Attika. Anders als in den Plänen dargestellt, wurden Hofmauer und Tor mit den bekrönenden Adlern fast bis zur Flucht der Flügelstirnen vorgerückt.

Abb. 362 Pionierstraße 10, Reduit von Fort B von Südwesten, vor 1911.

Spätere Baumaßnahmen betrafen den Abbruch des rundbogigen Tores 1911. Der Diamant wurde im Hofbereich und vor den Flügelstirnen an der Pionierstraße aufgefüllt; zwischen den Mauern wurden schlichte, verputzte Torpfeiler aufgeführt. Gleichzeitig entstand seitlich an die Flügel anschließend eine geschmiedete Gittereinfriedigung über niedriger Mauer mit Torpfeilern an der Durchfahrt zwischen Reduit und Kammergebäude; heute Eingang zur Tennisanlage des Eisenbahn-Sport-Vereins ESV (Pläne in BA Pionierstraße 4–12).

1919 wurde für den Südflügel des Reduits die Herstellung von Wohnungen für verheiratete Unteroffiziere geplant, die mit leichten Scherwänden abgeteilt wurden (Plan in BA Pionierstraße 10).

Mit der Aufhebung der Festung Minden 1873 entfiel die Notwendigkeit, für den Belagerungsfall starke Befestigungen und kasemattierte Batterien mit hoher Feuerkraft vorzuhalten; die so ausgerüsteten Bauten wurden – soweit sie nicht schon vorher als Truppenunterkünfte verwendet waren –, zumindest provisorisch als Kasernen eingerichtet. 1877 bezog das aus Bielefeld nach Minden verlegte Füsilier-Bataillon des Infanterie-Regiments Nr. 15 zunächst die Reduits von Fort A und B, doch war die Unterbringung sehr mangelhaft. Die Füsiliere zogen 1878 in die Bahnhofs-Kaserne um (CRAMER 1910, S. 370). Die Reduits beider Forts dienten danach als Unterkünfte für das Hannoversche Pionier-Bataillon Nr. 10, wobei Fort A zumindest zeitweise um 1900 das Revier der 1. Kompanie aufnahm.

Abb. 363   Pionierstraße 10, Reduit von Fort B von Südosten, 1972.

Zum weiteren Ausbau der Kaserne an der Pionierstraße (nach 1933 »Beseler-Kaserne«) mit umfangreichen Neu- und Ergänzungsbauten auf dem ehemaligen Hof-, Wall- und Glacisgelände sowie zur Anlage des benachbarten Pionier-Landübungsplatzes auf der Dombrede siehe unten (Kap. 3.4 und 3.7, S. 826–849 und 865–872).

Als Nachfolger des Hannoverschen Pionier-Bataillons Nr. 10 zog am 1. Juli 1919 das neu aufgestellte 6. (Preußische) Pionier-Bataillon der Reichswehr in die Kaserne am Fort B ein. Es gliederte sich in zwei Pionier-Kompanien, einen Brückentrain und einen Scheinwerferzug. Offiziere und Mannschaften rekrutierten sich hauptsächlich aus den Pionierverbänden der Kaiserlichen Armee. Durch Umgliederung und Abgaben entstanden aus dem Bataillon in den Jahren 1935–1937 die nun teilmotorisierten (t-mot) oder motorisierten Einheiten der Pionier-Bataillone 6 und 16, die in Minden und Höxter lagen (vgl. von Senger und Etterlin 1980, S. 164 f.).

Nach dem Zweiten Weltkrieg und nach einer vorübergehenden Beschlagnahme durch die englischen Besatzungstruppen übernahm das Zentralamt der Deutschen Reichsbahn bzw. der Bundesbahn (BZA/EZA) die Beseler-Kaserne und den ehemaligen Pionier-Landübungsplatz.

1955 Antrag auf Erweiterung der Betriebsküche II im Reduit von Fort B durch einen Anbau vor dem Untergeschoß im nordöstlichen Bereich des Diamants, beiderseits eines schon bestehenden Durchgangs mit Brücke. Der Anbau dient als Büro- und Lagerraum. 1960 Erweiterung des Anbaus nach Westen durch einen weiteren Lagerraum von 7 m Länge (BA Pionierstraße 10).

Das Reduit von Fort B wurde am 18. 2. 1987 in die Denkmalliste der Stadt Minden eingetragen.

Zum Gefallenendenkmal des Hannoverschen Pionier-Bataillons Nr. 10, das vermutlich von 1935 bis nach 1970 auf dem Hofgelände östlich des Reduits aufgestellt war, siehe unten Kap. V.7, S. 932–935.

Abb. 364 Pionierstraße 10, Reduit von Fort B. Hof nach Osten, 1994.

KAT.-NR. 293 Abb. 365
Fort C mit Enveloppe, 1847

Bezeichnet *Daniel*, datiert *Minden den 29ten März 1847*.
Farbig angelegte Federzeichnung; 99 x 67 cm.
Wasserzeichen: JWHATMAN / 1846.
Transversal-Maßstab von *12* (Fuß)+*15 Ruthen* = 20,9 cm ≅ 1:288. Norden links unten.
Kartentitel: *Blatt Nro: XIb. Bahnhofsbefestigung zu Minden./ Grundriss des Fort C./ Fortification zu Minden, Sect: III. D.1.a. ad Nro: 243. Zum berichtigten Special-Kostenanschlage, d.d. Minden den 29ten März 1847.*
Unten links: *Gezeichnet durch Daniel, Sergeant in der VII. Pionir Abtheilung*, unten von rechts: *Neuhaus Ingenieur Lieutenant./ Loehr Ingenieur Hauptmann./ Hardenack, Major und Platzingenieur./ In Stellvertretung des Festungs-Inspekteurs gesehen und in Bezugnahme auf meine Randbemerkung zum Text unterzeichnet vHüene Generalmajor und Ingenieur-Inspecteur.*

GSTA PK, Festungskarten Minden C 70.088; unpubliziert. – Unten rechts Stempel der Ingenieur-Abt. des Allg. Kriegs-Departements.

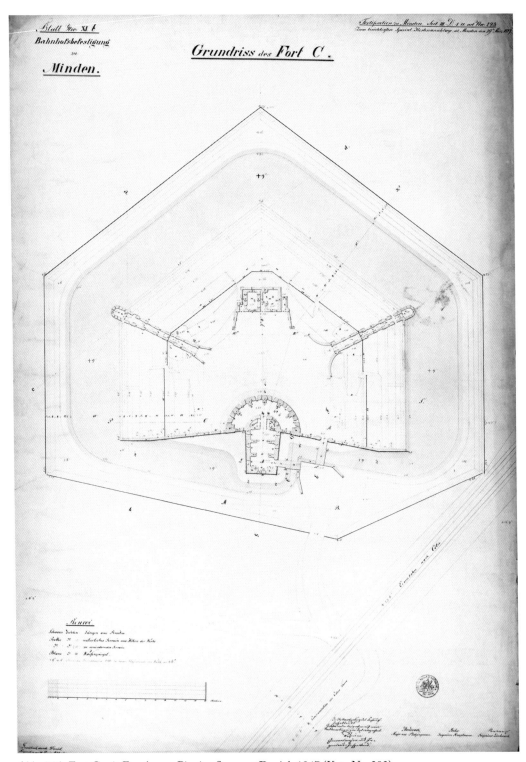

Abb. 365 Fort C mit Enveloppe. Pionier-Sergeant Daniel, 1847 (Kat.-Nr. 293).

Grundriß der Gesamtanlage des nach Süden neben der *Eisenbahn nach Cöln* vorgeschobenen Forts; Norden links unten. Jenseits der noch zweigleisigen Bahnlinie die *Communication vom Cölner Thore*; der Weg überquert die Bahn und führt durch das Glacis auf den Vorplatz, von dem eine Brücke über den hier schmaleren Kehlgraben links in das Reduit, eine zweite Brücke über den Graben geradeaus in den Hof der Enveloppe führt. Der Wall bildet ein bastionsartiges Fünfeck. Er ist nach rückwärts stumpf abgeschnitten; die Kehle ist durch leicht nach innen geknickte Mauern mit Kanonenscharten geschlossen. Die Mitte der Kehle nimmt das im Grundriß pilzförmige Reduit ein; es ist aus der Kapitalen der Gesamtanlage um 3 Grad leicht nach Süden verschwenkt. Der breitere, halbkreisförmige Teil liegt vor der Kehlmauer im Hof der Enveloppe. Die rückwärtige Traditorkasematte liegt mit leicht trapezförmigem Grundriß außerhalb der Kehlmauer; ihre Kanonenscharten bestreichen den Kehlgraben nach beiden Seiten. Vom Reduit ist nur das obere Geschoß gezeichnet; im gerundeten Kopf hat es sechs Kanonenscharten, jeweils begleitet von zwei schräggezogenen Gewehrscharten, zu denen fünf weitere Kanonenscharten in der Traditorkasematte sowie drei Gewehrscharten in der rückwärtigen Stirnseite kommen. Das Untergeschoß ist in den entsprechenden Abteilungen mit je drei Gewehrscharten ausgestattet. Die viertelkreisförmigen Räume im Zentrum des Reduits enthalten *Latrine* und *Pulv(er) Mag(azin)*.

Im Hof vor dem Reduit liegen beiderseits der Kapitalen, halb in den Wall geschoben, ein doppelwandiges Pulvermagazin mit seitlichem Vorhaus und eine Wachkasematte mit daneben angeordneter Latrine. In den Schulterpunkten der Enveloppe durchstoßen zwei enge Poternen den Wall; sie führen zum Rondenweg auf dem äußeren Wallfuß und zu zwei Grabencaponièren mit gerundetem Kopf, aus denen durch je sechs Gewehrscharten der Graben und der Gedeckte Weg bestrichen werden können. Der Graben ist vor Facen und Flanken 61' (ca. 19 m) breit; an der Kehle ist er wesentlich schmaler. Die ganze Anlage umzieht das Glacis mit einer Feuerlinienhöhe von 7 bzw. 5 Fuß (ca. 2,20 bzw. 1,60 m) vor Facen und Flanken bzw. an der Kehlseite; dabei sind nur die Strecken vor den Facen und Flanken mit einem Bankett ausgestattet.

Im Plan fehlt noch der offensichtlich erst später geplante und ausgeführte Tambour auf dem Brückenvorplatz. Er sollte im Ernstfall einen sicherer Rückzug der Fortbesatzung aus der Enveloppe über die beiden Brücken in das Reduit ermöglichen.

Das *Renvoi* unten links erläutert die verschiedenfarbig eingetragenen Maß- und Höhenzahlen.

Die zugehörigen Blätter mit den im Grundriß angegebenen Ansichts- und Schnittzeichnungen von Reduit und Enveloppe liegen nicht vor.

Das Fort C wurde in der hier gezeichneten Form errichtet und ist – mit Ausnahme des nachträglich hinzugefügten Tambours – vollständig erhalten bzw. wurde bei den umfangreichen Arbeiten 1986–1989 in seinem ursprünglichen Zusand wiederhergestellt (siehe dazu Kat.-Nr. 296).

KAT.-NR. 294 ohne Abb.
Fort C mit Enveloppe, 1847

Bezeichnet *Daniel*, datiert *Minden den 29ten März 1847*.
Farbig angelegte Federzeichnung mit Nachträgen in Blei; 97,6 x 65,2 cm.
Wasserzeichen: JWHATMAN / 1846.
Transversal-Maßstab von *12′ + 15 Ruthen* = 21 cm = 1:288.

Kartentitel: *Blatt No XI b. Bahnhofsbefestigung zu Minden. 1847 / Grundriss des Fort C./ Fortification zu Minden Sect: III. D.1.a. ad No 243. Zum berichtigten Special-Kostenanschlage, d.d. Minden den 29ten März 1847.*
In Anlage, Darstellung, Beschriftung und Unterschriften übereinstimmend mit Kat.-Nr. 293, unten links *Copirt durch Daniel* Sergeant in der *7: P(ionier). Abthl …[18] 47.*

STA DT, D 73.Tit.5 Nr. 2924; unpubliziert. – Umzeichnung bei MEINHARDT 1958, Taf. 52 und HOOF/KORN 1998, Abb. 1. – Oben links rote Inv.-Nr. *P:V:II d. No7* (blau korrigiert *No 23*) und Stempel der Fortification zu Minden.

Das Blatt ist eine für den Gebrauch der Fortification gefertigte Zweitausfertigung der nach Berlin eingereichten Reinzeichnung Kat.-Nr. 293. Die Beschriftung der Bahnlinie und der Communication fehlt hier; zusätzlich an beiden Kehllinien Vermerke, links: *Verlängerung der Kehllinie schneidet in das Bette der kleinen Aue vor der Berliner Fronte, ein;* rechts: *Verlängerung der Kehllinie schneidet 50°* [= Ruten] *vor der Glaciscrete des Bastion III vorbei.*

Auf dem Wall sind nachträglich – vielleicht erst nach 1873 – drei Traversen grob skizziert eingetragen, zwei auf der linken Flanke, eine auf der linken Face über dem Pulvermagazin, gleichzeitig wurden die Maße von Wallabschnitten im metrischen System eingetragen.

KAT.-NR. 295   Abb. 366
Fort C, Detailplan, 1848

Bezeichnet *Neuhauß*, datiert *Minden Jan. 1848.*
Farbig angelegte Federzeichnung; 48,6 x 66 cm.
Wasserzeichen: JWHATMAN / 1846.
Angaben zum Maßstab beim Kartentitel, ohne Maßleiste: *Grundriss 1ddc Zoll = 1 Ruthe* = 1:144, *Profile 2 ddc Zoll = 1 Ruthe* = 1:72 (links), *Grundriss und Profile 1 ddc Zoll = 1 Ruthe* = 1:144 (rechts).
Kartentitel: *Bahnhofsbefestigung zu Minden. 1848 / Fort C./ Wache, Pulvermagazin und Latrine, rechte und linke Profil- und Kehlmauer.*
Unten rechts *Minden Jan. 1848 Neuhauß.*

STA DT, D 73 Tit. 4 Nr. 10 125; unpubliziert. – Oben rechts rote Inv.-Nr. *P:IId, No: 33* (blau korrigiert *No 31)* und Stempel der Fortification zu Minden.

In den linken drei Fünfteln des Blattes oben rechts *Grundriss der Wache und des Magazins* mit Maßen und Schnittangaben: links das doppelwandige Pulvermagazin mit seitlichem Vorhaus, rechts Wachtstube mit kleinem Vorraum in der Mittelachse, ganz rechts Latrine; beiderseits leicht schräggestellte Profilmauern.
    Daneben links untereinander *Fundament der Profilmauer CD* und *Fundament der Stirnmauer EF.*
    In der Mitte *Längendurchschnitt AB* durch alle Räume hinter der Fassade mit den tiefen Fundamenten der Quermauern, darunter *Ansicht nach GH:* Fünfachsige Fassade des Gebäudes mit über-

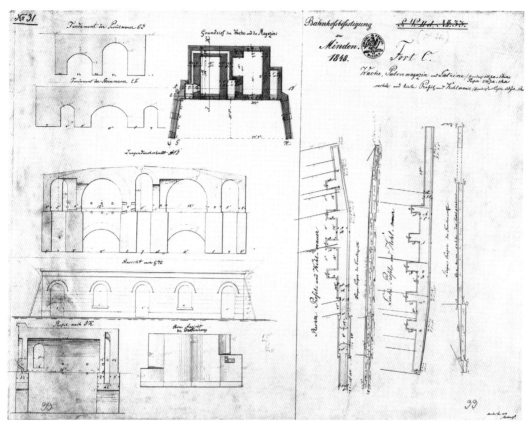

Abb. 366 Fort C, Detailplan. Neuhauß, 1848 (Kat.-Nr. 295).

fangenen Rundbogenöffnungen und seitlichen Profilmauern. Die Höhen der eingezeichneten Quaderschichten sind rot angegeben.

Unten nebeneinander *Profil nach JK*: Querschnitt durch die Pulverkammer mit Fundamenten, Blindfenster in der Fassade und Luftkanälen, rechts *Obere Ansicht der Dosdânirung*: Aufsicht auf die Gewölbedecke der Anlage zur Erläuterung der Wasserableitung.

Daneben Bleistiftskizze mit Maßen für die Ausbildung des Traufgesimses.

In den beiden rechten Fünfteln des Blattes, um 90 Grad gedreht, oben Grundriß für die *Rechte Profil- und Kehlmauer* mit dem Tor links und den im Wallkopf stehenden Stützpfeilern, darunter das entsprechende *Längen-Profil der Fundamente*. Rot beigeschrieben, mit roten Höhenangaben, *Fall der Grabensohle des Kehlgrabens*, *Fuß der reinen Mauer* und *Fundamentsohle*.

Unten das entsprechende für die *Linke Profil- und Kehlmauer*, darunter *Längen-Profil der Fundamente* mit Angabe des Gefälles der *Grabensahle des Kehlgrabens*.

Das Blatt ist einer der wenigen vorliegenden Detailpläne für die Ausführung der Festungswerke, die es im Planbestand der Fortification zu Hunderten gegeben haben muß.

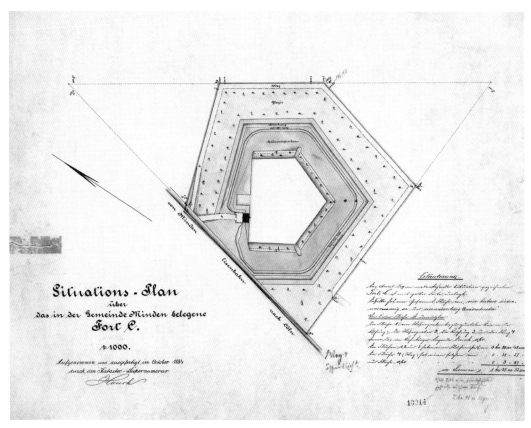

Abb. 367 Fort C, Außenanlagen. Kataster-Numerar Hauck, 1884 (Kat.-Nr. 296).

KAT.-NR. 296
Fort C, Außenanlagen, 1884

Abb. 367

Bezeichnet *Hauck*, datiert *October 1884*.
Aquarellierte Federzeichnung; 47,7 x 59,4 cm; M 1:1000
Kartentitel: *Situations-Plan über das in der Gemeinde Minden belegene Fort C. Aufgenommen und ausgefertigt im October 1884 durch den Kataster-Supernumerar Hauck.*

STA DT, D73 Tit. 4 Nr. 10 135; unpubliziert.

Lageplan der Gesamtanlage des detachierten Forts an der *Eisenbahn von Minden nach Cöln*. Das Kernwerk ist innerhalb des Rondenweges nicht dargestellt; vor der rechten Kehlmauer liegen *Brücke* und Tambour. Bezeichnet sind *Wassergraben, gedeckter Weg, Böschung, Glacis* und *Glacis-Weg*.

Rechts unten *Erläuterung* mit Angabe der Gesamtfläche des Forts (4 ha 27 ar 64 qm) und der nutzbaren Flächen zwischen Rondenweg und äußerer Grenze (Böschungen, Graben und Glacisweg ohne die Glacisflächen) mit einer Fläche von 1 ha 28 ar 32 qm.

Abb. 368 Am Fort 12, Fort C. Reduit von Norden, um 1960.

Abb. 369 Am Fort C 12, Fort C. Reduit und Kehlmauer mit Brücke von Westen, 1994.

Abb. 370 Am Fort C 12, Fort C. Reduit, Kehlmauer und Wallkopf von Südwesten, 1994.

Der Plan zeigt die Gesamtanlage nach dem viergleisigen Ausbau der Bahnstrecke vor dem Kölner Tor nach 1860, der einen Teil der westlichen Glacisflächen und des Wassergrabens in Anspruch nahm. Die beiden zusätzlichen Gleise der Strecke Löhne – Osnabrück liefen auf der Höhe des Fort C in die Köln-Mindener Bahntrasse.

Das Fort C samt Enveloppe, Graben und Glacis wurde nach der Entfestigung zu unbekanntem Zeitpunkt in Privathand verkauft und wechselte nach 1900 mehrfach den Eigentümer. Bis 1906 gehört es der Fa. Schmidt & Sohn, Confection und Tuchhandel (Bäckerstraße 35). Am 25.10.1906 Antrag der Fa. G. Cordes & Schmidt für die Einrichtung einer Farbenfabrik (Marke »Reformator«); 1908 Lack- und Farbenfabrik von Georg Cordes & Co.; Inhaber sind Malermeister Georg Cordes (Deichhof 3/Lagerhaus zu Schmidts Haus Bäckerstraße 35 hinter Bäckerstraße 29) und Kaufmann Wilhelm Schmidt. Die zunächst kleine Fabrikation wird 1912 in den Neubau Karlstraße 23 verlegt (siehe Teil V, S. 1488 f.). 1917/1918 Kaufmann Rudolf Salomon, Minden; 1921 Übergang an die Kohlenbergwerk Minden GmbH zu Meissen. Auf dem Glacis wird eine Dauerkleingartenanlage mit 136 Gärten angelegt (Gutachten des Garten- und Friedhofsamtes vom 5.3.1971 in WAfD, Objektakte Fort C). Um 1925 Pläne, im Fort C einen neuen Schacht der Zeche »Preußisch-Clus« abzuteufen (Röhrs 1992, S. 214; zur 1834–1958 bestehenden Zeche siehe Teil I.1, S. 548).

Wohnhaus Am Fort C 12. In den zwanziger Jahren (?; laut Abbruchantrag vom Oktober 1987 »ca. 1902«; laut Hoof/Korn 1998, S. 65, dagegen »1930/31«; keine Bauakte aufgefunden) entsteht an der Südwestseite des Hofes ein kleines Wohnhaus von 2 x 2 Fensterachsen mit Mansarddach und geraden Giebelscheiben. Für den Kellersockel wird eine größere Wallpartie abgetragen. Das Haus wird im Zuge der Wiederherstellungsarbeiten 1987 abgebrochen.

Abb. 371 Am Fort C 12, Fort C. Reduit und Hoftor vom Wall nach Nordwesten, 1994.

Im Herbst 1933 stellt Zechendirektor Overbeck das Gelände des Forts der SA zur Verfügung. Die SA-Reserve 1/15, Trupp Rechtes Weserufer, richtet das seit langem leerstehende Reduit als Kameradschaftsheim der SA-Standarte 15 her; nach dem Standartenführer erhält es den Namen »Willi-Freimuth-Heim«. Im Eingangsbereich des Reduits wird in den Fußboden-Estrich ein großes Hakenkreuz eingelassen (Abb. 378). Die Nutzung des Forts durch die SA scheint nur von kurzer Dauer gewesen zu sein; denn im November 1935 wird das Gesamtareal zum Vogelschutzgebiet erklärt und von der Zeche Meißen dem Bund für Vogelschutz zur Verfügung gestellt (KOSSACK 2001, S. 17 mit Anm. 33 und Abb. 8; zu Willi Freimuth, * 1908, † als Soldat im Zweiten Weltkrieg, siehe Artikel von Stefan KOCH in MT vom 10.11.1997).

Im Zweiten Weltkrieg Einrichtung des Reduits als Luftschutzbunker: Vermauern sämtlicher Schießscharten im Untergeschoß, Einbau von neuen Treppen, Zwischenmauern, Stützpfeilern und Eingangsschleusen (HOOF/KORN 1998, S. 61 mit Abb. 4).

Wohnhaus Am Fort C 2. Im nordöstlichen Glacisbereich errichtet 1944 von W. Becker als Doppelhaus für Bombengeschädigte (Entwurf Kreisbauamt Minden). Eingeschossiger Putzbau mit ausgebautem Satteldach am Platz einer 1934 aufgestellten Gartenlaube. 1950 Umbau, 1952 Errichtung einer Garage.

1944/1945 zerstören Bombeneinschläge die nordöstliche Kehlmauer; nach dem Krieg wird Quadermaterial der Kehlmauern für den Wiederaufbau des Domes entnommen. 1964/1965 verkauft die Ilseder Hütte in Peine das Fort C an die Stadt Minden. 1971–1975 Vorplanungen zur Umwandlung des Geländes in öffentliche Grünanlagen mit Wanderwegen und Kinderspielplatz unter Erhaltung des wertvollen Eichenbestandes im Glaciswald, der an der Südseite als Naturdenkmal ausgewiesen

ist. 1974/1975 Ausräumen des Grabens von Fundmunition aus dem Ersten und Zweiten Weltkrieg; 1974 Pläne für die Anlage eines Vogelparks (nicht ausgeführt).

1986 Erarbeitung eines Konzepts für die Nutzung des Fort C als Westfälisch-Preußisches Militärmuseum (Dr. Joachim Meynert, Mindener Museum); Planung für die Wiederherstellung des ursprünglichen Zustandes an Hand des damals allein bekannten Planes von 1847 (Kat.-Nr. 294) durch das Hochbauamt der Stadt in enger Zusammenarbeit mit dem WAfD. Da Detailpläne und Aufrißzeichnungen für die Toranlage in der westlichen Kehlmauer, die Brücken zum Reduit und zum Hof sowie für die Grabenstreichen nicht vorlagen und anscheinend auch nicht erhalten sind, erfolgte die Rekonstruktion an Hand der örtlichen Restbefunde, in Analogie zu den Toranlagen der Forts A und B, für die Plan- und Bildmaterial verfügbar war, sowie – für die Decken und Erdschüttungen auf den Caponièren – an Hand der vergleichbaren Angaben bei VON PRITTWITZ 1836.

1986–1989 Entrümpelung von Reduit, Hofkasematte, Poternen und Grabenstreichen, Rodung des inzwischen hoch aufgewachsenen

Abb. 372 Am Fort C 12, Fort C. Hoftor, Innenseite von Südwesten, 1994.

Abb. 373 Am Fort C 12, Fort C. Poternentor von Westen, 1994.

Abb. 374 Am Fort C 12, Fort C. Hofkasematte von Nordwesten, 1994.

Abb. 375 Am Fort C 12, Fort C. Östliche Schultercaponière, Aufsicht vom Wall nach Osten, 1994.

Baum- und Buschbestandes im Hof, auf dem Dach des Reduits, um die Caponièren und im Bereich von Wall und Graben, Abbruch von Vor- und Nebenbauten an der Hofkasematte (Pulvermagazin) und von Luftschutzeinbauten im Reduit sowie des Wohnhauses im Hof (Am Fort C 12), Grabungen zur Erhebung und Sicherung von Originalbefunden an verschütteten Partien. Soweit möglich, wurden diese Arbeiten als Arbeitsbeschaffungsmaßnahme der Bundesanstalt für Arbeit für zehn Fachkräfte mit einer Laufzeit von 24 Monaten durchgeführt. Die Arbeiten zur Sicherung, Ergänzung und Rekonstruktion des Baubestandes erfolgten, wo nötig, durch entsprechende Fachfirmen (Zum Ablauf und zum einzelnen siehe HOOF/KORN 1998, S. 61–67; ausführlicher chronologischer und fachtechnischer Foto-Bericht zur Sanierung, bearbeitet von Manfred HOOF, im städtischen Hochbauamt). Abschluß der Bau- und Sanierungsarbeiten im Sommer 1989; letzte Arbeiten an der Modellierung des neu aufgeschütteten westlichen Flankenwalls zogen sich bis in den Sommer 1990 hin. Für die Besucher wurde im Sommer 1989 auf dem Vorplatz zwischen Hoftor und Bahndamm ein Pavillon mit Kiosk und Toiletten errichtet. Wegen der im Inneren des unbeheizten Reduits immer wieder auftretenden Schäden durch aufsteigende Feuchtigkeit wurde das Bauwerk 1995 mit einer Temperieranlage nachgerüstet.

Abb. 376 Am Fort C 12, Fort C. Reduit, Untergeschoß, Kopfteil nach Südwesten, 1998.

Abb. 377 Am Fort C 12, Fort C. Reduit, Obergeschoß, Geschützstand, 1998.

Als Nutzer von Fort C war zunächst das 1988 konzipierte und zwei Jahre später gegründete Preußen-Museum Nordrhein-Westfalen vorgesehen. In das Konzept wurde 1989/1990 auch das leerstehende Reduit von Fort A einbezogen (siehe Kat.-Nr. 278–280), da sich die im Reduit von Fort C verfügbaren Ausstellungsflächen sehr schnell als nicht ausreichend erwiesen. Ende Mai 1992 Eröffnung der ersten Ausstellung im restaurierten Fort C (MT vom 30. 5. und 6. 6. 1992). Zu dieser Zeit war bereits absehbar, daß die britischen Stationierungsstreitkräfte auch die Defensions-Kaserne

Abb. 378 Am Fort C 12, Fort C. Reduit, Obergeschoß, Traditor, Inneres nach Nordwesten, 1979.

Abb. 379 Am Fort C 12, Fort C. Reduit, Obergeschoß, Traditor, Inneres nach Nordwesten, 1998.

(Kat.-Nr. 210–222) räumen würden, die sich als besonders hervorragender Bau des preußischen Klassizismus mit einem großzügigen Raumangebot als Mindener Standort des Preußen-Museums weitaus besser eignet als das beengte Fort C. Dieses dient seither für kulturelle und bürgerschaftliche Zwecke, z. B. für kleinere Ausstellungen. Die regelmäßige Nutzung und Pflege durch die 1. Kompanie des Bürgerbataillons ist vertraglich geregelt. Eine im Herbst 1997 in der Öffentlichkeit um das 1933 im Boden des Reduit-Eingangsbereichs eingelassene Hakenkreuz geführte Debatte (Artikel und Leserbriefe in der örtlichen Presse, besonders im MT zwischen 23. 8. und 19. 11. 1997) führte im Frühjahr 1998 zum Beschluß, dieses anstößige Relikt der NS-Zeit zwar nicht zu zerstören, es aber zu entfernen und dem Mindener Museum für die stadtgeschichtliche Dauerausstellung zu überweisen (MT vom 19. 2. 1998).

Die Gesamtanlage von Fort C ist seit dem 22. 2. 1984 in die Denkmalliste der Stadt Minden eingetragen.

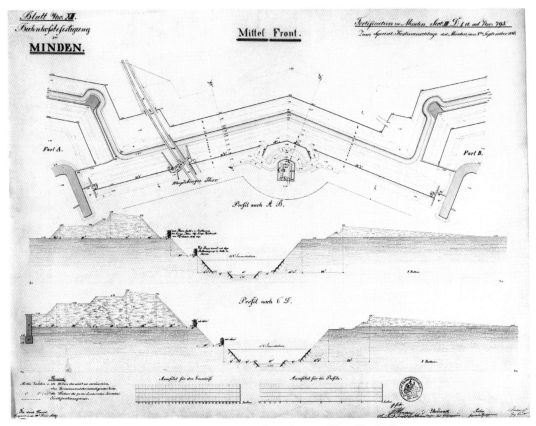

Abb. 380 Mittelfront mit Kavalier. Pionier-Sergeant Daniel, 1846 (Kat.-Nr. 297).

KAT.-NR. 297 Abb. 380
Mittelfront mit Kavalier, 1846

Bezeichnet *Daniel*, datiert *Minden, den 8ten September 1846*.
Farbig angelegte Federzeichnung mit Korrekturen; 50 x 67 cm.
Transversal-Maßstäbe: *Maaßstab für den Grundriss 1 + 30 Ruthen* = 12,9 cm = 1:900.
Maßstab für die Profile 12' + 5 Ruthen = 15 cm = 1:150.
Kartentitel: *Blatt Nro: XII. Bahnhofsbefestigung zu MINDEN./ Mittel Front./ Fortification zu Minden, Sect: III. D.1.a ad Nro: 795. Zum Special-Kostenanschlage d.d. Minden, den 8ten September 1846.*
Unten links *Gez: durch Daniel. Sergeant in der VIIt. Pionir Abthl:,* von rechts *Neuhauss Ing.Lieut./ Loehr Ingenieur-Hauptmann./ Hardenack Major und Platzingenieur/ Gesehen FvUthmann Oberst und Festungs Inspekteur.*

GSTA PK, Festungskarten Minden D 70.026; unpubliziert. – Unten rechts Stempel der Ingenieur-Abt. des Allg. Kriegs-Departements im Kriegsministerium.

Oben Grundriß der nach außen stumpfwinklig geknickten Mittelfront zwischen dem halben *Fort A* (links) und dem halben *Fort B* (rechts); Norden oben links. Südöstlich von Fort A durchschneidet die Bahnlinie nach Hannover den Wall im *Magdeburger Thor*. Im Frontknick liegt der erhöhte Kavalier, in seiner Höhlung das eigens ummauerte Kriegs-Pulver-Magazin No 6.

In der Mitte *Profil nach AB:* Schnitt durch Wall, Graben und Glacis zwischen Magdeburger Tor und Kavalier mit sorgfältiger Darstellung der Faschinenbefestigung der Grabenböschungen bis zur 12' 6" hohen *Inundation*. Die Hecke auf der oberen Berme der Escarpe ist ausgekreuzt mit Beischrift: *diese Hecke faellt n.d. Bestimmung des Königl.: Hohen Allg: Kriegs-Departements vom 27ten October 1846 weg.* Bei der unteren Hecke am Rondengang Vermerk: *Diese Hecke kommt nach obiger Bestimmung auf die Mitte der Berme.*

Unten *Profil nach CD.:* Schnitt durch den Kavalier rechts vom Frontknick mit der rückwärtigen Mauer der Pulvermagazin-Einfriedigung, Graben und Glacis. Für die Hecken auf den Bermen gilt dasselbe *wie oben*. Die Feuerlinie des Kavaliers lag bei *+45'* (über dem Mindener Pegel, 20' = 6,30 m über den Bauhorizont von 25' a. M.) und damit 6 Fuß (= ca. 1,90 m) über der Feuerlinie der anschließenden Kurtinen. Diese überragten das Bauniveau um 14 Fuß (= 4,40 m). Der Kavalier dominierte dank seiner Höhe das Vorgelände an diesem taktisch wichtigen Punkt zwischen den beiden Forts; zugleich bot er mit seinem tiefen Wallkörper einen wirksamen Schutz für das Pulvermagazin, das zusätzlich innerhalb der Ummauerung um 4 Fuß in den Boden eingetieft war.

Das *Renvoi* unten links erläutert die Höhenzahlen und die gestrichelte Fortificationsgrenze.
Zur Detailplanung für das Kriegs-Pulver-Magazin No 6 vgl. Blatt XVIII, Kat.-Nr. 306.

KAT.-NR. 298 ohne Abb.
Inundationsfront, 1846

Bezeichnet *Wagner*, datiert *Minden, den 8ten September 1846*.
Farbig angelegte Federzeichnung mit Korrekturvermerk; 48,5 x 66 cm, auf Leinen gezogen.
Zwei Transversal-Maßstäbe: *Maaßstab für den Grundriss, 1 Zoll ddc: = 6 Ruthen, 1 + 47 Ruthen =* 20,5 cm ≅ 1:900; *Maaßstab für das Profil, 1 Zoll ddc: = 12 Fuss, 12 + 84 Fuss = 20,5 cm = 1:148* (≅ 1:150).
Kartentitel: *Blatt Nro: XIII. Bahnhofsbefestigung zu MINDEN. Inundations-Front./ Fortification zu Minden, Sect: III. D.1.a.ad Nro. 795. Zum Special-Kostenanschlage d.d. Minden, den 8ten September 1846.*
Unten links: *Gez. d. Wagner, Gefreiter in der IVten Pionier-Abtheilung,* von rechts: *Neuhauss Ingenieur Lieutenant / Loehr Ingenieur-Hauptmann./ Hardenack, Major und Platzingenieur./ Gesehen FvUthmann Oberst und Festungs Inspekteur.*

GSTA PK, Festungskarten Minden F 70.092; unpubliziert. – Unten rechts Stempel der Ing.-Abt. des Allg. Kriegs-Departements im Kriegsministerium.

Grundriß der Südostecke der Bahnhofsbefestigung (Norden unten) zwischen *Kleine Aue oder Gnadenbach* im Osten und *Cölner Thor* im Westen, *Osterbach* im Süden und *Berliner Chaussée* im Norden. Vor *Inundations-Front* und *Cölner Thor* liegt der vom Osterbach abgezweigte *Vorgraben*; von ihm aus erfolgt über den *Einlass-Batardeau* unter der Eckbatterie die Bewässerung des Grabens der *Berliner*

Front, von der der südliche Teil mit dargestellt ist. Sie überdeckt die *zu verlegende Berliner Chaussée,* die als *neue Berliner* Straße den Wall-Linien folgt und vor den Befestigungen bei *Kanzlers Mühle* in ihre alte Trasse einschwenkt.

Vor dem *Cölner Thor* die zweigleisige *Eisenbahn nach Cöln,* westlich daneben *Communication nach Fort C* und *Rampe* zur *Osterbachwiese.* Das Eisenbahntor ist hier noch in einem älteren Planungsstadium gezeichnet, hier Beischrift: *Betreffend das veraendete Project zum Cölner Thore conferat: Kostenanschlag vom 3ten Mai 1847* (Zur jüngeren Planung mit größer disponierter Flankenbatterie No 4 vgl. Blatt Vb, Kat.-Nr. 267–269).

Rechts unten *Profil nach AB:* Schnitt durch Wall, Revêtements-Mauer und Vorgraben; hier angegeben Stauhöhe bei *Inundation* im Belagerungsfall sowie *hoher* und *seit 1682 höchster Wasserstand der Weser* (23' 2" über Mindener Pegel = ca. 7,30 m).

Oben in der Mitte *Grundriss der Futtermauer,* die rückseitig im Abstand von *15'* mit *3'* starken und *4'* tiefen Strebepfeilern verstärkt ist.

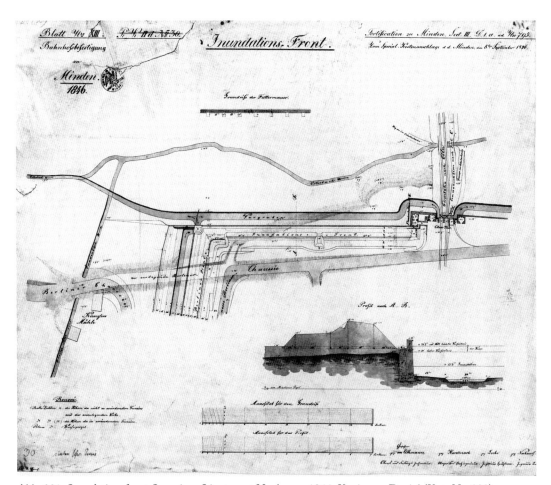

Abb. 381 Inundationsfront. Ingenieur-Lieutenant Neuhauss, 1846, Kopie von Daniel (Kat.-Nr. 299).

KAT.-NR. 299   Abb. 381
Inundationsfront, 1846

Bezeichnet *Daniel*, datiert *Minden, den 8ten September 1846*.
Farbig angelegte Federzeichnung; 65,7 x 53,3 cm.
Zwei Transversal-Maßstäbe: *Maßstab für den Grundriss 6 + 42 Ruthen = 20,9 cm ≅ 1:870 (1:864);*
Maßstab für das Profil 12' + 7 Ruthen = 20,9 cm = 1:144.
Kartentitel: *Blatt Nro XIII. Bahnhofsbefestigung zu Minden. 1846/ Inundations-Front./ Fortification zu Minden, Sect. III. D.1.a. ad Nro 795. Zum Special Kostenanschlage d.d. Minden, den 8ten September 1846.*
Unterschriften rechts (*gez:*) wie in Kat.-Nr. 298, unten links *Cop: d. Daniel.*

Mindener Museum, FM 59; unpubliziert. – Oben links rote Inv.-Nr. *P:V:IId No30.* (blau korrigiert, später abradiert *No 29*).

Abgesehen vom leicht reduzierten Maßstab in Anlage, Inhalt, Beschriftung und Unterschriften mit Kat.-Nr. 298 übereinstimmende Zweitausfertigung für den Gebrauch in der Fortification zu Minden in etwas weniger sorgfältiger, aber kräftiger Kolorierung. Beim *Cölner Thor* fehlt der Hinweis auf die 1847 überarbeitete Planung. Vgl. hierzu Kat.-Nr. 267–269.

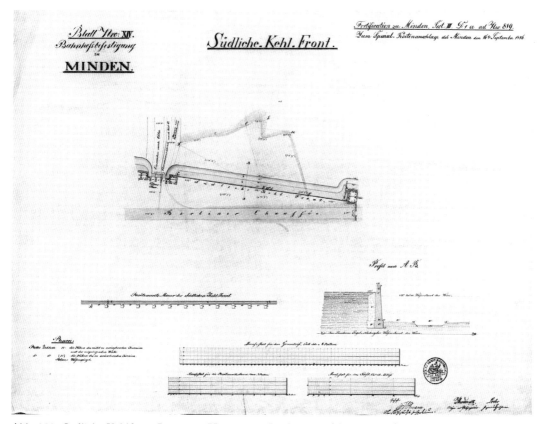

Abb. 382   Südliche Kehlfront. Ingenieur-Hauptmann Loehr, 1846 (Kat.-Nr. 300).

Abb. 383 Südliche Kehlfront zwischen Kaiser- und Viktoriastraße. Krenelierte Mauer, Außenansicht von Südwesten, 1993.

KAT.-NR. 300   Abb. 382
Südliche Kehlfront, 1846

Bezeichnet *Loehr*, datiert *Minden den 16ten September 1846*.
Farbig angelegte Federzeichnung; 46,5 x 64,5 cm.
Drei Transversal-Maßstäbe: *Maaßstab für den Grundriss, 1 Zoll ddc:* = *6 Ruthen, 1 + 60 Ruthen* = 25,6 cm = 1:900; *Maaßstab für die Revêtements-Mauer, 1 Zoll ddc:* = *2 Ruthen, 12 (Fuß) + 10 Ruthen* = 13,8 cm = 1:300; *Maaßstab für das Profil, 1 Zoll ddc:* = *12 Fuss., 12 + 48 Fuss* = 12,5 cm = 1:150.
Kartentitel: *Blatt Nro: XIV. Bahnhofsbefestigung zu MINDEN./ Südliche-Kehl-Front./ Fortification zu Minden, Sect: III. D.1.a.ad Nro 819. Zum Special-Kostenanschlage dd Minden den 16ten September 1846.* Unten von rechts: *Loehr Ingenieur Hauptmann./ Hardenack, Major und Platzingenieur./ Gesehen FvUthmann Oberst und Festungs Inspekteur.*

GSTA PK, Festungskarten Minden F 70.041; unpubliziert. – Rechts unten Stempel der Ing.-Abt. des Allg. Kriegs-Departements im Kriegsministerium.

Grundriß für die *Südliche Kehl-Front* (Norden unten) zwischen dem *Cölner Thor* im Osten und der *Flankenbatterie No V* des Kehl-Reduits an der Bunten Brücke im Westen. Innerhalb der Front verläuft die *Berliner Chausée*, vor der Front liegt der vom Osterbach bewässerte Graben. Vor dem Kölner Tor *Eisenbahn nach Cöln, Communication nach Fort C* und *Rampe zur Osterbachwiese*.

Unten links Grundriß der *Revêtements-Mauer der Südlichen Kehl-Front* mit den rückwärts angesetzten Strebepfeilern von 3 x 4 Fuß im Abstand von 15 Fuß.

Abb. 384 Südliche Kehlfront zwischen Kaiser- und Viktoriastraße. Krenelierte Mauer, Innenansicht von Nordosten, 1997.

Daneben rechts *Profil nach A. B.:* Schnitt durch die 19 Fuß (= ca. 6 m) hohe Revêtementsmauer und den Graben mit *+20' hoher Wasserstand der Weser.*

Unten links *Renvoi* zur Erläuterung der roten und blauen Höhenzahlen.

Die etwa 175 m lange, mit liegenden, im Plan nicht verzeichneten Schießscharten versehene Mauer ist auf einer Länge von etwa 130 m nördlich des Abstiegs der Viktoriastraße zur Bahnunterführung in voller Höhe mit der Abdeckung aus Sandsteinplatten erhalten. Die Mauer ist aus Backstein aufgeführt und an der Südseite verputzt; die Gewehrscharten sind mit Werkstein eingefaßt.

KAT.-NR. 301 Abb. 385
Kehlreduit an der Bunten Brücke, 1846–1848

Bezeichnet *Daniel,* datiert *Minden d 3tn Juli 1848.*
Kolorierte Federzeichnung mit Nachträgen in Blei; 50,3 x 65,7 cm, auf Leinen gezogen.
Wasserzeichen: JWHATMAN, ohne Jahreszahl.
Zwei Transversal-Maßstäbe: *Maaßstab für den Grundriss* mit (12 +) *156 Fuss* bzw. *12' + 13 Ruthen* = 18,1 cm = 1:192; *Maaßstab für die Profile* mit (12 +) *72 Fuss* bzw. *12' + 6 Ruthen* = 18,1 cm = 1:146.
Kartentitel: *Blatt No XV. Bahnhofsbefestigung zu Minden./ Kehl-Reduit mit den Flanken Batterien No 1 und 5./ Fortification zu Minden, Sect. III. D.1.a.ad No 838. Zum Special-Kosten-Anschlage dd Minden d 24t Septbr. 1846. Zum berichtigten Kosten-Anschlage dd Minden d 13t März 1847. No 190.*
Unten links: *Copirt durch Daniel. Minden d 3tn Juli 1848;* von rechts gez: *Neuhauss Ingenieur Lieutenant./ gez. Loehr Ingenieur Hauptmann./ Gez: Hardenack, Major und Platzingenieur./ Gesehen (Gez.) von Uthmann Oberst und Festungs Inspecteur.*

Mindener Museum, FM 65; unpubliziert. – Oben links rote Inv.-Nr. *P. V.II d, No 36* (blau korrigiert und radiert *No 34)* mit Stempel der Fortification zu Minden.

Links Grundriß der Gesamtanlage (Norden links) zwischen der Verlängerung der Bunten Brücke mit beiderseitigem *Fussgängerbankett* und dem Beginn der *Berliner Chaussée*. Das Reduit bildet ein Trapez mit liegenden Gewehrscharten und Toren in den gegenüberliegenden Mauern. Die Südwestecke neben der Bunten Brücke ist gerundet, die Nordwest- und Südostecke werden von den rechteckigen Bauten der *Flankenbatterie No 1* und *No 5* abgeschnitten. An deren Außenseiten setzen mit krenelierten Mauern die *westliche* bzw. *südliche Kehl-Front* an. Zur Bahnhofsseite liegt vor der Reduitmauer und den Flankenbatterien ein Diamant; die Tore haben jeweils nach außen fallende Zugbrücken. Am östlichen Brückenpfeiler Beischrift: *Die Verlängerung des Pfeilers fällt in die Richtung des Endwiderlagers der Flanken-Batterie No 1*.

Oben links ist der Grundriß der östlichen Flankenbatterie wiederholt in einer Variante für die *vorgeschlagene Anbringung einer Latrine in Flanken Batterie No 5*. (durchgestrichen).

Rechts oben *Durchschnitt nach A-B.:* Längsschnitt durch die Flankenbatterie No 1 mit Substruktionen und Diamant, darunter *Ansicht und Durchschnitt nach C–D:* Schnitt durch das Ostende der

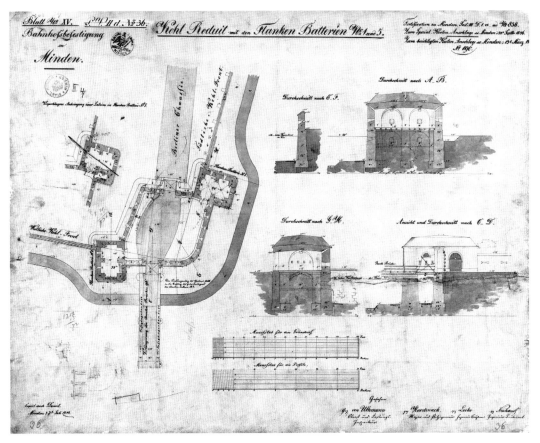

Abb. 385 Kehlreduit an der Bunten Brücke. Ingenieur-Lieutenant Neuhauss, 1846, Kopie von Daniel 1848 (Kat.-Nr. 301).

Abb. 386 Viktoriastraße 1, Flankenbatterie No 1. Ansicht von Südosten, vor 1920.

Bunte(n) *Brücke* und das Zugbrückenjoch mit Kugelkontergewichten sowie Südansicht der Flankenbatterie No 1 mit der anschließenden Reduitmauer.

Oben, rechts von der Mitte *Durchschnitt nach E–F.* durch die flußseitige Reduitmauer; darunter *Durchschnitt nach G–H* Querschnitt durch die Flankenbatterie No 5 in der Tür samt Substruktionen und Außenansicht der niedrig ansetzenden Mauer der südlichen Kehlfront. Die Gewölbelinien des Untergeschosses sind in Blei korrigiert.

Unten links Bleistiftskizzen für eine Treppe auf rechteckigem Grundriß für einen halbrunden Flankenbatterieabschluß mit Treppe sowie für eine Ständerkonstruktion (?).

Das Blatt ist eine für den Gebrauch der Mindener Fortification gefertigte Zweitfassung der nach Berlin eingesandten Reinzeichnung. – Das Kehlreduit sollte als Rückzugsbauwerk zur Sicherung des östlichen Brückenkopfes der Bunten Brücke für den Fall der Einnahme der Bahnhofsbefestigung durch den Gegner dienen. Nach der Aufhebung der Festung 1873 wurde es als Verkehrshindernis abgebrochen, lediglich die Flankenbatterien blieben erhalten, doch wurden bei ihnen die Erdabdeckungen beseitigt (Postkarten von Reinecke & Rubin, Magdeburg, vor 1903 bzw. 1905 im KAM, Bildsammlung A I 111 und in der Sammlung Ahlert, Minden). Nur die Backsteinkaminköpfe überragten die Traufe.

Die Flankenbatterie No 1 war seit 1878 städtisches Eigentum und erhielt die Adresse Viktoriastraße 1 (Bau-Sammelakte Hafenstraße/Städt. Blockhaus). 1920 ist der Fahrradhändler Wilhelm Nolting Mieter; im Obergeschoß hat er Wohnung und Laden, das untere Geschoß ist notdürftig als Werkstatt eingerichtet. Bauantrag vom 21.6.1920: Nolting will vor dem Fuß der Flankenbatterie und der Kehlmauer im Überschwemmungsgebiet einen 6 x 6 m großen Hofraum einzäunen, der mit Bauschutt 1,50 m hoch über dem Gelände aufgefüllt werden soll. Der Bauschein wird am 27.8. ausgefertigt. Im November 1920 neuer Antrag für den Bau eines zweistöckigen Schuppens im Winkel

Abb. 387 Viktoriastraße 2, Flankenbatterie No 5. Ansicht von Westen, um 1920.

von Batterie und Kehlmauer: Das Untergeschoß soll bis zum Niveau der Hafenstraße reichen, das nur halb so große Obergeschoß soll sich an die Nordseite der Batterie anlehnen (Entwurf: R. Moelle). Bauschein vom 16.11.1920. – 1923 zunächst ungenehmigter Anbau eines Lackierschuppens von 2,75 x 5,50 m Größe im Winkel von Batterie und vorhandenem Schuppen; im Bauschein vom 23.10. werden ästhetische Korrekturen empfohlen: die Fenster sollen wie Schießscharten ausgebildet werden, der Schuppen soll die Trauflinie des vorhandenen aufnehmen und farblich angeglichen werden. Gebühr: 190,2 Mill. Mark. – 1926 wird ein Reklame-Ausleger am Batteriebau an der Seite zur Brücke angebracht. – 1927 ungenehmigter Bau eines kleinen Fahrzeugschuppens zwischen dem Unterbau der Batterie und der Brücke, 4 x 5 m groß. Die Stadt bietet als Ersatz Räume in der Bahnhofs-Kaserne Friedrich-Wilhelm-Straße 15/Ecke Kasernenstraße an (siehe S. 707–715, Kat.-Nr. 372–377); die Schuppen werden im Februar 1927 abgebrochen. Der Schlossermeister Wilhelm Nolting errichtet im gleichen Jahr das gegenüberliegende Wohn- und Geschäftshaus Viktoriastraße 2. 1929 Abbruch des Obergeschosses und der Gewölbe im Untergeschoß, dessen westliche Hälfte zu einer städtischen Bedürfnisanstalt umgebaut wird. Der östliche Raum wird unter den Treppen mit Abbruchschutt verfüllt. Um die Deckenplattform errichtet man eine niedrige Brüstung. Ein waagerecht eingetieftes Wandfeld mit Halbkreis-Enden rahmt die sieben Fenster in der Westwand (Entwurf: Hochbauamt, Bergbrede). Ein schon länger bestehendes Pissoir im Winkel von Batterie und dem hier noch 2,20 m hohen Reststück der nördlich anschließenden Kehlmauer wird beseitigt; die Kehlmauer wird bis auf Brüstungshöhe abgetragen. Die öffentliche Toilette ist 1961 noch in

Benutzung (Bau-Sammelakte Hafenstraße/Städt. Bedürfnisanstalt, mit Plänen). Die 1929 gefertigte Grundrißzeichnung des oberen Geschosses (ebd.) vermerkt, daß der östliche Schlußstein des Kreuzgratgewölbes die Jahreszahl *1849* trägt.

Die südöstlich gegenüberliegende Flankenbatterie No 5 wird im Zusammenhang mit dem Neubau des Wohn- und Geschäftshauses Viktoriastraße 2 abgebrochen worden sein. Das Haus wurde 1927/1928 auf dem östlich anschließenden Grundstück errichtet (siehe Teil V, S. 1551 f.). Auf dem Platz der Flankenbatterie entstand 1933 ein Schuppen.

KAT.-NR. 302   Abb. 388
Inundationsfront, südliche Kehlfront und Kehl-Reduit an der Bunten Brücke, 1847

Bezeichnet *Neuhauss* und *Daniel*, datiert *1847*.
Farbig angelegte Federzeichnung mit Bleistift-Korrekturen; 63,5 x 95 cm, auf Leinen gezogen und mit Seidenband eingefaßt.
Wasserzeichen: JWHATMAN / 1843 (oder 1845).
Drei Transversal-Maßstäbe: *Maaßstab für die Fronten 1 Zoll ddc = 6 Ruthen, (1 +) 60 Ruthen = 26,5 cm = 1:876; Maaßstab für die Grundrisse 1 Zoll ddc = 2 Ruthen, 12' + 11 Ruten = 15,5 cm = 1:292; Maaßstab für die Profile, 1 Zoll ddc = 12 Fuss, 12 + 60 Fuss = 15,5 cm = 1:146.*
Kartentitel: *Festung Minden 1847. Bahnhofsbefestigung.*
Unten rechts *Neuhauss Ing.-Lt.,* unten links *Daniel.*

STA DT, D73 Tit.5 Nr. 2926; unpubliziert. – Oben links rote Inv.-Nr. *P:V: II d.No 10* (blau korrigiert *No 24*) und Stempel der Fortification zu Minden.

Oben Grundriß der beiden südlichen Fronten (Norden unten), anschließend die *Berliner Fronte* und die *westliche Kehl-Fronte,* links (östlich) *kleine Aue oder Gnadenbach*, oben und rechts *Der Osterbach* und *Bunte Brücke*.

Unten links Grundriß des Kehl-Reduits zwischen *Berliner Chaussée* und *Verlängerung der Bunten Brücke* mit *Flanken-Batterie No I* bzw. *No V.*

Unter dem Frontengrundriß die Teilgrundrisse der *Revêtementsmauer der Inundations Fronte* bzw. der *Südlichen Kehl-Fronte*, darunter sechs Schnittzeichnungen: rechts *Profil nach AB:* Schnitt durch Mauer und Graben der südlichen Kehlfront, links daneben *Profil nach KL.* durch Wall, Revêtementsmauer und Vorgraben der Inundationsfront; darunter *Profil nach MN.:* Längsschnitt durch die Flankenbatterie No 1 mit Diamant, daneben *Ansicht und Profil nach OP.:* Ansicht derselben Flankenbatterie von Süden mit Schnitt durch das Ostende der Bunten Brücke und das Zugbrückenjoch.

Darunter links *Profil nach QR.* durch die flußseitige Mauer des Kehl-Reduits, daneben rechts *Profil nach ST.:* Querschnitt durch die Flankenbatterie No 5 mit Ansatz der östlich anschließenden Revêtementsmauer.

Das anscheinend von Ingenieur-Lieutenant Neuhauss und Pionier-Sergeant Daniel gemeinsam bearbeitete Blatt ist im wesentlichen eine Zusammenzeichnung der vorhergehenden Blätter XIII, XIV und XV der Bahnhofsbefestigung (Kat.-Nr. 299–301), doch sind bereits die Ergebnisse der weiteren Detailbearbeitung berücksichtigt. So sind in den Flankenbatterien die 1846 und 1847 noch

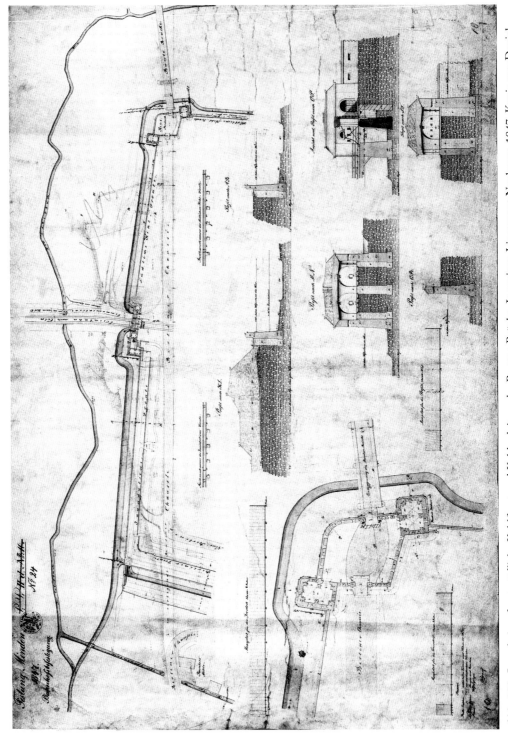

Abb. 388 Inundationsfront, südliche Kehlfront und Kehlreduit an der Bunten Brücke. Ingenieur-Lieutenant Neuhauss, 1847, Kopie von Daniel (Kat.-Nr. 302).

geplanten gewölbten und mit Schießscharten versehenen Untergeschosse und damit die Treppen weggefallen (vgl. Kat.-Nr. 301). Die zunächst neben der Flankenbatterie No 5 als Variante vorgesehene Latrine ist in den Innenwinkel zwischen Flankenbatterie No 1 und die anschließende Kehlmauer verlegt. Die im Frühjahr und Frühsommer 1847 erfolgte Umplanung des Kölner Eisenbahntores (vgl. Kat.-Nr. 267–269) ist hier dagegen noch nicht eingearbeitet. Das äußerst sorgfältig – wie die nach Berlin eingesandten Reinzeichnungen – gezeichnete und kolorierte Blatt wird demnach im Frühjahr 1847 gefertigt worden sein, wohl für den Gebrauch in der Mindener Fortification.

Nachträglich wurde mit Bleistift die Geländeschraffur vor dem Kölner Tor grob ausgestrichen und ein Weg in die Osterbachwiese parallel zum Vorgraben vor der südlichen Kehlfront skizziert.

KAT.-NR. 303 Abb. 389
Westliche Kehlfront mit Flankenbatterie No 1 und 2, wohl 1845/1846

Bezeichnet *von Gaertner*, undatiert.
Farbig angelegte Federzeichnung mit Nachträgen in Blei; 40,3 x 50,2 cm.
Drei Transversal-Maßstäbe: *Maaßstab für die Fronte 1 ddc-Zoll = 6 Ruth(en)*, 1 + 36 Ruthen = 15,95 cm = 1:870; *Maaßstab für die Profile 1 ddc Zoll = 12 Fuss*, 12 + 60 Fuss = 15,55 cm = 1:145; *Maaßstab für den Grundriss 1ddc Z. = 24 Fuss*, 12 + 84 Fuss = 10,35 cm = 1:290.
Kartentitel: *Westliche Kehlfronte nebst der Flanken Batterie No 2.*
Unten rechts: *von Gaertner Sec.Lieut. im Ing-Corps.*

Mindener Museum, FM 1; unpubliziert. – Oben links rote Inv.-Nr. *P. V.II d Nro: 12.* (blau korrigiert *No 25*) der Mindener Fortification.

Oben Grundriß der Front (Norden links) zwischen dem projektierten *Hafen* mit der *Hafenanschlussmauer* und dem *Kehlreduit* an der Bunten Brücke. Links vor Kopf des Hafenbeckens die rechteckige *Flankenbatterie No 2*, rechts am Kehlreduit die hier nach Westen halbrund vorspringende *Flankenbatterie No 1*. Die Kehlmauer in Aufsicht, im Mittelteil im Grundriß mit rückwärtigen Strebepfeilern. Das vorgefundene Geländerelief der östlichen Uferterrasse mit einem eingesenkten Weg zur Osterbachniederung ist mit Schraffuren angegeben.

Der Verlauf der Mauer sowie Lage und Grundriß der Flankenbatterie No 1 sind mit Blei korrigiert: Die Batterie ist durchstrichen, nach Nordwesten verschoben und rechteckig geworden, die vor der Mauer geplante *Cunette fällt weg*.

Unter dem Grundriß fünf Detailzeichnungen: links oben *Profil nach AB* durch die Kehlmauer mit gepflasterter Berme und (korrigiert) verfüllter Künette; darunter *Grundriss der Flankenbatterie No.2.* am *Hafen* mit Anschluß von *Quaimauer, Hafenanschlussmauer* und *Westliche(r) Kehlfronte.*

Rechts daneben Quer-*Durchschnitt nach CD.* durch die zweigeschossige, gewölbte Flankenbatterie mit Erdabdeckung; im Untergeschoß Gewehrscharte, oben Kanonenscharte.

Anschließend *Durchschnitt nach EF.*: Längsschnitt mit Angabe der im mittleren Gewölbepfeiler liegenden, über Dach geführten Luft- bzw. Schornsteinschächte.

Ganz rechts *Innere Ansicht* der hier eingeschossig erscheinenden Batterie von Süden.

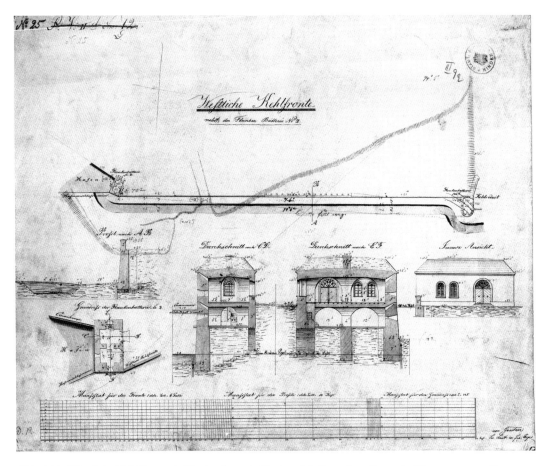

Abb. 389 Westliche Kehlfront mit Flankenbatterie No 1 und 2. Ingenieur-Seconde-Lieutenant von Gaernter, wohl 1845/1846 (Kat.-Nr. 303).

Der sonst nicht nachweisbare, im Halbrund geschlossene Grundriß der Flankenbatterie No 1 sowie die Bleistiftkorrektur für Grundriß und Lage der Batterie und der Kehlmauer macht es wahrscheinlich, daß dieses Blatt aus der ersten Planungsphase für die Bahnhofsbefestigung stammt und vor der Anfertigung der durchnumerierten Pläne gezeichnet wurde, deren Reinzeichnungen mit den Kostenanschlägen über die Kölner Festungs-Inspektion an das Kriegsministerium nach Berlin geschickt wurden. Der Seconde-Lieutenant Hermann August Gottlieb von Gaertner (*1818, †1886) wurde am 15. April 1845 zur Fortification Minden abgeordnet (VON PRIESDORFF 1937–42, IX, S. 201); bis 1847 war er an den Planungen für die Festung beteiligt. Das Blatt wird im Sommer 1846 entstanden sein, jedenfalls aber vor dem 24. September 1846, da das mit diesem Datum versehene Blatt XV (Kat.-Nr. 301) die Bleistift-Korrekturen bereits berücksichtigt (vgl. auch Kat.-Nr. 304).

KAT.-NR. 304 ohne Abb.
Westliche Kehlfront mit Flankenbatterie No 2, 1846

Bezeichnet *von Gaertner,* datiert *7ten October 1846.*
Farbig angelegte Federzeichnung mit Notizen in Blei; 48,9 x 63,2 cm.
Wasserzeichen: JWHATMAN / 1845.
Drei Transversal-Maßstäbe: *Maaßstab für den Grundriss der Westlichen Kehlfronte. 1 + 35 Ruthen =* 15,4 cm = 1 : 188; *Maaßstab für den Grundriss der Flanken-Batterie, 12' + 11 Ruthen =* 15,4 cm = 1 : 296; *Maaßstab für die Profile. 12' + 5 Ruthen =* 15,4 cm = 1 : 148.
Kartentitel: *Blatt Nro: XVI. Bahnhofsbefestigung zu Minden./ Westliche Kehlfronte nebst der Flanken Batterie No 2./ Fortification zu Minden, Sect. III. D.1.a, Nro. 873. Zum Special-Kosten-Anschlage vom 7ten October 1846.*
Unten von rechts: *von Gaertner Lieut: im Ingenieur Corps / Loehr Ing. Hauptmann/ Hardenack. Major und Platzingenieur/ Gesehen FvUthmann Oberst und Festungs-Inspekteur.*

Mindener Museum, FM 125; unpubliziert.

Das Blatt ist eine Reinzeichnung des vorhergehenden Planes Kat.-Nr. 303 unter Berücksichtigung der dort in Blei angegebenen Korrekturen für den Verlauf der Mauer und den Grundriß der *Flankenbatterie No 1.* am *Kehlreduit* bei der *Bunte*(n) *Brücke*. Die Ansicht und die Schnitte sind übersichtlicher geordnet; unten links ist das *Renvoi* für die farbig angegebenen Höhenzahlen hinzugefügt. Zwischen *Durchschnitt nach AB* und *CD* sind Angaben zu den Wasserständen der Weser eingetragen. In der Osterbachniederung ist mit Blei notiert *Vorgraben.*

KAT.-NR. 305 Abb. 390
Westliche Kehlfront und Flankenbatterien No 2 und 3, 1848

Bezeichnet *Loehr,* datiert *1848.*
Farbig angelegte Federzeichnung mit Bleistift-Überzeichnungen und -Notizen; 64,7 x 93,5 cm.
Wasserzeichen: JWHATMAN /1845.
Zwei Transversal-Maßstäbe: *Für die Profile = 48', für die Situation = 48°, 12 + 48* (Ruten)/ *Fuss =* 13 cm = 1 : 1728 / 1 : 144; *Für die Grundrisse 12 + 108 Fuss =* 12,9 cm = 1 : 292.
Kartentitel: *Blatt No XVI & XVII a. Bahnhofsbefestigung zu Minden 1848 / Westliche Kehlfronte nebst Flankenbatterie No 2 & 3.*
Unten rechts: gez. *Loehr Ingenieur Hauptm.*

Mindener Museum, FM 7; unpubliziert. – Oben links (durchstrichene) rote Inv.-Nr. *P:V: II d No 12.* und Stempel der Fortification zu Minden.

Oben Situation der gesamten Kehlfront (Norden links) zwischen dem »Bremer Haken« (links) und dem Kehlreduit an der Bunten Brücke (rechts), davor das projektierte Hafenbecken mit Hafendamm und Stichkanal zur Weser. Die schräg verzogenen Grundrisse der Flankenbatterien No 2 und 3 sind

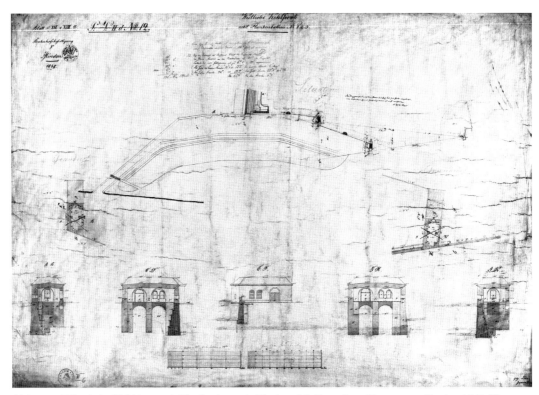

Abb. 390 Westliche Kehlfront mit Flankenbatterie No 2 und 3. Ingenieur-Hauptmann Loehr, 1848 (Kat.-Nr. 305).

mit schraffierten, leicht nach Osten verschobenen Rechtecken überzeichnet, die Linien der anschließenden Hafenmauern entsprechend verschwenkt. An der Kaimauer sind zwei trichterförmige Treppen eingetragen; hierzu Beischrift: *Die Treppen sind nach dem Plan des Hr: Bau-Ins. Göcke eingetragen; eine besondere spezial Zeichnung davon ist nicht vorhanden m.18/6. 49. Daniel.*

Über dem »Bremer Haken« zwei längere, z. T. unleserliche Bleistift-Notizen und eine Berechnung von der Hand Daniels, die sich auf die Mauerlängen an der Hafenfront und am »Bremer Haken« bis zum Batardeau beziehen.

Unter dem Lageplan rechts und links die (durchkreuzten) *Grundrisse* der Flankenbatterien mit schrägen Stirnseiten, darüber bzw. daneben die durch Korrektur verschobene Position in rot schraffierten Rechtecken.

Unten nebeneinander fünf Schnittzeichnungen *AB* und *CD* für die Flankenbatterie No 3, *EF*. Schnitt durch die Kehlmauer mit Südansicht der Flankenbatterie No 2, *GH* und *JK* Längs- und Querschnitt zu dieser Batterie.

Das Blatt ist offensichtlich ein Konzept, das die Planungsschritte zur endgültigen Festlegung der Standorte der Flankenbatterien und die Änderung ihrer Grundrisse fixiert. Eine Reinzeichnung dieses Planes und die endgültigen Pläne für die Flankenbatterien mit den kleinen freien Plätzen im Winkel der Kehlmauer liegen nicht vor.

Abb. 391 Flankenbatterie No 2 an der Hafenstraße von Südosten, um 1910.

Abb. 392 Am Alten Weserhafen 2, Flankenbatterie No 3 von Norden, 1999.

Abb. 393 Am Alten Weserhafen 2, Flankenbatterie No 3 von Westen, 1996.

Abb. 394 Alter Weserhafen. Kaimauer mit Treppeneinschnitt von Westen, 1993.

Die Flankenbatterie No 2 wurde erst nach 1910 abgebrochen (siehe Teil V, S. 1450, Abb. 1514); die Flankenbatterie No 3 vor Kopf des in reduzierter Form ausgeführten Hafenbeckens blieb nahezu unverändert erhalten (siehe Kat.-Nr. 322).

Die trichterförmigen Treppen in der Kaimauer wurden nicht ausgeführt. Die erhaltene Treppe nördlich der Flankenbatterie No 3 schneidet als rechtwinklig angelegter Schacht tief in die Kaimauer ein; ihre Wangen sind am unteren Austritt mit Versatzfalzen versehen.

KAT.-NR. 306 Abb. 395
Kavalier der Mittelfront und Kriegs-Pulver-Magazin No 6, 1846

Bezeichnet *Neuhauss*, datiert *7ten October 1846*.
Farbig angelegte Federzeichnung mit Korrekturen in Rotorange; 66,5 x 49,5 cm.
Zwei Transversal-Maßstäbe: *Maaßstab für den Grundriss 1 ddc-Zoll = 24 Fuss, 12 + 108 Fuss* = 12,8 cm = 1:292; *Maaßstab für die Profile 1 ddc-Zoll = 12 Fuss, 12 + 48 Fuss* = 12,8 cm = 1:146.
Kartentitel: *Blatt Nro. XVIII Bahnhofsbefestigung zu Minden. / Cavalier auf der Mittelfronte und Kriegs-Pulvermagazin. / Fortification zu Minden, Sect. III. D.1.a. Nro 873. Zum Special-Kosten-Anschlage vom 7ten October 1846 desgleichen zum berichtigten Kostenanschlage vom 6ten März 1847. Sect. III. D.1.a. Nro: 173.*
Unten von rechts: *Neuhauss Ing. Lieut. / Loehr Ing. Hauptmann./ Hardenack, Major und Platzingenieur. / Gesehen FvUthmann Oberst und Festungs-Inspekteur.*

GSTA PK, Festungskarten Minden F. 70.042; unpubliziert. – Unten rechts (durchstrichen) Stempel der Ing.-Abt. des Allg. Kriegs-Departements im Kriegsministerium.

Oben *Grundriss* (Norden oben links) des stumpfwinklig gebrochenen Mittelteils der Front bis zum Glacis mit dem leicht zurückgesetzten Kavalier. Seine Feuerlinie liegt 6 Fuß höher als die der anschließenden Kurtinen, an seiner rückwärtigen, über Kreissegmenten angelegten und dreifach ter-

Abb. 395 Kavalier der Mittelfront und Kriegs-Pulver-Magazin No 6. Ingenieur-Lieutenant Neuhauss, 1846 (Kat.-Nr. 306).

rassierten Höhlung befinden sich symmetrisch verteilt die Rampen für das Auffahren der Geschütze. In der Kapitalen von Frontknick und Kavalier liegt, an die Wallstraße gelehnt, die Ummauerung des Pulver-Magazin. In diesem, um 4 Fuß eingetieften Hof steht der rechteckige, starkwandige Magazinbau, dessen eingezogenes Vorhaus mit der Ummauerung fluchtet. Der Zugang ins Innere liegt an seiner rechten Seite. In der Pulverkammer die Balkenroste für die Lagerung der Pulverfässer, in den Mauern die gewinkelten Luftkanäle, rückwärtige Lichtöffnungen mit Versatzfalzen sowie Türen.

In der Mitte *Profil nach der Linie AB*: Längsschnitt durch Magazin und Kavalier bis zur Brustwehr; die Erdschüttung auf dem Magazin überragte die Feuerlinie um 1 Fuß 3 Zoll.

Unten links *Profil nach CD*: Querschnitt durch die Ummauerung und die korbbogige, *4 Steine = 3' 5½"* starke Backsteinwölbung des Magazins, für deren Konstruktion die Radien angegeben sind.

Rechts daneben *Profil nach der Linie EF*: Querschnitt durch das mit einer niedrigen Erdschüttung abgedeckte Vorhaus und Ansicht der westlichen Giebelseite des Magazins. Die rotorange eingetragenen Korrekturen des Kriegsministeriums sahen eine Anhebung der Traufe um 2 Fuß 6 Zoll und eine entsprechende Verstärkung der Erdpackung über den unteren Schrägen bei gleicher Firsthöhe vor. – Unten links *Renvoi* für die verschieden farbigen Höhenangaben.

Die Anlagen wurden nach dem korrigierten Plan errichtet.

KAT.-NR. 307 Abb. 396
Sicherung des Kriegs-Pulver-Magazins No 6, 1864

Bezeichnet *Daniel*, datiert *Minden, den 7ten April 1864*.
Farbig angelegte Federzeichnung mit Korrekturen; 48,5 x 65,5 cm.
Maaßstab zu Fig: I; = 24' = 1ddc Zoll. 1/288; Maßleiste von *10 + 100 Fuss* = 11,8 cm; *Maaßstab zu Fig: II bis VI; = 12' = 1 ddc Zoll. 1/144.* Maßleiste von *10 + 60 Fuss* = 14,9 cm.
Kartentitel: *Entwurf zur Sicherung des Kriegs Pulver Magazins No 6 im Cavalier der Bahnhofs Befestigung zu Minden gegen das Feuer gezogener Geschütze. / Bearbeitet zu folge Verfügung des Königlichen Allgemeinen Kriegs Departements vom 1ten December 1862, S. 14ten Februar 1863 und zum Vorbericht vom 7ten April 1864 gehörig.*
Unten von rechts: *Daniel Wallmeister* / Ort und Datum wie oben.
Maentell, Hauptmann und Platz-Ingenieur. / Einverstanden Coester Hauptmann u. Artillerie Officier vom Platz. / Gesehen I. A. Schulz 2. Oberst und Festungs Inspecteur.

GSTA PK, Festungskarten Minden F 70.066; unpubliziert.

Oben links *Fig: I, Grundriss und obere Ansich*t von *Cavalier* und Pulvermagazin und Ummauerung (gestrichelt) samt Aufsicht auf die Erdummantelung.

Unten links *Fig. II, Grundriss des Eingangs*; oben rechts *Fig. III, Durchschnitt nach a–b*; Querschnitt durch Magazin und Erdabdeckung; darunter *Fig. IV, Durchschnitt nach c d*: Längsschnitt in der Mittelachse.

Unten Mitte *Fig. V, Durchschnitt nach e–f*: Längsschnitt durch den seitlichen Zugangsstollen; daneben *Fig: VI, Durchschnitt nach g–h*: Querschnitt durch die neuen Mantelmauern und den Stollen vor der Stirnseite des Vorhauses.

Die Einführung gezogener Geschütze in den europäischen Armeen und die Verwendung von Hohlgeschossen mit größerer Treffsicherheit und höherer Durchschlagskraft machte Vorkehrungen

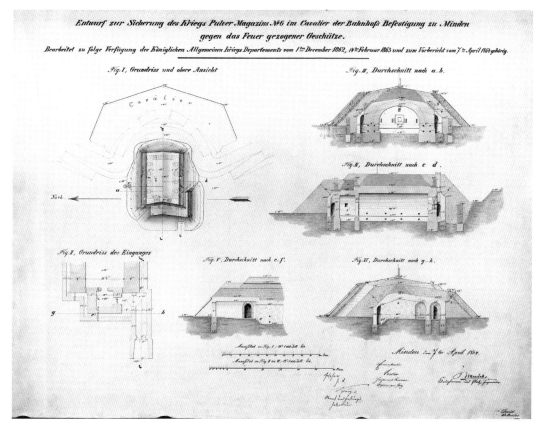

Abb. 396 Sicherung des Kriegs-Pulver-Magazins No 6. Wallmeister Daniel, 1864 (Kat.-Nr. 307).

zur Sicherung der Pulvermagazine gegen direkten und indirekten Beschuß notwendig. Wie die Kriegs-Pulver-Magazine No 1 im Bastion VI, No 2 im Bastion X und No 5 im Bastion I wurde auch das Pulvermagazin der Bahnhofsbefestigung den neuen Erfordernissen angepaßt. Die rückwärts in die Höhlung des Kavaliers geschmiegte Ummauerung mußte dazu abgebrochen werden. Der Magazinbau und das Vorhaus erhielten im Abstand von 2 Fuß einen neuen 2 Fuß 2 Zoll starken Mauermantel, der sich oben mit einer Viertelkreistonne an die Magazinmauern anlehnte. Die ganze Anlage verschwand dann unter einer mit 5 Fuß Stärke geplanten Erdschüttung, die vorn wegen der geringeren Höhe des Vorhauses um 3 Fuß 3 Zoll niedriger ausfiel. Da auch die vordere Stirnwand mit Erde angeschüttet wurde, mußte für den Zugang zum Vorhaus ein 25 Fuß tiefer Stollen mit Profilmauern beiderseits des Eingangs angelegt werden.

Das Kriegsministerium in Berlin revidierte den Plan und verstärkte die Erdpackung an den seitlichen Böschungen von 5 auf 8 Fuß Dicke. Dementsprechend mußte auch die Blitzschutzanlage weiter nach außen verlegt werden (Fig. VI). Die tiefe Lage des Magazinbodens veränderte sich nicht; der tiefe gangartige Hof innerhalb der früheren Ummauerung wurde mit deren Wegfall mit Erde aufgefüllt.

Das Kriegs-Pulver-Magazin Nr. 6 wurde erst nach 1909 beim Abtragen der Wälle der Mittelfront gesprengt und abgetragen (Abb. 411).

KAT.-NR. 308   ohne Abb.
Abzuggraben vom Bremer Haken zur Weser, 1846

Bezeichnet *Loehr*, datiert *Minden den 25ten Juni 1846*.
Farbig angelegte Federzeichnung; 48,5 x 67 cm, Transversal-Maßstab von *12 + 60 Fusse für die Profile/Ruthen für den Grundriss* = 15 cm = 1:150 / 1:1800.
Kartentitel: *Blatt Nro: 21. Bahnhofsbefestigung zu Minden / Abzuggraben nach der Weser / Fortifikation zu Minden. Sect. III.1.D.a.No: 601. Zum Bericht & Kostenanschlag d. d. Minden den 25ten Juni 1846.*
Unten von rechts: *Loehr Ing. Hauptmann. / Hardenack, Major & Platzingenieur. / Gesehen FvUthmann Oberst u. Festungs Inspekteur.*

GSTA PK, Festungskarten Minden F 70.043; unpubliziert.

Unten Lageplan für den Verlauf des Grabens von der Nordwestecke der Bahnhofsbefestigung – *Bremer Fronte / Hafenfronte* - zum *Weser-Strom*, wo der *Leinpfad* den Graben auf einer Brücke queren sollte. Der Graben sollte das Wasser aus dem Festungsgraben über den *Auslass-Batardeau* ableiten, solange der Schutz- und Handelshafen – gestrichelt als *Projectirter Hafen* angedeutet – noch nicht ausgehoben war.

Die ausgehobene Erde sollte, wie aus dem oben stehenden *Profil nach AB* bzw. *CD* und dem Lageplan ersichtlich, im oberen Abschnitt östlich an der Uferstrasse zu einem Wall aufgeworfen werden. Hier lief ein *Alter Postweg*. Im unteren Abschnitt sollte der Wall südwestlich des Grabens liegen und konnte so die Grundlage für den späteren Damm am Stichkanal bilden (vgl. Kat.-Nr. 305). Fortifikatorische oder verteidigungstaktische Aspekte dürften bei dieser Disposition, wenn überhaupt, nur eine untergeordnete Rolle gespielt haben. – Nördlich vor dem »Bremer Haken« ist die *Projectirte Verlegung der Bremer Strasse* vor dem neuen Bremer Tor eingezeichnet; sie schwenkt in die alte *Bremer Strasse*, parallel zum Graben auf der Uferterrasse verlaufend, ein. Hinter der Hafenfronte ist die Brüggemannsche *Windmühle* eingetragen.

Unten links: <u>Renvoi</u>. *rothe Zahlen, natürliches Terrain. (rothe Zahlen) zu veränderndes Terrain.*

Der Plan ist das letzte vorliegende, zur Serie der durchnumerierten General- und Detailpläne für die Bahnhofsbefestigung gehörende Blatt. Die nach No XVIII (Kat.-Nr. 306) folgenden Blätter XIX und XX konnten nicht ermittelt werden.

KAT.-NR. 309   Abb. 397
Detailpläne für die Bahnhofsbefestigung, 1846

Bezeichnet *v Gaertner*, datiert *1846*.
Blaßfarbig lavierte Federzeichnung; ungleich beschnitten: max. 32,3 x 49,5 cm (Blatt), 28,7 x 47,9 cm (Einfassung).
Beschriftung nur oben links in Tusche, sonst in Blei.
Ohne Maßstab, ca. 1 : 144, zahlreiche Maße eingetragen.
Kartentitel: *Bahnhofsbefestigung zu Minden 1846 / Bremer-Fronte. / Magdeburger Thor / Fort A.* Unten rechts: *v Gaertner Ing. Lieut.*

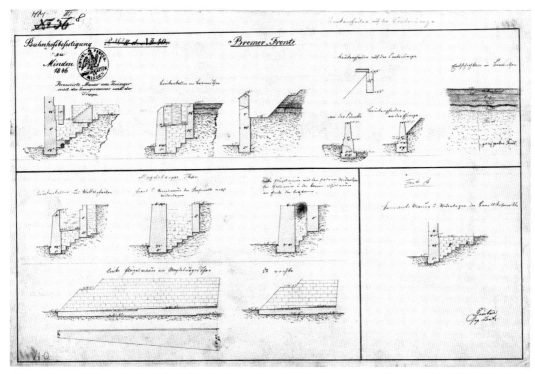

Abb. 397 Detailpläne für die Bahnhofsbefestigung. Ingenieur-Lieutenant von Gaertner, 1846 (Kat.-Nr. 309).

Mindener Museum, FM 41; unpubliziert. – Oben links rote Inv.-Nr. *P: V: II d, No 40* (blau korrigiert *No 36*) und Stempel der Fortification zu Minden.

Detailschnitte für Fundamente und Aufgehendes; Bodenprofil. Oben nebeneinander sieben Schnitte zur Bremer Fronte (Bremer Haken, vgl. Blatt VIII. Bremer Tor nebst Front, Kat.-Nr. 276, 277): *1. Krenelierte Mauer am Zwinger nebst Zwingermauer und der Treppe* zum Rondengang rechts; *2. Brückenkeller am Bremer Thore*. 3. Schnitt durch die freistehende krenelierte Mauer mit Rondengang und Wallfuß; *4. Brückenpfeiler auf der Contrescarpe; 5. Brückenpfeiler an der Cünette* und *6. an der Escarpe; 7. Erdschichten im Bremerthor*, von oben: *Ackerland, Lehm, Sand, Lehm, Sand, Kies, ganz grober Kies*.

Unten links fünf Schnitte und ein Detailgrundriß zum Magdeburger Tor (vgl. Blatt VI, Kat.-Nr. 273): *1. Brückenkeller und Mittelpfeiler; 2. Front und Reversmauer der Kasematte nebst Widerlager; 3. linke Flügelmauer mit dem hinteren Widerlager der Gallerie u. der kleinen Schildmauer am Ende der letzteren;* darunter *5. linke Flügelmauer am Magdeburger Thor* mit zugehörigem Grundriß; *6. do. rechte*. Unten rechts: *Fort A. Krenelierte Mauer und Widerlager der Bonettkasematte* in der Spitze der Enveloppe (vgl. dazu Abb. 350–352 und den Grundriß von Fort B, Blatt X, Kat.-Nr. 281).

KAT.-NR. 310 ohne Abb.
Südostecke der Bahnhofsbefestigung, um 1846

Unbezeichnet, undatiert.
Kolorierte Federzeichnung mit Bleistift-Nachträgen; 42,4 x 29,7 cm.
Maßleiste von *5 + 30 Ruthen* = 15,25 cm = 1 : 860.
Ohne Kartentitel; rechts nachträglich in Blei vermerkt *Bart.* (gestrichen), *Victoriastrasse, Wassereinlass.*

Mindener Museum, FM 32; unpubliziert.

Grundriß des Anschlusses der Berliner Front an die Inundationsfront (Norden links) mit Eckkasematte, Batardeau und Graben bis zum Gnadenbach vor der Berliner Front. Gestrichelt eingetragen ist die von Wall und Graben durchschnittene alte Trasse der Berliner Chaussee und ihre neue, vor dem Wall abknickende neue Führung. Im Glacis schwenkt die vom Berliner Tor kommende Straße wieder in die alte Trasse ein; hier noch mit der 1846 korrigierten starken Krümmung (vgl. Blatt VII a, Kat.-Nr. 275).

Das Blatt wird eine Studie im Zusammenhang mit der Verlegung der Berliner Chaussee und der Detailausbildung der Befestigungswerke, speziell des kleinen Kavaliers über der Eckkasematte sein, dessen Feuerlinie 3 Fuß 6 Zoll über der Wallkrone der Berliner Front und 6 Fuß 6 Zoll über der Feuerlinie der Inundationsfront lag (vgl. auch Blatt IV, Kat.-Nr. 264). – Links zahlreiche Nebenrechnungen in Blei.

KAT.-NR. 311 ohne Abb.
Gelände vor Fort B und Berliner Front, 1851

Bezeichnet *Daniel*, datiert *28ten October 1851*.
Zartfarbig angelegte Federzeichnung; 53,5 x 78 cm.
Zwei Transversal-Maßstäbe; *Maaßstab für die Situation. 10 + 40 Ruthen* = 21 cm = 1 : 900, *Maaßstab für das Profil* (1 +) *16 Ruthen* = 21,4 cm = 1 : 300.
Kartentitel: *Festung Minden. / Situation und Profil des Terrains vor der rechten Face des Fort B und der Berliner Fronte des BAHNHOFSBEFESTIGUNG zu MINDEN / Zum Bericht d. d. Minden den 8ten Januar 1852. Sect. III, D, 1 No 20. und vom 22ten Januar 1852. No 59.* Unten links *Aufg: Minden d. 28ten October 1851 durch Daniel P(ionir) Sergeant a. D.;* von rechts *Minden den 8ten Januar 1852 Pagenstecher Major und Platzingenieur. / Gesehen Boethke Oberst und Fest: Inspecteur Cöln 14 / 1 1852.*

GSTA PK, Festungskarten Minden C 70.089; unpubliziert.

Lageplan des Geländes vor dem Glacis, wo die *Berliner Chaussee* die *Kleine Aue* auf einem Damm überquert. Hinter dem Flüßchen zweigen nach Nordosten und Osten zwei Wege ab (nach Päpinghausen und Dankersen, heute Bachstraße und Dankerser Feldstraße / Steinkreuzstraße). Am Abzweig liegt vorn das *Wohnhaus des Meier*, zwischen Straße und Wegen liegen *alte Sandgrube a.* und *b.* und *neue Sandgrube c.*, weiter östlich am Weg nach Dankersen die *Windmühle des Meier*. Zwischen Glacis und Kleiner Aue liegt der Glacisweg.

Unten *Profil nach der Linie a–b.* von der Brustwehr des Walles von Fort B mit freistehender, krenelierter Mauer, Graben und Glacis durch die Kleine Aue und die Sandgruben bis *Alte Grube a.* Das die Schußlinie von der Glaciscrête bis zu den vorderen Sandgruben verdeckende, erhöhte Gelände ist mit Blei schraffiert angegeben.

KAT.-NR. 312   Abb. 398
Traversierung der Bahnhofsbefestigung, 1854

Bezeichnet *Spillner*, datiert *Minden den 27." Januar 1854*.
Gelb angelegte Federzeichnung mit Bleistift-Notiz; 42 x 53,5 cm, am linken Rand ungleich beschnitten.
Transversal-*Maastab: 10 Ruthen = 1 Ddz., 10 + 80 Ruthen = 23,1 cm = 1:1450*.
Kartentitel: *Entwurf über neu anzulegende Traversen in der Bahnhofsbefestigung zu Minden / Zum Bericht Minden d. d. 27" Januar 1854. Nro: 69 und 4" November 1854 / [Blatt] Nro. 3.*
Unten von rechts: Ort und Datum wie oben, *Spillner Ingenieur-Seconde-Lieutnant. / Pagenstecher Major und Platz-Ingenieur.*

GSTA PK, Festungskarten Minden F. 70.050; unpubliziert.

Oben Grundriß der Mittelfront mit *Fort A* (links) und *Fort B* (rechts), unten in der Mitte Grundriß von *Fort C*, tangiert von der *Krone des Eisenbahndammes*.

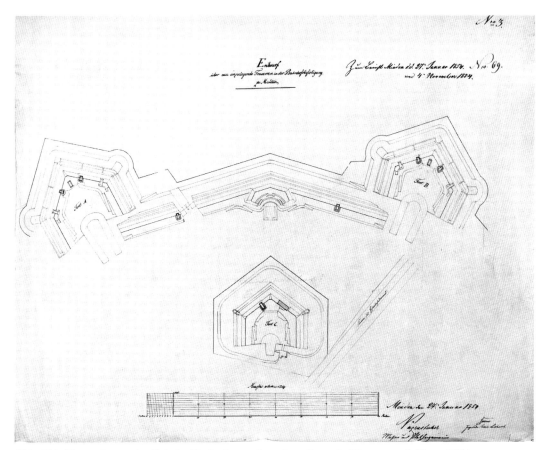

Abb. 398 Traversierung der Bahnhofsbefestigung. Ingenieur-Seconde-Lieutenant Spillner, 1854 (Kat.-Nr. 312).

Neben den vorhandenen vier Traversen sind neun neue gezeichnet und gelb angelegt: drei an Spitze und vorderen Flanken von Fort A, drei entsprechende in der Enveloppe von Fort B, zwei auf den Kurtinen der Mittelfront, davon eine hart links vom Magdeburger Eisenbahntor, sowie eine auf der linke Face von Fort C. Hier eine Bleistiftnotiz: *Communication hinter der Traverse? NB.* Diese Traverse reicht innen bis an die Böschung über dem Pulvermagazin und teilt die Wallstraße in zwei Abschnitte, was der Verbindung hinderlich ist. Der Grundriß von Fort C zeigt den nachträglich zugefügten Tambour auf dem Platz vor den Brücken zum Reduit und zum Hof der Enveloppe.

Der Plan ist Blatt 3 der 1854 entstandenen Serie von mindestens sechs Zeichnungen zur dichteren Bestückung gefährdeter Partien der Festungsverke mit Traversen; vgl. Kat.-Nr. 65 (Blatt 1: Hohe Front), Kat.-Nr. 87 (Blatt 4: Bastion VII) sowie Kat.-Nr. 313 und 314 (Blatt 5 und 6: Fort A und B). Blatt 2 liegt nicht vor. Zur Traversierung der Festungsanlagen vgl. Kat.-Nr. 51 (Traversierungsplan von 1866).

KAT.-NR. 313   Abb. 399
Traversierung von Fort A und B, 1854

Bezeichnet *Bachfeld*, datiert *Minden den 4ten November 1854*.
Federzeichnung mit Korrekturen in blauer Tusche; 44 x 44 cm.
Maaßstab 2 ° = 1ddc., Maßleiste von *10 + 130 Fusse* = 15,2 cm = 1 : 288.

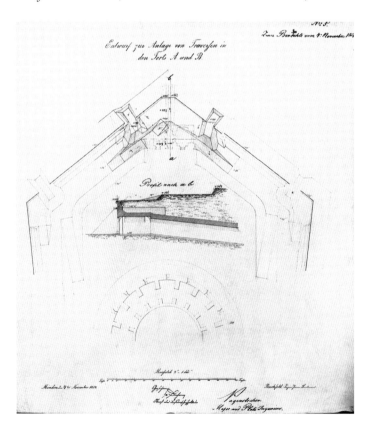

Abb. 399 Traversierung von Fort A und B. Ingenieur-Premier-Lieutenant Bachfeld, 1854 (Kat.-Nr. 313).

IV.2.2 Katalog – Die Bahnhofsbefestigung (Kat.-Nr. 262–328)   605

Kartentitel: *Entwurf zur Anlage von Traversen in den Forts A und B. / Zum Berichte vom 4." November 1854 /* [Blatt] *Nro. 5.*
Unten links Ort und Datum wie oben, von rechts *Bachfeld, Ingen: Prem: Lieutenant. / Pagenstecher Major und Platz Ingenieur / Gesehen v Dechen Oberst und Festungs Inspekteur.*

GSTA PK, Festungskarten Minden F 70.052; unpubliziert.

Oben Teilgrundriß der Enveloppe und der Rundung des Reduits, hier auf halbrundem Grundriß (Fort B). Unter dem Wall ist beiderseits der Kapitalen der Grundriß von Pulvermagazin und Wacht-Kasematte gestrichelt eingetragen. Am Übergang von der um 3½ Fuß erhöhten Enveloppenspitze zu den niedrigeren Facen sind mit feinen Schraffuren modelliert zwei stumpfwinklig geknickte Traversen mit entsprechender Korrektur der Geschützrampen eingezeichnet. Im Hof der Enveloppe *Profil nach ab*: Schnitt durch die Kapitalpoterne und die darüberliegende Geschützstellung.

Die in Berlin (?) vorgenommenen Korrekturen in blauer Tusche sehen (links) gerade Traversen vor wie im Übersichtsblatt Nr. 3 (Kat.-Nr. 312), ferner eine kurze Rampe zur Geschützplattform in der Spitze. Für ihre Anlage ist im Schnitt a–b statt der Böschung über dem Poternentor eine Aufmauerung und Anschüttung blau hineinkorrigiert. Die Kapitaltraverse über der Poterne fehlt.

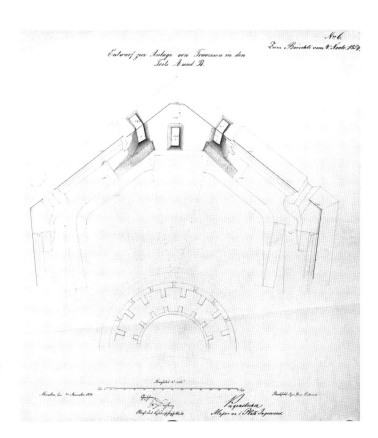

Abb. 400 Traversierung von Fort A und B. Ingenieur-Premier-Lieutenant Bachfeld, 1854 (Kat.-Nr. 314).

KAT.-NR. 314   Abb. 400
Traversierung von Fort A und B, 1854

Bezeichnet *Bachfeld*, datiert *Minden, den (4)ten November 1854.*
Federzeichnung; 43,5 x 43,5 cm.
Maaßstab 2° = 1 ddc"; Maßleiste von *10 + 130 Fusse* = 15,2 cm = 1:288.
Kartentitel und Unterschriften wie in Blatt Nro 5 (Kat.-Nr. 313), hier oben rechts [Blatt] *Nro 6.*

GSTA PK, Festungskarten Minden F 70.051; unpubliziert.

Das Blatt zeigt den gleichen Teilgrundriß der Enveloppe und des Reduits wie das vorhergehende Blatt, jedoch ohne die gestrichelten Grundrisse von Pulvermagazin und Wachtkasematte.
    Über dem Pulvermagazin und der Poterne eine hinter die Spitze zurückgesetzte Kapitaltraverse, daneben auf beiden Facen je eine stumpfwinklig geknickte Traverse und Geschützrampen, die vom Wallgang auf die Geschützplattform über Pulvermagazin und Wachtkasematte führen. Der Traversenknick erklärt sich aus dem gestrichelt eingetragenen seitlichen Schußwinkel der mittleren Kanonenscharte des Reduits, der durch gerade geführte Traversen eingeengt worden wäre. Nach den sehr viel weitergehenden Traversierungsplänen von 1866 und 1868 (Kat.-Nr. 51, 53) sind dennoch gerade Traversen aufgeschüttet worden, zwischen denen jeweils zwei kurze Rampen auf die mittlere Plattform führten.

KAT.-NR. 315   Abb. 401
Durchlaß im Bahndamm vor dem Kölner Tor, 1856

Unbezeichnet, datiert *Minden den 24ten December 1856.*
Federzeichnung; 43,5 x 27,5 cm.
Wasserzeichen: FWE / LETMATHE (Papierfabrik Friedrich Wilhelm Ebbinghaus, Letmathe bei Iserlohn).
Maaßstab für den Grundriss, Maßleiste von *12 + 84 Fuss* = 10,5 cm = 1:288; *Maaßstab für die Profile*, Maßleiste von *12 + 36 Fuss* = 10,5 cm 1:144.
Kartentitel: *Durchlass in dem Eisenbahn Damme nach Fort C.*
Unten rechts Ort und Datum wie oben; *Schulz 1. Hauptmann und Platzingenieur.*

GSTA PK, Festungskarten Minden G 70.074; unpubliziert.

Oben *Grundriss* mit Aufsicht in der linken Hälfte (Norden links). Westlich neben der zweigleisigen Bahnlinie *nach Cöln* liegt um 7 Fuß 6 Zoll niedriger der *Weg nach Fort C*, von dem eine Rampe zu dem Durchlaß hinabführt. Dieser ist unter der Böschung zwischen Bahn und Weg mit Versatzfalzen ausgestattet. – Der *Durchschnitt nach ab, b, c, d* zeigt links die Ansicht von Westen, rechts den halben Durchschnitt, mit Pfeilergeländer und Pflasterung. Der Durchlaß war 10 Fuß weit, 10 Fuß 3 Zoll hoch, stichbogig gewölbt und in seinen 5 Fuß starken Seitenmauern wohl ganz aus Quadermaterial aufgeführt.
    Unten *Durchschnitt nach b, e*: Längsschnitt durch den Durchlaß mit Weg links und Eisenbahn rechts. Über der Öffnung mit den Versatzfalzen sind beiderseits die Versatzbalken gestapelt und mit einem kleinen Satteldach abgedeckt.

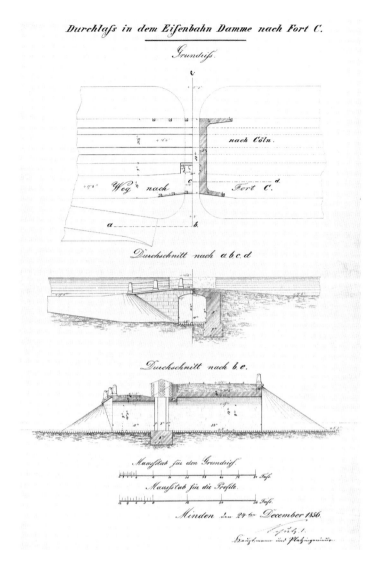

Abb. 401 Durchlaß im Bahndamm vor dem Kölner Tor, 1856 (Kat.-Nr. 315).

Der Durchlaß sicherte den ungehinderten Durchfluß des Osterbaches unter dem Bahndamm in Friedenszeiten; er liegt noch heute etwa 250 Fuß (ca. 80 m) südlich des Kölner Tores. Im Belagerungsfall sollte das Wasser von Gnadenbach und Osterbach in den Festungsgraben vor dem östlichen und nördlichen Fronten der Bahnhofsbefestigung abgeleitet und außerdem die gesamte Fläche zwischen Inundationsfront, Bahndamm und Fort C durch Sperrung der Abflüsse von Vorgraben und Osterbach unter Wasser gesetzt und damit unpassierbar gemacht werden. Die Regulierung des Wasserstandes erfolgte über den Batardeau vor dem Kölner Tor, während der Durchlaß im Bahndamm vollständig versperrt werden konnte. Das starke Fundament unter den Versatzfalzen, die massiven Seitenwände und die Pflasterung der Sohle verhinderten ein Ausspülen des Bodens und einen unkontrollierten Wasserabfluß.

Zur Lage des Durchlasses vgl. die Bahnhofs-Grundrisse von 1853 und 1866, Kat.-Nr. 316, 317.

KAT.-NR. 316 Abb. 402
Bahnanlagen zwischen den Eisenbahntoren, 1853

Unbezeichnet, datiert *Minden, den 2ten December 1853.*
Farbig angelegte Federzeichnung mit Nachträgen in Blei; 39 x 138 cm.
Maaßstab 1 : 5000 [!] *d(er) w(irklichen) Gr(össe)*; zwei Maßleisten:
100 + 1000 Fuss rheinl: = 66 cm = 1 : 500; *100 + 1000 Fuss hann.* = 61,4 cm.
Kartentitel: *Grundriss des Bahnhofes bei Minden / Anlage II zum Protokoll d. d. Minden, den 2ten December 1853 (: Unterschriften:) / mit dem Originale übereinstimmend Fromm. Regierungs- und Baurath.*

GSTA PK, Festungskarten Minden A 70.053; unpubliziert.

Die links (von Süden) *von Cöln* ankommende zweigleisige Bahn quert den *Osterbach* – zum Durchlaß vgl. Kat.-Nr. 315 –, erreicht das Bahnhofsgelände beim Kölner Tor (*A, C*), überquert die *Berliner Strasse* und verzweigt sich vor dem Stationsgebäude zu mehreren Gleisen, die auf der Westseite zum *Güter Schuppen* sowie zu *Magazin und Coaks Schuppen* und *Locomotiv Schuppen* im nördlichen Bahngelände führen.

Vor der Westseite des Empfangsgebäudes liegt der *Cöln Mindener Perron*, die Ostseite ist mit *Hannoverscher Perron* bezeichnet. Nördlich folgen eine achteckige *Retirade*, westlich *Für Herren*, östlich *Für Damen*, ein *Eiskeller*, ferner der *Wagen Schuppen* und der *Cöln Mindener Maschinen Schuppen*, die über Schiebebühnen und Weichen vor dem Magdeburger Eisenbahntor mit den Gleisen verbunden sind.

Die von Norden (*nach Hannover*) kommenden Gleise der Hannoverschen Staatsbahn – kräftig ausgezogen – enden auf der Höhe des Empfangsgebäudes, östlich liegen *Locomotiv Schuppen und Coaks Schuppen*. Zwei weitere Gleise der hannoverschen Bahn laufen östlich dieser Gebäude bis zur Berliner Straße; sie sind hier über zwei Drehscheiben rechtwinklig mit einem Stichgleis der Köln-Mindener Bahn verbunden. Dieses Quergleis quert den Platz *zum Auffahren der Equipagen* vor dem Empfangsgebäude, den seitlich die Steige *Für Fussgänger* einfassen. Das Kölner Tor zeigt den 1847 festgelegten Grundriß mit der kleinen Kasematte *A* und der großen Flankenbatterie No 4 *C* (vgl. Kat.-Nr. 267–269).

Gegenstand des im Kartentitel genannten Protokolls vom 2. Dezember 1853 waren die Überlegungen und Verhandlungen zum Ausbau des hannoverschen Bahnhofsteils und zur südlichen Weiterführung der Gleise der Hannoverschen Staatsbahn in den Gleisstrang der Köln-Mindener Bahn. Diese Planungen sind mit roter Tusche eingetragen: *Vergrösserung des Locomotiv Schuppen* mit *Werkstätten Hof* und *Magazin Hof*, Bau eines großen *Güter Schuppen* mit Strassenschleife auf der Ostseite und Anlage weiterer Güter- und Abstellgleise mit zwei Drehscheiben. Die Staatsbahnstrecke wird zweigleisig, dann eingleisig nach Süden fortgesetzt und vereinigt sich mit der Kölner Strecke südlich des Osterbach-Duchlasses. Die Durchquerung der Festungsanlagen der Inundationsfront östlich des Kölner Tores macht hier den Bau eines weiteren Eisenbahntores notwendig, das mit drei Pfeilern und einer Kasematte *B* sowie einer *Brücke* über den Vorgraben für jedes Gleis eingezeichnet ist. Neben der Kasematte schließt sich die Verbindung *Zum Rondenweg* an. – Die Verhandlungen zogen sich über Jahre hin; erst 1863 konnte das Löhne-Oeynhauser Tor für die Hannoversche Bahn erbaut werden (zum Bahnhof und den umgebenden Anlagen siehe ausführlich Teil V, Kap. X.2.1).

IV.2.2 Katalog – Die Bahnhofsbefestigung (Kat.-Nr. 262–328) 609

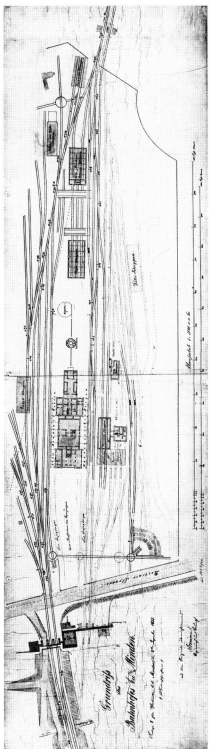

Abb. 402 Bahnanlagen zwischen den Eisenbahntoren, 1853 (Kat.-Nr. 316).

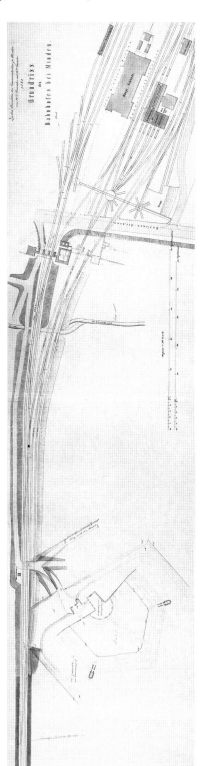

Abb. 403 Fort C und Bahnhof, 1860 (Kat.-Nr. 317).

KAT.-NR. 317 Abb. 403
Fort C und Bahnhof, 1860

Unbezeichnet, datiert *1860*.
Farbig angelegte Federzeichnung; 46,5 x 162 cm (Blatt); 43,5 x 155,5 cm (Einfassung).
Maßstab 1:500 d(er) w(irklichen) G(rösse); zwei Maßleisten: *100 + 500 Fuss rheinl.* = 5,9 cm; *100 + 500 Fuss hannov.* = 33,6 cm.
Kartentitel: *Grundriss des Bahnhofes bei Minden. / Zu den Berichten der Commandantur zu Minden vom 24ten November und 15ten December 1860.*

GSTA PK, Festungskarten Minden A 70.054; unpubliziert.

Die Darstellung des Bahnhofsgeländes reicht rechts unten über die Einfassung bis zum Blattrand (Norden rechts oben).

Links Grundriß von *Fort C* mit seiner Enveloppe, von der Graben, Gedeckter Weg und Glacis nur teilweise aufgenommen sind.

Grabensohle +5', gew(öhnlicher) Wasserstand +9'. Im Reduit Höhenangaben: *Kellergeschoss +13', Erdgeschoss +22'.* Vor der rechten Kehle Grundriß des Tambours. In Höhe des Glacis von Fort C wird die zweigleisige Bahnstrecke viergleisig; der an der Ostseite neu anzuschüttende Damm und die projektierten Gleisanlagen der Hannoverschen Staatsbahn sind bis zum *Haupt-Gebäude* des Bahnhofs rot gezeichnet, der Bestand grün bzw. schwarz. Die Verbreiterung des Bahndammes erforderte eine Verlegung der Zuwegung zum Fort C und des Anschlusses an den *Weg nach der Masch*, der hier zugleich die *Festungs-Terrain Grenze* bildete. – Vor dem *Cölner Thor* schwenkt die neue Bahnlinie nach Osten ab und quert den *Osterbach*, der für den Durchlaß unter dem zweiten Damm verlegt werden muß. Östlich vom Kölner Tor wird die Inundationsfront im zweiten Eisenbahntor durchquert, das von einer kleinen Flankenbatterie *B* begleitet wird. Im neuen Wallkopf liegen ein kleines Pulvermagazin und eine Latrine. Die neuen Gleise gabeln sich im Bereich der *Berliner Strasse* zu *Hauptgebäude* und *Locomotiv-Schuppen* sowie zu den Güter- und Abstellgleisen des hannoverschen Bahnhofsteils. Dessen Gebäudebestand und Erweiterungsprojekte stimmen weitgehend mit dem Bahnhofsplan von 1853 (Kat.-Nr. 316) überein; der Güterschuppen ist weiter nach Süden gerückt. Weitere Gleise sind schwarz gestrichelt eingezeichnet; eins führt vom hannoverschen Perron des Empfangsgebäudes schräg über den Bahnhofsvorplatz zum *Cölner Thor*, wo es im Torbereich das östliche Gleis der Köln-Mindener Bahn kreuzt und in das westliche einläuft. Die dafür erforderliche Verschwenkung des südlichen Torpfeilers ist bereits 1856 geplant worden (vgl. Kat.-Nr. 271); dies Teilprojekt scheint 1860 noch zur Diskussion gestanden zu haben. 1862 verständigte man sich schließlich auf den Walldurchstich östlich des Kölner Tores und den Bau des Löhne-Oeynhauser Eisenbahntores (Ausführung 1863). Für dieses liegen Einzelpläne nicht vor; seine äußere Gestalt dürfte der des benachbarten Kölner Tores angeglichen worden sein.

KAT.-NR. 318   Abb. 404
Projekte für den Hafendamm in der Kehle der Bahnhofsbefestigung, 1856

Unbezeichnet, datiert *Minden den 7ten Juli 1856*.
Farbig angelegte Federzeichnung mit jüngerer Beischrift; 37 x 58,5 cm.
Maßleiste von *10 + 100 Ruthen* = 15,9 cm = 1:2600.
Ohne Kartentitel; unten rechts Ort und Datum wie oben, *Schulz. 1. Hauptmann und Platz-Ingenieur*.

GSTA PK, Festungskarten Minden G 70.070; unpubliziert.

Lageplan des projektierten Hafens zwischen der Nordwestecke der Bahnhofsbefestigung mit *Fort A*, *Bremerthor* und *Auslass-Batardeau* und der *Weser*. Im Festungsbereich ist die *Bremer Strasse* mit dem *Erdparadeau* (=Parados) an ihrer Westseite eingezeichnet, einem Wall, der die unbefestigte *Hafen-Fronte* gegen indirektes rückwärtiges Feuer schützen sollte. Südlich der Hafenfront folgen *Flanken Batterie No 3*, *Zoll-Fronte* und *Flank: Battr: No 2*.

Nördlich des »Bremer Hakens« liegt *Wasserfreies-Terrain* der hohen Uferterrasse, vor ihr der 1850–1852 angelegte *Noth-Hafen* von etwa 75 Ruten (= ca. 260 m) Länge, den im Südwesten ein Damm mit wasserseitiger *Berme* begleitet.

Das ursprüngliche Hafenprojekt, das von der Fortification schon in die ersten Pläne für die Bahnhofsbefestigung einbezogen war (vgl. General-Übersichts-Plan von 1846, Kat.-Nr. 262), sah ein breites, zweimal leicht geknicktes Hafenbecken vor, das entlang der Hafen-Fronte und der Zoll-

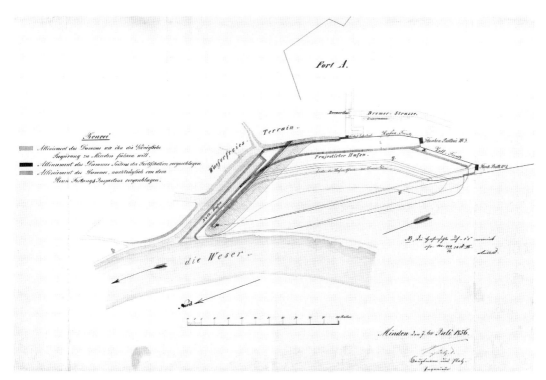

Abb. 404   Projekte für den Hafendamm in der Kehle der Bahnhofsbefestigung, 1856 (Kat.-Nr. 318).

Fronte weit nach Süden bis zur Flankenbatterie No 2 reichen sollte. Den leichten Biegungen des Beckens sollte im Westen der Hafendamm folgen (im Plan rote Linie *q–p–q*). Im Süden sollte er über eine Mauer mit der Flucht der westlichen Kehlfronte bei Flankenbatterie No 2 verbunden werden, im Norden in den Damm am Nothafen einlaufen. Nach den Vorstellungen der Fortification sollte er wohl auch militärisch nutzbar sein, da man von ihm aus das nördliche Vorfeld der Fischerstadt jenseits der Weser bestreichen konnte. Die *Crete des Hafen Glacis oder Damm-Krone* sollte nach den vorliegenden Plänen mit einer Brustwehr versehen werden.

Da sich im Laufe der Jahre herausstellte, daß der Zollhof in der Stadt am Kleinen Domhof bestehen blieb und nicht, wie geplant, in die Bahnhofsbefestigung verlegt werden konnte, wurde die bereits gebaute Zoll-Fronte mit dem Liegeplatz für Schiffe überflüssig; das Hafenprojekt konnte reduziert und auf die Strecke bis zur Flankenbatterie No 3 beschränkt werden. Die Regierung favorisierte dieses sparsamere Konzept, das im Plan als schmales Hafenbecken mit dichten grünen Schraffuren dargestellt ist. Vor der Zollfronte war nun lediglich ein schmaler Graben (bei *x*) vorgesehen, der den fortifikatorischen Erfordernissen Rechnung trug.

1858/59 wurde das Hafenbecken in dieser Form ausgehoben; hierauf bezieht sich die Beischrift rechts: *NB. Die Hafensohle auf – 5'5" normirt cf. No 108/12 58 A III. vLeithold*. Für die Anlage des Hafendammes schlug der Festungs-Inspekteur in Köln eine Alternative vor, die nach den jüngeren Plänen von 1866 und 1868 (Kat.-Nr. 51, 53) auch ausgeführt wurde: Der Damm liegt in der Flucht der westlichen Kehlfront und trifft, allmählich flacher werdend, bei *p* auf die Mündung des Stichkanals in die Weser und vereinigt sich hier mit dem älteren Damm des Nothafens. Der Zugang zur Dammkrone erfolgte hart nördlich der Flankenbatterie No 2; auf den Graben vor der Zollfront wurde anscheinend verzichtet. Von der Dammkrone, die nun nicht mehr mit einer Brustwehr versehen war, führte eine Rampe in das freiliegende Gelände westlich des Hafenbeckens. Hier siedelten sich nach der Entfestigung Reparaturbetriebe für Schiffe und die Staatswerft an.

Das *Renvoi* links erläutert mit den Farbangaben die verschiedenen Alternativen.

[gelb]   *Alliniement des Dammes wie ihn die Königliche Regierung zu Minden führen will.*
[rot]   *Alliniement des Dammes seitens der Fortification vorgeschlagen.*
[blau]   *Alliniement des Dammes, nachträglich von dem Herrn Festungs-Inspecteur vorgeschlagen.*

KAT.-NR. 319   ohne Abb.
Hafenkaimauer, 1855

Unbezeichnet, datiert *Minden den 10ten Januar 1855.*
Farbig angelegte Federzeichnung; 57,5 x 78,5 cm.
Transversal-Maßstab von *5 + 45 Ruthen für den Grundriss* bzw. *5 + 45 Fuss für die Profile* = 21,6 cm = 1 : 875 bzw. 1 : 72.
Kartentitel: *Zeichnung der in der Kehle der Bahnhofs Befestigung zu Minden befindlichen Hafenquaimauer, ausgeführt auf Kosten der Königlichen Regierung durch die Königliche Fortification. / Zur Uebergabe-Verhandlung vom 10ten Januar 1855.*
Unten von rechts: Ort und Datum wie oben; *Goeker Bau Inspecteur. / Pagenstecher Major und Platz Ingenieur.*

GSTA PK, Festungskarten Minden C 70.090; unpubliziert.

Oben Grundriß der Nordhälfte der Kehlbefestigung (Norden unten links) vom Auslaßbatardeau (bei *A. B.*) am *Bremer-Haken* mit *Hafen-Fronte* und *Zoll-Fronte* bis zum Ansatz der westlichen Kehlfront bei der Flankenbatterie No 2. In der Mitte der Hafenfront eine rechtwinklig-schachtartige *Treppe*; eine weitere *Treppen-Anlage* in der Mitte der Zollfront angedeutet. Vor der Mauer liegt von C bis H ein Diamantgraben.

Unten nebeneinander vier Detailschnitte: *Durchschnitt nach der Linie a–b, c–d, e–f, g–h.*

Unten rechts *Anmerkung*. Das mit Zinober angelegte Mauerwerk ist auf Kosten der Königlichen Regierung erbaut und zu unterhalten. Das mit Carmin angelegte Mauerwerk ist Eigenthum der Fortification.

Zinnoberrot angelegt und schräglinks schraffiert sind das *Béton-Fundament* (Schnitt c–d) und die vorkragenden Deckplatten, karminrot schräglinks schraffiert sind die Mauerkörper. Schnitt a–b am »Bremer Haken«: Brüstungsmauer von 4 Fuß Höhe am Rondengang vor dem Wallfuß; Schnitt c–d: Kaimauer der Hafenfront mit Deckplatte in Erdgleiche. Unter der Grabensohle (+1') ist die *künftige Hafensohle. – 4' 4"* gestrichelt angegeben. Schnitt e–f: Brüstungsmauer von 4 Fuß Höhe an der Zollfront; Schnitt g–h: Brüstungsmauer links neben den Flankenbatterien No 2 und 3, gleichfalls 4 Fuß hoch, aber um 1 Fuß stärker als die 2 Fuß starken übrigen Brüstungen.

Der Plan gehört in die Ausbauphase der militärisch weniger wichtigen Kehlfront vor der Anlage des Hafenbeckens in den Jahren 1858/59, vgl. Kat.-Nr. 318. Die endgültige Hafensohle wurde 1858 auf -5' 5" festgelegt.

KAT.-NR. 320 Abb. 405
Fortifikatorische Anlagen am Hafen, 1857

Unbezeichnet, datiert *Minden den 8ten September 1857.*
Farbig angelegte Federzeichnung; 65 x 100,5 cm.
Maßleiste von *10 + 30 Ruthen für den Grundriß* bzw. *10 + 30 Fusse für die Profile* = 23,2 cm = 1:650 bzw. 1:54.
Kartentitel: *Zeichnung der behufs Erhöhung des Ausladeplatzes auf + 25 erforderlichen fortifikatorischen Anlagen.*
Unten rechts: Ort und Datum wie oben; *Schulz 1. Major und Platzingenieur.*

GSTA PK, Festungskarten Minden C 70.073; unpubliziert.

Grundriß des nordwestlichen Geländes der Bahnhofsbefestigung vom *Auslassbatardeau* vor dem »Bremer Haken« über *Hafen-Fronte* und *Zoll-Fronte* nach Süden bis zur halben *Westliche*(n)-*Kehl-Fronte*, zwischen den Fronten *Flankenbatterie 2 und 3*. Östlich anschließend Gelände der *Cöln Mindener-Eisenbahn* an der Hafenfront. Vor Zoll- und westlicher Kehlfront Gelände des *Steuer-Fiscus und Eigentum des Lax*. Östlich der Flankenbatterie No 3 *Eigenthum des Rolff*; jenseits der *Bremer-Strasse* Gelände der *Cöln Mindener-Eisenbahn* mit Güterschuppen und verschiedenen Nebengebäuden, sowie Grundstücke des *Post Fiscus* (Ecke Bremer Straße/Berliner Chaussee).

Von einer Drehscheibe auf dem Südende des Eisenbahngeländes führt ein Gleis quer über die Bremer Straße auf das Gelände des geplanten Zollhofes (*Steuer-Fiscus*). Hier besorgt eine weitere

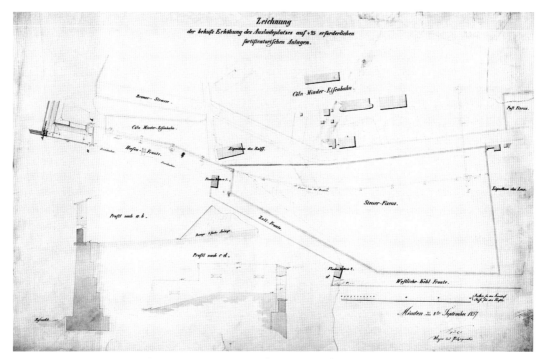

Abb. 405   Fortifikatorische Anlagen am Hafen, 1857 (Kat.-Nr. 320).

Drehscheibe die Verbindung zum Gleis der Hafenbahn, die mit einer *Curve von 120° Radius* nach Norden zum Ausladeplatz an der Hafenfront führt, sich am Lagerhaus des Schiffers Rolff in zwei Gleise spaltet und am Wallkopf des »Bremer Hakens« endet. Zwei Drehscheiben auf dem Ausladeplatz verbinden die Hafenbahn mit je einer *Sturzbühne* auf der Kaimauer.

Unten links *Profil nach a–b.*: Schnitt durch die Kaimauer vor dem »Bremer Haken«. Hier ist an die Stelle der 1855 geplanten niedrigen Büstungsmauer (vgl. Kat.-Nr. 319, Schnitt a–b) eine 12 Fuß 6 Zoll (ca. 3,90 m) hohe krenelierte Mauer getreten; vom Rondenweg (+ 19') führt eine *Rampe* mit *3-fache*(r) *Anlage* auf das um 6 Fuß (=ca. 1,90 m) erhöhte Niveau des Ausladeplatzes. Am Fuß der Mauer *Hafensohle – 4' 4"*.

Darunter *Profil nach c–d.*: Schnitt durch die von + 21' auf + 25' erhöhte freie Ecke neben der Flankenbatterie No 2, die jetzt gleichfalls statt der niedrigen Brüstung eine krenelierte Mauer erhält. Sie zeigt zum Hafen eine Kanonenscharte, die anschließende Innenansicht der abgetreppten Kehlmauer hat liegende Gewehrscharten.

Mit der endgültigen Planung für die Anlage des Hafenbeckens, die 1858/59 erfolgte, ergab sich aus nicht näher bekannten Gründen eine Erhöhung des Ausladeplatzes an der Kaimauer der Hafenfront um 6 Fuß von + 19' auf + 25' Höhe. Da die Kaimauer selbst wegen des möglichst ungehinderten Be- und Entladens der Schiffe keine fortifikatorischen Anlagen erhalten konnte, mußten die benachbarten Festungswerke (»Bremer Haken« und Flankenbatterien) dieser beträchtlichen Differenz von ca. 1,90 m entsprechend erhöht werden, um im Belagerungsfall eine wirksame Flankierung der ungeschützten Kaimauer zu gewährleisten.

KAT.-NR. 321
Abb. 406
Krenelierte Mauer auf der Kehlfront, 1859

Bezeichnet *Daniel*, datiert *Minden, den 22ten Januar 1859*.
Farbig angelegte Federzeichnung; 43,5 x 67,5 cm.
Maaßstab für den Grundriss: 12 + 25 Ruthen = 16,4 cm = 1 : 6000;
Maaßstab für das Profil 12 + 5 Ruthen = 15,1 cm = 1 : 150.
Kartentitel: *Entwurf zu einer crenelierten Mauer zwischen der Flankenbatterie No 1 & 2 in der Kehle der Bahnhofs Befestigung zu Minden.* Oben rechts *IIIa*.
Unten rechts, von unten: *Gezeichnet durch Daniel, Wallmeister / Sontag Ingenieur Hauptmann / Roulland Major und Platz-Ingenieur / Ort und Datum wie oben / Gesehen Neuland Oberstlieutnant und Festungs Inspecteur.*

GSTA PK, Festungskarten Minden D 70.027; unpubliziert.

Oben Grundriß der Kehlfront zwischen *Flankenbatterie No 2* und *Flankenbatterie No 1* am Kehlreduit vor der Bunten Brücke. Die *940'* (=294 m) lange Mauer ist durchgehend mit liegenden Gewehrscharten versehen. Während die Flankenbatterie No 1 nur im Umriß gegeben ist, zeigt der Plan für No 2 den Grundriß mit der auf + 23' 6" erhöhten Geschützplattform im Mauerwinkel, zu der eine kurze Rampe führt. Am Ansatz der Zollfront neben der Batterie die Verbindung zur *Hafendamm Krone*, zwischen Batterie und Hafendamm eine um die Mauerecke geführte Rampe zur Osterbachniederung.

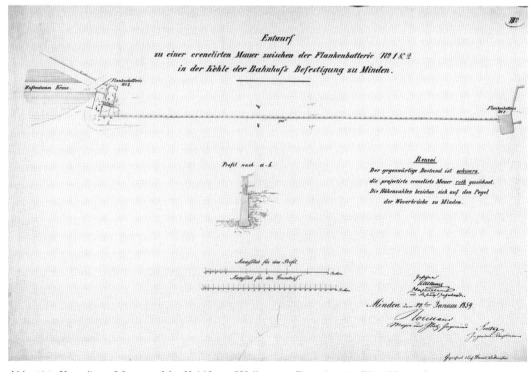

Abb. 406 Krenelierte Mauer auf der Kehlfront. Wallmeister Daniel, 1859 (Kat.-Nr. 321).

Unten *Profil nach a-b.* durch die Kehlmauer, deren Krone 8 Fuß 6 Zoll (= ca. 2,65 m) über der Ufer-Terrasse und 23 Fuß (=ca. 7,25m) über der Osterbachniederung lag. Sie ersetzte die niedrige, wohl 1854 aufgesetzte Brüstungsmauer (vgl. Kat.-Nr. 319).

Rechts *Renvoi.* Der gegenwärtige Bestand ist schwarz, die projectirte crenelierte Mauer roth gezeichnet. Die Höhenzahlen beziehen sich auf den Pegel der Weserbrücke zu Minden.

Im Zuge der Entfestigung und der Anlage der Hafenstraße wurde die Mauer spätestens um 1900 bis zur Unterkante der Gewehrscharten abgetragen und mit nach außen geneigten Sandsteinplatten abgedeckt. Zur Hafenstraße zeigt sie 0,60 – 1 m über dem Bürgersteig Backstein-Mauerwerk; die Außenseite ist mit Quadern aus Portasandstein verkleidet. Hier sind die stark nach unten geschrägten Sohlbänke der außen 1,10 m breiten Gewehrscharten erhalten; sie liegen in einem Abstand von jeweils ca. 2,70 m.

KAT.-NR. 322 ohne Abb.
Krenelierte Mauer auf der Kehlfront, 1859

Bezeichnet *v. Fedkowićz, datiert Minden den 22ten Januar 1859.*
Grau lavierte Federzeichnung in schwarzer und roter Tusche, z.T. mit Blei überzeichnet; 43,4 x 68,1 cm.
Wasserzeichen: JWHATMAN / 1858.
Maaßstab für den Grundriss 12' + 25 Ruthen = 16,9 cm ≅ 1:576;
Maaßstab für das Profil 12' + 15 Ruthen = 15,8 cm ≅ 1:144.
In Darstellung, Beschriftung und Unterschriften übereinstimmend mit Kat.-Nr. 321. Unten rechts *cop. durch v. Fedkowićz Lieutenant im Ingenieur-Corps.*

Mindener Museum, FM 72; unpubliziert. – Oben links rote Inv.-Nr. *PL V. II d : Nro 83* (blau korrigiert *No 47*) und Stempel der Fortification zu Minden.

Das Blatt ist eine nur im Maßstab leicht reduzierte, sonst mit Kat.-Nr. 321 übereinstimmende Zweitausfertigung für den Gebrauch der Mindener Fortification. Im Grundriß der Flankenbatterie No 2 sind mit Blei Gewölbelinien eingetragen, die Mauern im westlichen Raum (bei *s*) verstärkt und rund um den Bau Buchstaben *bb* und *pp* angegeben. Die Geschützplattform in der Mauerecke ist durchkreuzt. Dies läßt auf Änderungen in der Ausführung schließen, die aber in keinem der vorliegenden Pläne vermerkt sind. Zu den älteren Planungen von 1846–1848 für die Flankenbatterien vgl. Kat.-Nr. 301–305.

Die Flankenbatterie No 2 wurde im Zuge der Entfestigung erst nach 1910 abgebrochen, nach dem Bau der Stichstrecke der Mindener Kreisbahn über die Weser zum Hafen bzw. zum Kleinbahnhof an der Victoriastraße zwischen 1896 und 1902 (Zur Mindener Kreisbahn siehe Teil V, Kap. X.2.3, S. 1721 ff.).

Die Flankenbatterie No 3 (Am Alten Weserhafen 2), vor Kopf des Hafenbeckens, blieb mit der bombensicheren Erdabdeckung auf dem Dach erhalten. Seit 1898 diente sie als Schmiede, wobei eine der wasserseitigen Kanonenscharten vergrößert und die beiden landseitigen Fenster auf Türgröße verlängert wurden. Im Zweiten Weltkrieg diente der Bau als Luftschutzbunker und erhielt die notwendigen Luftschutztüren. In der Nachkriegszeit war hier zeitweise eine Wohnung eingerichtet, für die man Trennwände einzog. 1987 Verkauf durch das Bundesvermögensamt an die Architektin Inge Aretz, Minden. 1992/1994 Planung und Ausführung von Umbauten durch die Eigentümerin: vor der Westseite Anbau eines verglasten Erschließungsbereichs mit polygonalem Treppenturm, vor dem Untergeschoß liegen Heizung und Sanitärräume. Abnahme der Erdabdeckung und Dachsanierung. Die von Stadt und Denkmalpflege geforderte Wiederherstellung der Erdabdeckung steht immer noch aus. Die Flankenbatterie No 3 ist seit 1991 in die Denkmalliste der Stadt Minden eingetragen.

KAT.-NR. 323   Abb. 407
Zugklappe am Bremer Tor, 1861

Unbezeichnet, datiert *Minden den 16ten April 1861*.
Blaßfarbig angelegte Federzeichnung; 83,5 x 65,5 cm.
Transversal-Maßstab von *6 + 18 Fuss* = 20,6 cm = 1:36.
Kartentitel: *Entwurf zur Erneuerung der Zugklappe des Bremer Tores in der Bahnhofs-Befestigung zu Minden/ zum Kosten-Anschlag vom 16ten April 1861 gehörig.*
Unten links: Ort und Datum wie oben; von rechts: *M. Heinlé Major und Platz-Ingenieur./ Gesehen Neuland Oberst und Festungs-Inspecteur.*

GSTA PK, Festungskarten Minden C 70.109; unpubliziert.

Unten *Grundriss* der Zugbrücke über den Festungsgraben zwischen den äußeren Torpfeilern und den anschließenden, mit schräggezogenen Gewehrscharten versehenen Zwingermauern (Norden rechts). Rechts Ansatz des festen Brückenteils. In der oberen Hälfte Aufsicht auf die Balkenkonstruktion der Klappe und der Abdeckung des Brückenkellers, in der unteren auf den Bohlenbelag und das eingehängte hölzerne Geländer, oben links *Längendurchschnitt* durch Klappe, Brückenkeller und erstes Bockgerüst des festen Brückenteils mit Seitenansicht des linken Brückentorpfeilers.

    Daneben rechts *Querdurchschnitt nach a, b, c, d*, in der linken Hälfte Schnitt durch die Brückenklappe mit Außenansicht von Pfeiler, Zwingermauer und Brückenkeller, in der rechten Hälfte Schnitt durch den Brückenkeller, dessen Abdeckung, Klappe und Brückentorpfeiler.

    Die hier gezeichnete Konstruktion mit den Gegengewichten an den nach hinten verlängerten Balken der Brückenklappe entspricht im Prinzip der Konstruktion, die von Prittwitz (1836, S. 110 f., Taf. 61) ausführlich beschreibt, doch wurde bei der Erneuerung statt der reinen Holzkonstruktion eine Mischkonstruktion aus eisernen Doppel-T-Trägern, Balken und Bohlen gewählt.

    Das Aufziehen erfolgte über eine seitlich befestigte Kette am hinteren Querbalken der Klappe im Brückenkeller. Die im Prinzip gleiche Konstruktion zeigte wohl auch die 1846 geplante Vorgängerbrücke (vgl. Kat.-Nr. 276, 277), während gleichzeitig für das Berliner Tor noch die ältere Form mit Kugel-Kontergewichten hinter den Torpfeilern gezeichnet wurde (vgl. Kat.-Nr. 274). Dies wurde allerdings während des Genehmigungsverfahrens in Berlin zugunsten der neueren Fassung korrigiert. Noch 1851 wurde die ältere Form mit Kugel-Kontergewichten für die kleine Zugbrücke am Nordende der Fischerstadt-Befestigung gewählt (vgl. Kat.-Nr. 162, 163). Anhand dieser Pläne konnte 1986/1989 am Fort C diese ältere Form für die Zugbrücke vor dem Tor zum Hof der Enveloppe auf Grund der Befunde (kein Brückenkeller; Schächte für die Kontergewichte hinter den Torpfeilern) rekonstruiert werden.

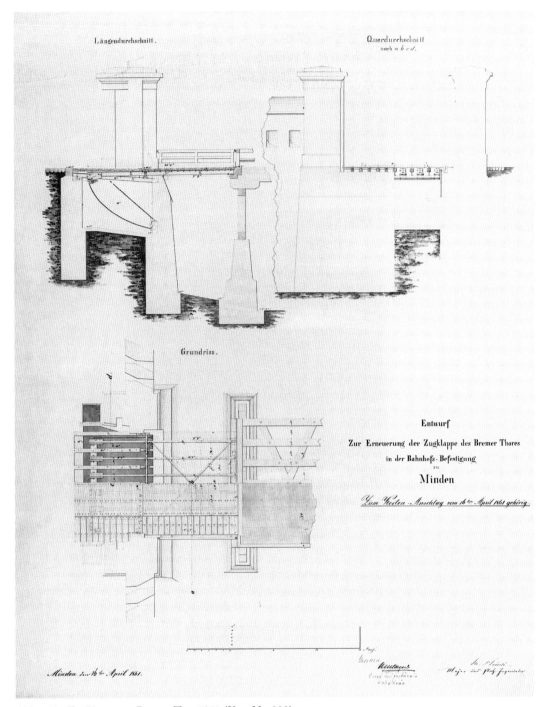

Abb. 407 Zugklappe am Bremer Tor, 1861 (Kat.-Nr. 323).

KAT.-NR. 324 ohne Abb.
Zugklappe am Berliner Tor, 1863

Unbezeichnet, datiert *Minden, den 11ten April 1863.*
Blaßfarbig angelegte Federzeichnung; 78 x 65 cm.
Maßleiste von *1 + 20 Fuss* = 18,2 cm = 1:36.
Kartentitel: *Entwurf zur Erneuerung der Zugklappe des Berliner Thor's in der Bahnhofs-Befestigung zu Minden. / Zum Kosten-Anschlage vom 11ten April 1863.*
Unten von rechts: Ort und Datum wie oben; *In Stellvertretung des Platz-Ingenieurs Maentell Ingenieur-Hauptmann / Gesehen Mertens Oberst u. Festungs Inspecteur.*

GSTA PK, Festungskarten Minden C 70.108; unpubliziert.

Oben *Fig.: 1. Längendurchschnitt* und *Fig.: 2 Querdurchschnitt nach ab, cd.* – Unten *Fig: 3. Grundriss.*
   Das Blatt entspricht bis in die Einzelheiten der Konstruktion weitgehend dem Plan zur Erneuerung der Klappe am Bremer Tor von 1861 (Kat.-Nr. 323), der offensichtlich als Vorlage gedient hat. Der Brückenkeller ist am Berliner Tor tiefer; das Auflager des festen Brückenteils auf dem Bockgerüst ist ohne Sattelhölzer ausgebildet.

KAT.-NR. 325 Abb. 408
Grenzkarte der Bahnhofsbefestigung, 1856/ 1868

Bezeichnet *Chevalier*, datiert *1856*.
Farbig angelegte Federzeichnung; 94 x 128,5 cm.
Transversal-*Maasstab 1:1250*, *10 + 50 (Ruten)* = 17,5 cm ≅ 1:1300.
Kartentitel: *Grenzkarte der BAHNHOFSBEFESTIGUNGEN zu Minden. Aufgenommen und kartirt im Jahre 1856 durch den Geometer gez. Gössling. gez. Kauert.*
Unten rechts: *copirt: Chevalier Ingenieur-Lieutenant*; links: *Für die Uebereinstimmung mit dem Original Minden den 22ten Mai 1857. Schulz. 2. Major und Platz-Ingenieur.* Rechts: *vervollständigt Minden den 4ten Mai 1868 Behm Major und Platz-Ingenieur.*

GSTA PK, Festungskarten Minden A 70.055; unpubliziert.

Der Plan (Norden links) zeigt die Grenzen des Fortifications-Terrains, das die Neustadt und den Bahnhof umschließt; südlich vorgelagert das Gelände von Fort C, im Nordosten anschließend der *Pionir Uebungsplatz* vor der Mittelfront und der linken Face von Fort B. Im Bahnhofsbereich sind zwei militärisch genutzte Grundstücke nachträglich ausgegrenzt: zwischen Kehlfront und *Bremer Strasse* die *Neue Kaserne*, östlich des Bahnhofs das *Ponton Wagenhaus*. Im Bahnhofsbereich und außerhalb des Festungsgeländes sind die Eigentümer der anliegenden Grundstücke angegeben, im Bahnhofsbereich: *Rolff Georg zu Minden* und *Eisenbahn Gesellschaft* (beiderseits der Bremer Straße), *Steuer Fiscus*, *Mölle* und *Lax Franz* (westlich der Bremer Straße); außerhalb des Fortifications-Terrains (im Osten – oben Mitte – beginnend und im Uhrzeigersinn): *Meyer No 862, Chaussée von*

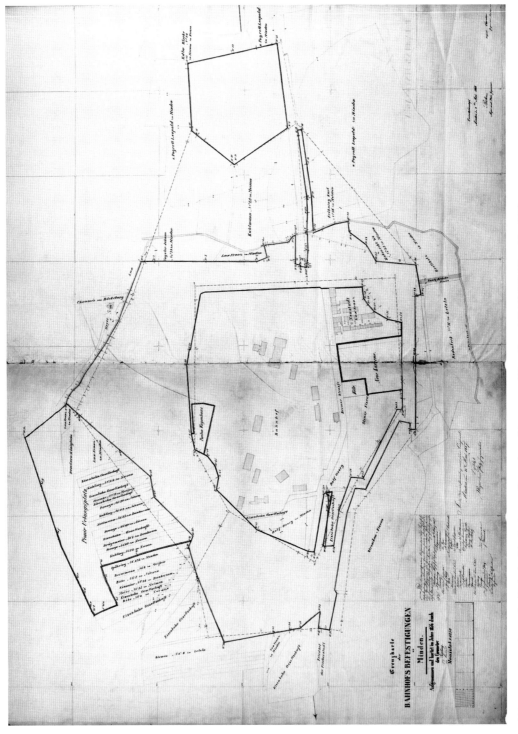

Abb. 408 Grenzkarte der Bahnhofsbefestigung. Ingenieur-Lieutenant Chevalier, 1856/1868 (Kat.-Nr. 325).

Bückeburg, Lax, Vogeler Johann No 74 zu Minden, v. Pogrell Leopold zu Minden, Edler zu Neesen, Bleeke No 22 zu Neesen, v. Pogrell, Lax, Kuhlmann No 23 zu Meissen, Fröhning Karl No 16 zu Meissen, v. Pogrell, Habenicht Wwe. No 83 zu Minden, Brettholz zu Minden, Bunte Brücke, Fiscus, Rodenbeck No 11 zu Leteln, Strombau-Fiscus, Hafen, Friedhof der Fischerstadt (vor dem »Bremer Haken«), *Eisenbahn Gesellschaft* (im Folgenden EG), *Lax, Siemon No 8 zu Leteln, EG, Böke No 2 zu Neesen, EG, Meier No 35 zu Meissen, Kösmeier No 28 zu Dankersen, Böke No 2 zu Neesen, Bornemann No 8 zu Meissen, Spöhring No 238 zu Minden;* im *Pionier Uebungsplatz* (alle gestrichen): *Kuhling No 22 zu Neesen, Prange No 20 zu Neesen, Drögemeier No 1 zu Dankersen, EG, Prange, Neitmann No 35 zu Dankersen, Kuhling, Prange, EG, Gieseke No 5 zu Meissen, EG, Kuhling, EG, Domänen Königliche, Lax.*

Ferner sind die Polygonzüge der Vermessung, ein Gradnetz von 50 Ruten Abstand und die Fortifications-Grenzsteine *No 1–70* eingetragen.

Unten links Beischrift: *Die unterzeichneten Adjacenten der Bahnhofs-Befestigung erkannten bei dem heute stattgefundenen Grenzbegange die Grenzen in natura sowohl, als die gegenwärtige Aufnahme derselben, durch ihre eigenhändige Unterschrift als richtig an. Minden, Bahnhofs Befestigung, am 30ten März 1857.* (Folgen, mit /gez./ 22 Unterschriften) *Der Geometer J. Kauert.*

Die Karte markiert offenbar den endgültigen Abschluß der Befestigungsarbeiten rund um den Bahnhof und des damit zusammenhängenden Grunderwerbs; der Nachtrag von 1868 bezieht sich auf die seither erfolgte Anlage des Pionier-Übungsplatzes (vgl. Kat.-Nr. 326). Die Eintragung der Gebäude der *Neustadt*, zwischen Bunter Brücke und Bremer Straße, belegt die schnelle Erschließung dieses Gebiets durch den Bauunternehmer Franz Lax (siehe dazu Teil V, Kap. IX.5.2).

KAT.-NR. 326 ohne Abb.
Landübungsplatz der Pioniere, 1867

Bezeichnet *Langen*, datiert *Minden, den 25ten April 1867.*
Farbig angelegte Federzeichnung; 32,5 x 46,5 cm.
Maßleiste von *10 + 50 Ruthen* = 16 cm ≅ 1:1400; die Angabe *Maaßstab 1:1250* ist falsch.
Kartentitel: *SITUATION des Land-Uebungs-Platzes für das 10te Pionir-Bataillon zu Minden.*
Unten links: Ort und Datum wie oben; rechts: *Langen, Unteroffizier. / Behm Major und Platz-Ingenieur.*

GSTA PK, Festungskarten Minden G 70.060; unpubliziert.

Lageplan der in *Flur XIV und XV* gelegenen Grundstücke nordöstlich von Mittelfront und *Fort B*, zwischen der *Eisenbahn von Hannover* und dem *Gnadenbach*, die als Landübungsplatz für die Pioniere erworben wurden. Das Gelände ist rosa umgrenzt und mit den Fortifications-Grenzsteinen *No 40–46* markiert; alle Parzellen sind mit den Grundstücks-Nummern versehen.

Von den Befestigungen sind nur die Grabenzone und das Vorgelände zwischen *Glacis-Crete* und *Fuss des Glacis* wiedergegeben, von Fort B auch die beiden Schulter-Caponièren. Aus dem Waffenplatz rechts neben dem Fort führt die *Berliner Chaussee* nach Osten über den Gnadenbach.

Oben rechts *Profil nach a b.* durch die freistehende krenelierte Mauer, den Graben und den Gedeckten Weg vor der Mittelfront; unten rechts *Profil nach c, d.* durch Graben, Gedeckten Weg und Glacisansatz vor der linken Face von Fort B.

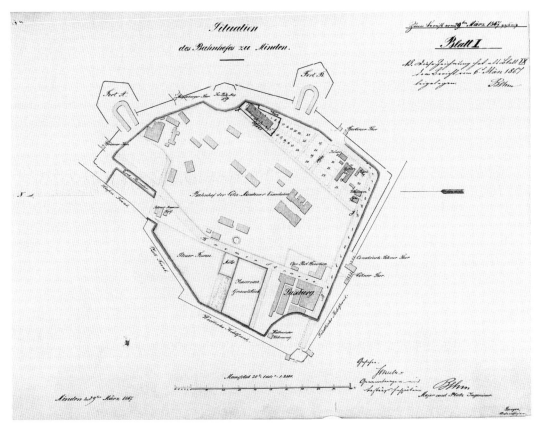

Abb. 409   Lageplan der Bahnhofsbefestigung. Unteroffizier Langen, 1867 (Kat.-Nr. 327).

KAT.-NR. 327   Abb. 409
Lageplan der Bahnhofsbefestigung, 1867

Bezeichnet *Langen*, datiert *Minden den 29ten März 1867*.
Farbig angelegte Federzeichnung; 32,5 x 49 cm.
Maaßstab 20 ° = 1 ddc" = 1:2880; Maßleiste von *10 + 100 ° = 14,2 cm*.
Kartentitel: *Situation des Bahnhofes zu Minden. / Zum Bericht vom 29 ten März 1867 gehörig. Blatt I / NB. Diese Zeichnung hat als Blatt IX dem Bericht vom 6t März 1867 beigelegen. Behm.*
Unten links Ort und Datum wie oben; von rechts: *Langen, Unteroffizier / Behm Major und Platz-Ingenieur. / Gesehen Schultz I Generalmajor und Festungs Inspecteur.*

GSTA PK, Festungskarten Minden G 70.091; unpubliziert.

Die Befestigungen sind nur schematisch mit ihren Feuerlinien und den wichtigsten Bauten an den Toren, in den Forts A und B und am Kehl-Reduit wiedergegeben, ferner das Kriegs-Pulver-Magazin (*Kr.Pulv.Mag.*) *No 6* am Kavalier, detaillierter die beiden Eisenbahntore im Süden: Das *Cölner Thor* und das *Osnabrück–Löhner Thor*, dieses ohne Flankenbatterie links.

Der Baubestand innerhalb der Befestigungsanlagen hat sich gegenüber der Grenzkarte von 1856 (Kat.-Nr. 325) z. T. beträchtlich vergrößert, nicht nur bei den Betriebsgebäuden am *Bahnhof der Cöln-Mindener Eisenbahn*, u. a. mit dem Wasserturm an der *Bremer Strasse*, an deren Anfang die *Ober-Post-Direction* errichtet wurde. Zwischen *Zoll- und Hafen-Front* liegt westlich der Bremer Straße das *Körner-Magazin* (No 2), vorher Lagerhaus der Fa. *Rolff*. Der östliche Randstreifen zwischen Eisenbahnanlagen und Befestigungen (heute Bahn- und Pionierstraße) ist parzelliert und am Knick der *Berliner Chaussee* teilweise bebaut; angegeben sind die Eigentümer *Nabe (42)*, *Wöhrmann (41)*, *Krah (39)*, *Spatz (35–37)* und *Krüer (31)*.

Die Parzellen 1–11 am Nordende dieses Zwickels sind rot umrandet; hier ist das projektierte Ponton-Wagenhaus für die Pioniertruppe eingetragen (siehe Kat.-Nr. 328 und S. 829, Kap. IV.3. 4 B). Auf dem freien Platz vor dem Kehl-Reduit steht die 1857 geplante *Wallmeister-Wohnung* (siehe Teil V, S. 1444 ff., Hafenstraße 4). Die zur Bremer Straße anschließende Bebauung, 1856 als Neustadt bezeichnet, trägt hier nach dem Besitzer den Namen *Laxburg*.

Im rückwärtigen Grundstück hinter *Mölle* zwischen Bremer Straße und (späterer) Hafenstraße ist mit Blei vermerkt: *Nachträglich zum Kas(ernen) Grundstück abgetreten*.

Zugehörig ist Kat.-Nr. 328 (Blatt II).

KAT.-NR. 328   Abb. 410
Ponton-Wagenhaus für die Pioniere, 1867

Bezeichnet *Langen*, datiert *Minden den 29ten März 1867*.
Kolorierte Federzeichnung; 63,5 x 96 cm.
Transversal-*Maaßstab 12' = 1 ddc. Zoll = 1 : 144; 12 + 120 Fuss = 28,2 cm*.
Kartentitel: *Zeichnung zum Bau eines Ponton-Wagenhauses für das Königliche 10te Pionir-Bataillon zu Minden. Bearbeitet zufolge Verfügung des Königlichen Allgemeinen Kriegs Departements vom 15ten März 1867. / Blatt II. Zum Kosten-Anschlage vom 29ten März 1867 gehörend*.
Unten links: Ort und Datum wie oben, von rechts: *Langen, Unteroffizier. / Behm Major und Platz-Ingenieur. / Gesehen. Schultz I Generalmajor und Festungs Inspector*.

GSTA PK, Festungskarten Minden C 70.117; unpubliziert.

Oben Grundriß (Norden rechts) des 226 x 26 Fuß (= 71 x 19,50 m) großen Gebäudes mit Außenmauern aus Sichtbackstein und innerer Holzkonstruktion, in der linken Hälfte Erdgeschoß, in der rechten Hälfte Obergeschoß. Das Innere wird durch drei Reihen von je elf Ständern in vier Schiffe zu zwölf Jochen gleichmäßig geteilt; in den beiden östlichen Ecken Treppen zum Obergeschoß, daneben im Nordosten, mit Scherwänden abgeteilt, Raum *Für den Capitain d'armes* (Zeughauptmann) und *Geschirrkammer*. Vor dem Nordgiebel führt eine leichte Holzrampe mit festem Anlauf in das Obergeschoß. Südlich des Gebäudes ein *Brunnen*. Beischrift: *Eine Skizze von den pro 1868 angebrachten Verschlägen u. Gerüsten, befindet sich bei No 7/8. 68. A III in IX. 3.3–11.W.*

Unten *Ansicht und Durchschnitt nach a, b, c, d.:* Halbe Außenansicht der westlichen Langseite und halber Längsschnitt. Das zwölf Achsen lange Gebäude wurde durch Backsteinlisenen mit Rahmenstreifen auf Konsolen unter der Traufe gegliedert, in jedem Feld stichbogige Zwillingsfenster, darüber im Halbgeschoß jeweils drei Drempelfenster mit scheitrechten Bögen über Brustgesims. Im 4.

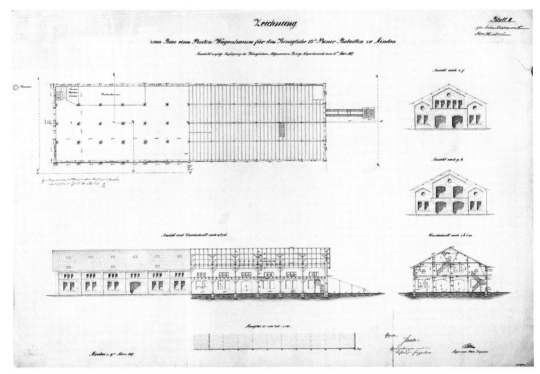

Abb. 410 Ponton-Wagenhaus für die Pioniere. Unteroffizier Langen, 1867 (Kat.-Nr. 328).

und 9. Feld stichbogige Tore. Satteldach mit Schieferdeckung und liegenden Dachfenstern in zwei Reihen. Alle Ständer bis ins Dach mit doppelten Kopfbändern zu Rähmen und Pfetten. Zahlreiche Maßangaben.

Rechts untereinander *Ansicht nach e,f* (Südgiebel), *Ansicht nach g, h* (Nordgiebel) und *Durchschnitt nach i, k, l, m* (Querschnitt).

Südgiebel: Die beiden mittleren Schiffe öffnen sich in großen Toren, die in einem geschlossenen Wandfeld in der Ebene der Ecklisenen liegen. In den seitlichen Rücklagen Zwillingsfenster, darüber je ein Okulus. Die Lisenengliederung für die Giebelzone setzt erst über dem gemauerten Konsolbrustgesims über den Toren an; sie faßt die beiden mittleren Schiffe zusammen. Ein flacher, der Dachneigung folgender, steigender Treppenfries auf Konsolen schließt die schmalen Seitenschiffe und das doppelt breite Mittelschiff giebelförmig ab; über den Toren stehen fünf Stichbogenfenster, im Giebelfeld ein Okulus.

Der Nordgiebel entspricht dem nördlichen, statt der Fünf-Fenster-Gruppe sind hier wie unten zwei breite Tore angeordnet; das Konsolgesims liegt in Höhe des Fußbodens.

Querschnitt: Pfettendach mit zwei Kehlbalkenlagen; die Sparren durch Schrägstreben vom Drempelfuß und beiderseits der nicht bis unter den First reichenden Mittelständer unterstützt. Die Fußpfette liegt nicht auf der Mauerkrone, sondern dahinter auf einer Wandständerreihe mit Zangen zu den unteren Schrägstreben. Vom Drempelgeschoß führt eine Treppe in den Dachraum.

Abb. 411 Das gesprengte Kriegs-Pulver-Magazin No 6 hinter dem Kavalier der Mittelfront, nach 1909. Im Hintergrund links das Kammergebäude von 1908/09 und das Reduit von Fort B, rechts das Ponton-Wagenhaus.

Der Bau brannte im August 1933 ab. Für den geplanten Neubau hielt die Heeresstandortverwaltung *aus besonderen Gründen die Umwehrung des Gebäudes unter völligem Anschluß an das Kasernengebäude für dringend erforderlich.* Die Stadt lehnte die Einziehung des reichseigenen Teilstückes der Pionierstraße unter Verweis auf die Streitsache Reichsbahn ./. Finanzamt wegen der Öffentlichkeit der Brücke über die Eisenbahn bei Fort A und der auf diese führenden Wege ab. Die Pionierstraße sei als öffentliche Straße anzusehen und stelle neben der bahneigenen Bahnstraße die einzige fahrbare Verbindung zum Dombredenweg (Kleine Dombrede) her. Bau- und Straßenfluchtlinien für die Pionierstraße seien ordnungsgemäß festgelegt (BA Pionierstraße o. Nr.; Lageplan Bauakte Pionierstraße 16).

1935 Bau des Schuppens Nr. 2 nach Plan des Heeresbauamtes Minden. Massiver eingeschossiger Normtypenbau von 79,01 m Gesamtlänge mit Eisenbetonbindern und Pultdach mit Hohlsteindecken mit doppelter Pappdeckung. Im südlichen, 36,76 m langen und 14,76 m tiefen Teilbau sollten in drei Abteilungen Anker und Ankersucher, Bohlen und Rampengerät sowie Kleingerät untergebracht werden; der Nordteil von 42,25 m Länge und 9,76 Tiefe war für die Unterbringung von 16 Pontons in acht Abteilungen vorgesehen. Zur Pionierstraße 13 große Falttore mit Oberlichtern (BA Pionierstraße 6 mit Plänen). Dieser Bau besteht noch in wenig geänderter Form als Lagerschuppen in ziviler Nutzung (siehe auch Kap. IV.3.4 B).

Militärbauten innerhalb der Festungswerke (Kat.-Nr. 329–379)

ARTILLERIE-ZEUGHOF IM MAURITIUS-KLOSTER (KAT.-NR. 329–351)

Das 1042 auf dem Werder gegenüber von Minden gegründete Benediktiner-Kloster St. Mauritius wurde 1434 in die Oberstadt zur Pfarrkirche St. Simeon verlegt. 1464 erfolgte die Grundsteinlegung für den Neubau der Klosterkirche nordwestlich von St. Simeon, deren Chor 1474 geweiht wurde. Das wirtschaftlich schwache Kloster wurde 1696 dem Benediktinerkloster Huysburg inkorporiert, sank aber zur Propstei ab und wurde durch Dekret des Königs Jérôme von Westphalen vom 16. September 1810 aufgehoben. In den Wirren der folgenden Kriegsjahre dienten die Gebäude als Pferdestall, Lazarett, Artillerie-Werkstatt und Bäckerei der französischen Truppen; nach 1814 übernahm das preußische Militär den Komplex und richtete hier 1820 den Artillerie-Zeughof (Artillerie-Filial-Depot) für die Festung Minden ein. Vor dem Ersten Weltkrieg putzten (nach CRAMER 1910, S. 241) im Artilleriedepot *täglich zwei Unteroffiziere und 40 Mann* (des Infanterie-Regiments No. 15) *die Waffen, die hier für die Reserve- und Landwehrformationen des VII. Armeekorps niedergelegt waren*. Der Artillerie-Zeughof, nach dem Ersten Weltkrieg Nebenzeugamt, bestand bis 1945. Das hier noch vorhandene Material für die Truppenausstattung wurde von der Alliierten Militärregierung beschlagnahmt, ebenso galten die Gebäude nach den Bestimmungen der Militärregierung als beschlagnahmt (Schreiben des Bürgermeisters vom 14. Juli 1945 an den Landrat bzw. vom 12. Oktober 1945 an den Regierungspräsidenten, BA Königstraße 9/11/13). 1945 wohnten im ehemaligen Zeughof zwölf Familien mit 43 Personen (ebenda). Zur Geschichte des Mauritius-Klosters, zu seinen Baulichkeiten bis 1820 und zur neuen Nutzung nach 1945 siehe Teil III, S. 478–574.

KAT.-NR. 329   Abb. 412
Lageplan des Mauritius-Klosters und der Zuckersiederei, vor 1818

Unbezeichnet, nicht datiert.
Rosa und grau lavierte Federzeichnung; 47 x 29,6 cm (Blatt), 45,4 x 28,1 cm (innere Einfassung).
Wasserzeichen: Gekrönter Lilienschild, darunter VG.
Maßstab *3 Ruth = 1 DecZoll*, Maßleiste von (10 Fuß) + *10 Ruthen* = 9,5 cm = 1:432. Norden unten.
Kartentitel, oben: *Kloster St. Mauritii et Simeonis*, daneben (rot) *B.*,
unten: Die *Zuckersiederei*, unten links (rot) *G*.

STA DT, D73 Kartensammlung Tit. 4 Nr. 9 892; unpubliziert.

Oben Lageplan des Mauritius-Klosters an der *Kuhthor-Strasse* (später Königstraße). Die in schattierten Umrissen gezeichneten Gebäude gruppieren sich im Uhrzeigersinn, rechts beginnend, um den Hofraum. *Wohnhaus. a.; Stall b.; Stall c.; Remise. d.; Kloster Kirche e; Kloster f.* Nach Südwesten anschließend *Kloster Garten*. Die obere (südliche) Begrenzung bildet die Straße Am Weingarten; der dreiflügelige Klausurbau (f) lehnt sich südlich an die Kirche. Der am westlichen Klosterflügel liegende Bau am Weingarten, dessen Westwand an den Klostergarten stößt, gehörte ursprünglich gleichfalls zum Kloster und enthielt die Abtswohnung (*alte Propstei*), die Küche und das Krankenhaus. Laut Feuer-Societäts-Kataster von 1818 (KAM, Mi, E 693, S. 349) war dieser Querflügel damals bereits abgebro-

IV.2.2 Katalog – Militärbauten innerhalb der Festungswerke (Kat.-Nr. 329–379) 627

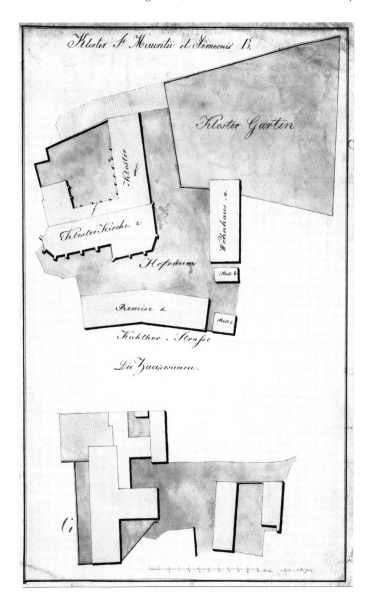

Abb. 412 Lageplan des Mauritius-Klosters und der Zuckersiederei, vor 1818 (Kat.-Nr. 329).

chen. – Unten Lageplan der *Zuckersiederei*, die sich seit 1764 im Westflügel des ehemaligen Dominikaner-Klosters (Alte Kirchstraße 11), den südwestlich anschließenden kleinen Nebenbauten, dem 1780 errichten Wohn- und Verwaltungsbau (Brüderhof 6; rechts) und der dahinterliegenden Scheune (Alte Kirchstraße 26) befand und 1808 einging. Von 1814–1824 diente der T-förmige ehemalige Klosterflügel als Fourage-Magazin für das preußische Militär (siehe Teil IV, S. 63–88, 97 ff., 368–372).

Das Blatt wurde vermutlich, wie die folgenden, von dem bei der Regierung Minden tätigen Baukondukteur F. Stamm gezeichnet (vgl. die signierten Blätter Kat.-Nr. 330, 331). Diese Bauaufnahmen dienten offenbar dazu, nach 1814 den Bestand an verfügbaren Baukomplexen und Räumlichkeiten in der Stadt zu erfassen, vermutlich für militärische Zwecke.

KAT.-NR. 330 siehe Teil III, Abb. 369
Lageplan von St. Simeon und Mauritius-Kloster, vor 1818

Bezeichnet *Stamm*, nicht datiert.
Federzeichnung, rosa, grün und hellgrün angelegt; 29,1 x 38 cm (Blatt), 27,5 x 36,4 cm (innere Einfassung).
Wasserzeichen: Van der Ley.
Maßleiste von 10 (Fuß) + *16 Ruthen rheinl* = 14,65 cm = 1 : 432. Norden unten.
Kartentitel: *Situationsplan des St Simeons Klosters in Minden / aufg: u. gez: von Stamm.*

STA DT, D 73 Kartensammlung Tit. 4 Nr. 9 873; unpubliziert.

Der Baubestand des Mauritius-Klosters, im Uhrzeigersinn mit *a – f* bezeichnet, entspricht dem des vorhergehenden Blattes Kat.-Nr. 329. Die Zeichnung ist hier erweitert um das östlich anschließende Gelände am Simeonskirchplatz, bei dem Straße, Freiflächen und *Hofraum* in dunklerem Grau angelegt sind. Östlich von *Remise d* und *Kloster Kirche e* liegt ein größeres Gebäude (Simeonskirchhof 1 und 3, Küster- und Pfarrhaus von St. Simeon) mit *Wohnungen* und Hofraum oder Garten zur *Kuh-Thor-Strasse*, darin an der Grenze zum Mauritius-Kloster *Stall* (2x). An den östlichen Klosterflügel schließt sich die *Simeons Kirche* an, südwestlich von ihr führt die Treppe hinunter zum Weingarten. Die Bezeichnung der *Kuh-Thor-Strasse* ist von anderer Hand dazugesetzt.

KAT.-NR. 330 a ohne Abb.
Artillerie-Zeughof, um 1821

Unbezeichnet, nicht datiert.
Grau lavierte Federzeichnung mit Nachträgen in Blei ; 36,2 x 35,2 cm; Ecken unten rechts und links verloren, Einrisse mehrfach hinterklebt. Zahlreiche Nadeleinstiche. Maßleiste von *12* (Fuß) + *20 Ruthen Preus.* = 17,2 cm = 1 : 460. Norden links.
Kartentitel: *Grundriss des Zeughofes zu Minden.*

Mindener Museum, FM 177; aus Privatbesitz 1994 erworben; unpubliziert. – Oben links rote Inv.-Nr. *P. V. IIIa, No 1.* und Stempel der Fortification zu Minden. Oben rechts 77 (rot); 17 (Blei).

Nivellements-Zeichnung des Zeughof-Areals zwischen *Königs Strasse* und *Weingarten Strasse*. Gebäudebestand wie im Lageplan des Ingenieur-Kapitäns von Bütow von 1821 (vgl. Kat.-Nr. 335, 336), aber mit den erst später festgelegten Bezeichnungen. Im Osten die ehem. Mauritius-Kirche: *Zeughaus* mit *Werkstatts Gebäude* und *Schmiede* in den Resten der Klausur, unter dem Südende des vor 1821 abgebrochenen Westflügels *Keller* mit Verbindung zu einem weiteren Keller unter dem abgebrochenen südlichen Querflügel an der Futtermauer zum Weingarten. Im südwestlichen ehemaligen Garten *Artillerie-Wagenhaus Nro 1*, nördlich anschließend *Dienstwohnung des Zeug Lieutnant* und *Aufbewahrungs Local Nro.1, Kleiner Schuppen Nro 1.* An der Königstraße *kleiner Schuppen Nro 2* und *Artillerie Wagenhaus Nro 3* mit *Dienstwohnung des Zeugschreibers und Zeugdieners* im Westende neben der Durchfahrt. Vor den Gebäuden und zwischen Durchfahrt und Ostgiebel von Wagenhaus Nro 1 sind Streifen aus *Stein Pflaster* mit grauer Lavierung eingetragen, im Hofgelände gestrichelte Abwasserrinnen mit Pfeilen für die Fließrichtung.

Zahlreiche Höhenpunkte sind mit roter und blauer Tusche eingemessen, auf sie bezieht sich die *Bemerkung. Die rothen Zahlen sind die Höhepunkte /: nach dem neuen Pegel: / der jetzigen Hofsohle, und die blauen Zahlen die Höhenmaasse der zu vertiefenden Hofsohle.*

Der wohl um oder bald nach 1821 entstandene Plan für die Regulierung der Hofflächen wurde nach 1871 für eine Neuvermessung benutzt: Die zahlreichen Vermessungslinien sind mit metrischen Maßen in Blei versehen.

Rückseitig aufgeklebter Zettel: *Artillerie Schuppen / 1. Etage des Wohngebäudes auf dem Klosterhof St. Mauritii / Grundriß des Zeughofes zu Minden*; mehrere Inv.-Nummern.

KAT.-NR. 331   Abb. 413
Kirche und Klausur des Mauritius-Klosters, vor 1818

Bezeichnet *Stamm*, undatiert.
Rosa und grün lavierte Federzeichnung; 42,4 x 34,4 cm (Blatt), 40,7 x 29,8 cm (innere Einfassung)
Maßleiste von (10+) *60 Fuss rhl.* = 9,45 cm = 1 : 300. Norden links.
Ohne Kartentitel; rechts unten: *aufg u. gez vom Conducteur F. Stamm.*

STA DT, D 73 Kartensammlung Tit. 4, Nr. 9 891; unpubliziert.

Unten *Grundriss der Kirche u. der 1ten Etage des Klosters.*

Links die in den drei westlichen Jochen zweischiffige Kirche, das breitere Hauptschiff setzt sich im dreijochigen Chor mit 5/8-Schluß fort; im Chorpolyon der Altar, im westlichen Chorjoch Zungenmauern mit Durchgang. Eingänge im Westen des Hauptschiffes und an der Ostseite des nördlichen Seitenschiffs. Das Fenster in der schrägen Westseite dieses Schiffes zweibahnig, alle übrigen an Nordseite und Chorpolyon dreibahnig.

Rechts vor der fensterlosen Südseite der Kirche die Klausur. In der Flucht der Kirchenwestwand der Westflügel, am Chor, leicht schräg angesetzt, der kurze Ostflügel. Kirche und beide Flügel umschließen den gewölbten Kreuzgang, der an der Südseite fehlt und auch mit dem Ostflügel vor der Simeons-Kirche abbricht. Im westlichen Klosterflügel Aufgang zum Obergeschoß.

Oben rechts *Grundriss der 2ten Etage.* Im Westflügel zu beiden Seiten des Mittelganges kleinere Räume, über dem Kreuzgang mit Mauern, zur Westseite mit leichten Wänden, wohl aus Fachwerk. Der Korridor an der Kirchenwand setzt sich bis in den Ostflügel fort; auch hier nur leichte Trennwände. – Links oben *Durchschnitt der Klosterkirche* durch den zweischiffigen Westteil und den Nordflügel des Kreuzgangs samt oberem Korridor und Schleppdach.

Im Chor der etwas erhöhte Altar, davor die niedrigen Zungenmauern, an der Südwand in Höhe des Klosterkorridors ein Schwalbennest (Orgel oder Kanzel ?) mit Zugang vom Korridor. In der Ostwand des Seitenschiffes ein spitzbogiges Portal, aus der Achse nach Norden versetzt, darüber dreibahniges Fenster. Die Maßwerke sind nur summarisch und ohne bestimmbare Einzelformen gezeichnet.

Im Dachraum über dem Hauptschiff Kehlbalken auf doppelt stehendem Stuhl, darüber eine weitere Kehlbalkenlage und Hahnebalken; Querverband mit Fußstreben an den Sparren und langen Andreaskreuzen. Die Kehlbalken setzen sich über dem Seitenschiff fort; hier eine Stuhlreihe und eine Schrägstrebe. Über dem First schlanker, polygonaler Dachreiter mit spitzem Helm; die Konstruktion unter der Dachhaut ist nicht angegeben. Rechts schließt das Dach des Ostflügels an.

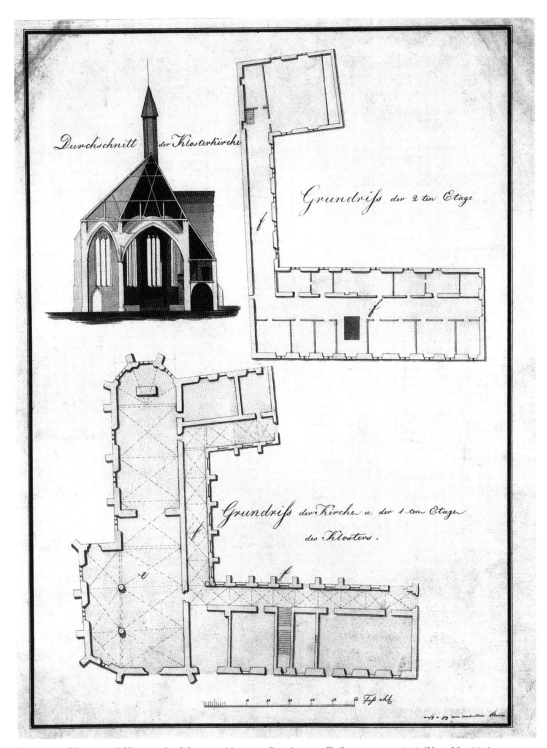

Abb. 413 Kirche und Klausur des Mauritiusklosters. Conducteur F. Stamm, vor 1818 (Kat.-Nr. 331).

KAT.-NR. 331 a   siehe Teil III, Abb. 368
Kirche und Kloster St. Mauritii, zwischen 1816 und 1818

Bezeichnet *Westphal,* nicht datiert.
Farbig angelegte Federzeichnung mit Notizen und Nebenrechnungen in Blei; 50 x 72,6 cm. Mit Leinenband gerändelt; Knick hinterlegt.
Maßleiste von *10 + 100 Fuss Pr. Maass* ≅ 28,3 cm, *Maasstab* ≅ 1 : 124. Norden links.
Kartentitel: *Kirche und Kloster St. Mauritii in Minden.*
Unten rechts: *aufgenommen und gezeichnet von Westphal Ing Lieut.*

STA MS, Kartensammlung A 19 885; Foto von 1934 im WAfD, Bildarchiv, unpubliziert. – Oben links rote *Inv.-Nr. P. V. IIIa, No 1* und Stempel der Fortification in Minden; oben rechts Stempel des KOEN. PREUSS. ARTILLERIE DEPOT MÜNSTER FIL. MINDEN.

Links Grundriß der Kirche (*Länge im Lichten = 130′ 5″, Breite* im Hauptschiff = *27′ 7″*) mit den südlich anschließenden Klostergebäuden. Nordflügel vom *Kreutzgang, Länge ab = 77′,* Ostflügel mit zwei Räumen am *Kreutzgang 42′ 7″; Westflügel mit Kreutzgang* (*Länge = 106′ 8″; Breite im Lichten = 34′ 6″*). Südöstlich anstoßend *SimeonsKirche* und *Thurm der Simeons Kirche;* der südliche Raum des Ostflügels zeigt in den Ecken die Reste eines eingestürzten Gewölbes, in der Südostecke *Gang in die Simeons Kirche.* Vor der Westmauer des zweijochig gewölbten nördlichen Raumes ein Mauerklotz mit einer in der Wand nach Norden gebogenen Kellertreppe, die anscheinend im unteren Bereich verschüttet ist. In der Nordwand zur Kirche gestrichelt *Thüre,* mit Bleistift-Zusatz *ehemalige.*
Im Westflügel neben der Kirche Durchgangsraum mit breiter Westtür und *Kellertreppe;* der gangartige Keller ist gestrichelt angegeben. Anschließend ein fast quadratischer Raum, dann eine Treppe vom Kreuzgang zum Obergeschoß. Der Südteil des Flügels ist durch zwei Fachwerkwände mit Türen in drei Räume von *11, 21* und *20′* (Fuß) Breite geteilt. Vor der zweiten Fensterachse von Süden liegt außen ein Kellerabgang. Zwischen den Kreuzgangflügeln ein *Innerer Hof,* nach Süden durch eine schräggezogene Mauer vom Westflügel zum Turm der Simeons-Kirche abgeschlossen.
Rechts Grundriß für die *Zweite Etage.* Im Westflügel Mittelgang (*Länge = 103′*), daran nach Westen beiderseits der Treppe zwei große, mit Fachwerkwänden abgeteilte Räume, nach Osten, über dem Kreuzgang drei Räume von *25′ 9″, 55′* und *8′ 6″* Länge mit massiven Mauern. Der Gang über dem nördlichen Kreuzgangflügel zieht sich mit *81′ 7″* Länge in den Ostflügel, wo zwei Räume von *10 x 18′* bzw. *26′ 6″ x 31′* Größe durch Fachwerkwände abgeteilt sind. Vor dem Südgiebel ist ein schmales Gelaß, teils mit Fachwerk, teils mit einem Holzgitter abgetrennt.
Mit Buchstaben bezeichnete Schnittlinien verweisen auf weitere Zeichnungen mit Querschnitten durch die Kirche und die Klosterflügel, die jedoch nicht vorliegen. Die Bleistifteinträge im Erd- und Obergeschoß des Westflügels markieren eine anscheinend projektierte Neuaufteilung mit Fachwerkwänden und z. T. unleserlichen Raumbezeichnungen (*Flur, Kammer, Treppe, Küche*).
Der abgebrochene Teil wurde später in beiden Zeichnungen mit großer Klammer und Beischrift *Der Teil besteht nicht mehr* (EG) bzw. *besteht nicht mehr* (OG) bezeichnet.
Da Westphal 1816 zum Leutnant befördert wurde (von Bonin II, 1878, S. 302), andererseits der Grundrißplan des Ingenieur-Capitains von Bütow (Kat.-Nr. 336) sicher auf 1821 datiert ist, muß die Zeichnung nach 1816 und vor 1818 entstanden sein, da der Westflügel im Feuer-Societäts-Kataster von 1818 (KAM, Mi, E 693, pag. 349) als *ist abgebrochen* bezeichnet ist.

KAT.-NR. 331 b Abb. 414
Kirche und Kloster St. Mauritii, zwischen 1816 und 1818

Unbezeichnet, undatiert.
Grau schattierte Federzeichnung; 50 x 46,4 cm; vielfach eingerissen, Fehlstellen mit Schriftverlust.
Über älteren Hinterklebungen auf Transparentpapier gezogen.
(M)aasstab 10 (Fuß) + *70 Fuß Rhl. ddc* = 21 cm = 1:120. Norden links.
Kartentitel: *Kirche und Kloster St. M(auritii) in Minden.*

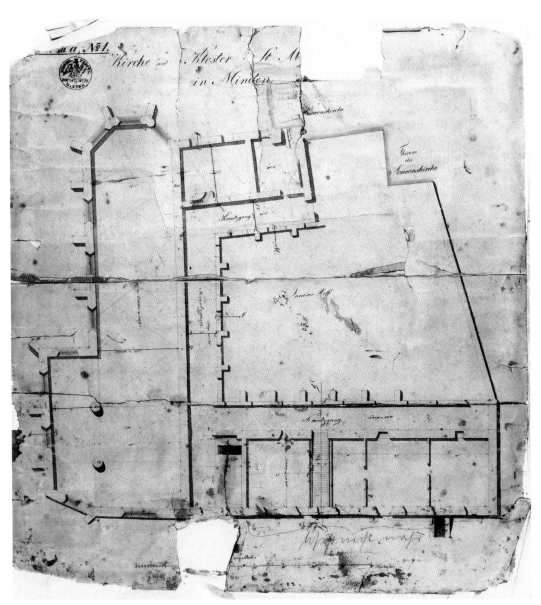

Abb. 414 Kirche und Kloster St. Mauritii, zwischen 1816 und 1818 (Kat.-Nr. 331b).

Mindener Museum, FM 185; aus Privatbesitz 1994 erworben, unpubliziert. – Oben links rote Inv.-Nr. *(P. V.) III a, No 1* und Stempel der Fortification zu Minden.
Rückseitig aufgeklebter Zettel mit dem Kartentitel.

Grundriß der Mauritius-Kirche und der Klausurgebäude vor dem weitgehenden Abbruch des Westflügels, mit Schnittebene über den Sohlbänken der Fenster der Kirche. Südlich der Kirche und vor den Klausurflügeln *Kreutzgang* (3 x), dazwischen *Innerer Hoff*, östlich anschließend *Simeonskirche* und *Thurm der Simeonskirche*. In der Südostecke des Ostflügels *Gang in die Simeonskirche*. In der Westmauer des Ostflügels zum Kreuzgang Mauerklotz mit gebogener Treppe: *verschüttet*, daneben *Thür zur Kirche*. Zahlreiche Maßangaben für Länge und Breite der Kirche, der Kreuzgangflügel und der einzelnen Räume. Schnittangaben verweisen auf weitere, nicht vorliegende Zeichnungen.

Der Plan stimmt in Anlage und Beschriftung, Maßangaben und dem Charakter der schöngeschriebenen Kursive mit dem Grundrißplan des Ingenieur-Leutnants Westphal (Kat.-Nr. 331a) überein – abgesehen von der Schattierung – so daß er als Konzept für die Reinzeichnung oder als Zweitausfertigung angesehen und Westphal zugewiesen werden kann.

Am Westflügel der Klostergebäude nachträgliche Bleistiftnotiz mit Klammer: *besteht nicht mehr*.

KAT.-NR. 332 Abb. 415
Klosterkirche St. Mauritius, Umbauplan 1821

Bezeichnet *v Bütow*, rückseitig datiert *1821*.
Federzeichnung; 65,5 x 102 cm.
Wasserzeichen: J KOOL & COMP, daneben ein schwerthaltender Löwe, auf einer Leiste stehend.
Maasstab 12 x 72 Fuß Rhl = 21,9 cm ≙ 1 : 120.
Kartentitel: *Zeichnung zu dem innern Ausbau der Kloster Kirche St. Mauritii*,
unten rechts *v Bütow Ing. Capt.* – Dorsal: *Eingesandt von Major v Gayette d. 18. Aug. 21.*

GSTA PK, Festungskarten Minden C 80.102; unpubliziert.

Unten links *Grundriss der Kloster Kirche* mit den Balkenbettungen für Geschützrohre in beiden Schiffen; Einfahrten in der Westwand, in der Chor-Ostwand sowie in der Ostwand des Seitenschiffs. Hier hinter der schrägen Westwand verzogene Treppe zu den oberen Räumen. Das Hauptschiff ist mit einer Reihe von neun Ständern längs unterteilt, je zwei Ständer flankieren die Rundpfeiler zwischen den Schiffen. Darüber *Grundriss der Balkenlage* über dem Erdgeschoß mit einer Klappe im Westteil des Hauptschiffes.

Längsunterzüge über der Ständerreihe und an den Wänden tragen die kräftigen Balken der Zwischendecke. Die gestrichelten Linien geben die Fachwerkwände auf der oberen Ebene an.

Oben links *Längen Profil nach AB* durch die in zwei Geschossen eingestellte Holzkonstruktion, auf der in der Gewölbezone eine Fachwerkwand mit vier Türen steht. Auf der obersten Ebene eine Winde für die Klappe in der unteren Zwischendecke. Diese ruht im Erdgeschoß auf einem Bock mit Rampe hinter dem Westtor. Diese Auffahrt diente zum Transport der Geschützlafetten in das obere Geschoß.

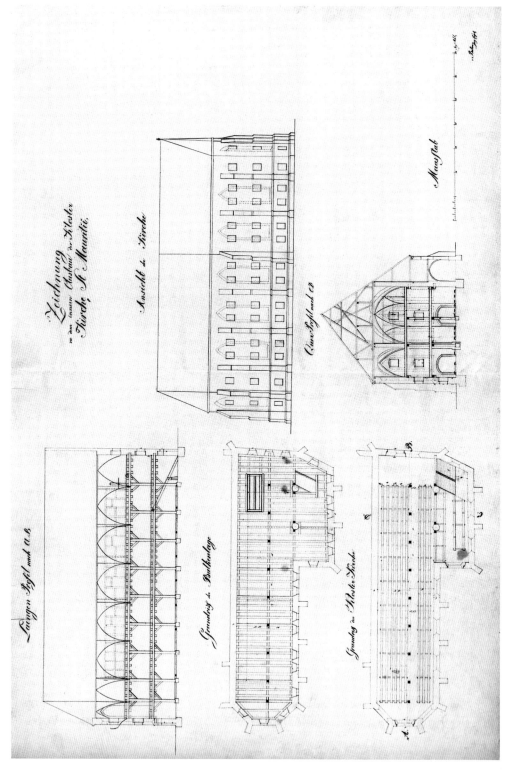

Abb. 415 Klosterkirche St. Mauritius, Umbauplan. Ingenieur-Capitain von Bütow, 1821 (Kat.-Nr. 332).

Rechts unten *Quer Profil nach CD*, durch den zweischiffigen Teil der Kirche und den nördlichen Kreuzgangflügel, mit Ansicht der stichbogigen Tore. Die Decken liegen an den Außenwänden auf Streichbalken über Steinkonsolen. – Oben rechts *Ansicht der Kirche* von Norden mit den in drei Geschossen neu angelegten Rechteckfenstern. Die vermauerten alten Fenster sind gestrichelt angegeben. Der Dachreiter auf dem First (vgl. Kat.-Nr. 331) ist verschwunden.

Das Projekt des Hauptmanns von Bütow für den Umbau der Kirche zum Artillerie-Zeughaus wurde im wesentlichen so ausgeführt, doch entfielen die Kammern in der Gewölbezone (vgl. Kat.-Nr. 333, 334). Die Struktur der rund 350 Jahre alten Kirche wurde kaum verändert; Eingriffe betrafen hauptsächlich die Fenster und die Anlage der Tore.

Zu Ingenieur-Capitain von Bütow vgl. auch Kat.-Nr. 117.

KAT.-NR. 333 Abb. 416
Die Mauritius-Kirche als Artillerie-Zeughaus, 1847

Bezeichnet *Daniel*, datiert *Minden den 21ten September 1847*.
Federzeichnung mit schwarzer Tusche; hellgelb, hellrot und rot angelegt; Korrekturen z. T. in Blei; 58,6 x 50,5 cm, unten ungleich beschnitten, alt auf Leinen gezogen.
Transversal-Maßstab von *12 x 132 Fuss* = 37,4 cm ≅ 1:120.
Kartentitel: *ZEJCHNUNG des Artillerie Zeughauses zu MJNDEN / Fortification zu Minden. Sect: VI. 3 ad No: 713. Zum Bericht & Kosten-Anschlag d.d. Minden den 25ten September 1847.*
Unten: *Im Jahre 1847 berichtigt nach den Hoeheren Bestimmungen durch Hardenack, Major & Platzingenieur.*

Mindener Museum, FM 97, unpubliziert. – Oben links rote Inv.-Nr. *P. V. IIIa, No 9* und Stempel der Fortification zu Minden.

Oben Grundriß der Kirche, Norden unten. Anstelle der asymmetrischen Längsteilung des *28'* breiten Hauptschiffes sind drei Schiffe von je *8' 1⅓"* Breite vorsehen, das Nordschiff soll ebenfalls mit einer Ständerreihe unterteilt werden. Die Deckenbalken sollen an den Wänden auf Streichbalken über Wandständern liegen. Die Aufzugsklappe im Westteil soll verbreitet werden.

Unten *Profil nach abcd* durch den Westteil des Gebäudes mit der alten und der neuen Ständerteilung. Schwellhölzer, Wandständer über Kopfbänder im Querverband sind nachträglich gestrichen. Darauf bezieht sich die Beischrift links: *Anmerk(ung): Die durchgestrichenen Schwellen, Ständer und Kopfbänder in nebenstehender Profilzeichnung, sind in der an das Ministerium eingereichten Zeichnung weggelassen. Minden den 21ten September 1847. Daniel Pionier Sergeant der 7 Abthl.*

Rechts neben dem Profil oben zwei Grundriß-Details der Südwestecke mit Fensteröffnungen und Nischen zum *Werkstatts-Gebäude* (ehem. Kloster), darunter zwei Detailschnitte: *Profil nach fe.und ki.* sowie *Profil nach hg.*, aus denen die Höhenlage der Öffnungen im Verhältnis zur oberen Zeughausdecke in Höhe der Gewölbeanfänger deutlich wird.

Die hier projektierte Verstärkung der Stützkonstruktion unter den Zwischendecken des Artillerie-Zeughauses wurde nicht ausgeführt (vgl. Kat.-Nr. 334).

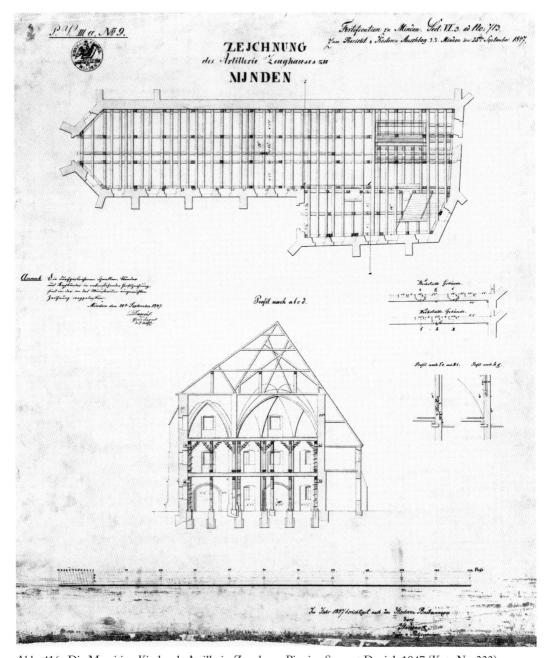

Abb. 416 Die Mauritius-Kirche als Artillerie-Zeughaus. Pionier-Sergant Daniel, 1847 (Kat.-Nr. 333).

IV.2.2 Katalog – Militärbauten innerhalb der Festungswerke (Kat.-Nr. 329–379)

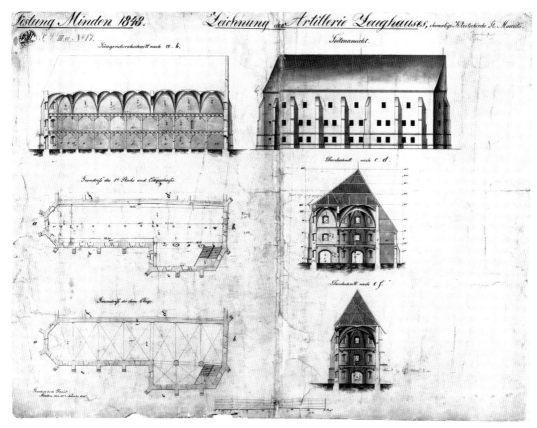

Abb. 417   Die Mauritius-Kirche als Artillerie-Zeughaus. Daniel, 1848 (Kat.-Nr. 334).

KAT.-NR. 334   Abb. 417
Die Mauritius-Kirche als Artillerie-Zeughaus, 1848

Bezeichnet *Daniel*, datiert *Minden den 12ten November 1848*.
Farbig angelegte und lavierte Federzeichnung mit Notizen in Blei; 63 x 84 cm;
Wasserzeichen: JWHATMAN.
Transversal-Maßstab von *12 + 72 Fuss* = 17,7 cm = 1:148; darüber in Blei Maßstab von *1 + 5* (Meter) nachgetragen.
Kartentitel: *Festung Minden 1848. / Zeichnung des Artillerie Zeughauses, ehemalige Klosterkirche St. Mauritii.*
Unten links: *Gezeichnet durch Daniel*, Ort und Datum wie oben.

Mindener Museum, FM 16; unpubliziert. – Oben links rote Inv.-Nr. *P. V. III a, No* 17 mit Stempel der Fortification zu Minden.

Abb. 418 St. Mauritius/Artillerie-Zeughaus von Osten, 1895.

Links in der Mitte *Grundriss des 1ten Stock's und Erdgeschosses* mit der leicht nach Norden (unten) versetzten Ständerreihe, der Treppe in der Nordwestecke und den meist paarig geordneten Fenstern. Eingetragen die Längen- und Breitenmaße, Stärken der Mauern und Strebepfeiler, Maße der Öffnungen etc. Hauptmaße auch (nachträglich) im metrischen System.

Darunter *Grundriss der obern Etage* mit Projektion der Gewölbelinien.

Oben *Längsdurchschnitt nach a–b* durch das Hauptschiff nach Süden mit Angabe der Stockwerkshöhen und Jochweiten für die Balkenkonstruktion sowie Eintragung der Höhe der Gewölbeschlußsteine und der Gurtbogenscheitel über der zweiten Zwischendecke.

Mitte rechts *Durchschnitt nach c–d* durch das zweischiffige Langhaus nach Osten mit den eingehängten Zwischendecken samt Dachkonstruktion. Alles mit zahlreichen Maßangaben. Zu beiden

Abb. 419 St. Mauritius/Artillerie-Zeughaus von Nordwesten, 1895.

Seiten verschiedene Höhenangaben bis zum First, links für die Kirche, rechts für den Kreuzgang-Nordflügel und die Dachkonstruktionen. – Links an der Traufe Korrekturvermerk: *Profil nicht scharf gezeichnet!* mit Skizze für die richtige Form.

Unten rechts *Durchschnitt nach ef.* durch den Chor nach Osten wie oben. Im Dachstuhl Streben aus doppelten Andreaskreuzen; doppelt stehender Stuhl und Kehlbalkenlage in Blei ergänzt. Rechts neben der unteren Deckenkonsole in Blei: *Stein-K(onsole) 30/30 – Abstand ~ 2 m*, dazwischen perspektivische Skizze mit Maßangabe *90*.

Oben rechts *Seitenansicht* von Norden mit den drei Fensterreihen. In den Schiffsjochen jeweils paarige Fenster, im Bereich der Schildwände Einzelfenster. Traufprofil am Chor mit Beischrift *falsch!* durchstrichen; links daneben Korrekturskizze.

Wie der Knick in der Langhaus-Südwand zeigt, handelt es sich hier wohl nicht um die Kopie oder Nachzeichnung eines vorhandenen Blattes, sondern um eine recht sorgfältige neue Bauaufnahme zur Ergänzung des Planbestandes der Fortification. Der Plan zeigt auch, daß das Umbauprojekt von 1847 (Kat.-Nr. 333) nicht ausgeführt wurde.

KAT.-NR. 335 Abb. 420
Klostergebäude bei St. Mauritius, Umbauplan, 1821

Bezeichnet *v Bütow*, nicht datiert.
Farbig angelegte Federzeichnung mit zahlreichen Nachträgen und Überzeichnungen; 52 x 69,5 cm.
Wasserzeichen: Jan Cool & Co (kursiv).
Maasstab zur Situation: Maßleiste von *(1+)19 Ruth Rhl* = 16,5 cm ≙ 1:470; in Blei nachgetragen *8 Ruthen = 30,13 m*; *Maasstab zum Grundriss:* Maßleiste von *10 + 70 Fuss Rhl* = 20,8 cm = 1:120.
Kartentitel: *Zeichnung des hintern Kloster Gebäudes und des Kreutzgangs längs der ehemaligen St Mauritii Kirche zur Einrichtung einer Artillerie Werkstätte / gezeichnet v Bütow Ing Capit.*
In der 2. Hälfte des 19. Jahrhunderts nachgetragen: *Grundriß und Profile von dem Schmiede- und Werkstatts-Gebäude.*

Mindener Museum, FM 148; unpubliziert. – Oben links rote Inv.-Nr. *P. V. IIIa, No 11* mit Stempel der Fortification zu Minden.

Rechts *Situation des Klosters St. Mauritii* (Nordpfeil nachgetragen). Lageplan des Klosters ähnlich dem im Kat.-Nr. 329, jedoch mit inzwischen eingetretenen Veränderungen. Der Westflügel des Klostergebäudes ist bis auf die Länge von zwei Kreuzgangjochen abgebrochen worden; der Rest ist die *neu eingerichtete Artillerie Werkstätte*, nördlich die *ehemalige Kirche / Zeughaus*. Vom abgebrochenen Klosterflügel ist nur noch der gestrichelte *Keller* mit Treppe von Westen her eingetragen; der quer davor, zum *Weingarten* liegende Bau ist gleichfalls bis auf einen kleinen, gestrichelten Keller niedergelegt, ebenso ein großer Teil der östlichen Mauer des *Garten*(s). Hier steht jetzt der *Wagenschuppen I*, südwestlich davon führt eine *Rampe* zu dem Tor in der Gartenmauer am Weingarten. Hier Beischrift: *NB. Die Zahlen bedeuten die Höhen unter dem Terrain am Wagenschuppen.*
    Südöstlich von Kirche und Kloster die *Simeons-Kirche*.
    Die *Remise*, nördlich der Kirche, mit *Küche* im Westteil, ist nachträglich als *Wagenhaus III* bezeichnet, die ehemalige Kuh-Thor-Straße als *Klosterstraße (Königsstraß)*. – Der Lageplan ist mit einem Gitternetz überzeichnet.
    Links am Rand *Grundriss der ersten Etage* (Erdgeschoß) des ehemaligen Klostergebäudes. Im Ostflügel *Schmiede* mit je einer Esse an Nord und Südwand sowie Treppe zum Obergeschoß; die Westwand zum Kreuzgang ist bis auf Pfeiler geöffnet. – Im anschließenden Nordflügel des Kreuzgangs *Tischler Werkstatt*; im Rest des Westflügels *Stellmacher Werkstatt*, mit Treppe zum Obergeschoß; unter dem Raum ein schmaler *Keller*.
    In der Blattmitte *Grundriss der zweiten Etage* mit neu einzuziehenden Fachwerkwänden. Für die Nutzung der Räume sind keine Angaben gemacht (vgl. Kat.-Nr. 336).
    Links zwischen beiden Grundrissen *Profil nach a b* durch den Kreuzgang-Nordflügel mit dem neu anzulegenden Schornstein, in der Blattmitte *Profil nach cd* durch den Ostflügel nach Süden mit der Esse, oben Fachwerkwände. Der Kehlbalkendachstuhl ist durch schräggestellte Streben abgestützt.
    Neben und über die Grundrisse und Schnitte sind mehrere Detailskizzen in Blei gesetzt, meist mit Metermaßen, also nach 1872, als anscheinend weitere Veränderungen anstanden.
    Das Blatt ist das bei der Fortification verbliebene Konzept zu Kat.-Nr. 336.

IV.2.2 Katalog – Militärbauten innerhalb der Festungswerke (Kat.-Nr. 329–379) 641

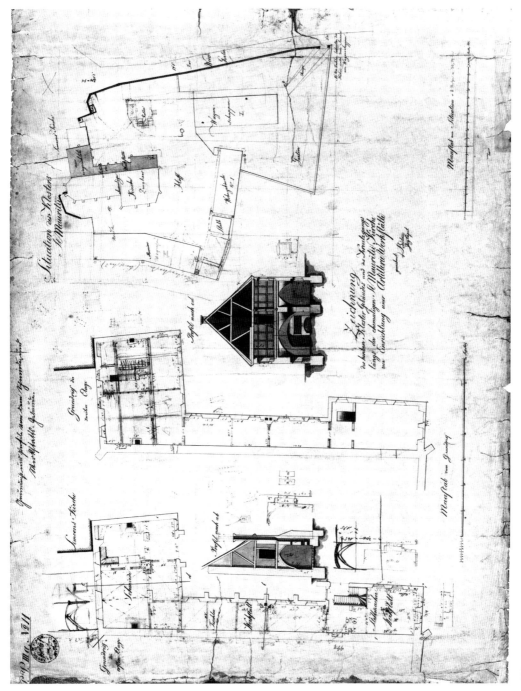

Abb. 420 Klostergebäude bei St. Mauritius, Umbauplan. Ingenieur-Capitain von Bütow, 1821 (Kat.-Nr. 335).

KAT.-NR. 336   ohne Abb.
Klostergebäude bei St. Mauritius, Umbauplan, 1821

Bezeichnet *v Bütow*, rückseitig datiert *März 1821*.
Farbig angelegte Federzeichnung; 52,5 x 68,7 cm.
Wasserzeichen: Jan Cool & Co (kursiv).
Maastab zum Grundriss: Maßleiste von *10 + 70 Fuss Rhl*. = 20,65 cm = 1:120; *Maastab zur Situation: 12* (Fuß) + *19 Ruth Rhl* = 16,4 cm ≅ 1:470.
Kartentitel: *Zeichnung des hintern Kloster Gebäudes und des Kreutzgangs längs der ehemaligen St Mauritii Kirche zur Einrichtung einer Artillerie Werkstätte / gezeichnet v Bütow Ing Capit*. Rückseitig Vermerk: *Eingesandt durch den Fest Inspect: Major Gayette. ad No 66 März I. 3. Jahr 1821*.
Unten Mitte: *Gesehen FvUthmann Kapt u Ing vom Platz*.

GSTA PK, Festungskarten Minden C 70.130; unpubliziert.

Das Blatt ist die über den Inspekteur der 1. Rheinischen Festungs-Inspektion, Major von Gayette, nach Berlin eingesandte Reinzeichnung von Kat.-Nr. 335. Beide Blätter sind durch den rückseitigen Vermerk auf Kat.-Nr. 336 auf 1821 datiert.

Da hier die zahlreichen späteren Überzeichnungen fehlen, ist von Bütows Zeichnung in manchen Einzelheiten deutlicher. Die Beschriftung stimmt überein; in der Reinzeichnung ist für den *Grundrisse der zweiten Etage* als Nutzung angegeben: im Restbau des Westflügels *Anstreicher Zimmer*, über dem Nordflügel des Kreuzgangs *Drechsler und Klempner Werkstatt*, im Ostflügel: *Niederlage von Materialien und fertigen Sachen*.

Die Keller der abgebrochenen südlichen Klostergebäude sind hier gleichfalls deutlicher auszumachen: Der Keller unter dem Südende des Westflügels, mit Außentreppe von Westen, hatte an beiden Längswänden Vorlagen (für Scheidbögen?); durch einen abgewinkelten Gang in der Südostecke war er mit einem kleinen Keller unter dem südlich davor liegenden Querbau zum Weingarten verbunden. Dieses, sonst offenbar nicht unterkellerte Gebäude dürfte damit zum ursprünglichen Baubestand des Mauritius-Klosters zu rechnen sein. Vermutlich lag hier das von Abt Conrad Purtick nach 1497 (?) und vor 1501 errichtete Haus *versus meridiem, in qua est abbacia et coquina* (GROTEFEND 1873, S. 153), also Abtei und Klosterküche.

KAT.-NR. 336 a   Abb. 421
Klostergebäude bei St. Mauritius, Umbauplan, 1847

Bezeichnet *Daniel*, datiert *Minden den 30t März 1847*.
Mehrfarbig angelegte Federzeichnung mit Nachträgen in Blei; 34,7 x 49,1 cm. Ecke rechts unten abgerissen mit Schriftverlust.
Transversal-Maßstab von *12 + 72 Fuss* = 18,2 cm = 1:144.
Kartentitel: *Zeichnung des schmalen Theils des Werkstattsgebäudes und der Schmiede auf dem Artillerie-Zeughof zu Minden. Fortification zu Minden, Sect. 3. ad No 254. Zum Kostenanschlage d.d. Minden den 30t März 1847*.
Unten von rechts: *Copirt durch Da(niel) Sergea(nt) in der Konigl: VII (Pionir Abth.) / gez: Bender Ing:Lieutnant, / gez.: Hardenack. Major und Platzingenieur. / gez: Hesse Hauptmann und Artillerie*

Offizier vom Platz / gez: In Stellvertretung des Festungs-Inspecteurs gesehen gez: von Hüene Generalmajor u. Ingenieur-Inspecteur.
Unten links: *Für die Richtigkeit der Copie Hardenack Major & Platzingenieur. Minden im September 1847.*

Mindener Museum, FM 183; aus Privatbesitz 1994 erworben, unpubliziert. – Oben links rote Inv.-Nr. *P. V. IIIa, No 11* und Stempel der Fortification zu Minden, oben rechts Inv.-Nr. und Stempel des Militär-Bauamtes Minden.

Oben links *Erdgeschoß*-Grundriß des nördlichen Kreuzgangflügels (*Werkstatts-Gebäude*) und des Ostflügels *(Schmiede)*, an die *Ite Etage des angrenzenden Zeughauses* anschließend, südlich davon *Zeughof*.

Unten links *Obere Etage*, nördlich IIte Etage des angrenzenden Zeughauses, im Ostflügel *Treppenloch*. – Rechts unten *Profil nach a b*: Schnitt durch den gewölbten Kreuzgang-Nordflügel mit Obergeschoß und Schleppdach an der Kirchenwand.

Rechts unten *Profil nach adef*: Querschnitt durch den Ostflügel mit Kreuzganggewölbe und flachgedecktem östlichem Raum, Obergeschoß und Dach.

Rechts oben *Anmerkung. Die im Grundriß des Erdgeschosses roth einpunktirten Linien sind Wände und Ständer des oberen Geschosses. – Gelb angelegt – neu zu errichtende Wände behufs Anlegung einer Büchsenmacher-Werkstätte.*

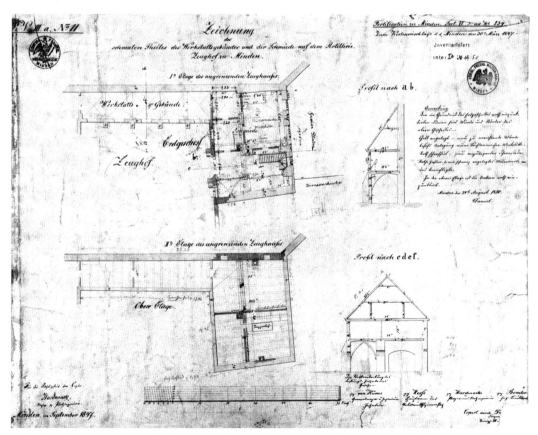

Abb. 421 Klostergebäude bei St. Mauritius, Umbauplan. Ingenieur-Lieutenant Bender, Kopie von Pionier-Sergeant Daniel, 1847 (Kat.-Nr. 336a).

Abb. 422 Kirche und Klostergebäude von St. Mauritius als Artillerie-Zeughaus und -Werkstätten von Südwesten, um 1914.

Roth schraffiert – neu anzulegender Schornstein. Rothe Zahlen, so wie schwarz angelegtes Mauerwerk – das berichtigte. In der oberen Etage ist die Untere roth einpunktiert. Minden, den 24t August 1850. Daniel.

Die zwischen 1847 und 1850 neu aufgeführten, z. T. anstelle früherer Mauerdurchbrüche angelegten (gelben) Mauern unterteilten die Schmiede in mehrere kleine Räume, vgl. auch den Bestand und die Nachträge in Kat.-Nr. 335 und 336. – Nach 1871 wurden teils in Tusche, teils in Blei zahlreiche metrische Maßangaben nachgetragen, außerdem Trennwände sowie *Büchsenmacher Werkstätte.*

KAT.-NR. 337   Abb. 423
Verschiedene Gebäude des Mauritius-Klosters, vor 1821

Unbezeichnet, nicht datiert.
Grau und rosa lavierte Federzeichnung; 33,4/34 x 40,8 cm (Blatt), 30,3 x 37,3 cm (Einfassung). Die rechte untere Ecke fehlt.
Ohne Wasserzeichen.
Maßleiste von (10)+ *60 rhl . duod. fuss* = 9,5 cm ≅ 1:230.
Kartentitel: *Zeichnungen verschiedener Gebäude bei dem St Simeons Kloster, zum Gebrauch der Artillerie, in Minden.*

IV.2.2 Katalog – Militärbauten innerhalb der Festungswerke (Kat.-Nr. 329–379)   645

STA DT, D 73 Tit. 4, Nr. 9 890. – Am unteren Rand *Plankam(m)er der Königl. Regierung in Minden Abth: XII No 29a.*

Das Blatt gehört in die Serie der Bestandsaufnahmen der verfügbaren Gebäude (vgl. Kat.-Nr. 329–331) und dürfte wie diese vom Baukondukteur F. Stamm gezeichnet worden sein. Der zweimal längsgeteilte Plan zeigt drei Gebäude:
  Oben: den in Kat.-Nr. 329 und 331 als Wohngebäude a bezeichneten Bau westlich der ehemaligen Klosterkirche,
  Mitte: die mit Stall b bzw. c markierten Ställe nördlich davon,
  unten: die Remise d an der Kuh-Thor-Straße bzw. Königstraße.
  Oben *a. Grundriss, Aufriss* und *Profil* des zweigeschossigen Massivbaues mit steilem Satteldach, dieses mit doppelt stehendem Stuhl und zwei Kehlbalkenlagen. Von den sieben Achsen der Hofseite, im niedrigeren Obergeschoß als Pfostenfenster ausgebildet, gehören die vier linken zum Wohnteil, der mit Tür und Querflur in der zweiten Achse erschlossen ist und an diesem Flur eine Feuerstelle aufweist. Hinter den drei rechten Achsen, mit Zugang in der fünften Achse, ein ungeteilter Raum mit firstparallelem Unterzug auf zwei Ständern, Feuerstelle mit Bosen an der Nordwand und Holztreppe zum Obergeschoß, anscheinend ein Wirtschafts- und Lagerraum. Hier sind Ost- und West-

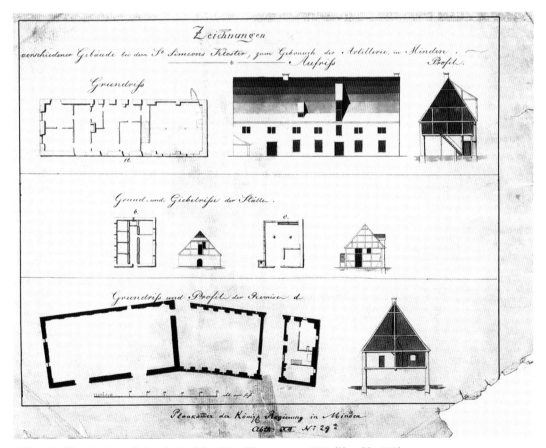

Abb. 423 Verschiedene Gebäude des Mauritius-Klosters, vor 1821 (Kat.-Nr. 337).

wand deutlich schwächer und zeigen im Grundriß pfeilerartige Wandvorlagen (für die in Minden typischen Entlastungsbögen). Im Dach über dem Wohnteil eine kleine Schleppgaupe, im Nordteil über Tür und Ladeluke zum Obergeschoß eine hohe Aufzugsgaupe zum Dachraum.

Mitte: *Grund- und Giebelrisse der Ställe*, links für *b*, rechts für *c*.

Stall *b*: Eingeschossiger Massivbau mit Fachwerk-Krüppelwalmgiebeln, Eingang in der Mitte, darüber Giebel-Luke und Fenster. Im Erdgeschoß links vom Mittelgang vier Boxen mit Futtertrögen am Gang, rechts ein großer und ein kleinerer Stand, gleichfalls mit Trögen am Gang.

Stall *c*: Eingeschossiger Fachwerkbau mit massiver Seitenwand nach Norden. Eingang in der vorderen Giebelwand, dahinter rechts ein kleiner, abgeteilter Raum, nach hinten zwei Stützen, an der Rückwand zwei Futtertröge. Links neben dem Vordergiebel kleiner Abortanbau.

Unten: *Grundriss und Profil der Remise d*: Der langgestreckte, zweigeschossige Massivbau folgt mit seinem mittigen Knick dem Straßenverlauf. Links (nach Osten) ein großer, ungeteilter Raum mit zwei Einfahrten von der Straße her, zwei Fenstern im Ostgiebel sowie zwei Türen zum Hofraum bzw. zur westlichen Hälfte. Hier liegt, nach Westen verschoben, die Durchfahrt in den Klosterhof, anschließend nach Westen eine kleine, dreiräumige Wohnung mit ofenbeheizter Stube, Feuerstelle und Treppe zum Obergeschoß. Der große Raum ist nicht unterteilt; er hat an der Südseite eine breite Einfahrt, von der Durchfahrt her nur eine schmale Tür. An den Längswänden zahlreiche Nischen, darin zur Straße durchgehend Fensterschlitze, zur Hofseite nur drei schmale Öffnungen.

Rechts Querschnitt, wohl durch die Wohnung im Westteil mit dem gezogenen Schornstein in der Giebelwand, rechts daneben Nische mit Fenster, links Tür zur Kammer über der Stube. Trennwand mit beidseitigen Kopfbändern, im Dach Firstsäule, Kehlbalken über Kopfbändern und Hahnebalken.

Von den vier dargestellten Bauten sind drei, wenn auch in veränderter Gestalt erhalten: *a* (Wohngebäude) ist heute Pauline-von-Mallinckrodt-Platz 6–8, *b* die Wärmestube Pauline-von-Mallinckrodt-Platz 4, *d* ist Königstraße 9–11. Der Stall *c* wurde 1865/66 durch das Bureau-Gebäude des Artillerie-Depots, zuletzt Pauline-von-Mallinckrodt-Platz 2, ersetzt (dieses 1998 abgebrochen).

Der Plan gibt, neben der Vogelschau Wenzel Hollars von 1633/34, Aufschluß über das Aussehen der Gebäude um den vorderen Klosterhof vor den Veränderungen des 19. Jahrhunderts für die Nutzung als Artillerie-Depot.

Zum Wohngebäude vgl. auch Kat.-Nr. 337 a–340; zur Remise vgl. Kat.-Nr. 341–343 sowie Teil III, S. 562–571, Neue Propstei, Brauhaus bzw. Klosterscheune mit Pforthaus.

KAT.-NR. 337 a   ohne Abb.

1te Etage des Wohngebäudes auf dem Klosterhofe St. Mauritii

Unbezeichnet, nicht datiert (nach 1821).
Federzeichnung; 22,5 x 29,1 cm.
Maßleiste von 12(') + 6 *Preuss. Ruthe(n)*: = 18,05 cm = M 1:145.

STA MS, Kartensammlung A 19 886; unpubliziert. – Oben links rote Inv.-Nr. *PL. V. III a No1* und Stempel der Fortification zu Minden.

Grundriß des Erdgeschosses der ehemaligen Propstei westlich der Mauritius-Kirche (Pauline-von-Mallinckrodt-Platz 6–8). Norden rechts. In den beiden linken Dritteln, beiderseits vom Quer-*Fluhr* mit Feuerstelle (Kamin) in der Mitte der Nordwand, die Wirtschafts- und Wohnräume, am Flurende rechts beginnend und im Uhrzeigersinn umlaufend mit *a* bis *g* bezeichnet. Die drei Räume *a–c* an der Westwand mit schmalen, hochliegenden Fenstern (vgl. Kat.-Nr. 338) und nicht beheizbar; in den vorderen Räumen *e–f* und im Zimmer *g* in der Südwestecke sind die Standorte von Öfen eingezeichnet; bei *e* mit Rauchrohr zum Kamin am Flur. Die Räume *f* und *g* links vom Flur werden von Süden belichtet. Das nachträglich eingezeichnete schräge Doppelkreuz vor der schmalen Ostwand von Raum *a* scheint sich auf die Anlage einer weiteren Feuerstelle neben dem Flurkamin zu beziehen.

Das rechte Drittel des Gebäudes nimmt Raum *h* ein: *Raum, den das Artillerie-Depot zum Gewehrputzen benutzt*. In der Raummitte firstparalleler Unterzug auf zwei Ständern, rechts hinten breite Feuerstelle mit großem Bosen vor dem Schornstein in der nördlichen Giebelwand. Links hinter dem Eingang, an der Trennwand zum Wohnteil einläufige Treppe zum Obergeschoß. Den Raum belichten zwei Fenster in der Eingangswand. Diese und die westliche Rückwand sind dünner als die übrigen Außenmauern des Geschosses und zeigen pfeilerartige Wandvorlagen (für die in Minden im 15. und 16. Jahrhundert üblichen Entlastungsbögen).

Die niedrige Ordnungsnummer deutet darauf hin, daß der Grundriß als erste genauere Bestandsaufnahme nach der Einrichtung des Artillerie-Depots im Mauritius-Kloster bald nach 1821 entstand (Die wohl zugehörigen Erläuterungen bisher nicht ermittelt). Nach der sauberen Beschriftung könnte das Blatt von Ing.-Capitain von Bütow oder Ing.-Lieutenant Westphal gezeichnet sein.

KAT.-NR. 338 Abb. 424
Dienstwohnung des Zeugleutnants auf dem Artillerie-Zeughof, 1850

Unbezeichnet, datiert *Minden den 23ten Mai 1850*.
Farbig angelegte Federzeichnung mit Nachträgen in Blei; 36,3 x 42,6 cm, am rechten Rand ungleich beschnitten.
Wasserzeichen: JWHATMAN.
Maßleiste von *10 + 60 Fuss* = 15,25 cm = 1:144.
Kartentitel: *Zeichnung der Dienstwohnung des Zeuglieutnants auf dem Artillerie-Zeughofe*. In Blei nachgetragen: *behufs Anlage eines Kellers*.
Unten rechts: Ort und Datum wie oben; *Königl. Fortifikation gez: Hardenack. Major u. Platzingenieur / Königl. Artillerie-Depot gez: Schenk. Hauptmann u Artillerie Offizier des Platzes*.

STA DT, D73 Kartensammlung Tit. 4 Nr. 10 256; unpubliziert. – Oben links rote Inv.-Nr. *IIIa, No 28* und Stempel der Fortification zu Minden, oben rechts Inv.-Nr. und Stempel des Militär-Bauamtes Minden.

Links *Grundriss des Erdgeschosses* (Norden rechts). In den beiden linken Dritteln der Wohnteil, der im Grundriß im wesentlichen dem von ca. 1820 (Kat.-Nr. 337) gleicht. Links vom *Flur* mit Treppe vor dem besteigbaren Kamin in zwei Räumen das *Büreau des K. Artillerie-Depots*, rechts Wohnung mit vier Räumen, durch eine zusätzliche Wand unterteilt: *Wohnstube* und *Küche*, unter dem Raum neben der Wohnstube *Projectirter Keller*. In der Rückwand der Küche fünf *Fenster 6 Fuss über dem Fussboden*, die auf ein *Nachbarliches Privatgrundstück* gehen. Das rechte Gebäudedrittel, *Verwahrungs Gebäude No 1*, ist durch zwei Ständerreihen mit Unterzügen firstparallel in drei Schiffe geteilt. An der Wand zum Wohnteil die abgetrennte Treppe hinter dem *Eingang zum Verwahrung-Gebäude*

648 IV Die Festung – IV.2 Die Festung vom Dreißigjährigen Krieg bis zur Aufhebung im Jahr 1873

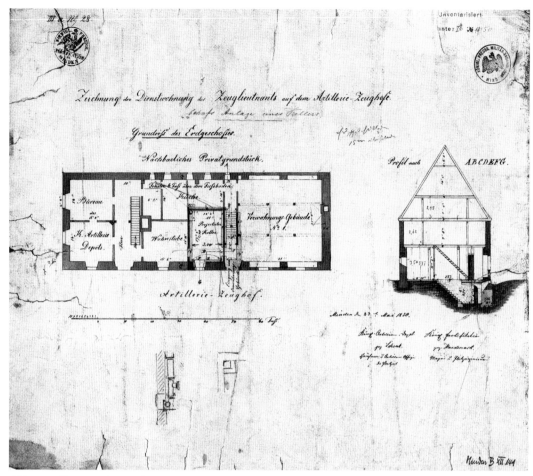

Abb. 424 Dienstwohnung des Zeuglieutnants auf dem Artillerie-Zeughof, 1850 (Kat.-Nr. 338).

vom *Artillerie-Zeughof*. Unter ihr ist die Kellertreppe eingetragen, die von der Küche her erreichbar ist. – An der nördlichen Giebelwand des Gebäudes ist mit Blei der Kaminbosen skizziert.

Rechts *Profil nach ABCDEFG*: Querschnitt durch den rechten Treppenbereich mit der projektierten Kellertreppe und Schnitt durch das weiter südlich neu anzulegende Kellerfenster. Das Obergeschoß und das erste Dachgeschoß sind durch zwei weiter nach außen gestellte Stuhlreihen geteilt, darüber Kehlbalken und Hahnebalken.

Alle Räume in Grundriß und Schnitt mit Maßangaben, die für die Höhen z. T. durch metrische Maße in Blei ergänzt wurden. Beim Kartentitel Bleistiftnotiz: *Erdgeschoßfußboden 15 cm über Gelände*. Unter der Maßleiste zwei Detailskizzen in Blei, links für eine Rohrleitung, rechts für einen Eckschornstein oder Luftkamin. Beide beziehen sich wohl auf Rohrleitungen, die im Grundriß von einem skizzierten Abort neben der Küche schräg durch den Bau zum vorderen Hof flüchtig eingetragen sind, vgl. Kat.-Nr. 340.

Das Blatt ist anscheinend die für die Fortification gezeichnete Zweitausfertigung. Die nach Berlin eingesandte Reinzeichnung liegt dort nicht vor.

KAT.-NR. 339 ohne Abb.
Verwahrungs-Gebäude No 1 auf dem Artillerie-Zeughof, Umbauplan, 1869

Bezeichnet *Langen*, datiert *31ten Mai 1869*.
Federzeichnung mit roter und grauschwarzer Tusche auf Pausleinen, rückseitig farbig angelegt; Nachträge in Blei; 38,7 x 48,5 cm.
Maaßstab 12' = 1 ddc", Maßleiste von *10 + 100'* = 23,9 cm = 1:148.
Kartentitel: *Zeichnung des Verwahrungs-Gebäudes No 1 auf dem Artillerie Zeughofe der Festung Minden / Zu dem Kosten-Anschlage vom 31ten Mai 1860 gehörig.*
Unten rechts: *gez. Langen, Unteroffizier / gez: Giese Major und Ingenieur vom Platz / Einverstanden. gez: von Drabich-Waechter Major und Artillerie-Offizier vom Platz / Gesehen gez: Stürmer Oberst und Festungs-Inspecteur / p(ro)v(era) c(opia) Daniel Fortif.-Sekr.*

STA DT, D73 Kartensammlung Tit. 4 Nr. 10 257; unpubliziert.

Links oben *Grundriss* des Erdgeschosses. Links Dienst-Wohnung des Zeug-Hauptmanns; rechts *Verwahrungs-Raum*. Der Grundriß entspricht dem von 1850 (siehe Kat.-Nr. 338); die Toilette ist nicht von dem Durchgangsraum neben der Küche abgeteilt, sondern von dem hinteren Raum links vom Flur.
    Darunter *Grundriss des 1ten Stocks*. Im linken Drittel Querflur mit Treppe und zwei Räume; die beiden rechten Drittel gehören zu den Verwahrungsräumen, vorn ist ein 15' x 15' 7" großer Raum zur Dienstwohnung geschlagen. *Balken* und *Unterzug* (je 2x) sind gestrichelt eingetragen. – Für die Fenster im Lagerraumteil sind Verengungen auf 3¼' Breite durch Vormauerungen an den Gewänden unter Wegfall der Mittelpfosten, teils – in der nördlichen Giebelwand – seitliche Verschiebungen vorgesehen.
    Unten links *Durchschnitt nach A,B.*: Längsschnitt durch den First nach Westen mit Angabe der Ständer- und Deckenkonstruktionen sowohl für den Bestand als auch für die Aufstockung mit einem Drempelgeschoß und neuem Dachstuhl.
    Rechts *Profil nach C, D.*: Querschnitt durch das rechte Gebäudedrittel mit dem Projekt für die Erhöhung des Obergeschosses von 7 Fuß 6 Zoll (vgl. Kat.-Nr. 338) auf *10'*, das Aufsetzen des Drempels und den neuen Dachstuhl, darin *Große Kehlbalken* über doppelt stehendem Stuhl mit Schrägstreben und *Zange*, unter dem First *Kleine Kehl-Balken*, jeweils mit Angaben der Holzstärken. Vorgesehen ist ein *Neues Schieferdach* mit erheblich flacherer Neigung; für die *Alte Dach-Construction* ist nur die gestrichelte Giebellinie angegeben, deren First deutlich über der neuen liegt. Im erhöhten Obergeschoß sind hohe Rechteckfenster über die alten gezeichnet; der Drempel soll Fenster von 3¼' Höhe erhalten.
    Unter dem Querschnitt erläuternde *Bemerkungen*:
    1. Das alte Mauerwerk ist grau angelegt.
    2. Das zu verändernde Mauerwerk ist roth schraffirt.
    3. Das neue Mauerwerk ist roth angelegt.
    Der Umbau des Gebäudes wurde 1870 im wesentlichen nach diesem Plan ausgeführt (vgl. Kat.-Nr. 340).
    Zahlreiche Eintragungen, Notizen und Nebenskizzen betreffen teils unklare Einzelheiten, fehlende Maße, Fenstergrößen etc. und sind mit Maßangaben im metrischen System versehen.

KAT.-NR. 340 Abb. 425
Verwahrungs-Gebäude No 1 auf dem Artillertie-Zeughof nach dem Umbau, 1871

Bezeichnet *Daniel*, datiert *Minden den 14ten März 1871*.
Federzeichnung in schwarzgrauer Tusche, farbig angelegt, jüngere Ergänzungen in Blei, Korrekturen in roter Tusche; 40,8 x 48,5 cm.
Wasserzeichen: JWHATMANN / 1870.
Maaßstab 12' = 1ddc"; Maßleiste von *10 + 50 Fuss rh.* = 12,9 cm ≅ 1 : 148.
Kartentitel in dekorativer Fraktur: *Zeichnung des Verwahrungs Gebäudes No 1 auf dem Artillerie Zeughofe der Festung Minden / Umgebaut im Jahr 1870.* In Blei nachgetragen = *(Schupp. N. 4) / Königstrasse.* Unten links: Ort und Datum wie oben, *Daniel, Fortifications-Sekretair.* Unten rechts *Berichtigt Minden, den 31. März 1910 Militär Bauamt Lichner. Ziepollé MilBausekr(e)t(är).*

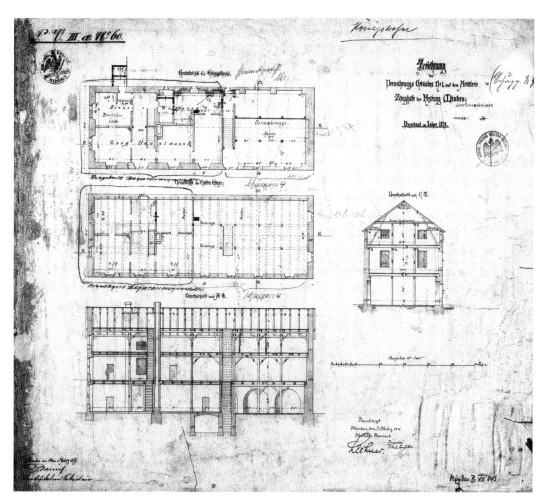

Abb. 425 Verwahrungsgebäude No 1 auf dem Artillerie-Zeughof nach dem Umbau. Fortifikations-Sekretär Daniel, 1871 (Kat.-Nr. 340).

STA DT, D 73 Kartensammlung Tit. 4 Nr. 10 258; unpubliziert. – Oben links Inv.-Nr. *P. V. IIIa, No 60* und Stempel der Fortification zu Minden, oben rechts (ausgestrichen) Inv.-Stempel des Militär-Bauamtes Minden.

Der Plan entspricht dem vorhergehenden von 1869 (Kat.-Nr. 339); er zeigt den Bestand nach dem Umbau von 1870.

Die rot eingetragenen Korrekturen betreffen den Einbau eines Aborts in der Wandnische des Durchgangsraumes neben der Küche, eines zweiten außerhalb der Westwand des Gebäudes hinter der Burschenstube sowie das Einziehen eines Küchenschornsteines. Für die Westwand der Küche (in Blei: *stimmt nicht. M*) sind Wandvorlagen für Blendbögen wie im anschließenden Nordteil des Erdgeschosses in Blei nachgetragen. Klammern und Nachträge (*AUSGEBAUTE BEAMTEN-WOHNUNGEN, Schuppen 4*) dürften vom Militär-Bauamt stammen und in das 20. Jahrhundert gehören.

KAT.-NR. 341   siehe Teil III, Abb. 381
Klosterscheune, Umbauplan, 1820

Bezeichnet *Westphal*, datiert *Minden 1820*.
Farbig lavierte und angelegte Federzeichnung mit Korrekturen; 57,5 x 85 cm.
Maasstab ≅ 1:120; Maßleiste von *10 + 80 Rhl ddc Fuss* = 23,2 cm.
Kartentitel: *Zeichnung Zur Einrichtung der massiven zum ehemaligen Kloster St Mauritii gehörigen Scheune, behufs der Unterbringung von Geschütz und anderer Feuergewehre.*
Minden 1820. Oben *Nr. 2.*
Unten rechts: *gezeichnet von Westphal Ing Lieut.*
Rückseitig: Kartentitel, ergänzt: *eingesandt durch den Major und Platzingenieur Gayette zu Minden*, mit Blei: *…d 20 October 20.*

GSTA PK, Festungskarten Minden C 70.115.

Am rechten Rand, um 90 Grad gedreht; zwischen *Koenigstrasse* und *Klosterhoff* der Grundriß: *1 Etage zur Unterbringung für Geschütze* mit *Durchfahrt nach dem Klosterhofe* und *Wohnung für den Artillerie Zeugschreiber*, westlich neben der Durchfahrt.

Links von der Mitte, ebenfalls gedreht Grundriß für die *2te Etage zum Gewehrsaal bestimmt*; nach Westen anschließend *Wohnung für den Artillerie Zeugdiener*.

Über dem Kartentitel: Querschnitt mit Innenansicht der östlichen Giebelwand.

Am linken Rand, wiederum um 90 Grad gedreht: *Ansicht nach a b von der Koenigstrasse.*

Zum Zustand vor 1820 vgl. Erdgeschoßgrundriß und Schnitt der Remise d in Kat.-Nr. 337. Die Umbauplanung sieht für die großen, ungeteilten Remisen- bzw. Scheunenräume das Einziehen von Unterzügen auf mittigen Ständerreihen vor; Treppen zum Obergeschoß und zum Dachraum liegen in der Südwest- und Nordostecke. Im Obergeschoß wird die mittlere Querwand beseitigt. Die Räume westlich der Durchfahrt werden zu zwei kleinen Wohnungen mit je zwei Zimmern und einer kleinen Küche, mit Bosen über der Feuerstelle, umgeplant.

Die straßenseitigen Tore in der Osthälfte werden beibehalten, die hofseitige Einfahrt im Westteil wird in die Mitte verlegt; für die Längswände sind zahlreiche Fenster vorgesehen. Die dichtere

Fensterreihung zur Königstraße, links neben der Durchfahrt, ist im Grundriß korrigiert: In beiden Geschossen sollen die mit *a* bezeichneten Fenster entfallen, die in der Ansicht mit Blei durchgekreuzt sind. Diese Korrektur ergibt für die lange Front eine annähernd gleichmäßige Fensterreihe (vgl. Kat.-Nr. 343). Das vorher steile Dach wird völlig umgebaut und mit deutlich flacherer Neigung und niedrigerer Firstlinie neu verzimmert, jetzt mit doppelt stehendem Stuhl unter der Kehlbalkenlage. Die Stuhlpfosten werden zur Traufe zusätzlich schräg abgestützt. Das Satteldach erhält zu beiden Seiten je vier Fledermausgaupen: Der vorher vermutlich in seiner spätmittelalterlichen Gestalt überlieferte Bau erhält damit ein relativ nüchtern-strenges klassizistisches Gepräge.

KAT.-NR. 342   Abb. 426
Klosterscheune / Wagenhaus No 3, Umbauplan, 1846

Bezeichnet *Bende(r)*, datiert *Minden den 14" Januar 1846*.
Federzeichnung mit schwarzer, roter und blauer Tusche, farbig angelegt; 47,8 x 41,9 cm; Ecke rechts unten fehlt mit Textverlust, linker Rand beschnitten.
Transversal-Maßstab von $10 + 90\ F(u\beta) = 25{,}75$ cm $\cong 1:120$.
Kartentitel: *Zeichnung des Wagenhauses No 3 zu Minden / Fortification zu Minden. Sect: VI. 3. ad No: 713. Zum Bericht & Kosten-Anschlag d.d. Minden den 25ten September 1847.*
Unten rechts: Ort und Datum wie oben; *Nach einer vorhandenen Zeichnung cop(irt) von Bend*e(r)*, Ing. Lieute(nant) / vScheel1 Major und Ingenieur des Platzes / Gesehen FvUthmann Oberst u Festungs Inspekteur / Im Jahr 1849 berichtigt nach den Höheren Bestimmungen durch Hardenack Major & Platzingenieur.*

Mindener Museum, FM 48; unpubliziert. – Oben links rote Inv.-Nr. *P. V. IIIa, Nro 10* mit Stempel der Fortification zu Minden, oben rechts (gestrichen) Inv.-Vermerk und Stempel des Militär-Bauamtes Minden. Rückseitig weitere Inv.-Vermerke.

Oben *Grundriss* (Norden unten), nach vorn *Die Kloster-Straße*, nach hinten *Zeughof*. Rechts neben der Durchfahrt *Wohnung des Zeugschreibers und Zeugdieners*. In der Südwest- und Nordostecke Treppen zum Obergeschoß.
    Unten *Profil nach a b.* durch die zweite Einfahrt von Osten; links unleserlich flüchtige Beischrift in Blei.
    Der Bestand mit mittiger Stützenreihe, Decken- und Dachbalken auf kräftigen Mauerhölzern, Dach mit zwei Kehlbalkenlagen auf seitlich abgestrebtem, doppelt stehendem Stuhl, ist dunkler (graubraun) angelegt.
    Hellrot gezeichnet, blaßgelb angelegt und mit roten Zahlen versehen ist ein Umbauprojekt mit vierschiffiger Aufteilung, bei dem vor den Längswänden Streichbalken auf Stützen vorgesehen waren. Jedes Schiff sollte im Erdgeschoß 7' 6" breit werden, im Obergeschoß waren wegen der geringeren Mauerstärken breitere Außenschiffe von *8' 4½"* bzw. *8' 6½"* Breite vorgesehen.
    In blauer Tusche, mit blauen Zahlen und ohne Lavierung ist eine Korrektur mit dreischiffiger Teilung zu je *10'* Breite eingetragen.
    Weitere Korrekturen, z. T. mit Blei, betreffen die vier Fenster links neben der Durchfahrt. Hier sind geringere Mauerstärken einskizziert sowie die Breite von Wandabschnitten und zwei Fenstern

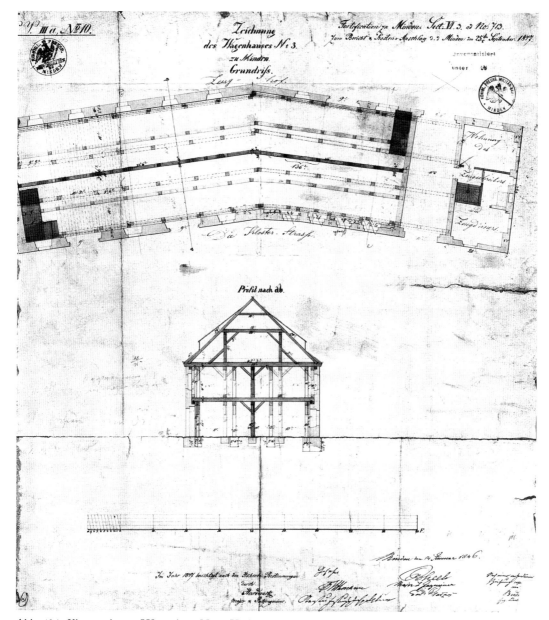

Abb. 426 Klosterscheune/Wagenhaus No 3, Umbauplan. Ingenieur-Lieutenant Bender, 1846 (Kat.-Nr. 342).

eingetragen: *12'6" – 4½ Fenster – 12½ – 4½*. Diese Maße entsprechen den Korrekturen in Kat.-Nr. 341 bei *a–a* in beiden Geschossen.

Nach Ausweis der jüngeren Pläne (Kat.-Nr. 343, 344) und nach dem Befund am Bau wurde auf das Einstellen weiterer Stützenreihen verzichtet.

KAT.-NR. 343
Klosterscheune / Wagenhaus No 3, 1848

Abb. 427

Bezeichnet *Daniel*, datiert *Minden im December 1848*.
Farbig angelegte und sorgfältig lavierte Federzeichnung; Nachträge in Blei und Rotstift, Nebenrechnungen; 61,5 x 88,2 cm, alt auf Leinen gezogen.
Wasserzeichen: JWHAT[MAN].
Transversal-Maßstab von *12+72 Fuss = 18,3 cm; 12' = 1 ddc"* oder *1:144*.
Kartentitel: *Festung Minden. 1848. Zeichnung des Wagenhauses Nro 3 an der Klosterstraße*, darunter von anderer Hand: *(:Königs=:)*.
Unten links: *Aufgenommen & Gezeichnet von Daniel. Minden im December 1848.*
In der Mitte: *Berichtigt Minden, den 31. März [19]10 Militär Bauamt Lichner. Ziepollé MilBausekrtr.*

STA DT, D 73 Kartensammlung Tit. 5 Nr. 2 967; unpubliziert. Oben links rote Inv.-Nr. *P. V. III, a, No 18:* mit Stempel der Fortification zu Minden.

Unten links *Grundriss des Erdgeschosses* (Norden unten); nach vorn *Kloster –*, korrigiert *(:Königs=) Straße*, neben der Durchfahrt *Wohnung des Zeug-Dieners*. Zum Hof angeböschtes Gelände.

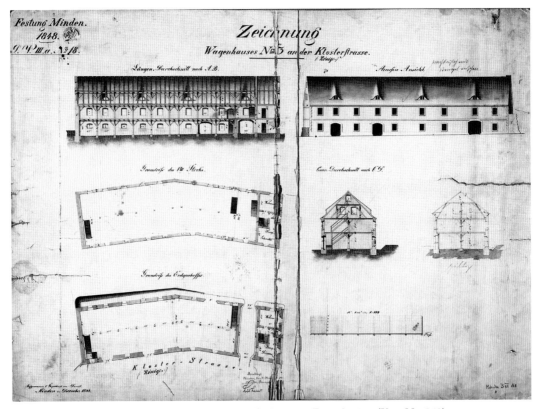

Abb. 427 Klosterscheune/Wagenhaus No 3. Bauaufnahme von Daniel, 1848 (Kat.-Nr. 343).

Darüber *Grundriss des 1ten Stocks.*, rechts *Wohnung des Zeug-Schreiber*. Oben links *Längen-Durchschnitt nach A.-B.* mit Innenansicht der südlichen Längswand, der mittleren Ständerreihen in beiden Geschossen und südlicher Stuhlreihe.

Rechts in der Mitte *Quer-Durchschnitt nach C–D* mit Innenansicht der östlichen Giebelwand und den davor liegenden Treppen.

Oben rechts *Aeussere Ansicht* von der Kloster- bzw. Königstraße; links angeschnittenes Tor zum Nachbargrundstück, rechts Teil der Mauer zum Zeughof-Grundstück.

Am Dach jüngere Beischrift in Blei: *nachträglich mit Trempel versehen*.

Die Querschnitt-Zeichnung darunter ist mit Blei durchstrichen, daneben ist ein korrigierter Schnitt nachgetragen, mit jüngerer Bleistift-Beischrift: *giltig*.

Da die Maßangaben in Fuß und Zoll eingetragen sind, muß der Ausbau des Dachgeschosses mit Drempel, mittlerer Stuhlreihe und zwei liegenden Stühlen, die über Zangenhölzer mit den Sparrenfüßen auf der Mauerkrone verstrebt sind, vor der Einführung des metrischen Systems, d. h. vor 1872 erfolgt sein. Bei diesem Dachumbau verschwanden die charakteristischen Fledermausgaupen auf beiden Dachseiten. Die Berichtigung durch das Militär-Bauamt 1910 bezieht sich auf den Einbau eines Aborts in der Wohnung des Zeugdieners neben der Durchfahrt.

Während die Ansichtszeichnung von 1820 (Kat.-Nr. 341) lediglich Zahl und Verteilung der Öffnungen in der Fassade zur Königstraße angibt, zeigt der Plan von 1848 auch die Wandbehandlung des verputzten Baues: Über angeputztem Sockel ein geschoßteilendes Gesimsband, die Gebäudeecken zur Straße mit angeputzter Eckverquaderung, Torbögen mit breiten, Fenster mit schmalen Putzfaschen.

Zwei weitere Pläne, am 18. September 1883 von Garnisonbauinspektor K. Heckhoff gezeichnet (Mindener Museum, FM 132 und 142), ≅ M 1:75, zeigen in zwei Grundrissen, Längsschnitt und Straßenansicht den gleichen Zustand wie das Blatt von 1846 und erweisen sich damit als vergrößerte Umzeichnungen nach diesem Plan, allerdings mit metrischen Maßangaben. Nach dem Grundriß des Obergeschosses war hier anscheinend der Einbau von zwei Wandständerreihen und die Aufteilung der Schiffe durch je eine Ständerreihe mit Unterzügen vorgesehen.

KAT.-NR. 344 Abb. 428
Wagenhaus No 1, Umbauprojekt, 1844

Bezeichnet *Bender*, datiert *Minden den 31' October 1844*.
Farbig angelegte Federzeichnung; 58,5 x 42 cm.
Zwei Transversal-Maßstäbe: *Zum Grundriss 1" = 12'. 12 + 132 F. = 31,5 m = 1:144; zum Profil 2" = 12'. 12 + 60 F. = 31,5 cm = 1:72.*
Kartentitel: *Zeichnung des Wagenhauses No 1 auf dem Königlichen Artillerie Zeughof zu Minden, dessen Umfassungswände in verkleidetem Fachwerk bestehen, wegen Verderb des Holzwerkes aber in massivem Mauerwerk ausgeführt werden sollen.*
Unten von rechts: *Aufgenommen und gezeichnet von Bender Ing.Lieut. / Kühne Hauptmann und Artillerie Offizier vom Platz* / Ort und Datum wie oben; *vScheel 1, Major und Ingenieur des Platzes / Gesehen FvUthmann Oberst u Festungs Inspekteur.*

GSTA PK, Festungskarten Minden F 70.982; unpubliziert.

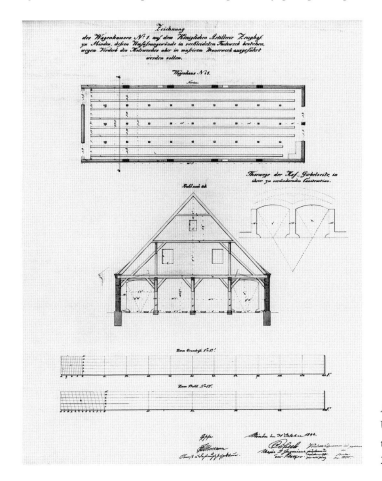

Abb. 428 Wagenhaus No 1, Umbauprojekt. Ingenieur-Lieutenant Bender, 1844 (Kat.-Nr. 344).

Oben Grundriß, bezeichnet *Wagenhaus No 1*. An der oberen Langseite *Norden*.
Darunter *Profil nach ab.*: Querschnitt im westlichen Viertel mit Korrrekturskizze für das neue Traufprofil links. Rechts daneben Detailzeichnungen der *Thorwege der Hof-Giebelseite, in ihrer zu verändernden Construction*.
Laut Plan des Ingenieur-Capitains von Bütow vom März 1821 (Kat.-Nr. 336) war das Wagenhaus damals bereits im südwestlichen Gartengelände des ehemaligen Mauritius-Klosters erbaut. Im vorliegenden Plan sind Bestand und Umbauplanung ineinander gezeichnet, allerdings ohne Angabe der Ständerstellung in den Außenwänden. Der 1820/21 errichtete Fachwerkbau von *10° 2′* Länge und *3° 6′* Breite (ca. 38,30 x 13,20 m), einer Traufhöhe von 3,40 m und Firsthöhe von 10,20 m, hatte an den Langseiten nur je zwei Fenster, etwa in den Drittelpunkten. Bei der Erneuerung der Umfassungswände wurde die Zahl verdoppelt; die neuen Fenster waren *3′ 4″* breit und *4′ 6″* hoch (ca. 1,05 x 1,42 m). Die Anordnung der Tore in den Giebelseiten wurde beibehalten. Entsprechend der Vierschiffigkeit des Innern lagen im Ostgiebel zwei Tore vor den beiden mittleren Schiffen, im Westgiebel vor den beiden äußeren. Durch diese Tore wurden die Wagen auf breiten Bohlengleisen eingefahren oder herausgezogen; eine Durchfahrt war nicht möglich. Die kräftigen Ständer waren mit Kopfbändern zu den Unterzügen und den Dachbalken verstrebt; das Dach war als Kehlbalkendach

mit Hahnebalken über doppelt stehendem Stuhl mit Kopfbändern nach drei Seiten und außenliegenden Streben konstruiert. Dach- und Kehlbalken waren mit Bohlen belegt; in der Südostecke ist eine gewinkelte Treppe angedeutet. – Beide Giebelseiten hatten je drei Fenster. Die Tore waren stichbogig und mit Radabweisern versehen; über den beiden mittig sitzenden Toren des Ostgiebels war ein großer Entlastungsbogen geschlagen. Der Seitenschub der außen liegenden Torbögen in der westlichen Giebelwand sollte durch Eisenanker im Mauerwerk gemindert werden.

Nach einem Aufmaßplan des Reichsbauamtes Minden vom 4.11.1930, unterzeichnet von Regierungsbaurat Sponholz (BA Königstraße 13), war der Bau in der 1844 projektierten Form ausgeführt. Alle Öffnungen waren stichbogig; hinter dem Westgiebel führte zwischen beiden Türen eine weitere Treppe in das Dachgeschoß und auf den Spitzboden. Hinter dem nordöstlichen Tor lag in der Geschoßdecke eine 7,40 x 2,85 m große Fallklappe, die mit einer Winde zum Erdgeschoß herabgelassen wurde und so eine befahrbare Rampe zum Dachgeschoß bildete. Die Angabe auf diesem Plan, das Wagenhaus I sei 1849 erbaut, ist unrichtig; vermutlich wurden in diesem Jahr die Außenwände erneuert.

1897 wurde das Dach neu gedeckt. Zum Kostenanschlag vom 5. März 1897 zeichnete der Garnison-Baubeamte Doege vereinfachte Grundrisse M 1:400 sowie Längs- und Querschnitt M 1:200 (Mindener Museum, FM 35). Der Plan stimmt mit der Zeichnung von 1844 im wesentlichen überein.

Der Bau war etwa bis zum Ende des Ersten Weltkrieges militärisch genutzt. 1925 pachtete ihn die Fa. Peper, Minden, die ihn als Kraftwagenhalle verwendete. Am 8.1.1931 schrieb das Reichsbauamt in einem Gutachten an das Finanzamt Minden, gegen die Benutzung als Kraftwagenhalle bestünden keine Bedenken; der Fußboden aus dicht verlegten Feldsteinen sei in sehr gutem Zustand und durch das frühere Befahren mit schweren Militärfahrzeugen, vor allem mit Geschützen, stark verdichtet. Der obere Boden bestehe aus einer schweren Holzbalkenkonstruktion. Die Nutzung wurde am 19.3. genehmigt; doch seien vorhandene Türen an der Rückseite als Notausgänge einzurichten. Der entsprechende Bauschein wurde am 4.5.1931 erteilt. Das Wagenhaus 1 wurde 1960 abgebrochen. Das Gelände war 1959 mit dem südlich und westlich gelegenen Gartenareal an die Stadt verkauft worden, die hier eine Turnhalle für die Fröbelschule errichtete (BA Königstraße 13).

KAT.-NR. 345 Abb. 429
Entwurf für das Bürogebäude des Artillerie-Depots, 1865

Bezeichnet *Becker,* datiert *Minden, den 18ten September* 1865.
Farbig angelegte Federzeichnung; 58,5 x 69,5 cm.
Maaßstab 1:144; Maßleiste von *10 + 80 Fuss* = 18,9 cm.
Kartentitel: *Entwurf zum Neubau eines Bureau-Gebäudes für das Artillerie-Depot zu Minden. Bearbeitet zufolge Verfügung des Königlichen Allgemeinen Kriegs-Departements vom 27ten Februar und 7ten August 1865 und zum Kosten-Anschlage vom 18ten September 1865 gehörig.*
Unten von rechts: *Becker Feuerwerker / Ort und Datum wie oben; Maentell Major und Platz-Ingenieur / Einverstanden Grapow Major und Artillerie-Offizier vom Platz / Einverstanden 3te Artillerie-Festungs-Inspection: Beauftragt mit der Geschäftsführung: Kantoch Major und Artillerie-Offizier vom Platz. / Gesehen Schulz. 2 Oberst und Festungs-Inspecteur.*

GSTA PK, Festungskarten Minden C 70.113; unpubliziert.

658   *IV Die Festung – IV.2 Die Festung vom Dreißigjährigen Krieg bis zur Aufhebung im Jahr 1873*

Oben links *Situation* des Bauplatzes für *Büreau Gebäude*, *Ställe* und *Latrine* zwischen dem Westende vom *Wagenhaus No 3* (mit *Durchfahrt*, daneben *Im Erdgeschoß Wohnung den 1ten Zeugsergeanten*, *Im 1ten Stock Wohnung des 1ten Zeug-Feldwebel*) und der *Besitzung des Tischlermeisters Volkening* (mit *Wohnhaus*, *Latrine* und *Tischler Werkstatt*). Hinter der Mauer zur *Kloster Strasse* ausgestrichen der *Schuppen No 2* mit zwei Aborten und *Dünger Gruben* sowie südlich davon *Stall* und *Müllgrube*. Weiter nach Süden schließen sich an *Schuppen No 1* und *Verwahrungs Gebäude und Dienstwohnung des Zeuglieutenant*. Davor *Artillerie-Zeughof*.

Oben rechts nebeneinander die Grundrisse für *Erdgeschoss*, *1ter Stock* und *Dachgeschoss* des geplanten Neubaus, der zwischen *Wagenhaus No 3* und Wohnhaus Volkening (Königstraße 15) mit Abstand von nur 6 bzw. 7 Fuß (ca.1,90 bzw. 2,20 m) gestellt wurde. –Darunter *Querprofil a–b*. mit Teilen der benachbarten Gebäude, rechts *Längenprofil c–d*.

Unten rechts *Ansicht des südlichen Giebels* und *Ansicht der östlichen Front*. – Unten links *Grundriss der Ställe und der Latrine* mit *Profil nach a–b* (Stall) bzw. *Profil nach cd* (Latrine).

Das mittig erschlossene massive Bürogebäude von 5 x 3 Achsen (*43'6"x 26'* = ca. 13,60 x 8,15 m) nahm im Südteil des Erdgeschosses eine Remise mit Einfahrt neben der Haustür, im Nordteil wohl

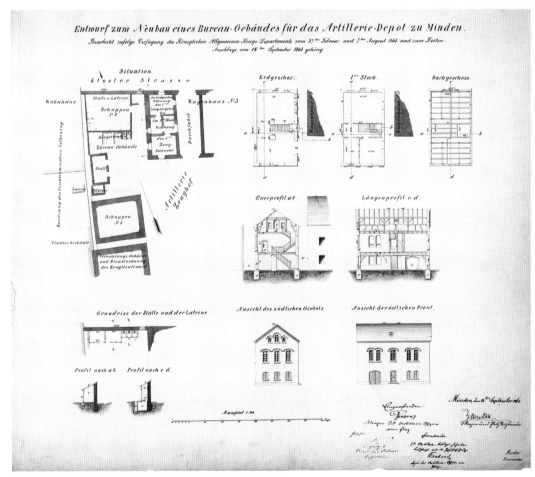

Abb. 429   Entwurf für das Bürogebäude des Artillerie-Depots. Feuerwerker Becker, 1865 (Kat.-Nr. 345).

Abb. 430   Schuppen No 1 und Bürogebäude des Artillerie-Depots von Südosten, 1993.

den Ersatz für den abzubrechenden Stall auf; dazwischen führt frei zwischen zwei Kaminblöcken die Treppe ins Obergeschoß, das neben dem Flur mit gewendelter Bodentreppe nur einen größeren und zwei kleinere Büroräume aufwies.

Die Erdgeschoßöffnungen sind schlicht stichbogig, die stichbogigen Obergeschoßfenster und die rundbogigen Dreifenstergruppen in den Giebeln zeigen abgekröpfte Überfangprofile. Traufe und Ortgänge sind profiliert. Der Bau zeigt bei aller nüchternen Kargheit die für die Zeit zwischen 1850 und 1870 charakeristische Mischung aus Elementen des klassizistischen Rundbogenstils und der englisch inspirierten Neugotik. Er wurde nach diesem Plan ausgeführt (zuletzt Pauline-von-Mallinck-rodt-Platz 2).

Nach Ende der militärischen Nutzung 1945 und der vorübergehenden Beschlagnahme durch die alliierten Militärbehörden war der Bau mit Flüchtlingen belegt. 1951 beantragte der Pächter Franz Patten über das Finanzamt Minden den Bau von zwei kleinen Läden zwischen der nördlichen Giebelwand und der Königstraße. Für den eingeschossigen Flachdachbau, der rückwärtig durch Türen mit dem Erdgeschoß des Bürogebäudes verbunden war, wurde die noch aus der Klosterzeit stammende Mauer zur Königstraße abgebrochen. Die Ladennutzung war 1993 aufgegeben; im Zusammenhang mit dem Projekt zum Durchbau des ehemaligen Wagenhauses 3 (Königstraße 9/11/13) wurden die Läden und das dahinterstehende Bürogebäude im Jahr 1998 abgebrochen, um an Stelle der zu engen und zu niedrigen Durchfahrt im Wagenhaus eine ausreichende Zuwegung auf den Klosterhof zu schaffen.

KAT.-NR. 346 ohne Abb.
Entwurf für das Bürogebäude des Artillerie-Depots, 1865

Unbezeichnet, datiert *Minden den 18ten September 18*[65].
Farbig angelegte Federzeichnung mit Nachträgen; 54,8 x 69,6 cm; neu auf Bütten gezogen. Am unteren Rand beschnitten, Abrisse und Textverlust rechts unten.
Maaßstab 1:144; Maßleiste von *10+80 Fuss* = 19,55 cm.
Kartentitel, Darstellung, Beschriftung und Unterschriften (hier mit Zusatz *gez.*) entsprechen bis auf geringe Abweichungen dem vorhergehenden Blatt Kat.-Nr. 345 (siehe dort).

STA DT, D 73 Kartensammlung Tit. 4 Nr. 10 281; unpubliziert. – Oben links Inv.-Nr. *P. V. III. a No 49* mit Stempel der Fortification zu Minden.

Das Blatt ist eine für den Gebrauch in der Fortification gezeichnete Zweitausfertigung. Der Vermerk über der Maßleiste: *Berichtigt Minden den 31. März 1910 Militär Bauamt Lichner. Ziepollé Mil Bausekrtr* bezieht sich auf den Einbau von Abortanlagen im Remiseteil des Bürogeschosses: an der Treppe *Abort für das Büreau Personal*, an der Südwand *Abort und Pissoir für Arbeiter*. Dafür wurden beiderseits der Remiseneinfahrt ein Fensterchen bzw. eine Tür sowie in der Südwand eine weitere Tür und ein kleines Fenster eingebrochen und Entlüftungsrohre über der vorderen Dachtraufe angelegt.

KAT.-NR. 347 ohne Abb.
Ställe und Latrinen auf dem Artillerie-Zeughof, 1872

Bezeichnet *Hartmann*, datiert *Minden, den 30ten April 1872.*
Farbig angelegte Federzeichnung mit kleiner Klappe am rechten Rand; 44 x 61,5 cm.
Maaßstab 1:100, 0,01 m = 1m, Maßleiste von *100 cm + 20 m*. Maßstabsangabe *1:500, 1:100, 1:50* bei jeder der Einzelzeichnungen.
Kartentitel: *Zeichnung für die Verlegung resp. den Neubau von Holzstaellen und Latrinen auf dem Zeughofe zu Minden. Zum Kosten-Anschlag vom 30t April 1872 gehörig. Zum umgearbeiteten Kostenüberschlag vom 7. Septbr: 1872.*
Unten links Ort und Datum wie oben; von rechts *Gezeichnet von Hartmann Ingenieur-Hauptmann / Droste Major und Platz-Ingenieur / Scheibert Hauptmann und Platz-Ingenieur / Gesehen! Stürmer. Oberst und Festungs-Inspecteur.*

GSTA PK, Festungskarten Minden F 90.086; unpubliziert.

Unten rechts *Fig. IX. Situationsplan (1:500)*: Teilplan des Artillerie-Zeughofes mit *Zeughaus, Werkstatt's Gebäude* und *Schmiede*. Im Südosten, vor der Simeons-Kirche *Stall c, b, Garten* an der *Weingarten Strasse*.

Oben nebeneinander vier Grundrisse *(1:100)*; vgl. Kat.-Nr. 345, 346: *Fig. I. Holzstaelle und Latrine bei dem Bureau-Gebäude; Fig. II. Latrine und Kohlengelass bei dem Stalle; Fig. III und IV. Neue Latrine bei dem Stalle.*

Unten nebeneinander vier Querschnitte *(1:50)*: *Fig. V. Profil nach AB der Fig I.; Fig. VI. Profil nach CD der Fig. I.; Fig. VII. Profil nach EF der Fig. II.; Fig. VIII. Profil nach GH der Fig. IV.*

Der *Stall c* ist zu unbekannter Zeit nach 1820 im Hofwinkel vor der Simeonskirche errichtet worden; die Latrine b befand sich bereits 1821 dort (siehe Kat.-Nr. 336), daneben das gleichfalls aus Fachwerk aufgeführte Kohlengelaß. Beide wurden 1872 durch die neue Latrine mit dahinterliegender Kotgrube ersetzt. Unter der Klappe ist der Grundriß für einen neuen *Stall a* an der Mauer zum Weingarten eingetragen. Unten rechts Beischrift: *Die Höhenzahlen sind auf einen angenommenen Nullpunkt – Bodenbelag der Latrinengrube bei Fig. VI & VII, Deckel des Einsteigeschachtes bei Fig. VIII – basirt.*

Die kleinen Gebäude verschwanden erst nach dem Zweiten Weltkrieg.

KAT.-NR. 347 a   ohne Abb.
Ställe und Latrinen auf dem Artillerie-Zeughof, 1872

Bezeichnet *Hartmann*, datiert *Minden, den 30ten April 1872.*
Federzeichnung auf Pausleinen, rückseitig farbig angelegt, 44,2 x 61,7 cm.
Maßstab 1:100; 0,01 m = 1 m, *Maßleiste von* 100 cm + 20 cm.

Mindener Museum, FM 184; aus Privatbesitz 1994 erworben, unpubliziert. – Oben links Inv.-Nr. *P. V. IIIa, No 61* der Fortification zu Minden, mit Zusatz *Copie ad No 1154/72.*

Das Blatt ist eine genaue Wiederholung von Kat.-Nr. 347, angefertigt für die Plankammer der Mindener Fortification. Unten links *Pro vera copia Hartmann Ingenieur-Hauptmann.*

KAT.-NR. 348   ohne Abb.
Futtermauer am Artillerie-Zeughof, 1843

Bezeichnet *Bender*, datiert *Minden, den 21ten August 1843.*
Farbig angelegte Federzeichnung mit Korrekturen in blauer Tusche; 49 x 65 cm.
Wasserzeichen: JWHATMAN.
Vier Maßleisten: Lageplan $1'' = 4°$: $12 F + 40 R = 26,7$ cm $\cong 1:580$; *Profil nach gh* und *Profil nach cdba* $1'' = 1°$: $12 F + 5 R = 15,5$ cm bzw. $12 F + 8 R = 23,4$ cm $\cong 1:148$; *Profil nach cd* $1'' = \frac{1}{2}°$: $24 F = 10,2$ cm $\cong 1:74$.
Kartentitel: *Project zum Umbau der Futtermauer auf dem Zeughof zu Minden.*
Unten von rechts: *Bender. Ingenieur Lieutenant* / Ort und Datum wie oben; *Kühne Hauptmann und Artillerie Officier vom Platz / Auf Befehl des Herrn Festungs-Inspecteurs. V.Scheel1 Major und Ing. d. Platzes / Gesehen und unter Bezugnahme auf das diesseitige Schreiben vom 20t. October 1843 unterzeichnet Coeln am 20t October 1843. – v Huene Oberst u. Festungs-Inspecteur / Gesehen. Coeln den 27t Januar 1844. – FvUthmann Oberst u. Festungs Inspecteur.*
Rückseitig: *No 50 Minden (o) / Projekt zum Umbau der Futtermauer auf dem Zeughofe zu Minden Eingesandt von der 6". Festungs Insp. d. 20' October 1843 ad No 109 Novbr. 1843 III.*

GSTA PK, Festungskarten Minden F 70.085; unpubliziert.

In der Mitte Lageplan der südlichen Zeughof-Hälfte mit *Aufbewahrungs Local No 1. Wohnung des Zeug Lieut., Zeughaus. Werkstatts-Gebäude. Schmiede. Artillerie Wagenhaus No 1* und der *Mauer zur Weingarten-Strasse.*

Darunter *Ansicht der Zeughofs-Mauer von der Weingarten-Strasse*. in vierfacher Überhöhung, mit Beischrift:

Zur Ansicht sind die Längen nach dem Ma(a)stabe 1" = 4°
und die Höhen nach dem Ma(a)ßstabe 1" = 1°

Oben Grundriß der zu erneuernden Mauerstrecke von *m–n–o*, ohne Maßstabangabe (1:148). Links und rechts, um 90 Grad gedreht, vier Schnitte durch Mauer und anschließendes Gelände, links: *Profil nach gh*. Südlich des Wagenhauses No 1, rechts *Profil nach cd*. am westlichen Ende des neu aufzuführenden Stücks bei *m*; *Profil nach cdba*: Geländeschnitt von *m* bis zum Werkstattgebäude; *Profil der alten Mauer*.

Projektiert war das Abtragen des östlichen Drittels (ca. 41,50 cm) der stark nach Süden ausgewichenen und überhängenden alten Grenzmauer an der Kante der Geländestufe zwischen Zeughof-Areal und Weingarten, deren Stärke bei einer Höhe von 18 Fuß (ca. 5,70 m) von unten *4'* auf oben *1' 10"* abnahm. Die neue Mauer sollte zunächst unten *3' 6"* stark sein und sich dreimal abgetreppt auf eine Brüstungsstärke von *1' 9"* verringern. Die wohl bei der 6. Festungs-Inspektion vorgenommene Korrektur (blaue Tusche) sah außen eine steile Böschung vor, außerdem eine Erhöhung um 1,5 Fuß, auf der Innenseite sollten im Abstand von etwa 10 Fuß Strebepfeiler von 2 x 2 Fuß Stärke vorgelegt werden.

Am Westende der Mauer liegt am Weingarten das rückwärtige Einfahrtstor, eingefaßt von zwei ca. 4,60 cm hohen Pfeilern aus Portasandstein-Quadern. Die ca. 1,00 x 0,95 m messenden Pfeiler sind wegen der starken Schrägrichtung der Einfahrt im Parallelogramm verzogen; an den rückwärtigen inneren Kanten eine Ausklinkung für die Torflügel. Am Fuß haben sie einfach schräge, angemauerte Radabweiser. Deckplatten mit flachen Pyramiden über Profil aus Plättchen, Viertelstab und Platte. Das Tor wurde vermutlich gleichzeitig mit dem Bau des Wagenhauses No 1 (siehe Kat.-Nr. 344) um 1820 angelegt.

KAT.-NR. 349   ohne Abb.
Futtermauer am Artilleriezeughof, 1844

Unbezeichnet (Signatur verloren), datiert *1844*.
Farbig angelegte Federzeichnung, 42 x 61 cm; links beschnitten, neu auf Japanpapier gezogen, Fehlstellen mit Büttenpapier ergänzt.
Wasserzeichen: JWHATMAN (angeschnitten).
Vier Maßleisten: Lageplan *1" = 4°*; *12' + 37 R = 24,4 cm ≅ 1:586*; *Profil nach gh* und *Profil nach cdba 1"=1°, 12' + 8 R = 23,7 cm = 1:144*; *Profil nach cd 1" = ½°, 12' = 5,2 cm = 1:72*.
Kartentitel: *(Fes)tung Minden 1844. Projekt zum Umbau der Futtermauer auf dem Zeughof zu Minden* Signatur rechts unten verloren, vermutlich Bender, Ing. Lieut.
STA DT, D 73 Kartensammlung Tit. 4 Nr. 10 259; unpubliziert. Oben links rote Inv.-Nr. [P.] V.IIIa No 15 mit Stempel der Fortification zu Minden.

Das Blatt stimmt in Anlage und Inhalt mit dem gleichfalls von Ingenieur-Lieutenant Bender 1843 gezeichneten Plan Kat.-Nr. 348 überein und ist entweder das Konzept dazu oder eine für den Gebrauch in der Fortification gezeichnete Zweitausfertigung. Unter der Inv.-Nr. oben links in Blei *ausgeführt*.

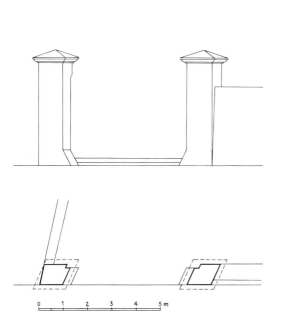

Abb. 431 Tor des Artillerie-Zeughofs am Weingarten. Aufmaß. M 1:150. U.-D. Korn, 2000.

Abb. 432 Tor des Artillerie-Zeughofs am Weingarten von Südosten, 2001.

KAT.-NR. 350 ohne Abb.
Gebäude des Artillerie-Filial-Depots, nach 1878

Unbezeichnet, undatiert.
Rosa angelegte Federzeichnungen; ausgeschnitten und auf einem großem Blatt von 53,7 x 74,5 cm Größe montiert, Ränder oben und unten rückseitig hinterlegt.
Transversal-Maßstab *1:288*; [10 + 50 m] = 19,7 cm.
Ohne Kartentitel.

Mindener Museum, FM 157; unpubliziert.

Oben links *Situations-Plan*: Teilgrundriß der Festung mit den Standorten vom *Artillerie-Zeughof A* und von weiteren Gebäuden des Artillerie-Filial-Depots in der Hausberger Front und im Vorgelände der Festung, die auf dem Plan in Grundrissen, z. T. mit Schnitten dargestellt sind. Neben dem Festungsplan Lageplan des Artillerie-Zeughofes mit Legende.

    Das Blatt ist das Konzept zu Kat.-Nr. 351, es trägt auf freien Flächen zahlreiche Feder-Probierstriche. – Rückseitig grobe Bleistiftskizzen von Grundriß und Querschnitt eines unbekannten Hauses, daneben Detailskizze für ein Holzregal. Aufschrift in orangefarbener Kreide: *Lagepläne*.

    Zu den Einzelheiten und zur Datierung vgl. Kat.-Nr. 351.

KAT.-NR. 351 Abb. 433
Gebäude des Artillerie-Filial-Depots, nach 1878

Unbezeichnet, nicht datiert.
Farbig angelegte Federzeichnung, z. T. mit Ergänzungen in Blei; 65,5 x 118,7 cm, rechts mit zwei Blättern unterschiedlichen Papiers angestückt.
Wasserzeichen: JWHATMAN /1878.
Transversal-Maßstab *1:288, 10 + 50 m* = 18 cm.
Kartentitel: *Skizze des Dienstwohnungs Gebäude u. Aufbewahrungs Lokale des Filial-Artillerie-Depots zu Minden.*

Mindener Museum, FM 11; Ausschnitt mit ehem. Mauritius-Kirche (Zeughaus) und ehem. Klostergebäude (Büchsenmacher Werkstatt) bei Nordsiek 1979, S. 201, Abb. III.4, irrtümlich *um 1820* datiert. – Oben links undeutlicher Stempel KÖNIGL. PREUSSISCHE 3. ARTILLERIE-INSPEKTION.

Oben links *Situations Plan.*: Teilgrundriß der Festung Minden, ohne Maßstab, mit den Standorten der zum Artillerie-Filial-Depot gehörenden Gebäude in der Stadt, in der Hausberger Front und im Vorfeld der Festung. Schraffiert eingetragen das *Areal f. d. Friedens-Laboratorium* im Redan III der Hausberger Front hinter dem Gewehrhaus C. – Weit im Süden, bei Z und K *neu zu erbauendes Fried. Pulv. Mag.* (ausgestrichen). Auch die Standorte F und G im nordwestlichen und nördlichen Vorfeld sind ausgestrichen.

Rechts anschließend Lageplan für *A. Artillerie-Zeughof*, ohne Maßstab. Darunter Legende für beide Lagepläne:

A. *Artillerie Zeughof.*
    a, *Wagenhaus No 3.*
    b, *Büreau-Gebäude.*
    c, *Kleiner Schuppen No 1.*
    d, *Wohn- und Verwahrungs-Gebäude.*
    e, *Wagenhaus No 1.*
    f, *Zeughaus.*
    g, *Büchsenmacher Werkstatt*
B. *Geschützrohr Schuppen*
C. *Gewehrhaus*
D. *Wagenhaus No 2.*
E. *Fried. Pulver Magazin No 3.*
F.   *do*   *No 1.* (gestrichen)
G.   *do*   *No 8.* (gestrichen)
H. *Blockhaus No 1.*
I. *Friedens-Laboratorium*
K. *Pulver-Magazin No 4.*

Rechts neben den Lageplänen und darunter Grundrisse und Schnitte der einzelnen Gebäude, alle M 1:288.

IV.2.2 Katalog – Militärbauten innerhalb der Festungswerke (Kat.-Nr. 329–379) 665

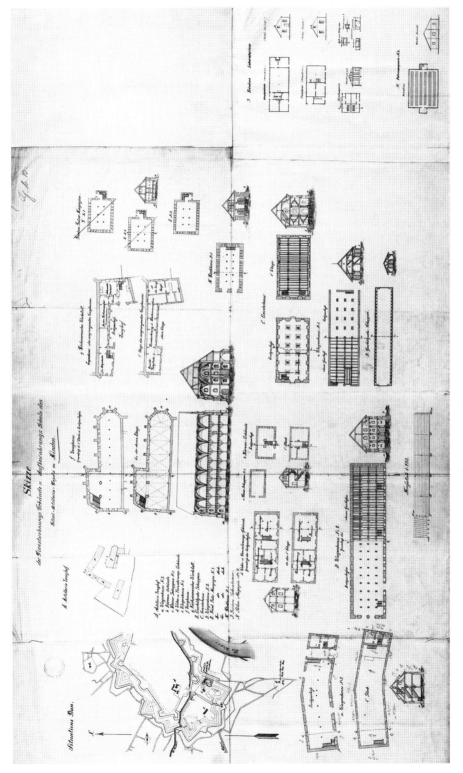

Abb. 433 Gebäude des Artillerie-Filial-Depots, nach 1878 (Kat.-Nr. 351).

Unten links (A) *a. Wagenhaus No 3*, Grundriß *Erdgeschoß* und *1" Stock* sowie Querschnitt vor der östlichen Giebelwand. Erdgeschoßgrundriß mit Blei überzeichnet für die 1935 vorgenommene straßenseitige Verbreiterung der Durchfahrt; in beiden Grundrissen zahlreiche Maße eingetragen (vgl. Kat.-Nr. 341–343). Rechts anschließend *d. Wohnung u. Verwahrungs-Gebäude. Grundriss des Erdgeschosses* und *do der 1" Etage* mit *Dienstwohnung des Zeug-Offiziers* links und *Verwahrungs-Raum* rechts. Links Querschnitt (vgl. Kat.-Nr. 338–340).

Daneben: *c. kleiner Schuppen No 1*. Grundriß; *b. Büreau-Gebäude*, Grundriß *Erdgeschoß* und *1" Stock*, Querschnitt (vgl. Kat.-Nr. 345).

Darunter *D. Wagenhaus No 2.* mit halbem Grundriß *des Erdgeschosses* (links) und *des oberen Geschosses* (rechts), sowie Querschnitt (vgl. Kat.-Nr. 239, 240).

In der Mitte, unter dem Kartentitel *f. Zeughaus, Grundriss d. 1" Stocks und Erdgeschosses, do der oberen Etage*, sowie Längs- und Querschnitt durch die ehem. Mauritius-Kirche (vgl. Kat.-Nr. 332–334), daneben *g. Büchsenmacher Werkstatt* (in dem Klostergebäude von St. Mauritius). Grundriß *Erdgeschoss* mit Räumen *für Holzarbeiter, für den Büchsenmacher /: Revisionszimmer:/, Schmiede Werkstatt* neben dem *Erdgeschoss des angrenzenden Zeughauses*; darunter *obere Etage: Gewehr-Putzstube, Dienstwohnung des Büchsenmachers* und *do des Zeug.Sergt.* neben der *1" Etage des angrenzenden Zeughauses*.

Rechts daneben, untereinander *Friedens Pulver Magazine F. No 1*, Grundriß (gestrichen); *G No 8.*, Grundriß und Querschnitt (gestrichen); *E Nr. 3*, Grundriß; *H Blockhaus No 1*, Grundriß und Querschnitt (vgl. Kat.-Nr. 198–200).

Darunter *C. Gewehrhaus*, Grundriß *Erdgeschoß* und *1" Etage* samt Querschnitt (vgl. Kat.-Nr. 241–245).

Darunter *e. Wagenhaus No 1.* mit halbem Grundriß für Erdgeschoß (rechts) und oberes Geschoß (links), samt Querschnitt (vgl. Kat.-Nr. 344).

Unten B. *Geschützohr-Schuppen* auf dem Simeonsplatz, Grundriß (vgl. Kat.-Nr. 248, 249).

Auf dem angeklebten Ergänzungsblatt von anderer Hand von oben nach unten *J. Friedens Laboratorium mit Hauptgebäude (: Grundriss :), (: Giebel Ansicht :); Feuerhaus (: Grundriss :); (:Giebel-Ansicht :); Handmagazin, Grundrisss, Schnitt nach a–b; Asch- und Müllgrube, Grundriss, Schnitt nach c–d; Latrine, Grundriss, Ansicht. – K. Pulvermagazin No 4, Grundriss und Giebel-Ansicht.*

Das Friedens-Laboratorium mit seinen Nebengebäuden wurde erst nach 1878 östlich des Gewehrhauses C vor dem ehemaligen Wallgelände des Redan III der Hausberger Front errichtet als Ersatz für die Laboratorien im Bastion III (vgl. Kat.-Nr. 179–182) und im Bastion IX (vgl. Kat.-Nr. 141–148).

Das Pulvermagazin No 4 ist der 1878–81 ausgeführte Ersatzbau für die aufgegebenen Pulvermagazine F und C (Verw.-Ber. 1879/1881, S. 21, 23); es lag im Zwickel zwischen Salierstraße und Johansenstraße über dem Koppelgraben, südlich des alten Friedenspulvermagazins No 3 (E). Auf dem Gelände steht heute das Jugendkreativhaus Anne Frank. Der Plan ist vermutlich 1879/1880 an Hand älterer Unterlagen im Büro der Garnison-Bauverwaltung gezeichnet oder bald danach um die Nachträge ergänzt worden.

Abb. 434 Tor zum Hof zwischen Heeresbäckerei und Körnermagazin von Westen, 1928.

KÖRNERMAGAZIN UND HEERESBÄCKEREI (KAT.-NR. 352–364)
MARTINIKIRCHHOF 6 a UND 7

KAT.-NR. 352 Abb. 435
Korrigierter Entwurf für das Proviantmagazin, 1834

Bezeichnet *Bender,* datiert *Minden den 30ten Juli 1834.*
Farbig angelegte Federzeichnung, Korrekturen in roter Tusche, Bleistift-Nachträge in metrischen Maßen; 58 x 90,4 cm; auf Leinen gezogen.
Maßleiste zum Lageplan *12 F(uß)* und *24 R(uthen)* = 23,5 cm = *c. 1:400,* darüber metrische Maßleiste von *10 + 50 M* = 15 cm; Maßleiste beim *Grundriß 12 + 132 F(uß)* = 32,75 cm ≅ 1:140.
Kartentitel*: Zeichnung zu einem bombensichern Proviant-Magazin in der Festung Minden,* oben rechts *Copie.*
Unten rechts: *Copirt von Bender Ing. Lieut.;* darüber Ort und Datum wie oben */ gez. van [!] Uthmann Major und Ingenieur vom Platz / Königliches Proviant Amt gez. f. Lohmeier Walter. / Gesehen und ein-*

verstanden Cöln den 1ten August 1834 gez. Jachnick Oberst und Festungs-Inspecteur / Revidirt in der Ingenieur-Abtheilung des königlichen Allgemeinen Kriegs Departements Berlin im October 1834 / Berichtigt: Minden, den 30. Juli 1897. Der Garnison Baubeamte. Doege.

STA DT, D 73 Kartensammlung Tit. 4 Nr. 10 266; KORN 1999, S. 52 f., Abb. 11 (Ausschnitt). – Oben links rote Inv.-Nr. *P. V. III d, No 9* und Stempel der Fortification zu Minden; oben rechts Inv.-Nr. und Stempel des Militär-Bauamtes Minden.

Oben rechts Lageplan des ungefähr rechteckigen Grundstücks (Norden oben) zwischen *Synagoge* (nachgetragen) im Norden und *Martini Kirchhof* bzw. *Martini Kirche* im Süden; mit Weg *nach der Opfer Strasse* (nachgetragen). Im Westen und Südwesten die vorhandene Bebauung und Weg *nach der Kamp Strasse*. Im Südteil des Gebäudes das *Magazin*, gegenüber der ersten Planung um etwa 9 Fuß nach Süden vorgerückt, in der Einfriedigung zwei Tore. Im Nordosten die *Bäckerei*, daran östlich anschließend *Garten, Aufseher Wohnung, Holzschuppen* und zwei Aborte (alles nachgetragen, vorher dort ein kürzerer *Holzschuppen*). In der Nordostecke *A u. M* (Aschen- und Müllkasten), vor der Ostgrenze nachgetragener *Kohlenschuppen* zwischen zwei Flächen mit *Rasen*. Im Zwickel östlich des Magazins *Feuerleiterdach* (ebenfalls nachträglich).

Unten links Grundriß des Kellergeschosses von *134′6″ = 42,23* (m) äußerer und *124,6″* innerer Länge und *43′ = 13,50* (m) innerer Breite, mit *5′ = 1,59* (m) starken Mauern und zwei, um *6′ = 1,88* (m) vorspringenden Kellerhälsen vor den Enden der Nordseite. Der innere Raum ist vierschiffig zu elf Jochen, geteilt durch außen quadratische, in der Mitte längsrechteckige Pfeiler. Im südlichen Schiff, im Joch östlich der mittleren Querachse, eine Treppe zum Erdgeschoß.

In der Mitte links Grundriß des Erdgeschosses. Äußere Länge *133′6″ = 41,90 m*, innere Länge *125′6″*, innere Breite *44′*, Mauerstärke *4′*. In der mittleren Längsachse zehn längsrechteckige Pfeiler, die Seitenschiffe durch querrechteckige Stützen abgeteilt. In der mittleren Querachse Durchfahrt, an der vorn rechts die zweiläufige Treppe liegt. Die Durchfahrt ist durch Fachwerkwände von den Lagerräumen abgetrennt. In der Südwestecke sind nachträglich 2 x 2 Joche als *Gemüse-Konserven-Kammer* abgeteilt.

Unten in der Mitte *Profil ABCD.*: halber Längsschnitt durch den viergeschossigen Bau vor und hinter der mittleren Pfeilerreihe. Im Keller stichbogige Arkaden, dazwischen quergespannte Stichbogenkappen; im hohen Erdgeschoß leicht gestutzte Rundbogenarkade in der Längsrichtung. In den folgenden zwei Obergeschossen stichbogige Mittelarkaden zwischen den Seitenschiffen und im dritten Obergeschoß hölzerne Stützen mit Längskopfbändern. Alle Decken aus kräftigen Holzbalken, zwischen dem 2. und 3. Obergeschoß dicht gelegte Bombenbalkendecke, darüber Dachbalken und Dachstuhl mit halbgewalmten Giebeln.

In der Blattmitte *Profil EF.*: Querschnitt in der Durchfahrtachse. Die seitlichen querrechteckigen Stützen in den drei unteren Geschossen bestehen aus zwei nebeneinandergestellten Hölzern, in die die Längsunterzüge eingesattelt sind. Im 3. Obergeschoß quadratische Stützen, darüber dreifach stehender Stuhl unter der Kehlbalkenlage. Die Geschoßhöhen betragen: im Keller *9′6″ = 2,98*, im Erdgeschoß *12′= 3,77*, im 1. und 2. Obergeschoß je *9′6″ = 2,98*, im 3. Obergeschoß *7′ = 2,83* (m). Raumhöhen im Lichten: Erdgeschoß *11′ = 3,45*, 1. und 2. Obergeschoß je *8′6″ = 2,67* (m), 3. Obergeschoß *8′ = 2,51*, unteres Dachgeschoß *9* (=2,82 m).

Oben links halbe Ansicht der Südfassade zum Martinikirchhof mit (vervollständigt) elf Achsen. Im Sockel querrechteckige Kellerfenster, alle übrigen Fenster und das Tor rundbogig mit Überfang-

IV.2.2 Katalog – Militärbauten innerhalb der Festungswerke (Kat.-Nr. 329–379) 669

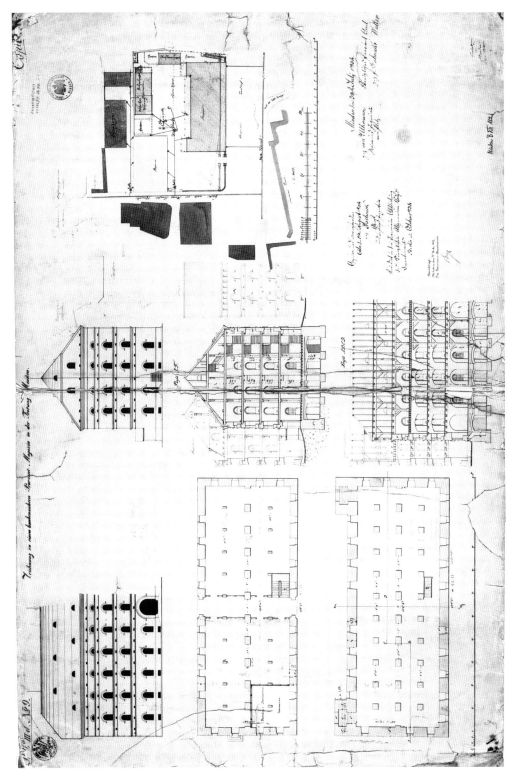

Abb. 435 Korrigierter Entwurf für das Proviantmagazin. Kopie von Ingenieur-Lieutenant Bender, 1834 (Kat.-Nr. 352).

Abb. 436   Martinikirchhof 6a, Körnermagazin. Ansicht von Nordwesten, 1993.

profil, das im Kämpfer waagerecht umkröpft. Geschoßteilung mit hohen Gesimszonen nach Art eines Gebälks, wobei der Fries die Brüstung des nächsten Geschosses bildet. Darin, dichter gereiht, kleine querrechteckige Luftöffnungen. Das dritte Geschoß als Mezzanin mit Lünettenfenstern; darüber mächtige Gebälk- und Traufzone. In der Dachfläche zwei Reihen von Lünettengaupen, auf Lücke gesetzt und teils über den Fensterachsen, teils über den Pfeilern (vervollständigt unten sieben, oben sechs Gaupen).

Oben in der Mitte der entsprechende Fassadenriß der Westseite: im Erdgeschoß in der zweiten Achse eine Tür, im Giebeltrapez zwei auf Achse gesetzte Rundbogenfenster. Links Seitenansicht des vorderen Kellerhalses mit flachem Satteldach.

Das in Minden vermutlich vom Major und Platzingenieur von Uthmann – vielleicht unter Mitarbeit des Ingenieur-Hauptmanns Wegelin (vgl. Kat.-Nr. 365) – entworfene und in der Mindener Fortification ausgearbeitete Projekt erfuhr bei der Revision in Berlin eine gründliche Umgestaltung und Straffung in Fassaden und Dachkörper; das Ergebnis ist in den rot gezeichneten Teilschnitten und -ansichten neben den Profilen sowie in Details zwischen der Giebelansicht und dem Lageplan dargestellt:

Das Erdgeschoß blieb in seinen Maßen unverändert; die drei Obergeschosse erhielten sämtlich eine Höhe von 8 Fuß im Lichten, die Bombenbalkendecke wurde über das dritte Obergeschoß

Abb. 437 Martinikirchhof 7 und 6a, Heeresbäckerei und Körnermagazin. Ansicht von Südwesten, 1993.

gelegt, der Dachraum zweigeschossig ausgebaut. Zur besseren Belüftung des unteren Dachgeschosses, für das Lüftungsöffnungen nur in den Giebeln vorgesehen waren, wird ein Drempel eingefügt und damit die Traufe angehoben. Die Krüppelwalme entfallen ebenso wie die Aufschieblinge, doch bleibt die Firsthöhe unverändert. Durch das Einschieben des Drempels ändert sich die Dachkonstruktion: Die Kehlbalken werden innen von vier, zwei stehenden und zwei liegenden Stuhlreihen, oben von einer mittigen Stuhlreihe unterstützt.

Die Regularisierung des Inneren war folgenreich für die Außenansichten. Das hohe Erdgeschoß wurde als Quaderrustika-Sockel mit deutlichen Schattenfugen behandelt, darüber folgen in gleichmäßiger, wuchtiger Schwere die Obergeschosse. Der Drempel erscheint als hohe, der Gesamthöhe des Gebäudes entsprechend dimensionierte Gebälkzone, in der die dichte Reihung der hochrechteckigen Luftöffnungen an den gleichmäßigen Wechsel von Triglyphen und Metopen in der dorischen Ordnung erinnert. Der straffen Monumentalität des Gebäudekörpers entsprechen die hohen Giebeldreiecke mit 3:2 Rundbogenfenstern in den Dachgeschossen und einer Lünette unter der Spitze.

Neben der Giebelansicht sind drei Details für *das Hauptgesims an den Frontwänden*, *das Hauptgesims an den Giebelwänden* und das *Brüstungsgesims unter den Fenstern* mit der jeweiligen Ausbildung der *Luftöffnung* festgelegt.

Es ist anzunehmen, daß die Verfasser des ersten Planes, die Ingenieuroffiziere von Uthmann und Wegelin, entscheidende Anregungen für ihr Projekt von Schinkels fünfstöckigem Magazinbau des Neuen Packhofes in Berlin (Entwurf 1829, Ausführung 1830–32) erhielten; die Gleichartigkeit der Bauaufgabe legte die Übernahme der gleichmäßigen Reihung von rundbogigen Öffnungen nahe. Nicht übernommen wurde jedoch die gleichmäßige Verminderung der Stockwerkhöhen und das leichte, stete Zurücktreppen der Obergeschosse über den knappen Brustgesimsen, die blockhafte Verfestigung der Gebäudeecken, und auch nicht das flache Dach des Berliner Magazins. Das Einfügen der gebälkartigen Stockwerksteilungen vermeidet die fast trockene Nüchternheit von Schinkels Ziegelrohbau und verleiht dem Mindener Bau von vornherein einen gewissen »dorischen« Ernst und eine Würde, die der militärischen Zweckbestimmung angemessen schien. Die Berliner Korrekturen tilgten die zweifellos vorhandenen Schwächen des Entwurfs, möglicherweise gleichfalls unter dem Eindruck des gerade fertiggestellten Packhof-Magazins, und gaben dem ausgeführten Bau jene monumentale Wucht, die ihn nach der Zerstörung vom 4. April 1945 vor dem Abbruch bewahrte.

Die Einfügung der beiden Gebäude – Proviantmagazin und Heeresbäckerei – *in die enge mittelalterliche Stadtanlage Mindens, ihre unmittelbare Nachbarschaft zu der sie noch überragenden Kirche* [St. Martini], *die zentrale Lage, ihre Anordnung oben an der Terrasse und nicht zuletzt ihre West-Ost-Orientierung ist nicht ohne Überlegung im Sinne einer berechneten Stadtplanung denkbar* (Schreiner 1969, S. 275; Schreiner 1977, S. 280 ff.). Allerdings sind die zugehörigen Akten anscheinend nicht erhalten. Zweifellos waren für die Wahl des Standorts im Zentrum der Altstadt, abgesehen von der Verfügbarkeit der Grundstücke der alten Dechanei und der II. Kurie von St. Martini (siehe dazu Teil IV, S. 1538 ff. Martinikirchhof 6a/7) vor allem Aspekte der Sicherheit maßgebend; denn hier waren die Gebäude einem direkten Beschuß am wenigsten ausgesetzt. Gleichwohl wurden beide Bauten mit Bombenbalkendecken versehen. Schreiners Überlegungen in Bezug auf die leichte Erreichbarkeit von allen Seiten, besonders für Getreidetransporte, treffen nur für die Oberstadt zu. Wagenladungen vom tiefgelegenen Hafen bzw. Ausladeplatz an der Schlagde mußten lange Umwege fahren, wobei die steile Hufschmiede ein besonderes Hindernis war (vgl. die Anlage der Stiftspassage 1869, Kat.-Nr. 54, 133, 134). Sicherlich bot aber der Platz am Martinikirchhof *die Möglichkeit der Einrichtung eines weiten Stapelplatzes und die Aufnahme einer größeren Anzahl von Fuhrwerken für den Abtransport der Magazinwaren … [und] eine unverzügliche Auslieferung der Backwaren an die Festungstruppen* (Schreiner ebd.). Daß Bäckerei, Kirche und Magazin eine *reizvolle Dreiergruppe bilden, der ein gewisses, vom klassizistischen Denken her geprägtes Gefühl für Symmetrie nicht fehlt*, trifft sicher zu, ebenso daß das weite Verschieben der gewaltigen Masse des Magazins nach Osten *der Kirche einen Existenzraum und dem Nordportal den notwendigen weiten Platz* läßt (Schreiner ebd.). Dennoch steht das Magazin in der Wucht seines Volumens und der Strenge seiner Fassaden als gefährlicher Konkurrent in der Nachbarschaft der Martini-Kirche (Korn 1999, S. 52). Daß der Ostgiebel eindeutig Bezug nimmt auf den Westgiebel des Rathauses (Schreiner), ist eher zweifelhaft, ebenso die Vermutung, daß der *Berliner Plankorrektor … die Verlegung des Magazins um 2,50 m zur Martinikirche hin* veranlaßte, *um damit einen ungehinderten Blick zwischen beiden Gebäuden hindurch auf den Domturm* [zu] *gewährleisten* (vgl. Schreiner 1977, S. 281, Abb. 13, 14). Hier führten wohl eher praktisch-funktionelle Überlegungen für die Befahrbarkeit des Hofes hinter Bäckerei und Magazin zur Aufweitung der Passage zwischen dem westlichen Kellerhals des Magazins und dem Bäckereigebäude.

KAT.-NR. 353 ohne Abb.
Korrigierter Entwurf für das Proviantmagazin, 1834/1897

Kolorierte Lichtpause einer Nachzeichnung des 1834 in Berlin korrigierten Entwurfs Kat.-Nr. 352; 57,9 x 81,3 cm, aus zwei Blättern überlappend zusammengeklebt.
Inhalt, Darstellung, Beschriftung und Unterschriften mit Kat.-Nr. 352 übereinstimmend, einschließlich der Nachträge des Garnison-Baubeamten Doege vom 30. Juli 1897.

Mindener Museum, FM 230a; unpubliziert. – Oben links schwarze Inv.-Nr. *P. V. III d. No 9*. Rückseitig Stempel: Finanzamt Minden, Verwaltungsstelle für Reichs- und Staatsvermögen.

KAT.-NR. 354 ohne Abb.
Korrigierter Entwurf für das Proviantmagazin, 1834/1897/1926

Weitere Ausfertigung der Lichtpause Kat.-Nr. 353; 56,2 x 81,4 cm, mit Nachträgen und Berichtigungen in schwarzer Tusche und blauer Tinte.
Kartentitel: *Standort Minden / Heeresverpflegungsamt. Körnermagazin I. / Ausführungszeichnung.*

Mindener Museum, FM 130; vervollständigte Umzeichnung des ersten Fassadenplans bei MEINHARDT 1958, Taf. 42; SCHREINER 1977, Abb. 11.

Unten rechts Stempel:
1. Nachgetragen und berichtigt, Bielefeld (ohne Datum) Heeresbauamt/ (ohne Unterschrift) Regierungsbaurat
2. Geprüft! Münster, den 20. 10. 27. Wehrkreisbaudirektion VI: Wagner, Regierungsbaurat
3. Nachgetragen und berichtigt, Hannover, den 31. März 1926, Heeresbauverwaltungsamt Zieseniss, Regierungsbaurat.

Die Nachträge beziehen sich auf die Eintragung von *Betonfussboden ± 0* im westlichen und von *Holzfussboden + 0,15* im östlichen Kellerteil, auf einen Umbau der Treppenanlage bis zum oberen Dachgeschoß, auf die Beseitigung älterer Fachwerk-Zwischenwände und die Anlage neuer *Bretterverschläge* im Körnermagazin, ferner auf Änderungen in der Führung der Entwässerungsleitungen im Hof, auf die Abtrennung einer *Dienstwohnung des Backmeisters im I. Obergesch. der Bäckerei* sowie die Ergänzung kleinerer Nebenbauten.

KAT.-NR. 355 Abb. 438
Proviantmagazin, Ausführungszeichnung, 1837

Bezeichnet *Wegelin*, rückseitig datiert *1837*.
Farbig angelegte Federzeichnung; 63,5 x 96,5 cm.
Wasserzeichen: [J]WHATMAN / [TURKEY] MILL / 1834.
Maßstab zum Lageplan: Maßleiste von *12 +168 Fuss*.= 13,7 cm = 1:394; beim Grundriß Maßleiste von *12 + 108 Fuss*: = 27,5 cm ≅ 1:140.

674 IV Die Festung – IV.2 Die Festung vom Dreißigjährigen Krieg bis zur Aufhebung im Jahr 1873

Kartentitel: *Zeichnung von dem bombenfesten Proviant-Magazin in der Festung Minden.*
Unten rechts: *Wegelin Ing. Cap.*; rückseitig: *N 33 Minden Zeichnung von dem bombenfesten Körner-Magazin zu Minden (wirkliche Ausführung) Eingesendet durch die 2 Rheinische Fest: Inspekt. sub N. 65 April 1837 III.*

GSTA PK Festungskarten Minden C 70.114; KORN 1999, S. 52 f., Abb. 12 (Ausschnitt); Mathematisches Calcul 2000, S. 142 f., Nr. 92 (Ausschnitt).

Oben rechts Lageplan mit Angabe der Himmelsrichtungen und umgebender Bebauung, südlich *Martini-Kirche*, nördlich *Grundstück des Regierungs-Calculator Jacob*, im Osten die Stützmauer zwischen *Ober-Stadt* und *Nieder-Stadt* – Südlich vom *Magazin Martini-Kirchof* und *Strasse nach der Opferstrasse*, westlich vor der *Bäckerey*: *nach der Kamp-Strasse*; im Hofraum *Brunnen*, *Holzschuppen* und *Latrine*.

Unten links Grundriß des Kellergeschosses, abweichend von der ersten Planung (Kat.-Nr. 362) und von der Ausführung mit drei Reihen gleichmäßig quadratischer Pfeiler (3×3'), darüber Grundriß des Erdgeschosses wie im ersten Plan, aber ohne Scherwände beiderseits der Durchfahrt.

Neben den Grundrissen unten *Längs-Durchschnitt nach A. B. C.D.*, darüber *Quer-Durchschnitt E. F.*, den Berliner Korrekturen entsprechend.

Oben links Ansicht von Süden, daneben Giebelansicht von Westen, vollständig ausgezeichnet und den Revisions-Korrekturen folgend. Beiderseits der Längsansicht Teile der Einfriedigung, im Westen mit Lanzengitter auf niedriger Mauer und mit adlerbekrönten Torpfeilern, im Osten

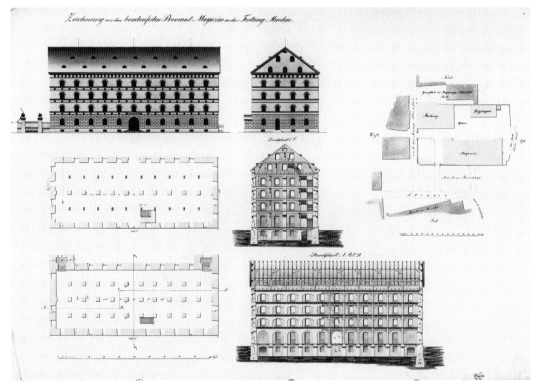

Abb. 438 Proviantmagazin, Ausführungszeichnung. Ingenieur-Capitain Wegelin, 1837 (Kat.-Nr. 355).

schlichterer Eisengitterzaun. Am Fries über dem mittleren Tor der Langseite Inschrift: *PROVIANT MAGAZIN ERBAUT 1836* in eisernen Versalien.

Abgesehen von den rechteckig mit 3x4' gebauten Pfeilern der mittleren Stützenreihe entspricht der Plan der Ausführung.

LITERATUR: SCHREINER 1969, S. 274 f. – SCHREINER 1977, S. 275–282.

KAT.-NR. 356   Abb. 439
Proviantmagazin, Bestandszeichnung, 1854

Bezeichnet *Daniel*, datiert *Minden, den 12ten December 1854*.
Teilweise farbig angelegte Federzeichnung mit Nachträgen; Maße nicht bekannt (ca. 64 x 71 cm) *Maaßstab 1:120*, Maßleiste von *10 + 70 Fuß*.

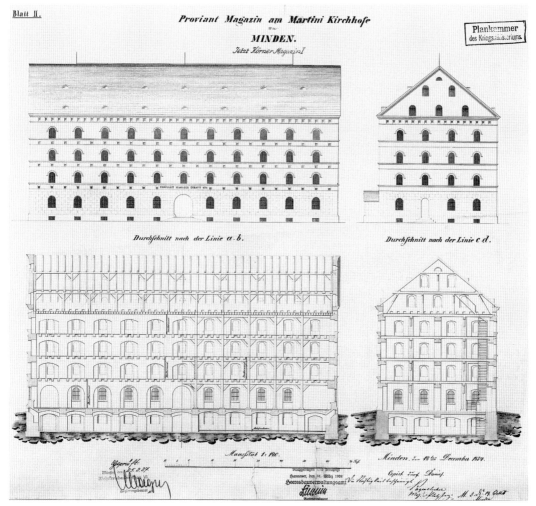

Abb. 439 Proviantmagazin, Bestandszeichnung. Kopie von Daniel, 1854 (Kat.-Nr. 356).

Kartentitel: *Proviant Magazin am Martini Kirchhofe zu MINDEN.* / (nachgetragen): *Jetzt Körner Magazin I.* Oben links *Blatt II.*
Unten rechts Ort und Datum wie oben / *Copirt von Daniel.* / *Die Richtigkeit bescheinigt Pagenstecher Maj. und Platz Ing. m. 5. No. 19. Blatt II Minden.*
Links daneben Nachtragstempel des Heeresbauverwaltungsamtes Hannover, 31.3.1926, Zieseniss, Reg.-Baurat, und Prüfvermerk der Wehrkreisbaudirektion VI, Münster, 25.2.27, *Wagner,* Reg.-Baurat.

Aufbewahrungsort unbekannt; unpubliziert. Umzeichnung der Südfassade bei Meinhardt 1958, Taf. 39. – Oben rechts Stempel: Plankammer des Kriegsministeriums. – Foto im WAfD, Bildarchiv, nach Negativ im Mindener Museum, Bestand FM o. Nr.

Das zugehörige Blatt I mit Lageplan (?) und Grundrissen liegt nicht vor.
    Unten links *Durchschnitt nach der Linie a–b*: Längsschnitt je zur Hälfte vor und hinter der mittleren Längsarkade vom Keller bis zum First (vgl. Kat.-Nr. 355). Wohl 1927 nachgetragen: *Holzfußboden* im Keller und *Bretterwand* (4x) in drei darüberliegenden Geschossen. – Rechts daneben *Durchschnitt nach der Linie c–d.*: Querschnitt in der Mittelachse (vgl. Kat.-Nr. 355; abweichend nur die hier richtig bemessenen mittleren Arkadenpfeiler (4 x 3') und die im Erdgeschoß im Gegensinne angeordnete, in den Obergeschossen nur einläufige Treppe). – Oben Ansicht der südlichen Langseite und der westlichen Giebelseite (wie in Kat.-Nr. 355 mit etwas abweichendem Fugenschnitt und geringfügig kleiner gezeichneten, im Erdgeschoß vergitterten Fenstern).

KAT.-NR. 357   ohne Abb.
Proviantmagazin, Bestandszeichnung, wohl 1854

Teilweise farbig angelegte Federzeichnung; Maße unbekannt.
Maßstab: vermutlich 1:120.

Aufbewahrungsort unbekannt; unpubliziert. – Ausschnitt-Foto im WAfD, Bildarchiv.

Vermutlich eine weitere Ausfertigung des Bestandsplanes von 1854 (Kat.-Nr. 356). Das Ausschnitt-Foto zeigt nur die Ansicht der südlichen Langseite und Teile des Dachstuhls aus dem *Durchschnitt nach der Linie a–b*. Oben rechts angeschnittener übereinstimmender Teil des Kartentitels ... *zu MINDEN*. Danach ist das Blatt ebenfalls dem Mindener Wallmeister Daniel zuzuweisen.

KAT.-NR. 358   Abb. 440
Fundament-Verstärkung im Proviantmagazin, 1901

Bezeichnet *C. Liebold,* datiert *Novbr. 1901.*
Federzeichnung in schwarzer Tusche auf Pausleinen mit Nebenskizzen in Blei; 42,2 x 33,6 cm
Ohne Maßstab (1:100).
Kartentitel: *Verstärkung des Fundaments im Proviant-Magazin auf dem Martini Kirchhof in Minden i/W.*
Unten rechts: *Holzminden, im Novbr. 1901*: (Stempel) B. Liebold & Co, A-G. Der Vorstand: *C. Liebold*

Mindener Museum, FM 141; unpubliziert.

IV.2.2 Katalog – Militärbauten innerhalb der Festungswerke (Kat.-Nr. 329–379) 677

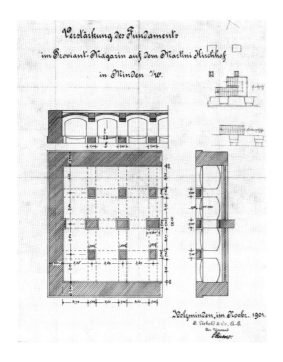

Abb. 440 Fundament-Verstärkung im Proviantmagazin. C. Liebold, 1901 (Kat.-Nr. 358).

Vermaßter Teilgrundriß des Kellergeschosses, darüber Längsschnitt, rechts – um 90 Grad gedreht – Querschnitt mit Einzeichnung der zwischen die Pfeiler einzubringenden, nach unten gewölbten Spannbögen.

Oben am rechten Rand Bleistiftskizzen von den Treppengrundrissen im *Kellergeschoß* und *Erdgeschoß* an der südlichen Längswand mit Fensteröffnungen und benachbarten Pfosten und Pfeilern.

KAT.-NR. 359   ohne Abb.
Fundament-Verstärkung im Proviantmagazin, 1902

Bezeichnet *Doege,* datiert *Minden, den 26. Januar 1902.*
Grau lavierte Federzeichnung in schwarzer und roter Tusche auf Pausleinen, mit nachgetragenen Maßen, Beischriften und Nebenskizze in Blei; 34,2 x 42,8 cm.
Maßleiste von 1 + *30 m* = 22,45 cm ≅ 1:140.
Kartentitel: *Garnison Minden. / Verstärkung des Fundaments der mittleren Pfeilerreihe im Proviantmagazin auf dem Martinikirchhof. / Ausführungs-Zeichnung.*
Unten rechts: *Die Uebereinstimmung und der Ausführung besch: Minden, den 26. Januar 1902. Der Garnison-Baubeamte. Doege.*

Mindener Museum, FM 135; unpubliziert.

Unten Grundriß *Kellergeschoß* mit den gestrichelt zwischen den mittleren Pfeilern eingezeichneten Spannbögen.

Darüber *Laengenschnitt* durch Keller- und Erdgeschoß. Unter dem Kellerfußboden die nach unten gewölbten Spannbögen. Beischrift in Blei: *in Beton ausgeführt. M.*

In Blei nachgetragen: Angaben zur Zahl der Fenster in den Giebelwänden, Maße des nördlichen Mitteltores und Geschoßhöhen. Rechts flüchtige Skizze für Ständer- und Deckenkonstruktion im Erdgeschoß.

Nach der Zeichnung von 1901 (Kat.-Nr. 358) war zunächst eine Längs- und Querverspannung aller Pfeilerfundamente vorgesehen; ausgeführt wurde offenbar nur die Längsverstärkung in der mittleren Pfeilerreihe.

Körnermagazin und Heeresbäckerei waren von den Bombenangriffen im Winter 1944/45 nicht betroffen. Sie wurden am 4. April 1945, kurz vor dem Einmarsch der alliierten Truppen, auf Befehl des Oberkommandos des Heeres vorsätzlich in Brand gesteckt (zum Einzelnen siehe KEBER 1960/61, 4. Forts., S. 26 ff.). Vorher war es auf Hinweis einiger Heeresbeamter zur Plünderung der reichen Legensmittelvorräte gekommen. Das Feuer bedrohte die Nachbarhäuser an der Martinitreppe und am Markt und griff auf die hölzernen Fensterverkleidungen am Chor von St. Martini über. *Die Magazingebäude brannten in tagelangem Glühen bis auf die Umfassungsmauern aus.* Die Kellergewölbe blieben erhalten. Die Ruinen waren jahrelang schutzlos Wind und Wetter ausgesetzt.

Das Vorhaben der Oberfinanzdirektion bzw. des Staatshochbauamtes, beide Ruinen zu Gunsten des fünfgeschossigen Neubaus eines Behördenbaues abzubrechen (MT, 31. 12. 1955; BA Martinikirchhof 1), blieb unausgeführt, zumal da sich in der Folgezeit renommierte Stimmen für den Erhalt zumindest der Heeresbäckerei aussprachen (Richard Hamann-Mac Lean/Marburg, Jürgen Soenke/Minden sowie Die Gorgonen/Minden) und die Stadt Minden bereits im Leitplan vom 3. 2. 1954, S. 57, andere Ziele formuliert hatte. *Das »Körnermagazin« und die »Bäckerei« (Schinkelbauten), die beide ...in ihrem architektonischen Bild erhalten blieben, müssen zukünftig einer öffentlichen Nutzung zugeführt werden. Die sich in guter städtebaulicher Lage anbietenden Baulichkeiten können nach entsprechendem Ausbau als Kunsthalle für Ausstellungszwecke wie auch als repräsentative Versammlungsräume für andere kulturelle oder sonstige festliche Veranstaltungen Verwendung finden* (LWL, Archiv, C 76, Nr. 540 Bd. III; 548; dort auch das Folgende). 1959 gab es in der Finanzbauverwaltung Überlegungen, entweder das Körnermagazin für den Neubau des Hauptzollamtes zu beseitigen oder die Ruine der Bäckerei dafür auszubauen. Am 30. 12. 1960 verkaufte die Bundesvermögensverwaltung beide Ruinen an die Stadt Minden. Der Beschluß des Haupt- und Finanzausschusses vom 6. 1. 1961, aus Sicherheitsgründen wegen des umliegend stattfindenden Wochenmarktes das 2. und 3. Obergeschoß der Magazinruine abzutragen, löste vielfältige Aktivitäten auf Seiten der zuständigen Behörden aus. Landeskonservator Dr. Hermann Busen verweigerte die Zustimmung, *solange keine neue Bebauung in maßvoller Ausführung geplant und umgehend nach Abbruch der Ruine erstellt werde* (Behördentermin Januar 1961). Das Gebäude der Heeresbäckerei müsse erhalten bleiben, da *hierin ein Bauwerk von Schinkel bzw. ein unter seiner Regie errichtetes gesehen wird* (Aktenvermerk Staatshochbauamt, 12. 1. 1961); andererseits erklärte sich Prof. Hans Thümmler / Landesdenkmalamt Münster *unter den vorwaltenden Umständen* mit dem Teilabbruch einverstanden (14. 3. 1961), und auch der Regierungspräsident in Detmold bat am 27. 3. 1961 nach Vorlage eines Prüfberichts um Zustimmung zum Teilabbruch. Staatskonservator Prof. Walter Bader / Düsseldorf sprach sich am 3. 5. gegen das Abbruchvorhaben aus, regte ein Gutachten des Statikers Prof. Schorn an und sagte der Stadt erhebliche Mittel für die Sicherung des Außenbaues zu; das Staatshochbauamt solle einen Vorentwurf für die Nutzung als Volkshochschule,

Abb. 441   Martinikirchhof 6a, Körnermagazin. Inneres der Ruine nach Osten, 1961.

Bücherei etc. ausarbeiten. Ein Gutachten des Staatshochbauamtes und des Stadtbauamtes vom 8.6.1961 konstatierte erhöhte Gefahr für die Standsicherheit der Ruine.

Am 25.3. legte cand. arch. Hans Peter Korth sein 1960/61 bei Prof. Karl Wilhelm Ochs/TU Berlin erarbeitetes Projekt zum Ausbau des Körnermagazins als Saalbau mit 475 Plätzen sowie kleinem Saal mit 58 Plätzen vor; für die Heeresbäckerei war die Nutzung als Restaurant mit 165 Plätzen geplant (MT 2.9.1961; Plansatz aus 8 Blättern incl. drei Schaubildern im WAfD, Plankammer; Fotos vom Modell des Körnermagazins ebd., Bildarchiv). Beide Gebäude sollten durch einen leichten verglasten Gang im ersten Obergeschoß miteinander verbunden werden. Ihm wäre das westliche Keller-Vorhaus zum Opfer gefallen, außerdem sollten bei der Bäckerei die paarweise geordneten Fenster zu Gunsten großer Fensterflächen aufgegeben werden. Prof. Schorn verneinte bei einem Ministerialtermin am 4.9.1961 eine Einsturzgefahr; es bestehe keine Notwendigkeit, die Giebel abzubrechen. Prof. Bader sagte der Stadt eine großzügige Förderung durch das Kultusministerium zu und regte die Ausschreibung eines Ausbauprojektes samt Gesamtfinanzierungsplan durch die Stadt an. Dieses Projekt für die Nutzung beider Gebäude durch Stadtbücherei und Volkshochschule lag im Mai 1962 vor; auch hier sollte – wie in der Planung von H. P. Korth – ein verglaster Gang die Bauten verbinden, ebenso sollte die Heeresbäckerei nur ein schlichtes Walmdach erhalten (Plansatz mit 10 Blättern im WAfD, Plankammer). Beide Projekte wurden nicht verwirklicht; daneben wurde zeitweilig auch die Nutzung des Körnermagazins als Markthalle erwogen.

1963 Sicherungsarbeiten an der Magazinruine, dabei Abnahme der obersten Gebälkzone mit den eng gereihten Belüftungsöffnungen bis nahe an die Giebel. 1966 probeweise Wiederherstellung

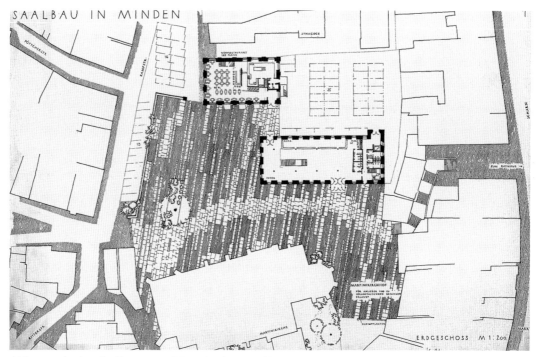

Abb. 442 Ausbau der Ruinen von Heeresbäckerei und Körnermagazin. Projekt von H.-P. Korth, 1961, Lageplan und Erdgeschoß-Grundrisse, Norden oben.

eines Fensters der Südseite (1. Obergeschoß, 2. Fenster von Westen) durch Antragen von Kunststein (Minéros) durch die Firma J. Tovenrath /Dortmund (Westfalen 46, 1968, S. 378). Nach längeren Vorverhandlungen seit 1964 und Ausarbeitung von Vorentwürfen für eine Hotelnutzung 1965 (Bauamt der ev. Landeskirche Bielefeld) erwarben mit Vertrag vom 6.4.1967 die Kirchengemeinden St. Martini und St. Simeon beide Ruinen, um sie für Zwecke der Gemeindearbeit auszubauen. Dieses sollte innerhalb von sechs Jahren geschehen, doch ließ es sich nur für die Heeresbäckerei verwirklichen; daher wurde 1971 das Körnermagazin vertragsgemäß an die Stadt zurückgegeben (MT, 1.3.1989; Kirchenkreis Minden 1980, S. 71). – Zum Ausbau der Bäckerei siehe unten Kat.-Nr. 371.

Ein Haupthindernis bei fast allen Wiederaufbauprojekten für das Körnermagazin waren die im Verhältnis zu den Grundmaßen (42,23 x 16,26 m) geringen Stockwerkhöhen (EG 3,75 m, 1.–3. OG 2,51 m, unteres Dachgeschoß mit Drempel 2,51 m; jeweils im Lichten) und die – gemessen an den Geschoßflächen – unzureichende Belichtungsmöglichkeit. Um hier Abhilfe zu schaffen und nicht, bei fortdauerndem Ruinenzustand, letzten Endes den ganzen Bau aufgeben zu müssen, wurde bei einem Ministerialtermin am 28.4.1970 von Prof. Rudolf Wesenberg/Kultusministerium Düsseldorf ein schon früher von Baudirektor Nau/Bielefeld geäußerter Vorschlag aufgegriffen und die Möglichkeit eröffnet, die ohnehin nur in starker Schräge entlang der Bäckerei einsehbare Nordwand des Magazins bis zum Gesims über dem Erdgeschoß abzutragen und mit größeren Fensterflächen neu aufzuführen. Das brauchbare Quadermaterial aus Portastein ließe sich überdies für die Wiederherstellung der verbrannten Fensterlaibungen und Gewände an den drei anderen Fassaden verwenden

IV.2.2 Katalog – Militärbauten innerhalb der Festungswerke (Kat.-Nr. 329–379) 681

Abb. 443 Vorschlag für die Auflösung der Nordwand des Körnermagazins und die Neuaufstellung der Torpfeiler. U.-D. Korn, 1970.

(Skizzen des Verfassers für die Auflösung der Nordwand mit zwei Originalfenstern über den Vorhäusern und für die Wiederaufstellung von zwei Torpfeilern im WAfD, Plankammer; Abb. 443).

Unterdes ging die Suche nach einem geeigneten Verwendungszweck für die Magazin-Ruine weiter, an der 1972 Fanggerüste für abstürzende Mauerbrocken notwendig wurden. Im Oktober 1973 beschlossen die Mindener Stadtverordneten, das im relativ abgelegenen Espelkamp gegründete Kolleg zur Erlangung der Hochschulreife (Weser-Kolleg) nach Minden zu verlegen und das Körnermagazin für die ca. 250 Schüler mit zehn Klassen- und Fachräumen sowie allen weiteren erforderlichen Räumlichkeiten für Lehrer, Verwaltung etc. auszubauen. Planung für den Anbau der Magazinräume und eines gesonderten, zweigeschossigen Traktes für die naturwissenschaftlichen Fachräume im nördlichen Hof: Städtisches Bauamt (Stadtbaurat Ast, Hochbauamtsleier Kohl); Baubeginn Herbst 1975, Richtfest am 5. November 1976, Einweihung 10. März 1978 (Zeitungsberichte der NW und des MT). Die Nordwand wurde zwischen den Giebelscheiben bis über das Erdgeschoß abgetragen; das Quadermaterial diente für Wiederherstellung der originalen Fensteröffnungen und des 1934 zerstörten Einfahrtsbogens in der Mitte der Südseite. Die neue Nordfassade mit 22 gleichmäßig gereihten Fenstern in drei Geschossen besteht aus vorgehängten Obernkirchener Sandsteinplatten. Durch Verzicht auf den Drempel im ersten Dachgeschoß konnten die Geschoßhöhen vergrößert werden. Sie stimmen nun zwar nicht mit den Gesimsteilungen der übrigen Fassaden überein, doch fällt dies nur bei genauerem Vergleich der neuen Nordfassade mit der benachbarten Westfassade auf (Abb. 436). – Im Kellergeschoß ist die Haustechnik untergebracht, ferner Werk-

Abb. 444 Adler von einem der Torpfeiler zwischen Heeeresbäckerei und Körnermagazin. Mindener Museum, 1998.

raum, Fotolabor sowie Freizeit- und Aufenthaltsmöglichkeiten für die Studierenden, außerdem liegt hier die Verbindung zum östlichen Erweiterungsbau. Im Erdgeschoß liegen Haupteingang, Hausmeisterraum, Sammelgarderobe, Fachunterricht- und Sammlungsräume, im 1. Obergeschoß die Räume der Verwaltung, ein großer Hörsaal und Räume für Fachunterricht, darüber in zwei Geschossen zwölf Klassenräume. Das Dachgeschoß ist für Sprachlabor, Bücherei und Lehrmittel eingerichtet (Pläne in Bauakte und LWL Archiv, C 76, Nr. 548).

Die bis in die Nachkriegsjahre in Teilen erhaltene Einfassung des Vorplatzes in der Flucht der südlichen Langseite des Magazins und der Westfassade der Bäckerei mit einer Mauer, aufstehendem Lanzengitter sowie vier adlerbekrönten Torpfeilern zu Seiten der Einfahrten an der Süd- und Westseite mit ihren noblen klassizistischen Gittertorflügeln (Abb. 436) wurde nicht wiederhergestellt. Einer der Adler (Zinkguß, H. 0,65 m) steht im Mindener Museum. Der Verbleib der anderen drei ist unbekannt; einer gelangte möglicherweise nach 1945 auf das Kriegerdenkmal für 1870/71 auf dem Friedhof in Spenge, Kreis Herford. Nach dortiger Überlieferung soll er von den ehemaligen Festungswällen in Minden stammen. – Das ehemalige Körnermagazin ist seit dem 22.2.1984 in die Liste der Baudenkmale der Stadt Minden eingetragen.

QUELLEN: BA Martinikirchhof 1, Martinikirchhof 6a/7. – KAM, Mi, H 60, Nr. 220 (nicht ausgewertet). – LWL Archiv, C 76, Nr. 540; 546. – WAfD, Objektakte.

LITERATUR: Meinhardt 1958, S. 63 f. – Keber 1960/61, 4. Forts., S. 26 ff. – MT 31.12.1955; 2.9.1961; 9.9.1961; 1.3.1969; 9.9.1975; 24.10.1975; 26.2.1976; 14.5.1976. – NW 9.9.1961; 12.1.1976; 25.2.1976; 6.11.1976; 8.3.1978. – WZ 9.9.1961. – Westfalen 46, 1968, S. 378; 53, 1975, S. 600; 56, 1978; S. 536 (Denkmalpflegeberichte). – Schreiner 1969, S 274 f. – Schreiner 1977, S. 275–282. – Kirchenkreis Minden 1985, S. 71. – Preußentour 1996, S. 30 f. – Korn 1999, S. 52 f. – Hoffmann/Beutelspacher 2000, S. 19. – Mathematisches Calcul 2000, S. 142 ff., Nr. 92.

IV.2.2 Katalog – Militärbauten innerhalb der Festungswerke (Kat.-Nr. 329–379) 683

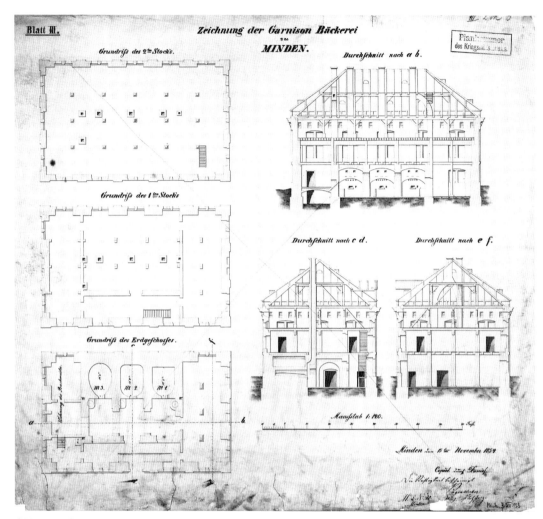

Abb. 445 Garnisonbäckerei, Bestandszeichnung. Kopie von Daniel, 1854 (Kat.-Nr. 360).

KAT.-NR. 360   Abb. 445
Garnisonbäckerei, Bestandszeichnung, 1854

Bezeichnet *Daniel*, datiert *Minden den 15ten November 1854*.
Farbig angelegte Federzeichnung; 54,5 x 61,0 cm.
Wasserzeichen: Fortuna, nach rechts auf einer Kugel stehend, darunter VAN DER LEY.
Maaßstab 1:120 (Beschriftungsfehler); Maßleiste von *10 + 80 Fuss* = 13,25 cm = 1:144.
Kartentitel: *Zeichnung der Garnison Bäckerei zu MINDEN. Blatt III.* Unten rechts Ort und Datum
wie oben. *Copirt durch Daniel / Die Richtigkeit bescheinigt Pagenstecher Maj & Platz Ing. / M. 5. No. 20.*

STA DT, D 73 Kartensammlung Tit. 4 Nr. 10 267; unpubliziert. – Oben rechts Stempel: Plankammer des Kriegsministeriums.

Unten links *Grundriss des Erdgeschosses*, das bis auf die ebenerdige, zwei Räume an der Westseite einnehmende *Wohnung des Backmeister*[s] um etwa 5 Fuß (ca. 1,55 m) unter dem Außenniveau lag. Hinter der mittigen Tür querrechteckiger Eingangsraum mit Treppen zum tieferen Bodenniveau und zum Obergeschoß, links anschließend Vorraum (Küche) mit Treppe zur unterkellerten Backmeister-Wohnung, in der Mitte die mit drei Stichbogentonnen auf Gurten überwölbte Backstube mit drei Öfen (*No 1 bis 3*) unterschiedlichen Grundrisses. Rechts an den Eingangsraum anschließend ein schmaler, die ganze Gebäudetiefe einnehmender Raum, durch drei verdoppelte Holzstützen in zwei Schiffe geteilt (vermutlich Raum für Heizmaterial).

In der Mitte links *Grundriss des 1ten Stock`s*, mit vier Räumen: querrechteckiger Vorraum, dahinter fast quadratischer Hauptraum mit vier eingestellten hölzernen Doppelstützen und durchzogen von den drei Rauchabzügen der Öfen, zu denen an den Schmalwänden drei weitere Heizungskamine kamen. Nach Westen und Osten je ein langer, schmalrechteckiger Raum, der östliche wiederum durch drei Doppelstützen zweischiffig unterteilt.

Oben links *Grundriss des 2ten Stock's*. Vermutlich Mehlboden: einheitlicher Raum, durch 15 einfache Holzständer in fünf Schiffe zu vier annähernd quadratischen Jochen geteilt und teilweise verstellt durch die sechs Kaminzüge. In der Südostecke Treppe zum Dachraum.

In der rechten Blatthälfte oben *Durchschnitt nach a-b.* durch die lange Achse mit einem Raum der Backmeisterwohnung (darunter niedriger, flachgewölbter Keller), die gewölbte Backstube und den zweischiffigen (Heizmaterial ?-)Raum im Erdgeschoß, die drei Hauptarbeitsräume im ersten Obergeschoß unter der Bombenbalkendecke, den Mehlboden und das zweistöckige Dach.

Darunter links *Durchschnitt nach c–d*, in der Mittelachse durch den mittleren Backofen samt Schornstein, den großen Arbeitsraum, Mehlboden und Dach mit Kranhäuschen.

Daneben rechts *Durchschnitt nach e–f.* durch die schmalen östlichen Räume, deren verdoppelte Holzstützen vom Kellerfußboden bis zu den Deckenunterzügen der Bombenbalkendecke des ersten Obergeschosses durchgehen.

Im unteren Dachgeschoß werden die beiden westlichen Heizungskamine gezogen und vereinigen sich in einem gemeinsamen Kaminkopf; der östliche Heizungskamin wird gleichfalls gezogen und in den östlichen der drei Backofenkamine geführt, so daß statt sechs nur vier Kaminköpfe aus der Dachfläche treten, die mit ihren Abdeckplatten die Firsthöhe nur knapp überragen.

Das Dachwerk ist als Doppeldach ausgebildet. Die Unterkonstruktion bildet ein Walmdach mit einer Kehlbalkenlage auf doppelt stehendem Stuhl; Dachbalken und Sparren ruhen über Mauerlatten auf den Mauerkronen. Davor liegt umlaufend ein niedriger, hölzerner Drempel, der die Sparrenfüße des Oberdaches trägt. Die Sparren liegen wie lange Aufschieblinge auf den Unterdachsparren auf und sind jeweils durch drei senkrechte, wegen der unterschiedlichen Sparrenneigung verschieden lange Hölzer mit ihnen verbunden. Das Kranhäuschen sitzt mit seiner Stirnseite auf dem Drempel auf, Seitenwände und Satteldach ruhen auf den Unterdachsparren. Beide Dachgeschosse haben einen Bohlenbeschuß; sie dienten als Lagerräume und waren über die einläufigen Treppen mit den Arbeitsräumen verbunden.

Die Blattbezeichnung *Blatt III* schließt an die Bestandszeichnung des Proviantmagazins (Kat.-Nr. 356), Blatt III, an. Zugehörig ist Blatt IV (Kat.-Nr. 361), so daß von einem vier Zeichnungen umfassenden Plansatz für die Einrichtungen des Proviantamtes am Martinikirchhof auszugehen ist.

KAT.-NR. 361 Abb. 446
Garnisonbäckerei, Bestandszeichnung, 1854

Bezeichnet *Daniel,* datiert *Minden, den 9ten October 1854.*
Farbig angelegte Federzeichnung; 53,6 x 63 cm, neu auf Büttenpapier gezogen.
Wasserzeichen: Fortuna, nach rechts auf einer Kugel stehend, darunter VAN DER LEY.
Maaßstab = 1:120 (Beschriftungsfehler); Maßleiste von *10 + 60 Fuss* = 18,35 cm = 1:144.
Kartentitel: *Zeichnung der Garnison Bäckerei und Aufseher Wohnung zu MINDEN/ Blatt IV.*
Unten rechts Ort und Datum wie oben, *Aufgenommen und gezeichnet durch Daniel. / Die Richtigkeit bescheinigt Pagenstecher Maj und PlatzIng.*
STA DT, D 73 Kartensammlung Tit. 4 Nr. 10 268; KORN 1999, S. 51 f., Abb. 9 (Ausschnitt) – Oben rechts blaue Inv.-Nr. *B I 19.*

Oben nebeneinander: *Front- und Giebel-Ansicht der Garnison Bäckerei.* Links die Hauptansicht von Süden mit zwei Vollgeschossen und Mezzanin; die schlichten Rechteckfenster jeweils paarig in fünf wandhohen stichbogigen Rahmenblenden, in denen Erd- und Obergeschoß durch ein profiliertes Stockwerkgesims geschieden sind. Eingang in der Mittelachse mit profiliertem Faschengewände, darüber im Obergeschoß schlichte Luke; über ihrem Sturz Versalien-Inschrift: *BAECKEREI ERBAUT 1834.* Unter dem kräftigen Traufgesims schwerer Konsolfries; zwischen den Konsolen quadratisch eingetiefte Felder, von denen jedes zweite zur Belüftung des dahinterliegenden Obergeschosses geöffnet ist. Über der Traufe, hier als Attika erscheinend und mit liegenden Reckeckfeldern gegliedert, der Drempel für die Oberdach-Konstruktion (vgl. die Schnittzeichnungen in Kat.-Nr. 360), in der Mittelachse unterbrochen durch das Kranhäuschen. Im Walmdach je zwei Lünettengaupen für jedes Dachgeschoß. Auf den Firstenden Blitzableiter, daneben und dazwischen die vier Kaminköpfe.
Die Giebelansicht ist wie die Hauptansicht gegliedert, hier mit drei Rahmenblenden. Links vier Kellerfenster, im Dach zwei Gaupen.
In der unteren Blatthälfte *Aufseher Wohnung, Holz- und Utensilien-Schuppen* östlich des Bäckereigebäudes (vgl. Kat.-Nr. 352, Lageplan).
Unten links *Grundriß.* Im linken Drittel des rechteckigen Baues mit Satteldach die Aufseher-Wohnung. Hinter der Haustür mit Oberlicht *Flur, Stube* und *Kammer,* rechts anschließend *Kammer* und *Küche.* Der übrige Teil ist als *Holz- und Utensilien-Schuppen* in einen großen Raum – mit Toreinfahrt – und einen kleinen, mit Tür zur Wohnung, geteilt. An die östliche Giebelwand schließt sich die dreiteilige Latrine an. – Über dem Grundriß die *Aeussere Ansicht,* mit Kranhäuschen über der Torfahrt; die Latrine mit Pultdach.
Rechts Längs-*Durchschnitt nach a-b,* darunter Quer-*Durchschnitt nach c-d* mit firstparallelem Unterzug auf Ständern und einfach stehendem Stuhl unter dem Kehlbalken.
Rechts daneben die schlichte *Ansicht des westlichen Giebels* mit den drei Fenstern von Stube und Kammer der Wohnung. Den Dachraum belichten zwei Fenster.

Bevor der Bau am Martinikirchof in unmittelbarer Nachbarschaft zum Proviantmagazin entstand, war ein Bauplatz auf dem Gelände der ehemaligen Uhlemannschen Kurie vorgesehen, südlich an den Kreuzgang von St. Martini anschließend. Die Aufnahme des Ingenieur-Lieutenants Creuzinger von 1829 (STA DT, D 73 Kartensammlung Tit. 4 Nr. 9 881) zeigt hier – von anderer Hand nachgetra-

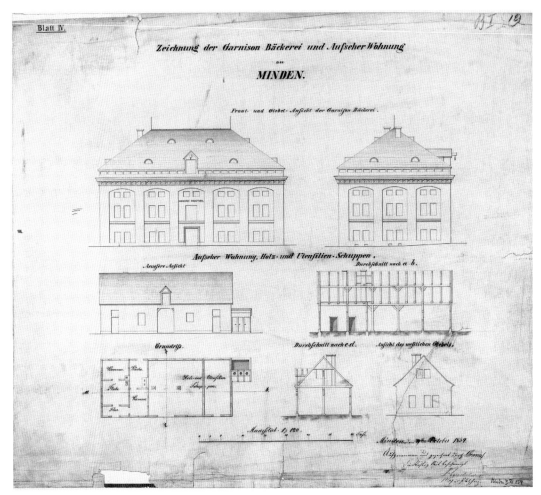

Abb. 446 Garnisonbäckerei und Aufseherwohnung. Bestandszeichnung von Daniel, 1854 (Kat.-Nr. 361).

gen – ein Rechteck von 47 x 98 Fuß Größe, bezeichnet als *Platz zur Bäckerei* (siehe Teil IV, Abb. 438).

Die 1832 bis 1834 erbaute Bäckerei ist von kubischer Blockhaftigkeit ... Die klare Durchformung und die ausgewogene Proportionierung des einzelnen lassen diesen Bau weit anspruchsvoller erscheinen, als man für ein derartiges Zweckgebäude erwarten könnte (SCHREINER 1977, S. 271, 274). Die hohen, stichbogigen Rahmenblenden sind ein auffallendes und in der zeitgenössischen gebauten Architektur einzigartiges Motiv. Ein kolossales, rechtwinkliges Lisenen-Rahmen-System hatte Schinkel bereits 1818 an der Kaserne der Lehreskadron und Militär-Arrestanstalt an der Berliner Lindenstraße als Wandgliederung eingesetzt. Mit Stichbögen kombiniert – und in dieser Form gewiß vom Hochmeisterpalast der Marienburg herzuleiten (RAVE 1981, S. 58) – erscheint es um 1830/1831 in den Skizzen zum Architektonischen Lehrbuch (Schinkel-Museum Mappe XLI, 137, 138; PESCHKEN 1979, S. 131, Abb. 206, 208), in gewandelter Gestalt kehrt es an der Bauakademie wieder. Da die Originalpläne nicht vorliegen, bleibt die Vermutung Schreiners, das Motiv sei über Schinkels Schüler Salzenberg nach Minden vermittelt worden, unbewiesen. Wilhelm Salzenberg arbeitete 1824–1831 als Geometer beim rheinisch-westfälischen Katasteramt in Münster und war als *Conducteur* in der Militärbauverwaltung an der Aufmessung des Geländes für die Aegidii-Kaserne (1828–1831 von Ingenieur-Hauptmann von Bütow) beteiligt. Erst 1832 ging er zum Architekturstudium an die Berliner Bauakademie, das er 1834 bei Schinkel mit der Baumeisterprüfung abschloß (BUSKE 1992, S. 4, 7). Eine Mitarbeit an den Planungen für die Militärgebäude in Minden ist daher eher auszuschließen, ebenso ist es wenig wahrscheinlich, *daß er auch für die Schinkelschen Formen der übrigen Gebäude verantwortlich sein dürfte* (SCHREINER 1977, S. 274). Die dezidierte Zuschreibung des Entwurfes für die Bäckerei an Salzenberg, die PESCHKEN (Archit. Lehrbuch, 1979, S. 131) mit der Vereinfachung von Schreiners Vermutung vornahm, läßt sich ohnehin nicht halten. Als Entwerfer kommen in erster Linie die Mindener Ingenieur-Offiziere in Frage, vor allem der Major und Ingenieur vom Platz Franz Erdmann Konrad von Uthmann, ferner sein Mitarbeiter Hauptmann Marcus Wegelin und die verschiedenen Leutnants (Bender, Creutzinger, Keiser, von Untzer und Weber), die zumindest für Vermessungs- und Zeichenarbeiten eingesetzt wurden. Der Spekulation ist hier breiter Raum gegeben, zumal da nicht bekannt ist, ob und wie ein aus Minden eingereichter Entwurf bei der Revision in Berlin gebilligt, verändert oder grundlegend umgearbeitet wurde. Dort bzw. in der 1827 gegründeten neuen Heeresbauverwaltung arbeitete J. Georg Karl Hampel eng mit Schinkel zusammen, so daß auf diesem Wege Schinkels Formvorstellungen und Gestaltungsvorschläge in die Mindener Projekte einfließen konnten (siehe KIELING 1987, S. 199).

Ob als Anregung oder Vorbild für die Lösung einer technisch gleichartigen Aufgabe die 1824 vom Platzingenieur Hauptmann From in der Festung Thorn erbaute Bäckerei diente – vielleicht über das Berliner Kriegsdepartement vermittelt –, ist nicht bekannt, aber immerhin denkbar. Der Thorner Bau, von dem eine Zeichnung mit Grundrissen, Schnitt und Ansicht erhalten ist (GSTA PK, XI. HA Karten, Festungspläne F 70.832; KORN 1999, S. 52 Abb. 10), war kleiner und nur zweigeschossig, wies aber unter dem Walmdach eine den Mindener Fassaden zumindest ähnliche Gliederung mit wandhohen Lisenen und paarweise gruppierten Fenstern in den Rücklagen auf. Bei der Thorner Bäckerei scheint das Vorbild von Schinkels Kaserne der Lehreskadron von 1818 stärker wirksam als in Minden; hier ist, auch im Verzicht auf eine Differenzierung von glatten Lisenen und rustizierten Rücklagen, eine weniger gefällige, dafür von knappem Ernst und kraftvoller Strenge geprägte Gestalt erreicht.

KAT.-NR. 362 Abb. 447
Garnison-Bäckerei, Umbau eines Ofens, 1864

Bezeichnet *Ross*, datiert *Minden den 24t März 1864*.
*Feder*zeichnung *in* schwarzer und roter Tusche, farbig angelegt; Bleistift-Notizen 48,4 x 64,9 cm.
Maaßstab 1:60. 1 ddc" = 5'. Maßleiste von *5 + 25 Fuss* = 15,75 cm.
Kartentitel: *Entwurf zur Einrichtung des Ofens No 3 in der Königlichen Garnison Bäckerei zu Minden zur Heizung mit Steinkohlen. / Bearbeitet zufolge Verfügung des Königlichen Allgemeinen Kriegs Departements vom 13t Januar 1864, königlichen Militär-Öconomie-Departement vom 26t Januar 1864 und zum Kosten Anschlage vom 24t März 1864 gehörig / Copie*. Beischrift in Blei: *(320 Brote)*.
Unten von rechts: *Ross, Feuerwerker* / Ort und Datum wie oben, *gez*. bzw. *Für die Richtigkeit Maentell Major und Platz-Ingenieur / Gesehen I. V. gez. Schulz 2 Oberst und Festungs-Inspecteur*.

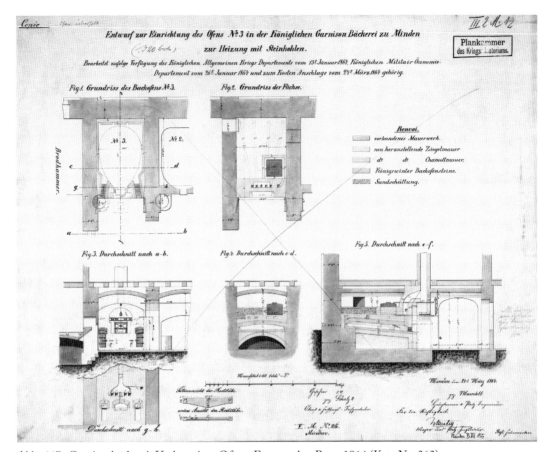

Abb. 447 Garnisonbäckerei, Umbau eines Ofens. Feuerwerker Ross, 1864 (Kat.-Nr. 362).

STA DT, D 73 Kartensammlung Tit. 4 Nr. 10 269; unpubliziert. – Oben rechts Stempel: Plankammer des Kriegsministeriums und blaue Inv.-Nr. *2 M. 12;* unten Inv.-Nr. *V. M. No 25.* Minden.

Oben links *Fig. 1.Grundriss des Backofens Nr. 3.* mit seitlichen Feuerrosten vor der rechteckig ausgemauerten Heizkammer. Gestrichelt eingezeichnet der alte eiförmige Grundriß des Ofens. Die links anschließende *Brodkammer* ist der Keller unter der Backmeisterwohnung. Rechts angeschnitten der Ofen *No 2.* – Rechts daneben *Fig. 2 Grundriss der Füchse* über dem Backgewölbe; in der vorderen rechten Ecke ein quadratischer Warmwasserbehälter.

Unten links *Fig. 3. Durchschnitt nach a–b.* mit Vorderansicht des Backofens, darunter *Durchschnitt nach g–h* durch die Feuerungsanlage, das Backofenloch und die Füchse. Rechts daneben Detailzeichnung: *Seitenansicht* bzw. *untere Ansicht der Roststäbe.*

Neben Fig. 3. rechts anschließend *Fig. 4. Durchschnitt nach c–d* durch Heizkammer, Backraum, Füchse und Warmluftkammer (Dörre) mit dem Wasserbehälter.

Rechts *Fig. 5. Durchschnitt nach e–f:* Längsschnitt durch den Ofen in der Mittelachse mit Vorraum und Schornsteinansatz. Rechts am Rand Beischrift-Notiz: *NB. Der nach vorn fallende Zug kann nicht zweckmäßig sein.*

Das *Renvoi* oben rechts erläutert die farbliche Differenzierung der Grundriß- und Schnittzeichnungen:

[grau] *vorhandenes Mauerwerk.*
[rosa] *neu herzustellende Ziegelmauer*
[gelb] *do Chamottmauer.*
[braun] *Königswinter Backofensteine.*
[ocker und grün
gepunktet] *Sandschüttung.*

Während das Brotbacken in den älteren Ofentypen (vgl. Kat.-Nr. 360) mit Holzfeuerung im Backraum im steten Wechsel von Heizphase und Backphase viel Zeit in Anspruch nahm, umständlich war und Verunreinigung des Brotes durch Asche und Holzkohlereste mit sich brachte, ermöglichte die Trennung von Feuerungs- und Backraum unter Verwendung von Stein- oder Braunkohle bei höherer Ofentemperatur ein schnelleres und kontinuierliches Backen, also eine erheblich größere Brotproduktion in der Garnisonbäckerei.

Die Zeichnung wurde später mit Bleistift durchstrichen; oben links Beischrift: *Öfen überholt.*

KAT.-NR. 363 ohne Abb.
Garnisonbäckerei, Ausführungszeichnung, 1937

Bezeichnet *Pe,* datiert [19]*37.*
Schwarze Tusche auf Pausleinen; 60,2 x 51,1 cm.
M: 1:100.
Kartentitel: *Standort Minden, Heeresverpflegungsamt. / Standort Bäckerei Ausführungszeichnung – (Martini-Kirchhof) / Blatt:* (nicht ausgefüllt).
Unten links: *Zeit der Ausführung : 1834,* rechts *Bielefeld, den … 19… Heeresbauamt II …… Reg-Baurat / Pe / 37.*

Mindener Museum FM 138; Schreiner 1977, S. 275, Abb. 8.

Oben links: *Süd-Ansicht* mit eingeschossigem, zweifenstrigem Pultdach-Anbau an der Ostseite, unten links *West-Ansicht,* rechts *Schnitt a–b* durch die Mittelachse.

KAT.-NR. 364 Abb. 448
Garnisonbäckerei, Ausführungszeichnung, 1938

Bezeichnet *Pe,* datiert [19]*38.*
Schwarze Tusche auf Pausleinen; 60,2 x 51,1 cm; *M 1:100.*
Kartentitel und übrige Beschriftung wie in Kat.-Nr. 363.

Mindener Museum FM 139; unpubliziert.

Oben *Nord-Ansicht*; darunter *Schnitt c–d* in der langen Querachse durch den First.

Das zugehörige Blatt mit den Grundrissen liegt nicht vor. Die Fassaden des Hauptgebäudes gegenüber den Bestandszeichnungen von 1853 (Kat.-Nr. 361) nur unwesentlich verändert; im Westteil sind

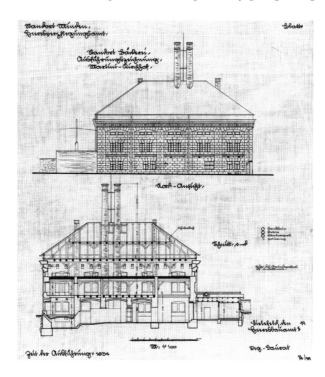

Abb. 448 Garnisonbäckerei, Ausführungszeichnung, 1938 (Kat.-Nr. 364).

unter dem geschoßteilenden Gesims über den Fenstern zusätzliche quadratische Belüftungs- bzw. Abluftöffnungen eingebrochen worden. Der Pultdachanbau an der Ostseite wurde in die Gartenfläche zwischen Bäckerei und Aufseher-Wohnung (siehe Kat.-Nr. 352) gesetzt. Wesentliche Veränderungen erfuhr die eigentliche Backstube; zugunsten einer neuen Ofenanlage wurden die alten Öfen samt den Zwischenmauern fast bis unter die Gewölbe abgebrochen; die Mauern wurden auf Eisenträgern und -stützen abgefangen. Die drei alten Schornsteine sind abgetragen und durch ein Paar runder Schornsteine mit dazwischenstehendem Blitzableiter ersetzt, die den First mit 6,72 m Höhe beträchtlich überragen. (Die 1937 verschieden hoch geplanten Kamine wurden in der Ausführung 1938 wohl auf gleiche Höhe gezogen). Im östlichen Nebenraum sind die bis unter die Bombenbalkendecke reichenden doppelten Holzstützen durch eine Sprengwerk-Konstruktion auf Wandkonsolen im ersten Obergeschoß ersetzt. Als Dachdeckung ist *Schieferdach* angegeben. Die in der Legende vorgesehene farbliche Differenzierung von *Sandstein, Beton, Mauerwerk* und *Isolierung* ist in den Blättern nicht ausgeführt.

Der Bau stand, von geringfügigeren Änderungen abgesehen (siehe Kat.-Nr. 362–364), wohlerhalten bis zum 4. April 1945. Es wurde kurz vor dem Abzug der letzten deutschen Soldaten und vor dem Einmarsch der alliierten Truppen auf Befehl des Oberkommandos des Heeres in Brand gesetzt und brannte bis auf die Umfassungsmauern aus (KEBER 1960/61, 4. Forts., S. 26 ff. m. Abb. S. 27). Die äußerlich im Mauerwerk kaum beschädigte Ruine stand lange Jahre schutzlos der Witterung ausgesetzt. Projekte für eine Nutzung als Weinrestaurant im Zusammenhang mit den Plänen für einen Saalbau im Körnermagazin (cand. arch. Hans-Peter Korth / Berlin, 1961) oder als Haus der Volkshochschule (Stadtbauamt Minden 1982) ließen sich nicht verwirklichen (Plansätze im WAfD, Plankammer).

Abb. 449 Martinikirchhof 7, Heeresbäckerei. Ruine von Osten, 1968.

1987 erwarben die Kirchengemeinden St. Martini und St. Simeon die Ruinen des Körnermagazins und der Bäckerei, um sie für ihre Gemeindezwecke auszubauen. Da dies innerhalb der vorgesehenen Frist von sechs Jahren nur für die Bäckerei gelang, wurde die Magazin-Ruine 1971 an die Stadt Minden zurückgegeben (Kirchenkreis Minden, 1980, S. 71). Anders als beim Magazin war ein Abbruch der Bäckerei-Ruine wohl nie ernstlich erwogen worden, zumal da bereits 1961 unter den zuständigen Behörden Einigkeit darüber bestand, daß sie erhalten werden müsse, da *hierin ein Bauwerk von Schinkel bzw. ein unter seiner Regie errichtetes gesehen wird* (Aktenvermerk des Staatshochbauamtes Minden vom 12.1.1961, LWL, Archiv, C 76 Nr. 540 Bd. III). 1970/71 Beginn der Sicherung und Wiederherstellung der Fassaden mit Porta-Sandstein; kleinere Ergänzungen im Antrage-Verfahren aus Kunststein (Minéros; Ausführung J. Tovenrath/Dortmund), Einziehen eines Betonskeletts für den flexiblen Ausbau des Inneren. 5. Mai 1972 Richtfest (NW 1.7.1972). 1972/73 Ausbau als Gemeindehaus und Stätte der Erwachsenenbildung unter dem Namen »Martinihaus« (Pläne: Architekt Hans-Werner Lachwitz/Porta Westfalica; Plansatz in Objektakte WAfD). Die neue Form des Attika-Geschosses mit dem durchlaufenden Band quadratischer Fenster unter einem etwas grobschlächtigen Sturzbalken, der zugleich das Traufgesims mit innenliegender Dachrinne bildet, folgt nur ungefähr dem Zustand vor der Zerstörung. Allerdings war bei der Planung die Existenz der Pläne von 1854 (Kat.-Nr. 360, 361), damals im STA Münster, und von 1937/38 (Kat.-Nr. 363, 364) im Mindener Museum nicht bekannt (Westfalen 53, 1975, S. 600 und KORN 1999, S. 51 f.). Das verschieferte Walmdach über der grauen, metallverkleideten Attika wiederholt den ursprünglichen Dachkörper. Die notwendige Belichtung der Räume im Spitzdach (Hausmeister-

Abb. 450 Heeresbäckerei nach dem Wiederaufbau und Ruine des Körnermagazins. Blick vom Martinikirchturm nach Nordosten, 1975.

Wohnung) erfolgt durch Dachflächenfenster; die zunächst vorgesehenen Halbkreisgaupen, die der ursprünglichen Form entsprochen hätten, gaben nicht genügend Licht.

Das Erdgeschoß wird als Altenzentrum und Cafeteria genutzt; das 1. und 2. Obergeschoß enthält einen über die ganze Länge reichenden, variabel teilbaren Saal samt Teeküche und Sanitärräumen, das Dachgeschoß birgt einen Konferenzraum, der für Zwecke der Gemeinde- und Jugendarbeit in drei kleinere Räume geteilt werden kann. Heizung und Klimatechnik befinden sich im neu angelegten Keller.- Die vom Bildhauer Hans Karl Möhlmann / Minden in expressionistischen Formen als Flachrelief gestalteten bronzenen Flügel der Eingangstür wurden gegen das Votum des landeskirchlichen Bauamtes und der Denkmalpflege eingebaut. Die Inschrift *BAECKEREI ERBAUT 1834* aus eisernen Versalien in der Portalachse unter dem Zwillingsfenster des Magazingeschosses beseitigte man während des Wiederaufbaus. Das Martinihaus – Haus der Kirche – wurde am 2. Advent 1975 eingeweiht. 1991 Eintragung in die Denkmalliste der Stadt Minden.

QUELLEN: BA Martinikirchhof 6a, 7. – LWL Archiv, C 76, Nr. 540, 548. – WAfD, Objektakte.

LITERATUR: Meinhardt 1958, S. 62. – Schreiner 1969, S. 274. – NW 1.7.1972. – Schreiner 1977, S. 271. – MT 31.12.1965; 2.9.1961, 9.9.1961; 1.3.1969; 27.3.1971. – Keber 1960/61, 4. Forts., S. 26 ff. – Westfalen 53, 1975, S. 600 (Denkmalpflegebericht). – Kirchenkreis Minden 1980, S. 71. – Preußentour 1996, S. 30. – Korn 1999, S. 51 f. – Hoffmann/Beutelspacher 2000, S. 18 f.

Abb. 451 Marienwall-Kaserne von Norden. Lithographie aus einem Sammelblatt, nach 1864. Mindener Museum, FM 162.

MARIENWALL-KASERNE, KASERNE NO II, 1865 + MARIENWALL 31 (KAT.-NR. 365–369)

Ausführungspläne, 1865

Bezeichnet *C Marx / Baumeister*, datiert *Minden den 12t Januar 1865*.
Plansatz Blatt I–V, dabei Blatt III-V doppelt. Farbig lavierte Drucke nach Zeichnungen von C. Marx/Minden; auf Blatt V Vermerk: *Autogr. Druck v. J. C. C. Bruns in Minden*; 49,4/49,5 x 64,1/64,4 cm (Blatt I–III,V), 64,1 x 49,4 (Blatt IV).
Maßstab *10 + 100* (Fuß) = 15,6 ≅ 1:288.
Kartentitel: *Neue Kaserne auf dem ehemaligen Post-Grundstück zu Minden*.

STA DT, D73 Kartensammlung Tit. 4, Nr. 10 220 (Bl. I), 10221 (Bl. II), 10 222, 10 223 (Bl. III), 10 224, 10 225 (Bl. V), 10 226, 10 227 (Bl. IV); unpubliziert. – Ein Satz (10 220–10 222, 10 227, 10 224) mit Stempel »Plankammer des Kriegsministeriums« und Inv.-Nr, II.7.M.19–23 (durchstrichen) bzw. II. 7.M. 26–30, außerdem alle Blätter mit Bleistift als *überholt* durchstrichen. Von den doppelten Blättern tragen Nr. 10 225 (Bl. V) und 10 226 (Bl. IV) oben links die Inv.-Nr. *P. V.III.d. N° 34* und den Stempel der Fortification zu Minden, außerdem oben rechts die Inv.-Nr. *G. V. M. / N° 65.F:III* sowie unten links die Inv.-Vermerke mit Farbstempeln der Garnison-Verwaltung zu Minden und oben rechts Inventar-Vermerke des Militär-Bauamtes Minden mit Farbstempel. Nr. 10223 (Doppel von Bl. III) hat nur die Inv.-Nr. *G. V.M/N°. 3 F:III*.

Alle Blätter sind unter der gedruckten Datums-Zeile unterschrieben *Maentell / Major & Platz=Ingenieur* und *CMarx / Baumeister*.

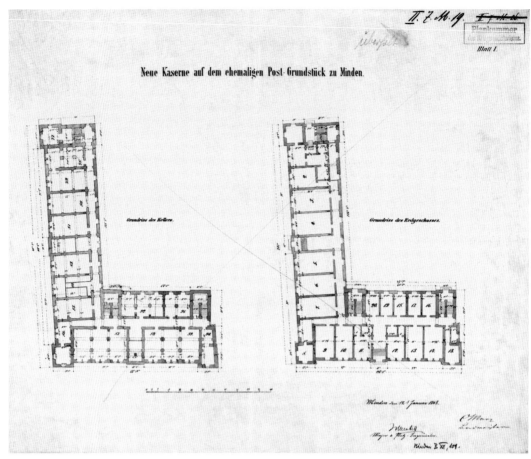

Abb. 452 Marienwall-Kaserne, Blatt I: Grundrisse. C. Marx, 1865 (Kat.-Nr. 365).

KAT.-NR. 365   Abb. 452

Blatt I. Links *Grundriss des Kellers* mit Raum-Nummern 77–92, bei denen Treppenhäuser, Korridore und die Räume unter den Ecktürmen zum Marienwall nicht mitgezählt sind. – Norden unten.

Rechts: *Grundriss des Erdgeschosses* mit Raum-Nummern 1–20, ohne die Korridore, Treppenhäuser und den südlichen Eckturm an der Poststraße.

Die Grundrisse sind sorgfältig in Fuß und Zoll vermaßt.

KAT.-NR. 366   ohne Abb.

Blatt II. Links *Grundriss zum 1ten Stock;* Raum-Nummern 21–42; rechts *Grundriss zum 2ten Stock,* Raum-Nummern 43–64, sonst wie Blatt I.

KAT.-NR. 367   Abb. 453

Blatt III. In der linken Hälfte *Grundriss des Dachgeschosses,* dessen Räume im Flügel an der Poststraße als *Trockenböden,* im Flügel zum Marienwall als *Montierungskammern* bezeichnet sind. Die

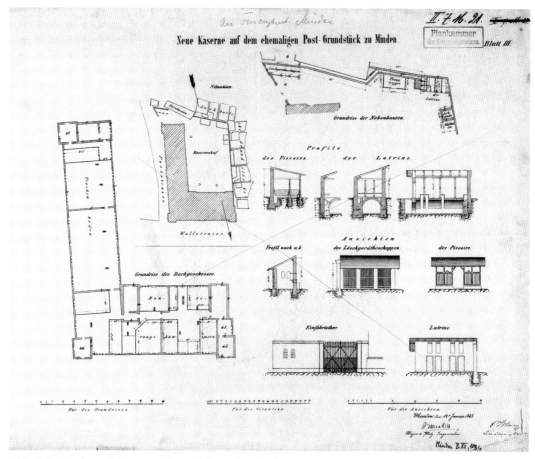

Abb. 453 Marienwall-Kaserne, Blatt III: Lageplan, Dachgeschoß-Grundriß, Nebenbauten. C. Marx, 1865 (Kat.-Nr. 367).

Turmräume an den Ecken und ein Vorraum sind mit 65–67 numeriert. – Im offenen Winkel dieses Grundrisses die *Situation* mit Nordpfeil und dem schraffierten Baukörper an der *Poststraße* nach Osten und der *Wallstraße* nach Norden. Um den *Kasernenhof* eine Mauer mit kleinen Nebenbauten, dahinter angeschnitten *Nachbarliche Grundstücke*, von denen nur das im Süden in das Kasernengrundstück ragende mit *Horstmann* bezeichnet ist (Scheune zu Poststraße 6; siehe Teil IV, S. 1272, Marienwall 29). Dazu unten in der Mitte Maßstab *10 + 210* (Fuß) = 12,1 cm ≅ 1:720 *Für die Situation*. In der rechten Hälfte oben der *Grundriss der Neubauten*, M 1:288, an der südlichen und westlichen Mauer: *Löschgeräthschuppen* am Tor, in der Südwestecke *Pissoir, Latrine, Aschgrube* und *Müllkasten*. Darunter in drei Gruppen: *Profile des Pissoirs* bzw. *der Latrine*; *Ansichten des Löschgeräteschuppen* und des *Pissoirs*, daneben links *Profil nach ab* des Löschgeräteschuppens; *Ansicht Einfahrtsthor* und *Latrine*. Unten rechts Maßstab *10 + 50* (Fuß) = 15,7 cm = 1:144. – Mauern violett, Leichtwände rot angelegt.

Über dem Kartentitel in Blei: *an Finanzamt Minden*

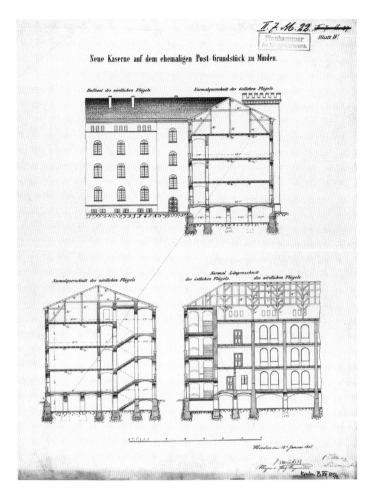

Abb. 454 Marienwall-Kaserne, Blatt IV: Schnitte. C. Marx, 1865 (Kat.-Nr. 368).

KAT.-NR. 368   Abb. 454

Blatt IV. In der oberen Blatthälfte *Hoffront des nördlichen Flügels* mit *Normalquerschnitt des östlichen Flügels* samt dem Keller, der mit preußischen Kappen zwischen stichbogigen Gurten gewölbt ist. Pfettendach mit Querbindern und dreifach stehendem Stuhl, dazu je eine Stuhlreihe vor den Außenwänden unter den Fußpfetten. Die Stuhlreihen unter den Mittelpfetten sind durch waagerechte Zangenhölzer mit den Stuhlpfosten an den Außenwänden verbunden, außerdem gegen die oberste Geschoßdecke abgestrebt.

Untere Blatthälfte, links: *Normalquerschnitt des nördlichen Flügels* mit Schnitt durch eins der beiden Treppenhäuser. Die größere Tiefe des Baukörpers mit Mannschaftsstuben zu beiden Seiten des Korridors führt hier zu einem Pfettendach mit fünffach stehendem Stuhl, der in der Konstruktion dem Dachstuhl des östlichen Flügels entspricht.

Rechts: *Normal Längenschnitt des östlichen Flügels* mit Schnitt durch das Treppenhaus am Südende (links) bzw. *des nördlichen Flügels* (rechts; Schnitt durch die straßenseitigen Stuben, vgl. die Grundrisse Bl. I–III).

IV.2.2 Katalog – Militärbauten innerhalb der Festungswerke (Kat.-Nr. 329–379) 697

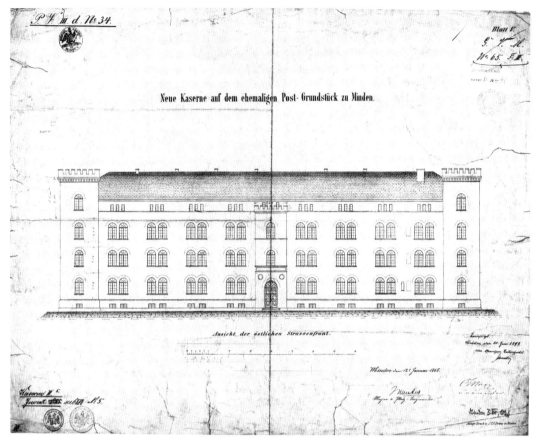

Abb. 455 Marienwall-Kaserne, Blatt V: Ansicht von Osten. C. Marx, 1865 (Kat.-Nr. 369).

KAT.-NR. 369 Abb. 455

Blatt V. Ansichten der östlichen Strassenfront (zur Portastraße). In dem unkolorierten Blatt ist der metrische Maßstab in Blei ergänzt, die Geschoßhöhen und weitere Maße in Meterangaben in Blei nachgetragen. Der Korrekturvermerk am rechten Rand: *Berichtigt / Minden, den 20. Juni 1893 / Der Garnisonbauinspector Schmedding* bezieht sich vermutlich auf die Änderung im Erdgeschoß des Mittelrisalits: Hier ist das Portal mit einem einfachen Rundbogenfenster überzeichnet.

Dieses Blatt ist stark verschmutzt und hat eine mittlere Knickfalte; zahlreiche Einrisse sind hinterklebt.

Zur Vorgänger-Bebauung des Geländes im westlichen Winkel von Portastraße und Marienwall sowie zur Geschichte des hier gelegenen Wichgräflichen Hofes, des Schaumburgischen Hofes und des Posthofes (seit 1792) siehe Teil IV, S. 1273 f., Marienwall 31; S. 1830–1833, Poststraße 7. Hier nachzutragen die Nachricht bei SCHROEDER 1886, S. 559, daß die vom Kaiser eingesetzte Restitutions-Kommission, bestehend aus dem Osnabrücker Bischof Franz Wilhelm von Wartenberg und dem Kaiserlichen Hofrat Johann von Hyen, am 22. September 1629 den Rat von Minden in den gräflich Schaumburgischen Hof beschied. Im Februar 1677 logiert der Große Kurfürst auf der Durchreise nach Kleve im selben Hause bei dem brandenburgischen Gouverneur von Ellern (ebd. S. 621). Der vom Kurfürsten ernannte Kanzler Unverfährt nahm im September 1681 seine Wohnung gleichfalls im Schaumburgischen Hof.

1830 wird das *Posthaus* umgebaut. Die Oberbaudeputation kritisiert gegenüber dem Generalpostamt, der eingereichte Anschlag sei nicht mit der erforderlichen Gründlichkeit aufgestellt, und die sehr unvollkommene Handzeichnung diene *keinesfalls dazu, den Baugegenstand zu erläutern*. Er wurde mit der Bemerkung revidiert, daß die Arbeiten auf Rechnung und unter Leitung eines Bau-Conducteurs ausgeführt werden sollen, der dafür Diäten beziehe. Im Übrigen solle bei dem Bau mit großer Vorsicht verfahren werden (GSTA PK, I. HA, Rep. 93 D, Lit. Gc, Tit. XX Nr. 3, Bd. 1, fol. 44).

Im Juli 1861 wurde *das alte Postgebäude, der in der Geschichte der Stadt viel genannte Schaumburger Hof, niedergerissen und an der Stelle desselben der Grund zu einer Kaserne gelegt* (Schroeder 1886, S. 704). Schon im Vorjahr war die Besatzung der Festung vermehrt worden, so daß sie Ende 1860 aus drei Bataillonen Infanterie, drei Batterien und zwei Kompanien Artillerie, einer Abteilung Pioniere, einer Arbeiterabteilung und einer Strafsektion bestand. *Da hierdurch die Einquartierungslast der Stadt bedeutend gestiegen war, so wandte sich dieselbe, trotzdem bisherige Petitionen abgeschlagen waren, an die Staatsregierung und das Abgeordnetenhaus mit der Bitte um Vermehrung der Kasernen und Erhöhung des Zuschusses* (Schroeder, ebd.)

Der alte Posthof, seit 1850 auch Sitz der Mindener Oberpostdirektion, war nach der Fertigstellung des neuen Gebäudes am Bahnhof, erbaut 1855–1858 (siehe Teil V, S. 1465–1474, Kaiserstraße 33), entbehrlich geworden. Bereits 1860 wurde an Plänen für den Neubau einer Kaserne für ein Bataillon Infanterie gearbeitet; das Posthof-Areal wurde durch Zukauf des Privatgrundstücks Marienwall 31 erweitert. Im August 1861 lagen der königlichen Technischen Bau-Deputation in Berlin umgearbeitete Pläne vor, *zur Begutachtung besonders der Fassaden, welche bestimmungsgemäß S(einer) M(ajestät) d(em) K(öni)g vorzulegen sind*. Es wurde um *thunliche Beschleunigung* gebeten, da der Bau noch 1861 ausgeführt werden solle. Die Baudeputation reichte die Pläne am 23. Oktober 1861 an das Ministerium für Handel, Gewerbe und öffentliche Arbeiten zurück mit dem Bemerken, daß *eine angemessene Erhöhung des in der Mitte der Façade an der Wallstraße projectirten Mauervorsprungs sowie die Weglassung des oberen Geschosses bei den Eckthürmen als zweckmäßig befunden und danach die beiliegenden Façaden-Zeichnung aufgestellt worden ist*. Am 27. Januar 1862 teilt das Militär-Oeconomie-Departement des Kriegsministeriums der Technischen Bau-Deputation mit, die Zeichnung habe dem König vorgelegen *und haben Allerhöchst dieselben die Ausführung der Façade danach zu genehmigen geruht, mit der Maßgabe, daß das spitze Dach des Eckthürmchens zu verflachen und durch niedrige Zinnen zu verdecken sei* (Am Rand: *NB = nota bene*. – GSTA PK, I. HA, Rep. 93 D, Tit. XX, Lit. Gc Nr. 3, Bd. 2, fol. 54, 56, 58; die genannten Pläne sind anscheinend nicht erhalten). Der vom König gewünschte Zinnenkranz entspricht der Vorliebe Friedrich Wilhelms IV. für den *normännischen Stil*, in dem seit den vierziger Jahren des 19. Jahrhunderts zahlreiche öffentliche Bauten nicht nur militärischen Charakters in Potsdam und Berlin ausgeführt wurden (Börsch-Supan 1977, S. 144 ff.).

Mit der Ausarbeitung der baureifen Pläne hat die Mindener Fortification offenbar den örtlichen Baumeister Carl Marx beauftragt, der gleichzeitig auch die Planung für die beiden Rauhfutter-Magazine bei der ehemaligen Johanniskirche (Marienwall 21 und 23, siehe Kat.-Nr. 380) übernahm. Auf die Berliner Vorgaben geht sicherlich nicht nur die Zinnenbekrönung der drei Ecktürme zurück, sondern zweifellos auch die Fassadengliederung mit gekuppelten Rundbogenfenstern, die sich weitgehend gleich an der 1851–1853 von Wilhelm Louis Drewitz errichteten Kaserne des Garde-Dra-

Abb. 456 Marienwall-Kaserne von Nordwesten, 1884. Links die Rückseite des Kriegslaboratoriums und der Turm von St. Johannis, vorn der Exerzierplatz auf dem abgeräumten Befestigungsgelände.

goner-Regiments vor dem Halleschen Tor/Tempelhofer Damm (jetzt Mehringdamm) in Berlin findet, dort allerdings mit durchgehendem Quaderputz (Zeitschrift für Bauwesen V, 1855, Sp. 521–542, Atlas Bl. 66–68; BÖRSCH-SUPAN 1977, S. 145, Abb. 487).

Der Kasernenbau wurde 1863/64 errichtet; die Zimmerarbeiten führte die Firma Ferdinand Schütte/Minden aus (Notiz von F. Kaspar). Nach der Rückkehr aus dem deutsch-dänischen Krieg im Herbst 1864 bezog das I. Bataillon des Infanterie-Regiments No.15 den Neubau (CRAMER 1910, S. 242). Die oben besprochenen, sämtlich *12. Januar 1865* datierten Zeichnungen sind demnach nachträglich angefertigt worden und geben den ausgeführten Bau wieder.

Der voll unterkellerte viergeschossige, verputzte und weiß gestrichene Backsteinbau stand mit leicht stumpfem Winkel auf der Ecke Marienwallstraße/Poststraße. Die kürzere Hauptfassade (ca. 46 m) von neun Fensterachsen wendete er dem Marienwall zu; der zweihüftig angelegte Flügel war ca. 19,25 m tief. Der elfachsige Seitenflügel zur Poststraße war etwa 63,50 m lang und bei einhüftiger Anlage, mit Korridor zur Hofseite, ca. 15,50 m tief. Die Traufhöhe lag bei 16,30 m, die Firsthöhe betrug ca. 21 m. Das Erdgeschoß (Hochparterre über mannshohem Kellersockel) und das erste Obergeschoß waren 3,64 m hoch, das zweite Obergeschoß 4,08 m, das Dachgeschoß ca. 2,80 m. Der Sockel war aus Sandsteinquadern aufgeführt.

Die Fassadengliederung war einfach: Jeweils zwei Türme mit vier Vollgeschossen und Zinnenkranz faßten die Enden ein, ihnen entsprach ein flacher Mittelrisalit von drei Geschossen, der in Höhe der Dachgeschoßfenster ebenfalls einen Zinnenkranz trug. Nur diese Risalite waren geschoßweise durch Brustgesimse gegliedert, alle übrigen Wandflächen waren glatt bis auf das Sockelprofil und ein schmales Brustgesims unter den Dachgeschoßfenstern. Alle Öffnungen der Vollgeschosse waren rundbogig, in den Rücklagen paarweise gekuppelt, in Türmen und Risaliten einfach; im

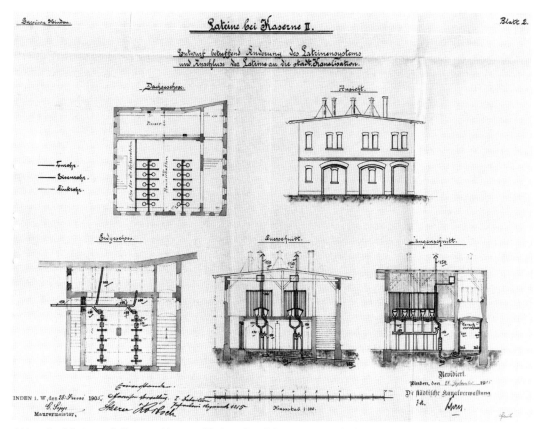

Abb. 457 Marienwall-Kaserne, Latrine, Umbauplan. Maurermeister G. Sipp, 1905.

Dachgeschoß saßen Dreiergruppen aus hochrechteckigen Fenstern in jeder Achse. Die Rundbogenfenster hatten durchlaufende Sohlbänke mit Kaffgesimsprofil, über den Bögen war mit einer Nut im Putz ein Überfangbogen mehr angedeutet als markant ausgeführt. Plastisch vortretende Gliederungselemente waren neben den Sohlbänken und den Gesimsen lediglich die Eierstabrahmen (?) von zwei blinden Tondi in den Ecken über dem Hauptportal am Marienwall bzw. über dem zum Fenster umgebauten ehemaligen Nebenportal an der Poststraße sowie der Profilrahmen eines querrechteckigen Feldes über diesem Portaltondi, außerdem die Friese aus dicht gereihten Konsolen unter den Turmzinnenkränzen.

Die Hoffassaden waren von karger Schlichtheit, die auch durch die höhenversetzten Treppenhausfenster in den Seitenrisaliten der Nordseite und die Dreiergruppen der rechteckigen Dachbodenfenster nicht wesentlich aufgelockert wurde. Alle Fensterachsen mit einfachen Rundbogenfenstern, die Erdgeschoßtüren in den Risaliten gleichfalls rundbogig. Die relativ flachgeneigten, an den Enden abgewalmten Dächer anscheinend mit Teerpappendeckung über Bretterschalung.

Die beiden Hauptzugänge lagen ebenerdig in den Portalrisaliten am Marienwall und an der Poststraße, nach Umbau des Poststraßen-Portals zum Fenster (1893) nur noch am Marienwall. Im Vorraum Treppe zum Hochparterre-Niveau, dahinter T-förmige Korridore mit Treppenhäusern an den Flügelenden bzw. im hofseitigen Winkel beider Flügel. An den Korridoren in gleichmäßiger

Abb. 458 Marienwall 31, Marienwall-Kaserne von Nordwesten, 1970.

Reihung die Mannschaftsstuben unterschiedlicher Größe mit leicht differierenden Einzelmaßen: im Nordflügel zum Marienwall mittelgroße Stuben von 8,29 x 4,90 m Größe, zur Hofseite kleine Stuben (5,90 x 3,50/3,60 m), im Südflügel am hofseitigen Korridor große Stuben von 13 x 5,65 m Größe. Die Belegungszahlen für die unterschiedlich großen Stuben gehen aus den Plänen nicht hervor. Die gefangenen Räume in den Ecktürmen bildeten mit einem zugehörigen weiteren Raum und einem kleinen Flur anscheinend die Unteroffiziers- oder Offiziers-Wohnungen. Im hofseitigen Souterrain des Nordflügels lagen *Kochküche* und *Badeküche* (Entwässerungsplan 1885), für *Revierkranken-Stube* und *Untersuchungszimmer* waren 1911 zwei Erdgeschoßräume in der Nordwestecke vorgesehen (Plan zur *Verbesserung der Unterkunftsverhältnisse*).

1885/1888 Anschluß der Kaserne an die städtische Entwässerung; 1905 Einbau von Toiletten im Kasernengebäude, Umbau und Neuausstattung des schon vorher zweigeschossig erneuerten und vergrößerten Latrinenbaues an der südlichen Hofmauer. 1911 wurden in allen drei Geschossen je zwei große Mannschaftsstuben am Südende des Portastraßen-Flügels zu größeren Unterrichtsräumen vereinigt sowie verschiedene sanitäre Verbesserungen vorgenommen (Entwässerungsakte Marienwall 31).

Abb. 459 Marienwall 31, Marienwall-Kaserne nach Abbruch des Flügels an der Poststraße von Südosten, 1973.

Nach dem Ersten Weltkrieg befand sich die alte Marienwall-Kaserne im Besitz der Finanzverwaltung; in ihr waren die Geschäftszimmer des Wirtschafts- und Rechnungsamtes, des Artillerie-Regiments 6, des Pionier-Bataillons 6 und die Heeresfachschule untergebracht (Garnisons-Atlas nach 1923, Bl. 29/29b), um 1930 auch das Arbeitsamt (GRÄTZ 1997, S. 136). 1973 wurde der Kasernenbau, in dem nach dem Zweiten Weltkrieg Flüchtlinge und Ausgebombte lebten und der zuletzt als Obdachlosen-Unterkunft diente, im Zuge der Stadtsanierung abgebrochen; auf dem Gelände wurden nach durchgreifender Umlegung zwischen 1975 und 1980 von der Gemeinnützigen Siedlungs- und Wohnungsgenossenschaft ca. 80 Wohnungen errichtet (NIERMANN 1979, S. 149 f., Abb. VIII.10 und Teil IV, S. 1274).

QUELLEN: GSTA PK, I.HA, Rep. 93 D, Tit. XX, Lit. Gc Nr. 3, Bd. 1, 2. – BA Marienwall 31. – Entwässerungsakte.

LITERATUR: SCHROEDER 1886, S. 704. – CRAMER 1910, S. 242. – Garnisons-Atlas nach 1923, Bl. 29, 29b. – NORDSIEK 1979, S. 149 f. – GRÄTZ 1997, S. 136 f., 222 f.

ABBILDUNGEN: Ansicht von Norden, Ausschnitt aus einem lithographierten Sammelblatt, nach 1864, Mindener Museum, FM 162; Abb. 451. – Ansicht von Nordwesten über den Exerzierplatz, Foto 1884, Mindener Museum, A I 120; Abb. 456. – Hauptportal und Fenster am Marienwall, Foto zwischen 1923 und 1935, in: Chronik der Volksbank Minden (Repro im WAfD). – Marienwall von Osten, um 1930; Luftbild vom Marienkirchturm, um 1936, Foto Grätz, in: WAfD; Abb. 536. – 2 Fotos vom Abbruch 1973, in: Chronik der Volksbank Minden (Repros im WAfD); Abb. 459. – Weitere Aufnahmen in KAM, Bildsammlung A I 120, sowie Mindener Museum, A I 112. – Teil IV, Abb. 883.

RAUHFUTTER-MAGAZINE I UND II AM MARIENWALL, 1865 + MARIENWALL 21 UND 23 (KAT.-NR. 370, 371)

Ausführungspläne, 1865

Bezeichnet *CMarx / Baumeister,* datiert *Minden, den 18ten Juli 1865.*
Federzeichnungen auf Karton; schwarze, graue, grüne und blaue Tusche, farbig laviert; 65,1 x 47,2 cm (Blatt II), 65,5 x 47,7 cm (Blatt III).
Maßstab *10 x 50 Fuss* = 31,7 cm; *1 x 10 m* = 18,55 cm = 1:60.
Kartentitel: *Entwurf zweier Rauhfutter Magazine zu Minden. / Bearbeitet zufolge Verfügung des Königlichen Allgemeinen Kriegs-Departements vom 10. October 1864 und 4ten Mai 1865 und zum Vorbericht vom 18. Juli 1865 gehörig.* Oben rechts: *Blatt II* bzw. *III.* Nachgetragen: *Standort Minden – jetzt Rauhfutterscheune I und II. – Ausführungszeichnung.*

STA DT, D73 Kartensammlung Tit. 4 Nr. 10 285, 10 286; unpubliziert. – Oben links rote Inv.-Nr. der Fortifikation: *Pl:V:III d N° 38,* rechts Inventar-Nr. und Stempel des Militär-Bauamtes Minden. Unten links gestempelte Nummern *28* bzw. *29,* dabei gestempelt: ZEIT DER AUSFÜHRUNG: 1865 (20. Jahrhundert). Unten und rechts am Rand: *gesehen / vMertens / Oberst u Festungs Inspecteur; Einverstanden / Ziegler / Oberst und Kommandant.; Einverstanden. Königliches Proviant-Amt. / Rudolph Frh vRosen.; Maentell / Major und Platz-Ingenieur.* Darüber Berichtigungs- und Nachtragsvermerke bzw. Stempel des Garnison-Baubeamten Doege, 30. Juli 1897, des Heeresbauamts Bielefeld (ohne Daten), der Wehrkreisbaudirektion VI, Münster, 20.10.(19)27, Wagner, und des Heeresbauverwaltungsamtes Hannover, 31. März 1926, Zieseniss.

KAT.-NR. 370   Abb. 460

Blatt II. Oben *Giebel-Ansicht* beider Backsteinbauten mit vier Lisenen, die außen am flachen Giebel seitlich auskragen, eine Art Fußstaffel ausbilden und als breites Band über gemauertem Konsolfries die Giebelschräge begleiten. Giebelabdeckung wohl aus Werkstein über gemauertem Gesims.

Im Mittelfeld ehemals stichbogige Türöffnung (vgl. Blatt III), überklebt mit jüngerer Zeichnung von zwei rechteckigen Torflügeln (1926), darüber Rundfenster mit Davidstern. In den Seitenfeldern dreifache Belüftungsschlitze, darüber Deutsches Band und kleine Kreisokuli mit kreuzförmiger Rahmung. Feinschraffierte Schichten scheinen einen (nicht ausgeführten) Farbwechsel im Mauerwerk anzudeuten.

Unter dem Werksteinsockel sind die wegen des unsicheren Baugrundes westlich der Johannis-Kirche (siehe Teil III, Kap. I.1) tief angelegten Fundamente mit Pfeilern und Spannbögen eingezeichnet. Bei dem östlichen Magazinbau I (links) sind sie 2,83 m tief angelegt, für den westlichen reichen sie 3,75 m tief (jüngere Beischrift: *Fundamente für Scheune II).*

Unten: *Querprofil / Magazin No I – Magazin No II.* Schnitt durch die Längsmauer mit Angabe der Dachkonstruktion. Die große Spannweite von 13,97 m war stützenfrei zu überdecken; das auf den Mauerkronen ruhende Pfettendach mit Querbindern unterstützten seitlich schrägstehende Stuhlreihen mit Kopfbändern, deren Pfosten auf inneren Lisenen im unteren Wanddrittel aufsitzen. Die Pfosten des mittig unter dem First stehenden Stuhls sind zugleich die Säulen eines Hängewerks mit Längsüberzug, das 1,02 m unter der Mauerkrone eingezogen und mit Stuhlpfosten und Kehlbalken verbolzt ist.

Unten sind links die Spannbogenfundamente für Magazin I gezeichnet, rechts nur die tieferreichenden Pfeiler unter den Außenmauern von Magazin II.

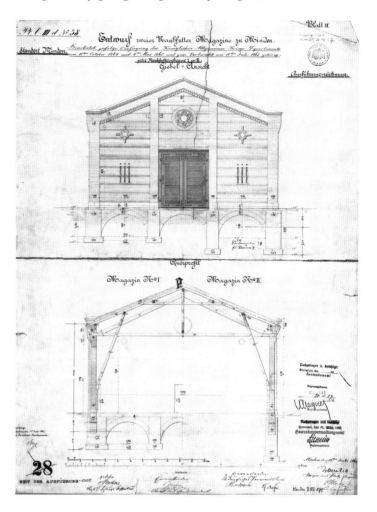

Abb. 460 Rauhfutter-Magazine I und II am Marienwall, Blatt. II. C. Marx, 1865 (Kat.-Nr. 370).

KAT.-NR. 371 Abb. 461

Blatt III. Oben links *Magazin No I Längen=Ansicht* mit zwei Feldern der Außenwände samt Ansicht der Fundamente. Die Lisenen bilden mit dem Band unter dem gemauerten Konsolfries der Traufzone ein Rahmensystem, dessen Felder oben mit Formsteinkonsolen schließen. In den Feldern wechselnd oben zwei stichbogige Lukenöffnungen über durchlaufendem Sohlbankstreifen und unten dreifache Lüftungsschlitze. Zwischen dem oberen Rahmenband und den gemauerten Traufkonsolen ist ein Zahnschnitt aus liegenden Biberschwanzziegeln mit ihren Nasen eingeschoben.

Oben rechts *Längen-Durchschnitt* mit zwei Feldern und mittlerer Querwand, die als Brandmauer über das Dach reichte. Vor der Längswand kurze Lisene mit den aufstehenden Schrägpfosten des Dachstuhls, die aus verdoppelten, verbolzten Balken mit eingesatteltem Querbinder des Hängewerks bestanden. Über der Firstlinie nachgetragene Entlüftungsstutzen.

Unten: *Magazin No II*, links *Längen-Durchschnitt* mit zwei Feldern, rechts *Längen-Ansicht*, darin dreifache Belüftungsschlitze und stichbogiges Tor, darunter die tiefreichenden Fundamente.

Das zugehörige Blatt I mit Lageplan und Grundrissen fehlt.

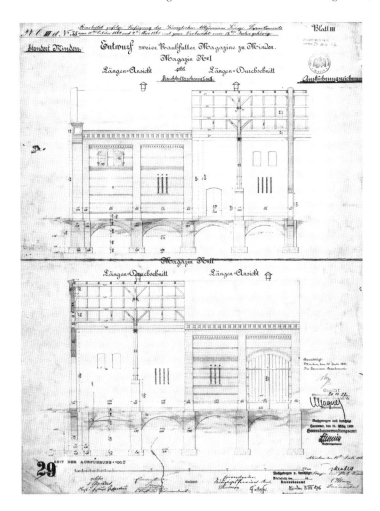

Abb. 461 Rauhfutter-Magazine I und II am Marienwall, Blatt III. C. Marx, 1865 (Kat.-Nr. 371).

Die beiden Magazinbauten waren nach den vorliegenden Plänen des Baumeisters Carl Marx/Minden als Backstein-Rohbauten mit Teerpappendeckung über Holzschalung ausgeführt. Magazin I, 15,25 x 35,42 m groß, stand in nord-südlicher Ausrichtung zwischen dem Turm der ehemaligen Johannis-Kirche (Landwehrzeughaus) und der Hellingstraße, Magazin II, 15,25 x 22,56 m, westlich der Hellingstraße, mit der Traufseite zur Marienwallstraße.

Magazin I, der größere Bau, war in der Mitte durch eine Brandmauer unterteilt; die Torfahrten befanden sich in den Giebelseiten zur Marienwallstraße bzw. zum Johanniskirchplatz. Die Anordnung der hochliegenden Doppelluken (A) ergab im Wechsel mit den geschlossenen Feldflächen (B) eine rhythmisch geordnete Belebung der gleichmäßig strengen, lisenengegliederten Längswand: A–BB–AA–BB–A. Im letzten Zustand war sie durch Einbrüche von Fenstern für die Werkstatt in der Nordhälfte, einer Tür am Südende der Westwand sowie eines zusätzlichen Tores in der Ostwand gestört.

Eine Torfahrt, vermutlich am Magazin II, war nach dem aufgeklebten Korrekturblatt auf Blatt II wohl 1927 vergrößert worden. 1934 beantragte das Heeresbauamt die Aufweitung des nördlichen

Abb. 462 Marienwall 21/Johanniskirchhof, Rauhfutter-Magazin I von Südosten, 1972.

Tores von Magazin I auf 3,70 m Breite und 4,60 m Höhe mit Einziehen eines geraden Sturzes anstelle des Stichbogens.

1956 war Magazin I an die Simeonsbetriebe (Nachfolger der Heeres-Waschanstalt) vermietet; die nördliche Hälfte wurde als Werkstatt genutzt, die südliche als Garage. Der Mieter reichte einen Bauantrag für die Anlage einer zusätzlichen Einfahrt im zweiten Wandfeld der Ostseite zum Johanniskirchplatz ein; der Bauschein wurde 1957 ausgestellt (BA Marienwall 19).

Beide Bauten, die den Zweiten Weltkrieg ohne größeren Schaden überstanden hatten, wurden nach 1972 im Zuge der Neuordnung des Gebiets zwischen Bäckerstraße und Marienwall abgebrochen; die Grundstücke wurden nach Einziehung und Verlegung der Hellingstraße überbaut (siehe Teil IV, S. 603 f.).

Zu den Vorgängerbauten, die zum Stiftsbereich von St. Johannis gehörten, siehe Teil IV, S. 1265–1269, Marienwall 21 und 23. Dort ist irrtümlich eine Kriegszerstörung des Magazins II im Jahre 1944 angegeben.

LITERATUR: MEINHARDT 1958, S. 66 (nennt als Baujahr 1855).

PLÄNE: Fluchtlinienplan Nr. 60 von 1881, Stadtplanungsamt.

QUELLEN: BA Marienwall 19.

ABBILDUNGEN: KAM, Bildsammlung A I 116: Zwei Fotos von 1944, eins von 1972; WAfD (Foto von Magazin I von 1970).

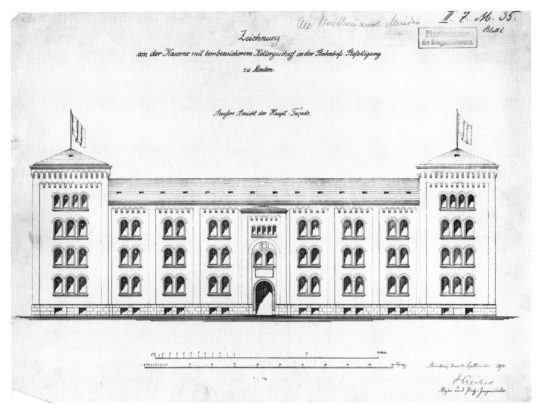

Abb. 463 Bahnhofs-Kaserne, Blatt 1: Ansicht von Osten, 1874 (Kat.-Nr. 372).

BAHNHOFS-KASERNE, 1867/1874
FRIEDRICH-WILHELM-STRASSE 15 (KAT.-NR. 372–379)

Entwurf, 1867 (Bl. IV), Ausführungspläne, 1874

Teile eines Plansatzes von vermutlich zehn Blättern, teils als Handzeichnung, teils als lithographierte, von Hand kolorierte Drucke mit handschriftlichen Eintragungen überliefert. Nach den Inventar-Vermerken teils aus der Plankammer des Kriegsministeriums, teils aus der Garnison-Verwaltung Minden.

KAT.-NR. 372   Abb. 463
Blatt 1. *Zeichnung /von der Kaserne mit bombensicherem Kellergeschoss in der Bahnhofs-Befestigung /zu Minden. Aeussere Ansicht der Haupt-Façade* – oben rechts *Blatt 1*.
Lithographie auf Zeichenkarton; 47,7 x 63 cm.
Maßstab *10 + 100 Fuss rhl.* = 29,7 cm; *10 dm + 10 + 20 Meter* = 26,7 cm = *1:116* (Blei).
Unten rechts: *Minden, den 30 September 1874. / Scheibert / Major und Platz-Ingenieur.*

STA DT, D 73 Kartensammlung Tit. 4 Nr. 10 632; unpubliziert. – Oben rechts Stempel: Plankammer des Kriegsministeriums und Inv.-Nr. *II.7.M.35*, daneben in Blei: *an Stadtbauamt Minden*.

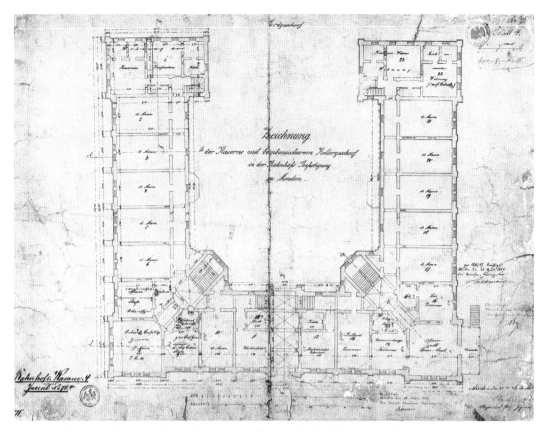

Abb. 464 Bahnhofs-Kaserne, Blatt 4: Erdgeschoß-Grundriß, 1874 (Kat.-Nr. 373).

KAT.-NR. 373 Abb. 464

Blatt 4. Kartentitel wie in Blatt 1, oben *Erdgeschoss*, oben rechts *Blatt 4*.
Lithographie, auf starken Karton gezogen; 47,2 x 63,9 cm.
Maßstab *10 + 90 Fuß* = 20,5 cm; *100 cm + 10 + 20 m* = 20,7 cm = 1 : 152. Norden rechts.
Unten rechts: *Minden, den 30ten September 1874 / Scheibert / Major und Platz Ingenieur*.

STA DT, D 73 Kartensammlung Tit. 4 Nr. 10 637; unpubliziert. – Oben rechts Inv.-Nr. *G. V. M / No. 8 F:III* (gestrichen) und Farbstempel des Militär-Bauamts Minden; unten links: *Bahnhofs-Kaserne.4 / Invent.sub I No. 71* (gestrichen) *4 / III /* zwei Farbstempel der Garnison-Verwaltung zu Minden bzw. der Verwaltung der Garnison-Bauten.

Am rechten Rand und unten drei Berichtigungs-Vermerke der Garnison-Bauinspektoren Veltmann (28. 4. 1887), Bösensell (31. 3. 1894) und Doege (31. 3. 1910). – Mauerwerk rosa angelegt; handschriftliche Ergänzungen und Berichtigungen, z. T. in roter Tusche (1910). Norden rechts.

An den hofseitigen Korridoren liegen aufgereiht die Mannschaftsstuben, erschlossen durch diagonal in den Hofecken vorgelegte Treppenhäuser. Beiderseits der Durchfahrt befinden sich neben *Wachtstube* und *Arrest* sowie *Küche* und Raum für den *Marketender/Oekonom* mehrere Gemeinschaftsräume (z. T. geänderte Bezeichnungen): *Billardzimmer, Versammlungs-Zimmer, Offizier-Speisesaal* (im nördlichen Eckturm) und *Lese-Zimmer*, gegenüber Räume für Unteroffiziere. In den westlichen Kopfbauten *Wohnung des Kasernen-Inspectors* sowie Wohnungen für *Kasernen-Wärter* und *Büchsenmacher*. Die 9,55 x 6,28 m großen Stuben sind mit jeweils *13 Mann* belegt. Die größeren Räume sind mit 1 bis 23 durchnumeriert.

Der Grundriß ist sorgfältig vermaßt; die angegebenen Schnittlinien verweisen auf andere, z. T. nicht mehr vorliegenden Blätter: A-B Querschnitt durch den Südflügel; C-D Querschnitt durch den Ostflügel in der Durchfahrt; EF Teil-Längsschnitt durch den Südflügel mit dem westlichen Kopfbau; GH Schnitt durch das nordöstliche Treppenhaus (für beide siehe Blatt 9); J-K Schnitt durch den südöstlichen Turm.

KAT.-NR. 374   ohne Abb.

(Blatt) IV. Entwurf / einer bombensicheren Kaserne / in der Bahnhofsbefestigung. / zu Minden. I. Stockwerk, oben rechts: *IV*, in Blei *Nr. 30*; oben links *Copie*. Federzeichnung in schwarzer Tusche auf Pausleinen, rückseitig rosa angelegt; 51 x 60,9 cm.
Maßstab *10 + 110 Fuß* = 26 cm = 1:162.
Unten rechts: *Entworfen Minden September 1867/ Behm / Major und Platz Ingenieur*.

STA DT, D73 Kartensammlung Tit. 4 Nr. 10631; unpubliziert.

Der vermaßte Grundriß gleicht im Wesentlichen dem des Erdgeschosses (Kat.-Nr. 373; Blatt 4). Die an den Korridoren aufgereihten rechteckigen Stuben sind mit 30' 10" x 18' 1" (9,55 x 5,80 m) jeweils für *13 Mann* ausgelegt, die größeren in den Ecktürmen (27' 2" x 27' 2" = 8,81 x 8,81 m) für *17 Mann*. Die benachbarten Räume am diagonalen Stichflur sind als *Offizier Stube* und *Cabinet* ausgewiesen; über der Durchfahrt liegen *Cabinet* und *Stube für 2 Port(epée) Fähndr(iche)*. Die Kopfbauten im Westen enthalten Wohnungen für zwei Feldwebel und zwei verheiratete Unteroffiziere, jeweils mit eigener Küche.

KAT.-NR. 375   ohne Abb.

Blatt 6. Kartentitel, Datum und Unterschrift wie in Blatt 1 (Kat.-Nr. 372): 30. 9. 1874, Major Scheibert; oben *IItes Stockwerk*.
Farbig angelegte Lithographie; 46,9 x 62,5 cm.
Maßstab *10 + 100 Fuss* = 22,8 cm; *10 + 30 m* = 26,5 cm = 1:150

Detmold, NW STA, D73 Kartensammlung D 73 Tit. 4 Nr. 10641; unpubliziert. – Oben rechts Stempel der Plankammer des Kriegsministeriums und blaue Inv.-Nr. *II.7.M.40*.

Der Grundriß des zweiten Obergeschosses wiederholt den des ersten (Kat.-Nr. 374, Blatt IV); für die Räume sind Nutzung und Belegungszahlen eingetragen.

KAT.-NR. 376   ohne Abb.

Blatt 7. Kartentitel, Datum und Unterschrift wie in Blatt 1 (Kat.-Nr. 372): 30. 9. 1874, Major Scheibert; oben: *IIItes Stockwerk der Thürme und Dachgeschoß der Flügel und Mittelgebäude*.
Farbig angelegte Lithographie mit handschriftlich (Blei) eingetragenen Raumnummern; 46,7 x 63,8 cm.
Maßstab *100 cm + 10 + 20 m* = 20,8 cm = 1:150.

STA DT, D73 Kartensammlung Tit. 4 Nr. 10639; unpubliziert. – Oben links schwarze Inv.-Nr. *III d No 45*, oben rechts Farbstempel der Mindener Fortification sowie Inv.-Nr. *G. V.M / No 71.F:III* mit Stempel des Militär-Bauamts Minden.

KAT.-NR. 377   Abb. 465

Blatt 9. Kartentitel, Datum und Unterschrift wie in Blatt 1 (Kat.-Nr. 372): 30. 9. 1874, Major Scheibert; links: *Schnitt nach E. F.*; rechts: *Schnitt nach G. H.*
Farbig angelegte Lithographie; 47,7 x 63,8 cm.
Maßstab *10 dm + 20 Meter* = 26,25 cm; *10 + 50 Fuss* = 23,35 cm = 1 : 80.

STA DT, D73 Kartensammlung Tit. 4 Nr. 10 644; unpubliziert – Oben rechts Stempel der Plankammer des Kriegsministeriums und blaue Inv.-Nr. *II.7.M.43*.

Die Schnittbezeichnungen entsprechen denen im Erdgeschoßgrundriß Blatt 4 (Kat.-Nr. 373): Links Teil-Längsschnitt *EF* nach Norden durch den Westteil des Südflügels mit dem vorgelegten Kopfbau, rechts Schnitt *GH* durch das nordöstliche Treppenhaus in der Diagonalen nach Südosten. Die Eckräume der Korridore mit den Austritten der Treppenläufe sind mit Kreuzgratgewölben überdeckt, die anschließenden Stichflure mit preußischen Kappen; auch die obersten Podeste und Treppenläufe sind kreuzgratgewölbt. – Beide Schnitte zeigen die bombenfeste Einwölbung des Kellergeschosses mit korbbogigen Tonnen und Stichkappen auf Pfeilern aus *Obernkirchener Sandstein*. Die Stärke der Gewölbe wechselt zwischen 55 und 90 cm. Die Höhe der Obergeschosse beträgt 3,77 m, die Raumhöhe 3,45 m. Die Dachkonstruktion über den Flügelbauten zeigt ein Pfettendach mit Binderbalken auf dreifach stehendem Stuhl mit zusätzlichen Stuhlreihen vor den Drempelmauern, alle mit doppelten Kopfbändern als Längsaussteifung.

Die Bahnhofs-Kaserne liegt im Westteil der ehemaligen Bahnhofsbefestigung zwischen der Friedrich-Wilhelm-Straße im Osten, der Kasernenstraße im Süden und der leicht schräg nordnordöstlich verlaufenden Hafenstraße im Westen. Nach Norden schließen sich die Grundstücke Hafenstraße 14 und – mit einem einspringenden Winkel im Nordosten des ursprünglich etwa quadratischen Geländes – die Parzellen Friedrich-Wilhelm-Straße 17 und 19 sowie 21 an (Abb. 473). Das Areal, das sich ursprünglich weiter nach Norden bis zum Weserhafen erstreckte, war im General-Übersichts-Plan von 1847 für die Bahnhofsbefestigung als Platz für die Anlage des Zollhofes ausgewiesen (siehe Kat.-Nr. 263 und KASPAR/SCHULTE 1999, Taf. 3). Das Hauptzollamt behielt indes seinen alten Standort Kleiner Domhof 13 (siehe Teil II, S. 1422–1425), und das um 1861/65 geplante Gaswerk wurde 1867 auf der Ostseite der Friedrich-Wilhelm-Straße errichtet (siehe Teil V, S. 1371–1377, Friedrich-Wilhelm-Straße 8). Die im Winkel abgeteilten Grundstücke gingen in Privathand über (ebd. S. 1382–1386, Friedrich-Wilhelm-Straße 17 und 19).

Die Entscheidung, in der Bahnhofsbefestigung eine Kaserne zu bauen, dürfte im Zusammenhang stehen mit der 1860 erfolgten Vermehrung der Mindener Garnison. *Da hierdurch die Einquartierungslast der Stadt bedeutend gestiegen war, so wandte sich dieselbe, trotzdem bisherige Petitionen abgeschlagen waren, an die Staatsregierung und das Abgeordnetenhaus mit der Bitte um Vermehrung der Kasernen und Erhöhung des Zuschusses* (SCHROEDER 1886, S. 704; siehe auch Kat.-Nr. 365–369, Marienwall-Kaserne).

Auf dem Ostteil des Geländes, das zur Friedrich-Wilhelm-Straße 73,30 m, zur Kasernenstraße rund 143 m mißt, wurde 1868–1870 der Kasernenbau errichtet. Nach der Grundrißzeichnung

IV.2.2 Katalog – Militärbauten innerhalb der Festungswerke (Kat.-Nr. 329–379) 711

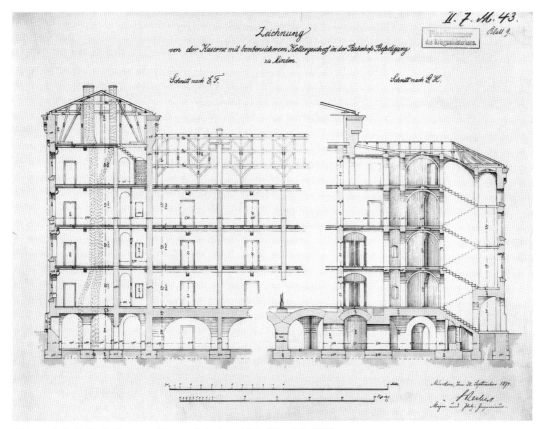

Abb. 465   Bahnhofs-Kaserne, Blatt 9: Schnitte, 1874 (Kat.-Nr. 377).

Blatt IV (Kat.-Nr. 374) wurde der Bau im September 1867 in Minden entworfen, wahrscheinlich von dem unterzeichnenden Major und Platzingenieur Behm, sicherlich in enger Zusammenarbeit mit der Mindener Fortification. Wie weit bei Disposition und Gestaltung Vorgaben des Kriegsministeriums zu berücksichtigen waren, ist nicht bekannt, doch dürften Militärbauten wie die Kaserne des Garde-Grenadier-Regiments Kaiser Franz an der Pionierstraße in Berlin (Kreuzberg, jetzt Blücherstraße; zerstört) als Vorbilder gedient oder zumindest anregend gewirkt haben. Diese war 1863–1866 nach Entwurf des Geheimen Oberbaurats August Ferdinand Fleischinger (1804–1885) errichtet worden (Berlin und seine Bauten 1877, I, S. 247, Abb. 140, 141. – KLINKOTT 1988, S. 336 ff., Abb. 157–159). Der Bau folgte nicht mehr ausschließlich dem unter Friedrich Wilhelm IV. bevorzugten *normännischen* Stil, sondern näherte sich *eher wieder dem romanisierenden Rundbogenstil* (BÖRSCH-SUPAN 1977, S. 146 f.).

Der für Mindener Verhältnisse große Dreiflügelbau aus dunkelrotem Backstein wendet seine 75,81 m lange Hauptfassade (siehe Kat.-Nr. 372) der Friedrich-Wilhelm-Straße zu (Abb. 467). Nach rückwärts (Westen) setzen die beiden 58,49 m langen Flügel an; der Südflügel steht unmittelbar an der Kasernenstraße. Die Baukörper sind dreigeschossig auf hohem Kellersockel aus Sandstein (Traufhöhe ca. 15,60 m, Firsthöhe bei 18,90 m); die kastellartige Wirkung beruht wesentlich auf den sie einfassenden viergeschossigen Ecktürmen (10,57 x 10,57 m, Traufhöhe 20,50 m) und den gleich-

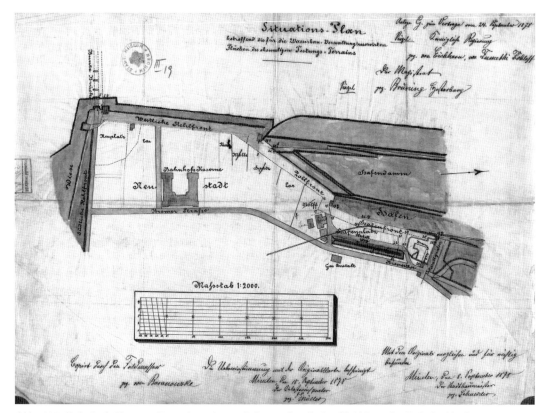

Abb. 466 Bahnhofs-Kaserne. Lageplan mit westlicher und südlicher Kehlfront der Bahnhofsbefestigung. Kopie von Feldmesser von Baranowski, 1878.

hohen, turmartigen Kopfbauten mit ihren abgewalmten, relativ flachen Satteldächern vor den Westenden der Flügel (10,57 x 19,04 m, Firsthöhe ca. 23 m). Wandgliederung an den Straßenseiten nach den Gewohnheiten des klassizistisch geprägten Rundbogenstils mit breiten, oben durch Rundbogenfriese auf Werksteinkonsolen verbundenen Lisenen; die Rundbogenfriese kehren als Abschluß der Ecktürme und der Kopfbauten wieder. Auf den beiden Türmen flache Zeltdächer. Alle Öffnungen über dem Kellersockel (hier Rechteckfenster) rundbogig geschlossen, mit gestuften Gewänden und Kaffgesims-Sohlbänken aus Werkstein. In jedem Wandfeld paarweise zusammengerückte Fenster, an den Türmen nach Osten Dreiergruppen, nach Süden und Norden, auch an den Kopfbauten, jeweils drei Einzelfenster. Die Eingangssituation in der Mittelachse der Ostseite betont durch einen unter der Traufe bleibenden Risalit mit dreifach gestaffeltem und vergrößertem Blendbogenmotiv; im Bogenfeld über den Zwillingsfenstern des ersten Obergeschosses blinder Okulus. Im zweiten Obergeschoß Fünffenstergruppe; das Motiv kehrt als Vierfenstergruppe an den obersten Turmgeschossen der Ostseite wieder. Die blockhafte Wirkung erscheint besonders ausgeprägt an den westlichen Kopfbauten: In den breiten Wandfeldern zwischen den Ecklisenen vier Reihen von fünf Einzelfenstern, an den Schmalseiten zum Hof nur eine Fensterachse zwischen breiten Backsteinflächen (Abb. 468). Die Hofseiten sind karger und sparsamer, aber nicht weniger sorgsam gegliedert. Große Wandflächen sind in den Ecken von Lisenen, unter der Traufe von Rundbogenfriesen eingefaßt;

IV.2.2 Katalog – Militärbauten innerhalb der Festungswerke (Kat.-Nr. 329–379)

Abb. 467   Friedrich-Wilhelm-Straße 15, Bahnhofs-Kaserne von Südosten, 1992.

hervorgehoben ist der über dem Werksteinbogen der Durchfahrt zweiachsige Mittelrisalit (Abb. 470). Zu seinen Seiten je eine Fensterachse, in den Flügelbauten je vier Achsen in den drei Geschossen. Vor den inneren Hofecken die dreiseitig gebrochenen Treppenhaus-Risalite; ihre über Eck stehenden Eingangsseiten nehmen die zweiachsige Fenstergliederung des mittleren Risalits mit versetzten Höhen auf, unter dem Bogenfries steht eine schmalere Dreifenstergruppe (Abb. 469). In den Seitenflächen je eine Achse mit kleineren Rundbogenfenstern, nahe an die Ecklisene gerückt. Die flach geneigten Sattel- und Walmdächer sind mit Teerpappe über Bretterschalung gedeckt.

In den kräftig profilierten Bögen der Haupttore statt der Torflügel jüngere Backstein-Einmauerungen, darin einfache Türen mit Oberlicht. Die Durchfahrt ist beiderseits auf hohem Sockelstreifen durch Pilaster gegliedert; sie tragen die stichbogige Kreuzgratwölbung. Vor dem Torbogen zum Hof führen kurze Treppenläufe auf beiden Seiten auf das Niveau des Erdgeschosses. Das Innere ist kasernenmäßig schlicht.

Die Kaserne wurde, obwohl noch nicht fertiggestellt, wegen der hohen Einquartierungslasten ab August 1870 provisorisch bezogen (Verw.-Ber.), vermutlich vom II. Bataillon des Infanterie-Regiments No. 55. Als diese Einheit im Herbst 1877 nach Bielefeld verlegt wurde (nach SCHROEDER 1886, S. 712 wurde das I. Bataillon nach Soest disloziert), rückte 1878 das Füsilier-Bataillon des Infanterie-Regiments No. 15 mit vier Kompanien aus Bielefeld in die Bahnhofs-Kaserne ein, zusammen mit der 2. Kompanie des Pionier-Bataillons (CRAMER 1910, S. 367, 370).

Abb. 468 Friedrich-Wilhelm-Straße 15, Bahnhofs-Kaserne. Nördlicher Flügelpavillon von Südosten, 1997.

Abb. 469 Friedrich-Wilhelm-Straße 15, Bahnhofs-Kaserne. Nordöstlicher Treppenbau im Hof von Westen, 1997.

Nach der Demobilisierung und Auflösung der Armee mit dem Ende des Ersten Weltkriegs mietete die Stadt 1919 die Kaserne auf fünf Jahre für 12.000 Mark jährlich von der Heeresverwaltung und richtete 54 Notwohnungen ein. Jede Mannschaftsstube (9,68 x 6,28 m) nahm eine abgeschlossene Wohnung auf; mit Bretterwänden wurden sie in zwei oder drei Räume (Wohnküche, Wohn- oder Schlafraum) unterteilt. Bei größerem Raumbedarf konnten zwei Mannschaftsstuben zu einer Familienwohnung vereinigt werden; jede Wohnung erhielt zudem einen Keller- und einen Bodenraum. Toiletten wurden neben den Treppenhäusern angelegt; im Keller gab es eine Gemeinschafts-Waschküche mit vier Kesseln. Der Exerzierschuppen auf dem Hof (siehe Kat.-Nr. 378) diente als Trockenraum; in den nicht genutzten Nebengebäuden konnten Kleintiere gehalten werden. Insgesamt wurden im Kasernenbau 24 Ausgußbecken, 28 Abortbecken samt Leitungen und 50 Kochherde installiert (Schornsteine waren wegen der Beheizung der Stuben mit Einzelöfen vorhanden). Die auf 115.000 Mark kalkulierten Kosten beliefen sich schließlich auf rund 205.000 Mark, zu denen die Reichshauptkasse Berlin einen Gesamtzuschuß von rund 72.000 Mark zahlte (Bauakte; dort auch das Folgende).

1922 kam es zu einem Unglücksfall, als ein Kind von einem Treppengeländer abstürzte. Die Heeresverwaltung betonte zwar, daß es seit 1872 keinen derartigen Fall gegeben habe, obwohl die

Abb. 470 Friedrich-Wilhelm-Straße 15, Bahnhofs-Kaserne. Hofseite, Mittelrisalit von Westen, 1997.

Kaserne immer auch von verheirateten Unteroffizieren bewohnt war, ließ aber 1923/24 die Treppengeländer ändern.

1923 Anschluß der Aborte in den beiden Kopfbauten sowie der Regenrohre an der Kasernenstraße an den Entwässerungskanal auf dem Hof bzw. in der Hafenstraße. Bis dahin waren die Toiletten an gußeiserne Kottrommeln (Grubenhunde) im Keller angeschlossen.

1927 wohnen Eisenbahnbedienstete in dem Gebäude. 1947 ist die Kaserne von 80 Familien bewohnt, davon haben etwa 70 keinen Gasanschluß. – Im nordöstlichen Eckraum des Erdgeschosses (ehemals Offizier-Speisesaal) befindet sich die Fahrrad-Reparaturwerkstatt Rohlfing, die nördlich anschließende Veranda mit Außentreppe ist als Laden eingerichtet.

1948 Bauantrag des Lebensmittelhändlers Brielmeyer für die Anlage einer Außentreppe aus Beton zu seinem Laden im Hochparterre an der Kasernenstraße, hinter dem südöstlichen Eckturm. Ein Fenster wird zu einer Tür umgebaut. Der Bauschein wird erteilt; die Anbringung von Reklameschildern und Schaukasten genehmigt (inzwischen alles beseitigt; das Fenster ist mit einer Backstein-Sohlbank wiederhergestellt).

1949 Genehmigung eines Firmenschildes für Fa. Peitsch & Kucharzewski, Sackreparaturen, und eines Schildes für die im Haus eingerichtete Rote-Kreuz-Station.

1973 dient die Kaserne als Unterkunft für Obdachlose; 1973/74 Einrichtung einer Spielstube im südöstlichen Eckturm mit Gruppenraum, Intensivraum, Leiterin-Zimmer, Küche und WC. – Seither Nutzung der Kaserne als Sozialunterkunft der Stadt Minden; Eigentümer ist die Bundesvermögensverwaltung. – Der Bau wurde 1991 in die Denkmalliste der Stadt Minden eingetragen.

QUELLEN: BA Friedrich-Wilhelm-Straße 15, Hafenstraße 19. – Nicht ausgewertet: KAM Mi, H 60, Nr. 240, 241.

LITERATUR: Verw.-Ber. 1870 - CRAMER 1910, S. 367, 370. – MEINHARDT 1958, S. 72. – NORDSIEK 1979, S. 281, Abb. VI. 36. – Preußentour 1996, S. 10 f. – FABER-HERMANN/KASPAR 1997, S. 16 f.

ABBILDUNGEN: KAM, Bildsammlung B VI 10. – WAfD Bildarchiv.

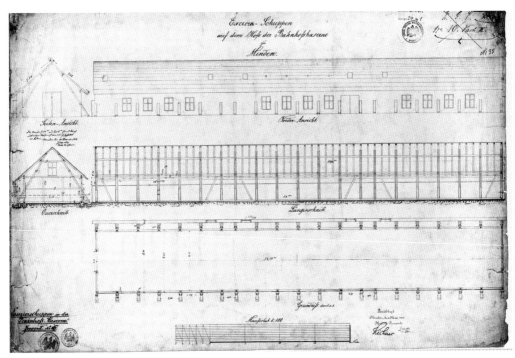

Abb. 471 Bahnhofs-Kaserne, Exerzierschuppen, um 1870 (Kat.-Nr. 378).

BAHNHOFS-KASERNE, NEBENGEBÄUDE + KAT.-NR. 378
Exerzierschuppen, um 1870

Abb. 471

Unbezeichnet, nicht datiert (um 1870).
Vermaßte und farbig angelegte Federzeichnung in schwarzer Tusche; 46 x 71,2 cm.
Maaßstab 1:100 (Transversal-Maßstab). Norden rechts.
Kartentitel: *Exercier-Schuppen / auf dem Hofe der Bahnhofskaserne / zu / Minden.*

STA DT, D73 Kartensammlung Tit. 4 Nr. 10 652; unpubliziert. – Oben rechts Inv.-Nr.: *G. V. M.No 10. Fach III,* in Blei *Nr. 35,* Inv.-Stempel des Militär-Bauamts Minden; unten links Inv.-Nr. der Garnison-Bau-Verwaltung mit zwei Farbstempeln. – Oben links und unten rechts Berichtigungs-Vermerke des Militär-Bauamts Minden vom 4.5.1909 und 19.12.1910, *Lichner, Ziepollé, Mil Bausekretär.*

Oben: *Seitenansicht* und *Vorderansicht.* Mitte: *Querschnitt* und *Längenschnitt.* Unten: *Grundriß. durch ab.*
    Der 58,30 m lange, im Lichten 9,30 m breite und 7.40 m hohe Fachwerkbau von 21 Gebinden mit Holzverschalung stand vor der westlichen Hofmauer zur Hafenstraße (Abb. 473). Er glich in seiner Konstruktion dem etwa gleichzeitig errichteten Turnschuppen (siehe Kat.-Nr. 379): Das Pfettendach war jochweise durch lange doppelte Schrägstreben abgestützt, deren Füße in halber Höhe der Vorder- und Rückwand vor die Wand traten und hier mit kurzen, rechtwinklig zur Wand liegenden Schwellenstücken verbunden (verbolzt?) waren. Die auf diese Weise außen liegenden doppelten Strebenfüße waren mit breiten Brettern abgedeckt. Die Konstruktion ergab im Inneren einen stützen-

freien Raum von zeltförmigem Querschnitt. An der nicht verschalten Rückseite stießen die Schwellenstücke vor die Hofmauer, die hinter den rückwärtigen Ständern die Außenwand des Schuppens bildete. Eine Aufmauerung bildete hier das Auflager für die verlängerten Sparren. – Zwei doppelflügelige Türen lagen im Südgiebel und im nördlichen Drittel der hofseitigen Ostwand; das Innere wurde durch zwölf Fenster (3x4) in der Ostwand, fünf Dachfenster und ein Fenster im Nordgiebel belichtet. Nachträglich – vermutlich 1909/1910 – wurden vier zusätzliche Fenster in der Westwand angelegt. Der Boden bestand nur aus Lehm (1932); das Satteldach war mit Teerpappe abgedeckt.

Nach dem Ersten Weltkrieg wurde der Exerzierschuppen als Trockenraum für die Bewohner der Kaserne genutzt; die Wäschepfähle standen davor auf dem Exerzierplatz. 1927/28 Nutzung als Lagerraum. 1932 will der *Autobesitzer Fritz Peper* den nördlichen Teil zum Unterstellen von acht Kraftwagen mieten. Dies wird aus verkehrs- und feuerpolizeilichen Gründen abgelehnt. Nach dem Zweiten Weltkrieg hielten die Bewohner des Kasernengebäudes im Exerzierschuppen und im benachbarten Turnschuppen Kleintiere (Kleinvieh). Mit dem Übergang des Geländes an die Oberpostdirektion wurden die Gebäude im Januar 1953 abgebrochen.

KAT.-NR. 379   Abb. 472
Turnschuppen, um 1870

Unbezeichnet, nicht datiert (um 1870); vom gleichen Zeichner wie Kat.-Nr. 378 (Exerzier-Schuppen) Rot und grau lavierte Federzeichnung, rote Maßlinien; 44,8 x 38 cm.
Maaßstab 1:100 (Transversal-Maßstab). Norden oben.
Kartentitel: *Turn-Schuppen / auf dem Hofe der Bahnhofskaserne / zu / Minden.*

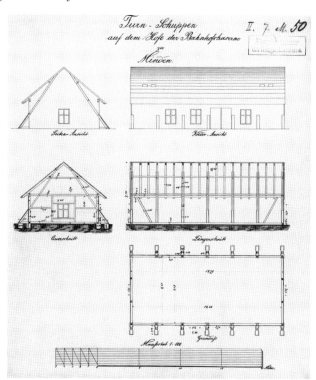

Abb. 472 Bahnhofs-Kaserne, Turnschuppen, um 1870 (Kat.-Nr. 379).

STA DT, D73 Kartensammlung Tit. 4 Nr. 10 654; unpubliziert. – Oben rechts Stempel der Plankammer des Kriegsministeriums und blaue Inv.-Nr. *II.7.M.50.*

Oben: *Seiten-Ansicht* und *Vorder-Ansicht,* Mitte: *Querschnitt* und *Längenschnitt,* unten *Grundriss.*

Der 18,70 m lange und zwischen den Wänden 8,45 m breite, 7,40 m hohe Fachwerkbau von sieben Gebinden mit holzverschalten Wänden glich in der Konstruktion dem etwa gleichzeitig errichteten Exerzier-Schuppen (siehe Kat.-Nr. 378). Er stand etwa im rechten Winkel zu diesem frei vor der nördlichen Grundstücksgrenze. In der südlichen Langseite befanden sich drei Fenster und eine zweiflügelige Tür, zwei weitere Fenster saßen in den Giebeln, im Teerpappen-Satteldach vier kleine Dachfenster nach Süden. Der Boden war anscheinend nicht befestigt.

Vor dem Ersten Weltkrieg diente der Turn-Schuppen zugleich als Karrenschuppen (Lageplan von 1897, Bauakte). Nach dem Zweiten Weltkrieg wurde er von den Kasernenbewohnern als Stall für Kleinviehhaltung genutzt und im Januar 1953 abgebrochen.

WEITERE BAUTEN AUF DEM HOFGELÄNDE

Angaben nach Bauakte mit Entwässerungsplan von 1927/28 und Lageplänen von 1897/1932 und 1958.

1. Waschhaus, in der südwestlichen Hofecke, mit der Schmalseite zur südlichen Hofmauer. Erbaut vermutlich vor 1870 als Backsteinrohbau. L 16,66 m, B 6,76 m. In der Mitte der Westwand risalitartiger Ausbau von 6,16 m Breite. Über das Aussehen und die innere Einrichtung ist nichts Näheres bekannt. Abgebrochen nach 1958.
2. Altes Spritzenhaus, erbaut vor 1870 auf einer Grundfläche von ca. 10 x 6 m in Nord-Süd-Ausrichtung, mit etwa 6 m Abstand zum südlich gelegenen Waschhaus. Abgebrochen 1897 für den Latrinen-Neubau und in der Nordostecke des Hofgeländes neu errichtet.
3. (Alte) Latrine, erbaut vor 1870, in der Nordostecke des Kasernenhofes. Ihr Standort war 1897 für den Neubau des Spritzenhauses vorgesehen.
4. (Neue) Latrine, 1897 am Platz des alten Spritzenhauses errichtet. Backsteinrohbau auf T-förmigem Grundriß, 5 m nördlich des Waschhauses (1). Südlicher Querbau 10 m breit und 4,26 m tief, über den Schmalseiten 45°-Giebel. Nördlich anschließender Langbau 12,33 x 8,86 m groß; Satteldach mit Krüppelwalmen. Hier 36 WC, davon vier in geschlossenen Kabinen; im breiteren Vorraum die Pissoirs. Drei Eingänge von der östlichen Hofseite. 1927/28 ist die Latrine *für den Verkehr geschlossen.* Nach dem Zweiten Weltkrieg Stall für Kleinviehhaltung; Abbruch im Januar 1953.
5. Schuppen für Turn- und Fechtgeräte/Scheibenschuppen; vor 1897 parallel zur alten Latrine vor der Nordostecke des Hofgeländes errichtet. Im südlichen Viertel befand sich eine Schreinerwerkstatt. 1927/28 als Geräteschuppen bezeichnet, Abbruchdatum nicht ermittelt.

1919 Bauantrag der Fa. Baumgarten & Cie GmbH, Maschinenfabrik und Mühlenbauanstalt, für die vorübergehende Aufstellung einer Baracke, *um noch eine größere Anzahl Leute beschäftigen zu können.* Die Firma hatte einen Teil des Kasernenhofes, im hinteren Bereich nördlich der Kaserne, von der Stadt angemietet. Die Baracke war ca. 41 x 11,50 m groß. Bauschein am 15.8.1919 erteilt.

1921 hat die Eisenwarengroßhandlung Kaiser & Knake im Hof 1 000 qm für Lagerzwecke gemietet. Die Anlage eines Einfahrtstores in der Hofmauer zur Kasernenstraße wird nicht ausgeführt.

1948 Bau eines Holzlagerschuppens von 6 x 12 m Größe durch Fa. Friedrich Kopp, Glas- und Holzbearbeitung, als Anbau am gepachteten ehem. Spritzenhaus in der Nordostecke des Hofes. Bauschein im November 1948.

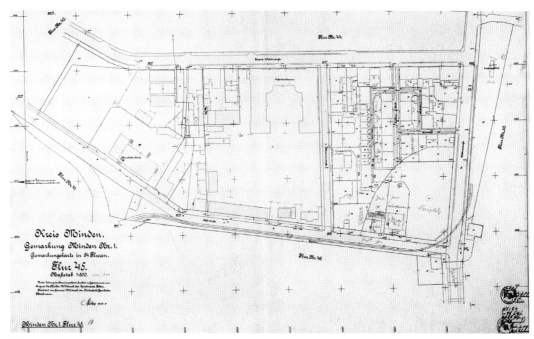

Abb. 473 Bahnhofs-Kaserne, Lageplan. Gemarkungskarte Flur 45 zwischen Friedrich-Wilhelm-Straße und Hafenstraße, 1909/10.

1952 geht der Westteil des Hofes an die Deutsche Bundespost über, 1953 Abbruch der ehem. Latrine, des Exerzierschuppens und des Turn- bzw. Karrenschuppens. 1955–1958 Neubau bzw. Umbau zweier Waschküchengebäude im nordöstlichen Hofwinkel, hinter dem im Zweiten Weltkrieg angelegten Feuerlöschteich.

1957 Bauantrag der Fa. Kopp & Hempelmann zum Bau eines Holzschuppens westlich des 1948 gebauten Lagerschuppens. Südwestlich davon wird im gleichen Jahr eine Wellblechgarage der Fa. Bernhard Bielmeyer aufgestellt.

1981 legt die Deutsche Bundespost auf ihrem Gelände im Westteil einen Parkplatz an; 1984 Bau der Ortspackkammer als langgestreckter Backsteinbau von ca. 72 x 18 m entlang der Ostgrenze des Grundstücks (BA Hafenstraße 10). 1986 Bau einer Transformatorenstation der Energieversorgung Minden-Ravensberg (EMR) in der Südostecke des Postgeländes nahe der Kasernenstraße. In Gestaltung und Material wird der Bau dem der Ortspackkammer der Post angeglichen, mit Rücksicht auf das benachbarte zukünftige Baudenkmal Bahnhofs-Kaserne erhält er ein Steildach (Sammelbauakte Kasernenstraße).

Der ehemalige Feuerlöschteich im Nordostwinkel vor den beiden Waschküchengebäuden ist 1973 Sportplatz; südlich davon, vor Kopf des nördlichen Kasernenflügels, liegt ein Sandkasten. Der Westteil des Restgeländes ist Spielplatz. Die 1948 und 1957 errichteten Schuppen und die Garage sind beseitigt.

Der Kasernenhof/Exerzierplatz war seit dem Bau der Kaserne im Süden entlang der Kasernenstraße, im Westen an der Hafenstraße und zu den nördlich angrenzenden Nachbargrundstücken mit einer 2,60 m hohen, 0,38 m starken Backsteinmauer umschlossen. Sie wurde nach dem Übergang des westlichen Geländeteils an die Bundespost durch eine Mauer aus Betonfertigteilen ersetzt.

Friedens-Pulver-Magazine vor der Stadt + (Kat.-Nr. 380-387)

KAT.-NR. 380 ohne Abb.
Friedens-Pulver-Magazin No 1 vor dem Königstor, 1842/1848

Bezeichnet *Daniel*, datiert *(18)48*.
Federzeichnung auf gelblichem Karton; 26,6 x 33,4 cm.
Wasserzeichen: [JWH]ATMAN / [1]847.
Maßleiste von *10* (Fuß) + *30 Ruthen* = 17,32 cm ≅ 1:924.
Kartentitel: *Situation / des / Friedens Pulver Magazin No 1*; unten rechts *gez. von Scheel I/Major und Ingenieur des Platzes*. Unten links: *Nach einer vorhandenen Zeichnung Copirt durch Daniel. Minden d(en) 18/12 48*.

Mindener Museum, FM 31; unpubliziert. – Oben links blau *No 76*, rückseitig aufgeklebter *Planzeichen*-Zettel sowie Inv.-Nr. und Stempel des Museums.

Der Plan (Norden rechts) erläutert die Lage des Pulvermagazins etwa 35 Ruten (ca. 150 m) südlich vom *Weg Minden nach Hahlen*, rund 450 m westlich des Königstores. In der Mitte des annähernd quadratischen Areals von ca. 45 x 45 m Größe liegt der Magazinbau in ost-westlicher Richtung; nach Norden verbindet der *Weg von dem Friedens-Pulver-Magazin* das Gelände mit dem Hahlener Weg (Königstraße). Areal und Weg sind punktiert gezeichnet; hierzu unten links die *Bemerkung*: *Die punktirten Linien geben die Grenzen des zum Friedens-Pulver-Magazin gehörigen Terrains an / Minden den 18ten October 1842*.

KAT.-NR. 381 Abb. 474
Friedens-Pulver-Magazin No 1, 1851

Bezeichnet *Daniel*, datiert *1851*.
Federzeichnung mit schwarzer und roter Tusche, mehrfarbig angelegt; 38,7 x 46,4 cm, links ungleich beschnitten. Querschnitt mit Blei überzeichnet, Zahlen und einzelne Maße in Metern nachgetragen.
Transversal-Maßstab von *12' + 5 Ruthen* = 14,48 cm ≅ 1:148.
Kartentitel: *Zeichnung / vom / Friedens Pulver Magazin No 1 / vor dem Königsthore / der FESTUNG MINDEN*; unten links: *Aufgenommen und gezeichnet / im Mai 1851 durch Daniel*.

Mindener Museum, FM 136; unpubliziert. – Oben links (beschnitten) *[P. V.] III a No 25*; unten links in Blei *25*. Oben rechts und rückseitig Stempel sowie Inv.-Nr. des Museums.

Oben im punktiert umgrenzten rechteckigen Areal der *Grundriss* des 45' 3" x 34' 1" (14,20 x 10,70 m) messenden Magazinbaus, daran im Osten das 15' 1" x 9' 9" (4,75 x 3,03 m) große Vorhaus mit Eingang nach Norden. – Unten *Quer Profil nach a–b* und *Längen Profil nach c–d* mit der mittig auf der Unterkonstruktion stehenden Ständerreihe und dem mit zwei Stuhlreihen unterstützten Kehlbalkendach über der Bombenbalkendecke. In den Wänden oben und unten Belüftungsöffnungen, dazwischen, nur 15 Zoll (knapp 40 cm) über dem Holzboden in dichter Reihung quadratische Gewehrscharten für die Verteidigung im Belagerungsfall. Die Scharten sitzen rechtwinklig zur Mauer; ihre Laibungen sind allseitig geschrägt. Die Böschung beim Querschnitt deutet darauf hin, daß der Magazinbau eingetieft stand; das Gewehrfeuer hätte das umliegende Gelände knapp über dem Boden bestrichen. – Die Überzeichnung des Querschnitts in Blei skizziert einen Umbau zu einem dreischiffig geteilten Raum.

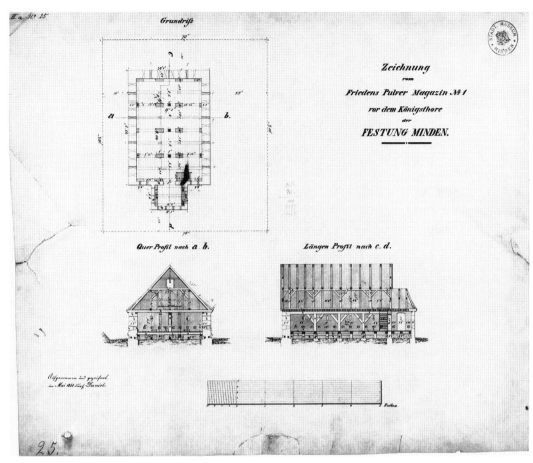

Abb. 474 Friedens-Pulver-Magazin No 1. Bauaufnahme von Daniel, 1851 (Kat.-Nr. 381).

KAT.-NR. 382 ohne Abb.
Friedens-Pulver-Magazin No 1, 1851

Bezeichnet *Daniel*, datiert *(18)51*.
Federzeichnung in schwarzer und roter Tusche, 37,4 x 52,5 cm, links ungleich beschnitten, mit Ergänzungen in Blei (Giebelansicht, metrische Maße, Nebenrechnungen); Maßstab von *12 + 60 Fuss* = 15,6 cm ≅ 1 : 144.
Kartentitel: *Festung Minden. Zeichnung / vom Defensiblen Friedens Pulver Magazin No 1 vor Bastion VI*. Oben rechts: *Zum Bericht und Kostenanschlag d. d. Minden, den 12t Juni 1851*. Unten rechts: *Minden, den 12tn Juni 1851. / gez. Hardenack. / Major und Platzingenieur*; unten links: *gez. durch Daniel m. 12/6. 51*.

Mindener Museum, FM 43; unpubliziert. – Oben links durch Beschnitt unvollständige Inv.-Nr. [P. V.IIIa] *No 26* und Teil des Stempels der Fortification zu Minden. Unten links Museums-Stempel; rückseitig aufgeklebter *Planzeichen*-Zettel und Inv.-Vermerke des Museums mit Stempeln.

Die Zeichnung fixiert die Umbauplanung (vgl. Kat.-Nr. 381). Oben *Grundriss*. Das Innere ist dreischiffig aufgeteilt; die Gewehrscharten sind in den westlichen Wandteilen schräg geführt, um die vorher toten Winkel bestreichen zu können. In beiden Langseiten und in der westlichen Giebelwand sind insgesamt fünf breitere Kanonenscharten angeordnet. Sechs Gewehrscharten sind mit *o* markiert; hierzu unten links Erläuterung in Blei: *Die mit o bezeichneten Scharten sollen geöffnet bleiben, die übrigen geblendet.* Die geblendeten, d. h. provisorisch zugesetzten Scharten hätte man im Verteidigungsfall schnell und leicht öffnen können; die offen gebliebenen dienten in Friedenszeiten zur Belüftung.

Unten *Längenprofil*, das in Ständerreihe und Dachkonstruktion mit dem Längsschnitt in Kat.-Nr. 381 übereinstimmt. In der Nordwand sind an die Stelle der schmalen Luftschlitze die kleinen, nun 4 Fuß (1,25 m) über den Boden angebrachten Gewehrscharten getreten; zwei Wandfelder nehmen die etwa 2½ x 2 Fuß (78 x 63 cm) großen Kanonenscharten ein. – Links anschließend ist in Blei die Fachwerkkonstruktion des Giebeldreiecks skizziert. – Die nachgetragenen Metermaße dienten möglicherweise zur Massenberechnung für den Abbruch des Magazins nach der Aufhebung der Festung 1873.

Bereits die ersten Pläne von 1815 ff. für die Neubefestigung Mindens sahen im Vorfeld der Stadt detachierte Anlagen vor (vgl. Kat.-Nr. 34, 37), die als Blockhäuser mit einer Enveloppe aus Wall, Graben und Gedecktem Weg gedacht waren (siehe Kat.-Nr. 37). In Friedenszeiten konnten sie als abgelegene Pulvermagazine genutzt werden. Nach dem Konzept des Generals von Rauch von 1815 (Kat.-Nr. 34) sollten vier vorgeschobene Werke um die Befestigungen der Altstadt und der Hausberger Fronte gelegt werden:
- Nr. 1, ein quadratisches Werk im Nordosten vor dem Ravelin Marientor, zwischen der Straße nach Bremen und der Terrassenkante über dem Königsborn (heute: zwischen Marien- und Bleichstraße, in Höhe der Straße An der Hochzeitstreppe),
- Nr. 2, fünfeckig, im Nordwesten vor Bastion VIII, zwischen dem Weg nach Diepenau und dem Weg nach Hahlen (heute: Heidestraße),
- Nr. 3, quadratisch, nordwestlich vor dem Königstor und nördlich der verlängerten Königstraße (heute: Roonstraße, Poelmahnstraße),
- A, ein spitzwinkliges Werk (Flèche) vor Bastion IV der Hausberger Fronte über dem Koppelgraben (heute: Wasserwerk an der Brunnenstraße),
- ein quadratisches Werk ohne Bezeichnung auf dem Ostufer, jenseits der Bunten Brücke an der Berliner Chaussee (heute: Kaiserstraße, südliche Friedrich-Wilhelm-Straße).

Von Rauchs Konzept wurde in den folgenden Jahren, um 1817/1820 detailliert, modifiziert und um den Montalembertschen Turm nordöstlich der Fischerstadt erweitert (Kat.-Nr. 37, 153, 154), doch wurde schließlich auf die Anlage der vorgeschobenen Werke verzichtet. Erbaut wurden lediglich drei Friedens-Pulver-Magazine, die 1837 im Festungsplan des Premiere-Lieutnants Pagenstecher (Kat.-Nr. 39) verzeichnet sind:
- Nr. 1 vor dem Königstor, vor Bastion VI (bereits 1833 im Situationsplan für Geländeankauf im Glacisbereich, Kat.-Nr. 38, eingetragen),
- Nr. 2 vor Bastion IV der Hausberger Fronte, zwischen dieser und dem Koppelgraben, an einem von der Chaussee von Bielefeld und Osnabrück (Portastraße) abzweigenden Stichweg (heute Brunnenstraße),
- Nr. 3, weit nach Süden geschoben, auf dem hochliegenden Geländekeil zwischen Koppelgraben und Schweinebruch (heute: Jugendkreativhaus Anne Frank zwischen Salierstraße und Johansenstraße).

IV.2.2 Katalog – Friedens-Pulver-Magazine vor der Stadt (Kat.-Nr. 380–387)

Für die Friedens-Pulver-Magazine Nr. 2 und 3 liegen keine Zeichnungen vor. In Pagenstechers Festungsplan gleichen sie in Umriß und Größe dem Magazin Nr. 1 und werden diesem im Wesentlichen entsprochen haben; die Vorhäuser mit dem Eingang lagen jeweils an der nördlichen Giebelseite.

Das Magazin Nr. 1, vor dem Königstor, bestand bis in die Jahre nach der Aufhebung der Festung. Sein Gelände gehörte zu den Liegenschaften, die die Stadt 1878 erwarb. Der Bau wurde in der Folge beseitigt, das Areal wurde aufgesiedelt (heute: Bleekstraße, Hopfengasse).

Das Magazin Nr. 2 wurde bereits vor 1846 wieder aufgegeben und abgebrochen; es ist schon im Rayonplan von 1846 (Kat.-Nr. 45) und im Festungsplan des Oberfeuerwerkers Seydel von 1853 (Kat.-Nr. 47) nicht mehr verzeichnet. Vermutlich entstand als Ersatz das defensible Friedens-Pulver-Magazin vor Bastion VIII/Blockhaus Nr. 8 in den Jahren 1849/1850 (siehe unten Kat.-Nr. 383–387).

Das Magazin Nr. 3 bestand bis zum Ende des Zweiten Weltkriegs und gehörte zum Munitionsdepot am Schweinebruch (siehe unten IV.3.9; S. 874 ff.).

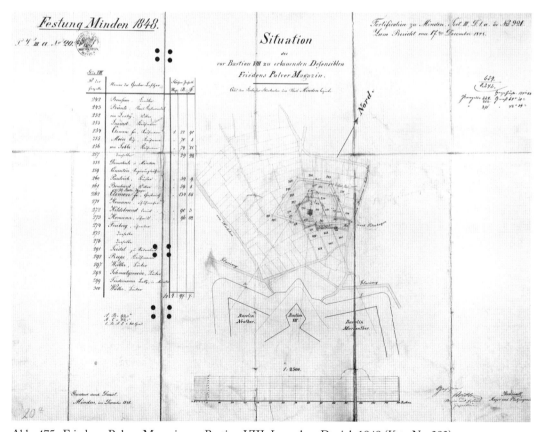

Abb. 475   Friedens-Pulver-Magazin vor Bastion VIII, Lageplan. Daniel, 1848 (Kat.-Nr. 383).

KAT.-NR. 383 Abb. 475
Friedens-Pulver-Magazin vor Bastion VIII, 1848/1850

Bezeichnet *Daniel*, datiert *December 1848*.
Federzeichnung mit schwarzer Tusche, farbig angelegt; 49 x 64,5 cm. Schraffuren und Nachträge in Blei. Mehrfach gelocht; Knickfalten mit Leinenstreifen hinterklebt.
Transversal-Maßstab von *10 + 150 Ruthen* = 24,5 cm = *1:2500*.
Kartentitel: *Festung Minden 1848. / Situation / des / vor Bastion VIII zu erbauenden Defensiblen / Friedens Pulver Magazin*; darunter: *Aus den Kataster-Flurkarten der Stadt Minden copirt*. Oben rechts: *Fortification zu Minden, Sect. III. D.1.a ad No 921 / Zum Bericht von 17ten December 1848*. Unten links: *Gezeichnet durch Daniel / Minden, im December 1848*. Unten rechts: *Hardenack / Major und Platzingenieur. / Gesehen Boethke / Major und Festungs-Inspector*.

KAM, Plansammlung, unverzeichneter Bestand; unpubliziert. – Oben links rote Inv.-Nr. *P. V.IIIa.No.20*, Stempel der Mindener Fortification; unten links in Blei *20a*.

Katasterplan des Geländes nördlich vom *Glacisweg* vor *Ravelin Neuthor* und *Ravelin Marienthor*, dazwischen *Bastion VIII.*, zwischen dem Weg *von Hahlen* und der Straße *nach Diepenau u. Kutenhausen*, von der nach Osten der Weg *nach Petershagen* abzweigt. Die gestrichelten Flankierungslinien von den Punkten *B* und *C* am Glacis vor den Ravelins schneiden sich in *A* unter *60°* und legen die Feuerlinie der Enveloppe fest. Die Mittellinie (Winkelhalbierende) durch den Magazinbau ist gegen die Kapitale von Bastion VIII nach Osten verschwenkt. Innerhalb des umlaufenden Glacisweges ist die äußere Grabenkante in Blei zart schraffiert. Einzelne Parzellen und Parzellenteile sind dicht schraffiert umrandet. Links neben dem Lage- und Parzellenplan Auflistung der betroffenen 25 Parzellen und ihrer Eigentümer, teilweise mit Angabe des Flächeninhalts; oben rechts Nachtrag zu zwei weiteren Grundstücken.

Einzelmaße der geplanten Anlage sind im Plan blau eingetragen, ebenso die Entfernungen zwischen den Hauptpunkten.

KAT.-NR. 384 Abb. 476
Friedens-Pulver-Magazin vor Bastion VIII, 1849

Unbezeichnet, datiert *1849*.
Federzeichnung in schwarzer und grauer Tusche auf gelblichem Karton, farbig angelegt; 19,7/20,6 x 34 cm. Bleistift-Beischriften. Unterer Rand unter Schriftverlust ungleich beschnitten.
Maßleiste von *10 + 50 Ruthen* = 9,05 cm = *1:2500*.
Kartentitel: *Festung Minden. / Plan / von denjenigen Gartenstücken vor dem Bastion VIII der Stadtbefestigung von Minden, welche behufs / der Erbauung eines Friedens-Pulver-Magazins daselbst und der Erdumwallung desselben / bereits im Frühjahr 1849 angekauft worden sind, und noch anzukaufen beabsichtigt werden*. Oben rechts: *Fortification zu Minden, Sect. III, D.1.a.No. 25. / Zum Bericht vom 11ten Januar 1850*. Unten rechts: *Minden den 31ten December 1849. / Hardenack / Major und Platzingenieur. / Gesehen / Boethke*.
Am unteren Rand links: *Die Parzellen aus der Kataster-Flur-Karte copirt durch* (Rest abgeschnitten, vermutlich: Daniel und Datum).

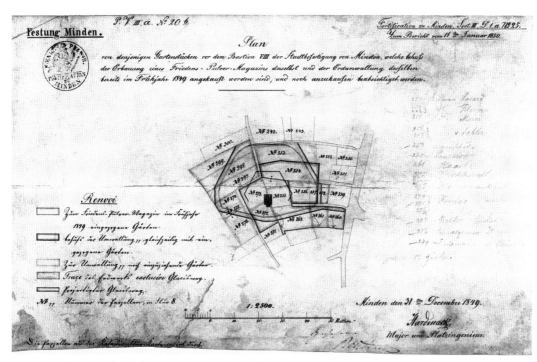

Abb. 476   Friedens-Pulver-Magazin vor Bastion VIII, Lageplan, 1849 (Kat.-Nr. 384).

Mindener Museum, FM 27; unpubliziert. – Oben links rote Inv.-Nr. *P. V.III, a.No. 20.b* und Stempel der Fortification zu Minden. – Rückseitig Museumsstempel und Inv.-Nummern.

In der Blattmitte Katasterauszug mit Parzellennummern, überzeichnet mit Magazinbau, Feuerlinie der Enveloppe und Glacisweg; Parzellen und projektierte Anlagen verschiedenfarbig umrandet. Dazu links:

	Renvoi
[rosa]	*Zum Friedens-Pulver-Magazin im Frühjahr / 1849 eingezogene Gärten.*
[dunkelgrün]	*behufs der Umwallung p.p. gleichzeitig mit ein-/gezogene Gärten.*
[hellgrün]	*Zur Umwallung p.p. noch einzuziehende Gärten.*
[gelb]	*Trace des Erdwerks exclusive Glacisweg.*
[hellrot]	*Projectirter Glacisweg*
No pp	*Nummer der Parzellen, in Flur 8.*

Rechts in Blei Auflistung der Parzellen und ihrer Besitzer, insgesamt *17 Gärten*.

KAT.-NR. 385   Abb. 477
Friedens-Pulver-Magazin nebst Enveloppe vor Bastion VIII, 1849 (?)

Bezeichnet *Loehr von Kirn*, undatiert, vermutlich 1849 (vgl. Kat.-Nr. 386).
Federzeichnung in schwarzer, roter, und blauer Tusche auf gelblichem Karton, mehrfarbig laviert; 54,6 x 63,7 cm, oben und links mit Verlust an Zeichnung und Beschriftung um mehrere Zentimeter

beschnitten. Fehlstellen am oberen Rand und links unten hinterklebt. Bleistift-Überzeichnungen und -Nebenrechnungen. Maßangaben schwarz, Höhenzahlen rot.

Doppelte Maßleiste, oben mit *12'+13 Ruthen für den Grundriss,* unten mit *12' + 6 Ruthen für die Profile* = 18,23 cm = 1:288 bzw. 1:144.

Kartentitel: [Zeichnung ein]*es Friedens Pulver Magazin nebst Enveloppe vor Bastion VIII.* Unten rechts (nachgetragen?) von rechts: *gez. Loehr von Kirn / Ingenieur Hauptmann; gez. Hardenack / Major und Platzingenieur; Gesehen / gez: Boethke / Major und Festungs-Inspecteur.*

Mindener Museum FM 71; unpubliziert. – Inv.-Nr. oben links abgeschnitten, teilweise erhalten der Stempel der Fortification. Oben links und rückseitig Museumsstempel bzw. Inv.-Vermerk.

Blattfüllend der Grundriß der Gesamtanlage (M 1:288) mit dem detaillierten Grundriß des Magazinbaues, der allseits von einem Diamant und einem Staket umgeben ist und um den sich die Enveloppe in Form eines stadtseitig angeschnittenen, regelmäßigen Sechsecks legt. Auf dem Rondenweg zwischen Wall und Graben eine Palisade mit Durchlaß vor dem südöstlichen Wallkopf. Eine zweite, grau punktierte Palisadenreihe setzt an den stadtseitigen Ecken des Magazinbaues an; sie schließt die Kehle, umzieht den stadtseitigen Vorplatz auf der Böschung von zwei kreisförmigen Wallstücken und stößt zwischen ihnen spitzwinklig nach Süden vor. Vor dieser Spitze ist eine dreifach gebrochene Palisadenreihe rot eingetragen. Auf die gezeichneten Alternativen und blau eingetragenen Korrekturen an Wall, Graben, Hofzufahrt bei *d* und Zugang an der Kehlseite bezieht sich das *Renvoi* oben links (teilweise beschnitten):

([rothe] *Zahlen*) =	*gegenwärtiges Terrain.*
[rote Punktreihe]	*diesseitig projectirte Pallisadierung.*
[graue Punktreihe]	*durch die königlich 6te Festungs-/ Inspection in Vorschlag gebrachter / Kehlverschluß*
[blaue Co]*rrectur* =	*Von dem königliche Allgemeinen / Kriegs-Departement und der / Königlichen Ingenieur-Inspection befohlene Abänderungen.*

Die Korrekturen wurden vermutlich nachträglich in die bei der Fortification verbliebene Zeichnung eingetragen.

Unten, über die ganze Blattbreite reichend, *Durchschnitt nach a.b.* (M 1:144) in der Mittellinie durch Magazinbau und Enveloppe. Links das Pulvermagazin mit dem Vorhaus; im Inneren Balkenboden auf Steinpfeilern und eine von zwei kräftigen Ständerreihen mit Pulverfaß-Bettungen in der Schwelle (vgl. Kat.-Nr. 387). Über der Ständerreihe Bombenbalkendecke und Dachstuhl zwischen massiven Giebeln. In den Langseiten zwei Kanonenscharten und sechs Gewehrscharten, die feldseitig schräggezogen sind. – Auf dem Rondenweg eine Heckenpflanzung, dahinter blau gestrichelt eingetragene Palisade. Der Graben sollte einen Fuß tief unter Wasser stehen.

Oben links *Durchschnitt nach c d,* Querschnitt (M 1:144) durch das Pulver-Magazin mit dem hölzernen Blitzableiter-Träger vor der westlichen Außenseite. Dach mit Kehlbalken und doppelt stehendem Stuhl. In der Stirnwand eine Kanonenscharte zwischen je drei schräggezogenen Gewehrscharten. – Grundriß und Schnitte sind sorgfältig mit Maßangaben versehen. Die Nebenrechnungen in Blei beziehen sich auf Umrechnungen in Metermaße nach 1872, vermutlich für Massenberechnungen vor dem Abbruch.

IV.2.2 Katalog – Friedens-Pulver-Magazine vor der Stadt (Kat.-Nr. 380–387) 727

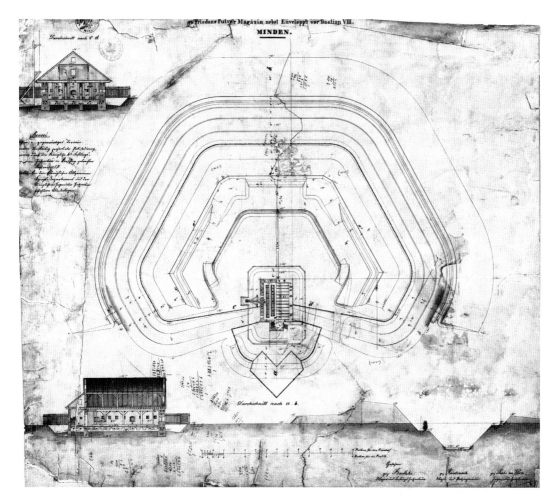

Abb. 477 Friedens-Pulver-Magazin vor Bastion VIII. Ingenieur-Hauptmann Loehr von Kirn, vermutlich 1849 (Kat.-Nr. 385).

KAT.-NR. 386 ohne Abb.
Entwurf zu einem Defensiblen Friedens-Pulver-Magazin vor Bastion VIII, 1849

Bezeichnet *Daniel*, datiert *Minden im Mai 1849*.
Federzeichnung in schwarzer, blauer und roter Tusche, farbig angelegt und laviert; 52 x 68 cm (Blatt) bzw. 50,5 x 66,5 cm (Einfassung), auf Leinen gezogen. Im Kehl- und Eingangsbereich Bleistift-Einzeichnungen.
Maßstab: *2 Ruthen = 1 duodec: Zoll*. Doppelte Maßleiste, oben mit *12' + 15 Ruthen für den Grundriss*, unten mit *12' + 7 Ruthen für die Profile* = 20,7 cm = 1 : 288 bzw. 1 : 144.
Kartentitel oben links: *Entwurf / zu einem Defensiblen Friedens Pulver / Magazin vor Bastion VIII der Festung / Minden. 1849*; oben rechts: *Fortification zu Minden, Sect. III. D.1.a.ad No 376. / Zum Special-Kostenanschlage d.d. Minden den 26ten Juni.1849.* – Unten von rechts: *Loehr v. Kirn / Ingenieur-*

Hauptmann; Hardenack. / Major & Platzingenieur; Gesehen / Boethke / Major und Festungs- / Inspecteur. – Unten links: *gez(ei)ch(ne)t d(urch) Daniel. / Pionir Sergeant a. D. / Minden im Mai 1849.*

GSTA PK, Festungskarten Minden C 70.093; unpubliziert.

Das Blatt entspricht im Wesentlichen dem vorigen (Kat.-Nr. 385) und wird die nach Berlin eingesandte Reinzeichnung sein, in die mit blauer Tusche die vom Kriegs-Departement und von der 6. Festungs-Inspektion in Köln angeordneten bzw. vorgeschlagenen Änderungen eingetragen sind.

Blattfüllend der detaillierte Grundriß der Gesamtanlage. Am Pulver-Magazin ist der Unterbau des Blitzableiter-Trägers verkleinert, so daß der Holzzaun in gerader Linie durchläuft. Die zunächst in Minden gezeichnete dreifach gezackte Palisade in der Mitte der Kehle ist hier nur in Blei einskizziert. Im *Durchschnitt nach a–b* am unteren Blattrand ist links das hohe Wallstück vor der Kehle angeschnitten (in Kat.-Nr. 385 durch Beschneiden verloren), das bis über die Traufe des Pulver-Magazins reichte. Deutlicher als in der Vorzeichnung (Kat.-Nr. 385) ist der Brunnen-Schacht unter dem Vorhaus zu erkennen. Der *Wasserspiegel des Brunnens* liegt ca. 11,50 m unter dem Bauniveau bei +23′ (ca. 7,25 über dem Mindener Pegel). Das *Renvoi* erläutert die eingetragenen Maßzahlen:

n (rot)	= *natürliches Terrain und Höhe der Werke*
(n) (rot)	= *zu veränderndes Terrain*
n (blau)	= *Wasserspiegel*
n (schwarz)	= *Längen und Breiten*
Punktreihe	= *Pallisaden.*

Der Graben der Enveloppe ist als trockener Graben gezeichnet.

Der *Durchschnitt nach c–d* ist in die obere rechte Ecke gesetzt; er zeigt den Blitzableiter-Träger in geänderter Form, zudem fehlt das obere Fenster im Giebeldreieck.

KAT.-NR. 387 Abb. 478
Holzkonstruktion zur Lagerung von Pulverfässern in einem Pulvermagazin, 1849

Bezeichnet und datiert rechts unten: *Fortification zu Minden, den 19ten September 1849.*
Federzeichnung in grauer und schwarzer Tusche auf gelblichem Zeichenkarton; 55,7 x 67,1 cm. Das brüchige Blatt ist teilweise mit Karton- und Pausleinenstreifen hinterklebt. Unten links und am unteren Rand fehlen größere Teile der Zeichnung.
Maßstab verloren; 3′ 1″ = 7,8 cm ≅ 1:12,4.

Mindener Museum, FM 69; unpubliziert. – Oben links rote Inv.-Nr.: *P. V.IIIa. No 23* und Stempel der Fortification. Rückseitig Inv.-Nummern und Stempel des Museums.

Nach der Inventar-Nummer der Fortification und der Datierung gehört das nicht näher bezeichnete Blatt in die Bauzeit des Friedens-Pulver-Magazins vor Bastion VIII. Zudem ergibt die Addition der eingetragenen Längenmaße das Maß von 40 Fuß im Lichten, das mit der inneren Länge des Pulvermagazins in den Grundrissen in Kat.-Nr. 384 und 385 übereinstimmt.

IV.2.2 Katalog – Friedens-Pulver-Magazine vor der Stadt (Kat.-Nr. 380–387)   729

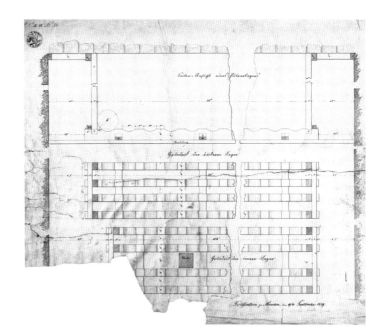

Abb. 478 Holzkonstruktion zur Lagerung von Pulverfässern in einem Pulvermagazin, 1849 (Kat.-Nr. 387).

Im oberen Drittel des Blattes die *Seiten-Ansicht eines Pulverlagers* zwischen massiven Seitenmauern sowie zwischen Holzboden und Bombenbalkendecke. Zwischen den Holzständern ist der starke Lagerbalken in segmentförmiger Reihung flach gekehlt; links ist der Querschnitt eines Pulverfasses mit 18" (ca. 47 cm) Durchmesser gezeichnet. Der untere Teil des Blattes zeigt oben den *Grundriss der äußeren Lager*, darunter den um einen Faßdurchmesser kürzeren *Grundriss der inneren Lager*, in dem zwischen zwei Lagerbalkenreihen ein eng schraffierter *Ständer* steht. Die Anordnung der hier verkürzt gezeichneten Lager entspricht der in den genannten Grundrissen.

In Disposition und Details – von geringfügigen Unterschieden im Dach abgesehen – gleicht das Pulvermagazin, auch in den Innenmaßen von 40 x 29 Fuß (ca. 12,60 x 9,10 m) dem bei VON PRITTWITZ 1836 (S. 139–144, Taf. 74, 75) beschriebenen und dargestellten Magazin. Die lichte innere Höhe von 9 Fuß (2,88 m) erlaubte das Stapeln der Pulverfässer in fünf Reihen übereinander. Dies ergab ein Gesamt-Fassungsvermögen von 828 Zentnern Pulver (ebd. S. 141, Taf. 74).

Das Friedens-Pulver-Magazin bestand – auch unter der Bezeichnung Blockhaus No 8 – bis zur Aufhebung der Festung und zum Erwerb des Geländes durch die Stadt im Jahre 1878. Magazin und Enveloppe wurden 1879/1881 abgebrochen und eingeebnet (siehe Teil V, S. 566). Über das Gelände wurde 1890 die Heidestraße gelegt; an ihr entstand 1893–1897 die Bürgerschule II; ihr gegenüber errichtete die Deutsche Reichspost 1904–1906 den Neubau der Oberpostdirektion (ebd. S. 568–586).

IV.3 Militärbauten und -anlagen nach 1873

IV.3.1 Jüngere Bauten um den Simeonsplatz

Nach der Aufhebung der Festung 1873 nahm am 26. 1. 1874 die von den beteiligten Ministerien gebildete Entfestigungskommission, der auch der Mindener Bürgermeister als Kommissar des preußischen Innenministers angehörte, die Verhandlungen über Verkauf und Verteilung der Festungsgrundstücke und -bauwerke auf. Unabhängig von den schwierigen und langwierigen Verhandlungen, die sich bis zum Herbst 1878 hinzogen (NORDSIEK 1979, S. 87), wurde schon 1874 mit der Beseitigung der Festungswerke an der Hausberger Fronte begonnen (SCHROEDER 1886, S. 711): Mit den hoch aufgeworfenen Erdwällen wurden die Gräben verfüllt; die Massivbauten des Hausberger Tores, der drei Poternen und der beiden Kriegs-Pulver-Magazine in den Wallköpfen zur Bastau wurden abgebrochen. Das inzwischen bewaldete Glacis blieb bestehen. Von der Lindenstraße zur alten Trasse der Chaussee nach Bielefeld und Osnabrück, die vor dem Glacis endete und auf dem Glacisweg zum Hausberger Tor umgeleitet war, wurde die neue Portastraße in südwestlicher Richtung über den Simeonsplatz geführt; sie war 1875 fertiggestellt (SCHROEDER 1886, S. 711 f.). Nach den 1878 abgeschlossenen Übergabeverhandlungen verblieb das Gelände des Simeonsplatzes inner-

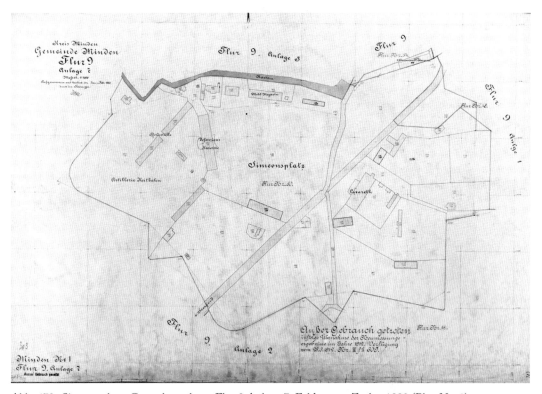

Abb. 479 Simeonsplatz, Gemarkungskarte Flur 9 Anlage 7. Feldmesser Zacke, 1880 (Plan Nr. 1).

IV.3.1 Jüngere Bauten um den Simeonsplatz

halb der ehemaligen Glacis-Crête im Besitz des Militärfiskus und wurde für vielerlei militärische Ergänzungs- und Neubauten beiderseits der Portastraße genutzt.

Soweit vorhanden, wurden in der städtischen Bauregistratur die Akten und Pläne zu den bis 1945 entstandenen Gebäuden, die vielfach nicht mit Angaben zu Straßen und Hausnummern versehen sind, unsystematisch und willkürlich in den unterschiedlichsten Akten- und Sammelordnern unter Alte Hausberger Torstraße, Johansenstraße, Portastraße oder Simeonsplatz abgelegt. Dies bringt gelegentlich Schwierigkeiten bei der Identifizierung und Lokalisierung mit sich. Nützlich und hilfreich war hier das Hinzuziehen von Katasterkarten und Lage- oder Übersichtsplänen in den Akten und der entsprechenden Blätter der Garnisons-Atlanten von 1910 und nach 1923. Aus ihrer chronologischen Folge wird die kontinuierliche Verdichtung der militärischen Bauten im unübersichtlichen Gelände des Simeonsplatzes bzw. innerhalb der inneren Grenzen der ehemaligen Hausberger Front deutlich.

PLÄNE: 1. *Simeonsplatz*. Gemarkungskarte M 1:1000. *Kreis Minden Gemeinde Minden Flur 9 Anlage 7. Aufgenommen und kartirt im Jan. und Febr. 1880 durch den Feldmesser Zacke. Außer Gebrauch getreten…1912.* Kreiskatasteramt Minden-Lübbecke (Abb. 479). – 2. *Simeonsplatz,* westliche Hälfte. Gemarkungskarte M 1:1000. *Kreis Minden Gemeinde Minden Flur 9 Anlage 7. Aufgenommen und kartirt im Januar und Februar 1880 durch den Feldmesser Zacke. Außer Gebrauch getreten…26. 9.(19)12.* Mit zahlreichen Nachträgen bis 1912. Kreiskatasteramt Minden-Lübbecke. – 2a. *Lageplan des Simeonsplatzes in Minden.* M 1:1000. *Minden, d 29 Februar 1892 Der Garnison-Bauinspector. Schmedding* und

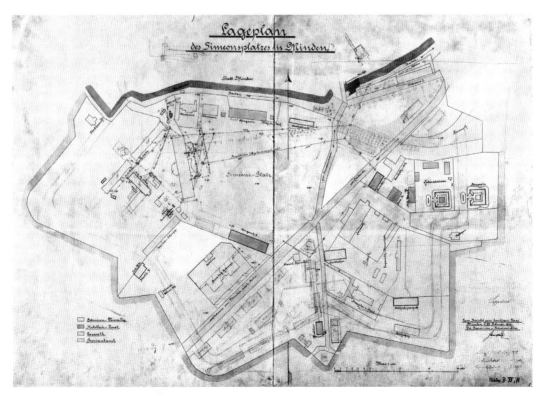

Abb. 480 Simeonsplatz, Lageplan. Garnison-Bauinspektor Schmedding, 1892 (Plan Nr. 2a).

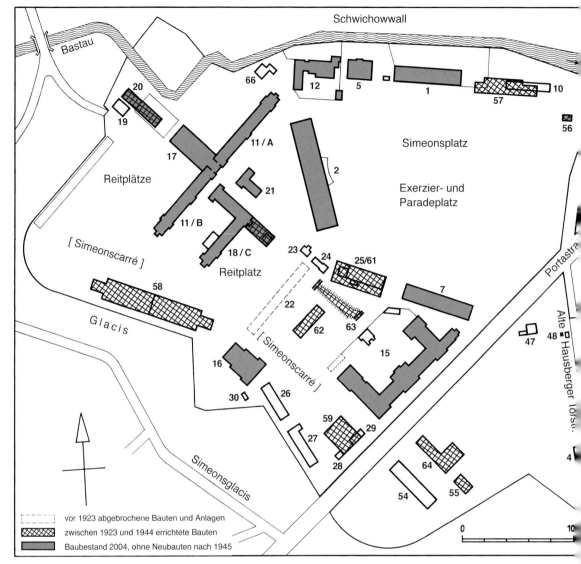

Militärbauten um den Simeonsplatz
(Stand um 1930 mit Nachträgen bis 1944
und Ergänzung bereits abgebrochener Bauten und Anlagen)

1 Trainschuppen/Proviantmagazin (1819/20; Simeonsplatz 3)
2 Defensions-Kaserne (1829 ff.; Simeonsplatz 12)
3 Garnison-Lazarett (1829 ff.; Portastraße 9)
4 Blockhaus No. 1 (1831; Hausberger Torstraße)
5 Militär-Ökonomie-Gebäude (1837; Simeonsplatz 4)
6 Blockhaus No. 6 (1840; Johansenstraße)
7 Wagenhaus No. 2 (1853; Simeonsplatz 21)
8 Schaftholz-Magazin/Gewehrhaus/Wagenhaus No. 5 (1857; Portastraße 3)
9 Artillerie-Feldmaterialschuppen (1860/1866; Portastraße 1)
10 Geschützrohrschuppen (1867–1933/34; Simeonspl.
11 Artillerie-Pferdeställe A und B (1867, 1874, 1905/C Simeonsplatz 8)
12 Garnison-Waschanstalt (1864, 1874; Simeonsplat. mit Maschinisten-Wohnhaus (1898, Simeonsplatz
JÜNGERE BAUTEN UM DEN SIMEONSPLATZ
13 Reitbahn (vor 1866; Hausberger Torstraße)
14 Hauptwache u. Arresthaus (1880; Hausberger Tors
15 Infanterie-Kaserne No. 3 mit Latrine und Waschha (1888 ff.; Simeonscarré 2)
16 Kammergebäude (1903/04; Simeonscarré 3)
NEBENBAUTEN NORDWESTLICH DER PORTASTRA
17 Neue Reitbahn hinter Stall A und B (1902), dahinter Reitplatz

Abb. 481 Militärbauten um den Simeonsplatz. U. D. Korn, 2004.

IV.3.1 Jüngere Bauten um den Simeonsplatz 733

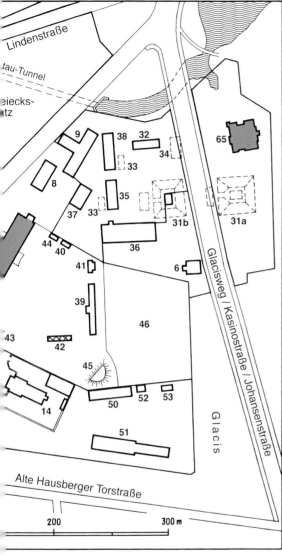

NEBENBAUTEN SÜDÖSTLICH DER PORTASTRASSE
31a Friedenspulvermagazin (1880–1907; Johansenstraße)
31b Handmagazin (nach 1878– um 1945; Johansenstraße)
32 Feuerhaus (nach 1878–um 1971; Johansenstraße)
33 Packschuppen (um 1880 – vor 1923)
34 Patronenwerkstatt (?, nach 1878 – vor 1910; Johansenstraße)
35 Artillerie-Materialschuppen/Wagenhaus 4 (1891–1969; Johansenstraße 6)
36 Wagenhaus 7 (1898–1974; Johansenstraße 4)
37 Schuppen Nr. 3 (vor 1892 – um 1971; Portastraße 5)
38 Wagenhaus 8 (1910/11 – um 1971; Johansenstraße 4a)
39 Exerzier-Geschützschuppen/Waschhaus und Liegehalle (1866/67 – um 1964; hinter dem Garnison-Lazarett Portastraße 9)
40 Leichenhaus (vor 1892 – um 1964; hinter dem Garnison-Lazarett Portastraße 9)
41 Desinfektionshaus (1906 – um 1964; hinter dem Garnison-Lazarett Portastraße 9)
42 Liegehalle II (um 1926/28 – um 1964; hinter dem Garnison-Lazarett Portastraße 9)
43 Arzthaus (1926–1964; hinter dem Garnison-Lazarett Portastraße 9)
44 Geräte- und Strohschuppen (vor 1892; hinter dem Garnison-Lazarett Portastraße 9)
45 Eiskeller (hinter dem Garnison-Lazarett Portastraße 9)
46 Platz der Lazarettbaracken, Städt. Simeonskolonie (1914 – um 1933)
47 Hausberger Torwache/Torschreiberhaus (um 1816 – um 1970, Portastraße 13)
48 Waage und Wiegehäuschen (1902–1936, Hausberger Torstraße)
49 Rauhfutterscheune 3/4 (1896, vor 1907–1974, Hausberger Torstraße 7)
50 Feldfahrzeugschuppen No. 1 des FAR 58 (vor 1880–1974, Hausberger Torstraße 9)
51 Feldfahrzeugschuppen No. 2 des FAR 58 (vor 1909–1974, Hausberger Torstraße 11)
52 Krankenstall (1903–1874)
53 Patronenhaus des IR 15 (1910 – nach 1945)
54 Geschützschuppen II (1903, 1908–1974; Portastraße 19)
55 Gashaus (nach 1933–1974; Portastraße 17)

BAUTEN DER WEHRMACHT
56 Wache (1934– nach 1995; Simeonsplatz 1)
57 Kraftfahrzeughalle (1933/34– um 1995; Simeonsplatz 2)
58 Doppelreithalle (1935– um 1995; Simeonsplatz 11)
59 Waffenmeisterei (1935– um 1995; Simeonsplatz 17)
60 Fuhrwerkswaage (1936– um 1974; Hausberger Torstraße)
61 Exerzierhalle (1936– um 1995; Simeonsplatz 20)
62 Geschützschuppen (1937– nach 1994; Simeonsplatz 18)
63 Luftschutzbunker (1944– nach 1995; Simeonsplatz, zwischen Exerzierhalle und Geschützschuppen)
64 Baracke Reichsbauhof/RAD-Baracke (um 1938 – nach 1945; Portastraße 7)
65 Offizier-Speiseanstalt des IR (1910; Johansenstraße 1)
66 Schuppen für die Wirtschaftswagen bei Stall A
67 Sprunggarten bei den Reitplätzen

Artillerie-Pferdestall C (nach 1880, 1901, 1937; Simeonsplatz 10)
Krankenstall (1905–1936)
Neuer Krankenstall (1937, zu Simeonsplatz 7)
Beschlagschmiede und Waffenmeisterei (um 1900; Simeonsplatz 9)
Exerzierhaus (um 1875–ca. 1919)
Alter Krankenstall (um 1865–1936)
Waffenmeisterei und Wohnung (nach 1880–1936)
Körnermagazin No. 3 (um 1900 –1936)
Pferdestall bei Kaserne III (nach 1900)
Geschützschuppen (nach 1900)
Beschlagschmiede (vor 1910–1935)
Waffenmeisterei bei Kaserne III (vor 1910–1935)
Krümperschuppen/Hundezwinger bei Kaserne III (um 1900)

Abb. 482 Simeonsplatz nach Norden, 1898. Links die Alte Hausberger Torwache, rechts die Reitbahn und das Dach des Garnison-Lazaretts. Im Hintergrund St. Mauritius und St. Simeon sowie die Türme von St. Marien und St. Martini.

weitere Unterschriften. STA DT, D73 Tit. 5 Nr. 2945 (Abb. 480). Durch farbige Lavierung sind die Bauten unterschieden nach Zuständigkeit von *Garnison-Verwaltung, Artillerie-Depot, Lazareth* und *Proviantamt*. Jüngere Bauten sind z. T. exakt, z. T. flüchtig in Blei nachgetragen, ebenso der Verlauf des ehemaligen Festungsgrabens. Im Winkel zwischen Portastraße und Hausberger Torstraße in Blei Dispositionsskizze für das Projekt einer Artillerie-Kaserne von 1893, das 1895 an der Artilleriestraße realisiert wurde (siehe Kap. IV.3.2, Städtische Artilleriekaserne, S. 803 ff.). – 3. *Simeons-Platz*, westliche Hälfte, Ausschnitt. Lageplan M 1:1000, 1896. BA Simeonsplatz 3. – 4. Gemarkungskarte M 1:1000 *Kreis Minden Gemarkung Minden Nr. 1 Flur 50. Unter der Leitung des Steuerinspektors Suckow aufgenommen im Mai, Juni und Juli 1909 durch den Landmesser Bohm. Kartiert im Oktober 1909 durch den Katasterhilfsarbeiter Riechert*. STA DT, D73 Tit. 5 Nr. 3130. – 5. *Standort Minden. Unterbringung einer Maschinengewehr-Kompagnie bei II/15. Lageplan. M 1:500. Minden, den 8. Mai 1913. Militärbauamt. I. V. Beyer*. (Abb. 502). Der Lageplan zeigt das Gelände um die Kaserne III zwischen Portastraße und Exerzier-Schuppen bzw. Kammergebäude sowie zwischen der südwestlichen Glacis-Grenze und Wagenhaus 2. BA Simeonsplatz an der Portastraße, kgl. Garnisonverwaltung. – 6. Garnisons-Atlas des VII. Armee-Korps, 1910, Bl. 27: Übersichtsplan MINDEN M 1:10000; Bl. 28 rechts: Legende; Bl. 29 links: Kasernements auf dem Simeonsplatz M 1:2500. Fotos im KAM, WP 75.3/089, 088B, 087A. – 7. Garnisons-Atlas des VIII. Armeekorps, Übersichtsplan MINDEN M 1:10000; Bl. 29: Kasernements auf dem Simeonsplatz M 1:2500; Bl. 29 b: Legende. KAM, Plansammlung o. Sign. – 8. *Standort Minden, Artl. Kaserne am Simeonsplatz*, Lageplan M 1:2500. Bielefeld, den…1936 Heeresbauamt. Bearbeitet Heeresneubaultg. Minden. Lichtpause in BA Simeonsplatz 6–9. – 9. *DIE SIMEONSKASERNEN*. Lageplan M 1:2500 mit Straßennamen, Hausnummern und Legende. Unbezeichnet, undatiert (um 1938). Zeichnung auf Transparentpapier (?). Minden, Städt. Vermessungsamt (Abb. 519). – 10. *Kaserne Am Simeonsplatz*. Lageplan M 1:1000 mit dem Baubestand von 1944 mit Nachträgen. Vermutlich weiterverwendeter Plan des Heeresbauamtes Bielefeld. Geändert Finanzbauamt Bielefeld 1964. Lichtpausen, mehrfach in verschiedenen Bauakten, u. a. in BA Simeonsplatz 21. – 11. *Minden, Westminster Barracks. Gas & Electric Supply Plan*, M 1:1000. Area Works Office Hannover, Department of the Environment, 1971. Lageplan der Hauptgebäude mit Erdkabeln und Lampenstandorten. BA Simeonsplatz 3.

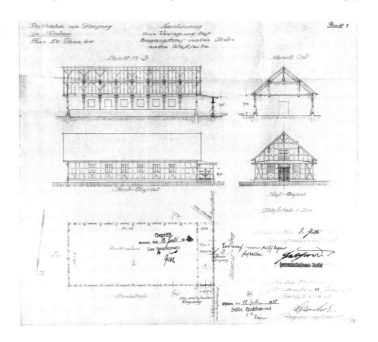

Abb. 483 Reithaus am Glacisweg (Alte Hausberger Torstraße), Verlegung des Eingangs. Regierungsbaurat Sponholz, 1928.

NR. 1–12 siehe S. 399–504 Kat.-Nr. 205–256

13. REITBAHN +   Abb. 483
Alte Hausberger Torstraße 1

QUELLEN: BA Simeonsplatz 6–9 (1928; ältere Akten nicht ermittelt).

PLÄNE: *Reitbahn am Glacisweg. Zeichnung zur Verlegung des Eingangstores…*, Reichsbauamt Minden, 25. Juni 1928, in BA Simeonsplatz 6–9.

ABBILDUNG: Foto um 1898 in: GRÄTZ 1997, S. 41 (Abb. 482).

Der Bau ist zum ersten Mal nachweisbar im Traversierungsplan für die Festung Minden von 1866 (Kat.-Nr. 51), zusammen mit den damals wohl im Bau befindlichen Artillerie-Pferdeställen A und B und dem (Alten) Krankenstall hinter der Defensions-Kaserne. Die Reitbahn wurde zwischen dem Südende des Garnison-Lazaretts und dem Hausberger Tor vor dem linken inneren Wallfuß errichtet und stand parallel zum Wall, mit dem Westgiebel rechtwinklig zum später so genannten Glacisweg, der Alten Hausberger Torstraße.

Fachwerkhalle von 31,28 x 14,23 m Innenmaß auf niedrigem Steinsockel, Traufhöhe 4,50 m, Firsthöhe bei 11,30 m. Die Außenwände mit zwei Riegelketten, in den Eckgefachen zwischen Schwelle und Rähm mit Andreaskreuzen ausgesteift. In den Längswänden sechs dreigeteilte Fenster in symmetrischer Anordnung, Brust- und Sturzriegel gegen die anderen Riegel höhenversetzt, in den Brüstungsfeldern Andreaskreuze. Beide Giebelwände mit breiten, mittig gesetzten Toren, darüber je zwei Zwillingsfenster. Vor dem Westgiebel zur Straße niedriger Vorraum von 3,60 m Tiefe und 4,15 m Höhe mit sehr flachem, mit Teerpappe gedecktem Walmdach. Vor beiden Giebeldreiecken Flugsparren auf den Pfettenüberständen, unterstützt von Kopfbändern. Ausfachung mit Backsteinen, verputzt und weiß gestrichen. Dachdeckung mit Hohlpfannen.

Die Konstruktion des Pfettendaches aus sieben Gebinden ruht auf Pfosten, die innen mit einem Achsmaß von 3,91 m vor den Längswänden stehen. Die Dachbalken mit den Fußpfetten sind an den Enden mit Kopfbändern gegen die Wandständer abgestrebt; sie hängen an einem zweisäuligen Hängebock mit Doppelzangen, der die Mittelpfetten trägt; darüber trägt ein einsäuliger Hängebock die Firstpfette. Die Säulen und die entsprechenden Stiele in den Giebelwänden sind über paarige Längskopfbänder mit Mittel- und Firstpfette verbunden. Zwischen den Gebinden jeweils drei Leergespärre. – Vor den Wandständern und an den Giebelseiten unten schräge Wandverkleidungen. 1928 Bauantrag zur Verlegung des nördlichen Eingangstores im Vorbau an die Westseite (BA Simeonsplatz 6).

Die Reithalle wurde um 1970 für den Ausbau des Kreiskrankenhauses (siehe Teil V, S. 266 ff.) abgebrochen.

14. HAUPTWACHE UND ARRESTHAUS + Abb. 484–487
Alte Hausberger Torstraße 5

QUELLEN: BA Simeonsplatz 6–9; Alte Hausberger Torstraße 1–3, 7.

PLÄNE: 1. *Entwurf zu einer Arrestanstalt mit Hauptwache in Minden. Blatt 4.* Ansichten M 1:100, Gesimsdetails m 1:15. *O. Egeling,* Bauführer, Mai 1878. STA DT, D 73 Tit. 4 Nr. 10248 (Abb. 484). – 2, 3. *Arresthaus mit Hauptwache in Minden.* Grundriß *Parterre-Geschoss, Längs-Schnitt a–b* o. M. (1:100). *Garnison-Bau-Inspector K. Bandner, Minden,* 30. 8. 1880, BA Simeonsplatz 6 (Abb. 485, 486). – 4.– 6. *Standort Minden. Arresthaus mit Hauptwache. Umbau zur Einrichtung eines Zweiggerichts der 13. Division.* Grundrisse Erdgeschoß und Obergeschoß, Teilansicht von Nordosten. M 1:100. Minden, 12. 5. 1914. *Militär-Bauamt I. V. Beyer,* BA Simeonsplatz 6 (Abb. 487).

ABBILDUNGEN: *Hauptwache genannt »Vater Philipp«,* Ansicht von Westen vor 1914 in einer Sammelblatt-Postkarte *Gruß aus Minden i/W,* KAM, Bildsammlung. – *Minden i. W. Die Hauptwache (Vater Philipp),* Ansicht von Westen nach dem Umbau von 1914, Postkarte, Minden, Sammlung Ahlert.

Die Hauptwache für Stadt und Festung Minden befand sich seit ihrer Verlegung aus dem Stockhof (siehe Teil IV, Königstraße 23–29) um 1629 auf dem Markt, seit 1673 im benachbarten Haus Markt 13 (siehe Teil IV, S. 1299, S. 1469–1473). Der hier im Jahre 1840 errichtete, 1853 aufgestockte und 1868 weiter ausgebaute Neubau diente – wie schon der Altbau seit 1814 – nur der *Einrichtung eines mittleren und strengen Militair Arrestes.* Für die Unterbringung der Gemeinen und Unteroffiziere, die zu Festungsstrafe, d. h. zu Einschließung und Beschäftigung mit militärischen Arbeiten unter Bewachung verurteilt waren, reichte die Hauptwache am Markt nicht aus. Diese waren anderweitig in Festungsbauten untergebracht, u. a. im Königstor. Mit der Aufhebung der Festung 1873 war die Wache im Tambour am Marientor überflüssig, ebenso der Festungsbauhof in den Gebäuden des ehemaligen Marienstifts. 1874 wurden daher die am Marientor gelegenen Fortifikationsbauten (Alte Torwache, Batterieturm, Hauptgrabencaponière und Wachgebäude im Tambour) für das Festungsgefängnis hergerichtet (Kat.-Nr. 137–140), ebenso die Stiftsgebäude bei St. Marien (siehe Teil III, S. 235 f.). Der Abbruch der Befestigungsanlagen war abzusehen, so daß für einen ausreichenden Ersatzbau an geeignetem Platz gesorgt werden mußte. Das Festungsgefängnis wurde am 1. Juni 1879 aufgehoben; die Strafgefangenen wurden nach Köln verlegt (SCHROEDER 1886, S. 713). Das Marientor und die Grabencaponière wurden 1881 abgetragen, der Wall zwischen Marientor und Stiftspassage 1881/1882.

IV.3.1 Jüngere Bauten um den Simeonsplatz

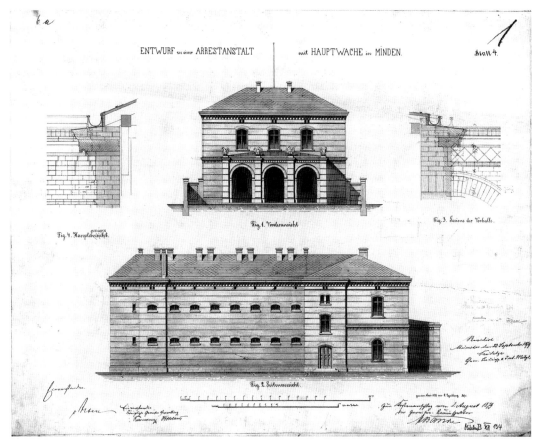

Abb. 484 Hauptwache und Arresthaus, Blatt 4: Ansichten und Details. Bauführer O. Egeling, 1878 (Pläne Nr. 1).

Die (nicht vollständig überlieferten) Pläne für den Neubau von Arrestanstalt und Hauptwache waren im Mai 1879 fertig, sie wurden mit dem (nicht erhaltenen) Kostenanschlag vom 1. August 1879 von Garnison-Bauinspektor Bandner (?) zur Revision und Genehmigung eingereicht. Die Revision bei der Intendantur des VII. Armeekorps erfolgte am 23. September 1879 (Kühtze, Garnison-Bau-Inspektor und Intendantur-Mitglied), die des Berliner Ministeriums am 18. November (i. V. Schoenhals, H. Zaar; siehe Pläne Nr. 1, Abb. 484). Am 30. August 1880 legte die Garnison-Verwaltung dem Magistrat das Baugesuch samt Plänen vor. Als Bauplatz hatte man militärfiskalisches Gelände südlich des Garnison-Lazaretts auf der Ostseite des Glaciswegs, der späteren Alten Hausberger Torstraße, gewählt. Der Magistrat antwortete schon am 7. September, man habe gegen das Projekt keine Einwendungen, empfinde aber *lebhaftes Bedauern darüber…daß die, immerhin ansehnliche Front des Gebäudes nicht in die Fluchtlinie der Portastraße gebracht ist, vielmehr die schon bestehende unerfreuliche Unregelmäßigkeit der Bebauung des Simeonsplatzes, welche nicht nur in höchstem Grade unschön ist, sondern auch die zweckmäßige Verwendbarkeit desselben dauernd erschwert und verringert, hierdurch vermehrt worden ist* (BA Simeonsplatz 6–9) (siehe Abb. 480).

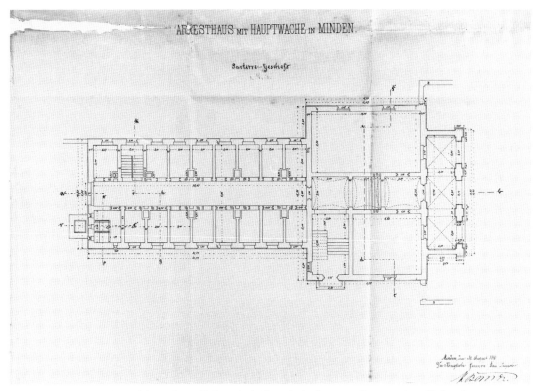

Abb. 485 Hauptwache und Arresthaus, Erdgeschoß-Grundriß. Garnison-Bauinspektor K. Bandner, 1880 (Pläne Nr. 2).

Das Aufführen des Baues ging anscheinend zügig vonstatten, so daß Hauptwache und Militärarrest am 1. Juli 1882 zum Simeonsplatz verlegt werden konnten (SCHROEDER 1886, S. 715). Die Truppe bezeichnete den Bau als *Vater Philipp*.

Das Baugrundstück erstreckte sich im Anschluß an die 1866 errichtete Reitbahn (siehe oben S. 737 f.) mit einer Breite von 46 m vom Glacisweg schräg nach Südosten, an der langen Nordostseite war es 120 m, an der gegenüberliegenden kürzeren ca. 95 m lang; der Bau stand in der östlichen, vollständig ummauerten Hälfte. Davor lag zur Straße ein schräg abgeschnittener Rasenvorplatz mit Randwegen; er war zum Gelände des Garnison-Lazaretts und der Reitbahn mit einer hohen Backsteinmauer eingefaßt (Abb. 480).

Der über alles 36,40 m lange, nicht unterkellerte Backsteinbau war dreiteilig gegliedert: An die in drei Arkaden nach vorn geöffnete eingeschossige Vorhalle von 11,50 m Breite und 5,01 m Höhe schlossen sich mit zwei Geschossen ein Querbau von 15,78 m Breite und 11,52 m Tiefe sowie der 21,34 m lange, auf 10,20 m Breite eingezogene Zellentrakt an. Die Traufhöhe betrug 10 m, die Firsthöhe der schiefergedeckten, flachgeneigten Walmdächer 12,70 m. Die Öffnungen waren durchweg stichbogig, ausgenommen die Wach-Arkaden, Fenster und Türen im Erdgeschoß des Querbaus und die kleinen, rechteckigen Drempelfenster; im Querbau hatten sie gestufte Gewände. Der umlaufende Sockel war aus Sandsteinquadern aufgeführt und mit einem Karniesprofil abgedeckt, die hellroten Backsteinmauern waren im Abstand von etwa 60 cm mit dunklen Ziegeln waagerecht gebändert.

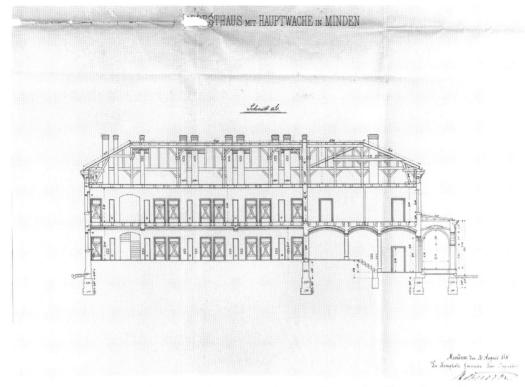

Abb. 486 Hauptwache und Arresthaus, Längsschnitt. Garnison-Bauinspektor K. Bandner, 1880
(Pläne Nr. 3).

Flache Risalite an den Langseiten und ein in der Planung von 1879 vorgesehenes Geschoßgesims am Querbau in Höhe des Vorbau-Gebälks fielen offenbar in der Ausführung fort. Die Drempelfensterchen sollten in der Planung nur die Höhe des Frieses unter dem Traufgebälk haben; ausgeführt wurden doppelt so hohe Schlitzfenster, die zwischen die gemauert vorgetreppten Konsolen unter dem Sandstein-Traufgesims reichten. Dieses war mit Kehle und Karnies aus Formsteinen abgedeckt und trug die aufgelegte Dachrinne. Die zahlreichen Kaminköpfe über dem Dach hatten einen gemauerten Fries und Werkstein-Abdeckungen.

Die drei rundbogigen Wach-Arkaden öffneten sich zwischen gebänderten Werkstein-Pilastern, der Gebälkfries sollte – zumindest nach der ersten Planung – mit über Eck stehenden Ziegelplatten in dunklerem Grund dekoriert werden; über den Pilastern waren vier hockende Adler vorgesehen, die den Adlerpaaren auf den Torpfeilern am Körnermagazin (Martinikirchhof 6a; siehe Kat.-Nr. 365, Abb. 434) entsprachen. Von ihnen wurden anscheinend nur die beiden auf den Ecken ausgeführt. – Die Seitenwände des Vorbaues waren geschlossen, überdeckt war er mit drei Kreuzgratgewölben.

In der Mitte des Querbaues rundbogige Tür zum Längskorridor, dessen drei Joche mit flachen Muldengewölben auf gefasten Wandpilastern überdeckt waren. Links die Offizier-Wachstube, dahinter nach siebenstufiger Treppe zum höheren Erdgeschoß-Niveau das zweiläufige Treppenhaus mit seitlichem Ausgang. Auf der Südseite des Korridors das große Lokal für die Wachmannschaften (Pläne Nr. 2, 3).

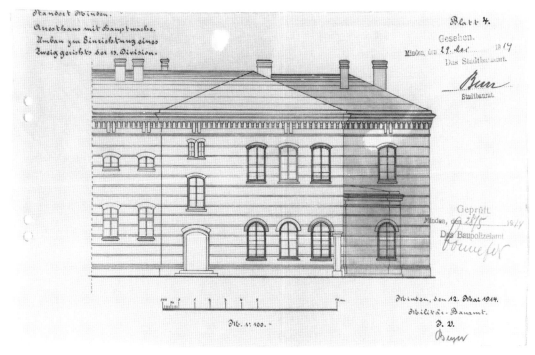

Abb. 487 Hauptwache und Arresthaus, Umbauplan, Teilansicht von Nordosten. Beyer, 1914 (Pläne Nr. 6).

Der Korridor setzte sich als Mittelgang im Zellentrakt fort, dieser war mit Stichbogentonnen gewölbt. Links acht Zellen von je 2 x 3 m Größe und ein Abortraum, rechts sieben Zellen, Treppenhaus und eine größere Zelle (2,37 x 3 m). Die Zellen wurden paarweise über Heizkammern zwischen den Türen erwärmt. Die Aufteilung wiederholte sich im Obergeschoß; im Querbau lag nach Süden die Wohnung des Aufsehers mit drei kleineren Räumen, nach Norden neben dem Treppenhaus eine Bibliothek.

Die Firstpfette des Dachstuhls über dem Zellentrakt lag auf einer Stuhlreihe mit Kopfbändern, darunter Querverband aus verdoppelten Zangen. Die Fußpfetten ruhten auf Wandständern mit paarigen Kopfbändern vor der Drempelwand. Im Dach des Querbaus dreifach stehender Stuhl unter First und Mittelpfetten; die Walmsparren waren mit Schrägstreben und Zangenhölzern zu den Wandständern unterstützt.

Am 12. Mai 1914 reichte das Militär-Bauamt bei der Garnisonverwaltung den Antrag zum Umbau des Arresthauses *zur Einrichtung eines Zweiggerichts der 13. Division* ein (Pläne Nr. 4–6). Der Bauschein wurde am 29. Mai von der Baupolizei ausgefertigt. Anstelle der Wach-Arkaden entstand ein zweigeschossiger, seitlich leicht eingezogener Vorbau in den Formen des Querflügels. Im Erdgeschoß enthielt er beiderseits des Eingangs das verkleinerte Wachlokal und ein Beratungszimmer, darüber im Obergeschoß Richterzimmer, Aktenraum und Offizier-Zeugenzimmer. Im Querbau wurde die Offizier-Wachstube zu zwei Räumen für Rechtsanwalt und Mannschafts-Zeugen umgebaut, das Mannschafts-Wachtlokal wurde Sitzungssaal. Der Bibliotheksraum im Obergeschoß wurde zu Zimmern für die Gerichtsschreiberei und den Gerichtsboten verändert; die gegenüber liegende Aufseher-Wohnung blieb bestehen. – Der Außenbau verlor durch den Abbruch der repräsentativen

Wach-Arkaden an gestalterischer Qualität und Wirkung und wurde durch den neuen Vorbau nüchterner, doch wurde dies gemildert durch die inzwischen auf dem Vorplatz aufgewachsenen Bäume, vor denen als karger Ersatz für die Wach-Arkaden ein Schilderhäuschen aufgestellt wurde.

Nach 1945 zog die britische Militärpolizei in das Gebäude ein; das *MPBW Office* wurde 1974 für die Erweiterungsbauten des Stadt- und Kreiskrankenhauses/Klinikum II abgebrochen (siehe Teil V, S. 266–269) (BA Alte Hausberger Torstraße 1–3, 7).

Über die nach 1880 in dem ummauerten Geviert errichteten Nebenbauten ist nichts Näheres bekannt. Der Garnisons-Atlas nennt 1910 unter 6 b-e einen Brennmaterialien-Schuppen der Garnison-Verwaltung (in der Ostecke), ferner Latrine, Holzschuppen und Asch- und Müllgrube, nach 1923 nur mehrere Schuppen für Heizmaterial. Soweit sie noch bestanden, wurden sie 1974 mit abgebrochen. Der Abbruchschein nennt Offiziersgaragen, Holzbaracken, Farben- und Holzlager, teils gemauert, teils aus Holz oder Wellblech, jeweils mit Pultdächern.

15. KASERNE III / INFANTERIE-BATAILLONS-KASERNE
früher Portastraße 5, zuletzt Simeonsplatz 19, jetzt Simeonscarré 2

QUELLEN: Bauakten ab 1905 verstreut in BA Simeonsplatz 3, 5 und 10/21/24/37; WAfD, Objektakte Simeonsplatz 19.

LITERATUR: Cramer 1910, S. 399. – Forero 1992, S. 40 f.

PLÄNE: 1. *Standort Minden. Unterbringung einer Maschinengewehr-Kompanie bei II/15. Lageplan* M 1:500. *Militär-Bauamt, I. V. Beyer, 8. Mai 1913*, in: BA Simeonsplatz an der Portastraße (Abb. 488). – 2. *Umbau Kaserne III, Vor- und zugleich Bauentwurf.* Erdgeschoß-Grundriß mit Teilgrundrissen des 1. und 2. Obergeschosses im Mittelbau, M 1:100. Heeresbauamt Bielefeld, 9.X.1936, *i. V. Kling*, in BA Simeonsplatz 3 (Abb. 495). – 3. *Umbau Kaserne III, Vor- und zugleich Bauentwurf. Ansicht Portastraße* (Mittelbau) M 1:100. Heeresbauamt Bielefeld, 9.X.1936, i. V. Kling, in: BA Simeonsplatz 3 (Abb. 492). – 4. – *Standort Minden. Kaserne III an der Portastraße. Mannschaftshaus. Ausführungszeichnung. Blatt 9. Süd-Ost-Ansicht, Schnitt J-K*, M 1:100. Heeresbauamt Bielefeld, 1.10.1939, *Nüchter* (?), Reg.-Baurat, in: BA Simeonsplatz 9 (Abb. 494). – Umbaupläne von 1999 in Objektakte WAfD.

ABBILDUNGEN: Mindener Museum, Bildsammlung A I 229. – WAfD, Bildarchiv.

Einen mächtigen, die Portastraße zwischen dem Wagenhaus 2 und dem Glacis bestimmenden und beherrschenden Akzent setzte der 1888–1890 aufgeführte Neubau der Kaserne III. Mit ihrer Fertigstellung zog hier das II. Bataillon des Infanterie-Regiments Prinz Friedrich der Niederlande (2. Westfälisches) Nr. 15 mit seinen vier Kompanien ein (das I. Bataillon war seit 1864 in der Kaserne II am Marienwall untergebracht, das III. Bataillon hatte 1877 die Bahnhofs-Kaserne an der Friedrich-Wilhelm-Straße bezogen). Nachfolger des 1918/1919 aufgelösten Regiments in der Kaserne an der Portastraße wurde 1921 das 6. (Preußische) Artillerie-Regiment der Reichswehr mit 6 Batterien der II. Abteilung. Regiments- und Abteilungsstab waren in den benachbarten Bauten der Defensions-Kaserne und im ehemaligen Militär-Ökonomie-Gebäude am Simeonsplatz untergebracht (die I. Abteilung des Regiments garnisonierte in Münster, die III. in Hannover und Wolfenbüttel, die IV. (reitende) Abteilung hatte ihre Standorte in Verden/Aller und Fritzlar; vgl. von Senger und Etterlin 1980, S. 148 f.). Im Zuge der Heeresvermehrung von 1934 wurde das Regiment in vier neue Regimenter mit den Namen der Standorte Minden, Münster, Hannover und Verden aufgeteilt; 1936–1939 erfolgten weitere Umgruppierungen und Neuformierungen zu acht Artillerie-Regimentern der Wehrmacht, von denen das Artillerie-Regiment 42 (t-mot) mit den drei Batterien der I. schweren Abteilung den Standort Minden bezog. Sie übernahm die Tradition des alten Mindener Feld-Artillerie-Regiments Nr. 58. Eine weitere schwere Abteilung des Regiments lag in Bielefeld. Nach zweifacher Vernichtung an der Ostfront und Neuaufstellungen ging das Regiment mit dem Zusammenbruch 1945 unter (von Senger und Etterlin 1980, S. 149 f.). Die Kaserne an der Portastraße war von 1945–1993 als Block A Teil der britischen Westminster Barracks rund um den Simeonsplatz; hier waren Transport-und Instandsetzungs-Einheiten der britischen Rheinarmee untergebracht (Forero 1992, S. 38).

Im Zuge der Konversion der militärischen Liegenschaften und Gebäude nach dem Abzug der Stationierungsstreitkräfte (1993) wurde die Kaserne III von der LEG bzw. der Mindener Entwicklungs- und Wirtschaftsförderungsgesellschaft (MEW) übernommen und 1999–2001 nach Plänen des Planungsbüros Parallel, Minden, für eine neue Wohn- und Büronutzung im Inneren umgebaut.

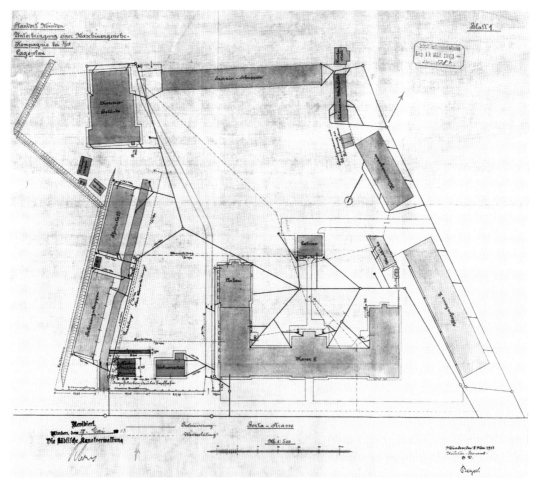

Abb. 488 Kaserne III an der Portastraße. Lageplan. Beyer, 1913 (Pläne Nr. 1).

IV.3.1 Jüngere Bauten um den Simeonsplatz

Abb. 489 Kaserne III, Fassade zur Portastraße von Osten. Lichtdruck von Heino Fricke, Leipzig, 1904, Mindener Museum.

Über die Geschichte der Planung und Ausführung des Baues liegen keine Informationen vor. Nach einer Flurkarte des Kreis-Katasteramtes Minden von 1880 (Flur 9, Anlage 7; Plan Nr. 1, Abb. 479) lag vorher an der Stelle des Kasernenbaues die bereits 1837 im Festungsplan des Ingenieur-Premier-Lieutenants Pagenstecher (Kat.-Nr. 39) unter Nr. 55 verzeichnete, zu den Fortifications-Gebäuden gehörende *Steinwaage*, ein kleiner Rechteckbau, über den nichts Näheres bekannt ist (vgl. auch KASPAR/SCHULTE 1999, Tafel 1).

Der voluminöse, über hohem Souterrainsockel drei- bis viergeschossige Dreiflügelbau aus Backstein mit Werksteingliederungen ist nach Art eines barocken Schloßbaus nach zwei Seiten orientiert: Seine 87,23 m messende südöstliche Langseite wendet er der Portastraße zu, die rückwärtigen Flügel bilden nach Nordwesen, zum Gelände zwischen dem eigentlichen Simeonsplatz und dem Simeonsglacis, eine Art Ehrenhof aus. Den viergeschossigen, dreiachsigen Mittelrisalit flankieren vierachsige Rücklagen mit drei Geschossen, denen sich dreiachsige und dreigeschossige Eckrisalite anschließen. Die Fensterachsen sind in der Regel aus paarweise geordneten Stichbogenfenstern mit gestuften Gewänden gebildet, lediglich die Mittelachsen der Eckrisalite haben einzeln stehende Fenster, was einer monoton wirkenden Aufreihung der 32 Fenster langen Fassade entgegenwirkt. Ein weiteres, auflockerndes Element sind die Drillingsfenster des vierten Mittelrisalit-Geschosses. Das Erdgeschoß ist als Sockelgeschoß behandelt, mit dunkleren Ziegellagen gebändert und durch das durchlaufende Sohlbankgesims des ersten Obergeschosses abgeschlossen. Alle Gesimse und Sohlbänke sind aus hellem (Obernkirchener ?) Sandstein gearbeitet; seine Farbe harmoniert mit dem Hellrot der jüngst gereinigten Backsteinflächen.

Abb. 490   Simeonscarré 2, Kaserne III. Fassade zur Portastraße von Süden, 2003.

Die relativ flach vortretenden Risalite sind mit höheren Drempelgeschossen und einem kräftigen triglyphierten Konsolgesims ausgestattet; die Rücklagengesimse ruhen auf abgetreppt gemauerten Backsteinkonsolen. Die sandsteinernen Attika-Aufsätze bilden mit den Kranzgesimsen kräftige waagerechte Akzente, so daß die Straßenfront wie aus fünf kubischen Baukörpern von jeweils eigener palazzo-artiger Wirkung zusammengesetzt erscheint. Die sehr flach geneigten Satteldächer treten in den Außenansichten nicht in Erscheinung. Die Mittelachse war ursprünglich durch einen dorischen Portalrahmen mit flachem Dreieckgiebel betont (Abb. 489). Der Eingang wurde 1936 aufgegeben und durch ein Zwillingsfenster in den Formen der benachbarten Öffnungen ersetzt, so daß die Front hier völlig geschlossen war und abweisend wirkte (Plan 3, Abb. 492). Erst bei den jüngsten Umbauten wurde das Portal wieder geöffnet; es erhielt einen breiten, stichbogig geschlossenen Sandsteinrahmen.

Die nordwestliche Hofseite präsentierte sich bis zu den mehrfachen An- und Erweiterungsbauten von 1910, 1913 und 1936 als gleichmäßig-symmetrischer Dreiflügelbau, bei dem die additive Komposition aus einzelnen Baukörpern stärker in Erscheinung trat als an der Straßenfassade, da die kräftigen Konsolgesimse am Mittelbau wie an den Seitenflügeln über die niedrigeren Rücklagen hinweg bis zur Straßenfront durchliefen. Der Mittelbau mit vier Geschossen und Attika trat mit beträchtlicher Tiefe vor die attika-losen Seitenteile; ihm ist in der Mitte ein übergiebelter Treppenhausrisalit vorgesetzt. Zudem ergab sich ein weiterer kräftiger Kontrast aus der Fenstergliederung der Wände: am Mittelbau drei Fensterachsen aus Zwillings- bzw. Drillingsfenstern, an den Rücklagen vier Achsen mit Einzelfenstern und breiten, geschlossenen Wandflächen. Die Hoffronten der Seitenflügel hatten ursprünglich nur sechs enggereihte Einzelfenster; die siebente Achse an der inne-

Abb. 491   Simeonscarré 2, Kaserne III von Westen, 2003.

ren Ecke gehört mit den höhenversetzten Fenstern und dem kleinen obersten Zwillingsfenster zum Nebentreppenhaus. Die Stirnseiten der Flügelbauten glichen in ihrer dreiachsigen Gliederung (und vermutlich mit aufgesetzter Attika) den Fronten der straßenseitigen Eckrisalite; im Erdgeschoß hatten sie nach den Lageplänen von 1880 ff. bzw. 1913 einen kleinen Portalvorbau.

1910 wurde der an der Außenseite 32,12 m lange Südflügel zur Unterbringung der zum 1. Oktober 1909 neu aufgestellten Maschinengewehr-Kompanie um 19,89 m verlängert; der Anbau ist mit 14,98 m Breite 74 cm breiter als der ältere Flügel (BA Simeonsplatz 3; Maße nach Plan Nr. 2 von 1936). Der Versprung in den Flügelseiten ist durch die leicht eingezogene Fensterachse des hier eingefügten zweiten Nebentreppenhauses markiert. Der Erweiterungsbau schließt sich in Form und Material – bis hin zur dunkleren Bänderung der Erdgeschoßmauern – dem Altbau an, doch sind nahezu alle Fenster als breitere, dreiteilige Öffnungen angelegt. Den Eingang an der Stirnseite markiert ein Portalvorbau, über dem Kranzgesims kaschiert die Attika das flache Satteldach.

1913 wurde der Mannschafts-Etat der Abteilung beträchtlich erhöht; für die zusätzlich unterzubringenden 78 Mann und 13 Unteroffiziere war ein weiterer Anbau notwendig, mit dem der Nordflügel der Kaserne verlängert wurde (BA Simeonsplatz 3). Wegen der unmittelbaren Nähe zum Wagenhaus 2 wurde der Nordflügel nicht wie sein südliches Gegenstück in Längsrichtung erweitert; der Anbau erfolgte hier als quergelegter Kopfbau von 19,15 x 14,50 m Größe, der an der Nordseite nur um 1,37 m vorspringt, an der Südseite zum Hof um 3,54 m. Das Äußere wurde in Form und Material wiederum dem Altbau angeglichen, er weicht lediglich in den überwiegend breiteren Fenstern von diesem ab. Da auch das Dach nicht der alten Flügelrichtung folgt, steht die Attika auf den

Schmalseiten. Die breite Stirnseite nach Westen hat nur eine mittige Fensterachse zur Belichtung des hier gelegenen Treppenhauses. Ein Portalvorbau im Erdgeschoß fehlt.

Anscheinend hatte die Vergrößerung des Regiments um die Maschinengewehr-Kompanie (1909) einen Ausbau der Versorgungseinrichtungen zur Folge: 1911 wurde ein Erweiterungsbau der Unteroffizier-Speiseanstalt geplant, der 1913/14 als unterkellerter eingeschossiger Anbau von 15,09 m Länge und 10,02 m Tiefe und mit einem 1,88 m breiten Eingangsvorbau zwischen Kaserne und Wagenhaus 2 an der Portastraße errichtet wurde. Der hohe Souterrain-Sockel enthielt Vorrats- und Geräteräume für die Küche und die Garnisonverwaltung; der gut 100 qm große Speiseraum öffnet sich nach Osten und Westen in zwei Zwillingsfenstern in Überfangblenden. Nördlich anschließend ein etwas niedriger, leicht zurückgesetzter Bauteil mit Vorraum und Kleiderablage, an den sich – wiederum niedriger und weiter zurückgesetzt – der Eingangsvorbau mit Treppe zum Hochparterre anschließt. Der Anbau schließt nur mit der Höhe des Sockelgesimses an den Kasernenbau an; das kleinteilig geschachtelte Abtreppen mit gemauerten Konsolgesimsen folgt nicht der straffen Strenge des Altbaus.

Offenbar entzündete sich an diesem Anbau ein schon lange schwelender Streit zwischen Stadt und Militärfiskus, bei dem es um die Anlage der Portastraße auf militärfiskalischem Gelände und um die Forderung der Stadt auf Zahlung der Anliegerkosten ging. Im August 1913 erklärte die Stadt, sie werde vor einer Entscheidung in dem Rechtsstreit über die Anliegerpflichten keine Baugenehmigung für die Speiseanstalt erteilen, fügte jedoch hinzu: *Wenn Sie aber auf Ihre Gefahr hin mit den Arbeiten beginnen lassen wollen, werden wir dieselben nicht inhibieren.* Im November 1913 wies das Oberverwaltungsgericht Charlottenburg die Klage der Intendantur des VII. Armeekorps (als Vertreter des Reichsmilitärfiskus) gegen den Oberpräsidenten der Provinz Westfalen (als Vertreter der Zivilbehörden) zurück und verfügte die Auflassung des für den Ausbau der Portastraße erforderlichen Geländes und die Sicherstellung der Pflasterkosten. Am 9. Oktober 1914 ersuchte die Polizeiverwaltung Minden das Militärbauamt um nachträgliche Einholung der Baugenehmigung für den inzwischen bereits ausgeführten Anbau innerhalb von vier Wochen, andernfalls erfolge zwangsweiser Abbruch. Die Baugenehmigung wurde nicht eingeholt, doch unterblieb der Abbruch, und der Streitfall wurde nicht beigelegt; denn 1919 beschloß die städtische Baukommission, die Baupolizei solle

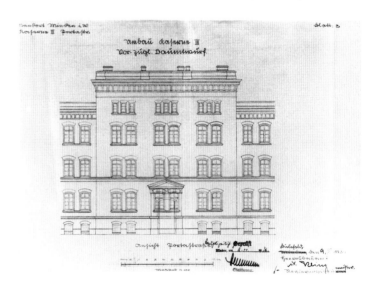

Abb. 492 Kaserne III, Mittelbau an der Portastraße. Entwurf zur Schließung des Portals. Regierungsbaumeister Kling, 1936 (Pläne Nr. 3).

IV.3.1 Jüngere Bauten um den Simeonsplatz

Abb. 493   Simeonscarré 2, Kaserne III. Anbau der Unteroffizier-Speiseanstalt an der Portastraße von Osten, 2001.

erneut gegen den Fiskus vorgehen. Erst am 16. Februar 1923 wurde nach längeren Verhandlungen mit dem Reichsvermögensamt (als Nachfolger des Militärfiskus) und Ablösung der Anliegerkosten von 10100 Mark der Bauschein ausgestellt (BA Simeonsplatz 3).

Gleichzeitig mit der Planung für die Unteroffiziers-Speiseanstalt wurde eine Nachtlatrine hofseitig in allen drei Geschossen nördlich im Winkel neben dem Mittelrisalit angefügt und in den Detailformen dem Anbau angeglichen. Erst 1936 wurden die Latrinenverhältnisse grundlegend verändert und verbessert: Der hofseitige Mittelrisalit wurde neu unter Einbeziehung der Nachtlatrine in drei Geschossen (Erdgeschoß, 1. und 2. Obergeschoß) zu beiden Seiten um je einen Latrinenraum mit einer Zwillingsfensterachse verbreitert. Das flachgeneigte Pultdach lehnt sich rückwärts unterhalb des Dachgesimses an die Hofwand der Rücklagen. Die 1888/90 nordwestlich in der Mittelachse vor dem Hof errichtete alte Latrine wurde abgebrochen (sie war ca. 12 x 10 m groß, vermutlich eingeschossig; Weiteres ist über sie nicht bekannt).

Das Innere der Kaserne folgte in der Disposition der Räume vermutlich im Wesentlichen der um 1880 üblichen Regelaufteilung für Bataillonskasernen: *Die etatmäßigen Mannschaften waren immer im ...Haupttrakt untergebracht, ihre Quartiere waren kompanieweise gegeneinander abgegrenzt. Die Unterkünfte für Offiziere, Feldwebel, sonstige Chargierte, das Administrationspersonal sowie Handwerkstuben, Waffenwerkstätten etc. fanden sich in den Seitenflügeln. Dort wurden, vielfach im ersten Wohngeschoss, auch die Speise- und Tagesräume der Offiziere mit einer gesonderten Küche eingerichtet. Alle Funktionsräume, wie Küchen und Speisesäle für die Unteroffiziere und Mannschaften sowie die Vorratsräume, lagen in den Sockelgeschossen der Gebäude. Die Dachräume oder Mezzaningeschosse der üblicherweise zwischen 80 und 120 m langen Bataillonsgebäude waren für Lagerzwecke und die Unterbringung der »Sommerverstärkung«*

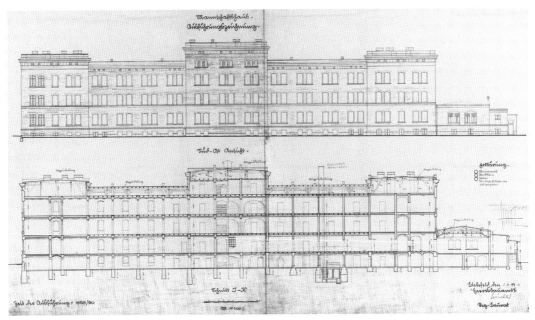

Abb. 494 Kaserne III. Ausführungszeichnung, Blatt 9. Regierungsbaurat Nüchter (?), 1939 (Pläne Nr. 4).

vorgesehen…Da sich aus ökonomischen Gründen der einbündig anliegende Flur anstelle des…Mittelkorridors eingebürgert hatte, sollten die Soldatenstuben nach Osten bis Süden liegen, um so die Vorteile der Sonneneinstrahlung zu nutzen und damit Beleuchtungs- und Heizkosten zu sparen. Zu diesem Zweck waren die meist tiefen Stuben außerdem mit gekuppelten Fenstern zu versehen, was sowohl den Lichteinfall verbesserte als auch die Fassadengestaltung auflockerte (ZEIGERT 2000, S. 18, 20, vier Grundrisse Abb. 8 nach Handbuch der Architektur IV, 7. Halbband, 2. Heft, Berlin 1900, S. 134, Fig. 113–116).

Für die Raumnutzung in der Mindener Bataillonskaserne liegen aus Mangel an Akten und Plänen aus der Bauzeit keine genauen Informationen vor; den Bauakten für den Anbau der Unteroffizier-Speiseanstalt (1911–14, BA Simeonsplatz 3) ist zu entnehmen, daß die zugehörige Küche im Souterrain des Altbaus lag und der neue Speiseraum durch einen Speiseaufzug versorgt wurde.

Mit dem Anbau der Toilettenräume beiderseits des hofseitigen Mittelrisalits erfolgte 1936 auch ein größerer Umbau des Erdgeschosses im straßenseitigen Mittelteil zwischen den Flügeln: Das ebenerdige Portal wurde aufgegeben und durch zwei Fenster ersetzt (siehe oben), die innenliegende Treppe zum Niveau des Erdgeschosses wurde verschüttet und der damalige Treppenvorraum zu einer Kantinenküche umgebaut. Nach Süden schloß sich ein Verkaufsraum an, von dem aus sowohl der westliche Flurbereich als auch das anliegende Mannschafts-Nebenzimmer bedient werden konnten. Ihm folgten zwei Leseräume. Der nördliche Erdgeschoßbereich enthielt neben dem Mittelrisalit einen Unteroffiziers-Speiseraum, zwei Küchenräume mit Speisekammer und zwei Mannschafts-Speiseräume, von denen der größere dem Unteroffizier-Speisesaal von 1913 entsprach.

Im Südflügel lagen 1936 beiderseits des Mittelkorridors meist Stuben für Unteroffiziere, außerdem Schreibstuben und ein Raum für Nachrichtengerät. Der Nordflügel war hofseitig für Schreibstuben und Dienstzimmer von Kommandeur, Wachtmeister und einen Unteroffizier ausgewiesen; gegenüber an der Nordseite lagen Dusch- und Umkleideräume sowie ein Kartoffelschälraum.

Der 1910 für die Maschinengewehr-Kompanie errichtete Anbau am Südflügel enthielt nach den Bauunterlagen von 1910 (BA Simeonsplatz 5) im Erdgeschoß zum Hof eine Stube für zwölf Mann bzw. vier Unteroffiziere, gegenüber Räume für zwei Offiziere, den Kompanieschreiber und eine Küche, im 1. Obergeschoß zum Hof einen großen Unterrichtsraum und eine Stube für zehn Mann, gegenüber die Flickstube, eine Stube für elf Mann und einen Waschraum, im 2. Obergeschoß wiederum Stuben für zwölf Mann und vier Unteroffiziere, gegenüber Stuben für fünf bzw. elf Mann und einen Waschraum. – Der Querbau von 1913 vor dem Nordflügel war in allen drei Geschossen in vier unterschiedlich große Stuben für jeweils vier bzw. fünf Unteroffiziere sowie für sechs, neun und elf Mann aufgeteilt. – Die niedrigen Räume des Dachgeschosses, die durch kleine quadratische Fenster zwischen den Gesimskonsolen eher spärlich belichtet sind, werden als Trockenräume sowie zur Unterbringung von Kammerbeständen gedient haben. Die Gemeinschafts-, Dienst- und Wohnräume in allen Geschossen wurden jeweils mit Öfen beheizt; die Köpfe der Schornsteine waren von unten über dem Dach kaum wahrzunehmen. – Die Innenräume waren seit jeher kasernenmäßig schlicht; die Treppengeländer sind aus Profileisen hergestellt, mit diagonalen Verstrebungen in den Feldern zwischen den Pfosten. Das 1998ff. mit seiner Treppe wiederhergestellte Vestibül zur Portastraße hat über hohem Sockel eine schlichte Pilastergliederung mit umbrafarbener Quadermalerei in den Wandfeldern. Von der ursprünglich kleinteiligen Quaderdekoration mit Rahmen, Blattzweigen und zentralen Vierblättern blieb nur ein Belegstück sichtbar (Abb. 496). Die Decke im 1913/14 angebauten Unteroffizier-Speisesaal ist etwas aufwendiger gestaltet: Der geputzte Spiegel der Balkendecke liegt über einem umlaufend schräg ansteigenden breiten Randfeld, das mit Balken kassettiert und doppelt verbrettert ist. Die Kassettenbalken bilden mit den Hauptbalken des Spiegelrahmens ein Hängewerk; drei eiserne Spannanker sind als Untergurt quer zwischen die Wandbalken gezogen und durch senk-

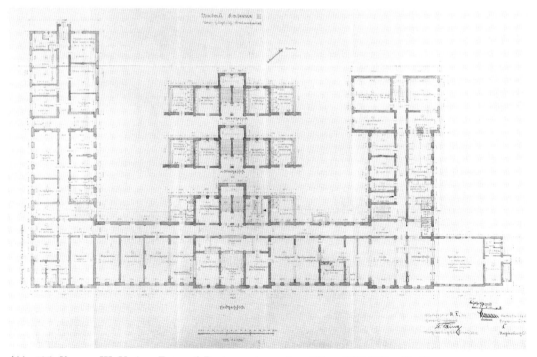

Abb. 495 Kaserne III, Umbau-Entwurf. Regierungsbaumeister Kling, 1936 (Pläne Nr. 2).

rechte Stäbe mit den Hauptbalken verbunden. An den Knotenpunkten geschmiedete Rosetten. Die Balken sind mit Eckstäben besetzt, die senkrechten Eisenstäbe sitzen in profilierten Kreisscheiben.

Nach dem Ende der militärischen Verwendung (1993/94) wurde der Bau 1999–2001 für die neue zivile Nutzung umgebaut und technisch modernisiert. In Mittelbau und Nordflügel wurden Büros eingerichtet. Zur besseren Nutzung teilte man den hofseitigen Korridor zu einzelnen Räumen auf; die großen und tiefen Mannschaftsstuben wurden durch Zwischenwände unterteilt und durch Abtrennung eines neuen Mittelkorridors verkleinert.

Im Südflügel, der schon ursprünglich durch zwei Nebentreppenhäuser erschlossen war, entstanden durch geschickte Adaptierung des Grundrisses in jedem Geschoß vier Wohnungen unterschiedlicher Größe, deren Naß- und Sanitärräume in Abschnitten des Mittelkorridors liegen. Die Wohnungen im Westende werden durch ein zusätzlich im Korridor eingebautes Treppenhaus erschlossen. Der Ausbau des Dachgeschosses wurde hier durch den Einbau von Oberlichtern in der ohnehin fast ebenen Fläche des Satteldachs möglich.

Außerhalb der Kaserne entstand 1905 ein Waschküchenbau in der Nordwestecke des Hofes, parallel zum Wagenhaus 2; die abgeschrägte Westwand fluchtete mit der Rückwand des Latrinengebäudes (vordere Länge ca. 17 m, Tiefe ca. 6 m). Das Innere des einstöckigen Baues war in zwei Waschküchen für Mannschaften sowie je eine Rollkammer für Mannschaften und Verheiratete aufgeteilt. Nach dem Zweiten Weltkrieg war hier eine Tischlerei eingerichtet (Lageplan des Finanzbauamtes Bielefeld von 1970 in BA Simeonsplatz 21). Der Waschküchenbau verschwand nach 1971.

Die Portastraße war seit ihrer Anlage 1875 als Allee mit zwei Baumreihen bepflanzt; der Kasernenbau von 1888/90 stand hier frei an der Straße. Südlich anschließend und bis zum Simeonsglacis reichend wurde das Kasernengelände mit einem Eisengitter auf niedriger Sockelmauer eingefriedet. 1934 Fortsetzung vor dem Kasernenbau als Metallgitterzaun mit zwei Reihen Stacheldraht (BA Simeonsplatz 3). 1940 wurde die ältere Einfriedigung durch eine neue mit gemauerten Pfeilern, gefelderten und verputzten Wandflächen und Kunststein-Abdeckung ersetzt. Die Torpfeiler der Einfahrt neben der Kaserne blieben in vereinfachter Form stehen; die Torflügel und die Fußgängerpforte erhielten einfache Eisengitter (BA Simeonsplatz 5). Nach 1995 Abbruch der Einfriedigung auf der ganzen Strecke bis zum Wagenhaus 2. Der Kasernenbau ist seither wieder freigestellt, nachdem auch die Alleebäume im Zuge des Ausbaus der Portastraße gefällt wurden. – Der westliche Hof wurde mit der Konversion als Parkplatz neu gestaltet. – Die ehemalige Kaserne III wurde 1995 in die Denkmalliste der Stadt Minden eingetragen.

Abb. 496 Simeonscarré 2, Kaserne III. Nordostwand des Vestibüls nach der Wiederherstellung. Rest der Erstfassung, 2003.

Abb. 497   Simeonscarré 3, Kammergebäude von Westen, 1995.

16. KAMMERGEBÄUDE
früher Simeonsplatz 13, jetzt Simeonscarré 3

QUELLEN: BA Simeonsplatz 3, 4 und 5; Objektakte WAfD.

LITERATUR: Cramer 1910, S. 356. – Forero 1992, S. 42.

PLÄNE: 1. *Garnison Minden. Bauentwurf zum Neubau eines Kammergebäudes für das Inf. Regt. No. 15 auf dem Simeonsplatz in Minden.* Blatt 1: Nordost-Ansicht, 3 Schnitte, Blatt 2: Grundrisse Erd- und Obergeschoß, M 1:100. *Minden, den 21. Oktober 1903. Der Garnison-Baubeamte. Knorr(?), Baurat.* In BA Simeonsplatz 3 (Abb. 498, 499). – 2. *Simeonsplatz,* westliche Hälfte, Flurkarte Gemeinde Minden, Flur 9 Anlage 7. M 1:1000. Feldmesser Zacke, Februar 1880. Mit Nachträgen bis 1912. Minden, Kreiskatasteramt Minden-Lübbecke. – 3. *Standort Minden. Unterbringung einer Maschinengewehr-Kompagnie bei II/15. Lageplan 1:500. Minden, den 8. Mai 1913. Militär-Bauamt I. V. Beyer.* In: BA Simeonsplatz an der Portastraße (Abb. 488). – 4. Gemarkungskarte M 1:1000 *Kreis Minden Gemarkung Minden Nr. 1 Flur 50. Unter der Leitung des Steuerinspektors Suckow aufgenommen im Mai, Juni und Juli 1909 durch den Landmesser Bohm. kartiert im Oktober 1909 durch den Katasterhilfsarbeiter Riechert.* STA DT, D73 Tit. 5 Nr. 3150.

Am 24. Oktober 1903 stellt der Mindener Garnison-Baubeamte bei der Polizei-Verwaltung den Antrag auf Bauerlaubis zum einstweiligen Baubeginn des Kammergebäudes. Die Baupolizei teilt am 30. Oktober mit, es bestünden keine Bedenken; mit den Arbeiten könnte *auf eigene Gefahr* begonnen werden. Der Bauschein wird am 9. November 1903 ausgestellt (BA Simeonsplatz 3). Auf dem Bauplatz, dem ehemaligen Waffenplatz auf der Contrescarpe vor der Kurtine IV-V der Hausberger Fronte, stand das 1831 errichtete und 1835 zum Friedens-Pulver-Magazin umgebaute Blockhaus No 2 (siehe Kat.-Nr. 39). Hier und in den anderen drei Blockhäusern am Simeonsplatz wurden 1870 die ersten französischen Kriegsgefangenen untergebracht (Cramer 1910, S. 356). Das

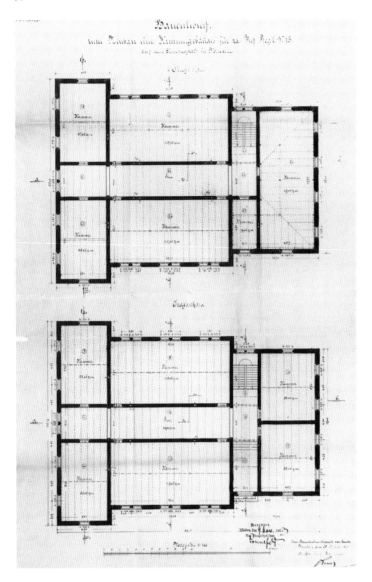

Abb. 498 Kammergebäude, Grundrisse. Garnison-Baubeamter Knorr (?), 1903 (Pläne Nr. 1, Blatt 2).

Blockhaus wurde vermutlich erst für den Neubau des Kammergebäudes abgebrochen. Dieser ist ein teils zwei-, teils dreigeschossiger Putzbau mit Sichtbackstein-Gliederungen über hohem Kellersockel, dessen Wände aus Portasandsteinquadern bis zur Sohlbank des Erdgeschosses reichen. Für die Verblendung wurde wohl, zumindest zum Teil, das Quadermaterial des abgebrochenen Blockhauses verwendet. Die profilierten Traufgesimse sind ebenfalls aus Portasandstein gearbeitet.

Der Bau ist im Grundriß doppelt T-artig gestuft; seine lange Eingangsseite wendet er nach Nordosten zum ehemaligen Exerzierplatz hinter der Kaserne III. Länge 33,17 m, größte Breite an der Südostseite 25,74 m, Traufhöhe am zweigeschossigen Eingangsbau im Nordwesten 8,54 m, sonst 11,65 m. Im Aufgehenden wirkt der Bau wie aus mehreren aneinander geschobenen und ineinander geschachtelten kubischen Baukörpern zusammengesetzt. Hohe Wandblenden mit Sicht-Formstein-

IV.3.1 Jüngere Bauten um den Simeonsplatz 753

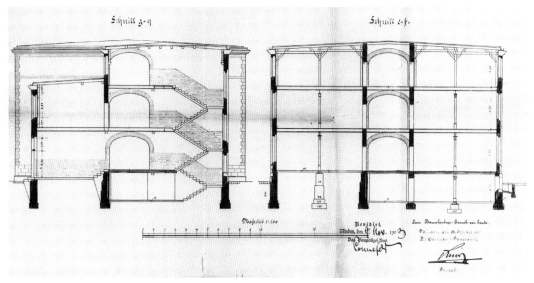

Abb. 499 Kammergebäude, Querschnitte. Garnison-Baubeamter Knorr (?), 1903 (Pläne Nr. 1, Blatt 1, Ausschnitt).

gewänden fassen Erd- und Obergeschoß zusammen, teils in einfenstrigen Bahnen, teils in breiteren Blenden mit gekuppelten Fenstern. Dieses Gliederungssystem scheint die Wandgliederung der Heeresbäckerei von 1832/1834 (Martinikirchhof 7; siehe Kat.-Nr. 370, 371) aufzunehmen, die ihrerseits offensichtlich von Schinkels Skizzen und Überlegungen zum »Architektonischen Lehrbuch« angeregt ist. Das dritte Geschoß hat Zwillings- und Drillingsfenster mit geraden Stürzen und umlaufendem Sohlbankband und ist als Attikageschoß behandelt. Im Unterschied zur monochromen Blockhaftigkeit der Heeresbäckerei ist hier eine starre Monotonie durch Höhendifferenzierung und Fassadenstaffelung vermieden und durch das Absetzen der weiß gestrichenen Putzflächen gegen die gemauerte Eckverquaderung und die Blenden- und Fenstergewände aus Sichtbackstein aufgelockert worden. Hier wird das nach 1900 wieder einsetzende Bemühen um die Abkehr von allzu karger Zweckarchitektur und die Hinwendung zu einer gefälligeren Außenansicht der Militärbauten anschaulich deutlich (vgl. auch die Bauten der Pionierkaserne bei Fort B aus den Jahren vor dem Ersten Weltkrieg; siehe unten Kap. IV.3.4).

Der T-förmig von 25,74 auf 21,72 m eingezogene dreigeschossige Hauptbaukörper enthält beiderseits des durchgehenden Mittelflurs die großen Lagerräume für die Kammerbestände (Uniform- und Ausrüstungsstücke für die Truppe). Der Flur ist durch raumteilende Korbbögen aus Sichtbackstein gegliedert; die Flurwände sind halbhoch gleichfalls in Sichtbackstein aufgeführt und darüber geputzt. Vor diesem Bauteil liegt nach Nordwesten der auf 18,52 m Breite eingezogene zweigeschossige Teil; er enthält neben Lagerräumen einen Querflur und das Treppenhaus, das mit einem Aufsatz bis in das Attikageschoß reicht und so sämtliche Räume erschließt. Die Geschoßdecken haben Holzbalken und Dielen auf Doppel-T-Unterzügen, die in den großen Räumen von Gußeisensäulen unterstützt sind. Über dem Attikageschoß liegt das sehr flach geneigte, fast ebene Sattel- bzw. Walmdach mit Teerpappendeckung; in den großen Lagerräumen werden die Dachbalken bzw. Sparren von hölzernen Wand- und Mittelpfosten mit Kopfbändern und Zangenhölzern unterstützt. Der

Abb. 500 Simeonscarré 3, Kammergebäude von Osten, 2003.

Sockel des Gebäudes weist nur im Hauptbaukörper nach Nordosten (zum Platz) zwei große Kellerräume und einen dahinter liegenden Korridor auf; der größere Teil des Erdgeschosses ist nicht unterkellert.

Mit der Auflösung des kaiserlichen Heeres 1918/19 entfiel die Notwendigkeit, für das Infanterie-Regiment große Kammerbestände zu lagern. 1922 gibt es Planungen, im Kammergebäude durch Einziehen von Leichtbauwänden 13 Familienwohnungen (für Angehörige des 1921 neu aufgestellten 6. (Preußischen) Artillerie-Regiments) einzurichten. Für jede Wohnung ist ein Abort vorgesehen, in jeder Küche eine Zapfstelle samt Ausguß; der Keller soll zwei Waschküchen aufnehmen (BA Simeonsplatz 4 mit Plänen). 1923 werden diese Arbeiten ausgeführt, zunächst ohne Baugenehmigung. Die Stadt bittet das Heeresunterkunftsamt um Einholung der Bauerlaubnis, andernfalls drohe eine Sistierung der Arbeiten. Bei den anschließenden Verhandlungen gibt es Querelen mit der Stadt um die Zahlung oder grundbuchliche Sicherstellung der anteiligen Pflasterkosten für die Portastraße (siehe dazu auch oben S. 746). 1925 wird im Grundbuch eine Sicherungshypothek in Höhe von 4 400 Goldmark eingetragen, und 1926 wird der nachträgliche Bauschein für den Einbau der Wohnungen ausgefertigt (BA Simeonsplatz 5).

Diese Baumaßnahmen haben sich auch auf das äußere Erscheinungsbild des Gebäudes ausgewirkt, doch sind die Änderungen so geschickt ausgeführt, daß sie auf den ersten Blick kaum auffallen. Die Aufteilung der großen Lagerräume in kleine Wohneinheiten machte zusätzliche Fenster für Zimmer und Nebenräume notwendig. An der breiten Südostseite des Hauptbaues wurden in die Mauerflächen zwischen den schlanken Fensterblenden übereinander zwei Fenster mit geputzten Gewänden sowie Sohlbank und Stichbogen aus Sichtbackstein eingefügt; in den schmalen Wandstreifen der Rücksprünge nach Nordwesten und in der Mitte der breiten Nordwestseite entstanden gleichartig ausgeführte Fensterschlitze, vermutlich für die Toilettenbelichtung (Abb. 497). Da die Wohnungen einzeln mit Öfen beheizt wurden, mußten entsprechende Kaminzüge eingebaut und mit Schornsteinköpfen über Dach geführt werden.

Von 1945–1993 diente der Bau als Block G der britischen Westminster Barracks als Mannschaftsgebäude und Messe; aus dieser Zeit stammte eine Kücheneinrichtung im Westteil des Erdgeschosses. Vermutlich wurde im Zusammenhang damit ein eingeschossiger Anbau vor der Südwestecke (Offiziers-Speiseraum mit Nebenräumen und gesondertem Eingang errichtet). Zuletzt stand das Kammerge-

Abb. 501   Simeonscarré 3, Kammergebäude, Tür, 2003.

bäude meist leer und wurde nur bei Bedarf als Mannschafts-Unterkunft eingerichtet (FORERO 1992, S. 42). Mit dem Auszug der Stationierungsstreitkräfte übernahm die LEG, später die Minder Entwicklungs- und Wirtschaftsförderungsgesellschaft (MEW) den Bau, 1998/99 wurde das Kammergebäude von der Bauteam Projektentwicklungs GmbH, Minden, grundlegend saniert und technisch modernisiert (Planung: Ingenieurbüro Heinz Ullrich Möller, Minden) und an die Stadt Minden für die städtische Musikschule und die Kinder-Kunst-Kultur-Werkstatt Lille Kunterbunt vermietet. Die Musikschule nutzt die beiden Obergeschosse, Lille Kunterbunt das Erdgeschoß. Der ursprüngliche Grundriß wurde durchweg beibehalten bzw. wiederhergestellt; neue Unterteilungen entstanden durch das Einziehen von Leichtbauwänden. Kaminzüge von 1922/23 entfielen, notwendige neue Sanitäreinrichtungen erhielten ihren Platz hinter segmentbogenförmigen Einbauten in den breiten Längsfluren. Die Verwaltungsräume sind im zweigeschossigen nordwestlichen Kopfbau untergebracht; die unterteilten Lagerräume des Hauptbaus dienen als Arbeits-, Unterrichts- und Übungsräume, ergänzt durch einen Konzertsaal mit kleiner Bühne im hofseitigen großen Lagerraum des 1. Obergeschosses.

Das ehemalige Kammergebäude wurde am 25.1.1995 in die Denkmalliste der Stadt Minden eingetragen.

Nebenbauten nordwestlich der Portastraße

ARTILLERIE-PFERDESTÄLLE
Simeonsplatz 8, 10

QUELLEN: BA Simeonsplatz 3, 5, 10/21/24/37, z. T. mit Plänen; Objektakten WAfD, Simeonsplatz, Block N, O, P und Q.

Schon vor der Aufhebung der Festung Minden (1873) entstanden 1867 vor dem inneren Wallfuß der westlichen Flanke von Bastion V hinter der Defensions-Kaserne die beiden Stallgebäude A und B für die Pferde des 1864 neugebildeten Westfälischen Artillerie-Regiments Nr. 7, dessen II. Abteilung seit 1866 in der Defensions-Kaserne lag (siehe Kat.-Nr. 250–253). Durch Umgliederung und Verlegung entstand aus diesem Regiment 1872/74 das 2. Westfälische Artillerie-Regiment Nr. 22 mit Garnisonen in Minden und Münster, das 1899 aufgeteilt wurde und seine II. und IV. Abteilung

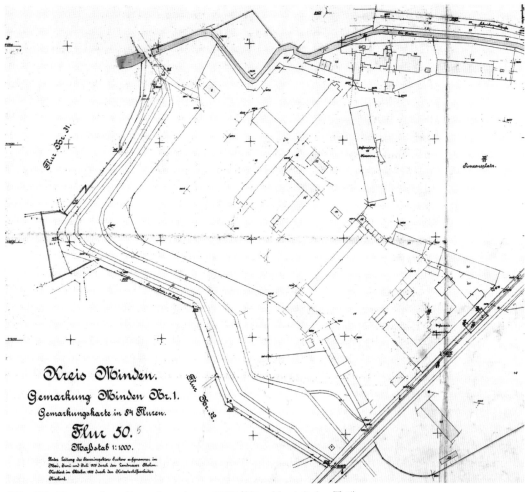

Abb. 502 Simeonsplatz, Gemarkungskarte, 1909 (Pläne Nr. 4, linker Teil).

als Mindensches Feld-Artillerie-Regiment Nr. 58 weiter ausbaute (VON SENGER UND ETTERLIN 1980, S. 151). Die verschiedenen Umformierungen hatten jeweils eine Vergrößerung der Einheiten und damit erhöhten Raumbedarf zur Folge; in diesem Zusammenhang entstand 1896/97 auch die städtische Artilleriekaserne an der Artilleriestraße (siehe Kap. 3.2). Die Pferdeställe am Simeonsplatz wurden in der Folge in mehreren Schritten ausgebaut, erweitert und durch Nebenbauten ergänzt.

17. STALL A UND B MIT REITBAHN
(früher Simeonsplatz 8, heute zu Simeonsplatz 6 gezählt)

Die nach Entwurf des Regierungsbaumeisters Wilhelm Moelle von 1867 für das Westfälische Artillerie-Regiment Nr. 7 errichteten Ställe (siehe Kat.-Nr. 250–253) bildeten eine symmetrische Anlage von zwei langgestreckten Backsteinbauten von je 15 Achsen Länge. Jeder Stall hatte an beiden Enden T-förmige Kopfbauten mit Luken in den Quergiebeln. Über dem Futter- und Strohboden im Drempelgeschoß flach geneigtes Satteldach mit Pappdeckung. Stallfenster und Tore rundbogig, die paarweise über jeder Achse angeordneten Drempelfenster rechteckig. Hauptzugang in der Mittelachse mit leicht vorgezogenem Portalrisalit, seitlich über dem Torbogen blinde Okuli. Drempel über fein gezeichnetem Formsteingesims leicht vorgekragt. Im Mittelteil Treppe zum Futterboden; rechts und links die ehemaligen Stallgassen, teils mit Holzstützen unter den Deckenunterzügen mit Sattelhölzern, teils mit jüngeren Gußeisensäulen. Die oberen Wandflächen zwischen den Rundbögen der Fenster waren mit Stuckmedaillons dekoriert, von denen einige erhalten sind. In den Dachräumen doppelt stehender Stuhl mit Kehlbalken, vor den Drempelwänden niedrige Stuhlreihen mit Kopfbändern und Schrägstreben zu den Sparren.

Die beiden Bauten sind – gemessen an ihrem profanen Zweck und bei aller gebotenen Sparsamkeit – außerordentlich sorgfältig durchgestaltet. Mit der dezenten Gliederung und Akzentsetzung sind sie in Minden exemplarische Vertreter des spätklassizistischen Rundbogenstils, zusammen mit der etwa gleichzeitig entstandenen Bahnhofskaserne (Friedrich-Wilhelm-Straße 15, siehe S. 707–715, Kat.-Nr. 372–377). Für die Entwicklung der preußischen Militärarchitektur Mindens sind sie wichtige Belege, auch wenn sie nicht ohne markante Veränderungen, Erweiterungen und Entstellungen erhalten blieben.

Am 18. Juli 1902 beantrage der Garnison-Baubeamte bei der Polizeiverwaltung die Genehmigung für den Bau einer neuen R e i t b a h n (BA Simeonsplatz 3). Der Neubau ergab sich aus der Neuaufstellung des Feld-Artillerie-Regiments Nr. 58, da für die stark vermehrten Abteilungen die alte Reitbahn jenseits der Portastraße neben dem Garnison-Lazarett (siehe S. 735 f.) nicht mehr ausreichte.

Die eingeschossige Backsteinhalle von 38,41 m Länge und 18,92 m Breite schließt sich mit einer Schmalseite rückwärts an die inneren Kopfbauten von Stall A und B an; der Raum zwischen diesen und vor der Hallenstirnwand wurde durch den leicht zurückgesetzten Kühlstall (10, 89 x 9,28 m im Lichten) geschlossen. Dieser hat ein flach geneigtes Pultdach, im Inneren gab es in jeder Ecke drei Pferdestände. Die drei freiliegenden Seiten der Reithalle sind durch Lisenen in neun bzw. fünf Felder gegliedert. In der Mitte der Langseiten ursprünglich zweiflügelige Tore (H 4,50, B 2,50 m), in den übrigen Feldern stichbogige Fenster mit gestufter Laibung und Gußeisen-Sprossenrahmen, in der Mitte der Giebelwand ein Fenster. Die Dachkonstruktion besteht aus Stahlgitterbindern von

Abb. 503   Simeonsplatz 8, Neue Reitbahn von Norden, 1993.

ca. 18,50 m Spannweite im Abstand der Wandlisenen, darüber liegt ein flachgeneigtes Satteldach mit Teerpappendeckung. Der nüchterne, sauber proportionierte und in seinen freiliegenden Außenseiten gut gegliederte Bau belegt die Verwendung der im Industriebau entwickelten Hallenkonstruktionen in der Militärarchitektur.

Die Ställe A und B wurde vor dem Ersten Weltkrieg mehrfach erweitert: 1905 entsteht vor dem südwestlichen Kopfbau von Stall B ein Anbau mit sechs Ständen zur Unterbringung der *infolge Etatserhöhung hinzutretenden Pferde der I. Abteilung Mind(enschen) Feldartillerie Regiments No 58.* Am Außenbau werden die Formen des Moelleschen Stalles von 1867 genau aufgenommen, bis hin zum Formsteingesims unter dem Drempel; die Decke zum Bodenraum wird als *Forsterdecke* bezeichnet; der Boden wird hochkant mit Klinkerpflaster belegt (BA Simeonsplatz 3).

1906 Einrichtung des nordöstlichen Kopfbaues von Stall A als Krankenstall mit einem Stand, Laufstand, Wasserstand und Wachraum. Die Kosten sind mit 3 000 M angegeben; ein geplanter Vorbau mit ungefähr quadratischem Grundriß und Rundbogentor wurde anscheinend nicht ausgeführt. – Gleichzeitig wird mit Kosten von 8 500 M am Stall B der Anbau von 1905 verlängert; auch hier werden kranke Pferde eingestellt, die Einrichtung entspricht dem Krankenstall an Stall A. Der Stallraum ist um Drempelhöhe niedriger, so daß die Dächer entsprechend abgestuft sind (BA Simeonsplatz 3).

1913 werden beide Ställe nochmals um Anbauten für je sechs Pferde verlängert, mit Windfangvorbauten an den neuen Giebeln (BA Simeonsplatz 5). Die Rundbogenfenster an den Traufseiten werden gekuppelt, das Gesims unter dem Drempel vereinfacht. Die Dachhöhe nimmt am Stall B die des Anbaus von 1906 auf, am Stall A folgt sie der Dachhöhe von 1867.

Zu nicht ermitteltem Zeitpunkt, aber wohl vor 1914, baut man im Drempel beider Stallgebäude quer übergiebelte Ladeluken zu den Futterböden ein. Die Verteilung der beiden Luken an der Südostseite von Stall A störte die symmetrische Fassadengliederung; bei Stall B sitzt eine Luke an der Rückseite nach Nordwesten neben der Mittelachse.

Nach dem Zweiten Weltkrieg dienten die Ställe (Block O und P) und die Reithalle (Block N) als Garagen und Instandsetzungswerkstätten für Kraftfahrzeuge der britischen Truppen (Forero 1992, S. 38, 45). Das äußere Bild wurde durch die Anlage von großen Toren erheblich beeinträchtigt, vor allem an der Südostseite. Im Inneren verschwanden die Stallgassen und Pferdestände, die Futtertröge blieben teilweise erhalten, das Klinkerpflaster wurde großenteils durch Betonböden ersetzt; die Reithalle erhielt ein Verbundpflaster.

1994 erwarben die Simeonsbetriebe die Ställe A und B und die Reithalle. Die Großwäscherei war aus der auf dem Simeonsplatz unmittelbar benachbarten Heereswaschanstalt hervorgegangen und konnte durch den Zukauf der geräumigen Bauten ihren an der Bastau sehr eingeengten Betrieb erheblich erweitern (MT vom 25. 4. 1994). Die Gebäude wurden 1995 in die Denkmalliste der Stadt Minden eingetragen. Die neue Eigentümerin hat sich mit Erfolg bemüht, die eingetretenen Entstellungen zurückzubauen oder zu mildern, so weit es mit den betrieblichen Erfordernissen vereinbar war (Planung: Architekturbüro Parallel, Minden). Zwei störende Stahltreppen, die vor der Fassade von Stall A zu den ehemaligen Futter-Ladeluken hinaufführen, sind durch Brandschutzvorschriften bedingt.

18. STALL C
Simeonsplatz 10

Errichtet zwischen 1880 und 1892 für das Feld-Artillerie-Regiment Nr. 22 (keine Bauakten aufgefunden; der Bau ist nachgetragen in der Flurkarte der Gemeinde Minden, Flur 9 Anlage 7, von 1880, Kreis-Katasteramt Minden-Lübbecke; als Bestand ist er verzeichnet im Lageplan des Simeonsplatzes in Minden von Garnison-Bauinspektor Schmedding, 23. Februar 1892, STA DT, D 73 Tit. 5 Nr. 2945; Abb. 480). Der Bau steht im rechten Winkel zu Stall B vor dessen Nordostende und bildet mit der langen Front von Stall A einen dreieckigen Platz hinter der Westfront der Defensions-Kaserne. Er war mit dem eingezogenen Vorbau an der südöstlichen Giebelseite etwa 43 m lang und ca. 12 m breit. Schlichter eingeschossiger Backsteinbau mit hochsitzenden, stichbogigen Fenstern, Sprossenaufteilung aus Gußeisen. Über den Ställen hoher Drempel mit paarweise angeordneten Rechteckfenstern; mäßig geneigtes Satteldach mit großem Überstand und Teerpappen-Deckung. In der Mitte der nordöstlichen Langseite quer übergiebelte Ladeluke zum Stroh- und Futterboden. Türen in den Schmalseiten stichbogig, darüber im Giebelfeld kreisrunder Okulus.

1901 Erweiterung durch einen rechtwinklig neben dem Südostgiebel angebauten Quertrakt von ungefähr gleicher Größe und Höhe, parallel zu Stall B, ca. 34,50 m lang, 11,50 m breit, Traufhöhe 6,40 m, Firsthöhe 9,60 m (BA Simeonsplatz 3). In den Formen dem älteren Stallbau angeglichen. Stalltür hier nicht in der Giebelwand, sondern in der ersten der sechs Achsen an der Südostseite, dahinter Treppe zum Futterboden. – Die Stallgasse ist 3,80 m breit und mit gußeisernen Säulen unter Doppel-T-Trägern gegen die Boxen abgeteilt, je drei Boxen zwischen zwei Säulen. Der Stall ist für 32 Pferde ausgelegt, dazu Boxen für zwei kranke Tiere sowie Laufstand und Wasserstand. In der Mitte der Langseite nach Südosten Aufzugluke mit vorgelegtem Austritt.

Vor der freistehenden Giebelwand hölzerner Schuppen für Krümperwagen (Krümperwagen bzw. -pferde: Gespanne, welche die Eskadrons, Batterien etc. über den Etat hinaus aus ausgemusterten Pferden zu dienstlichen und außerdienstlichen Fuhren halten; Meyers Konversations-Lexikon 1906).

1906 Verlängerung dieses Flügels um 13,24 m (mit Windfangvorbau) für 16 Pferde *zur Beschaffung der fehlenden Stände zur Unterbringung der Stäbe* der 3. Batterie des Feld-Artillerie-Regiments

Abb. 504   Simeonsplatz 10, Stall C von Südwesten, 1994.

Nr. 58 (BA Simeonsplatz 3). Baukosten 18 000 M. Trauf- und Firsthöhe werden beibehalten, doch sind die Fensterscheitel etwas höher hinausgerückt, so daß das Rollschichtband unter den Drempelfenstern drei Schichten höher liegt. – Der Krümperwagenschuppen wird um die Ecke an die Nordwestseite versetzt.

1914 erneute Verlängerung mit sechs Pferdeständen (BA Simeonsplatz 5). Der Anbau ist etwa um Drempelhöhe niedriger, in allen Formen aber den älteren Bauteilen angeglichen. Vor dem neuen Südwestgiebel Windfangvorbau, darüber Altan mit Zugang vom Bodenraum.

1937 wird der älteste Teil des winkelförmigen Stallbaus um 19.94 m nach Südosten verlängert, so daß der Bau nun eine T-Form hat (BA Simeonsplatz 10/21/24/34). Auch dieser jüngste Anbau ist ungefähr um Drempelhöhe niedriger; das Teerpappendach ist über der Schmalseite abgewalmt, alle Öffnungen sind rechteckig. Der Anbau ist mit 21 Pferdeständen versehen; hinter dem nach Nordosten an der Ecke gelegenen Tor befand sich ein Windfang sowie ein Nebenraum mit WC. In der Mitte dieser Langseite Zwerchhaus mit Ladeluke zum Futterboden unter abgewalmtem Dach, davor Betonkragplatte.

Vermutlich noch während der Nutzung durch die Wehrmacht und für das Unterstellen von Zugmaschinen erfolgte der teilweise Umbau zu Garagen. Aus dieser Zeit dürften die zweiflügeligen Holztore stammen.

Am 12.8.1947 Pachtvertrag zwischen dem Finanzamt/Abwicklungsstelle und der Firma Trans-ALL-A Johann Schmitz, Barkhausen an der Porta, für den südwestlichen Querflügel. Der Transportunternehmer braucht wetterfeste und sichere Unterstellmöglichkeiten für drei Lastzüge und Lagerräume für die Umschlaggüter sowie Nebenräume für LKW-Zubehör, Betriebsbüro und Heizung; die Stroh- und Futterböden sollen als Lager genutzt werden. Das Arbeitsamt Minden erhebt *arbeitseinsatzmäßige Bedenken*, da die für die nötigen Umbauten vorgesehene Fa. Kochbeck, Barkhausen, u. U. noch für die größeren Bauvorhaben (Kanalbrücke, Weserbrücke bei Vennebeck und Militäreinsatz) benötigt werde. Der Bauantrag des Reichsbauamtes Minden vom 2. September für den Ausbau einer Garage wird zurückgestellt, *um erst die dringenden Wohnungsinstandsetzungen durchführen zu können* (BA Simeonsplatz 10).

Später übernahm die britische Rheinarmee das Gebäude als Block Q der Westminster Barracks und nutzte es als Ersatzteillager und Garagen (FORERO 1992, S. 45). Dazu wurden weitere Fensteröffnungen zu Garagentoren verändert, teils mit eisernen Flügeltüren, teils mit Schiebetüren oder Rolltoren.

Nach dem Abzug der Stationierungsstreitkräfte übernahm die Mindener Entwicklungs- und Wirtschaftsförderungsgesellschaft (MEW) das Gebäude; es ist derzeit (2002) an die Simeonsbetriebe vermietet und dient als Lagerraum. Im April 2001 wurde die vorhandene Teerpappendeckung mit einer neuen Dachhaut überzogen (Elastomerbitumen-Kaltselbstklebebahn).

Der äußerst nüchterne Bau macht im Vergleich zu den Stallbauten Moelles von 1867 (siehe oben Stall A und B) deutlich, daß im letzten Viertel des 19. Jahrhunderts auf architektonische Gliederung und Durchgestaltung der militärischen Nutzbauten wenig Wert gelegt wurde. Zugunsten der forcierten Heeresvermehrung und äußersten Zweckmäßigkeit hatten architektonische Belange zurückzutreten.

Das Stallgebäude C wurde 1995 in die Denkmalliste der Stadt Minden eingetragen.

KRANKENSTÄLLE

19. KRANKENSTALL +
Simeonsplatz o. Nr.

1905 Vorlage des Entwurfs für den *Neubau eines Krankenstalls für ansteckend, aber nicht seuchenkranke oder -verdächtige Pferde für die I. Abt. Mind. Feldartillerie Regts. No. 58*. Bauschein vom 16. März 1905. Der Bau entsteht nordwestlich der 1902 erbauten neuen Reitbahn, hart an der Grenze zum Simeonsglacis. Eingeschossiger Backsteinbau mit Krüppelwalmdach, 15,13 x 10,40 m groß. Ein Drittel des Inneren ist mit zwei Ständen für Ankaufspferde, Flur und Raum für die Wache vorgesehen; die beiden anderen Drittel enthalten, davon getrennt, einen Operationsraum mit Oberlicht in einer Dachschräge, außerdem eine Hängevorrichtung und einen Laufstand, der gepolstert und mit einer Dunkelvorrichtung versehen ist (BA Simeonsplatz 3). Abgebrochen 1937.

RÄUDEZELLEN +
Simeonsplatz o. Nr.

1919 Bau einer Anlage *zur Begasung räudekranker Pferde* mit schwefliger Säure. Der 7,52 x 6,06 m große offene Schuppen enthält zwei massive Zellen mit Kopfloch in den vorderen Türen. Zwischen den Zellen befindet sich der Begasungsofen. Abgebrochen 1937.

20. NEUER KRANKENSTALL
früher Simeonsplatz 24, heute zu Nr. 6 gezählt

1937 erbaut nach Entwurf des Heeresbauamts Minden, Reg.-Baumeister Nüchter. Eingeschossiger Backsteinbau von 48,50 x 10,38 m Größe mit mäßig steilem Walmdach. Traufhöhe 3,70 m, Firsthöhe 9,20 m (BA Simeonsplatz 10/21/24/37). Der Bau entsteht parallel zum Krankenstall von 1905, der anschließend abgebrochen wird. Im Dach in der Mitte der südwestlichen Langseite ein Zwerchhaus mit Futterluke, daneben je zwei Schleppgaupen. Auf der Gegenseite nahe dem Westende ein zweites Zwerchhaus zur Belichtung der Treppe. Sie führt zum Futterboden und zur Geschirrkammer sowie zu den Räumen für den Pferdepfleger und den Veterinärgehilfen.

Der Bau wurde 1947 von der Fa. Wilhelm Harting, Elektrokleinmechanik, und 1956/57 von der Wäscherei Simeonsbetriebe übernommen und für deren Zwecke umgebaut und erweitert. Der als Waschhalle genutzte Bau wurde 1999 durch einen gewinkelten Zwischenbau aus Stahlwandelementen mit der nur 12 m entfernten Giebelwand der Reithalle verbunden (Plan: Büro Parallel, Minden).

21. BESCHLAGSCHMIEDE UND WAFFENMEISTEREI Abb. 505
Simeonsplatz 9

Nach Flurkarten von 1880 (Kreiskatasteramt Minden-Lübbecke, Flur 9 Anlage 7; Abb. 479) stand bereits vor 1880 südöstlich vor der Lücke zwischen den Ställen A und B bzw. zwischen den Ställen und dem Südende der Defensions-Kaserne ein kleiner, etwa 21 m x 10 m großer Bau, der im *Lageplan des Simeonsplatzes* von Garnison-Bauinspektor Schmedding von 1892 (STA DT, D 73 Tit. 5 Nr. 2945; Abb. 480) als *Waffensch(miede)* bezeichnet ist und bald nach 1892 um ca. 7 m nach Nordwesten verlängert wurde. Wohl wegen der auf die Dauer störenden Nähe zu dem zwischen 1880 und 1892 errichteten Stall C (siehe oben) wurde der Bau um 1900 abgebrochen und durch einen größeren, nach Nordosten verschobenen Backstein-Neubau ersetzt (keine Bauakten gefunden; Lageplan des Simeonsplatzes von 1896 in BA Simeonsplatz 3). Dieser ist im Grundriß T-förmig, er wendet seinen 14,35 m breiten und 7.78 m tiefen Kopfbau nach Nordwesten zu den Ställen. Der ungeteilte Werkstattraum mit Esse hatte ursprünglich wohl nur das Tor in der Mitte der breiten Seite, daneben je zwei Fenster sowie je drei Fenster an den Schmalseiten. Nach Südosten schließen sich im 15,17 m langen Trakt auf 8,65 m Breite zwei weitere Werkstatträume mit Feuerstellen und ein Vorraum an; das auf 8,98 m verbreiterte Südostende enthält Vorraum, Büroraum und einen weiteren Werkstatt- oder Materialraum. Alle ursprünglichen Öffnungen sind stichbogig, mit gußeisernen Sprossenfenstern und Klappoberlichtern, Büro- und Materialraum mit Holzfenstern nach Südosten. Über dem sehr flachen Satteldach mit Teerpappendeckung (Traufhöhe 3,77 m, Firsthöhe 4,76 m) drei hohe Schornsteine, der mittlere vermutlich erneuert oder nachträglich eingezogen.

Abb. 505   Simeonsplatz 9, Beschlagschmiede und Waffenmeisterei von Süden, 1994.

Nach 1945 Nutzung als Werkstattgebäude (Block T) für die Wartung von Kraftfahrzeugen. Dafür Einbau von zwei hohen hölzernen Falttoren an der Nordseite und Anlage von Inspektionsgruben in den großen Werkstatträumen. Im Zuge der Konversion und Umnutzung der ehemaligen Militärbauten nach 1994 wird der Bau dem Preußen-Museum zugeschlagen und 1998 als Magazin für Großobjekte und als Zwischenlager für den Restaurantbetrieb des Museums hergerichtet. Die Inspektionsgruben werden verfüllt, das Tor in der Nordwestwand mit Backsteinen zugesetzt und die beiden westlichen Schornsteine abgetragen (Objektakte WAfD). Der Charakter des Werkstattgebäudes wird im Wesentlichen gewahrt.

In den dreißiger Jahren (bis 1945) lag zwischen der Beschlagschmiede und dem Stall C eine ca. 25 m lange *Vorführbahn*. Sie ist noch 1970 im Lageplan des Finanzbauamtes Bielefeld verzeichnet.

22. EXERZIERHAUS +
Simeonsplatz o. Nr.

Nach CRAMER 1910, S. 356, wurde das Exerzierhaus des II. Bataillons des Infanterie-Regiments Nr. 15 in der Mitte der 1870er Jahre von Mannschaften des Bataillons erbaut. Man verwendete dazu eine von den gefangenen Franzosen 1870/71 belegte Baracke (Bauakte nicht ermittelt). Der leichte Holzbau von knapp 80 m Länge und etwa 9 m Breite stand zwischen dem Südende der Defensions-Kaserne und dem wohl 1905 für das Kammergebäude beseitigten Blockhaus No 2 und trennte den Hof hinter der Kaserne III von der Artillerie-Reitbahn südlich und westlich der Ställe A, B und C (Flurkarten von 1880, Kreiskatasteramt, Abb. 479; Lageplan des Simeonsplatzes 1896, BA Simeonsplatz 3, Abb. 480; Garnisons-Atlas 1910, Bl. 29 links: 2d).

Bei den Kanalanschluß-Arbeiten von 1907 (BA Simeonplatz 3) heißt es, der Zustand des Exerzierhauses sei zwar schlecht, jedoch nicht derart, daß es in den nächsten Jahren schon abgebrochen werden müsse. Möglicherweise entstand aus dem Material eine 28.3 x 19,5 m große Baracke, die 1919 zur Kornlagerung an die Meyersche Mühle, Friedrich-Wilhelm-Straße 96 versetzt wurde (siehe Teil V, S. 1415). – Südöstlich des Exerzierschuppens entsteht 1937 der Neubau eines Geschützschuppens für das Artillerie-Regiment Nr. 42 (BA Simeonsplatz 10/21/24/37; siehe unten S. 794).

23. ALTER KRANKENSTALL + Abb. 506
Simeonsplatz o. Nr.

Ein als *Alter Krankenstall* bezeichnetes Gebäudes ist im Garnisons-Atlas von 1910 (Blatt 28, 29 links: 3i) unter den Baulichkeiten aufgeführt, die zur Defensions-Kaserne gehörten, also zum Feld-Artillerie-Regiment 58 (keine Bauakten gefunden). Er ist zum ersten Mal, zusammen mit den Artillerie-Pferdeställen A und B und dem Reithaus neben dem Hausberger Tor, nachweisbar im Traversierungsplan von 1866 (Kat.-Nr. 51). Der Stall lag zurückgesetzt neben und hinter dem Südende der Defensions-Kaserne am inneren Wallfuß rechts neben der Poterne 2. Nach dem vor seinem Abbruch 1936 von der Heeresneubauleitung gefertigten Aufmaß (BA Simeonsplatz 10/21/24/37) war der querrechteckige Backsteinbau 8 x 6,13 m groß und enthielt zwei Räume mit je zwei Pferdeständen; im beiderseits eingezogenen Vorbau befanden sich getrennte Vorräume. Türen und Fenster rundbo-

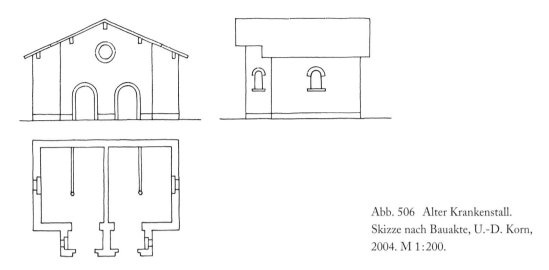

Abb. 506 Alter Krankenstall. Skizze nach Bauakte, U.-D. Korn, 2004. M 1:200.

gig, über der Doppeltür runder Okulus, darüber kurzes, flachgeneigtes Satteldach auf Pfetten; Pappdeckung. Die Rundbogenformen entsprechen denen der Ställe A und B; möglicherweise hat auch hier der Regierungsbaumeister Moelle den Entwurf geliefert.

24. WAFFENMEISTERWERKSTATT UND WOHNUNG +   Abb. 507
Simeonsplatz o. Nr.

ABBILDUNG: Parade auf dem Simeonsplatz, Foto Grätz, vor 1914, WAfD, Bildarchiv: Im Hintergrund zwischen Wagenhaus 2 und Defensions-Kaserne.

Der schlichte, verputzte Backsteinbau mit stichbogigen Öffnungen entstand in zwei Bauabschnitten mit 5 m Abstand südlich des Alten Krankenstalles (keine Bauakten ermittelt; Angaben nach Flurkarten und Lageplänen sowie nach Aufmaß von 1936 in BA Simeonsplatz 10/21/24/37). Zwischen 1880 (Flurkarte im Kreiskatasteramt Minden-Lübbecke, Abb. 479) und 1892 (Lageplan des Garnison-Bauinspektors Schmedding, STA DT, D 73 Tit. 5 Nr. 2945, Abb. 480) Bau einer Büchsenmacherwerkstatt von ca. 10 m Länge und 6,01 m Breite, 3.10 m Traufhöhe und 5,90 m Firsthöhe. Im Inneren vermutlich drei Räume, belichtet durch drei Fenster in den Langseiten. Bis 1912 (Nachtrag auf der Flurkarte des Feldmessers Zacke von 1880, Kreiskatasteramt) Verlängerung nach Süden auf 22,24 m; am Südende leicht verbreiterter Kopfbau von 6,26 m Länge mit zwei Wohnräumen. Zwischen der vergrößerten Werkstatt und dem Kopfbau ein Querflur mit WC und Treppe zum Dachraum mit Drempel, der über Kopfbau und Flur lag und ein entsprechend höheres Dach hatte (Traufhöhe 4,20, Firsthöhe 7,30 m) und gegen den Werkstatt-Trakt mit einem Brandgiebel ausgestattet war. Am fensterlosen Nordgiebel der Werkstatt ein hoher Schornstein, davor außen Treppe zum Bodenraum.

Der Garnison-Atlas von 1910 verzeichnet den Bau unter 2e als *Waffenmeisterwerkstatt und Wohnung* und zählt ihn zum Komplex der Infanterie-Kaserne; die Neuauflage um 1923 bezeichnet ihn als *Wohnungen für Offiziere*.

1936 von der Heeresneubauleitung aufgemessen, anschließend abgebrochen. Zuletzt dienten die Werkstätten als Wohlfahrtsräume, die beiden Wohnräume im Kopfbau als Arzneistuben.

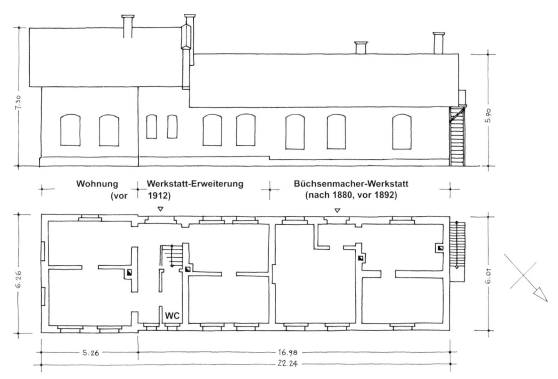

Abb. 507   Waffenmeisterwerkstatt und Wohnung. Skizze nach Bauakte, U.-D. Korn, 2004. M 1:200.

25. KÖRNERMAGAZIN NR. 3 +
Simeonsplatz o. Nr.

ABBILDUNG: Jubiläums-Parade des Infanterie-Regiments Nr. 15 auf dem Simeonsplatz vor Wagenhaus 2 und Körnermagazin Nr. 3, Foto in KAM, Bildsammlung B VI 2; Parade auf dem Simeonsplatz, Foto Grätz vor 1914, WAfD, Bildarchiv; Abb. 518.

(Keine Bauakten ermittelt; der Bau fehlt noch im Lageplan von 1896, BA Simeonsplatz 3; in der Flurkarte des Feldmessers Zacke von 1880, Kreiskatasteramt Minden-Lübbecke, ist er bis 1912 nachgetragen. Angaben nach Aufmaß der Heeresneubauleitung von 1936, BA Simeonsplatz 10/21/24/37).

Eingeschossiger Massivbau mit sehr flachem Satteldach, 34,88 m lang und 12,18 m breit, zwischen 1896 und 1912 zwischen Defensions-Kaserne und Wagenhaus 2 in der Flucht des Letzteren errichtet. 8 x 3 Fensterachsen, alle Öffnungen stichbogig, Eingänge mittig an den Stirnseiten sowie in der dritten und sechsten Achse an der Nordostseite zum Simeonsplatz. Innen dreischiffige, durch Holzpfosten geteilte Halle mit offenem Dachwerk.

Der Bau diente zunächst als Körnermagazin und unterstand dem Proviant-Amt (Garnisons-Atlas 1910, Nr. 27a). Nach dem Ersten Weltkrieg wurde er dem Artillerie-Regiment Nr. 6 zugewiesen, dessen II. Abteilung benutzte ihn als *Turnschuppen* und *Abteilungswerkstatt für Tischler* (Garnisons-Atlas um 1923, Nr. 2 o). 1936 für den Neubau des Exerzierhauses der Wehrmacht (siehe S. 792 ff.) abgebrochen.

26. PFERDESTALL +   Abb. 508
Simeonsplatz 15

ABBILDUNG: WAfD, Bildarchiv

Erbaut nach 1900 an der Glaciskante südlich des Kammergebäudes, im Garnisons-Atlas 1910 unter 3h als Stall zu Kaserne III eingetragen, Stallgebäude der Maschinengewehr-Kompanie des Infanterie-Regiments Nr. 15 (keine Bauakten der Bauzeit; Umbauakten von 1937 mit Plänen in BA Simeonsplatz 10/21/24/37).

    Halbmassiver Bau von 31,31 m Länge und 10,40 m Breite, Traufhöhe ca. 4,30 m, Firsthöhe bei 8,70 m. Umfassungswände zu zwei Dritteln aus Backstein, weiß verputzt, darüber Fachwerkband mit Fenstern und pfannengedecktes Dach mit weit überstehenden Krüppelwalmgiebeln. Im Dach an der östlichen Hofseite Futterluke und Schleppgaupen. Hinter dem Tor im Südgiebel 3 m tiefer Vorraum mit Treppe zum Futterboden, anschließend der Stall mit 2,90 m breiter Stallgasse zwischen zwei Reihen von fünf Holzständern mit Längsunterzügen unter den Deckenbalken, abgestrebt mit Kopfbändern. Pfostenabstand zwischen den Boxen ca. 5 m, am Nordende engeres Joch von 2,49 m Länge. Dach mit niedrigem Drempel und doppelt stehendem Stuhl. Unter den Stuhlpfetten angebolzte Spannbalken oder -bohlen mit langen Schrägstreben zum Drempelfuß. Streben und Sparren über dem Drempelrähm mit Zangenhölzern verbunden. Im Stallraum an den Längswänden steinerne Futtertröge, darüber Raufen; Fenster im Fachwerkband.

    1937 Umbau zur Fahrzeughalle für eine schwere Artillerie-Abteilung (Artillerie-Regiment 42). Hofseitig wird die Längswand bis zur Traufe massiv erneuert und mit fünf Falttoren von 3 m Höhe und 4 m Breite versehen, an beiden Enden 3 m breite, 2,10 m hohe Türen. Das Giebeltor wird vermauert. Das Innere ist für das Unterstellen von 18 Bespannfahrzeugen und einem Beobachtungswagen vorgesehen; im kurzen Joch am Nordende Raum für Fahrräder. Nach 1945 Nutzung als Garage und Lagergebäude (Block U) der britischen Westminster Barracks (FORERO 1992, S. 43, 46); nach 1995 Abbruch.

27. GESCHÜTZSCHUPPEN +   Abb. 508
Simeonsplatz 16

ABBILDUNG: WAfD, Bildarchiv

Erbaut nach 1900 zwischen Pferdestall (siehe oben) und Portastraße, in gleicher Flucht mit dem Stall, 1910 im Garnisons-Atlas unter 2i als *Geschützschuppen* des Infanterie-Regiments Nr. 15 aufgeführt (keine Bauakten der Bauzeit; Umbauakten von 1937, Heeresbauamt II Bielefeld, in BA Simeonsplatz 10/21/24/37). Barackenartiger, eingeschossiger Fachwerkbau mit sehr flachem Satteldach, mit Teerpappe gedeckt. Länge 38,44, Breite 10,28, Traufhöhe 2,80, Firsthöhe 3,80 m. Innen zweischiffige Halle, Pfostenabstand 5 m. 1937 Abbruch der vorderen Längswand und Neubau mit sechs Toren (H 2,40, B 3,50 m), am Nordende zwei schmalere Tore (B 3,00 m). Der Schuppen bietet Platz für 18 Bespannfahrzeuge des Artillerie-Regiments 42 und drei Fahrräder; die zwei schmaleren Räume am Nordende sind für das Einstellen von Krümperwagen vorgesehen. Nach 1945 Nutzung als Lagergebäude (Block V) der britischen Westminster Barracks (FORERO 1992, S. 43, 46). Statt der Tore werden Fenster eingebaut, vor der Mitte der Hofseite verbretterter Vorbau. Zuletzt Nutzung als kantinenartiger Bau. Nach 1995 Abbruch.

Abb. 508   Simeonsplatz 16 und 15, Geschützschuppen und Pferdestall/Fahrzeughalle von Norden, 1995.

28. BESCHLAGSCHMIEDE +
Simeonsplatz o. Nr.

Erbaut vor 1910 an der Mauer zur Portastraße neben dem Südende des Geschützschuppens; im Garnisons-Atlas 1910 unter 2v aufgeführt (keine ältere Bauakte ermittelt). Nach Lageplan von 1913 (BA Simeonsplatz an der Portastraße; Abb. 488) wohl eingeschossiger Bau von 8,45 x 8,55 m Grundfläche, hofseitig davor eine 20 m lange Vorführbahn. 1913 Neubau von 8,81 x 8,91 m Größe. Sockel bis zur Fenstersohlbank massiv, darüber Fachwerk; Walmdach mit Firstschornstein. Nach Nordwesten massiver Wandteil mit korbbogiger breiter Tür, nach Südosten einfache Tür. Im Inneren Beschlagraum und Schmiederaum, daneben nach Südosten Raum für den Veterinär und Kohlelager, dazwischen kleiner Flur (BA Simeonsplatz 3/4/5). 1935 Abbruch für den Neubau der Waffenmeisterei (siehe S. 791).

29. WAFFENMEISTEREI +
Simeonsplatz o. Nr.

Vor 1910 an der Mauer zur Portastraße zwischen der Beschlagschmiede (siehe oben) und der Kaserne III erbaut (keine Akten aus der Bauzeit ermittelt). Im Garnisons-Atlas 1910 unter 2 c als Waffenmeisterei der Maschinengewehr-Kompanie eingetragen, im Lageplan von 1913 (BA Simeonsplatz an der Portastraße; Abb. 488) als *Büchsenmacherei* bezeichnet. Eingeschossiger Backsteinbau von ca. 14 x 8 m Grundfläche, an der Westseite kleiner Vorbau. 1935 für den Neubau der Waffenmeisterei des Artillerie-Regiments Minden (siehe S. 791) abgebrochen.

Abb. 509   Simeonscarré o. Nr., Krümperschuppen von Nordosten, 2003.

30. KRÜMPERSCHUPPEN
früher Simeonsplatz 14, jetzt Simeonscarré o. Nr.

Erbaut um 1900 (keine Bauakten ermittelt). 1910 *Krümperschuppen*, im Garnisons-Atlas unter 2n, ebenso im Lageplan von 1913 (BA Simeonsplatz an der Portastraße); um 1923 (Garnisons-Atlas, 2h) *Stall*, nach 1937 *Hundezwinger* (Lageplan *Die Simeonskasernen*, M 1:2500, Städt. Vermessungsamt; Abb. 519). In der Nachkriegszeit Unterkunft von Hundeführern (MT 3.8.2000); demnach Umbau zu unbekannter Zeit. Der kleine Fachwerkbau mit einer Grundfläche von ca. 9 x 6 m liegt zwischen der Südwestecke des ehemaligen Kammergebäudes (siehe S. 751 ff.) und der hohen Kante des Simeonsglacis. Bis zu den Fenstern massiver, verputzter Backsteinsockel, darüber einfaches, dünnes Fachwerk mit pfannengedecktem Steildach, abgewalmten Giebelspitzen und gleichartigem hohen Luken-Zwerchhaus nach Osten. Hier Tür und Fenster, auf der Gegenseite drei Fenster. Im Inneren drei kleine Räume. – Der seit dem Abzug der Stationierungsstreitkräfte leerstehende Bau – seither *Hexenhaus* genannt – sollte von der »Villa für Kunst und Kultur« GbR übernommen und 2001 nach Plänen der Projektentwicklungsgesellschaft Bauteam, Minden, zur Erweiterung der Aktivitäten der Kinder-Kunst-Kultur-Werkstatt Lille Kunterbunt (im ehemaligen Kammergebäude) ausgebaut werden (MT 3.8.2000).

Für weitere kleine Nebengebäude im Bereich der Infanterie- bzw. Artillerie-Kaserne (Latrine bei Stall C, zwei *Karrenschuppen* bei Stall B und Krümperschuppen, *Spitzschuppen mit Schutzdach für den Patronenkasten* neben dem Körnermagazin Nr. 3 u. a. m.) liegen keine Angaben vor. Zum Kasernen- bzw. Stallbereich gehörten außerdem Asche- und Müllkästen sowie Dunggruben. Die größeren Freiflächen im Bereich der Ställe B und C dienten als Artillerie-Reitbahnen; an der Grenze zum Simeonsglacis hinter Stall B war ein *Sprunggarten* angelegt.

Nebenbauten südöstlich der Portastraße

Nach der Aufhebung der Festung 1873 und während der ersten Phase der Entfestigungsarbeiten, bei der vor allem die Gräben der Hausberger Front mit den Erdmassen der Wälle verfüllt und die aufstehenden Massivbauten (Hausberger Tor, Kriegspulver-Magazine und Poternen) mindestens bis auf Erdgleiche abgebrochen wurden, regelte man bei den Verhandlungen in der Entfestigungs-Kommission auch die Verteilung der neu gewonnenen Grundstücke auf die verschiedenen militärischen und zivilen Instanzen und fixierte dies in Übersichtsplänen zum 31. Dezember 1875. Das Gelände südöstlich der im gleichen Jahr in südwestlicher Richtung neu trassierten Portastraße wurde im Wesentlichen in zwei große Komplexe aufgeteilt. Der nördliche, zwischen dem ehemaligen Festungsgraben (vor Bastion XII/Kasernen-Bastion) und dem Garnison-Lazarett, wurde dem Artillerie-Depot zugewiesen; es reichte vom Gewehrhaus/Wagenhaus 5 (Kat.-Nr. 241–245) an der Portastraße nach Südosten bis nahe an den Glacisweg vor Redan III. Der neben dem Gewehrhaus stehende T-Schuppen/Wagenhaus 4 (Kat.-Nr. 246, 247) unterstand allerdings der Garnison-Ver-

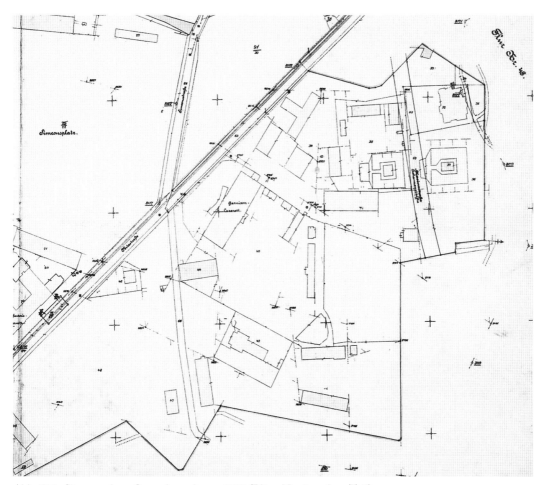

Abb. 510 Simeonsplatz. Gemarkungskarte, 1909 (Pläne Nr. 4, rechter Teil).

waltung bzw. dem Proviantamt. Neben dem von der Portastraße zur Poterne 1 führenden und bis zum Schweinebruch verlängerten Weg schloß sich südlich das Gelände des Lazaretts an. Es grenzte im Südosten an die Glaciskante jenseits des ehemaligen Grabens; auf seiner Westecke stand seit 1866/67 vor dem Hausberger Tor die Reitbahn, die mit dem größeren Teil des Simeonsplatzes gleichfalls der Garnison-Verwaltung unterstand (siehe oben S. 735). Zwischen den beiden großen Flächen lag östlich der ehemalige Poterne 1 ein keilförmiges Geländestück mit dem Blockhaus 6 (Kat.-Nr. 202, 203); es wurde dem Pionier-Bataillon zugewiesen. Auf dem durch die Entfestigung neu gewonnenen Gelände südlich des Lazaretts sowie auf dem Zwickel zwischen der Alten Hausberger Torstraße, der Portastraße und der Glaciskante ließ die Garnison-Verwaltung in den folgenden Jahren mehrere Bauten für die Artillerie und für das Proviantamt errichten, u. a. 1880–1882 die neue Hauptwache mit dem Arresthaus (siehe oben S. 736–741). Südwestlich hiervon stand jenseits der Alten Hausberger Torstraße auf dem ehemaligen Waffenplatz außerhalb des Hauptgrabens das Blockhaus 1 (Kat.-Nr. 198–200). Es unterstand als Wagenhaus dem Proviantamt und wurde erst 1971 für den Neubau des Kreishauses beseitigt.

NEBENBAUTEN DES ARTILLERIE-DEPOTS

31. FRIEDENS-PULVERHAUS UND HANDMAGAZIN +
Johansenstraße o. Nr.

Mit der Entfestigung mußten das alte, seit 1818 bestehende Laboratorium und das Feuerhaus in Bastion II (an der Weserfront zwischen dem späteren Klausenwall und dem Schwanenteich, Kat.-Nr. 180–182) sowie das 1865/66 neu erbaute Kriegslaboratorium in Bastion IX (Petershagener Front, Marienwall, Kat.-Nr. 141–143) aufgegeben werden. Ein Teil der höchst feuergefährlichen Einrichtungen wurde zu den weit südlich vor der Stadt am Schweinebruch gelegenen Friedens-Pulver-Magazinen (im Zwickel zwischen Salierstraße und Südende der Johansenstraße, Kap. IV.3.9) verlegt, einen anderen Teil errichtete die Stadt auf dem Ostteil des Simeonsplatzes. Daneben wurde ein Pulvermagazin zur Unterbringung der Gewehrmunition für das Infanterie-Regiment Nr. 15 am Simeonsplatz erforderlich. Mit dem Bau eines solchen Magazins wurde im Sommer 1880 auf dem Gelände hinter dem Gewehrhaus und dem T-Schuppen begonnen und am 30. August ein entsprechendes Baugesuch beim Magistrat eingereicht (BA Simeonsplatz 6–9). Der Magistrat macht bei der Garnison-Verwaltung am 7. September Sicherheitsbedenken wegen der Feuergefährlichkeit und der dichten Lage am öffentlichen Verkehr geltend, bittet um Suche nach einem anderen Platz und Sistierung der bereits begonnenen Arbeiten. Außerdem bittet er um Mitteilung über das *Maximal-Quantum der zu lagernden Munition* und eine geplante Einfriedigung nach außen. Am 9. September 1880 erläutert der Garnison-Bauinspektor Bandner (?) das Projekt: *Das Terrain zwischen dem Geschützschuppen* [T-Schuppen] *und dem Glacis ist schon bei der ursprünglichen Vertheilung des Festungs-Terrains zur Anlage des Laboratoriums und der zur Unterbringung der Verbrauchsmunition erforderlichen Gebäude bestimmt gewesen; seitens der Stadt seien dagegen keine Bedenken erhoben worden. Dieselbe hat vielmehr das Laboratorium, in dem direkt mit Pulver gearbeitet wird, und das Handmagazin, in welchem außer der Artilleriemunition Pulver in Fässern lagert, ohne Anstand auf diesem Terrain selbst erbaut, obgleich die vorgenannten Gebäude den nächsten bewohnten Häusern ca. 90 Schritt näher liegen als das projectierte Gebäude für die Infanterie-Munition.* Der Bau erfolgte nach reiflicher Überlegung der *hiesi-*

gen ersten Militairbehörde und des kgl. Kriegsministeriums in möglichster Nähe zum Handmagazin, um nicht durch Verlegung an eine andere Stelle *auch für einen zweiten Abschnitt des städtischen Weichbildes eine Quelle der Beunruhigung zu schaffen.* Außerdem liege im Handmagazin hundertmal soviel Pulver wie im projektierten Patronenhaus, zudem sei die in Holzkästen verpackte Infanterie-Munition viel weniger gefährlich als loses Pulver in Fässern. Die Gefahrenvermehrung sei fast Null. Das Gebäude bleibe zudem außerhalb des Glacis, nur der umgebende Wall reiche in dieses hinein, der Abstand zum Promenadenweg betrage ca. 100 Schritt. Außerhalb der Umwallung werde ein Zaun errichtet, und für *eine ständige Schildwache* werde *selbstredend* gesorgt. Die Garnisonverwaltung bezifferte am 10. September 1880 das Maximal-Quantum auf 240 Kisten scharfe und 120 Kisten Platzpatronen à 960 Stück, mithin 345.000 Stück, die *jedoch nur im Winter complet gehalten* würden. Die Bedenken des Magistrats waren damit anscheinend ausgeräumt; am 13. September wurde vermerkt, die Genehmigung sei *nicht ferner zu beanstanden.* Das 1880 erbaute F r i e d e n s - P u l v e r h a u s war ein Fachwerkbau von 8,10 x 7,43 m Grundfläche, das Satteldach hatte eine Firsthöhe von 5,42 m. Der Eingang lag links an der vorderen Langseite; an einem Vorraum mit Treppe zum Dachboden lag rechts ein 5,47 x 3,50 m messender Raum zur Lagerung von Platzpatronen für das I.-III. Bataillon, hinten ein 7.80 x 3,50 m großer Raum für die scharfen Patronen. Der Bau war von einem 3,75 m hohen Erdwall mit 10,45 m Basisbreite umgeben. Nach der Lageplanskizze der Bauakte, dem Lageplan des Simeonsplatzes von Garnison-Bauinspektor Schmedding von 1892 (STA DT, DT 73 Tit. 5 Nr. 2945, Abb. 480) und der Gemarkungskarte Minden Nr. 1 Flur 50 von 1909 (ebenda Tit. 5 Nr. 3130, Abb. 510) lag der Bau östlich der erst später neu angelegten Johansenstraße auf dem südlichen Gartengelände der 1910/1911 erbauten Offizier-Speiseanstalt des Infanterie-Regiments Nr. 15 (siehe Teil V, S. 141–147). Spätestens mit dem Bau des Offiziers-Kasinos und der Anlage der Kasino- bzw. Johansenstraße ist das Munitionsmagmazin beseitigt worden, vermutlich 1907, da in diesem Jahr das Handmagazin (siehe unten) vergrößert wurde und die Infanterie-Munition aufnahm. Ein weiteres Patronenhaus des Infanterie-Regiments stand seit 1910 bei den Feldfahrzeugschuppen No. 1 und 2 (siehe S. 784 f.). Von den auf Kosten der Stadt nach 1878 erbauten Anlagen des Laboratoriums (SCHROEDER 1886, S. 713; NORDSIEK 1979, S. 88: *ein großes Pulverhaus, eine Patronenwerkstatt, ein kleines Pulvermagazin*) läßt sich kein genaues Bild gewinnen. Außer dem Handmagazin befanden sich 1892 und 1909 an der Nordseite des Geländes östlich des Geschütz-Schuppens/T-Schuppens drei Gebäude: das Feuerhaus, ein Packschuppen und ein dritter Bau, vermutlich die Patronenwerkstatt, die aber 1910 im Garnisons-Atlas nicht mehr verzeichnet ist. Das H a n d m a g a z i n war ein ca. 10 x 10 m großer Fachwerkbau von ähnlicher Bauart wie das Friedens-Pulverhaus von 1880; es lag im Südteil des Geländes, genau westlich vor dem Pulverhaus, und war wie dieses von einem Erdwall umgeben. 1907 wurde es nach vorn um einen Raum von 3,99 m Länge erweitert und diente nun als Patronenhaus. Der Erdwall war 1910 bereits abgetragen. Das Abbruchdatum wurde nicht ermittelt. Möglicherweise hat es noch bis nach 1937 unter der Adresse Johansenstraße 8 bestanden (undatierter Lageplan der Simeonskasernen, Städt. Vermessungsamt; Abb. 519).

32. FEUERHAUS + Abb. 511
Johansenstraße 4

Das Feuerhaus, erbaut vor 1880, war ein eingeschossiger Fachwerkbau von 26,69 m Länge und 9,40 m Breite mit flachgeneigtem Satteldach, vermutlich mit Teerpappen-Deckung. Unter der westlichen Hälfte der Nordseite befanden sich drei kleine Kellerräume, über ihnen massiv ausgebaute Räume mit Feuerstätten. Am 7. Juli 1925 Bauantrag für den Ausbau des *ehem. Feuerhauses zu Woh-*

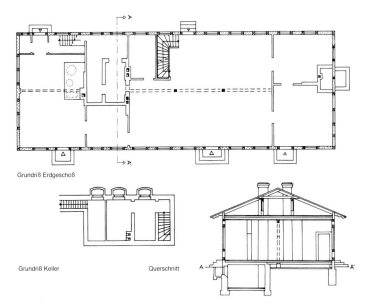

Abb. 511 Feuerhaus nach Plan von 1925. M 1:200.

nungen nach Entwurf des Heeresbauverwaltungsamtes Hannover, Regierungsbaurat Zieseniss (Sammelbauakte Johansenstraße, mit Grundriß, Lageplan und Querschnitt). Der Bau wurde innen weitgehend ausgekernt und in mehrere Wohnungen aufgeteilt; Küche, Bad und Nebenräume am langen Mittelkorridor waren gemeinsam zu nutzen. Im Zusammenhang mit dem Umbau kam es zu Streitigkeiten mit der Stadtverwaltung um die Anliegerbeiträge, da das Grundstück an einer Stichstraße von der Portastraße her lag, die *für den Anbau mit Wohnungen noch nicht fertiggestellt ist*. Die Bauarbeiten werden am 10.8.1925 eingestellt, da eine Baugenehmigung erst nach einer Verständigung mit dem Magistrat über den Vertrag erteilt wird. Im September können sie wieder aufgenommen werden; die Verhandlungen mit dem Militärfiskus bzw. der Heeresverwaltung über die infolge des Versailler Friedensvertrages und der Auflösung der kaiserlichen Armee unklaren Eigentumsverhältnisse und die Sicherstellung der Straßenpflasterungskosten ziehen sich bis 1933 hin. – 1949–1952 war das Haus (teilweise?) an die Westfalia-Film L. Könemann vermietet (BA Johansenstraße 4/4a/6). Das ehemalige Feuerhaus wurde um 1971 im Zusammenhang mit dem Ausbau des Klinikums II abgeräumt; an seinem Platz befindet sich der nach Südwesten verschwenkte Anfang der Johansenstraße.

Der vor 1880 erbaute PACKSCHUPPEN (33) von ca. 15 x 5 m Größe stand in nord-südlicher Richtung zwischen dem T-Schuppen und dem Feuerhaus, nach Süden versetzt. Vor 1910 wurde er um etwa 40 m nach Südwesten auf die Westseite des Wagenhauses 4 versetzt (Garnisons-Atlas 1910, Nr. 34 g) und vor 1923 (Garnisons-Atlas, Neuauflage) abgebrochen.

PATRONENWERKSTATT (?, 34), erbaut vor 1880 östlich des Feuerhauses (siehe oben) und im rechten Winkel zu diesem. Grundfläche ca. 20 x 7,50 m. Vermutlich für die Anlage der Kasino- bzw. Johansenstraße, die das Gebäude tangierte, vor 1910 abgebrochen. Im Garnisons-Atlas nicht mehr verzeichnet. Näheres zu dem Bau war nicht zu ermitteln.

35. ARTILLERIE-MATERIAL-SCHUPPEN/WAGENHAUS 4 +   Abb. 512
Johansenstraße 6

1891 Genehmigung zum Bau eines Schuppens am Laboratorium zur Unterbringung von *Material f. d. 2te Ersatz-Batterie der Ersatz-Abtheilung des Feldartillerie-Regiments Nr. 34* (BA Simeonsplatz 6–9, mit Zeichnung). Der Bauplatz liegt etwa in der Mitte zwischen dem Gewehrhaus/Wagenhaus 5 und dem Handmagazin (siehe S. 771). Zweigeschossiger Backsteinbau von 26,02 x 11 m Grundfläche, Traufhöhe 6,17, Firsthöhe 6,77 m. An den Langseiten sechs Rahmen-Lisenen über Sockel, darüber Konsolgesims. In den Feldern im Erdgeschoß paarweise gruppierte Stichbogenfenster, im Obergeschoß jeweils Dreifenstergruppen. An den Schmalseiten drei Lisenen, dazwischen nach Norden zwei stichbogige Tore, nach Süden Tor und Tür; über dem umlaufenden Traufgesims niedrige Attika zur Kaschierung des flachen Teerpappendaches. Das Innere teilen vier gußeiserne Säulen in zwei Schiffe, darüber Längsunterzug (Doppel-T-Träger) und Deckenbalken. Im Obergeschoß zwei Holzständerreihen, in der Querrichtung durch Zangenhölzer zu Wandständern abgestrebt. An den Ständern Kopfbänder zu Pfetten und Sparren. In das Obergeschoß führt eine gewinkelte Treppe in der Südostecke.

Am 8. August 1925 Antrag der Heeresbauverwaltung Hannover, Regierungsbaurat Zieseniss, zum *Ausbau des ehemaligen Wagenhauses 4 zu Wohnungen für Unteroffiziere und Mannschaften* (Sammel-Bauakte Johansenstraße, mit Zeichnungen vom 4. 8. und 9. 10. 1925). Geplant sind im Erdgeschoß drei

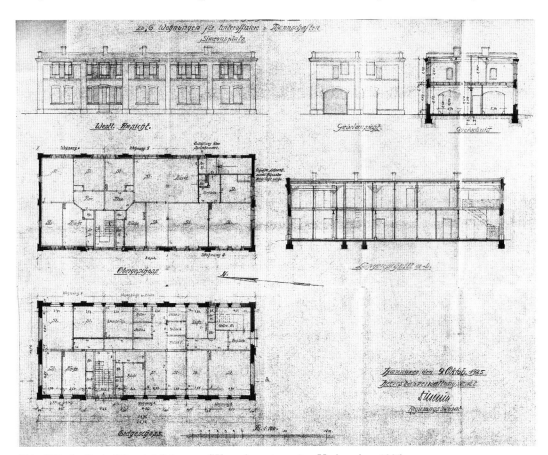

Abb. 512 Artillerie-Material-Schuppen/Wagenhaus 4, zweiter Umbauplan, 1925.

Wohnungen, zweites Treppenhaus, Waschküche und vier als Keller bezeichnete Abstellräume, im Obergeschoß drei weitere Wohnungen mit entsprechenden Kaminzügen. Die Trennwände sollen überwiegend als Leichtbauwände von 7 cm Stärke ausgeführt werden. – Am 9. Oktober 1925 Vorlage einer geänderten Planung mit breiterem Flur im Obergeschoß und schräggestellten Kücheneingängen (Abb. 512). Der Bau soll nun nur fünf Wohnungen aufnehmen, die sämtlich mit Küche und Abstellraum ausgestattet werden. Im Äußeren werden dafür die Torfahrten an den Stirnseiten vermauert, an der westlichen Langseite entsteht eine Tür zum neuen Treppenhaus, die Dreifenstergruppen im Obergeschoß werden aufgegeben und statt ihrer je zwei höhere und breitere Fenster eingebrochen, deren Stürze in das Traufgesims gelegt werden. – Kanalanschluß-Plan vom 28.10.1925, am 10.11. von der städtischen Kanalverwaltung revidiert (BA Simeonsplatz 3–5 mit Entwässerungsplan). 1969 stellt der Landkreis Minden als Eigentümer den Abbruchantrag für das Sechs-Familien-Wohngebäude. Der Abbruchschein wird am 10.3.1969 ausgestellt (BA Johansenstraße 4/4a/6).

ZWEI PROVISORISCHE SCHUPPEN +
Simeonsplatz o. Nr.

1896 beantragt das Filial-Artilleriedepot die Errichtung von *zwei provisorischen Schuppen neben dem Garnison-Lazarett und dem diesseitigen Laboratorium zur Unterbringung von ruhendem Material der Feldartillerie (Fahrzeuge und Geschirrsachen)* (BA Simeonsplatz 6–9). Vorgesehen ist eine Benutzung für drei bis vier Jahre, danach würden die Schuppen voraussichtlich wieder beseitigt. Einer der Schuppen mißt 44,50 x 12,30 m; er soll als *Kammergebäude* dienen und wird östlich der Patronenwerkstatt (?; siehe S. 772) errichtet. Nach dem Lageplan in der Bauakte deckte sich der Bauplatz mit der Trasse der späteren Kasino- bzw. Johansenstraße. Der Bau wird spätestens mit ihrer Anlage beseitigt worden sein; die Gemarkungskarte von 1909 (STA DT, D73 Tit. 5 Nr. 3130; Abb. 510) zeigt ihn nicht mehr. Der zweite Schuppen, von 46,20 x 13,50 m Grundfläche, entstand als *Fahrzeugschuppen* südlich der beiden umwallten Munitionsmagazine (siehe oben S. 770 f., Friedenspulverhaus und Handmagazin). Da auch dieser Bauplatz in der Trasse der Kasinostraße lag, wird er nur wenige Jahre bestanden haben (Lageplan in der Bauakte).

36. WAGENHAUS 7 + Abb. 513
Portastraße 7

Laut Bestandszeichnung des Heeresbauamtes II in Bielefeld von 1938 wurde das Wagenhaus 7 im Jahre 1898 erbaut (Akten der Bauzeit nicht ermittelt; ab 1951 in BA Portastraße 7). Es stand in ostwestlicher Richtung südlich des Wagenhauses 4 (siehe S. 773) und des weiter östlich gelegenen Handmagazins (siehe S. 771). Zweigeschossiger Backsteinbau von 51,02 m Länge und 17,02 m Breite. Traufhöhe 6,60 m, Firsthöhe 7,80 m. Langseiten zwischen kräftigeren Eckbetonungen durch acht schmächtige Rahmen-Lisenen in breite Endfelder sowie sieben gleichmäßig wechselnde schmalere und breitere Felder gegliedert. Alle Öffnungen stichbogig. Im westlichen Endfeld nach Süden im Erdgeschoß Tür und breites Fenster, anschließend wechseln Fenster und Torfahrten; das östliche Endfeld weist Tor und Tür auf. Die Fenster des Obergeschosses sind gleichmäßig gereiht, sie stehen auf einem gemauerten Brustgesims zwischen den Lisenen. Über den Stichbogen am waagerechten Band gemauerte Konsolen. An der Rückwand nach Norden sind Lisenen und Fenster zwischen breiten Endfeldern gleichmäßig verteilt. Ost- und Westgiebel sind durch drei Lisenen zwischen stärkeren Eckgliedern in vier Felder geteilt, hier nach Norden versetzt je eine Torfahrt. Das Innere ist eine vierschiffige, mit Gußeisensäulen im Erdgeschoß unterteilte Halle, von ihr ist das westliche Viertel abgetrennt und in drei unterschiedlich große Räume aufgeteilt. Hinter den Türen an den Enden des Baues zwei Treppenhäuser zum Obergeschoß. Hier vermutlich Holzständer unter dem flachen Pfettendach (vgl. S. 773, Wagenhaus 4). Die östliche Hälfte des Gebäudes reichte in die ehemalige Grabenzone vor Redan III; die Pfeilerfundamente mit zwischengespannten Stichbögen reichen hier über drei Stufen bis zu 5,50 m Tiefe unter dem Bauniveau. Zu den Umbauplanungen des Kreisbauamtes Minden von 1949 *für Krankenhauszwecke* und zur 1951/52 durchgeführten Umgestaltung als Frauenklinik des Kreiskrankenhauses sowie zum Abbruch 1974 siehe Teil V, S. 266 f. Auf dem Platz des Wagenhauses 7 entstand 1975–1978 die neue Kinderklinik des Klinikums II (siehe Teil V, S. 268 f.).

37. SCHUPPEN NR. 3 +
Portastraße 5

Bereits 1892 bestand der 1910 im Garnisonsatlas unter Nr. 34 b verzeichnete Schuppen Nr. 3 (keine Bauakten aufgefunden). Im Lageplan des Simeonsplatzes des Garnison-Bauinspektors Schmedding von 1892 (STA DT, D73 Tit. 5 Nr. 2945; Abb. 480) ist er als *Gew(ehr)-H(aus)* eingetragen; er hatte eine Grundfläche von 16 x 20 m und stand mit 25 m Abstand hinter dem Gewehrhaus/Wagenhaus 5 an dem Stichweg zwischen Gewehrhaus und Garnison-Lazarett. Die Neuauflage des Garnisonsatlases verzeichnet ihn um 1923 als *Geräteschuppen 7c* bei den Magazinen. Er bestand bis nach 1945 und wird um 1971 mit dem Abbruch des benachbarten Gewehrhauses (Portastraße 3) beseitigt worden sein.

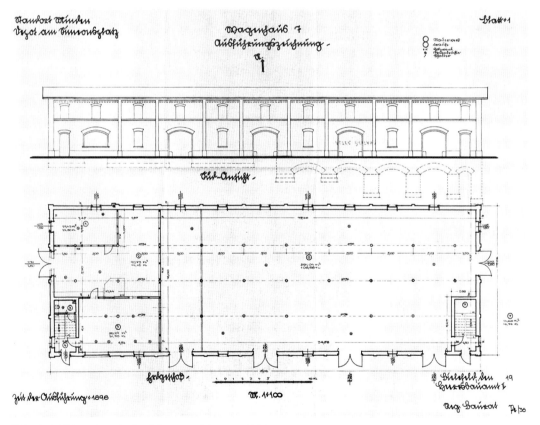

Abb. 513 Wagenhaus 7, Ausführungszeichnung, 1938.

38. WAGENHAUS 8 +

Johansenstraße 4a

Erbaut 1910/11; im Garnisons-Atlas unter Nr. 34f eingetragen. Vermutlich der 1910 geplante *eingeschossige Wagenschuppen*, gegen dessen Errichtung nahe der Kasinostraße die Stadt Einwände erhoben hatte und dessen Bauplatz auf Anordnung der Zeugmeisterei nach Nordwesten verschoben wurde (BA Simeonsplatz 6–9). 1911 wird festgestellt, daß die Ausführung der des Geschützschuppens (Portastraße 19) gegenüber der Kaserne III entsprechen solle. Der etwa 30 x 10 m große Schuppen stand zwischen dem T-Schuppen (Portastraße 1) und dem Feuerhaus (S. 771 f., Johansenstraße 4) in nordsüdlicher Richtung und nahm die Flucht von Wagenhaus 4 (S. 773 f., Johansenstraße 6) auf. 1913 besteht die Absicht, das Wagenhaus 8 zu verlängern und um ein Stockwerk zu erhöhen (BA Simeonsplatz 6–9). 1949 stellt die Firma Westf. Film-Copie (Westfalen-Film L. Könemann, Johansenstraße 4) einen Antrag zum Um- und Ausbau des ehemaligen Wagenschuppens 8 für ihren filmtechnischen Betrieb. Da die Stadt die Ausbreitung gewerblicher Betriebe im Wohngebiet und in der Nachbarschaft des Kreiskrankenhauses für unerwünscht hält, wird der Antrag abgelehnt. 1950 (und mindestens bis 1955) ist der Bau an das Haushaltswarengeschäft Höltke, Obermarktstraße 55, vermietet. 1955 Antrag auf Genehmigung zur Lagerung eines Benzinfasses beim Wagenhaus (BA Johansenstraße 4/4a/6). – Um 1971 Abbruch.

PROJEKT EINES ARTILLERIE-WAGENHAUSES Abb. 514

an der Johansenstraße, nicht ausgeführt

In den Jahren vor 1909 wurde der alte Weg vom Simeonstor zur Porta Westfalica, der durch die Anlage der Festungswerke nach 1814 an den Fuß des Glacis verschoben worden war, neu trassiert, mit der Kreuzung von Lindenstraße, Portastraße und Klausenwall verbunden und vor dem ehemaligen Bastion XI/Kasernenbastion mit einer Brücke über die Bastau geführt (siehe Teil IV, S. 140 f.). Die gerade nach Süden führende Straße lief über Wall, Graben und Glacis des ehemaligen Redan III und schnitt den östlichen Teil des Geländes ab, das 1875 dem Artillerie-Depot und den Pionieren zugewiesen worden war (siehe oben). Vermutlich 1907 wurde das 1880 hier erbaute Friedens-Pulverhaus (siehe S. 770 f.) abgebrochen; 1910 entstand auf dem inzwischen von der Stadt erworbenen Grundstück die Offizier-Speiseanstalt des Infanterie-Regiments Nr. 15, ein schmucker Neubarockbau in der Art einer Maison de plaisance (siehe Teil IV, S. 141–147). Die neue Straße erhielt nach ihm den Namen Kasinostraße, 1911 wurde sie in Johansenstraße umbenannt.

Am 26. Juli 1911 teilt die Verwaltung des Artillerie-Nebendepots der Baupolizei mit, man plane den Neubau eines zweigeschossigen Wagenhauses südlich des *Hauptgebäudes der Munitionsanstalt* (des Feuerhauses, siehe S. 771 f.), zum Teil auf dem Gelände des Handpulvermagazins (ebd.), das abgebrochen werde. Die Stadt hat keine Bedenken gegen den Plan, wenn der Bau parallel zur Kasinostraße steht und wenn die Straßenseite sowie die Nord- und Südansicht *dem Charakter der Offiziers-Speiseanstalt angepaßt würden* (BA Simeonsplatz 6–9). Am 14. Februar 1912 meldet sich das *Offizier-Casino* des Regiments zu Wort: Man habe *in jeder Beziehung schwerste Bedenken*; der Neubau bedeute *eine gewaltige Schmälerung des gesamten Eindrucks der ganzen dortigen Gegend*, und *die im nüchternsten Stile gehaltenen Dienstbauten* seien *ein unschöner Anblick*. Die als Villenstraße gedachte Gegend werde durch den Bau *verunziert und entwertet, weil der ohne Zweifel unschöne Bau nicht einmal, weil die Bestimmungen dies nicht zulassen, durch Schlinggewächse den Blicken der Passanten entzogen würde*. Die Baukommission erwägt daraufhin, Einspruch zu erheben oder einen Grundstückstausch vorzuschlagen, eventuell sei die Fassade aus Sandstein zu errichten. Überlegungen, das

IV.3.1 Jüngere Bauten um den Simeonsplatz – Nebenbauten südöstlich der Portastraße

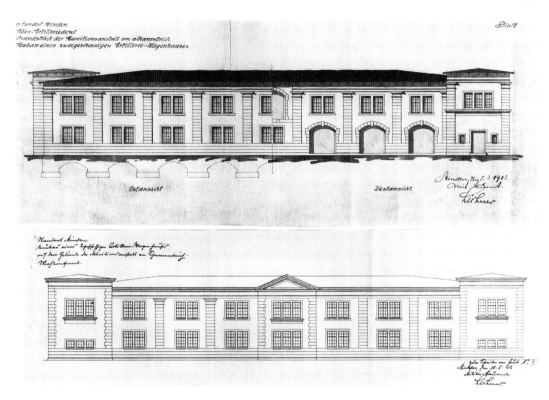

Abb. 514   Projekt für ein Artillerie-Wagenhaus. Lichner, 1912.

Wagenhaus an der Hausberger Torstraße, gegenüber der Torwache (siehe S. 782 f.) zu errichten, stoßen am 8. März 1912 auf Protest der Polizeiverwaltung, da dies in Bezug auf das Straßenbild eine Verschlechterung bedeute. Am 11. 3. wird der Protest zwar zurückgenommen, man erwarte aber, daß der Giebel zur Hausberger Straße und die Langseite zur Portastraße *mit ansehnlichen Außenansichten ausgestattet werden*. Das Militär-Bauamt, Lichner, verfolgte unterdessen offenbar das Projekt an der Johansenstraße weiter; denn die am 5. 3. 1912 vorgelegte Zeichnung der Ost- und Westansicht (BA Simeonsplatz 6) ist für das *Grundstück der Munitionsanstalt am Schwanenteich* gedacht. Die ca. 48 m lange Fassade zur Johansenstraße greift mit der strengen Kolossalordnung aus genuteten dorischen Pilastern die Formen der klassizistischen Bauten am Simeonsplatz (Defensions-Kaserne, Garnison-Lazarett und Wagenhaus 2) auf; die beiden Geschosse zeigen in den Feldern Zwillingsfenster mit Faschen. Die Westseite wird an den Enden mit pavillonartig erhöhten Risaliten besetzt; die Mittelachse hat über dem Zwillingsfenster eine hohe, stichbogige Öffnung im Obergeschoß, zu beiden Seiten schließen sich im Erdgeschoß zwischen den Kolossalpilastern drei Torfahrten an, darüber stehen Zwillingsfenster. Über dem Gebälk aus Faszienarchitrav und Fries – mit dicht gereihten Drempelfensterchen – fehlt das Kranzgesims, hier folgt lediglich der schattende Überstand der sehr flachen Walmdächer. Die Baupolizei verfügt am 8. März, das Projekt sei auf Grund des § 6 des Ortsstatuts gegen Verunstaltung der Straßen und Plätze der Stadt Minden vom 20. 10. 1910 dem künstlerischen Beirat der Baupolizeibehörde, der Baukommission und dem Magistrat zur Beschlußfassung vorzulegen. Der Beirat (Bürgermeister Dr. Becker, Baurat Benner, Stadtverordneter Usadel,

Architekt Moelle und Stadtbaurat Burr) protokolliert am 19. April, er habe im allgemeinen keine Bedenken, *es soll jedoch angestrebt werden, die lange Front von 40 m durch einen Mittelrisalit oder durch beiderseitige Seitenrisalite zu unterbrechen. Ebenso dürfte das Hauptgesims kräftiger ausgebildet werden.* Zwischen Straße und Neubau seien hochwachsende Bäume zu pflanzen. Der Magistrat stimmt am 30. April unter diesen Bedingungen zu. Das Militär-Bauamt, Lichner, legt am 10. Mai eine neue Zeichnung der Straßenfront vor, *in der versucht worden ist, die gestellten Bedingungen zu erfüllen. Das Mittel- und die beiden Seitenrisalite werden gleichweit, etwa 60 cm, vorspringen. Das Hauptgesims ist massiv in schweren dorischen Formen ohne Triglyphen angenommen. M. E. würde es zulässig sein, die auf der linken Gebäudehälfte noch angedeuteten Lisenenkapitelle ganz fortfallen zu lassen, wie auf der rechten Gebäudehälfte ersichtlich gemacht ist* (Abb. 514 unten). – Die Baukommission (Dieckmann, Francke, Noll, Sipps, Meyer, Liebs, dazu die Stadtverordneten d'Arragon und Marowsky) stimmen am 17. Mai 1912 dem Entwurf zu, *jedoch mit Kapitälen.* Der Beschluß wird am 23. Mai dem Militär-Bauamt mitgeteilt. Aus den Akten geht nicht hervor, warum das Projekt letztlich nicht ausgeführt wurde.

NEBENBAUTEN BEIM GARNISON-LAZARETT

39. EXERZIER-GESCHÜTZSCHUPPEN / WASCHHAUS UND LIEGEHALLE I +
Portastraße o. Nr.

Erbaut 1866/67 (keine älteren Bauakten vorhanden, ab 1925 in BA Portastraße 7/Simeonsplatz 8) in Bastion III vor dem Wallfuß, parallel zur linken Flanke. Der 48 x 6,45 m messende eingeschossige Bau ist erstmals nachgewiesen als Nachtrag in dem um 1865 gezeichneten Plan der Festung Minden (Kat.-Nr. 52) und hier als *Exerzier Geschütz Schuppen* bezeichnet. Bei der Aufteilung der militärischen Liegenschaften und Gebäude wurde er mit dem dahinter liegenden ehemaligen Festungsgelände dem Garnison-Lazarett zugeschlagen. Laut Umbauplan des Heeresbauamts Minden vom 8. 4. 1935 (BA Portastraße 7) wurde er 1898 als *Krankenbaracke und Lazarettgehülfenschule* eingerichtet. 1908 Umbau zur Waschküche, 1925 Einrichtung als Waschanlage und Liegehalle. Für das ursprüngliche Aussehen des Schuppens gibt es keinen Anhalt, vermutlich war es nur eine lange, einschiffige Holzbaracke. Beim Umbau von 1898 dürften die Außenmauern aus Backstein mit Lisenengliederung und stichbogigen Türen, Toren sowie einzeln und paarweise gruppierten Fenstern aufgeführt worden sein. Die Umgestaltung zur nach Westen offenen Liegehalle im Jahre 1925 betraf die südlichen drei Viertel: Ersatz der Vorderwand durch Backsteinpfeiler anstelle der Lisenen, gleichzeitig Aufstellung eines Dampfkessels in einem rückwärtigen Anbau an der Waschküche im Nordteil und Bau eines 9 m hohen Schornsteins. – Der Bau hatte ein flaches Satteldach mit Pappdeckung; die innere Höhe bis zur Holzdecke betrug 3,33 m, die Firsthöhe ca. 4,40 m. – 1935 Umbau der südlichen drei Viertel als Liegehalle des Standort-Lazaretts mit zwei Räumen für je sechs Mann, vier Zimmern für je vier Mann und zwei Einzelzimmern. In der Mitte Stichflur zum rückwärtig angebauten Gang, dahinter Anbau mit Waschraum und Toiletten. An der Vorderseite fallen die Zwischenlisenen fort; die Zimmer erhalten hier paarweise geordnete Rechteckfenster. 1939 wird der Bau als Waschhaus und Mannschaftshaus bezeichnet (Lageplan von 1939 in BA Portastraße 7). – Um 1964 Abbruch für die neue Frauenklinik, die im ehemaligen Lazarettgarten zwischen dem Hauptgebäude und dem Waschhaus erbaut werden sollte (siehe Teil V, S. 267).

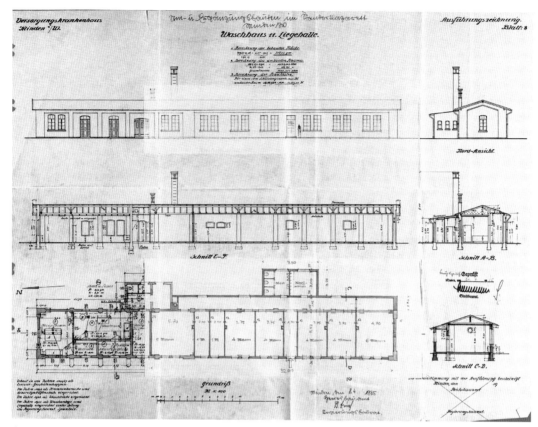

Abb. 515   Exerzier-Geschützschuppen/Waschhaus und Liegehalle I, Ausführungszeichnung, 1935.

KRANKENBARACKE +
Portastraße o. Nr.

1892 vorhanden (Lageplan des Simeonsplatzes von Garnison-Bauinspektor Schmedding, Abb. 480); der Holzbau steht nahe dem Waschhaus mit einer Giebelseite zur nordöstlichen Grundstücksgrenze. Nach den Akten zu Entwässerung und Kanalanschluß von 1905 (BA Portastraße 7) war er 29,70 m lang und 6,25 m breit. An der südwestlichen Schmalseite kurzer Stichflur zwischen kleinen Räumen, dahinter zwei Krankensäle von 9,80 und 13,50 m Länge, am Nordende gesonderter Latrinenanbau. – Vor 1928 abgebrochen.

40. LEICHENHAUS +
Portastraße o. Nr.

1892 vorhanden; nach den Entwässerungsakten von 1905 (BA Portastraße 7) massiver Rechteckbau von 9 x 5,70 m Größe, Traufhöhe 4,20, Firsthöhe 7,20. Der Bau stand mit einer Langseite an der nordöstlichen Grundstücksgrenze. Im Inneren hintereinander zwei Räume von je 4 m Länge, Eingang von Nordwesten. – Der Bau wurde um 1964 für die Krankenhaus-Neubauten abgebrochen.

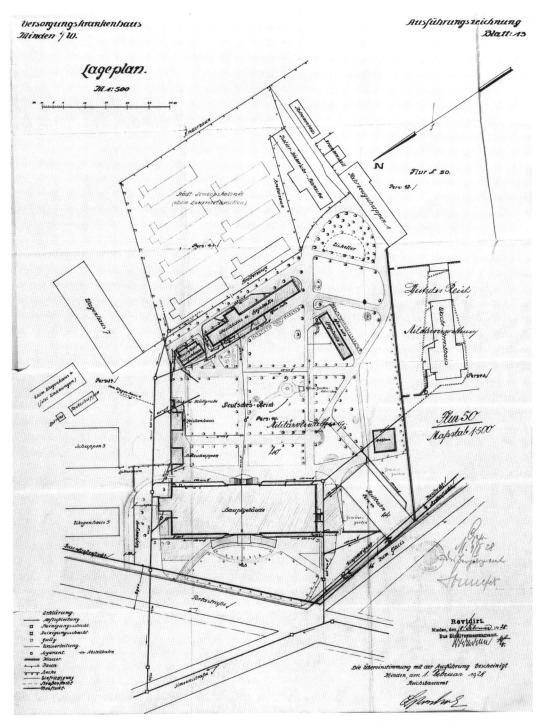

Abb. 516 Garnison-Lazarett/Versorgungskrankenhaus, 1928. Lageplan mit Nebenbauten; oben die Lazarettbaracken von 1944/Städtische Simeonskolonie (BA Portastraße 7).

41. DESINFEKTIONSHAUS +
Portastraße o. Nr.

Erbaut 1906 in der Nordostecke des Geländes, zwischen Waschhaus und Krankenbaracke (BA Portastraße 7). Massiver Rechteckbau von 10,22 x 4,76 m Größe, rückwärts durch einen eingezogenen Anbau von 2,05 m Tiefe erweitert. Über allem sehr flaches Satteldach, Traufhöhe 3,50 m, Firsthöhe 3,90 m. Im Inneren links ein 5,50 m breiter *Einladeraum* mit dem Desinfektionsapparat, rechts *Ausladeraum*. Im Anbau kleiner Flur und Bad sowie ein Raum zur chemischen Desinfektion. – Um 1964 Abbruch zu Gunsten der Krankenhaus-Neubauten.

42. LIEGEHALLE II +
Portastraße o. Nr.

Vermutlich zwischen 1926 und 1928 im Südteil des Lazarettgartens, nahe der Liegehalle I (S. 778) und im rechten Winkel zu dieser errichtet. Der nach Süden offene Bau war etwa 22 m lang und 6 m tief; nähere Angaben zur Ausführung liegen nicht vor (Lageplan des Versorgungskrankenhauses, Reichsbauamt Minden, 1.2.1928, in BA Portastraße 7). Um 1964 abgebrochen.

43. ARZTHAUS +
Alte Hausberger Torstraße 3

28. September 1926 Vorlage des Entwurfs zum Neubau eines Arzthauses im Westteil des Lazarettgartens, zwischen der alten Reitbahn (S. 775 f.) und der Hauptwache (S. 776–741) (BA Simeonsplatz 3–5 mit Entwässerungsplan von 1926).

Zweigeschossiger, unterkellerter Massivbau von 10,70 x 10,70 m Grundfläche. Eingangsseite nach Nordwesten zur Reitbahn, hier zweiläufige Freitreppe vor dem hohen Kellersockel. Kurzer Flur mit Treppe zur Erschließung der Innenräume. Der Bau hatte ein Walmdach, Traufhöhe 6,90 m, Firsthöhe 12,60 m. – Abbruch 1964 für den Ausbau des Kreiskrankenhauses (siehe Teil V, S. 267).

WEITERE NEBEN- UND INTERIMSBAUTEN AM LAZARETT

Schon vor 1892 stand zwischen dem Hauptgebäude des Lazaretts und dem Leichenhaus (S. 779) an der Nordostmauer des Grundstücks ein *Geräte- bzw. Strohschuppen mit Feuerleiterdach* (Garnisons-Atlas 1910, Nr. 36 b). 1935 wird am *Holzschuppen* eine Garage angebaut (BA Portastraße 7).

Laut Lageplan des Versorgungskrankenhauses von 1928 (BA Portastraße 7) befand sich in der südöstlichen Ecke des Lazarettgartens ein *Eiskeller* von halbkreisförmigem Grundriß (20 x 10 m) unter einer leichten, z. T. mit Buschwerk bepflanzten Aufschüttung. Näheres ist dazu nicht bekannt. Der Hügel markiert die innere Spitze des ehemaligen Bastions III der Hausberger Front am Wallfuß; er liegt im begrünten Gelände südwestlich vom Schulzentrum des Klinikums II (siehe Teil V, S. 267 f.).

1914 Aufstellung von sieben Lazarettbaracken als *Kriegs-Lazarett* auf dem Grundstück zwischen dem Lazarett-Waschhaus (S. 778) und der *Kasinostraße* (Johansenstraße), südlich von Wagenhaus 7 (S. 774). Das trapezförmige Grundstück ist ca. 75 x 70 m groß, je zwei Baracken stehen in drei Reihen parallel zum Waschhaus, die siebente in der Nordostecke. Jede Baracke mißt ca. 26 x 7 m; im Südende befindet sich ein Waschraum, an der Nordostecke ein Latrinenanbau (BA Simeonsplatz 3).

1920 werden die ehemaligen *Lazarettbaracken am Simeonsglacis* zu Notwohnungen für 24 Familien umgebaut; die Bauleitung hat das Stadtbauamt. Die Kosten für Erwerb und Umbau der Baracken belaufen sich auf 588 038,33 M (Verw.-Ber. 1913/1926, S. 34). Die Baracken bestehen noch 1928 als *Städtische Simeonskolonie* (Lageplan des Versorgungskrankenhauses in BA Portastraße 7). Sie werden mit der Wiedereinrichtung des ehemaligen Garnison-Lazaretts als Standortlazarett nach 1933 abgeräumt worden sein.

Zu den Einrichtungen des Versorgungskrankenhauses gehörte eine *Isolier-Döcker'sche-Baracke*. Der 40 x 7 m große Bau mit Vorbau an der Nordseite stand 1928 auf einem dreieckigen Geländezipfel östlich des Eiskellers (siehe oben) und südlich der ehemaligen Lazarettbaracken (Lageplan des Versorgungskrankenhauses in BA Portastraße 7, Abb. 516).

Baujahr nicht ermittelt; der Abbruch erfolgte vermutlich mit dem Barackenbereich nach 1933.

NEBENBAUTEN DER GARNISONVERWALTUNG

47. HAUSBERGER TORWACHE + Abb. 517
Portastraße 13

Gleichzeitig mit der Anlage der Befestigungen der Neuen Hausberger Fronte nach 1814 und dem Bau des Hausberger Tores in der Mitte der Kurtine III/IV wurde vor dem inneren Wallfuß rechts vom Torbau das notwendige Gebäude für Wache und Torschreiberei errichtet. Mit der Aufhebung der Festung entfiel die Torwache, das Gebäude diente danach zunächst als *Dienst-Wohnung des Controll-Beamten der Garnison-Verwaltung* (*Skizze zum Project des Magistrats in Minden betreffend Verlän-*

Abb. 517 Hausberger Torwache an der Portastraße von Norden, Anfang 20. Jahrhundert. Links das Blockhaus No 1 vor dem Hausberger Tor.

gerung der Lindenstraße..., 1875, Mindener Museum FM 12), später als *Wohnung für 1 Kasernenwärter* (Garnisons-Atlas 1910, Nr. 8 f.). 1908 Kanalanschluß und Einbau einer Toilette, vorher Latrine im Holzstall auf dem westlich anschließenden Höfchen (BA Simeonsplatz 6–9 mit Grundriß).

Verputzter Backsteinbau von 10,60 x 10,60 m Größe und 3 x 4 Fensterachsen unter pfannengedecktem Steildach. Erdgeschoßhöhe 3,70 m. Eingang an der dreiachsigen Ostseite zur Torstraße. Hier Flur mit Bodentreppe, nach Norden daneben Stube. Hinter dem Flur nach Westen die Küche mit Kammer und kleinem Flur zum Hof, daneben Stube nach Norden. – Um 1970 für den Neubau des Kreishauses Portastraße 13 (siehe Teil V, S. 200 f.) abgebrochen.

ABBILDUNG: Foto um 1898 bei GRÄTZ 1997, S. 41; Abb. 482 (links am Rand); WAfD, Bildarchiv.

48. WAAGE UND WIEGEHÄUSCHEN +
Hausberger Torstraße o. Nr.

1902 Bauantrag für den Neubau von Waage und Wiegehaus an dem von der Portastraße nach Süden abzweigenden *Glacisweg* (Alte Hausberger Torstraße) (BA Simeonsplatz 3). Der kleine Bau lag zwischen der Reitbahn (S. 735) und der ehemaligen Hausberger Torwache (siehe oben), leicht nach Süden verschoben. Er unterstand dem Proviantamt (Garnisons-Atlas 1910, Nr. 27f: *Zentesimalwaage mit Wiegehäuschen*). Vermutlich wurde er 1936 durch die neue Fuhrwerkswaage bei der Rauhfutterscheune 3/4 ersetzt und abgebrochen.

49. RAUHFUTTERSCHEUNE 3/4 +
Hausberger Torstraße 7

1896 stellt das kgl. Proviantamt den Bauantrag für die Errichtung einer massiven Rauhfutterscheune an der *Coblenzerthorstraße* (BA Simeonsplatz 6–9). Der außen mit Lisenen gegliederte Bau soll 16,62 x 12 m messen, das Erdgeschoß 4,50 m hoch werden; darüber liegen Drempel und ziegelgedecktes Satteldach mit 7 m Firsthöhe. Die Decke wird durch zwei Ständer unterstützt. Der Bau soll zur Lagerung von 41 t Heu oder 45 t Stroh dienen; er wird auf dem Zwickel zwischen Hausberger Torstraße und Hauptwache (S. 736 ff.) errichtet, wohl gegenüber dem ehemaligen Blockhaus No 1; die Torfahrten liegen in der Mitte der Langseiten zwischen zwei Fenstern.

Vor 1907 wurde das Gebäude um einen zweiten Scheunenbau auf 45 m Länge vergrößert; der Anbau erfolgte vermutlich nach Norden, mit einer weiteren Torfahrt von der Straße her (keine Bauakte ermittelt). 1907 Latrinenanbau am Nordgiebel (BA Simeonsplatz 3/4/5 mit Lageplan).

1946/47 bezieht die Auto-Reparatur-Werkstatt Wilhelm Grotefeld & Co. die Scheune. Die Firma war 1939 an der Victoriastraße gegründet worden; neben dem Reparaturdienst betrieb Grotefeld die Opel-Generalvertretung für Minden-Lübbecke und Schaumburg-Lippe. Nach Heeresdienst und Zerstörung im Zweiten Weltkrieg Neuanfang, zunächst auf dem Gelände der Furnier-Großhandlung C. H. Lagner. Nach dem Umzug in die Rauhfutterscheune *hinter dem Krankenhaus* Ausbau zu einem ansehnlichen Unternehmen mit 25 Beschäftigten (Angaben aus Schreiben des Gasolinvertreters (?) Heinrich Meyer, Minden, vom 14. 6. 1948 in BA Simeonsplatz 3. Siehe auch Teil V, S. 1561, Viktoriastraße 18/18 a und S. 1658, Autowerkstätten und Autohäuser). Die Firma Grotefeld betrieb seit 1948 die nahegelegene Leuna-Tankstelle Portastraße 11 (siehe unten S. 797: Militärische und zivile Bauten nach 1945). Die Rauhfutterscheune 3/4 wurde 1974 für den Erweiterungsbau des neuen Kreishauses Portastraße 13 abgebrochen (siehe Teil V, S. 200 f.; BA Alte Hausberger Torstraße 7).

50. FELDFAHRZEUGSCHUPPEN NO. 1 +
Hausberger Torstraße 9

Errichtet vor 1880; der Bau ist in diesem Jahr bereits in die Flurkarte Gemeinde Minden, Flur 9 Anlage 7 (Kreiskatasteramt Minden-Lübbecke, Abb. 479) eingetragen. Er steht auf dem Gelände des ehemaligen Bastions III vor der Südgrenze des Lazarettgeländes. 1910 gehörte er zu den Gebäuden des Feld-Artillerie-Regiments Nr. 58 (Garnisons-Atlas, Nr. 3y). Nach einer undatierten Schema-Zeichnung des Heeresbauamts Minden (irrtümlich in BA Königstraße 13) hatte er eine Länge von 40 m im Lichten bei einer Tiefe von 9 m, die östlichen 10,10 m waren um 1 m tiefer; die Höhe im Inneren betrug 5,15 m. In der südlichen Langseite acht Tore, rückseitig acht Fenster, in den Giebelseiten je zwei Fenster. Laut Abbruchschein von 1974 waren die Mauern aus Ziegeln aufgeführt, der Innenausbau aus Nadelholz (BA Alte Hausberger Torstraße 1–3, 7). Zuletzt diente der Bau als Schrott-Lagerhalle und Abstellplatz der Fa. Grotefeld (siehe Rauhfutterscheune 3/4, S. 783).

51. FELDFAHRZEUGSCHUPPEN NO. 2 +
Hausberger Torstraße 11

Erbaut vor 1909 (Gemarkungskarte Minden Nr. 1, Flur 50; STA DT, D73 Tit. 5 Nr. 3130) vor der südlichen Glaciskante, gegenüber von Feldfahrzeugschuppen Nr. 1. Länge ca. 33 m. 1910 Verlängerung um 32,88 m nach Osten (BA Simeonsplatz 6–9); laut Garnisons-Atlas (Nr. 3 z) gehört er zum Feld-Artillerie-Regiment Nr. 58. Ein undatierter schematischer Grundriß des Heeresbauamtes Minden (irrtümlich in BA Königstraße 13) zeigt für den älteren Bau zwei Abteilungen von 18 bzw. 25 m innerer Länge und 10,26 m Tiefe. In der Nordwand neben einer Tür am Westende gleichmäßig verteilt acht (drei und fünf) Tore, in der Südwand ein einzelnes Fenster und acht Fensterpaare. Die Verlängerung von 1910 mißt im Lichten 32,50 x 10 m; in der Nordwand sechs Tore und eine Tür am Ostende, rückwärtig entsprechend paarige und ein einzelnes Fenster.

1937 Baugesuch zur teilweisen Unterfangung der Außenwände, da der Schuppen auf dem Gelände des zugeschütteten ehemaligen Festungsgrabens liegt. Die Ecken im Nordwesten und Nordosten sowie drei Wandabschnitte der Nordwand müssen unterfangen und nachfundamentiert werden (BA Simeonsplatz 10/21/24/37). Der beiliegende Plan zeigt die innere Aufteilung: Je zwei Pfosten teilen die 5 m breiten Einstellplätze hinter den Toren sowie zwei kleine Plätze von 2,50 m Breite hinter den Türen an den Enden. Die Traufhöhe des flachen Satteldaches beträgt 3,40 m, die Firsthöhe 5,51 m. Laut Abbruchschein von 1974 bestehen die Außenmauern aus Backstein, die Innenkonstruktion aus Nadelholz. Letzter Nutzer ist die Fa. Grotefeld (siehe Rauhfutterscheune 3/4, S. 783); der Bau dient als Lagerhalle für Schrott und als Abstellplatz (BA Alte Hausberger Torstraße 1–3, 7).

52. KRANKENSTALL +
Hausberger Torstraße o. Nr.

1903 Bauantrag der Garnisonverwaltung für einen Neubau eines Krankenstalles für ansteckend kranke Pferde der I. Abteilung des Feld-Artillerie-Regiments Nr. 58. Der 8,25 x 6,27 m große Stall wird östlich des Feldfahrzeugschuppens No. 1 (siehe oben) errichtet. Der Backsteinbau mit Drempel erhält ein *Cementplatten*-Satteldach. Innen rechts ein Vorraum, links ein Raum für den Pferdepfleger, dahinter der Stall mit zwei Pferdeständen. Über allem ein Futterboden. Zwischen Stall und Feldfahrzeugschuppen Anlage einer Düngergrube (BA Simeonsplatz 6–9). Nach dem Zweiten Weltkrieg Umbau zu einer Wohnung; sie ist durch einen als Büro genutzten Zwischenbau mit dem

Abb. 518 Simeonsplatz von Nordosten, Blick vom Simeonskirchturm, 1936. Links Wagenhaus No 2, darüber Kaserne III, links davon Geschützschuppen und Gashaus. Mitte: Körnermagazin Nr. 3, rechts Defensions-Kaserne, darüber Stall C und Doppelreithalle. Vorne von links: Dach der Kraftfahrzeughalle von 1933/34, Proviantmagazin von 1819/20 und Militär-Ökonomie-Gebäude von 1837.

Feldfahrzeugschuppen verbunden. Mieter ist die Fa. Grotefeld (siehe Rauhfutterscheune 3/4, S. 783). Die Gebäude werden 1974 abgebrochen (BA Alte Hausberger Torstraße 1–3, 7).

53. PATRONENHAUS +
Hausberger Torstraße o. Nr.

1910 verzeichnet der Garnisons-Atlas unter Nr. 7 b das *Patronenhaus des Inf.-Regts. Nr. 15* östlich hinter dem Krankenstall des Feld-Artillerie-Regiments Nr. 58. Der etwa 6 x 10 m große umzäunte Bau ist vermutlich der Ersatzbau für das östlich der Kasinostraße/Johansenstraße gelegene Friedens-Pulverhaus von 1880 (S. 771), das zwischen 1907 und 1910 beseitigt wurde. Das Patronenhaus verschwand nach dem Zweiten Weltkrieg.

54. GESCHÜTZSCHUPPEN II +
Portastraße 19

ABBILDUNG: Simeonsplatz, vom Simeonskirchturm aus aufgenommen 1936, KAM, Bildsammlung B VI 10, Nr. 7555, GRÄTZ 1997, S. 231.

1903 beantragt die Garnisonverwaltung die Genehmigung zum Bau eines Geschützschuppens für die I. Abteilung des Feld-Artillerie-Regiments Nr. 58. Der Bau wird schräg gegenüber der Kaserne III

(S. 741) mit der Giebelseite zur Portastraße errichtet (BA Simeonsplatz 6–9). Eingeschossiger Massivbau von 35,88 x 12,88 m Größe mit flachem Satteldach. In einer Langseite nach Nordosten sechs Tore, rückseitig sechs Fenster, in den Giebelseiten zwei Fenster bzw. Tür und Fenster. Eck-Lisenen und Fenstergewände aus Sichtbackstein, die Flächen verputzt. Das Innere wird durch eine Pfostenreihe, die ein *offenes Gebälk* trägt, in zwei Schiffe geteilt, in der Querrichtung bilden leichte Scherwände vier Abteilungen von je 5 m und zwei Abteilungen von 7,50 m Breite. 1908 erfolgt eine Verlängerung nach Südosten um einen Raum von 7,50 m Länge im gleichen System, 1909 eine erneute Verlängerung um 5 m Länge; der Raum soll einen Beobachtungswagen und Übungsgerät aufnehmen.

1924 Umbau zu einer Garage für vier Kraftfahrzeuge mit Kraftstofflager. – 1937 Umbau für die Unterbringung einer schweren Artillerie-Abteilung (BA Simeonsplatz 10/21/24/37). Statt der bisher nur 2,70 m breiten Tore werden acht, teils 3,50, teils 5,10 m breite Tore mit vier- bzw. fünffachen Faltflügeln eingebaut. Im Inneren werden zwei leichte Trennwände beseitigt; die Längsständerreihe mit ihren ungleich wechselnden Abständen (ca. 7,70 bzw. 4,60 m, wohl vom Umbau 1924) bleibt bestehen, ebenso das offene Dachwerk. Der mehrfach verlängerte Bau ist 48,48 m lang, 12,88 m breit, Traufhöhe 3,50 m, Firsthöhe 4,60 m. – Der ehemalige Geschützschuppen, der zuletzt Werkstätten enthielt, wird 1974 für den Neubau des Kreishauses abgebrochen (BA Alte Hausberger Torstraße 1–3, 7).

55. GASHAUS +
Portastraße 17

ABBILDUNG: Simeonsplatz, vom Simeonskirchturm aus aufgenommen 1936, KAM, Bildsammlung B VI 10, Nr. 7555; GRÄTZ 1997, S. 231; Abb. 518.

Baujahr nicht ermittelt, vermutlich nach 1933. Eingeschossiger, barackenartiger Massivbau von ca. 10,40 x 10,40 m Größe; ursprünglich sehr flaches Satteldach mit Pappdeckung. Der Bau wurde östlich vom Südende des Geschützschuppens II (siehe oben) errichtet. – 1937 Bauantrag des Heeresbauamtes II Bielefeld für die Erweiterung nach Südosten auf 16,90 m Länge (BA Simeonsplatz 5). Der Bau erhält ein flaches Walmdach mit einer Entlüfterhaube auf dem 6,30 m hohen First. In der nördlichen Giebelwand zwei Türen zu Vorraum bzw. breitem *Entseuchungsraum*; den größten Teil des Gebäudes nimmt der *Gasraum* auf. Zugang durch drei breite Tore in der Westwand, gegenüber liegen zwei breite, vierteilige Fenster, im Rückgiebel zwei Fenster. – In der Nachkriegszeit dient der Bau zuletzt als Glaserwerkstatt. 1974 Abbruch für den Neubau des Kreishauses (BA Alte Hausberger Torstraße 1–3, 7).

Projekte für Militärbauten (bis 1918)

1. MAGAZINBAUTEN AUF DEM DREIECKSPLATZ

QUELLE: BA Simeonsplatz 6–9.

Am 22. Dezember 1913 ergeht eine Anfrage des Königlichen Proviantamtes an die Stadtverwaltung betr. Baugenehmigung: *Für die Erweiterungsbauten anläßlich der Heeresverstärkung und für die Ersatz-*

bauten der aufzugebenden Magazine am Hafen [Packhaus / Körnermagazin III, Hafenstraße 28/30, siehe Teil V, S. 1456] und in der Marienwallstraße [vermutlich die Rauhfutter-Magazine I/II, siehe Kat.-Nr. 370, 371] *ist der Platz zwischen der Simeon- und der Portastraße – das sog. Dreieck – als das am besten geeignete Grundstück in Aussicht genommen.* Vorgesehen seien: ein Getreidespeicher für ca. 600 Zentner, zwei bis drei Scheunen für rund 1000 Zentner Rauhfutter sowie kleinere Nebenräume.

Das Stadtvermessungsamt berichtet der Baupolizei am 7. 1. 1914, es gebe keine Bedenken, wenn die Errichtung in der Baufluchtlinie erfolge und die in die Linden- und Simeonstraße fallenden Flächen an die Stadt abgetreten würden. *Da unseres Wissens aber dieser Platz für eine Garnison Kirche ausersehen ist und ferner der Tunnel der Bastau diesen Platz durchschneidet, dürfte es sich u. E. empfehlen, das Gesuch abzulehnen.* – Zu Planungen von 1896–1899 für die Einrichtung einer evangelischen Garnisonkirche im Artillerie-Zeughaus, der ehemaligen Klosterkirche St. Mauritius, siehe Teil III, S. 499–502. Über ein Kirchenprojekt auf dem Dreiecksplatz ist nichts weiter bekannt.

Am 13. 1. 1914 teilt die Polizeiverwaltung dem Proviantamt mit, die Stadt habe auf Grund des Ortsstatuts Bedenken gegen die geplanten Magazinbauten, *da die Garnisonsverwaltung wahrscheinlich nicht geneigt sein wird, für architektonische Ausbildung der Außenansichten von Rauhfutterscheunen etc. erhebliche Aufwendungen zu machen.* Ein endgültiger Bescheid könne erst nach Vorlage von Zeichnungen erteilt werden. Weiteres ist darauf offensichtlich nicht erfolgt.

2. PFERDESTÄLLE AUF DEM SIMEONSPLATZ UND AN DER ARTILLERIESTRASSE

QUELLE: BA Simeonsplatz 5.

Aus dem Jahre 1917 stammt ein Projekt, *für die in hiesiger Garnison untergebrachten Ersatz-Abteilungen* der Feld-Artillerie-Regimenter 22, 58 und 69/70 *einfache hölzerne, provisorische Pferdeställe, mit eingegrabenen Stielen, zu erbauen:*

– einen Stall, 153,50 m lang, 10,30 m breit, für die Ersatz-Abteilung des Feld-Artillerie-Regiments 58. Er soll südwestlich der Artillerie-Pferdeställe A-C und nordwestlich des Kammergebäudes errichtet werden, parallel zur Grundstücksgrenze am Simeonsglacis. Der Stall ist für 160 Pferde und die Wache vorgesehen.
– zwei Ställe von 51,00 bzw. 52,50 m Länge und 10,30 m Breite für 56 bzw. 58 Pferde der Ersatz-Abteilung des Feld-Artillerie-Regiments 22. Als Bauplatz ist der Geländezwickel zwischen der Portastraße, dem Glacisweg (Alte Hausberger Torstraße) und der Glacisgrenze westlich der alten Hausberger Torwache und des ehemaligen Blockhauses No 1 vorgesehen.
– einen Stall von 91,00 m Länge und 10,30 m Breite für 100 Pferde der Ersatz-Abteilung des Feld-Artillerie-Regiments 69/70. Der Stall soll auf dem Gelände der Artillerie-Kaserne an der Artilleriestraße erbaut werden, und zwar am Westende, parallel zum Westfalenring/Ringstraße (an dieser Stelle entstand 1936 die Exerzierhalle; siehe unten 3.2 Städtische Artilleriekaserne).

Weiteres ist dem Aktenstück nicht zu entnehmen; anscheinend ist das Bauprojekt nicht weiter verfolgt worden.

Bauten der Wehrmacht

Die bis zum Ersten Weltkrieg in Minden errichteten Kasernen des kaiserlichen Heeres reichten für die nach dem Zusammenbruch von 1918 wesentlich verkleinerte Reichswehr der Weimarer Republik völlig aus; zum Teil wurden sie, wie die alte Kaserne am Marienwall oder die Bahnhofskaserne, von anderen Dienststellen und Ämtern genutzt oder zu Wohnungen umgebaut. Erst mit der forcierten Aufrüstung der Deutschen Wehrmacht nach 1933/34 wurden Neubauten notwendig, die teils als neu geplante Gesamtanlagen an neuen Standorten errichtet wurden (1934/35 Pionierkaserne / Mudra-Kaserne an der Ringstraße, siehe unten Kap. 3.5; 1935/36 Kaserne des Infanterie-Regiments 58 / Gneisenau-Kaserne auf der Grille, siehe unten Kap. 3.6), teils den vorhandenen älteren Baubestand ergänzten.

Die alten Infanterie- und Artillerie-Kasernen am Simeonsplatz sowie die Städtische Artillerie-Kaserne an der Artilleriestraße waren vom 6. (Preußischen) Artillerie-Regiment übernommen worden, das 1921 aus dem Westfälischen Artillerie-Regiment Nr. 7 gebildet wurde. Regimentsstab und II. Abteilung mit sechs Batterien lagen in Minden, die übrigen drei Abteilungen garnisonierten in Münster (I. Abt.), in Hannover und Wolfenbüttel (III. Abt.) sowie in Verden/Aller und Fritzlar (IV. Abt.); zur Geschichte des Regiments und seiner Nachfolge-Formationen vgl. von Senger und Etterlin 1980. Am 1.1.1934 entstanden aus dem Regiment, das seinen Namen nun aufgab, vier neue Regimenter: Artillerie-Regiment Minden, Münster, Hannover und Verden, jedes mit drei bis vier Abteilungen, zu denen 1935 mit der Einführung der Allgemeinen Wehrpflicht weitere Neuaufstellungen traten. Mit der Besetzung des Rheinlandes im Frühjahr 1936 erfolgten Verlegungen in die neuen rheinischen Garnisonen; für die Abgaben wurden neue Abteilungen aufgestellt. Die neuen Regimenter erhielten Ende 1936 ihre endgültigen Bezeichnungen: In Minden lag seither die schwere II. Abteilung (t-mot) des Artillerie-Regiments 42 mit drei Batterien, sie war dem Artillerie-Regiment 6 in Osnabrück unterstellt und bildete mit diesem die Artillerie der 6. Infanterie-Division. Die Mindener Abteilung übernahm die Tradition des ehemaligen Feld-Artillerie-Regiments Nr. 58.

Die zwischen 1934 und 1937 bzw. 1944 errichteten Gebäude am Simeonsplatz wurden nach Kriegsende bis 1993 von der britischen Rheinarmee übernommen; die Simeonskasernen wurden in *Westminster Barracks* umbenannt und dienten als Unterkünfte, Werkstätten und Lagerräume für Transport und Instandsetzungs-Einheiten der Stationierungs-Streitkräfte (Forero 1992, S. 38–47). Nach ihrem Abzug wurden die Wehrmachtsbauten sowie einige ältere und jüngere Anlagen, für die sich keine sinnvolle neue Nutzung ergab, im Zuge der Konversion der Mindener Militärbauten abgebrochen. Auf den damit frei gewordenen Flächen wurden bzw. werden seit 1998, zumindest teilweise, Neubauten ziviler Nutzung errichtet.

56. WACHTGEBÄUDE +
Simeonsplatz 1

QUELLE: BA Simeonsplatz 5 und 10/21/24/37 mit Plänen.

Erbaut 1934 in der Nordostecke des Simeonsplatzes an der Hauptzufahrt zum Kasernengelände von der südlichen Verlängerung der Simeonstraße her. Bauschein vom 29.12.1933.

Eingeschossiger, verputzter Massivbau von 9,36 x 7,45 m Grundfläche. Flachgeneigtes Walmdach mit Teerpappendeckung, Traufhöhe 3,80 m. Eingang in der Mitte der Südseite, hier kleiner

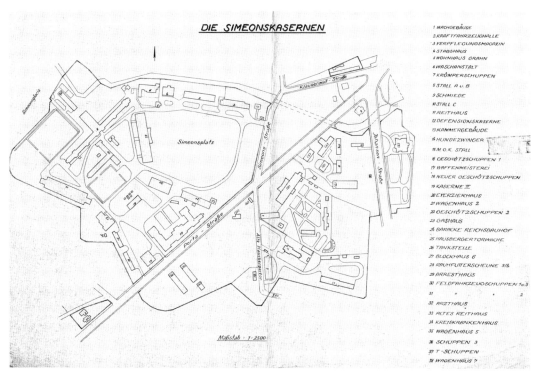

Abb. 519 Die Simeonskasernen. Lageplan um 1938. Städt. Vermessungsamt.

Vorraum zur rechts anschließenden Wachtstube und der nördlich hinter ihr liegenden Kasse. Von der Wachtstube schmaler Flur nach Westen, daran nach Norden zwei Arrestzellen. Zwischen Vorraum und Flur, von der Wachtstube zugänglich, kleiner Patronenraum. Im südwestlichen Viertel des Gebäudes zwei Abortäume mit Zugängen von der Westseite. Alle Räume mit Ofenheizung, die für die Arrestzellen und die Toiletten vom Flur bzw. vom kleinen Vorraum aus beschickt wurde. – Abgebrochen in den späten 1990er Jahren.

57. KRAFTFAHRZEUGHALLE +
Simeonsplatz 2

QUELLE: BA Simeonsplatz 5 mit Plänen.

Auf dem Platz zwischen dem Wachtgebäude (siehe oben) und dem 1819/1820 errichteten Proviantmagazin (Kat.-Nr. 205–209) stand zuerst der 1867 errichtete und im gleichen Jahr verlängerte *Fachwerk-Schuppen für gezogene Geschützrohre* (Kat.-Nr. 248, 249). Der Garnisons-Atlas von 1910, Bl. 29, zeigt an seiner Stelle einen *Haferspeicher* (Nr. 27e), der dem Proviantamt unterstand. Über diesen ca. 35 x 15 m großen Neubau liegen keine Nachrichten vor, ebenso wenig für seinen Nachfolgebau von ca. 40 x 8 m Größe, der in der Neuauflage des Garnisons-Atlasses nach 1923 unter Nr. 35 als *Geräteschuppen* der II. Abt. des Artillerie-Regiments Nr. 6 verzeichnet ist (Bl. 29, 29 b). Dieser wurde 1933/34 abgebrochen.

Der 1933/1934 errichtete Neubau der Kraftfahrzeughalle war 46,44 m lang, die westlichen drei Viertel hatten eine Tiefe von 12,76 m, das rückwärts eingezogene östliche Viertel eine Tiefe von 9,76 m. Die rückwärtigen Traufhöhen des flachgeneigten Pultdaches betrugen 3,39 bzw. 5,05 m. Die zum Platz gewendete Südseite hatte zwölf eiserne Faltgaragentore; die Nordseite zur Bastau war mit einem hochliegenden Fensterband ausgestattet. Die Hallenkonstruktion bestand vermutlich aus Beton-Fertigteilen nach Normvorgaben der Heeresbauverwaltung; sie entsprach der Konstruktion der 1935 errichteten Fahrzeugschuppen Nr. I und II im Bereich der Beseler-Kaserne/Pionierkaserne bei Fort B (siehe S. 829, Schuppen II, und S. 847, Schuppen I). – Etwa ein Drittel des tieferen Westteils diente als Werkstatt mit Wagenwaschraum und Heizung, dahinter Lagerraum für Öle und Gummi, sowie in ganzer Tiefe als Werkstatt und Arbeitsgrube. Die übrige Halle war Unterstellraum für 22 Fahrzeuge, die im tieferen Teil in zwei Reihen hintereinander geordnet waren. Die Einstellplätze waren den Gruppen der Artillerie-Einheit zugeordnet.

1937 wurde die Kraftfahrzeughalle um 12,38 m nach Westen durch zwei Hallenräume von 9,76 m Tiefe verlängert, davon einer mit Arbeitsgrube, hinter denen ein 3 m tiefer Sammlerwerkstattraum lag (BA Simeonsplatz 10/21/24/37). – Die nach 1945 als Block J bezeichnete Halle diente auch den britischen Einheiten als Wartungsanlage mit Inspektionsgruben für Kraftfahrzeuge. Nach FORERO (1992, S. 43) war sie *relativ neu und von daher in gutem Zustand*. Der Bau wurde um 1995 abgetragen.

58. DOPPELREITHALLE MIT KÜHLSTÄLLEN +
Simeonsplatz 11

QUELLE: BA Simeonsplatz 5 und 6–9.

ABBILDUNG: Foto des Simeonsplatzes vom Simeonskirchturm nach Süden, um 1936 bei GRÄTZ 1997, S. 230 f.; Abb. 518, am rechten Bildrand über der Defensions-Kaserne.

Am 5.12.1934 beantragt das Heeresneubauamt Minden bei der Baupolizei der Stadt die Genehmigung für den Neubau eines Reithauses mit Kühlstall. Der Bauschein wird am 12.12. ausgefertigt. Der Bauplatz liegt an der Südwestgrenze des Kasernengeländes zum Simeonsglacis, südlich der Artillerie-Pferdeställe B und C (S. 757, 759) und nordwestlich des Kammergebäudes (S. 751). – Der in leichter, massiver Bauart aus Eisenfachwerk mit Eisenfenstern und teerpappegedecktem, flachem Satteldach ausgeführte Bau ist 42,92 m lang, 21,29 m breit, die Traufhöhe beträgt 5,13 m, die Firsthöhe 8,79 m. Vor der nordwestlichen Schmalseite liegt der Kühlstall, im Lichten 9 m lang und 10,29 m breit. Das Eisenfachwerk wird unten mit Kalksandstein ausgemauert, darüber liegt ein allseits umlaufendes Fensterband mit enggestellten senkrechten Sprossen. Die nutzbare Hallenfläche zwischen den Mauern beträgt 922,73 qm.

Noch im gleichen Jahr 1935 wird der Bau durch spiegelbildliche Wiederholung auf das doppelte Maß vergrößert, auch vor der neuen südöstlichen Giebelwand wird ein Kühlstall errichtet. Am 15.5.1936 beantragt das Heeresbauamt die Genehmigung der schon ausgeführten Arbeiten zur Anlage von Entwässerungsleitungen an dem neu errichteten Reithaus (BA Simeonsplatz 6–9). – Etwa gleichzeitig mit der Errichtung der Doppelreithalle werden auf den Freiflächen zwischen Stall B und Glacisgrenze bzw. südöstlich von Stall C Reitbahnen mit sechs bzw. drei Feldern angelegt.

Nach 1945 dient die Doppelreithalle als Block R der britischen Westminster Barracks zur Wartung und Instandsetzung von schweren Kraftfahrzeugen. Im Hallenboden werden vier Inspektionsgruben angelegt; die nördliche Langseite erhält zehn fast wandhohe Einfahrten mit Falttoren. Die um kleinere Nebenräume erweiterten ehemaligen Kühlställe dienen als Lager- und Werkstätten (FORERO 1983, S. 43). Außerdem befand sich hier eine Heizzentrale mit einem etwa 20 m hohen Schornstein (ebd. Lageplan S. 47; Foto bei der Unteren Denkmalbehörde Minden). Nach dem Abzug der Stationierungsstreikräfte 1993 war bei den ersten Überlegungen zur Konvention der Militärbauten eine Nutzung als Tennissporthalle im Gespräch, doch erwies sich dies wegen der horizontalen eisernen Zuganker (Höhe über dem Hallenboden ca. 5 m) als nicht praktikabel. Die mit einer Nutzfläche von ca. 1.800 qm sehr geräumige Halle wurde um 1995 abgebrochen, auf dem breiten Geländestreifen entsteht seit Frühsommer 2000 eine aufgelockerte Bebauung mit Eigentumswohnungen nach Entwurf der Planungsgemeinschaft Bauteam Minden (Wohnpark Simeonscarré).

59. WAFFENMEISTEREI +   Abb. 520
Simeonsplatz 17

QUELLE: BA Simeonsplatz 5 mit Plänen.

ABBILDUNG: Foto von 1992, WAfD, Bildarchiv 92/105/34; Abb. 520.

Am 30. Juli 1935 reicht das Heeresbauamt bei der Baupolizei den Antrag auf Baugenehmigung für den Neubau der Waffenmeisterei ein. Das Gebäude soll nahe der Portastraße zwischen der Kaserne III (S. 741) und dem südwestlich am Simeonsglacis stehenden Geschützschuppen (S. 766) errichtet werden. Die hier gelegenen kleineren Gebäude der Beschlagschmiede (S. 767) und der älteren Waffenmeisterei (ebd.) werden abgebrochen. § 7 der Baupolizei-Verordnung vom 21.2.1927 schreibt hier eine dreigeschossige Bebauung in der Flucht des großen Kasernenbaus vor. Am 29.3.1935 wird Dispens von dieser Festlegung erteilt, da eine einheitliche Bebauung in der Nachbarschaft der einstöckigen Schuppenbauten am Glacis nicht zu erreichen ist. Der Bauschein wird am 19.9.1935 ausgefertigt.

Der 25 x 22 m große Bau gleicht in Maßen, Disposition und Konstruktion weitgehend der ungefähr gleichzeitig errichteten Waffenmeisterei in der Gneisenau-Kaserne an der Grille (S. 864 (P); Abb. 571). Stahlskelett mit massiver Ausmauerung; die niedrigen Abseiten (Traufhöhe 3,60 m) liegen unter flachgeneigten Pultdächern mit Massivdecken, der erhöhte Mittelteil mit dem großen durchgehenden Raum der Kraftfahrzeug-Werkstatt hat ein ebenfalls massives, flaches Satteldach (Firsthöhe 7,20 m), er wird beiderseits durch hohe Lichtbänder mit Eisenfenstern erhellt. Der Sockel ist aus Klinkern gemauert, alle Wandflächen hell verputzt. In der östlichen Stirnseite des großen Werkstattraumes große Einfahrt mit vierteiligem, eisernem Falttor, darüber Oberlicht (H 5,70 m), im Werkstattboden Arbeitsgrube. In der südlichen Abseite neben der Werkstatt-Einfahrt Flur, WC und Räume für Akkumulatoren und Nachrichtengerät sowie Schreib- und Aufbewahrungsraum, darunter Keller mit Heizung, Brennstofflager und Abstellraum; am Ende Maschinenraum. Die südliche Abseite enthält vorn neben der Stellmacherei die zur großen Werkstatt offene Schmiede mit Esse, dahinter die Werkstatt für Handwaffen mit zwei kleinen Nebengelassen (Kratz- und Kochraum).

Nach 1945 und bis 1993 diente die Waffenmeisterei auch den britischen Stationierungskräften als Werkstatt (FORERO 1992, S. 46, Block W); sie wurde um 1995 abgebrochen. 1999–2001 entstand auf dem Gelände das Verwaltungsgebäude der Fa. Harting nach Entwurf von Mario Botta (siehe unten S. 798 ff.).

Abb. 520 Simeonsplatz 17, Waffenmeisterei und Wachtbaracke an der Portastraße, 1992. Hinten rechts das Kammergebäude.

60. FUHRWERKSWAAGE +
Alte Hausberger Torstraße o. Nr.

QUELLE: BA Simeonsplatz 10/21/24/37.

Auf Antrag des Heeresbauamtes Bielefeld, Heeresneubauleitung Minden, erteilt die Baupolizei am 7.10.1936 den Bauschein für eine neue Fuhrwerkswaage. Sie wird vor dem Nordgiebel der Rauhfutterscheune 3/4 (S. 783, Alte Hausberger Torstraße 7) errichtet und ersetzt die 1902 weiter nördlich auf der anderen Straßenseite erbaute Waage mit dem Wiegehäuschen (ebd.). Das neue Wiegehäuschen ist nur 3 x 3 m groß und hat ein flaches Walmdach von 2,95 m Traufhöhe und 3,30 m Firsthöhe. Die Waageplattform liegt in der Fahrbahn des östlich um die Rauhfutterscheune und zu den Feldfahrzeugschuppen 1 und 2 führenden Weges.

Vermutlich wurde die Waage mit Kriegsende 1945 nicht mehr benötigt; spätestens 1974 wurde sie für den Erweiterungsbau des neuen Kreishauses Portastraße 13 abgebrochen.

61. EXERZIERHALLE + Abb. 521
Simeonsplatz 20

QUELLEN: BA Simeonsplatz 10/21/24/37 und 6–9.

1936 Bauantrag des Heeresneubauamtes Minden für die Errichtung einer Exerzierhalle auf dem Simeonsplatz, zwischen dem Wagenhaus 2 und der Defensions-Kaserne, als Ersatz für das zwischen 1896 und 1912 erbaute Körnermagazin Nr. 3 (S. 765). Gleichzeitig wurden der weiter westlich gelegene Alte Krankenstall (S. 763) und die benachbarte ehemalige Waffenmeisterwerkstatt mit Wohnung (S. 764) abgebrochen.

Abb. 521   Simeonsplatz 20, Exerzierhalle von Nordosten, 1994.

Der Neubau entsteht 1937, er gleicht in Maßen und Konstruktion weitgehend der erhaltenen Exerzierhalle der Gneisenau-Kaserne an der Grille (S. 863, Abb. 570). Die Halle mißt 45,76 x 20,76 m; sie besteht aus einer Stahlkonstruktion mit massiven, U-förmig um die Ecken gewinkelten Stirnwänden. Zwischen ihnen stehen in den Längswänden je acht Stützen (NP 36), die die schräg unterstützten Hauptquerträger (NP 45) tragen. Die so entstehenden Deckenfelder sind quer und diagonal durch schlankere Stahlträger (NP 14 bis NP 30) aufgeteilt. Die Lichte innere Höhe beträgt 5,10 m. Die Firsthöhe des Walmdaches liegt bei 10 m. Stirnseiten und Winkelwände sind aus Backstein gemauert und verputzt. Beide Langseiten waren zwischen den Winkelwänden bzw. den Hauptstützen durchfenstert, jedes Feld war zweimal waagerecht und senkrecht geteilt, jedes kleine Feld hatte eine enge Eisensprossenverglasung mit 6 x 6 hochrechteckigen Scheiben. Die nördliche Langseite konnte in den drei mittleren Abteilungen durch Dreifachtore geöffnet werden. Zuletzt befanden sich an ihrer Stelle Wandelemente mit vier Großscheibenfenstern. Die Rückseite hatte ein hochliegendes Fensterband von je 6 x 6 Scheiben in jeder Abteilung. Die westliche Stirnwand war ebenfalls durchfenstert, in der Ostwand lag asymmetrisch ein vierteiliges Falttor von zwei Dritteln der Wandhöhe.

Über den Wänden leicht auskragende Betonplatte und hölzernes Kastengesims mit vorgehängter Dachrinne. Dachdeckung ursprünglich aus dunkelgrauem Kunstschiefer, zuletzt aus hellen Profilblechplatten.

Der Fußboden der Halle war mit Holzblockpflaster ausgelegt, lediglich vor den drei WC-Kabinen vor der Mitte der Westwand bestand er aus Beton, daneben beiderseits Sand. Nach 1945 wurde die rund 875 qm große Halle von den britischen Stationierungs-Streitkräften zum größeren Teil

(720 qm) als Sporthalle und Gymnastikraum genutzt; die Restfläche von ca. 150 qm war in mehrere kleinere Räume aufgeteilt, die als Ersatzteillager dienten (FORERO 1992, S. 41, Block B). – Da sich im Zuge der Konversion der Militärbauten keine sinnvolle Nutzung finden ließ, wurde die Halle um 1995 abgebrochen.

Zum Neuen Krankenstall von 1937, Simeonsplatz 24, siehe S. 761 f.

62. GESCHÜTZSCHUPPEN +
Simeonsplatz 18

QUELLE: BA Simeonsplatz 10/21/24/37.

1937 Neubau nach Planung des Heeresbauamtes II Bielefeld, Reg.-Baumeister Nüchter, zwischen der gleichzeitig erweiterten Exerzierhalle (S. 792) und dem Kammergebäude (S. 751), mit der Einfahrtseite nach Südosten zur Kaserne III (S. 741). Eingeschossiger verputzter Massivbau von 32,51 m Länge und 12,76 m Tiefe mit asymmetrischem Satteldach über hölzerner Gitter-Träger-Konstruktion, darauf besandete doppelte Papplage. Traufhöhe vorn ca. 5,45 m, hinten etwa 4,35 m, Firsthöhe bei 5,90 m. Den größeren Teil der Halle nahmen vier Stellplätze für Geschütze mit Rohrwagen ein, davor fünfteilige Falttore von 5,10 m Breite und 3,50 m Höhe und zweiteilige Oberlichter. Am Westende ein kleiner Zubehörraum.

Eine Reihe von kleinen Munitionsbehältern, die sich auf dem Westteil des Bauplatzes in der Nähe des Kammergebäudes befanden, wurden gleichzeitig an die Rückseite des Geschützschuppens verlegt (Entwässerungsplan von 1933, Kopie aus Garnisonsatlas, Bl. 29, in BA Simeonsplatz 5; undatierter Lageplan *Die Simeonskaserne*, um 1938, im städt. Vermessungsamt; Abb. 519).

Nach 1945 Nutzung als Werkstatt und Garagen (Block F der britischen Westminster Barracks, FORERO 1992, S. 45). Nach 1994 Abbruch.

63. LUFTSCHUTZBUNKER + Abb. 522
Simeonsplatz o. Nr.

Keine Bauakten ermittelt. Lageplan *Kaserne am Simeonsplatz*, M 1:1000 Finanzbauamt Bielefeld 1964, in BA Simeonsplatz 21.

ABBILDUNG: Foto WAfD 95/850.

Erbaut 1944 zwischen dem Geschützschuppen (siehe oben) und der Exerzierhalle (S. 792). Gangartiger Betonbunker von ca. 40 m Länge, ca. 2,50 m in das Gelände eingetieft und oberirdisch mit einer Erdabdeckung, etwa 1,70 m über Niveau, versehen. Schmalseiten im Nordwesten und Südosten mit sorgfältiger Quaderverkleidung; am Keilstein des stichbogigen Eingangs im Südosten Jahreszahl *1944*. Vor den Schmalseiten zweiläufige eingetiefte Treppen. An den Langseiten mindestens drei Lüftungsöffnungen. Einzelheiten über Konstruktion und Raumteilungen nicht bekannt.

Abgebrochen nach 1995.

Abb. 522 Simeonsplatz o. Nr., Luftschutzbunker. Südöstlicher Eingang von Osten, 1995.

64. BARACKENBAUTEN +
Simeonsplatz 15, Portastraße 9

In dem etwa 1938 gezeichneten Lageplan der Simeons-Kasernen (M 1:2500, Stadtvermessungsamt Minden; Abb. 519) ist nordöstlich neben dem Geschützschuppen II (S. 785, Portastraße 19) und vor dem Gashaus (S. 786, Portastraße 17) ein ca. 40 x 10 m großer Bau eingetragen, der parallel zum Geschützschuppen steht. Er trägt die ältere Hausnummer (Portastraße) 17; in der Legende steht er unter Nr. 24 als *Baracke Reichsbauhof*. Über Zeitpunkt und Anlaß der Aufstellung konnte nichts ermittelt werden.

1950 wird die Holzbaracke gegenüber der früheren Infanterie-Kaserne (Kaserne III) als ehemalige *RAD* (Reichsarbeitsdienst)-*Baracke* bezeichnet; sie wurde damals von der Firma Wilhelm Wallboom gewerblich benutzt (BA Simeonsplatz 24).

Für die vorübergehende Aufstellung von zwei weiteren, ebenfalls als *RAD-Baracken* bezeichneten Gebäuden beim Reservelazarett (ehemaliges Garnison-Lazarett, Portastraße 9) gibt der Regierungspräsident Minden am 20. Februar 1942 eine Zustimmung an das Heeresbauamt III in Bielefeld (BA Portastraße 7/ Simeonsplatz 8). Näheres ist den Akten nicht zu entnehmen; der beiliegende Lageplan M 1:2500 legt die Aufstellungsorte fest: eine Baracke wird zwischen dem Hauptbau des Lazaretts und dem Waschhaus/Liegehalle I (S. 778) inmitten des Lazarettgartens aufgestellt, die zweite Baracke erhält ihren Platz parallel zur Johansenstraße, knapp nordöstlich vom Wagenhaus 7 (S. 774) und gegenüber dem Garten des Offzierskasinos (Johansenstraße 1; siehe Teil V; S. 141–147). Das Gelände gehört heute zum Klinikum II; am Platz der zweiten Baracke wurde 1956 eine Offiziersunterkunft für die britischen Stationierungskräfte errichtet, die nach 1993 zur Zentralapotheke für Klinikum I und II umgebaut wurde (siehe Teil V, S. 287). – Die Abbruchdaten für die drei Baracken nach 1945 wurden nicht ermittelt. In den Blättern Minden-Ost bzw. Minden-West der Deutschen Grundkarte M 1:5000 von 1952 bzw. 1953 sind sie noch verzeichnet.

Militärische und zivile Bauten nach 1945

BAUTEN IN DEN WESTMINSTER BARRACKS
Angaben nach Forero 1992, S. 43–46 mit Lageplan S. 47, und nach den Plänen Nr. 10 und 11 (siehe oben S. 734).

WARTUNGSHALLE (BLOCK S) +
Massivbau aus Beton-Fertigteilen(?), mit flach nach Südosten geneigtem Pultdach. An der Nordwestseite breite Garagentore. Vermutlich bald nach 1945 auf dem Reitplatz zwischen dem Südwestflügel vom Stall C (Block Q) und dem Geschützschuppen (S. 794; Bock F) errichtet. Nach Forero (1992, S. 45, 46) 31,56 x 17,34 m groß und als Wartungsraum und Inspektionshalle genutzt; für die Anlage der Inspektionsgrube erweitert. – Abgebrochen nach 1994.

WACHBARACKE (BLOCK Y) +
Hölzerner Barackenbau von 10,50 x 10 m Größe, errichtet bald nach 1945 an der südlichen Zufahrt zum Kasernengelände zwischen der Kaserne III (S. 741, Block A) und der ehemaligen Waffenmeisterei von 1935 (S. 791; Block W; Abb. 520). – Abgebrochen nach 1994.

TANKSTELLE (GEBÄUDE II) +
Kleiner Bau von 21 qm Grundfläche, anscheinend erst nach 1974 südlich vor der 1933/1934 errichteten Kraftfahrzeughalle (S. 789; Block J) aufgeführt. – Abgebrochen nach 1994.

KRAFTFAHRZEUG-WASCHANLAGE (GEBÄUDE II) +
Am Nordrand des Platzes vor dem ehemaligen Proviant-Magazin von 1819 angelegt. Die Anlage nahm 210 qm ein und bestand im wesentlichen aus dreimal zwei langen, ca. 1 m hohen Betonblöcken mit Auffahrrampen von Osten. – Abgebrochen gegen Ende der 1990er Jahre bei der Neugestaltung des Platzes.

CARPORTS (GEBÄUDE III) +
Vermutlich handelte es sich lediglich um leichte Unterstellplätze für mehrere kleine Kraftfahrzeuge westlich der Doppelreithalle von 1936 (S. 789, Block R). Sie wurden mit dieser um 1995 beseitigt.

GARAGEN (GEBÄUDE IV) +
Garagenreihe von 90 qm Grundfläche für kleine Kraftfahrzeuge, westlich der Carports an der Glaciskante gelegen. Wohl um 1995 mit diesen abgebrochen.

CHEMIKALIENLAGER (GEBÄUDE VI) +
Der kleine Bau von nur 10 qm Grundfläche ist bei Forero 1992, S. 46, aufgeführt, läßt sich aber im Lageplan S. 47 nicht lokalisieren.

BREMSPRÜFANLAGE (GEBÄUDE VII) +
Zwischen 1964 und 1974 knapp südöstlich neben dem Südende von Stall B (Block P) errichtet. An beiden Stirnseiten offene Halle von ca. 17 x 13,50 m Grundfläche und etwa 10 m Firsthöhe am

flachgeneigtem Satteldach. Die Halle bestand aus vier Betonbindern. Die Seitenwände waren unten ausgemauert; das obere Wanddrittel war mit Glasbausteinen geschlossen (Foto Untere Denkmalbehörde Minden). – Abgebrochen nach 1994.

TOILETTEN (GEBÄUDE VIII) +

Anbau vor der nordwestlichen Giebelwand der Reitbahn von 1902 zwischen Stall A und B (Block N).

INSPEKTIONSRAMPE (GEBÄUDE IX) +

Zwei parallele Betonblöcke von ca. 1 m Höhe und 15 m Länge, Gesamtbreite 3 m. Die Rampe befand sich zwischen dem südlichen Flügelbau der Kaserne III (Block A) und dem Geschützschuppen (S. 794; Block F); sie wurde nach 1994 beseitigt.

KOKSLAGERMAGAZIN (o. Nr.) +

Angelegt nach 1945 an der Ostseite des Simeonsplatzes, nahe der Einmündung der Simeonstraße in die Portastraße (sogenannter Dreiecksplatz), gegen die Simeonstraße durch Zaun und hohe Hecke abgeschirmt. Oben offenes, gemauertes Rechteck von 84 x 24 m Größe mit fünf Abteilungen, die von Westen her befahrbar waren. – Abgebrochen nach 1994 für die Umgestaltung der Platzfläche.

SWIMMING POOL (o. Nr.) +

Zeitweise befand sich zwischen ca. 1964 und bis nach 1979 ein Schwimmbecken von etwa 30 x 12 m Größe vor der westlichen Hälfte der Doppelreithalle (S. 790; Bock R). Die Fläche wurde später zubetoniert, vermutlich wegen der Nutzung der Reithalle als Wartungs- und Instandsetzungshalle für schwere Kraftfahrzeuge.

FUSSBALL- UND TENNISPLATZ (o. Nr.) +

Das große offene Karree im westlichen Winkel des Simeonsplatzes zwischen Reithaus (Block N), Stall B (Block P), Doppelreithalle (Block R) und dem Simeonsglacis, auf dem die Reitplätze der Artillerie lagen, wurde nach 1945 zu einem Fußballfeld umgestaltet; außerdem lag hier zuletzt ein Tennisplatz. Beide Sportanlagen wurden gleichfalls nach 1994 beseitigt.

TANKSTELLE

Portastraße 11

QUELLE: BA Simeonsplatz 3.

1948 kommt es zu längeren Querelen um die Bewilligung zum Bau einer Tankstelle der Deutschen Gasolin AG bei der Mindener Opel-Generalvertretung Wilhelm Grotefeld & Co. Die schon 1932 in Bad Oeynhausen gegründete Firma hatte 1938/1939 die schon zehn Jahre zuvor angelegte Tankstelle Victoriastraße 18/18a übernommen (siehe Teil V, S. 1557–1561, S. 1658) und ausgebaut. Nach Kriegszerstörung und Heeresdienst begann der Inhaber mit dem Neuaufbau seines Betriebs, zunächst in einem Lagerschuppen der Furnier-Großhandlung C. H. Lagner; 1946 konnte das Unternehmen in die ehemalige Rauhfutterscheune 3/4 *hinter dem Krankenhaus* (S. 783, Alte Hausberger Torstraße 7) verlegt und zu einem ansehnlichen Betrieb mit 25 Beschäftigten ausgebaut werden (Schreiben des Gasolin-Vertreters Heinrich Meyer, Minden, vom 14.6.1948). Bis 1974 nutzte der expandierende Betrieb außerdem die ehemaligen Feldfahrzeugschuppen No. 1 und 2 als Lagerhalle und Abstellplätze (S. 784, Hausberger Torstraße 9, 11). Heinrich Meyer setzte sich für die Bewilligung des Tankstellen-Neubaus an der Portastraße, auf dem Zwickel zur Alten Hausberger Torstraße, ein. Der Antrag wird abgelehnt; einen am 4.11.1948 erneut von der Gasolin AG eingereichten Antrag zum Bau einer Leuna-Tankstelle genehmigt der Regierungspräsident Detmold. Der Bauschein wird am 27.11.1948 ausgestellt. Die mehrfach umgebaute und veränderte Anlage an der Portastraße zwischen dem ehemaligen Garnison-Lazarett / Klinikum II und dem Bau der Kreisverwaltung Minden-Lübbecke (Portastraße 13) besteht noch heute.

BÜROBARACKE →

Beim ehemaligen Neuen Krankenstall, früher Simeonsplatz 24

QUELLE: BA Simeonsplatz 24.

LITERATUR: HARTING 2000, S. 2 ff.

Die am 1.10.1945 in einem Werkstattgebäude an der Stiftsallee (später Drogerie W. Rieck) gegründete Firma Wilhelm Harting Mechanische Werkstätten bezog 1947 den ehemaligen Neuen Krankenstall (Simeonsplatz 24, jetzt zu Simeonsplatz 6 gezählt, siehe oben S. 761) und baute dort den Betrieb weiter aus. Hergestellt wurden Elektro-Kleingeräte des täglichen Bedarfs: Sparlampen, Kochplatten, Bügeleisen, Waffeleisen etc. Am 9.9.1949 erteilte der Regierungspräsident die Zustimmung zur Aufstellung einer Bürobaracke, in der Labor, Versuchswerkstatt und Konstruktionsbüro eingerichtet wurden. Der eingeschossige, winkelförmige Bau war 34,06 m lang, im längeren schmalen Teil 12,63 m, im kurzen winkelförmigen 17,52 m breit. Er stand im rechten Winkel zum Krankenstall, nordöstlich von diesem. – Der wachsende Betrieb wurde 1950 in die Flüchtlingssiedlung Espelkamp-Mittwald verlegt; er konnte hier in Halle 4 der ehemaligen Munitionsanstalt Espelkamp einziehen. Ein Teil des Betriebs verblieb bis 1956 in Minden. Die Bürobaracke wurde im Dezember 1956/Januar 1957 abgebaut und nach Espelkamp versetzt.

VERTRIEBSGEBÄUDE DER FA. HARTING DEUTSCHLAND GMBH & CO KG

Simeonscarré 1, vorher Simeonsplatz 15, 16, 17.

LITERATUR: SEIFEN 2000, S. 28 ff. – MT 30.6.2001. – WB 30.6.2001. – Weserspucker, Minden, 2.7.2001. – MT 21.7.2001. – Bauwelt 30, 2001, S. 4. – Der Tagesspiegel, Berlin, 12.8.2001. – MT 15.9.2001. – VDI-Nachrichten 41, 12.10.2001.

Von den durch den Abzug der britischen Stationierungsstreitkräfte freigewordenen und im Zuge der Konversion der ehemaligen Militäranlagen verfügbaren Flächen erwarb gegen Ende der 1990er Jahre die Firma Harting KGaA, Espelkamp, das Gelände zwischen Portastraße und Kammergebäude (S. 751) bzw. zwischen Kaserne III (S. 741) und dem Simeonsglacis. Hier standen bis zum Abbruch 1995/96 vier Gebäude: der Pferdestall (S. 766), der Geschützschuppen (ebd.), beide bald nach 1900 errichtet und 1937 umgebaut, die neue Waffenmeisterei von 1935 (S. 791) und die nach 1945 aufgestellte Wachbaracke am Südtor zur Portastraße (S. 796).

Neubau von 2000/2001 nach Entwurf von Mario Botta, Lugano. Betonbau mit Plattenverkleidung aus rosa und rotem schwedischem Granit. Der zur Portastraße in Form eines gestreckten »H«

Abb. 523 Simeonscarré 1, Harting-Bau von Mario Botta. Fassade zur Portastraße von Süden, 2003.

breitgelagerte Bau (Fassadenlänge ca. 50,50 m) orientiert sich mit Höhe und Volumen der rund 17 m hohen Ecktürme an den Risaliten der benachbarten Kaserne III. Die Türme und der zwischen ihnen abgesenkte, in der Mitte auf einem Paar stämmiger Rundpfeiler abgestützte Querbalken des »H« fangen die nach vorn drängende energischer Rundung des Hauptbaukörpers, eines halben, nach hinten in steil steigender Schräge angeschnittenen Ellipsenzylinders auf. Sein beträchtliches Volumen ist hinter den Ecktürmen nur in starker Schrägsicht ablesbar; die scharfe Firstkante liegt mit ca. 26 m Höhe noch unter der Baumwipfelhöhe des Simeonsglacis. In der nach Nordwesten gerichteten Rückwand sind die drei unteren Geschosse jeweils kräftig zurückgetreppt und mit Stahl-Glas-Wänden geschlossen. Vor ihnen tragen schlanke Rundstützen die in gleichmäßiger Reihung durchfensterten Wände des dritten und vierten Obergeschosses, in denen die Fensterreihe des benachbarten langen Kasernenflügels aufgenommen scheint. Die breitgelagerte, fensterlose obere Wandfläche bis zur Firstkante wirkt über Glasflächen und Fensterreihen wie ein hohes Attikageschoß. Ellipsenwand und Rückwand sind einfarbig rosa mit Granit plattiert. In der schrägsteigenden Ellipsen-Schnittfläche liegen über- und hintereinander gestaffelt und weiß gerahmt die waagerechten Fensterbänder für die Belichtung des Inneren.

Die Granit-Verkleidung der Front zur Portastraße und die Turmwände nimmt mit der zweifarbigen Bänderung und dem exakten Fugenschnitt ein Motiv vom Erdgeschoß der Kaserne III auf; die an den vorderen Turmecken eingeschnittenen waagerechten Fensterschlitze wirken mit dem starken Schattenschlag der tiefen Laibungen wie Erinnerungen an Eckverquaderungen. Längere Fensterschlitze an allen vier Turmecken sondern über den obersten Turmgeschossen Attika-Aufsätze aus, über denen das

Abb. 524   Simeonscarré 1, Harting-Bau von Mario Botta. Nordwest-Fassade, 2003.

Buschwerk der Dachbegrünung erscheint. Die hohe Fläche des »H« teilen zwei liegende Reihen enggestellter Kreis-Okuli exakt in der Mitte über der tief zurückgesetzten, verglasten Eingangswand.

Die Hoffläche hinter dem Bau ist mit einer regelmäßigen Obstbaumpflanzung bestanden; unter dem Gebäude liegt eine Tiefgarage. Das Innere des Baues enthält über dem Erdgeschoß mit Foyer, Durchgang zum Hof, Tagungs- und Schulungsraum samt Kantinenküche und Nebenräumen, alle vom Hof her belichtet, im Ellipsen-Zylinder ein über die Türme erschlossenes, lichtes Großraumbüro, das sich, der Dachschräge folgend, in vier Ebenen auf- und zurückstaffelt. Von ihnen sind hofseitig verglaste Einzelbüros abgeteilt. Der übersichtlich gegliederte Raum wird durch die Fensterbänder belichtet, die mittig auf zwei mächtigen Betonträgern ruhen. Zu den kühl und licht weiß gestrichenen massiven Bauteilen und Brüstungsbänken kontrastieren warmes, helles Holz und graue textile Bodenbeläge.

Das eigenwillige, repräsentative Firmengebäude setzt an Simeonsglacis und Portastraße einen gewichtigen Akzent am Eingang zum innerstädtischen Bereich. In der klaren, knappen Komposition aus einfachen, geometrisch definierten Grundformen konkurriert der Bau mit der kubisch gegliederten Baumasse der benachbarten Kaserne III, ohne diese zu bedrängen oder zu übertönen. Das Ausspielen und Austarieren der dynamischen Gegensätzlichkeiten läßt, freilich ohne historisierende Zitate, an Kompositionsweisen Borrominis denken. In Strenge und Disziplin steht der Bau nicht nur räumlich in unmittelbarer Nähe der Defensions-Kaserne, des Garnison-Lazaretts und des Wagenhauses 2 am Simeonsplatz; ohne sich klassizistisch zu geben, kann er auch als eine Hommage Bottas an den preußischen Klassizismus in Minden gesehen werden.

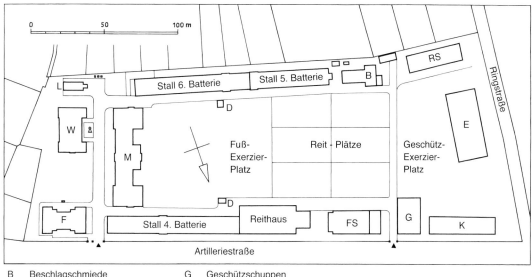

B   Beschlagschmiede
D   Dunggruben
E   Exerzierhaus
F   Familienwohnhaus
FS Fahrzeugschuppen
    und Kammergebäude
G   Geschützschuppen
K   Krankenstall
L   Latrine
M   Mannschaftshaus
RS Remontenstall
W   Wirtschaftsgebäude

Abb. 525 Artilleriestraße 9, Städtische Artilleriekaserne. Lageplan nach Plänen des Heeresbauamtes Bielefeld von 1936 und 1938, U.-D. Korn, 2004.

IV.3.2 Städtische Artilleriekaserne
Artilleriestraße 9

von Thomas Tippach

QUELLEN: KAM, Mi, F 1500, 2357, 2525; Grunderwerb für die Artilleriekaserne: F 283, 2333; Verträge der Stadt mit den Bauunternehmern: F 46, 1575, 1720; Abrechnungen der einzelnen Titel: F 458, 474, 610, 718, 791–793, 836, 955, 1207, 1294, 1369, 1434, 1565, 1770, 1810, 2356, 2360; Kostenanschläge: F 281, 463, 723, 1301, 1943; Kreditaufnahme für den Kasernenbau: F 2359.

LAGE: Die Belegung einer Stadt mit Militär galt während des 19. Jahrhunderts durchweg als eine *Quelle materiellen Wohlstands für die Stadt* (WEHLER 1987–1995, Bd. 3, S. 883). Entsprechend mangelt es nicht an Belegen, in denen die Städte ihr Interesse an der Einrichtung einer Garnison bzw. der Verstärkung der militärischen Belegung bekundeten. Vielfach zeigten sich die Kommunen bereit, Vorleistungen zu erbringen, um dieses Ziel zu erreichen. Es entwickelte sich ein regelrechter Konkurrenzkampf, der vor dem Ersten Weltkrieg seinen Höhepunkt erreichte. Reichsweit hatten sich 1913 rund 1200 Gemeinden um eine Garnison beworben, die in ihren Angeboten teilweise ein Entgegenkommen bewiesen, das bei einer nüchternen Kalkulation kaum gerechtfertigt war (SICKEN 1995, S. 59).

In Minden hatte zunächst die Festungseigenschaft die Existenz einer starken Garnison garantiert. Aber auch nach der Aufhebung der Festung im Jahr 1873 zählte Minden nicht zuletzt auf Grund der vorhandenen militärfiskalischen Liegenschaften, die eine Folgenutzung durch die bewaffnete Macht geradezu erzwangen, aus der Sicht der Militärbehörden offenbar zu den unverzichtbaren Standorten. Die Militärverwaltung, die seit der Heeresreorganisation von 1859/60 eine stärkere Truppenkonzentration anstrebte, um die Ausbildung zu verbessern und eine kostengünstigere Verwaltung zu ermöglichen, schlug in dem 1877 im Reichstag eingebrachten Kasernierungsgesetz u. a. vor, das Infanterie-Regiment 55 in Minden zu vereinigen. Hierzu sollte die Defensions-Kaserne erweitert werden. Gleichzeitig wurde mittelfristig der Neubau der *völlig verbrauchte*[n] Domhofkaserne angekündigt. Das Gesetzesvorhaben blieb allerdings unerledigt; die hier vorgeschlagenen Dislokationsänderungen wurden ebenfalls nicht umgesetzt. Zeigt sich in diesem Gesetzesvorhaben das Interesse der Militärverwaltung an einem Ausbau oder zumindest einer Beibehaltung des Standorts Minden, so bildete die Garnison auch aus Sicht der kommunalpolitischen Entscheidungsträger einen der beiden zentralen Faktoren für die künftige Stadtentwicklung (NORDSIEK, Kaiserwetter 1991, S. 35 ff., 42 ff.). Die Heeresvermehrungen von 1880/81, 1887 und 1890 boten die Gelegenheit, an das Kriegsministerium heranzutreten, um eine Garnisonvermehrung zu erbitten (KAM, Mi, F 153). In keinem Fall hatte die Stadt ihre Gesuche mit einem Angebot zur Unterstützung beim Bau notwendiger Kasernen oder der Grundstücksbeschaffung untermauert. Da die Anträge der Stadt stets abschlägig beschieden wurden, entstand in der Stadt offenbar der Eindruck, nur durch entsprechende Vorleistungen sei die gewünschte Zuweisung von weiteren Truppen zu erlangen. Daher änderte die Kommune ihre Politik gegenüber dem Militärfiskus, als 1893 im Reichstag erneut eine Heeresvorlage eingebracht wurde. Der Oberbürgermeister schlug vor, eine zweite Abteilung Feldartillerie einzuwerben, und erstmals erklärten sich der Magistrat und die Stadtverordnetenversammlung bereit, eine Kaserne auf Kosten der Stadt zu errichten und an den Militärfiskus zu vermieten (KAM, Mi, F 1500, Schreiben des Oberbürgermeisters an den Magistrat vom 5.8.1893 und Beschluß der Stadtverordnetenversammlung vom 10.8.1893). Indes waren Vorleistungen von Kommunen oder Privatpersonen keineswegs zur Voraussetzung geworden, eine Garnison zu erlangen oder zu erweitern, denn bei den 89 Garnisonen, die zwischen 1890 und 1897/98 verstärkt bzw. neu eingerichtet wurden, stellte sich die Quote der Standorte mit Mietkasernements nur auf ca. 46 % (TIPPACH 2000, S. 200 f.).

Die Militärverwaltung reagierte rasch auf das städtische Angebot. Die Intendantur schlug vor, *einen leichten Massivbau* auf der Grundlage eines vom Militär-Ökonomie-Departement genehmigten Entwurfs auf militärfiskalischem Gelände am Simeonsplatz gegenüber der Infanteriekaserne III zu errichten (KAM, Mi, F 1500, Intendantur des VII. Armeekorps an den Oberbürgermeister 12.9.1893; flüchtige Dispositionsskizze im *Lageplan des* Simeonsplatzes von Garnison-Bauinspektor Schmedding 1892, STA DT, D 73, Tit. 5 Nr. 2945, Abb. 480). Die ursprünglich von der Stadt vorgeschlagenen Mietkonditionen sollten jedoch zugunsten des Militärfiskus verändert werden – ein Vorschlag, auf den die Stadt mit Blick auf Konkurrenzangebote aus Münster und Soest bereitwillig einging (ebd., Schreiben des Oberbürgermeisters an den Magistrat vom 15.9.1893). Ungeachtet des städtischen Entgegenkommens stellten die Militärbehörden aber die Verhandlungen mit der Stadt ein. Verantwortlich hierfür waren u. a. Bedenken des Reichsschatzamtes, das sich gegen die Errichtung eines kommunalen Kasernements auf militärfiskalischen Grundstücken ausgesprochen hatte (ebd., Schreiben der Intendantur vom 1.5.1894). Nachdem die Militäradministration zwischenzeitlich von den Planungen zur Dislozierung der IV. Abteilung des Feld-Artillerie-Regiments 22 in

Minden abgerückt war, erklärten die Vertreter der bewaffneten Macht im Mai 1894 überraschend ihre Bereitschaft zur Wiederaufnahme der Verhandlungen. Von vornherein sollte nun ein Neubau der Kaserne auf einem städtischen Grundstück erfolgen. Obwohl die Stadt keine geeigneten Grundstücke besaß, brachte sie in den Verhandlungen mit dem Militärfiskus mehrere Standortalternativen ins Gespräch, die sich allerdings auf Grund der Überlieferungssituation nicht genau lokalisieren lassen. Die Intendantur sprach sich für ein im Nordwesten der Stadt, zwischen der Hahler- und Heidestraße jenseits der bis dahin bebauten Stadtfläche gelegenes, knapp 4 ha großes Gelände aus. Ausschlaggebend für die Standortwahl war die relative Nähe zum Übungsplatz in der Minder Heide. Außerdem erschien das Areal zwischen der Paulinen-, Bessel- und Kohl- bzw. Steinstraße als geeignetes Wohngebiet für die Offiziere und die nicht kasernierten Unteroffiziere. Das Kasernengrundstück grenzte an eine noch nicht anbaufähige Straße. Zudem lag der Bauplatz außerhalb des städtischen Kanalnetzes, und aus der Sicht der Stadt standen einer Erweiterung der Kanalisation unüberwindbare technische Schwierigkeiten entgegen. Da die Militäradministration aber auf diesem Standort beharrte, mußte der aus Sicht der Militärverwaltung unabdingbar notwendige Anschluß an das städtische Ver- und Entsorgungsnetz durch eine Anpassung der Bauplanung sichergestellt werden.

Relativ rasch einigten sich die Stadt und der Militärfiskus auf die Bedingungen zur Errichtung des Kasernements, das 3 Offiziere, 4 Wachtmeister, 6 Vizefeldwebel und Fähnriche, 23 Unteroffiziere, 6 Verheiratete, 1 Büchsenmacher und 273 Mannschaftsdienstgrade aufnehmen sollte. Die ursprünglich angedachte Lösung zur Errichtung eines Barackenkasernements (in der Regel leichte Fachwerkbauweise) wurde verworfen. Die Stadt hatte das Grundstück bereitzustellen, die Gebäude zu errichten und für die Anschlüsse an die städtische Infrastruktur zu sorgen. Die Innenausstattung hatte der Militärfiskus zu übernehmen. Die Mietzeit wurde auf zunächst 25 Jahre festgeschrieben. Zur Berechnung des jährlichen Mietzinses wurden 4 % Grunderwerbskosten und in den ersten 12 Jahren 5½ %, danach 5 % der Baukosten in Anschlag gebracht. Obwohl der Vertrag keine besonderen Bestimmungen über die Auftragsvergabe enthielt, sind die Arbeiten offenkundig vor allem an Bauunternehmungen aus Minden und der näheren Umgebung vergeben worden. Die Grunderwerbskosten betrugen 63 981,76 M. Die Kosten für die Bauausführung beliefen sich auf 697 886,83 M und lagen damit 1 873,17 M unter dem ursprünglichen Kostenanschlag.

BAUBESCHREIBUNG

Die Entwurfsarbeiten für das Kasernement übertrug die Stadt dem bei der Intendantur des IX. Armeekorps in Altona ressortierenden Garnisonbauinspektor Löfken. Das längsrechteckige Baugrundstück hat eine Seitenlänge von rund 339 m. Die Grundstückstiefe nimmt von ca. 110 m im Südosten auf 140 m im Nordwesten (an der Ringstraße) zu. Das Grundstück lag ursprünglich 0,30 m über der Straßenkrone und fiel nach Westen bzw. Südwesten deutlich ab. Die Höhendifferenz betrug im äußersten Südwesten 2,50 m. Entsprechend mußte das Gelände zunächst nivelliert werden. Diese Situation beeinflußte die Anordnung der Gebäude. Um tiefgründige Fundamentierungen zu vermeiden, plazierte Löfken die Bauten so weit wie möglich im Osten des Grundstücks. Nur so ließ sich zudem für die zu unterkellernden Gebäude ein Anschluß an die städtische Kanalisation herstellen. Gleichzeitig ermöglichte diese Gebäudeanordnung die Schaffung eines großen Exerzierplatzes, der auch Richtübungen an den Geschützen erlauben sollte. Hierzu sollte das Gelände westlich des Kasernements unbebaut bleiben. Auf eine entsprechende vertragliche Festschreibung dieser Forderung wurde letztlich verzichtet. Ein Richtübungsplatz wurde auf der nörd-

Abb. 526 Artilleriestraße 9, Städtische Artilleriekaserne. Mannschaftshaus von Süden. Postkarte um 1935, KAM.

lichen Seite der Artilleriestraße, die auf Wunsch des Militärfiskus mit Granitsteinen gepflastert wurde, angelegt.

Das Haupttor befindet sich im nordöstlichen Teil des Kasernements. Das südöstliche Viertel wird durch eine vom Haupttor an der Artilleriestraße nach Südsüdwest verlaufenden Querachse erschlossen, an der links das ehem. Familienwohnhaus und das ehem. Wirtschaftsgebäude liegen. Ihm gegenüber steht das dominierende ehem. Mannschaftshaus, das seine Rückseite dem zentralen Exerzierplatz zuwendet. Die übrigen Bauten stehen parallel zu den Grundstücksgrenzen und schließen den Exerzierplatz, den Reitplatz und den Geschützexerzierplatz ein.

Die Gestaltung des MANNSCHAFTSGEBÄUDES hatte Löfken zunächst offen gelassen. Er legte hier zwei Alternativplanungen vor. Ein Entwurf sah für jede der drei Batterien der Abteilung ein zweigeschossiges Einzelgebäude vor – ein Plan, der den Interessen der Stadt entgegenkam, da diese Bauweise für eine spätere zivile Nachnutzung besser geeignet schien. Die Vertreter der bewaffneten Macht favorisierten indes den zweiten Entwurf Löfkens – ein dreigeschossiges langgestrecktes Gebäude, das die gesamte Abteilung aufnehmen konnte –, da diese Variante sowohl geringere Baukosten als auch eine niedrigere Bauunterhaltung verursachte (KAM, Mi, F 1500, Protokoll der Projektbesprechung vom 30. 8. 1895). Schließlich setzte sich auch hier der Militärfiskus durch. Das

Abb. 527   Artilleriestraße 9, Städtische Artilleriekaserne. Mannschaftshaus, Hofseite von Nordwesten, 1993.

rund 65 m lange Mannschaftshaus erstreckt sich weitgehend in Nord-Südrichtung. Die Planungen sahen einen dreigeschossigen, massiven Baukörper mit dreieinhalbgeschossigen Kopfbauten vor, die an der Eingangsseite als flache Risalite erscheinen. Aufgrund der Entscheidung des Kriegsministeriums (KAM, Mi, F 1500, Entscheid des Kriegsministeriums vom 19.12.1895), die Montierungskammern der Abteilung vom Keller in das Dachgeschoß der Kopfbauten zu verlegen, mußte dieses Geschoß zu einem vierten Vollgeschoß mit einer Geschoßhöhe von 3,50 m (ursprünglich 2,20 m) ausgebaut werden. Im Gegenzug konnte das gewölbten Kellergeschoß auf 2,50 m Höhe beschränkt werden. Das vollständig unterkellerte Gebäude ist mit Falzziegeln gedeckt. Ursprünglich war für die Kopfbauten nur eine Teerpappendeckung vorgesehen.

Die Langseiten der Flügelbauten werden durch Staffelgiebel und flache Treppenhausrisalite akzentuiert. Diese beiden Treppenhäuser erschlossen in den ursprünglichen Planungen Löfkens das Gebäude. Der Eingang im dreigeschossigen Mittelteil, der ebenfalls durch einen flachen Mittelrisalit mit einem Stufengiebel (jetzt ein vereinfachter Dreieckgiebel) betont wurde, sollte zunächst nur den Zugang zum Erdgeschoß vermitteln. Auch hier veranlaßte das Kriegsministerium den Einbau eines Treppenhauses über die drei Stockwerke.

Die beiden mittleren Achsen der sechsachsigen Flügelbauten sind als flach vorgezogene Risalite ausgestaltet, die mit einem Stufengiebel abgeschlossen werden. Die Hoffront des Mannschaftshauses wird durch die vorgezogenen Flügelbauten betont. Der fünfachsige Mittelbau ist hier durch einen einachsigen Risalit mit Staffelgiebel gegliedert, in dem bereits beim Bau eine von der Firma J. F. Weule, Bockenem, gelieferte Uhr integriert wurde.

Das Gebäude wurde massiv in Ziegelsteinen errichtet. Die Plinthen an der Schauseite sind in Porta-Sandstein ausgeführt. Die Fensterstürze und Türeinfassungen, die verzahnten Einbindungen, Keilsteine und Überfangbögen sind durch rote Verblendsteine hervorgehoben. Die Wandflächen erhielten abweichend von den Planungen Löfkens auf Wunsch des Kriegsministeriums einen glatten Kalkmörtelputz. Löfken hatte hier zunächst einen *Stippputz* vorgesehen. Diese Gestaltungsele-

Abb. 528 Artilleriestraße 9, Städtische Artilleriekaserne. Familienhaus von Osten, 1993.

mente finden sich an allen Gebäuden des Kasernements. Die ursprünglich zweiflügeligen Sprossenfenster mit Oberlicht sind fast durchgehend als Einscheibenfenster mit Isolierverglasung und Oberlichtern erneuert.

Im nördlichen Flügelbau war ursprünglich die Hauptwache mit Arrest- und Kassenraum untergebracht. Im ersten Obergeschoß befand sich das Offiziersversammlungszimmer und im dritten Obergeschoß war die Revierkrankenstube untergebracht. Die Mannschaftsstuben, die entsprechend der 1886 geänderten Vorschriften der Garnisonverwaltungsordnung einen Kalkfarbenanstrich erhielten (Armee-Verordnungblatt 20. Jg. 1886, Nr. 122, S. 178 f.), lagen an der Ostseite des Gebäudes. Die Treppenhäuser mit Betonstufen auf Eisenträgern und geschmiedeten Geländern sind weitgehend original erhalten.

Links neben dem Tor liegt das ehemalige VERHEIRATETENGEBÄUDE/FAMILIENHAUS, das entsprechend dem Verlauf der Fluchtlinie 5 m hinter der Straßenflucht errichtet wurde. Die Lage in der äußeren Nordostecke des Grundstücks wurde gewählt, um die Angehörigen der ursprünglich hier unterzubringenden Unteroffiziere und Garnisonverwaltungsbeamten vom Kasernenbetrieb möglichst entfernt zu halten. Der zweigeschossige Bau, der einen gestreckt H-förmigen Grundriß aufweist und dessen zwei jeweils leicht vorgezogenen Eingänge (der rechte Eingang nur für die Wohnungen der Garnisonverwaltungsbeamten) in den inneren Ecken lagen, wies ursprünglich 6 Wohnungen auf. 1983 wurde die Zahl der Wohnungen auf drei reduziert. Die ursprüngliche flache

Abb. 529   Artilleriestraße 9, Städtische Artilleriekaserne. Wirtschaftsgebäude von Norden, 1993.

Dachneigung im Verhältnis von 1:3 wurde vom Kriegsministerium abgelehnt, um eine bessere Nutzung des Dachgeschosses zu ermöglichen. Die dreiachsigen Flügelbauten stehen mit der Giebelseite zur Straße. Der Mitteltrakt weist vier Fensterachsen auf.

Gegenüber dem Südteil des Mannschaftsgebäudes wurde das WIRTSCHAFTSGEBÄUDE errichtet. Neben der Mannschafts- und der Unteroffizierskuche waren in dem eingeschossigen (Geschoßhöhe 4 m), sehr tiefen, durch zwei kleine Seitenflügel gegliederten Bau zwei Speisesäle (ein Unteroffiziers- und ein Mannschaftsspeisesaal) und die Marketenderwohnung untergebracht. Die Wiedereinführung der Marketenderei in den Kasernen 1874 war ausdrücklich als eine Reaktion auf die unbefriedigende ökonomische Situation der Unteroffiziere erfolgt. Zunehmend wuchs dieser Einrichtung aber auch eine politische Bedeutung zu: Die Mannschaften und Unteroffiziere sollten von sozialdemokratischen Einflüssen ferngehalten werden. Nur der linke Flügel und ein Teil des Mitteltraktes waren unterkellert. Im Keller befand sich eine Waschküche und eine Duschbadeanstalt für die Mannschaften. Im Dachgeschoß, das bis zur Unterkante der Mittelpfette eine Höhe von 2,40 m aufweist, waren Trockenräume für die Mannschaften und Lager für den Marketender und die Garnisonverwaltung untergebracht. Die Seitenflügel sind vorn und hinten mit vorgezogenen Schwebegiebeln ausgestattet. Der Haupteingang liegt in der 5. Achse der mittleren Rücklage, weitere Zugänge liegen in flachen Risaliten in der Mitte der Seitenfassaden. Aufgrund der Lage des Gebäudes in der Nachbarschaft zum Mannschaftsblock wurde statt der ursprünglich geplanten Pappbedachung ebenfalls eine Falzziegeldeckung ausgeführt.

Abb. 530 Artilleriestraße 9, Städtische Artilleriekaserne. Stallgebäude der 5. Batterie, Kopfbau von Süden, 1992.

Hinter dem Wirtschaftsgebäude liegt in der südöstlichen Grundstücksecke das ehemalige LATRINENGEBÄUDE, das ursprünglich über 13 Mannschafts- und drei Unteroffizierssitze verfügte und das nach dem Straßburger System eingerichtet war.

Die langgestreckten, mit Teerpappe gedeckten STALLGEBÄUDE an den Längsachsen des Grundstücks sollten auf Wunsch der Truppe nicht allzu weit von dem Mannschaftsgebäude errichtet werden. Der an der Nordseite gelegene Stall liegt entsprechend dem Verlauf der Fluchtlinie 5 m hinter der Grundstücksgrenze und ist mit dem ehemaligen Reithaus verbunden. Die Stallungen sind überwiegend eingeschossige Massivbauten, die ursprünglich mit Stippputz und roten Verblendsteinen an den Fenstereinfassungen ausgestaltet werden sollten. Doch auch hier wurde die Gestaltung entsprechend den Vorgaben des Kriegsministeriums für das Mannschaftsgebäude geändert. Der an der Südseite gelegene Stall der 5. und 6. Batterie wurde bereits 1911 in angepaßten Formen durch die Garnisonbauverwaltung Minden nach Osten erweitert. 1912 wurde auch der Stall an der Nordseite erweitert. Die teilweise über den Stallungen eingerichteten, mit Türen zur Hofseite ausgestat-

Abb. 531 Artilleriestraße 9, Städtische Artilleriekaserne. Reithaus von Süden, 1992.

teten Halbgeschosse dienten als Stroh- und Heuböden, die über Schüttrinnen und Heuluken mit dem Stall verbunden waren. Gleichzeitig war hier eine Sattelkammer untergebracht. Im März 1900 beantragte die inzwischen in der Kaserne untergebrachte II. Abteilung des Feld-Artillerie-Regiments 58 die Vergrößerung der Futterböden. Da die Maßnahme ohne Neubauten durchgeführt werden sollte, wurde lediglich die Sattelkammer in das Treppenhaus verlegt. Die Baumaßnahme fand ihren äußeren Niederschlag in einem weiteren Fensterdurchbruch im Treppenhaus. Die Anschlußwände des überwölbten Teils an den niedrigeren Stall sind durch Gurtbogenöffnungen durchbrochen. Obwohl die Ställe an die städtische Wasserversorgung angeschlossen waren, wurden entsprechend den Vorschriften des Kriegsministeriums, die auch noch in der Garnison-Gebäude-Ordnung von 1911 aufgegriffen wurden, aus finanziellen Gründen auch Brunnen mit Pumpen eingerichtet. Die Fronten der Ställe sind teilweise durch Schließen oder Vergrößern der Fenster (urspr. Metallfenster) bzw. Heuluken und durch den Einbau von Garagentoren verändert worden.

Das REITHAUS ist ein langgestreckter, tiefer Bau mit neun stichbogigen Fensterachsen zwischen einfachen Backsteinlisenen. Die Fenster, die entgegen den kriegsministeriellen Vorschriften 2 m hoch waren, sind durch Glasbausteine ersetzt. Auch die ursprünglich 2,35 m bzw. 2 m breiten Tore sind inzwischen verändert.

Westlich der Reithalle schließt sich ein FAHRZEUGSCHUPPEN an, der ursprünglich als teilweise offene Halle gestaltet war. Lediglich der Raum zur Unterbringung der Scheiben und der Turngeräte war geschlossen. 1913 wurde der Schuppen in gleichen Formen nach Planungen des Baurats Lichner zur Verbesserung der Unterbringung des vermehrten Fahrzeugbestands und der Geschirre erweitert und um ein bzw. zwei Geschosse aufgestockt. Das Erdgeschoß wurde nach 1945 durch die

Abb. 532 Artilleriestraße 9, Städtische Artilleriekaserne. Fahrzeugschuppen mit Geschirr-Räumen/Feuerwehrhaus von Nordosten, 1993.

britischen Streitkräfte für die Feuerwehr umgebaut, für die wohl gleichzeitig der hofseitige Ausbau des Erdgeschosses und der backsteinerne siebengeschossige Schlauchturm entstand.

Westlich vom Fahrzeugschuppen lag der ehemalige GESCHÜTZSCHUPPEN, der ursprünglich als zweigeschossiges Gebäude geplant war. Im Obergeschoß sollte die Kammer untergebracht werden. Auf diesen Ausbau wurde jedoch verzichtet, so daß sich das Gebäude als eingeschossige Halle mit Lisenengliederung und drei 2,50 m breiten Toren zur Hofseite präsentiert. Westlich des Geschützschuppens lag der KRANKENSTALL mit einem späteren kleineren Anbau für die Unterbringung der Beobachtungswagen. Der eingeschossige Stall verfügte über ein 2 m hohes Drempelgeschoß zur Aufnahme des Futters. 1937 wurde dieser kleine Stall durch einen Neubau ersetzt (Abb. 534).

An der Südwestseite des Exerzierplatzes schließen sich die SCHMIEDE UND WAFFENMEISTEREI an die Stallungen an. Der eingeschossige Bau mit Metallfenstern in 1,20 m Höhe über dem Fußboden, der aus hochkant gesetztem Klinkerpflaster bestand, hat einen T-förmigen Grundriß mit zwei charakteristischen hohen Schornsteinen. Die Fenster wurden auf Wunsch der Truppe mit Oberlichtern ausgestattet und waren in der Beschlagschmiede um eine horizontale Achse drehbar. Zur Beschlagschmiede gehörte eine 20 m lange und 1,50 m breite Vorführbahn.

In der Südwestecke des Kasernengrundstücks wurde später der Remontenstall eingerichtet, da die kriegsministeriellen Vorschriften die gemeinsame Unterbringung der Remontepferde und der

Abb. 533 Artilleriestraße 9, Städtische Artilleriekaserne. Remontenstall von Nordosten, 1992.

übrigen Reit- und Zugtiere verbot. Das Ministerium war jedoch zu Konzessionen bereit und erlaubte den Bau eines Remontenstalls für die gesamte Abteilung, obwohl in den Vorschriften eine batterieweise Trennung vorgesehen war. Das Gebäude gleicht den übrigen Stallgebäuden. Stroh- und Heuboden sind allerdings nicht in einem Halbgeschoß untergebracht, sondern im steileren Raum des Satteldachs mit Krüppelwalmgiebeln.

Die EINFRIEDUNG an der Artilleriestraße besteht im östlichen Bereich vom Familienhaus bis zum Haupttor und am westlichen Ende im Bereich des Geschützschuppens und des neueren Krankenstalls aus einer halbhohen Mauer mit Pfeilern und dazwischen aufgesetztem, geschmiedetem Lanzengitter, auf der Strecke vom Haupttor bis zum Reithaus aus einer 2,50 m hohen Mauer mit Backsteinpfeilern. Neben dem zweiflügeligen Haupttor liegt die schmalere Fußgängerpforte. Die drei Torpfeiler sind durch ihre Sandsteinbänderung hervorgehoben. An der West- und an der Nordseite wurde das Gelände durch einen Drahtzaun abgeschlossen, um die Richtübungen nicht zu behindern.

Die Kaserne wurde 1897 von der IV. Abteilung des Feld-Artillerie-Regiments 22 bezogen. Die II. und IV. Abteilung des Regiments bildeten den Stamm für das im Rahmen der Heeresvorlage von 1899 neuaufgestellte Feld-Artillerie-Regiment 58, dessen II. Abteilung die städtische Kaserne bezog. An die Belegung durch dieses Regiment erinnert das Gefallenendenkmal vor dem Wirtschaftsge-

Abb. 534 Artilleriestraße 9, Städtische Artilleriekaserne. Neuer Krankenstall von Nordosten, 1992.

bäude. Das Denkmal ist in der Form eines aus Feldsteinen gemauerten Obelisken errichtet, den eine steinerne Kugel krönt. Die Vorderseite trägt ein Steinrelief mit dem Eisernen Kreuz, darüber eine Steintafel mit der Inschrift: *DEN GEFALLENEN / HELDEN / DES F. A. R. Nr. 58.*

Nach der Auflösung des kaiserlichen Heeres bezog die 5. Batterie des 1921 aufgestellten 6. (Preußischen) Artillerie-Regiments die Kaserne an der Artilleriestraße. Die Kaserne wurde auch von der Wehrmacht weiter genutzt. Für die hier dislozierte Artillerieeinheit wurde 1937 ein Ersatzbau für den älteren Krankenstall errichtet. 1936 entstand an der Westseite des Grundstücks die neue Exerzierhalle in ausgemauerter verputzter Stahlskelettweise und dunkelgrauem Kunstschieferdach.

Nach dem zweiten Weltkrieg diente die Kaserne als Springbok Barracks den britischen Besatzungs- und Stationierungstruppen. Bereits 1949 wurden einzelne Gewerbebetriebe auf dem Kasernengelände angesiedelt. 1957 räumten die Briten die Kaserne vollständig. Seit 1948 befand sich bereits im östlichen Teil des Kasernements die Kreisberufsschule. Heute ist in ihr die Abteilung Minden der Fachhochschule Bielefeld untergebracht. In der Zeit nach dem Zweiten Weltkrieg hatten die unterschiedlichen Nutzungen mehrfach bauliche Instandsetzungs- und Veränderungsmaßnahmen sowie einzelne, kleinere Neubauten zur Folge, die jedoch Anlage und Charakter des Gesamtkomplexes nicht einschneidend veränderten. Der Kasernenkomplex wurde 1993 in die Denkmalliste der Stadt Minden eingetragen.

IV. 3.3 Marienwall-Kaserne/Litzmann-Kaserne/Rhodesia Barracks
Bauten nördlich des Marienwalls

QUELLEN: BA Goebenstraße 1; Marienwallstraße 16, 24/26, 30 – KAM, Mi, H 60, Nr. 282 (nicht ausgewertet).

LITERATUR: MT, 26.3.1993; 13.3.1998. – FORERO 1992, S. 62–65.

ABBILDUNGEN: MIELKE 1986, S. 115 – KAM, Bildsammlung A I 120 – WAfD, Bildarchiv.

Nach der Aufhebung der Festung 1873 und dem Abschluß der Übergabeverhandlungen zwischen Staat, Stadt und Entfestigungs-Kommission, die sich bis zum 5. März 1879 hinzogen (NORDSIEK 1979, S. 87 ff. mit Übersichtsplan S. 88) wurde das nördliche Befestigungsgelände zwischen Marienwallstraße und Festungsgraben dem Finanzministerium zugewiesen. Dieses stellte es als Exerzier-

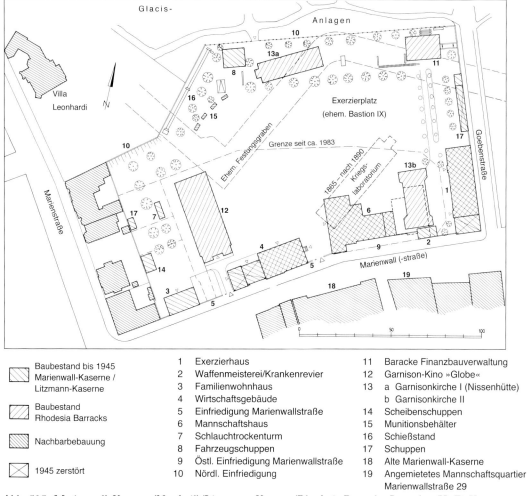

Abb. 535 Marienwall-Kaserne (Nordteil)/Litzmann-Kaserne/Rhodesia Barracks, Lageplan. U.-D. Korn, R. Reinkober, 2004.

Abb. 536 Marienwall nach Osten, vom Marienkirchturm gesehen, um 1936. Links Marienwall-Kaserne (Nordteil)/Litzmann-Kaserne und Fischerstadt, rechts alte Marienwall-Kaserne, darüber Rauhfutter-Magazine I und II und Turm von St. Johannis. Jenseits der Weser Brückenkopf, Bahnhofsgelände und Industrieanlagen an der Friedrich-Wilhelm-Straße.

platz dem I. Bataillon des Infanterie-Regiments No. 15 zur Verfügung, das in der 1864 errichteten Kaserne II am Marienwall lag (vgl. Kat.-Nr. 375–379). Das Gelände umfaßte das östliche Drittel des Ravelins Marientor, die östliche Hälfte der Kurtine VIII-IX, die ganze Bastion IX und einen Teil der Kurtine IX-X, also ungefähr das Areal zwischen der projektierten nördlichen Marienstraße und der späteren Goebenstraße. Es lief im Nordwesten spitzwinklig aus und war durch den einspringenden Winkel zwischen dem Ravelinwall und dem Graben vor Bastion IX eingeengt. 1879 einigten sich Stadt und Militärverwaltung auf einen Geländetausch (Verw.-Bericht 1879/1881, S. 16): Entlang der neu trassierten Marienstraße wurden die Grundstücke für die Häuser Marienstraße 22–28 und die »Kaiservilla« Marienstraße 32 (siehe Teil V, S. 684–703) abgetrennt und im Gegenzug Teile des Grabens und der Glacisfläche zum Exerzierplatz geschlagen. Dieser hatte nach dem Einebnen von Wall und Graben eine Länge von gut 180 m an der Marienwallstraße und eine zwischen 85 m (zur Marienstraße), 130 m (im westlichen Drittel) und 110 m (entlang der Goebenstraße) wechselnde Tiefe (an der Nordgrenze verläuft heute der Grimpenwall). Schräg in der Mitte des Platzes stand bis in die frühen 1890er Jahre das rückseitig freigelegte ehemalige Laboratorium (siehe Kat.-

Abb. 537 Marienwall nach Osten, nach 1933. Links Marienwall-Kaserne (Nordteil)/Litzmann-Kaserne mit Familienwohnhaus, Wirtschaftsgebäude und Mannschaftshaus (Marienwallstraße 30–22), rechts alte Marienwallkaserne.

Nr. 141–143), das bis zur Sprengung durch die Pioniere als provisorisches Exerzierhaus benutzt wurde (Cramer 1910, S. 354; Abb. 456).

Nach dem Neubau des Exerzierhauses erfolgte nach 1900 in einzelnen Phasen die Bebauung der Randbereiche am Marienwall und an der Goebenstraße, teils zur Unterbringung von Mannschaften, die in Bürgerquartieren, in der Stiftskaserne bei St. Marien (siehe Teil III, Kap. II.14.3) oder in dem angemieteten Haus Marienwall 29 wohnten (siehe Teil IV, S. 1272 f.), teils zur besseren Versorgung der Truppe (Wirtschaftsgebäude von 1906), teils mit kleineren Gebäuden für den militärischen Bedarf.

Nach dem Ersten Weltkrieg waren vermutlich Teile des neuaufgestellten 6. (Preußischen) Pionier-Bataillons in der Kaserne untergebracht, die nach 1933 nach dem preußischen General Karl Litzmann (Neu-Globsow 1850–1936 ebd.) benannt wurde. Litzmann war Pionier-, nach 1871 Infanterieoffizier, 1893–1896 Direktoriumsmitglied der Kriegsakademie, 1905 ihr Direktor. 1914 erzwang er den Durchbruch bei Brzeziny. 1939–1945 war Lodz nach ihm in Litzmannstadt umbenannt (dtv-Lexikon 1992, Bd. 11, S. 859). – 1945 übernahmen die britischen Besatzungstruppen den Komplex, mit Ausnahme der alten Marienwall-Kaserne von 1863/64; er erhielt den Namen Rhodesia Barracks. Der zum Teil 1944 durch Bomben dezimierte Baubestand wurde wiederhergestellt und durch das britische Garnison-Kino »Globe« und einen provisorischen Kirchenbau ergänzt. Für die neue Straßentrasse des Grimpenwalles zwischen Marienwall und Fischerglacis wurde etwa die nördliche Hälfte des Geländes abgetrennt, ein Streifen am Ostende wurde zur Verbreiterung der Goebenstraße eingezogen.

Mit dem Abzug der britischen Stationierungs-Streitkräfte 1993 erfolgte die Umwidmung und Konversion des Militärgeländes: Das ehemalige Mannschaftshaus (jetzt Marienwall 24) wurde von den Therapeutischen Lehranstalten Dr. Blindow übernommen; auf dem westlich anschließenden Grundstück Marienwall 26 errichtete die Landeszentralbank 1995–1998 einen Neubau. Alle Nebengebäude wurden beseitigt.

EXERZIERHAUS +
Marienwall 16

Erbaut bald nach 1890 als Ersatz für das in den frühen 1890er Jahren gesprengte ehemalige Laboratorium (Kat.-Nr. 141–143). Backsteinrohbau von ca. 40 x 13 m Größe auf der Ecke Marienwall/ Goebenstraße (BA und Pläne nicht ermittelt). Der Südgiebel zum Marienwall war durch Lisenen in drei Felder geteilt; unter dem flachgeneigten, schiefergedeckten Satteldach ein breites, unten getrepptes Band. In den Feldern hochliegende Fenster. Der Nordgiebel war vermutlich gleich ausgebildet. An der westlichen Langseite, ca. 9 m von den Giebeln entfernt, zwei etwa 4 m breite, flache Risalite mit den Eingängen. Wandgliederungen und Fenster vermutlich ähnlich wie an den Giebelseiten. Über die Konstruktion des sicherlich stützenfreien Hallendaches ist nichts bekannt. – 1944 Bombentreffer am Südende; danach in Höhe des vorderen Risalits der Westwand neuer, verputzter Giebel. Nach 1969 für den Ausbau des Grimpenwalles und die Verbreiterung der Goebenstraße abgebrochen. – Am Zaun zur Goebenstraße 1909 ein Scheiben-Schuppen, ca. 15 m lang und 2 m tief; 1939 Fahr- und Krafträder-Schuppen. 1944/45 zerstört.

WAFFENMEISTEREI, 1909 BÜCHSENMACHER-WERKSTATT +
Marienwall 18

Erbaut zwischen 1890 und 1900 am Marienwall mit etwa 11 m Abstand zum Südgiebel des Exerzierhauses. Eingeschossiger Backsteinrohbau von 10,70 x 5,80 m Größe; flachgeneigtes Satteldach mit Teerpappendeckung. Traufhöhe 3,80, Firsthöhe 5,60 m. Die zur Straße gewendete südliche Langseite gegliedert durch Sockel und fünf Lisenen, die oben durch einen Mauerstreifen auf gemauerten Konsolen verbunden sind. Nach Umbauplan von 1927 befanden sich in den beiden mittleren Wandfeldern hohe, in den seitlichen kleine hochliegende Fensterblenden, alle mit stichbogigem Schluß. Die übrigen Wände ungegliedert; an der Hofseite Tür und drei Stichbogenfenster. An der Ostseite Flur, in der Mitte zweifenstriger Raum mit Schornstein, nach Westen eine Kammer. Geputzte Holzbalkendecke mit Längsunterzug, darüber niedriger Drempel mit Pfettendachstuhl über Querbindern.

1927 dient der Bau als Revierstube der 1. Kompanie des Pionier-Bataillons 6; 1934 wird in der bisher nicht beheizbaren hinteren Krankenstube ein Kamin eingezogen (BA Marienwallstraße 16). – Der Bau bestand noch 1969 und wurde vermutlich 1983 für den Neubau der britischen Garnisonkirche (Leichtbauhalle) abgebrochen. – Nach Lageplan von 1909 stand damals neben der Büchsenmacher-Werkstatt, an den Westgiebel anschließend, ein etwa 21 m langer hölzerner Schuppen von fünf Gebinden, der als *Offizier-Schuppen* bezeichnet ist. Der Lageplan von 1928 verzeichnet ihn nicht mehr.

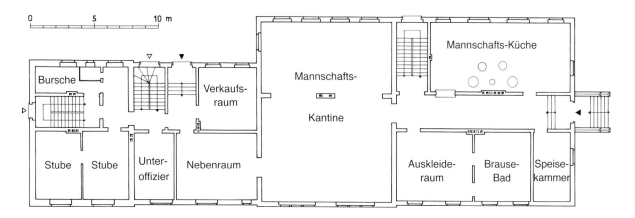

Abb. 538 Wirtschaftsgebäude. Erdgeschoß-Grundriß nach Plan von 1909. M 1:200. U.-D. Korn, 2004.

FAMILIENWOHNHAUS
Marienwall 30

PLÄNE: Militär-Bauamt Minden/Lichner vom 12. Mai 1909 (BA Marienwallstraße 30).

Dreigeschossiger Massivbau vom 17,77 x 9,54 m Größe mit der südlichen Langseite zum Marienwall. Traufhöhe ca. 11,80 m, Firsthöhe ca. 17 m. Der mit Quadermauerwerk verblendete Kellersockel reicht bis zur Fenstersohlbank des Erdgeschosses, darüber einfach verputzt und hell gestrichen. Die im Bauplan eingezeichneten Fensterfaschen am ersten und zweiten Obergeschoß wurden wohl nie ausgeführt. Satteldach mit Krüppelwalmgiebeln und Schleppgaupen; Dachdeckung Falzziegel, seitlich an den Gaupen Biberschwänze. In der Straßenfront vier Fensterachsen, die beiden mittleren jeweils dreiteilig; Dachgaupen in den Mittelachsen entsprechend zweiteilig. Giebelseiten bis auf zwei Dachgeschoßfenster geschlossen. Rückseite neunachsig, mit je einem breiten und einem schmalen Fenster im Wechsel. Hier mittig das dreiachsige, dreiläufige Treppenhaus, daran in jedem Stockwerk zwei symmetrisch angelegte Wohnungen mit ca. 56 qm aus Flur und Küche nach Norden und zwei Stuben zur Straße. Toiletten in einem Küchenwinkel, vom Flur aus zugänglich. Im Dach eine ausgebaute Stube hinter dem Ostgiebel, sonst Bodenräume aus Lattenverschlägen. Kellerzugang durch das Treppenhaus sowie über gesonderte Tür mit Vortreppe an der Rückseite. – Seit ca. 1995 privatisiert.

WIRTSCHAFTSGEBÄUDE +
Marienwall 26, bis 1945 Marienwall 24–28

PLÄNE: Militär-Bauamt Minden (I. V. Scholze vom 7.10.1909; BA Marienwallstraße 16).

Zweigeschossiger, am Westende dreigeschossiger Massivbau von 42,71 m Länge auf der Grenze am Marienwall, in der Westhälfte 11,02, in der Osthälfte 14,26 m tief. Kellersockel bis zur Erdgeschoß-Sohlbank mit Quadern verblendet, darüber Putz und heller Anstrich. Für die Bauzeit bemerkenswert ist die karge Sachlichkeit des Äußeren und der Verzicht auf jegliche Putz- oder Stuckdekoration. Lediglich die Sprossen-Oberlichter der Fenster signalisieren die Entstehung des Baues im ersten Jahrzehnt des 20. Jahrhunderts. Der im Grundriß nur zweiteilige Baukörper wird zur Straße durch zwei nur 10 cm vortretende Risalite vierteilig gegliedert: Im Westen der dreigeschossige Kopfbau mit zwei breiten, dreiteiligen Fensterachsen, nach Osten anschließend zweigeschossiger Zwischenbau mit zwei dreiteiligen und einem schmalen Fenster sowie hohem Dachkörper. Auf ihn folgt mit höherer Traufe und entsprechend höherem First der zweite Risalit mit sehr breiten und hohen dreiteiligen Pfostenfenstern. Das anschließende östliche Drittel hat über vier zweiteiligen Fensterachsen die gleiche Traufhöhe wie der zweite Risalit. Zwischen Kopfbau und zweitem Risalit Satteldach, alle übrigen Dächer abgewalmt und locker mit zwei- und einfenstrigen Schleppgaupen besetzt; Dachneigung 45 Grad, Dachdeckung mit Falzpfannen. Die weiten Überstände lassen die Walmdächer wie aufgestülpt erscheinen; der löbliche Versuch, die Baumasse durch Risalite und gesonderte Dachkörper zu gliedern, leidet unter dem spannungslosen Aufreihen der ähnlichen Fensterformate in der westlichen Hälfte. Lediglich die beiden Dreier-Pfostenfenster im zweiten Risalit beleben das trockene Gleichmaß der Achsenteilung ein wenig. Sie belichten im Hochparterre den in ganzer Haustiefe gelegenen Mannschafts-Speisesaal, zu dem die kurze Freitreppe vor dem dreiachsigen Ostgiebel und ein langer Längsflur führen. Daran rechts Mannschafts-Küche und Treppe zum Obergeschoß, links Speisekammer, Brausebad und Ankleideraum. Im schmaleren, westlich anschließenden Bauteil hofseitig Verkaufsraum, Treppenflur und Treppe zum Obergeschoß, straßenseitig am Mannschafts-Speisesaal ein Nebenraum und ein Unteroffizier-Zimmer. Im Kopfbau, mit Zugang vom Westgiebel hofseitig neben der Treppe eine Burschenkammer, zur Straße zwei Stuben für einen Leutnant.

Im Obergeschoß liegen über dem Mannschafts-Speisesaal zwei Unteroffiziers-Speiseräume mit Schiebetür-Verbindung und – zum Hof – ein großer Nebenraum. Der lange Flur dient als Kleiderablage für Unteroffiziere; am Flur liegt zur Straße die Unteroffiziers-Küche mit Vorraum zum Saal, dahinter zwei Unteroffiziers-Stuben und die Speisekammer. Das Offiziers-Versammlungs-Zimmer (über der Mannschaftsküche) hat einen gesonderten Zugang vom Treppenhaus mit Garderoben-Vorraum. Am Flurende Toiletten.

Westlich der Speisesäle schließen sich im schmaleren Bauteil zum Hof Verkaufsraum, kleine Küche, Flur und Treppenhaus an, gegenüber liegen zwei Stuben für den Marketender. Im Kopfbau wiederholt sich die Aufteilung des Hochparterres mit Treppe, Burschenkammer und Leutnantswohnung.

Das Dachgeschoß des Kopfbaues enthält eine Feldwebel-Wohnung mit zwei Zimmern, Küche und Bodenkammer sowie eine Dachkammer für den Marketender. In den Kellerräumen waren die Vorräte, Kohlen und Brennmaterial für den Marketender, die Mannschafts- und Unteroffiziersküchen jeweils getrennt aufbewahrt; weitere Räume dienten dem Kasernenwärter, der Garnisonverwaltung zum Abstellen von Geräten, außerdem gab es zwei Kartoffel-Schälräume.

Nach Bombentreffer 1944 Abbruch des schmaleren Westteils und Wiederherstellung des Restbaues. In den ehemaligen Speisesälen wurden die dreiteiligen Pfostenfenster durch vier einfache Fenster mit Sprossenoberlichtern ersetzt; gleiche Fenster auch in der neu aufgeführten Westwand. Das Innere wurde für die neue Büronutzung eingerichtet; hier waren die Wache, Teile des britischen Arbeitsamtes und weitere Dienststellen der britischen Garnison untergebracht.

1993 Abzug der Stationierungsstreitkräfte, 1995 Abbruch und Neubau für die Hauptstelle der Landeszentralbank nach Plänen des Architekturbüros Baumann und Schmitz, Köln. Der Bau wurde am 12. März 1998 eingeweiht (MT vom 13.3.1998).

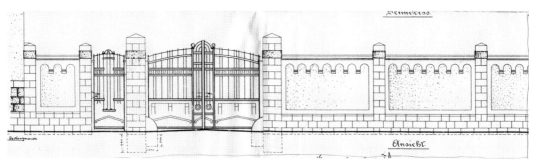

Abb. 539 Einfriedung und Tor am Marienwall. Lichner, 1912.

EINFRIEDUNG AM MARIENWALL, 1910 +

Mit der Fertigstellung des Wirtschaftsgebäudes erfolgte der Bau der Einfriedungs-Mauer zwischen dem privaten Eckhaus Marienstraße 22 und dem Familienwohnhaus von 1906 (5,30 m), zwischen diesem und dem Wirtschaftsgebäude (20,90 m) sowie östlich davon bis zum Anschluß an die vorhandene Mauer (22,94 m) nach Zeichnung des Militärbauamtes/Lichner vom 4.6.1910. Die ältere, östliche Mauer war über einem knappen Sockel durch Lisenen gegliedert, die durch gestelzte Rundbogenfriese auf abgetreppten Konsolen verbunden waren. Darüber dachförmig durchlaufende Abdeckung; in den Wandfeldern Gruppen von Schlitzblenden. Bei der neuen Mauer standen gequaderte Pfeiler mit bossiertem Kopfstück unter der pyramidenförmigen Abdeckung auf etwa hüfthoher, quaderverblendeter Sockelmauer. Dazwischen grobkörnig geputzte Felder mit glatter Bandrahmung und oberem Rundbogenfries unter profilierter Abdeckung. Beiderseits des Wirtschaftsgebäudes 4 m breite Toreinfahrten und 1,20 m breite Fußgängerpforten mit dekorativ gestalteten Toren aus Profileisen und Stäben in strengen Jugendstilformen (BA Marienwallstraße 16). Die Einfriedung wurde nach dem Zweiten Weltkrieg beseitigt und durch einfache Maschendrahtzäune mit Stahlgitter-Schiebetoren ersetzt.

MANNSCHAFTSHAUS
Marienwall 24, früher Nr. 22/24

Abb. 540, 541

In den letzten Jahren vor dem Ersten Weltkrieg war der Neubau einer Doppelkompanie-Kaserne für das Infanterie-Regiment No. 15 zwar vom Kriegsministerium in Aussicht gestellt, doch ließ die Ausführung auf sich warten. Die Planung war 1913 so weit gediehen, daß die Fluchtlinien am Marienwall zwischen dem Wirtschaftsgebäude und der Waffenmeisterei abgesteckt werden konnten. Der Kriegsausbruch zwang dazu, das Bauprogramm zu reduzieren; 1914 wurde mit dem Bau der westlichen Hälfte begonnen, doch zog sich die Fertigstellung offenbar hin; erst am 13. Dezember 1917 und 4. März 1918 konnten die Verträge zwischen dem Fiskus, der Reichsbank-Verwaltung und der Kirchengemeinde St. Marien über den Gebäudetausch von Reichsbank-Gebäude und Stiftskaserne bei St. Marien geschlossen werden (siehe Teil III, Kap. II.14.3). Die Übereignung der Stiftskaserne an die Kirchengemeinde erfolgte am 1. Januar 1922. Die für das inzwischen aufgelöste Infanterie-Regiment vorgesehene Kaserne wurde von der 1. Kompanie des Pionier-Bataillons 6 bezogen. Die

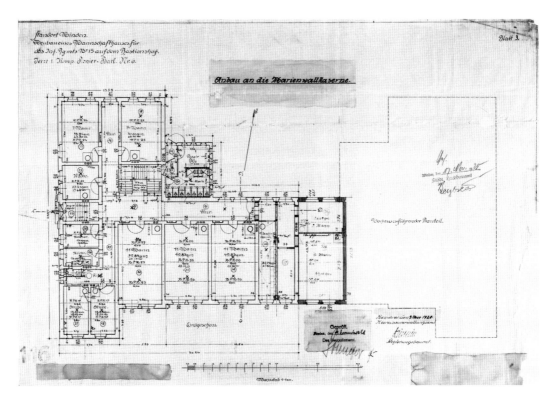

Abb. 540 Mannschaftshaus, Erdgeschoß-Grundriß. Regierungsbaurat Zieseniss, 1928.

östliche Hälfte des Kasernengebäudes wurde nie gebaut; zur Ausführung kam lediglich 1929 eine zweiachsige Erweiterung nach Osten mit drei Stuben für drei bzw. sechs Mann. Das Heeresbauverwaltungsamt Hannover/Zieseniss benutzte dafür die vermutlich vom Militärbauamt Minden vor 1914 gefertigten Pläne, die entsprechend ergänzt und umsigniert wurden (Plansatz von 1928 in der BA Marienwallstraße 16).

Geplant war ein stattlicher, dreigeschossiger und verputzter Massivbau mit hohem, quaderverblendetem Sockel, dessen Oberkante in Sohlbankhöhe des Hochparterres liegt. Zweiachsige kurze Seitenflügel rahmen zur Straße einen siebenachsigen Mittelteil, dessen äußere Achsen wie Seitenrisalite leicht vorgezogen sind. Die Achsen der Rücklagen sind als Zwillingsfenster ausgebildet. Über der Mittelachse ein zweifenstriges Zwerchhaus mit Walmdach, über Seitenrisaliten und Flügeln ein über dem Dachfuß leicht eingezogenes Attikageschoß mit Walmdächern. Die Hofseite war als Dreiflügelbau gedacht, der Mittelbau dreigeschossig und ohne Mittenbetonung, die Flügel dreiachsig mit Einzelfenstern zwischen Zwillingsfenstern und mit breitem Attikageschoß. Im Winkel von Mittelbau und Hofflügeln eingeschossiger Toilettenvorbau. Die Seitenfronten siebenachsig zwischen breiten Wandfeldern an den Enden, Eingang in der Mittelachse. Das Hochparterre ist über dem Quadersockel als Sockelgeschoß mit glatten Wänden behandelt, die beiden Obergeschosse werden durch breite Lisenen an den Ecken und zwischen den Fensterachsen zusammengefaßt. Der Bau entspricht damit weitgehend den Vorstellungen der sogenannten Reformarchitektur, die vielerorts bereits vor dem Ersten Weltkrieg die dekorativ und in vielen Spielarten vom Jugendstil geprägten

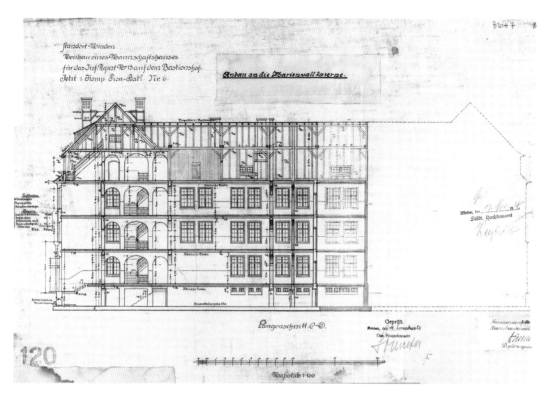

Abb. 541   Mannschaftshaus, Längsschnitt. Regierungsbaurat Zieseniss, 1928.

Baugewohnheiten abgelöst hatte. Die leicht neoklassizistische Grundhaltung äußert sich neben den Sprossenfenstern am deutlichsten im Portal der Westseite: Eine dorische Pilasterädikula aus Werkstein rahmt eine kassettierte zweiflügelige Tür; über dem Sturz dreiteiliges Oberlicht mit zwei Steinpfosten und gekehlten Gewänden (Abb. 542, 543).

Hinter dem Portal Vorraum mit Treppe zum Hochparterre, anschließend Längsflur an der Hofseite des Mittelbaues und Querflure in die Flügelbauten. Das Treppenhaus liegt im rückwärtigen Flügel zwischen Querflur und Hofwand; hier setzt in allen Geschossen eine Dreierarkade mit korbbogiger, breiter Mitte einen bescheidenen gestalterischen Akzent. Rundbogendurchgänge gliedern die lange Flucht der Mittelbau-Korridore. − Der Bau steht auf einer durchgehenden Eisenbetonplatte; sämtliche Geschoßdecken sind als Kleinsche Decken aus Hohlsteinen mit Stahleinlagen gefertigt. Darüber zwei Schichten aus Schlacke und Schlackenbeton; Fußbodenbelag aus Linoleum über Gipsestrich und Sandunterlage. Dachstuhl aus Holz mit Kopfbändern zur Längsaussteifung, Dachdeckung ursprünglich aus Ziegeln (Rechtsdecker), jetzt als Falzpfannen erneuert.

Die großen Mannschaftsstuben (6 x 9 bzw. 9,67 m) am Mittelkorridor waren für elf Mann vorgesehen, zwei Stuben in den Hofflügeln waren für sieben/acht Mann bestimmt, Unteroffiziere wohnten in den vorderen Flügelstuben und im Attikageschoß. Die Wohnräume wurden einzeln mit Öfen beheizt; Waschräume lagen in der (geplanten) Baumitte am Ende des Längsflures. Die Gesamtbelegungszahl betrug 170 Mann und 15–16 Unteroffiziere. Die Wache lag neben dem westlichen Portal, das Dach war für Bekleidungs- und Waffenkammer, eine Handwerkerstube, Trocken-

Abb. 542 Marienwall 24, Mannschaftshaus. Türflügel, 1997.

Abb. 543 Marienwall 24, Mannschaftshaus. Portal an der Westseite, 1997.

boden und Bodenraum für die Kompanie genutzt (BA Marienwallstraße 16). – Vor dem Auszug der Stationierungsstreitkräfte diente der Bau 1992 der Verwaltung des britischen Standorts Minden und dem britischen Arbeitsamt, außerdem hatte hier der britische Verbindungsoffizier seinen Sitz; das Dach war für Bürozwecke ausgebaut. Im Erdgeschoß hatten außerdem die Salvation Army/British Red Shield Services ihren Sitz. – Nach der Freigabe übernahmen die Therapeutischen Lehranstalten Minden Dr. Wolfgang Blindow den Bau.

SCHLAUCHTROCKENTURM +

Vor 1927 erbaut, nach 1956 abgebrochen (keine Akten und Zeichnungen gefunden). Viergeschossige Eisenfachwerk-Konstruktion auf ca. 10 x 3 m Grundfläche. Ausfachung mit Brettern oder Backstein, Westseite offen. In allen Geschossen an den Langseiten vier, an den Schmalseiten eine Rechteckröffnung mit oben abgeschrägten Ecken. Steiles Walmdach mit offenem Giebel über den beiden mittleren Fensterbahnen.

FAHRZEUGSCHUPPEN +

1927 für das Pionier-Bataillon am Nordrand des Geländes erbaut, ausgeführt von der Fa. Max Schütte, Holzhandel/Minden. Einfache Holzständerkonstruktion von vier Schiffen zu drei Jochen mit senkrechter Verbretterung. Länge 12, Tiefe 10 m, Traufhöhe 2,75 m. Sehr flaches Satteldach mit Teerpappendeckung. An der Vorderseite vier doppelfügelige Tore. Nach 1945 abgebrochen (Zeichnung BA Marienwallstraße 16).

ÖSTLICHE EINFRIEDUNGSMAUER AM MARIENWALL +

1929 auf 11,20 m Länge zwischen dem Mannschaftshaus und der ehemaligen Waffenmeisterei errichtet. Gefelderte Backsteinmauer mit profilierter Abdeckung auf scharriertem Betonsockel. Hofseitig Strebepfeiler. – Der unsichere Baugrund erforderte eine 3,80 m tiefe Gründung, die entweder als Betonbalken oder mit zwei Backsteinbögen zwischen drei Betonpfeilern ausgeführt wurde (BA Marienwallstraße 22).

NÖRDLICHE EINFRIEDUNGSMAUER ZUM GLACIS +

1940 als Ersatz für den bisher vorhandenen eisernen Gitterzaun errichtet. Backsteinsockel mit Pfeilern; die Wandfelder wurden halbsteinig mit auf Lücke gemauerten Läufern ausgeführt (BA Marienwallstraße 16).

Außer den genannten Gebäuden gab es 1939 auf dem Kasernengelände weitere Kleingebäude und Anlagen: an der westlichen Grundstücksmauer zu den Grundstücken Marienstraße 22–28 einen Scheibenschuppen (9 x 6 m) und einen weiteren Schuppen (6 x 3 m), an der Nordwestgrenze zur Villa Leonhardi einen Schießstand von 51 m Länge, vier Munitionsbehälter sowie Übungsanlagen: Rampe, Hürde, Graben, Holzwände und Klettergerüste (Lageplan des Heeresbauamtes von 1939, BA Marienwallstraße 28).

BAUTEN NACH DEM ZWEITEN WELTKRIEG

BARACKE FÜR DIE FINANZBAUVERWALTUNG +

1954 Aufstellung einer Holzbaracke von 18,89 x 12,60 m Größe in der Nordostecke des Hofgeländes als Verwaltungsunterkunft der bisher im Finanzamt Minden untergebrachten Geschäftsstelle Minden des Finanzneubauamtes Bad Oeynhausen. Die einfache Binderkonstruktion mit flachem Satteldach stand in Ost-West-Richtung. Eingang von Osten, am Mittelflur beiderseits einzelne Zimmer, vorn links Toilette mit Kanalisations-Anschluß. Abbruchdatum unbekannt, vermutlich nach 1983 (BA Goebenstraße 1).

Abb. 544 Marienwall 28, Garnisonkino »Globe« von Süden, 1993.

GARNISON-KINO »GLOBE« +
Marienwall 28

1955 für die britische Garnison errichtet. Hallenbau von ca. 47,25 m Gesamtlänge und 18 m Breite. Flaches Satteldach, Traufhöhe ca. 8,00 m, Firsthöhe bei 9,40 m. Saalbau von ca. 35 m Länge aus zwölf Fertigteilbindern mit massiver Ausmauerung, davor im Süden 5 m tiefer, beiderseits um ca. 1,50 m eingezogener, zweigeschossiger Eingangsbereich mit dreiseitig umlaufender Balkonkragplatte in ca. 4 m Höhe, darunter in der Mitte auf 6 m Breite siebenteilige Glaswand mit zwei Flügeltüren, rechts und links vorgezogene Wandteile mit breiten Schaukästen, zwischen ihnen vor der Glaswand drei Stufen. In der Giebelwand des Obergeschosses fünf schlanke Fenster, im Giebel Schild mit Initialen SSVC (nicht aufgelöst), am Balkongitter Leuchtschrift GLOBE. Zugänge zum Balkon in den eingezogenen Seitenwänden. Vor der gesamten südlichen Stirnseite Estrade mit drei Zugangsstufen. Am Rückgiebel ca. 7,25 m tiefer eingeschossiger Anbau mit Pultdach für Nebenräume. Je zwei Nebenausgänge in den Saalseitenwänden.

Nach Zeitungsbericht (MT, 26.3.1993) wurde das Kino 1990 renoviert; der Saal hatte rund 550 Plätze, eine große Bühne mit kompletter Bühnentechnik und Orchestergraben. Hinter der Bühne lagen großzügig bemessene Nebenräume.

Das Kino wurde nach 38jährigem Betrieb am 25.3.1993 geschlossen und 1995 zu Gunsten des Neubaus der Landeszentralbank abgebrochen.

Abb. 545 Rhodesia Barracks, Kirche I der britischen Garnison von Norden, 1985.

GARNISONKIRCHE +
Marienwall 24

Nissenhütte (so genannt nach dem englischen Offizier P. N. Nissen) von ca. 34 m Länge, 10,50 m Breite und 5,25 m Höhe, 1955 aus Bad Oeynhausen nach Minden versetzt und an der Nordgrenze des Geländes zum Glacis aufgestellt. Leichtbau-Baracke aus halbkreisförmig gebogenen, aus mehreren Stücken zusammengesetzten Eisenträgern als Gebinden, die mit waagerechten eisernen Verbindungsstücken auf beliebiger Länge montiert werden konnten. Deckung aus gebogenen Wellblechplatten. Die halbkreisförmigen Giebelscheiben gemauert, davor im Westen niedriger, eingezogener Eingangsbau mit teerpappengedecktem Segmentbogendach. Darüber zwei Rundbogenfenster zu Seiten eines applizierten Kreuzes. An den Langseiten mindestens sechs Schleppgaupen mit Wellblechdach, die Fenster mit Tudorbögen und gegabeltem Mittelpfosten (Abb. in MIELKE 1986, S. 115).

Die Kirchenbaracke wurde 1985 abgebrochen, nachdem 1983 auf dem östlichen Kasernengelände zur Goebenstraße ein größerer Ersatzbau errichtet worden war. Leichtbauhalle mit flachem Satteldach, Länge 28,70 m, Breite 18,99 m, Höhe 7,40 m. Der Bau stand östlich neben dem Mannschaftshaus, etwa auf der Fläche, die für die symmetrische Ergänzung zur Doppelkompanie-Kaserne vorgesehen war. Bald nach 1993 Abbruch dieser zweiten Garnisonkirche.

Abb. 546 Pionierstraße 6a, 6, 8, Pionierkaserne/Beseler-Kaserne von Nordosten, nach 1948. Von links: Mannschaftshaus der Scheinwerfer-Abteilung, Mannschaftshaus des Pionier-Bataillons Nr. 6 und Wirtschaftsgebäude, rechts Reduit von Fort B.

IV.3.4   Pionierkaserne/Beseler-Kaserne bei Fort B

Pionierstraße 6–12, Viktoriastraße 21, 21a–c

Bei der Mobilmachung im deutsch-französischen Krieg waren 1870 in der Festung Minden größere Truppenmengen unterzubringen. Da die vorhandenen Kasernen nicht ausreichten und größere Einquartierungslasten abgefangen werden sollten, wurde *hinter dem Fort B* ein Barackenlager errichtet. Der enge Hof zwischen Reduit und Enveloppe war dafür kaum geeignet und hätte im Ernstfall die Verteidigungsfähigkeit beeinträchtigt. Dieses Lager kann daher nur auf dem freien Feld jenseits des Glacisweges erbaut worden sein. Angaben zur genauen Lokalisierung fehlen. Das Lager wurde nicht mit deutschen Truppen, sondern mit ca. 6000 französischen Kriegsgefangenen belegt. Im September 1870 kam es hier zu einer Blattern-Epidemie (Pocken); 198 Kriegsgefangene starben. Für sie wurde auf dem Alten Friedhof ein Erinnerungskreuz errichtet (Verw.-Bericht 1871; siehe Teil V, S. 388).

Nach der Aufhebung der Festung dienten auch die Anlagen der Bahnhofsbefestigung als provisorische Truppenunterkünfte für die Garnison. 1877 bezog das aus Bielefeld verlegte Füsilier-Bataillon des Infanterie-Regiments No. 15 die Reduits von Fort A und B; die Unterbringung war indes *sehr mangelhaft*. 1878 zogen die vier Kompanien des Regiments zusammen mit der 2. Kompanie des 10. Hannoverschen Pionier-Bataillons in die Bahnhofs-Kaserne Friedrich-Wilhelm-Straße 15 um (CRAMER 1910, S. 367, 370; siehe oben Kat.-Nr. 372–379).

IV.3.4 Pionierkaserne bei Fort B

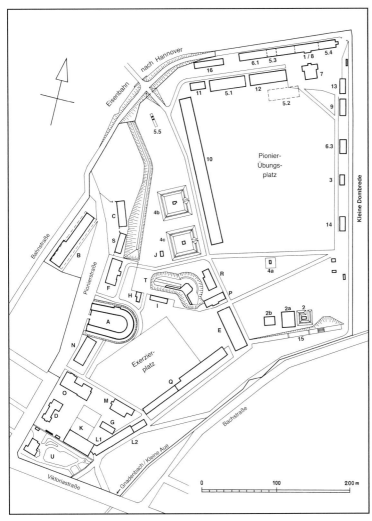

Pionierkaserne/Beseler-Kaserne

A   Reduit von Fort B/Kaserne
B   Pontonwagenhaus I (1867)/ Schuppen II (1935)
C   Armee-Telegraphen-Schuppen (1891)/ Pontonwagenhaus II (1913)
D   Familienwohnhaus (bis 1934/35)
E   Exerzierhaus
F   Kammergebäude
G   Büchsenmacherei
H   Latrine
I   Geräteschuppen
J   Patronenhaus
K   Reithaus (1910/11) mit Reitplätzen
L1   Pferdestall und
L2   Fahrzeugschuppen (1912)
M   Mannschaftshaus der Scheinwerfer-Abteilung (1912)
N   Wirtschaftsgebäude (1913)
O   Mannschaftshaus/ Doppelkompaniekaserne (1914)
P   Waffenmeisterei (1929)
Q   Fahrzeughalle (1929)
R   Schuppen Nr. 1 (1935)
S   Kraftfahrschuppen (1925)
T   Übungswerk Schultercaponière mit Schießstand im Graben
U   Offizierskasino Pionierstraße 2 und Offiziersgarten

Pionier-Landübungsplatz

1   Korps-Telegraphenschuppen (vor 1891/1911)/Pionier-Lehrwerkstatt
2   Pulvermagazin
2a   Haketschuppen
2b   Geräteschuppen
3   Zimmerei/Gasraum
4a–c Munitionsmagazine (1916)
5.1   Eisenbahn-Geräteschuppen
5.2   Materialschuppen
5.3   Lokomotiv-Instandsetzungsschuppen
5.4   Materialschuppen
5.5   Sprengobjekt
6.1   Werkstätten-Gebäude
6.3   Arbeitsschuppen/Sägerei
7   Unterrichtsgebäude
8   Werkhalle
9   Zimmerei (bis 1935/37)
10   Kraftwagenhalle (1934)
11   Holzschuppen (in Verwaltung der Truppe)
12   Hauptdepot für Pioniergerät
13   Gerätedepot
14   Verwaltungs- und Abortgebäude (in Verwaltung der Truppe)
15   Hindernisbahn
16   Materialienschuppen (in Verwaltung der Truppe)

Abb. 547 Pionierkaserne/Beseler-Kaserne bei Fort B und Pionier-Landübungsplatz. Lageplan nach Garnisons-Atlas um 1923 mit Nachträgen bis 1936. U.-D. Korn, 2004.

Das Reduit von Fort B wurde nach längerer Vorplanung 1887 als Kaserne ausgebaut und aufgestockt (siehe Kat.-Nr. 286–292) und den Pionieren zugewiesen. Die Enveloppe blieb dabei zunächst und bis weit in das erste Jahrzehnt des 20. Jahrhunderts unverändert bestehen (Lagepläne von 1907/09 in BA Pionierstraße 4–12). Das Kriegs-Pulver-Magazin No 6 wurde erst nach 1909 gesprengt und abgetragen (Kat.-Nr. 306, 307; Abb. 395, 396, 411). Der Ausbau der Anlage zur Kaserne erfolgte nicht nach einem vorher festgelegten Konzept, sondern schrittweise und mit größeren Abständen je nach den Erfordernissen der Truppe und nach Maßgabe der bewilligten Mittel. Entsprechend wurden auch die Erdbefestigungen (Wälle und Gräben) und kleinen Werke (Caponièren und Poternen) nicht in einem Zuge, sondern in kleineren Abschnitten eingeebnet, wobei gemauerte Teile in der Regel nur bis zur Erdgleiche abgetragen wurden. Nach einem Lageplan der Heeresbauverwaltung von 1932 (BA Pionierstraße 10) waren damals die Befestigungswerke bis auf die als *Übungswerk* benutzte linke Schultercaponière mit ihrem vorgelagerten Grabenbereich – beiderseits etwa 25 m – und große Teile des Grabens vor der Kurtine der Mittelfront zwischen dem ehemaligen Magdeburger Eisenbahntor/Brücke über die Eisenbahn und dem Kammergebäude (Pionierstraße 12) als schmale, trockene Mulde erhalten.

Nach 1933 erhielt die Kaserne den Namen »Beseler-Kaserne« (erstmals nachgewiesen 1935) nach dem preußischen Generaloberst Hans Hartwig von Beseler (Greifswald 1850–1921 Neubabelsberg). Von Beseler war 1903–1910 Chef des Ingenieur- und Pionierkorps und General-Inspekteur der Festungen. Im Ersten Weltkrieg nahm er 1914 Antwerpen, 1915 Modlin ein. Als kaiserlicher General-Gouverneur für das nördliche Kongreßpolen (ohne das Suwalki-Gebiet) mit Sitz in Warschau befürwortete er die Selbständigkeit eines Mitteleuropa angegliederten polnischen Staates und proklamierte im November 1916 im Namen des Kaisers die Errichtung des Königreichs Polen (Großer Brockhaus, 16. Aufl. 1953, Bd. 2, S. 53; Andrzej SZCZYPIORSKI, Die schöne Frau Seidenmann, Zürich 1988, S. 267, Anm. zu S. 175).

Das Kasernengelände und der östlich bis zur Kleinen Dombrede reichende Pionier-Landübungsplatz wurden 1945 von der britischen Besatzungsmacht beschlagnahmt. Mit der Verlegung des Bundesbahn-Zentralamtes nach Minden seit 1948 räumten die britischen Truppen den größten Teil des Geländes und reduzierten ihren eingezäunten Bereich unter dem Namen »Drake Barracks« im Wesentlichen auf drei Gebäude, die bis nach 1960 wohl vornehmlich zum Unterstellen von Fahrzeugen dienten: die Fahrzeughalle von 1925 (S, Pionierstraße 14), das Ponton-Wagenhaus 2/Kleines Wagenhaus (C, Pionierstraße 16) und das Pontonwagenhaus I/Schuppen II von 1935 (B, Pionierstraße 21). Das Bundesbahn-Zentralamt/Eisenbahn-Zentralamt entwickelte in der Folge für die Versuchsanstalt eine rege Bau-, Umbau- und Erweiterungstätigkeit, u. a. mit Gleisanschluß über die Bahnstraße von Nordosten her und der Anlage von zahlreichen Übergabe-, Aufstell- und Abstellgleisen. Zur Schaffung von Wohnraum für Beschäftigte der Versuchsanstalt wurde aus dem Bundesbahngelände ein größerer Bereich im Osten, im Winkel von Bachstraße und Kleiner Dombrede abparzelliert und 1951 bzw. 1956 an einer westlichen Stichstraße mit sieben Doppelwohnhäusern für je zwölf Familien bebaut (Kleine Dombrede 1–11a, siehe Teil V, 1501 ff.). Die Fülle der nach 1948 auf dem Gelände der Versuchsanstalt entstandenen Bauten und Anlagen kann hier nicht dokumentiert werden; die Darstellung beschränkt sich daher auf die bis 1945 für die militärische Nutzung durch die deutschen Pioniertruppen errichteten Gebäude, soweit sie sich aus den Bauakten der Stadt ermitteln läßt.

A. REDUIT VON FORT B/KASERNE siehe Kat.-Nr. 281–292, S. 548–567

B. PONTONWAGENHAUS I / SCHUPPEN II
Pionierstraße 21

Bereits 1867 vor der Aufhebung der Festung erbaut auf dem Zwickel zwischen der Bahnstraße und dem erst nach 1963 zur Pionierstraße ausgebauten Weg. Eingeschossiger Backsteinbau mit hohem Drempelgeschoß, ca. 71,50 m lang und etwa 19 m breit. Die Wände durch Lisenen gegliedert, in den Wandfeldern unten große Fenster mit Klappläden, oben Drillingsfenster. Vor dem Nordgiebel eine Rampe, über die Fahrzeuge in das Obergeschoß gezogen werden konnten (Akten nicht aufgefunden; Maße nach Lageplan von 1907 in BA Pionierstraße 4–12; Beschreibung nach Foto des nach 1909 gesprengten Kriegs-Pulver-Magazins No 6 Abb. 411: Im Hintergrund Kammergebäude und Pontonwagenhaus). (Siehe auch Kat.-Nr. 328).

Der Bau brannte im August 1933 ab; der Schaden an neuestem technischem Gerät erreichte die Millionenhöhe (KOSSACK 2001, S. 15, 19). Für den geplanten Neubau auf demselben Gelände (Projekt mit ca. 73 m Länge und 18,80 m Breite im Lageplan des Heeresbauverwaltungsamtes I, Hannover vom 29.3.1934, in BA Pionierstraße 16) hielt die Truppe *aus besonderen Gründen die Umwehrung des Gebäudes unter völligem Anschluss an das Kasernengrundstück für dringend erforderlich* (Bauantrag vom 26.6.1934). Das Stadtvermessungsamt (Büro VI) wies die Baugenehmigungs-Behörde (Büro V) darauf hin, daß dieser Antrag im Zusammenhang stehe mit einer Streitsache zwischen Reichsbahn und Fiskus wegen der Öffentlichkeit der Brücke [über die Eisenbahn] bei Fort A und der auf diese führenden Wege. Die Pionierstraße sei als öffentliche Straße anzusehen und stelle neben der im Eigentum der Reichsbahn befindlichen Bahnstraße die einzige fahrbare Verbindung zwischen der Viktoriastraße und der Brücke bzw. dem Dombredenweg her; eine Sperrung durch die beantragte Einfriedung würde sich für die ganze Dombrede recht unliebsam auswirken. Außerdem seien Bau- und Straßenfluchtlinien für die Pionierstraße ordnungsgemäß festgelegt. Das Büro V lehnte den Antrag auf Einzäunung ab.

Der 1935 neu errichtete Schuppen II hat eine Gesamtlänge von 79,01 m und entspricht den Normbauten der Wehrmacht für Fahrzeughallen: Massivbau mit Pultdach über Eisenbetonbindern, vordere Höhe 5,25 m, hintere Höhe 4,35 m; vorn Tore, hinten Fensterbänder. Über den Bindern Hohlsteindecken mit doppelter Pappdeckung.

Der 36,76 m lange Südteil von 14,76 m Tiefe besteht aus sieben Bindern; von den sechs Abteilungen war eine zum Unterbringen von Ankern und Ankersuchern vorgesehen, drei für Bohlen und Rampengerät, zwei für die Aufbewahrung von Kleingeräten. Der 42,25 m lange, 9,76 m tiefe Nordteil diente in den sieben Abteilungen zum Unterstellen von Pontons (BA Pionierstraße 6, Lageplan M 1:2500 des Heeresbauamtes in BA Pionierstraße 2 und KAM, unverzeichnete Pläne).

Von 1945 bis nach 1960 Teil der britischen Drake Barracks; seither Nutzung durch eine Kraftfahrzeug-Werkstatt..

C. GERÄTESCHUPPEN FÜR DIE ARMEE-TELEGRAPHEN-ABTEILUNG NO 3
Pionierstraße 8, ab 1913 Ponton-Wagenhaus 2 Pionierstraße 16

1891 Baugesuch der Garnisonverwaltung für den Platz zwischen dem Südflügel des Reduits und dem noch bestehenden Berliner Tor. Fachwerkbau von 37,50 m Länge, 13,50 m Breite; flaches Satteldach mit Teerpappendeckung, Traufhöhe 4,50 m, Firsthöhe 5,60 m. Westliche Traufseite zur Pionierstraße. Neun Gebinde im Abstand von 4,68 m, vor den Giebeln 4,71 m. Dreischiffige Halle; das

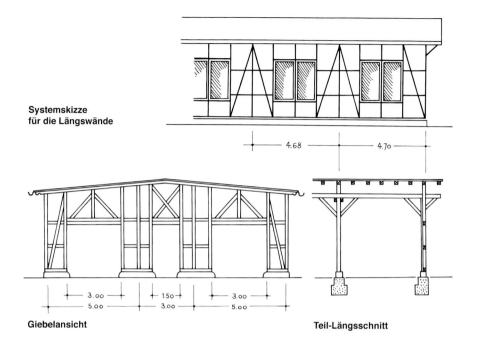

Abb. 548 Geräteschuppen für die Armee-Telegraphen-Abteilung No 3/Pontonwagenhaus 2. Skizze nach Bauakte, U.-D. Korn, 2004.

Mittelschiff 3 m, die Seitenschiffe 5 m breit. Im Südgiebel drei Tore von 2,80 m lichter Höhe, das mittlere 1,50 m, die seitlichen 3 m breit (Pläne in BA Pionierstraße 4).

Im Zusammenhang mit dem geplanten Bau eines Wirtschaftsgebäudes für die Pioniere (N) reicht das Militär-Bauamt am 25.8.1913 den Bauantrag ein für die Verlegung des Schuppens um etwa 200 m nach Norden in den Wallbereich vor dem ehemaligen Kavalier, an den Straßenknick vor der heutigen Einmündung der Pionierstraße in die Bahnstraße. Die Tore sollen dabei in die straßenseitige Traufwand versetzt werden. Bedenken der königl. Eisenbahndirektion Hannover, daß das vorgesehene Gelände *voraussichtlich später für Bahnanlagen erforderlich* ist, werden bei einer Besprechung mit der Intendantur des VII. Armeekorps in Münster ausgeräumt. Diese lehnt eine Versetzung des Schuppens an die Ostgrenze des Pionier-Übungsplatzes an der Kleinen Dombrede ab. Der Schuppen wird wie geplant umgesetzt; seither gehört er als Ponton-Wagenhaus 2 zu den Gebäuden der Pioniere. Ein weiterer Telegraphenschuppen bestand bereits vor 1911 in der Nordostecke des Landübungsplatzes (siehe unten, S. 856, Nr. 1). 1928 Bauantrag des Bataillons-Kommandeurs des 6. (Preußischen) Pionier-Bataillons für das Einziehen einer 4 m hohen Backsteinwand mit daraufstehender Holzwand. Die südliche Schuppenhälfte soll zum Einstellen von Kraftfahrzeugen genutzt werden. Die Baupolizei genehmigt die vorübergehende Nutzung, doch sei die Wand bis unter das Dach massiv auszuführen, außerdem verlangt sie Entlüftungsöffnungen am Boden und Hinweisschilder für den Garagenbetrieb. Mängel bei der Schlußabnahme werden kurz danach beseitigt.

1932 wird der Schuppen als *Kleines Wagenhaus* bezeichnet. – Von 1945 bis nach 1960 ist er Teil der britischen Drake Barracks.

D. FAMILIENWOHNHAUS +
Pionierstraße 4

QUELLEN: Keine Bauakte aufgefunden; Entwässerungsplan von 1932 in BA Pionierstraße 10. – Lagepläne von 1909 bis 1931 in BA Pionierstraße 4, 10 und 16.

Wohl um 1900 oder bald danach, jedenfalls vor 1909, wurde auf dem Grundstück neben der Offizier-Speiseanstalt des Hannoverschen Pionier-Bataillons No. 10 (Pionierstraße 2; siehe Teil V, S. 1525 ff.) ein Wohngebäude für verheiratete Offiziere errichtet. Im Entwässerungsplan zur Offizier-Speiseanstalt von 1898/99 (STA DT, D 73 Tit. 4 Nr. 10239) ist der Bau als *Projectirtes Familien-Wohnhaus* eingezeichnet.

Winkelförmiger, dreigeschossiger Massivbau mit Kellersockel und relativ steilen Satteldächern, L 22,70 m, davon 7,80 m für den vierachsigen, 11,20 m tiefen Nordteil mit eigenem Zugang, Treppenhaus und durchgehendem Flur, daran je zwei Dreiraum-Wohnungen pro Etage; 13,40 m für den fünfachsigen, 7,30 m tiefen Mittelteil und den südlichen, seitenrisalitartig vortretenden Kopfbau. Aus diesem schob sich nach Süden ein 1,50 m tiefer Teil des hier gelegenen zweiten Treppenhauses heraus.

Hier im Erdgeschoß eine sehr geräumige Wohnung mit fünf Zimmern, Küche, Kammer und zwei Aborten beiderseits des Treppenhauses und gesondertem Eingangs-Treppenraum in der Mitte der Straßenseite. In den beiden oberen Geschossen vermutlich je zwei Vierraum-Wohnungen mit Fluren beiderseits der mittigen Längswand.

Über Einzelheiten der Gestaltung des Außenbaues sagen die Entwässerungspläne nichts aus; ihnen ist lediglich zu entnehmen, daß der geböschte Kellersockel mit einem kräftigen Gesims schloß, daß ein durchlaufendes Brustgesims am ersten Obergeschoß eine weitere Horizontalgliederung leistete, und daß auf dem profilierten Traufgesims eine aufgelegte Rinne saß.

Vor dem Anschluß an die städtische Kanalisation 1932 gab es im Keller beiderseits des südlichen Treppenhauses und am Flurende in der garten- bzw. hofseitigen Südostecke des Nordteils kleine Räume mit Kotbehältern. Diese wurden über Rohrstutzen in vorgelegten Schächten entleert.

Der Bau wurde vermutlich 1934/35 abgebrochen. Im Lageplan des Heeresbauamtes Minden von 1935 (BA Pionierstraße 2) ist er nicht mehr verzeichnet.

E. EXERZIERHAUS +   Abb. 549, 550
Viktoriastraße 21 b

QUELLE: BA Pionierstraße 4 mit Plänen.

Am 27. November 1907 stellt das Militärbauamt Minden/Lichner den Bauantrag zur Errichtung eines Exerzierhauses auf dem Glacis von Fort B, am Glacisweg jenseits des noch bestehenden Grabens vor der linken Face der Enveloppe. Nach dem beiliegenden Blatt mit Zeichnungen (Ansichten, Quer- und Längsschnitt, Grundriß; beschnitten, wohl M 1:100) war ein Fachwerkbau von 56,52 m Länge und 16,52 m Breite (im Lichten 55,52 x 15,52 m), 4,40 m Traufhöhe und 6 m Firsthöhe geplant, der zwischen den Giebelwänden unter dem flachgeneigten Satteldach von 13 segmentförmigen Gitterbogenbindern überspannt war. (Ausgeführt wurde lt. Lageplan von 1907 und Zeichnung von 1936 eine Halle von 56,40 x 16,40 m). Die vordere, südwestliche Langseite erhielt zwei Tore zwischen dem dritten und vierten Gebinde (jeweils vom Giebel her gezählt) sowie auf der

Gegenseite ein Tor zwischen dem sechsten und siebenten Gebinde (von Südosten). Die Eckgefache und je ein Gefach beiderseits der Tore wurden mit zwei Riegeln und Andreaskreuzen zwischen Schwelle und Rähm ausgesteift, dazwischen lagen Fenstergefache. Die Binderpfosten waren unter den Brustriegeln beiderseits mit Fußstreben abgestützt. Im Drempelbereich über den Fensterbändern waren an die Gebindepfosten übereinander je zwei lange waagerechte Querbinder (Zugbalken) gespannt, auf denen die doppelten Stuhlpfosten für die Unterstützung der fünf Dachpfetten standen; diese Stuhlpfosten waren mit den Pfetten durch einseitige Kopfbänder in Längsrichtung verstrebt. Zwischen diesen doppelten Stuhlpfosten lagen die Bogenbinder, die auf verdoppelten Pfosten und Kopfstücken vor der Wand aufsaßen. Auf diese Weise entstand ein weitgespanntes fünffaches Sprengwerk zur Unterstützung der eigentlichen Dachkonstruktion. Einzelheiten für die Konstruktion der Gitter-Bogenbinder lassen sich der summarischen Zeichnung nicht entnehmen. – Das Dach war über Sparren und Schalung mit Teerpappe gedeckt. – Die Baukosten waren mit 3.600 Mark angegeben; der Bauschein Nr. 264 wurde am 7.12.1907 erteilt.

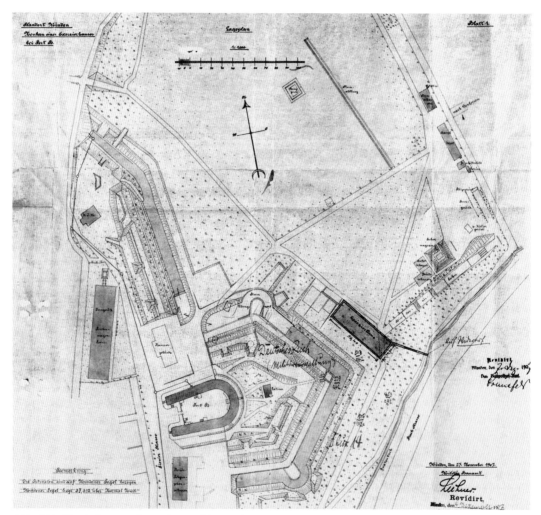

Abb. 549 Pionierkaserne. Lageplan mit Exerzierhaus, 1907.

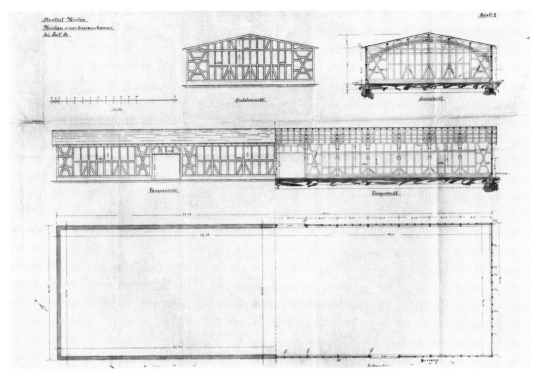

Abb. 550 Exerzierhaus, 1907.

Am 13.1.1913 Bauantrag für den Einbau einer Heizvorrichtung mit vier Öfen und zugehörigen Schornsteinen. Je zwei Kanonenöfen wurden vor den Langseiten aufgestellt, an der Südwestseite im vierten und elften Joch (von Südosten gezählt), an der Nordostwand im dritten und dreizehnten Joch. Die Kosten bestritt das Pionier-Bataillon No. 10. *Mit Rücksicht darauf, daß das Exerzierhaus am 26. d. Mts. zu einer Kaisergeburtstagsfeier benutzt und geheizt werden soll, wird um recht baldige Erteilung der baupolizeilichen Genehmigung gebeten.* Der Bauschein Nr. 10 wird am 16.1.1913 ausgestellt (BA Pionierstraße 4 mit Grundriß- und Querschnittskizze).

Am 4.8.1936 legt das Heeresbauamt Bielefeld einen von der Heeres-Neubauleitung Minden/i. V. Kling, Regierungsbaumeister, bearbeiteten Umbauantrag vor. Die Fensterbänder an der südwestlichen Langseite wurden auf zwei Dritteln der Gesamtlänge samt dem nordwestlichen Tor aufgegeben und durch eine wandhohe, engsprossige Neuverglasung ersetzt, mit der die Belichtung deutlich verbessert wurde. Mit Ausnahme der für die Längsaussteifung notwendigen Andreaskreuz-Gefache wurde jeder zweite Wandständer samt Brustriegeln und Fußstreben beseitigt. Ob die neuen Fenster mit Holz- oder Eisensprossen ausgestattet wurden, geht aus der Zeichnung nicht hervor; die neuen großflächigen Fenster entsprachen im Prinzip wohl denen am 1935/1936 errichteten Exerzierhaus der Gneisenau-Kaserne auf der Grille (siehe S. 863, Abb. 570).

Das 896 qm große Exerzierhaus wurde wohl auch als Turnhalle benutzt; dies belegt die im Grundriß von 1936 (M 1:100) eingetragene Innenausstattung der Halle. Der vorhandene Fußboden wurde mit neuem *Holzklotzpflaster* belegt; ein 5 m breiter Streifen vor dem Südostende erhielt einen *Weichboden*, hier wurde zudem *an der Giebelwand* ein *1,50 m hohes Wandpolster* angebracht. In der Nordecke lag eine *vorhandene Sprunggrube*, zwischen den 1913 installierten Öfen (siehe oben) gab es Sportgeräte: *3 Maisbirnen, Sprossenwände, 2 Boxwandpolster und 3 Boxwandapparate*. Die Arbeiten wurden 1937 ausgeführt.

Die Exerzierhalle wurde vor 1957 abgebrochen und durch einen Neubau des Bundesbahnzentralamtes für seine Versuchsanstalt für mechanische Stoffprüfungen ersetzt (Lageplan vom Oktober 1957 in BA Pionierstraße 10).

F. KAMMERGEBÄUDE
Pionierstraße 12

QUELLEN: BA Pionierstraße 12 mit Plänen.

ABBILDUNG: KAM Bildsammlung B VI 11.

Am 22. Juni 1908 übersendet das Militärbauamt Minden der Garnisonverwaltung vier Blatt Zeichnungen für den Neubau eines Kammergebäudes, 25 m nördlich des Reduits an der Verlängerung der Pionierstraße, gegenüber vom Pontonwagenhaus I (siehe oben B). Im Begleitschreiben heißt es: *Die von der Stadt angenommenen Baufluchtlinie ist von der Intendantur VII. Armeekorps genehmigt*. Die Baukosten sind auf 78 500 M veranschlagt. Der Bauantrag geht am gleichen Tag weiter an die Polizeiverwaltung Minden *mit dem Ersuchen, die Bauerlaubnis gefälligst recht bald zu erteilen*. Die Baupolizei bittet das Militärbauamt eine Woche später, gemäß § 3 Bau-Ordnung die beabsichtigte Benutzungsart für die einzelnen Räume nachzutragen, worauf dieses am 1. Juli antwortet, daß sämtliche Räume zur Unterbringung von Kammerbeständen des Pionier-Bataillons 6 dienen. Die genaue Belegung und Ausnutzung sei dem Truppenteil vorbehalten. Der Bauschein wird am 4. Juli 1908 ausgestellt, allerdings muß der Bau entsprechend der projektierten neuen Baufluchtlinie für die Verlängerung der Straße nach Norden über Fort B hinaus um etwa 6 m weiter nach Osten verschoben und verschwenkt werden. Der Abstand zum Nordflügel des Reduits beträgt weiter 25 m.

Die beiliegenden Pläne entsprechen dem 1908/1909 ausgeführten Bau; sie zeigen einen dreigeschossigen Massivbau auf Kellersockel, 35,26 m lang, 12,76 m tief, Traufhöhe 12,20 m. Vor der Mitte der östlichen Hofseite liegt ein 3,80 m tiefer Treppenhaus-Risalit mit Eingang zum Treppenhaus. Wie Sockel und Erdgeschoß tragen seine Wände gebänderten Putz; zwei breite, fensterlose Seitenrisalite sind mit genuteten Putzlisenen eingefaßt, die angeputzte Wappenkartuschen mit angedeuteter Mauerkrone begleiten. Beiderseits der Rundbogentür in den Rücklagen zwei rundbogige Fenster, alle mit angeputztem Bogenschnitt. In den oberen Rücklagengeschossen je zwei Rechteckfenster mit angeputzten Faschen. Unter der Traufe profiliertes Sims, auf dem Risalit flach geschweifte, niedrige Attika.

Die Schmalseiten sind über dem genuteten Erdgeschoß durch Putzlisenen wie an der Hofseite dreigeteilt. Im Mittelfeld wieder angeputzter Schild mit Krone, seitlich breitere, dreiteilige Fenster, die untersten mit Korbbögen geschlossen. Den Abschluß bildet ein attika-artiger flacher Schweifgiebel. Die westliche Rückseite zur Pionierstraße nimmt mit zwei sehr flachen, aber breiteren Seitenrisaliten die Gliederung der Hofseite auf; hier je zwei hochrechteckige Fensterachsen über Rundbogenfenstern. In der fünfachsigen mittleren Rücklage breite dreiteilige Fenster über Korbbögen im Erdgeschoß. Lisenen gebändert, Faschen angeputzt. Zwischen den seitlichen Schweifgiebeln sehr flaches, fast ebenes Teerpappen-Satteldach. Unter dem Dachüberstand neben den Giebeln hölzerne

IV.3.4 Pionierkaserne bei Fort B

Abb. 551 Pionierstraße 12, Kammergebäude von Nordosten, 2003.

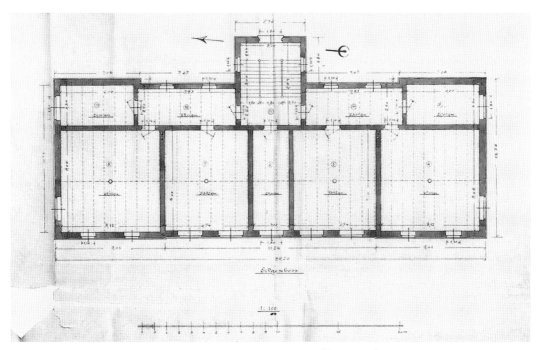

Abb. 552 Kammergebäude, Erdgeschoßgrundriß. Lichner, 1908 (Ausschnitt).

Schweifkonsolen. Erdgeschoß, Lisenen, Gesimse und Faschen waren sehr hell gestrichen, die Wandflächen deutlich dunkler, vielleicht backsteinrot. Im Inneren erschließt das Treppenhaus hofseitige kurze Korridore, die in den Risaliten in Kammern enden; an den Korridoren liegen straßenseitig neben einem schmalen Mittelraum je zwei große Lagerräume mit gußeisernen Rundstützen unter firstparallelem Unterzug; im hier nicht ausgebauten Sockelbereich entsprechende quadratische Steinpfeiler.

Seit dem Zweiten Weltkrieg dient der Bau dem Bundesbahn-Zentralamt als Bürogebäude; er wurde zu nicht bekannter Zeit großenteils seiner angeputzten Gliederungen beraubt, mit Großscheibenfenstern ausgestattet und blaugrau mit knappen, hellen Fensterfaschen und -laibungen gestrichen. Er hat dadurch einen wesentlichen Teil seines leicht vom Jugendstil angehauchten neubarocken Aussehens verloren. Lediglich die Bogenfenster des Erdgeschosses und die Schweifgiebel lassen erkennen, daß es sich um einen sorgfältig gestalteten Zweckbau aus dem ersten Jahrzehnt des 20. Jahrhunderts handelt. – Nach 1993 hellgrauer Neuanstrich mit schmalen weißen Faschen und Gesimsen; Sockel und Fensterbänke in dunklerem Grau abgesetzt.

G. BÜCHSENMACHEREI +
Pionierstraße 6b

QUELLE: BA Pionierstraße 4 mit Lageplan von 1909.

Zwischen dem Familien-Wohnhaus (D) und dem Geräteschuppen für die Armee-Telegraphen-Abteilung No 3 von 1891 (bei N) standen noch 1909, von der Pionierstraße etwas zurückgesetzt die Bauten des ehemaligen Berliner Tores der Bahnhofsbefestigung (siehe Kat.-Nr. 274, 275). Nach der Entfestigung und der Rückverlegung der Berliner Chaussee/Viktoriastraße auf ihre ursprüngliche Trasse war das Tor überflüssig und blieb anscheinend weitgehend unverändert stehen; in den Wachtkasematten wurde die Büchsenmacherei der Pionierkaserne eingerichtet. – Vermutlich im Zuge der ersten Planungen für den Bau eines Mannschaftshauses (das am Platz der Torbauten im Lageplan von 1909 in seinen Umrissen eingezeichnet ist), wird der Bauantrag für den Neubau der Büchsenmacherei am 16. Juni 1909 vorgelegt. Der Bauplatz lag etwa 70 m südöstlich des Berliner Tores auf der hier wieder nach Süden umschwenkenden Straßentrasse, nahe der nördlichen Abzweigung des alten Glaciswegs. – Die Baukosten wurden mit 5000 M angegeben; der Bauschein Nr. 157 wurde am 25. Juni 1909 erteilt.

Unverputzter Fachwerkbau von 10,20 m Länge und 8,25 m Breite auf brüstungshohem Massivsockel. Flaches Satteldach, mit Teerpappe gedeckt, Traufhöhe 3,90 m, Firsthöhe 5,00 m. Eckaussteifung mit Schrägstreben an allen Seiten. Eingang an der Nordseite in der Westhälfte, hier neben kleinem Flur rechts die *Waffenkammer*, dahinter größerer *Nebenraum* mit Esse. Den größeren Ostteil des Gebäudes nahm die *Werkstatt* ein (B 5,50; T 7,75 m). Sprossenfenster mit dreigeteiltem Oberlicht nach allen Seiten. Der Bau wurde 1912 nach Westen durch einen gleich breiten, aber etwas kürzeren Bau erweitert, der die *Beschlagschmiede* aufnahm. Fachwerkbau in gleicher Ausführung wie die Büchsenmacherei, lediglich die linke Hälfte des Westgiebels mit dem Tor zum *Beschlagraum* wurde massiv aufgeführt. Rechts abgeteilt ein Raum für den Veterinär; hinter dem Beschlagraum die *Schmiede* mit Esse, rechts Flur zur Seitentür und Raum für Kohle. Vor dem Westgiebel lag eine etwa 20 m lange *Vorführbahn*.

Der Bau verschwand nach dem Zweiten Weltkrieg, als das südöstliche Eckgelände an die Weser-Gesellschaft abgegeben wurde; in der Katasterkarte von 1959 ist er noch verzeichnet.

H. LATRINE +
Pionierstraße 12 a

QUELLEN: BA Pionierstraße 4 – Lagepläne BZA 1957 und 1980 in BA Pionierstraße 10.

Zwischen Juni 1909 (Lageplan für den Neubau der Büchsenmacherei in BA Pionierstraße 4) und Frühjahr 1910 ist offenbar die Enveloppe östlich von Fort B weitgehend abgetragen und planiert worden. Der Lageplan zum Bauantrag vom 7. April 1910 für die Latrine verzeichnet nur noch die linke Schultercaponière (T) samt dem trockenen Graben vor der linken Flanke sowie das westliche Drittel des Grabens vor der anschließenden Face als bestehend. Als Bauplatz für die Latrine war das ehemalige Wallgelände der linken Flanke vorgesehen. Der Bauschein Nr. 86 wurde bereits am 18. April 1910 erteilt.

Zweiteiliger, winkelförmiger Bau von 11,75 m Länge; das nördliche Drittel auf 4 m Länge 6,75 m tief, hier die Pissoirs, südöstlich anschließend (7,75 m lang, 5 m tief) zwölf Aborte und Vorraum. Wände bis 1,50 m Höhe massiv, darüber Fachwerk mit Fenstern und durchgehendes flaches Satteldach, mit Teerpappe gedeckt. Unter dem Bau eine 2–2,20 m tiefe Betonwanne mit Pumpensumpf und Entleerungsrohrstutzen sowie abschnittsweise nach außen konkav gebogenen Wänden. Wannendecke gleichfalls aus Beton mit zwei Querunterzügen. – Der Bau diente nach dem Krieg als Lagerschuppen und wurde vor 1980 durch den Neubau V 6 (Isotopenlabor) ersetzt.

I. GERÄTESCHUPPEN I +
Pionierstraße 12 b

QUELLE: BA Pionierstraße 4 – Lagepläne BZA 1957 und 1980 in BA Pionierstraße 10.

Gleichzeitig mit dem Bauantrag für die Latrine (H) ersuchte das Militär-Bauamt Minden/Lichner am 7. 4. 1910 um Genehmigung für den Bau eines Geräteschuppens, der mit 12 m Abstand östlich der Latrine errichtete wurde. Bauschein vom 18. 4. 1910.

Verputzter, eingeschossiger Massivbau von 24,05 m Länge und 5,50 m Tiefe. Querwände massiv; flaches Satteldach mit Teerpappe. Traufhöhe 3,10 m, Firsthöhe 4,15 m. Am Ostende vorn offener *Karrenschuppen*, der übrige Bau durch genutete Lisenen in fünf Abteilungen gegliedert, vorn – nach Süden – stichbogige Türen, auf der Rückseite entsprechende Fenster. Abteilung 1 und 2 dienten als *Scheiben-Gelass*, dazwischen verbretterte Fachwerkwand; Abteilung 3 war *Pferdeunterstand*, hier neben der zweiflügeligen Tür hochovale Fenster; in Abteilung 4 wurde *Feuerlöschgerät* untergebracht.

1957 Büro der BZA für Hausbrandversorgung; vor 1980 abgebrochen.

J. PATRONENHAUS +
Pionierstraße o. Nr.

QUELLE: BA Pionierstraße 4 mit Plan.

12. 9. 1911 Bauantrag für den Neubau eines Patronenhauses auf dem ehemaligen Waffenplatz am Gedeckten Weg im Winkel zwischen Mittelfront und Enveloppe von Fort B. Bauschein Nr. 258 vom 25. 9. 1911.

Reckteckbau von 7,70 m Länge und 4,50 m Breite, Traufhöhe 3 bzw. 3,50 m. Über Betonfundament niedriger Backsteinsockel, Wände aus Beton-Hohlblocksteinen gemauert. Wandstärke 25 cm. Die Balken des Pultdaches sind auf eine kräftige Mauerbohle aufgekämmt, darüber 5,30 m lange Betonbohlen von 7 cm Stärke und Teerpappendeckung. Tür in der südlichen Schmalwand, je drei Rechteckluken in den Längswänden mit hölzernem Futter und Zinkblechbeschlag. Zwischen den Luken über dem Boden und unter der Decke gewinkelte Belüftungsschlitze. Innenaufteilung mit hölzernen Scherwänden: Beiderseits des 5,40 m langen, 1,70 m breiten Flurs je zwei Patronenkammern von 2,70 x 1,40 m Größe, jede für eine Kompanie, vor Kopf querliegender Raum (4,50 x 1,80 m) für das Bataillon.

K. REITHAUS +
hinter Pionierstraße 4

QUELLEN: Keine Bauakten ermittelt. Angaben aus Lageplänen in BA Pionierstraße 8 (1913) und 10 (1932) bzw. 16 (1934).

Die ca. 18 x 39 m große Halle wurde zwischen 1909 und 1913 in ost-westlicher Richtung östlich hinter dem Familienwohnhaus (D, Pionierstraße 4) an der Grenze zum Garten der Offizier-Speiseanstalt der Pioniere (U, Pionierstraße 2) errichtet. Angaben zu Konstruktion und Gestalt liegen nicht vor. Aus anderem Zusammenhang gibt es lediglich die Nachricht, daß die Fa. Otto Hetzer/Weimar 1910/11 Leimholzbinder für die Reithalle geliefert hat. Die Firma Hetzer hatte für diese technologische Innovation mehrere Patente (freundliche Mitteilung von Christian Hoebel, WAfD). – Nördlich vor der Langseite der Halle lag eine Reitbahn.

Der Bau ist bis 1934 in Lageplänen nachgewiesen; der Übersichtsplan des Heeresbauamtes Minden von 1935 verzeichnet ihn nicht mehr. Vermutlich wurde das Reithaus im Zuge der fortschreitenden Motorisierung der Truppe überflüssig und abgebrochen.

L1. PFERDESTALL
Viktoriastraße 21

QUELLE: BA Pionierstraße 6 / 6a mit Plänen.

Bauantrag des Militär-Bauamtes Minden/Lichner vom 22. Juni 1912 für den Neubau eines Pferdestalles des Scheinwerferzuges des Pionier-Bataillons No. 10. Der Bau wurde an die östliche Giebelwand des Reithauses (K) über Eck im stumpfen Winkel in nordöstlicher Richtung angeschlossen und grenzte mit der südlichen Traufseite an den Glacisweg. Eingeschossiger Massivbau von ca. 27,50 m Länge und rund 10 m Tiefe mit steilem Krüppelwalmdach. Im Inneren 26 Pferdeboxen und Wachraum. Im spitzen Winkel zwischen den Giebelwänden von Reithaus und Stall Verbindungsbau mit Treppe zum Dachraum; dort Haferboden und Geschirrkammer. Stallraum mit meist paarigen, hochliegenden Stichbogenfenstern über den Futterraufen. Dach mit Schleppgaupen, hofseitig eine Ladeluke mit Schleppdach, davor Austritt mit Holzgeländer.

1914 Erweiterungsbau nach Nordosten in der Flucht des vorhandenen Stallgebäudes (Plansatz aus aquarellierten Lichtpausen, Militär-Bauamt Minden, 12.6.1914, in BA Pionierstraße 6). Die Erweiterung schließt im Nordosten an den Fahrzeugschuppen von 1912 (L2) an.

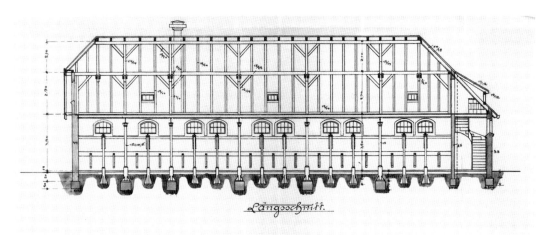

Abb. 553 Pferdestall für den Scheinwerferzug des Pionier-Bataillons No 10, Längsschnitt. Lichner, 1912.

Massivbau von 32,87 x 10,48 m Größe. Im Inneren 24 Pferdestände, daneben Tür, *Laufstand*, *Berieselungsstand*, *Krankenstand* und Wache, außerdem zwei Boxen für *Krümperpferde* mit eigenem Vorraum. Steildach mit Krüppelwalm nach Nordosten; im Dachraum Hafer- und Rauhfutterboden.

Nach dem Zweiten Weltkrieg wurde dieser Teil des Kasernengeländes mit Pferdestall, Erweiterungsbau und Fahrzeugschuppen (L2) an die Weser-Gesellschaft abgegeben; es ist von der Viktoriastraße her erschlossen (siehe Teil V, Viktioriastraße 19).

L2. FAHRZEUGSCHUPPEN
Viktoriastraße 21

QUELLE: BA Pionierstraße 6 mit Plänen.

Zugleich mit dem Bauantrag für den Anbau der Beschlagschmiede an die Büchsenmacherei (G) reicht das Militär-Bauamt Minden die auf 6. Juni 1912 datierten Pläne für den Bau eines Fahrzeugschuppens für den Scheinwerferzug des Pionier-Bataillons Nr. 10 ein. Die Baukosten werden mit 5 500 M angegeben.

Der 20,99 m lange, 7,47 tiefe Massivbau steht am Glacisweg in der Flucht des gleichzeitig errichteten Pferdestalles (L1); der Abstand von rund 27,50 m zu dessen nordöstlichem Giebel wird 1914 mit der Pferdestall-Erweiterung überbaut.

Der eingeschossige Bau ist an den Ecken und an der durchfensterten Rückseite durch Lisenen gegliedert; in der Hoffront drei große Stichbogentore mit Putzfaschen und eine kleine Tür. Darüber flaches Satteldach mit Pappdeckung. Trennwände aus Fachwerk. Hinter dem nördlichen Tor *Geschirrkammer für ruhende Bestände*, die beiden folgenden Tore führen in den *Fahrzeugraum*. Hinter der Tür *Arbeits- und Unterrichtsraum* mit Fenster im Südwestgiebel, dahinter ein kleiner Raum für *Arbeitsgeräte* mit Tür zum Fahrzeugraum.

Nach dem Zweiten Weltkrieg wurden Fahrzeugschuppen und Pferdestall (L1, L2) samt Erweiterungsbau und westlichem Vorgelände an die Weser-Gesellschaft abgegeben. Das Areal ist seither von der Viktoriastraße her erschlossen (siehe Teil V, Viktoriastraße 19).

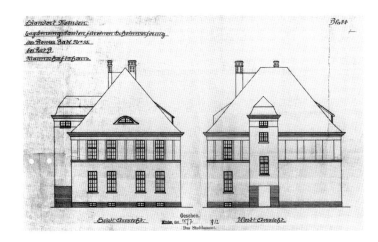

Abb. 554 Mannschaftshaus der Scheinwerfer-Abteilung, Ansichten. Lichner, 1912.

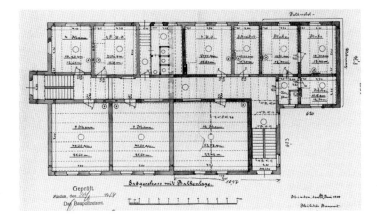

Abb. 555 Mannschaftshaus der Scheinwerfer-Abteilung, Erweiterungsplan, Erdgeschoß-Grundriß. Lichner, 1914.

M. MANNSCHAFTSHAUS DER SCHEINWERFERABTEILUNG / SCHEINWERFER-KASERNE
Pionierstraße 6a

QUELLE: BA Pionierstraße 6/6a mit Plänen (dat. 15.7.1912).

Zusammen mit dem Bauantrag für den Neubau des Pferdestalles (L1) reicht das Militär-Bauamt den Antrag auf Baugenehmigung für ein Mannschaftshaus für den Scheinwerferzug des Pionier-Bataillons No. 10 ein. Bauschein Nr. 225 vom 25.7.1912. – Bauplatz ist das Gelände westlich des Fahrzeugschuppens (L2) und nördlich von Büchsenmacherei und Beschlagschmiede (G).

Zweigeschossiger, verputzter Massivbau in den knappen Formen der sog. Reformarchitektur mit leicht historisierenden Anklängen; 15,59 m breit und 12,74 m tief, mit steilem Walmdach. Traufhöhe 8,50 m, Firsthöhe 16,20 m. Vor der westlichen Langseite leicht nach links versetzter, schmaler Eingangs- und Treppenhausvorbau mit Mansarddach, der zur Erschließung des Dachraumes hoch über die Haupttraufe reicht. Niedriger Kellersockel aus Backstein; Treppenhausmauer bis zum Türsturz des Eingangs gleichfalls aus Sichtbackstein-Mauerwerk. Erdgeschoßwände glatt verputzt; das Obergeschoß zwischen Brustgesims und Traufe mit senkrechten Bändern gefeldert. Fenster schlank hochrechteckig mit Sprossenteilung. Im Dach nach Norden, Süden und Osten mittige Fledermausgaupen. Im Erdgeschoß nach Süden am durchgehenden Korridor zwei große Stuben für je neun Mann, nach Norden Stuben für vier Mann bzw. zwei Unteroffiziere, dahinter Nebenflur und Aborte. Im Obergeschoß nach Süden *Friedenskammer* und Stube für neun Mann, gegenüber Stube für drei Unteroffiziere und *Kriegskammer*.

1914 wird der Bau in den gleichen Formen auf etwa das Doppelte vergrößert (Abb. 546; Pläne vom 12. Juni 1914, Militär-Bauamt Minden, in BA Pionierstraße 6/6a). Die Erweiterung erfolgt nach Osten bis kurz vor den gleichzeitig zwischen Pferdestall und Fahrzeugschuppen (L1, L2) errichteten Stall-Erweiterungsbau. Der Baukörper wird um 10,97 m mit Flur, Mannschafts- und Unteroffiziersstuben sowie Schreibstube erweitert, daran schließt sich im Erdgeschoß ein kurzer Flügelbau an, der eine Feldwebel-Wohnung enthält (2 Stuben, Küche, Vorraum und WC). Die zwei großen Mannschaftsstuben im Erdgeschoß des Altbaus werden zu einem *Unterrichtsraum* zusammengefaßt; die kleineren Stuben auf der anderen Flurseite nach Norden sind nun *Flickstube* und *Putzraum*. – Die Fledermausgaupen werden durchgehend durch Schleppgaupen ersetzt. – Nach dem Zweiten Weltkrieg Einrichtung für Büros des Bundesbahn-Zentralamtes. – Neuanstrich nach 1993 in hellgrauem Wandton mit weißen Fensterfaschen und Wandfeldern. Dachpfannen grau.

N. WIRTSCHAFTSGEBÄUDE MIT WACHE FÜR DAS PIONIER-BATAILLON NO 10
Pionierstraße 8

QUELLEN: BA Pionierstraße 4 (Lageplan 1907), Pionierstraße 8 mit Plänen vom 27. 8. 1913.

ABBILDUNG: KAM, Bildsammlung BVI 10 (nach 1933; Abb. 546)

Bereits 1909 gab es zumindest eine erste Grobplanung für ein Gebäude an der Stelle des 1891 errichteten Korps-Telegraphen-Schuppens (siehe C/N), südlich des Reduits von Fort B. Im Lageplan aus diesem Jahr ist hier, weiter von der Straße abgesetzt, ein ca. 42 m langer Bau mit zwei kurzen rückwärtigen Flügeln eingetragen (siehe Abb. 549).

Am 28. August 1913 beantragt das Militär-Bauamt über die Garnison-Verwaltung zugleich die Genehmigung für das Umsetzen des Telegraphen-Schuppens und für den Neubau des Wirtschaftsgebäudes an dessen Stelle, mit der Bitte um beschleunigte Bearbeitung.

Die Mindener Baupolizei kann am 2. Oktober 1913 auf Grund des Fluchtliniengesetzes von 1875 und des Ortsstatuts von 1888 keine Genehmigung erteilen. Der fragliche Teil der Pionierstraße ist noch nicht fertiggestellt, da die Frage der Pflasterung mit dem Magistrat noch nicht geregelt sei und dieser seine Zustimmung zur Zeit verweigere.

Vermerk der Baupolizei vom 11. Februar 1914 (Bonnefeld): Auf Veranlassung des II. Bürgermeisters soll die Baugenehmigung nunmehr erteilt werden; der Bauschein wird ausgefertigt. Gegenüber dem umzusetzenden Schuppen wird der Bauplatz des Wirtschaftsgebäudes um 7,50 m nach Osten und 9 m nach Norden an die neue Baufluchtlinie verschoben.

Eingeschossiger, im Mittelteil zweigeschossiger Massivbau von 36,70 m Länge und 14,86 m Tiefe, Mansarddach über massiven Giebeltrapezen, parallel zur Pionierstraße. Sparsame Neubarockformen; Kellersockel aus Sichtbackstein-Mauerwerk 1,26 m hoch, Traufhöhe 5,26 m, Firsthöhe 14,80 m. Zwischen jeweils dreiachsigen Seitenteilen fünfachsiger Mittelteil von zwei Geschossen mit

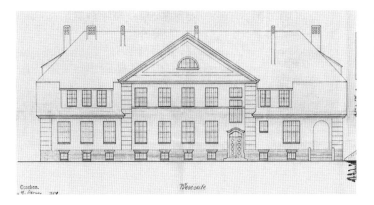

Abb. 556 Wirtschaftsgebäude mit Wache, Ansicht von Westen. Lichner, 1913.

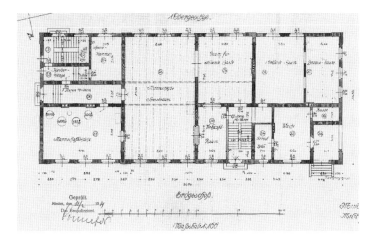

Abb. 557 Wirtschaftsgebäude mit Wache, Erdgeschoß-Grundriß, Lichner, 1913 (Ausschnitt).

firsthohem Giebeldreieck; Gebäudeecken und Mittelteil zur Straße wie zur Hofseite durch genutete Putzlisenen eingefaßt. Die symmetrisch-gleichmäßige Gliederung wird nur in der Großform durchgehalten; die innere Organisation des Grundrisses hat im Detail zahlreiche Asymmetrien zur Folge, u. a. in der nicht achsialen Anordnung der Eingänge und der Gruppierung der Mansardenfenster.

In der Südwestecke, neben dem Kasernentor, liegt abgetrennt die *Wache*, mit offenem, durch Korbbögen abgeteiltem Vorplatz und kurzer Freitreppe, dahinter an der Straßenseite kleine *Arrest-Zelle* mit hochliegendem Fenster; hinter dem Vorplatz, am Südgiebel, fensterloser Kassenraum.

Die übrigen Räume des Hauses dienen dem Kantinenbetrieb, im Erdgeschoß für die Mannschaftsdienstgrade, im Obergeschoß für die Unteroffiziere. Der straßenseitige Haupteingang liegt in der fünften Achse des Mittelbaues; er ist durch einen geschweiften Oberlichtsturz und gleichartige profilierte Verdachung hervorgehoben. Ein zweiter Haupteingang liegt diagonal gegenüber an der Hofseite in der Nordostecke in der letzten Achse. Hinter beiden Eingängen zweiläufige Treppen zum Obergeschoß. Ein dritter Eingang zum Erdgeschoß (Kücheneingang, Anlieferung) liegt in der Mitte des Nordgiebels.

Erdgeschoß: Im Südteil hinter der Wache *Ankleide-Raum* und *Brause-Raum*; hinter dem Treppenhaus und dem daneben gelegenen *Verkaufs-Raum* hofseitig *Raum für sitzende Gäste*, anschließend in ganzer Haustiefe der *Mannschafts-Speiseraum*. Nach Norden Durchgang zum Stichflur, hier

Mannschafts-Küche mit vier Kesseln zu 200, 600, 375 und 300 Litern, gegenüber Verbindung zum zweiten Treppenhaus mit *Kleiderablage* und *Speisekammer*.

Obergeschoß: Im Südteil (Mansarde) eine Wohnung, vermutlich für den Kantinenwirt, mit zwei Zimmern, Küche, Vorraum und WC sowie *Trockenboden*; im Mittelteil an der Treppe *Verkaufsraum*, großer *Unteroffiziers-Speiseraum*, durch doppelte Schiebetüren in zwei Räume teilbar, daneben hofseitiger Nebenraum. Im Nordteil (Mansarde) *Unteroffiziers-Küche* mit *Speise-Kamme*r und Nebenräumen, zum Hof *Kleiderablage*, *Offiziers-Bad* und Treppenhaus.

Im Unterdach Mansardenfenster, in Zweier- und Dreierfenstern unter dem abgeschleppten Oberdach zusammengefaßt. Der Raum im Oberdach ist nicht ausgebaut, hier nur spärliche Belichtung über Lünetten in den Dreieckgiebeln bzw. Schleppgaupen in den Schmalseiten.

Im Kellergeschoß liegen die für den Kantinenbetrieb nötigen Vorratsräume für Brennmaterial, Nahrungsmittel und Konserven sowie Marketender-Vorräte, daneben Kartoffelschälraum, Waschküche und Rollkammer. Vier Kellerräume sind für die Garnisonverwaltung vorgesehen.

1939 Vergrößerung der Küche durch eingeschossigen Anbau am Nordgiebel. Die Stadt moniert, daß er mit dem flachen Pappdach *außerordentlich ungünstig und ungelöst* wirke. Der Regierungspräsident verlangt eine Umarbeitung des Entwurfs (10.7.1939), die aber wohl wegen des Kriegsausbruchs unterbleibt.

Nach dem Zweiten Weltkrieg ist 1954 die Lochkartenstelle des Bundesbahn-Zentralamtes hier untergebracht, später dient der Bau wieder als Küche und Kantine. Zu nicht ermitteltem Zeitpunkt (vor 1993) wird der Bau außen vereinfacht. Alle Zierglieder verschwinden bis auf die nun glatten Lisenen; Schließung des Wach-Vorplatzes, Einbau von vier Fenstern anstelle der Giebellünetten, Verbreiterung der Oberdachgaupen, Einbau von Großscheibenfenstern, Abbau aller Schornsteinköpfe. Neuer Anstrich mit dunklen Wandflächen gegen weiße Lisenen, nach 1993 erneuert: Wände in leicht rötlichem hellem Grau, Lisenen und Gesimse in gebrochenem Weiß. Dachpfannen rot.

O. MANNSCHAFTSHAUS FÜR DAS PIONIER-BATAILLON NO 6 / DOPPELKOMPANIE-KASERNE

Abb. 558–560

Pionierstraße 6

QUELLE: BA Pionierstraße 6–10 mit Plänen vom 10.10.1913 (Militär-Bauamt Minden/Lichner).

ABBILDUNG: KAM, Bildsammlung B VI 10 (nach 1933; Abb. 546).

Planungen für den erst 1914 teilweise ausgeführten Neubau eines Mannschaftshauses für zwei Pionierkompanien gab es offenbar schon 1909; denn der Lageplan zum Bauantrag für die Verlegung bzw. Neuerrichtung der Büchsenmacherei vom 16. Juni 1909 (Militär-Bauamt/Lichner; BA Pionierstraße 4) zeigt auf dem Gelände des ehemaligen Berliner Tores, zwischen dem Familienwohnhaus (D, Pionierstraße 4) und dem Korps-Telegraphenschuppen von 1891 (C/N, Pionierstraße 8) die Umrisse eines etwa 70 m langen Gebäudes mit Mittelrisalit und zwei kurzen Flügeln nach Norden sowie zwei kurzen und schmalen Flügeln an der Südseite.

Am 18. Oktober 1913 stellt das Militär-Bauamt Minden den Antrag auf Baugenehmigung für eine Doppelkompanie-Kaserne; der Bauschein Nr. 25 wird am 11. Februar 1914 ausgefertigt.

Der Bauplatz ist derselbe wie im Lageplan von 1909. Der west-östlich ausgerichtete, nach Norden geöffnete Dreiflügelbau soll 67,66 m lang werden, außen an den Flügeln 21,33 m, am Mittelbau

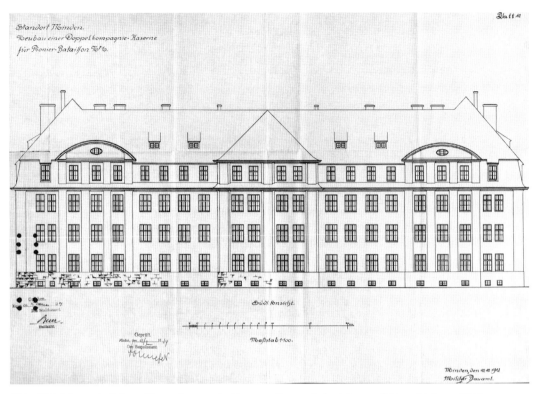

Abb. 558 Mannschaftshaus/Doppelkompanie-Kaserne. Entwurf, Ansicht von Süden. Lichner, 1913.

12,20 m tief. Die um 19,13 m vorspringenden Flügel sind 15,44 m breit. In der Mitte der langen Südfassade ein flacher vierachsiger Risalit, in der Mitte der dreiachsigen Flügelstirnen schmale, flache Treppenhausrisalite. Kellersockel mit Quadern verblendet, darüber drei Vollgeschosse und ausgebautes Mansardgeschoß mit steilem Oberdach. Schlichte Wandvergliederung mit kolossalen Putzlisenen. An der Nordseite scheiden sie zwischen ungegliederten Rücklagen in der Mitte einen vierachsigen Scheinrisalit aus, der im Mansardgeschoß eine lisenengegliederte Attika mit Segmentgiebel trägt. Flügelstirnen und Treppenhausrisalite sind gleichfalls von Lisenen eingefaßt; die Treppenhäuser reichen bis zur Hälfte des Unterdachs und sind hier mit kleinen Mansarddächern abgeschlossen (ausgeführt wurde hier ein zweifenstriges Zwerchhaus mit Segmentgiebel, Abb. 546). – Der vierachsige, durch drei gestufte Lisenen unterteilte Mittelrisalit der Südseite trägt eine entsprechende Attika, darüber ein Walmdach. Beiderseits folgen vierachsige, glatte Rücklagen, dann bilden vier Lisenen dreiachsige Scheinrisalite mit Attika und Segmentgiebeln, denen sich zweiachsige Rücklagen mit schmaleren Fenstern und breite Ecklisenen anschließen. Die fünfachsigen Seitenfassaden der Flügel nach Westen und Osten sind mit Lisenen in schmale Seitenfelder und dreiachsige Mittelteile gegliedert. Die Mansardenfenster über den Rücklagen sind in langen Gaupen zwischen die Attikaaufsätze gestellt, lediglich über den Seitenfronten und an den Enden der langen Südfront stehen sie in Einzelgaupen unter dem abgeschleppten Oberdach. Hier nur einzelne Schleppgaupen sowie zahlreiche Schornsteinköpfe unterschiedlicher Stärke. Vor dem mittleren Scheinrisalit der Nordfassade eingeschossiger Vorbau mit flachem Walmdach; hier befinden sich symmetrisch ver-

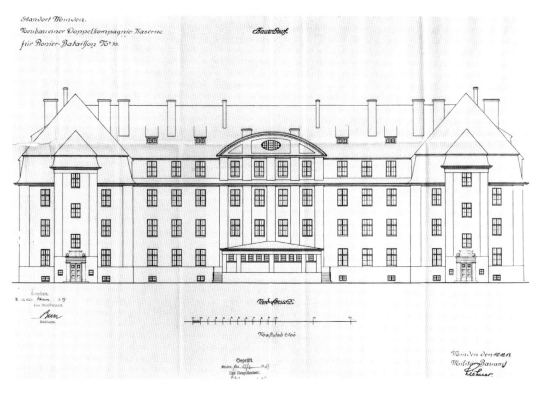

Abb. 559 Mannschaftshaus/Doppelkompanie-Kaserne. Entwurf, Ansicht von Norden. Lichner, 1913.

doppelte Abortanlagen. Der höchst profane Zweck konterkariert die schloßartig pathetische Grundrißfigur. Das flache Wandrelief mit den Lisenen und den Segmentgiebeln der Attikaaufsätze orientiert sich augenscheinlich an nüchternen Bauten des 18. Jahrhunderts wie dem Schloß in Köpenick oder – räumlich näher liegend – an den Hugenottenbauten in Karlshafen (Weser); die sorgfältig gesetzte Gliederung verleiht der großen Baumasse – im Plan wie am ausgeführten Teil – eine zwar kasernenhaft ernste und strenge, aber nicht unfreundliche Wirkung, die durch den gleichmäßig hellen Anstrich unterstützt wird. Die Dächer sind mit dunkelroten Falzpfannen gedeckt.

Das Innere der Kaserne ist klar und einfach gegliedert: Die Treppenhäuser in den Flügelstirnen erschließen die durch die Flügeltiefe reichenden Flure und den langen Korridor an der langen Hofseite. An ihm liegen acht Mannschaftsstuben für je elf Mann; die beiden mittleren – am Risalit der Südseite – sind für zwölf Mann vorgesehen. Die Räume in den Flügeln sind im Erdgeschoß für Feldwebel, Unteroffiziere und Schreibstube ausgewiesen, außerdem liegen hier im Winkel zum Hof die Waschräume der Mannschaften (Abb. 560). Im ersten Obergeschoß liegen in den Flügeln die Wohnräume für Unteroffiziere, Leutnants sowie – im Westflügel – die Geschäftszimmer des Bataillons, der Kassenverwaltung, des Zahlmeisters und des Hauptmanns beim Stabe. Das zweite Obergeschoß ist in der Mitte für Mannschaften und Krankenstube vorgesehen, in den Flügeln Räume für Unterricht und Lehrmittel sowie Stuben für Unteroffiziere und Leutnants. Das Dachgeschoß enthält im Mittelbau Bekleidungskammern, zwei Unterrichtsräume und Putzraum, in den Flügeln Stuben für Unteroffiziere und Zahlmeister sowie zwei Flickstuben.

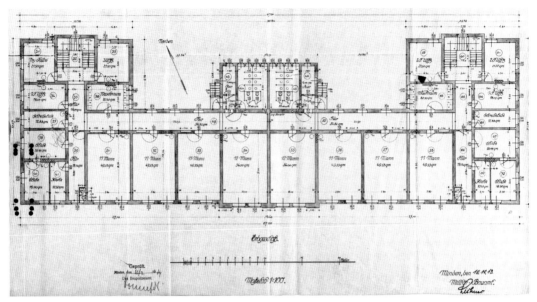

Abb. 560 Mannschaftshaus/Doppelkompanie-Kaserne. Entwurf, Erdgeschoß-Grundriß. Lichner, 1913.

1914 wurden nur die drei westlichen Fünftel ausgeführt. 1931 Bauschein zur zweigeschossigen Aufstockung des Abortvorbaues zu Erweiterung und Ausbau der Wasch- und WC-Anlagen. Die Kaserne ist mit 25 Unteroffizieren und 119 Mann belegt. Erst 1937/38 erfolgte der Anbau der Ostteile in einfacherer Form mit verändertem Plan, auf Rechteckgrundriß mit drei Geschossen zu (hofseitig) fünf Achsen und Mansarddach (Abb. 546). In der östlichen Achse einfaches Portal, darüber im Dach breiteres Zwerchhaus ohne Giebel. Die Gebäudeecken sind mit Lisenen eingefaßt (Pläne des Heeresbauamtes II Bielefeld vom 26. 8. 1937 in BA Pionierstraße 6–10). Der Bauschein Nr. 237/1937 wurde am 7. Oktober ausgestellt.

Mit Übernahme des Kasernengeländes durch die Deutsche Bundesbahn seit 1948 dient die Doppelkompanie-Kaserne als Bürogebäude des Eisenbahn-Zentralamtes. 1975 wurden die großen Mannschaftsstuben durch Einziehen einer Längswand mit kleinem Vorraum zu kleineren Raumeinheiten umgestaltet (Grundriß in BA Pionierstraße 10). Das Äußere blieb unverändert. – Nach 1993 Neuanstrich: Wände blaßgelb mit Umbra, Lisenen eierschalenweiß, Risalitfelder ocker- und umbrafarben. Auf dem Dach dunkelbraune Doppelmuldenziegel.

P. WAFFENMEISTEREI
Pionierstraße 21 c

QUELLE: BA Pionierstraße 4.

1929 Bauantrag für die Errichtung einer neuen Waffenmeisterei vor der nordwestlichen Stirnseite des Exerzierhauses (E). Eingeschossiger Massivbau von 30,79 m Länge und 13,14 m Tiefe, der Mittelteil etwas vorgezogen und mit niedrigem Obergeschoß. Sehr flache Walmdächer mit Pappdeckung, Traufhöhe 4,50 m, in der Mitte 5,30 m, Firsthöhe 5,00 m bzw. 6,10 m. Bauschein 11 vom 15. Januar 1930.

– Im linken Seitenteil hinter großen Toren Stellmacherei und Schmiede, dahinter Werkstatt für Fahrzeuge; im rechten Teil Werkstatt- und Maschinenraum mit abgeteiltem Schreib- und Ablageraum. Im Mittelteil Flur und Treppe, dazwischen Raum für Nachrichtengerät, dahinter Wasch- und Umkleideraum sowie Bräunierungsraum. – 1957 vor dem Westgiebel kleiner Anbau, 1960 Heizzentrale. Vor 1980 nach Westen erweitert, Bau für das Mechanische Versuchsamt des Eisenbahn-Zentralamtes.

Q. FAHRZEUGHALLE
Viktoriastaße 21a

QUELLE: BA Pionierstraße 4.

Bauschein 286 vom 29. Oktober 1929 für die Errichtung eines Fahrzeuggebäudes vor dem Glacisweg zwischen dem Exerzierhaus von 1907 (E) und dem Fahrzeugschuppen von 1912 (L2). Der zweiteilige Bau hat eine Gesamtlänge von 114,20 m. Der nordöstliche Teil ist 55,64 m lang und 15,76 m tief (im Lichten 15 m), hier werden 30 Zugmaschinen eingestellt. Der südwestliche Teil (L 58,60 m, T 10,76, im Lichten 10 m) dient zum Unterstellen von neun Lastkraftwagen, daneben liegen Räume für Heizung, Kohlen, Geräte und Öl sowie eine Werkstatt mit zwei Arbeitsgruben. Die Konstruktion besteht aus großen Betonbindern im Abstand von 7 m, darüber drei Längsbalken. Flaches Satteldach. Zum Hof große Falttore, rückwärts Fensterbänder. – Das Eisenbahn-Zentralamt nutzt die Halle zunächst weiter als Garagen, Werkstatt und Fahrzeughalle, später als Verpackungsprüfraum.

R. SCHUPPEN NR. 1 +
Pionierstraße 14 a

QUELLE: BA Pionierstraße 6.

Erbaut 1935 auf dem ehemaligen Glacisgelände vor der linken Schultercaponière, nordwestlich der neuen Waffenmeisterei von 1929 (P). Massivbau von 30,51 m Länge mit fünf Abteilungen von je 6 m Breite. Drei im Norden sind 14,76 m, zwei im Süden 9,76 m tief. Betonbinder mit flachem Pultdach, vorn mit fünf Falttoren, darüber Oberlichter. – In Abteilung 1 wird Schnellbrückengerät untergebracht, in 2 und 3 große Floßsäcke, in 4 Fährseilgerät und in 5 Außenbordmotoren. – Vom Eisenbahn-Zentralamt vor 1957 ersetzt durch den Neubau für die Röntgenabteilung, vor 1980 durch Büro und Werkstattanbau erweitert.

S. KRAFTFAHRSCHUPPEN +
Pionierstraße 14

QUELLE: BA Pionierstraße 14 mit Plänen.

Bauantrag vom 2. März 1925 für die Errichtung eines Autoschuppens für das Pionier-Bataillon 6. Mit Bauschein vom 16. März Revision des Lageplans: Der Bau soll nördlich des Kammergebäudes von 1908/09 (F) in gleicher Flucht errichtet werden.
    Massivbau von 25,59 m Länge und 8,10 m Tiefe mit Pultdach auf Betonbindern. Tore und Türen gehen nach Westen, da hinter dem Bau noch Reste des Festungsgrabens zwischen dem Mag-

deburger Eisenbahntor und der Enveloppe von Fort B bestehen. – Der Schuppen enthält eine Waschgarage, drei Autostände, davon einer mit Inspektionsgrube, ferner Werkstatt, Räume für Heizung, Öle und Fette sowie einen Raum für leere Fässer. Garage und Autostände sind mit hohen Metalltoren geschlossen; Belichtung von der Rückseite.

1926 beiderseitige Erweiterung um je einen Raum von 4,20 m Breite. – Nach 1945 Teil der britischen Drake Barracks; um 1959 abgebrochen.

T. ÜBUNGSWERK/SCHULTERCAPONIÈRE
Pionierstraße o. Nr.

QUELLE: Pionierstraße 4, Pläne in BA Pionierstraße 4–12.

Die Lagepläne von 1907 und 1909 (BA Pionierstraße 4) zeigen die Enveloppe östlich des Reduits von Fort B bis zum Glacisweg noch nahezu vollständig erhalten. Für die linke Schultercaponière am Graben zwischen der linken Flanke und der linken Face ist 1907 eingetragen: *Sturm-Übungs-Werk*.

1902 zeigt der Polizei-Sergeant Sturm an, daß das Hann. Pionier-Bataillon No 10 im Wallgraben hinter Fort B ohne Erlaubnis eine Futtermauer errichtet. Das Bataillon erklärt darauf, das Übungswerk werde auf höhere Weisung erweitert, die Bauarbeiten erfolgten unter Leitung des Garnison-Baubeamten, eine baupolizeiliche Erlaubnis sei daher nicht erforderlich. Die Polizei-Verwaltung macht deutlich, daß nach § 10 der Bauordnung für die Stadt Minden bei den Staats- und Reichsbauten nur eine Überwachung der Bauausführung incl. Rohbau- oder Schlußabnahme nicht stattfinde. Die Einholung der Bauerlaubnis sei davon nicht betroffen, man sehe daher *der baldgefälligen Einreichung der Bauzeichnungen entgegen*. Nach dem beigelegten Plan betrafen die Arbeiten die Erhöhung eines Mauerabschnitts auf der Contrescarpe samt Aufsetzen eines eisernen Doppelhakenzaunes sowie die Verlängerung des vorhandenen Hinderniszaunes in der Grabenmitte und die Anlage einer Schachtgrube vor. – Am 18.10.1906 wird mit Bauschein 200 die Ergänzung des Sturmübungswerks durch feste Drahthindernisse in der Grabensohle und ein *französisches Drahthindernis* von 15 x 15 m Fläche auf dem ehemaligen Waffenplatz am gedeckten Weg jenseits des Grabens genehmigt.

Das Sturmübungswerk erscheint mit den beiderseits anschließenden Grabenteilen von jeweils 25 m Länge in den bis 1935 vorliegenden Lageplänen. Im Lageplan des Bundesbahnzentralamtes von 1957 ist noch ein Teil der Contrescarpenmauer mit Resten der Glacisaufschüttung eingetragen; Graben und Caponière sind verschüttet und mit Werkstattgebäuden überbaut. Die massiven Bauteile der Caponière werden ebenso wie die ihres rechten Gegenstücks nach wie vor im Boden erhalten und lediglich verschüttet sein (vgl. die Anlagen bei Fort A, Kat.-Nr. 280).

1927 wird ein Antrag auf Anlage eines *Maschinengewehr-Schießstandes* im ehemaligen Festungsgraben vor der Mittelfront, nördlich von Fort B, gestellt. Am 23. Juni teilt die Polizeiverwaltung dem Heeresunterkunftsamt Minden mit: *Durch ein Probeschießen ist an Ort und Stelle festgestellt worden, daß die Detonation der scharfen Patronen derart starke Geräusche hervorruft, daß nach ganz kurzer Zeit mit Sicherheit Beschwerden von den Bewohnern der Häuser in der Umgebung des Platzes zu erwarten sind, die unsererseits als gerechtfertigt anerkannt werden müßten.* Sie empfiehlt, vom Schießen mit scharfer Munition Abstand zu nehmen; bei Verwendung von Platzpatronen bestünden keine Bedenken. Der Antrag wird im Oktober 1927 zurückgezogen, da ein Schießstand für Platzpatronen nicht gebraucht wird.

U. OFFIZIERSKASINO siehe Teil V, S. 1525 ff., Pionierstraße 2.

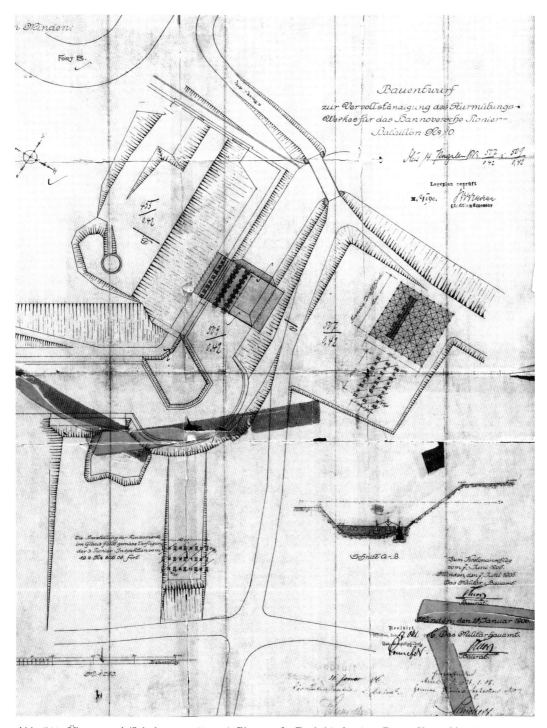

Abb. 561 Übungswerk/Schultercaponière mit Planung für Drahthindernisse. Baurat Knorr (?), 1906.

IV.3.5   Mudra-Kaserne / Clifton Barracks

von Thomas Tippach und Ulf-Dietrich Korn

früher Römerring, jetzt Ringstraße 9, 9a, Fasanenstraße 17–25, Auerhahnweg, Birkhuhnweg, Rebhuhnweg

QUELLEN: MZ, 22.10.1935.

LITERATUR: FORERO 1992, S. 28–27. – KOSSACK 1998. – KOSSACK 2001. – SCHMIDT 2000.

Die seit Herbst 1934 vom NS-Regime forcierte Aufrüstung der Wehrmacht zwang auch in Minden zu Investitionen in die militärische Infrastruktur, da die vorhandenen Kasernen für die gegenüber der Reichswehrzeit erheblich verstärkte Garnison nicht ausreichten, zumal im Gefolge des Truppenabbaus nach dem Ersten Weltkrieg ältere militärisch genutzte Liegenschaften aufgegeben und in zivile Nutzung überführt worden waren. So war die 1867 erbaute Bahnhofskaserne 1920 in Wohnraum und das Garnison-Lazarett in ein ziviles Krankenhaus umgewandelt worden (KOSSACK 1998, S. 91). Die vorhandenen Liegenschaften entsprachen zudem kaum den veränderten Raumansprüchen einer stärker technisierten und motorisierten Truppe.

Die gestiegenen Raumbedürfnisse der bewaffneten Macht ließen sich nur an der Peripherie der Städte befriedigen. Für die Standortwahl waren aber nicht allein Fragen der Grundstücksgröße entscheidend. Eine wesentliche Rolle spielten darüber hinaus Luftschutzüberlegungen. Dicht bebaute Gebiete und Innenstadtbereiche galten als besonders *luftgefährdet* und sollten daher ebenso wie topographisch auffällige Grundstücke gemieden werden (HDV 410/6, nach SCHMIDT 2000, S. 37). Nach Möglichkeit sollte ein Abstand von mindestens 500 Metern von den für Wohn-, Siedlungs- und Gewerbebebauung bestimmten Gebieten eingehalten werden. In den meisten Fällen mußte die Kommune die benötigten Grundstücke bereitstellen; ungeachtet dessen spielten finanzielle Überlegungen bei der Standortwahl eine nicht zu unterschätzende Rolle.

Im Rahmen des im Gefolge der ersten Heeresvermehrung in den Jahren 1934/35 durchgeführten Bauprogramms entstand in Minden eine neue Pionierkaserne an der Ringstraße (Römerring). Das ursprünglich in Privatbesitz befindliche, rund 15 ha große Grundstück wurde von der Stadt erworben und der Wehrmacht unentgeltlich überlassen. Im Gegenzug wurden bei der Auftragsvergabe für dieses Bauvorhaben vor allem Unternehmen und Handwerksbetriebe aus der Stadt und der näheren Umgebung berücksichtigt.

Die Kaserne wurde entsprechend den 1934 erlassenen »Richtlinien als Anhalt für den Neubau von Mannschaftshäusern, Stabshäusern, Wirtschaftsgebäuden« erbaut. Die Vorgaben erlaubten dem leitenden Architekten sowohl in städtebaulicher als auch in architektonischer Hinsicht einen gewissen Freiraum bei der Planung der jeweiligen Kasernenanlage, allerdings bedingte nicht zuletzt die Forderung, eine Bataillonskaserne in einem Jahr fertigzustellen, eine weitgehende Normierung und den seriellen Bau festgelegter Typen. Für die Konzeption der Pionierkaserne zeichnete der Architekt Kraske verantwortlich, dessen Entwurf allerdings kaum individuelle Planungsvorstellungen erkennen läßt. Die Anordnung des Stabsgebäudes und der Mannschaftsunterkünfte in paralleler Reihung mit quergestellten Wirtschaftsgebäuden um eine zentrale Platzanlage entspricht im wesentlichen einem der Grundtypen, die Lüken-Isberner und Möller in ihrem Versuch einer städtebaulichen

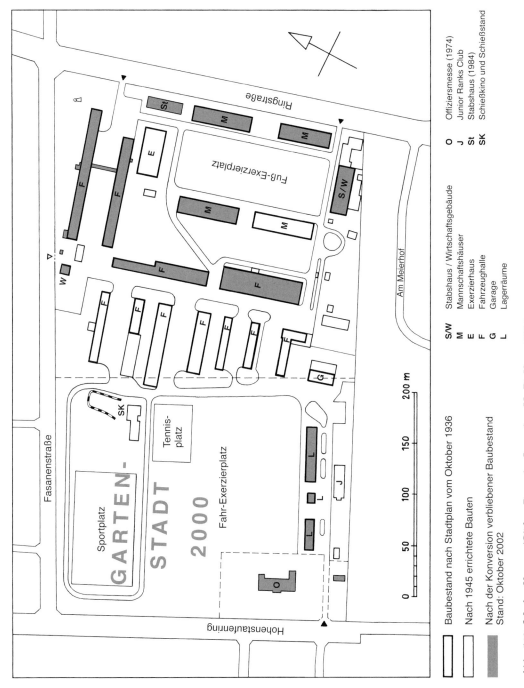

Abb. 562 Mudra-Kaserne/Clifton Barracks. Lageplan. U.-D. Korn, 2004.

Abb. 563 Ringstraße 9, Mudra-Kaserne. Mannschaftshäuser mit Torwache von Südosten, um 1935/36.

Typologie der Kasernenanlagen der NS-Zeit festgestellt haben (LÜKEN-ISBERNER/MÖLLER 2000, S. 142 ff. – Die Pionierkaserne entspricht der Regelform B 6). Die regelmäßige und symmetrische Anlage ist entlang einer ungefähr nord-südlich verlaufenden Längsachse konzipiert. Der symmetrische Charakter der Anlage sollte nicht überinterpretiert werden, vielmehr waren es vor allem funktionale Überlegungen, die die Bauplanung bestimmten. So erfüllte der Architekt mit der achsialen Anordnung der Mannschaftsgebäude in Nord-Südrichtung vor allem die Forderung, eine möglichst gleichmäßige Besonnung der beiden Langseiten der Mannschaftsunterkünfte sicherzustellen, da die Wohnräume beiderseits eines 2,50 m breiten Mittelflures angelegt waren. Der umbaute Platz diente ursprünglich als Fußexerzierplatz. Der Haupteingang zur Kasernenanlage lag im Südosten, ein zweiter Eingang im Norden an der Fasanenstraße. Bei Bezug der Kaserne am 15.10.1935 waren die Bauarbeiten noch nicht abgeschlossen. Das zunächst als nördlicher Platzabschluß konzipierte Wirtschaftsgebäude war noch nicht erbaut (Mindener Zeitung, 22.10.1935).

Die üblicherweise von den Mannschaftsunterkünften abgesetzten Werkzeughallen und Werkstätten entstanden westlich der Platzanlage in strenger Ost-West-Ausrichtung. Westlich der Fahrzeughallen war der Fahrexerzierplatz angelegt. Erst nachträglich wurden im nördlichen Teil des Kasernements zwei weitere Fahrzeughallen errichtet.

Benannt wurde die Kaserne nach General Bruno von Mudra (Muskau 1851–1931), der zwischen 1911 und 1913 Chef des Ingenieur- und Pionierkorps war. In dieser Funktion trieb er die Ausbildung des Pionierkorps zu einer *modernen technischen Kampftruppe* (Handbuch zur deutschen Militärgeschichte, Bd. V, S. 181) voran. Im Ersten Weltkrieg war von Mudra Kommandeur verschiedener Armeeabteilungen und Armeen und sprach sich 1918 für die Fortsetzung der Kampfhandlungen aus. In der Zeit der Weimarer Republik war das Mitglied der Deutschnationalen Volkspartei Ehrenschirmherr des »Waffenrings deutscher Pioniere«. Die Benennung der Kaserne läßt keinen lokalen Bezug erkennen. In der Wahl Mudras als Namensgeber läßt sich einerseits die Verbindung mit den hier untergebrachten Truppen erkennen, andererseits sollte hier offenkundig ein »verdienter« Weltkriegsgeneral geehrt werden, der sich nicht zuletzt durch seine Haltung zur »Dolchstoßlegende« als nationalkonservativer Offizier zu erkennen gegeben hatte. Die Benennung der Pionierkaserne in Minden blieb zudem keine Einzelerscheinung, beispielsweise erhielt auch in Karlsruhe eine Wehrmachtskaserne diesen Namen. Die Bundeswehr folgte dieser Tradition, trägt doch eine Kaserne in Köln diesen Namen. – Nach dem Zweiten Weltkrieg Umbenennung durch die Briten in Clifton Barracks.

Baubeschreibung:

Das Bild der Kasernenanlage ist seit den 1930er Jahren im Wesentlichen unverändert geblieben. Die bei den Kasernenbauten der NS-Zeit dominierenden Walmdächer prägen auch hier die Silhouette der Unterkunfts- und Wirtschaftsgebäude, deren Fassaden mit dem häufig verwandten graubraun abgetönten Außenputz versehen waren (MT, 16. 10. 1935, siehe auch St. KAISER: Das deutsche Militärbauwesen, Lahnstein 1994, S. 216). Einzig die Türrahmen und die Gebäudesockel sind durch die Verblendung mit dunkelfarbigem Klinker hervorgehoben. Zusätzlicher Bauschmuck, mit dem in zahlreichen Kasernen zumindest die Stabs- oder auch die Wirtschaftsgebäude besonders akzentuiert sind, fehlt hier vollständig. Geplant war allerdings die Einrichtung von *zwei Flammensäulen* vor dem den nördlichen Platzabschluß bildenden Wirtschaftsgebäude (MZ vom 22. 10. 1935). Ob es zu einer Ausführung der Planungen kam, konnte nicht festgestellt werden. Das Wirtschaftsgebäude (Kantine) wurde schließlich vor dem Südende des Platzes errichtet.

Belegt wurde die Kaserne mit dem Pionier-Bataillon 16, das die Traditionspflege des ehemaligen Lothringischen Pionier-Bataillons Nr. 16 übernommen hatte. Ein Gedenkstein für die Gefallenen dieses Bataillons wurde zu einem nicht ermittelten Zeitpunkt an der Nordostecke des Kasernengeländes in einer kleinen Baumgruppe aufgestellt (siehe Kap. V, Nr. 21).

Nach dem Abzug der britischen Stationierungsstreitkräfte im Jahre 1991 wurde das zwischen Ringstraße im Osten, Fasanenstraße im Norden, Hohenstaufenring im Westen und den Straßen Am Meyerhof und Askanierweg im Süden gelegene Gelände geteilt. Der östliche Bereich mit Stabshaus, Mannschaftsunterkünften und Wirtschaftsgebäude (Kantine) verblieb im Bundesbesitz; hier wurde die Zentrale Anlaufstelle für Asylbewerber mit ihren Interims-Unterkünften eingerichtet (inzwischen aufgelöst). Das nach Westen und Norden anschließende Areal mit den meisten technischen Nebengebäuden und Fahrzeughallen ging in den Besitz der Mindener Entwicklungs- und Wirtschaftsförderungs-GmbH (MEW) über. Nach Abbruch der im Westen aufgereihten Fahrzeughallen sind die übrigen Gebäude teilweise mit Bildungseinrichtungen belegt.

In der Südwestecke erwarb die Stadt Minden das Areal mit dem ehemaligen Offizierskasino von 1974 am Hohenstaufenring (Auerhahnweg 1); hier befindet sich ein Kindergarten. Auf den großen Freiflächen der ehemaligen Sport- und Tennisplätze im Winkel von Fasanenstraße und Hohenstaufenring hat die MEW ein Wohngebiet ausgewiesen. Es wird von der Fasanenstraße im Norden und dem Auerhahnweg im Süden durch die internen Straßen Birkenhuhnweg und Rebhuhnweg erschlossen; zur Zeit (2002) entstehen hier die ersten Häuser der »Gartenstadt 2000«.

IV.3.6 Gneisenau-Kaserne / Elizabeth Barracks

von Thomas Tippach und Ulf-Dietrich Korn

früher Grille 11, jetzt Am Exerzierplatz, An der Grille, Gneisenaustraße und Zur Schmiede

QUELLEN: MZ 16. 9. 1936. – MT 3. 5. 193.7 – Verw.-Ber. 1934–1937. – Objektakten WAfD.
LITERATUR: FORERO 1992, S. 48–61. – KOSSACK 1998. – KOSSACK 2001, S. 27. – SCHMIDT 2000.

Nicht nur die Pionierkaserne von 1934/35 an der Ringstraße (siehe S. 850–853) ist ein Zeugnis der personellen und materiellen Aufrüstung der Wehrmacht. Der traditionsreiche Standort Minden wurde auch als Garnison eines Infanterie-Bataillons ausgewählt. Hierfür wurde ein weiterer Kasernenneubau erforderlich. Als Standort der Kaserne, die nach dem preußischen Heeresreformer Neithard von Gneisenau (1760–1831) benannt ist, wurde ein Grundstück ca. 100 m östlich der städtischen Gemarkungsgrenze auf der Flur »Auf der Grille« zwischen der Viktoriastraße/Grille und der Steinkreuzstraße (Feldstraße) ausgewählt. Obwohl das Grundstück somit auf dem Gebiet der Gemeinden Dankersen und Meißen und damit zum Amt Hausberge an der Porta gehörte, war die Stadtverwaltung Mindens mit dem Bauvorhaben der Wehrmachtsverwaltung befaßt. So führte die Stadt im Auftrag der Militärbehörden die Verhandlungen über den notwendigen Grunderwerb, und das Stadtbauamt war mit dem Nivellement des Bauplatzes befaßt. In diesem Fall konnte der Militärfiskus das Kasernenareal nur durch Kauf erwerben; als Gegenleistung für die durch den Kasernenbau ermöglichte Verstärkung der Garnison hatte die Stadt der Wehrmacht allerdings Grundstücke am Sachsenring, an der Heidestraße und der Artilleriestraße im Umfang von 370,97 ha kostenfrei überlassen sowie die notwendige infrastrukturelle Erschließung des Bauplatzes übernommen; lediglich für die Kanalisierung hatte das Kriegsministerium ein Darlehen bereitgestellt (Verw.-Ber. 1935–1937, S. 13 f. Zudem hatte die Stadt beiderseits der Viktoriastraße bis zur Stadtgrenze Gehsteige angelegt. Auf dem Gebiet der Gemeinden Dankersen und Meißen baute die Stadt den Gehweg bis zum Kasernengrundstück nur auf der Nordseite; Bericht über die Verwaltung und den Stand der Kreis-Kommunal-Angelegenheiten des Kreises Minden für das Jahr 1936). Im Gegenzug waren ebenso wie bereits beim Bau der Mudra-Kaserne die Aufträge weitgehend an das Bauhaupt- und -nebengewerbe in der Stadt und im städtischen Einzugsgebiet vergeben worden.

Das Kasernengrundstück verfügte über eine Fläche von rund 8 ha und entsprach damit den Vorgaben der Wehrmachtsführung, nach denen eine Kaserne für ein Infanterie-Bataillon mit 7–9 ha veranschlagt wurde (SICKEN 2000, S. 29).

Die Kaserne wurde Mitte September 1936 vom II. Bataillon des Infanterieregiments 58 bezogen, obwohl die Bauarbeiten noch nicht abgeschlossen waren. Das Bataillon, das im Rahmen der ersten Heeresvermehrung aus Verbänden der Landespolizei und Stämmen der Infanterieregimenter 16 und 36 gebildet worden war, war seit Oktober 1935 in Minden zunächst in der Artilleriekaserne untergebracht. Der Regimentsstab und das I. Bataillon des Regiments lagen in Herford, das III. Bataillon in Bückeburg. Das II. Bataillon hatte entsprechend der Traditionsverfügungen die Traditionspflege des Infanterie-Regiments Prinz Friedrich der Niederlande (2. Westf.) Nr. 15 übernommen, das seit 1817 teilweise, seit 1877 vollständig in Minden disloziert war. Baulichen Niederschlag

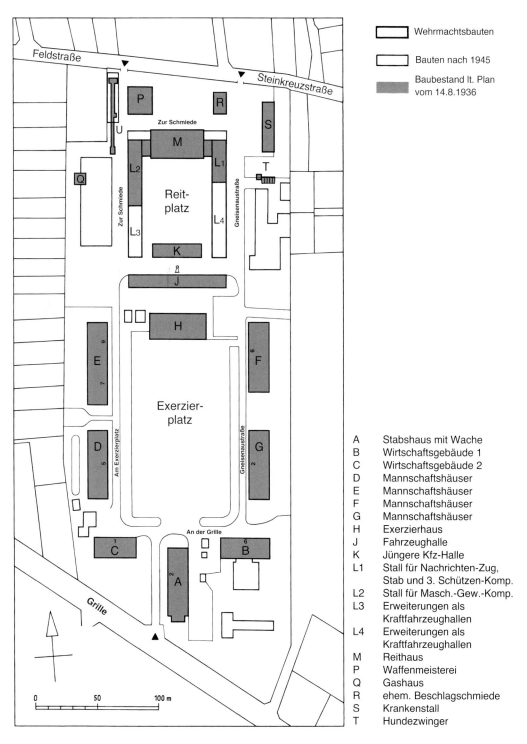

Abb. 564 Gneisenau-Kaserne/Elizabeth Barracks. Lageplan. U.-D. Korn, 2004.

Abb. 565   An der Grille 2, Gneisenau-Kaserne. Stabshaus (A) von Nordwesten, 2001.

fand diese Traditionspflege in einem Denkmal, das im Spätherbst 1937 auf der Nordseite der Fahrzeughalle (J) aufgestellt wurde. Das Denkmal besteht aus einem schmiedeeisernen Tor, das 1917 von der Mindener Firma Drabert Söhne für den Friedhof des Infanterieregiments 15 in Wicres (Frankreich) gestiftet worden war und einem davor aufgestellten Stein mit der Inschrift »Tor / des 15er Friedhofs / von Wicres / Frankreich« (siehe Kapitel V, Nr. 10).

Die Kaserne wurde 1935/36 von der Heeresneubauleitung Minden entsprechend den 1934 erlassenen und 1935 fortgeschriebenen »Richtlinien als Anhalt für den Neubau von Mannschaftshäusern, Stabshäusern und Wirtschaftsgebäuden« erbaut. Leitender Architekt des Bauvorhabens auf der Grille war Regierungsbaumeister Kling (geb. 1903), der eine regelmäßige, schräg zur Viktoriastraße stehende Anlage plante und ausführen ließ, deren Grundriß partiell von der von Lüken-Isberner und Möller versuchten städtebaulichen Typologisierung der Kasernenanlagen der NS-Zeit abweicht (LÜKEN-ISBERNER/MÖLLER 2000, S. 142 ff.). Kling konzipierte die Kasernenanlage um zwei zentrale Plätze. Das Stabsgebäude und die Mannschafts- und Wirtschaftsgebäude gruppieren sich um den 11 500 qm großen ehemaligen Exerzierplatz im südlichen Teil des Kasernengrundstücks. Kennzeichnend für diesen Teil des Kasernements ist eine, auf die in ungefährer Nord-Süd-Richtung verlaufende Längsachse (um 6° nach Osten verschoben) bezogene, weitgehend symmetrische Bebauung. Abweichend von den »Regeltypen« liegt das Stabsgebäude mit der Torwache (A) in der Mittelachse des Grundstücks, rechtwinklig flankiert von zwei Wirtschaftsgebäuden (B und C). Nach Norden folgen an den Langseiten des Platzes je zwei Mannschaftsunterkünfte (D und E im Westen, G und F im Osten). Die strenge achsiale Symmetrie der Anlage wird durch den Mannschaftsblock (E) auf-

Abb. 566 Gneisenaustraße 6 und 2. Gneisenau-Kaserne. Mannschaftsgebäude (F und G) von Südwesten, 1998.

gehoben. Dieses Unterkunftsgebäude, das zur Aufnahme der Maschinengewehrkompanie bestimmt war, ist mit einer Länge von 65,26 m etwa 10 m länger als die Unterkünfte für die 1., 2. und 3. Schützenkompanie (D, F und G), die lediglich 55,08 m lang sind. Den Nordabschluß des Platzes bildet das ehemalige Exerzierhaus, dessen typische Glasfassade sich zum Exerzierplatz öffnet.

Um Lärm- und Geruchsbelästigungen für die Soldaten zu vermeiden, wurden wie allgemein üblich die übrigen Funktionsgebäude der Kaserne wie Stallungen, Fahrzeughallen und Werkstätten von den Mannschaftsgebäuden getrennt. Diese Gebäude wurden um die im nördlichen Teil des Grundstücks liegende zweite Platzanlage, die ursprünglich als Reitplatz genutzt wurde, gruppiert. Die Platzanlage war in dieser Planung weitgehend offen gestaltet. Die südliche Begrenzung des Platzes bildete eine Fahrzeughalle (J). Ihr gegenüber liegt das ehemalige Reithaus (M), an das sich rechtwinklig zwei Stallgebäude (L) anschlossen. Der westlich gelegene, zunächst 59,54 m lange Stall diente zur Unterbringung der Reit- und Zugtiere der Maschinengewehrkompanie, der östliche, mit 34,86 m deutlich kleinere Stall nahm die Tiere des Nachrichtenzuges, des Bataillonsstabes und der 3. Schützenkompanie auf.

Die vollständige Umbauung des Platzes und der hieraus resultierende Eindruck einer gleichmäßigen Plananlage ist erst das Ergebnis der bereits 1936 erfolgten Anpassung der Planungen an den wachsenden Fahrzeugbestand auch der Infanterieregimenter. In diesem Jahr wurden die Stallgebäude über die gesamte Länge des Reitplatzes erweitert. Von vornherein waren die Anbauten als Fahrzeughallen konzipiert worden. Eine zusätzliche Fahrzeughalle (K) entstand nördlich der Fahrzeughalle (J) und bildete einen neuen Platzabschluß nach Süden.

Im nördlichen Teil des Kasernengrundstückes plazierte Kling weitere kleinere Nebenanlagen. Nördlich des Reithauses wurden die Waffenmeisterei (P, im Westen) und die Beschlagschmiede (R, im Osten) erbaut. In einer Achse zu den Mannschaftsgebäuden befindet sich im äußersten Nordosten des Kasernengrundstücks der ehemalige Krankenstall.

Hier findet sich auch der Hundezwinger (T, südlich des Krankenstalls S). Im Nordwesten des Grundstücks lagen das Gashaus, das zur Gasbehandlung reudekranker Pferde diente, und der Kleinkaliberschießstand.

In ihrer Zeit als britische Kaserne zwischen 1945 und 1991 erfolgten zahlreiche bauliche Erweiterungen und Umbauten. Zunächst ließen sich die Bedürfnisse der Besatzungs- bzw. Stationierungsstreitkräfte durch Umbauten der bestehenden Bausubstanz befriedigen. Erst seit Mitte der 1960er Jahre erfolgten Neubauten, die das bis dahin dominierende Bild einer weitgehend symmetrischen Plananlage erheblich beeinträchtigen. So erfolgte 1965 der Anbau eines Speisesaals an das im Südwesten gelegene Wirtschaftsgebäude (B). 1970 entstand östlich der inzwischen als Fahrzeughallen genutzten Stallungen der sogenannte »Junior Ranks Club«.

Abb. 567   An der Grille 2, Gneisenau-Kaserne, Stabshaus. Adler-Aufsatz am Eckpfeiler, 1998.

Garagenbauten und der Bau einer Unteroffiziersmesse im südwestlichen Teil des Grundstücks wurden 1974 ausgeführt, ebenso der Neubau der Offiziersmesse im nordöstlichen Winkel des östlich anschließenden Sportplatzgeländes. Weitere Neubauten an der Stelle des ehemaligen Krankenstalls, des Kleinkaliberschießstandes und des Gashauses folgten in den 1980er Jahren.

Baubeschreibung

Das äußere Bild der Kasernengebäude und hier besonders der Bauten um den großen südlichen Kasernenhof ist seit 1936 im Wesentlichen unverändert geblieben. Diese Gebäude sind aufwendig mit Klinkermauerwerk verblendet, sie haben einen kräftigen Dachüberstand, mäßig steile Walmdächer mit Falzpfannendeckung und nahezu flachgedeckte Kastengauben, die jedoch nach Zahl und Anordnung nicht der strengen Achsengliederung der Fassaden folgen. Die belichteten Dachgeschosse sind zum Schutz vor Splitter- und Brandbomben betoniert und hinter einem vor- und aufgesetzten hölzernen Dachstuhl verborgen (sog. *Sargdeckel*; vgl. SCHMIDT 2000, S. 44). Die Fensterachsen sind an nahezu allen Seiten durch leicht vorgezogene Bänder aus Klinkerköpfen zu großen, senkrechten Bahnen zusammengezogen.

Abb. 568   An der Grille 2, Gneisenau-Kaserne, Stabshaus. Terrakotta-Figuren über den Eingängen der Westseite, 1998.

Die programmatisch-dekorative Ausgestaltung mit Figuren und Reliefs aus Klinkermaterial/Terrakotta (?) – Adlerpfeiler sowie Schlußsteine, Inschrifttafeln, Büsten und Figuren, vor allem in den Türbereichen – fertigte die Tonindustrie Heisterholz nach Modellen eines nicht ermittelten Künstlers. Der gegenüber der kurz zuvor in Minden errichteten schmucklosen Mudra-Kaserne (Ringstraße 9, 9a, siehe S. 850–853) unübersehbar größere gestalterische Aufwand an der Gneisenau-Kaserne dürfte auf eine Weisung des Oberbefehlshabers des Heeres vom 17. September 1935 zurückzuführen sein. Sie forderte mit Blick auf den »Kunst am Bau«-Erlaß des Propagandaministers Goebbels von 1934 für die Kasernenbauten des zweiten Bauabschnitts eine stärkere künstlerische und architektonische Durcharbeitung der Bauansichten, um *Abwechslung in die Baumasse* zu bringen. Namentlich empfahl die Heeresleitung die Hervorhebung der Haupteingänge mit *künstlerischem Schmuck in ortsüblichen Formen und aus ortsüblichen Baustoffen wie wetterfesten Werkstücken aus…gebrannten Tonstücken, Klinkern* (SCHMIDT 2000, S. 48). Allerdings beschränkte sich die Umsetzung dieser Vorgaben meist auf eine entsprechende Gestaltung der Stabs- und Wirtschaftsgebäude (Kantinen). Umso auffallender ist die Verwendung von Schmuckelementen auch an den fünf Mannschaftsgebäuden der Gneisenau-Kaserne. – Künstlerischer Schmuck im Inneren der Bauten blieb auf eines der Wirtschaftsgebäude beschränkt. Hier waren ursprünglich Wandbilder ange-

bracht, die die Uniformentwicklung von der altpreußischen Zeit bis in die damalige Gegenwart darstellten (MT, 3.5.1937) und damit an ältere Militärtraditionen anknüpften. Im Übrigen folgte die Innenausstattung zweckmäßigen Überlegungen.

STABSHAUS Abb. 565
Block A, An der Grille 2

Der dreigeschossige Bau (53,82 x 16,80 m, Traufhöhe ca. 12 m, Firsthöhe bei 18,90 m) wendet seine südliche dreiachsige Schmalseite der Grille zu; hier liegt im eingeschossigen Vorbau (4,70 x 10,89 m) mit Altan die ehemalige Torwache. Die dem – jetzt weiter nach Westen verlegten – Tor zugewandte Südwestecke des Gebäudes ist durch einen über Eck angesetzten Pfeiler hervorgehoben, der bis zum ersten Obergeschoß reicht. Er trägt einen Aufsatz aus Klinkerplatten, daran an der Vorderseite die Inschrift *FREIHEIT / EHRE / VATERLAND* (die letzte Zeile seit 1945 getilgt), zu beiden Seiten getilgte Hakenkreuze. Auf der Deckplatte ein von einer Kugel aufliegender Adler aus Klinker (über Kunststeinkern?), an Brust und rechtem Flügel stark beschädigt (Abb. 567).

Die Mittelachse der 17 Fensterachsen langen Front dient mit versetzten Fenstern der Belichtung des Treppenhauses. Eine breite Klinkerrustika rahmt die Eingänge mit scheitrechten Bögen, deren Schlußsteine mit Reliefs dekoriert sind. Über dem Mitteleingang barockisierende Kartusche mit der Inschrift *STABS/HAUS* im ovalen Feld, unten gekreuzte Marschallstäbe, oben Eichenlaub und Lorbeer. Links über der Tür ein Seitengewehr mit schrägem Band zwischen Eichenblättern, über der rechten Tür ein Ährenbündel mit gleichem Band zwischen Leinblüten (?), Hopfendolden und Blättern. Die Embleme verweisen auf die überlebensgroßen Figuren über den Türpfeilern: links ein Soldat in Mantel und Stahlhelm, mit Patronentaschen und Seitengewehr, vor sich der Karabiner, neben den Stiefeln Eichenlaub, vorn an der Standplatte bezeichnet als *WEHRSTAND*. Zwischen den Konsolen Lorbeerkranz mit dem Eisernen Kreuz. Sein Pendant ist der *NÄHRSTAND*, ein auf einen Spaten gestützter Bauer mit nacktem Oberkörper, sonst bekleidet mit Kappe, Schurz,

Abb. 569 Gneisenaustraße 6, 2, Am Exerzierplatz 5–9, Gneisenau-Kaserne. Mannschaftsgebäude F, G, D, E, Terrakotta-Reliefs über den Eingängen, 1998.

Hosen und Stiefeln, daneben Trauben und Ähren. An der Konsole Hoheitsadler; das Hakenkreuz im Kranz getilgt (Abb. 568). – Solide Flügeltüren mit kräftigen Sprossen in den Fensterbahnen; Sockelstreifen und Rahmen beiderseits der Schlagleiste von der Klinke abwärts mit Blechstreifen und betonten Nagelköpfen beschlagen. – Im Stabshaus befand sich offenbar die zentrale Heizanlage; darauf deuten die vier kompakten Schornsteinköpfe über dem Dach der Nordhälfte hin.

WIRTSCHAFTSGEBÄUDE 1 UND 2
Block B, An der Grille 6; Block C, Am Exerzierplatz 1

Die nördliche Schmalseite des Stabshauses flankieren die im rechten Winkel dazu gestellten, zweigeschossigen Wirtschaftsgebäude 1 und 2, deren Eingangsseiten sich nach Norden, zum Kasernenhof und Exerzierplatz wenden. Da es bis in die Zeit nach dem Zweiten Weltkrieg in der Kaserne anscheinend kein gesondertes Offizierskasino gab (siehe oben), war möglicherweise das östlich gelegene Wirtschaftsgebäude 1/Block B dafür genutzt worden; das Gegenstück Nr. 2/Block C wird dann als Kantine für Unteroffiziere und Mannschaften gedient haben (oder umgekehrt).

Wirtschaftsgebäude 1 (40,12 × 16,5 m, Traufhöhe 9,20 m, Firsthöhe 15,60 m) ist mit 11 × 5 Fensterachsen und mit breiteren Wandstücken an den Enden der Langseiten etwas länger als sein Gegenstück Nr. 2 im Westen, das an den Schmalseiten vier Achsen aufweist (35,12 × 16,12 m, Traufhöhe 9,54 m, Firsthöhe 15,60 m). Die Gestaltung der Türsituation in den drei mittleren Achsen gleicht sich völlig. Wie beim Stabshaus sind die drei Flügeltüren mit breiter Klinkerrustika eingefaßt. Zwischen Mitteltür und Treppenhausfenster Relieftafel mit Fraktur-Inschrift *Wirtschafts/Gebäude/1* bzw. *2* zwischen Bündeln aus Eichenlaub und Eicheln, Kiefernzweigen und Tannenzapfen (links) sowie Hopfendolden, Weintrauben und Beeren mit Blättern (rechts). Über den Zwischenpfeilern Reliefbüsten von Soldaten mit Stahlhelmen; unter dem Brustabschnitt links Eisernes Kreuz zwischen Eichenlaub, rechts linkssehender Adler zwischen Lorbeerzweigen. Außen über

Abb. 570   Am Exerzierplatz 6, Gneisenau-Kaserne. Exerzierhaus (H) von Südwesten, um 1936/37.

den Türgewänden schmale Reliefs mit Ährenbündeln bzw. Trompete und Eichenzweigen. Über den seitlichen Türen kleine, kreisrunde Okuli, darüber kleine Reliefsteine mit Blattdekor.

Der rückwärtige Speisesaal-Anbau an der Südseite des Wirtschaftsgebäudes 1 (22,71 x 20,02 m mit Zwischenbau von 3,48 x 15,60 m) wurde 1965 für die britischen Stationierungsstreitkräfte errichtet.

MANNSCHAFTSGEBÄUDE

Block D, Am Exerzierplatz 5; Block E, Am Exerzierplatz 7/9; Block G, Gneisenaustraße 2; Block F, Gneisenaustraße 6

Die dreigeschossigen Mannschaftsgebäude D, F und G sind mit 17 x 3 Fensterachsen gleich groß (55,08 x 16,80 m, Traufhöhe 10,50 m, Firsthöhe 17,40 m); sie haben ihre Eingänge jeweils in der Mitte der Hofseiten (Abb. 566). Lediglich Block E ist mit 65,25 m gut zehn Meter länger als die drei anderen und hat zwei symmetrisch angelegte Eingänge. Die Schlußsteine der Türstürze in den breit rustizierten Gewänden sind mit Klinkerreliefs verziert, die mit Arrangements aus militärischen Kopfbedeckungen, Waffen, Fahnen und Lorbeer- oder Eichenzweigen ältere militärische Symbole aufgreifen und damit die Wehrmacht in eine Traditionslinie zu den preußischen Truppen stellen. Die Motivwahl ist hier in Minden nicht einmalig; sie war andernorts auch nicht auf die preußischen Traditionen beschränkt, wie das Beispiel der 1934–1936 errichteten Infanterie- (Panzerjäger-) Kaserne in Augsburg-Pfersee (später Sheridan-Barracks) belegt (frdl. Hinweis von G. Fürmetz, Bayerisches Hauptstaatsarchiv München). – Die Reihe beginnt am ehemaligen Block F im Nordosten und endet gegenüber im Nordwesten am Block E (Abb. 569).

Block F/Gneisenaustraße 6: Grenadiermütze der Zeit Friedrichs des Großen mit Stern des Schwarzen-Adler-Ordens unter Krone am Mützenblech, darunter Patronentasche mit Monogramm *FR* (= Fridericus Rex), dahinter Spontonblatt und Degenspitzen.

Abb. 571 Zur Schmiede 7, Gneisenau-Kaserne. Waffenmeisterei (P) von Südwesten, 1998.

Block G/Gneisenaustraße 5: Tschako aus der Zeit der Freiheitskriege mit Eisernem Kreuz im Eichenkranz, Kokarde und Federbusch. Unten Patronengurt, oben Seitenwehrspitzen.

Block D/Am Exerzierplatz: Pickelhaube der Zeit um 1870/71, daran Schuppenkette und Adler mit Schwert und Szepter. Darunter Seitengewehr, gerollte Decke und kleine Trommel, oben eine Fahne und Bajonettspitzen.

Block E, südlicher Eingang/Am Exerzierplatz 7: Stahlhelm des Ersten Weltkriegs über Band mit Jahreszahl *1918*, dahinter Patronentaschen und zerfetzte Fahne mit auffliegendem Adler.

Block E, nördlicher Eingang/Am Exerzierplatz 9: Stahlhelm der Wehrmacht über Band mit Jahreszahl 1935; darüber Reichskriegsflagge und strahlende Sonne am linken Obereck.

Das Innere der Mannschaftsgebäude entsprach den allgemeinen Vorgaben. Die Mannschaftsstuben waren beiderseitig entlang eines 2,50 m breiten Mittelflures angeordnet. In den Jahren 1973–1978 wurden die Blöcke E, F und G im Inneren durchgreifend umgebaut. Um eine zeitgemäße Unterbringung der Mannschaftsdienstgrade zu ermöglichen, wurde eine Doppelfluranlage konzipiert, die nun für eine Belegung mit 3 Mann ausgelegte Stuben erschloß. Im ehemaligen Mittelflur fanden Umkleideräume, Tee- und Spülküche Platz.

Die ehemalige EXERZIERHALLE (H) hebt sich durch einen Dachreiter mit Uhr über der Mittelachse von den ansonsten einheitlich mit Walmdächern versehenen Gebäudekuben ab. Bei der Halle handelt es sich um eine Stahlbinderkonstruktion mit typischer Glasausfachung zwischen U-förmigen, aus Backstein gemauerten Endstücken. Diese Glasfassade zum Exerzierplatz sollte Richtübungen auch bei ungünstiger Witterung erlauben. Bereits in den 1930er Jahren diente die Halle auch als Sporthalle, ein Zweck, den sie auch nach 1945 erfüllte. In dieser Zeit erfolgte eine Modernisierung durch die Einrichtung von zweckmäßigen Nebenräumen wie Umkleiden, Garderoben, Duschen und Toiletten.

Die technischen Bauten der Nordhälfte des Komplexes sind Massivbauten aus Backstein mit Trägerkonstruktionen aus Beton bzw. Stahl (Waffenmeisterei P von 1939; Abb. 571). Die Fahrzeughalle (J) von 1936 ist vermutlich 1950 mit einem Pultdach anstelle des urspr. Satteldachs versehen worden. Die Reithalle (M) wurde nach 1945 ebenso wie die Stallgebäude zu Fahrzeughallen umgebaut. Die 1936 erfolgten Anbauten an die Stallgebäude (L) weichen im Detail von den älteren Bauteilen ab; so fehlen die Zwerchhäuschen im Dach, die Torstürze sind anders dimensioniert und das Traufgesims ist nicht mehr scharriert, sondern glatt.

Die Einfriedung des Kasernengeländes erfolgte an der Eingangsseite (Südseite) mit gemauerten Torpfeilern und Stabgittern auf niedriger Mauer mit Abdeckung, an der Westseite (Mauer mit Abdeckung) und an der Nordseite mit Maschendraht in Rahmen und mit gemauerten Pfeilern an beiden Einfahrten.

Nach dem Abzug der britischen Stationierungsstreitkräfte aus den Elizabeth Barracks im Jahre 1991 wurde das Kasernengelände zunächst aus Bundesbesitz von der Landesentwicklungsgesellschaft (LEG) übernommen und später an die BOGA GmbH & Co KG, Minden, abgegeben, von der die weitere Konversion und Umnutzung betrieben wird. Das Gesamtgelände wurde am 21.2.1995 mit den im Wesentlichen unverändert erhaltenen Bauten der Zeit vor 1945 in die Denkmalliste der Stadt Minden eingetragen. Zwischen 1998 und 2002 wurden im Zuge der Konversion der Militäranlagen folgende Gebäude umgebaut und für eine neue Nutzung in Betrieb genommen (Träger: BOGA GmbH & Co KG; Pläne: Dipl.-Ing. Jörg Albersmeier/Minden; Ingenieurbüro Plenge/Petershagen-Heimsen; Dipl.-Ing. Friedhelm Schulte/Porta Westfalica):

Stabshaus / A } Alten- und Pflegeheim
Wirtschaftsgebäude 1 / B

Wirtschaftsgebäude 2 / C   Ausbildungszentrum der Akademie für berufliche Bildung GmbH (AFB)
Mannschaftsgebäude F, G: Wohnen, Altenbetreutes Wohnen, in den Erdgeschossen Einzelhandel
Exerzierhalle H: Fitneß-Studio, Rehabilitation und Wellness
Fahrzeughallen K und M: Gewerbe, Kleinproduktion
Fahrzeughallen J, L1–L4:   Ausstellung und Lager für Produkte und Bauteile
Lagerhalle Q: Gewerbliche Nutzung für Baugeräte und Baustoffe
Waffenmeisterei P: Zentrum für Freizeitbetreuung von Kindern und Jugendlichen

Zwischen den beiden Mannschaftsbauten (F und G) an der Ostseite entstand ein Lebensmittelmarkt, auf dem Nordteil des Exerzierplatzes vor der Halle (H) ein Einkaufszentrum.

Die beiden westlichen Mannschaftsbauten (D und E) sind zur Zeit (2002) noch nicht neu genutzt.

Das östlich an die Kasernen anschließende Freigelände mit dem ehemaligen britischen Kasino und den Kasernensportplätzen wird mit den neuangelegten Straßen An der Grille, Auf der Brede und Kleine Brede erschlossen und mit Wohnbebauung aufgesiedelt.

IV.3.7 Pionier-Landübungsplatz bei Fort B

Bahnstraße, Kleine Dombrede 13–35, Pionierstraße 18

QUELLEN: BA Pionierstraße 4 und 10, z. T. mit Plänen.

KARTEN UND LAGEPLÄNE: 1. *Revenüen-Plan der Festung Minden mit Bezeichnung der Grenzen des Festungs Terrains*, M 1:2880. *Sergeant Langen*, 1871 (GSTA, Festungskarten Minden A 70.017) (Kat.-Nr. 55). – 2. *Scizze des militairfiscalischen Grundbesitzes der Festung Minden.* M. ca. 1:3000. Signatur verloren. 1872 (GSTA, Festungskarten Minden C 70.080). – 3. *Uebersichts-Plan von der Bahnhofs-Befestigung zu Minden, ad C zu den Übergabeverhandlungen vom 30. September 1875 gehörig / Pionier Bataillon.* M 1:2880, *Scheibert, Major und Platzingenieur*.1875. Umdruck (GSTA, Festungskarten Minden 70.045). – 4. *Lageplan* zur *Verlegung des Armee-Telegraphenschuppens*, M 1:1000. Militär-Bauamt Minden/Lichner, 1913 (BA Pionierstraße 4–12). – 5. *Lageplan des Übungsgeländes des Hannov. Pionier Batl. Nr. 10*, M 1:1000. Langenstraß, 1916 (BA Pionierstraße 4–12). – 6. *Standort Minden. Kaserne des Pion.-Batl. Nr. 6 mit Landübungsplatz* M 1:1000. Heeresbauverwaltungsamt Nord, Hannover, Wendel 1932 (BA Pionierstraße 10). – 7. Dasselbe, Heeresbauverwaltungsamt I, Hannover 1934 (BA Pionierstraße 16). – 8. Die *Beselerkasernen in Minden,* Übersichtsplan mit Straßennamen und Hausnummern M 1:2500. Heeresbauamt Minden, 1935 (KAM, Unverzeichnete Pläne).

Im Zuge des Grunderwerbs für die Anlage der Eisenbahn auf dem rechten Weserufer und der zu ihrer Sicherung notwendigen Bahnhofsbefestigung (siehe Teil V, Kap. IX.5 und X.2.1. mit Abb. 1325, 1326 und 1712, 1713) kaufte der Staat einen beträchtlichen Teil der dicht gereihten langen Grundstücke der Flur XV/Große Dombrede, die sich im nordöstlichen Winkel der Straße nach Lahde und Aminghausen und des quer dazu verlaufenden Triftweges nach Dankersen erstreckten.

Die Grundstücksstreifen wurden, ausgehend von der Wegekreuzung, schräg nach Nordosten vom Milchweg durchschnitten, dessen Trasse parallel zur Bahnstrecke nach Hannover heute noch teilweise die Bahnstraße aufnimmt (vgl. Urmeßtischblätter Nr. 3619 Petershagen und 3719 Minden 1837, in: KASPAR/SCHULTE 1999, Tafel 2). Für Bahn- und Festungsanlagen wurde nur die westliche Hälfte des Geländes benötigt, die östliche blieb anscheinend in Staatsbesitz und wurde nach Fertigstellung der Fortifikationen zu einem nicht ermittelten Zeitpunkt den Pionieren als Übungsplatz zugewiesen, die vermutlich schon damals im Reduit von Fort B kaserniert waren. Das erst in Karten von 1871 und 1872 dargestellte Gelände lag östlich des Glacisweges vor Fort B und Mittelfront, im Süden war es durch den Gnadenbach / Kleine Aue begrenzt. Die Ostgrenze war in den östlichen Parzellenenden vorgegeben, hier lief spätestens seit den frühen siebziger Jahren des 19. Jahrhunderts vom Gnadenbach ein Weg nach Norden (heute Kleine Dombrede), der nach 320 m nach Westen umbog und an einer alten Parzellengrenze entlang auf das Magdeburger Eisenbahntor der Festung zulief. Nördlich des Wegeknicks gehörte eine ca. 85 x 60 m große Parzelle noch zum Übungsplatz. Anscheinend wurde nach 1885 auch das Gelände zwischen diesem Stück und dem Glacisweg vor Fort A südlich der Eisenbahn erworben und zum Übungsplatz geschlagen. Seine Nordgrenze entlang den Bahnanlagen bildet seither die Bahnstraße, die im Zuge der weiteren Aufsiedelung nach Osten bis hinter die Waterloostraße verlängert wurde.

Der Landübungsplatz wurde bis 1945 von den Einheiten des Hannoverschen Pionier-Bataillons No. 10 (bis 1918), des 6. (Preußischen) Pionier-Bataillons der Reichswehr (bis 1935) und der Pionier-Bataillone 6 und 16 der Wehrmacht benutzt. Nach 1948 übernahm die Deutsche Bundesbahn das Gelände zum Ausbau ihres Eisenbahn-Zentralamtes.

Seit etwa 1900 wurden in den Randbereichen, entlang der Kleinen Dombrede, der Bahnstraße und am ehemaligen Glacis der Mittelfront zahlreiche Bauten für die Poniere errichtet, meist Werkstätten, daneben Pulvermagazine, Munitionshäuser und Übungshindernisse sowie eine Reitbahn in der Nordostecke. Sie werden im Folgenden, soweit möglich, an Hand der Städtischen Bauakten dokumentiert.

Die umfangreichen Ergänzungs- und Neubauten für das Eisenbahn-Zentralamt und seine Versuchsanstalt seit 1948 bleiben hier wegen der Fülle der Einzelmaßnahmen außer Betracht.

BAUTEN AUF DEM PIONIER-LANDÜBUNGSPLATZ
siehe Lageplan Abb. 547

1. KORPSTELEGRAPHENSCHUPPEN
Kleine Dombrede 35

QUELLE: BA Pionierstraße 4 mit Plan.

Bereits vor der Verlegung des Geräteschuppens von 1891 für die Armee-Telegraphen-Abteilung No 3 von einem älteren Platz südlich des Reduits von Fort B (Pionierstraße 8) an einen neuen Standort und 200 m nördlich (Pionierstraße 16) im Jahre 1913 (vgl. oben Pionierkaserne bei Fort B, C) gab es einen weiteren Bau an der (heutigen) Bahnstraße in der Ecke zur Kleinen Dombrede in der Nordostecke des Übungsplatzes. In den Lageplänen von 1913 und 1916 wird er als *Alter Telegraphen-Schuppen* bezeichnet, seine Länge betrug ca. 28 m, die Breite etwa 10 m. Der mit flachem, pappegedecktem Satteldach versehene Bau, vermutlich ein Backstein-Rohbau, war zumindest an drei Ecken mit Lisenen besetzt. Der Schuppen wird gegen 1900 errichtet worden sein.

1911 Bauantrag zur Vergrößerung des Schuppens nach Osten; Bauschein Nr. 319 vom 18. Dezember 1911. Backstein-Massivbau von 24,50 x 10,76 m Größe; flaches Satteldach, Traufhöhe 3,45 m, Firsthöhe 4,55 m. Längswände durch fünf, an den Enden um die Ecke greifende Lisenen gegliedert, unter den Giebelschrägen gestuft steigendes Band. Öffnungen stichbogig, an den Langseiten fünf vergitterte Fenster, in der östlichen Giebelwand zwei Tore von je 3 m Breite. In den Gewänden je zwei Sandsteinblöcke für die Flügelkloben, Scheitelstein gleichfalls aus Sandstein. Dachkonstruktion: Pfettendach mit vier Pfetten über doppeltem Hängewerk mit angebolzten verdoppelten Zuglaschen. Die Fußpfetten ruhen auf langen Wandständern mit Kopfbändern in Längsrichtung; unter den Ständerfüßen abgetreppt gemauerte Wandkonsolen (H 2,20 m). Lichte Raumhöhe unter den Zuglaschen 2,98 m, Spannweite ca. 10 m. – Der Neubau wurde mit dem Ostgiebel des alten Telegraphenschuppens durch einen beiderseits eingezogenen, niedrigen Zwischenbau von 3,70 m Länge verbunden. In den Wänden Türen; die offene Westseite des Neubaus wurde mit einer Bretterwand geschlossen. – Nach dem Ersten Weltkrieg dienten beide Schuppen als Pionierlehrwerkstatt (siehe Nr. 5.3 und 5.4.).

2. PULVERMAGAZIN +
Kleine Dombrede o. Nr.

QUELLE: Lageplan in BA Pionierstraße 4 (1907).

In der Südostecke des Übungsplatzes, rund 45 m vom Gnadenbach und 60 m vom Grenzweg (heute Kleine Dombrede) entfernt, ein ca. 4 x 6 m großes Pulvermagazin, umgeben von einem hohen Erdwall (21 x 21 m Außenmaß) mit versetztem Durchlaß an der Nordseite. Näheres ist nicht bekannt. Die Anlage bestand noch 1934; sie wird nach 1945 beseitigt und eingeebnet worden sein.

Hart westlich des Erdwalls standen 1907 nebeneinander zwei kleine Schuppen: ein *Haketschuppen*, ca. 10 x 8 m groß, für Brückenbau-Transportwagen (2a), und ein *Geräteschuppen*, ca. 18,5 m lang und 8 m breit (2b). Über beide Bauten ist nichts weiter bekannt, 1934 waren sie noch vorhanden.

3. WERKSTATT FÜR TISCHLER UND ZIMMERLEUTE
Kleine Dombrede 13

QUELLE: BA Pionierstraße 4 mit Plänen.

Im Februar 1913 Bauantrag für den Neubau einer Werkstätte für Tischler und Zimmerleute am Ostrand des Übungsplatzes. Es ist beabsichtigt, *den alten Turnschuppen ... abzureißen und an derselben Stelle die neue Werkstätte unter teilweiser Verwendung des alten Materials wieder aufzubauen.* - Bauschein Nr. 26 vom 14.2.1913 und Nr. 123 vom 21.5.1913.

Massivbau aus Backstein, 15 x 8,50 m, Drempel und Giebel aus Sichtfachwerk; mäßig steiles Satteldach mit Teerpappendeckung. Eingang von Norden. In der Nordostecke abgeteilter *Wohlfahrtsraum* (4,50 x 3,80 m), an seiner Südseite Treppe zum Dachraum. Im Werkstattraum Längsunterzug auf Holzstütze mit Kopfbändern. Außen am Südgiebel Schuppenvorbau (4 x 8,50 m) aus wiederverwendeten Teilen des alten Turnschuppens.

In den Lageplänen von 1932–1935 wird der Bau als *Gasraum* bezeichnet (zur Entseuchung und Desinfektion); die Lagepläne des Eisenbahn-Zentralamtes weisen ihn als Wohnhaus aus.

4a–c. DREI MUNITIONSMAGAZINE +
Kleine Dombrede o. Nr.

QUELLE: BA Pionierstraße 4 mit Plänen.

ABBILDUNG: Lageplan zum Bauantrag.

12. Oktober 1916 Bauantrag des Hannoverschen Pionier-Bataillons Nr. 10 (Pionier-Ersatz-Bataillon Nr. 10) für drei Gebäude auf dem Landübungsplatz:

a) Geschoßmagazin ohne Zündungen
b) Geschossmagazin mit Zündungen
c) Zündungenmagazin.

Der Bauplatz für die Gebäude b und c liegt auf dem ehemaligen Glacis der Mittelfront östlich vor dem noch bestehenden Teil des Wallgrabens, für Bau a wird bestimmt, daß er an den Querweg vom Kammergebäude zum Hauptdepot an der Ostseite des Platzes verlegt werden soll. – Bauschein Nr. 54 vom 31.10.1916.

BAU a: *Lagerraum für Wurfminen und Nahkampfmittel ohne Zündungen*, in der Mitte des Querwegs. Massivbau aus Schwemmsteinen, 3,50 x 4,50 m groß, Eingang von Norden, Fenster nach Süden, in den Seitenwänden Belüftungsöffnungen. Hölzernes Satteldach mit Pappdeckung. Der Bau wird rundum im Abstand von 5 m eingezäunt.

BAU b: *Lagerraum für Wurfminen und Nahkampfmittel, bei denen die Zündungen und Treibladungen mit den Geschossen in gemeinschaftlicher Packung vereinigt sind.*
Schwemmsteinbau von 5,50 m Breite und 4,50 m Tiefe, Eingang in der nördlichen Langseite, gegenüber zwei Fenster. Satteldach aus Betonplatten mit Teerpappe-Belag. Der Bau ist in 10 m Abstand von einem ca. 4,50 m hohen Erdwall umgeben, darin Durchlaß von Nordosten (Außenmaß ca. 40 x 40 m).

BAU c: *Lagerraum für Zündungen.*
Schwemmsteinbau von 3,50 m Breite und 4,50 m Gesamttiefe mit um 1 m eingezogenem Vorraum, hier seitlicher Eingang. An der Langseite des Lagerraumes Fenster, in den Schmalseiten Belüftungsöffnungen. Wie Bau b umzieht ein Erdwall von ca. 40 x 40 m Außenmaß das Gebäude, Durchlaß im Nordosten.

Die Munitionsmagazine bestanden bis 1945. Nach dem Zweiten Weltkrieg wurden die einander zugewandten Wallpartien größtenteils abgetragen; auf der so entstandenen Rechteckfläche wurden zwei Tennisplätze angelegt, ein dritter westlich außerhalb des teilweise eingeebneten Walles.

5. SCHUPPEN FÜR EISENBAHNMATERIAL

QUELLE: BA Pionierstraße 4.

Am 19. März 1921 berichtet ein Baupolizist, das Pionier-Bataillon Nr. 6 habe auf dem Landübungsplatz ohne Baugenehmigung mehrere hölzerne Schuppen errichtet:

1. Eisenbahngeräteschuppen, 60 x 9,5 m
2. Feldbahnwagenschuppen, 50 x 14,5 m
3. Lokomotivinstandsetzungsschuppen, 13 x 10 m
4. Lagerschuppen für Material, 20 x 10 m

Die Baupolizei fordert die Militärbehörden zur Einreichung der vorgeschriebenen Unterlagen auf, die am 6. Juni 1921 vorgelegt werden. Die Bauschein Nr. 91 wird am 7. Juli ausgefertigt.
Der beiliegende Lageplan zeigt parallel zur Bahnstraße mehrere Gleisstränge. Vermutlich handelt es sich um Feldbahngleise, deren Anlage auf den Übungsplatz beschränkt war und die keinen Anschluß an die Gleise der Preußischen Staatsbahn bzw. Deutschen Reichsbahn hatten und benötigten. Ein solcher Gleisanschluß ist auch in keiner Karte nachgewiesen.

5.1. EISENBAHNGERÄTESCHUPPEN, 60,20 x 9,60 m groß, parallel zur Pionierlehrwerkstatt (ehem. Korpstelegraphenschuppen, siehe oben Nr. 1) nach Westen versetzt. Durch zwei Tore in der westlichen Giebelwand führten zwei Gleise in das Innere. 1925 *Depot*, 1934 *Pionier-Geräteschuppen*.

5.2. FELDBAHNWAGENSCHUPPEN, 50,15 x 14,10 m, parallel zu 5.1 nach Südosten versetzt. Zwischen beiden Schuppen verlief ein Gleis bis zur östlichen Giebelwand. Dreischiffiger Holzschuppen. Näheres nicht bekannt; 1932 nicht mehr vorhanden.

5.3. LOKOMOTIVINSTANDSETZUNGSSCHUPPEN, 13,08 x 10,10 m großer Fachwerkbau vor der westlichen Giebelwand des alten Korpstelegraphenschuppens. In der Westwand zwei Tore von 2,54 m Breite, durch die zwei Gleise über Arbeitsgruben im Innern führten. – 1934 Teil der Pionierlehrwerkstätten Kleine Dombrede 35, vermutlich in dem langen Bau des Versuchsamts für Lokomotiven (Lageplan 1957) bzw. des Chemischen Versuchsamtes (Lageplan 1980) des EZA erhalten.

5.4. LAGERSCHUPPEN FÜR MATERIAL, 20 x 10,54 m; großer Fachwerkbau vor der östlichen Giebelwand des Anbaus von 1911 an den Korpstelegraphenschuppen (siehe oben Nr. 1). Binderkonstruktion mit Pfettendach auf doppeltem Hängewerk, Binderabstand 5 m. – 1934 Tischlerei, vermutlich am Ostende des langen EZA-Baus an der Bahnstraße (siehe Nr. 5.3) erhalten.

Gleichzeitig mit dem Bauantrag für die vier Eisenbahngeräteschuppen wurde der Antrag für ein *Sprengobjekt* eingereicht, das nördlich der beiden Munitionsmagazine (siehe Nr. 4b und 4c) errichtet werden sollte. Zwei Mauerwerkscheiben von 3 m Länge und 1,05 bzw. 0, 78 m Breite auf Betonfundamenten. Zwischen die Mauern war in 1,60 m Höhe ein 38 cm starkes Stichbogengewölbe gespannt.

6. WERKSTÄTTEN-GEBÄUDE

QUELLE: BA Pionierstraße 4, z. T. mit Plänen.

1925 Bauantrag für drei Vorhaben auf dem Landübungsplatz:

6.1. VERLÄNGERUNG DES WERKSTÄTTEN-HAUPTGEBÄUDES (Kleine Dombrede 35, siehe oben Nr. 1 und Nr. 5.3, 5.4). Das durch mehrfache Erweiterung des ehemaligen Korps-Telegraphenschuppens (1913 und 1921) entstandene Gebäude wird erneut verlängert, diesmal um 42,35 m bei 9,88 m Breite. Der mit Lisenen gegliederte Massivbau mit leicht hochrechteckigen Fenstern nimmt einen Lehrsaal, drei Unterrichtsräume und Nebenräume auf. Das flache Satteldach ruht auf eisernen Dachbindern.

6.2. AUFSTOCKUNG DES HOLZTROCKENLAGERS, vermutlich des ehem. Korps-Telegraphenschuppens (siehe Nr. 1). Über dem Erdgeschoß wird eine Eisenbetondecke aufgebracht.

6.3. ARBEITSSCHUPPEN (Kleine Dombrede 25). Fachwerkhalle von 19,70 x 10 m Größe, lichte Innenhöhe 3,10 m. Nach Westen fünf, nach Osten drei Fenster, in der Südwand zwei Türen (zu Nebenräumen) und Mitteltor, in der Nordwand breite Einfahrt. Dachkonstruktion aus sechs hölzernen Segmentbogenbindern mit langem Oberlichtaufsatz. Die Binderbalken ruhen auf nach innen auskragenden kurzen Balken, die mit Kopfbändern zu den Wandpfosten abgestrebt sind. Nach 1932 wird der Bau als Sägewerk benutzt, nach 1937 als Werkstatt, 1980 als Schuppen bezeichnet.

7. UNTERRICHTSGEBÄUDE
Kleine Dombrede 33

QUELLE: BA Pionierstraße 4.

16. März 1925 Bauschein Nr. 68 für den Neubau eines Unterrichtsgebäudes südlich der Pionier-Lehrwerkstatt. Gedrungen T-förmiger Bau. Eingangsseite im Norden 21 m breit; nach Süden 17 m breit, Gesamtlänge 20 m. Im Norden ca. 4 m breiter, 1 m tiefer Risalit des Längsflures, hier zu bei-

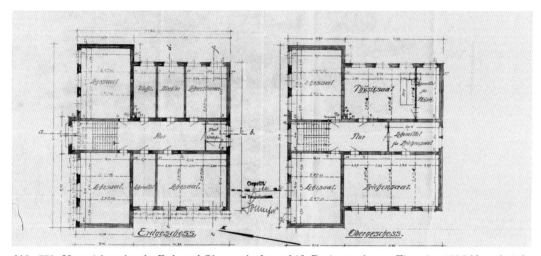

Abb. 572   Unterrichtsgebäude, Erd- und Obergeschoßgrundriß. Regierungsbaurat Zieseniss, 1925 (Ausschnitt).

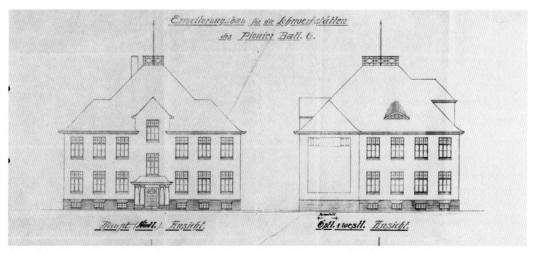

Abb. 573   Unterrichtsgebäude, Ansichten. Regierungsbaurat Zieseniss, 1925 (Ausschnitt).

den Seiten große Lehrsäle (je 8,50 x 7 m Außenmaß), dahinter schließen sich, auf 17 m Breite eingezogen, zu beiden Seiten zwei bzw. drei kleinere Räume an. Die vorderen Säle zu ebener Erde, die hinteren über Kellersockel (?), daher im Flur auch kurze Treppe. 1932/34 Schulgebäude, nach 1948 Teil der Versuchsanstalt für Lokomotiven des Eisenbahn-Zentralamtes.

8. WERKHALLE IN DER LEHRWERKSTATT DER PIONIERE
Kleine Dombrede 35

QUELLE: BA Pionierstraße 4.

1929 wird ein weiterer Teil der Pionierlehrwerkstätte im Ostteil massiv aufgestockt, das alte Dachwerk wird dabei wiederverwendet; gegenüber dem Unterrichtsgebäude wird ein Treppenhaus zum neuen Obergeschoß angebaut.

Der mit 15 m tiefste Bauteil, bisher Platz der Holzbearbeitungsmaschinen, wird nun Werkhalle, im Westteil der Tischlerei werden die Maschinen aufgestellt, die Zimmerei am Ostende wird nun Tischlerei. In den westlich liegenden Bauteilen sind Schlosserei und Metallwerkstätten untergebacht (siehe auch Nr. 1, 5.3, 5.4 und 6.1).

9. ZIMMEREI +
Kleine Dombrede 29

QUELLE: BA Pionierstraße 4.

Im Zusammenhang mit den Umbauten in der Pionier-Lehrwerkstatt (siehe Nr. 8) 1929 Neubau an der Ostgrenze des Platzes. Fachwerkbau von 20,24 m Länge und 8,24 m Breite, Traufhöhe 3,50 m, Firsthöhe 4,60 m. Über dem stützenlosen Raum flachgeneigtes Pfettendach mit doppeltem Hängewerk in sechs Gebinden (vgl. Nr. 5.4). Tor in der Mitte der westlichen Langseite.

Der Bau ist zwischen 1935 und 1937 wieder beseitigt worden.

10. KRAFTWAGENHALLE
Pionierstraße 18

QUELLE: BA Pionierstraße 10.

1934 Bau einer großen Halle von 194 m Länge und 21 m Breite zum Einstellen von Kraft- und Pferdefahrzeugen sowie zur Unterbringung eines *Wohlfahrtslagers* und von Kammerräumen. Der lange Bau ist in drei große und zwei kleinere Abteilungen aufgeteilt, am Nordende gibt es mehrere kleinere Räume.

Nach dem Zweiten Weltkrieg dient die Halle dem Versuchsamt für Wagen und Bremsen des Eisenbahn-Zentralamtes, von Süden werden drei Gleise in die Halle geführt.

Für folgende, 1916 am Ostrand des Übungsplatzes vorhandene Bauten liegen keine weiteren Angaben vor: 1. Oberer Lattenschuppen, ca. 24 x 11 m, 2. Hauptdepot, ca. 32 x 8,50 m, vor Kopf des Querweges, 3. Geschäftsstube, ca. 6 x 7 m, südlich vor dem Hauptdepot, daneben kleiner Latrinenbau, 4. Depot, ca. 6 x 5 m.

Weiterhin gab es mehrere Übungsanlagen:
1. Hindernisbahn entlang der Bahnstraße mit Gräben, Lattenzaun, Sprunggraben, Bretterzaun, Hecke und Hürden,
2. ein winklig gemauertes *Übungsobjekt*,
3. Turngeräte in der Südostecke des Platzes mit Klettergerüst,
4. eine weitere Hindernisbahn quer am Südende, hinter dem Pulvermagazin, sowie
5. eine umwallte *Sprenggrube* in der Mitte des Platzes.

IV.3.8   Pionier-Land- und Wasserübungsplatz

von Thomas Tippach und Ulf-Dietrich Korn

Im Schweinebruch, jetzt Johansenstraße 5–25

QUELLEN: Garnisonsatlas 1910 und nach 1923. – BA.

Bereits vor der Aufhebung der Festung hatte das in Minden garnisonierende Hannoversche Pionier-Bataillon Nr. 10 einen *Pontonier-Uebungs-Platz* am westlichen Weserufer. Das Nordende des Schweinebruchs zwischen Redan III der Hausberger-Front und dem Leinpfad an der Weser ist 1871 im *Revenüen-Plan der Festung Minden* von Sergeant Langen (GSTA PK, Festungskarten Minden A 70.047) als *Artillerie-Exercir-Platz* ausgewiesen; die *Scizze des militairfiscalischen Grundbesitzes* von 1872 (ebd. C 70.080) verzeichnet in der Südostecke des Geländes einen nicht näher umgrenzten *Pontonier-Uebungs-Platz*. Ein Nachtrag in Blei vermerkt für das nördlich angrenzende Glacis vor Bastion II der Weser-Fronte bis zur verlängerten Kapitale von Bastion I: *Am 24.3.74 dem 10. P(ionier) B(ataillon) als Pontonnier Ü(bungs) Platz definitiv zugewiesen 474.3.74 A III*. Eine genauere Eingrenzung erfolgte wohl bei den Verhandlungen über die Entfestigung und die Verteilung der beim Militärfiskus verbleibenden Grundstücke, für die 1875 detaillierte Übersichtspläne gefertigt wurden (u. a. ebd., A 70.043 mit den Geländestücken für das *Pionir Bataillon*): Der schmale Streifen von 40–50 m Breite zwischen dem *Promenaden-Weg* am Fuß des Glacis und dem Leinpfad erstreckte sich auf etwa 400 m Länge von Bastion I nach Südwesten bis zur Straße Am Schweinebruch (seit 1997 Am Weserstadion). Ein weiterer, schmaler Zipfel von ca. 100 m Länge und maximal 20 m Breite schloß östlich des nach Süden abknickenden Weges an.

Der Garnisonsatlas des VII. Armeekorps von 1910 (Fotos der Minden betreffenden Blätter 27–29 im Mindener Museum, WP 75.3) gibt näheren Aufschluß über Gebäude und Nutzung (Bl. 27: Übersicht; Bl. 28 mit Lageplan und Erläuterungen; irrtümlich ohne eigene Nr. 23 im Anschluß an Nr. 22, Pionier-Übungsplatz bei Fort B): Im Süden des Geländes lag die Pionier-Badeanstalt, etwa in der Mitte stand das *Haupt-Depot (e)*, anscheinend zweistöckig mit Auffahrrampe an der Südseite, daneben ein *Tauschuppen (f)*, weiter nördlich ein *Haketschuppen (g*; Haket=Transportfahrzeug für Brückenmaterial). Nahe der neuen Bastaumündung von 1904 (siehe Teil V, S. 24, 28), über die eine Brücke für den Leinpfad führte, stand ein *Offizierhäuschen (h)*, südlich davor das 1904 errichtete Denkmal des Hannoverschen Pionier-Bataillons No. 10 (siehe Kap. V, Nr. 7). Ein kleiner *offener Schuppen* (c), die *Kantine* (d) und eine *Latrine* (b) am Ufer ergänzten den Baubestand. Das Platzgelände reichte über die Bastau nach Norden bis auf die Höhe der verlängerten Tonhallenstraße und stand anscheinend, zumindest zeitweise, den Mindener Sportvereinen offen (siehe Teil V, S. 134, Im Schweinebruch).

Mit dem Aufbau der Reichswehr behielten die Mindener Pioniere, jetzt 6. (Preußisches) Pionier-Bataillon, ihren Übungsplatz. Seine Nordgrenze wurde hinter die Bastaumündung zurückverlegt. Dies geschah wohl 1926 und gleichzeitig mit einer ersten Erweiterung nach Süden auf das Grundstück des Mindener Rudervereins (Im Schweinebruch 3, siehe Teil V, S. 137), der sein 1905 errichtetes Bootshaus durch einen Neubau auf dem Grundstück Im Schweinebruch 5 ersetzen mußte. Zugleich wurde auch der über den Platz führende öffentliche Weg auf die Westseite der Gebäude verlegt. Der nach 1923 neu aufgelegte Garnisonsatlas (Bl. 28: Lageplan, Bl. 29 b: Erläuterungen unter No. 23) verzeichnet für den vergrößerten Platz eine beträchtliche Vermehrung der Gebäude. Am Südende lag wiederum die Badeanstalt mit Umkleideräumen und Kantine. Nach Norden folgten: *Floßsackschuppen (c), Tauschuppen (c 1), Bootsmotorenschuppen (c 2), zwei Faltbootschuppen (h,i), Depot (k,* Altbau), *Schuppen für Behelfsmaterial (l)* und ein zweiter *Floßsackschuppen (m)*, dazu das schon 1910 vorhandene Offiziershaus und das Pionierdenkmal am Nordende.

Bereits 1927 dehnte sich der Übungsplatz wiederum nach Süden aus; diesmal wurde der 1920 errichtete Bootsschuppen der Rudergesellschaft Wittekind e. V. (Im Schweinebruch 3a) mit eingezogen. Dessen neues, stattliches Bootshaus entstand weiter südlich auf dem Grundstück Im Schweinebruch 25 (siehe Teil IV, S. 137 f.).

Die Dislozierung weiterer Pionierverbände, die zum Bau der Mudra-Kaserne am Römerring/Ringstraße führte (siehe S. 850–853), die waffentechnische Entwicklung und die zunehmende Materialausstattung erzwang über den Bau von Unterkunftsgebäuden hinaus auch den Ausbau der militärischen Infrastruktur. Insbesondere die Übungsplätze reichten für die intensivierte Ausbildung der Truppe nicht mehr aus. So wurde 1935 auch die Neuanlage eines Land- und Wasserübungsplatzes konzipiert. Das angestammte Gelände im nördlichen Schweinebruch wurde aufgegeben; hier wurde, unter Einbeziehung der seit 1910 auf dem Kleinen Schweinebruch zwischen dem Offizierskasino Johansenstraße 1 (siehe Teil V, S. 131–147) und dem Übungsplatz entstandenen Sportstätten, schon 1934 das spätere Weserstadion (siehe Teil V, S. 135) angelegt.

Der neue Platz, nun als Pionier-Wasser- und Landübungsplatz bezeichnet, schließt sich unmittelbar östlich an die Anlagen des Sommerbades an; er ist hier etwa 200 m breit und verbreitert sich auf einer Länge von rund 700 m zwischen Johansenstraße und Weserufer nach Süden auf ca. 400 m Breite. Im nördlichen Teil liegt das 1927 neuerrichtete, ehemalige Bootshaus der Rudergesellschaft Wittekind e. V., das 1935 für den neuen militärischen Zweck umgebaut wurde (siehe Teil V, S. 138, Im Schweinebruch 25). Seit 1971 dient es als Kommandantur für den Pionierführer des I. Korps der Bundeswehr.

1937 entstand auf dem Gelände eine wasserseitig offene, achtschiffige, dreijochige Fachwerkhalle mit Walmdach zur Unterbringung von Pontongerät. Unmittelbar südwestlich schloß sich ein Brückenfahrzeugschuppen in gleicher Konstruktion an, außerdem wurde ein knapp 90 m langer Werkzeugschuppen mit Werkstatträumen und Geschäftszimmer errichtet. Der eingeschossige, horizontal verbretterte Fachwerkbau war ebenfalls mit einem Walmdach versehen. Unmittelbar an der Johansenstraße entstanden ein Floßsack-Geräteschuppen und ein *Untertreteraum* für zwei Kompanien, ebenfalls in Fachwerkbauweise mit Stülpschalung und Walmdach. Der Brückenfahrzeugschuppen wurde in der Nachkriegszeit abgebrochen. Der Übungsplatz wird nach wie vor von den Pionieren der Bundeswehr genutzt; der Baubestand ist um mehrere Gebäude erweitert worden.

IV.3.9   Munitionsdepot am Schweinebruch

Johansenstraße 52–60, Salierstraße 13–19, 29–31, heute Jugendkreativzentrum Anne Frank, Salierstraße 40/42

Für zahlreiche Einzelangaben zu den Bauten und zu ihrer Nutzung in der Zeit nach 1945 ist Herrn Dr. Herwart Stucke, Minden, herzlich zu danken.

FRIEDENS-PULVER-MAGAZIN NO 3, NACH 1878 NR. 1 +
Johansenstraße 56

Weit südlich vor der Stadt, auf dem ehemaligen Galgenfeld zwischen dem Koppelgraben im Süden und dem Schweinebruch im Osten, nahe der Weser und am alten Weg nach Aulhausen (heute Johansenstraße), fast 900 m vor dem Simeonstor gelegen, war spätestens seit 1825 das dritte Friedens-Pulver-Magazin vorgesehen (siehe Kat.-Nr. 37a), dessen Magazinbau bis 1836/37 errichtet wurde (siehe Pagenstecher-Plan Kat.-Nr. 39, *Nr. 63*). Der Bau war als defensibles Pulvermagazin konzipiert und glich in Abmessungen und Ausführung weitgehend dem des Friedens-Pulver-Magazins No 1, das 1833 bereits bestand (siehe Kat.-Nr. 38). Sein Grundriß ist in Kat.-Nr. 351 unter *E* überliefert. Die Innenmaße werden mit 40 x 29 Fuß (12,50 x 9,10 m) denen der beiden anderen Magazine entsprochen haben. In der südlichen Schmalwand saß eine Kanonenscharte; zu beiden Seiten und in den Langseiten reihten sich Gewehrscharten an. Das Vorhaus, mit Eingang von Osten, enthielt die Treppe zum Dachraum. Der verputzte Backsteinbau hatte einen Boden aus kräftigen Bohlen, die mit Holznägeln an den Balkenunterlagen befestigt waren; die Ständer unter den Deckenbalken standen auf Sockeln aus Portasandstein. Das Dach war mit Schiefer gedeckt. Der Bau wurde nach 1945 ausgeweidet und allmählich abgebrochen. An seiner Stelle entstanden um 1946/48 zwei kleinere barackenartige Gebäude (Salierstraße 27 und 28), in denen eine Hundezucht betrieben wurde.

FRIEDENS-PULVER-MAGAZIN NO 4, NACH 1878 NR. 2 +
Johansenstraße 58/60

Im Zuge der Verhandlungen um die Übernahme der Festungswerke und der darauf stehenden Gebäude einigten sich die Stadt, vertreten durch Bürgermeister Brüning und den Beigeordneten Hesterberg, und der Reichsmilitärfiskus, vertreten durch Generalmajor von Alten, in einem Vertrag vom 28. September 1878 darauf, daß die Stadt für die an der Stadt auf Bastion III und X gelegenen Laboratorien, das vor dem Königstor liegende Friedens-Pulver-Magazin No 1, das Blockhaus No 8/ Friedens-Pulver-Magazin vor Bastion VIII, die Wagenhäuser auf dem Brückenkopf und die Schießstände in den Wallgräben vor der Hohen Front, auf eigene Kosten binnen zwei Jahren nach den ihr überlassenen Bauplänen und Kostenanschlägen Ersatzbauten und -anlagen errichten werde (Verw.-Bericht pro 1877/78, S. 7–10). Dazu gehörte auf dem *Areal des Friedens-Pulver-Magazins Nr. 3 an der Weser ein zweites Pulver-Magazin für zwei Tausend Tonnen Pulver* (ebd. S. 7, S. 1.a). Für *Pulver-*

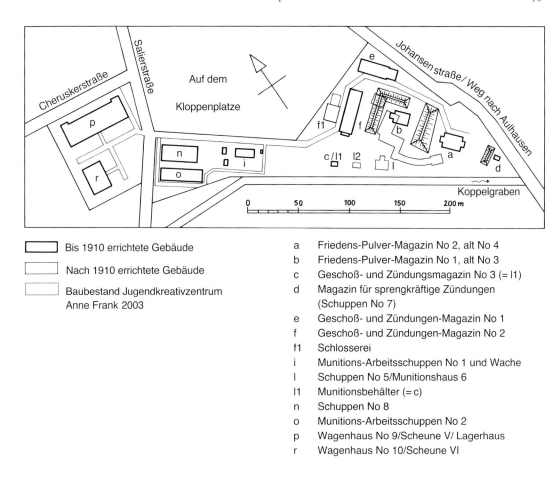

Abb. 574 Munitionsdepot am Schweinebruch samt Wagenhaus 9 und 10, Lageplan. U.-D. Korn, 2004.

häuser und Laboratorien (am Glacisweg beim ehemaligen Redan III, hinter dem Gewehrhaus/Wagenhaus 5) wendet die Stadt zwischen 1878 und 1881 im ganzen 54691,61 Mark auf (Verw.-Bericht pro 1879/81, S. 21: *Ausgabe I, B und C*). Für das neue, große *Pulvermagazin No 4* sind Grundriß und Giebelansicht auf dem nach 1878 angefügten Blatt von Kat.-Nr. 351 überliefert, außerdem Grundriß, Ansicht und Querschnitt in einem Umbauprojekt vom August 1973 (Hochbauamt, Bauakten Jugendkreativzentrum Anne Frank). Der in der Südostecke nachträglich 1945 teilweise unterkellerte Fachwerkbau war ohne die beiden Vorhäuser an den Giebelseiten 19 m lang und 14,90 m breit, die Traufhöhe betrug 4,30 m, die Firsthöhe des flachgeneigten Satteldaches 7,40 m. Unter den Bodenbalken, die auf Sandsteinwürfeln ruhten, befand sich zur Trockenhaltung ein 60 cm hoher Luftraum mit Backsteinpflaster. Das Innere war durch zwei Reihen von je drei Ständern mit 7,65 m Achsmaß dreischiffig geteilt; das mittlere Schiff hatte mit 6,40 m die doppelte Breite der Seitenschiffe. Pfettendach mit niedrigem Drempel, doppelt stehendem Stuhl und Querbindern unter den Mittelpfetten, über dem breiten Mittelschiff ein Hängewerk. Nach dem Grundriß in Kat.-Nr. 351 *(K)* befanden sich im Inneren nach der Länge sechs Pulverfaßlager, auf denen von beiden Seiten her die Pulverfässer gestapelt werden konnten. Außen war der Bau nach den Wetterseiten mit Schieferplatten bekleidet; das Dach war mit Teerpappe gedeckt. Die Treppe zum Dachraum lag im nördlichen Vorhaus. Als Blitzschutz dienten rundum eingegrabene lange Eisenpfähle, die untereinander in der Erde mit Drahtseilen verbunden waren. 1945 wurde der Bau zu zwei Mietwohnungen für Familien hergerichtet, die wegen der Beschlagnahme ihrer Häuser durch die Besatzungstruppen Unterkünfte brauchten. Das nötige Material für den Einbau von Zwischenwänden etc. wurde den benachbarten Bauten des ehemaligen Munitionsdepots entnommen; die kräftigen Bohlen und Balken wurden in einem Sägewerk aufgetrennt. In der Nordhälfte (Wohnung Steinl) entstanden beiderseits eines großen Mittelraumes vier kleine Zimmer, der Südteil (Wohnung Stucke) wurde kleinräumig aufgeteilt, der Eingang aus dem südlichen Vorhaus an die Ostseite verlegt und eine zweite Treppe zu drei kleinen Dachzimmern eingebaut. Im Winkel von Vorhaus und Südgiebel entstand ein niedriger Stall. – Das ehemalige Pulvermagazin war bis 1988 bewohnt und wurde danach abgebrochen.

WEITERE BAUTEN AUF DEM GELÄNDE

Für die Anlage weit außerhalb der bebauten Stadt bürgerte sich im Mindener Sprachgebrauch der Name *Pulverschuppen* ein; die offizielle Bezeichnung war *Neben-Artillerie-Depot am Schweinebruch*. Der Garnisonsatlas von 1910 bringt im Übersichtsplan M 1:10 000 (Blatt 27, Planquadrat 9C) für das eigentümlich geschnittene Grundstück im Zwickel zwischen Johansenstraße und Koppelgraben die Bezeichnung *Napoleonshut*. Der Lageplan M 1:2500 (Blatt 28 mit Legende) zeigt in der Mitte des ungefähr dreieckigen Areals das nun umnummerierte *Friedenspulvermagazin No 1* (*b*, ehemals No 3) hinter einem rechtwinklig geknickten Schutzwall im Norden, weiter nach Südosten, hinter einem zweiten Querwall, das *Friedenspulvermagazin No 2* (*a*, ehemals No 4), in der südöstlichen Spitze, abgeschirmt durch einen weiteren kurzen Querwall, das *Magazin für sprengkräftige Zündungen (Schuppen No 7)*, ein nur etwa 4 x 5 m großes Gebäude (*d*).

Nördlich vor dem gewinkelten Wall und parallel dazu lagen die *Geschoß- und Zündungen-Magazine No. 1 und 2* (*e, f,*), ca. 36 x 11 bzw. 44,13 x 11,41 m groß, südwestlich von *f* das kleine (ca. 4 x 5 m) *Magazin No. 3 (c)*. Hiervon ist das Magazin No. 2 *(f)* erhalten, 1991 verkürzt um den etwas schmaleren Südwestteil von 15,19 m Länge. Die 28,94 m lange Steinbaracke (Salierstraße 40) diente nach 1945 als Schlosserei, heute ist sie Teil des Jugendkreativzentrums Anne Frank. In dem durch Querwände dreigeteilten Inneren tragen zwei Reihen eiserner Stützen mit Kopfbändern die Doppel-T-Längsunterzüge unter dem Dach. In den Längswänden breite, liegende Rechteckfenster mit Eisensprossenteilung (Bestandsplan von 1990 im Hochbauamt). Parallel dazu steht nach Norden eine weitere, nach 1945 für die Schlosserei errichtete Steinbaracke von 12,72 x 10,57 m Größe ähnlicher Bauart (*f1*). Sie ist jetzt Teil des Jugendkreativzentrums. Auch hier wurden 1991 mehrere Werkstatt-Teile am Ostende abgebrochen (Bestandsplan von 1996 im Hochbauamt).

Im langgestreckten nordwestlichen Geländeteil an der Salierstraße befanden sich 1910 bzw.1923 (Garnisonsatlas) und bis nach 1957 (Lageplan des Stadtvermessungsamtes M 1:1000 im Hochbauamt, Bauakten Jugendkreativzentrum) mehrere Gebäude, die bis 1945 der Munitionsproduktion dienten. Die *Munitions-Arbeits-Schuppen No. 1 mit Wache* und *No.2* (*i* und *o*, Salierstraße 17 bzw. 15), 19 x 9 bzw. 40 x 10,50 m groß, und parallel zu *o* der *Schuppen No. 8* (*n*, Salierstraße 13) mit 38 x 15 m

Größe. Dazu kamen einige kleine Nebengebäude wie *Wohlfahrtsraum für Arbeiter*, Latrinen, Asch- und Müllkästen, zwei kleine *Munitionsbehälter (l1)* und ein kleiner *Schuppen No 5 / Munitionshaus 6 (l)* . Diese Nebengebäude wurden sämtlich in der Nachkriegszeit nach erster Nutzung als Notwohnungen zu Gunsten einer Neubebauung mit Einfamilienhäusern in Privatbesitz abgebrochen.

Das Jugendkreativzentrum Anne Frank, Salierstraße 40/42, wurde 1959/60 nach Plänen des Stadtbauamtes auf dem dreieckig spitzwinkligen Gelände des *Napoleonshutes* unter geschickter Ausnutzung des Geländeabfalls zum Koppelgraben errichtet. Die Wälle zwischen den ehemaligen Pulver- und Zündungsmagazinen wurden abgetragen und zum Auffüllen der Müllkippe in den ehemaligen Usadelschen Sandkuhlen und von Bauer Havekosts Wiese auf dem nördlich anschließenden Gelände Auf dem Kloppenplatze benutzt, die kleinen Baracken auf dem Platz des alten Friedens-Pulver-Magazins No 3/ Nr. 1 abgebrochen.

Der mehrgliedrige Flachdach-Neubau wird in der Verlängerung der Salierstraße durch den längsgerichteten Eingangsbereich (mit Nebenräumen) erschlossen. Vorn links, nach Osten, schließt sich im rechten Winkel der Saal an, eine Betonrahmenkonstruktion mit Pultdach; ein Treppenhaus am hinteren rechten Ende führt in den zweigeschossigen Trakt mit den Gruppenräumen, der sich mit kräftig gebogenem Grundriß auf der Hangschräge erhebt. Sein Obergeschoß liegt auf gleicher Höhe mit dem Eingangstrakt. Am Südende des Traktes steht ein leicht versetzter dreigeschossiger Baukörper, mit überdeckter Dachterrasse auf dem Ende des gebogenen Traktes. Vor dessen Talseite bilden schlanke Stahlstützen unter den auskragenden Decken galerieartige Gänge mit reizvollem Ausblick über die unbebaute Haselmasch zur Porta Westfalica. Die Erschließungsflure liegen hangseitig. – Das zugehörige, 1967 nach rückwärts erweiterte Heimleiterhaus steht quer neben dem Ostende des Saaltraktes, weiter nach Norden stehen die zum Jugendkreativzentrum gehörenden Steinbaracken der ehemaligen Schlosserei (siehe oben). Ein Teil des dahinter anschließenden Kloppenplatz-Areals wurde als Sport- und Spielplatz hergerichtet.

WAGENHAUS 9 UND 10 Abb. 575
Cheruskerstraße

Abbildung: KAM, Bildsammlung H I 501 (Wagenhaus 9/Scheune V).

Zum Neben-Artillerie-Depot am Schweinebruch gehörten vor dem Ersten Weltkrieg die nahebei, auf der Ecke Salierstraße/Cheruskerstraße gelegenen Wagenhäuser No. 9 und 10 (Garnisons-Atlas 1910, Bl. 28, *Nr. 32 p* und *r*). Die Neuauflage des Garnisons-Atlasses nach 1923 führt das Wagenhaus No. 9 unter Nr. *29d* als *Lagerhaus an der Cheruskerstr. (Schweinebruch)* auf, die Berichtigungen bis zum 1. 10. 1930 bezeichnen beide Häuser unter *29d, e* als *Scheune V* und *VI*. Sie unterstanden dem Heeresverpflegungsamt. Die Bauten werden nach 1878 als Ersatz für die von der Stadt übernommenen und abgebrochenen beiden Blockhäuser auf dem Brückenkopf (siehe Kat.-Nr. 267) errichtet worden sein.

Der Backsteinbau des zweigeschossigen Wagenhauses Nr. 9 war etwa 48 x 29 m groß; die Nordfassade zur Cheruskerstraße hatte an beiden Enden schmale, wenig vortretende Seitenrisalite, vermutlich mit Türen zu dahinterliegenden Treppen. Dazwischen war die Fassade im gleichmäßigem Wechsel durch wandhohe Lisenen in drei breitere Felder mit Toren und zwei schmalere mit Fenstern gegliedert, darüber standen gleichmäßig gereihte Fenster mit Brustgesims zwischen den Lise-

Abb. 575 Cheruskerstraße 13/15; Wagenhaus 9/Scheune V. Rückseite von Südosten, um 1960 (?).

nen. Die Rückseite nach Süden zeigte die gleiche rhythmische Gliederung ohne Endrisalite. Alle Öffnungen waren stichbogig geschlossen. Das flachgeneigte Satteldach mit weitem Überstand war mit Teerpappe gedeckt.

Für das kleinere Wagenhaus 10/Scheune VI liegen keine näheren Angaben vor. Es lag südlich hinter dem Wagenhaus 9, war ca. 25 x 20 cm groß und hatte Einfahrten in den nach Osten und Westen gerichteten Langseiten. Möglicherweise war es nur eingeschossig.

In der ersten Nachkriegszeit waren hier entlassene und für den Fahrdienst bei der englischen Besatzungstruppe dienstverpflichtete Kriegsgefangene untergebracht; danach übernahm die Bundespost die Bauten und stellte hier ihre Kraftwagen unter. Sie wurden nach dem 1.10.1987 abgebrochen (Luftbild in: Gerold RICHTER/Wolfgang LINKE (Hg.), Deutschland. Raum im Wandel. Eine Bilanz im Luftbild. Speyer 1988, Nr. 29 rechts). Das Gelände ist seit ca. 1991 aufparzelliert und mit Einfamilienhäusern (Cheruskerstraße 15, 17 ff.) bebaut.

IV.4 Die Entfestigung nach 1873/Glacisanlagen

Am 30. Mai 1873 vollzog Kaiser Wilhelm I. das Reichsgesetz, mit dem für die *eingehenden* Festungen Stettin, Minden, Erfurt, Wittenberg, Kosel, Graudenz, Kolberg und Stralsund die Rayonbeschränkungen zum 1. Oktober 1873 aufgehoben wurden, soweit nicht bereits vorher die Aufhebung durch die Militärverwaltung verfügt würde. Dies geschah für Minden schon am 11. Juni 1873 (Nordsiek 1979, S. 87).

IV. 4.1 Die Entfestigung

Bereits in den vorhergehenden Jahren hatte sich die Militärverwaltung offenbar zu einer Lockerung der strikten Festungsbestimmungen verstanden; denn sie verzichtete bei den seit 1871 laufenden Vorbereitungen zum Neubau der Weserbrücke auf die zunächst vorgesehene Errichtung eines neuen Festungstores neben dem alten Wesertor von 1820 (siehe Teil V, S. 1618 f.; Kat.-Nr. 172). Im Hinblick auf die bevorstehende Aufhebung der Festung entwarf zudem der königliche Kataster-Inspektor Vorländer zu Ende des Jahres 1872 ein großzügiges Projekt zur Aufsiedlung des Brückenkopfes mit rechtwinkligem Straßennetz und 52 annähernd gleich großen Parzellen in regelmäßigen Baublöcken, die weit über die Wälle und Gräben hinausreichten (siehe Teil V, S. 1154 und Abb. 1243).

Nach der Aufhebung der Festung begannen langwierige und zähe Verhandlungen zwischen den Vertretern der beteiligten Ministerien (Kriegs-, Finanz- und Innenministerium) in der eigens gebildeten Entfestigungskommission, der auch der Mindener Bürgermeister als Kommissar des preußischen Innenministers angehörte. Sie nahm ihre Arbeit am 26. Januar 1874 auf. Es ging darum, welche Teile der Festungsanlagen und der Glacis weiterhin einer militärischen Nutzung vorbehalten bleiben sollten, welche Teile an den Reichsfiskus bzw. die Regierung fallen und welche der Stadt Minden überlassen werden sollten, wie der Wert zu bemessen sei und welche Gegenleistung die Stadt Minden neben dem Kaufpreis für die disponiblen Flächen und Anlagen für jene Einrichtungen zu erbringen habe, die sich die Reichsmilitärverwaltung vorbehielt. Hier hatte die Stadt ein besonderes Interesse; es betraf vor allem die Beseitigung der gefährlichen Pulvermagazine, die Verlegung des Laboratoriums, den Ersatz für die Blockhäuser Nr. 4 und 5 und den Pionier-Ponton-Schuppen im Brückenkopf sowie die Verlegung der Schießstände, die sich in den Festungsgräben vor Bastion VI und XII Schwichow bei der Contregarde Schwichow und zwischen Bastion VII und VIII beim Ravelin Neutor befanden. Ganz besonderen Wert legte die Stadt auf den möglichst vollständigen Erwerb der Glacisflächen, da nur auf diesem Wege *die für die gesundheitlichen Verhältnisse durchaus nothwendige Erhaltung der Glaciswaldung gesichert* werden könne, außerdem lag ihr daran, die disponiblen Festungswerke im Ganzen zu kaufen, um die *Ausgänge aus der Stadt in angemessener Weise gestalten bzw. vermehren* und *die für die verschiedenen öffentlichen Bauten und Anlagen nothwendigen Grundstücke nach unbeschränkter Auswahl aus den Festungswerken entnehmen* zu können.

Anfangs lagen die Vorstellungen über einen angemessenen Kaufpreis zwischen der Stadt und den staatlichen Instanzen sehr weit auseinander, doch einigte man sich schließlich und schloß am

Abb. 576 Entfestigungsarbeiten an der Hausberger Front, nach 1873, von Südwesten (Fotomontage). Links Bastion V, in der Mitte Bastion IV, rechts Kurtine III–IV mit dem Hausberger Tor und dem Dach des Garnison-Lazaretts.

24. September 1878 einen Vertrag mit der königlichen Domänenverwaltung, mit dem die Stadt die durch die Auflassung der Festung disponibel gewordenen Grundstücke für 177 600 Mark erwarb. Diese umfaßten im Wesentlichen:
- die gesamten Festungsanlagen um die Altstadt, ausgenommen das Bastion XI (Kasernenbastion), ein kleines Stück im Generalabschnitt zwischen Rodenbecker Straße und Bastau, den Wall zwischen Bastion VIII und der Kurtine IX/X, die Caponière am Marientor, den Graben vor der Petershagener Front und das östliche Viertel des Ravelins Marientor (hier befanden sich noch das Festungsgefängnis am Marientor und das Kriegslaboratorium in Bastion IX),
- das Glacis der Hausberger Front (der Simeonsplatz mit den Militärbauten blieb in Besitz des Militärfiskus),
- den ganzen Brückenkopf sowie
- Teile der Bahnhofsbefestigung: die westliche Kehlfront von der Bunten Brücke bis zum Hafen, den »Bremer Haken« mit Bremer Tor und Parados an der Friedrich-Wilhelm-Straße, das Außengelände von Fort A jenseits der Contrescarpe bis zum *Magdeburger Eisenbahntor*, den größten Teil der Inundationsfront (entlang der *Berliner Straße*/Viktoriastraße) und einen Teil des Vorgeländes der südlichen Kehlfront zwischen der Eisenbahn und der Bunten Brücke.

Am 28. September 1878 einigten sich Stadt und Militärfiskus in einem zweiten Vertrag über den Ersatz für die auf den künftig städtischen Grundstücken stehenden militärischen Gebäude, die sich die Reichsmilitärverwaltung vorbehalten hatte. Die Stadt baute nach den Vorgaben des Militärs für veranschlagte 118 970 Mark:
- ein neues Pulver-Magazin für 2000 Tonnen Pulver auf dem Gelände des Friedens-Pulver-Magazins Nr. 3 am Schweinebruch (Friedens-Pulver-Magazin Nr. 4; siehe oben S. 874 ff.),
- ein Laboratorium samt Nebenanlagen im ehemaligen Redan III der Hausberger Front (siehe oben S. 770 ff.),
- einen Feldfahrzeugschuppen auf dem Gelände des Pionier-Übungsplatzes zwischen Redan III und dem Weserufer,
- zwei Wagenhäuser in der Nähe des Pulverschuppens am Schweinebruch (S. 877 f.),

IV.4.1 Die Entfestigung 881

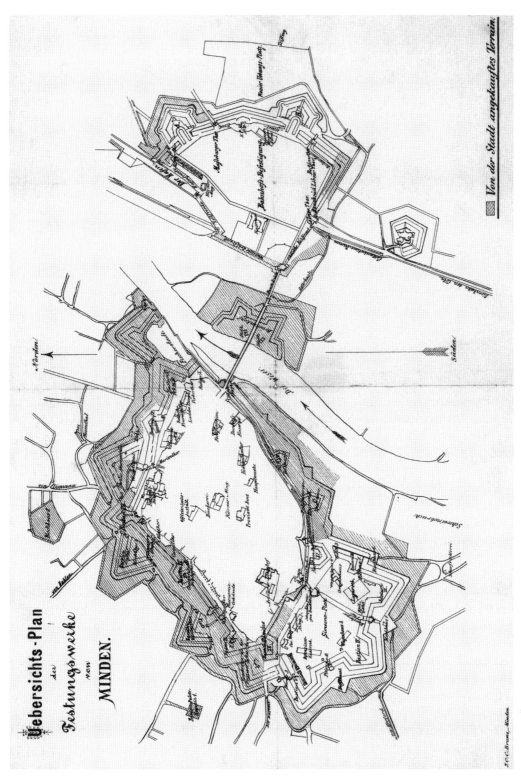

Abb. 577 Übersichtsplan der Festungswerke. Lithographie von J.C.C. Bruns, 1878, KAM.

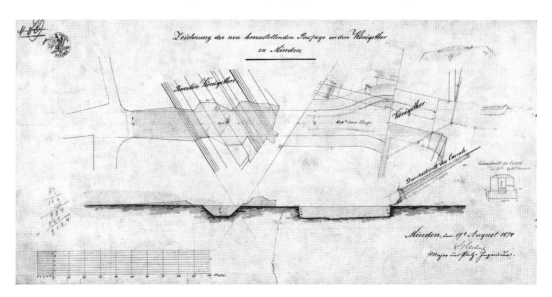

Abb. 578 Durchstich der Passage vor dem Königstor, 1874. Mindener Museum, FM 60.

– drei Infanterie-Schießstände von je 160 m Länge auf der Minder Heide zwischen Bierpohlsweg und Kutenhauser Weg.

Die Stadt erwarb nach diesen beiden Verträgen für rund 300 000 Mark überschlägig 73 Hektar Flächen mit allen darauf stehenden Gebäuden, Pflanzungen etc., davon etwa 20 Hektar Glacisanlagen, sie übernahm zugleich alle auf den erworbenen Flächen ruhenden Straßen-, Wege und Wasserbaulasten und hatte für die Einebnung der Wälle und Gräben zu sorgen. Ein guter Teil des Geländes war als künftiges Bauland geeignet und konnte weiterverkauft werden; das Glacis sollte jedoch nicht wieder veräußert werden, sondern als landschaftliche Anlage erhalten, verwaltet und verbessert werden. Zu den Lasten gehörte auch die Verpflichtung, das Glacis der Hausberger Front nach forstwirtschaftlichen Grundsätzen zu pflegen und der Garnison darin Felddienst-Übungen zu gestatten (zu den Verhandlungen, Verträgen und Bestimmungen siehe im Einzelnen und ausführlich die Verwaltungsberichte pro 1874, S. 3–6; 1875, S. 3–5; 1876, S. 3–7; 1877/1878, S. 3–12; zusammenfassend NORDSIEK 1979, S. 87 f.).

Die förmliche Übergabe der mit dem ersten Vertrag erworbenen Festungswerke an den Magistrat erfolgte durch die königliche Regierung am 5. März 1879; die mit dem zweiten Vertrag erworbenen Bauten und Anlagen gingen nach und nach, je nach Fertigstellung der vereinbarten Neubauten innerhalb von zwei Jahren, in den Besitz der Stadt über.

Unmittelbar nach der Aufhebung der Festung setzte eine intensive Bebauung in den ehemaligen Rayons ein (siehe Teil V, Kap. II), so daß das Interesse der Stadt darauf gerichtet war, die Torpassagen zu erweitern und bequeme, gerade Anschlüsse von den innerstädtischen Hauptstraßen zu den alten, vor den Wällen und Glacis liegenden Straßen und Wegen zu schaffen. Zugleich mit dem Abtragen der Wälle und dem Verfüllen des Festungsgrabens an der Hausberger Front (Abb. 576; NORDSIEK 1979, Abb. VI.71) legte man 1874/1875 die Portastraße quer über den Simeonsplatz und schuf damit eine gerade Verbindung vom Stadtzentrum über die Lindenstraße zur alten Chaussee

Abb. 579 Abbruch der Hauptgraben-Caponière Neutor vor der Kurtine VII–VIII. Ansicht von Westen, nach 1879.

nach Bielefeld, Herford und Lübbecke (SCHROEDER 1886, S. 711 f.); das Hausberger Tor sollte erst abgebrochen bzw. *die alte Passage cassirt* werden, wenn die Chaussee vollständig hergestellt und die Rinnen gepflastert seien (STA DT, M 1 I C Nr. 262, fol. 98).

Am Königstor legte man 1875 eine 7,60 m breite Passage neben dem Torbau durch den Wall, führte die Straße auf einem breiten Damm über den Festungsgraben und durchstach Wall und Glacis im Ravelin Königstor auf 15 m Breite bis zur westlichen, äußeren Königstraße. Der Torbau selbst blieb zunächst stehen; er war bis zum Abschluß der Entfestigungs-Verhandlungen Staatsbesitz, und dem Militärfiskus sollten keine Kosten für den Abbruch entstehen. 1876 mehrten sich Klagen über die schlechten Wegeverhältnisse auf den Dammschüttungen; es gebe keine Festlegungen für den Straßenunterhalt, zudem fehle eine geregelte Wasserableitung, so daß im halbverschütteten Graben Kloaken und Tümpel entstünden, in die die Abwässer von Straßen und Friedhof liefen. 1878 bittet die Stadt das Garnisonkommando um die Erlaubnis zum Abbruch auf eigene Kosten, zur Erleichterung des zunehmenden Verkehrs auf der Königstraße. *Namentlich ist auch erwünscht, Arbeit zu schaffen* (STA DT, M1IC, Nr. 262, S. 93, 104, 111, 167, 190). Mit einem Zuschuß von Interessenten in Höhe von 1100 Mark konnten die Abbruchkosten gedeckt werden; das Tor verschwand zwischen 1878 und 1880 (Verw.-Bericht 1879/1881, S. 20, 22).

Das Hahler Tor südlich vom Hohen Rondell/Bastion VIII war schon nach 1634 von den Schweden geschlossen worden, die als Ersatz das Neue Tor in der Mitte der Kurtine VII/VIII anlegten. Die am Westende geschlossene Torpoterne diente zunächst bis 1763 und nach 1815 wieder als Pulvermagazin, in der Zwischenzeit war sie privater Kellerraum (siehe Kat.-Nr. 100–103; Teil IV, S. 1129, Hahler Tor). Die Stadt stellte 1878–1882 die alte Verbindung zum Weg nach Hahlen wieder her,

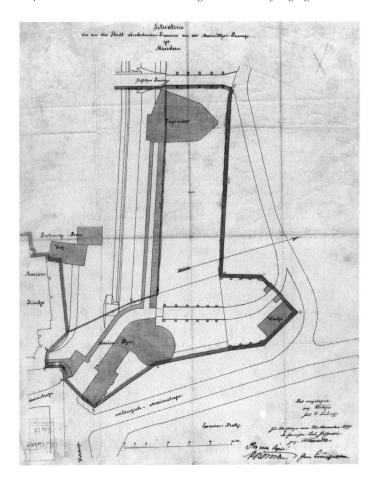

Abb. 580 Befestigungen zwischen Stiftspassage (oben) und Marienstraße (unten). Lageplan des an die Stadt abzutretenden Terrains. Garnison-Bauinspektor H. Bandke, 1879. Mindener Museum, FM 54.

zunächst mit der Anlage einer Fußpassage, dann mit breitem Durchbruch, bei dem der Rest des mittelalterlichen Tores beseitigt wurde (siehe Teil V, S. 522 ff., Hahler Straße; S. 565 ff., Heidestraße). Gleichzeitig legte man südlich der Passage auf dem Wall- und Grabengelände der Kurtine VII/VIII bis zur Pöttcherstraße den neuen Viehmarktplatz an, der 1886 von 2,55 auf 3,40 ha vergrößert wurde (Teil V, S. 321 f.). Die vor dem Wall gelegene Hauptgraben-Caponière verfiel mit dem Neuen Tor dem Abbruch. Auf der Spitze des Ravelins Neutor, das man 1889/1890 teilweise planierte, entstand 1893/1894 der Neubau der Töchterschule (siehe Teil V, S. 493–500, Brüningstraße 2).

Die *Stiftspassage*, häufig auch *Stiftsthor* genannt, war schon 1869 als Walldurchstich mit Brücke neben der Hauptgraben-Caponière bewilligt und mit freiwilligen Beiträgen der Bürgerschaft angelegt worden. Sie machte es möglich, ohne zeitraubende und unbequeme Umwege aus der nördlichen Oberstadt in das hochgelegene Gelände vor dem Marientor zu gelangen (siehe Kat.-Nr. 54, 133–136).

Beim Marientor war man sich offenbar ungeachtet der laufenden Verhandlungen bald einig, daß eine gerade Verbindung zwischen der Marienstraße durch das Ravelin Marientor zum Petershäger Weg (verlängerte Marienstraße) zu schaffen sei. Mit ihrer Durchlegung wurde im Sommer 1878 begonnen (siehe Teil V, S. 662–668, Marienstraße). Gleichzeitig ebnete man das Ravelin ein und trassierte die Immanuelstraße, an der 1879/1880 der Neubau des Gymnasiums entstand (SCHROE-

Abb. 581 Bastau-Einlaß am Simeonstor und krenelierter Mauer am Generalabschnitt von Nordosten, 1901.

DER 1886, S. 713; Teil V, S. 594–606). Das Marientor, die benachbarte Hauptgraben-Caponière und die Wache im Tortambour waren seit 1874 mit dem Festungsgefängnis belegt, das am 1. Juni 1879 aufgehoben wurde (siehe Kat.-Nr. 137, 139, 140; Teil III, S. 235 f.). Nach Übernahme des Geländes durch die Stadt begann im Januar 1881 der Abbruch des Tores, des sogenannten Schwedenturms (SCHROEDER 1886, S. 714) und der Grabencaponière; Maurermeister Pook führte das Abtragen des Wallkörpers zwischen Marientor und Stiftspassage 1881/1882 aus (Verw.-Bericht 1881/1882; S. 13 f.; KAM, Mi, G V Nr. 36).

Für das Wesertor, das schon seit der Vollendung der neuen Weserbrücke 1874 stillgelegt war (siehe Teil V, S. 1618 ff.), interessierte sich zunächst die Kaiserliche Telegraphen-Direktion. Anscheinend wollte sie den Bau erwerben und für ihre Zwecke erweitern. Das Protokoll der Entfestigungs-Kommission vom 25. Februar 1874 (STA DT, M 1 I C Nr. 797, S. 126 ff.) vermerkt eine entsprechende Eingabe. *Man einigte sich, bis zur Feststellung des Werthes dieses Bauwerks, vorläufig einen Preis von 2 rt pro qm (bei überschlägig 580 qm also 1160 rt) festzustellen, mit der Bedingung, den auszuführenden Bau in Uebereinstimmung mit der Architektur des Thores zu errichten und das Thor in seiner allgemeinen Gestalt als Unterbau zu erhalten.* Am 28. Februar 1874 wird das Schreiben des Weinhändlers Müller erwähnt, der *auf den Erwerb des Wesertores reflectirt und unter der Bedingung der Erhaltung des Thores und Berücksichtigung der Architectur einen Preis von 2.500 rt offerirt. Die Commission nimmt Act von dieser Offerte, um bei der Auseinandersetzung mit der Kaiserlichen Telegraphen-Direction einen Anhalt für einen Preissatz zu haben* (ebd., S. 130). Offenbar zerschlugen sich die Verhandlungen, und im Laufe der folgenden Jahre schwand wohl auch bei der Stadt das Interesse am Erhalt

Abb. 582   Bremer Tor nach der Sprengung, 1897.

des massiven Torbaus; denn 1897 wurde das Wesertor abgebrochen. Den Abbruch besorgte Maurermeister Sinemus (KAM, Mi, F 2239).

Das mittelalterliche Simeonstor war nach 1815 dem Abbruch entgangen, weil es seit etwa 1510 von Häusern umbaut war und nur noch untergeordnete fortifikatorische Bedeutung hatte. 1804 wurde die zwischen den Häusern Simeonstraße 31 und 32 vom Tor überdeckte Passage als *Straße untern Bogen* bezeichnet (Teil IV, Abb. 1582). Ein Wohnraum im Obergeschoß des Torbaues gehörte zum Haus Simeonstraße 31. 1806 wird bei der Neupflasterung der Straße der ehemalige Zugang zu diesem Raum, *ein Schwibbogen unten im Bogen*, vermauert und die steinerne Wendeltreppe darunter wegen Baufälligkeit abgebrochen (KAM, Mi, C 512). Beim Neubau von Simeonstraße 31 brach man 1861 den Ostteil ab; damit verschwand wohl das eigentliche Tor, das letzte der mittelalterlichen Tore. Die Reste am westlich gelegenen Haus Simeonstraße 32 wurden mit dem Haus 1867 von der Stadt erworben, um *das innere Simeonstor abzubrechen*, was 1869 erfolgte (siehe Teil IV, S. 2203 ff.; KAM, Mi, F 274, 396). Nach dieser Straßenverbreiterung blieb das 1820 erbaute äußere Simeonstor mit der nur 3,76 weiten Durchfahrt, der schmalen Bastaubrücke bei der Simeonsmühle und dem zwischen den krenelierten Mauern nur 6,70 m breiten Batardeau im Wallgraben ein außerordentliches Verkehrshindernis. Da die im Zuge der Staatsstraße gelegene, aber nur einspurig befahrbare Passage stark frequentiert war, kam es häufig zu Wagenstaus, die *besonders an den Viehmarkttagen nicht nur unerträglich, sondern auch geradezu gefährlich* waren. Um die Beseitigung des Hindernisses entspann sich eine von August 1874 bis in das Jahr 1878 hinziehende Kontroverse zwischen der Stadt, der Kommandantur bzw. dem Garnison-Kommando, der Regierung und dem Berliner Handelsministerium sowie dem Finanzministerium, in die auch der Landrat, die Provinzialstände und selbst der Reichskanzler eingeschaltet wurden. Dabei ging es keineswegs um den architektonischen Wert, wenngleich der Kommandant General von Delitz im September 1874 äußerte, es *wäre auch zu bedauern, wenn dieses Tor, ein Denkmal Schinkels, ebenfalls dem Vandalismus verfiele.* Streitpunkte waren die Zuständigkeit und die Kosten für den Abbruch. Schließlich wurde das Tor

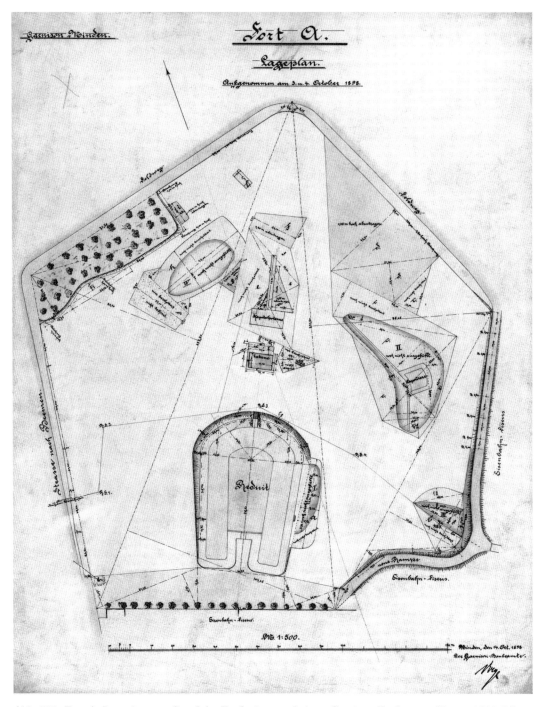

Abb. 583 Fort A. Lageplan zum Stand der Entfestigungsarbeiten. Garnison-Baubeamter Doege, 1898. Mindener Museum, FM 96.

1878–1880 auf Kosten der Stadt beseitigt und der Engpaß mit der Verbreiterung der Brücke sowie der Anlage von Trottoirs mit Geländern auf dem Batardeau hinreichend passierbar gemacht (STA DT, M 1 I C, Nr. 262; Abb. 246). Von den seitlich anschließenden krenelierten Mauern war der östliche Teil bis zum Kasernen-Bastion schon vorher beseitigt; die westliche Mauer vom Tor bis zur Rodenbecker Straße stand im halb demolierten Zustand mindestens bis 1901 und wurde wohl erst mit der Anlage des Schwichowwalles um 1905/1907 restlos beseitigt (vgl. GRÄTZ 1997, Abb. S. 47–65).

Als weitere Durchbrüche durch die Wallanlage entstanden 1878–1882 die Hermannstraße, für die das Fischertor fiel (siehe Teil V, S. 523), 1890 die Goebenstraße östlich des Exerzierplatzes auf Bastion IX (ebd., S. 1036 f.) und 1899 die Friedrichstraße in der Verlängerung der Pöttcherstraße (ebd., S. 248), so daß nun auch der Alte Friedhof im Westen der Stadt bequem erreichbar war. Auf dem Gelände des Hornwerks Fischerstadt errichtete die Stadt 1881 das Gaswerk, 1884 den Schlachthof und 1901 das Elektrizitätswerk (siehe Teil V, S. 1080–1089, Hermannstraße 20, 21–23).

Die ersten, vordringlichen Arbeiten stimmte man in und mit der seit Januar 1874 tätigen Entfestigungskommission ab, in der die Modalitäten der Übergabe der Festungswerke verhandelt wurden. Nach dem Abschluß der Verträge vom 24. und 28. September 1878 setze die Stadt eine eigene, neue Entfestigungskommission ein, der zwei Mitglieder des Magistrats (Oberbürgermeister Brüning und Stadtrat General von Schulz), drei Stadtverordnete (Kaufmann Bohlmann, Justizrat Rodehuth und Rentier Sinemus) sowie Stadtbaumeister Schneider als technisches Mitglied mit beratender Stimme angehörten. Sie nahm bereits am 5. Oktober 1878 ihre Arbeit auf; ihre Aufgabe war es, die erworbenen Festungswerke zu verwalten, die Abbruch- und Planierungsarbeiten und die Verwertung der dabei anfallenden Materialien zu koordinieren sowie die neugewonnenen Grundstücke als Bauland an Interessenten zu verkaufen, immer in Zusammenarbeit mit der Bau-Kommission, der Wegebau-Kommission sowie Rat und Verwaltung. Alle Einnahmen aus Verkäufen sowie die Ausgaben für Straßen,- Wege- und Kanalisationsbau wurden in einer gesonderten Entfestigungskasse verwaltet, die dem Stadtkämmerer Rohde unterstand. Für die Glacisanlagen und die Herrichtung öffentlicher Anlagen auf einzelnen Teilen der Festungswerke sollte die Kommission Vorschläge ausarbeiten (Verw.-Bericht 1878/1879, S. 1–5).

Nach der Vermessung aller Flächen ergab sich, daß das erworbene Festungsterrain insgesamt etwa 81 ha betrug. Davon entfielen auf vorhandene und anzulegende Wege und Straßen ca. 11,5 ha sowie fast 33 ha auf öffentliche Anlagen, die zumeist aus den früheren Festungsglacis bestanden. Zur *nutzbaren Verwertung* blieben etwa 36,5 ha übrig. Diese wurden in den Jahren bis 1900 nach und nach zum größten Teil verkauft; der Verwaltungs-Bericht für 1898/1900, S. 18, weist Restflächen von ca. 10,3 ha aus, für die je nach Lage unterschiedlich hohe Taxen zwischen 8 und 25 Mark pro Quadratmeter festgesetzt wurden. Der höchste Preis galt für Grundstücke an der Kaiserstraße. Über Verkäufe, Einnahmen und Ausgaben wurde in den jeweiligen Verwaltungs-Berichten Rechenschaft abgelegt. Bauland wurde nach und nach auf vielen Teilflächen bereitgestellt, so am Königswall, an der Immanuelstraße, an Hahler- und Stiftstraße sowie am Marienwall. Das Areal des Friedens-Puver-Magazins vor Bastion VIII (Kat.-Nr. 383–387) reservierte sich die Stadt für öffentliche Bauten; 1890 wurde hier die Heidestraße trassiert. Am *Besselplatz* entstand 1893–1897 die Bürgerschule II; ihr gegenüber baute die Reichspost 1904–1906 die neue Oberpostdirektion (siehe Teil V, S. 566, 568–586, Heidestraße 7, 8, 10).

Die vor dem Abschluß der Verträge von 1878 gehegte Befürchtung, der Kaufpreis für die Festungsanlagen sei untragbar hoch und müsse zu weiteren Belastungen der Stadt und der steuerzahlenden Bürger führen, erwies sich auf die Dauer als unbegründet. Mit Befriedigung konnte der Magistrat 1898, nach 20 Jahren, feststellen: *Die Hoffnung, welche s(einer) Z(eit) bei dem Erwerbe des Festungsterrains seitens der Stadt gehegt wurde, daß nämlich die sehr erheblichen Kosten dieser Ausgaben durch den Gewinn aus dem Wiederverkauf der Baugrundstücke … gedeckt würden, hat sich in vollem Umfange erfüllt. Die Einnahmen der … Entfestigungskasse haben nicht nur ausgereicht, den Kaufpreis für die Festungswerke zu zahlen und alle Kosten der bisherigen Ausführungen und Ausgestaltungen im ehemaligen Festungsterrain zu decken, sondern es ist schon möglich geworden, einen Reservefonds von 76 000 M. anzusammeln, wie denn außerdem noch bedeutende Bestände vorhanden sind, die sich … auf M. 56 778,03 baren Bestand und 73 528 M. rückständige Kaufgelder, also zusammen auf M. 130 306,03 beziffern.*

Die angesammelten Mittel sollten nun aufgewendet werden, die Arbeiten zügig fortzusetzen: *In der That macht der unfertige und zugleich unschöne Zustand verschiedener Theile des ehemaligen Festungsterrains, mitten zwischen der Altstadt und den neuen Stadttheilen einen nicht immer erfreulichen Eindruck und es empfiehlt sich um so mehr, namentlich die Fertigstellung der Straßen thunlichst zu beschleunigen, als dadurch die Gelegenheit zum Verkauf von weiteren Bauplätzen vermehrt wird …*

Im Wesentlichen sind zur Zeit noch folgende mit der Entfestigung verbundene Projecte rückständig:
Herstellung der Klausenwallstraße vom Weserthor (resp. Vinckestraße) bis zur Lindenstraße;
Durchführung der Vinckestraße zur Schlagde;
Herstellung der Straße entlang der Klausenwallkaserne;
desgleichen die Fortsetzung durch die Wallstraße und hieran anschließend die alte Rodenbecker Straße;
die Chaussierung der Glacisanlage vom Kuckucksweg bis zur Rodenbecker Straße [Simeonsglacis];
desgleichen der Glacisstraße vom Königsthor zur Hahlerstraße [Königsglacis, Marienglacis];
desgleichen der Glacisstraße von der Fischer-Allee bis zur Weser;
die Fertigstellung der Brüningstraße;
desgleichen der Straßen im nördlichen Brückenkopf;
desgleichen der Uferstraße im südlichen Brückenkopf;
desgleichen der alten Hausbergerstraße;
Bau der Bastaubrücke im Zuge der Simeonsglacisstraße;
Ausgestaltung der Glacisanlagen:
    a. zwischen Rodenbecker- und Hahlerstraße;
    b. des Fischerglacis;
    c. von der Fischerallee bis zur Weser;
Regulierung und Herstellung des Besselplatzes [Heidestraße];
Durchlegung der Straße von der südöstlichen Ecke des Friedhofes dem Schön'schen Haus entlang bis zur Rodenbecker Straße [Parkstraße] (Verw.-Bericht 1893/1897, S. 17 f.).

Der Ausbau der Rodenbecker Straße mit dem Durchstich nach Westen durch die Contregarde Schwichow erfolgte bis zum Frühjahr 1901, vorangegangen war 1889/1890 der Abbruch der krenelierten Mauer des Generalabschnitts und die Einfassung der Rodenbecker Straße mit einem eisernen Geländer. *Die Straße wurde dadurch erbreitet und zugleich in sanitärer und ästhetischer Hinsicht wesentlich verbessert* (Verw.-Bericht 1889/1890, S. 13). Um die Jahrhundertwende wurde das *große Projekt der Ausgestaltung des Klausenwallstadttheils, verbunden mit der Kanalisation dieses Stadttheils und des Simeonsplatzes und mit der Verlegung der Bastau* in Angriff genommen (Verw.-Bericht 1898/1900, S. 19; zum Konzept und seinen Veränderungen siehe Teil V. S. 23–31). Hier hatte schon 1886 die Aktiengesellschaft »Mindener Badegesellschaft« bei Vorarbeiten für ein projektiertes Badehaus das Kriegs-Pulver-Magazin No 5 in Bastion I sprengen und die Wälle planieren lassen (KAM, Mi,

Abb. 584   Viktoriastraße 1/Hafenstraße. Flankenbatterie No 1 von Südosten im Abbruch, 1929.

F 1218, siehe auch Teil V, S. 617 f., Immanuelstraße 20). Die Kosten wurden der Gesellschaft 1897 von der Stadt abgegolten.

Von den ausgedehnten Werken der Bahnhofsbefestigung konnte die Stadt nur kleinere Teile erwerben, da das Fort A innerhalb der Contrescarpe und alle Anlagen zwischen dem *Magdeburger Eisenbahntor* und der Viktoriastraße (Mittelfront, Fort B und Berliner Front) dem Militär vorbehalten blieben. Größere bebaubare Flächen gab es nur an der Friedrich-Wilhelm-Straße und im Bereich des *Bremer Hakens* am Hafen. Schon 1879 hatte der Bauunternehmer Franz Eduard Lax das Gelände des Parados erworben, eines zur Rückendeckung an der offenen Hafenfront zwischen Flankenbatterie No 3 und Bremer Haken aufgeschütteten Walles. Dieser wurde indes erst 1897 beim Ausbau der Kreisbahntrasse abgetragen. Lax errichtete auf seinem langen Streifen in den Jahren 1897–1899 die Arbeiterreihenhäuser Friedrich-Wilhelm-Straße 37–75 (siehe Teil V, S. 1397–1400). Das Gelände des Bremer Hakens ging 1898 an die Haupt-Einkaufs- und Verkaufsgenossenschaft für Getreide in Dortmund für den Bau eines Kornspeichers am Hafen; das knapp 20 ar große Grundstück brachte 15 816 Mark (Verw.-Bericht 1898/1900, S. 18; Teil V, S. 1401 f., Friedrich-Wilhelm-Straße 79). Für die gerade Fortführung und den Ausbau der Kreisstraße nach Leteln (Friedrich-Wilhelm-Straße) wurde am 29. Oktober 1897 das Bremer Tor von Mindener Pionieren gesprengt (Abb. 582).

Die Enveloppe von Fort A wurde 1895 für die Einebnung aufgemessen; 1898 war das Planieren und Auffüllen des Geländes weitgehend abgeschlossen (Abb. 583); bis 1921 diente das Areal innerhalb der Festungsstraße den Pionieren als Exerzierplatz (siehe Kat.-Nr. 280). Die Garnison-Verwaltung hatte mit der Beseitigung der Wallanlagen im Bereich der Pionierkaserne bei Fort B keine Eile; sie wurden erst nach und nach abgetragen, je nachdem wie die Neubauten für das Pionier-Bataillon Nr. 10 es erforderten (siehe Kap. IV.3.4). Das mit der Wiederherstellung der ursprünglichen Trasse

Abb. 585 Festungsgraben vor Bastion VI im Winkel von Rodenbecker Straße und Königsglacis. Blick von der Zigarrenfabrik Holstein & Münch, Rodenbecker Straße 11 nach Nordwesten, 1901.

der *Chaussee nach Bückeburg* (seit 1878 Viktoriastraße) im Jahre 1880 stillgelegte Berliner Tor stand noch 1909; das Kriegs-Pulver-Magazin No 6 hinter dem Kavalier der Mittelfront wurde erst nach dem Abtragen der Wälle und dem Neubau des Kammergebäudes (1908/1909) gesprengt (Abb. 411).

Die Mauern des Kehlreduits am Ostende der Bunten Brücke werden schon bald nach 1873 als Verkehrshindernis beseitigt worden sein; die Flankenbatterien No 1 und 5 rahmten das Brückenende noch lange nach der Wende zum 20. Jahrhundert, No 5 verschwand beim Neubau des Hauses Viktoriastraße 2 um 1927, bei No 1 wurden 1929 das Obergeschoß und die Gewölbe des Unterbaus abgebrochen (siehe Kat.-Nr. 301). Die Flankenbatterie No 2 in der Mitte der westlichen Kehlfront, gegenüber der Hafenschule, fiel nach 1910 (siehe Teil V, S. 1450, Abb. 1514); die vor Kopf des Hafenbeckens gelegene Flankenbatterie No 3 entging dem Abbruch, wurde 1898 privatisiert und besteht noch heute (Am Alten Weserhafen 2; siehe Kat.-Nr. 322).

Nahezu unberührt von den Entfestigungs-Maßnahmen blieb das jenseits des Bahndamms vorgeschobene Fort C; hier wurde nach 1884 lediglich der Tambour beseitigt; das Gesamtareal ging zu unbekannter Zeit in Privathand über (zur weiteren Geschichte siehe Kat.-Nr. 296).

Bei Abbruch der Befestigungsanlagen wurden alle Hochbauten bis unter Erdgleiche beseitigt; die großen Hauptgraben-Caponièren wurden völlig demoliert. An den Revêtements-Mauern der Bastions, Kurtinen und Contrescarpen brach man lediglich die gut wiederverwertbare Verkleidung mit Quadern ab; die Backstein-Hintermauerung blieb stehen und verschwand unter dem Erdmaterial der abgeworfenen Wälle, ebenso wohl auch kleine Hohlbauten wie die Grabencaponièren der Ravelins oder die Reversgalerie in der Contrescarpe vor Bastion VIII. Wie die Aufdeckungsbefunde in der ehemaligen Enveloppe des Fort A von 1986 und 1999/2000 zeigen, wurden hier die Saillant-

Abb. 586 Schwichowwall, Reste von Bastion XII Schwichow. Linke Face und Ansatz der linken Flanke von Osten, 2001.

caponière und die Schultercaponièren lediglich oberirdisch demoliert, die Gewölbe eingeschlagen und die Reste mitsamt den Quaderbekleidungen verschüttet. Ähnliches dürfte für die Außenanlagen von Fort B gelten. Hier wurde bis in die 1930er Jahre die linke Schultercaponière als Sturmübungswerk benutzt. An oberirdisch sichtbaren Resten der seit 1873 beseitigten Befestigungsanlagen sind erhalten und bis 2003 zum größten Teil in die Denkmalliste der Stadt Minden eingetragen:

der Unterbau des Wesertores südlich der Weserbrücke am Klausenwall,
die linke Flanke und die Facen von Bastion II (Klausenwall 10/16),
einige Quaderschichten der krenelierten Mauer des Generalabschnitts entlang der Rodenbecker Straße,
Teile der linken Face und Flanke von Bastion XII Schwichow am Schwichowwall,
das Kriegs-Pulver-Magazin No 1 (Königswall 26),
die Ufermauer der Fischerstadt bis zur Sohlbank der Scharten samt einem Torpfeiler, dem Batardeau und der vollständigen nördlich anschließenden Winkelmauer (Weserstraße),
Teile der krenelierten Mauer des Redan X (Grimpenwall/Schlagde),
Mauer und Torbogen des Wassertores (unter der Fahrbahn-Auskragung des Grimpenwalles an der Weserbrücke),
die Glaciscrête der Hausberger Front, ohne die des Redan III (Anlagen westlich der Johansenstraße, nördlich der Wittekindsallee sowie zwischen Simeonsglacis und Simeonsplatz),
der Unterbau der Flankenbatterie No 1 (Bunte Brücke/Ecke Hafenstraße),
die krenelierte Mauer der westlichen Kehlfront bis zur äußeren Unterkante der Gewehrscharten, ca. 270 m lang (Hafenstraße)
die Flankenbatterie No 3 (Am Alten Weserhafen 2),
das Reduit von Fort A (Festungsstraße),
das Reduit von Fort B (Pionierstraße 10),
die krenelierte Mauer der südlichen Kehlfront mit Scharten und Abdeckung auf etwa 120 m Länge (zwischen Kaiserstraße und Viktoriastraße),
das Fort C mit vollständiger Enveloppe, Graben und Glacis (Am Fort C).

IV. 4.2 Die Glacisanlagen

Ein Hauptaugenmerk der Stadt war schon vor den Übergabe-Verhandlungen auf den Erwerb und die Erhaltung der Glaciswaldungen gerichtet, die *von unschätzbarem Werthe für den Gesundheitszustand der Stadt Minden* seien (Verw.-Bericht 1872). Zur Erhaltung, Pflege und Ausgestaltung des rund 32 ha großen Grüngürtels gründete sich 1873 der Verschönerungs-Verein. Unter dem Vorsitz des Stadtrats General von Schulz erfreute er sich großen Interesses bei der Bevölkerung. Die Mitgliederzahl wuchs schnell von 202 im Jahre 1877 auf 620 für 1884, bis 1890 ging sie wieder auf 505 zurück. Die Mitglieder zahlten einen jährlichen Beitrag von durchschnittlich 3 Mark; erst in den Jahren 1888–1890 stieg er auf durchschnittlich 6,50 M; außerdem leistete die Stadt von 1881–1890 einen jährlichen Zuschuß von 1000 M, so daß in den Jahren zwischen 1877 und 1890 der stattliche Betrag von 31 190 M für Pflege- und Verschönerungs-Maßnahmen zusammenkam (Zahlen nach den Verw.-Berichten 1878/1879–1888/1890). Obwohl die Glacisanlagen noch der Militärverwaltung unterstanden, wurden bereits 1874 zehn eiserne Bänke aufgestellt; außerdem wurde der Platz vor der 1860/1861 erbauten *höheren Töchterschule reguliert und mit einer schönen eisernen Befriedung versehen* (Verw.-Bericht 1874, S. 67; vgl. Teil IV, S. 1532–1536, Martinikirchhof 1). 1878 schloß die Stadt mit dem Verein einen Vertrag, mit dem dieser *die Erhaltung, Verschönerung und Kultur der ihm zu diesem Zwecke bereits überwiesenen oder noch zu überweisenden öffentlichen städtischen Plätze und Promenaden übernahm* (Verw.-Bericht 1878/1879, S. 71 f.). Die Arbeiten umfaßten u. a.:

die Anlage von Wegen am und im Glacis und ihre Bekiesung,
gärtnerische Anlagen am Kriegerdenkmal für 1870/1871 am Wesertor samt der eisernen Einfriedung (1881/1882),
Baumpflanzungen an Portastraße und Simeonstraße (1881/1882),
die Regulierung der Grabensohle am *Weserthorgraben* zwischen dem Torbau und Bastion I *zur besseren Herstellung einer Eisbahn* (1880/1881) sowie die Anschaffung von acht Bänken und *einer Flagge nebst Stange für die Eisbahn* (1883/1885),
die Anlage eines Kinderspielplatzes im Glacis *vor dem Stiftsthore* (1883),
die Schaffung des Schwanenteiches im ehemaligen Festungsgraben zwischen Bastion I und II samt der Anschaffung von sechs Schwänen für den Teich (1883),
die Regulierung und Bepflanzung von früheren Schuttabladeplätzen auf dem Brückenkopf und vor dem Königstor (1883–1885),
die Anlagen bei der neuen Marienquelle, die den östlichen Graben des Ravelins Marientor speiste. Hier erwarb die Stadt 1879 vom Militärfiskus einen Geländestreifen östlich der neuen Marienstraße, der teilweise an den Zigarrenfabrikanten Fritz Leonhardi weiterverkauft wurde (Verw.-Bericht 1879/1881, S. 19; siehe Teil V, S. 694–703, Marienstraße 32, Kaiservilla). Die Quelle wurde verlegt und in einem Quellteich gefaßt; sie erfreute sich als *Gesundheitsquelle* bis um 1920 eines gewissen Zulaufs.

Neben zahlreichen Einzelmaßnahmen dieser Art stellte der Verschönerungs-Verein auch Umgestaltungspläne auf, so 1879 für die Glacisanlagen zwischen *Stiftsthor* (Stiftstraße) und Fischerstadt (Abb. 587).

Im Laufe der Jahre und mit zunehmender Bebauung über die Glacisanlagen hinaus erwies sich indes, daß die Pflege- und Gestaltungsaufgaben derart wuchsen, daß sie *einem privaten Verein nicht wohl weiter zugemutet werden konnten*. Der Verschönerungs-Verein löste sich daher am 5. Mai 1890

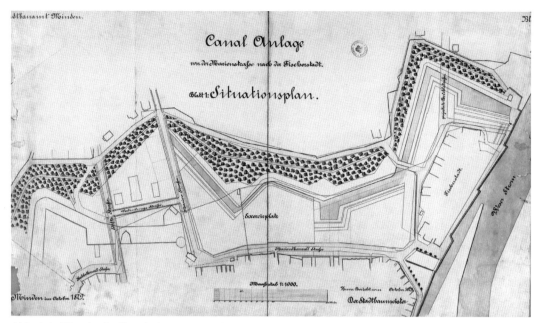

Abb. 587   Plan für die Kanalanlage von der Marienstraße zur Fischerstadt mit Planung für die Grünanlagen im Glacis der Petershagener Front, 1879. Mindener Museum, FM 8.

auf. Die Stadtverwaltung würdigte sein 17 Jahre dauerndes gemeinnütziges Wirken; er habe *viel Gutes und Schönes geschaffen, auch hat derselbe, was nicht hoch genug zu schätzen ist, in Minden eine segensreiche Anregung gegeben zur Verschönerung unserer Stadt und namentlich unsere Glacis und Parkanlagen.* Die Aufgaben des Vereins übernahm eine aus drei Magistratsmitgliedern und neun Stadtverordneten gebildete städtische *Park-Kommission* (Verw.-Bericht 1888/90, 1890/1893, S. 21 f.). Diese holte zunächst von Stadtgarteninspektor Trip, Hannover, und Hofgärtner Tatter, Herrenhausen, ein Sachverständigen-Gutachten über die künftige Behandlung der Glaciswaldungen ein. Sie stellten einen nachgerade bedrohlichen Zustand der über längere Zeit nicht durchgeforsteten Glaciswaldungen fest, deren Bäume vielfach zu eng standen, stammfaul und wipfeltrocken waren und empfahlen eine gründliche Ausholzung: *Schon aus forstlichen Gründen hätte gelichtet werden müssen, um so mehr vom landschaftlichen Standpunkt aus, der nicht Holz und Stangen, sondern schöne Bäume, nicht Schläge mit möglichst langen Stangen, sondern malerische Einzelbäume, Gruppen und üppiges Unterholz verlangt, unterbrochen hie und da von schmalen Lichtungen, welche dem Wanderer den überraschenden Ausblick auf die herrliche Umgebung, die weitberühmten Waldberge der Porta eröffnen* (Gutachten G. Tatter/J. Trip 1891, hier nach HILKER 2000, S. 168 f.). Die empfohlene Ausholzung wurde in den folgenden Jahren durchgeführt, außerdem legte man zum Heranziehen genügenden Nachwuchses von Unterholz und Alleebäumen einen *Saat- und Baumgarten im Napoleonshut* auf dem Kloppenhagen beim Pulverschuppen an. Nach den Plänen der Landschaftsgärtner Trip und Tatter wurde 1892 der nördliche Teil des Weserglacis parkartig gestaltet; der südliche Teil bis zum Schwanenteich folgte 1893; *und liegt es in der Absicht der Park-Kommission, bis ans Ende des Schwanenteiches den Glacisforst in Parkanlagen umzuwandeln.* Der von der Bastau durchflossene Teich wurde 1893 gründlich ausgeschlammt.

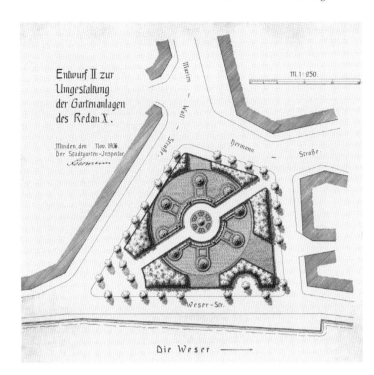

Abb. 588 Entwurf zur Umgestaltung der Gartenanlagen des Redan X. Stadtgarten-Inspektor Isermann, 1906. KAM, Plansammlung (Norden rechts).

Das Fischerglacis zwischen Fischerstraße und Brühlstraße (heute Fischerallee und Hermannstraße) befand sich seit längerem in einem *ziemlich verwahrlosten Zustande* und war zudem so schmal, *daß es als Waldpartie nicht gehörig ausgenutzt und gepflegt werden konnte.* Park-Kommission, Rat und Verwaltung beschlossen daher, diesen Teil der Glacisanlagen aufzugeben und an ihrer Stelle eine *regelmäßige Alleestraße* anzulegen, die heutige Fischerallee (Verw.-Bericht 1890/1893, S. 21 ff.). Die anliegenden Flächen wurden als Bauland aufgeteilt (siehe Teil V, S. 1009 ff., Fischerallee, und S. 1063 ff., Hermannstraße).

Für die laufenden Arbeiten, deren forstwirtschaftliche Seite der *sehr bewährte* städtische Förster Dalchow betreute, wurde der Landschaftsgärtner Ludwig Isermann (1867–1937) als Stadtgärtner angestellt, der alle gärtnerischen Arbeiten der Schmuckplätze und der Parkanlagen übernahm. Er erhielt 1901 für seine Arbeit beim Denkmal des Großfürsten als Ehrengeschenk eine Mappe mit photographischen Ansichten (siehe auch Kap. V.7); von ihm dürften die Entwürfe für die Gartenanlagen vor Süd- und Nordportal des Alten Friedhofes stammen (siehe Teil V, S. 379 mit Abb. 360) und ebenso die 1905/1906 ausgeführten Parterre-Anlagen vor dem neuen Regierungsgebäude (KAM, Plansammlung; Teil V, S. 28, Abb. 16).

In den letzten Jahren vor der Jahrhundertwende war die Existenz des Schwanenteichs ernsthaft bedroht. Im Zusammenhang mit dem Bau der dringend notwendigen Kanalisation im Bereich unterhalb von Linden- und Simeonstraße, der ebenso dringend nötigen Verlegung der stark verschmutzten Bastau und den Projekten für den Ausbau des Klausenwalles entstanden 1899 Pläne, parallel zum Klausenwall eine Straße durch das Weserglacis zu legen, den ehemaligen Festungsgraben zwischen Wesertor und Bastion II zu verfüllen und das so gewonnene Gelände als Bauland zu parzellieren (siehe Teil V, S. 24–28 mit Abb. 17). Auf Grund von Planänderungen wurde dies Kon-

Abb. 589 Schwanenteich zwischen Klausenwall und Weserglacis, von Bastion II nach Nordosten. Postkarte, um 1900. Mindener Museum, Bildsammlung.

zept nur im Bereich nördlich von Bastion I (Tonhallenstraße/Weserglacis) verwirklicht; hier entstanden 1902–1906 der Neubau der Regierung (siehe Teil V, S. 92–116, Weserglacis 2), 1906–1908 das Kreishaus (ebd., S. 72–86, Tonhallenstraße 5–7) sowie 1909/1910 das Gesellschaftshaus »Ressource« (ebd., S. 61–72, Tonhallenstraße 4). Die Projekte für den südlichen Bereich wurden zu Gunsten einer erweiterten Parkplanung am Schwanenteich aufgegeben und 1908 die hier schon seit 1899 festgelegten Fluchtlinien wieder aufgehoben (ebd., S. 24, 92).

Mit oder bald nach der Anlage des Schwanenteiches und dem Aussetzen von sechs Schwänen im Jahre 1883 entstand auf einer kleinen Insel halbwegs zwischen Bastion II und dem Exerzierplatz vor der Kaserne No 1 ein

PAVILLON FÜR WASSERVÖGEL. Der achtseitige hölzerne Tempietto trug über offenen Arkaden ein weit auskragendes, geschweiftes Schieferdach mit achtseitiger Laterne und neubarock geschweifter Spitze, in die vier runde Okuli einschnitten (vgl. GRÄTZ 1997, Abb. S. 37, 39, beide datiert 24. 4. 1895. Die zweite Fotografie kann indes nicht am gleichen Tage entstanden sein, da sie bei Hochwasser aufgenommen wurde, das bis an das Schweifdach reichte. Zudem zeigt sie die erst 1904 fertiggestellte obere Bastaubrücke). Der Pavillon für Schwäne und Tauben wurde 1927 durch einen Neubau ersetzt, den Stadtbaurat Bergbrede entworfen hatte (Bauantrag vom 23. 8. 1927 in Sammelakte Klausenwall; Pläne im Hochbauamt, Mappe 7012). Der würfelförmige Bau aus Ortbeton zeigt die vom Expressionismus der zwanziger Jahre geprägten scharfkantigen Formen mit über Eck angesetzten Streben und stark geschrägtem Gesims; über dem fast ebenen Dach sitzt eine verbretterte vierseitige Laterne mit kantiger Traufe, schlank ausgezogener Spitze und aus Dreiecks-

Abb. 590 Wasservögel-Pavillon im Schwanenteich von Nordosten, 1998. Links die Landeszentralbank, Klausenwall 16.

formen gebildeter Windfahne. Der ursprünglich farbig differenzierte Bau ist jetzt einheitlich weiß gestrichen (Foto um 1930 im Mindener Museum, A I 106 a).

1903/1904 wurde der Bastaulauf verlegt und das alte Bett in der Stadt vom Durchlaß am Simeonstor (siehe Kat.-Nr. 187) bis zum Wassertor nördlich der Weserbrücke (Kat.-Nr. 152) zugeschüttet (zu den Hintergründen siehe Teil V, S. 1748 f.). Zwischen der Simeonstraße und der Spitze von Bastion II wurde nun das gesamte Bastauwasser durch den ehemaligen Festungsgraben geleitet; im ersten Abschnitt unterquert es die Simeonstraße, den Dreiecksplatz und die Portastraße in einem Tunnel, dessen westlicher Bogen am Schlußstein *1904* datiert ist. Vor der Spitze von Bastion II nach Nordosten zum Weserufer grub man ein neues Bastaubett, das sich mit seinen leicht gekrümmten Uferlinien wie ein natürlicher Bachlauf in das Parkgelände einfügt.

Als Zuwegung von der Linden- und Portastraße her und zur Verbindung der Ufer am Durchstich wurden 1903/1904 unter Leitung des Regierungs-Baumeisters Hummell vier Brücken über die Bastau erbaut. Die Ausführung übernahm die Firma Liebold & Co. AG, Holzminden (KAM, Mi, F 2400; Pläne im Hochbauamt, Mappe 7011).

ERSTE BASTAUBRÜCKE oberhalb des Schwanenteichs, im Winkel zwischen Klausenwall und Johansenstraße.

Im Scheitel leicht geknickte Betonbalkenbrücke, unterstützt von im Bachbett stehenden, leicht verjüngten Pfeilern aus grob bossierten Sandsteinquadern. Geländer aus geschmiedeten, mit profilierten Bändern vernieteten Stäben. Die geraden Stäbe tragen mit oben angesetzten Rundbögen den Handlauf; sie wechseln mit gewellten, unten blattförmig gegabelten, oben eingerollten Stäben. Ihre

Abb. 591 Weserglacis, Zweite Bastaubrücke von Norden, 1992.

Reihung wird beiderseits unterbrochen durch je sechs stärkere und spitzbogig über den Handlauf geführte Felder aus stärkeren Stäben. Im Spitzbogenfeld O-förmiges Ornament, Spitzen, lilienförmige Blätter und plastische Rosetten, als Bekrönung lilienartige Blätter. Über dem Scheitelpunkt ein breiteres, korbbogiges Feld mit einer breiten Lilienform und offener Blüte zwischen gewellten und eingerollten Stäben.

ZWEITE BASTAUBRÜCKE am Beginn des Durchstichs, gegenüber der linken Face von Bastion II. Errichtet von Maurermeister Sierig, Eisenkonstruktion von Fr. Schroeder & Sohn. Abnahme am 26.4.1904.

Zwischen Widerlagern aus Quadermauerwerk (mit Betonkern?) Brücke aus genietetem Eisenfachwerk mit segmentbogigem Untergurt und flach-dachförmigem Obergurt. Auf diesem ruhen quergelegte Doppel-T-Träger, darauf der Gehweg aus Betonplatten. Geschmiedete und genietete Geländer aus Vierkant- und Rundstäben mit Flach- und Spitzbögen, Kreismedaillons und lang ausgezogenen gewellten Blattformen, die sich zum Teil überdecken und an Schilfbündel erinnernde Blattfächer bilden. Die zeitgenössischen Jugendstilformen sind an diesem Geländer charakteristisch ausgeprägt.

DRITTE BASTAUBRÜCKE im Zuge des geraden, von der Weserbrücke zum Weserstadion führenden Parkweges.

Flache Beton-Bogenbrücke mit leichtem Scheitelknick. Bogenlauf mit Bossenmuster dekoriert, darüber das Fugenbild von Zyklopen-Mauerwerk. Die beiderseits auskragende Fahrbahn ruht auf geschweiften Konsolen. Geländer aus teilweise in sich gedrehten Stäben, die den Handlauf tragen, im Wechsel mit schwächeren Stäben, die in zapfenartigen Knäufen enden. Die Stäbe sind unten durch Bögen mit auswärts gekehrten Voluten verbunden. Über dem Brückenscheitel wölben sich Handlauf und begleitendes Profileisenband in sanfter Schwingung auf; auf und unter der Schweifung sitzen geschmiedete Rankenornamente.

Knapp unterhalb der Brücke fällt die Bastau über ein niedriges, zwischen Zungenmauern im Halbrund geführtes Stauwehr. Wehr und Brücke bilden ein gefälliges Gesamtbild.

Abb. 592 Weserglacis, Dritte Bastaubrücke und Stauwehr von Nordosten, 1993.

VIERTE BASTAUBRÜCKE über den Leinpfad am Weserufer. Flachbogige Betonbrücke in der Art der dritten Brücke; im eisernen Geländer wechseln gerade Stabgruppen und Kreismedaillons (Entwurfszeichnung M 1:50 von Hummell und Fa. Liebold vom 11. 9. 1902 in KAM, Mi, F 2400).

Seit der Anlage des Bastaudurchstichs floß das Bastauwasser nur noch zum Teil durch den Schwanenteich; das nördliche Ende der Grabenkünette zwischen Bastion I und dem Wesertor wurde 1900 für den Bau des Kurfürsten-Denkmals und danach beim Zuschütten des Grabengeländes zwischen Weserglacis und Klausenwall verrohrt. Der Schwanenteich wurde so zum *Absitzbecken* für den von der Bastau mitgeführten Moorschlamm. Nach einer gründlichen Ausschlammung, die im Sommer 1893 erfolgte (Verw.-Bericht 1890/1893, S. 23), wurden 1912, 1927, 1937 und 1947 weitere Reinigungs-Maßnahmen nötig; 1927 wurde der Schlamm mit Kosten von 5000 M in die Weser gespült (KAM, Mi, H 60 Nr. 28). Kleinere Reinigungen wuden 1904, 1910 und 1915 ausgeführt. – 1912 erfolgte die Ausgestaltung der Böschungen (ebd., Kosten 1959 RM), 1928 wurde für 3400 M eine Umlaufleitung gelegt.

In den zwanziger Jahren bestand am Klausenwall neben der »Ressource« (Tonhallenstraße 5–7) das »Café-Restaurant Noltings Seeterrasse« mit einem Ruderboot-Verleih. Der leichte Holzbau mit konvex vorgewölbtem Mittelteil und großen Schiebefenstern wurde 1928 abgebrochen (Mindener Museum, Bildsammlung A I 111; Näheres nicht ermittelt).

Im Zusammenhang mit dem Projekt der Bastauverlegung und der Ausgestaltung der Ufer wurden nach 1901 auch die Reste der krenelierten Mauer zwischen Simeonstor und Rodenbecker Straße niedergelegt; 1902 beschloß die Park-Kommission die Ausführung des Gestaltungskonzeptes eines Herrn Giermann für das Gelände westlich der Simeonstraße (KAM, Mi, F 2400 mit Zeichnung). Die neue Anlage und der westlich anschließende *Schwichowgarten* wurden 1906 durch den vom Simeonstor zum Königswall geführten Schwichowwall überplant; 1907 erhielt das Grabmal des Generals von Schwichow einen neuen Platz auf dem ehemaligen Bastion XII/Schwichow (siehe Kap. V.2).

In den Garten- und Parkanlagen waren auch die nötigen sanitären Einrichtungen zu schaffen (siehe Teil V, S. 1652). 1911 entstand eine Bedürfnisanstalt am Kinderspielplatz im Weserglacis; im gleichen Jahr beantragte der Bürgerverein Rechtes Weserufer die Einrichtung einer Bedürfnisanstalt an der Bunten Brücke, die 1913 geschaffen und 1929 mit dem Abbruch der Flankenbatterie No 1 (siehe Kat.-Nr. 301) erneuert wurde, zusammen mit der Telefonverteileranlage des Telegrafenbauamtes. 1914 bemängelte man den schlechten Zustand des Pissoirs im Glacis an der Stiftstraße (KAM, Mi, G 779).

Zeitlich zwischen der Fertigstellung der Bastau-Umleitung (1904) und der Errichtung des Offizierskasinos für das Infanterie-Regiment Nr. 15 (1910; Teil V, S. 141–147, Johansenstraße 1) liegt die Neutrassierung der alten Verbindung zwischen der Stadt einerseits und der Porta Westfalica mit Aulhausen und Barkhausen andererseits, über die auch das ehemalige Galgenfeld, das obere Schweinebruch sowie Koppelwiesen, Hasselbrink und Haselmasch erschlossen wurden. Nach den Plänen von 1899 sollte die Straße auf dem Areal von Bastion II vom Klausenwall abzweigen und ihre Fortsetzung im alten Glacisweg finden (vgl. Teil V, S. 29, Abb. 17). Nach der revidierten Planung wurde die Trasse nach Südwesten verschoben und begann nun an der Kreuzung von Lindenstraße, Klausenwall und Portastraße auf dem Gelände des ehemaligen Bastion III/XI (seit 1774 Kasernenbastion und Paradeplatz vor der Kaserne No 1), überquerte hier die Bastau und verlief durch die ehemalige Graben- und Wallzone von Redan III nach Süden ins Schweinebruch (vgl. Teil V, S. 140 f., Johansenstraße). Die Anbindung der neuen, zunächst *Kasinostraße* genannten Trasse erforderte den Bau einer weiteren Brücke über die Bastau.

BASTAUBRÜCKE JOHANSENSTRASSE

Massivbau aus Beton und Kunststein, erbaut 1908/1909 wohl nach städtischem Entwurf, ausgeführt von Hoch- & Tiefbau G. Ed. König Nachf., Minden (die Firma zierte ihren Briefkopf mit dem Bild der Brücke; BA Königswall 26).

Korbbogige Brücke in neubarocken Formen mit ebener Fahrbahn zwischen kräftigen, untersetzten Pfeilern an den Widerlagen. Auf den Pfeilern schwere, einfach gezeichnete Abdeckungen. Die Pfeiler wiederholen sich in verkleinerter Form auf dem Brückenscheitel, wo sie eine auf beiden Seiten auskragende Kanzel rahmen. Ihre gefelderte Brüstung trägt an den Außenseiten das Mindener Stadtwappen in lebhaft konturiertem Schild; die breite, gekehlte Konsole ist mit einem Strahlenmotiv dekoriert. Zwischen den Pfeilern auf Scheitel und Widerlagen stehen jeweils drei schwere, oben gerundet zugespitzte Vierkantpfosten, dazwischen die eisernen Geländergitter mit geschweiften Rücken über Ovalformen. Die Stirnmauern gliedern schlanke, geschweifte Konsolen unter den Pfeiler- und Pfostenvorköpfungen des zum Scheitel verjüngten Fahrbahngesimses; in den Zwickelflächen stehen Ovalblenden mit Kämpfer- und Scheitelblock am überfangenden Gesims. An den Auffahrten schließen sich an die Widerlagerpfeiler im Viertelkreis geführte Balusterbrüstungen zwischen Vierkantpfeilern an. – Die aufwendige Gestaltung der Brücke steht möglicherweise im Zusammenhang mit dem benachbarten Bau des Offizierskasinos. Das Offizierkorps des Infanterie-Regiments Nr. 15 legte großen Wert auf eine angemessene, repräsentative Ausgestaltung der Kasino-Umgebung (vgl. Stellungnahme des Offiziers-Kasinos vom 14. 2. 1912 zum Projekt eines Artillerie-Wagenhauses; siehe oben S. 776).

Mit der Anlage des Nordfriedhofs vor dem Marientor 1903–1906 (siehe Teil V, S. 760–787) wurde der Friedhof vor dem Königstor 1904 geschlossen. Seine gärtnerisch gestaltete Fläche bildet seither eine willkommene Erweiterung der im Norden, Osten und Süden angrenzenden Glacisanlagen (ebd., S. 372–389, Alter Friedhof).

Abb. 593 Bastaubrücke Johansenstraße von Nordosten, 1992.

In den Jahren um 1920 errichteten die Mindener Turnvereine und die Traditionsverbände der aufgelösten Formationen der kaiserlichen Armee jeweils eigene, mit hohem künstlerischen Anspruch gestaltete Denkmäler zu Ehren ihrer im Ersten Weltkrieg gefallenen Kameraden. 1919 entstand das Jahn-Denkmal der Mindener Turner am Marienglacis/Marienstraße (siehe Kap. V.11), 1921 folgte das turmartige Denkmal für die Gefallenen des Infanterie-Regiments Nr. 15 im Weserglacis, im Winkel von Bastau und Johansenstraße, nahe beim Offzierskasino des Regiments (V.14). Im gleichen Jahr fand das Denkmal des Feld-Artillerie-Regiments Nr. 58 einen würdigen Platz zwischen Königsglacis und Parkstraße, auch hier unweit des Offiziers-Kasinos Königstraße 60 (V.17). Die Angehörigen des Hannoverschen Pionier-Bataillons Nr. 10 errichteten 1923 das Ehrenmal für die Gefallenen ihrer Einheit auf der ehemaligen Crête des Weserglacis mit Blick auf den Schwanenteich (V.18).

Dank der weisen Voraussicht der Stadtväter, die nach 1873 beharrlich und zielstrebig den Erwerb der Festungs- und Glacisanlagen betrieben, sowie dank des andauernden, behutsamen und sorgfältigen Umgangs mit den Park- und Grünflächen besitzt Minden mit seinem rund 35 ha großen Grüngürtel, den Alten Friedhof/Botanischen Garten eingeschlossen, einen Naherholungsbereich, der in Ausdehnung, Größe und Vielgestaltigkeit für Ostwestfalen einzigartig ist (vgl. HILKER 2000, S. 168 f.; BUFE 2000, S. 23 ff., 219 f.)

IV.5   Projekte für den Simeonsplatz seit 1918

IV.5.1   Stadthallen-Projekt 1926

Literatur: Verw.-Ber. 1913/1926, S. 35.

Pläne: Nicht ermittelt.

Mit dem stetigen Wachsen der Stadt machte sich auf die Dauer das Fehlen ausreichend großer Säle bemerkbar. 1926 hatte das städtische Bauamt Vorentwurfs-Skizzen für den Bau einer Stadthalle ausgearbeitet (nicht ermittelt), um *Tagungen und Kongresse und Zusammenkünfte von Korporationen, Interessengruppen, Vereinen, Verbänden usw. nach Minden zu ziehen und hierdurch den Fremdenverkehr in Minden zu heben.* Die Stadt sollte

a) einen Saal für 2500 Personen mit einem Podium für etwa 400 Sänger und Musiker,

b) einen kleineren Saal für 7–800 Personen, in dem bei Kongressen die Beratungen stattfinden würden und außerdem Kammermusikabende, Vortragsabende usw. veranstaltet werden könnten, und

c) einen Gesellschaftssaal für 150–200 Personen für kleinere Zusammenkünfte, Hochzeiten, Herrenabende usw.

erhalten. Außerdem waren *für ein Tagesgeschäft Restaurationsräume* vorgesehen (Verw.-Ber. 1913/1926, S. 35). Das Projekt, dessen geplanter Standort nicht angegeben ist, wurde in den folgenden Jahren nicht weiter bearbeitet.

Im ersten Bericht des Stadtkommissars und Bürgermeisters Dr. Terhardt an den Regierungspräsidenten vom 23. 4. 1940 (KAM, Mi, H 10, Nr. 575, S. 7) heißt es: *Ebenso wird man an die Errichtung einer Stadthalle denken müssen, da in Minden trotz Regierungssitz kein großer Raum für repräsentative Veranstaltungen vorhanden ist.*

IV.5.2   Forum-Projekt 1940/1941

Quellen: KAM, Mi, G V Nr. 56, 104 (H 10, Nr. 575).

LITERATUR: WNN 31. 12. 1940/1. 1. 1941 – Westfälische Pforte, Folge 4/Januar 1941, S. 2 f. mit Abb. S. 6.

Pläne und Abbildungen: 15 Blatt Zeichnungen im städtischen Hochbauamt – Schaubild des Forum-Projekts in WNN 31. 12. 1940 und in Westfälische Pforte, Folge 4, Januar 1941, S. 6 – Foto des verschollenen Forum-Modells, Reproduktion aus bisher nicht ermittelter Publikation, KAM, Bildsammlung A I 99.

Zwischen September 1940 und April 1941 befaßte sich Stadtbaurat Th. Hennemann mit Entwurf und Ausarbeitung von Plänen für ein großzügig konzipiertes Forum, für das im städtischen Hochbauamt unter dem Titel *Simeonsplatz : Bebauungsskizze* zwölf Zeichnungen erhalten sind (jeweils 28,7 x 34,5 cm, M 1:2500). Blatt 1–11 sind vom Stadtbaurat Hennemann unterschrieben; der Zeichner mit der Paraphe *Web* war Dipl.-Ing. H. Weber, der Blatt 13 unterschrieb. Das fehlende, vermutlich zwischen 5. und 7. 4. 1941 entstandene Blatt 12 war wohl die Grundlage für eine größere Zeichnung (66 x 79 cm, M 1:1000) vom 10. 5. 1941, unterzeichnet *H. Weber. Dipl.-Ing.*

Die Serie der Bebauungsskizzen (M 1:2500) überplant das gesamte, damals überwiegend von der Wehrmacht genutzte Gelände des Simeonsplatzes im weitesten Sinn, das von Bastau, Simeonsglacis, Johansenstraße und Lindenstraße begrenzt ist. Von der vorhandenen Bebauung sollten lediglich Defensions-Kaserne (Kat.-Nr. 210–221), Garnison-Lazarett (Kat.-Nr. 225–234), Hauptwache und Arresthaus (3.1.2), Kaserne III (3.1.3) und Kammergebäude (3.1.4) bestehen bleiben und in die Neubebauung einbezogen werden, wobei auch die drei Letzteren zeitweise mit überplant wurden. Die planerischen Überlegungen waren mit der Skizze Nr. 6 vom 10.10.1940 so weit gediehen und gereift, daß sie veröffentlicht werden konnten. Am 31.12.1940 stellten die Westfälischen Neuesten Nachrichten ihren Lesern dieses Projekt (*Das große Forum für Minden*) in einem ausführlichen und hochgestimmten Artikel mit der Wiedergabe eines von Stadtbaurat Hennemann gezeichneten Schaubilds vor:

Wenn später einmal die Geschichte dieser Zeit geschrieben wird, mag man das Jahr 1940 als eines der g l ü c k h a f t e s t e n in der an großen und bedeutsamen Ereignissen reichen Chronik der Stadt Minden bezeichnen. Vielleicht wird man dann feststellen, daß ... eine n e u e B l ü t e z e i t anbrach, die in der klaren Erkenntnis und Ausnutzung der der Stadt eigenen Möglichkeiten ihren kräftigen Nährboden hatte. Wir sehen ... glückverheißende Ansätze, deren Verwirklichung allerdings erst dann zu erwarten sein wird, wenn ... mit der siegreichen Beendigung des Krieges die Hände frei werden, die ... Pläne in die Tat umzusetzen.

Die erstmals bei einem Besuch des *Kreisleiters* [statt richtig: Gauleiters] und Mindener Ehrenbürgers Dr. Meyer grob umrissenen Überlegungen hatten sich inzwischen *zu fertig ausgearbeiteten Plänen verdichtet, die mit einem Modell der geplanten Anlagen* (Abb. 596) im Januar 1941 auf der Gauausstellung in Münster gezeigt werden sollten. Zudem teilte Bürgermeister [Dr. Terhardt] kurz vor Weihnachten 1940 mit, *daß die sichere Aussicht bestehe, die Frage der Überlassung des Geländes am Simeonsplatz, wo durch die Schaffung eines Forums mit Parteihaus und Volkshalle dem südlichen Ausgang der Stadt ein ganz neues Aussehen gegeben werden soll, in positivem Sinne für die Stadt Minden zu entscheiden.* Dies sei die wichtigste Voraussetzung für die Durchführung der Pläne, die *nach dem Kriege umgehend* in Angriff genommen werden solle.

Als ersten Teil des Gesamtplanes hat Stadtbaurat Hennemann ... die Bebauung des Simeonsplatzes generell entworfen. Danach soll hier ein A u f m a r s c h p l a t z geschaffen werden, dessen Hauptlängsachse auf die Defensionskaserne bezogen ist, die ... als wertvollster Bestandteil der vorhandenen Anlagen erhalten bleiben soll. Dieser alte Bau, ... gedacht als das H a u s d e r W e h r m a c h t bildet den westlichen Abschluss des ungefähr 200 Meter langen und 125 Meter breiten Platzes, der sich nach vorn, nach dem Großparkplatz [Dreiecksplatz], etwas erweitert. Dadurch wird eine bessere Ausnutzung des Platzes ermöglicht und die perspektivische Wirkung erhöht.

An die Defensionskaserne schließen sich zu beiden Seiten des Platzes die Neubauten an. Die Nordwand an der Bastau entlang wird gebildet durch ein langgestrecktes, in straffen Formen gehaltenes dreigeschossiges Gebäude von rund 180 Meter Länge, das H a u s d e r P a r t e i. Darin sollten sämtliche Parteidienststellen mit Ausnahme der Ortsgruppen untergebracht werden ... Der Bau ist als Putzbau gedacht, die Vorhalle sowie die Haupteingänge sollen in Werkstein ausgeführt werden.

Der durch eine P f e i l e r v o r h a l l e hervorgehobene Kopftrakt soll die Dienstzimmer der Kreisleitung enthalten und den großen Sitzungssaal, während durch die drei anderen, ebenfalls architektonisch betonten Eingänge die Räume der Gliederungen und Formationen der Partei und der angeschlossenen Verbände zu erreichen sein werden.

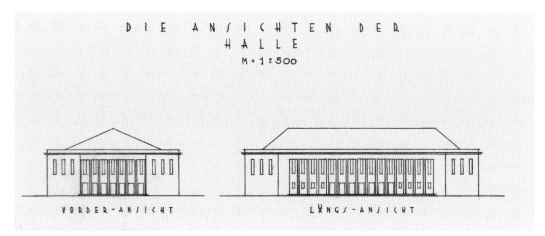

Abb. 594 Forum-Projekt für den Simeonsplatz, Volkshalle, Ansichten. H. Weber, 1941. Hochbauamt, Plansammlung.

Das Gegenstück dazu an der Südseite des Platzes soll die in strengen Formen gehaltene 70 m lange und 40 m breite V o l k s h a l l e werden. Sie ist für etwa 2000 Besucher gedacht. Ihre Gestaltung ist durch die Lage an der Einmündung der Simeonstraße in die Portastraße bestimmt und charakteristisch durch die große Pfeilerhalle an der Kopfseite. Sie ist wie auch die Vorhalle am Haus der Partei in strengen Formen gehalten und wirkt in erster Linie durch die Wiederkehr der in Werkstein ausgeführten Pfeilervorlagen an der Längsfront.

Vor der Halle ist ein Platz von 75 Meter Tiefe freigelassen, der das Bauwerk erst recht zur Geltung kommen lässt. Wenn auch der Haupteingang an der Kopfseite liegt, so ist doch durch die zahlreichen, an den beiden Seiten gelegenen Ausgänge die Gewähr gegeben, daß nach Großveranstaltungen die Besucher schnell das Freie gewinnen…können. Vor der Volkshalle, und zwar in der Verlängerung ihrer Nordfront, ist an der Vereinigung der Portastraße und Simeonsstraße ein etwa 20 Meter hoher, ebenfalls in Werkstein ausgeführter P y l o n geplant, der einen Adler tragen soll.

Mit besonderer Sorgfalt war die Höhe der Gebäude aufeinander abzustimmen. Um die Höhe der einzelnen Bauten, sie beträgt bis zum Hauptgesims rund 14 Meter, gleichmäßig zu halten, ist beabsichtigt, das der in Schinkelschen Formen gehaltenen Defensionskaserne später aufgesetzte und die Architektur beeinträchtigende Geschoss in eine Attika umzuwandeln und mit einem mäßig geneigten Schieferdach zu versehen. Auf diese Weise wird die Wirkung dieses Bauwerks verbessert und den Neubauten in etwa angeglichen.

Bei den Bebauungsskizzen liegende Blätter (24 x 35,8 bzw. 27 x 37,1 cm, M 1:500) zeigen die Ansichten der Halle und Grundriß-Skizzen vom Erd- und Obergeschoß im Haus der Bewegung, letztere signiert *Web(er)*. Die 40 x 69 m messende Volkshalle sollte zwischen blockhaften Eckrisaliten je einen Portikus von 7 bzw. 15 Achsen mit schlanken, enggestellten Kolossalpfeilern zeigen, über dem durchlaufenden Kranzgesims mit Attika ein eingezogenes Walmdach von 20,50 m Firsthöhe. Für die innere Disposition liegen keine Angaben vor. Das Haus der Bewegung/Haus der Partei war als langer Trakt von 158,50 m Länge und 12 m Tiefe gedacht, gegliedert durch die vorgesetzte Kolossalpfeiler-Halle mit 13 Achsen am Kopfbau und drei Eingänge mit jeweils dreiachsigem Pfeilerportikus in der Bauflucht. Der Mitteleingang im Kopfbau führte in eine als E. H. (Eingangs- oder Ehrenhalle) bezeichnete Erschließungszone; das Treppenhaus an der Langseite leitete über eine

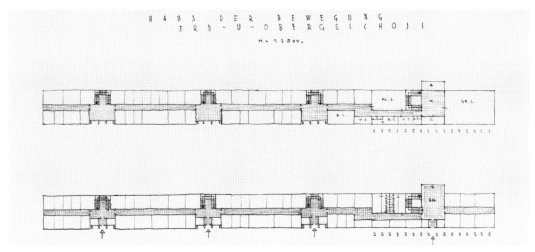

Abb. 595 Forum-Projekt für den Simeonsplatz, Haus der Bewegung, Grundrißskizzen. H. Weber 1941. Hochbauamt, Plansammlung.

Obergeschoßhalle zum Großen Saal (12 x 18 m) am Ende des Traktes und zum kleinen Saal (12,50 x 7 m) hinter dem Treppenhaus. Im langen Trakt lag hinter jedem Portikus mit Vorraum ein Treppenhaus, dazwischen lange Korridore mit größeren und kleineren Dienststellenräumen zu beiden Seiten. Vorzimmer und Dienstzimmer des *K. L.* (Kreisleiter) waren sowohl über den ersten Portikus als auch von den Sälen her erreichbar.

Das nach diesem Konzept vom Herbst 1940 gefertigte Modell, das nach dem Artikel der WNN vom 31.12.1940 im Januar 1941 auf der Gau-Ausstellung in Münster gezeigt werden sollte, ist in einem Foto in einer bislang nicht ermittelten Publikation überliefert (Abb. 596). Es stimmt im Wesentlichen mit dem von Stadtbaurat Hennemann gezeichneten Schaubild überein. Das Modell ist verschollen. – Auch nach der Präsentation von Plan und Modell in Presse und Ausstellung wurde die Arbeit am Konzept fortgesetzt und in weiteren Bebauungsskizzen fixiert, die im März und April 1941 entstanden (Nr. 7–13). Der nach Osten offene, in den vorhergehenden Skizzen (Nr. 1–6) meist schiefwinklig verzogene Aufmarschplatz erhielt nun eine streng rechteckige Form; für die umliegende Bebauung wurden mehrere Varianten durchgespielt, nun unter Beibehaltung von Kaserne III, Hauptwache/Arresthaus und Kammergebäude. Das anscheinend als endgültige Lösung angesehene Konzept (Nr. 12?) wurde im Mai 1941 im größeren Maßstab 1:1000 gezeichnet (siehe oben; Abb. 597).

Am rechteckigen, nun nach Osten eingefriedeten Aufmarschplatz (186 x 100 m) mit dem Adlerpfeiler an der Südostecke liegen das lange *Haus der Bewegung* (1), das *Haus der Wehrmacht* / Defensions-Kaserne (2) mit zwei Nebengebäuden und das *Haus des Volkes* (3). Zwischen diesen beiden erstreckt sich nach Süden eine Gartenanlage mit einer im Halbkreis als Exedra geführten *Pfeilerhalle* (5). An ihrer Außenseite, zwischen Volkshalle und *Kaserne* (7) liegt ein *Ehrenmal* (4). Ein Flügel mit *Garagen* (6) auf der Gegenseite der Exedra schließt den Hof der Kaserne nach Norden ab. Jenseits der Portastraße bilden Neubauten für das *Wasserbauamt* (9) und *Arbeitsamt* (10) räumliche Pendants zu Kaserne und Volkshalle; sie schließen locker an die Flucht des *Lazaretts* (11) an. Im hinteren Gelände, an einer neuen, zum Sportplatz (Weserstadion) führenden Querstraße und der verschwenkten Alten

Abb. 596 Forum-Projekt für den Simeonsplatz, Modell, 1941. Ansicht von Südosten. KAM.

Hausberger Torstraße, liegen die Altbauten von *Arzthaus* (12) und *Arresthaus* (13) sowie der große Neubau für ein *Hallenbad* (14). An der Johansenstraße ist der Neubau der *Kreisberufsschule* (15) geplant. Der Dreiecksplatz zwischen Portastraße und verlängertem Klausenwall wird im westlichen Teil *Parkplatz* (18), an seinem Westrand (Simeonstraße) ist in der Achse des Aufmarschplatzes ein Bau für das *NSKK* (Nationalsozialistisches Kraftfahrkorps, 19) vorgesehen, auf dem östlichen Zwickel ist der Altbau des *Wasserbauamtes* (9) eingetragen (siehe Teil IV, S. 1206, Lindenstraße 39), sowie – in diesem baulichen Zusammenhang eher befremdlich – ein *Mustereigenheim* (17). Der Schwichowwall ist überplant und zu einem Weg in Grünanlagen über der Bastau umgestaltet; die Einmündung der Rodenbecker Straße in die Simeonstraße flankieren drei *Wohnhaus-Bauten* (20).

Konzeption und Baugestalt des geplanten Forums orientieren sich offensichtlich an ähnlichen Großprojekten der NSDAP wie den für 36 Gauhauptstädte geplanten Gauforen (vgl. WOLF 1999), bei denen Parteibauten und Stadt-, Landes- oder Volkshallen zum Bauprogramm gehörten. Daß in Minden, das keine Gauhauptstadt war, ein solches Projekt entstand, ist vermutlich der Initiative des Gauleiters von Westfalen-Nord, Dr. Alfred Meyer (1891–1945) zuzuschreiben, dem die Stadt Minden die Ehrenbürgerwürde verliehen hatte (zu Meyer siehe WEISS 1998, S. 318 f.). NORDSIEKS Bemerkung (1979, S. 93), Minden sei, da es damals nur Sitz einer NSDAP-Kreisleitung war und keine besondere Bedeutung für die NSDAP hatte, *von solchen Planungen und Baumaßnahmen verschont* geblieben, ist angesichts dieses Projekts zu korrigieren. – Abgesehen vom pathetischen Gestus der Gesamtanlage scheint sich Hennemanns Forum-Konzept weniger am entschiedenen Neoklassizismus der Gauforen (vgl. WOLF 1999) zu orientieren als an deutlich schlichteren Bauten derselben Zeit wie etwa an Ernst Sagebiels Luftkreiskommando IV in Münster, das am Seitenflügel eine verwandte Pfeilerhalle zeigt (siehe SCHÄFER 1998, Abb. 308, 310).

Wenngleich die Planungen für den Simeonsplatz im Mai 1941 wohl im Wesentlichen als abgeschlossen gelten konnten, so wurde offensichtlich noch weiter an ihnen gearbeitet. Ein unsignierter Reisebericht der Abt. V. Ho. vom 7.10.1941 (KAM, Mi, H 10, Nr. 575, S. 1 f.) referiert eine Besprechung bei Landesbaupfleger Prof. (Gustav) Wolf und dem Landesplaner Provinzialoberbaurat Wimmer, beide Münster, zu Fragen der Stadtplanung in Minden: *...Herr Prof. Wolf beschäftigte sich dann noch im einzelnen mit der Planung des Forums, soweit hierzu schon Skizzen vorlagen. Einmal handelt es sich um eine Skizze des Herrn Dipl.-Ing. Lagemann, die von dem Gedanken ausging, daß bei den bisherigen Planungen der Lazarettbau zu stark in den Hintergrund gerückt sei, obgleich dieser Bau mindestens ebenso wichtig ist als die Defensionskaserne. Herr Lagemann hatte daher versucht, diesen Bau*

IV.5.2 Forum-Projekt 1940/1941

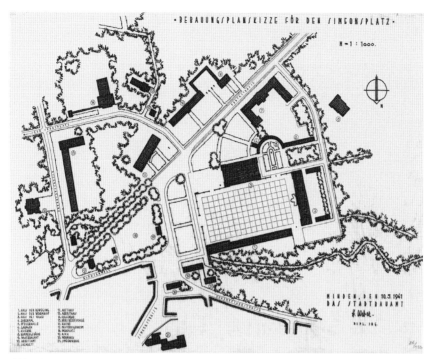

Abb. 597   Forum-Projekt für den Simeonsplatz, Bebauungsplanskizze. H. Weber, 1941. Hochbauamt, Plansammlung.

nicht nur in die Platzgestaltung einzubeziehen, sondern sogar den Platz hiernach zu orientieren. Dadurch kam die Defensionskaserne in die Platzecke unter 45°. Herr Prof. Wolf hielt es für sehr bedenklich, wenn sich die von der Defensionskaserne ausgehende Achse mit der von dem Parteigebäude ausgehenden im spitzen Winkel schneiden würde. Er empfahl zu prüfen, ob man nicht die Defensionskaserne von dem Forum ganz räumlich trennen könne oder noch weiter gefasst, ob man nicht statt eines großen Platzes eine Folge von Plätzen schaffen könnte.

Zu 2 weiteren Skizzen des Unterzeichneten, die von der Defensionskaserne und der von ihr ausgehenden Mittelachse ausgingen, erklärte Herr Prof. Wolf, daß auch dieses interessante Lösungen wären, jedoch hatte er hauptsächlich das Bedenken, daß die Verbindungsstraße zum neuen Reichsbahnhof gerade durch den schönsten Teil des Glacis hindurchgeführt werden müsste. Die Idee, einen runden Verkehrsverteiler dem eigentlichen Aufmarschplatz vorzulagern, hielt er für besonders interessant, doch im übrigen in dieser Skizze die Raumgestaltung des eigentlichen Aufmarschplatzes noch nicht für genügend geschlossen.

Generell bemerkte er zu sämtlichen Versuchen, daß es doch wohl erforderlich wäre, zunächst alle übrigen Gegebenheiten (Absichten der Wasserstraßendirektion, Reichsbahndirektion u. Straßenführung) zu klären, da man sonst doch zu sehr ins Blaue hinein plane. – Spätestens mit der Aufforderung des Ministers für Rüstung und Kriegsproduktion, Albert Speer, an die Gauleiter, sämtliche nicht kriegswichtigen Bauvorhaben einzustellen (Gauleitertagung in München am 24. 2. 1942) bzw. mit dem Erlaß Hitlers vom 13. 2. 1943 an alle Reichsbehörden, in dem die Einstellung aller nicht kriegswichtigen Bauvorhaben verordnet wurde (WOLF 1999, S. 24), wird die Weiterarbeit an den Mindener Projekten aufgegeben worden sein.

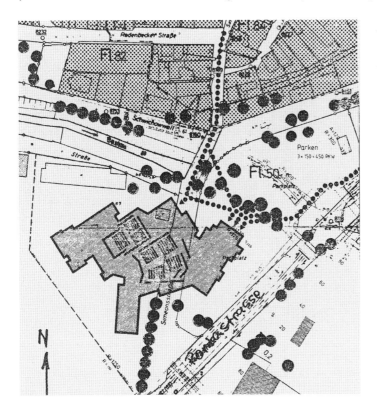

Abb. 598 Stadthallen-Projekt für den Simeonsplatz, 1978. Lageplan.

IV.5.3 Stadthallen-Projekt 1978

LITERATUR: NW 4.12.1978.

Das bereits 1926 letztlich ohne Ergebnis gebliebene Projekt zur Errichtung einer Stadthalle (5.1) stand 1978 erneut auf der Tagesordnung. Der Hauptausschuß des Rates stimmte im Dezember grundsätzlich dem Vorschlag der Verwaltung zu, eine neue Stadthalle auf dem Simeonsplatz zu bauen. Die untersuchten alternativen Standorte (Kanzlers Weide, südlich des Brückenkopfes, und der Pulverschuppen im Zwickel zwischen Johansen- und Salierstraße) hatten gewichtige Nachteile, so daß die Wahl auf die Nordostecke des Simeonsplatzes fiel. Hier bestand allerdings die Schwierigkeit, daß das für den Bau erforderliche Gelände nur zum Teil im Besitz der Stadt war und rund 12 500 m² Grundstücksfläche aus dem Kasernenkomplex der britischen Stationierungs-Streitkräfte, d. h. aus Bundesbesitz zugekauft werden müßten. Zudem war die Finanzierung des Bauvolumens von 40 000 m³ umbautem Raum mit geschätzten Baukosten von 27,5 Millionen DM noch ungesichert. Das in einer Skizze präsentierte Projekt sollte auf 20 000 m² die freie Nordostecke des Simeonsplatzes, die südliche Simeonstraße und den sogenannten Dreiecksplatz (Parkplatz zwischen Simeonstraße und Portastraße) überdecken. Die Vorstudie zeigt einen vielfach gegliederten Baukörper, der im lebhaft gezackten Grundriß einen großen und einen kleinen Saal mit Bühne und allen notwendigen Nebenräumen samt Gastronomie enthalten sollte. Der Bau wäre vermutlich eher zu einem störenden Fremdkörper im klassizistisch geprägten Ensemble der Militärbauten am Simeonsplatz geraten. Das Projekt wurde nicht verwirklicht.

IV.5.4 Großkino-Projekte 1996–1999

Quelle: Akten zum Simeonsplatz im WAfD

LITERATUR: MT vom 23.11.1999. – SEIFEN 2000, S. 25–30.

Mit der Wiedervereinigung Deutschlands und dem absehbaren Abzug der britischen Stationierungs-Streitkräfte eröffnete sich die Möglichkeit, die freiwerdenden militärischen Liegenschaften für zivile Zwecke zu nutzen und die bisher unzugänglichen Areale besser in den Stadtorganismus einzugliedern. Diskussionen um Nutzungskonzepte wurden schon seit 1990 geführt; die Stadt gab der Landesentwicklungsgesellschaft NRW den Auftrag, Reaktivierungskonzepte und Rahmenpläne zu erarbeiten, darunter auch für die Militärliegenschaft auf dem Simeonsplatz. Sehr bald zeichnete sich ein Konflikt zwischen den Zielvorstellungen der Stadt und der Denkmalpflege ab. Die Stadt favorisierte eine weitgehende wirtschaftliche Verwertung und Bebauung auch der Freiflächen des Platzes; das Denkmalamt plädierte für das Freihalten der großen Fläche ohne zusätzliche Bebauung und für eine Verdeutlichung des historischen Zusammenhangs der klassizistischen Baudenkmäler durch Korrekturen in der Gestaltung des Geländes und Rücknahme der inzwischen hoch aufgewachsenen Begrünung. Die Lösung des Konflikts wurde mit einem kombinierten städtebaulichen und hochbaulichen Gutachterverfahren für das gesamte Areal des Kasernenbereichs gesucht, nachdem die Stadt bereits die Weichen für den Bau eines Multiplex-Kinos auf dem Simeonsplatz gestellte hatte.

Bereits in Vorgesprächen zum Gutachterverfahren mit den zuständigen Behörden zeigte sich, daß ein vollständiges Freihalten von zusätzlicher Bebauung aus kommunalpolitischen und wirtschaftlichen Gründen nicht durchzusetzen sein würde, sondern daß mindestens e i n überbaubarer Bereich für das Multiplex-Kino von der Denkmalpflege hingenommen werden müßte. Eine Bebauung auf dem nordöstlichen Platzgelände wurde schließlich für denkbar gehalten; die Sichtbezüge, ausgehend von den Außenkanten der Gebäude, zwischen Lazarett und Defensions-Kaserne sowie zwischen Wagenhaus 2 und Proviantmagazin sollten jedoch freigehalten werden. Dies ergab ein mögliches Baufeld im Nord-

Abb. 599   Großkino-Projekt für den Simeonsplatz, 1996/97. Erster Preis, Modellansicht von Nordosten.

ostwinkel der Sichtkorridore, unter Einschluß der südlichen Simeonstraße und des Dreiecksplatzes; eine darüber hinausgehende Bebauung wurde vom Denkmalamt als nicht akzeptabel bewertet.

Die erforderliche Einhaltung bzw. die mögliche Überschreitung der so gesteckten baulichen Grenzen war wesentlicher und zum Teil kontrovers diskutierter Punkt im Rahmen des Gutachterverfahrens von 1996/1997, an dem sich fünf eingeladene Architekturbüros beteiligten. Die mit dem 1. Preis bedachte Arbeit (Büro Köpke, Bielefeld) sah neben einem isolierten Parkhaus an der Portastraße einen aus drei sich durchdringenden rechteckigen Baukörpern gebildeten Kino-, Diskothek- und Restaurant-Komplex vor, der sich fächerförmig nach Südwesten über die Baufeldgrenzen in den Simeonsplatz vorschob (Abb. 599). Das Preisgericht empfahl die Weiterbearbeitung dieses Projekts, das zwar *in ihrem städtebaulichen Leitgedanken die Originalität des städtischen Ortes noch nicht in allen Teilen genügend berücksichtigt, aber im guten Sinne aufzeigt, wie großräumige Verflechtung, kleinmaschige Verdichtung und wirtschaftlich funktionale Notwendigkeiten weiterentwickelt und weitgehend zur Deckung gebracht werden können.* Der Kinokomplex wurde als zu weit in den Platz hingeschoben beurteilt; dadurch ergebe sich eine nicht gewünschte Platzteilung.

Der Investor für das Kinoprojekt sah sich anschließend nicht im Stande, diese Planung des Wettbewerbs in einer für ihn wirtschaftlich vertretbaren Weise umzusetzen.

Bald danach trat eine örtliche Projektentwicklungsgruppe mit einem eigenen Vorschlag an die Stadtverwaltung heran. Bei der Konkretisierung der Planung erwies sich, daß Planer, neuer Investor und Stadt nicht nur das ursprüngliche Konzept (Diskothek, Kino, Parkhaus) verlassen wollten, sondern auch die gesamte bisher angestrebte Platzgestaltung in Frage stellten. Zentraler Bau auf dem Simeonsplatz sollte nun das Unterhaltungszentrum mit Großkino, Diskothek, Laden- und Gastronomieflächen und integriertem Parkhaus werden. Der vorhabenbezogene Bebauungsplan vom 18.11.1998 erläuterte das Konzept: *Die nunmehr vorliegende Planung akzeptiert die vorhandenen Gegebenheiten. Der Simeonsplatz mit seiner historischen Platzrandbebauung ist wegen der Portastraße mit dem teilweise dichten Straßenbegleitgrün sowie durch die Abtrennung und Eingrünung der Hautklinik* [Garnison-Lazarett] *nicht mehr erlebbar. Im Rahmen einer Reparatur des Stadtgrundrisses, die sowohl die historischen Bauten akzeptiert ohne sie überzubewerten, andererseits den urbanen Ansprüchen des 20. Jahrhunderts Rechnung trägt, wird mit dem geplanten Unterhaltungscenter ein neuer Simeonsplatz räumlich gefasst. Die Dimensionen dieses neuen Platzes sind jetzt erlebbar. Die Raumkanten sind vom Betrachter klar zu erfassen, was die neue Aufenthaltsqualität der Freifläche positiv beeinflussen und damit das städtische Leben in einem neugewonnenen Teil der Innenstadt fördern wird.*

Das Denkmalamt vermochte sich den hier formulierten Zielen einer *Reparatur des Stadtgrundrisses* und der Schaffung eines *neuen*, auf etwa zwei Drittel seiner Fläche reduzierten *Simeonsplatzes* nicht anzuschließen. Es beurteilte das neue Projekt *als empfindliche Beeinträchtigung der Baudenkmale und des denkmalwerten Simeonplatzes* und empfahl, die Planung grundsätzlich zu überdenken. Dies wiesen die städtischen Gremien zurück; die Belange des Denkmalschutzes hätten zwar für den Platz und auf ihm ein erhebliches Gewicht, doch müßten sie hinter der einmaligen Chance zurückstehen, an dieser Stelle Entschiedenes zur Entwicklung der Innenstadt und zur Konversion der ehemaligen Militärliegenschaft zu leisten. – Das Projekt verschwand um den Jahreswechsel 1999/2000 aus der Diskussion. Die bis zur Neugestaltung unbefestigte, meist als Exerzier- und Paradeplatz und im 19. Jahrhundert zeitweise auch als Viehmarktplatz genutzte Fläche wurde innerhalb der neu angelegten Randstraße mit hellen Platten in großen Quadratflächen belegt und mit Leuchten bestückt. Die Gestaltung der Randfläche zur verlängerten Simeonstraße und vor dem Gelände der abgebrochenen Kraftfahrzeughalle der Wehrmacht erfolgte bis zum Frühjahr 2005.

V DENKMÄLER UND SKULPTUREN IM ÖFFENTLICHEN RAUM

V.1 Gedenkstein für die Provisoren des Heilig-Geist-Hospitals, 1693

Lindenstraße, vor der Langseite des Hauses Simeonstraße 35 (ehem. Simeonstorsche Mühle), hier nach 1953 aufgestellt; Farbfassung erneuert.

LITERATUR: von Schroeder 1964, S. 246–250 (zu Johan Stolte). – Nordsiek 1979, S. 198, Abb. II. 44. – M. Nordsiek 1988, S. 15–18.

Sandstein, L 1,90 m, H 29,5 cm. In der Mitte zwei reich konturierte Wappenschilde, darin die Buchstaben ·I · L ·, überhöht von drei sechsstrahligen Sternen (Johan Lippelding) bzw. eine Hausmarke aus abgewendetem Vierkopfschaf mit oberer Winkelsprosse, um den Schaft geschlungen ein S (Stolte). Beiderseits Inschrift in barocker Kapitalis: *IOHAN LIPPELDING : SENY : [= SENIOR] A(MT)• M(EISTER)• IOHAN STOLTE / PROVISORES DER ARMEN ZUM HEYLIGEN GEISTE / 16 93*.

Der Steinbalken wurde 1953 aufgefunden; er saß über dem verschütteten Einlaß der Bastau zur Simeonstorschen Mühle an der Westseite (?) der Simeonstraße. Die Mühle stand von 1514 bis 1963 in der Verwaltung des Heilig-Geist-Hospitals und unter der Aufsicht der beiden städtischen Armenprovisoren (siehe Teil IV, S. 2217, 2221).

V.2 Schwichow-Denkmal, 1823   Abb. 600–602

Kgl. Eisengießerei Berlin nach Entwurf von Karl Friedrich Schinkel
Bis 1908 Rodenbecker Straße 9, heute Schwichowwall 1

LITERATUR: Mindener Sonntagsblatt, 8.6.1823. – von Ledebur 1825, S. 27. – Cervinus 1908, S. 20 ff. – Cramer 1910, S. 355. – Lübking 1923, Nr. 5, S. 1 f. – Meinhardt 1958, S. 133 f. – Schreiner, in: Mi Hbll. 35, 1963, S. 145–155. – Nordsiek 1968 (Festschrift Ressource), S. 12. – Schreiner, 1969, S. 179–182, Abb. 144–147. – Schreiner 1977, S. 288–291, Abb. 20–24. – Schmidt 1981, S. 141 f., 144.

Sandstein-Stufen-Unterbau (H. ca. 0,48 m) mit Sockel und Sarkophag aus Gußeisen (Sockel: L. 2,24 m, B. 1,41 m, H. 0,44 m; Profilzone H. 0,32 m; Sarkophag: L. 1,87 m, B. 0,92 m, H. 0,93 m mit Zinnenkranz; Gesamthöhe 1,72 m ohne Dach).

Auf breitgelagertem, dreistufigem Unterbau schmuckloser, blockhafter Sockel mit flacher Schräge. Den Übergang zum Sarkophag bildet eine tief eingezogene Profilzone aus Platte, Karnies, Plättchen, Dreiviertelkehle und Rundstäben, zwei auskragenden Plättchen und ausladender Halbkehle. Darüber doppelt profilierte Sockelplatte, die mit Anlauf in den glatten Kasten des Sarkophags

Abb. 600   Schwichow-Denkmal am Schwichowwall von Nordosten, 1993.

übergeht. An dessen oberem Rand Fries aus steilen, genasten Spitzbögen und Rundstab, darüber tief unterschnittene, ausladende Kehle zur wiederum doppelt profilierten Deckplatte, deren Fries mit kleinen Rosetten besetzt ist. Über der Platte Rundstab und Kamm aus gestürzten genasten Spitzbögen, der das flach geneigte Walmdach des Sarkophags weitgehend verdeckt. Die *reich profilierte … Einziehung verleiht dem Sarkophag etwas Schwebendes und läßt das ganze an Leichtigkeit gewinnen* (SCHREINER 1963, S. 145); zu diesem Eindruck trägt auch die Profilierung von Sockel- und Deckplatte bei.

An der vorderen Langseite erhabene Inschrift in neugotischer Textura: *Denkmal / des Königl: Preußischen General-Majors und Commendanten der Vestung Minden, / Ritter des eisernen Kreutzes 1ter und 2ter Classe, des rothen Adler Ordens 3ter Classe, / so wie des Kaiserl: Russischen St: Annen Ordens 2ter Classe, des Wladimir Ordens 4ter Classe, und des Kaiserlich Oesterreichischen Leopold Ordens 3ter Classe, / Ernst Michael von Schwichow, / geboren den 5ten November 1759, gestorben den 28ten Mai 1823. / Aus wahrer und allgemeiner Hochachtung errichtet von den Einwohnern Mindens.*

An der linken Schmalseite *en relief* das Vollwappen der Familie von Schwichow: Im (roten) Schild eine (silberne) gefüllte Rose an (grünem) beblättertem Stiel; auf dem gekrönten Spangenhelm zwei einander zugewendete Löwenpranken. Statt Helmdecken beidereits Akanthuszweige. Quer über die untere Schildhälfte zieht sich eine Reihe von sieben Auszeichnungen an Ordensbändern: 1. Preußische Kriegsdenkmünze von 1813/1814; 2. Roter Adler-Orden 3. Klasse; 3. Österreichischer Leopold-Orden 3. Klasse; 4. Russischer St. Annen-Orden 2. Klasse; 5. Russischer Wladimir-Orden

V.2 Schwichow-Denkmal

Abb. 601 Schwichow-Denkmal am Schwichowwall. Östliche Schmalseite des Sarkophags mit Schwichows Wappen und Auszeichnungen, 1993.

4. Klasse; 6. Eisernes Kreuz 2. Klasse; 7. Eisernes Kreuz 1. Klasse . – Die rechte Schmalseite und die Rückseite tragen keinerlei Schmuck oder Inschriften (siehe unten).

Ernst Michael von Schwichow war 1759 auf dem Familiengut Schwichow in Bochow, Kreis Stolp (Pommern), geboren, trat 1779 in das I. Bataillon Garde ein und nahm 1793 und 1806 am Koalitionskrieg bzw. an der Schlacht bei Jena teil. 1813 reaktiviert, zeichnete er sich als Bataillons- und Regimentskommandeur besonders aus, u. a. in der Völkerschlacht bei Leipzig und durch die Verteidigung von Vitry; er wurde mehrfach hoch dekoriert und befördert. Die große Verehrung, die er überall genoß, beruhte auf dieser Zeit als Regimentskommandeur, doch erwarb er sich auch als Kommandant der Festung Minden, deren Neubefestigung er seit 1815 leitete, außerordentliche Hochachtung und Beliebtheit bei der Bevölkerung (zum Lebenslauf von Schwichows ausführlich CERVINUS 1908; LÜBKING 1923; VON PRIESDORFF 1937–42, IV, S. 121 f.). Die Nachricht vom Tod des 63jährigen Generalmajors löste so allgemeine Bestürzung aus, *daß die Gewerbe stillstanden und die Geschäfte ruhten. Alle kirchlichen Gemeinden vereinigten sich, freiwillig, durch das Geläute aller Glocken mit Klagetönen die Lüfte zu erfüllen* (Mindener Sonntagsblatt vom 8. 6. 1823). Die Beisetzung fand am 31. Mai 1823 statt; es beteiligten sich neben der Garnison, den Zivilbehörden und der Bürgerschaft auch das gesamte Offizierkorps des Bückeburger Fürsten. Die Grabstätte lag nicht auf dem neuen Friedhof vor dem Königstor, vielmehr wurde als der *schicklichste Platz die Stelle am Fuße des Hauptwalles im Generalabschnitt* ausersehen, zwischen Simeonstor und Bastion XII über dem Bastauufer (LÜBKING 1923). Wenige Tager später, am 5. Juni 1823, richteten die Mindener Bürger ein Gesuch an König Friedrich Wilhelm III., dem Verstorbenen ein Denkmal errichten zu dürfen. Als Modell hatte man den im »Magazin von Gusswaren aus der königlichen Eisengießerei zu Berlin« (2. Heft, Berlin 1819, Nr. 4) abgebildeten Sarkophag gewählt, den Schinkel für das 1817 in Gölsdorf, Kreis Jüterbog, aufgestellte Grabmal des Rittmeisters Franz Johann Ludwig von Alberthal entworfen hatte (SCHREINER 1969, Abb. 144, 145, 147). Der König stimmte dem Vorhaben mit Schreiben vom 17. Juni 1823 zu:

An die Bürger und Einwohner der Stadt und Festung Minden.

Es gereicht Mir zum Wohlgefallen, daß der mit Tode abgegangene Kommandant Generalmajor von Schwichow sich die Liebe und Achtung der Bürger und Einwohner der Stadt und Festung Minden in einem so ausgezeichneten Grade erhalten hat, als Mir es deren Vorstellung vom 5. des Monats ausdrückt, und Ich willige sehr gern darin, daß die Bittsteller dem Verstorbenen auf seinem Grabe das beabsichtigte Denkmal errichten, habe auch erbetenermaßen dem Abschnittsbastion, an welchem die Ruhestätte sich befindet, den Namen »Schwichow« um so bereitwilliger gegeben, als Ich ebenfalls den Entseelten wegen seiner treuen Dienste und übrigen achtungswerten Eigenschaften besonders schätzte. Friedrich Wilhelm (MEINHARDT 1958, S. 134; SCHREINER 1963, S. 194f.).

Die Herstellung des Eisengusses, zu dem der König die notwendige Menge an Kanonen stiftete, erfolgte wohl unmittelbar darauf, ebenso die Aufstellung. Nach den Angaben im »Magazin von Gusswaren« wiegt das Denkmal, *ohne die feineren Verzierungen, im Guss 45 Cntr. 1 Pfd., und kostet in der Eisengiesserei zu Berlin, mit Einschluss von 129 Rthlr. 12 gr. Modellkosten, überhaupt 632 Rthl. 18 Gr. 8 Pf.* (ebd. S. 2).

Das am Fuße der Escarpenmauer der Kurtine zwischen Simeonstor und Bastion Schwichow/XII aufgestellte Denkmal zeigt der wohl 1823 nach Zeichnung von C. Resener entstandene Steindruck von Boesendahl in Minden (Münster, Westf. Landesmus., Inv. Nr. 63–361; SCHREINER 1969, Abb. 146) mit der Einfriedigung, zu der Friedrich Wilhelm III. auch die *eingesetzten Kanonen spendete* (LÜBKING 1923). Nach NORDSIEK (Festschr. Ressource 1968, S. 12) stiftete der König die sechs Kanonenrohre aus dem Mindener Zeughaus. Am ausgeführten Denkmal fehlen jedoch, abweichend von Schinkels Skizzen, vom Stich im Magazin von Gusswaren und von Reseners Lithographie die als Eckakrotere aufgesetzten preußischen Adler. Für deren ehemaliges Vorhandensein finden sich am Maßwerkkamm des Sarkophags keinerlei Spuren. Auch Inschrifttext und Wappenschmuck weichen vom ursprünglichen Entwurf ab. LÜBKING (1923, S. 2) gibt den Text in folgender Version und Verteilung an: (*Vordere Seite.*) ERNST MICHAEL / VON SCHWICHOW. (*Rechte Seite.*) *Geboren auf Schwichow in Pommern am V. November MDCCLIX. Gestorben in Minden am XXVIII. May MDCCXXIII, als General-Major Commendant und Ritter vom eisernen Kreuz, vom rothen Adler-Orden, Leopolds-, Wladimir- und St. Annen-Orden.* (*Linke Seite.*) *Verteidigte sein Vaterland / bei / Trippstadt, Jena, Dresden, Culm, Leipzig, Vitry.* (*Rückseite.*) *Dem Menschenfreunde / von / dankbaren Freunden.* – Die Angabe SCHREINERS (1969, S. 181), das flache Walmdach auf dem Sarkophag fehle, trifft nicht zu.

Die querrechteckige Fläche vor der Mauer des Generalabschnitts wurde mit umlaufenden und fächerförmig auf das Denkmal zuführenden Wegen gärtnerisch gestaltet (Festungsplan Pagenstechers von 1838, Kat.-Nr. 39). Der Ausbau des Schwichowwalles 1907/1908 hatte das Versetzen des Grabmonuments um etwa 140 m nach Westen zur Folge: *In dankenswerter Weise hat die Stadt vor zwei Jahren das ... Grabdenkmal, welches früher vor der Escarpenmauer an der Bastau lag und dem Zahn der Zeit ziemlich erlegen war, wieder zu Ehren gebracht und demselben einen würdigen Platz auf der abgetragenen und zur Straße gewordenen Bastion Schwichow gegeben* (CRAMER 1910, S. 35). Die Umbettung der Überreste Schwichows in einem neuen Sarg an den neuen Platz des Grabdenkmals erfolgte am 9. 9.1907 (CERVINUS 1908, S. 21).

Dabei wurden mindestens vier der sechs – nach CERVINUS acht – vorher beiderseits im rechten Winkel um das Denkmal eingegrabenen und mit Ketten verbundenen Kanonenrohre der Einfriedigung nun in größerem Abstand vom Monument in einer Reihe als Abschrankung – ohne Ketten –

Abb. 602 Schwichow-Denkmal. Zustand nach der Neuaufstellung am Schwichowwall, um 1910.

wieder eingesetzt (Foto von ca. 1910 im KAM, Bildsammlung A I 93). Wohl in den dreißiger Jahren – der Zeitpunkt ist nicht ermittelt – setzte man die sechs Rohre mit engerem Abstand in eine Reihe und ergänzte diese an beiden Enden durch gefelderte Sandsteinsockel mit Deckplatte und Stufenaufsatz. Sockel und Rohrköpfe wurden unterreinander durch (neue?) Stachelketten verbunden (Foto Hans Pape im KAM, Bildsammlung). Bei Tiefbauarbeiten 1993 wurden die sechs Rohre ausgegraben und im Hof von Fort C gelagert; die Wiederherstellung der Einfriedigung steht noch aus (siehe unten.)

Der seit der Versetzung stark korrodierte Sarkophag und der beschädigte Stufenunterbau wurden 1990 von der Firma Ochsenfarth, Paderborn, restauriert. Dabei wurden eine ältere Verfüllung mit Beton (von 1907/08?) durch ein statisch tragendes eisernes Innengerüst ersetzt, alle Eisenteile gereinigt, entrostet, abgebrochene Teile angeschweißt, die Einzelteile neu verschraubt und gestrichen, außerdem das Dach aus Bitumenpappe gegen ein formgleiches Dach aus Titanzinkblech ausgewechselt (WAfD, Objektakte).

Daß Generalmajor von Schwichow nicht auf dem Friedhof vor dem Königstor beigesetzt wurde, sondern an den unter seiner Leitung erbauten Festungswerken, mag heute verwundern, doch war das Errichten von Denkmälern für bedeutende Soldaten an der Stätte ihres Todes oder Wirkens dem späten 18. und frühen 19. Jahrhundert durchaus geläufig: Bei Sasbach, Kreis Bühl / Baden, errichtete der Straßburger Kardinal Rohan 1782 ein Denkmal an der Stelle, auf der 1675 Marschall Turenne gefallen war (1801, 1829 und 1947 erneuert, vgl. Hdb. d. hist. Stätten Deutschl. VI: Baden-Württemberg, 1965, S. 584; Dehio Baden-Württemberg 1964, S. 420); bei Neuburg/Donau steht ein Steinsarkophag, den der Ingenieuroffizier Randon setzen ließ, auf der ehemaligen Grabstätte den Generals de Forty und des »Premier Grénadier de France« Théophil LaTour d'Auvergne, die 1800 im Gefecht bei Oberhausen fielen (Hdb. d. hist. Stätten Deutschl. VII: Bayern, 1961, S. 516); den Platz, an dem der französische General Jean Victor Moreau in der Schlacht bei Dresden 1813 tödlich verwundet wurde und beide Beine verlor, markiert das hervorragende klassizistische Denkmal von Gottlob Friedrich Thormeyer und Gottlob Christian Kühn an der Franzenshöhe im Stadtteil Räcknitz (Hdb. d. hist. Stätten Deutschl. VIII: Sachsen, 1965, S. 75, Dehio Sachsen I, 1996, S. 300).

Ein in Preußen sicherlich weithin bekanntes Grabdenkmal war das des Generals Friedrich Bogislaw Graf von Tauentzien (1710–1791) von Karl Gotthard Langhans und Johann Gottfried Schadow in Breslau. Es wurde 1795 auf dem Glacis vor dem Schweidnitzer Tor errichtet, wo Tauentzien 1760 bei der Belagerung durch die Österreicher unter Laudon die gegnerischen Einnahmeversuche durch Ausfälle erfolgreich abwehrte (Johann Gottfried SCHADOW, Kunstwerke und Kunstansichten, Berlin 1987, S. 40 ff., 271 Blatt XI, 410 ff.; Ulrike KRENZLIN, Johann Gottfried Schadow – Ein Künstlerleben in Berlin, Berlin 1990, S. 48 f., Abb. 43 ff. – Das Denkmal ist seit 1945 verschollen). Der hoch aufgesockelte Sarkophag mag Schinkel bei den Skizzen für das Gölsdorfer Alberthal-Grabmal vorgeschwebt haben.

Die durch Reseners Lithographie für die Zeit der Aufstellung des Schwichow-Grabmals gesicherte Einfriedigung aus Kanonenrohren mit Ketten ist ein sehr frühes Beispiel dieser Art (Frdl. Mitt. v. Dr. Gerd Niemeyer, Militärgeschichtl. Museum Rastatt). Der wohl älteste Beleg für das Eingraben von Geschützrohren findet sich in der zweiten Grabanlage des Fürsten Johann Moritz von Nassau-Siegen von 1677/78 in Bergendal bei Kleve: Zwei schräg eingegrabene Kanonenrohre flankieren dort das gußeiserne Kenotaph (vgl. Hans Peter HILGER, Das Grabmonument des Fürsten Johann Moritz in Bergendal bei Kleve, in: Soweit der Erdkreis reicht – Johann Moritz von Nassau-Siegen 1604–1679, Ausstellungskatalog Kleve 1979, S. 205–212, Abb. 4,5,9).

Zu der von der Garnison (?) gefertigten Gedenktafel für Schwichow in St. Simeon siehe Teil III, S. 769, Nr. 37.

SECHS KANONENROHRE, PREUSSEN / SCHWEDEN, 1770   Abb. 603a

Gußeiserne Vorderladerrohre, form- und maßgleich: Länge über alles 200,5 cm, Länge von der Mündung bis zur Hinterkante des Bodenfrieses 180 cm, Kaliber 9 cm. Innere Rohrlänge ohne Ladungsraum 150 cm = 16,6 Kaliber, mit Ladungsraum 171 cm = 19 Kaliber. Demnach handelt es sich um leichte Sechspfünder (Frdl. Mitt. v. Herbert Jäger, Kirn, vom 1.8.1994 auf Grund der Messung der inneren Rohrlänge durch Ernstjosef Weber u. a., Gütersloh).

Kopf, Rohrteile und Bodenverstärkung sind durch mehrfache Profile aus schmalen, reifenförmigen Friesen, Voll- und Halbwülsten sowie Plättchen abgesetzt. Am Übergang vom langen Feld zum Zapfenstück halbe Kehle, am Bodenstück flache Kehle. Bodenverstärkung karniesartig geschweift und am Ansatz der Traube leicht eingezogen. Traube über Wulst zapfenförmig. Keine Henkel. An den linken Schildzapfen anmodellierte Zahl *770* (Jahreszahl 1770), an den rechten Kursivinitialen *GK*. Demnach sind die Rohre 1770 in der schwedischen Eisenhütte Åkers Bruk unter dem 1752–1772 tätigen Gießmeister Gustav Kierrmann gegossen worden. Auffällig ist dabei, daß der schon seit dem frühen 18. Jahrhundert als unpraktisch aufgegebene, mit Friesen gegliederte Kopf statt des seither üblichen glattkonischen Schiffskopfes (MÜLLER 1991, S. 193, 204) noch so spät verwendet wurde.

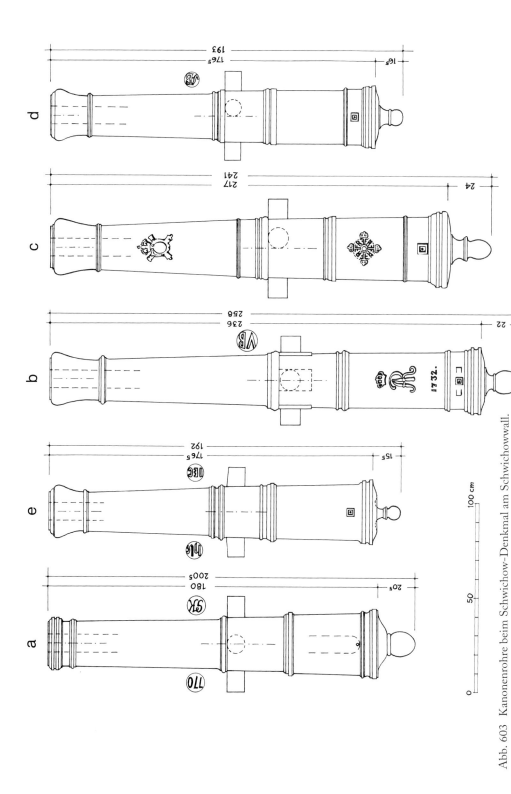

Abb. 603 Kanonenrohre beim Schwichow-Denkmal am Schwichowwall. Aufmaß U.-D. Korn, 1997.

a. Sechs preußische Rohre von 1770 von der ehemaligen Einfriedigung; b. Sächsische Rohre von 1732 (Nr. 1, 5); c. Zwei preußische Rohre, um 1740/50 (Nr. 2,3); d. Unbezeichnetes Rohr, Preußen (?)/Schweden (?), nach 1730 (Nr. 4); e. Schwedisches Rohr, 1710 (Nr. 6).

Nachträglich sind die Rohre auf dem langen Feld rechts in Längsrichtung durch Gravuren numeriert worden: *No 27 – No 32 – No 39 – No 44* (zweite Ziffer unsicher) - *No 47 – No 48.* –

Drei Rohre sind außerdem am Bodenstück über dem Zündloch graviert; No 32: *N VI/V V V*; Nr. 39: N: *VII: /V V.* – ; Nr. 47: *V* (die Gravur ist hier stark korrodiert). – Rohr No 27 wurde an das Preußenmuseum abgegeben, konservatorisch behandelt und auf einer neuen hölzernen Festungslafette in der Defensions-Kaserne aufgestellt. – Die Bohrungen an der versenkten Platte zwischen den Friesen des Kopfes rühren von der Anbringung der Ketten 1823 her, als die Rohre für die Einfriedigung des Schwichow-Denkmals mit der Traube nach unten bis über die Schildzapfen eingegraben wurden. 1993 wurden die Rohre ausgegraben und im Hof von Fort C gelagert. Drei Rohre gab die Stadt Minden an die Gemeinschaft der Fischerstadt e.V. ab, die sie dort auf neuen Lafetten aufstellte. Rohr *No 47*, nach Bauplänen aus einem Antwerpener Museum auf einer Schiffslafette montiert, erhielt am 9. Mai 1995 einen neuen Platz am Südende der krenelierten Fischerstadtmauer (Grimpen Blatt, hrsg. v. d. Gemeinschaft der Fischerstadt, Nr. 0–97, Jan./Febr. 1997, S. 4); Rohr *No 39* wurde im Frühjahr 1997 auf einer ähnlichen Lafette daneben postiert, ebenso am 8. 8. 2000 das Rohr *No 32* (Messingschilder an den Lafetten; Lafette unter Rohr No 47 am 8. 9. 2002 renoviert).

Mit der Umsetzung des Grabdenkmals wurde 1908/09 der Denkmalplatz im Halbkreis mit geschorenen Buchenhecken eingefaßt, zwischen denen man beiderseits des Denkmals je drei weitere Geschützrohre des 18. Jahrhunderts in radialer Anordnung auf niedrigen Steinsockeln aufstellte. Vier dieser Rohre (Nr. 1–4) liegen dort noch heute; zwei wurden zu unbekannter Zeit in das Mindener Museum überführt. Die Rohre sind teilweise stark angerostet, so daß Einzelheiten der angegossenen Dekoration nur schwer auszumachen sind. Die Schildzapfenstirnen sind größtenteils von den Lagerschalen der Sockel verdeckt; Schildzapfenmarkierungen sind daher meist nicht feststellbar. Die Rohre sind verstopft; die inneren Rohrlängen ließen sich nicht ausmessen.

1. KANONENROHR, SACHSEN / SCHWEDEN, 1732   Abb. 603b

(1. Rohr von Osten)

Vorderlader, Gußeisen; Länge von der Mündung bis zur Stoßbodenkante 236 cm. Traube abgebrochen, Gesamtlänge ohne Traube 243 cm. Kaliber <10 cm. Die einzelnen Rohrstücke durch flache Wülste und flache Reifen profiliert; am Übergang vom langen Feld zum Zapfenstück halbe Kehle; Kopf glatt und leicht geschweift. Auf dem Bodenstück über dem Zündloch anmodelliertes Monogramm *AR* aus kursiven Versalien in Ligatur (= Augustus Rex = August II., der Starke, Kurfürst von Sachsen und König von Polen, 1694/1697–1733), darüber die polnische Königskrone, darunter Jahreszahl *1732.* – An beiden Schildzapfen anmodellierte Versalien *VB.* Das Rohr wurde demnach 1732 in sächsischem Auftrag unter dem Gießmeister von Berchner in der schwedischen Eisenhütte Stasjø Bruk gegossen, die von 1666 bis 1822 tätig war.

Auf dem langen Feld rechts in Längsrichtung kursiv graviert *No 36*, daneben, leicht versetzt *XIX*.

2./3. KANONENROHRE, PREUSSEN / SCHWEDEN, UM 1740–1750   Abb. 603c

(2. und 3. Rohr von Osten, beiderseits des Schwichow-Sarkophags)

Vorderlader, Gußeisen; Länge von der Mündung bis zur Stoßbodenkante 217 cm, Länge über alles 241 cm, Kaliber ca. 9,5 cm. Die einzelnen Rohrstücke sind durch mehrfache Wulst- und Reifenprofile abgesetzt, der Kopf ist glatt und leicht geschweift. Bodenverstärkung leicht geschweift. Lange Traube über steilem, geschweiftem Anlauf und Wulstprofil. Um das Zündloch kastenförmige Erhöhung. Schildzapfen glatt; keine Henkel. Auf dem langen Feld unter dem Kopf flach aufmodellierte gekrönte Volutenkartusche mit hochovalem Wappenfeld (Wappenbild wohl schon im Guß undeutlich und nicht auszumachen), dahinter schräggekreuzte Kanonenrohre. – Das Bodenstück trägt über dem Zündloch ein Emblem wie an der Kollane des Schwarzen Adlerordens (dort im Wechsel mit Adlern auf Blitzbündeln): In der Mitte das Medaillon mit dem preußischen Adler (?) – hier abgerostet und wohl schon im Guß nur undeutlich –, umgeben von den Initialen *FR* (Fridericus Rex = Friedrich I., König in Preußen 1701–1713), wobei das *F*, in Spiegelschrift verdoppelt unter der preußischen Königskrone kreuzweise in den Achsen steht, das *R* viermal in den Winkeln erscheint.

Die beiden Rohre wurden vermutlich um 1740/1750 in preußischem Auftrag in einer schwedischen Hütte gegossen. Die Dekoration der Rohre mit Wappenkartusche und Ordensemblem gleicht weitgehend den Verzierungen eines für König Friedrich I. zwischen 1701 und 1713 gegossenen 25pfündigen eisernen Mörsers (Berlin, ehem. Zeughaus; H. MÜLLER 1991, S. 192, Abb. S. 191). Dies könnte für eine Datierung der Rohre in die Zeit Friedrichs I. sprechen, andererseits tragen sie aber die erst um 1730 aufkommende kastenförmige Umrandung des Zündlochs. Die einschlägige Literatur gibt leider zu eisernen Festungsgeschützen, ihrer Formentwicklung und ihrer Dekoration wenig Auskunft.

Das östliche der beiden Rohre ist unter dem Kopf rechts neben der Volutenkartusche graviert *No 18*, das westliche trägt die Bezeichnung *No 38*.

4. KANONENROHR, PREUSSEN (?) / SCHWEDEN (?) NACH 1730   Abb. 603d

Vorderlader, Gußeisen; Länge von der Mündung bis zur Stoßbodenkante 176,5 cm, Länge über alles 193 cm, Kaliber < 10 cm. Schiffskopf leicht geschweift, darunter zwei schmale Rundstäbe. Übergänge vom langen Feld zum Zapfenstück und zum Bodenstück flach gekehlt zwischen doppelten Wülsten. Zündloch mit kastenförmiger Umrandung. Bodenverstärkung flach geschweift, Traube kugelig über steilem, abgesetztem Anlauf. Ohne weitere Dekoration; keine Henkel. Schildzapfenmarkierungen links verdeckt, am rechten Zapfen Initialen *AB* (?) in Ligatur.

Vermutlich für die preußische Armee in Schweden gegossen. Das Rohr wurde nachträglich am langen Feld rechts in Längsrichtung graviert *No = 12*.

5. KANONENROHR, SACHSEN / SCHWEDEN, 1732   Abb. 603b

Um 1910 am Schwichow-Denkmal (?), jetzt im Mindener Museum.
Form- und maßgleich mit Rohr 1, mit dem gleichen *AR*-Monogramm, der Jahreszahl *1732* und übereinstimmender Schildzapfen-Markierung. Hier ist die Traube erhalten; die Länge über alles beträgt 258 cm.

Bei den beiden sächsischen Rohren dürfte es sich um Beutestücke aus den schlesischen Kriegen oder aus dem Siebenjährigen Krieg handeln.

6. KANONENROHR, SCHWEDEN, UM 1710   Abb. 603e

Um 1910 am Schwichow-Denkmal (?), jetzt im Mindener Museum.
Vorderlader, Gußeisen; Länge von der Mündung bis zur Stoßbodenkante 176,5 cm, Länge über alles 192 cm. Kaliber < 10 cm. Schiffskopf leicht geschweift, an der Mündung Plättchen, halber Wulst und kleiner Absatz. Übergänge vom langen Feld zum Zapfenstück und von dort zum Bodenstück mehrfach mit Wülsten, Kehlen und Karnies profiliert, Profil des Bodenstück-Endes konisch mit Kehle zwischen zwei glatten Friesen. Bodenverstärkung flach geschweift und leicht eingezogen, Traube kugelig, mit kleiner Kehle und zwei kleinen Wülsten vom steilen Traubenhals abgesetzt.

Ohne Dekoration, keine Henkel. Am linken Schildzapfen Jahreszahl *1710*, am rechten Initialen *IEC*: Gießmeister Jesper Ehrencreutz in der 1690 bis 1792 tätigen Hütte Ehrendals Bruk / Schweden. Die Profilierung von Traube und Halsanlauf ist typisch für die Zeit um 1710. – Das Rohr ist nachträglich auf dem langen Feld rechts in Längsrichtung mit der gravierten Bezeichnung *No 1* versehen worden.

Da Minden von 1763 bis 1814 unbefestigt und wohl nicht mit Geschützen versehen war, werden die Kanonen in den Jahren der Neubefestigung nach 1814 aus anderen preußischen Festungen oder aus dem Berliner Zeughaus nach Minden abgegeben worden sein. Hier wird man im Artillerie-Zeughof auch die Numerierung mit den eingravierten Bezeichnungen am langen Feld vorgenommen haben.

(Für freundliche Hilfe bei der Bestimmung der Rohrtypen sowie für die Benennung von Gießmeistern und Hütten ist Charles J. N. Trollope, Colchester, und Herbert Jäger, Kirn, zu danken.)

Abb. 604 Denkmal für Bürgermeister M. F. Kleine, nach 1854. Hof der Bürgerschule I, Ritterstraße 21, 1977.

V.3 Denkmal für Bürgermeister M. F. Kleine, nach 1854   Abb. 604

Schulhof der Bürgerschule, Ritterstraße 21

ABBILDUNG: Ansicht der Bürgerschule von Osten mit dem Denkmal auf dem Sammelbild von Sickert, um 1855/1858 (NORDSIEK 1979, S. 285, Abb. IV. 44; Teil IV, S. 1930, Abb. 1381).

Weißer Sandstein, H. ca. 3,80 m, stark bestoßen. Sockel mit Plinthe, Deckplatte und bekrönendem Obelisken auf eingesunkener Stufenplatte. Am Sockel Inschriften in neugotischer Fraktur und Antiqua, Vorderseite (nach Süden): *Dem / Bürgermeister der Stadt / MARTIN FRIEDRICH / KLEINE* - links (nach Westen) *Geboren 18. Jan. 1787 / Gestorben 22. März 1854* – rechts (nach Osten) *Von seinen Freunden / als dankbare Anerkennung / seiner regen Wirksamkeit / für das Wohl der Stadt / und deren Anstalten / von 1827 bis 1850*. Rückseite (nach Norden): Im eingetieften, gerahmten Feld Eichenkranz mit Blattschleifen, im Kranz hängend zwei Auszeichnungen am Bande, links Kreuz des Roten Adlerordens, rechts eine Medaille.

Nach SCHROEDER (1886, S. 701) trat Bürgermeister Kleine nach dreißigjährigen, der Stadt geleisteten treuen Diensten Ende 1850 in den Ruhestand; er erhielt 1851 den Roten Adlerorden III. Klasse. – Seine Grabstelle ist auf dem Alten Friedhof (siehe Teil V, S. 385, Abb. 369) erhalten.

V.4 Hermann Ende:
Denkmal für die Gefallenen der Kriege 1864 und 1866   Abb. 605

Großer Domhof, vor dem ehem. Regierungsgebäude

QUELLEN: KAM, Mi, F 403, F 720, F 1255.

LITERATUR: Verw.-Ber. 1877. – BURGER 1870/71, Nachdruck 1979, Bd. 2, Anhang S. 39 mit Holzstichabb. – SCHROEDER 1886, S. 708. – ABSHOFF 1904, S. 158, Abb. S. 138. – CRAMER 1910, S. 242. – BACH 1985, S. 160 f. – LURZ 1985, S. 172 f. – VOGT 1987, S. 36 f. – WESTHEIDER 1991, S. 489 ff.

Obernkirchener Sandstein; Reliefschmuck, Tafeln und Inschriftreifen aus grau gestrichenem Zinkguß, ursprünglich bronziert, die Inschriften ursprünglich vergoldet, H. ca. 13 m. – 1997 restauriert, dabei die Bronzierung der Metallteile freigelegt und imprägniert.

Auf breitem, zweistufigem Unterbau würfelförmiger Sockel mit hoher Plinthe und Basis aus Wulst und Halbkehle, mit eingetieften Feldern, darin jeweils vier Zinkgußtafeln.

An der Deckplatte über Karnies und am oberen Sockelrahmen vorn: *ES STARBEN DEN HELDENTOD UND TREU IHRER PFLICHT / 1864 und 1866* Soldaten aus folgenden Regimentern: *2tes Westphälisches Infanterie Regiment No 15 Prinz Friedrich der Niederlande* und *6tes Westphälisches Infanterie Regiment No 55* sowie aus dem *Regierungs Bezirk Minden* Gebürtige bei anderen Truppeneinheiten (Regimentsangaben und Namen in jeweils vier Kolumnen auf den eingelassenen Tafeln).

Auf dem unteren Sockel über Karnies, Wulst und Halbkehle eingezogen ein zweiter, oben leicht verjüngter Sockel mit profiliertem Gebälkabschluß. Auf den Flächen in kreisrunden Lorbeerkränzen mit abhängenden Schleifen Porträtköpfe, jeweils nach rechts, vorn: König Wilhelm I. von Preußen

(* 1797, reg. 1861–1888); rechts: Prinz Friedrich-Karl von Preußen (1828–1885), 1864 Oberbefehlshaber der preußischen Truppen in Schleswig-Holstein, 1866 Oberbefehlshaber der 1. Armee; hinten Doppelporträt: Prinz Friedrich der Niederlande (1797–1881), Chef des Infanterie-Regiments Nr. 15, oo Luise Prinzessin von Preußen (1808–1870), Chef des Infanterie-Regiments Nr. 55; links: Kronpinz Friedrich von Preußen (1831–1888), 1866 Oberbefehlshaber der 2. Armee.

Über diesem zweiten Sockel steht auf quadratischer Plinthe mit attischer Basis eine Sandsteinsäule mit Palmblattkapitell und korinthisch geschweifter Deckplatte. Ihr Schaft wird durch Zinkgußreifen in fünf gleichhohe Abschnitte geteilt. Am unteren, über Eck gesetzt, vier Schilde, unten spitz, oben in drei Voluten endend, von denen die mittlere mit der preußischen Krone besetzt ist. In den Schilden, paarweise einander zugewandt, die darunter bezeichneten Porträts von vier preußischen Heerführern, von links: *v. Falckenstein* (Eduard Vogel von Falkenstein, 1797–1885; 1864 Befehlshaber der in Jütland einrückenden Truppen, 1866 Oberbefehlshaber der Mainarmee); vorn rechts: *v. Herwarth* (Karl Eberhard Herwarth von Bittenfeld, 1796–1884; 1864 Kommandeur der preußischen Truppen in Schleswig, leitet den Übergang nach Alsen, 1866 Oberbefehlshaber der Elbarmee); hinten links: *v. Göben* (Karl August von Goeben, 1816–1880; 1864 Kommandeur der 26. Infanterie-Brigade bei Düppel und Alsen, 1866 Kommandeur der 13. Division auf dem linken Flügel der Mainarmee); hinten rechts: *v. Manteuffel* (Edwin Freiherr von Manteuffel, 1809–1889; 1865 Kommandeur der preußischen Truppen in Schleswig und Holstein, 1866 Nachfolger von Falckensteins als Kommandeur der Mainarmee). Auf den Schaftreifen jeweils vorn und hinten die Namen von zehn Schlachten und Gefechten, an denen die Mindener Einheiten beteiligt waren, von unten nach oben: *DÜPPEL – ALSEN / KISSINGEN – DERMBACH / ASCHAFFENBURG – LAUFFACH / BISCHOFSHEIM – TAUBER / GERCHSHEIM – WÜRZBURG*.

Auf dem Palmetten-Kapitell auf quadratischem Sockel der preußische Adler mit ausgebreiteten Schwingen.

Das Denkmal wurde 1867 von einer eigens gegründeten Kommission zur Errichtung eines Denkmals in Minden unter Vorsitz von Major Knackfuss (Inf.-Reg. Nr. 15) und Hauptmann Delius (Inf.-Reg. Nr. 55) geplant; die Kosten in Höhe von ca. 3300 Thl wurden teils durch Beiträge aus den beiden Regimentern, teils vom Offizierskorps der Landwehr, teils durch Zuschüsse der Stadt und der meisten Kreise des Regierungsbezirks gedeckt (Cramer 1910, S. 242). Den Entwurf lieferte der Architekt Hermann Ende im renommierten Berliner Architekturbüro Ende & Böckmann. Die Ausführung besorgte Baumeister Wilhelm Moelle (KAM, Mi, F 403); Ende erhielt 50 Thl 20 gr Honorar, Moelle 71 Thl 3 gr (KAM, Mi, F 1255). Am 3. Juli 1868, dem Jahrestag der Schlacht bei Königgrätz, wurde das Denkmal feierlich enthüllt und eingeweiht (SCHROEDER 1886, S. 708; CRAMER 1910, S 242). In der Folge kam es zu Differenzen zwischen Regierung und Stadt wegen der Wiederherrichtung des durch die Bauarbeiten verwüsteten Platzes und des weiteren Unterhalts. 1872 erfolgte die Bepflanzung und teilweise Umzäunung der Anlage; schon vorher erfolgte die Einfriedigung des Denkmals mit zwölf eingegrabenen Kanonenrohren und zwischengehängten Ketten, die mindestens bis zum Ersten Weltkrieg bestand (NORDSIEK 1979, Abb. S. 284, VI. 41). 1874 wurden Bordsteine für die Anlage der Treppe von der Simeonstraße zum Simeonskirchplatz umgearbeitet (KAM, Mi, F 720); 1877 übernahm die Stadt die weitere Unterhaltung der Anlage (Verw.-Ber.). Reparaturen wurden 1887/88 und 1905 durchgeführt, u. a. Nachvergolden der Inschriften (KAM, Mi, F 1266).

Spätestens seit dem Zweiten Weltkrieg (Zeitpunkt nicht genau feststellbar) ist das Denkmal ohne Einfriedigung; beiderseits liegen jetzt auf kleinen Betonsockeln sechs gußeiserne Vorderladerrohre.

Abb. 605 Denkmal für die Gefallenen der Kriege 1864 und 1866. Großer Domhof, Ansicht von Südosten, 1997.

SECHS KANONENROHRE, PREUSSEN, UM 1820/30   Abb. 606

Nördlich und südlich des Gefallenendenkmals für 1864/1866 in zwei Gruppen zu je drei Rohren, auf neuen, niedrigen Betonsockeln mit Lagern für die Schildzapfen. Gußeiserne Vorderladerrohre von zwei unterschiedlichen Typen, die beiden südlichsten vom Typ A, die vier nördlichen vom Typ B. Alle Rohre verstopft, so daß die inneren Rohrlängen nicht gemessen werden konnten.

    Typ A (zwei Rohre). Länge über alles 291,5 cm, Länge von der Mündung bis zur Hinterkante des Bodenfrieses 273 cm. Kaliber <12 cm, vermutlich 11,9 cm = 4,54". Die einzelnen Rohrstücke (Bodenstück, Zapfenstück, langes Feld) durch halbe Kehlen abgesetzt; zwischen langem Feld und geschweiftem Kopf Rundstäbchen. Auf der Erhöhung des Kopfes angegossenes Korn. Glatte Schildzapfen mit Scheiben; keine Henkel. Bodenverstärkung flach kegelförmig; Traubenhals geschweift, Traube kugelig. Oben am Bodenfries waagerechte Ausnehmung für den Visieraufsatz. Am Stoßboden des nördlichen der beiden Rohre stark abgerostete Spuren einer kursiven Gravur: *L* oder *S* (?), sonst keine Gravuren, Numerierungen oder andere Bezeichnungen. Den beiden Rohren entspricht – abgesehen von Maßdifferenzen – weitgehend ein bei KAMEKE 1843, S. 7–14 beschriebenes und Bl. IIc, Fig: 5/6 abgebildetes *12 lbges eisernes Kanon-Rohr v. J. 1833*, außerdem die *Eiserne 12 lbge Kanone* bei W. BERGER, Zeichnungen des Königl. Preussischen Artillerie-Materials, II. Abteilung, B. Festungs- und Belagerungs-Artillerie, Berlin 1856, Blatt 1.

Typ B (vier Rohre). Länge über alles 291 cm, von der Mündung bis zur hinteren Stoßbodenkante 273 cm. Kaliber < 12 cm, vermutlich 11,9 cm. Die einzelnen Rohrteile durch reifenförmige Friese und halbe Kehlen abgesetzt. Kopf mit angegossenem Korn glatt-konisch über flacherem Rundstäbchen. Schildzapfen und Bodenverstärkung wie bei Typ A. Auf der Stoßbodenkante von Rohr 3 (südlichstes Rohr) Reste der aufgeschraubten Visiereinrichtung. An Rohr 6 (nördlichstes Rohr) am Plättchen über der Mündung in Resten noch lesbare Gravur *1825 N 9*; an den Stoßböden aller vier Rohre stark abgerostete, mehr oder minder lesbare kursive Gravuren: *L 5 lb*.

Den vier Rohren entspricht in der äußeren Form, abgesehen von Maßabweichungen und den hier fehlenden Henkeln, ein bei KAMEKE 1843, Bl. IIc, Fig. 1/2, abgebildetes *12 lbges broncenes Kanon-Rohr v. J. 1833*.

Nach dem Vergleich mit dem bei KAMEKE und BERGER publizierten Geschützmaterial handelt es sich nicht – wie man zunächst vermuten kann – um Beuterohre aus den Kriegen von 1864 und 1866, sondern um schwere Zwölfpfünder der preußischen Festungsartillerie der Zeit vor 1833. Nach MÜLLER (Die Entwicklung der Preußischen Festungs- und Belagerungs-Artillerie ... von 1815–1875, Berlin 1876, S. 6) kam es auf Grund von Versuchen 1831–1833 zu Neukonstruktionen eiserner Geschützrohre, wobei der schwere Zwölfpfünder wie bisher 24 Geschoßdurchmesser lang blieb.

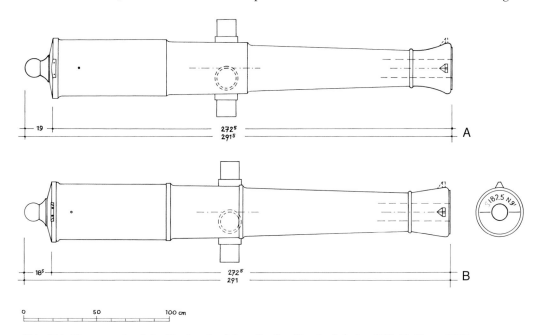

Abb. 606   Kanonenrohre beim Denkmal auf dem Großen Domhof. Aufmaß U.-D. Korn, 1997.

Die festgestellten Maßabweichungen (104" = 253 cm bei KAMEKE 1843 und BERGER 1856 gegen gemessene Länge von 273 ohne Bodenverstärkung und Traube) sowie die Jahreszahl *1825* auf Rohr 6 scheinen dafür zu sprechen, daß es sich bei den sechs Rohren um ältere Exemplare aus der Zeit vor den Neukonstruktionen handelt. Zur Zeit der Aufstellung des Denkmals (1868) waren die Rohre durch die Einführung gezogener Geschütze veraltet; es dürfte sich um ausgemusterte Stücke der Mindener Festungsartillerie handeln.

V.5 Paul Tornow:
Denkmal für die Gefallenen des Krieges 1870/1871   Abb. 607

Ehemals auf dem Rondell am Westende der Weserbrücke. 1947 abgetragen, Reste in der ehem. Kapelle des Alten Friedhofs (siehe Teil V, S. 380 f.).

QUELLEN: KAM, Mi, F 1257; Deutsche Bauzeitung No. 4, 1876, S. 20; ebd. No. 35, 1876, S. 172; ebd. No. 73, 1879, S. 373; Mindener Zeitung v. 23.8.1876, S. 22. und 25.8.1879; Minden-Lübbecker Kreisblatt v. 23. und 26.8.1879.

LITERATUR: Verw.-Ber. 1879. – SCHROEDER 1886, S. 710. – KEBER 1955, S. 84. – MAROWSKY 1965, S. 95 f. m. Abb. – WESTHEIDER 1991, S. 491 f.

Dunkler Porta-Sandstein, Schrifttafeln aus weißem Obernkirchener Sandstein, die Eisernen Kreuze mit schwarzem Marmor ausgelegt. H 17 m.

    Bereits 1874 hatte es erste Initiativen des Mindener Kampfgenossen-Vereins zur Errichtung eines Denkmals für die im deutsch-französischen Krieg Gefallenen aus dem Kreis Minden gegeben; das Kriegerdenkmal-Komitee bestand aus Landrat von Oheimb, General von Schulz und Bürgermeister Brüning. Im folgenden Jahr bot die Stadt Bochum den dort zwar prämiierten, aber nicht ausgeführten Entwurf »Der Rothen Erde« des Berliner Architekten Gerardi in Minden an; die vom Wiedenbrücker Unternehmer Friedrich Goldkuhle für 8600 Mark angebotene Herstellung wurde jedoch abgelehnt. Statt dessen wurde 1876 in der Deutschen Bauzeitung und im Mindener Tageblatt ein Wettbewerb ausgeschrieben; der erste Preis war mit 300 Mark dotiert (DBZ No. 4, 1876). Die Wettbewerbsbedingungen schrieben vor, daß nur Porta- und Obernkirchener Sandstein verwendet werden dürfe und die *Benutzung von* Metall zu Ornamenten und *Bekrönungen pp. durchaus zu vermeiden* sei.

    Aus den bis zum 1.4.1876 eingegangenen drei Gipsmodellen und 44 Plänen sonderten die am 2. April versammelten Preisrichter 43 Entwürfe aus, die entweder ungeeignet oder – obwohl *geistreich* entworfen *und brav gezeichnet* – zu teuer waren. Vier Entwürfe gelangten in die engere Wahl *(Deutschland, Sechseck, Stark und Gerecht, Visurgis)*, von denen »Visurgis« einstimmig mit dem ersten Preis bedacht wurde. Als sein Verfasser erwies sich der kaiserliche Bezirksbaumeister und Dombaumeister zu Metz, Paul Tornow. Die Preisrichter begründeten ihr Urteil so:

    Denn dies Projekt ist durchaus originell, geistreich gedacht und durchgeführt, für die Lokalität in hohem Grade geeignet und endlich von dem zu Gebote stehenden Material mit den disponiblen Mitteln ausführbar – Zudem ist die ganze Anlage derartig konstruirt und dem Material so wenig zugemuthet, daß kaum jemals Reparaturen an dem einmal aufgestellten Denkmal erforderlich sein werden (DBZ No. 35, 1876, S. 172). Außerdem werde es *durch seine Originalität und Massenwirkung der Stadt Minden* zur *hohen*

Abb. 607 Denkmal für die Gefallenen des Krieges 1870/1871, bis 1947 an der Weserbrücke. Zustand um 1935.

Zierde und allen Betheiligten zur Ehre gereichen (Mindener Zeitung vom 23. 8. 1876; R. WESTHEIDER 1991, S. 491. – Zu Paul Tornows Arbeiten in Metz zuletzt: Peter KURMANN, Vom Idealismus zur Pragmatik. In: Künstlerischer Austausch, Akten des XXVIII. Intenationalen Kongresses für Kunstgeschichte, Berlin 15.–20. Juli 1992, Bd. 3, S. 309–322, speziell 309–312. – WESTHEIDERS Unterstellung, man habe sich in Minden Tornow gegenüber *wegen seiner leitenden Rekonstruktionstätigkeit an der Kathedrale des annektierten Metz besonders verpflichtet* gefühlt, ist aus den Akten über den korrekt abgewickelten Wettbewerb nicht zu belegen).

1876 hatte man zwar einen einhellig ausgezeichneten Entwurf, doch stand das vorgesehene Gelände für die Aufstellung des Denkmals auf dem Rondell an der Weserbrücke – auch der Unterbau des gegenüberliegenden Wesertores war zeitweilig in der Diskussion – noch nicht zur Verfügung. Erst mit dem Abschluß des Kaufvertrages für die Festungswerke vom 24.9.1878 zwischen der Regierung und der Stadt und der förmlichen Übergabe am 5.3.1879 (Verw.- Bericht 1877/78 bzw. 1878/79) gelangte die Stadt in den Besitz des Areals. Landrat von Oheim, General von Schulz und Baurat Pietsch bildeten das Bau-Kollegium. Im Sommer 1879 wurde das Denkmal von Baumeister Wilhelm Moelle ausgeführt, aufgestellt und am 24. August 1879 feierlich eingeweiht (Verw.-Bericht 1879; SCHROEDER 1886, S. 710). Zur Erinnerung an die Einweihung wurde eine zinnerne Medaille geprägt (MAROWSKY 1965, S. 95 f.).

Um das Denkmal und seine Form hatte es offenbar im Vorfeld einige Kritik gegeben, die Baurat Pietsch in seinem Festgedicht ansprach:

Das Monument, geistreich und sonder Gleichen,
Der Kenner Beifall hat es längst errungen,
Von seinem Werthe Alle sind durchdrungen,
Die dem Schönen sich die Hände reichen.

Die Tadler werden ihre Flagge streichen,
Verstummen werden alle Lästerungen,
Denn fest steht's Denkmal, tadellos gelungen,
Des Kreises Minden würd'ges Dankeszeichen.

(Minden-Lübbecker Kreisblatt vom 26.8.1879)

Die Presse stimmte dem bei: *Das Denkmal, im Stile der deutschen Renaissance ausgeführt, hat freilich wenig, was einem durch die outrirte Richtung der Gegenwart verbildeten Geschmack auffallen könnte, wirkt aber in seiner Vollendung gerade durch die edle Einfachheit seiner Formen* (Mindener Zeitung v. 22.8.1879. – WESTHEIDERS Ansicht, hier seien Vorbehalte in ästhetischer Hinsicht vorsichtig angedeutet, findet in diesem Text keine Stütze). Freilich war das Monument zwar stattlich und unübersehbar, aber mit dem fünffachen Aufeinandertürmen von kleinen und großem Obelisken doch wohl schwerfällig geraten.

Das 1945 durch Bombenwürfe beschädigte und unansehnlich gewordene Denkmal wurde 1947 abgebaut; seine Reste – zwei Inschrifttafeln und drei Wappen sowie ein Block vom großen Obelisken – wurden 1954 bei der Umgestaltung der Kapelle des Alten Friedhofes als Gedenkstätte für die Toten von 1870/71 dort angebracht (KEBER 1955, S. 84).

Innerhalb eines umzäunten, mit Zierbeeten dekorierten Rasenstreifens bildete ein niedriger Pyramidenstumpf aus angeschüttetem Stalaktitenkalk den untersten Sockel, aus dem sich mit Stufe und zweitem Pyramidenstumpf die Basis des aus Werkstein gefertigten Monuments erhob. Der folgende vierseitige Sockel war mit den Inschrifttafeln umkleidet. Sie sind mit kräftigen, an den Ecken ausgekröpften Profilen gerahmt, in den Ecken mit Kugeln verziert und tragen jeweils in drei Kolumnen die Namen von 124 Gefallenen mit der Bezeichnung *15tes Inf. Reg. Prinz Fr. d. Niederl.* und *Bei verschiedenen Truppentheilen*. Die Vorderseite zur Brückenauffahrt trug die Widmungsinschrift *SEINEN IN DEM KRIEGE 1870 UND 1871 GEBLIEBENEN SÖHNEN DES KREISES MINDEN;*

die Namen der Toten waren, an der Ostseite beginnend, fortlaufend auf den drei übrigen Tafeln vermerkt. Über dem Sockel kräftig ausladendes Kehlprofil und eine weitere Pyramide, aus der an jeder Seite ein steiler Wimperg mit kräftigem Randprofil und Lilienabschluß aufwuchs. Im Feld je ein auf die Geschichte des 15. und 55. Infanterie-Regiments bezüglicher Wappenschild (Reichswappen, Wappen des Fürstentums Lippe und des Königreichs der Niederlande; Stadtwappen von Minden). Die Wimperge begleiteten vier aus den Graten der Pyramide aufwachsende, fialenartige Gebilde mit eigenen Sockeln, gebändertem Schaft und Giebelchen, über denen die »Fialenhelme« in Form von einmal gebänderten Obelisken standen. In der Mitte erhob sich aus der Pyramide hinter den Wimpergen ein 12,10 m hoher, stattlicher Obelisk mit zweifacher *B*änderung im unteren Teil. Der obere dieser leicht vortretenden Blöcke trägt die Namen der wichtigsten Einsatz- bzw. Schlachtorte: (zur Straße) *PARIS,* (nach rechts umlaufend) *COLOMBEY, SEDAN* und *GRAVELOTTE,* darüber stand an allen vier Seiten das Eiserne Kreuz. Die vier Schrifttafeln und die Wappen waren aus weißem Obernkirchener Sandstein gefertigt, alles übrige aus braunem Portastein.

Die Kosten von 8092,20 Mark waren durch Sammlungsbeiträge aus den Regimentern, der Stadt und den Gemeinden des Kreises Minden gedeckt; davon erhielt W. Moelle für die Anfertigung des Denkmals *laut Accord* 7500 Mark sowie 100 Mark für das Gitter an der Weserseite des Rondells. Die dauernde Unterhaltung wurde 1894 vom Kreis Minden übernommen; er zahlte jährlich 100 Mark an die Stadt für die Pflege der gärtnerischen Anlagen.

Von dem 1947 abgetragenen Denkmal sind in der ehemaligen Kapelle des Alten Friedhofes erhalten (siehe Teil V, S. 380 f.):

1. Inschrifttafel der Ostseite mit den Namen von 45 Gefallenen des 15. Infanterie-Regiments Prinz Friedrich der Niederlande (jetzt an der Nordwand der Kapelle),

2. die ehemals im rechten Winkel anstoßende Tafel der Nordseite mit 30 Namen aus dem IR Nr. 15 und 12 (?) Namen von Toten aus anderen Truppenteilen, unten rechts mit größerer Fehlstelle (jetzt an der Südwand der Kapelle),

3. die Wappen des Reiches, des Fürstentums Lippe und des Königreichs der Niederlande (jetzt unter den Tafeln, an der Südseite das Reichswappen, im Norden die beiden anderen),

4. der Block vom großen Obelisken mit den vier Ortsnamen (ca. 1,20 x 1,20 m, H. ca. 0,60 m), darauf ein 1954 neugefertigter Eichenkranz mit einem Schildchen: *Inf. Regt. 15 / Minden* (westlich der Kapelle).

Die Inschrifttafel der Westseite mit den Namen von 41 (?) Offizieren und Mannschaften des IR Nr. 15 und alle übrigen Teile des Denkmals sind verloren.

V.6 Wilhelm Haverkamp:
Denkmal des Großen Kurfürsten Friedrich Wilhelm von Brandenburg
Abb. 608, 609

Klausenwall/Weserglacis, südlich vom Westende der Weserbrücke.

QUELLEN: KAM, Mi, F 1279, 1282; Sonntagsblatt für Minden und das Wesergebiet v. 23.6.1901, Mindener Zeitung v. 18. und 20.6.1901; Mindener Tageblatt v. 21. und 26.1.1993

LITERATUR: Die Gartenlaube 1901, S. 203. – NORDSIEK 1979, S. 300, Abb. VII.7. – NORDSIEK, Kaiserwetter, 1991, S. 112 ff., Abb. S. 43.

Bronzefigur auf granitverkleidetem Betonsockel. Guß der Aktiengesellschaft Lauchhammer nach Entwurf von Prof. Wilhelm Haverkamp, Berlin.

Zum Kaiserbesuch 1898 hatte Stadtbaurat Kersten am Wesertor eine 2,80 m hohe Statue des großen Kurfürsten aus getöntem Gips aufstellen lassen, die der Berliner Bildhauer Fritz Kretzschmar modelliert hatte (NORDSIEK 1991, Kaiserwetter, S. 112). – Eine kleinere, ca. 0,90 m hohe Version dieser ersten Figur, aus ungetöntem Gips, befindet sich in Mindener Privatbesitz. – Mit diesem Denkmal sollte der *dankbaren Rückerinnerung an die 250jährige Angehörigkeit* unserer *Stadt zum Hohenzollernstaat Ausdruck gegeben* werden. Die Figur fand in der Bürgerschaft und bei den Kaiserlichen Majestäten so großen Zuspruch, daß in Minden spontan vorgeschlagen wurde, ein dauerhaftes Denkmal zu schaffen, das für *alle Zeiten Zeugnis von unserer vaterländischen Gesinnung und westfälischen Treue abgeben* sollte (KAM, Mi, F 1279). Zur Ausführung dieses Planes und zur Beschaffung der nötigen Mittel beschlossen Stadtverordnete und Magistrat am 10.9.1898, ein Denkmalkomitee zu gründen und die Bearbeitung einem kleineren Geschäftsausschuß zu übertragen, außerdem die dauernde Unterhaltung und Pflege durch die Stadt zu gewährleisten. Den Vorsitz im Komitee führte der Regierungspräsident. Am 24.10.1898 – 250 Jahre nach der Einverleibung des ehemaligen Stifts Minden in das Kurfürstentum Brandenburg – trat man mit einem Spendenaufruf an die Öffentlichkeit (KAM, Mi, F 1282; ausführlich NORDSIEK 1991, Kaiserwetter, S. 112 f.). Im folgenden Jahr war genügend Geld eingegangen, so daß das Denkmalkomitee einen auf fünf Berliner Bildhauer beschränkten Wettbewerb ausschreiben konnte. Aufgefordert wurden: Johannes Boese, Adolf Brütt, Wilhelm Haverkamp, Gerhard Janensch und Otto Petri. Die Jury bestand aus der mit Malern, Bildhauern und Architekten besetzten preußischen Landeskunstkommission und drei Mitgliedern des Mindener Komitees. Am 17.4.1899 erhielt der Entwurf des Berliner Bildhauers Wilhelm Haverkamp den ersten Preis; die vier eingegangenen Entwürfe wurden in der Großen Berliner Kunstausstellung von 1899 gezeigt.

Bei einem Besuch im Atelier Haverkamps regte Kaiser Wilhelm II. einige Änderungen an; besonderen Wert legte er darauf, daß der Sockel reicher und nach dem Vorbild des Wiesbadener Kaiser-Friedrich-Denkmals von Joseph Uphues (1897) gestaltet würde. Am 2.8.1899 erteilte er die erforderliche Genehmigung. Den Guß führte die Aktiengesellschaft Lauchhammer nach Haverkamps Modell im April 1901 aus; den Sockel aus hellgrauem Kösseine-Granit fertigte die Firma Wölfel & Herold in Bayreuth.

Inzwischen hatte man in Minden den endgültigen Standort des Denkmals festgelegt. Als Unterbau wurde südlich der westlichen Weserbrücken-Auffahrt, südöstlich des abgebrochenen Wesertores ein Rondell mit Quadermauer zur Weser angelegt und mit einer massigen Pfeilerbrüstung im

Abb. 608 Denkmal des Großen Kurfürsten an der Weserbrücke. Erste Gips-Fassung von Fritz Kretzschmar, Berlin, aufgestellt zum Kaiserbesuch am 5. September 1898.

Dreiviertelkreis abgeschlossen. Dazu mußte die Künette des Festungsgrabens am Nordende des Weserglacis verrohrt und aufgefüllt werden.

Die Aufstellung des Denkmals erfolgte in der ersten Junihälfte 1901; am 18. Juni – dem 276. Jahrestag der Schlacht bei Fehrbellin 1675 – wurde es mit großer Feierlichkeit in Anwesenheit des Kronprinzen Wilhelm enthüllt und eingeweiht. Der Kaiser, den man ursprünglich zur Einweihung in Minden erwartet hatte, weihte gleichzeitig einen Zweitguß der Kurfürstenstatue Haverkamps vor der Marineakademie in Kiel ein (zu den Umständen und den daraus folgenden Irritationen ausführlich Nordsiek 1991, Kaiserwetter, S. 113 f.). – Das Denkmal stand ursprünglich in einem umgitterten Rasen- und Blumenrondell mit umlaufendem Weg, mit Blick zur Bäckerstraße. Der etwa 3 m hohe Sockel aus poliertem Granit war über zwei Stufen reich profiliert; der untere Sockel hatte niedrige, turmartige Eckaufsätze, zwischen denen sich die Plinthe des oberen Sockels mit Halbkehle und Rundstab erhob. Der Sockelblock trug vergoldete Inschriften: vorn *DER / GROSSE KURFÜRST / 1648 / 24. OKTOBER / 1898*, an den Seiten zwei Sentenzen des Kurfürsten, rechts *GEDENKE / DASS DU EIN DEUTSCHER BIST*, links *FÜR GOTT UND / FÜR DAS VOLK*. Das obere Viertel des Sockelblocks umlief *ein im heraldischen Stile wunderschön modellirter Bronze-Fries, der auf dem vorderen Wappen-Schilde das Brandenburgische Adler-Wappen mit den Abzeichen* der *Herrscherwürde – Szepter, Krone* [Kurhut] *und Schwert - zur Ansicht bringt. Rechts davon sind die Sinnbilder der Schiffahrt, links des Krieges und auf der Rückseite erblickt man das Wappen der Stadt Minden mit den Sinnbildern des Handels und Gewerbes* (Mindener Zeitung v. 18. Juni 1901). Sinnbild der Schiffahrt war ein bärtiger Kopf in einer Kartusche, beiderseits begleitet von Dreizack und Rudern, Symbol des Krieges ein Medusenhaupt inmitten von Waffenarrangements und Kettengehängen. Über dem Fries folgte eine kräftige, zweifach gestufte Deckplatte, auf dieser die Figur.

Abb. 609 Denkmal des Großen Kurfürsten am Klausenwall. Wilhelm Haverkamp, Berlin, 1898. Nach der Aufstellung 1901.

Als Ersatz für die am 4. April 1945 gesprengte Weserbrücke bauten englische Pioniere die Francis-Brücke südlich der zerstörten. Das hier im Wege stehende Kurfürstendenkmal wurde abgebaut, die Statue provisorisch im Hof der Regierung aufgestellt; der Sockel mit dem Bronzefries ist seither verschollen.

Nach der Beseitigung des durch die Kriegsereignisse beschädigten Kriegerdenkmals für 1870/71 auf dem ehemaligen Rondell am nördlichen Westende der Brücke im Jahre 1947 wurde dieser Platz 1948/49 nach Entwurf von Werner March neu gestaltet. Eine Treppe mit fünf Stufen führte zu einer ummauerten Estrade über der Schlagde; am linken Mauerkopf errichtete man einen schlanken, ca. 4 m hohen, glatten Sockel aus Portasandsteinquadern mit zurückgestuftem Postament für die Statue. An der Vorderseite neue Bronzetafel mit dem Text *GEDENKE / DASS DU EIN DEUTSCHER BIST*, darunter – kleiner – *DER / GROSSE KURFÜRST / 1648*. Der Sockel stand schräg zur Brückenauffahrt; der Kurfürst blickte nun nach Süden zur Neuen Regierung (Nordsiek 1979, S. 300, Abb. VII.7).

Mit dem breiteren Neubau der Weserbrücke und dem Ausbau der Anschlüsse an den neutrassierten Grimpenwall 1976 ff. wechselte das Denkmal erneut seinen Platz und kehrte an den ursprünglichen Standort südlich der Brückenauffahrt zurück, diesmal auf einen ca. 1,50 m hohen

Betonsockel, an dessen Nordwestseite die Bronzetafel appliziert wurde. Die Blickrichtung war wieder die ursprüngliche.

1993 wurde der schlichte Sockel mit zwei Stufen umgeben und mit Platten aus hellgrauem, geflecktem Granit umkleidet, unten mit Kehlprofil, oben mit knapper, gestufter Deckplatte. Die Figur wurde um 90 Grad gedreht; sie blickt nun zum ehemaligen Neuen Regierungsgebäude am Klausenwall. Die Bronzetafel entsprechend an der Südwestseite (Mindener Tageblatt, 21./26.1.1993).

Die 3,16 m hohe Bronzefigur, an der Plinthe rechts signiert *W. Haverkamp*, hinten *geg: Lauchhammer*, zeigt den Kurfürsten in offener Schrittstellung, halb nach links blickend, den massigen Leib energisch vorgewölbt, in zeitgenössischer Tracht. Am knielangen Tressenrock trägt er Bruststern und Schulterband des englischen Hosenbandordens; um die Hüfte ist eine breite, spitzengesäumte Schärpe geschlungen. Die linke Hand stützt der Kurfürst fest auf den Korb seines Pallaschs, in der straff an der Seite nach unten abgestreckten rechten Hand hält er den Kommandostab des Feldherrn. Schwere Reiterstiefel und Federhut mit rechts aufgeschlagener, breiter Krempe unterstreichen den militärischen Charakter des Monuments. Das Porträt des Kurfürsten, mit Oberlippenbärtchen und glattem, natürlichem Haar, zeigt nicht den 1648 erst 28 Jahre alten Herrscher; es ist nach späteren Bildnissen der Zeit um 1660/70 modelliert. *Für den Kopf diente als vornehmstes Hilfsmittel die Maske vom Schlüterschen Reiterstandbild... Der Fürst erscheint hier als eine kraftvolle markige Gestalt von unbezwingbarer Entschlossenheit, in der ganzen Haltung, vor allem jedoch im Ausdruck des Kopfes prägt sich die Willens- und Thatkraft des Großen Kurfürsten aus ... Die ganze Auffassung entspricht dem Bilde, das Zeitgenossen von dem Fürsten entwarfen* (Mindener Zeitung v. 18.6.1901). Bereits am 13.7.1900 hatte Fritz Schaper, Haverkamps Lehrer, nach einer Besichtigung des Modells im Atelier an Oberbürgermeister Bleek geschrieben: *Dasselbe ist von außerordentlicher Kraft und Energie im Ausdruck, so daß die Ausführung im Großen gewiß eine Statue ergeben wird, die allgemeine Anerkennung finden wird* (KAM, Mi, F 1282). – Haverkamp selbst teilte am 16.1.1901 mit, daß die Statue in der (Berliner) Kunstausstellung mit der goldenen Medaille ausgezeichnet worden sei.

Die durch freiwillige Beiträge sowie Zuschüsse des Landeskunstfonds, der Provinz Westfalen, des Kreises und der Stadt Minden beim Denkmalkomitee eingegangenen Mittel betrugen 48 143,03 Mark; Haverkamp erhielt ein Honorar von 30 000 Mark (incl. Guß und Herstellung des Sockels), für die Herrichtung des Denkmalsplatzes, das Fundament und sonstige Bauten wurden 11 723,09 Mark ausgegeben. An den Architekten G. Ed. König zahlte man eine Gratifikation von 100 Mark für die rechtzeitige Fertigstellung; der Stadtgärtner Isermann erhielt als Ehrengeschenk eine Mappe mit photographischen Ansichten.

V.7 Gefallenen-Denkmal des Hannoverschen Ingenieur-Corps und des Hannoverschen Pionier-Bataillons No 10 für 1870/71 Abb. 610, 611

Ursprünglich im Weserglacis, später östlich des Reduits von Fort B, jetzt in der Herzog-von-Braunschweig-Kaserne, Wettinerallee.

Weißer Sandstein auf neuem, verputztem Sockel. Gesamthöhe ca. 3,20 m, davon 0,35 m für den Sockel. Größte Breite (Plinthe über Sockel) 0,94 m, Höhe des unteren Teils 1,17 m, des Obelisken 1,67 m.

Abb. 610 Denkmal des Hannoverschen Ingenieur-Corps und des Hannoverschen Pionier-Bataillons No 10 für die Gefallenen von 1813 und 1870/1871, errichtet 1904 im Weserglacis.

Über der Plinthe gefelderter Sockel mit gekehltem Anlauf, darüber Eierstab und schräge Deckplatte, die den oben abgeplatteten Obelisken trägt. Daran vorn Eisernes Kreuz von 1870 über gekreuzten Lorbeerzweigen mit Schleife, darunter aus Gußeisen appliziertes Monogramm aus dekorativen kursiven Versalien *JCPB* (Ingenieur Corps Pionier Bataillon) und die *Nr. 10*. In den vier Sockelfeldern ehemals vergoldete Inschriften, vorn: *Hannov. Pionier-Bataillon No 10. / Es fielen im Kriege gegen Frankreich / 1870- 71./ Sec.- Lieut. Nehmiz II. Port.-Fähnr. Rohtert / Unteroff. Schmidt, Gefr. Meyer I, Walter, Pion. Lücke, Winkler, Weber I, / Behnsen, Bergmann, Breuer, Hirsch, / Kleiss, Sobbe, Tost, Uschmann, / Weber, Wessing.*

Links: *Den / für das Vaterland / gefallenen Kameraden / gewidmet von ehem. Angehörigen / des Hannov. Ingenieur-Corps / und des / Hannov. Pionier-Batl. No 10. / 21. 4. 1904.*

Rückseite: *Peninsula – Waterloo. / Ingenieur-Corps der Königl. Deutschen Legion / und der 1813 neu gebildeten / hannoverschen Truppen. / Es starb den Heldentod / Kapitän Schaefer / bei Dannenberg am 14. 8. 1813.*

Auf der rechten Seite die Einsatz- bzw. Gefechts-Orte von 1808 bis 1871:

Talavera. Torres Vedras. / Waterloo. Mars-la-Tour. / Strassburg. Schlettstadt. / Metz. Beaume-la-Rolande / le Mans. Belfort.

Das 1904 errichtete Denkmal hat mehrfach seinen Platz gewechselt. Ursprünglich stand es im Weserglacis, im Gelände des Wasser-Übungsplatzes der Pioniere, südlich der neuen Bastaumündung. Sockel und Obelisk hatten damals einen schweren Unterbau aus Portasandstein-Quadern in Form eines Obeliskenstumpfes auf hoher Stufe mit starker Deckplatte. Den Obelisken krönte ein metallener Adler mit ausgebreiteten Schwingen. Das Denkmal war umgeben von z. T. reich ornamentierten, wohl gußeisernen Balusterpfosten und Stachelketten (Abb. 610).

Wohl mit der Verlegung des Wasserübungsplatzes nach Süden im Jahre 1935 wurde das Denkmal in den Bereich der Pionierkaserne im Fort B überführt und dort östlich des Reduits aufgestellt, ohne den schweren Unterbau, nur auf einer einfachen Sockelstufe. Am Obelisken wurden unter den Lorbeerzweigen die verschlungenen Initialen und die Bataillons-Nummer 10 angebracht. Möglicherweise befanden sie sich ursprünglich an der Rückseite. Die Inschriften wurden vergoldet, das Eiserne Kreuz farbig gefaßt. Wann der Adler verschwand, ist nicht bekannt. Er ist nicht identisch mit dem gekrönten Adler auf dem Kriegerdenkmal für 1870/71 auf dem Friedhof in Spenge, Kreis Herford, der nach dortiger Überlieferung »von den ehem. Festungswällen in Minden« stammen soll. Vermutlich stammt er von einem der Torpfeiler des Körnermagazins, Martinikirchhof 6a (siehe oben Kat.-Nr. 352).

Abb. 611 Denkmal des Hannoverschen Ingenieur-Corps und des Hannoverschen Pionier-Bataillons No 10 für die Gefallenen von 1813 und 1870/71. Wettinerallee, Herzog-von-Braunschweig-Kaserne, 1996.

Da das Gelände der Pionierkaserne nach 1945 dem Reichsbahn- bzw. Bundesbahn-Zentralamt zugewiesen war, nahmen die in Minden garnisonierenden Pioniere der Bundeswehr das Denkmal in ihre Obhut. Nach 1970 wurde es gereinigt, ausgebessert und in den Eingangsbereich der Herzog-von-Braunschweig-Kaserne an der Wettinerallee überführt, wo es gegenüber der Torwache seinen Platz fand. Bei der Neuaufstellung wurde der Sockel um 90 Grad gedreht, so daß die ursprüngliche Vorderseiten-Inschrift nun links steht.

Zu den Inschriften: Die königlich Deutsche Legion/King's German Legion war eine 1803 in England aus Hannoveranern aufgestellte Fremdentruppe, nach 1813 bildete sie die Kerntruppe der hannoverschen Armee. Peninsula bezeichnet den Kriegsschauplatz der Pyrenäen-Halbinsel im Krieg gegen Napoleon 1808–1813. Bei Talavera de la Reina (Prov. Toledo) schlug Wellington 1809 die Franzosen, bei Torres Vedras (Prov. Estremadura/Portugal) behauptete er 1810/11 die Stellung am Tejo. – Das Denkmal erinnert damit nicht nur an das nach 1866 in die preußische Armee eingegliederte Pionier-Bataillon No 10 (1919 aufgelöst), sondern auch an die vorhergehenden hannoverschen Pionier-Formationen seit 1803. Es wurde am 18.5.1988 in die Denkmalliste der Stadt Minden eingetragen.

V.8 Ludwig Manzel:
Brunnenanlage vor der ehemaligen Neuen Regierung, 1906

Weserglacis 2/Klausenwall

Siehe Teil IV, S. 115, Abb. 86, 111

V.9 Hochwasser-Merkstein, um 1910

Im Weserglacis am Weserufer neben dem Leinpfad, ca. 100 m oberhalb der Weserbrücke.

Bossierter Sandstein-Quadersockel, darauf grob bossierte Stele von ca. 2,50 m Höhe mit eingetieftem Feld, darin – kürzlich restauriert und ergänzt – die Hochwassermarken, -daten und Wasserstandsangaben über N. N. von oben nach unten:

	Datum	Stand
	18. Jan. 1682	*+ 44.74*
–	*8. Jan. 1643*	*+ 44.44*
–	*18. Febr. 1799*	*+ 43.99*
–	*13. Jan. 1553*	*+ 43,89*
–	*20. Jan. 1841*	*+ 43.54*
–	*10. Febr. 1946*	*+ 43,47*
–	*29. Jan. 1846*	*+ 43,26*
–	*11. März 1881*	*+ 43,10*
–	*3. Jan. 1926*	*+ 42,68*
–	*7. Febr. 1909*	*+ 42,54*
–	*27. Nov. 1890*	*+ 42,44*

Am Sockel unterste Markierung:
- *20. Jan. 1918 N. N.* *+ 42.21*
und Inschrift: *Hochwasser-Merkstein / der / Weser.*

Auf der Rückseite der Stele drei Signaturen (von Steinmetzen?): *W. Meier / ER./ H. S.*

Für die Zeit bis zur Mitte des 19. Jahrhunderts verzeichnet die Chronik des Bistums und der Stadt Minden (SCHROEDER 1886) folgende besondere Hochwasser und dadurch hervorgerufene Schäden:
1020   Großer Schaden in der Stadt (S. 74)
1351   Einsturz der Weserbrücke, Wasser auf dem Markt und in der ganzen Stadt (S. 250)

1375	Wasser auf dem ganzen Markt, großer Schaden am Mauritius-Kloster auf dem Werder (S. 288)
1377	Wasser auf dem ganzen Markt (fraglich; S. 289 f.)
1513	Der Oberbau der Weserbrücke wird fortgespült (S. 415)
1552/53	Das Wasser geht über die Brücke und steht auf dem Markt (S. 468)
1643	Wasser steht auf dem Markt, im Schweinebruch kann man mit großen Schiffen fahren (S. 583, 626)
1658	Großer Schaden an der Weserbrücke (S. 607)
1682	Wasser steht auf dem Markt, Unterspülungen des Walls zwischen Weserbrücke und hohem Rundell, dem ehem. Schusterrundell (Gedenkstein am Haus Bäckerstraße 66; S. 626)
1793	Der untere Teil der Stadt steht unter Wasser (S. 668)
1795	Hochwasserschäden an der Bunten Brücke
1798/99	Hochwasser führt zum Einsturz der Bunten Brücke; die anschließenden Ufermauern sind zerstört.
1830	Überschwemmung mit großem Schaden (S. 696)
1843	Plötzliches Hochwasser überschwemmt im Juli während des Schützenfestes den Festplatz (S. 697)

V.10 Tor vom Soldatenfriedhof des Infanterie-Regiments Nr. 15 in Wicres/Nordfrankreich, 1917/1937

Gelände der ehemaligen Gneisenau-Kaserne, Grille 11, zwischen den ehemaligen Fahrzeughallen Am Exerzierplatz 8–14 und 13.

QUELLEN: WNN, 26.10.1937. – Bote an der Weser, 2.11.1937.

ABBILDUNGEN: KAM, Bildsammlung, WAfD.

Zwischen Pfeilern aus Backstein geschmiedetes zweiflügeliges Gittertor mit neubarock geschweiftem oberem Abschluß. In der Mitte jedes Flügels ein kreisrundes Medaillon mit Eichenkranz-Rahmen, darin die Bezeichnung *IR* und *15*. Hinter dem Tor ein kleiner Findling mit der undeutlichen Inschrift: *Tor / des 15er Friedhofs / von Wicres / Frankreich*.

Der erste Friedhof für die Gefallenen des Infanterie-Regiments Nr. 15 war in Halgegarbe / Nordfrankreich angelegt. Da er unter beständigem Beschuß litt, wurde er nach Wicres verlegt, wo man die Toten des Regiments aus der Umgebung zusammentrug. Das Gefallenen-Denkmal baute der Bildhauer Richter (Bilder in KAM, Bildsammlung); das Eingangstor schenkte die Fa. Drabert Söhne, Minden. 1936 wurde der Ehrenfriedhof in Wicres vom Volksbund Deutsche Kriegsgräberfürsorge ausgebaut und erweitert. Dabei wurde das 1917 errichtete Tor überflüssig; es wurde mit Spenden von Mindener Bürgern nach Minden überführt und hier von der Fa. Drabert Söhne instandgesetzt. Im Herbst 1937 konnte es auf dem Gelände der Gneisenau-Kaserne aufgestellt und vom II. Bataillon des Infanterie-Regiments 58 in Pflege und Obhut genommen werden. Das neu aufgestellte Regiment der Wehrmacht hatte die Traditionen der »Fünfzehner« fortgesetzt.

Abb. 612   Denkmal für die 1914–1918 gefallenen Mindener Turner. Marienstraße/Marienglacis, 1977.

V.11 Denkmal für die 1914–1918 gefallenen Mindener Turner   Abb. 612

Marienstraße/Ecke Marienglacis.

ABBILDUNGEN vom Vorzustand: KAM, Bildsammlung A I 501 Marienstraße.

Denkmalanlage in Form einer ungefähr halboval zurückschwingenden Mauer aus Portastein am Ostende der Grünanlagen des Marienglacis, vom westlichen Bürgersteig der Marienstraße durch eine Grünfläche abgesetzt; vor dem Mittelteil im Halbkreis mit Steinen eingefaßtes Blumenbeet.

In der Mitte Stele mit Inschrift *FR LUDW JAHN / 1778–1852* im eingetieften Feld, darauf Jahn-Büste aus weißem Sandstein (Nase beschädigt). Am linken Schulterabschnitt bezeichnet mit steinmetzzeichenartiger Marke, darin die Initialen *WE,* am rechten Abschnitt Inschrift: *DER FESTSTADT MINDEN / GEWIDMET VOM / AKADEMISCHEN TURNERBUND / XI. ATB-FEST 1953.*

Beiderseits der Stele querrechteckige Quadermauern auf Sockel, an den äußeren Enden mit flach reliefierten Eichenlaub-Lisenen eingefaßt. Oben Rahmenleiste mit *FRISCH -FROMM / FROH – FREI* in abstraktem, schriftartigem Ornament.

In den Feldern Metalltafeln mit Inschriften, links: Eichenlaub – bekränzter Stahlhelm / *FÜRS VATERLAND / STARBEN IM WELTKRIEGE / 118 / MINDENER TURNER / D. T.* zwischen Lorbeerzweigen; rechts: *1914* Eisernes Kreuz *1918 / MÄNNER TURNVEREIN MINDEN / TURN-GEMEINDE MINDEN / TURNVEREIN JAHN /* Turnerbund-Signet zwischen Eichenblättern.

An die Steintafeln schließen beiderseits die im Viertelkreis vorschwingenden Mauern aus Sandsteinquadern an. Im ursprünglichen Zustand erschien das 1919 errichtete Denkmal etwas aufwendiger und auffallender: In der Mitte die hoch aufgesockelte Stele mit der Jahn-Büste, zu beiden Seiten auf der Quadermauer mit den (höheren) Eichenlaub-Lisenen je drei gitterartig aufgestellte, schmale Steinpfosten, alles abgedeckt mit der Inschrift-Rahmenleiste. Beiderseits anschließend die Viertelkreis-Mauern. Vor dem Sockel des Mittelteils im Halbkreis das Blumenbeet, davor, gleichfalls halbkreisförmig mit geraden Endstücken eingefaßt, eine Rasenfläche. Die Umgestaltung und Vereinfachung erfolgte 1953 zum XI. Akademischen Turner-Bund-Fest.

V.12 Gedenkstein für die 1914–1918 gefallenen Schüler des Gymnasiums und der Oberrealschule, 1920

Auf dem Gelände des ehemaligen Gymnasiums, der Oberrealschule (Besselschule), heute Domschule und Städtische Lehranstalt für pharmazeutisch-technische Assistenten, Immanuelstraße 2/4.

Granit-Findling, H. ca 1 m. In der geschrägten Vorderfläche unter dem Umriß des Eisernen Kreuzes Inschrift: *Den Gefallenen / des / Gymnasiums / und der / Oberrealschule / 1914–1918*.

Der Gedenkstein wurde am 8. Oktober 1920 eingeweiht (Verw.-Bericht 1913/1926, S. 6). – Die Namen der gefallenen Schüler wurden in den Ädikulen im Vestibül des Schulgebäudes verzeichnet; die Inschriften wurden nach dem Zweiten Weltkrieg getilgt (Fotos in KAM, Bildsammlung).

V.13 Denkmal für die 1914–1918 gefallenen Mitglieder des Mindener Sportklubs von 1905 e.V., 1920

Sportplatz des Mindener Sportklubs südlich von Fort C, in der Südostecke des Geländes.

Sandstein, H ca. 2,50 m, Sockelbreite ca. 1,85 m, Inschrifttafel etwa 1,10 x 0,70 m. Bossenrahmen nach 1980 schwarzgrau, Tafel weiß überstrichen.

Mehrfach gestuftes, ädikula-artiges Gehäuse aus grob bossierten Quadern, darin Inschrifttafel: *Unseren gefallenen Sportskameraden / gewidmet / Mindener Sportklub v. 1905 e.V./ Minden im August 1920*. Darunter in zwei Kolumnen 26 Namen mit den Todesdaten. Am Sturz en relief Eisernes Kreuz mit gekröntem W zwischen den Jahreszahlen *1914* und *1918*.

Das Denkmal wurde am 22. August 1920 eingeweiht (Verw.-Bericht 1913/1926, S. 6).

V.14 Karl Krause (?): Gefallenen-Denkmal des Infanterie-Regiments Prinz Friedrich der Niederlande (2. Westf. Nr. 15) für 1914–1918 und des II. Bataillons des Infanterie-Regiments 58 für 1935–1945   Abb. 613

Im Weserglacis, im Winkel von Bastau und Johansenstraße.

QUELLEN: BA Weserglacis / Infanterie-Denkmal, mit Lageplan und Plänen 1:20. – KAM Bildsammlung B VI 15.

LITERATUR: Verw.-Bericht 1913/1927, S. 7.

Am 3. Februar 1921 schreibt Oberst a. D. Kramer, der 1. Vorsitzende des Bundes ehemaliger Angehöriger des Infanterie-Regiments Prinz Friedrich der Niederlande (2. Westfälisches Nr. 15), an den Magistrat: Der Bund beabsichtige, ein Gefallenendenkmal zu errichten, und bitte, den ins Auge gefaßten Platz kostenlos zu überlassen [die im Brief genannte Skizze fehlt]. Außerdem sei man

Abb. 613 Denkmal für die Gefallenen des Infanterie-Regiments Nr. 15, errichtet 1922 im Weserglacis. Zustand 1992.

dankbar, wenn dem Bund *von den bei der Hafenschule liegenden Festungssteinen ein Teil unentgeltlich oder zu einem billigen Preise überlassen würde. Das Denkmal soll bis zum 14. August fertig gestellt sein.*

Nach positivem Votum der Park-, Friedhofs- und Baukommission vom 22. 2. 1921 stimmt der Magistrat am folgenden Tag dem Antrag zu; das erbetene Steinmaterial soll für 20 Mark je Kubikmeter abgegeben werden. Auch die Stadtverordneten stimmen am 10. 3. zu: Das Denkmal solle in städtische Obhut und Unterhaltung übernommen werden; die Steine sollten jedoch unentgeltlich zur Verfügung gestellt werden. Dem schließt sich der Magistrat am 6. 4. 1921 an. Der Bau ist offensichtlich unmittelbar danach an Hand der auf 1. März 1921 datierten Pläne begonnen worden, während der formelle Bauantrag erst am 8. August mündlich gestellt und am 15. Oktober genehmigt wurde – zwei Monate nach der Einweihung am 14. August 1921. Ein Modell des Denkmals war 1922 in Raum 12 des städtischen Museums zu sehen (Tiefdruck-Postkarte nach Modellfoto von Carl Beste im KAM, Bildsammlung B VI 15). Der entwerfende Architekt ist weder auf den Bauzeichnungen noch in den Akten genannt; wegen der Ähnlichkeit mit dem gleichzeitig entstandenen Denkmal des Mindenschen Feld-Artillerie-Regiments Nr. 58 im Königsglacis darf es dem Mindener Architekten Karl Krause zugewiesen werden.

Das Denkmal steht in den Grünanlagen des Weserglacis auf der ehemaligen Glaciscrête, etwa 60 m östlich der Johansenstraße und rund 30 m nördlich des ehemaligen Offizierskasinos des Infanterie-Regiments Nr. 15 (Johansenstraße 1). Auf querovalem Grundriß (großer Durchmesser 4,20 m, kleiner Durchmesser 2,70 m) erhebt sich der turmartige Bau von 5,65 m Gesamthöhe auf zwei Stufen. Das rund 2,50 m tief gegründete Bauwerk ist innen hohl (ohne Zugang); die innere Schale aus Backstein und Beton ist außen vollständig mit Porta-Sandstein verkleidet. Drei Lagen grob bossierter Quader bilden den Sockel; die oberste Quaderlage ist rundum mit acht Kranzhaken-Konsolen besetzt. Über doppelter Plinthe folgt ein ovalzylindrischer Kernbau aus glattem Quaderwerk, besetzt mit zwölf, an den Kanten gerundeten Lisenen, die in den Hauptachsen breitere Felder freilassen. In allen Feldern sitzen oben unter schwerem, dorisierendem Gebälk dicht gereihte Konsolen. Ein Kranzgesims fehlt; das Abschlußprofil setzt sich mit rauh aufgespitzter Oberfläche gegen den senkrecht grob scharrierten Gebälkfries ab. Über den Lisenen ist es nach unten ausgekröpft und über den breiten Hauptfeldern zu einer schildartigen Form mit dem Eisernen Kreuz erweitert. Über der Gebälkzone setzt mit steilem Anlauf die flach gerundete, dreimal abgesetzte Kuppel aus grob bossierten Quadern an; den Kuppelfuß umgeben 14 oben gerundete Zinnen. Flachkuppel und Zinnenkranz wecken Assoziationen an das Theoderich-Grabmal in Ravenna, während der lisenenbesetzte Zylinder eher an Rundbauten dorischer Ordnung erinnert. Die schweren und groben, stark vereinfachten dorisierenden Formen schließen sich offensichtlich an die dorische Ordnung der klassizistischen Bauten des benachbarten Simeonsplatzes (Defensions-Kaserne, Garnison-Lazarett und Wagenhaus 2) an; sie symbolisieren Stärke, Festigkeit, unüberwindliche Tapferkeit und Heldentum.

In den breiten Hauptfeldern der kurzen Achse zwischen den Lisenen Inschriften in erhabenen, schlichten Versalien; nach Südosten: *INF REGIMENT / PRINZ FRIEDRICH / DER NIEDERLANDE / 2. WESTF. Nr. 15 / GEGRÜNDET 1813*, nach Nordwesten: *DEN / GEFALLENEN / ZUM / GEDÄCHTNIS / 1914 1918*. Die schmaleren Felder in der langen Achse tragen die Initiale des Regiments-Chefs *F* unter der niederländischen Königskrone. An der Plinthe der Südostseite wurde nach dem Zweiten Weltkrieg eine weitere Inschrift angebracht: *II. / INFANTERIE REGIMENT 58 / 1935–1945*. Das II. Bataillon des IR 58, das 1935 in Minden aufgestellt wurde und die Gneisenau-Kaserne auf der Grille bezog, hatte 1937 die Tradition des alten Infanterie-Regiments Nr. 15 übernommen (Bote an der Weser 2. 11. 1937).

V.15 Denkmal der Fußartillerie-Regimenter Nr. 7 und 9 für 1864/66–1918

Abb. 614

Auf dem Simeonsplatz, vor der Nordostecke des ehem. Wagenhauses 2, nahe der Portastraße; ursprünglich zwischen der Südostecke des Wagenhauses und der Kaserne III an der Portastraße.

ABBILDUNG am älteren Standort: Foto Grätz, WAfD, Bildarchiv.

Portastein, H ca. 4,50 m. Pylon mit zwei Pfeilern auf quadratischem Grundriß und mit regelmäßig wechselnden hohen und flachen Schichten. Darüber großformiges dorisierendes Gebälk mit Zahnschnitt und kantig auskragendem Gesims; darüber zwischen zweistufigem Aufsatz ein Block mit dem Eisernen Kreuz auf der Vorderseite.

An beiden Pfeilern über Kopfhöhe ehemals aufgesetzte Inschriften aus Metallbuchstaben, links: *WESTFAELISCHES / FUSS-ARTILLERIE-REGIMENT / Nr. 7. / 1864 1918*, rechts: *SCHLESW-HOLST. FUSSARTILLERIE-REGIMENT / Nr. 9 / 1866 1918*.

Das Denkmal, das die strengen Formen der klassizistischen Bauten am Simeonsplatz aufgreift, wurde am 24. Oktober 1921 eingeweiht. Vermutlich im Zusammenhang mit der Anlage des Draht-

Abb. 614 Denkmal der Fußartillerie-Regimenter Nr. 7 und 9, aufgestellt 1921 an der Portastraße zwischen Kaserne III und Wagenhaus 2. Zustand vor der Umsetzung 1934.

zaunes vor der langen Front der Kaserne III zur Portastraße (1934) wurde das Denkmal an seinen jetzigen Platz umgesetzt. Die Inschriften wurden 1945 entfernt.

Das Westfälische Fußartillerie-Regiment Nr. 7 unterstand dem VII. Armeekorps (Münster) und hatte seine Garnison in Köln, das Schleswig-Holsteinische Fußartillerie-Regiment Nr. 9 gehörte zum VIII. Armeekorps (Koblenz); seine Garnisonen waren Koblenz ud Ehrenbreitstein. Die Garnisonen lagen nach den Bestimmungen des Versailler Vertrages seit 1920 in der entmilitarisierten Zone; an die Errichtung von Gefallenen-Denkmälern im französisch besetzten Rheinland war in den Jahren nach dem Ersten Weltkrieg wohl nicht zu denken.

V.16 Denkmal für die Gefallenen des Feld-Artillerie-Regiments Nr. 58

Ehem. Artilleriekaserne, Artilleriestraße 9.

Auf der begrünten Fläche vor dem Wirtschaftsgebäude steht ein aus Feldsteinen aufgesetzter Obelisk, den eine steinerne Kugel krönt. H. ca. 2,50 m. Die Vorderseite (nach Westen) trägt unten ein Steinrelief mit dem Eisernen Kreuz, darüber eine Steintafel mit der Inschrift *DEN GEFALLENEN / HELDEN / DES F. A. R. NR. 58* – Das schlichte Denkmal wird von ehemaligen Angehörigen des 1899–1918 bestehenden Regiments in den Jahren nach dem Ersten Weltkrieg aufgestellt worden sein.

V.17 Karl Krause / Eberhard Encke: Gefallenen-Denkmal des Mindenschen Feld-Artillerie-Regiments Nr. 58 und angeschlossener Formationen für 1914–1918 sowie weiterer Artillerie-Einheiten für 1920–1945

Abb. 615, 616

Im Glacis zwischen Königsglacis und Parkstraße, südlich der Königstraße.

QUELLEN: BA Weserglacis / Infanterie-Denkmal (Schriftwechsel); BA Gefallenen-Denkmal des F. A. R. 58 im Königsglacis (mit Lageplan und Skizze M 1:50) – KAM, Bildsammlung B VI 15 (Fotos von Hans Pape, vor 1945).

LITERATUR: Denkmalsweihe für die Gefallenen des Mindenschen Feld.-Art.-Regts. 58 am 8. u. 9. Oktober 1921, Minden 1921 (mit Abb. des Modells).

Am 9. Februar 1921 teilte ein Herr Krappe im Auftrage der Kommission zur Errichtung eines Gedenksteines für die Gefallenen des ehemaligen Mindenschen Feld-Artillerie-Regiments No. 58 dem Magistrat mit, daß ehemalige Angehörige dieses Regiments beabsichtigten, ein Ehrenmal für die Gefallenen zu errichten. Zugleich bittet er um kostenlose Überlassung eines geeigneten Platzes und um Bruchsteine aus den früheren Festungswerken. *Da auch die Stadt Minden, deren Namen das Regt. mit Stolz getragen hat, zweifellos ein großes Interesse daran hat, daß dies Ehrendenkmal in würdiger Weise den nächsten Generationen erhalten bleibt, so bittet die Kommission, auch die kostenlose Pflege nach Fertigstellung zu übernehmen.*

Nach positivem Votum der Park-, Friedhofs- und Baukommission der Stadt vom 22.2.1921 stimmt der Magistrat am 23.2. dem Antrag zu; die erbetenen Sandsteinquader seien für 20 Mark je Kubikmeter abzugeben. Am 10.3.1921 folgen die Stadtverordneten dem Magistratsbeschluß; das Steinmaterial soll aber unentgeltlich abgegeben werden; der Übernahme des Denkmals in städtische Obhut und Unterhaltung wird gleichfalls zugestimmt. Diesem Votum schließt sich wiederum der Magistrat mit Beschluß vom 6.4.1921 an. Der Bau ist offenbar unmittelbar danach begonnen worden; denn bereits am 9. Oktober konnte das Denkmal feierlich eingeweiht werden. (Verw.-Bericht 1913/1927, S. 7). Das formelle Baugenehmigungsverfahren begann freilich erst am 6. Oktober mit der Vorlage der Planskizze durch Herrn Zöller namens des Denkmalsausschusses; es wurde bereits am 15.10.1921 im Baupolizeiamt nach erfolgter Revision durch das Stadtvermessungsamt abgeschlossen.

Das Denkmal steht in den westlichen Glacisanlagen vor dem ehemaligen Königstor auf dem Gelände des Waffenplatzes im Gedeckten Weg, etwa dort, wo der Graben des Ravelins Königstor auf den Festungsgraben stieß und die Straße vor dem äußeren Königstor das Glacis durchschnitt. Der bei den Entfestigungsarbeiten nach 1878 aufgeschüttete Platz markiert etwa die Höhe der vormaligen Glaciscrête; die östlich anschließende Senke entspricht dem verfüllten Festungsgraben. Bei der Wahl dieses Platzes hat vielleicht auch die Nähe zum ehemaligen Offizierskasino des F. A. R. 58, Königstraße 60, eine Rolle gespielt. Der kreisrunde, turmartige Bau hat am Sockel einen Durchmesser von 4,08 m; die Gesamthöhe beträgt 6,26 m. Den Entwurf lieferte der Mindener Architekt Karl Krause; das Bronzerelief schuf der Berliner Bildhauer und Medailleur Eberhard Encke (Encke war Meisterschüler von Louis Tuaillon und hatte u. a. die 1914 zerstörte Rosselenkergruppe auf dem Gebäude der Deutschen Botschaft in St. Petersburg geschaffen). – Das der Ausführung vorangehende Modell (Abb. in: Denkmalsweihe… 1921, S. 3) zeigt die abschließende Kuppel flacher; in der

Abb. 615 Denkmal für die Gefallenen des Feld-Artillerie-Regiments Nr. 58 und angeschlossener Formationen, errichtet 1921 im Königsglacis. Zustand 1992.

Tambourzone steht statt des Bronzereliefs die Widmungsinschrift zwischen zwei hockenden, einander zugewendeten Adlern.

Der Bau hat vermutlich einen aus Backstein gemauerten Kern und ist rundum mit Portasandstein verkleidet. Unterbau aus drei Teilen: Auf die abgeschrägte Plinthe folgt ein Kugelsegment, oben belegt mit zwei faszienartigen Bändern, darüber eine Stufe mit leichter Schräge. An dieser vorn rechts die Architekten-Signatur: *KARL KRAUSE 1921*.

Der Mittelteil ist zweizonig: unten acht breite und gedrungene, pilasterartige Tafelvorlagen auf entsprechend verkröpfter Stufe, abgeschlossen mit zweifach vorgekragtem Zahnschnittfries. In den schlitzartig-schmalen Rücklagen oben steinerne Kranzhaken-Konsolen. Über dem Zahnschnitt setzt wie eine Attika der Tambour an. An seiner Ostseite ist das Bronzerelief appliziert, das nahezu über die Breite von drei Tafelvorlagen reicht; die übrige Fläche nimmt eine monumentale Inschrift ein. Darüber oben abgeschrägtes Kranzgesims mit Tropfenplatten an der Unterseite. Über diesem Gesims schräge Stufe, halbkugelige Kuppel und oben gerundet zugespitzte Deckplatte. Hauptschmuck des Denkmals ist das Bronzerelief, das der Rundung des Tambours folgt; an der Rahmen-

Abb. 616 Eberhard Encke, Relief am Denkmal des Feld-Artillerie-Regiments Nr. 58 im Königsglacis, 1992.

leiste rechts unten bezeichnet: *Eberhard Encke fec. Berlin 1921*. Das querrechteckige Hochrelief zeigt nach links gewendet ein Geschützgespann mit vier Pferden, das im Gefecht abprotzt. Das rechte Vorderpferd ist gestürzt, das Handpferd bäumt sich auf; sein Reiter fällt getroffen zurück. Hinten springen Soldaten von der Protze, andere sind geduckt am Geschütz beschäftigt. Hinter ihnen reißt ein Offizier sein Pferd herum und gibt Befehle nach vorn. Sein jähes Umwenden und der hochgerissene Pferdekopf bilden das kompositorische Gegengewicht zur dramatisch bewegten linken Gruppe. Die Bildmitte ist verhaltener; das sich im Lauf in den Boden stemmende zweite Pferdepaar mit parierendem Reiter verweist deutlich auf die Reitergruppen des Panathenäen-Frieses am Athener Parthenon als Anregung und Vorbild.

Die größere Fläche des Tambours nimmt die vierzeilige Inschrift mit schweren, erhabenen Versalien auf hell geputztem Grund ein: *IST · UNSERE · ZEIT · GEKOMMEN · DANN · WOLLEN / WIR· RITTERLICH · STERBEN · UM · UNSERER / BRÜDER · WILLEN · UND · UNSERE · EHRE · NICHT / LASSEN · ZU · SCHANDEN · WERDEN · MAKKAB. 9,16.*

Von den acht Tafelvorlagen unter dem Tambour waren ursprünglich nur vier mit Inschriften versehen; vorn: *UNSEREN / HELDEN ZUM GEDÄCHTNIS*, darunter Eisernes Kreuz zwischen den Jahreszahlen *19–14 / 19–18;* die Ecken der Tafel waren mit Rosetten besetzt (Foto von Hans Pape, KAM, Bildsammlung). Die gegenüberliegenden drei rückwärtigen Tafeln nennen das Stammregiment und die zugeordneten Reserve-Einheiten; in der Mitte (Tafel 5): *MINDENSCHES / o FELD o / ARTILLERIE / REGIMENT / 58* (zwischen flammenden Granaten) */ 1914–1918;* links (Tafel 4): *RESERVE / o FELD o / ARTILLERIE REGIMENT / 60* (zwischen Granaten) */ 1914 - 1918;* rechts (Tafel 6): *RESERVE / o FELD o / ARTILLERIE REGIMENT 114* (wie oben) */ 1914 - 1918.*

Nach dem Zweiten Weltkrieg (nach 1970?) wurden auf den bisher leeren Tafeln die Namen der Mindener Artillerie-Einheiten der Zeit zwischen 1920 und 1945 nachgetragen; der Text der Tafel 1 wurde geändert:

1914 Eisernes Kreuz *1918 / UNSEREN / HELDEN ZUM / GEDÄCHTNIS / F · A · R 58.* Die Inschriften passen sich im Stil den älteren an; als Zeilenfüller wurden Eiserne Kreuze, Kugeln und flammende Granaten eingesetzt.

Tafel 2: *ARTILLERIE REGIMENT 186 / 1939–1945,*

Tafel 3: *ARTILLERIE REGIMENT 6 / UND KRIEGS- / FORMATIONEN / 1920–1945.*

Tafel 7: *LANDST. BATTR. / VII · A · K · VII (T) / SPÄTER / 1. BATTR. LANDW. / FELD. ARTL. REGT. / 254.*

Tafel 8: *ARTILLERIE / REGIMENTER / 252 / UND 254 / 1940–1945*

Die Fläche um das Denkmal ist seit der Nachkriegszeit mit quadratischen Steinplatten belegt

V.18 Hans Müller-Porta: Gefallenen-Denkmal des Hannoverschen Pionier-Bataillons Nr. 10 für 1914–1918 und des 6. (Preußischen) Pionier-Bataillons für 1939–1945   Abb. 617, 618

Im Weserglacis zwischen Schwanenteich und Bastaumündung.

LITERATUR: Keber 1953, S. 105.

QUELLEN: BA Weserglacis / Pionier-Denkmal, darin Lageplan 1:500 und Entwurf 1:20 vom 22. Januar 1923. – KAM, Bildsammlung.

Im Juni 1922 reichten Oberstleutnant a. D. Lindemann und Eisenbahn-Ingenieur Schmitt für den Denkmalausschuß für die Gefallenen des Hannoverschen Pionier-Bataillons No. 10 dem Magistrat eine Lageplanskizze eines geplanten Denkmals ein (Skizze fehlt), mit der Bitte um eine *möglichst baldige günstige Entscheidung, ob der Platz für den genannten Zweck zur Verfügung gestellt werden kann.* Der Ausschuß plane ein Denkmal *in würdiger Form als Figur auf schlankem Sockel;* ausführliche Entwürfe könnten erst nach der Entscheidung über die Platzfrage – vermutlich im Weserglacis am Schwanenteich – vorgelegt werden. Auf die Rückfrage der Park-, Friedhofs- und Baukommission vom 23. Juni, wann die Fertigstellung zu erwarten und wie die Weihe desselben gedacht sei, antwortete Lindemann am 28. Juni, daß mit einer Fertigstellung nicht vor Herbst 1923 zu rechnen sei. Ebenso sei für die Weihe des Denkmals noch nichts festgelegt, *jedenfalls sollte sie nicht trennend, sondern versöhnend wirken, da mit dem Denkmal die Erinnerung an alle unsere treuen Gefallenen, die den verschiedensten politischen Parteien angehört haben, gepflegt werden soll.* Näheres wird dazu nicht ausgeführt; anscheinend galten die Pioniere wohl schon vor der Novemberrevolution von 1918 als eine nicht unbedingt kaiser- und reichstreue, stark politisierte Truppe, so daß man in den unruhigen Nachkriegsjahren Störungen oder Provokationen bei einer Denkmalweihe in Minden befürchtete.

Der Magistrat erklärte sich am 12. Juli 1922 bereit, der Stadtverordnetenversammlung die Überlassung des ausgewählten Platzes im Weserglacis vorzuschlagen unter der Voraussetzung, daß der Entwurf des Denkmals auch ihm zur etwaigen Stellungnahme unterbreitet werde. Am 3. November wird der Entwurf vom Magistrat genehmigt. Der Bauschein wird am 3. Februar 1923 auf Grund des Ausführungsentwurfs vom 22. Januar 1923 erteilt. Die Einweihung erfolgte am 2./3. Mai 1923.

Abb. 617 Denkmal des Hannoverschen Pionier-Bataillons Nr. 10 für die Gefallenen von 1914–1918, Weserglacis, erste Fassung von 1923.

Großzügige Denkmalanlage in zwei Ebenen auf der Contrescarpe (Gedeckter Weg, Waffenplatz und Glacis) zwischen den ehemaligen Bastions I und II.

Die untere Ebene bildet ein kreisrundes, nach Nordwesten zum Schwanenteich mit einer niedrigen Bruchsteinmauer eingefaßtes, zum Glacis mit Buschwerk umstandenes Rondell, das vom ehem. Gedeckten Weg (jetzt Uferweg) durchquert wird. In der Mittelachse führen breite Treppenstufen auf die Höhe der ehemaligen Glaciscrête zum Querweg, an dem sich nach Südosten ein rechteckiger, um eine Stufe erhöhter Platz öffnet, der mit unregelmäßigen Sandsteinplatten belegt ist. Auf diesem Platz stand bis 1945, um drei Stufen erhöht und im Halbkreis von geschorenen Buchenhecken umgeben, das Pionierdenkmal für 1914–1918: Ein schlichter, aufgesockelter Block, darauf die sprungbereit nach rechts kniend aufblickende Figur eines Soldaten mit Stahlhelm, der in der rechten Hand neben sich eine Stab-Handgranate hielt. An der Vorderseite des Sockelblocks Inschrift *1914 –* Eisernes Kreuz – *1918 / HANNOVERSCHES / PIONIER BATAILLON NR 10 / SEINEN GEFALLENEN / ZUM GEDÄCHTNIS*. Dieses Denkmal wurde am 2./3. 6. 1946 beschädigt, nur der Sockel war danach erhalten (Keber 1953, S. 105).

Abb. 618 Hans Müller-Porta, Gefallenendenkmal des Hannoverschen Pionier-Bataillons Nr. 10 für 1914–1918, des Pionier-Bataillons 6 für 1939–1945, neu errichtet 1953.

Das neue, auf Initiative des Pionier-Vereins Minden von Hans Müller-Porta entworfene und in Sandstein ausgeführte, am 7. Juni 1953 eingeweihte Denkmal besteht aus niedrigen, rechtwinkelig gebrochenen Steinbänken, zwischen denen vor hoher Stele auf vorn abgeschrägtem Sockel die Figur eines Pioniersoldaten steht: etwas überlebensgroß, frontal in leicht offener Schrittstellung. Mit der rechten Hand faßt er einen im Nacken geschulterten Preßluftbohrer, den Spitzmeißel hält er in der gesenkten Linken. Unter dem Bohrgerät liegt auf seiner rechten Schulter eine locker gefaltete Zeltbahn oder Decke; zur Ausrüstung gehören Marschstiefel (»Knobelbecher«), Patronentaschen und Handgranaten am Koppel sowie Stahlhelm.

An Sockel und Stele Inschriften, vorn: *IHREN GEFALLENEN / ZUM GEDÄCHTNIS / HANN. PIONIER BTL. 10 / PIONIER BTL. 6 / UND IHRE KRIEGS / FORMATIONEN / IHRE EHRE LAG IN / DER ERFÜLLUNG / IHRER PFLICHT*, hinten *1914 / 1918 / Eisernes Kreuz / 1939 / 1945*.

Das Denkmal ist nicht signiert oder bezeichnet. Die Nase nach Beschädigung ergänzt, Stahlhelmränder über der Stirn stark bestoßen.

Mit der Neuerrichtung des Denkmals 1953 ging die Verschönerung und Ergänzung des Platzes einher: Die Halbkreis-Mauer unten am Teich *ersetzte ein häßliches* Eisengitter (KEBER 1953, S. 105).

Abb. 619 Gefallenendenkmal des 1./2. Lothringischen Feld-Artillerie-Regiments Nr. 33/34 für 1914–1918, aufgestellt 1925 an der Portastraße bei Kaserne III. Zustand vor der Versetzung 1934.

V.19 Gefallenen-Denkmal des 1. und 2. Lothringischen Feldartillerie-Regiments Nr. 33 und 34 für 1914–1915 Abb. 619

Ursprünglich am Südende der Kaserne III an der Portastraße, um 1934 umgesetzt auf den Simeonsplatz zwischen Wache und Kraftfahrzeughalle nahe der Bastau, 1945 beseitigt.

Bildquellen: Foto von Hans Pape, Minden im KAM, Bildsammlung B VI 15; Foto Grätz, Privatbesitz Minden, WAfD, Bildarchiv (vor 1934).

Travertin und Kalkstein (?), H ca. 4 m, Sockelplatte ca. 2,50 m breit und etwa 1 m tief.
Auf querrechteckiger Sockelplatte aus Travertin einfacher Block mit zurückgestufter Deckplatte, darauf eine Kugel mit metallener Flamme. An der Vorderseite Inschrift: GEDENKET / DER TAPFEREN / KAMERADEN / DIE IM KRIEGE / 1914–1918 / HELDENMÜTIG / GEFALLEN SIND.

Beiderseits des Cippus schlanke quadratische Pfeiler mit schrägkantig auskragenden, doppelten Deckplatten, jeder bekrönt vom Eisernen Kreuz. An den Vorderseiten im oberen Drittel unter Kronen verschlungene Kursiv-Monogramme *LFAR* (Lothringisches Feld-Artillerie-Regiment), darunter schräggekreuzte Kanonenrohre und Eichenzweige. In der Mitte flach vortretende Tafeln mit erhabener Inschrift, links: *ZUR / ERINNERUNG / AN UNSER / RUHMREICHES / 1. LOTHR.*

FELD-ARTILLERIE-REGIMENT / 33 – METZ, *rechts:* UNSEREM / RUHMREICHEN 2. LOTHR: FELD-ARTILLERIE-REGIMENT / 34 – METZ / ZUM / GEDÄCHTNIS.

Die unteren Sockeldrittel trugen in eingetieften Inschriften Angaben über die Zahl der Toten: Links: *IM WELTKRIEGE / SIND VOM / REGIMENTE / GEFALLEN / 40 OFFIZIERE / 285 UNTEROFFIZIERE / UND KANONIERE*. Rechts gleicher Text… *25 OFFIZIERE / / 365 UNTEROFFIZIERE / UND KANONIERE*. Die Seiten der beiden Pfeiler trugen im oberen Drittel die Namen der Schlachtorte bzw. Einsatzgebiete (in Fotos am linken Pfeiler nur zu lesen: *… GARDA-SEE*, am rechten: *ARRAS / SOMME / AISNE / … / MARNE / …*). – Am Sockel unter den Pfeilern im eingetieften Feld erhabene dreizeilige Inschrift: *OB AUCH ALLES UM UNS SANK LASST UNS NICHT / ENTARTEN, HALTET SCHWERT UND EHRE BLANK* / (Eisernes Kreuz) *UNSRE TOTEN WARTEN!* (Eisernes Kreuz).

Das Denkmal wurde am 4. Oktober 1925 eingeweiht (Verw.-Bericht 1913/1926, S. 10).

Die Errichtung eines Denkmals für die Gefallenen zweier Regimenter, deren Garnison nicht Minden, sondern Metz war, erklärt sich aus der Abtretung des Reichslandes Elsaß-Lothringen an Frankreich nach dem Ersten Weltkrieg. An die Errichtung von Gefallenen-Denkmälern in den ehemaligen Garnisonen war nicht zu denken.

Zwei weitere Denkmäler für Regimenter aus Lothringen wurden in Münster errichtet: 1923 für die Gefallenen des 3. Lothringischen Feld-Artillerie-Regiments Nr. 69 (Garnison St. Avold) im Schloßgarten, 1930 das Denkmal des 4. Lothringischen Feld-Artillerie-Regiments Nr. 70 (Garnisonen in Metz und Mörchingen) auf dem Hörsterplatz (vgl. Uber 1977, S. 86, Abb. 21 und S. 90, Abb. 32). Siehe auch Nr. V.21, Denkmal des 1. Lothringischen Pionier-Bataillons Nr. 16.

V.20 Sympher-Denkmal, 1928/1977   Abb. 620–622

Auf dem Westufer des oberen Vorhafens der Schachtschleuse, unterhalb der parallel verlaufenden Sympherstraße.

QUELLEN: BA Sympher-Gedenkstein Fulda-Straße / Ecke Bleich-Straße mit 7 Plänen (Grundrisse, Ansichten, Schnitte, Details) M 1:100, 1:50, 1:20 – STA DT, Akten D 54 B Nr. 45 B, 459 (nicht ausgewertet).

LITERATUR: v. B. (= Regierungs- und Baurat von Both), Sympher Gedenkstein in: Zentralblatt der Bauverwaltung 48, 1928, S. 232 und Einweihung des Sympher-Gedenksteins, in: ebd., S. 441. – Groth, Die Einweihung des Sympher-Denkmals in Minden, In: Gute Fahrt, Ein Wochenblatt für Schiffer 25, 1928, Nr. 15, S. 1 ff.; 16, S. 1 f.; 17, S. 1 ff. – Erinnerungen an Vater des Mittellandkanals. In: MT vom 16.2.1965 – Leo Sympher stiefmütterlich behandelt. In: MT vom 4.1.1967 – Klaus Linnemann, Leo Sympher, Mskr. vom 15.5.1977 im Wasser- und Schiffahrtsamt Minden. – Ders., Sympher-Denkmal jetzt am ursprünglichen Platz. In: MT vom 17.05.1977.

Leo Sympher (Hannoversch Münden 19.10.1854–16.1.1922 Berlin) hatte als Wasserbau-Ingenieur und Verkehrswirtschaftler führenden Anteil an Planung und Bau der großen deutschen Binnenwasserstraßen (siehe Teil V, Kap. X.3.3, Mittellandkanal, S. 1772–1810; zur Biographie siehe Teil I.3). Unmittelbar nach dem Tod des auch menschlich hoch geschätzten Mannes bildete sich 1922 unter Leitung von Regierungsbaurat Dr.-Ing. Groth im Wasserbauamt II in Minden ein Arbeitsausschuß

Abb. 620 Sympher-Denkmal von 1928. Ursprüngliche Fassung über dem Wasserstraßenkreuz, Ecke Bleichstraße/Fuldastraße. Zustand um 1936.

für die Errichtung eines Sympher-Gedenksteins. Mit Zustimmung des Reichsverkehrsministers hatte die Wasserstraßendirektion Hannover einen Platz auf dem Gelände westlich des oberen Vorhafens der Schachtschleuse zur Verfügung gestellt. Der Arbeitsausschuß hatte unter den Mitgliedern des Deutschen Architekten- und Ingenieurvereins zu einem Ideenwettbewerb aufgerufen. Das Preisgericht empfahl den Entwurf »Weserblick« des Mindener Regierungsbaumeisters Ritter zum Ankauf für 1 000 Mark und zur Ausführung. Die Inflation verhinderte die Verwirklichung des Projekts; die bis August 1923 gespendeten 2 477 187 Mark schrumpften auf 150 Goldmark zusammen. Erst 1926/27 konnte das Vorhaben wieder aufgegriffen werden. Die schon erteilte Genehmigung für die Aufstellung des Denkmals am Vorhafen mußte allerdings zurückgenommen werden, da zu dieser Zeit geplant war, den Vorhafen gegebenenfalls nach Westen zu erweitern. Das Denkmal wurde nun, unter Mitwirkung der Stadt Minden, auf der hohen Einschnittböschung des südlichen Kanalufers, unterhalb der Ecke Fuldastraße / Bleichstraße, auf einer mit Balustraden und Treppen eingefaßten Plattform errichtet. Dieser Platz war als Standort des Denkmals besonders geeignet, da er einen weiten Blick über die ausgedehnten Anlagen des Mindener Wasserstraßenkreuzes bot. Wichtiger war den Erbauern aber wohl, daß dies Denkmal für den »Vater des Mittellandkanals« auch von der Wasserseite her für die Schiffer markant und weithin sichtbar in Erscheinung trat.

Den Gesamtplan entwickelte nun der Geheime Oberbaurat Dr. Fürstenau; das eigentliche Denkmal entwarf Regierungsbaurat Lüdtcke, Marburg. Die Ausführung in Ibbenbürener Sandstein besorg-

V.20 Sympher-Denkmal

ten die Mindener Unternehmer Homann und Tüting. Neben der Stadt Minden, die das Grundstück in der Nordostecke der alten »Lust«, auf dem hochgelegenen Kanalufer zur Verfügung stellte, leisteten zahlreiche Institutionen und Verbände aus Industrie, Handel und Gewerbe tatkräftige Unterstützung oder beteiligten sich durch Spenden an der Finanzierung. Eine erneute Sammlung hatte 1927 10 289 Goldmark erbracht. Das Denkmal wurde am 19. Juni 1928 unter reger Anteilnahme der Behörden und der Spender feierlich eingeweiht und in die Obhut der Stadt Minden gegeben.

Die Anlage bestand aus einer 12 x 14,50 m großen Plattform, 1,50 m unterhalb der Terrassenkante und 5 m über dem Treidelweg bzw. 6 m über dem Wasserspiegel des Kanals. Die Plattform schob sich über hohem, leicht geböschtem Sockel aus hammerrechtem Quadermauerwerk nach Norden und Osten aus dem Hang vor und war hier mit schlichten Steinbalustraden abgeschlossen. An der Westseite führte ein Weg vom Treidelpfad herauf; die südliche und westliche Hangseite waren durch eine hohe Futtermauer mit Brüstung geschlossen, hinter der im Süden eine Treppe von der Plattform auf die obere Terrassenebene führte. Am Fuß der Futtermauer war im Winkel eine Steinplattenbank angeordnet. Das eigentliche Denkmal stand inmitten der Plattform. Ein quadratischer Unterbau von 2,50 m Seitenlänge und 3,70 m Höhe war oben zweimal leicht zurückgestuft; darüber erhob sich auf einem Steinblock und vier Bronzekugeln eine Steinpyramide von 1,70 m Höhe mit

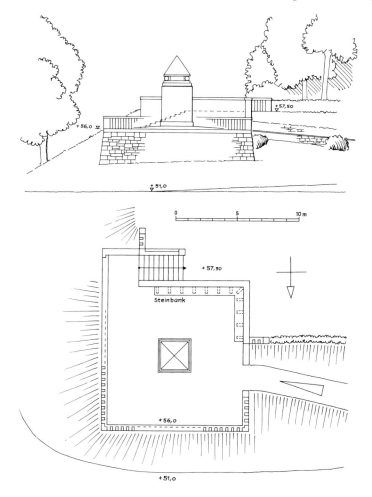

Abb. 621 Sympher-Denkmal am Wasserstraßenkreuz. Ansicht von Norden und Grundriß nach Plänen der Bauakte. U.-D. Korn 1999.

Abb. 622 Sympher-Denkmal. Neue Fassung nach der Umsetzung an die Westseite der Schachtschleuse. Ansicht von Nordosten, 1997.

einer Seitenlänge von 2 m. Die Pyramidenspitze ist wie bei einem Obelisken leicht abgestumpft. Die Gesamthöhe des Monuments betrug 5,70 m. An der Ostseite des Sockels – mit Blick auf die Weser und die Kanalüberführung – war eine Bronzetafel angebracht mit der Inschrift in erhabenen Antiqua-Versalien:

DEM SCHOEPFER / DEUTSCHER SCHIFFAHRTSTRASSEN / DEM FOERDERER DEUTSCHER WASSERWIRTSCHAFT / LEO SYMPHER * 1854 + 1922 / ZUM GEDAECHTNIS.

In den Nachkriegsjahren verwahrloste die Anlage; 1967 berichtete die Presse: *... von der Sandsteinmauer, die diesen Aussichtsplatz umgibt, ist nur noch die Hälfte vorhanden. Der übrige – östliche – Teil ist... seit längerer Zeit den Abhang hinuntergestürzt... Sicherungsmaßnahmen sind also am Platze!* (MT 4.1.1967)

Der weitere Ausbau des Mittellandkanals für das 1350-Tonnen-Schiff machte mit seiner Verbreiterung den Abbau der Denkmalplattform notwendig; er veranlaßte die Wasser- und Schiffahrtsverwaltung, das Denkmal nun doch an den ursprünglich vorgesehenen Ort auf dem Westufer des oberen Vorhafens der Schachtschleuse umzusetzen. Die Neugestaltung wurde vom Gartenamt der Stadt Minden und dem zentralen Hochbaubüro bei der Wasser- und Schiffahrtsdirektion Mitte erarbeitet. Um das Denkmal mit seiner charakteristischen Pyramidenspitze gefälliger in die Gesamtgestaltung des Vorhafens einzubinden, verzichtete man auf den hohen Unterbau und übernahm von ihm nur den zurückgestuften Oberteil. Auf ihm ruht wie vorher die Pyramide, getragen von dem zurückgesetzten Quader in der Mitte und den vier Bronzekugeln an den Ecken. Den Sockelrest umgibt ein 0,40 m hohes, 4,05 m im Quadrat messendes Pflanzbeet, rundum eingefaßt von Bänken aus U-förmigen Betonfertigteilen. Im Beet liegt vor der Nordseite des Sockels auf einer Steinplatte die Bronzetafel mit der Inschrift. Das neugestaltete Denkmal wurde am 17. Mai 1977 von Baudirektor Klaus Linnemann von der Wasser- und Schiffahrtsdirektion Mitte, Hannover, der Öffentlichkeit übergeben. Mit der Neugestaltung hat der Sympher-Gedenkstein einen guten Teil seiner ursprünglichen Kraft und Prägnanz verloren; erhalten blieb immerhin der gestalterisch wichtigste Teil.

Die Pyramide als Mausoleum oder Erinnerungsmal war, anknüpfend an die römische Cestius-Pyramide, vom frühen 18. Jahrhundert (Vanbrugh-Gedächtnis-Pyramide im Park von Stowe 1713/14) bis zu Weinbrenners Pyramide auf dem Karlsruher Marktplatz (1823) und Fürst Pücklers

Land- und Seepyramiden im Schloßpark von Branitz (1863/1868) fester Bestandteil der monumentalen Memorial- und Sepulkral-Architektur und ist hier in einer kaum übersehbaren Reihe von Projekten und ausgeführten Exemplaren belegt, meist in Parklandschaften und auf Friedhöfen. Das Mindener Sympher-Denkmal schließt sich hier, zusammen mit Kriegerdenkmälern aus der Zeit nach dem Ersten Weltkrieg, nahtlos an. Das Motiv der Kugeln unter den vier Ecken der Pyramide erscheint in den zwanziger Jahren fast gleichzeitig am Gefallenendenkmal der jüdischen Kultusgemeinde in Recklinghausen und an Heinrich Bäumers »Dreizehner«-Denkmal von 1923/25 in Münster, hier in einer Mischform von Pyramide und Obelisk (VOGT 1993, S. 132 f., 145 ff. m. Abb.). Die Interpretation als Kanonenkugeln liegt bei Kriegerdenkmälern zwar nahe, ist aber fragwürdig und scheidet beim Sympher-Denkmal aus. Sicherlich gehen die Kugeln auf die scheinbar labile Form der Aufstellung ägyptischer Obelisken auf bronzenen Knäufen, Kugeln, Schildkröten, Löwenköpfen, Adlern etc. zurück, die für Rom mindestens seit dem 16. Jahrhundert mehrfach zu belegen ist. Sie hat ein antikes Gegenstück beim Obelisken im Hippodrom in Konstantinopel, der auf vier Bronzewürfeln ruht (Ernst BATTA, Obelisken. Frankfurt a. M. 1986, passim). Die Vergrößerung der Kugeln und damit die Monumentalisierung des Motivs kommt zudem der Vorliebe für klare, geometrisch-kristalline Formen bei Ehrenmälern entgegen. Die Kugeln heben die Pyramide als Sinnbild der Unvergänglichkeit und ewigen Dauer über die Ebene alltäglicher Erdenschwere empor. In der ursprünglichen Fassung mit dem hohen Pfeilersockel war dieser Gedanke eindrucksvoll umgesetzt; die reduzierte Form hat dem Denkmal einen guten Teil seiner beabsichtigten Wirkung genommen.

V.21 Gefallenen-Denkmal des 1. Lothringischen Pionier-Bataillons Nr. 16

An der Ecke Ringstraße/Fasanenstraße, im nordöstlichen Winkel des Geländes der 1934/1935 errichteten ehemaligen Kaserne des Pionierbataillons 46 der Wehrmacht (ehem. Mudra-Kaserne/Clifton Barracks).

Kreisrunder Erdhügel von etwa 6 m Durchmesser und 0,80 m Höhe, am Fuß eingefaßt von kleinen Findlingen. Auf dem Hügel steht über einem Betonfundament ein Findlingsblock von etwa 2 m Höhe und 1,60 m Breite. An seiner Vorderseite nach Nordosten metallene Tafel, darin unter dem Eisernen Kreuz zwischen Eichenzweigen Inschrift: *Das 1. Lothr./ Pionier Bataillon No. 16 / und die aus ihm hervorgegangenen / Formationen / verloren / im Weltkriege / 1914–1918 an Toten / 56 Offiziere / 266 Unteroffiziere / 1654 Gefreite und Pioniere.* Darunter zwei auswärts gekehrte Eichenblätter und Inschrift: *Ehre ihrem Andenken.*

Am Fuß des Hügels liegt vorn, hinter der Findlings-Einfassung eine weitere metallene Tafel, die nach dem Zweiten Weltkrieg von Traditionsverbänden der Pioniere hinzugefügt wurde. Sie zeigt das Eiserne Kreuz mit den eingeschriebenen Daten *1939–1945*, darunter die Inschrift *UNSEREN TOTEN*.

Das Gelände des Ehrenmals ist durch einen Zaun vom ehemaligen Kasernenareal geschieden. An der Straßenecke ein Tor, vor dem ein locker mit Findlingen gesäumter Weg zum Denkmal führt.

Das Ehrenmal dürfte in den zwanziger Jahren von Angehörigen des Lothringischen Pionier-Bataillons errichtet worden sein, jedoch war nicht zu ermitteln, wo es vor dem Bau der Mudra-Kaserne seinen Standort hatte. Zur Aufstellung in Minden siehe oben Nr. V.19; Garnisonsort des Bataillons bis zum Ende des Ersten Weltkriegs war Metz.

V.22 Hans Korth: Hochkreuz auf dem Ehrenfriedhof für 1914/1918 auf dem Nordfriedhof

Marienstraße 134/136

Siehe Teil V, S. 777 f. – Zum Schlageter-Denkmal auf dem Jakobsberg neuerdings ausführlich FUHRMEISTER 1999, S. 350–379.

V.23 Georg Herting: Wohlstand durch Sparsamkeit (?), 1936/37

Tonhallenstraße 2

LITERATUR: Teil V, Kap. III, S. 44.

Die etwa lebensgroße, gemäßigt naturalistische Figur aus Muschelkalk wurde von Prof. Georg Herting, Hannover, für den Neubau der Kreissparkasse geschaffen und im breiteren Wandfeld nahe der Ecke zum Klausenwall in etwa 4 m Höhe angebracht. Die weibliche Figur ist über langem, rockartigem Gewand unbekleidet; sie hält mit ihrer angewinkelten linken Hand eine leicht geöffnete Schatulle, die rechte Hand ist geöffnet gesenkt. Zu ihren Füßen sehr kleine Figuren spielender Kinder, die rechte mit runder Kappe. Zu Seiten der Frau links der von Schlangen umwundene Merkurstab unter dem Flügelhelm, rechts Ähren unter Früchten. Unter der Gruppe eine Konsole mit den Wappenbildern des Kreises Minden-Lübbecke: vorn ein Schlüssel mit abgewendetem Bart, hinten zwei Sparren übereinander.

V.24 Gedenkstein für Oberstleutnant von Drebber, 1938

1998 noch auf dem Gelände der ehemaligen Gneisenau-Kaserne, Grille 11, auf dem Rasenplatz südlich vor dem Wirtschaftsgebäude 2; danach entfernt. Verbleib unbekannt.

Am Fuß einer Eiche kleiner Findling mit Inschrift: *Obstlt. / v. Drebber / 15. 10. 1935–31. 12. 1937 / Eiche gepflanzt am 12. 3. 1938* (?, letzte Ziffer unleserlich).
　　Laut WNN vom 26. 10. 1937 war Oberstleutnant von Drebber Kommandeur des II. Bataillons des Infanterie-Regiments 58, das 1936 die neue Kaserne auf der Grille bezogen hatte.

V.25 Köslin-Stein

Am Weserglacis zwischen der Weserbrücke und der ehem. neuen Regierung (Eisenbahn-Zentralamt).

Liegende, leicht nach vorn geneigte, etwa linsenförmige Findlingsplatte von ca. 2,30 m Breite und etwa 1,80 m Tiefe. In die gewölbte Oberfläche eingeschlagene Inschrift: *KÖSLIN / STADT IN POMMERN / MINDENER PATENSTADT / SEIT DEM 16. JUNI 1953*.

Der Stein wurde im Zusammenhang mit der Übernahme der Patenschaft für die hinterpommersche Stadt gelegt. Etwa gleichzeitig erhielt das Gebäude des ehemaligen Offizierskasinos des Feld-Artillerie-Regiments Nr. 58, Königstraße 60, den Namen »Haus Köslin«, im Hause wurde ein »Köslin-Zimmer« eingerichtet (siehe Teil V, S. 292, 295).

V.26 Zoltan Szekessy: Genius der Zeit, 1954

Kleiner Domhof 8

LITERATUR: Teil II, Kap. IX. 4, S. 1393 mit Abb. 895.

Bronzefigur von Zoltan Szekessy, Düsseldorf. H ca. 3 m, an der gerundeten Ecke des Sparkassengebäudes Kleiner Domhof 8/Ecke Lindenstraße in der Höhe des ersten Obergeschosses (zum Haus siehe Teil II, S. 1387–1393). In fließenden Formen stark stilisierte Figur eines Jünglings in langem Gewand. Seinen linken Arm hat er abgewinkelt über den Kopf erhoben, in der offenen Rechten trägt er vor sich eine vergoldete Sanduhr. Zwischen den unbekleideten Füßen und den Knien befindet sich der gespaltene Schild des Mindener Stadtwappens; Doppeladler und gekreuzte Schlüssel sind vergoldet. – Zu Szekessys Domkanzel siehe Teil III, S. 722.

V.27 Berlin-Stein

Am Nordende des Klausenwalles, in den Grünanlagen nordwestlich des Denkmals des Großen Kurfürsten.

Aufgesockelte Stele von 1,00 m Höhe, 0,50 m Breite und 0,15 m Tiefe aus hellem Sandstein; an der Vorderseite en relief das Berliner Stadtwappen mit Blattkrone, darunter Inschrift: *BERLIN / 357 km*.

Der Mindener Stein ist eines von zahlreichen Exemplaren, die als Zeichen der Verbundenheit mit der geteilten, durch die Blockade von 1948 isolierten und durch den Mauerbau vom 13. August 1961 abgeriegelten Stadt Berlin in vielen Städten der alten Bundesrepublik an den nach Berlin führenden Straßen an markanten Punkten aufgestellt wurden.

V.28 Dampflokomotiven-Radsatz, 1969 (?)

Viktoriastraße/Ecke Bahnstraße, Grünfläche am Bahndamm.

Treibradsatz einer Schnellzug-Dampflokomotive der Baureihe 01 der Deutschen Reichsbahn bzw. Bundesbahn auf ca. 3,50 m langem Gleisteil mit Schotterbett in Betonplattenrahmen. Leihgabe des Bundesbahn-Zentralamtes Minden/Westf. (Schild am Kontergewicht). Aufgestellt aus Anlaß der durchgehenden Elektrifizierung der Köln-Mindener Eisenbahnstrecke mit Umstellung von Dampflokomotiven auf elektrischen Betrieb zum Winterfahrplan 1968/1969 (vgl. REININGHAUS 1997, S. 69) bzw. am 29. September 1968 (vgl. KLEE 1997, S. 147).

V.29 Theodor Henke: Weserspucker, 1978

Bäckerstraße, in Höhe des Neubaus Nr. 47/49.

Bronzefigur von Theodor Henke, Minden, etwa lebensgroß, auf gestuftem Steinsockel mit längsrechteckigem, steinernem Brunnenbecken, L 3,00 m, B 1,70 m, H ca. 0,30 m. Auf dem Beckenrand Inschrift: *DER STADT MINDEN / 1978 GESTIFTET / FAMILIE WEIDENFELLER*, die Figur anscheinend nicht bezeichnet.

Die Figur eines halbwüchsigen Jungen lehnt sich weit nach vorn; die Rechte in die Hüfte gestemmt, die Linke auf das angewinkelte linke Knie gestützt. Mit gespitztem Mund spuckt der Bursche von Zeit zu Zeit einen Wasserstrahl in das Brunnenbecken zu seinen Füßen. Die Figur greift eine Mindener Erzählung auf, nach der die Jungen der Stadt im Wettkampf in die Weser spuckten.

V.30 Ludwig Leitz: Die Familie, 1979

Kleiner Domhof, vor dem Ostgiebel des Rathauses.

Bronzegruppe von Ludwig Leitz, auf Sandsteinsockel, H ca. 4 m. An der Plinthe links signiert 1979, *Leitz* (in Ligatur), rechts bezeichnet *Guss Strehle / Neuötting II*.

Stark abstrahierte Gruppe in weich fließenden, großen Ovalformen, die das Motiv des Fürsorglich-Behütenden unterstreichen. Vorn stehend das Kind mit erhobenen Armen, über das sich die Mutter weit vorbeugt, die ihrerseits von der großen Figur des Vaters in leichter Vorwärtsneigung überfangen wird.

Die Gruppe wurde 1980 aufgestellt.

V.31 Hans Möhlmann: Rathausuhr, 1980 — Abb. 623

Am Ostgiebel des Alten Rathauses.

Bronzezifferblatt von Hans Möhlmann, Minden. Dm. ca. 3 m, am Obergeschoß des Alten Rathauses zum Kleinen Domhof.

Um eine quadratische Mittelplatte, die en relief mit spiraligen und fächerförmig gebogenen Mustern verziert und links unten durchbrochen ist, legt sich ein doppelter, durchbrochener Reif. Der innere, schmalere zeigt die Stunden und ist an Stelle der Zahlen mit zwölf nach rechts gerundeten Halbkreisschalen belegt, denen am kleinen Zeiger eine nach links gerundete halbe Schale entspricht. Zur vollen Stunde ergibt dies jeweils eine ganze, vollrunde Schale. Dem entsprechen auf dem breiteren Außenreif zwölf nach links gerundete Halbschalen, die mit einer rechts gerundeten Halbschale am Ende des großen Zeigers jeweils im Abstand von fünf Minuten eine vollrunde Schale bilden. Der innere Reif ist über gerundete Stege mit der quadratischen Mittelplatte verbunden; in den unteren Durchbrechungen hängen vier kleine Glocken des Schlagwerks, das auf den Westminster-Schlag (Big Ben) gestimmt ist (Zum Neubau des Rathauses von 1952–1955 siehe Teil IV, S. 1381–1391).

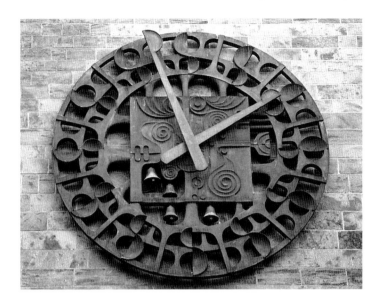

Abb. 623 Hans Möhlmann, Rathausuhr, 1980. Ostgiebel des Alten Rathauses, 1997.

V.32 Anker mit Kette, 1980/1990

Königswall 103/105, auf der rückwärtigen Rasenfläche zum Weingarten.

Eiserner Hallscher Patentanker von ca. 1,70 m Länge mit ca. 2 m Ankerkette, auf steinernem Rechtecksockel. Gesamthöhe etwa 2,20 m. Aufgestellt am 31.10.1980 aus Anlaß des 20jährigen Bestehens der Patenschaft zwischen der Mindener 3. Bürgerkompanie und der 3. Kompanie des Pionier-Bataillons 110 der Bundeswehr (Inschrifttafel am Sockel, darunter kleine Tafel mit der Inschrift *Luftlandepionierkompanie 270 / 01. 09. 1982*).

Daneben ein unregelmäßig geformter Kalkstein (?)-Block; an seiner flachen Vorderseite en relief das Mindener Stadtwappen vor Weinblatt und Traube und Wappenabzeichen der Luftlande-Pioniere (eine zweibogige schwebende Brücke, überdeckt von einem offenen Fallschirm), dazwischen die Jahreszahlen *1980–1990*. – Der Stein wurde zum 30jährigen Bestehen der Patenschaft aufgestellt.

V.33 Victor Bonato: Waage, 1986

Königswall 8, vor dem Eingang des Justizzentrums.

Cortenstahl-Skulptur von Victor Bonato, unbezeichnet, aufgestellt 1986.

In einer gepflasterten kreisrunden Mulde von 12 m Durchmesser liegt eine in gleichmäßiger Rundung aufgebogene Profilplatte von etwa 14 m Länge, 0,80 m Breite und 0,12 m Stärke. Die Oberseite ist nach der Länge mittig keilförmig eingetieft. Am tiefsten Punkt der Höhlung liegt eine eiserne Kugel von 1,48 m Durchmesser.

V.34 Paul Wedepohl: Mindener Buttjer, 1986

Am oberen Ende der Martinitreppe vor dem Haus Martinikirchhof 5 (siehe Teil IV, S. 1426, Abb. 1000).

Lebensgroße Bronzefigur eines jungen Mannes, von Paul Wedepohl (1908–1991), auf der runden Plinthe rückwärts bezeichnet *W. 1986*, darunter – der Rundung folgend in Versalien MINDENER BUTTJER. Die Figur steht in lässiger Haltung, barfuß, in langen Hosen und mit einem langen Pullover bekleidet, mit tief in den Hosentaschen steckenden Händen, die Mütze in den Nacken geschoben; sie blickt keck zur Seite über den Martinikirchhof.

»Buttjer« ist bis heute ein Sammelname für die Bevölkerung der Alt- und Fischerstadt Minden, spezieller meint es »Lausejunge« oder »Taugenichts« (vgl. das »Buttje« in den norddeutschen Küstenstädten). Der Name »Buttjer« stammt aus dem Rotwelschen und konnte früher vom Arbeiter bis zum Landstreicher reichen. Die Sprache der Mindener Buttjer ist eine Sonderform des Rotwelschen (siehe dazu SIEWERT 2002).

V.35 Wilfried Hagebölling: Keil-Stück, 1987

Martinikirchhof, Freifläche am Parkplatz zur Kampstraße.

Cortenstahl, L ca. 6 m, B ca. 0,70–2,50 m, H 3,40 m. Vier unterschiedlich bemessene, jeweils trapezförmig geschnittene Stahlplatten sind teils rechtwinklig, teils leicht schiefwinklig miteinander verschweißt und ergeben so eine nach Südosten, zum Chor von St. Martini aufrechte, in der Gegenrichtung liegende Keilform, die an beiden Enden abgeschnitten und offen ist. Das Keil-Stück steht schräg am Rand der Platzfläche, ohne Bezug zu den umgehenden Baufronten von Kampstraße, Martinihaus/Heeresbäckerei und zur Nordseite von St. Martini. Die Möglichkeit, in der scheinbaren Beziehungslosigkeit den näheren Umraum des Werks zu aktivieren, wird konterkariert durch die unmittelbare Nähe von Fahrradständern und parkenden Autos.

V.36 Werner Ratering: Porta Humanica, 1987

Weserpromenade, östlich des Weserstadions, bei der Arena.

Sandstein, H ca. 4. Auf Betonblöcken mit angeschütteten Rasenböschungen zwei spitzbogig aneinandergelehnte Sandsteinblöcke, deren Außenkonturen über der Bogenschulter gegenläufig geführt sind und mit leichtem Versatz ungefähr waagerecht enden. Durch den Bogen führt der gepflasterte Weg der Weserpromenade.

V.37 Susanne Tunn: Große Scholle, 1987

Schwichowwall, Grünfläche zur Rodenbecker Straße.

Bruchrauher Block aus Obernkirchener Sandstein, H 2,60, B 1,80, T 0,40 m, mit teilweise über einer Kante ausgehauener männlicher Figur, diese in verschiedenen Stadien der Steinbearbeitung.
　Die Skulptur ist Teil des Beitrags »Spannungsfelder« der Ateliergemeinschaft Hahler Straße im Rahmen der Landeskulturtage »Kultur NRW vor Ort« 1987 in Minden.

V.38 Ulrich Kügler: »Ohne Titel«, 1987

Schwichowwall, auf dem Westteil der Grünanlage zur Rodenbecker Straße.

Sockel aus Stahlblech (sog. Tränenblech), 2,50 x 2,50 x 0,30 m, darauf eine senkrecht gestellte, bruchrauhe Platte aus Obernkirchener Sandstein, ca. 2,75 m hoch und etwa 0,25 m stark, zwischen keilförmigen Stützen aus Tränenblech.
　Das Werk ist Teil des Beitrags »Spannungsfelder« der Ateliergemeinschaft Hahler Straße im Rahmen der Landeskulturtage »Kultur NRW vor Ort« 1987 in Minden.

V.39 Udo Kurz: »Ohne Titel«, 1987

Schwichowwall, Grünanlage zur Rodenbecker Straße.

Sandsteinskulptur von Udo Kurz, 1987. Senkrecht gestellte Steinbalken, kreuzförmig und zur Mitte gestuft ansteigend, die Winkel mit niedrigen, gestuften Blöcken ausgesetzt. Unbezeichnet, L 2,20, B 1,80, H 2,00 m.
　Teil des Beitrags »Spannungsfelder« der Ateliergemeinschaft Hahler Straße im Rahmen der Landeskulturtage »Kultur NRW vor Ort« 1987 in Minden.

V.40 Udo Kurz: Sühnestein 1992

Schwichowwall, Grünanlage vor der Böschung zur Rodenbecker Straße.

Obernkirchener Sandstein, H ca. 3 m, B etwa 3 m, T ca. 0,80 m. In eine schlanke Stele mit teils exakt behauenen, teils grob bossierten Kanten und verjüngtem Kopf ist eine lange Steinplatte in leichter Schräge eingeschoben. Beide Steine sind durch Ausklinkungen miteinander verbunden. Das 1987 geschaffene Werk wurde mit dem Titel »Sühnestein 1992« aufgestellt als Zeichen für *Menschenwürde und Menschlichkeit*, läßt aber dem Betrachter die Freiheit zu eigener Interpretation.

Abb. 624 Stadtbrunnenpumpe, um 1790/1988. Alte Kirchstraße/Brüderstraße, 1997.

V.41 Stadtbrunnenpumpe, um 1790/1988   Abb. 624

Auf dem kleinen Platz zwischen Alte Kirchstraße, Brüderstraße und Kampstraße.

Eichene Brunnensäule, mit achtseitigem Aufsatz, über dem Abschlußprofil achtseitige Dachpyramide. Gesamthöhe mit der achtseitigen steinernen Standplatte ca. 3 m. In Hüfthöhe eingesetzter hölzerner Kranarm mit eiserner Verstrebung, die vorn in einem Eimerhaken ausläuft. Im Inneren Pumpvorrichtung mit eisernen Röhren und langem Eisenschwengel am Aufsatz. In die Sockelplatte eingearbeitet steinernes Auslaufbecken, jetzt mit dachförmiger Blechabdeckung. Inschrift auf runder Bronzeplatte: *Historische Stadtbrunnenpumpe / um 1790 / gestiftet anläßlich des Jubiläums /»100 Jahre zentrale Wasserversorgung« / im Jahre 1988 /* STADTWERKE */* MINDEN *GMBH.* Im alten Mindener Stadtgebiet gab es etwa 40 derartige Pumpen, die mit der Anlage von Wasserleitungen und Kanalisation seit 1888 allmählich verschwanden.

V.42 Joachim Bandau: Mahnmal für die Opfer der nationalsozialistischen Gewaltherrschaft 1933–45 in Minden und Umgebung, 1988

Tonhallenstraße, zwischen dem Stadttheater und der ehem. Kreissparkasse.   Abb. 625

LITERATUR: Unsere Kirche, Jg. 43, Nr. 18, 1.5.1986.

Flossenbürger Granit, geschnitten und geschliffen, L ca. 20 m, größte Höhe etwa 1,80 m; vier Bronzetafeln im umgebenden Pflaster.

    Zwei in der Fläche gegeneinander versetzte Keilformen, deren schräge obere Flächen sich zur Mitte absenken, die östliche, niedrigere mit glatt abgeschnittener Oberfläche, die höhere westlich mit gestuft versetzten Flächen. Fugen teilen die seitlichen Keilflächen in sieben, gleichmäßig breite und schmalere Streifen. Die Fugen bilden auf den oberen Flächen ineinandergreifende eckige U-, H- und Kreuzformen, die an der größeren Keilform dem stufenförmigen Versatz folgen.
Inschriften auf den vier Bronzetafeln:
EUCH ALLEN, DIE IHR VORÜBERGEHT, / SAGE ICH: SCHAUT DOCH UND SEHT, / OB IRGENDEIN SCHMERZ IST WIE MEIN / SCHMERZ, DER MICH GETROFFEN HAT. / KLAGELIED 1; 12.

Abb. 625   Joachim Bandau, Mahnmal, 1988. Tonhallenstraße, 1997.

SCHWUR DER ÜBERLEBENDEN DES / KONZENTRATIONSLAGERS BUCHENWALD AM 19. APRIL 1945.
WIR SCHWÖREN DESHALB VOR ALLER WELT AUF DIESEM APPELLPLATZ, AN / DIESER STÄTTE DES FASCHISTISCHEN / GRAUENS: WIR STELLEN DEN KAMPF / ERST EIN, WENN AUCH DER LETZTE / SCHULDIGE VOR DEN RICHTERN DER / VÖLKER STEHT. DIE VERNICHTUNG DES / NAZISMUS MIT SEINEN WURZELN IST / UNSERE LOSUNG. DER AUFBAU EINER / NEUEN WELT DES FRIEDENS UND DER / FREIHEIT IST UNSER ZIEL.

ES IST STEIN, KALTER STEIN. / SAXA LOQUUNTUR, STEINE KÖNNEN / SPRECHEN. ES KOMMT AUF DEN EINZELNEN, ES KOMMT AUF DICH / AN; DASS DU IHRE SPRACHE, / DASS DU DIESE IHRE BESONDERE / SPRACHE VERSTEHST, UM DEINET- /WILLEN, UM UNSER ALLER WILLEN.
THEODOR HEUSS.

DER GEGENSATZ VON LIEBE IST NICHT / HASS, DER GEGENSATZ VON HOFFNUNG / IST NICHT VERZWEIFLUNG / DER GEGEN- /SATZ VON GEISTIGER GESUNDHEIT UND / GESUNDEM MENSCHENVERSTAND IST / NICHT WAHNSINN, UND DER GEGENSATZ / VON ERINNERUNG HEISST NICHT VERGES- /SEN, SONDERN ES IST NICHTS ANDERES / ALS JEDESMAL DIE GLEICHGÜLTIGKEIT.
ELIE WIESEL.

Das Mahnmal wurde Ende April 1988 der Öffentlichkeit übergeben.

V.43 Klettermenschen, 1966

Westende des Schwichowwalls/Ecke Rodenbecker Straße, am Sportplatz des Ratsgymnasiums.

Drei etwa 5 m hohe Betonmasten, bemalt mit Giraffenhals-Mustern. An den Masten in verschiedener Höhe je eine aus Gips modellierte menschliche Figur.
 Die Klettermenschen entstanden 1986 in einer Arbeitsgruppe aus Schülerinnen und Schülern des Ratsgymnasiums unter Anleitung von Ulrich Kügler.

V.44 Udo Kurz: Liegen, Stehen, Lehnen, 1990

Im Hof hinter dem ehemaligen Garnison-Lazarett/Hautklinik des Klinikums II, Portastraße 9.

In einem flachen Betonbecken von ca. 3 m Seitenlänge und 0,50 m Höhe sind fünf bruchrauhe Blöcke aus Obernkirchener (?) Sandstein zu einer allseitig spannungsreich wirkenden Gruppe von etwa 3 m Höhe zusammengefügt.
 Die Arbeit von Udo Kurz wurde 1990 von der Firma Mai/Compu-Orga, Offenbach/Main gestiftet (Inschrifttafel).

V.45 Brunnenanlage, 1980/81

Ostende der Bäckerstraße, vor Nr. 71.

Entwurf der Arbeitsgemeinschaft Prof. Spengelin/Rösner, 1980, ausgeführt 1980/1981.
 Obernkirchener Sandstein und Betonelemente, ca. 5 x 5m, größte Höhe 1,80 m. – Im polygonalen Becken, dessen Wandung sich aus vier unterschiedlich hohen, mehrfach U-förmig gebrochenen Betonelementen zusammensetzt, stehen als Mittelblock vier in der Höhe abgetreppte Sandsteinpfeiler mit schalenförmig ausgemuldeter Oberfläche. Das Wasser fließt aus der obersten in die drei folgenden Schalen und ergießt sich in das mehrfach gestufte, gepflasterte untere Becken.

V.46 Hallscher Patentanker, 1990

Fischerstadt, am Südende der Weserstraße.

Eiserner Anker mit kurzer Kette, aufgestellt auf der Pflasterfläche an der Abfahrt zur Schlagde. Am benachbarten Mauerstück der Fischerstadt-Mauer Inschrifttafel: *Hall'scher Patentanker / gefunden am 18. 08. 90 / durch das Minenjagdboot / »Minden« / auf einer Position / 5 sm nordöstlich vor Olpenitz.*
 Die Besatzung des Bootes schenkte das Fundstück aus der Ostsee der Patenstadt Minden.

Abb. 626 Hossein Azim Zadeh, Frau in den Wehen, vor 1992. Portastraße 9, Klinikum II, Hebammenlehranstalt, 1992.

V.47 Hossein Azim Zadeh: Frau in den Wehen, vor 1992   Abb. 626

Klinikum II, Portastraße 9, im rückwärtigen Gelände zur Johansenstraße im Winkel von Schwesternwohnheim und Schulzentrum / Hebammen-Lehranstalt.

Gußbeton auf gemauertem und verputztem Sockel, Gesamthöhe ca. 1,90 m – Nackte, hochschwangere Frau, mit seitlich abgewinkelten Beinen und rückwärts aufgestützten Armen sitzend, den Kopf im Wehenschmerz nach oben gereckt. Unbezeichnet und undatiert.

V.48 Hans-Jochen Freymuth: Rio 92 – Rio 2100

Alter Friedhof / Parkstraße, am östlichen Hauptweg zwischen Hochkreuz und klassizistischem Friedhofstor.

Holz und Sandstein, Beton und Stahlnägel. Vier hölzerne Stelen, in gestaffelter Reihe südlich des Hauptweges auf einer Rasenfläche. Die westliche ist ein aufrechter Sandsteinkeil, aus dem ein hölzernes Kreuz wächst. Sein Querbalken trägt die Inschrift *Rio 2100*.

    Daneben Tafel mit erläuterndem Text: *Die Skulpturengruppe »Rio 92 – Rio 2100« des Mindeners H. J. Freymuth ist mit dem Umweltpreis 1994 der Stadt Minden ausgezeichnet worden.*

    Das Ensemble ist die künstlerische Antwort auf »Nicht-Ergebnisse des Umweltgipfels Rio 1992.« Angelehnt an den Leidensweg Christi nach Golgatha wird hier mit vier Stationen eine Vision vom Kreuzweg der Natur dargestellt. Kommt es nicht zur Umkehr, dann am Ende also das Kreuz. Aber die senkrechte Achse öffnet sich wie ein Blatt, eine Blüte, ein wenig Hoffnung?

V.49 Doris Klimpel: Bessel-Büste, 1994   Abb. 627

Am unteren Ende der Martinitreppe, zwischen Markt 4 und Scharn 1/3/5.

Bronze, H ca. 50 cm, rückseitig bezeichnet *DK/1994*, auf etwa 1,25 m hohem Sockel aus gebändertem Obernkirchener Sandstein mit Plinthe. Davor im Pflaster bronzene Inschrifttafel: *FRIEDRICH WILHELM BESSEL / 22. Juli 1784–17. März 1846 / Minden – Bremen-Königsberg / Deutscher Astronom, Mathematiker und / Geodät. Als messender und experimentieren/der Direktor der Sternwarte zu Königsberg / schuf er neue Maßstäbe für praktische / Astronomie.* – Zu Bessel siehe Teil V, S. 846, Kampstraße 28, und S. 1957 f. (Porträt König Friedrich Wilhelms IV.). Die Büste wurde 1996 am Fuß der Martinitreppe aufgestellt.

Abb. 627   Doris Klimpel, Bessel-Büste, 1994. Martinitreppe, 2003.

V.50 Erinnerungsstein, 1994

Weserpromenade, über dem Flußufer östlich des Weserstadions.

Granitfindling mit Inschrift *Zur Erinnerung / an die / britischen Streitkräfte in Minden / 1945–1994*.

V.51 Yrsa von Leistner: Wiederkehrender Christus, 1995

Hufschmiede, auf dem südlichen Rasenabhang an der Marien-Kirche.

Bronze und Granit, Gesamthöhe ca. 2 m. – Die Bronzefigur erscheint über einem liegenden, gerundeten Findling und wird von einer roh behauenen, hellen Granitplatte hinterfangen. Die Gewandbehandlung vermeidet Assoziationen an textile Stofflichkeit und erinnert an einen Steinblock mit bewegter Oberfläche. Die Hände und ein großer Bausch an der linken Schulter sind eher angedeutet, dazu kontrastieren in deutlicher Modellierung das Gesicht und der schwebende Fuß.

Abb. 628   Egbert Broerken, Domfreiheit, 1998. Kleiner Domhof, am Domparadies, 2003.

V.52 Egbert Broerken: Bronzemodell der Domfreiheit, 1998   Abb. 628

Kleiner Domhof, im Winkel von Domparadies und nördlicher Westwand des Domes.

Bronze, ca. 1 x 0,50 m, auf unregelmäßig geformtem, oben teilweise modelliertem Sockel aus Portasandstein. An der Plinthe zur Südwestseite signiert *Egbert Broerken*.

Am Sockel nach Norden bronzene Inschrifttafel: *Dieses Modell für Blinde und Sehende vermittelt einen Eindruck von der Baustruktur des Dombezirks der Stadt Minden an der Wende vom Mittelalter zur Neuzeit. Es wurde anlässlich der 1200-Jahr-Feier im Jahre 1998 den Bürgern und Bürgerinnen Mindens vom Dombau-Verein Minden e.V. zum Geschenk gemacht.*

Dargestellt sind in Anlehnung an die Vogelschau-Vedoute von Wenzel Hollar von 1633/1634 die Domimmunität und die angrenzenden Häuserzeilen auf der Südseite der Bäckerstraße, der Ostseite des Scharn und des Marktes mit dem Rathaus bis zum Sack sowie die Weserbrücke mit dem Rondell am Westende und dem Rodentor im Osten. Die Weser und ihre Ufer, der Stadtgraben und der Bastaulauf vor den östlichen Mauern und Türmen der Domfreiheit sind aus dem Sandstein des Sockels modelliert. Oberhalb der Weserbrücke mit großem Maßstabsprung ein Kahn mit der Gestalt des hl. Ansgar, der von Corvey aus die Missionierung des europäischen Nordens begann. Straßen, Plätze und wichtige Gebäude sind in Blindenschrift bezeichnet; eine flache Plinthenstufe an der Nordseite wiederholt den Text der Sockeltafel in Braille-Schrift.

V.53 Handwerkersäule, 1998
Abb. 629

Treppenplattform zwischen Hufschmiede und Marienstraße.

LITERATUR: Festschrift Handwerkersäule 1998.

Betonkern, verkleidet mit geschliffenen und polierten Platten aus hellrotem, feingefleckten Granit.

Achteckpfeiler mit schrägem Sockelanlauf, oben im Winkel von 30 Grad abgeschnitten und mit leicht überstehender Platte abgedeckt. Gesamthöhe 2,30 m, Pfeiler 1,20 m stark. An der Vorderseite (nach Süden) Inschrift: *ZUR /1200 / JAHRFEIER / DER / STADT MINDEN // VOM / HANDWERK / GESTIFTET / 1998*, in der Mitte getrennt durch ein kreisrundes Bronzemedaillon mit dem alten, 1938/39 geschaffenen Berufsstandzeichen des Deutschen Handwerks. Auf der achteckigen Deckplatte das 1994 eingeführte neue Berufsstandzeichen. In die übrigen sieben Flächen des Pfeilers sind je fünf, in die größte rückwärtige Fläche sechs bronzene Kreismedaillons eingelassen. Die 36 Medaillons tragen die teils althergebrachten, teils in jüngerer Zeit geschaffenen Zeichen verschiedener Handwerkszweige und -sparten (Abbildungen der dargestellten Zeichen in der Festschrift Handwerkersäule, S. 17 f.). Der von Mindener Handwerkern geschaffene Pfeiler wurde der Stadt Minden am 3.12.1998 vom Verein zur Pflege der Handwerkskultur im Kreis Minden-Lübbecke übergeben.

Abb. 629 Handwerkersäule, 1998. Treppe zwischen Hufschmiede und Marienstraße, 1999.

V.54 Globus, 2002

Am Westrand von Kanzlers Weide, nördlich der Rampe des Glacisstegs.

Edelstahl, geschweißt, auf Betonplatte, Gesamthöhe ca. 2,20 m, Durchmesser des Globus etwa 1,50 m. – Gitterkugel mit den Hauptkonturen der Kontinente und großen Inseln sowie durchlaufender Erdachse in einem Halbkreis-Bügel auf kurzer Rundstütze.

Nach der daneben angebrachten Erläuterungstafel steht der Globus *für weltoffenes Denken und Handeln globaler Verantwortung,* er ist *ein Aufruf, um Projekte im Sinne einer zukunftsfähigen und nachhaltigen Entwicklung anzuregen.* Der Stahlglobus wurde *initiiert von zahlreichen Mindener Gruppen, die sich für die Ziele der Konferenz von Rio de Janeiro 1992 und der Nachfolgekonferenz in Johannesburg 2002 engagieren.* Gefertigt wurde er durch die Ausbildungsgemeinschaft der Wirtschaft (AGW) Minden.

V.55 Planetenschilder, 1996 ff.

An verschiedenen Standorten der Stadt: Simeonsplatz, Weserglacis, Schlagde, Weserpromenade.

Teile eines noch nicht abgeschlossenen Projekts des Bessel-Gymnasiums zur Darstellung der Sonne und ihrer neun Planeten proportional zu den tatsächlichen Entfernungsrelationen.

Zentrum ist die *Sonne* am Südende der Defensions-Kaserne. Auf gemauertem Sockel ein aufrecht über Eck stehendes und kreisförmig ausgeschnittenes Quadrat aus Edelstahl, darin eine leicht verschwenkte runde Stahlscheibe mit Name, astronomischen Zeichen und Daten des Gestirns.

Die zugehörigen Planetenschilder bestehen aus niedrigen, oben abgeschrägten Beton- und Mauerwerk-Sockeln, die auf der Schräge eine runde Stahlplatte mit den entsprechenden Namen, Planetenzeichen und Daten tragen. Bisher sind aufgestellt:

Merkur	auf dem Simeonsplatz vor Wagenhaus 2
Venus	am Simeonsplatz, gegenüber dem ehemaligen Garnison-Lazarett/Klinikum II
Jupiter	im Weserglacis nahe der unteren Bastaubrücke
Saturn	auf der Schlagde am Nordende des Parkplatzes.

Die Aufstellung wurde durch die Beiträge von Mindener Förderern finanziert, deren Namen auf den Kreisscheiben vermerkt sind.

V.56 Boje Alte Mellum-West

Weserpromenade, nahe dem Weserufer in Höhe des Weserstadions.

Eisen mit Farbanstrich und Beschriftung. Die Doppelkegel-Tonne diente bis zu ihrer Ausmusterung gegen Ende des 20. Jahrhunderts zur Fahrwasser-Befeuerung bei den Bänken der ehemaligen Insel Mellum zwischen Außenjade und Außenweser. – Stifter und Anlaß der Aufstellung in Minden konnten nicht ermittelt werden.

GLOSSAR

Anlage	Steigung(sverhältnis)
Anspannung	Stauhöhe im Wassergraben
approchieren	sich mit Lauf- oder Angriffsgräben einer Befestigung nähern
Armierung	Ausrüstung einer Festung mit Feuerwaffen für den Fall einer Belagerung
Außenwerk	Verteidigungsanlage vor dem Hauptwall einer Festung (Grabenwerk, Ravelin, detachiertes Werk)
Bankett	fortifikatorisch: Schützenauftritt hinter der Brustwehr; bautechnisch: Fundamentstreifen
Bastion	Mit Geschützen bestückte, winklig vorspringende Anlage im Hauptwall
Bastionshof	Vom Wall eines hohlen Bastions umgebenes, ebenes Geländestück
Batardeau	Wasserbär, Staumauer zur Regulierung des Wasserstandes im Festungsgraben
Berme	Böschungsabsatz
blenden	Schießscharten provisorisch vermauern bzw. in vorgeschriebener Art und Form verschließen
Blockhaus	Gebäude im Waffenplatz des Gedeckten Weges oder im Inneren eines Werkes zur Geschütz- und Gewehrverteidigung, in passagerer Holzbauweise oder als permanenter Massivbau
Bollwerk	Mit Geschütz bestückte, in runder Form vorspringende Anlage im Hauptwall (16./17. Jahrhundert), siehe auch Rondell
Bonnet(t)	(franz. Mütze, Kappe), Erhöhung der Brustwehr im ausspringenden Winkel an gefährdeten Stellen, zur Deckung der anschließenden Linien oder des Innenraumes eines Werkes
Breschbogen	Bogen, der die Entlastungspfeiler hinter Grabenfuttermauern überwölbt, um im Falle einer Bresche in der Mauer das Nachstürzen des aufliegenden Walles zu verhindern
Brückenkeller	Raum unter einem Torbau, der beim Schließen einer Zugbrücke die langen Brückenbalken mit den Kontergewichten aufnimmt
Brustwehr	Zur aktiven Verteidigung und zur Deckung dienender Erdaufwurf mit Auftritt zum Darüberfeuern
Capelle	Kleiner, überwölbter Hohlraum über den Kehlen einer Gewölbeabsattelung, angelegt für eine ordnungsgemäße Entwässerung unter einer Erdabdeckung
Capitale	siehe Kapitale
Caponière	Grabenstreichwehr, schußsicherer Hohlbau zur Grabenverteidigung mit Gewehren und Geschützen
Communication	siehe Kommunikation
Contregarde	Wallbefestigung vor dem einspringenden Winkel zwischen zwei benachbarten Bastions
Contrescarpe	Äußere Grabenwand oder -böschung

Cordon	Wulstförmiges Gesims unter der Brustwehr an gemauerten Werken	Feuerlinie	Kammlinie von Glacis oder Hauptwall, Oberkante der Brustwehr
(en) crémaillière	Sägezahnartig angelegte Form eines Werkes mit langen Facen, die von kurzen Flanken bestrichen werden	Flanke	Seitliche Linie eines Bastions, die das unmittelbare Vorfeld oder den Graben vor einer benachbarten Linie bestreicht
Crête	Kammlinie von Wall oder Glacis	flankieren	Von der Seite aus der Länge nach bestreichen
Dame	Hindernis-Türmchen, runder oder kegelförmiger Pfeiler auf der dachförmigen Abdeckung eines Batardeau	Flankenbatterie	Freistehende, massive Kasematte zur Gewehr- und Geschützverteidigung von Flanken- oder Kehlabschnitten
Décharge	Entlastung	Flêche, Flesche	(franz. Pfeil) Werk in der Form eines ausspringenden Winkels, am Glacisfuß oder weiter vorgeschoben, oft durch doppelten Koffer mit dem Glacis verbunden
(en) décharge	mit Entlastungspfeilern oder -bögen versehen		
Detachiertes Werk	Vorgeschobenes, von der übrigen Befestigung getrenntes selbständiges Außenwerk		
Diamant	Trennungsgraben vor einem Reduit oder einer krenelierten Mauer, als Annäherungshindernis angelegter Graben	Fortification	Festungsbaubehörde
		Friedens-Pulver-Magazin	Bau zur Lagerung größerer Mengen von Pulver oder Munition in Friedenszeiten, wegen der Explosionsgefahr im freien Feld vor den Befestigungen gelegen
Dosdane	(dos d'âne / Eselsrücken) Decken-Entwässerungsschräge zur Ableitung von Regen-, Schmelz- oder Sickerwasser vom Gewölberücken		
Enceinte	Befestigungsgürtel, Umwallung eines Platzes	Front, Fronte	Seite einer vieleckigen Befestigung, die eine Kampfeinheit bildet, da ihre Anlagen sich gegenseitig bestreichen können
enfilieren	der Länge nach bestreichen		
Enveloppe	Aufschüttung mit Wall und Graben um eine befestigte Anlage, z. B. Reduit		
		Gedeckter Weg	Über der Contrescarpe verlaufender, durch die als Brustwehr dienende innere Glacisböschung gedeckter Rondengang, Verteidigungsstellung für Infanterie und Artillerie
Escarpe	Innere Grabenwand oder -böschung		
Face	Stirnfläche, feldseitige Linie einer Befestigungsanlage		
Faussebraye	Niederwall/Unterwall; in die vordere Wallböschung eingeschobene, vor dem Hauptwall verlaufende niedrigere Wallstufe als Stellung zur Bestreichung des Vorgeländes	Gewehrkoffer	Kasematte zur Grabenbestreichung mit Gewehrfeuer
		Glacis	Als freies Schußfeld angelegte, feindwärts flach geneigte Aufschüttung vor der Contreescarpe und dem Gedeckten

	Weg, in Friedenszeiten vielfach mit Bäumen und Gebüsch als Sichtschutz bestanden	Koffer	Einen Graben nach ein oder zwei Seiten bestreichende Flankierungskasematte
Gorge	franz. Kehle, siehe dort	Kommunikation	Verbindungsgang oder -weg
Grabenschere	siehe Tenaille	Kote(n)	Höhenangabe(n)
Halbbastion	Bastion mit nur einer Face und einer Flanke, die in der Kapitale endet	kreneliert	Mit Schießscharten versehen
		Kriegs-Pulver-Magazin	
Hohltraverse	Traverse (siehe dort) mit verteidigungsfähigem oder als Schutz/Unterstand dienendem Hohlraum		Schußsicherer Bau zur Lagerung von größeren Pulver- oder Munitionsmengen für den Belagerungsfall, im Schutz eines Bastions oder des Walles gelegen
Hornwerk	Werk aus zwei Halbbastions mit zwischenliegender gerader Front und zwei nach rückwärts zur Hauptumwallung laufenden Flügeln	Kronwerk	Im Grundriß dreispitzig-kronenförmiges Werk, dessen Stirnseite aus zwei Halbbastions, zwei geraden Kurtinen und einem mittleren Spitzbastion besteht
Inundation	Überschwemmung des Vorgeländes einer Festung durch Aufstauen von Wasserläufen, um feindliche Annäherung zu verhindern	Künette	Abzugsgraben, in der Sohle eines sonst trockenen oder seichten Grabens angelegte Längsrinne
Kapitale	Mittelachse, mittlere Winkelhalbierende eines Bastions	Kurtine	Mittelwall; zwischen zwei Bastions gelegener, meist geradliniger Abschnitt des Hauptwalles
Kasematte	Überwölbter (Schutz-)Raum in einem Wall		
Kasematten-Corps		Mine, Minengang	
	Im Wall angelegter oder freistehender, schußsicherer, gewölbter Bau aus Mauerwerk, meist mit Erdabdeckung, zu Kampf-, Wohn- oder Lagerzwecken		Stollen zur Untergrabung von Wehrbauten oder Vorgelände zur Einrichtung von Sprengkammern
		Niederwall	siehe Faussebraye
		Parados	Rückwärtiger Schutzwall, Rückenwehr
Kavalier	Eine die benachbarten Wälle überhöhende Stellung zur besseren Beherrschung des Vorgeländes an taktischen Schwerpunkten, geeignet für Etagenfeuer	Parapet	Brustwehr
		passager	provisorisch, vorübergehend bestehend
		Perpendikulär-Kasematte	
Kehle, Gorge	Rückwärtige Seite eines Werkes, die offen oder durch Graben und Wall bzw. Mauer geschlossen sein kann		Bau mit Gewölben, deren Scheitelrichtung und Widerlagermauern senkrecht zur Außenmauer verlaufen

Polygonalbefestigung	Befestigung mit langen, stumpfwinklig gebrochenen Linien eines Vielecks (Polygons)
Poterne	Tunnelartiger Gang durch den Hauptwall zum Hauptgraben, für das gedeckte Passieren von Truppen oder Waffentransporten zu Werken vor dem Wall.
Pulvermagazin	Raum oder Gebäude mit häufig gebrochenen oder gewinkelt geführten Luftschlitzen zur gesicherten Aufbewahrung von Schießpulver oder Munition
Ravelin	Am äußeren Rand des Hauptgrabens gegenüber einer Kurtine gelegenes Werk, meist drei- oder fünfeckig
Redan	Offenes Werk als ausspringender Winkel zur Verkürzung und besseren Flankierung langer Wallstrecken, auch ausspringender Winkel mit krenelierter Mauer
Reduit	Rückszugsbauwerk, Kernwerk eines Forts
Reversgalerie	An der Spitze oder Schulter der Contrescarpe gelegener, in die Contrescarpe eingebauter Gang mit Schießscharten zur rückwärtigen Grabenverteidigung
Revêtement	Mauerwerksbekleidung an steilen Grabenwänden sowie an Bastionsfacen und -flanken
revêtiert	Mit Mauerwerk bekleidet
Rikoschettschuß	Rollschuß, Abpraller; im Flachfeuer abgegebener, im Gelände abprallender und hüpfender Schuß, der – hinter eine Brustwehr geschossen – eine der Bestreichung ähnliche Wirkung erzielt
Rondell, Rundeel	Rundes Bollwerk des 16./17. Jahrhunderts, anfänglich an den Eckpunkten der Stadtbefestigung angelegt
Rondengang, -weg	Hinter einer Brustwehr oder krenelierten Mauer über der Escarpe verlaufender, von Posten überwachter Weg
Saillant	Bastions- oder Enveloppenspitze
Schulter	Die von Flanke und Face eines bastionsförmigen Werkes gebildete Spitze
Talud	Böschung
Tambour	Hofartige, von einer krenelierten Mauer umgebene kleine Verteidigungsanlage, zum Schutz eines Tores oder Durchganges
Tenaille	Scherenförmiger, meist stumpfwinkliger niedriger Wall vor einer Kurtine, zwischen den Bastionsflanken (Grabenschere)
Tête de pont	Brückenkopf
Traditor	Kasemattierte Batterie im verlängerten hinteren Teil eines Reduits zur seitlichen Bestreichung der Kehle
Traverse	Querwall, senkrecht zur Feuerlinie auf der Brustwehr des Walles oder im Gedeckten Weg sitzendes Wallstück zum Schutz gegen Seitenfeuer oder rückwärtigen Beschuß. Mit massiven Hohlräumen zur Aufnahme von Mannschaften: Hohltraverse. Auch als längerer Querwall in der Mitte eines Bastions: Kapitaltraverse

Verbrauchs-Pulver-Magazin
In eine dem Feind abgewandte Seite des Walles eingebautes, kleines Lagergewölbe für Pulver und Munition, auch: Hand-Pulver-Magazin

Waffenplatz 1. Im einspringenden Winkel des Gedeckten Weges durch Brechung der Glaciscrête nach außen angelegter Platz, wo sich Truppen sammeln oder Wachen aufgestellt werden können. Häufig zur Aufstellung von Blockhäusern benutzt.
2. Eine als Operationsbasis dienende Festung, in der größere Truppenkontingente zusammengezogen werden können. Ihr Ausbau bedingt die Anlage von Unterkünften, Hospitälern, Magazinen und Lagergebäuden aller Art

Wallgang, Wallstraße
Den Wall innen begleitender, gegen feindliche Sicht geschützter Verbindungsweg

Wassertor Torartiger, flankierter Wehrbau, der einen Wassereinoder -auslaß schützt

Für weitere Begriffserklärungen siehe Glossarium Artis/Wörterbuch zur Kunst, Bd. 7: Festungen, Tübingen 1979.

ABBILDUNGSNACHWEIS

Berlin: Staatliche Museen Preußischer Kulturbesitz, Gemäldegalerie: Ludger tom Ring: 1
Geheimes Staasarchiv Preußischer Kulturbesitz (GSTA PK) IX. Hauptabteilung, Karten: 21 (C 70.086), 60 (A 70.038), 63 (G 70.062), 65 (Festungskarten Minden B 70.020), 66 (Festungskarten Minden A 70.048), 73 (Festungskarten Minden C 70.075), 75 (Festungskarten Minden A 70.040), 76 (Festungskarten Minden C 70.077), 77 (Festungskarten Minden C 70.076), 78 (Festungskarten Minden C 70.078), 80 (Festungskarten Minden C 70.079), 81 (Festungskarten Minden C 70.119), 82 (Festungskarten Minden C 70.072), 83 (Festungskarten Minden A 70.039), 85 (Festungskarten Minden C 70.081), 86 (Festungskarten Minden C 70.098), 87 (Festungskarten Minden D 70.014), 88 (Festungskarten Minden C 70.129), 91 (Festungskarten Minden D 70.029), 92 (Festungskarten Minden G 70.065), 93 (Festungskarten Minden G 70.132), 96 (Festungskarten Minden E 70.019), 99 (Festungskarten Minden F 70.071), 102 (Festungskarten Minden F 70.072), 104 (Festungskarten Minden F 70.070), 105 (Festungskarten Minden C 70.095), 106 (Festungskarten Minden F 70.058), 107 (Festungskarten Minden C 70.097), 108 (Festungskarten Minden E 70.021), 109 (Festungskarten Minden C 70.111), 111 (Festungskarten Minden G 70.071), 112 (Festungskarten Minden E 70.020), 116 (Festungskarten Minden F 70.080), 117 (Festungskarten Minden F 70.074), 120 (Festungskarten Minden F 70.060), 125 (Festungskarten Minden F 70.067), 128 (Festungskarten Minden F 70.057), 133 (Festungskarten Minden C 70.112), 143 (Festungskarten Minden G 70.066), 144 (Festungskarten Minden C 70.096/1), 145 (Festungskarten Minden C 70.096/2), 146 (Festungskarten Minden A 70.052), 151 (Festungskarten Minden F 70.091), 154 (Festungskarten Minden F 70.076), 157 (Festungskarten Minden F 70.062/1), 158 (Festungskarten Minden F 70.062/2), 159 (Festungskarten Minden D 70.030), 162 (Festungskarten Minden C 70.094), 166 (Festungskarten Minden F 70.069), 170 (Festungskarten Minden G 70.063), 171 (Festungskarten Minden D 70.015), 178 (Festungskarten Minden C 70.082), 188 (Festungskarten Minden F 70.075), 198 (Festungskarten Minden F 70.065), 200 (Festungskarten Minden F 70.083), 203 (Festungskarten Minden C 70.103), 204 (Festungskarten Minden C 70.103), 221 (Festungskarten Minden C 70.110), 223 (Festungskarten Minden F 70.054), 224 (Festungskarten Minden C 70.092), 225 (Festungskarten Minden E 70.018), 226 (Festungskarten Minden A 70.051/1), 227 (Festungskarten Minden A 70.051/2), 229 (Festungskarten Minden C 70.091), 231 (Festungskarten Minden G 70.069), 232 (Festungskarten Minden E 70.022), 233 (Festungskarten Minden A 70.050), 234 (Festungskarten Minden B 70.073), 235 (Festungskarten Minden D 70.028), 253 (Festungskarten Minden C 70.100), 254 (Festungskarten Minden C 70,099), 255 (Festungskarten Minden D 70.031), 256 (Festungskarten Minden C 70.101), 277 (Festungskarten Minden F 70.061), 278 (Festungskarten Minden C 70.106), 279 (Festungskarten Minden C 70.105), 280 (Festungskarten Minden F 70.063), 281 (Festungskarten Minden C 70.104), 282 (Festungskarten Minden C 70.107), 289 (Festungskarten Minden F 70.064), 293 (Festungskarten Minden G 70.067), 296 (Festungskarten Minden

C 70.116), 310 (Festungskarten Minden F 70.077), 311 (Festungskarten Minden F 70.078), 313 (Festungskarten Minden E 70.023), 314 (Festungskarten Minden F 70.079), 315 (Festungskarten Minden F 70.081), 316 (Festungskarten Minden G 70.068), 327 (Festungskarten Minden G 70.064), 329 (Festungskarten Minden F 70.089), 332 (Festungskarten Minden A 70.049), 333 (Festungskarten Minden C 70.086), 334 (Festungskarten Minden F 70.049), 335 (Festungskarten Minden D 70.025), 336 (Festungskarten Minden C 70.084), 340 (Festungskarten Minden C 70.085), 341 (Festungskarten Minden C 70.086), 342 (Festungskarten Minden C 70.087), 365 (Festungskarten Minden C 70.088), 380 (Festungskarten Minden D 70.026), 382 (Festungskarten Minden F 70.041), 395 (Festungskarten Minden), 396 (Festungskarten Minden F 70.066), 398 (Festungskarten Minden F 70.050), 399 (Festungskarten Minden F 70.052), 400 (Festungskarten Minden F 70.051), 401 (Festungskarten Minden G 70.074), 402 (Festungskarten Minden A 70.053), 403 (Festungskarten Minden A 70.054), 404 (Festungskarten Minden G 70.070), 405 (Festungskarten Minden C 70.073), 406 (Festungkarten Minden D 70.027), 407 (Festungskarten Minden C 70.109), 408 (Festungskarten Minden A 70.055), 409 (Festungskarten Minden G 70.091), 410 (Festungskarten Minden C 70.117), 415 (Festungskarten Minden C 70.102), 428 (Festungskarten Minden F 70.082), 429 (Festungskarten Minden C 70.113), 438 (Festungskarten Minden C 70.114)

Staatsbibliothek Berlin PK: 12 (Kartenabteilung X 30235/1), 20 (Kartenabteilung Generalstabs-Denkschriften XXIII, Nr. 187), 26 (Kartenabteilung X 30235/1), 28 (Kartenabteilung X 30236/3), 29 (Kartenabteilung X 30236/5), 30 (Kartenabteilung X 30236/4), 31 (Kartenabteilung X 30235), 32 (Kartenabteilung X 30236), 33 (Kartenabteilung X 30236/1), 34 (Kartenabteilung X 30240/1), 36 (Kartenabteilung X 30236/6), 37 (Kartenabteilung X 30237/2), 38 (Kartenabteilung X 30237), 39 (Kartenabteilung X 30237/1), 40 (Kartenabteilung X 30237/3), 41 (Kartenabteilung X 30236/2), 42 (Kartenabteilung X 30236/2), 44 (Kartenabteilung, Generalstabs-Denkschriften XXIII, Nr. 193), 45 (Kartenabteilung, Generalstabs-Denkschriften XXIII, Nr. 195), 46 (Kartenabteilung, Generalstabs-Denkschriften XXIII, Nr. 195), 47 (Kartenabteilung X 30238/1), 48 (Kartenabteilung X 30238), 51 (Kartenabteilung X 30239), 52 (Kartenabteilung X 30239/1), 53 (Kartenabteilung X 30239/2), 64 (Kartenabteilung X 30244/2), 68 (Kartenabteilung Gernalstabs-Denkschriften XXIII, Nr. 188), 69 (Kartenabteilung X 30243), 70 (Kartenabteilung X 30244/1), 71 (Kartenabteilung Generalstab-Denkschriften XXIII, Nr. 187), 72 (Kartenabteilung Generalstab-Denkschriften XXIII, Nr. 187), 74 (Kartenabteilung S X 30 244), 122 (Kartenabteilung X 30240)

Detmold Staatsarchiv (STA DT): 55 (D73 Tit. 5 Nr. 2802), 135 (D73 Tit. 4 Nr. 10216), 139 (D73 Tit. 5 Nr. 2942), 153 (D73 Tit. 4 Nr. 10217), 156 (D73 Tit. 4 Nr. 10270), 186 (D73 Tit. 4 Nr. 9669), 187 (D73 Tit. 4 Nr. 9668), 199 (D73 Tit. 4 Nr. 10284), 207 (D73 Tit. 4 Nr. 10231), 208 (D73 Tit. 4 Nr. 10230), 210 (D73 Tit. 4 Nr. 10232), 214 (D73 Tit. 4 Nr. 10130), 217 (M 1 I C, Nr. 262, fol. 180/181), 228 (D73 Tit. 4 Nr. 10215), 236 (M 1 I C, Nr. 800), 237 (M 1 I C, Nr. 800), 238 (M 1 I C, Nr. 800), 239 (M 1 I C, Nr. 800), 262 (D73 Tit. 5 Nr. 2956), 263 (D 73 Tit. 5 Nr. 2957), 264 (D73 Tit. 4 Nr. 10228), 275 (D73 Tit. 4 Nr. 9910), 283 (D73 Tit. 5 Nr. 2962), 284 (D73 Tit. 4 Nr. 10243), 290 (D73 Tit. 4 Nr. 10241), 291 (D73 Tit. 4 Nr. 10242), 294 (D73 Tit. 5

Nr. 2963), 307 (D73 Tit. 4 Nr. 10279), 308 (D73 Tit. 4 Nr. 10278), 309 (D73 Tit. 5 Nr. 2964), 319 (D73 Tit. 5 Nr. 2965), 322 (D73 Tit. 4 Nr. 10276), 323 (D73 Tit. 4 Nr. 10275), 324 (D73 Tit. 4 Nr. 10274), 337 (D73 Ttit. 4 Nr. 10124), 338 (D73 Tit. 4 Nr. 9294), 343 (D73 tot. 4 Nr. 10207), 353 (D73 Tit. 5 Nr. 2950), 354 (D73 Tit. 5 Nr. 2952), 355 (D73 Tit. 5 Nr. 2951), 356 (D73 Tit. 4 Nr. 10208), 357 (D73 Tit. 5 Nr. 2953), 358 (D73 Tit. 4 Nr. 10206), 359 (D 73 Tit. 4 nr. 1029 und 10210), 360 (D73 Tit. 4 Nr. 10211), 361 (D73 Tit. 4 Nr. 10213), 366 (D73 Tit. 4 Nr. 10125), 367 (D73 Tit. 4 Nr. 10135), 388 (D73 Tit. 5 Nr. 2926), 412 (D73 Tit. 4 Nr. 9892), 413 (D73 Tit. 4 Nr. 9891), 423 (D73 Tit.4 Nr. 9890), 424 (D73 Tit.4 Nr. 10256), 425 (D73 Tit.4 Nr. 10258), 427 (D73 Tit.5 Nr. 2967), 435 (D73 Tit.4 Nr. 10266), 445 (D73 Tit. 4 Nr. 10267), 446 (D73 Tit. 4 Nr. 10268), 447 (D73 Tit. 4 Nr. 10269), 452 (D73 Tit. 4 Nr. 10220), 453 (D73 Tit. 4 Nr. 10222), 454 (D73 Tit. 4 Nr. 10227), 455 (D73 Tit.4 Nr. 10225), 460 (D73 Tit. 4 Nr. 10285), 461 (D73 Tit. 4 Nr. 10286), 463 (D73 Tit. 4 Nr. 10632), 464 (D73 Tit. 4 Nr. 10637), 465 (D73 Tit. 4 Nr. 10644), 471 (D73 Tit. 4 Nr. 10652), 472 (D73 Tit. 4 Nr. 10654), 473 (D73 Tit. 5 Nr. 3129), 480 (D73 Tit. 5 Nr. 2945), 484 (D73 Tit 5 Nr. 10248), 502 (D73 Tit. 5 Nr. 3130), 510 (D73, Tit 5 Nr. 3130)

Dresden Militärhistorisches Museum der Bundeswehr: 43 (Ha-5044 Minden)
Hannover Hauptstaatsarchiv (HSTA): 49 (Plansammlung 250 K/368 pm)
Marburg Hessisches Staatsarchiv: 8 (Karten P II 1180)
Minden: Kommunalarchiv (KAM): 15 (unverz. Pläne), 23 (unverz. Pläne), 25 (ehem. Privatbesitz, Westfalia Picta VII, Nr. 226), 62 (unverz. Pläne), 136 (Bildsammung B VI 10,2587), 194, 201 (unverz. Pläne), 206 (Bildsammlung A I 106 a), 209 (Bildsammlung B VI 10,3539), 215 (Bildsammlung B VI 10,3882), 222 (Bildsammlung B VI 10,2586), 271 (Bildsammlung B VI 10), 301 (Bildsammlung B VI 2), 331, 339 (Westfalia Picta VII, Nr. 340), 346 (Bildsammlung B VI 10,3543), 347 (Bildsammlung B VI 10,5560), 362 (o.Nr.), 368 (Bildsammlung B VI 10), 386 (Bildsammlung B VI 10), 387 (Bildsammlung B VI 10), 391 (Bildsammlung B VI 10, 3206), 411 (Bildsammlung B VI 11), 422 (Bildsammlung A I 98, 2845), 475 (unverz. Pläne), 517 (Bildsammlung A I 501, 6184), 518 (Bildsammlung B VI 10. 7555, Foto Grätz), 526 (Bildsammlung B VI 10, 4637, Postkarte), 537, 545 (Foto: Dr. H.-P. Mielke, Grefrath), 546 (Bildsammlung A I 501, Foto: Grandt, Deutsche Bundesbahn-Filmstelle Minden), 563 (Bildsammlung B VI 10, Foto: Hans Pape, Minden), 570 (Bildsammlung B VI 10), 575 (Bildsammlung A I 501), 576 (Bildsammlung B VI 11), 577 (Unverz. Pläne), 579 (Bildsammlung B VI 11), 582 (Bildsammlung B VI 10, 3586), 584 (Bildsammlung B VI 11, Foto: Hans Pape, Minden), 588 (unverz. Pläne), 589 (Bildsammlung A I 301), 596 (Bildsammlung A I 99), 599 (Bildsammlung A I 99), 602 (Bildsammlung A I 93), 607 (Bildsammlung B VI 15, Foto: Hans Pape, Minden), 609 (Bildsammlung A I 107), 610 (Bildsammlung B VI 15), 618 (Bildsammlung B VI 15, Foto: Hans Wagner)
Kreiskatasteramt Minden-Lübbecke: 479
Mindener Museum: 11 (Lap. 133), 14 (A. Begeyn), 16 (FM 124), 17 (FM 3), 18 (FM 23), 19 (FM 167), 24 (FM 173), 54 (FM 159), 56 (FM 82), 57 (FM 3), 58 (FM 51), 61 (FM 23), 67 (FM 167), 79 (unverz. Pläne), 84 (FM 98), 89 (FM 9), 90 (FM 24), 94 (FM 49), 95 (FM 85), 97 (FM 68), 100 (FM 55), 101 (FM 154), 103 (FM 127), 110 (FM 164), 113

(FM 63), 114 (FM 143), 115 (FM 14), 118 (FM 134), 119 (FM 149), 121 (FM 126), 123 (FM 137), 124 (FM 140), 126 (FM 153), 127 (FM 25), 129 (FM 61), 130 (FM 79), 131 (FM 160), 132 (FM 161), 134 (FM 145), 137 (FM 144), 138 (FM 56), 140 (FM 146), 141 (FM 30), 142 (FM 4), 147 (FM 64), 148 (FM 77), 149 (FM 90), 150 (FM 58), 152 (FM 74), 155 (Gem. 2146, A. Bertung), 160 (FM 28), 161 (FM 39), 164 (FM 87), 167 (FM 36), 168 (FM 106), 169 (FM 107), 172 (Repro: Münster, Westf. Mus. f. Kunst u. Kulturgeschichte WP 81/1/036), 179 (FM 47), 180 (FM 5), 181 (FM 103), 182 (FM 34), 183 (FM 81), 184 (FM 88), 185 (FM 26), 189 (FM 92), 190 (FM 45/1), 191 (FM 45/2), 192 (FM 9), 193 (FM 44), 196 (FM 129), 197 (FM 38), 202 (FM 73), 205 (FM 131), 213 (FM 78), 220 (FM 100), 230 (FM 50), 257 (FN 15), 259 (FM 46/75/163), 265 (FM 10), 266 (FM 156), 317 (FM 99), 318 (FM 83), 326 (FM 80), 328 (FM 158), 344 (FM 13), 345 (FM 18), 381 (FM 59), 385 (FM 65), 389 (FM 1), 390 (FM 7), 397 (FM 41), 414 (FM 185), 416 (FM 97), 417 (FM 16), 420 (FM 148), 421 (FM 183), 426 (FM 48), 433 (FM 11), 439 (Negativ: FM o. Nr., Original verschollen), 440 (FM 141), 448 (FM 139), 451 (FM 162), 456 (A I 120), 466 (FM 165), 474 (FM 136), 476 (FM 27), 477 (FM 71), 478 (FM 69), 489 (A I 229, Lichtdruck Heino Frick, Leipzig), 578 (FM 60), 580 (FM 54), 583 (FM 96), 587 (FM 8)

Stadt Minden Bauakte: 211 (Simeonsplatz), 212 (Simeonsplatz ?), 249 (Simeonsplatz 3), 250 (Simeonsplatz 3), 457 (Marienwall 31), 483 (Simeonsplatz 6), 485 (Simeonsplatz 6), 486 (Simeonsplatz 6), 487 (Simeonsplatz 6), 488 (Simeonsplatz an der Portastraße), 492 (Simeonsplatz 3), 494 (Simeonsplatz 3), 495, 498 (Simeonsplatz 3), 499 (Simeonsplatz 3), 512 (Johannsenstraße 6), 513 (Portastraße 7), 514 (Simeonsplatz 6), 515 (Portastraße 7), 516 (Portastraße 7), 539, 540 (Marienwallstraße 24), 541 (Marienwallstraße 24), 549 (Pionierstraße 4–12), 550 (Pionierstraße 4–12), 552, 553 (Pionierstraße 6a), 554 (Pionierstraße 6a), 555 (Pionierstraße 6a), 556 (Pionierstraße 8), 557 (Pionierstraße 8), 558 (Pionierstraße 6–10), 559 (Pionierstraße 6–10), 560 (Pionierstraße 6–10), 561 (Pionierstraße 4–12), 572 (Pionierstraße 4–12), 573 (Pionierstraße 4–12)

Stadt Minden Hochbauamt, Plansammlung: 594, 595, 597

Stadt Minden Planungsamt: 163 (Fluchtlinienpläne Bd. 1), 330 (Fluchtlinienpläne Bd. 1)

Stadt Minden, Untere Denkmalbehörde: 351 (Foto: R. Plöger), 352 (Foto: R. Plöger)

Städtisches Vermessungsamt: 519

Münster Staatsarchiv (STA MS): 9 (KDK Mi, 3754 S. 150), 50 (Plansammlung A 19507), 59 (Plansammlung A 19769)

WAfD, Bildarchiv: 2 (W. Hollar), 3 (M. Merian), 175 (GDV 93/26/16), 240 (Plan Fa. Streich), 246 (o. Nr.), 269 (Dr. Christoph Hellbrügge, Ascheberg), 285 (Repro o. Nr., Original verschollen), 363 (Foto: Lehmann, Castprop-Rauxel), 378 (79/1101/29A), 434 (o. Nr.), 441 (H. Vössing), 449 (Dr. Schreiner), 450 (GDV 1975/27/32, Foto: Prins)

Foto Grätz: 195, 218, 219, 245, 276, 306, 482, 536, 581, 585, 614, 619

Plankammer: 442, 443 (Zeichnung Korn)

A. Brockmann-Peschel: 242 (00/1654/1), 243 (00/1654/32), 247 (00/1654/13), 248 (00/1654/12), 430 (93/1192), 467 (92/1678), 565 (98/1089/3), 605 (97/500), 615 (92/1750), 616 (92/1751)

Dr. Mummenhoff: 312 (GDV 1970/7/23A), 458 (GDV 1970/6/23A), 462 (GDV 1970/6/?)

H. Dülberg: 252 (94/1341), 320 (94/1346), 321 (94/1352), 376 (98/791), 377 (98/786), 379 (98/781), 497 (95/837), 504 (94/1353), 505 (94/1349), 508 (95/839), 521 (94/1337), 522 (95/850), 527 (93/455), 528 (93/451), 529 (93/454), 532 (93/456), 566 (98/203/31), 567 (98/204/7), 568 (98/204/4 und 3), 569 (98/204/30, 26, 15, 19, 21), 571 (98/203/4)

Chr. Gathmann: 260 (01/240), 267 (01/242), 270 (00/1542), 272 (01/243), 273 (00/1551)

U.-D. Korn (Foto): 4 (GDV 2001/48/1), 5 (GDV 2001/48/21), 6 (GDV 99/76/20), 7 (GDV 99/76/17), 165 (GDV 93/26/21), 173 (GDV 2003/21/26), 174 (GDV 2003/21/10), 176 (GDV 2003/21/23), 177 (GDV 93/26/9), 261 (GDV 99/76/14), 274 (GDV 2000/6/29), 286 (GDV 93/98/4), 287 (GDV 92/105/23), 288 (GDV 93/98/5), 292 (GDV 92/105/21), 295 (GDV 2000/6/30), 300 (GDV 2001/63/9), 325 (GDV 2003/20/7), 349 (GDV 99/76/0), 369 (GDV 94/22/0), 370 (GDV 94/22/6A), 371 (GDV 94/22/9A), 372 (GDV 94/7/33), 373 (GDV 94/7/36), 374 (GDV 94/7/35), 375 (GDV 94/22/11a),383 (GDV 93/76/11), 384 (GDV 97/46/5), 392 (GDV 99/76/11), 393 (GDV 96/77/13), 394 (GDV 93/76/9), 432 (GDV 2001/48/28), 468 (GDV 97/46/9), 469 (GDV 97/46/12), 470 (GDV 97/46/11), 493 (GDV 2001/63/23), 496 (GDV 2003/19/12), 501 (GDV 2003/19/0), 503 (GDV 93/75/15), 509 (GDV 2003/19/28), 520 (GDV 92/105/34),530 (92/26/12), 531 (92/26/8), 533 (92/26/16), 534 (92/26/18), 542 (GDV 97/26/3), 543 (GDV 97/26/2), 586 (GDV 2001/48/5), 590 (GDV 98/8/32), 591 (GDV 92/105/4), 592 (GDV 93/8/37), 593 (GDV 92/105/16), 600 (GDV 93/72/33), 601 (GDV 93/72/32), 604 (GDV 1977/11/31), 611 (GDV 96/77/2), 612 (GDV 1977/17/22), 613 (92/105/7), 622 (GDV 97/47/32), 623 (GDV 97/80/29), 624 (GDV 97/80/19), 625 (GDV 97/80/23), 626 (GDV 92/105/28), 627 (GDV 2003/19/14), 628 (GDV 2003/21/00), 629 (o. Nr.)

U.-D. Korn (Zeichnung): 241, 244, 258, 348, 350, 431, 443 (Plankammer), 481, 506, 507, 511, 525, 535, 538, 547, 548, 562, 564, 574, 603, 606, 621

A. Ludorff: 418, 419

H. Nieland: 98 (94/791), 216 (98/1040), 251 (03/644), 268 (98/1039), 297 (03/640), 298 (01/1123), 299 (01/1086/21), 302 (01/1086/24), 303 (01/1086/28), 304 (01/1086/30), 305 (03/638), 364 (94/729), 436 (93/1487), 437 (93/1043), 444 (98/1041), 490 (03/627), 491 (03/634), 500 (03/635), 523 (93/622), 524 (03/626), 544 (93/1897), 551 (03/654)

Privatbesitz Rolf-Peter Brand, Minden: 608

Slg. Ahlert, Minden: 617 (Foto: H. Pape, Postkarte)

Stockholm Krigsarkivet: 13 (Handritade Kartverk vol. 21 Nr. 33), 27 (Handritade Kartverk vol. 21 Nr. 33), 35 (Handritade Kartverk vol. 21 SFP Tyskland, Minden 1)

Publikationen:

Westfalia Picta VII: 22 (Nr. 458), 25 (Nr. 226,KAM), 339 (Nr. 340, KAM)

Wilhelm STUHMEIER, Chronik des Dorfe Todtenhausen, Minden-Todtenhausen 1978: 10 (S. 53)

Chronik der Volksbank Minden: 459

Der Mittellandkanal 1938: 620 (S. 17, Else Hege)

Neue Westfälische: 598 (vom 4.12.1978)